山东政协年鉴

2022

政协山东省委员会 编

中国文史出版社

图书在版编目（CIP）数据

山东政协年鉴．2022 / 政协山东省委员会编．-- 北京：中国文史出版社，2024.10
ISBN 978-7-5205-4707-9

Ⅰ．①山… Ⅱ．①政… Ⅲ．①中国人民政治协商会议—地方委员会—山东—2022—年鉴 Ⅳ．① D628.52-54

中国国家版本馆 CIP 数据核字（2024）第 107307 号

责任编辑：蔡晓欧

出版发行：中国文史出版社
社　　址：北京市海淀区西八里庄路 69 号　邮编：100142
电　　话：010-81136606　81136602　81136603（发行部）
传　　真：010-81136655
印　　装：山东黄氏印务有限公司
经　　销：全国新华书店
开　　本：787mm × 1092mm 1/16
字　　数：966 千字
印　　张：50.75
版　　次：2024 年 10 月北京第 1 版
印　　次：2024 年 10 月第 1 次印刷
定　　价：178.00 元

《山东政协年鉴》
编纂委员会

《山东政协年鉴 2022》
编辑委员会

2022年1月22日，中国人民政治协商会议第十二届山东省委员会第五次会议在山东会堂隆重开幕。

2022 年 1 月 22 日，时任中共山东省委书记李干杰出席省政协十二届五次会议并讲话。

2022 年 1 月 22 日，时任省政协主席付志方作政协第十二届山东省委员会常务委员会工作报告。

2022 年 1 月 26 日，省政协主席葛慧君主持政协第十二届山东省委员会第五次会议闭幕会并讲话。

2022 年 1 月 22 日，省政协副主席刘均刚作政协第十二届山东省委员会常务委员会提案工作报告。

2022 年 1 月 20 日，省政协十二届常委会第二十次会议在济南召开。

2022 年 1 月 25 日，省政协十二届常委会第二十一次会议在济南召开。

2022 年 5 月 18 日，省政协十二届常委会第二十二次会议在济南召开，围绕“在服务和融入新发展格局上走在前”协商议政。

2022 年 7 月 28 日，省政协十二届常委会第二十三次会议在济南召开，围绕“在增强经济社会发展创新力上走在前”协商议政。

2022 年 11 月 7 日，省政协十二届常委会第二十四次会议在济南召开，会议传达学习中国共产党第二十次全国代表大会精神，传达学习全国政协十三届常委会第二十四次会议和中共山东省委十二届二次全会精神，围绕我省“在推动黄河流域生态保护和高质量发展上走在前”协商议政。

2022 年 12 月 28 日，省政协十二届常委会第二十五次会议在济南召开。省政协主席葛慧君出席会议并讲话。省委常委、统战部部长徐海荣作关于政协第十三届山东省委员会界别调整情况和委员人选安排情况的说明。省委常委、常务副省长曾赞荣作关于《政府工作报告（征求意见稿）》起草情况的说明。

2022年6月2日，省政协党组召开扩大会议，传达学习省第十二次党代会精神，交流学习体会，研究贯彻落实意见。

2022年10月24日，省政协党组召开扩大会议，传达学习党的二十大精神，交流学习体会，研究贯彻落实意见。

2022 年 1 月 17 日，省政协党组书记葛慧君到各民主党派省委会和省工商联机关走访。

2022 年 2 月 21 日至 22 日，省政协主席葛慧君赴青岛市调研。

2022年4月19日至20日，省政协主席葛慧君赴东营市调研。

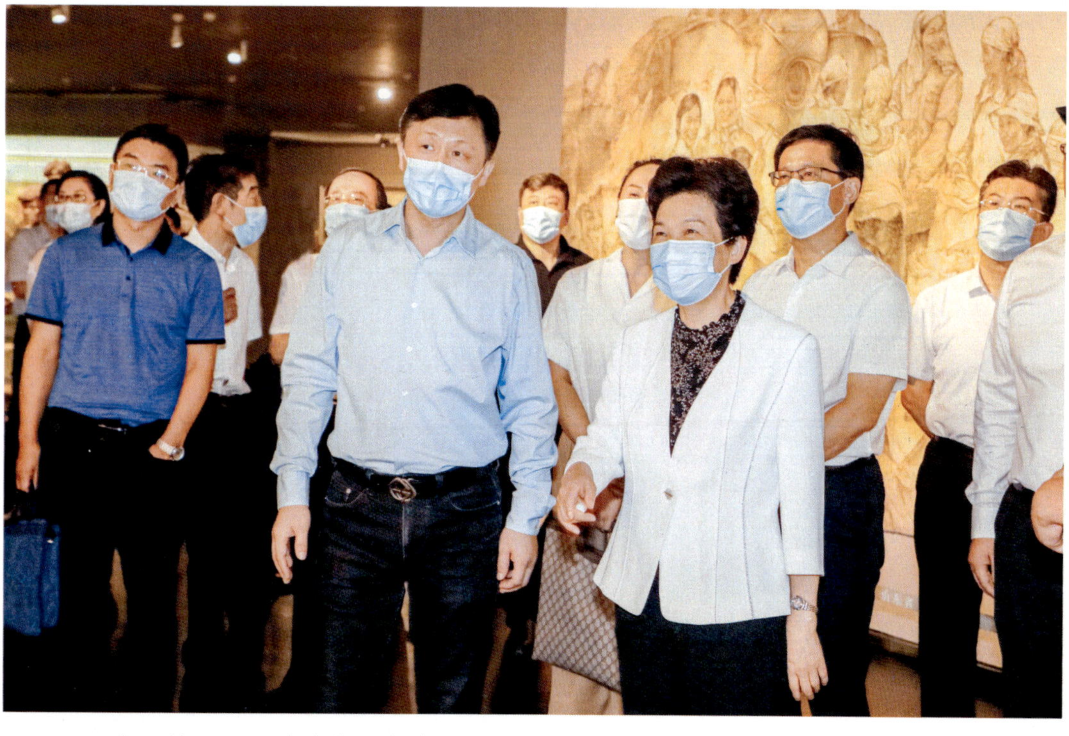

2022年8月26日，省政协主席葛慧君调研“鲁风美育·界别同心汇”创建工作并参加“界别同心汇”试点创建调研座谈会。

2022年7月20日至21日，省政协副主席王书坚赴淄博市就《山东省民营经济发展促进条例》落实情况开展民主监督。

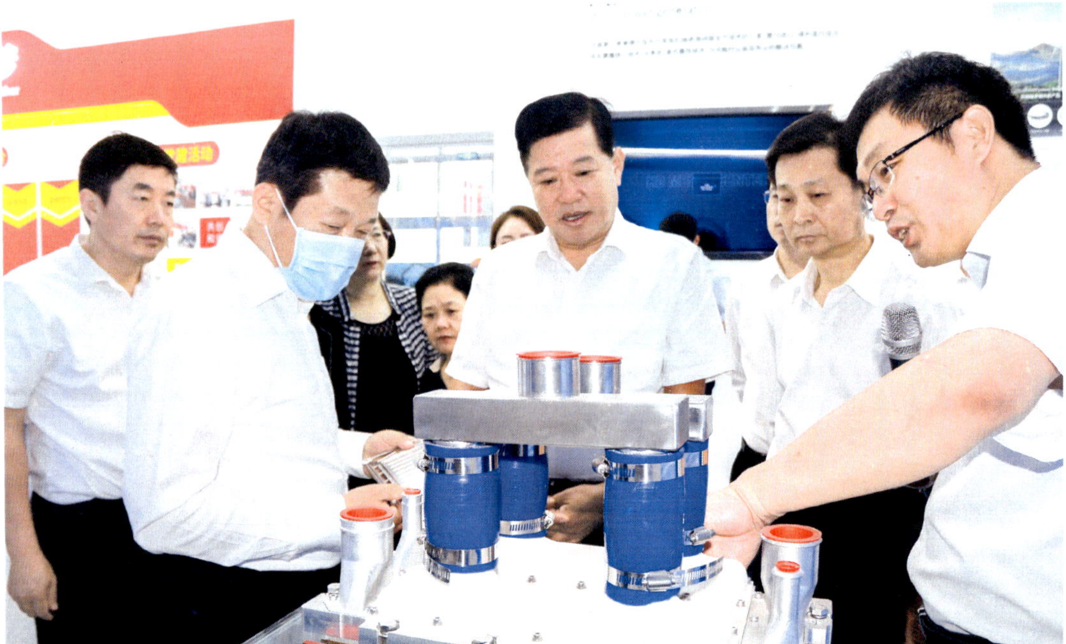

2022年8月19日，省政协副主席林峰海围绕“推进我省新能源汽车产业高质量发展”赴聊城市调研。

2022年9月20日，省政协副主席赵家军带队，就“推进医防融合慢性病管理工作”在威海市调研。

2022年6月7日至8日，省政协副主席于国安带队赴淄博市开展重点提案督办调研。

2022 年 3 月 10 日，省政协副主席唐洲雁赴枣庄市调研基层市县政协工作。

2022 年 8 月 22 日，省政协副主席王艺华带队到聊城市就“更好发挥乡村功能 推动黄河流域乡村振兴”开展专题调研。

2022年5月24日，省政协副主席王修林带队，围绕《山东省残疾预防和残疾人康复条例》立法前协商工作赴泰安市调研。

2022年3月25日，省政协副主席程林在省政协习近平新时代中国特色社会主义思想学习小组第五组座谈会上作报告。

2022 年 6 月 21 日，省政协副主席刘均刚带领工商联界别委员在潍坊市调研。

2022 年 9 月 21 日，省政协副主席段青英带队到泰安市调研中医药老字号保护情况。

2022年2月21日，省政协召开专门委员会主任座谈会，深入贯彻落实习近平总书记关于加强和改进人民政协工作的重要思想，围绕加强专委会建设和专委会主任作用发挥进行深入交流，推动政协工作整体效能提升。

2022年4月25日，全省市县政协主席“习近平总书记关于加强和改进人民政协工作的重要思想”学习研讨班在济南开班。

2022 年 4 月 28 日，山东省政协网上文史馆正式上线。

2022 年 6 月 6 日，省政协线上委员读书平台“学而书院”正式启动。

2022 年 6 月 28 日，省政协举办 2022 年第一期“政协讲堂”，邀请著名军事专家、海军网络安全和信息化专家咨询委员会原主任尹卓少将作专题报告。

2022 年 7 月 11 日，省政协举办山东文化标识推选活动专家聘任仪式。

2022 年 7 月 11 日，省政协召开"界别同心汇"试点创建工作座谈会，就第一批创建试点工作进行动员部署。

2022 年 7 月 19 日，省政协召开党的建设工作领导小组会议暨省政协党的建设工作座谈会。

2022 年 8 月 15 日，全省政协暑期读书会在济南开班。

2022 年 9 月 16 日，第二届沿黄九省（区）政协书画文艺精品展演在山东美术馆开幕。

2022 年 2 月 24 日，省政协召开机关全体干部会议，深入贯彻落实山东省 2022 年工作动员大会精神，总结 2021 年工作，对工作进行再动员再部署。

2022 年 10 月 25 日，山东省政协召开机关全体干部会议，传达学习党的二十大精神，传达学习省委常委会扩大会议精神，进一步统一认识，抓好贯彻落实。

编辑说明

一、《山东政协年鉴》是一部综合性资料工具书和史料文献，由山东政协年鉴编辑委员会主持编辑。

二、《山东政协年鉴（2022）》，记载2022年1月1日至12月31日期间山东省政协及各市政协所发生的重要事件、重要文献、组织机构和人员变动等情况。

三、《山东政协年鉴（2022）》设“省政协篇”和“市政协篇”2个基本栏目。

“省政协篇”，包括省政协领导讲话、发言、文章，报告、决议，制度建设，重要会议，建议案、协商报告、调研报告，省政协十二届五次会议立案提案，省政协十二届五次会议大会发言，各部门工作概况，组织情况，报刊社论，2022年大事记等分类栏目。其中，省政协十二届五次会议立案提案、大会发言及本年度常委会议大会发言只收录篇目；涉及各部门的内容由各部门提供、部门负责人审核；其余内容出自省政协正式印发的各种文件及资料汇编。

“市政协篇”，收录全省16市政协年度工作及组织机构概况，文字内容均由各市政协提供，并经该政协有关负责人审核。收录时，根据需要做了适当修改。

目 录

省政协篇

领导讲话、发言、文章

报告、决议

制度建设

重要会议

政协第十二届山东省委员会会议

各部门工作概况

组织情况

报刊社论

2022 年大事记

市政协篇

省政协篇

领导讲话、发言、文章

在省政协十二届五次会议闭幕会上的讲话

（2022 年 1 月 26 日）

葛慧君

各位委员、各位同志：

这次会议，在中共山东省委领导下，在全体与会同志的共同努力下，已圆满完成各项议程。

李干杰书记在开幕大会上作了讲话，总结回顾了过去一年全省经济社会发展取得的突出成就，充分肯定了省政协一年来的履职工作和委员辛勤付出，发出了"奋力走在前，携手开新局"的号召，并对做好今年省政协工作提出了明确要求。李干杰书记的讲话，充分体现了省委对政协工作的高度重视和对广大委员的殷切希望，为全省政协事业发展指明了前进方向。我们要认真学习领会，抓好贯彻落实。

会议期间，李干杰书记、周乃翔省长等省委、省政府领导同志出席大会，听取发言，参加讨论，与委员们共商改革良策、共谋发展大计。全体委员认真履行职责，围绕省委、省政府决策部署和人民群众所思所盼，深入协商议政，积极建言献策，讨论审议有关报告，顺利完成选举任务，展现了政协委员的使命担当，彰显出社会主义协商民主的独特优势。会议始终弘扬团结民主、求真务实的主旋律，精简高效，风清气正，开得圆满成功。

各位委员、各位同志，人民政协事业薪火相传、接续发展，凝结着一届又一届政协委员的智慧与奉献。因年龄原因，付志方同志不再担任省政协主席，吴翠云同志不再担任省政协副主席，刘永巨同志不再担任省政协秘书长，15 名同志不再担任省政协常委。付志方同志担任省政协主席以来，团结带领省政协班子和广大委员，全面加强政协党的建设，广泛组织专题调研，深化协商议政活动，创造了许多好经验，推出了许多好品牌，形成一系列高质量履职成果，为我省政协事业高质量发展作出了重要贡献。吴翠云同志、刘永巨同志和辞去省政协常委职务的同志，在省政协任职期间，认真负责，勤勉敬业，扎实工作，为全省政协事业作出了积极贡献。让我们以热烈的掌声，向他们表示衷心感谢和崇高敬意！

这次大会选举我担任省政协主席，选举王书坚同志、林峰海同志担任省政协副主席，补选21名常委，这是中共中央和省委对我们的信任与重托，是全体委员对我们的厚爱与期望，我们深感责任重大、使命光荣。信任就是责任，使命就是担当。我们一定不辜负组织的重托和同志们的期望，深入学习贯彻习近平新时代中国特色社会主义思想，认真贯彻落实习近平总书记对山东工作的重要指示要求，在历届省政协打下的坚实基础上，按照中共山东省委对政协工作提出的明确要求，紧紧依靠全体委员，充分发挥集体智慧，不忘初心、牢记使命，恪尽职守、担当作为，为开创全省政协事业新局面作出应有贡献。

各位委员、各位同志，今年是中共二十大的召开之年，也是新时代社会主义现代化强省建设的关键之年。中共山东省委牢记总书记殷殷嘱托，聚焦“走在前列、全面开创”“三个走在前”总遵循、总定位、总航标，作出一系列安排部署，推动各项工作稳中有进、阔步前行。我们要紧跟省委步伐，紧扣中心工作，坚持建言资政和凝聚共识双向发力，努力在新时代社会主义现代化强省建设新征程上，担当新使命、展现新作为。

——担当新使命，展现新作为，就要保持稳如泰山、坚如磐石的政治定力。政协之“政”是政治之“政”，人民政协是政治组织，必须旗帜鲜明讲政治。要坚定政治方向，始终深学笃用习近平新时代中国特色社会主义思想，忠实践行习近平总书记对山东工作的重要指示要求，深刻认识“两个确立”的决定性意义，不断增强“四个意识”、坚定“四个自信”、做到“两个维护”。要强化政治自觉，始终把坚持中国共产党领导作为根本政治原则，贯彻落实到政协工作全过程各方面，善于从政治上考量、在大局下行动，坚定不移同中国共产党想在一起、站在一起、干在一起，做到政治上团结合作、思想上共同进步、行动上步调一致。要提高政治站位，始终牢记“国之大者”就是责之重者，立足“两个一百年”奋斗目标交汇的历史节点，立足全面建设社会主义现代化国家的时代背景，统筹谋划、全力推进政协工作，切实把中央部署和省委要求转化为政协工作的生动实践。

——担当新使命，展现新作为，就要凝聚万众一心、众志成城的磅礴合力。走在前、开新局，需要亿万齐鲁儿女勠力同心，尽锐出战，接续奋斗。尽管前进道路上还有不少困难挑战，但是困难孕育希望，优势即是机遇。我们要深刻理解把握“九大比较优势”的内涵和要求，主动站位大局、服务大局，切实担负起把中央部署和省委要求落实下去，把全体齐鲁儿女的智慧和力量凝聚起来的政治责任，广泛聚众心、集众智、合众力。要聚思想引领之力。充分发挥“重要阵地”“重要平台”“重要渠道”作用，通过政协讲堂、委员宣讲团、社情民意信息、提案等，在宣传政策、协调关系、理顺情绪、化解矛盾的工作中，积极传播共识、凝聚共识、形成共识。要聚建言资政之力。紧紧围绕“在服务和融入新发展格局上走在前”“在增强经济社会发展创新力上走在前”“在推动黄河流域生态保护和高质量发展上走在前”，召开3次议政性常委会会议，汇聚各方智慧，集聚各界力量，为实现“三个走在前”写好政协答卷。聚焦省委确定的“六个一”发展思路、“六个更加注重”策略方法和“十二个着力”重点任务，深入调查研究，广泛协商议政，提出有价值、有分量、可操作的意见建议，为推动全省经济社会高质量发展贡献政协力量。要聚团结联谊之力。坚持大团结大联合，充分发挥统一战线组织优势，积极探索新形势下团结联谊工作的有效方法，搭建交流平台，畅通联络渠道，更加密切与各党派团体和各族各界人士的联系，更加密切与港澳台同胞和海外侨胞的联系，扩大朋友圈，画好同心圆，汇聚正能量，筑牢共同思想政治基础。

——担当新使命，展现新作为，就要彰显商以求同、协以成事的制度效力。人民政协作为中国特色的制度安排，是人民民主的重要形式，必须践行以人民为中心的发展思想。要坚决落实“人民政协为人民”的要求，充分发挥专门协商机构优势，聚焦民生领域群众关切问题协商建言，办好“民声连线”，深化“我为群众办实事”实践活动，做到协商于民、协商为民、协商利民。要坚决落实发展全过程人民民主的要求，深入推进专门协商机构建设，深化“有事多商量”协商工作品牌，切实把人民政协的独特优势，转化为“集思广益商量事，集中力量办大事”治理效能。要坚决落实提高协商质量的要求，会同党委政府订定年度协商计划，实施省委省政府主要领导阅批领办重点提案，建好用好委员协商议事室、界别活动室，拓宽协商渠道，完善工作链条，延长工作手臂，延伸履职触角，探索协商民主新的实现方式和实践载体，使政协专门协商机构的成色更足、分量更重、作用更大。

——担当新使命，展现新作为，就要激发时不我待、事争一流的干事活力。今年是十二届省政协工作的收官之年，是市县政协的开局之年，各级政协组织和广大政协委员要敬终如始，善作善成，展现新风貌，干出新样子。要涵养深厚情怀，情牵“大国之重”，心系“万家灯火”，致广大而尽精微，谋长远而务当前，努力把“履职作业”写在齐鲁大地上、写进群众心坎里，用实际行动践行“为国履职、为民尽责”的情怀担当。要练就过硬本领，把“懂政协、会协商、善议政，守纪律、讲规矩、重品行”当作座右铭，练好履职尽责基本功，提升干事创业精气神，以扎实业绩展现委员履职风采。要弘扬优良作风，在继承中发展，在守正中创新，保持奋进姿态，全面提质增效，踔厉奋发，笃行不怠，推动政协事业焕发新生机、迸发新活力、开创新局面。

各位委员、同志们！“奋力走在前，携手开新局”的号角已吹响。让我们更加紧密地团结在以习近平同志为核心的中共中央周围，在中共山东省委的坚强领导下，沿着习近平总书记指引的方向开拓进取、勇毅前行，为谱写新时代社会主义现代化强省建设新篇章作出新的更大贡献，以优异成绩迎接中共二十大胜利召开！

在省政协专门委员会主任座谈会上的讲话

（2022 年 2 月 21 日）

葛慧君

今天上午的座谈会开得很好。这既是一次工作交流、思想交流，也是一次感情交流。大家虽然谈的时间不长，但是都很深刻。能够看出来，会前大家都做了深入思考。比如刘永巨主任讲的，研究透专委会的工作，政协工作这盘大棋才能下好，要做到四个“跟得上”；杨玉贞主任讲的，政协为大家思考问题创造了很大的空间和平台；杨丽丽主任讲的，进入新时代就要有新的状态；曲伟主任讲的，专委会工作作为政协的一线工作，要不断为政协工作“创品牌、走在前”添砖加瓦；王春秋主任讲的，提升“四个能力”；于毅主任讲的，专委会工作要加把劲、抓紧干；孟富强主任讲的，现在做专委会工作多了一些紧迫感，要发挥好头雁作用；牟强主任讲的，专委会要发挥好“三个作用”，特别是要在“专”字上做文章；刘凤岐主任讲的，专委会主任作用应体现在四个方面；张丽波主任讲的四个方面的建议，等等。大家讲的，既有高度，又符合工作实际，也反映了大家当前的一些想法。听了以后，很受教育，也很振奋。会后，办公厅要认真整理大家的发言，充分吸纳、体现到加强改进专委会工作中。同时，研究一下加强政协履职服务保障的具体措施，为专委会履职创造更有力的条件。

人民政协组织是中国共产党领导的爱国统一战线组织。我们能够在政协这个大家庭中合作共事，既是组织的安排、工作的需要，也是难得的缘分。今天，借这个机会，我想围绕“如何看待专委会主任这个岗位，怎样干好专委会主任工作”，跟大家谈谈心，作个交流。

第一个问题，如何看待专委会主任这个岗位。

很多专委会主任到政协工作以后都有一个感慨：以前对政协有些印象，但是关注不多、了解不深，对专委会知之更少。如何理解和看待这个岗位呢?

第一，从专委会职能的角度来看。专委会是政协常务委员会和主席会议领导下的工作机构，在政协工作中具有基础性地位和作用。早在政协成立之初，周恩来总理就提出“建立工作小组”，主要有两个目的：一是为了使政协工作保持经常性。二是便于分门别类地开展工作。2019 年，全国政协召开了专委会工作会议，汪洋主席在会上强调，加强改进专委会工作，是坚持和完善人民政协制度的内在需要，是发挥人民政协专门协商机构作用的重要举措，是履行凝聚共识重要职能的必然要求，是提高政协工作整体效能的迫切需要。工作实践中，我们越来越感受到，只有发挥好专委会工作的效能，才能更好释放政协工作的整体效能。因为专委会工作开展得如何、作用发挥得如何，直接关系到政协工作的全局，关系到政协履职的成效，关系到人民政协事业的长远发展。

第二，从专委会主任岗位安排来看。组织安排一些曾经在党政领导岗位上的同志到政协工作，目的是加强党对政协工作的领导，发挥这些同志领导经验丰富、工作经验丰富的特点和优势，也赋予大家新的政治使命。有段时间，大家都认为政协是“二线”，到政协可以歇歇脚、养养老。实际上，政协的工作并不轻松，要想在政协把作用发挥好也是不容易的。汪洋主席强调，政协处于凝心聚力第一线，决策咨询第一线，协商民主第一线，国家治理第一线。所以，政协工作是党的“一线”工作的重要组成部分。大家到政协工作，要积极转变观念，用心研究政协工作，让自己的思想时刻在线。一个人只要思想不老，人就不会老；只要思想上不懈怠，人就不会懈怠。要发扬好作风好传统，保持饱满的精神状态，站好最后一班岗，为自己的职业生涯画上一个圆满的句号。

第三，从岗位的工作特点来看。新时代人民政协的任务很重、要求很高。在中央政协工作会议上，习近平总书记提出了新的更高要求。贯彻落实好习近平总书记关于加强和改进人民政协工作的重要思想，特别是贯彻习近平总书记对山东提出的“走在前列、全面开创”“三个走在前”的重要指示要求，必须要做到整体工作走在前列。围绕这些方面，我们要思考的问题很多，能够探索的空间很大。做政协工作，并不空闲，并不轻松，只是与以前在党政岗位工作时忙的方式不一样了。政协工作有其自身的特点和规律，不能简单地用原来在党政工作的方式来行事。我们要研究政协工作的特点和规律，找到政协作用发挥的路径和方法，建立宽紧有度的作用发挥机制，形成一种心情舒畅、齐心协力的工作局面。

第二个问题，怎样干好专委会主任工作。

政协是专门协商机构，专委会的主要工作就是做好搭台这篇大文章，为委员、为专家、为党政部门在协商中提供平台。搭台是一个政治活，也是一个技术活。所以有几个方面我点一点，希望大家要把握好。

一是要把好政治方向。政协是个政治组织。作为政协工作机构的专委会，旗帜鲜明讲政治是第一位的。要把讲政治贯彻到专委会工作的全过程各方面，不断夯实团结奋斗的共同思想政治基础。

二是要注重双向发力。坚持建言资政和凝聚共识双向发力，是新时代人民政协工作职责的崭新概括和鲜明特质。我们要改变以往单纯地把提了多少意见建议、有多少意见建议得到采纳作为评价唯一标准的做法。意见建议被采纳是一种成果，提高委员思想水平、广泛凝聚共识同样是我们工作的成效。

三是要彰显工作特色。专委会，顾名思义强调的是一个“专”字。每个专委会都有自己的专业特点、工作对象和着力重点。我们要围绕“专”字做文章，“专”出特色，“专”出质量、“专”出水平。提案委、委联委综合性更强；经济委、农业农村委、人资环委、教科卫体委、社法委、文化和文史学习委主要是面向相关领域，承担的协商议政任务更重一些；民宗委、港澳台侨和外事委，团结联谊的任务更重一些。所以大家要做好“专”字的文章，发挥好自己的作用。

四是要带好“两支队伍”。加强政协自身建设，主要是带好“两支队伍”：一个是委员队伍，一个是机关干部的队伍。要带好“两支队伍”，第一，专委会主任要发挥好头雁作用，时刻保持工作的激情和热情。第二，要发挥好委员的主体作用，把他们组织起来，让他们参与进来。我们要防止参与履职活动的委员固化现象。无论是调研视察考察，还是组织协商活动，不能总是那几张老面孔和专委会办公室那几个人。专委会组织履职活动，可以邀请自己专委会的委员，也可以是其他专委会的委员或者没列入专委会的委员，只要从事的工作、专业特长与课题有关系，都可以邀请。当然，办公厅要做好统筹协调工作。第三，要把党建工作作为加强和改进专委会工作的龙头来抓。大家既是专委会主任，又是专委会分党组书记，同时还承担了学习座谈小组的任务。我们要把这些职责履行好、作用发挥好。对专委会办公室的同志也要大胆管理、严格要求，不要搞得客客气气，显得很“生分”，对年轻的同志要像带徒弟一样，亲自带，手把手教，帮助他们养成好习惯、形成好作风，为他们今后的成长打下坚实基础，为政协事业的发展培养人才。

五是要加强协同配合。要处理好专委会主任与专职副主任的关系。如果把政协比作一架大机器的话，专委会主任就好比车间主任，专职副主任就是执行主任。专委会这个生产车间要做出好的产品，车间主任非常重要，要发挥好把向定位的作用；专职副主任则要起到协调落实的作用。专委会主任，也是分党组书记，承担的是政治责任、领导责任；专职副主任是政协管理的干部，要多汇报沟通，在主任领导下开展好工作。要加强同党政部门的对口联系，密切跟各民主党派、工商联和人民团体的联系，加强同社会各方面的联系协作。专委会主任们大都在党政部门工作过，资历老、经验丰富，联系厅局、协调课题、调度工作，肯定会有一些便利条件；政协履职到底出什么题目，在哪个方向着力，大家是最有发言权的。这就是我们制度设计的科学性和合理性。所以，要提升政协工作整体水平，必须要把专委会主任的作用发挥好。说到底，党政也好，政协也好，都是为省委工作的中心大局服务的。我们讲，政协要帮忙不添乱，不是说不干工作就叫不添乱。实际上找准定位，把自己的工作做到位才是帮忙，不添乱是要求把握方向不能出问题。要加强同全国政协及市县政协专委会的联系互动。这些年，全国政协的工作抓得非常紧，围绕贯彻落实好习近平总书记关于加强和改进人民政协工作的重要思想，汪洋主席提出了一系列新要求，推出了一系列新举措。我们要对标对表全国政协，认认真真抓好学习贯彻落实。同时，要在巩固拓展原有工作优势

的基础上，加强与兄弟省市政协的联系，学习好经验好做法，进一步加强和改进我们的工作。

省委提出，全省各项工作都要“事争一流、唯旗是夺”。从政协来讲，从专委会工作来讲，也要有事争一流的状态和标准。十个专委会，就像十朵花，只有每朵花都绽放出绚丽光彩，政协这个大花园才会葱郁芬芳，璀璨夺目。

在省政协机关全体干部会议上的讲话

（2022 年 2 月 24 日）

葛慧君

今天，我们召开机关全体干部会议，既是对去年工作的梳理总结，也是对今年工作的再动员、再部署。刚才，国安同志对去年工作进行了总结，应该说，过去的一年，是党和国家历史上具有重要里程碑意义的一年，也是我们机关勤勉履职、收获满满的一年，创造了不少好经验好做法，涌现出许多先进单位和个人。这里，我代表省政协党组和主席会议，向受表彰的先进单位和先进个人表示热烈祝贺，向机关全体干部职工致以衷心的感谢和问候！

政协机关是服务政协履职的综合机构，当参谋、出思路、搞服务、做保障、抓落实，发挥着重要作用。我来山东工作时间不长，这段时间里，通过走访机关和直属事业单位、召开各工作机构负责人座谈会以及平时工作中与同志们的接触交流，能够感到大家综合素质高、精神状态好、干事氛围浓。特别是有三个方面，值得充分肯定：一是机关工作有成效、有亮点。在习近平新时代中国特色社会主义思想指引下，在省委坚强领导下，省政协机关认真落实两级党组和主席会议决策部署，认真做好机关党的建设、办文办会、活动组织、宣传信息、后勤保障等各项工作，充分发挥了参谋助手、综合协调、督办落实、服务保障等职能作用，推动省政协各项履职活动有序开展。可以说，我们的工作有声有色，成绩可圈可点。二是干部职工有活力、有干劲。无论是办公厅、研究室、委员活动工作室、各专委会及其办公室、派驻政协机关纪检监察组，还是各事业单位；无论是领导同志，还是干部职工，大家都“在状态、有激情、能担当”，人心思上、人心思进，形成了想干事、肯干事、能干事的良好氛围。三是自身建设有章法、有提升。深化“一抓双创”品牌，以党建带创建、以创建促党建，党组织凝聚力战斗力持续增强，干部队伍的能力素质和服务水平稳步提升，精神文明建设扎实有效，机关环境温馨舒适，同志之间团结和谐，形成了向上向善的机关文化氛围，营造了风清气正的良好政治生态，干出了新时代人民政协的新样子。这些都要充分肯定，并在我们今后的工作中发扬光大。

今年是党的二十大的召开之年，也是新时代社会主义现代化强省建设的关键之年；是十二届省政协的收官之年，也是新一届市县政协的开局之年。新的一年，我们任务更重、要求更高、责任更大。大家都要进一步动起来、紧起来、忙起来，以模范机关建设为抓手，以奋进者的姿态和干劲，把各项工作做得更优质、更高效、更出彩。借此机会，我提四个方面的希望和要求，也是同机关的同志谈谈心，与大家共勉。

一、要坚定不移强政治

人民政协是政治组织，政协机关是政治机关，政治过硬是第一位的要求。怎样做到旗帜鲜明讲政治，我理解，这个“讲政治”是具体的不是抽象的，是行动的不是口号的，关键要看实际行动的表现、看具体工作的担当、看关键时刻的状态。也就是说，要把切实增强“四个意识”、坚定“四个自信”、做到“两个维护”根植到思想里、体现到行动上、落实到工作中。这里，我重点强调三点。

一是坚定理想信念。理想信念是中国共产党人的精神之“钙”，关系到我们的方向和立场，也决定着我们的言论和行动。当前，国际国内形势纷繁复杂，各种思潮交流交融交锋，各种“噪音”“杂音”此起彼伏。如果理想信念不坚定，就会迷失方向、失去定力，关键时刻就会出问题。去年，中央在全党开展党史学习教育，很重要的一点就是为党员干部“补钙”，从党的百年奋斗史中汲取智慧力量，拧紧世界观、人生观、价值观这个“总开关”。我们必须要坚定理想信念，坚定对马克思主义的信仰，对中国特色社会主义和共产主义的信念，不断增强政治觉悟和政治定力，不为形形色色的思想意识所扰，确保头脑特别清醒、眼睛特别明亮，在大是大非面前要始终做到立场坚定、旗帜鲜明、毫不动摇。

二是提高政治站位。政治站位是衡量一个党员合格与否的重要标准，也是党员干部特别是领导干部能否做好工作的根本前提。站得高方能看得远、看得清，才能胸怀大局、放大格局。政协机关干部是党的干部，机关的各个部门不是单纯的业务部门，所从事的都是政治性、政策性很强的工作，机关建设的政治标准和要求理应更高。我们必须时刻绷紧讲政治这根弦，提高政治能力，把牢政治方向，在始终同以习近平同志为核心的党中央保持一致上作示范，在贯彻落实中央、省委决策部署上作示范。我们组织的每一场协商议政活动、开展的每一次视察考察调研、撰写的每一篇文稿材料，都要从讲政治的高度去认识和把握。政协的很多工作、很多事情，如果我们站在政治的角度去思考和分析，对人民政协性质定位和工作规律的把握就会更深切、更有力，工作也会做得更精准、更有效。

三是严守纪律规矩。纪律规矩首先是政治纪律、政治规矩。习近平总书记反复强调，干部出问题，往往首先是政治上出问题，而政治上的问题，无一例外，都是从破规逾矩开始的。大家要懂得，纪律规矩是对党员干部的最大爱护。党的纪律规矩体系，对党员干部能做什么、不能做什么都规定得清清楚楚，只要我们遵照执行，就能安心履职、踏实工作、一生平安。严守政治纪律政治规矩是一辈子的事，不分年龄大小、职务高低，是摆在每位党员干部面前的永恒课题。工作中，我们要始终把纪律规矩挺在最前面，切实做到党中央提倡的坚决响应、党中央决定的坚决照办、党中央禁止的坚决杜绝。要在组织面前做老实人，按规定向组织报告重大问题、重要事项。当然，我们在工作、生活中也会遇到这样那样的困难问题，要及时向组织汇报，多和组织交流。

二、要勤勉敬业强服务

政协机关工作千头万绪，但归结起来主要就是“服务”二字。做好服务保障工作，是政协机关干部的“天职”。我们要由“做了什么、做了多少”向“做出什么效果”转变，不断提高服务委员、保障履职的质效，扎扎实实做好服务保障这篇大文章。

*一是强化责任意识，增强工作担当。*干事担事，是干部的职责所在，也是价值所在。战争年代抛头颅、洒热血是一种担当，和平年代立足岗位、敢于负责也是一种担当。近年来，中央围绕加强和改进新时代人民政协工作提出了许多新任务新要求，比如政协的党建工作、宣传思想工作、委员读书活动以及加强对市县政协工作的指导，等等，这些工作按照以前的职能分工，没有具体负责的部门。这就需要我们根据现有职能和人员情况，明确牵头部门，把责任定下来，把工作抓起来。路是靠人走出来的，事是靠人干出来的。大家不能因为没干过或者担心干不好就有畏难情绪，而是要知难而进，不讲“办不了”，多想“怎么办”，想方设法把工作做扎实、干出彩。机关每一个岗位都是一副担子、都有一份责任，每一位同志都要有“既是第一责任人，也是最后把关人”的意识和态度。要主动挑起担子、扛起责任，用心去思考，用心去落实，经常自己给自己出题目、自己跟自己较上劲，形成竞相负责、人人担当的良好工作局面。

*二是强化前列意识，提升服务水平。*习近平总书记对山东工作提出了“走在前列、全面开创”“三个走在前”的重要指示要求，为山东发展把脉定向，为我们做好工作提供了总遵循、总定位、总航标。什么是走在前，李干杰书记讲，就是各项工作都要“事争一流、唯旗是夺”“保五争三奔第一”。我理解，走在前是全方位的，只有全省各级各地、各行各业、各项工作都走在前了，“走在前”的目标才能得以实现。政协工作、政协机关工作也不例外。我们要按照“走在前”的目标，树立前列意识，拉高工作标杆，提高工作质效，更好地服务全省工作中心大局。要按照“党委出题目，政协做文章”的要求，精准选择履职课题，充分发挥专门协商机构的参政议政作用。要把政协工作放在省委中心大局中来思考、来谋划、来推动，找准工作的切入点、结合点、着力点，增强工作的科学性、预见性和系统性，以高质量的服务推动政协工作高质量发展，确保各项工作走在前列，为新时代社会主义现代化强省建设做出政协贡献。

*三是强化进取意识，做到守正创新。*任何事业要发展，必须要创新。当前，政协工作面临的“时”与“势”发生了很大变化，工作的内涵和外延发生了很大变化，工作对象的结构和情况发生了很大变化。在今年全省工作动员大会上，李干杰书记以创新为主题，明确提出了“十大创新”。我们必须适应形势、把握大势，紧紧跟上新时代人民政协的发展步伐，认真贯彻落实省委的部署要求，努力推动全省政协事业创新发

展。近年来，我们在很多方面打出了自己的品牌，比如民声连线、有事多商量、专题调研等等，这些工作的基础都很好，具有很大的影响力。下一步，大家就要在深化拓展、提档升级现有品牌上多做一些思考研究和实践探索，把长板做长，使之不断丰富完善、规范有序发展，释放出更大的效力和活力。同时，我们也要主动适应新形势新任务新要求，认真梳理、思考哪些工作需要加强，哪些职能需要拓展，哪些环节需要改进，等等，都要做到心中有数、目标明确、思路清晰。比如，专门协商机构是新时代人民政协的新定位，我们要考虑如何学习借鉴全国政协的“双周协商座谈会”制度，推出“月度协商会”等协商平台，释放专门协商机构的潜能和活力，做到“专”出特色，“专”出水平，“专”出质量；再比如，发挥“三个重要”作用是新时代人民政协的新使命，我们要考虑如何搭建一定载体，通过有效工作，承担好这个新使命；还比如，当前正处于“数化万物”的时代，数字化改革是摆在我们面前的必答题，我们要积极融入、热情拥抱数字化浪潮，围绕“数字赋能政协履职”这个命题，深入研究数字化发展背景下政协履职的特点，把政协协商民主广泛性、互动性、全程性的特色与信息技术快捷、开放、交互、多跨的特点结合起来，推动机关工作理念、机制、手段、方法的创新和提升。

三、要持之以恒强能力

习近平总书记明确指出，“我们处在前所未有的变革时代，干着前无古人的伟大事业，如果知识不够、眼界不宽、能力不强，就会耽误事”。当前，世界百年未有之大变局加速演进，中华民族伟大复兴进入关键时期，新时代社会主义现代化强省建设全面开启，这既对政协履职提出了新任务，也对政协机关干部的能力素质提出了新要求。大家要时刻保持“本领恐慌”的危机感，不断增强能力素质，适应新时代人民政协事业发展的需要。

*一是勤于学习。*学习是人民政协的永恒主题，也是推动政协工作实现创新发展的内在动力。作为政协机关的同志，大家要把学习当成一种生活态度、一种精神追求，依靠学习，不断成长进步。要学以明理。严格落实“第一议题”制度，深入学习习近平新时代中国特色社会主义思想，学习贯彻习近平总书记关于加强和改进人民政协工作的重要思想，跟进学习党中央、全国政协和省委的最新部署要求，通过学习学出坚定信念、学出党性修养、学出思想自觉。要学以致用。学习的目的在于应用。要把学习的出发点和落脚点放在解决实际问题上，真正把学习的体会和收获转化为谋划工作的思路、推进工作的措施、干好工作的本领，把学习成果转化为工作成效，切实做到学以致用、用以促学、学用相长。要学以增智。人民政协群英荟萃、人才济济，专家、名家、大家不乏其人。这就要求机关同志既要用心钻研业务，成为政协工作的行家里手，又要广泛涉猎各方面知识，做到与政协委员对得上话、与基层群众拉得上呱。这样，才能做到像俗语讲的，“遇上秀才能说书，遇上屠夫能说猪”。大家要珍惜把握政协大好的学习环境和条件，结合工作多开展些研究式的学习，既向书本学，又向领导

和同事学、向委员和专家学，博采众长、兼收并蓄，互相学习、共同提高。

二是善于思考。学而不思则罔，思而不学则殆。做好工作，很关键的一个方面，就是要通过深入的思考，找到正确的思想方法和工作方法。我经常讲，做工作，想明白了才能说明白，才能明白地干。对于我们的干部来讲，同样是工作，是不是善于总结思考，收获大小、提高快慢是不一样的；思考的角度、深度不一样，得出的结论、工作的效果也是不一样的。机关工作事情很多，大家每天都忙忙碌碌，但是不能陷入事务主义，要养成思考的习惯，坚持给自己留出思考的时间，既要对做过的工作多进行“复盘”，在脑子里“过过电影”，也要对今后的工作多琢磨、多谋划，通过思考和研究推进工作。不论综合文字、会务活动，还是干部人事、后勤保障等各项工作，都需要多思考，增强思考的自觉，形成人人研究思考工作、关心政协事业的良好局面。

三是工于落实。一分部署，九分落实。政协的履职活动大都是靠机关同志来落实和推动的。大家的执行力强，工作就能落到实处。要不折不扣抓落实。凡是省政协党组和主席会议部署了的工作，都要列入机关重要议程，能办的马上办，该办的坚决办，难办的克服办，确保件件有落实、事事有回音。要依靠制度抓落实。充分发挥制度机制的保障作用，在重点工作的落实上，既要有计划、有方案、有清单，又要有调度、有督促、有反馈，对照任务清单，串起工作链条，形成人人抓落实、层层抓落实、事事抓落实的良好机制。要坚持不懈抓落实。对经常性、长期性的工作，要拿出抓铁有痕、踏石留印的韧劲，发扬钉钉子精神，一锤一锤地敲，一项一项地落实，一步一步地推进，稳扎稳打，久久为功，推动省政协各项工作落地生根、开花结果。

四、要弘扬正气强作风

作风就是形象，作风就是力量。一个单位的工作，成在干部作风，坏也在干部作风。作风过硬、作风优良，才能出效率、出成绩、出亮点。

一是弘扬奋发有为的作风。奋发有为是一种精神状态，更是一种工作作风。这几年，中央和省委围绕加强和改进政协工作提出了许多新要求新任务，作出了许多新部署新安排，政协机关需要做的事情很多。机关每名干部职工都是政协机关这台大机器的“螺丝钉”，只有每个“螺丝钉”拧紧了、到位了，政协机关这台机器才能高效运转。所以，大家必须要振奋精神、鼓足干劲，以事争一流、奋发有为的状态投入工作，干出新时代人民政协的新样子。领导干部要带好头、作表率，年纪大的干部要有激情、不懈怠，年轻干部要始终保持一股子劲，有朝气、有锐气。机关要坚持正确的选人用人导向，注重在工作中历练干部、发现干部、使用干部，让想干事的有机会、肯干事的有舞台、干成事的受重用，激发机关干事创业的良好氛围。

二是弘扬团结协作的作风。政协机关是个大家庭，大家走进这个机关，是同事也是家人，是情谊也是缘分；走出这个院子，每个部门、每名干部都代表政协机关的形象，都是一扇“窗口”、一张“名片”。大家都要有“身在幕后、心系台前”的情怀，形成台前幕后一台戏的整体意识，珍惜在一起工作的缘分，共同维护好这个大家庭的良好形象。现在机关很多工作都呈现综合性和交叉性的特点，你中有我，我中有你，更需要加强团结协作，使工作开展得更加顺畅。机关各部门处室之间、干部职工之间，要坚持小分工大合作，既要责任分明、各司其职，又要密切配合、协调一致，特别是在会议、活动、文稿比较集中的时候，更要多沟通、多理解、多配合、多补台，全员“一条心”、形成“一盘棋”、拧成“一股绳”，齐心协力完成各项工作任务。

三是弘扬清正廉洁的作风。政协虽然没有刚性的权力，但有话语权和影响力。作为政协机关，既有自己的人事权、财权和物权，也会和部门单位、企业、政协委员等打交道。所以，政协机关不是“世外桃源”和“真空地带”，机关干部同样面临着各种各样的诱惑和考验。要筑牢思想防线，始终在思想上绷紧清正廉洁这根弦，守住底线、不越红线、不碰高压线。要坚持防微杜渐，始终保持健康生活情趣和高尚道德情操，管住自己、管住小节，低调做人、谨慎交友。要让廉洁成为政治觉悟、人生觉悟，成为工作习惯、生活习惯，既要勤政也要廉政，既要干事也要干净，以饱满的热情、昂扬的斗志、清廉的作风，树立政协机关干部良好形象。

同志们，人勤春来早，奋进正当时。希望大家按照今年的目标任务要求，勠力同心、苦干实干，踔厉奋发、砥砺向前，为全面开创社会主义现代化强省建设新局面贡献智慧和力量，以实际行动和优异成绩迎接党的二十大胜利召开！

在省政协十二届五次会议提案交办会上的讲话

（2022 年 3 月 2 日）

于国安

今天召开省政协十二届五次会议提案交办会。主要是总结交流省政协十二届四次会议提案办理工作经验，贯彻落实省 2022 年工作动员大会精神和葛慧君主席对政协工作的指示要求，部署省政协十二届五次会议提案办理工作，进一步强化责任意识，确保高质量完成今年提案工作任务。

刚才，我们对省政协十二届五次会议提案进行了交办，省委副秘书长、省委省政府督查办主任高剑锋同志就做好今年提案办理工作提出了明确要求，讲得很好、很到位，希望大家认真领会、抓好落实。

多年以来，省委高度重视和加强对政协工作的全面领导，政协提案工作的建言资政、凝聚共识作用日益凸显。省政协党组发挥把方向、管大局、保落实重要作用，把党对政协工作的领导贯穿提案工作全过程，按照中央决策部署和省委工作要求，坚持协商民主与提案工作相结合，将提案工作列入重要议事日程，听取情况汇报，研究落实意见，以提高质量为导向，以凝心聚力为目标，开展提案质量和办理质量“双向评议”，有序推进提案内容和办理结果“双公开”，加大重点提案督办协商力度，开展提案办理“回头看”，有力推动了提案工作提质增效。

过去一年，省政协委员、政协各参加单位和专门委员会围绕我省经济社会等领域的重要问题和涉及人民群众切身利益问题，提出提案 968 件，经审查立案 866 件，截至去年底，85 个承办单位已全部办复。各承办单位将政协提案办理工作作为一项重要政治任务，作为支持政协委员履职、密切联系群众、实现科学民主决策的重要途径，积极主动开展提案办理协商，建立健全办理协商机制，提案办理工作更加制度化、程序化、科学化。比如，省教育厅主要负责同志亲自过问提案办理工作，带头协商，及时研究解决提案中反映的意见问题；省民政厅编制提案办理“明白纸”，规范各个环节流程，明确办理责任、办理时限、办理要求、采纳落实等规定；省财政厅健全督查督导机制，依托办公自动化系统，将提案办理纳入厅机关重要工作督查平台，全过程监控提案办理情况；省人社厅创新办理协商方式，采取面商答复、登门征求意见、现场集中答复等形式开展办理协商；省水利厅深入一线开展提案办理调研，突出问题导向，推动意见建议落实；省卫健委将提案办理情况纳入单位综合考核指标体系，考核结果作为评定先进处室的重要条件，等等，这些富有成效的工作做法和经验，值得大家学习和借鉴。可以说，许多提案承办单位都结合自己的工作实际探索了一些好的经验做法，有力保障了提案办理任务的圆满完成。在此，我代表省政协对各承办单位多年来对政协提案工作的重视、支持，表示衷心的感谢！

回顾过去一年，提案办理工作虽然取得了很好的成绩，但我们也要看到存在的问题和不足：一是重答复轻落实现象仍然存在。有的承办单位重视程度不够，特别是对一些利益冲突复杂、办理难度较大的事项，以工作介绍代替具体问题答复，把答复了当成办理了、落实了，而不是下真功夫研究解决的办法，"解释多、措施少，重答复、轻落实"的现象仍不同程度的存在。二是提案办理协商有待加强。有的承办单位沟通协商形式单一，集中面复协商、现场协商、调研协商等开展得不够。有的承办单位与提案者缺乏充分的协商沟通，对提案反映问题的真正意图没有全面了解和把握。三是办理工作不够规范。有的承办单位没有结合自身实际，制定可操作的提案办理制度，办理工作随意性较大；有的承办单位由于人员工作变动，办理工作衔接不好，还不及时，造成答复延期。同时，也有个别提案本身质量不高的问题。这些都需要在今后的工作中进一步加强和改进。

省政协十二届五次会议以来，政协委员、政协各参加单位和各专门委员会，以高度的政治责任感和极大的参政议政热情，积极通过提案履职尽责、建言献策。截至昨天，共提交提案 846 件，经审查立案 769 件。这些提案，锚定"走在前列、全面开创""三个走在前"，聚焦省委省政府中心工作、"十大创新"要求和人民群众关心关注的热点问题，具有广泛的代表性、时效性和前瞻性，凝聚着提案者的大量智慧和心血，承载着社会各界群众的愿望和期盼。我们一定要认真办理、郑重答复，努力使这些建言资政成果更好地体现到服务新时代社会主义现代化强省建设的实践中去。

李干杰书记在全省工作动员大会上提出"十大创新"工作要求，政协提案办理工作也要注重创新、提质增效。葛慧君主席在省政协各工作机构负责人座谈会上强调，要重视提案办理工作，健全完善工作机制，坚持全过程协商，不断提高提案办理质量，这为我们做好提案办理工作，提供了遵循，明确了方向。下面，我就做好今年的提案办理工作，讲几点意见。

一、提高思想认识，增强做好提案办理工作的责任感使命感

提案工作是人民政协的一项全局性工作，提案是人民政协履行职能的重要方式，提案办理直接关系到政协作用的发挥和政协工作的成效。近年来，广大政协委员和参加单位参政议政意识不断提升，提案的综合性、全局性、前瞻性不断增强，社会关注度明显提高，政协委员和社会各界对提案建议采纳落实的期望也越来越高。做好新形势下的提案办理工作，有利于调动广大政协委员和参加单位参政议政的积极性和主动性，凝聚好各方面的智慧和力量；有利于实现党和政府决策科学化民主化，促进社会主义民主政治建设；有利于我们及时发现工作中存在的问题，更好地接受社会监督、改进自身工作，不断提高科学执政、民主执政、依法执政水平。各承办单位要从事关全省发展大局、事关党和政府形象的高度，不断提高对提案办理工作重要意义的认识，切实增强政治责任感和工作紧迫感，认真总结经验，深刻把握规律，进一步创新工作方法，提高办理实效，更好地发挥政协提案在助力全省经济社会高质量发展中的重要作用。

二、创新工作方法，提高提案办理质量

办理政协提案必须创新工作方式方法，认真办好办实每一件提案，真正让提案者满意，让群众受益。

一要突出办理重点。今年省政协完善重点提案遴选督办方式，从立案提案中遴选了部分事关党政工作重点、群众关注热点、具有针对性和可操作性的重点提案，拟报省委、省政府、省政协主要领导同志阅批督办，拟请省政府副省长、省政协副主席领办督办。对重点提案的督办我们还要制定督办工作方案狠抓落实。各承办单位要高度重视重点提案办理工作，主要领导要亲自研究部署、督促落实。同时，党派团体、界别、政协专委会提出的集体提案，聚焦重要问题、凝聚集体智慧，大多是办理的重点，也要集中力量研究办理。其他提案，同样要认真办理，注重意见建议的采纳落实，努力给提案者一个满意答复。

二要坚持全过程人民民主。要深刻认识到提案工作不是简单的我提你办、我交你办的过程，而是全过程人民民主的生动实践，要真正把提案办理过程变成深入协商沟通、增进理解认同、广泛凝聚共识、推进问题解决的过程。首先，省政协提案委员会、提案者和承办单位三方之间，要健全完善沟通协商机制，践行全过程协商理念，共同研究解决提案办理过程中遇到的问题。其次，要按照葛慧君主席要求，探索打造协商平台。我们初步打算围绕党政中心工作、民生改善实事、社会治理难事，选择切口小、关联广、与群众切身利益相关的提案，搭建起提办双方沟通交流的“直通车”，听取意见，寻求对策，推动问题解决。最后，各承办单位要丰富协商形式，针对不同问题，建立重点提案重点协商、同类提案集中协商、热点提案公开协商、难点提案反复协商的提案办理协商机制，开展好集中面复协商，推动提案办理由重答复向重落实转变。

三要强化办理效果。提案办得好不好，关键在提案建议的落实，要把功夫下在真正解决问题上。承办单位要增强答复针对性，坚持办文与办事相统一，积极吸收采纳提案所提合理意见、建议，认真解决提案所提实际问题。对于委员反映集中且符合实际的事项和有条件、有能力解决的问题，要集中力量尽快解决；对于涉及面广、情况比较复杂的问题，可以纳入各承办单位的研究课题，通过专题调研，寻找解决问题的途径和方法；对于因条件所限一时难以解决的问题，要建立工作台账，跟踪办理，待时机成熟时逐步解决；对于目前确实不具备条件解决的，要直截了当给予答复，争取理解。

四要注重总结经验。善于总结经验，是提高提案办理质量的法宝。根据省委办公厅、省政府办公厅转发的《省政协办公厅关于办理省政协提案的意见》，各承办单位须在9月底前向省政协提案委员会报送提案办理工作总结。总结材料不仅要体现怎么办的，更要体现办得怎么样，要有具体数字和案例说明。希望承办单位积极探索、注重创新，不断开创提案办理工作新局面。

三、精心组织安排，圆满完成提案办理工作任务

今年的提案办理任务依然繁重。各承办单位要早谋划、早部署、早推进，确保按时高效完成办理任务。

一要加强组织领导。提案工作政策性强、涉及面广、运转环节多，必须加强组织领导。各承办单位要把提案办理工作列入重要议事日程，同业务工作一同谋划、一体部署、一起推进，实现业务工作和提案办理“同频共振”。承办单位要压实责任，使提案办理工作在组织上有保障、工作上有部署、日程上有安排、措施上有要求，确保案案有人办、件件有落实、事事有回音。

二要健全办理工作机制。制度化、规范化、程序化，是做好提案办理工作的内在要求。近年来，大多承办单位建立了一套行之有效的工作制度，但是，随着提案工作的发展变化，已有的制度需要进一步健全规范。在提案办理督查、调查研究、办理结果公开、考核奖惩等制度上还要不断完善，在办理、沟通、答复、审核、评议等流程上还需进一步规范，以适应提案办理工作的新要求。

三要提高办理人员工作水平。提案办理质量如何，与提案办理人员的工作水平有很大关系。要保持工作的连续性和办理队伍的稳定性，充实加强承办工作力量，选择素质好、业务能力强、有办理工作经验的同志从事办理工作。办理人员要进一步增强责任感，认真学习提案工作政策要求、工作制度和业务知识，熟悉工作流程，提高办理水平。

四要加大督查表彰力度。省政协要完善督查机制，加强与省委省政府督查工作领导小组办公室的协作配合，采取抽查、重点督办等形式对部分承办单位办理工作进行督促检查。要完善提案办理台账，建立提办质量评价标准，将提案建议采纳落实、引起党政关注、达成广泛共识，作为评价提办质量的标准，并将评价结果作为提案工作评选优秀的重要依据。要组织开展好优秀提案、先进提案承办单位和先进提案工作者评选表彰活动，继续开展提案质量和办理质量“双向评议”，有序推进提案内容和办理结果“双公开”，确保督得有质，办得有效。

同志们，新的形势和任务，对提案办理工作提出了新的更高的要求。我们要以更加饱满的热情和“严、真、细、实、快”的作风，凝心聚力，守正创新，圆满完成提案办理工作的各项任务，为新时代社会主义现代化强省建设作出新的更大贡献！

在省政协人口资源环境委员会主任会议上的讲话

（2022 年 3 月 4 日）

刘均刚

今年是党的二十大召开之年，也是新时代社会主义现代化强省建设的关键之年，对政协来讲，是本届省政协的收官之年，也是新一届市县政协的开局之年。新的一年，新形势赋予政协工作新使命，机关工作任务更重、要求更高、责任更大。葛慧君主席到山东工作 1 个多月以来，在深入学习调研、广泛听取意见基础上，组织召开了系列会议，紧密部署了系列工作，就把牢政治方向、工作提质增效、加强宣传阵地建设等方面提出指导性的意见建议，特别是对加强专委会建设，提出了许多新观点、新思路、新举措。为更好贯彻落实葛慧君主席指示要求和做好下步专委会工作，我讲几点意见。

一、提高政治站位，扛起责任担当。政协是政治组织，旗帜鲜明讲政治是第一位的。要始终坚持以习近平新时代中国特色社会主义思想为指导，贯彻落实好习近平总书记关于加强和改进人民政协工作的重要思想，贯彻落实好习近平总书记对山东工作的重要指示要求，把坚持党的领导贯彻到政协工作的全过程、各方面。要善于从政治上考量、在大局下行动，把每一次调研考察、每一项履职活动，都从讲政治的高度去认识和把握，把工作做得更精准、更有效。要主动挑担子、扛责任，发挥政协委员的责任担当。

二、突出专委会特色，打造工作亮点。葛慧君主席高度重视专委会工作，先后召开两次专委会会议，就发挥专委会主任作用和发挥专委会整体效能作出了安排部署，指出专委会在政协工作中具有基础性的地位和作用，要围绕“专”字做好文章，“专”出特色，“专”出质量，“专”出水平。我们人口资源委员会涉及人口、资源、环境三大国策，联系面广、政策性强、社会关注度高，必须立足于自身特点，找准突破口，敢闯敢试，拿出有深度、有实效的履职成果，彰显出我们的特色、质量和水平。

三、聚焦重点工作，高标准建言资政。省政协党组会议确定，今年人资环委员会列入重点工作任务有五项：3 月第一次月度协商会议、第三季度专题议政性常委会会议，绿色矿山修复专题调研，联系中共、工商联界别活动。另外，还有关注森林活动、委员读书活动等很多工作都要陆续开展。题目在精在准不在多，总之要坚持大局观和小切口有机结合，以实际效果为导向，由“做了什么、做了多少”向“做出什么效果”

转变，提交高质量的履职作业。当前紧急的任务是围绕“推进育儿友好型社会建设”开展月度协商，下周我们分组到菏泽、德州进行实地调研，中旬召开情况通报会，再到两个市全面调研，这是省政协月度协商的“第一炮”，葛主席亲自安排部署，要求我们打造出模版，时间紧、任务重、关注度高，我们必须全力以赴，有序抓好各项工作落实，为今年的协商亮好相，开好局。

四、加强自身建设，全面提质增效。近年来，专委会在全体同志共同努力下，取得的成绩可圈可点，得到了机关上下的充分肯定。面对新形势新任务，希望大家能够向更高标准、更严要求看齐，进一步加强两支队伍建设，完善机制、细化分工、密切协作，推动工作理念、方式方法不断创新，以“严、真、细、实、快”的工作作风，全面推动专委会工作提质增效，使我们的工作跟得上时代的新要求。今年是本届政协的最后一年，要把握特点、探索方式、总结规律。希望各位主任能够敬终如始，继续保持良好的精神状态和工作激情，珍惜现有工作岗位和宝贵时间，用大家的丰富经验，为政协事业发展贡献智慧和力量，也为自己的履职生涯画上一个圆满的句号。

以奋进者的昂扬姿态迎接中共二十大胜利召开

——在全国政协十三届五次会议第二次全体会议上的发言

（2022 年 3 月 7 日）

葛慧君

今年，中国共产党将召开第二十次全国代表大会，这是党和国家政治生活中的一件大事、要事、喜事，举世瞩目，万众期盼。汪洋主席在常委会工作报告中，要求围绕中共二十大胜利召开凝心聚力。作为政协委员和政协工作者，我们应积极响应、起而行之，以昂扬的精神风貌和饱满的履职热情，担当起新时代人民政协的职责使命。

一、始终做共同思想政治基础的坚定构筑者，以深刻认同巩固发展团结奋进的良好局面。核心掌舵、旗帜领航，是中国共产党百年奋斗的重要历史经验。从中共十八大以来的十年看中国，全面建成小康社会、实现重大科技突破、成功抗击新冠疫情、顺利举办冬奥盛会等等，取得一个又一个重大胜利，我们越看越自豪、越看越自信。泱泱大国展现出前所未有的恢宏气象，中华民族伟大复兴展现出前所未有的光明前景。我们深切感受到，有以习近平同志为核心的中共中央的坚强领导，才能凝聚奋进伟力；有习近平新时代中国特色社会主义思想的科学指导，才能指引前进征程。踏上新的赶考之路，向第二个百年奋斗目标进军，需要我们牢牢把握坚持和发展中国特色社会主义这个主轴，坚决扛起“落实下去、凝聚起来”的政治责任，通过理论学习、委员读书、专项宣讲等增进深刻认同，从中国共产党史、新中国史、改革开放史、社会主义发展史中汲取智慧力量，深刻认识“两个确立”的决定性意义，不断增强“四个意识”、坚定“四个自信”、做到“两个维护”，筑牢共同思想政治基础，在习近平新时代中国特色社会主义思想的指引下携手前进。

二、始终做社会主义协商民主的忠实践行者，以新征程上的担当作为更好彰显人民政协制度优势。制度优势是一个国家的最大优势。“中国之治”充分证明了中国共产党领导的政治优势和中国特色社会主义的制度优势。我们在制度自信上是有志气、有骨气、有底气的。当前，百年变局和世纪疫情相互叠加，经济社会发展面临的风险挑战前所未有，越是形势复杂，越是任务艰巨，越要充分发挥我们的制度优势。人民政协作为中国特色的制度安排，我们有责任、有义务当好这一制度的参与者实践者推动者，把践行全过程人民民主的平台搭得更好，把建言资政和凝聚共识双向发力的工作做得更实。通过对中共十八大以来人民政协理论、实践和制度机制等创新成果的梳理总结，进一步深化对政协工作特点和规律性的认识，把人民政协的制度效能更好地释放出来，为推动中国特色社会主义民主政治建设作出应有贡献。

三、始终做建功新时代的不懈奋斗者，以高质量履职向党和人民交出满意答卷。我们有幸生逢伟大的新时代，奉献新时代、建功新时代，是每一个政协人的应尽责任。我们要自觉把迎接二十大、学习宣传贯彻二十大精神作为重大政治任务，学出忠诚信仰，学出责任担当，学出奋进动力。我们要自觉把“国之大者”作为“责之重者”，致广大而尽精微，谋长远而务当前，弘扬团结奋斗优良传统，用好统一战线这个重要法宝，以亲历、亲见、亲闻，讲好身边故事、讲好政协故事、讲好中国故事，以好声音赢得共鸣，用正能量汇聚合力。我们要自觉把“民之关切”作为“行之所向”，心系“万家灯火”，情牵“柴米油盐”，深入基层一线，走进界别群众，用心听民声察民情聚民智，为民办实事解难事做好事，展现“为国履职、为民尽责”的情怀和风采，在新时代中国昂扬奋进的新征程上展现人民政协的使命担当，以实际行动迎接中共二十大胜利召开！

在省政协文化文史和学习委员会全体会议上的讲话

（2022 年 3 月 17 日）

段青英

刚才我们传达学习了习近平总书记在全国“两会”期间的重要讲话精神和全国政协十三届五次会议精神；传达学习了葛慧君主席有关讲话精神；研究讨论了文化文史和学习委员会 2022 年工作安排，同时召开了习近平新时代中国特色社会主义思想学习座谈小组第一组 2022 年第一季度学习座谈会，各位委员踊跃发言，都提出了很好的意见和建议，会议开得很好，很有成效。

过去的一年，文化文史和学习委员会在省政协党组和主席会议的领导下，认真贯彻落实中共十九大和十九届历次全会精神，按照省政协十二届四次会议部署和专委会年度工作计划安排，提高政治站位，聚焦重点工作，提升服务标准，认真履行职能，在服务常委会会议、文史资料征集出版、开展调研视察、联系委员和基层政协、加强自身建设等方面，开拓进取，务实创新，克服新冠疫情影响，圆满完成各项任务。

2022 年是我省奋力“走在前列、全面开创”，做到“三个走在前”的新年份。根据省政协常委会工作报告，省政协工作的总体要求是：以习近平新时代中国特色社会主义思想为指导，深入学习贯彻中共十九大和十九届历次全会精神，深入贯彻落实习近平总书记关于加强和改进人民政协工作的重要思想和对山东工作的重要指示要求，在中共山东省委的领导下，牢牢把握政协的性质定位，充分发挥专门协商机构作用，组织参加政协的各党派团体、各族各界人士，聚焦“走在前列、全面开创”“三个走在前”，努力提高建言资政和凝聚共识水平，为新时代社会主义现代化强省建设贡献智慧和力量，以优异成绩迎接中共二十大胜利召开。

下面我就如何做好 2022 年文化文史和学习委员会工作，提三点意见，供大家参考。

一、提高政治站位，牢牢把握文化文史和学习工作的政治方向

一是要提高政治站位。深入学习习近平新时代中国特色社会主义思想，忠实践行习近平总书记对山东工作的“走在前列、全面开创”“三个走在前”的重要指示要求，深刻认识“两个确立”的决定性意义，不断增强“四个意识”、坚定“四个自信”、做到“两个维护”。

二是要坚定政治方向。深入学习贯彻全国和省“两会”精神，切实把思想和行动统一到党中央和省委的决策部署上来。巩固拓展党史学习教育成果，筑牢团结奋斗的共同思想政治基础。

三是要坚持理论武装。用习近平新时代中国特色社会主义思想武装头脑、指导实践、推动工作；要深入学习、深刻领会习近平总书记系列重要讲话精神，把握精髓要义，抓好贯彻落实，做好委员会所承担的省政协习近平新时代中国特色社会主义思想学习座谈第一组的组织协调工作。

二、强化使命意识，增强做好文化文史和学习工作的责任感和紧迫感

在山东省2022年工作动员大会上，李干杰书记指出，当前和今后一个时期，要重点抓好“十大创新”，其中关于加强文化创新，提出要在推动文化“两创”上下更大功夫，打造文明交流互鉴新高地，探索文旅融合发展新路径。前段时间，葛慧君主席在听取委员会工作汇报后讲话也指出，文化文史和学习委员会可以围绕“人文沃土可以深度耕作”做文章。我们文化文史和学习委员会汇聚并联系了一大批齐鲁文化名人名家，应该发挥自身优势，围绕习近平总书记来山东视察时提出的“三个走在前”，围绕李干杰书记讲的我省“九大比较优势”中第九个比较优势，也就是“人文沃土可以深度耕作”，很好地加以研究。

政协工作履职的主体是委员，活力也在委员，专委会2022年的工作要再上新台阶，关键在于汇集每一位委员的智慧。要练就过硬本领，把“懂政协、会协商、善议政，守纪律、讲规矩、重品行”当作座右铭，练好履职尽责基本功，提升干事创业精气神，以扎实业绩展现委员履职风采。要处理好本职工作和委员工作的关系，找准工作重点和着力点，结合实际工作深入调查研究，为我省的文化强省建设贡献智慧和力量。

三、充分发挥专委会的职能作用，扎实推进各项工作有序开展

今年是十二届省政协工作的收官之年，也是市县政协的开局之年，担当新使命，展现新作为，就要激发时不我待、事争一流的干事活力。应该说，省政协党组今年交给咱们委员会的工作任务还是很繁重的，有要在常委会上形成建议案的“深耕丰厚齐鲁文化资源，推动文化繁荣”专题协商议政；有围绕“搞好保护和开发规划，努力打造齐长城国家文化公园”的专题协商；有围绕“助力建设黄河口国家文化公园”、围绕“做好中医药老字号保护工作”的调研协商；有与省委宣传部、省文旅厅共同开展的山东文化印记征集评选活动；还有配合全国政协做好《“三亲”文库》编辑出版工作等等。

这就要求办公室的同志们深入学习葛慧君主席讲话要求，把握“时”与“势”的变化，加强自身建设，及时推动工作理念、方式方法、平台载体不断创新，全面提升精神境界、工作标准、为委员服务的质量和效率；委员会要充分发挥职能作用，用心用力谋划好今年工作，把履职提质增效摆在更加突出位置，扎实推进各项工作，不断开创省政协文化文史和学习工作新局面，以优异成绩迎接中共二十大胜利召开！

在省政协教科卫体委员会全体会议上的讲话

（2022 年 3 月 25 日）

赵家军

刚才我们传达学习了习近平总书记在全国“两会”期间的重要讲话精神和全国政协十三届五次会议精神；传达学习了葛慧君主席有关讲话精神；安排部署了教科卫体委员会 2022 年工作。大家认真学习、积极讨论，提出了很好的意见建议，会议开得很好，很有成效。

十二届省政协以来，教科卫体委员会在省政协党组和主席会议的领导下，认真贯彻落实中共十九大和十九届历次全会精神，聚焦重点工作，统筹提质增效，扎实履职尽责，可以说工作亮点频出。四年来，委员会共承担议政性常委会会议 3 次，开展专题调研 7 次，组织调研、考察、界别活动等 50 余次，提交调研报告、界别提案、大会发言、社情民意信息 150 余件。省委、省政府主要领导多次批示肯定，许多意见建议转化为部门决策，为全省经济社会发展作出了积极贡献，“学习强国”、《大众日报》等媒体多次宣传报道。委员会承担的省政协十二届三次、九次、十八次议政性常委会会议，都是围绕“科技创新”开展，委员会注重从不同角度切入，在创新调研协商方式、改革建议案写法、提升大会发言质量等方面积累了许多宝贵经验。连续三年组织医药卫生界委员，围绕提升基层医疗服务水平开展系列协商，通过持续不断的深度调查、深入研究，提出了很多具有针对性的意见建议。教育界连续围绕大学毕业生就业、小学课后服务、托育服务机构建设等群众关心的热点问题开展调研协商。体育界围绕“加快体育产业发展”等开展调研。可以说在大家的支持配合和积极参与下，过去几年，委员会围绕中心大局和群众所思所盼谋实招、献良策，成绩可圈可点，令人欣慰。

今年，我们要一如既往深入学习贯彻中共十九大和十九届历次全会精神，深入贯彻落实习近平总书记关于加强和改进人民政协工作的重要思想和对山东工作的重要指示要求，当前要特别抓好“两会”精神学习，锚定“走在前列、全面开创”“三个走在前”总遵循、总定位、总航标，充分发挥专门协商机构作用，努力提高建言资政和凝聚共识水平，为新时代社会主义现代化强省建设贡献智慧和力量。

下面我就如何做好 2022 年教科卫体委员会工作提几点意见，供大家参考。

一、提高政治站位，把握好新时代人民政协事业的方向和定位。人民政协是政治组织，旗帜鲜明讲政治是第一位的要求。教科卫体委员会的委员来自不同界别、不同领域，对一些问题的看法或有不同，但政治立场不能含糊、政治原则不能动摇、政治方向不能偏离。要不断增强政治判断力，汪洋主席指出，“善于用政治眼光观察问题，在纷繁复杂的形势变化中区分现象本质，在多元思想的交流交锋中明辨是非真伪，在前所未有的风险挑战中坚定制度自信”，当前，国际局势风云多变，新冠肺炎疫情仍有反复，意识形态领域的风险挑战前所未有，我们要认清“时”与“势”的变化，于危机中创新机，处变局中开新局，认真贯彻新发展理念，在大是大非面前保持稳如泰山的战略定力。要不断增强政治领悟力，强化思想理论武装，深入学习贯彻习近平新时代中国特色社会主义思想，学习贯彻全国和省“两会”精神，深刻认识新时代的原创性思想、变革性实践、突破性进展、标志性成果。要不断增强政治执行力，强化责任意识，不折不扣地把省委省政府工作部署和政协党组工作要求落到实处，深刻认识“两个确立”的决定性意义，不断增强“四个意识”、坚定“四个自信”、做到“两个维护”。

二、放大工作格局，落实好专门委员会的职责和任务。习近平总书记指出，要发挥好人民政协专门协商机构作用，把协商民主贯穿履职全过程，坚持发扬民主和增进团结相互贯通、建言资政和凝聚共识双向发力。习近平总书记的重要论述深刻阐明了专门协商机构综合承载政协性质定位，是发展社会主义民主、开辟“中国之治”的重要制度设计和独特治理平台。发挥好人民政协的专门协商机构作用，专门委员会责无旁贷。我们教科卫体委员会服务的委员多，名家、大家、专家多，工作领域涉及社会发展的诸多方面，可以说职责任务非常艰巨。要牢牢把握主要工作是议政协商、工作方式是搭建平台、工作主旨是双向发力的实践要求，将委员的智慧和力量充分凝聚起来。要在统筹做好选题工作，为委员履职创设舞台，高质量开展调研协商，做好团结联谊、凝聚共识工作等方面创新发力。要全面加强自身建设，与时俱进学习相关领域专业知识，努力专出特色、专出质量、专出水平。要加强与党政部门、党派团体的联系，加强与市县政协的联动，形成工作合力，做到“议政议到关键处，参政参到点子上”。今年，教科卫体委员会将作为牵头部门，负责筹备组织“在增强经济社会发展创新力上走在前”专题议政性常委会会议，承担“推进医防融合慢性病管理工作”月度协商，这两项工作可以说是今年工作的重中之重，葛慧君主席总负责，多次召开会议安排部署，提出要求，每位副主席都参与领导，时间紧、任务重、要求非常高，要统筹谋划、扎实推进，把握好时间节点，高质量完成工作。除此之外，委员会还承担重点提案督办、4 项界别调研和省委、省政协安排给我们的一些其他具体工作，可以说工作任务非常艰巨。现在受疫情影响，我们工作开展的阻力和难度加大，如何将委员的履职热情调动起来、将相关专委会的力量发挥出来、将专家学者的智慧凝聚起来，还需要我们加强思考和谋划，要将网络议政、远程协商等创新渠道充分利用起来，也希望在座的各位委员都能以主人翁的姿态积极投入进来，大家齐心协力争取交出一份满意的答卷。

三、强化使命意识，展示好政协委员的情怀和担当。政协履职的主体是委员，活力也在委员，委员会2022年工作要上新台阶，关键在于汇集每一位委员的智慧。要练好履职尽责基本功，“议政”先要“知政”，不断巩固党史学习教育成果，推动党史学习教育常态化长效化，在细照笃行中提升自我，在知行合一中担当作为，把“懂政协、会协商、善议政，守纪律、讲规矩、重品行”作为座右铭，以改革思维、创新理念推进工作，提高政治把握能力、调查研究能力、联系群众能力、合作共事能力。要深刻认识、珍惜委员荣誉和政治身份，坚持为国履职、为民尽责的情怀，积极投入经济、政治、社会建设实践，将聪明才智应用到最熟悉最有话语权的领域，提高建言的靶向性和含金量。要处理好本职工作和委员履职的关系，找准工作重点和着力点，结合实际深入调查研究，多提交高质量的提案、社情民意信息等，写好“履职作业”。近几年，政协开展了一些工作创新，如开展委员读书活动，汪洋主席非常重视此项工作，最近还上线了“委员读书活动平台”APP，要将这些资源利用好，加强学习交流，积极撰写读书心得体会，大家的读书心得都有机会在省政协网站、公众号等平台进行刊登。反映社情民意也是大家的重要工作，对帮助党委政府分析判断形势，提升治理能力具有重要意义，每位同志都要争取通过专委会提交一份社情民意信息。办公室的同志们也要深入学习葛慧君主席的讲话要求，加强自身建设，提高服务水平，推动工作理念、方式方法、平台载体不断创新，事争一流、唯旗是夺，全面提升精神境界和工作标准，以专业化的水平、高质量的服务、高效率的运转推动工作提质增效。

众人拾柴火焰高，相信在大家的共同努力和积极参与下，我们教科卫体委员会的工作定能再上新台阶、开创新局面，让我们以锐意进取、笃行不怠的奋斗姿态推进工作，以实际行动助力“三个走在前”，以优异成绩迎接党的二十大胜利召开。

在省政协民族和宗教委员会全体会议上的讲话

（2022 年 3 月 30 日）

唐洲雁

今年是本届省政协的收官之年，过去几年，在省政协党组、常委会议和主席会议的领导下，在大家的共同努力下，省政协民宗委牢牢把握正确政治方向，紧扣全省民族和宗教工作实际，在建言资政、凝聚共识、团结联谊、自身建设等方面做了许多富有成效的工作，为维护全省宗教和顺、社会和谐、民族和睦做出了积极努力，为推动全省经济社会高质量发展贡献了政协智慧和力量。在这里，对大家的付出和努力表示感谢！

今年是中国共产党二十大召开之年，更是实现我国“十四五”规划承上启下的重要年份。全国“两会”前不久刚闭幕，习近平总书记发表了系列重要讲话；春节刚过，省委召开了 2022 年全省工作动员大会，吹响了创新发展求突破的号角；今年以来，省政协主席葛慧君同志先后召开一系列会议，对省政协方方面面的工作提出了新思路和新要求，对提升专委会工作效能提出了明确要求。我们要组织好学习，深刻领会，贯穿到履职的各项工作中去。下面，结合下步工作安排，我就做好今年省政协民宗委工作谈几点意见。

一、提高政治站位，旗帜鲜明讲政治

汪洋主席在全国政协十三届五次会议闭幕会上再次强调，把握中国人民政治协商会议这个政治组织赋予我们的责任，必须旗帜鲜明讲政治、必须以人民为中心履职尽责、必须求真务实提高政协能力水平。人民政协是政治组织，讲政治始终是第一位要求。具体来说，该如何讲政治？一是要站稳政治立场。各位委员来自不同的领域，对一些问题的看法或有不同，但政治立场不能含糊、政治原则不能动摇、政治方向不能偏离。习近平总书记指出：“政协委员社会知名度大、关注度高，一言一行都具有影响力和示范性。”政协委员既要有专长，更需懂政治、讲政治，发挥好示范作用。要不断增强政治判断力，在纷繁复杂的形势变化中区分现象本质，坚持制度自信；要不断增强政治领悟力，对党的创新理论深学笃信，对“国之大者”了然于胸，自觉在思想上政治上行动上同以习近平同志为核心的党中央保持高度一致；要不断增强政治执行力，知责于心、担责于身、履责于行，切实担负起政协委员的政治责任。二是要强化分党组的领导作用。民宗委分党组要从拥护“两个确立”、做到“两个维护”的高度，把牢履职方向盘，确保习近平总书记关于人民政协工作的重要论述和视察山东重要讲话、重要指示批示精神得以贯彻落实；要继续优化完善分党组工作制度和党员委员联系党外委员制度，实现党的组织对党员委员的全覆盖、党的工作对政协委员的全覆盖，确保党的领导在专委会落实、落地、有力。下半年将召中共二十大，这是党和国家政治生活中的一件大事，要把迎接二十大、学习宣传贯彻二十大精神作为贯穿全年的重大政治任务，做好思想引导，引导委员深刻领悟“两个维护”的决定性意义，增强“五个认同”，筑牢共同思想政治基础。三是要及时用党的创新理论武装头脑、指导实践。去年，中央民族工作会议和全国宗教工作会议相继召开，习近平总书记分别做了重要讲话，阐述了新时代民族工作、宗教工作的主线，我们要深刻学习领会好，紧扣铸牢中华民族共同体意识这条主线，进一步巩固和发展民族团结稳定的局面；坚持我国宗教中国化方向，特别是用社会主义核心价值观引领宗教，用中华优秀传统文化浸润各宗教。在这方面，我们省的五大宗教都做得很好，各位宗教界委员做了很多探索和研究，比如高明会长将中国传统的茶文化与基督教教义相结合，就引起了很好的反响；近两年，我走了许多宗教活动场所，李宗贤道长的崂山太清宫前几年我们专程去过，道教作为我们本土文化，本身就是优秀传统文化的一部分，近年来在服务“一带一路”、加强海峡两岸交流等方面都做了很多工作；仁昌会长所在的淄川普照寺，本悟会长所在的青州广福寺，弘庵会长所在的济南兴国禅寺都留下了深刻的印象，佛教在加强对外文化交流、参与公益慈善、传播社会主义核心价值观等方面，也都做了很多工作；前几天，为了解咱们宗教活动场所的疫情防控工作，我跟民宗委的几位同志前往济南洪楼天主教堂、将军庙天主教堂还有伊斯兰教清真北大寺进行了调研，跟在座的杨永强主教、张宪旺主教还有李全福会长进行了深入交流，大家在爱国爱教、正信正行、坚持宗教中国化方向方面都起到了很好的示范带头作用，疫情防控工作做得也很扎实很细致，真正体现了我们优秀的传统文化与宗教的相融共生，也希望各位继续加强在这方面的探索。

二、发挥团结统战优势，广泛凝心聚力

作为统一战线组织，为党和国家事业凝聚共识、凝聚智慧、凝聚力量是人民政协的初心和使命。葛慧君主席在听取工作汇报后，特别指出，省政协民宗委的职能定位决定了要将团结联谊工作作为履职重要内容。这就要求我们在以往工作基础上，多思考和探索行之有效的履职方式，真正将民宗委的优势和特色转化成履职效能。一是在助力增进最大共识上下功夫。各位委员要充分发挥在界别群众中的代表性和影响力，通过各种形式积极讲好中国故事、山东故事，讲好各地各方面故事，切实肩负起承担的责任，协助党委、政府做好宣传政策、理顺情绪、化解矛盾、凝聚共识的工作，团结引导所联系界别群众进一步深化对中国共产党领导、对中国特色社会主义制度巨大优越性的认识，不断夯实执政的社会基础和群众基础。民宗委要继续搭好平台，丰富拓展“两看三强”活动，打造品牌化的联谊交流平台，以经济社会发展重点工作和主要成绩为“看”的主体，在活动中引导大家感悟中国共产党的领导和中国特色社会主义的优越性，增进“五个认同”。二是在凝聚各方智慧上下功夫。要运用好调研协商、座谈交流、定期走访等活动载体，加强与所联系界别委员的联系，关注委员的工作生活状况和思想动态，通过调研协商报告、提案、社情民意信息等多种方式将委员的意见建议及时反映上去。去年我们开展的几项调研协商活动，比如“威海光威复合材料创新发展”“加强少数民族外来务工人员服务管理”“用社会主义核心价值观引领宗教中国化”等几项课题，在大家的共同努力下，取得了高质量的成果，有关省委领导都作出了批示。下步，要继续紧密团结民族宗教界代表人士，摸实情、下真功、交朋友，往细处想、向实里做，共同商议如何积极培育中华民族共同体意识、构建共同精神家园，共同研究如何坚持宗教中国化方向、推动宗教与社会主义社会相适应，实现省政协民族宗教工作由浅层表面到深层里底的提升。三是在广泛汇聚各方力量上下功夫。要充分发挥所联系界别委员优势，把不同党派、不同民族、不同信仰的委员紧密联系起来，像石榴籽一样紧紧抱在一起，形成同心同行、共同团结奋斗的生动局面。要加强与省委统战部、省民宗委等部门的工作联系、日常交流，保持工作的同频共振。要加强与全国政协民宗委和其他省政协民宗委的联系，吸收好的经验和做法。要对标工作先进专委会，加强学习交流，要把省市县三级政协对口专委会的沟通联系渠道畅通起来，汇聚工作合力。

三、聚焦重点工作，努力提质增效

今年省政协民宗委的工作要点已经主任会议审议通过，下一步关键是落实到位。一是协商要出精品。政协是专门的协商机构，协商是我们的主责主业。省委省政府对省政协的协商工作非常重视，近期省委常委会专门研究并审议通过了《省委、省政府、省政协 2022 年协商计划》，并以三个办公厅联合通知形式下发。从 3 月份开始，省政协把协商工作作为贯穿全年的工作主线，围绕“三个走在前”召开 3 次专题议政性常委会会议，开展 10 次月度协商会。尤其是月度协商会以前由分管主席召集，现在拓展到主席会议成员层面，内涵和外延都得到了很大提升。具体到我们民宗委，承担了 7 月份开展的专题议政性常委会会议中“强化营商环境创新，打造一流营商环境”课题的调研任务；月度协商会承担了“整合昆嵛山综合资源，打造山东文化名山”的调研协商课题。我们的任务很重，希望各位委员能结合熟悉的领域积极参与进来，拓展思路，树立精品意识，把这两项协商重任开展好。二是要围绕助力全省民族和宗教工作献计出力。民族问题和宗教问题始终是关系国家安全和社会稳定的大事。特别是在当前国际环境复杂多变、改革发展任务异常艰巨、疫情带来诸多问题的形势下，团结各族各界群众“坚定信心、同舟共济”，保持民族和顺、宗教和睦的良好局面更加重要，这也是我们政协组织和各位委员肩负的重大政治责任。接下来，我们要按照全国政协民宗委要求，就贯彻落实中央、省委民族工作会议和宗教工作会议精神开展民主监督性调研，这项工作不求面面俱到，但求实事求是，找准存在的突出问题，注重发现典型经验，提出有针对性和可操作性的意见建议。大家对这项工作有什么好的想法、意见建议可以及时提出来，特别是我们宗教界的几位委员，你们是贯彻落实会议精神的直接责任人，体会更多，更有话语权，希望积极参与进来。三是要进一步加强界别工作、发挥界别作用。按照分工，民宗委现联系少数民族界、宗教界、无党派、社会科学界四个界别。今天各界别的召集人都来参会了，过去一年，在各位召集人的带领下，界别活动开展得有声有色，希望继续发挥本界别人才荟萃、智力密集、联系广泛的优势特长，引导各界别委员开展内容丰富、形式多样的学习、调研、协商活动，注意把界别群众意愿诉求有效地收集反映上来，多建睿智之言、多献务实之策。下步，对于省政协民宗委承担的一些民族和宗教工作领域以外的调研协商课题，也希望我们无党派和社会科学界的委员们更多地参与进来。

四、加强自身建设，发挥好专委会在政协工作中的基础作用

专委会是政协履行职能的重要载体、联系委员的重要纽带、发挥专门协商机构作用的主要依托，在整个政协工作中起基础性作用。葛慧君主席对政协专委会工作高度重视，主持召开两次专委会主任座谈会，分别听取各专委会工作汇报。对民宗委从把握好民族宗教政策、加强对宗教界人士和信教群众的思想政治引领、做好更深层次团结联谊等方面作出具体要求，今年我们的工作更要锚定凝聚共识，坚持双向发力，在加强专委会干部队伍建设、委员队伍建设以及市县政协指导协作等方面，标准更高、作风更实、质效再提升。一是打造过硬的专委会工作队伍。专委会主任要发挥“头雁”作用，加强对工作的统筹、分工和协调，善于调动大家的积极性，凝聚合力、形成战斗力。各位副主任都有着丰富的领导经验和工作阅历，是政协工作的宝贵资源，要积极主动地把能力和水平充分发挥出来，共同干好政协工作。专职副主任一头连着专委会，一头连着办公室，既要出主意、想办法、拿方案，当好主任的助手，又要与办公室搞好工作对接，扑下身子带领办公室的同志踏踏实实完成各项任务。专委会办公室工作人员要加强学习历练，努力成为专委会工作的“专家”“行家”，为委员履职提供优质高效服务。二是要发挥好政协委员主体作用。委员是政协履职的主体，在各自工作领域也都是行家、专家，要对标习近平总书记提出的“懂政协、会协商、善议政”和“守纪律、讲规矩、重品行”的要求，切实发挥所在领域的专业优势，在协商建言中体现“专”的特点。要做参政议政、建言献策的专家，善于运用政协的各类履职工具和途径，锚定关心关注的关键的问题，积极在协商、调研、学习交流中发出声音，积极通过提案、信息、大会发言等渠道反映问题、提出建议。去年，李国健主任和白玉委员结合自己熟悉领域，提出了很有参考价值的社情民意信息，省委主要领导作出了批示，这就体现了咱们省政协委员“专”的水平。三是加强对市县政协对口专委会的工作指导。前段时间，按照省政协党组和葛慧君主席的安排，围绕加强和改进新时代市县政协工作开展了一次专题调研，主要目的是贯彻落实中央办公厅《关于加强和改进新时代市县政协工作的意见》，全面掌握我省市县政协工作的总体情况，为下一步省委制定加强和改进新时代市县政协工作的实施意见提供翔实准确的“第一手”资料。通过调研，深刻感受到市县政协具有人才多、接近基层、掌握“第一手”材料多的优势，加强省市县政协对口专委会的协同配合，可以实现“双赢”、多赢。我们可以探索建立省、市、县政协对口专委会工作沟通协商机制，以交流履职经验、提高履职能力为重点，以协同调研、联动协商为抓手，做好对市、县政协对口专委会的工作指导，实现互通情况、整合资源、上下联动。

今年是本届政协最后一年。四年来，大家的履职热情和付出的努力是值得肯定的。但也应看到，新形势、新任务给我们的工作提出了更高标准和更严要求，因此，肩上的责任不容我们有丝毫松懈，在接下来的工作中，希望大家能一如既往地保持奋发有为、履职尽责的精神状态，更加积极主动地探索做好工作的新思路新途径，用新作为迎接新挑战，以优异履职成绩迎接中共二十大的胜利召开！

在“推进育儿友好型社会建设”月度协商会上的讲话

（2022 年 3 月 31 日）

葛慧君

山东是人口大省。推进育儿友好型社会建设，既是社会主义现代化强省建设的大事、要事，也是社会广泛关注的实事、好事。但是我们也看到，育儿方面面临许多难题，经济负担、子女照料、女性对职业发展的担忧成为制约生育的主要因素，配套完备的政策支撑、育儿友好的制度环境和人文氛围亟待建立，育儿友好型社会还有很多工作要做，需要全社会持续关注，共同推动。

下面，我结合自己的思考，谈几点意见：

一、充分认识推进育儿友好型社会建设的重要性

近年来我国人口发展趋势表明，人口结构问题突出，老龄化与低生育率并存的形势严峻，推进育儿友好型社会建设，可以说是既重要又紧迫。这是落实党中央决策部署的必然要求。去年，中共中央、国务院出台《关于优化生育政策促进人口长期均衡发展的决定》，这是党中央高瞻远瞩作出的重大决策。我们要深刻理解中央这一决策部署的国际政治背景、国内人口形势和经济社会发展背景，从政治高度充分认识育儿友好型社会建设的重要性。这是破解我省人口问题现状的客观要求。2017 年以来，山东总和生育率下降趋势非常明显，2021 年人口净增长只有 2000 人（2017 年出生 175 万人，2021 年出生 75 万人），建设育儿友好型社会势在必行。这是坚持以人民为中心发展思想的内在要求。生育传承着家庭的希望，是事关百姓福祉的重大民生问题。推进育儿友好型社会建设，积极解决现阶段群众对生育、养育压力的诉求和期盼，切实降低婚嫁、生育、养育、教育成本，从制度层面保障群众“生得起、养得好”，助推实现“人民对美好生活向往就是我们的奋斗目标”的价值追求。

二、要加强育儿友好型社会建设的系统设计

影响生育率的不仅仅是生育政策，更重要的是经济社会因素，人口问题的本质是发展问题，要坚持生育、养育、教育统筹谋划，提高鼓励生育一揽子政策的含金量和落实力度。完善生育养育政策体系。尽快修订我省《人口与计划生育条例》，出台系统配套支持政策。完善优化医疗保险、生育保险等社会保险制度，提高保障待遇，研究制定合理的陪产假、育儿假制度。探索生育补贴、弹性休假、将辅助生殖技术纳入医保、购房优惠等创新政策。比如，自今年1月1日起，家有3岁以下孩子，个税每月每个孩子能抵扣1000元。类似创新政策多出快出，才能解渴。加大公共服务体系建设供给。完善全生命周期、全链条的人口服务体系，把托育机构建设纳入城市发展规划和公共服务体系。扩大公共服务供给，加大公办普惠幼儿园覆盖面，增强民办幼儿园普惠性，补齐“入园难、入园贵”短板。

三、要营造多元共治、合力建设的社会环境

育儿友好型社会建设涉及面广，需要方方面面共同参与、密切配合，共同营造良好的社会环境。一是要营造育儿友好的人文环境，大力宣传优化生育及配套政策，加强适婚青年婚恋观、家庭观教育引导，扭转天价彩礼等婚嫁陋习，营造适龄婚育和生育友好型的文化氛围，消除年轻人对生育的焦虑和恐惧。二是要营造育儿友好的法治环境，加大对女性就业的法律保护，保障生育期女性工资、福利待遇，善用法治手段，维护妇女权益、保护青少年权益。三是要营造育儿友好的协作氛围，强化政府主导，加强部门统筹协调和联动工作机制，充分发挥工会、共青团、妇联、计生协会等组织联系群众密切的优势，在促进婚育、支持家庭建设等方面多做工作、发挥作用。四是要营造育儿友好的共建氛围，引导社会资本有序参与，补齐政府投入不足的短板，鼓励社会组织开展健康知识普及、婴幼儿照护服务等公益活动。广大政协委员也要把推进育儿友好型社会建设作为履职重点，多提意见，多聚共识，多做贡献。

在大家的共同努力下，今天的协商会开得很好，组织得细致周密，讨论交流得比较充分深入，达到了预期的效果，为今后的“月度协商会”开了个好头，后面的各项协商活动要在这个基础上，继续丰富完善，努力把“月度协商会”这个平台搭得更好、用得更好。下面，我就办好“月度协商会”，再讲三点意见。

*第一，充分认识“月度协商会”的地位作用。*举办“月度协商会”，目的是为政协委员提供一个与党政部门负责同志定期座谈交流的履职载体，通过增加协商活动频次，使政协协商民主作用得到更好体现。一要充分认识“月度协商会”是政协协商议政格局的重要组成部分。政协章程规定，“完善以全体会议为龙头，以专题议政性常务委员会会议和专题协商会为重点，以协商座谈会、对口协商会、提案办理协商会等为常态的协商议政格局”。我们的“月度协商会”集专题协商、对口协商、界别协商等于一体，是一种常态化融合履职载体，进一步完善了我省政协协商议政格局。作为我省政协协商民主的重要形式，已经纳入了省委省政府省政协年度协商计划。二要充分认识“月度协商会”是服务中心大局、助力改善民生的重要载体。围绕中心、服务大局，是人民政协履行职能的基本遵循，履职为民是人民政协的本质属性。“月度协商会”围绕各方面关心关注的热点难点焦点问题开展专题协商，能够充分吸收各方面的意见建议，增强党政决策、施策的民意基础，并兼具监督政策落实的功能，一方面为党分了忧，另一方面为民生助了力，体现了政协的属性、遵循了履职的原则，必将会发挥重

要作用。三要充分认识“月度协商会”是汇集民智民意、增进团结联谊的重要途径。“月度协商会”通过引导政协委员、界别群众代表与党政领导面对面互动协商，使各种意见充分表达，在交流交汇交融中增进了解、加深理解、消除误解。办好这个协商平台，可以兼顾各界利益表达，兼听各种意见诉求，兼容各方智慧力量，协助党和政府做好协调关系、化解矛盾、理顺情绪、增进团结的工作，最大限度凝聚共识、凝聚人心、凝聚智慧、凝聚力量。

第二，不断完善组织和运行的方式方法。与时俱进是人民政协的鲜明特点。办好“月度协商会”，必须主动适应新时代新要求，以改革创新精神，积极探索灵活多样、鲜活管用的新形式新方法，在赓续传承中永葆生机活力。要精选协商议题。议题是协商的基础。议题要突出问题导向，力求切中要害，精准选择党政关心、社会和群众关注的关键性问题协商建言。工作中要切实把握好“小与大”的关系，做到量体裁衣、会题相宜，凸显小议题大民生、小切口大成效、小窗口大平台。要丰富协商形式。形式为内容服务，贵在务实管用，但也不能单一单调、沉闷乏味。今天的协商会议，线上与线下相结合、主会场与远程相结合，拓宽了协商民主的广度。随着数字政协建设的推进，还可进一步丰富发展。要细化协商活动组织。“月度协商会”层次高、规模小、议题专、时间短。参会人员构成求精不求多，但要做到既广泛又对口，既有参与意愿又有议政能力，这样才能有效汇聚好党政部门、专家学者、利益相关各方的意见建议。要培育协商文化。发扬“团结—批评—团结”的优良传统，促进不同思想观点的充分表达和深入交流，相互尊重、平等协商而不强加于人，遵循规则、有序协商而不各说各话，体谅包容、真诚协商而不偏激偏执，营造民主、理性、真诚的协商氛围，涵养公正理性、唯实惟先、平等互信、开放包容的政协协商文化。

第三，进一步提升协商质效。政协协商民主要实现提质增效，不但要有“看得见”的回应和落实，也要有“看不见”的增进共识、促进团结的作用。要做足调研功课。要通过深入调研听取各方意见，摸透实情，集思广益，力求提出的观点看法、意见建议有理有据、务实管用。要提升协商建言质量。讲内行话，讲真心话，通过充分深入的交流，准确亮明观点态度，诚恳提出批评意见，务实提出对策建议，努力达到既增进共识，又促进团结的目的。要加强宣传报道。对协商活动进行广视角、多层次报道，讲好协商故事，用媒体的力量推动政协事业发展。要推动成果转化。及时形成协商纪要，报送省委、省政府为决策提供参考。办公厅注意跟踪党委政府采纳吸收和反馈情况，防止协商成果一去不回头，推动协商成果有效转化，努力把政协制度优势转化为服务大局的效能。

在习近平新时代中国特色社会主义思想学习座谈小组第五组学习座谈会上的讲话

（2022 年 4 月 15 日）

刘均刚

根据省政协工作部署，今天召开习近平新时代中国特色社会主义思想学习座谈小组第五组第一季度学习座谈会，围绕学习习近平总书记“两山”理论、关于山水林田湖草沙一体治理的重要论述，推进我省绿色低碳循环发展、助力生态山东美丽山东建设开展研讨交流。为增强学习效果，刚才，我们实地调研了省林草种质资源中心暖温带珍稀濒危树种国家林木种质资源库、国家林木种质资源设施保存库山东分库、标本馆等建设情况，切身感受了林草种质资源保护工作的重大意义。

一、提高政治站位，准确把握习近平生态文明思想的深刻内涵

习近平生态文明思想，传承中华民族优秀传统生态智慧，吸收人类现代文明进步和全球可持续发展知识，顺应时代绿色发展潮流和人民群众对美好生态环境的诉求意愿，深刻回答了为什么建设生态文明、建设什么样的生态文明、怎样建设生态文明等重大理论和实践问题，既是中国推动经济社会发展全面绿色转型、建设人与自然和谐共生的现代化的根本思想遵循，也是人类社会由工业文明向生态文明范式转型的宝贵思想财富。我们要认真抓好学习领会，在“常”和“长”字上下功夫，推动学习常态化、长效化，深刻理解这一思想的理论和实践创新意义及丰富内涵，坚持经济社会发展与人口、资源、环境相协调，坚持山水林田湖草是生命共同体的系统思想，增强推进生态文明建设的责任感、使命感。

二、夯实理论基础，牢固树立绿水青山就是金山银山的发展理念

上午，我们实地调研了省林草种质资源中心种质资源的保存、收集等情况，切身感受到一粒小小种子所蕴含的巨大能量与价值。“绿水青山就是金山银山”这一发展理念也如同一颗绿色的种子，经过十几年滋养成长，如今已植根于人心之中，也深植于华夏大地。“两山”理论是生态文明建设的重要内容和举措，习近平总书记立足于马克思主义唯物史观及马克思主义唯物辩证法，强调“保护生态环境就是保护生产力，改善生态环境就是发展生产力”，清晰阐明了“绿水青山”与“金山银山”之间的辩证统一关系。绿水青山既是自然财富、生态财富，又是社会财富、经济财富，保护生态环境就是保护自然价值和增值自然资本，就是保护经济社会发展潜力和后劲。坚持绿水青山就是金山银山，关键在人，关键在发展思路，关键在处理和平衡好发展与保护的关系，在寻找新动能和处理老问题上把握好方向、节奏和力度，把“常青树”变成“摇钱树”，使绿水青山持续发挥生态效益和经济社会效益，让良好生态环境成为人民生活的增长点、成为经济社会持续健康发展的支撑点、成为展现我国良好形象的发力点，实现经济生态两手硬，青山金山长相依。

就在6天前（4月10日），习近平总书记在海南省三亚市崖州湾种子实验室考察调研时强调，种子是我国粮食安全的关键。只有用自己的手攥紧中国种子，才能端稳中国饭碗，才能实现粮食安全。种源要做到自主可控，种业科技就要自立自强。这是一件具有战略意义的大事。可见，种子虽小，意义重大。林草种质资源是良种选育的基础材料，是遗传多样性和物种多样性的重要基础，是维护国家生态安全的重要战略资源，关乎绿水青山，关乎最普惠的民生福祉，保护林草种质资源意义重大。在这里，也衷心希望省林草种质资源中心能够再接再厉，推动我省林草种质资源保护工作再上新台阶。也希望我分管的省政协人口资源环境委员会与你们加强沟通交流，共同为我省生态文明建设凝共识、聚合力，共同守护好我们的绿水青山，为子孙后代留下可持续发展的“绿色银行”。

三、做到深学笃行，用高质量履职为我省生态文明建设贡献政协力量

习近平新时代中国特色社会主义思想学习座谈小组学习座谈的目的，最终还要落脚于把学习成果转化为聚焦聚力、精准履职的实践成果，身体力行地把人民政协功能效用彰显出来。各位委员要进一步提高协商议政水平，找准生态文明建设中的痛点难点堵点问题，深入调查研究，加强分析研判，切实“把脉”准、“问诊”深、“开方”实，为谱好生态文明建设新篇章建良言、献良策，为深植生态文明理念广泛聚人心、聚共识，把人民政协制度优势更好转化为国家治理效能，以高水平履职服务高质量发展。今年是本届省政协收官之年，希望各位委员能够敬终如始，继续保持良好的精神状态和工作激情，用大家的丰富经验，为政协事业发展贡献智慧和力量，也为本届的履职画上一个圆满的句号，以实际行动迎接中共二十大胜利召开。

在“加强新就业形态劳动者权益保障”月度协商会上的讲话

（2022 年 4 月 24 日）

葛慧君

近年来，数字经济、平台经济快速发展，依托互联网平台的网约配送员、网约车驾驶员、货车司机、互联网营销师等新就业形态劳动者数量大幅增加。以习近平同志为核心的党中央高度重视新就业形态劳动者权益保障问题。习近平总书记在 2020 年全国“两会”政协联组讨论时专门听取有关委员关于“新就业形态”的发言，对“新就业形态”的脱颖而出给予充分肯定鼓励，并作出顺势而为、补齐短板的指示要求。最新一期的《求是》杂志发表了习近平总书记的重要文章《促进我国社会保障事业高质量发展、可持续发展》，在文章中习近平总书记专门点出了部分新业态就业人员等人群没有纳入社会保障，存在“漏保”“脱保”“断保”的情况，强调要健全新业态就业人员参加社会保险制度。去年，习近平总书记在广西考察时强调，要完善多渠道灵活就业的社会保障制度，维护好卡车司机、快递小哥、外卖配送员等的合法权益。新就业形态劳动者权益保障作为一个社会持续关注的热点和焦点问题，从国家层面到省级层面都在加紧研究部署。

党政有所需、群众有所盼，政协就要有所为。今天我们召开这个会议，就这一问题开展协商交流，为推动这方面工作建言资政、凝聚共识。

一、审时度势，充分认识新就业形态劳动者权益保障的重要性。保障新就业形态劳动者权益，既是关乎当前这一群体切身利益的现实问题，也是事关经济发展、社会和谐稳定的长远问题。第一，这是稳定就业的需要。就业是关系到国计民生的重大问题，我们党和政府历来把群众的就业放在优先位置。新就业形态较低的就业门槛和组织管理成本，使从业人员规模迅速扩张，形态种类日趋多样，成为吸纳就业的重要渠道，也成为缓解就业压力的调节池。国务院印发的《“十四五”就业促进规划》，把支持新就业形态发展，作为“培育接续有力的就业新动能”的重要举措。要使之“接续有力”，就要为劳动者就业畅通渠道、提供服务、给予保障，使之愿意干、干得住、干得安心。第二，这是改善民生的需要。习近平总书记强调，发展为了人民、发展依靠人民、发展成果由人民共享。当前，我国的新就业形态劳动者已经过亿，其中有相当比例的弱势群体就业者，像外卖小哥、网约车司机、货车司机等等，他们以自身的劳动投身于经济建设、服务于人民生活，也应当享受到应有的社会保障和社会服务，从而更好地劳有所得、病有所医、老有所养、住有所居。第三，这是国家长治久安的需要。加强新就业形态劳动者权益保障，既能解决他们当前生活的燃眉之急，又能解决他们未来生活的后顾之忧；既能维护当前社会稳定，又能促进未来社会和谐；既增进了民生福祉，又激发了市场活力和社会创造力。因此，我们必须高度重视，以新理念新思路新办法来解决好权益保障。

二、秉要执本，准确把握新就业形态劳动者权益保障的关键问题。贯彻落实好习近平总书记对新就业形态发展提出的“顺势而为、补齐短板”的指示要求。我认为要把握以下几个关键。一是新就业形态的“新”新在哪里。它是一种新的生产关系，表现为依托互联网平台的去雇主化的就业模式；它是一种新的组织形态，一个人可以同时服务于多个平台，劳动者有了更多的选择权；是一种新的用工模式，以岗位为导向转为以任务为导向，提高了劳动力资源分配效率。这三个新决定了新就业形态工作时间、工作地点、工作内容更加灵活多样，但同时也带来了新的问题，也就是我们原有的在固定劳动关系条件下制定的制度法规无法适应新就业形态的特点。二是顺势而为的“势”是什么。我理解它是后工业时代向信息化时代跃进的趋势，是信息技术革命和数字经济的发展趋势，是劳动力市场变化和劳动者就业偏好变化的趋势。目前，广大创业者和劳动者正在适应这一趋势，利用新技术尝试新的商业模式和用工模式，政府也应当顺应这一趋势，做好新的底层逻辑架构和组织管理设计，为他们保驾护航。三是补齐短板的“短”短在哪里。新就业形态劳动者面临着“有劳动无身份、有伤残无工伤、有风险无保障”的问题，从根本上讲是我们现有的法律、制度和机制与新的就业形态还跟不上，我们要补的短板应该是法律的健全完善，制度的协调配套，机制的有力有效。

三、抓住关键，科学设计加强新就业形态劳动者权益保障制度机制。法律的制定是一个时间相对较长，程序较为复杂的过程，我们先不讨论。刚才协商讨论中，几位委员都提出了完善制度机制的建议，我觉得这确实是一个根本问题。综合大家的意见，我认为，健全完善制度机制关键是要抓住以下几个层面。一是要做到当前与长远的兼顾。新就业形态灵活性强、形式多样、发展变化快，随着信息技术的发展，可能会出现更多新模式。因此，健全完善制度，必须紧扣新就业形态的这一特点，既要适用于当前，又要具有前瞻性，为日新月异的新就业形态留出制度空间。我们现在已知的远远大于未知的，因为随着信息技术革命的发展，一些未知的领域会层出不穷。二是要做到制度与机制的衔接。新就业形态劳动者权益保障涉及问题多、复杂程度高，切忌搞“一刀切”，要注意制度的系统性、协调性。同时，制度的生命力需要有效的机制确保各项制度措施落到实处。三是要做到平台企业与劳动者利益的平衡。加强新就业形态劳动者权益保障，一定要坚持公平公正原则，合理确定平台企业、劳动者个人和政府之间的权利义务责任，找准平衡点，做好制度设计，由政府、平台企业、行业协会多方协同共治，形成平台企业与劳动者互促共赢、政府与平台企业良性互动的发展格局。

今天的月度协商会在大家的共同努力下开得很好。会前各方面准备充分，会上发言质量很高，交流也很充分，讨论很深入，协商味很浓。我觉得今天的协商会达到了预期的效果。也是人民政协践行人民为中心发展理念的又一次生动实践。这个议题的协商虽然结束了，但是人民政协为民协商的工作永远在路上，我们必须认真贯彻落实以人民为中心的发展思想和省委关于持续改善民生的工作部署，聚焦事关群众切身利益的热点焦点难点问题，广聚众识，广集众智，广汇众力，共同推动问题解决。

在“加强新就业形态劳动者权益保障”月度协商会上的主题发言

（2022 年 4 月 24 日）

王修林

就业是“国之大者”。今年，省政协将“加强新就业形态劳动者权益保障”作为月度协商会议题，葛慧君主席高度重视，亲自谋划部署。自 3 月份以来，社法委克服疫情影响，通过线上视频调研、社区微调研、委员自主调研、网络议政、问卷调查、与市县政协联动调研等形式，深入了解新就业形态劳动者生产生活和权益保障状况，听取他们的愿望和呼声。

从调研情况来看，我省积极践行习近平总书记关于新就业形态的重要指示要求，率先出台《关于维护新就业形态劳动者劳动保障权益的实施意见》，依法明确劳动者权益保障责任，优化提升权益保障服务，建立健全保障工作机制，新就业形态劳动者权益保障工作取得新的进展。但调研中也发现存在一些不足，突出表现为：

（一）劳动者有择业自由缺权益保障。新就业形态劳动者普遍缺乏稳定的社会保障，社会保险覆盖面窄、层次单一、保障水平低。有的劳动者因不符合传统劳动关系认定标准，不能参保；有的对社保政策、经办手续不了解，不会参保；有的因参保费率高，不愿参保。此外，社法委联合省总工会进行的问卷调查统计结果显示，在公共服务方面，39.8% 的劳动者表示在停车、休息、如厕、充电时常遇困难，60.7% 的劳动者期待在子女入学、住房保障等方面享有更高质量的公共服务。

（二）平台企业有发展问题缺规范监管。调查显示，平台企业用工不规范问题较为突出。一是平台利用外包、众包、承揽等用工模式，避免与劳动者直接建立劳动关系，有 32.3% 的调查对象未与用工主体签订任何形式的用工合同，无法纳入劳动法律关系的调整范围。二是平台抽成不公开不透明，抽成比例普遍偏高，劳动者报酬水平整体偏低。三是平台企业地位强势，习惯于单方面就平台算法、收费价格、抽成比例等作出决定，普遍忽视劳动者群体权益。

（三）职能部门有管理责任缺常规抓手。目前，头部平台企业在山东设办事机构但无法人资格，根据“属地”管辖原则，我省职能部门对平台企业核心业务监管处于缺乏法律依据、但“有事”仍要担责的尴尬局面。新就业形态涉及领域广，服务管理部门多，牵头部门不明确，各部门之间各管一段但又互不衔接、共管一段但又责任不清，有时想管却不知怎么管。

（四）制度建设有现实需求缺有效供给。新就业形态劳资关系场景多样、形式丰富，由此造成制度层面存在三点难题：一是我省暂未列入职业伤害保障试点，大部分新就业形态劳动者因不符合传统劳动关系认定标准，很难获得工伤保险、失业保险等保障；二是法律政策滞后于现实需要，权益保障存在“空白期”，迫切需要新的法律规范、新的政策制度加以调整；三是职能部门、群团组织等出台的“零散”政策措施，往往难以做到精准施策。

为此，我们认为加强新就业形态劳动者权益保障需在以下四个方面重点发力。

一是深化认识，强化权益保障弦。要进一步深刻理解习近平总书记关于新就业形态、平台经济、社会保障工作的重要指示精神，既关注新就业形态劳动者权益保障又兼顾平台经济健康可持续发展。要从创造就业岗位、培育壮大新动能、维护社会稳定等多维度视角，深化做好这项工作的重要性复杂性紧迫性的认识，树立创新理念和法治思维，积极探索维护新就业形态劳动者权益保障的有效措施和办法，尽快补齐制度法律短板和政策不足。

二是齐抓共管，筑牢权益保障线。党委政府要发挥主导作用，完善新就业形态劳动者权益保障领导机制和工作机制，建立联席会议制度。职能部门要强化工作协同，开展联合执法，督促用工单位落实好权益保障各项要求。平台企业要担负起主体责任，主动在本地注册落地，规范用工行为，合理确定劳动者工作量、休息休假办法和劳动报酬，做好商业保险配置，守好劳动者从业保障底线。群团组织、行业协会要当好桥梁纽带，积极建立工会联合会，推进开展重要事项集体协商。

三是数字赋能，织密权益保障网。探索建立跨地区跨部门跨行业的综合管理平台，集用工信息、社保经办、教育培训、法律服务等于一体，为平台企业和从业者和谐发展提供一站式服务。探索建立个人数字化账户，实现社会保险与劳动关系脱钩，建立与新就业形态特点相适应、可自由灵活组合的参保机制，及早实现应保尽保。探索建立分类施策的制度体系，根据不同类型的劳动用工关系，出台更具针对性的指导意见、专项法规、单项条例等。

四是人文关怀，扩大权益保障面。要提升劳动者自我保护意识、参保意识、维权意识，降低从业风险。要强化职业技能培训，帮助劳动者在不同就业形态之间顺畅转换。要探索社会化管理服务形式，更好地联系、服务、凝聚新就业形态劳动者。要关怀劳动者心理健康，大力选树先进典型，增强他们的职业归属感、荣誉感。要关心劳动者子女入学、住房保障问题，提供工作生活便利，切实保障他们舒心工作、健康发展。

事争一流　奋发有为
推动人民政协事业高质量发展

——在全省市县政协主席学习研讨班上的讲话

（2022 年 4 月 25 日）

葛慧君

我们这次研讨班主要任务是，深入学习贯彻习近平总书记关于加强和改进人民政协工作的重要思想，贯彻落实中央政协工作会议精神和中办《关于加强和改进新时代市县政协工作的意见》，针对市县政协换届后的新任务新要求，进一步统一思想、明确认识，加强联系指导、总结经验做法，准确把握人民政协“是什么”“干什么”“怎么干”的问题，动员全省各级政协认清形势、铆足干劲、奋发作为，努力把政协制度优势转化为服务大局的实际效能，为新时代社会主义现代化强省建设贡献智慧和力量。

组织这次学习研讨，主要基于以下几个考虑：一是《求是》杂志全文刊发习近平总书记在中央政协工作会议暨庆祝中国人民政治协商会议成立 70 周年大会上的重要讲话，把大家集中起来，也是一次再学习、再领会、再深化。二是全国政协要开展贯彻落实中央政协工作会议精神进展情况“回头看”，这是我们的实际行动和重要举措。三是市县政协刚换完届，有一大批新人包括领导班子、政协委员，进入政协队伍，亟须完成角色转变，适应岗位职责。

省政协对办好这次研讨班高度重视，2 月份就开始着手启动，主席会议多次专题研究部署。原本计划把大家集中到一起，利用一周左右的时间，开展一次大学习大研讨。受当前疫情影响，改为视频形式，压缩到三天，范围也作了相应调整，这样也好让市县更多的同志参与进来。同时，我们还请到了全国政协的领导和专家刘佳义、原冬平、王小鸿同志，他们理论储备、专业素养、实践经验丰富，机会难得。希望大家无论是线上还是线下都要重视起来，专心听讲、深入思考、认真讨论，能够学有所得、学有所获、学有所长。这里，我结合自己的一些学习思考，也结合这些年来从事政协工作的感悟体会，跟大家作些交流，也算是个动员和辅导。重点讲四个问题。

一、新时代人民政协怎么看

中国特色社会主义进入新时代，人民政协也踏上新的征程，肩负起新的历史使命。

特别是随着“时”与“势”的发展变化，政协工作的内涵和重点、理念和方式、对象和结构等，都与过去有很大不同。在这样的背景下，我们对人民政协怎么看，如何正确认识所处的历史方位，在思想上增强认同感、归属感、责任感，是做好政协工作的首要前提。我认为，主要是“三个新”。

（一）新方位。党的十八大以来，习近平总书记对政协工作发表一系列重要讲话，作出一系列重要指示，明确八个方面的新要求，形成关于加强和改进人民政协工作的重要思想，对发展党的人民政协理论作出原创性贡献，推动人民政协站在新的历史起点上。

一是赋予新的思想内涵，为人民政协沿着正确道路前进提供科学指引。习近平总书记强调，人民政协事业要沿着正确方向发展，就必须毫不动摇坚持中国共产党的领导。中国共产党的领导是包括各民主党派、各团体、各民族、各阶层、各界人士在内的全体中国人民的共同选择，是中国特色社会主义最本质的特征，是成立政协时的初心所在，也是人民政协事业发展进步的根本保证。政协是政治组织，要把坚持党的领导贯穿到政协全部工作之中；政协党组要更好发挥把方向、管大局、保落实的重要作用，确保党中央大政方针和决策部署在人民政协得到贯彻落实；要加强政协系统党的建设，以党的政治建设为统领全面推进政协党的各项建设等。这些重要论述，凸显政协的政治属性，揭示了坚持党对政协工作领导这一根本原则的历史逻辑、理论逻辑和实践逻辑。我们必须把牢正确政治方向，把党的领导体现到人民政协事业发展全过程各环节。

二是赋予新的职责使命，为人民政协制度更加成熟更加定型作出顶层设计。习近平总书记明确阐述了专门协商机构综合承载政协性质定位，人民政协在协商中促进广泛团结、推进多党合作、实践人民民主，既秉承历史传统，又反映时代特征，充分体现了我国社会主义民主有事多商量、遇事多商量、做事多商量的特点和优势。发挥人民政协专门协商机构作用，需要完善制度机制。要坚持党委会同政府、政协制订年度协商计划制度，完善协商于决策之前和决策实施之中的落实机制，对明确规定需要政协协商的事项必须经协商后提交决策实施。同时强调，要把坚持和发展中国特色社会主义作为巩固共同思想政治基础的主轴，把加强思想政治引领、广泛凝聚共识作为履职工作的中心环节；人民政协要通过有效工作，努力成为坚持和加强党对各项工作领导的重要阵地、用党的创新理论团结教育引导各族各界人士的重要平台、在共同思想政治基础上化解矛盾和凝聚共识的重要渠道。这些重要论述，进一步拓展了人民政协的职能责任，畅通了政协制度优势更好转化为国家治理效能的渠道路径，标志着我们党对人民政协工作的规律性认识达到新的高度。

三是赋予新的实践要求，为人民政协高质量履职注入强大动力。习近平总书记对聚焦党和国家中心任务履职尽责、坚持人民政协为人民、以改革创新精神推进政协履职能力建设等作出重要论述。强调人民政协要坚持议大事、抓大事，紧扣党和国家中心工作履职尽责。要做到政治协商聚焦大事、参政议政关注实事、民主监督紧盯难事。要创新群众工作方法，坚持工作重心下移，抓住民生领域实际问题做好工作。人民政协要坚持改革创新，着力提高“四个能力”。要加强委员队伍建设，教育引导委员懂政协、会协商、善议政，守纪律、讲规矩、重品行。这些重要论述，进一步明确了政协工作的基本原则、主攻方向和主要任务，既是关全局、管方向、立根本的战略谋划和理论创造，也是打基础、强担当、促履职的行动指南和目标要求。我们必须不断深化学习、持续用力、见行见效。

（二）新机遇。从中央层面看，2019 年 9 月在人民政协成立 70 周年之际，首次以党中央名义召开政协工作会议，习近平总书记发表重要讲话，科学回答人民政协事业的一系列重大理论和实践问题，为新时代加强和改进人民政协工作进一步指明了方向、提供了根本遵循。这在党的历史、人民政协历史上都是第一次，充分体现了政协工作在党的全局工作中的分量，折射出“人民政协是国家治理体系的重要组成部分”的重大判断，对各级政协组织和广大政协委员都是巨大鼓舞。同时，还颁发了好几个重量级文件，包括中共中央《关于新时代加强和改进人民政协工作的意见》和中央办公厅《关于加强和改进人民政协民主监督工作的意见》《关于加强新时代人民政协党的建设工作的若干意见》《关于加强和改进新时代市县政协工作的意见》等，这些文件综合集成 70 多年来特别是党的十八大以来人民政协在理论、实践和制度上的创新成果，既有涉及性质定位、任务使命、基本原则等宏观要求，也有关系履职内容、活动方式、程序机制等操作规范，立起了新时代政协工作的“四梁八柱”。从全国政协层面看，近年来部署推动了一系列开创性、奠基性工作，包括修订政协章程、抓政协系统党的建设、强化凝聚共识职能，包括制定协商工作规则和协商议政质量评价办法、创设专家协商会、深化网络视频远程协商，包括加强专委会工作和制度建设、重视政协系统联系指导，包括开展委员读书活动、推进“书香政协”建设，等等。这些举措提纲挈领、谋篇布局，抓住了政协事业发展的根本和关键，标准高、节奏快，重谋划、抓落实，推动各项工作紧起来、活起来、规范起来，为地方政协树立了标杆、作出了示范。从我省层面看，去年 10 月，习近平总书记再次亲临山东视察，要求山东努力在服务和融入新发展格局上走在前、在增强经济社会发展创新力上走在前、在推动黄河流域生态保护和高质量发展上走在前，不断改善人民生活、促进共同富裕，开创新时代社会主义现代化强省建设新局面。这“三个走在前”与“走在前列、全面开创”一以贯之、一脉相承，既是我们山东发展的前进方向，也是各级政协工作的努力方向。2 月下旬，省委常委会会议专门研究审议《省委省政府省政协 2022 年协商工作计划》，并以三家办公厅名义印发实施。最近，李干杰书记、周乃翔省长分别阅批省政协重点提案，要求省有关部门认真做好提案办理工作。同时，省委年初就将制定《关于加强和改进新时代市县政协工作的实施意见》，纳入 2022 年工作要点。总体来看，全省政协工作已呈现出党委高度重视、政府大力支持、政协积极主动、各界踊跃参与的蓬勃态势。

（三）新考卷。习近平总书记指出，一个时代有一个时代的主题，一代人有一代人的使命。在每一个重大的历史时期，人民政协都有鲜明的时代特征，始终紧跟党和国家前进大方向，围绕党和国家发展大目标，在每一段赶考路上书写着优异答卷。协商建国是人民政协的“开山之作”。这是载入史册的历史性贡献。中国人民政治协商会议第一届全体会议，通过了具有临时宪法性质的《共同纲领》《人民政协组织法》和《中央人民政府组织法》，作出国都、国歌、国旗、纪年的决议，选举产生中央人民政府委员会。当时人民政协代行全国人民代表大会职权，也就有“召开政协会，迎接新中国”和“协商建国”的说法。新中国成立后，人民政协为恢复和发展国民经济、巩固新生人民政权、完成社会主义革命、确立社会主义基本制度、推进社会主义建设作出了重要贡献。推动改革开放“功不可没”。党的十一届三中全会召开后，人民政协认真贯彻党的理论和路线方针政策，努力调动一切积极因素，团结一切可以团结的力量，积极投身改革开放和社会主义现代化建设。在这一过程中，全国政协就经济体制改革、交通和能源建设、支持经济特区建设、加强基础教育、转变政府职能、推进西部大开发、加强内地同港澳交流与合作等事关国计民生的重大问题提出意见建议，有力促进了各项改革目标的落实。实现中华民族伟大复兴使命在肩。汪洋主席在今年全国政协常委会工作报告中，专门把“加强中华儿女大团结”单列为一部分来讲，强调加强中华儿女大团结是新时代人民政协的历史责任。特别是当前世界百年未有之大变局加速演进，当代中国正经历人类历史上最为宏大而独特的实践创新，改革发展稳定任务之重，矛盾风险挑战之多、治国理政考验之大前所未有，更加需要加强中华儿女大团结。人民政协要坚决扛起把党中央决策部署和对人民政协工作要求落实下去、把海内外中华儿女智慧和力量凝聚起来的政治责任，突出团结和民主两大主题，紧扣统筹推进“五位一体”总体布局、协调推进“四个全面”战略布局，积极投身实现第二个百年奋斗目标、实现中华民族伟大复兴的中国梦的伟大实践，为党和国家事业发展凝聚智慧和力量。

二、政协是什么干什么

入政协门、做政协人，首先就要懂政协，搞明白政协“是什么”“干什么”的问题。人民政协作为统一战线的组织、多党合作和政治协商的重要机构、发扬社会主义民主的重要形式，是社会主义协商民主的重要渠道和专门协商机构，是国家治理体系的重要组成部分，是具有中国特色的制度安排。具体来讲：

第一，政协之政是政治之“政”，必须坚持党的全面领导。人民政协作为中国共产党领导的由各党派团体和各族各界人士组成的政治共同体，首先是政治组织，首要的是坚持和加强党的领导，这是“共同选择”，也是“初心所在”。从历史上看，召开政协会议是我们党倡议提出的，各项筹备工作也是在党的领导下进行的，人民政协的发展方向包括界定性质定位的每一条内容、每一句话，都离不开党的领导。习近平总书记提出的“八个方面要求”，第一条就是加强党对人民政协的领导。我们要充分认识和把握坚持党的领导是实际的、具体的、全面的，必须在重大原则问题上和重大考验中体现出来，必须落实到政协履行职能的全过程，必须贯彻到人民政协自身建设的各方面。一是思想上同心同向。要自觉用党的创新理论武装头脑，深入学习贯彻习近平新时代中国特色社会主义思想，深入学习贯彻习近平总书记关于加强和改进人民政协工作的重要思想，落实好“第一议题”制度和学习座谈会制度，特别是各位主席和政协的领导干部，要先学一步、学深一层，常学常新、活学活用，学出制度自信，学出责任担当，在筑牢思想根基中深刻领会“两个确立”的决定性意义，自觉增强“四个意识”、坚定“四个自信”、做到“两个维护”。二是政治上同心同德。要旗帜鲜明讲政治，不断提高政治判断力、政治领悟力、政治执行力，坚决扛起“落实下去、凝聚起来”的政治责任，引导政协各参加单位和广大政协委员增进对中国共产党领导和中国特色社会主义的政治认同、思想认同、理论认同、情感认同，始终保持同中国共产党同心同德、团结奋斗的政治本色。三是行动上同心同行。政协党组要发挥好把方向、管大局、保落实的重要作用，健全完善“政协党的组织对党员委员的全覆盖、党的工作对政协委员的全覆盖”的组织体系，把党支部建到委员履职链上。严格执行重大问题请示报告制度，政协党组每年至少向同级党委作 1 次全面工作报告，政协年度协商计划、常务委员会工作报告、全体会议和常务委员会会议、党组重要工作等向同级党委请示报告，传达党中央重要会议精神、执行党的重要指示和决定的情况要专题报告，重大事项和重要情况要及时请示报告。

第二，政协之协是协力之“协”，必须围绕中心服务大局。人民政协事业是党的事业的重要组成部分，必须把政治担当具体地、现实地落实到服务中心大局的生动实践中，充分调动各党派团体、各族各界人士积极性主动性创造性，促进智慧、知识、技术向中心大局集中，促进人力、物力、财力向中心大局聚合，当好党的事业的参与者、实践者、推动者。一方面，要处理好“公转”和“自转”的关系。政协工作只有切点找准了，靶向聚焦了，才能进入围绕党政中心大局“公转”的轨道，切实与中心大局同轴运转，否则就会囿于“自转”自娱自乐。因此，政协履职要紧跟党委决策部署，放到党政工作“一盘棋”中谋划和推进，把党政工作取向作为政协工作指向、把党政工作中心作为政协履职重心，发挥制度效能、体现价值作用。比如，省委提出的锚定“走在前列、全面开创”“三个走在前”总遵循、总定位、总航标和“六个一”发展思路、“六个更加注重”策略方法、“十二个着力”重点任务、“十大创新”工作要求等，就是全省政协工作要服务的中心大局；市县党委也有各自确定的目标任务，大家也要立足自身实际，聚焦要事难事，细化协商议题，找准角度切口，紧扣当地经济社会发展履职尽责。这里面，要注意防止两种倾向：一是防止“刷存在感”的“公转”倾向。只满足于一年搞几次走马观花式的调研、弄几场作秀式的协商活动、报几份没有多少实质内容的建议，简单地拍拍照片、登登报纸、上上电视，没有实打实的“硬通货”，提不出有“含金量”的意见建议。二是防止“自娱自乐”“自说自话”、游离于中心大局之外的“自转”倾向。我们的工作如果只在“内部自转、表面空转、上层虚转”，其结果必然是“政协挺热闹、党政没感觉、群众不知道”。这不但产生不了实效，反而会滥用人民政协制度赋予的话语权，损害人民政协的声誉。另一方面，要处理好“潜绩”和“显绩”的关系。过去政协工作中存在把履行职责简单等同于对党政决策和政策实施提出意见建议的现象，认为这是看得见摸得着、容易出成绩的工作，忽视了政策宣传、社会引导等方面的工作。其实，党政科学决策需要集思广益，而政策的实施在很大程度上取决于社会对政策的认知和支持程度，共识度越高，政策实施就越有效。可以说，政协建言资政是围绕中心服务大局，引导社会凝聚共识同样是围绕中心服务大局，而且是更重要的大局，这是人民政协在现代化国家治理体系中发挥作用的必然要求。只有改变过往偏重一端的情况，不简单片面地追求立竿见影，耐心细致地多做一些解疑释惑、理顺情绪、春风化雨、润物无声的工作，才能切实把党中央决策部署和对政协工作的要求落到实处，把各方面智慧和力量凝聚到党政中心大局上来。

第三，政协之责是协商之“责”，必须发挥专门协商机构作用。汪洋主席讲得很明白，“专门协商机构综合承载了人民政协作为统一战线的组织、多党合作和政治协商的机构、人民民主的重要实现形式的性质定位”。所以，对我们政协组织来讲，把握住了专门协商机构，就把握住了“性质定位”；抓住了协商民主，就抓住了“主责主业”。过去一段时间，有的市县政协工作存在着定位模糊、职能模糊、职责模糊、认识模糊的误区。落实好专门协商机构的职能责任是人民政协的本分。我们要充分认识专门协商机构既是政协的性质定位，又是政协的工作定位。一是明确主要工作是协商。各级政协共有一个组织名称，共有一部章程，共有一份政治责任，都是专门协商机构。市县政协要把协商作为主责主业，摆在更加重要的位置，精选协商议题，增加协商频次，提高协商质效。在协商议题选择上，要发挥开门是群众、出门是基层的优势，围绕当地党政关心的、群众关切的、社会关注的问题，善于从牵一发而动全身的小问题入手，以点带面，推动全局性战略性问题的研究和解决。在协商频次把握上，各市政协每年至少举行 2 次专题议政性常委会会议、6 次重要协商活动；县级政协每年至少举行 1—2 次专题议政性常委会会议、4 次重要协商活动，由政协主席主持、主席会议成员参加，邀请党委、政府负责同志出席。二是明确主要工作方式是搭台。政协是协商平台、不是协商主体，是“在”政协协商、不是“和”政协协商，把准这个定位、修炼好搭台的功夫十分重要。通过搭好台，调动各方来“唱戏”，把协商平台搭得更为广阔、更加灵活、更具特色，把协商这台“大戏”演绎得更加精彩。搭台是一项政治性、技术性都很强的工作，绝不是轻轻松松就能完成的。为谁搭台、请谁“唱戏”“唱什么戏”、怎么“唱好戏”，都大有学问，就看你怎么安排。三是明确工作主旨是双向发力。要注重完善建言资政和凝聚共识双向发力的制度、程序和机制，在建言资政中不断拓展凝聚共识的深度，在凝聚共识中不断提高建言资政的质量，确保参政参到点子上，议政议到关键处。

第四，政协之要是引领之“要”，必须广泛凝聚共识。中共中央《关于新时代加强和改进人民政协工作的意见》明确把凝聚共识作为政协重要职能，这是统一战线组织、专门协商机构的内在要求，是人民政协制度的功能任务，也是服务实现新时代党的历史任务的有效途径。人民政协要广泛凝聚共识，从根本上说是由其性质定位、组织特点、职责使命所决定的，是天然的、内在的、本质的要求。一是要强化凝聚共识的政治自觉。坚持大团结大联合、广泛凝聚共识，一直是我们党赋予人民政协的重要任务和使命。当年，毛泽东等老一辈创建政治协商制度，一方面是建立发扬民主、让大家说话的制度；另一方面，是通过政协这个平台来团结教育包括小资产阶级、民族资产阶级、党外知识分子等在内的统战对象，凝聚对中国共产党实行社会主义制度及其他政策措施的共识。当然，现在和50年代不一样了，但统战工作是做人的工作、做人心的工作，这一点是没有变的。因为，参加政协的各党派团体和各族各界人士代表不同的社会政治力量，有着不同的思想观念、不同的利益考量，甚至有着不同的宗旨信仰，有的还生活在不同社会制度和意识形态下，这种客观存在的差异性需要强化思想政治引领。这要求人民政协必须把工作聚焦到为党争取人心、汇聚力量这个最大的政治上，把讲政治具体地、现实地体现在做好凝聚共识工作上，把政协委员及其所联系的界别群众最广泛最紧密地团结凝聚在党的周围，切实为党治国理政厚植政治基础和社会基础。当今世界正面临百年未有之大变局，中美之间的竞争更加突出，而全球疫情大流行加剧了大变局的进程，经济下行压力持续加大，一定程度滋长了一些负面、悲观情绪。在这种大背景下，需要人民政协发挥自身优势，增强做好凝聚共识工作的自觉性，积极引导人们更好认清大势、廓清迷雾，加深对“中国共产党为什么能、马克思主义为什么行、中国特色社会主义为什么好”的理解，从而在乱云飞渡中站稳立场、把牢方向、提振信心。二是要瞄准凝聚共识的目标方向。就是习近平总书记讲的“三个重要”，实现这个目标，前提是加强思想政治引领。一方面，引领是有方向的，这个方向就是毫不动摇坚持中国共产党的领导、坚持中国特色社会主义，这也是凝聚共识必须固守的圆心。在固守这一“圆心”的基础上，才能延长“圆径”，扩大“圆面”。另一方面，引领是有目标的，人民政协是团结凝聚各党派团体和各族各界人士为实现党的总任务总目标服务的政治组织和民主形式，履行凝聚共识职能也要紧扣这一中心大局。从我省来看，就是要把迎接党的二十大、学习宣传贯彻二十大精神作为重大政治任务，把“走在前列、全面开创”“三个走在前”作为动力源和方向标，加强思想引领，汇集人心共识，把各方面智慧力量凝聚到现代化强省建设上来。三是要掌握凝聚共识的方法艺术。凝聚共识本质上属于思想政治工作，说到底是做人的工作，是在人的头脑里搞建设，有其自身的特点和规律。我们讲广泛凝聚共识，不是无区别的强求一律，而是有方向的启发引领；不是单向度的灌输说教，而是互动式的协商讨论；不是表面的附和敷衍，而是内心的深刻认同；不是快餐式的立竿见影，而是长期性的润物无声。这说明做好凝聚共识工作是有章法、讲艺术、重策略的，需要练就过硬本领，下足绣花功夫。

第五，政协之本是为民之“本”，必须坚持人民政协为人民。人民政协是人民民主的重要制度，是党和政府联系人民群众的桥梁和纽带，是各界群众实现有序政治参与的重要政治机构。同时，作为最广泛的爱国统一战线组织，政协具有“说官亦官、说民亦民、亦官亦民、非官非民”的特点，可以说是位置超脱、角度客观，围绕党政中心大局建言资政和凝聚共识，深入践行全过程人民民主，广泛参与国家和社会治理，更容易走进和贴近群众、更容易被群众认可和接受。其一，这是初心使命所在。坚持人民政协为人民，是习近平总书记在中央政协工作会议上提出的明确要求，也是政协必须始终遵循的履职理念。进入新时代，我国社会主要矛盾发生深刻变化，对人民政协联系和服务界别群众提出了新的更高要求，也为政协工作创新发展拓宽了人民群众广泛参与的源头活水。政协扩大政治参与作为我国政治体制框架内的一种制度性安排，是实现和发展全过程人民民主的重要实践路径，是各党派团体、各族各界人士的一种有序政治参与。在政协这个平台上，参与的结果得到关注的同时，参与的过程也可以得到重视；既可以鼓励群众畅所欲言发表意见，也能够强化引领、守好边界；既可以反映多数人的普遍意愿，也能够照顾少数人的合理要求，有利于实现全链条、全方位、全覆盖的民主。其二，这是优势特色所在。政协由界别组成，政协委员是各行各业翘楚，是各界别群众的优秀代表，党外人士占60%以上，涵盖了中国共产党、各民主党派、人民团体、民族宗教、港澳台侨等各方面的代表人士。在政协，每个界别都是一条群众有序参与协商民主的通道，每个委员都是影响群众服务群众、凝聚各界智慧力量的一方主体，同时各界别、委员之间交互交融，团结引领广大界别群众，这样构成了“点、线、面”纵横交错、上通下达的协商民主网络，形成了有容乃大、百川入海的格局。其三，这是特有方式所在。一方面，相对于党政部门，政协位置超脱，与具体利益瓜葛较少，看问题比较客观，对一些涉及各方切身利益的敏感问题，由政协委员出面做工作，各方能听得进去、接受得了，有助于增进和凝聚共识，防止各方利益主体因意见不同长期累积而形成“堰塞湖”。另一方面，政协倡导各美其美、美人之美、美美与共，注重通过柔性而非刚性、商量而非强制、合作而非对抗的手段来求同存异、聚同化异，既尊重多数人的共同意愿，又照顾少数人的合理要求，兼顾各界利益表达，兼听各种意见诉求，兼容各方思想观念，容易寻求最大公约数、画出最大同心圆，实现最广泛的大团结大联合。

三、怎么干好政协工作

推动新时代政协事业发展，需要全省政协系统整体联动、协同发力。全省16个市、136个县（市、区），市县政协是基层基础、是主体力量。市县政协工作干好了，就有了“底色”“底气”。现在，新一届市县政协已经开局，新届期、新班子、新队伍，就要有新面貌、新气象、新样子，就要坚持解放思想、守正创新，努力使各项工作驶入新航道、再上新台阶。我认为，主要在“四个力”上发力：

一是创新力。习近平总书记指出，创新是引领发展的第一动力。做好政协工作，同样离不开创新。想明白，才能干明白。做工作就要多思考、多研究，善于审时度势，打破条条框框，开拓新思路、开辟新路径，才能更具时代性、针对性和实效性。当前要重点把握好三个方面：一是立足“时”与“势”。我省正处于现代化强省建设的关键时期，“两难”问题有所增多，既要控疫情也要抓发展，既要稳增长又要抓转型，既要讲速度也要重质量，既要发展经济、也要保护生态和改善民生。特别是受疫情影响，部分供应链一时难以恢复，中小企业遇到了市场开拓、资金流转、员工稳定等方面的难题。船到中心浪更急。这样的背景下，做好新时代政协工作，必须有大格局、大视野、大思路，因时而动、因势而行，把创新作为推动工作提质增效的第一动力，在现有履职框架内最大限度注入创新元素、寻找创新变量。二是把握“专”和“特”。政协是专门协商机构，最大的特点就是这个“专”字。汪洋主席经常讲，人民政协是具有中国特色的、体现“我有你没有、我能你不能”政治优势的政治组织和民主形式。把握“专”和“特”，聚焦政协工作主责主业，把改革创新精神融入政协工作始终，需要各级政协组织的领导干部经常思考谋划哪些职能需要拓展，哪些工作需要加强，哪些短板需要补齐，哪些技术手段需要强化，精心搭建牵一发而动全身的平台载体，以新理念新思路新举措加以“点亮”。比如，省政协搭建了“月度协商会”这个平台，为党政领导走进会场听取委员的意见建议创造了条件，前两场协商会都起到了很好的效果。三是着眼“实”和“优”。从我这段时间到过的一些地方看，感到许多的市县政协都有特色工作，比如，济南市的“商量”、青岛市的“倾听与商量”、东营市的“月度协商会”、泰安市岱岳区的“为民协商”等，在全省乃至全国政协系统都产生了一定影响；比如，济宁市组织委员开展“民意 5 来听”活动，德州市建立了“委员议事室”“委员工作站”等履职阵地，滨州市设立了“政协接待站”，每月举办一次“委员接待日”活动，等等。对大家来讲，政协舞台的制度框架都是一样的，但在这个舞台上唱什么戏、起什么调，有很大的发挥空间。只有善于创新，才能做到人无我有、人有我优、人优我特，把与别人共有的事情做得更好、把不一样的事情做得更有特色。

二是履职力。五年看头年，开局最关键。当前市县政协新班子新队伍要把“四梁八柱”立起来，把架子搭起来，把大家的精气神聚起来，必须在工作中练能力本领，靠履职力产生影响。一是要正确认识有为才有位。全国两会后，我去过几个市调研，大家普遍反映“人员力量不足”。我理解，解决基础工作薄弱问题，首先要把职责使命担起来，不要光盯着增加编制，关键是把工作开展起来。作用发挥出来了，能解决党委政府需要解决的问题了，你再去争取，腰杆子也直，底气也更足。实际上，市县政协人不少，主要是存在“官多兵少”、队伍“锐气”不足的问题，还有一些是政策落实不到位的问题。市县政协刚刚开局，一定要通过我们这一届的努力，把基础工作做扎实。二是要充分发挥专委会基础性作用。专委会，顾名思义强调的是一个“专”字。每个专委会都有自己的专业特点、工作对象和着力重点。比如，提案委、委联委综合性更强一些；经济委、农业农村委、人资环委、教科卫体委、社法委、文化文史和学

习委主要是面向相关领域，承担的协商议政任务更重一些；民宗委、港澳台侨和外事委，团结联谊的任务更重一些。我们要围绕“专”字做文章，围绕职责任务，“专”出特色、“专”出质量、“专”出水平。只有专委会作用发挥出来了，我们的建言资政才有基础，我们的建言成果才可信赖。三是要用好资源禀赋和从政经验。市县政协领导班子成员大都在党政部门工作过，阅历深、历练多、经验丰富，联系局办、协调课题、调度工作，具备很多的优势和条件；政协履职到底出什么题目，往哪个方向着力，大家是很有发言权的。所以，要提升政协工作整体水平，必须主动加强同党政部门的衔接沟通，密切跟各民主党派、工商联和人民团体的联系，加强同社会各方面的协作，用我们的资源和经验，推动政协工作与中心大局“贴得紧”“靠得近”。

三是亲和力。市县政协同人民群众的联系更广泛、更密切，必须拓展手臂、延伸触角，让群众觉得政协离自己很近、委员与自己很亲。因此，亲和力是干好政协工作的必备素质。一方面，放大政协工作的张力。政协是大团结大联合的组织，扩大社会各界有序政治参与，要求我们必须打开履职格局，放大政协工作张力。“放大张力”蕴含着三个维度，即提高政协平台向人民群众的开放度、提高政协系统内的开放度、提高政协工作向社会的开放度。要着力彰显“开放包容”的文化气度和博大胸襟，注重开门聚智和开放聚识辩证统一。比如，热情拥抱互联网就是开放，我们积极探索数字化背景下开展工作的新模式，运用“互联网 +”，可以组织“云议政”“微协商”，促进线上线下良性互动，也可以通过“码上商量”广泛收集社情民意。比如，履职的协同也是开放，像省政协正在打造的联系界别群众的“界别同心汇”平台和服务委员读书的“政协书院”“政协书房”平台，就可以打开通道，把“书房”建在“同心汇”上，实现优势互补、能量互赋、成果互促。另一方面，增强政协工作的磁力。巩固基本盘，拓展联系面、团结面，需要有引力足够强的“磁力场”、半径足够长的“同心圆”，推进政协工作向基层延伸。中央、省委政协工作会议和相关制度文件都明确，要积极探索政协协商同基层协商相衔接、同社会治理相结合的有效途径。延伸、衔接和结合，解决的都是一个“接口”问题。这个“接口”，发力点主要在我们县级政协。相比省、市两级政协，推动政协工作向基层延伸要下更大功夫、展现更大作为。这方面各地有一些探索，但面临如何进一步规范和提升的问题。比如，我们可以在县级政协委员相对集中的乡镇（街道），建立政协委员履职小组，设立“协商议事室”，负责组织所在地委员开展活动。我们运行这层平台就要按照“不建机构建机制”的原则，清晰界定工作范畴，我们要选择党政关心的、群众关切的、社会关注的问题来开展协商，规范做法，完善制度，使之符合政协性质特点，而不是在基层协商中贴个标签。比如，我们可以建立协商建议办理机制和持续跟踪问效机制，形成完整的工作闭环，适时通过“回头看”等方式，再调研、再视察、再协商，促进协商成果落地见效，做好成果转化“下半篇文章”。通过我们的工作，通过制度的有效运行和民主程序，更好把政协平台优势转化为基层治理效能。

四是贯通力。习近平总书记多次强调，上级政协不仅要把自己的事情做好，还要加强对下级政协的指导。政协组织接受同级党委领导、接受上级政协指导，是科学的制度设计。新修订的政协章程，增写了“指导工作”的要求。加强对下级政协指导，考验的是系统观念、全局视野和通盘能力，考验的是一竿子插到底的“深厚内力”。这种内力，不是天上掉下来的，需要积累、联动、统筹，更需要赋能。一是机制赋能。这次中办印发的关于加强和改进新时代市县政协工作的意见，这个文件对我们来讲很及时，是我们的“尚方宝剑”，是推动工作提档升级的重要举措，也是解决“两个薄弱”的有利契机。省级层面，我们起草的实施意见（代拟稿）已经开始征求意见，争取省委尽快印发下来。下一步，还要制定《进一步加强和改进对市县政协联系和指导工作的若干意见》，配套做好细化分解。省里的文件要具体到方方面面是很难的，市县层面，有条件的可以积极去探索，勇于创新创造，让具体安排可执行、能落地。二是系统赋能。单丝不成线，独木不成林。市县政协工作力量有限，如果履职战线过长、资源分散、工作碎片化，就会浅尝辄止，难以把工作做深做透。必须强化系统观念，在“共”上下功夫，推动省市县三级联动、上下贯通，做到“思想共引、履职共推、问题共解、资源共享、品牌共育、队伍共建”，实现倍增效应和乘数效应。在“联”上下功夫，着眼实现履职效果最大化，建立省市县三级政协学习联动、履职联系、信息联通机制，结合课题调研、民主监督、视察考察、提案办理协商等开展联动履职，以课题为纽带，开展省市县政协联合调研、联动协商，形成“立体履职”态势。在“合”上下功夫。发挥好平台的牵引和集聚作用，省政协通过搭建综合性履职平台，出台一些制度性规范，为全省政协工作起到引领、示范和带动作用，在市县做一些试点，做一些探索，然后开个现场会，总结经验、互相借鉴，再从面上推开，通过融合多种履职方式，整合多种履职载体，聚合多种工作力量，串起履职链、工作链、成果链，政协组织的效能才能够更好发挥出来。三是品牌赋能。政协工作在全省有没有影响力，关键是有没有聚共识、成色足、亮点多的平台品牌。现在，我们正着手研究打造释放专门协商机构效能的协商平台、发挥界别委员作用的聚识平台、扩大协商民主广度的数字平台、讲好政协故事的宣传平台等，展现时代特征、山东特点和政协特色。一个平台就是一个品牌，既需要顶层设计、三级共育，也需要基层“火花”和生动实践。比如，“有事多商量”这个品牌，在济南可以突出“泉城商量”，在青岛可以保留“倾听与商量”特色元素，既要同心聚气，也要各有风味。希望大家集思广益，多出主意，共同努力把这项工作做好。比如，打造乡村振兴的齐鲁样板，是习近平总书记对山东的重托和厚望。历史上，山东贡献过“寿光模式”“诸城模式”等农村改革创新品牌。如果我们政协能够总结一批案例，提供新的典型样本，将对打造齐鲁样板起到非常重要的作用。在助力唱响山东品牌的同时，政协品牌也跟着树起来了。再比如，山东有着厚重历史文化，用李干杰书记的话说就是“人文沃土可以深度耕作”。在品牌打造中，要善于吸收区域文化中团结和民主的元素，打造具有齐风鲁韵的政协系列工作品牌。四是数字赋能。提高政协工作质量，要探索运用与新时代要求相契合的方式方法。把互联网的开放性、交互性特点和政协联系面广、代表性强的优势结合起来，运用数字技术赋能政协履职，探索开展“云建言”“云访谈”，通过远程协商、掌上履职、网络议政等形式，促进线上线下互动协商，实现“面对面”与“端对端”“屏对屏”的优势互补，为委员履职不受时空限制创造条件。把互联网贯通共享的属性和政协系统协同联动的需求结合起来，全面对接“山东通”平台，建设省市县政协上下贯通、数据共享、成果共用的数字平台，让政协履职思想在线、智慧连线、联系不断线，推动“指尖上的协商民主”，化互联网变量为政协发展的增量，提高政协协商民主的广度、深度和效度。

四、政协工作靠谁干

一个组织的硬实力、软实力，归根到底是队伍的整体实力。队伍强了，没有优势可以创造优势，没有资源可以集聚资源；队伍弱了，有优势也会丧失，有要素也会流失，有机遇也会错失。我们政协各级领导班子、广大政协委员和机关干部，这支队伍的每一位同志都要增强责任感、使命感、紧迫感，始终保持开新局的干劲、勇担当的境界、争一流的追求，在其位、谋其政、尽其责、善其事，干出政协新样子。

*要保持一流的状态。*一流状态是事业心、责任感和精气神的体现，有激情、在状态才会能担当、有作为。一是坐标“在一线”。过去有的认为政协是二线，有“不干没有意思”“干点意思意思”的错误想法。汪洋主席明确指出，政协是党的一线工作的重要组成部分，处于“四个一线”。实际上到政协工作，只是岗位变化，工作的方式方法不同。只要想干事，政协有的是空间、有的是舞台。只要我们的坐标定在一线，工作干在一线，就会真正觉得“政协挺有意思、干好才够意思、越干越有意思”。二是心态“在一线”。有句话讲，革命人永远年轻。一个人只要心态不老，人就不会老；只要思想上不懈怠，人就不会懈怠。大家到政协工作，面对的是一方新天地，面临的是一次新考验，在政协这个“考场”上到底能不能交出高质量的答卷，“再干出一番事业”的心态很重要。如果不把心态保持“在一线”，脚踏西瓜皮，滑到哪里算哪里，不仅会把多年形成的良好工作局面、工作基础荒废，也会在自己的事业成绩单上留下遗憾，大家一定要谨之慎之，积极转变观念，用心研究政协工作，以“一日无为、三日难安”的责任心，投入到火热的履职实践中。三是责任“在一线”。一流的状态，靠环境催生，靠自觉内生，也要靠工作来提升。有为才能有位，有位才能有光，脸上有光了，精气神就上来了。以前人均寿命只有 70 岁，现在人均寿命都到 80 岁了。50 多岁的年龄，对于大家来说，无论是身体条件、思想状态，还是工作经验，都是能够大展宏图、有所作为的黄金时段，我们要迅速转换角色、进入状态，主动“当主角”“挑大梁”，在政协事业中谱写一部精彩的“老兵新传”。

*要树立一流的标准。*习近平总书记指出，标准决定质量，有什么样的标准就有什么样的质量，只有高标准才有高质量。我们在政协工作中，也一定要树立一流的标准，拉高标杆，奋勇争先。一是站位标准要高。人民政协是专门协商机构，要为政协各参

加单位、各界代表人士提供宽松、民主的协商建言环境。有些同志就认为政协的工作环境也可以自由、放松一些，产生了“无所求、无所为”的心态，出现了“宽松软、庸懒散”等现象。其实，越是宽松民主的环境，越需要有大格局、高站位。我们要防止出现这种把政协机关等同于政协组织、把机关干部等同于统战对象，把民主协商的履职要求简单套用到政协工作中的情况，不能因为环境宽松而放松思想、降低要求。二是作风标准要高。特别是有些转岗的同志，由原来的“主持决策”到现在的“建言献策”，由原来的“说了算”到现在的争取“说得对”，产生了失落感；也有的同志认为到政协是仕途的“终点站”，加上政协工作是“软任务”，没有硬指标，就产生了来政协歇歇脚的消极懈怠思想。我认为，在“软环境”里考验的才是“硬作风”，就像汪洋主席所讲的“作风的改进没有休止符，觉悟的提升永远在路上”。大家一定要强化政协是政治机关的意识，很多问题从政治上看，歇歇脚、养养老是没有市场的。我们工作方式变了，但标准不能变，作为党培养多年的干部，转岗到政协工作，无论是政治待遇还是生活待遇都没少，没有理由自己把工作标准降下来。特别是在当前全面从严治党的大环境下，任何人都不能置身事外。三是履职标准要高。“三个走在前”，是总书记对山东的殷殷嘱托，也是我们事业发展的总遵循、总定位、总航标。“走在前”是包括理念方法、体制机制、经济社会等全方位的走在前，也是全省各层级各条线的“走在前”，政协理应也要“走在前”。省委提出“事争一流、唯旗是夺”，从政协讲要“事争一流、奋发有为”。因此，我们工作的标准、质量、效能都要提高。整个政协系统动起来、紧起来、忙起来，自我加压、思责奋进，以一流状态追求一流作为，政协工作就会活起来、实起来、立起来。

*要干出一流的作为。*汪洋主席多次讲过，各项履职活动要从注重“做了什么、做了多少”向“做出什么效果”转变。说一千道一万，不干出成绩算白干。无论是党员干部还是政协委员，都要干字当头、实字为先、出新出彩。一是要打造担当政协。从某种程度上讲，一把手的状态决定了这个单位的状态。在座的市县主席、副主席和专委会主任们，都是政协队伍中的“关键少数”，是“领头雁”，大家把担当作为的表率树起来，担当政协的形象就能立起来。大家都在党政领导岗位工作多年，工作经验丰富，有责任、有能力、有办法能够把自身岗位干好、干出彩。要当好“领”的示范，抓好班子、带好队伍、树好形象；要当好“引”的表率，用好业务专长和丰富经验，出题目、理思路、教方法；要当好“严”的榜样，坚持从自身做起，树牢严实作风，自身正不令而行。二是要打造活力政协。政协作用发挥在委员，事业发展在委员，活力展现在委员。政协委员中既有在各条战线埋头苦干、拼搏奉献的实干家，也有一大批长期在党政领导岗位工作、具有丰富实践经验的领导干部，他们比理论工作者有实践经验，比党政部门同志有时间来踱方步，同时也有一批学术造诣深厚的专家学者。他们本来就有很好的基础和情怀，要把他们的作用发挥出来，关键是把他们组织起来。所以，要搭舞台，打造好各类履职平台，让他们参与进来、站在C位、展现风采，让

他们有获得感；也要畅渠道，进一步优化委员服务，更好引导委员知情明政、团结引领委员履职尽责，保证委员在政协的各种会议和活动中畅所欲言、坦陈己见，让委员真正“懂政协、会协商、善议政”；还要给责任，表达信任的最好方式就是压担子、给任务，明确“干什么”“怎么干”，完善委员履职工作规则，制定委员履职清单。有了履职作业，大家都会知责于心、担责于身、履责于行。三是要打造实干政协。我一直强调一个观点，就是政协机关同党政机关的工作职能有区别，但对机关干部的标准要求是一样的，不存在党政机关标准高一点、要求严一点，政协机关标准低一点、要求松一点的问题。大家过去在党政部门怎么要求，在政协机关就要怎么要求；怎么要求别人，就要怎么要求自己。各级政协党组要坚持严管和厚爱结合、激励和约束并重，树好事业为上的风向标，把想干事、能干事、干成事的好干部选出来、用起来，形成能者上、平者让、庸者下的良好局面。对于大家反映工作忙、人手少，特别是缺年轻干部的问题，受机关编制等多方面因素制约，人少事多的矛盾一下子很难从根本上解决，需要有一个过程。我们既要在开源上想办法，更要坚持“有位就要有为”，让每一名干部都严起来、紧起来、干起来，以奋斗者的姿态和干劲，努力推动各项工作走在前列、争创一流。

同志们，团结汇聚力量，奋斗成就未来！做好新时代我省政协工作，大家使命在肩、重任在前。让我们更加紧密地团结在以习近平同志为核心的党中央周围，深入学习贯彻习近平新时代中国特色社会主义思想，在省委的坚强领导下，乘势而上、守正创新，切实担负起人民政协制度参与者、实践者、推动者的政治责任，交出助力新时代社会主义现代化强省建设的“政协答卷”，以优异成绩迎接党的二十大和省第十二次党代会胜利召开！

全过程人民民主中人民政协的功能定位和发展导向

（2022 年 4 月）

王艺华

全过程人民民主，是习近平新时代中国特色社会主义思想的重要内容，是中国共产党团结带领人民追求民主、发展民主、实现民主的伟大创造，是以习近平同志为核心的党中央不断推进中国民主理论创新、制度创新、实践创新的重大成果，体现了党的初心使命，体现了社会主义国家性质，体现了人民主体地位。这一重大理念的提出和推进，标志着我们党对民主政治建设规律的认识上升到新的高度，彰显了我国人民当家做主民主政治制度体系的独特优势，为我国民主政治发展指明了前进方向，为世界政治文明贡献了中国智慧、中国方案。人民政协作为适应中国国情、具有中国特色的制度安排，在全过程人民民主实践中，处于什么位置、发挥什么功能，又如何进一步加强和改进自身工作、更好发挥作用，本文试从以下三个方面进行分析。

一、人民政协在全过程人民民主中的功能定位

习近平总书记指出："我国全过程人民民主不仅有完整的制度程序，而且有完整的参与实践。"人民政协的性质定位和履职特点，决定了其在全过程人民民主的制度程序和参与实践中，发挥着不可替代的重要作用。

（一）人民政协作为中国共产党领导的多党合作和政治协商机构，是坚持和发展全过程人民民主的重要制度安排，担负着实行新型政党制度的功能。我国是工人阶级领导的、以工农联盟为基础的人民民主专政的社会主义国家，实行的是以人民代表大会制度这一根本政治制度，中国共产党领导的多党合作和政治协商制度、民族区域自治制度、基层群众自治制度等基本政治制度为主要内容的人民当家做主制度体系。其中，作为我国政治制度重要支柱的政党制度——中国共产党领导的多党合作和政治协商制度，是中国共产党和中国人民的伟大政治创造，是从中国的社会土壤中生长出来的新型政党制度，而人民政协正是实行这一新型政党制度的重要政治形式和组织形式。贯彻"长期共存、互相监督、肝胆相照、荣辱与共"方针，各民主党派、无党派人士在政协这个平台上，既可以本党派名义充分发表见解主张，也可以界别名义开展履职工作，政协委员中的民主党派成员、无党派人士还可以个人身份行使委员权利，是共产党领导、多党派合作、共产党执政、多党派参政的生动实践，集中彰显了我国新型政

党制度的独特优势和鲜明特色。

（二）人民政协作为专门协商机构，是坚持和发展全过程人民民主的重要实现形式，担负着推动人民民主全链条、全方位、全覆盖发展的功能。我国社会主义民主主要有两种重要形式、五大民主环节。两种重要形式即选举民主和协商民主，确保人民在通过选举、投票行使权利的同时，在重大决策前和决策过程中进行充分协商，尽可能就共同性问题取得一致意见。五大民主环节即民主选举、民主协商、民主决策、民主管理、民主监督，民主协商与民主选举相辅相成，同时也广泛融入民主决策、民主管理、民主监督中，体现了有事好商量、众人的事情由众人商量、找到全社会意愿和要求的最大公约数这一人民民主的真谛。人民政协作为专门协商机构，把协商民主贯穿履行职能全过程，融协商、监督、参与、合作于一体，形成了以全体会议为龙头，以专题议政性常委会会议和专题协商会为重点，以协商座谈会、对口协商会、提案办理协商会、网络协商会等为常态的协商格局，推动政协协商与政党协商、人大协商、政府协商等各种协商形式相衔接，提升了人民民主的时间连续性、内容覆盖性、运行协同性，推动实现过程民主和成果民主、程序民主和实质民主的统一。

（三）人民政协坚持建言资政和凝聚共识双向发力，是坚持和发展全过程人民民主的重要统战平台，担负着广泛凝聚共识、汇聚智慧力量的功能。民主是人类社会进步的产物和标志，要推动社会向着自由、平等、公正、文明、团结、和谐的方向前行。全过程人民民主，坚持民主集中制，坚持党的领导、人民当家做主、依法治国有机统一，把党的主张、国家意志、人民意愿紧密融合在一起，凝聚思想共识、避免倾轧冲突，维护公平正义、避免利益固化，促进社会和谐、避免混乱动荡，推动国家治理体系和治理能力现代化，形成集中力量办大事的制度优势，这是中国之治的密码，是人民民主的力量。这一过程中，人民政协充分发挥统一战线组织的功能，牢牢把握加强思想政治引领、广泛凝聚共识这一中心环节，坚持建言资政和凝聚共识双向发力，通过政协会议、学习、协商调研活动等，把各党派团体和各族各界人士的思想行动统一到党的路线方针政策上来，使发扬民主的过程成为凝聚智慧、集思广益的过程，成为听取民意、反映诉求的过程，成为统一思想、凝聚共识的过程，成为促进科学决策、民主决策的过程，推进实现最广泛、最真实、最管用的社会主义民主。

（四）人民政协由界别组成，是坚持和发展全过程人民民主的重要民意渠道，担负着扩大有序政治参与的功能。保证全体人民当家做主是全过程人民民主的价值追求。在我国，群众政治参与可大致分三类：一类是间接参与，比如，通过选举人大代表，组成人民代表大会，由人民代表大会来行使国家权力。一类是直接参与，比如，通过投票、协商、听证、问政、信访、热线等参与公共政策的制定和公共事务的管理。还有一类，介于直接参与和间接参与之间，是以特定的组织代表特定的群体反映共同诉求，可以称之为组织参与，典型的就是人民政协的界别。由界别组成是人民政协区别于我国其他政治组织的显著特征。全国政协设 34 个界别，由中国共产党、各民主党派、无党派人士、人民团体、各少数民族和各界的代表，香港特别行政区同胞、澳门特别行政区同胞、台湾同胞和归国侨胞的代表以及特别邀请人士组成。政协通过界别渠道与各界群众保持密切联系，既宣传政策、凝聚共识、聚同化异，也反映诉求、汇集民智、共商国是，不断扩大有序政治参与，推动实现更为广泛有效的人民民主。

二、全过程人民民主视角下人民政协的发展导向和任务重点

习近平总书记强调："我们要继续推进全过程人民民主建设，把人民当家做主具体地、现实地体现到党治国理政的政策措施上来，具体地、现实地体现到党和国家机关各个方面各个层级工作上来，具体地、现实地体现到实现人民对美好生活向往的工作上来。"人民政协必须深刻把握全过程人民民主的本质要求和发展导向，立足自身定位和特点，改进和提升履行职能各项工作。

（一）突出政治导向，坚定不移坚持党的全面领导。中国共产党领导是中国特色社会主义的最本质特征和最大优势。全过程人民民主是在中国共产党领导下形成、发展、实现的中国式民主伟大创造，坚持党的领导是其强大生命力和巨大优越性的理论逻辑、历史逻辑、实践逻辑。人民政协作为全过程人民民主重要组成部分，必须把坚持党的领导特别是党中央集中统一领导贯穿于全部工作之中。一是坚定政治方向。旗帜鲜明讲政治，坚持以习近平新时代中国特色社会主义思想为指导，全面落实习近平总书记关于加强和改进人民政协工作的重要思想，从讲政治的高度谋划和推进政协工作，深刻领悟"两个确立"的决定性意义，增强"四个意识"、坚定"四个自信"、做到"两个维护"，始终在思想上政治上行动上同以习近平同志为核心的党中央保持高度一致。二是强化政治引领。牢牢把握加强思想政治引领、广泛凝聚共识这一中心环节，通过开展广泛深入的学习教育、团结合作、协商讨论，引导参加政协各方面巩固团结奋斗的共同思想基础，增强对中国共产党和中国特色社会主义的政治认同、思想认同、理论认同、情感认同，使党的主张成为各党派团体和各族各界人士的广泛共识和自觉行动，汇聚起实现民族复兴的磅礴力量。三是落实政治责任。强化大局意识、责任意识，自觉服从和服务于党委政府中心工作，做到党委政府有何部署、政协就作何响应，党委政府重心落在哪里、政协工作就聚焦到哪里，党委政府工作推进到哪里、政协工作就跟进到哪里，始终同党委政府同心同向同行，担负好落实下去、凝聚起来的政治责任。

（二）突出为民导向，更好实现人民当家做主。坚持人民主体地位、保证人民当家做主，是全过程人民民主的本质要求。保证人民当家做主不是口号、不是空话，必须落实到国家政治生活和社会生活之中，保证人民依法有效管理国家事务、管理经济和文化事业、管理社会事务。人民政协是人民的政协，必须坚持人民至上，以实际行动推动人民群众享有广泛充分、真实具体、有效管用的民主。一是拓宽民意收集广度。推动政协工作向基层延伸，既要沉下去，组织委员深入一线、深入群众，通过实地、网络、视频等多种方式开展调研、协商活动，广泛了解基层实情和群众诉求；也要请进来，邀请基层群众参与到政协协商活动中，与党委政府和有关部门、政协委员等面对面沟通交流，让群众广泛、便捷地通过政协平台反映意愿诉求、提出意见建议、参与公共管理。二是畅通民意传递渠道。在广泛收集民意基础上，充分运用大会发言、委员提案、建议案、调研协商报告、反映社情民意信息等载体和渠道，打造传递民意的绿色通道，协助党委政府及时了解基层实情、听到群众呼声，为党委政府科学决策、民主决策提供参考。三是提高民意达成实效。协助党委政府做好解民忧、聚民心、谋民利、惠民生的工作，加强对所提对策建议的跟踪问效和对社会民生工作的监督推动，促进事关群众切身利益问题的解决，让群众真切感受到党委政府的关心和温暖，感受到人民政协在身边、人民政协为人民，感受到全过程人民民主是真实的、管用的、值得信赖和拥护的民主。

（三）突出过程导向，助力发展全链条、全方位、全覆盖的民主。全过程人民民主不仅关注结果是否民主，更关注过程是否民主，是全链条、全方位、全覆盖的民主，避免人民只有在投票时被唤醒、投票后就进入休眠期，这是西方民主所无法比拟的。人民政协坚持把协商贯穿于履行职能全过程，通过扎实有效的工作，可以更好促进过程民主和成果民主的统一。一是着眼于提高民主过程稳定性，推进政协协商制度化、法治化。坚持党的领导、人民当家做主、依法治国有机统一，进一步完善党领导政协协商民主工作的制度体系，把协商民主工作纳入党的全局工作一体谋划、一体推进、一体落实。探索人民政协协商民主法治化，用法律形式把协商主体、内容事项、原则程序、活动组织、成果运用、效果反馈等固定下来，保障协商民主郑重经常有序展开。二是着眼于提高民主过程公平性，拓宽政协协商形式和领域。完善协商于决策之前和决策实施之中的实现形式和程序机制，把协商与决策、管理、监督有机融合起来，明确政协协商的议题范围、介入时机、方式方法、参加主体，为各界群众通过协商渠道实现广泛持续深入的政治参与创造条件，更好保障人民群众知情权、参与权、表达权、监督权。三是着眼于提高民主过程专业性，扩大政协协商运用空间和舞台。适应国家治理现代化要求，把人民政协作为协商机关纳入国家机关范畴，在党的领导下与立法机关、行政机关、监察机关、审判机关、检察机关等各司其职、协调配合，立足政协协商的制度优势、组织优势、平台优势、人才智力优势，为政党协商、人大协商、政府协商等各类协商提供支持，推动社会主义协商民主广泛多层制度化发展。

（四）突出效能导向，推进实现最广泛、最真实、最管用的社会主义民主。民主不是装饰品，不是用来做摆设的，而是要用来解决人民需要解决的问题的。确保全过程人民民主成为最广泛、最真实、最管用的社会主义民主，包括人民政协在内，都要把提高民主效能作为永恒课题。对于人民政协来讲，一是丰富协商内容。按照党政所需、群众所盼、政协所能的原则，确定协商活动的内容和重点，既要突出严肃性、宏观性，在政协全体会议、常委会会议、专题协商会上，就国家大政方针和地方重要举措及政治、经济、文化和社会生活中的重要问题，开展全方位、综合性、高层次协商；

也要突出针对性、实用性，就事关人民群众切身利益的问题、各党派参加人民政协工作的共同性事务、政协内部的重要事务以及有关爱国统一战线的其他重要问题等，选准角度和切口，开展选题精准、以小见大的协商活动，推动实际问题的解决。二是完善协商机制。健全协商议题形成、计划制订、调研准备、协商组织、成果报送、转化落实等各个环节的机制，对协商成效有所反馈、有所改进、有所提升，推动协商工作从程序上形成闭环，确保协商就要真协商。三是培育协商文化。在坚持四项基本原则基础上，正确处理一致性和多样性的关系，坚持民主集中制，引导协商各方相互尊重、平等协商而不强加于人，遵循规则、有序协商而不各说各话，体谅包容、真诚协商而不偏激偏执，让广大群众的聪明才智在协商互动中充分涌流，让各方面利益诉求在交流碰撞中形成广泛共识，营造既畅所欲言、各抒己见，又理性有度、合法依章的氛围，达到商以求同、协以成事的目的。

三、为更好发挥人民政协在全过程人民民主中的作用提供坚实保障

发展全过程人民民主是关系全局和长远、关系广大人民群众根本利益的大事。更好发挥人民政协作用，推进全过程人民民主更加健全完善、高效管用，离不开全党全社会广泛支持和关注。

（一）加强和完善党对人民政协的领导。加强党对人民政协的全面领导，按照党总揽全局、协调各方的原则，把人民政协放在全过程人民民主大格局下来审视和谋划，支持人民政协依照宪法法律和政协章程独立负责、协调一致地开展工作，加强政协协商与党委政府工作的有效衔接，完善政协年度协商工作计划制定程序，健全党委政府及职能部门提出协商议题、参与协商活动、反馈协商建议办理情况等机制，为政协更好发挥专门协商机构作用创造良好条件。

（二）提高人民政协履职能力和水平。围绕提高政协委员思想政治素质、民主协商意识、参政议政能力，进一步加强委员培训，丰富学习平台和载体，提高政协会议、专家讲座、培训班等培训质量，活跃网络学习、手机客户端学习等学习平台，提高学习实效。深化调查研究，组织委员深入界别、深入基层、深入群众，当好形势政策宣传员、利民惠民服务员、民情民意收集员、社会舆情预警员、矛盾纠纷化解员、公平正义监督员。加强数字政协建设，推动资源共享、信息融合、履职协作，打造网上协商、视频协商、手机协商平台，推进全过程人民民主时代化、信息化。

（三）加强人民政协自身建设。充分发挥政协党组在政协工作中的领导作用、党员委员的模范带头作用、基层党组织的战斗堡垒作用，以党建为引领带动政协自身建设再上新水平。加强政协专委会建设，提高专委会组织开展协商活动的质量和水平，推动政协协商专出特色、专出质量、专出水平。根据社会阶层结构变化调整界别设置，丰富界别活动。加强政协委员和机关干部队伍建设，提高政协机关服务保障水平，夯实政协融入和服务全过程人民民主的基本功。

（四）加强人民政协参与全过程人民民主的研究和宣传。组织高校院所、社科研究机构和各级人民政协理论研究会等，深入开展人民政协参与全过程人民民主的理论与实践研究，为更好发挥人民政协作用提供理论支撑。加强人民政协与全过程人民民主理论与实践教育，将其列入各级党校、干部学院、社会主义学院教学计划。把人民政协参与全过程人民民主的宣传列入各级党委宣传部门的工作计划，积极宣传各级政协和政协委员履职的生动实践，形成有利于推进人民政协工作的良好环境。

（《中共中央党校（国家行政学院）报告选》2022 年第 4 期）

在省政协十二届二十二次常委会会议上的讲话

（2022 年 5 月 18 日）

葛慧君

这次专题议政性常委会会议，围绕“在服务和融入新发展格局上走在前”开展专题协商，审议通过了建议案和有关人事事项，圆满完成了各项议程。省委、省政府对这次会议高度重视，王书坚同志到会听取意见并讲话，10 个省直部门负责同志参加会议、听取发言和讨论。在各方面的共同努力下，这次会议开得务实高效、圆满成功。

今年，省政协确定围绕习近平总书记“三个走在前”的重要指示要求，召开三次议政性常委会会议，开展系列专题协商议政。鉴于“三个走在前”是个有机整体，相互之间紧密相联，我们对三次会议议政课题作了一体设计、一体谋划、一体部署。为把第一个“走在前”研深议透、开个好头，省政协党组和主席会议多次研究部署。在于国安、韩金峰、程林几位同志带领下，由经济委员会牵头，提案委员会、港澳台侨和外事委员会、委员联络工作委员会共同组织实施。承办部门克服疫情影响，多渠道开展调查研究，多方式深入协商议政，协同各市政协及有关部门开展联合调研 22 次，形成 1 份建议案和 4 个分报告。会议期间，各位常委和列席同志畅所欲言、坦陈己见，提出了真知灼见，凝聚了广泛共识。大家一致认为，有习近平总书记的领航把舵，有中共山东省委的坚强领导，全省上下勠力同心、顽强拼搏，我们有信心、有决心实现“三个走在前”的奋斗目标，不辜负总书记的殷殷嘱托。

这次会议按专题设置讨论分组，相关厅局负责同志参与小组讨论，与委员面对面互动交流，增强了“议”的成色，浓厚了“商”的氛围，体现了“专”的水平；会议还首次增设了简报和《专题情况反映》，畅通委员协商建言渠道，充分反映协商议政成果。对于大家提出的意见建议，会后，省政协有关部门要抓紧梳理汇总，及时报送省委、省政府供决策参考。总地看，这次专题协商活动，体现了省政协围绕中心、服务大局的责任担当，有利于彰显政协专门协商机构的制度优势，达到了自我教育、聚力聚智、推动工作的良好效果，体现了建言资政和凝聚共识双向发力的有机统一，会议开出了高质量、开出了新气象。

实现“三个走在前”，是以习近平同志为核心的中共中央赋予山东的重大政治任务，也是政协服务中心大局的重要职责使命。下面，我就更好发挥政协优势作用，在服务和融入新发展格局中展现政协责任担当，讲几个方面意见。

第一，要高站位提升认识，切实增强在服务和融入新发展格局上走在前的思想自觉。加快构建新发展格局，是以习近平同志为核心的中共中央高瞻远瞩、审时度势作出的重大决策，是重塑我国国际合作和竞争新优势的战略抉择。“在服务和融入新发展格局上走在前”，为山东如何立足新发展阶段、贯彻新发展理念、构建新发展格局，标注了目标定位，指明了前进方向。走在前，意味着要敢闯敢试、敢为人先，率先探索服务和融入新发展格局的有效路径，形成更多可复制、可推广的经验做法，立标杆、树样板。山东作为经济大省、人口大省、开放大省，理应承担更大的责任、扛起更大的担当，既要立足山东谋山东，找准工作的切入点和发力点，顺势而为，乘势而上，在“服务”和“融入”上谋篇布局、用力发力；又要跳出山东看山东，把山东工作纳入构建新发展格局的全局中统筹考虑和谋划推进。要切实从落实习近平总书记对山东工作的重要指示要求的政治高度、从融入经济社会发展大势的全局高度、从抢抓我省重大发展机遇的战略高度，把思想和行动统一到中央部署和省委要求上来，紧紧围绕在服务和融入新发展格局上走在前，发挥政协优势，强化责任担当，贡献政协力量。

第二，要高质量议政建言，围绕在服务和融入新发展格局上走在前履职尽责。政协之协是协力之“协”，围绕中心大局建言献策是政协职责所在、使命所系。我们要充分发挥政协人才荟萃、智力密集的优势，重点围绕省委提出的“十二个着力”重点任务、“十大创新”工作要求，聚焦发挥区位优势、畅通经济循环、释放内需潜力、形成供需动态平衡、加快科技自立自强等关键方面，以及产业链堵点、供应链断点、“卡脖子”环节等重点问题，既立足当前又放眼长远，既统观全局又紧盯专项，既着眼优势又关注短板，认真谋划议政建言的切入点，持续精准发力。要综合运用专题协商、民主监督、视察调研、大会发言、提案、反映社情民意信息等形式，用好“有事多商量”月度协商会等平台，广泛开展议政建言活动，提出更多具有前瞻性、针对性、可操作性的对策建议，努力形成一批见解深刻、务实管用的高质量履职成果，助力在服务和融入新发展格局上走在前取得实效。

第三，要高水平凝聚共识，为实现在服务和融入新发展格局上走在前汇聚合力。在服务和融入新发展格局上走在前，既需要政协广集良策贡献智慧，也需要政协广聚共识汇聚力量。我们要注重把全省各级政协、政协各参加单位、广大政协委员的力量统筹起来，联动履职，协同发力，有效串起工作链、力量链、成果链，奏响“协奏曲”，助力“走在前”。要通过政协讲堂、“界别同心汇”、委员读书活动等形式，团结引领全省各党派团体、各族各界人士深刻领会省委、省政府“九大比较优势”的分析判断，充分发挥“重要阵地、重要平台、重要渠道”作用，形成全社会心往一处想、劲往一处使的强大合力。要组织政协委员参与相关课题调研、专题协商、民主监督等履职实践活动，既发挥作用又接受教育，既增进共识又凝聚力量，更好地把省委的决策部署贯彻落实下去、把各方面的智慧和力量凝聚起来。要通过委员宣讲、各类媒体等，大力宣传我省在服务和融入新发展格局上走在前的部署要求、重要成就，以“好声音”赢得共鸣，用“正能量”汇聚合力。

各位常委、同志们，时代在进步，社会在发展，政协事业也要与时俱进。今年以来，我们认真学习贯彻习近平总书记关于加强和改进人民政协工作的重要思想，深入贯彻落实中央和省委政协工作会议精神，抓了一些打基础、利长远的工作。

*第一，以开展中央政协工作会议精神“回头看”为契机，深入开展大调研、大学习。*我们把“回头看”工作作为全年的一项重要任务，以此作为推动工作再出发、再提升的新契机、新起点。一方面，从大调研入手，由省政协党组成员带队，分四路到12个市，深入基层摸清家底，了解掌握市县政协工作中的创新性做法和主要问题不足，研究探索加强和改进市县政协工作的方法举措。在此基础上，代省委起草了《关于加强和改进新时代市县政协工作的实施意见》，目前已征求完意见，接下来与省委办公厅沟通，进入发文程序。另一方面，开展全省性大学习大讨论，举办了全省市县政协主席学习研讨班，全省政协系统1100多人参加培训。通过大学习大讨论，对新形势下人民政协所处的历史方位有了更清晰的认识，对政协“是什么干什么怎么干”有了更深入的理解，进一步增强了认同感、归属感、使命感，为做好新时代政协工作提振了精气神、激发了活力干劲、增添了信心底气。

*第二，以制订协商工作计划为牵引，积极构建环环相扣的链式协商体系。*我们牵住制订协商工作计划这个“牛鼻子”，对聚焦主责主业、做好协商工作作出整体安排。一是落实“坚持党委会同政府、政协制定年度协商计划制度”要求，推动制定《省委省政府省政协2022年协商工作计划》，并以三家办公厅名义印发各市党委、政府、政协和省有关部门单位执行。截至目前，已有12市参照省里制订印发了年度协商计划，提升了协商计划的权威性和执行力。二是着力构建以政协全体会议为龙头、以专题议政性常委会会议和“月度协商会”为重点、以协商座谈会为常态的协商议政格局。特别是我们创建了月度协商会，邀请省委、省政府领导同志出席，让更多委员参与，发挥常态化协商平台的功能和优势，打造了一个集聚众智、汇聚人心、广聚共识的建言资政平台。三是对标对表全国政协，研究制定协商平台指导意见、协商议政质量评价工作办法、省委省政府主要领导同志阅批督办重点提案制度等一系列规章制度，将创新实践上升到制度规范，为协商工作全方位全流程提供制度保障。同时，充分发挥专委会的基础作用，重点围绕“专出特色、专出质量、专出水平”做文章，为开展协商工作夯实了基础、提供了支撑。

*第三，以搭建“五大平台”为抓手，推动政协履职工作提质增效。*搭台是政协的主要工作方式，也是工作提质增效的重要抓手。今年以来，我们对照中央和全国政协要求，在全省政协系统着力构建具有辨识度、协同性、贯通力的履职载体，重点打造“五大平台”。一是着力搭建省市县三级政协共建共享共育、释放专门协商机构效能的“有事多商量”协商平台。二是着力搭建以委员为主体、以界别为依托的“界别同心汇”

聚识平台。三是着力搭建线上线下结合、深化委员读书活动的“学而系列”读书平台。四是着力搭建集委员履职、议政建言、互动交流、信息共享、网上办公于一体的“数字政协”数字平台。五是着力搭建全媒体互通共融、讲好政协故事的“鲁力同心”宣传平台。这五大平台，有的已经形成了意见，有的正在着手制定，我们将按照成熟一个、推出一个的原则，逐一跟大家见面。委员是政协履职的主体主角。之所以建设这五大平台，就是要让委员履职有载体、有舞台，推动委员当主力、唱主角，让“英雄有用武之地”。大幕已经拉开，舞台渐次搭好，希望大家能够积极参与进来，用好“五大平台”，在政协这个大舞台上，演绎精彩履职故事。

今年是十二届省政协的收官之年，但收官不是收兵。好的工作理念、思路和作风是可传承、可延续的，是为今后工作打基础、打底子的。常委会组成人员是政协工作的骨干和中坚力量。希望大家发挥好带头作用，敬终如始，笃行不怠，扎实履职，持之以恒推动我省政协工作高质量发展。要进一步昂扬奋进姿态，始终保持一流状态，主动站位全局、躬身入局、服务大局，找准履职尽责的切入点和结合点，多献务实之策，多做有益之事，多建助力之功，坚定扛起“为国履职、为民尽责”的职责使命，展现新时代责任委员的良好风貌。要进一步强化履职能力，带头加强理论武装，积极参与委员读书活动，在读书交流思想碰撞中，在读书学习与履职工作互促共进中，锤炼真功夫、硬本领，打牢建功新时代的履职基础。要进一步强化质效思维，树立精品意识，既要看“干了多少”，更要看“效果如何”，坚持高质量高标准，带头落实省政协的各项履职规定，用好政协的平台载体，努力写好政协常委履职报告，交出委员履职高分答卷。

各位常委、同志们，统筹推进疫情防控和经济社会发展仍是当前工作的重中之重。3月份，省政协发出了“同心抗疫”的倡议书，各位委员积极响应，踊跃投身，主动作为，发挥了很好作用。当前，虽然我省疫情形势已总体平稳，但“外防输入、内防反弹”的任务依然艰巨，远没有到可以松口气、歇歇脚的时候。我们要深入学习贯彻习近平总书记关于疫情防控的重要指示精神，深刻、完整、全面认识中共中央确定的疫情防控方针政策，坚决同一切歪曲、怀疑、否定我国防疫方针政策的言行作斗争。要坚决落实省委统一部署要求，坚持双向发力，既要为我省统筹疫情防控和经济社会发展议政建言、献计出力，又要为凝聚人心、温暖民心、提振信心多做宣传政策、解疑释惑、理顺情绪的工作，助力全省疫情防控和经济社会发展取得双胜利。

各位常委、同志们，省第十二次党代会即将召开。学习贯彻好省党代会精神是一项重大政治任务，届时我们要按照省委部署，迅速行动，精心组织，认真抓好传达学习和贯彻落实，通过学习研讨、专题辅导、宣传宣讲等形式，确保会议精神第一时间传达到每名党员干部、每名政协委员，贯彻落实到政协各项履职实践中，切实把思想和行动统一到会议精神上来。

积力之举无不胜，众智之为无不成。让我们更加紧密地团结在以习近平同志为核心的中共中央周围，在中共山东省委的坚强领导下，团结一心，勇毅前行，为实现“三个走在前”的奋斗目标、推进新时代社会主义现代化强省建设贡献政协力量，以优异成绩迎接中共二十大胜利召开！

在“努力建设长城国家文化公园（山东段）”月度协商会上的讲话

（2022 年 5 月 24 日）

葛慧君

这次协商会是今年召开的第三次月度协商会，关注点聚焦在文化方面。齐长城是国家重点文保单位，与泰山、曲阜“三孔”、大运河一样，是山东四项世界文化遗产之一。如今，齐长城已被列入长城国家文化公园建设规划。我们今天就是要围绕“努力建设长城国家文化公园（山东段）”进行协商议政，为进一步加快长城国家文化公园（山东段）建设，广集众智、广谋良策、广聚共识。

山东是文化大省，文化底蕴丰厚。李干杰书记在今年省“两会”政协联组讨论上提出，深耕齐鲁文化沃土，首先要认识到我们的优势所在。建设长城国家文化公园，既是新时代文化强省建设的大事、要事，也是社会广泛关注的实事、好事，也能巩固山东的人文沃土优势。但是我们也看到，长城国家文化公园建设在文物保护、文化传承、文旅融合等方面，也面临着诸多问题，亟须社会各界共同努力推动解决。尤其在政策保障、机制完善、品牌建设、宣传推介等方面还有很多工作要做，需要全社会持续关注，共同推动。其实要讲的话，白玉刚部长都讲了，这里，我简要的表达几层意思。

一、充分认识国家文化公园建设的重要性，增强推进长城国家文化公园建设的思想自觉和行动自觉。文化是一个国家、一个民族的根和魂，对于一个国家和民族的生存发展具有十分重要的意义。建设国家文化公园，是以习近平同志为核心的党中央从国家和民族永续发展的高度、从坚定文化自信的高度作出的战略决策。齐长城是我国最古老的长城，在我国长城史上具有不可代替的奠基地位，是长城国家文化公园的重要组成部分。加快推进长城国家文化公园（山东段）建设，是我们认真践行习近平总书记重要指示精神、贯彻中央部署的重大举措，也是充分挖掘优秀传统文化资源、推进文化强省建设的重大工程。可以说，既是千载难逢的历史机遇，更是责无旁贷的时代重任。我们要从落实习近平总书记重要指示精神的高度，来认识建设保护齐长城的重大意义，加强对齐长城的研究和保护工作，深入挖掘齐鲁优秀传统文化蕴含的思想观念、人文精神、道德规范，让各界群众能够领悟文化之美、文化之韵，不断提高文化认同感、文化自豪感，进一步坚定文化自信。

二、抓住国家文化公园建设历史机遇，推动齐长城科学保护传承利用。一是要坚持整体性。长城国家文化公园建设是国家系统性、整体性工程。在建设过程中，我们要严格按照中办、国办《长城、大运河、长征国家文化公园建设方案》的总体要求，坚持标准相同、文脉相通、一脉相承，体现整体理念，体现国家水准，高度融入长城国家文化公园整体之中。要注重将齐长城国家文化公园建设与相关领域规划编制充分结合，既突出各自特色又注重相辅相成。刚才，玉刚部长讲的第一点 6 篇大文章，第一个就讲的怎么样坚持整体性的问题。二是要突出山东特色。齐长城作为"中国最古老长城"，在历史的长河中沉淀形成了丰厚的文物遗存和非物质文化遗产，具有鲜明的地域特征。我们必须下大力气认真梳理齐长城沿线各类文化遗产和资源种类、数量、分布和保护情况，做到情况明、底数清，为高质量保护传承利用奠定坚实基础。要充分展现山东特色，积极推动济南齐长城（锦阳关段）保护利用项目、青岛海洋特色文化主题展示带、淄博齐文化示范区等重大项目建设，充分挖掘和展示齐文化、海洋文化等特色鲜明的地域文化，做到统一性与特色性的有机结合，打造出具有国家标准、山东特点、时代气象的山东国家文化公园体系。三是要展现时代价值。古老长城的生命力在于世代传承与不断发展。积极发挥社区居民、非遗传承者、遗产爱好者、长城保护志愿者的作用，善于用时代的语言讲好古老的长城故事，以情感共鸣激活中华优秀传统文化的生命力，用数字化的技术展现国家文化公园的独特魅力，让齐长城文化遗产在人们心中"活"起来，推进文化遗产的活态保护、活化利用。同时，要立足培育新时期山东精神，不断加强齐文化的宣传普及力度，扩大齐长城文化的社会认知，把齐鲁优秀传统文化融入国民教育和社会治理全过程，为凝聚思想共识、促进社会发展、引领改革创新提供强有力的价值引领和精神支撑。

三、各方动员广聚共识，积极营造共同关心关注国家文化公园建设的良好氛围。首先，有关地方党委政府要高度重视。长城国家文化公园山东段贯穿我省东西，历经 7 个市、17 个县长达 700 多公里。齐长城沿线各地的党委政府要按照中央和省委的统一部署，加强对本地长城国家文化公园建设的领导，建立高效的领导体制，优化跨区域跨部门的协调工作。其次，社会各方面要形成合力。建设国家文化公园是一个综合性、社会性的重要工程，涉及地域广、部门多，主管部门要精耕细作，社会各方要积极参与，大力营造全社会关心支持参与国家文化公园建设的浓厚氛围。最后，人民政协要发挥优势，积极助力助推。一方面要在国家文化公园建设上多出金点子，政协当中文化界的委员多，而且都很有情怀。我们要动员他们加强对长城国家文化公园建设的研究，提出一些有价值的意见建议。今天参加会议的几位委员提出了一些意见建议，希望大家能够持续的关注，继续的研究。另一方面，要围绕国家文化公园建设，广泛凝聚共识，人文沃土可以深入耕作，是山东的九大比较优势之一。人民政协将继承和弘扬中华优秀传统文化作为重要的使命，发挥政协文史特色工作的优势，讲好中华优秀传统文化的故事，讲好建设国家文化公园的故事，聚众识、集众智、汇众力，为建设好长城国家文化公园，为推进中华优秀传统文化的传承发展贡献政协的智慧和力量。

在全省政协提案工作视频会议上的讲话

（2022 年 6 月 2 日）

于国安

今天会议的主要任务是，深入学习贯彻习近平总书记关于加强和改进人民政协工作的重要思想，贯彻落实中央政协工作会议精神和中办《关于加强和改进新时代市县政协工作的意见》，贯彻落实省第十二次党代会精神和省政协葛慧君主席在全省市县政协主席学习研讨班上的讲话精神，针对市县政协换届后的新形势新要求，进一步深化认识、狠抓落实，推动提案工作再上新台阶。

下面，结合提案工作，我重点讲三个问题，与大家作个交流。

一、认清新时代提案工作的新变化新要求

习近平总书记关于加强和改进人民政协工作的重要思想，赋予人民政协新的思想内涵、职责使命和实践要求，为政协工作提供了科学指引、注入了强大动力。葛慧君主席在全省市县政协主席学习研讨班上也强调：要准确理解和把握政协之政是政治之“政”，必须坚持党的全面领导；政协之协是协力之“协”，必须围绕中心服务大局；政协之责是协商之“责”，必须发挥专门协商机构作用；政协之要是引领之“要”，必须广泛凝聚共识；政协之本是为民之“本”，必须坚持人民政协为人民。这是对习近平总书记关于加强和改进人民政协工作重要思想的准确把握和深刻解读，也为我们做好提案工作提供了基本的遵循。

经过 70 多年的发展，提案已经成为履行人民政协职能的重要方式，成为坚持和完善中国共产党领导的多党合作和政治协商制度的重要载体，成为发扬中国特色社会主义民主的重要形式，成为协助中国共产党和国家机关实现决策民主化、科学化的重要渠道。党的十八大以来，中国特色社会主义进入新时代，人民政协工作也进入新时代。新的历史方位的变化，带来了人民政协性质定位、职能使命、目标任务、工作重点、履职方式等一系列的变化，也给提案工作带来了新变化、提出了新要求。主要体现在六个方面。

*一是更加鲜明地体现党的领导。*坚持和加强党的领导，是党的十八大以来以习近平同志为核心的党中央推进人民政协事业发展的鲜明特点和根本要求。5 月 25 日，中央政治局召开会议，审议《中国共产党政治协商工作条例》，强调要坚持和加强党的全面

领导，通过党领导下的政治协商工作的制度体系和工作机制，确保政治协商正确的政治方向，提升政治协商效能。人民政协是党领导的政治组织和民主形式，人民政协工作是党的工作的重要组成部分，提案工作又是政协工作的重要履职形式，也必须把党对提案工作的领导贯彻始终，自觉把党的领导落实到提案提出、立案、办理、督办、反馈等各个方面，以全面加强党的建设推动提案工作创新发展。

二是更加鲜明地体现全过程人民民主。党的十八大以来，习近平总书记站在坚持和发展中国特色社会主义全局的战略高度，创造性提出全过程人民民主的重大理念。人民政协协商民主是全过程人民民主的一种重要形式，提案工作又是全过程人民民主的重要载体，它以科学有效的制度为有力保障，以民主协商为主要方式，贯穿了源自民意、反映民意、实现民意的全过程，覆盖了政治、经济、社会、文化、生态建设各领域。要把协商贯穿提案工作各个环节，使提案办理的过程成为全过程人民民主的生动实践。

三是更加鲜明地体现国家治理体系建设。习近平总书记强调，“人民政协作为统一战线的组织、多党合作和政治协商的机构、人民民主的重要实现形式，是社会主义协商民主的重要渠道和专门协商机构，是国家治理体系的重要组成部分，是具有中国特色的制度安排”，这是新时代人民政协的性质定位。提案是人民政协履行职能参加国家治理体系建设的重要手段，只要提得准、说得对、落实得好，就能有效地转化为国家治理效能。（提案在新中国成立、建设、改革的各个历史时期都发挥了重要作用。比如，郭沫若等 44 人联名提出的《请以大会名义急电联合国大会否认国民党反动政府代表案》，中国致公党以党派名义提交的《由中央人民政府研究和实行护侨政策案》，是人民政协历史上第一件提案、第一件党派提案，对巩固新生人民政权产生了特殊影响。还有改革开放时期关于对三峡工程科学论证的提案。1984 年，国务院原则批准了长江三峡工程。1985 年 4 月，全国政协六届三次会议召开时，孙越崎等上百位政协委员对三峡工程问题单独或联合提出十余件提案，建议对三峡工程进行科学论证后再行建设。从 1985 年 5 月开始，全国政协先后三次对三峡工程进行视察。党和国家积极采纳全国政协视察报告中的意见和建议，不断修改完善建设方案，直到 1992 年 4 月七届全国人大五次会议表决通过了《关于兴建长江三峡工程的决议》，充分体现了政协尤其是提案在推动党委政府决策民主化、科学化方面所发挥的重要作用。）做好新时代提案工作，必须立足政协的性质定位，发挥提案的独特优势，从而更好发挥在推进国家治理体系和治理能力现代化中的积极作用。

四是更加鲜明地体现民主监督职能。政协民主监督是我国独有的监督形式，是社会主义监督体系的重要组成部分，提案是政协履行民主监督职能的重要方式。党的十八大以来，以习近平同志为核心的党中央对加强和改进政协民主监督工作提出新的要求。2015 年 1 月中共中央颁布的《关于加强社会主义协商民主建设的意见》，指出要通过提案等形式提出意见和建议，积极履行民主监督职能。2017 年 2 月，中办印发

《关于加强和改进人民政协民主监督工作的意见》，强调要通过提案提出意见、批评、建议，开展监督；政协重点提案中应有民主监督性提案。去年底，中办印发《关于加强和改进新时代市县政协工作的意见》，提出发挥民主监督作用，坚持协商式监督的定位。做好新时代提案工作要寓协商式监督于提案工作之中，引导政协委员秉持公心愿监督、直言不讳真监督、有理有据善监督。要拓展通过提案开展民主监督的方式方法，更加重视政协委员通过提案提出意见、批评、建议，开展监督；增加监督性提案比例，强化督办工作，提升监督实效；选择需要持续推进的往年提案，对办理落实情况开展跟踪督办，有效发挥提案工作民主监督作用。

五是更加鲜明地体现从数量型向质量型转变。习近平总书记多次强调，提案不在多而在精，提出提案反映情况要准确，分析问题要深入，提出建议要具体；要不断提高提案质量和提案办理质量。十二届全国政协对进一步提高提案质量、减少提案数量提出了很多具体要求。在提高提案质量方面，还采取了提高集体提案比例、严格立案标准、加大转并力度等措施。十三届全国政协履新伊始，汪洋主席就提出“要研究什么是好提案，什么是差提案，标准是什么”“在提案工作中要率先改变追求数量的做法，探索提高质量的举措”等重大课题。（近年来，全国政协不断加大审查把关力度，去年提案不立案率为18%，今年提案不立案率为17%，这也是下一步提案工作的导向，是注重提案质量的重要体现。）做好新时代的提案工作，要坚持树立质量导向，切实解决提案工作中存在的问题，不断提升提案工作质量。

六是更加鲜明地体现制度机制创新。面对新变化、新任务、新要求，无论是全国政协还是省政协，都十分重视制度机制创新。全国政协围绕新时代人民政协需要着力做好的重点工作，就加强和改进人民政协工作、协商工作、提案工作等，出台了一系列制度和办法。葛慧君主席十分重视制度机制创新，要求省政协对制订的规范性文件和规章制度进行认真梳理，明确需要修订、废止、新增的规范性文件和规章制度。同时，在听取提案委员会工作情况汇报时，要求推进提案工作制度机制的创新发展，建立完善省委省政府省政协主要领导阅批督办、省领导领办督办重点提案机制，重点提案培育机制，平时提案提出办理机制，提案质量和提案办理质量评价机制，提案工作数字化改革机制，等等。我们要认真抓好落实，加强制度机制创新，不断修订完善提案工作制度，用健全完善的制度机制为提案工作开展提供保障。

二、全面把握提案工作的主要任务

提案工作是人民政协的一项基础性、经常性、全局性工作。新时代提案工作的新变化，要求我们进一步明确任务，拿出具体的思路举措，更好地发挥提案在促进经济社会发展中的重要作用。

一是围绕贯彻落实省第十二次党代会精神做好提案工作。昨天，刚刚闭幕的省第十二次党代会是在全省上下喜迎党的二十大、向着第二个百年奋斗目标迈进的关键时刻，召开的一次十分重要的会议。会议紧紧围绕“走在前、开新局”这个主题，明确了“六个一”发展思路、“六个更加注重”策略方法、“六个新飞跃”目标任务，既有定性分析，又有定量目标，对今后五年的重点工作从十二个方面进行了具体安排，提出了一系列事关我省未来发展的关键性、全局性、战略性的新要求、新部署。我们要把深入学习贯彻落实省第十二次党代会精神作为当前和今后一个时期的重要政治任务，聚焦全省工作大局，紧扣未来五年全省的发展目标和重点工作任务，做好提案工作。要自觉在大局下思考、在大局下行动，把省委确定的工作重点作为提案工作的重点，做到党委政府中心工作在哪里，提案工作就跟进到哪里，多建睿智之言，多献务实之策，多出助推之力，发挥好政协提案在开创新时代社会主义现代化强省建设新局面中的积极作用。

二是围绕统筹疫情防控和经济社会发展做好提案工作。今年以来，疫情防控与经济发展的不稳定性明显增加。我省同全国一样，受疫情冲击等多重因素的影响，经济运行下行压力加大。3月份尤其是4月份以来，就业、生产、物流、消费等指标明显走低，困难明显增加，形势不容乐观，困难在某些方面和一定程度上比2020年疫情严重冲击时还大。习近平总书记多次强调，统筹好疫情防控和经济社会发展，最大限度减少疫情对经济社会发展的影响。5月25日，国务院召开稳住经济大盘电视电话会议，李克强总理指出：要把稳增长放在更突出位置，着力保市场主体保就业保民生。各部门在稳经济大盘这个大局面前都有责任，要有更强的紧迫感。我们各级政协也要义不容辞，强化责任担当，积极建言献策，充分发挥职能作用。2020年初，疫情最紧张的时候，广大政协委员和政协各参加单位围绕加强疾病预防控制体系建设、扎实做好“六稳”工作、全面落实“六保”任务等，提出了一系列有价值的提案建议，取得很好的效果。要根据当前经济形势，进一步发挥政协组织和政协委员独特优势，在深入调查研究的基础上努力形成一批高质量的提案，为疫情不出现规模性反弹和稳增长保市场主体保就业保民生献计出力，为党委政府科学决策和有效施策提供参考，为经济要稳住、民生要保住、疫情要防住做出积极贡献。

三是围绕以人民为中心做好提案工作。这是人民政协固有属性的重要体现，也是提案工作的根本所在。要始终把实现好、维护好、发展好最广大人民根本利益作为提案工作的出发点和落脚点，主动倾听群众呼声和诉求，在工作思路、内容、方法上突出群众观点，真正使提出和办理提案的过程成为政协委员关注民生、了解民情、反映民意的过程，成为党委政府倾听群众意见、回应群众呼声的过程，成为从群众中来、到群众中去、联系团结群众、凝聚正能量的过程。同时，要督促承办单位解决委员提出的事关人民群众切身利益的实际问题，把好事真正办好，实事真正落实，让委员满意、群众受益。

四是围绕发挥专门协商机构作用做好提案工作。汪洋主席多次强调，“要在协商中鼓励进行争论，协商不是要说了算，而是要说得对；通过协商推动了工作是成效，了解了政策、增进了共识也同样是成效”。协商既是政协的重要职能，又是重要的工作方式，是专门协商机构的优势特色，是做好提案工作的基本原则。要把协商贯穿提案工作全过程，在提案的提出、立案、办理、督办等各环节开展不同层次、不同形式的协商活动。比如，省政协去年集中选取《关于加强网络订餐食品安全监管的建议》等6件同类提案进行提案办理全过程协商，坚持请进来、“走出去”相结合，不拘泥于传统的协商形式，不固定协商场所，积极搭建线上和线下协商平台，把协商贯穿于提案办理的各个环节，最终形成了推行网络订餐审查登记等五项制度和主体资质合规等八项标准，部署开展了为期3个月的净化网络订餐专项检查行动，网络订餐规范化程度不断提高，受到提案者和社会各界的好评。我们各级政协要更好搭建平台、健全机制，将提案办理协商与基层协商结合起来，与各级政协建设的协商平台结合起来，拓展协商内容、丰富协商形式，切实把沟通协商作为重要环节，注重办前向委员了解提案意图、办中与委员沟通解决办法、办后听取委员反馈意见，不断提高协商水平和办理成效。

五是围绕建言资政和凝聚共识双向发力做好提案工作。提案工作不是简单的我提你办、我交你办的过程，在办理过程中既是深入交流沟通、增进理解认同、共同推进问题解决的过程，也是建言资政、凝聚共识的过程。各级政协要切实转变把履行职责简单等同于对政策的制定提出意见建议的观念，解决好建言资政和凝聚共识“一条腿长、一条腿短”的现象；要通过政协提案工作把中央决策部署和对人民政协工作的要求落实下去，把社会各界的智慧和力量凝聚起来，带着宣传解读中央大政方针和各级党委决策部署的任务深入基层，帮助社会各界正确了解国情国策及本地情况；督促承办单位做好提案办理工作，争取与提案者形成共识；引导提案者正确对待提案办理结果，在提升建言资政的“言值”中体现政协提案的价值，在增强凝聚共识的成效中彰显政协提案的作用。

六是围绕提高质量做好提案工作。质量是提案的生命，决定着提案工作的成效。要在注重保护和发挥政协委员积极性、鼓励多提提案的同时，特别重视提案工作质量。省政协积极引导政协委员和参加单位“注重质量、不比数量”，严格立案标准，委托专业机构进行查重比对，加大提案委与省直有关部门联合审查提案工作力度。落实省委省政府省政协三家办公厅联合向承办单位交办提案制度，明确办理责任和要求；举办承办单位工作人员业务培训班，提升办理水平。建立提案办理台账制度，开展提案质量和办理质量“双向评议”，有序推进提案内容和办理结果“双公开”，等等。我们各级政协要紧紧扭住质量这个核心，做到精准选题、深入调研、撰写规范，不断提高提案质量；坚持实事求是，做到对提案分析透彻、精准办理、深入协商、坦诚答复，不断提高提案办理质量；持续改进工作，开展提案培训、加强知情明政服务、做好提案工作数字化建设和宣传工作，不断提高提案服务质量，努力把凝结着委员心血、反映民心民意的提案办好、办实、办到位。

三、以新姿态新作为做好提案工作

今年是本届省政协的收官之年，也是市县政协的开局之年。新一届班子、新的提案工作队伍，需要展现新作为、干出新样子。各级政协要高度重视，支持提案工作，加强制度创新，提升履职能力，搞好协同配合，促进提案工作提质增效。

*一是抓好重点提案。*今年，省委书记、省长亲自阅批督办省政协重点提案，要求有关部门认真做好提案办理工作。周乃翔省长还对省领导阅批督办省政协提案制度作出批示。葛慧君主席多次批示重点提案工作，主持召开会议研究确定重点提案、听取重点提案督办分工情况汇报，协办书记、省长阅批督办的两件重点提案。据了解，全省已有14个市政协建立书记、市长阅批督办或领办督办重点提案制度，这充分体现出省市党委政府主要领导对提案工作的高度重视，也为我们做好提案工作提供了新机遇和有利条件。各级政协要抓住这个机遇，没有建立党政主要领导重点提案阅批督办或领办督办的，要主动汇报，积极争取；已经建立此项制度的要不断完善，把“文章”做足，把工作做扎实。要加强重点提案培育，力求选题要准、内容要实、措施要具体，针对性和可操作性要强。要重视党派团体集体提案的培育和办理，更好地发挥党派团体参政议政的积极作用。要通过抓好重点提案，推动提案整体水平提升，进一步强化提案工作的地位和作用。

*二是强化制度规范。*提案随着人民政协的成立而产生，随着人民政协的发展而发展，积累了丰富的案例、理论与实践经验。做好提案工作，必须要深入总结提案工作的经验做法，深化对规律的研究和运用，与时俱进、创新发展。今年省政协对提案工作制度进行了认真梳理和修订完善，将创新实践上升为制度规范。在继续施行提案工作条例、提案质量、提案办理、提案办理结果公开等制度的基础上，修订出台提案征集办法、重点提案培育遴选与督办办法、提案质量和提案办理质量评价办法及平时提案工作规程等8项制度，为提案工作提供制度保障。各级政协也可参照省政协修订出台的提案工作制度，认真总结实践经验，加强提案工作制度化、规范化、程序化建设，形成更加完备的工作制度体系，不断提高提案工作科学化规范化水平。

*三是提高履职能力。*履职能力是人民政协和政协委员履职尽责、发挥作用的基本能力，是提高提案工作质量和水平的基础条件。各级政协要着力提高四个方面的能力，不断提高政治把握能力，着力强化政治理论学习，发挥党组织和党员作用，加强履职实践锻炼，为提案工作把舵定向；不断提高调查研究能力，做到调查研究要围绕中心有的放矢，深入基层，注重质量效率，把提案工作做深做透；不断提高联系群众能力，发挥界别联系群众优势，多做体恤民情、了解民忧、缓解民怨、温暖民心的工作，为党委政府分忧、为人民群众尽责，把提案工作做准做实；不断提高合作共事能力，正确对待不同意见，在提案工作中实现一致性和多样性的统一，保持“出主意、想办法”的热度，把握“帮忙不添乱”的尺度，锤炼“能否被采纳”的大度，真正做到参政参到点子上、议政议到关键处。

四是加强工作指导。习近平总书记强调，“政协组织接受同级党委的领导、接受上级政协的指导，是科学的制度设计”。汪洋主席也指出，“要加强上级政协对下级政协的工作指导”。全国政协《提案工作条例》中，把“加强与地方政协提案委员会的联系，互通情况，交流经验，指导工作”作为提案委员会的一项重要职责。今年，省政协提案委开展了“我为提案献良策”活动，征集到各市政协意见建议 50 条，对我们改进指导工作提出宝贵意见。我们要深刻认识加强政协系统上下级指导联系和协同联动的重要意义，改进联系指导工作方式，着重完善重大协商议题协同调研、联动协商以及各级政协提案工作座谈会、提案工作经验交流会等形式，建立各级政协联系指导工作机制，畅通上下联系互动的渠道，总结提炼提案工作创造的新形式、新方法，进一步统一思想、明确方向，形成上下联动、协调一致的提案工作格局，推动提案工作创新发展。

同志们，在新时代社会主义现代化强省建设过程中，政协提案工作大有可为。让我们以奋斗者的姿态和干劲，履职尽责、扎实工作，不断开创新时代提案工作新局面。

在省政协习近平新时代中国特色社会主义思想第二学习小组学习座谈会上的主持讲话

（2022年6月13日）

赵家军

按照计划安排，今天我们来到泰维能源集团，依托科技界界别活动室，召开省政协习近平新时代中国特色社会主义思想第二学习小组第二季度学习座谈会。这次会议的主题是“学习贯彻十二次党代会精神，喜迎党的二十大”。以习近平新时代中国特色社会主义思想为指导，深入贯彻落实习近平总书记对山东工作的重要指示要求，围绕李干杰书记在中国共产党山东省第十二次代表大会上作的报告，深入学习领会会议精神，结合思想和工作实际进行研讨交流，通过思想的碰撞、思维的融合、思辨的启迪，达到凝聚共识、聚力前行的目的。

一、提高政治站位，把思想和行动统一到省第十二次党代会精神上来

省第十二次党代会，是在喜迎党的二十大、向着第二个百年奋斗目标迈进的关键时刻，召开的一次十分重要的会议，是全省政治生活中的一件大事。李干杰书记所作的报告，通篇贯穿习近平新时代中国特色社会主义思想和习近平总书记对山东工作的重要指示要求，总结工作全面客观，聚焦“走在前、开新局”，系统谋划目标任务、工作举措，符合中央精神，契合山东实际，顺应人民期盼，凝聚了共识、鼓舞了斗志，具有很强的政治性、思想性和前瞻性，为山东未来五年，甚至更长时间的发展擘画了蓝图、指明了方向。省政协党组第一时间召开扩大会议，传达学习会议精神，审议通过《政协山东省委员会关于深入学习宣传贯彻中国共产党山东省第十二次代表大会精神的意见》，对下步学习活动作出部署。我们要将学习宣传贯彻省党代会精神作为当前和今后一段时期的重要政治任务，用好各类学习宣传载体平台，集中学习与个人自学相结合，整体把握与精读细研相结合，将省党代会精神放到习近平总书记对山东发展的重要指示要求和殷切希望嘱托中理解把握，放到新时代社会主义现代化强省建设的目标定位中理解把握，放到推动政协事业高质量发展的任务要求中理解把握，积极开展研讨交流活动，撰写高质量学习体会。要带动界别委员、界别群众掀起学习热潮，凝聚起心往一处想、劲往一处使的强大合力和“牢记嘱托走在前，勇担使命开新局”的澎湃动力。

二、提升工作标准，在“走在前、开新局”中体现政协担当

今年以来，在葛慧君主席的领导下，省政协的工作节奏更快了，标准更高了，影响力也更大了，相应的我们身上的担子和压力更重了。我们要将学习贯彻省党代会精神落实到具体的工作实践中，以推动人民政协事业提档升级的过程和结果检验学习成效、深化升华理论。一要用好平台。经过积极探索和创新，省政协创建了“有事多商量”协商平台、“学而系列”读书平台、“界别同心汇”聚识平台、“政协在线”数字平台、“鲁力同心”宣传平台，可以说“舞台”已搭好，如何利用好、展示好就要看我们的功力和用心程度了。既要当好编剧，也要当好导演，更要做好幕后服务，将委员中蕴藏的强大智慧力量激发出来，在建真言、谋良策、解难题中体现政协担当。二要找准重点。人民政协是专门协商机构，专委会承担着基础性作用，要找准履职的切入点和落脚点，聚焦大事、关注实事、紧盯难事，在服务大局、解囊献智上走在前、开新局，在履职为民、提质创新上走在前、开新局，在双向发力、凝聚共识上走在前、开新局。三要打造品牌。提案工作是人民政协一项基础性、全局性、经常性工作，提案委员会近年来在健全完善机制、加强提案征集引导、深化提案办理协商等方面进行了不少探索和创新。教科卫体委员会联系界别多，既关注科技前沿，也服务基层民生，近年来围绕科技创新、教育发展、医疗改革等开展了大量调查研究，提交了许多高质量的意见建议。下一步要按照葛主席的要求，在总结宣传上下功夫，在打造品牌上再加力，在专出质量水平上作文章，真正将专委会的基础性作用发挥出来。

三、提振履职热情，与时俱进展现新时代委员风采

集众智可谋良策，聚众力方成伟业。人民政协事业的发展离不开广大政协委员的积极参与和主动作为。要坚守初心使命、牢记委员职责，时刻保持一流状态，以强烈的责任心、使命感和精气神投入政协工作。一要把握方向。葛主席强调，政协之政是政治之政，旗帜鲜明讲政治是第一位的要求。要自觉以习近平新时代中国特色社会主义思想为指导，忠诚于党，不断提高政治判断力、政治领悟力、政治执行力。要发挥好关键少数作用，引导广大界别委员、界别群众与中国共产党同心同向同行，凝聚最大共识、铸就坚固堡垒。二要崇尚学习。上周，省政协依托“山东通”平台开展了为期一周的省党代会精神网上专题学习会，大家参与积极，发言踊跃，体现出高涨的履职热情和深厚的理论功底。随着数字政协建设的不断推进，加之新冠肺炎疫情的影响，线上履职、网络议政、远程协商、视频会议等形式将成为常态，大家要本着活到老，学到老的心态，主动接受新事物，掌握新技能，提高参与度。三要担当尽责。咱们政协委员都是各行各业的精英、翘楚，一方面，要立足本职岗位，在自己擅长的领域深挖细研，找准目标定位，围绕“十二个着力”重点任务、立足经济社会发展需求建功立业，做强省建设的参与者、实践者、推动者。另一方面，要适应新时代人民政协面临的新方位、新机遇、新挑战，坚持为国履职、为民尽责，珍惜委员荣誉，发挥主体和表率作用。要主动参与到月度协商、议政性常委会、重点提案督办等工作中，经常走入界别群众中，了解他们的所思、所想、所急、所盼，通过提案、大会发言、社情民意信息等渠道积极建言献策，以为民务实的行动和昂扬向上的姿态书写高质量履职答卷，为新时代社会主义现代化强省建设贡献政协力量，以优异成绩迎接中共二十大胜利召开。

在“加强产教融合，共建国家职业教育创新发展高地”青岛调研座谈会上的讲话

（2022 年 6 月 17 日）

王书坚

今天我们围绕“加强产教融合，共建国家职业教育创新发展高地”月度协商进行座谈交流，会议开得很好，很有成效。刚才，市政府、市直有关部门和西海岸新区、职业院校、产教融合型企业等单位同志作了情况介绍，并与委员、专家进行了深入互动交流，大家讲得很透、很实、很有针对性，让我们对“加强产教融合，共建国家职业教育创新发展高地”取得的成效、存在的难点堵点，有了更加深刻、更加清晰的认识，对把准此次协商的方向和重点很有帮助。在这里，再次对大家的辛苦付出表示诚挚感谢。

结合当前工作，我谈几点看法，供大家参考。

第一，要紧扣中心，扛牢政治责任。

政协是社会主义协商民主的重要渠道和专门协商机构，协商民主是决策程序中的民主，要紧扣全省经济社会发展大局履职尽责，推进调研、协商、监督、资政一体化建设，坚决扛起“落实下去、凝聚起来”的政治责任。对这次月度协商会来说，落实下去，就是要着力推动习近平总书记对职业教育的重要指示和党中央重要决策部署的落地落实，推动省第十二次党代会关于职业教育和技能人才工作要求的落实。这其中，包括坚持党的领导，坚持正确办学方向，坚持立德树人；包括优化职业教育类型定位，深化产教融合、校企合作，深入推进育人方式、办学模式、管理体制、保障机制改革；包括稳步发展职业本科教育，建设一批高水平职业院校和专业，推动职普融通，增强职业教育适应性，加快构建现代职业教育体系，等等。这些重要论述，凸显了职业教育的重要性，揭示了职业教育发展以及深化产教融合的目标、任务和根本要求。凝聚起来，就是广泛凝聚起人民群众建设现代化强省的奋进动力，积极适应产业发展需要，着力建设技能型社会，培养更多高技能人才、能工巧匠、大国工匠。受历史文化传统和现实因素制约，职业教育被长期污名化，接受职业教育，成为技能人才的观念还没有被社会普遍接受。建设国家尊重技能、社会崇尚技能、人人享有技能的技能型社会，一方面要扩大宣传、营造氛围，让群众广泛了解技能人才“工资不低、工作环境不差、上升空间很大”，树立全社会和广大学生对职业教育的信念。另一方面要着力提升职业

素养，从青少年抓起，贯穿基础教育、职业教育、高等教育各领域，激励更多劳动者特别是青年人走技能成才、技能报国之路。

第二，要商以求同，画出最大同心圆。

职业教育产教融合涉及政府、学校、企业、行业协会等多个主体，涉及供给、需求两端，从不同角度看往往会得出不同的结论。兼听则明，偏听则暗。在协商民主的平台上，大家坐下来共同议一议，往往能得到意想不到的启发，碰撞出更加合理的方案，在协商中找到全社会意愿和要求的最大公约数。比如，在专业技能人才培养方面：从企业来看，技能人才缺口较大、需求迫切，特别是高技能人才供需缺口还有逐渐扩大的趋势，当前我省技工求人倍率在 1.5 以上，高技能人才缺口达 20 万人以上；从教育来看，一方面，普通高校毕业生就业难，另一方面，职业教育毕业生毕业前就被“抢光”。显然这个供需矛盾，既是总量问题，更是结构问题。《教育部、省政府建设职业教育创新发展高地的意见》提出，“支持山东把现有半数左右省属本科高校转型为应用型本科高校”，给出了解决上述问题的思路办法，接下来要做的就是在更大范围内凝聚共识，形成更大合力，推动职普教育融通发展，切实为应用型本科转型提供政策和条件，促进人才培养供给侧和产业需求侧结构要素全方位融合，为社会培养大批用得上、留得住、评价好的高素质应用型人才。再比如，在企业全面深度参与产教融合方面：大中小企业态度迥异，有的大企业将其作为重要竞争优势，不断加大投入，形成“1—2 年在校学理论 +1 年在企业学习 +1 年带薪实习”的人才培养模式，而多数企业参与积极性不高，特别是中小企业不愿也无力承担更多的办学投入；学校希望与行业领先企业、“专精特新”企业深入合作，希望企业承担社会责任，却往往看不到自身存在的忽略企业实际需求、政策供给不够精准、开放性不强等问题。对此，如果单纯就事论事，容易陷入“自说自话”的误区。要善于从“创新”上下功夫，从创建全国职教高地的高度，发挥职业教育领风气之先的优势，把职业院校的专业服务企业能力作为重要的考核评价指标，推动职业教育向市场要空间，向产业要发展，实现教育链、人才链和产业链、创新链有机贯通。如此，则会给我们带来解决问题的全新思路和办法。

第三，要协以成事，提高协商实效。

一要搭好台唱好戏。政协是协商平台、不是协商主体，是“在”政协协商、不是“和”政协协商，这就要求我们修炼好搭台的功夫，把协商平台搭得更为广阔、更加灵活、更具特色。这次月度协商会，在部门联动上，教育、工业和信息化、财政、人力资源和社会保障等 4 个部门参与，应该说涉及了技能人才队伍建设的供给、需求、保障、培养等各个方面；在省市协同上，省政协与济南、青岛、东营、潍坊四市政协联合调研、协同推进；在议政建言上，由全国政协委员、省政协委员、市县政协委员和用人单位、办学主体、青年学生和家长、技能人才一起议政，共同演绎协商民主的精彩“交响乐”。二要提准对策建议。要更好发挥政府作用，强化产教融合跨部门合作，细化产教融合型企业“金融 + 财政 + 土地 + 信用”组合式激励政策，增强操作性，清除政策落实“最后一公里”障碍；要提升社会服务能力，强化产教融合服务机构建设，推动成立行业联盟，用好各类社会组织和职业教育集团；要适应时代要求，顺势而为、主动作为，抓住数字化、智能化发展趋势，建立健全产教融合和技能人才指标体系、发展指数，加强预警机制建设，有效引领预期。三要真监督促落实。用好党委、政府、政协联合协商制度安排，强化协商成果采纳、落实和反馈，完善协商于决策之前和决策实施之中的落实机制，注重做好评估问效，实实在在推动任务落地、问题解决。

在德州市重点提案督办协商会上的讲话

（2022 年 6 月 23 日）

林峰海

今天上午我们召开座谈会，林国华厅长介绍了“加快我省数字农业发展”重点提案办理工作情况和下一步的打算，提案单位民进省委姜军锋同志对提案作了介绍，对办理进展表明了态度，特别是我们刘长民副市长百忙之中参加会议，对德州市数字农业发展情况作了介绍，刚才与会的同志作了很好的发言，特别是德州的一些同志介绍了各自发展数字农业的情况，听了很受启发，很受教育。数字农业是一个新生事物，实际上我们是在一边学习研究一边推进。卜祥联同志介绍了德州市政协工作的一些经验做法，深受鼓舞。

这次来，主要是调研数字农业发展的情况，沿途也看到听到德州全市各方面工作的情况，我们感觉，德州的经济社会发展各项工作态势良好，初步感觉有三个特点：一是政治站位高。市委市政府始终把政治建设摆在首位，团结带领全市广大干部群众，深入学习贯彻落实习近平新时代中国特色社会主义思想，认真贯彻落实党中央决策部署和省十二次党代会的安排要求，统筹做好疫情防控和经济社会发展各项工作。各项工作当中拥护“两个确立”、做到“两个维护”，增强“四个意识”、坚定“四个自信”，这为经济社会高质量发展提供了坚强政治保证。二是发展思路清。围绕贯彻落实省十二次党代会精神，围绕“走在前、开新局”，按照“事争一流、唯旗是夺”“只进不退”的要求，提出了德州深化战略融入借势借力、塑造城市特色聚气聚力，坚定不移走绿色低碳高质量发展之路，特别印象深刻的是一种豪气胆气，那就是“三个高于”（主要经济指标高于全省平均、高于周边地区、高于京津冀同类城市）、“五个走在前”［在建设先进制造业强市、食品名市、特色体育名城、现代物流枢纽城市、国家营商环境创新（试点）城市上走在前］、七项重点工作等发展思路，感觉市委市政府贯彻落实省党代会精神认识到位、谋划到位，拥有雄心壮志，令人钦佩。三是工作成效大。德州作为工业化、城市化的孵化地区，工作压力很大，现在看，新旧动能转换、城市建设、生态环境、民生保障、社会治理都取得了显著的成效。一路走下来，绿化很好，另外，经济增长也很好，我看一季度，地区生产总值增长 5.5%，高于全省 0.3 个百分点，增速居全省第 6 位。数字农业方面，也探索了一些好的经验、好的路子。特别是今年投资建设的数字农业示范区，将荷兰无土化栽培技术应用过来了，我看这个是全方位引进的，农业产业的数字化在全省也是标杆式的。从这里，我们进一步体会到，德州的班子政治站位高、谋划能力强、工作措施实，能够担当，带领全市人民走在前、开新局，非常得力，是有战斗力、意志力、开创力的好班子。四是市政协开局好。卜祥联主席也是我的老战友，到德州来从事政协工作，也是政协领域的新兵，但是我看时间很短，政协工作迅速进入角色，深入开拓了局面。刚才刘永巨主持的时候也说了，新班子、新气象、新局面，我看现在德州政协工作有一些好的经验做法，也值得省政协和其他市政协借鉴。

下面，我就“加快数字农业发展”这件重点提案办理工作的相关问题，讲三点意见。

一、充分认识“加快我省数字农业发展”的重要意义

刚才讲，数字农业是一个新生事物，如何认识，后面就会如何对待，可能就会有不同的结果。不同的认识，不同的措施，最后会有不同的结果，所以对数字农业重大意义的认识，我们一定要到位。我认为，数字农业是推进农业现代化和乡村振兴的方向，有这么几个看法。

（一）数字农业是对农业基础地位的再加强。农业是基础，这是规律。习近平总书记为什么高度重视粮食安全问题，就是农业的基础地位决定的。大家看到现在俄罗斯和乌克兰在打仗，仗一打，乌克兰的小麦不让他们外运，欧洲马上吃饭、粮食就出现问题，农业的基础地位马上就减下去了。我们现在在中美斗争、世界未有之大变局中稳坐钓鱼台，在战略上处于主动，我们国内的社会安全稳定还有一个看不见的作用，就是农业的基础。大家想一想，如果没有农业基础地位的稳固，不愁吃、不愁喝，那这个社会能稳定？在和美西方的斗争中能不能争取主动，就不好说了。数字农业的出现，从德州的情况来看，可能对强化农业的基础地位要发挥重大的作用，对全国、全省来说更重要。

（二）数字农业是对农业现代化内涵的新提升。我们都是搞农业的，过去我们国家周恩来总理提出现代化的概念，包括“大四化”“小四化”，“大四化”是工业、农业、国防、科技四个现代化，“小四化”是农业现代化领域包括农业的机械化、水利化、化学化、科技化。现在的数字化是对农业现代化的新认识、新阶段，但和过去的“小四化”不是对立的，它是一致的，是给“小四化”赋能的。数字农业是对农业现代化内涵的新提升，这个提升是质的提升，是对老的农业现代化的内容、措施数字赋能，有化学反应，可能引起农业生产方式的巨大变革，使农业现代化进入精准新阶段。

（三）数字农业为乡村振兴提供了新动力。习近平总书记对农业高度重视，对乡村振兴工作、对山东农业农村工作高度重视，提出让我们打造乡村振兴的齐鲁样板。现在看，数字农业可为乡村振兴真正插上科技的翅膀。德州的试点也是这个样子，乡村振兴的“五大振兴”，我们看的平原，农业不也是插上了数字农业科技的翅膀吗？还有我们在平原看的信息化点，基层社会治理也插上了数字的翅膀，还有人才、生态，包括文化。当然，有的方面刚开始，有的方面将来具有巨大的潜力。所以，要落实习近平总书记提出的打造乡村振兴的齐鲁样板，发展数字农业也是非常关键的一招。

（四）数字农业是实现农业转型升级的新手段。过去我们的农业以传统农业为主，向高产优质高效的现代农业转变，数字化是离不开的。现代农业的主要特点是优质高产高效低耗，哪一条要在现有的基础上来提升，也得需要新的科技手段，数字化是非常重要的。你就看节约资源吧，如果一个地方下雨下了50毫米，就不用浇水了，下得少就多浇点，还有施肥也是，这个地方不缺钾，就不用施了，这就会大大降低成本。再一个就是产量高，比如咱们看的西红柿40—50块钱一斤，1平方米20公斤，1亩地13000—14000公斤，效益很高，可以挣大钱。所以，农业要转型升级，就得发展数字农业。

（五）数字农业是山东农业走在前、开新局的新机遇。我是农业战线的老兵，山东农业一直走在全国的前列，山东的主要农产品产量都是全国第一，山东的农产品出口全国一枝独秀，接近全国的1/4。但是习近平总书记要求打造乡村振兴齐鲁样板，山东农业不能就此止步，要再上新的台阶、开创新的局面，靠什么，我觉得数字农业的到来，为山东农业大发展开新局、上档次又开辟了新的空间，提供了难得的机遇。数字农业不但为山东开辟了空间、提供了机遇，对其他省赶超山东也提供了机遇，所以山东在数字农业上，不下决心，不先行一步，很可能会陷入被动。另外，从发展的逻辑来说，数字农业也可能是个新阶段，从20世纪80年代大包干责任制，80年代中期家庭联产承包责任制，然后发展社会化服务，那时候的社会化服务和现在数字农业的社会化服务不一样，到了80年代末90年代初，发展优质高产高效农业，高唱三部曲，莒县的大合唱，莱芜的简政放权，章丘的以制治村，也叫秘书公约，后来还加了一些党支部建设，再往后就是农业产业化，再到90年代初就是小城镇、城乡一体化。现在一段时期农业没有创新和突破，很可能历史到了现在这个阶段，数字农业是农业发展的又一个新阶段，是对农业产业化、乡村“五大振兴”赋能的。可能还有一个意义，现在百年未有之大变局，中国在和西方的博弈当中，东升西降，习近平总书记正带领我们党和人民从富起来到强起来，咱们农业也要在世界具有竞争力，也得靠数字化。山东农业要开新局、打造乡村振兴的齐鲁样板，必须抓好数字农业，所以对数字农业的重大意义、光辉前景我们要有一个清醒的认识。

二、努力加快我省数字农业的发展步伐

首先，要充分肯定我省数字农业取得的良好进展。山东农业基础在全国得天独厚，山东农业战线也是人强马壮，省委省政府历来高度重视农业，特别是新的省委省政府，对数字农业高度重视，某种程度上我们农业一直走在全国的前列，数字农业现在看也有一个良好的开局，也是具备了走在前、开新局的一些条件。省委省政府也出台了一系列的政策文件，对数字农业作出了一些顶层设计，政策体系也不断完善，值得充分肯定。在肯定成绩的同时，也要看到挑战和危机，看到数字农业存在的不足和问题，下决心把数字农业搞上去。下一步，加快我省数字农业发展应该抓好以下几项工作。

（一）抓好数字农业发展规划。数字农业未来长期的目标、远景、规划，一些重要的政策措施，特别是把数字农业放在全省乃至世界数字农业发展大格局中去谋划布局还需要进一步的研究。另外，规划的作用是统一思想，通过制定规划认识数字农业，通过制定规划知道未来数字农业是什么样子，使它成为指导一些工作的原则。还有，加大培训普及，农业系统应该把数字农业作为干部培训的重要内容。

（二）加强数字农业基础设施建设。数字农业也是需要基础设施的，应该加快建设。目前来看还是薄弱的，现在我们数字农业的项目、典型还是点的状态，面上还有差距。很重要的，基础设施还跟不上。打造省、市、县、乡、村五级畅通的数字技术服务架构，打破地区、行业和部门分割，实现一个"云"覆盖天下，一个端口面向基层，一个大库收储数据，是非常迫切的。

（三）加快数字农业技术的开发应用。之前我们只注重外在的学习，内在的学习不够，比如西红柿生产过程的模型原件。数字农业不是为了看，是为了效益、效果，这方面我们的差距很大。我看现在种植业、畜牧业、渔业，包括农机、农村的管理，数字化的潜力太大了。从这个意义上讲，我们现代农业有无限广阔的前景。

（四）加快建立统一的数字农业标准。现在，这个事情特别重要。原来的传统农业就像对自然人使用中医疗法，现在数字农业就是 CT 来透视你了，靶向治疗很精准。这套数据得有标准，标准不一会造成成本的浪费。还有一条，省委也很重视，数字农业这套标准如果外省乃至全国都学我们的，那这项工作就更加主动了。

（五）抓好数字农业技术创新和攻关。习近平总书记对山东农业的要求就体现在他关于山东工作的重要论述中，就是走在前、开新局，特别是山东农业一直走在全国的前列，应该有更高的标准。所以数字农业要围绕这个搞创新攻关，在规划的基础上，围绕走在前、开新局的要求，梳理出山东数字农业重点产业，然后组织攻关把数字农业高产优质高效的潜力发挥出来的技术。

（六）建立健全协同推进机制。数字农业作为一个新生的事物，不仅需要党委政府的高度重视，还需要各部门的通力协作。政协通过协商推动，能够实现多部门联动、多系统融合、多渠道打通，形成一个有机结合的推进系统。德州"一吨半"特高产是落实习近平总书记关于粮食安全指示要求的一个重要措施，能不能把这个事情和数字农业结合起来，走出夯实中国粮食安全的新路子，作为省委省政府落实总书记"打造乡村振兴齐鲁样板"要求的一个模式，也是给总书记"把饭碗牢牢端在自己手中"的一个基层答案。

三、注重实效、确保质量，全力做好重点提案办理工作

政协提案办理是一个重要的协商方式，办理好提案、发挥好提案作用，是党政机关的重要职责。重点提案是经省政协主席会议审议通过、精心培育遴选出来的，也是报李干杰书记、周乃翔省长同意的，所以承办单位要将重点提案办理工作纳入重要工作日程，与业务工作一同谋划、一体部署、一起推进，确保取得实效。

一要压实办理责任。承办单位要提高站位、深化认识，强化做好提案办理工作的责任感、使命感。主要领导同志作为第一责任人，要专题研究部署提案办理工作，提出明确要求；分管领导要靠上抓，有关处室要根据工作职责分解任务、明确责任、建立台账，制定切实可行的实施方案；要实行“谁承办、谁沟通、谁答复”的办理模式，把重点提案办理工作落实到位。

二要完善制度机制。健全完善办理制度机制是办好提案的重要保证。要将提案办理工作的程序步骤、工作要求、组织领导等固定下来，制定提案分工办理、复文审批权限、复文核报程序、定期通报进展、办理情况总结等行之有效的制度办法，使办理工作有据可依、有章可循。

三要加强沟通协商。认真落实习近平总书记关于“协商就要真协商”的要求，切实把提案办理过程变成了解情况、求教问计、宣传政策、形成共识的过程。一方面，坚持做到与提案者“三沟通”，即“办前沟通”，明确办理重点；“办中沟通”，及时通报办理思路和进展情况；“办后沟通”，说明办理情况，既“文来文往”，也“人来人往”“常来常往”。另一方面，加强与会办单位的协调沟通，形成工作合力，推动办理工作扎实开展。

四要注重办理实效。提案答复是接受政协监督的重要环节，也是衡量办理工作质量的重要标准。要把提案答复作为推动工作的新起点，认真做好答复“后半篇文章”，通过定期“回头看”，持续跟踪、一抓到底。要把解决问题、推动工作作为提案办理工作的出发点和落脚点，注重吸收提案合理内容，研究解决实际问题，把办理成效体现到政策制定和工作推动中。要注意从提案中发现带有普遍性、倾向性、前瞻性的问题，及时总结具有代表性、规律性的经验做法，使之成为推动工作发展的新动力。

在“加快产业生态创新、提升区域核心竞争力”情况通报会上的讲话

（2022 年 6 月 27 日）

于国安

今天上午，围绕“加快产业生态创新、提升区域核心竞争力”这个主题，科技厅、工信厅、国资委等部门同志分别汇报了工作总体情况，包括思路措施、下步打算等。山东重工、浪潮集团、济南二机床等“链主”企业负责同志，重点谈了本企业在优化稳定产业链供应链方面发挥的作用、遇到的困难。调研组成员还通过线下、线上结合的方式，进行了互动交流。应该说，会议开得很成功，既全面了解了我省推进产业生态创新的好做法好经验，也发现了堵点痛点，提出了好的意见建议，为调研组精准议政建言，开启了思路、丰富了案例、提供了对策。感谢大家百忙之中抽时间来参加这次座谈会，对政协工作给予大力支持。

年初，省政协确定围绕“三个走在前”分别召开专题议政性常委会会议。5 月份，围绕“在服务和融入新发展格局上走在前”已经召开了一次；7 月下旬将要召开的常委会会议，总议题是围绕“在增强经济社会发展创新力上走在前”协商议政，下面又细分了 4 个分专题，我们这个题目就是其中之一。前几天，调研组去烟台进行了实地调研，还对济南、淄博、潍坊等进行了书面调研，摸到了一些情况。下一步，还将视情况去相关企业调研或座谈，做进一步了解，争取把调研报告写好，把意见建议提准。

下面，我结合自己的思考，谈几点认识。

一、提高政治站位，充分认识加快产业生态创新的重大意义

良好的产业生态，是集聚产业、催生创新的土壤，是提升区域核心竞争力的关键，是增强经济社会发展创新力的重要支撑。近年来，我省深入贯彻新发展理念，着力优化环境，狠抓优势产业集群培育，产业生态持续向好，为推动我省高质量发展集聚了新动能。李干杰书记在全省 2022 年工作动员大会上，将“加强产业生态创新”作为“十大创新”之一，进行了重点阐述。5 月份，省委、省政府办公厅印发了《关于深入贯彻落实习近平总书记“三个走在前”重要指示要求 争创一流工作业绩的意见》，明确提出要“壮大‘雁阵形’产业集群，强化协同、提升能级，全面提升产业链完整性、供应链稳定性、产业集群协同性，形成系统完备、互联共生、创新活跃、安全稳定的优良

产业生态”。刚刚召开的省第十二次党代会，也有相应部署。在百年变局、世纪疫情、“逆全球化”等因素叠加，全球产业链分工格局、运行逻辑、规则体系发生深刻变革，产业链供应链加速重构的大环境下，如何加快我省产业生态创新，既是机遇，也是挑战。必须充分认识，这是实现山东高质量发展的重要引擎，是不辜负习近平总书记嘱托、实现“三个走在前”的重要抓手，必须站在“国之大者”的高度、发展全局的广度，布局推动，真正使优良的产业生态，成为我省迈向经济强省的“加速器”。

二、坚持问题导向，找准加快产业生态创新的着力点

山东产业基础雄厚、产业体系完备，具备培育优良产业生态的基础和优势，下一步，要进一步优化升级。我理解，培育系统完备、互联共生、创新活跃、安全稳定的优良产业生态，必须系统谋划、统筹推进。

*一要抓好“点”——有效发挥企业的主体作用。*企业是产业链的主体，企业兴，则产业链强。近年来，我省积极推进制造业等重点产业“链长制”，选出了一批具有生态主导力、核心竞争力的“链主”龙头企业，起到了很好的引领带动作用。要坚持“生态”思维，既要培植“参天大树”，也要有“灌木”“青草”。要以企业需求为导向，切实提升服务能力，积极吸引上下游中小企业跟进配套，梯度培育一批“专精特新”企业、“瞪羚”企业、“隐形冠军”企业，真正形成整个产业共同提升、协同发展的良性互动。

*二要串好“线”——前瞻性布局一批战略性全局性创新性的产业链。*2021年，我省聚焦制造业，加大9大重点产业、43条产业链的建链、延链、补链、强链力度，今年又优化整合出11条标志性产业链（新一代信息技术、高端装备、先进材料、高端化工、医药、工程机械、轻工、船舶和海工装备、新能源装备、纺织服装、农机装备），这些，都是立足我省优势、聚焦发展前景进行的产业链布局，已经起势见效。要切实做好做强，聚焦短板，瞄准前沿，推动技术创新和数字化、网络化、智能化转型升级，加大“卡脖子”技术攻关，使之真正拥有核心竞争力，增强产业链供应链自主可控能力。

*三要稳扩“面”——培优做强“雁阵型”产业集群。*独木难成林，抱团发展才能增强抗风险能力，实现可持续发展。要积极搭建产业集群公共服务平台，集聚优质服务资源，推动本地区特色产业链横向延伸，形成滚动效应，促进大中小企业围绕产业链上下游协同创新、融通发展、互联共生，形成强大的集群竞争优势。

*四要做强“体”——提升产业集群协同性，打造产业生态共同体。*通过科学规划、分类管理，抓好产业园区聚合，抓好平台互联，建立健全多层次、多类别的人才培养机制，提升公共服务能力，为产业集群协同创新和转型升级提供有力支撑。

三、加强协调联动，形成加快产业生态创新的合力

产业生态不是自我循环，是多个主体之间依存共生的多维度系统。同样，加快产业生态创新，也不是单个部门的个体行动，需要举全省之力，协力为之。有三个方面尤其要发挥作用。一是“链主”企业，要发挥领航带动作用。在政府的支持下，加强研发、品牌、供应链等核心能力建设，联合上下游企业加强技术、产品、市场等交流合作，增强行业集聚效应，实现协同融通发展。二是行业协会商会，要充分发挥扎根行业、服务企业、辅助政府、凝聚合力的独特优势，做好相关政策措施的宣贯、解读和辅导，积极搭建企业向政府部门反映诉求、企业之间供需对接、企业与金融机构开展合作等各类沟通交流平台，积极与科研院校开展合作，创新行业发展新模式新路径。三是政府部门，要加强协调联动，全力种好“责任田”，对标对表先进省份地区，加大对新兴产业的产业引导和政策扶持；严格落实保障服务机制，创新平台载体，推动“专精特新”企业与“链主”企业的对接合作；围绕产业链布局人才链、优化资金链、稳定供应链、部署创新链，加强重点产业集群的规划管理，促进产业园区优化提升。

加强产业生态创新，是个长期的系统工程。调研组将对照先进省份的做法，结合山东的实际，认真汇总提炼，在交流碰撞中把情况摸清楚，把短板找透彻，力求挖到真问题、想出好办法，为省委、省政府决策提供参考，为“走在前、开新局”作出应有贡献。

在“加强产教融合，共建国家职业教育创新发展高地”月度协商会上的讲话

（2022年7月1日）

葛慧君

这次协商会是今年的第四次月度协商会，刚刚过去的6月是中高考之月，随之而来的是2000多万名考生即将作出的人生路上的一次重要选择。在这个时间节点上，省政协的月度协商会来关注职业教育这个题目非常有意义。以习近平同志为核心的党中央高度重视职业教育工作，要求各级党委和政府要把加快发展现代职业教育摆在更加突出的位置，更好支持和帮助职业教育发展。近年来，在省委的领导下，我省的职业教育事业取得了高质量发展，走在了全国前列，成为教育部和地方共建的首个国家职业教育创新发展高地，也是首批国家产教融合试点省份。

一、充分认识建设国家职教创新发展高地的重要意义，进一步增强行动自觉

职业教育是教育体系和人力资源开发的重要组成部分，既与广大青年未来紧密相连，又事关国家长远发展，也是“国之大者”。具体来讲：

首先，是培育高素质技术技能人才的重要途径。人才，不仅仅是指那些掌握了专门知识的人，也包括那些具有专门技能的人。一个国家的发展进步不仅需要大量高素质的科学家发明家这样的高科技人才，还需要数量更多的技术和技能人才。当今世界上的工业强国都是技工强国，比如德国制造，德国产业工人中高级技工占50%，可以说，“德国制造”的金字招牌，是德国技工一手打造出来的。对我国来说，我们大力发展实体经济、强调高质量发展，高素质技术技能人才就显得更加重要了。也正因为如此，习近平总书记多次就职业教育工作作出重要指示，亲自主持审议《国家职业教育改革实施方案》，要求各级党委和政府把加快发展现代职业教育摆在更加突出的位置，更好支持和帮助职业教育发展，为实现第二个百年奋斗目标和中华民族伟大复兴的中国梦提供坚实人才保障。

同时，还是促进就业改善民生的有效举措。就业在世界上任何一个国家都是头等大事。就业问题就是饭碗问题，饭碗问题解决不好，就会引发社会不稳定因素。所以，习近平总书记强调，“就业是最大的民生”。职业教育一头连着教育，一头连着就业。目前，我国有数量众多的职业学校和职业在校生，特别是在现代制造业、战略性新兴

产业和现代服务业等领域，一线新增从业人员 70% 以上来自职业院校。所以说，建设国家职教创新发展高地，办好人民满意的职业教育，也是服务就业、改善民生的实实在在的举措。

再一个，这是建设新时代社会主义现代化强省的迫切需要。山东是人口大省、制造业大省。一方面，解决就业问题压力大；另一方面，制造业又迫切需要大量的高素质技术技能人才。省第十二次党代会锚定“走在前、开新局”，明确了包括加快推动科技自立自强、纵深推进新旧动能转换、大力发展海洋经济、打造乡村振兴齐鲁样板等十二个方面的重点工作，这些都对建成一支高素质技术技能人才队伍提出了新的更高要求。可见，建设国家职教创新发展高地，也是建设新时代社会主义现代化强省的客观需要，是山东“走在前、开新局”的内在要求，必须抓紧抓好。

二、把握重点，找准推进国家职教创新发展高地建设的关键所在

部省共建国家职教创新发展高地目标宏伟、任务繁重，涉及办学形式、教学模式、治理体系、队伍建设、教材建设等方面，是一个很大的系统工程。高等教育高考制度改革自 1978 年至今已经 40 多年，已经形成了比较完善的制度体系，但是职业教育体系如何构建，还有一个不断实践探索的过程。特别是在这个过程中，我觉得有几个重点：一是推动产教深度融合。今年 5 月 1 日，国家新修订了职业教育法，将“产教结合”改为“产教融合”，结合和融合有比较大的差别，融合就要产教一体化，这标志着我们国家对职业教育发展认识上的深化。建设国家职教创新发展高地，需要我们在怎么融合、怎样融合得更好方面作出探索、形成经验。从实践看，当前我们在产教融合方面仍存在专业设置滞后、资源配置浪费、校企供需错配、服务管理缺位等突出问题，到企业、到学校、到社会去调研，这些问题是客观存在的。解决好这些问题，我们就要在融合上更深一层、更进一步。二是推动提质培优。建设国家职教创新发展高地，内含着对职业教育实现高质量发展的必然要求。当前，职业教育发展中遇到的各种困难和问题，说到底是职业教育的质量还不够高，供需对接不够紧密，离社会和群众的期盼还有较大差距，这也是制约我们职业教育发展的问题。职业教育一个是社会观念的问题，另一个我们在职业教育本身也存在很多问题。所以我们要认真分析研究制约职业教育质量提升的因素，采取有针对性的措施，逐一克服破解这些制约因素，切实彰显国家职教创新发展高地的价值所在。通过在培养路径上突出校企合作，在政策法规上落实技能人才的地位待遇，还有税收政策方面调动企业积极性等等，来提升职教质量。三是推动形成强大合力。建设国家职教创新发展高地，涉及政府、学校、企业、行业协会等多个方面，需要各方共同努力。近三年来，我省职教高地建设迈出了坚实步伐，取得了可喜成绩，但是，还有一些问题。希望强化各部门之间的相互协作，合力奏响推进职业教育发展的“大合唱”。

三、持续深化改革，高标准建成国家职业教育创新发展高地

改革是破解发展难题的关键一招。几年来，我省通过改革，许多制约职业教育发展的难题得到破解，职业教育发展的困境得以打破，为全国职业教育发展贡献了山东经验。面对国家职教创新发展高地建设中遇到的新困难、新问题，我们唯有改革，才能不断贡献经验，完善现有的做法。因为会上时间有限，发言的委员讲了一些意见建议，还有更多的委员没能有机会现场发言，我们提供了一本百名委员提出的问题，要把这些情况都梳理吸纳到协商报告中。一是试点与面上结合。怎么样把这些试点的成功经验推开，引领全局。二是政策与数据赋能。要让政策活起来，也要让数据用起来，加强人才需求这方面的机制建设。三是激励与考评并用。要让更多企业通过政策建立能够参与投入职业教育发展中，让更多劳动者特别是青少年走上技能成才、技能报国之路。考评政策是指挥棒、风向标，如果有好的考评制度、政策，也可以向前推进这项工作。

如何为办好人民满意的教育“鼓与呼”，一直是人民政协比较关注的问题。不管什么时期，教育一直是我们关注度比较高的一个领域。随着经济社会发展，对教育的关注点也不一样，从一开始的教育资源短缺上不起学到后面怎么样上好学，再到现在合适的人如何接受合适的教育，我们刚才发言同志也讲了这些观点。作为政协的角度，我们要继续关心关注教育事业，围绕教育方面议题开展深度调研、协商议政，积极向社会各界广泛宣传党的教育方针政策，解疑释惑、献计出力，引导广大群众对办好人民满意的教育有更加全面、客观、理性的认识，发挥出人民政协作为专门协商机构的独特优势，彰显新时代人民政协的使命担当。

在省政协机关有关支部宣讲省第十二次党代会精神讲话

（2022 年 7 月 5 日）

王书坚

根据省委和省政协党组统一部署安排，今天上午，我们集体学习省第十二次党代会精神。一方面，这是落实省委统一要求，最近省委办公厅印发通知，要求领导干部要带头宣讲党代会精神，到所在党支部或基层联系点开展面对面宣讲；另一方面，这也是省政协机关“七一”期间“我来讲党课”的一次主题党日活动。

我看了下人员名单，除了我组织关系所在的委联委办公室党支部外，大家都是来自办公厅的相关支部。省政协机关各项服务保障工作一直走在省直机关前列，无论是行政、接待，还是信息化、老干部工作，都各具特色、亮点纷呈，大家都为省政协机关创建“全国文明单位”作出了重要贡献。这次集体学习还有我们离退休干部党总支的老同志，前几天我参加了省政协“光荣在党 50 年”纪念章颁发仪式，深受教育、深受激励。老同志们始终不忘初心、忠诚于党的坚定党性修养，值得我们好好学习。我来机关时间不长，从工作交流中，能感受到机关在座的同志综合素质都很好，工作干得也都很用心、很努力，希望大家以老同志、老党员为榜样，继续保持、做得更好。下面，我结合个人理解，就学习贯彻省党代会精神作个宣讲。

一、紧紧围绕一个主题

省第十二次党代会于 5 月 28 日至 6 月 1 日在济南召开。这是在喜迎党的二十大、向着第二个百年奋斗目标迈进的关键时刻，在山东新时代社会主义现代化强省建设的关键节点，召开的一次十分重要的会议，在山东发展史上具有里程碑意义。大会紧紧围绕一个主题就是：坚持以习近平新时代中国特色社会主义思想为指导，深入贯彻落实习近平总书记对山东工作的重要指示要求，牢记嘱托走在前，勇担使命开新局，为建设新时代社会主义现代化强省而努力奋斗。省党代会主题是大会的灵魂和方向，是大会精神最鲜明的标志，也是我们学习贯彻大会精神的一把钥匙。这次省党代会的主题鲜明、立意高远，充分体现了山东坚定不移做‘两个确立’忠诚拥护者、‘两个维护’示范引领者的政治站位，清晰标定了“走在前、开新局”的使命目标，深刻回答了以什么样的精神状态、朝着什么样的目标继续前进等重大问题，是整篇报告的“题眼”，对全省广大党员干部全面深刻领会、不折不扣落实好习近平总书记赋予山东的光荣使命，具有重要指导意义。

报告主题突出“走在前、开新局”，主要有三个方面的考虑：

*首先，坚决贯彻习近平总书记对山东工作的重要指示要求。*习近平总书记对山东情深似海、厚望如山，党的十八大以来，多次亲临山东视察，多次发表重要讲话、作出重要指示批示，为山东发展把舵领航、指引方向。2013 年 11 月，要求我们“努力在推动科学发展、全面建成小康社会历史进程中走在前列”，提出“五个切实”的明确指示。2018 年 6 月，要求我们“在全面建成小康社会进程中走在前列，在社会主义现代化建设新征程中走在前列，全面开创新时代现代化强省建设新局面”，强调要做到“四个扎实”。2021 年 10 月，在“两个一百年”奋斗目标历史交汇点上，习近平总书记再次亲临山东视察，要求我们“努力在服务和融入新发展格局上走在前、在增强经济社会发展创新力上走在前、在推动黄河流域生态保护和高质量发展上走在前，不断改善人民生活、促进共同富裕，开创新时代社会主义现代化强省建设新局面”。

习近平总书记对山东工作的系列重要指示要求，一以贯之、一脉相承，着眼全国大局、把握时代大势，确立了山东发展的清晰航标，赋予我们“走在前、开新局”的光荣使命。必须以强烈的政治自觉、政治担当、政治定力，全面贯彻习近平新时代中国特色社会主义思想，坚决落实习近平总书记对山东工作的重要指示要求，牢记嘱托走在前，勇担使命开新局，确保山东发展始终沿着总书记指引的方向阔步前进，不偏向、不变通、不走样，努力把总书记擘画的宏伟蓝图变为美好现实。

*其次，积极顺应全省人民对强省建设的新期待。*省第八次党代会提出建设“大而强、富而美”的新山东、第九次党代会提出实现富民强省新跨越、第十次党代会提出加快建设经济文化强省、第十一次党代会提出奋力开创经济文化强省建设新局面，与时俱进、接续奋斗，推动强省建设不断迈上新台阶，山东“由大到强”迈出坚实步伐。

踏上新征程，习近平总书记要求山东开创新时代社会主义现代化强省建设新局面，这是对山东发展的殷切期望和重托，是在新的发展阶段、新的历史起点上，为山东发展确立的更高远、更宏伟的奋斗目标。实现这一目标，必须锚定“走在前、开新局”，找准坐标方位，明晰实践路径，矢志不渝、砥砺奋进，以新时代社会主义现代化强省建设的优异答卷，回报习近平总书记的期望重托，回应全省 1 亿多人民群众的憧憬期待。

*最后，深刻把握新时代新征程的内在要求。*当前，我国已踏上全面建设社会主义现代化国家、向第二个百年奋斗目标迈进的新征程。山东与时代同行，在习近平总书记的亲切关怀下，如期打赢脱贫攻坚战，如期建设全面小康社会，地区生产总值提前一年实现比2010年翻番目标，在实现第一个百年奋斗目标历史进程中彰显了应有担当。

在新的征程上，我们必须紧扣新的时代要求，科学把握现代化建设的深刻内涵和实践要求，积极探索具有鲜明特色的山东实践，创造更多走在前的现代化成果，充分体现山东大省担当，努力为全国大局做贡献，更好地统一全省上下的思想和行动，凝聚干事创业的强大力量。

党代会报告紧紧围绕主题，深入总结过去五年取得的历史性成就，锚定“走在前、开新局”，对未来五年山东发展总体要求、奋斗目标和重点任务作出部署，对坚定不移推进新时代党的建设新的伟大工程提出明确要求，对如何加快建设新时代社会主义现代化强省等时代命题作出系统回答。报告共分四个部分：第一部分，五年奋进取得重大历史性成就。第二部分，坚决扛起新时代新征程光荣使命。第三部分，聚焦聚力新时代社会主义现代化强省建设重点任务。第四部分，坚定不移推进新时代党的建设新的伟大工程。

省党代会报告完全符合中央精神、契合山东实际，充分反映全省广大共产党员和人民群众的共同意志，是指导今后五年全省工作的纲领性文件。

二、深刻领会八个方面

深入学习贯彻报告精神，关键要深刻领会和把握“八个方面”，这八个方面既是对整个报告凝练概括，也是整个报告的精华所在。深刻领会这八个方面，有助于我们系统把握报告的精神实质。

一是深刻领会和把握大会报告以“牢记嘱托走在前、勇担使命开新局”为主题，充分体现了省委坚持以习近平新时代中国特色社会主义思想为指导，全面贯彻落实习近平总书记对山东工作重要指示要求的政治自觉和责任担当。

二是深刻领会和把握五年来山东发展取得的巨大成就，根本在于以习近平同志为核心的党中央坚强领导，根本在于习近平新时代中国特色社会主义思想科学指引，根本在于习近平总书记对山东的亲切关怀和把舵领航。

三是深刻领会和把握习近平总书记对山东工作“三个走在前”的重要指示要求，是对山东发展的全局性定位，是对山东工作的全方位要求，是对山东现代化强省建设的全过程引领。

四是深刻领会和把握未来五年是新时代社会主义现代化强省建设继往开来、跨越提升的关键时期，必须在发展思路上始终坚持“六个一”，在策略方法上始终坚持“六个更加注重”。

五是深刻领会和把握“六个新跃升”的奋斗目标，体现了高质量发展的内在要求，是对山东发展的前瞻性思考、系统性谋划、战略性部署。

六是深刻领会和把握今后五年着力抓好的十二个方面重点工作，是落实习近平总书记“三个走在前”重要指示要求的具体任务举措，也是新时代社会主义现代化强省建设的主攻方向。

七是深刻领会和把握大会报告以造福群众作为一切工作的出发点和落脚点，明确提出完善共同富裕政策体系、探索有效路径，让发展成果更多更公平地惠及全体人民。

八是深刻领会和把握坚定不移推进新时代党的建设新的伟大工程，是贯彻落实习近平总书记对山东工作重要指示要求，推动省党代会精神落到实处的坚强组织保证。

这“八个方面”，也是省委对这次宣讲重点要求做到的“八个讲清楚”。

三、突出把握五个重点

聚焦学懂弄通做实习近平新时代中国特色社会主义思想，聚焦全面贯彻落实习近平总书记对山东工作的重要指示要求，聚焦学习领会省党代会报告精神，要突出把握五个方面重点内容。

*第一，深刻认识五年奋进取得重大历史性成就。*省第十一次党代会以来的五年，是山东发展史上极不平凡的五年。在省委的坚强领导下，我们与时俱进完善思路举措，从“八大发展战略”“九大改革攻坚”“十强现代优势产业”“七个走在前列”“九个强省突破”，到“六个一”发展思路、“六个更加注重”策略方法、“十二个着力”重点任务，在继承中发展、在创新中提升，顺利完成省第十一次党代会确定的主要任务，如期打赢脱贫攻坚战，如期全面建成小康社会，各项工作迈上新台阶。

省党代会充分肯定十一届省委的工作，从党的建设、综合实力、动能转换、区域城乡、改革开放、生态环境、文化自信、民生福祉、社会大局等九个方面，深入总结五年奋进取得的重大历史性成就。这九个方面成就，实事求是、全面客观，道出了亿万山东人民的共同感受，全方位展示了山东经济社会发展的新面貌，标注了山东现代化强省建设的新高度。报告中总结的许多成就，都让人印象深刻。GDP 连续跨上三个万亿大台阶，全省经济全面步入高质量发展轨道；农林牧渔业总产值率先过万亿，海洋经济总量稳居全国第二；251.6 万省标以下贫困人口全部脱贫，近 60 万滩区群众实现“安居梦”，等等。这一个个数据具有极强的现实说服力。回顾五年奋进历程，全省上下牢记嘱托，攻坚克难，解决了许多长期制约发展的矛盾问题，战胜了许多前所未有的风险挑战，办成了许多事关全局和长远的大事要事，为建设新时代社会主义现代化强省积蓄了强大势能。大家都是山东发展变化的亲历者、见证者、参与者，看看自己身边的发展变化，我相信大家都有直观的感受。

山东发展的成就，根本在于以习近平同志为核心的党中央坚强领导，根本在于习近平新时代中国特色社会主义思想科学指引，根本在于习近平总书记对山东的亲切关怀和把舵领航。我们由衷感到，习近平总书记无愧为党中央和全党的核心，习近平新时代中国特色社会主义思想无愧为当代中国马克思主义、二十一世纪马克思主义。有坚强核心掌舵，有创新理论引航，我们就一定能有效应对各种风险挑战，实现既定目标任务，确保各项事业始终沿着正确政治方向前进，在把握历史主动中更好地走向未来。

*第二，深刻认识把握五年砥砺奋进形成的宝贵经验。*省第十二次党代会，站在全局和战略高度，用“七个必须”系统概括五年奋进取得的重要经验启示：必须加强党的全面领导，必须始终坚持人民立场，必须坚持以经济建设为中心，必须敢想敢干、敢为人先，必须统筹发展和安全，必须最大限度调动一切积极因素，必须发扬彻底的

自我革命精神。其中第六个必须是，“必须团结带领全省人民，最大限度调动一切积极因素，汇聚起推动强省建设的磅礴力量”。作为我们政协组织，要更加重点理解和把握，发挥好制度优势，坚持围绕中心、服务大局，为现代化强省建设团结一切可以团结的力量，汇聚更广泛共识和更大工作合力。

“七个必须”内涵丰富、系统完整，相互贯通、相辅相成，深刻揭示了重大历史性成就取得的根本保证、力量源泉和路径方法，集中反映了对山东经济社会发展的规律性认识，是当前和未来一个时期推进现代化强省建设的科学指导。这些经验启示弥足珍贵，要倍加珍惜、长期坚持，并在实践中不断丰富发展。

第三，坚决扛起新时代新征程光荣使命。党的十八大以来，习近平总书记对各省都有清晰定位和殷殷嘱托。在“两个一百年”奋斗目标历史交汇点上，习近平总书记又亲临山东视察，赋予我们“走在前、开新局”的光荣使命。我们必须坚决落实习近平总书记对山东工作的重要指示要求，努力把总书记擘画的宏伟蓝图变为美好现实。一是深刻认识“走在前、开新局”使命任务。这既是习近平总书记赋予山东的光荣使命，也是山东应有的责任担当。走在前才能开新局，开新局必须走在前。“走在前、开新局”是对山东发展的全局性定位。习近平总书记之所以对山东提出“三个走在前”的重要指示要求，就是着眼全国发展版图，基于山东的地位影响、基础条件和未来前景的基础上为山东发展量身擘画的美好蓝图。“走在前、开新局”是对山东工作的全方位要求。走在前不是哪一个方面的，只有全省各级各地、各行各业、各项工作都走在前了，上下齐心，共同努力，把山东整体工作推向新的高度，“走在前”的目标才能顺利实现。二是始终坚持科学的思路方法。省委积极适应形势发展需要，在坚定不移抓好既有工作部署基础上，不断优化完善思路方法，提出了“六个一”发展思路、“六个更加注重”策略方法，在继承中发展、在创新中提升，不断推动各项工作迈上新台阶、强省建设取得新突破。三是牢牢把握全省工作的总体要求。这就是：紧密团结在以习近平同志为核心的党中央周围，坚持以习近平新时代中国特色社会主义思想为指导，深入贯彻党的十九大和十九届历次全会精神，认真学习宣传贯彻党的二十大精神，全面落实习近平总书记对山东工作的重要指示要求，统筹推进“五位一体”总体布局、协调推进“四个全面”战略布局，立足新发展阶段，贯彻新发展理念，坚持稳中求进工作总基调，坚持以人民为中心的发展思想，以加强党的建设为引领，以改革创新为根本动力，以供给侧结构性改革为主线，深化新旧动能转换、建设绿色低碳高质量发展先行区，努力在服务和融入新发展格局上走在前、在增强经济社会发展创新力上走在前、在推动黄河流域生态保护和高质量发展上走在前，不断改善人民生活、促进共同富裕，开创新时代社会主义现代化强省建设新局面。四是紧紧锚定全省发展的主要目标。报告从综合发展实力、人民生活品质、社会文明程度、社会治理效能、生态环境质量、管党治党水平等六个方面对现代化强省建设提出新的目标要求，要求我们在这六个方面实现新跃升。这里面，许多数据指标是很具体的。比如，人均生产总值达到

11 万元，居民人均可支配收入年均增长 7% 左右，四新经济增加值占比达到 40% 以上。这些目标任务，既立足实际、实事求是，又适度超前、积极可行，是在综合研判我省发展条件、机遇挑战的基础上提出的，体现了对山东发展的前瞻性思考、系统性谋划、战略性部署，必将促进山东在“走在前、开新局”上不断取得新进展。

第四，准确把握新时代社会主义现代化强省建设重点任务。这次党代会的一个突出特点，就是坚持问题导向和目标导向相统一，紧紧围绕现代化强省建设的重点领域和薄弱环节，从十二个方面系统谋划目标任务、重大举措，明确了未来五年乃至更长一个时期现代化强省建设的重点工作、实践路径。十二个方面重点任务，既是“走在前、开新局”的重点任务，也是现代化强省建设的主攻方向。从加快推动科技自立自强，到纵深推进新旧动能转换，再到积极实施扩大内需战略，每一项重点任务，都是在对标对表习近平总书记重要指示要求的基础上形成的，都是在聚焦全面推进现代化强省建设的基础上提出的，明确了新的发展要求和创新性举措，对于我们做好经济社会发展各项工作、不断开创现代化强省建设新局面，具有重要意义。

第五，坚定不移推进新时代党的建设新的伟大工程。党建兴则事业兴，党建强则事业强。确保山东未来发展各项目标任务如期完成、落地落实，关键在党、关键靠人。实现今后五年全省发展的主要目标和重要任务，必须深入贯彻新时代党的建设总要求和新时代党的组织路线，更好把握和运用党的百年奋斗历史经验，弘扬伟大建党精神，坚持和加强党的全面领导，以自我革命精神纵深推进全面从严治党，为新时代社会主义现代化强省建设提供坚强保证。报告明确提出了要旗帜鲜明加强党的政治建设，坚定拥护“两个确立”，坚决做到“两个维护”，牢记“国之大者”，始终在思想上政治上行动上同以习近平同志为核心的党中央保持高度一致。要坚持不懈强化理论武装，完善理论学习长效机制，全面落实“第一议题”制度，持续强化党委（党组）理论学习中心组示范带动效应。要着力锻造高素质干部队伍，认真落实新时代好干部标准，突出政治把关和政治素质考察，鲜明树立重实干重实绩重担当的用人导向。要全面加强基层党组织建设，牢固树立大抓基层导向，着力增强党组织政治功能和组织力、凝聚力。要持之以恒正风肃纪反腐，严格执行中央八项规定及其实施细则精神，锲而不舍纠“四风”树新风。

把握以上五个方面重点内容，具体到工作实践中，要重点把握好“六个新跃升”的目标任务、“十二个方面”的重点任务和“200 件大事”的具体工作。我们每名党员干部要落实“严、真、细、实、快”作风，真抓实干、开拓创新，勇当先锋、争作表率，以钉钉子精神抓好每项工作任务的落实，以实际行动创造出无愧于时代、无愧于人民的业绩。

报告最后一段是大会发出号召：要更加紧密地团结在以习近平同志为核心的党中央周围，高举习近平新时代中国特色社会主义思想伟大旗帜，勇担使命、开拓进取，奋力开创新时代社会主义现代化强省建设新局面，以优异成绩迎接党的二十大胜利召开，为实现第二个百年奋斗目标、实现中华民族伟大复兴的中国梦作出新的更大贡献！

省第十二次党代会精神内涵丰富、博大精深，是指导今后五年全省工作的纲领性文件，需要持续深化学习，在学懂弄通做实上下功夫。结合省政协工作实际，我就学习贯彻党代会精神讲几点意见，供同志们参考。

第一，要把学习贯彻省党代会精神作为当前和今后一个时期的重要政治任务。今年下半年将召开党的二十大，这是党和国家政治生活中的一件大事。我们要提高政治站位，把抓好省党代会精神的学习贯彻，开创新时代社会主义现代化强省建设新局面，摆到以实际行动迎接党的二十大胜利召开的高度来认识和把握，切实增强贯彻落实的思想自觉和行动自觉，在学有所思、学有所悟、学有所得、学有所行上下功夫。一是融会贯通学。省第十二次党代会报告中提出的奋斗目标、发展思路和工作部署，是对我省今后五年乃至更长一段时期的任务要求，既管当下，也管长远，是指导和推进我省各项工作的纲领性文件。因此，我们的学习不能一蹴而就，要持续加强学习，坚持原原本本学、联系实际学、融会贯通学，把学习贯彻省党代会精神贯穿履职工作始终。二是结合实际学。与学习习近平总书记对山东工作的重要指示要求相结合，与学习习近平总书记关于加强和改进人民政协工作的重要思想相结合，与具体工作实际相结合，联系起来学习、贯通起来理解、统筹起来落实，真正用于武装头脑、指导实践、推动工作。三是突出重点学。重点领会把握报告提出的一些新论述、新概括、新要求，比如，“九个方面”成就、“七个必须”经验、“六个新跃升”目标，等等，把这些弄清楚、学明白，充分理解报告的精髓实质。学懂才能弄通、做实，学明白才能想明白、干明白。大家是负责机关各项服务保障工作的，要先学一步、深学一层，更好用党代会精神指导今后各项具体工作。

第二，要发挥政协组织优势，为党代会目标任务落实凝心聚力。围绕中心服务大局，抓好省党代会重点任务的落实，是政协工作的重要原则，也是政协工作的价值所在。从全省大局来看，我们要锚定“走在前、开新局”的奋斗目标，学习贯彻好《中国共产党政治协商工作条例》，聚焦省党代会确定的十二项重点任务，坚持建言资政与凝聚共识双向发力，做到政治协商聚焦大事、参政议政关注实事、民主监督紧盯难事，把紧扣主题与深耕主业统一起来，把发挥专门协商机构优势与承担具体工作任务结合起来，搭好用好协商议政平台，努力在融入大局、服务大局、奉献大局中提高建言资政水平、彰显政协协商价值。从政协自身建设来看，党代会十二项重点任务中，涉及我们政协最多的是第八项重点任务中的“发展全过程人民民主”。报告提出加强和改进人民政协工作，支持政协履行职能、发挥作用，持续提高政治协商、民主监督、参政议政和凝聚共识水平，擦亮“有事多商量”协商品牌。把“有事多商量”协商平台建设写进党代会报告，并且作为200项要完成的大事之一，充分说明了省委对这项工作的重视。我们要着眼新时代人民政协性质定位，认真落实省党代会的部署要求，重点打造好“有事多商量”协商平台，构建具有辨识度、协同性、贯通力的履职载体，努力把专门协商机构的制度优势转化为助推高质量发展的治理效能。要积极探索政协协商向基层延伸的方式和途径，助力基层社会治理，夯实政协委员联络服务群众的基层基础，更好发挥专门协商机构重要作用，为实现大会提出的各项目标任务履职尽责。

第三，要切实加强机关自身建设，为党代会目标任务落实提供可靠保障。政协机关是服务政协履职的综合机构，当参谋、出思路、搞服务、做保障、抓落实，发挥着重要作用。百舸争流，奋楫者先。“走在前、开新局”，省政协机关作为大机关，要“走在前、作表率”，按照建设“讲政治、守纪律、负责任、有效率”的模范机关要求，巩固创建全国文明单位成果，守正创新、提质增效，全面加强机关各项工作，为服务政协履行职能、落实党代会目标任务，提供更加可靠保障和更加优质服务。

今年以来，在葛慧君主席带领下，省政协坚持以习近平新时代中国特色社会主义思想为指导，以中央政协工作会议精神“回头看”为契机，开展大调研、组织大学习、进行大讨论，推动省委出台协商工作计划、加强和改进市县政协工作的实施意见，加强专委会建设，完善制度体系，重点打造“五大平台”，做了许多打基础的工作，构建起了“四梁八柱”，各项工作稳步推进，取得了良好成效。

在工作的引领推动下，机关各处室和广大党员干部，干事创业的精气神都很足，经常加班加点，较好保障了各项任务的完成。今年的时间已经过半，下半年我们要迎接二十大胜利召开，要提早进入换届筹备，还有两次议政性常委会会议，每个月还有月度协商会，还有重点提案督办，等等。可以说，时间很紧、任务很重，大家要继续发扬勇担使命、开拓进取的精神状态，提前思考谋划，狠抓工作落实，确保各项工作取得扎实成效。

第四，要全面推进从严治党，为党代会目标任务落实提供组织保证。省党代会报告总结工作成就、谋划思路举措，都把坚持和加强党的全面领导贯穿始终，并对坚定不移推进新时代党的建设新的伟大工程进行科学部署、提出明确要求，充分彰显了省委勇于自我革命、全面从严治党的坚定决心和政治责任。

党的建设是抓好各项工作的根本。6 月 30 日，《人民日报》刊发了宣言文章：《什么是中国共产党，中国共产党干什么》，进一步回答了我们党“从哪里来、往哪里去”“是什么、要干什么”这个根本问题。知所从来，思所将往，方明所去。我们要深入学习领会，进一步坚定对马克思主义的信仰，对社会主义和共产主义的信念，始终把为人民谋幸福、为民族谋复兴作为初心使命，全面推进从严治党，勇于进行自我革命。要强化对党忠诚、政治过硬，在坚决做到“两个维护”上作表率；强化真抓实干、雷厉风行，在塑造“严真细实快”优良作风上作表率；强化勤学苦练、增强本领，在打造高素质专业化政协工作队伍上作表率；强化廉洁自律、遵规守纪，在永葆清正廉洁政治本色上作表率，以自我革命精神纵深推进全面从严治党，为现代化强省建设“走在前、开新局”提供坚强保证，以实际行动迎接党的二十大胜利召开！

在“界别同心汇”试点创建工作座谈会上的讲话

（2022 年 7 月 11 日）

葛慧君

今天，我们召开省政协“界别同心汇”试点创建工作座谈会，就第一批试点创建工作进行动员部署。刚才，我们向 20 个试点创建单位进行了授牌；6 位牵头委员，2 位市政协领导分别做了发言，交流了对创建这一聚识平台的理解和思考，也谈了前期的准备和下一步的打算。听了大家的发言，我对创建“界别同心汇”这项工作充满信心。大家对平台的功能定位理解到位，热情高涨，谋划的举措也符合创建的要求。场内委员是第一批，场外还有一批预备队，委员们都在积极准备，申请加入。大家能有这样一种理解、思考和打算，我们的平台创建一定能够达到预期的效果，为面上整体推广提供可资借鉴的经验。借这个机会，我代表省政协党组和主席会议，向大家表示衷心的感谢！

“界别同心汇”是省政协今年重点打造的五大平台之一，核心功能是凝聚共识，它在功能定位、团队组建、活动形式、影响对象等方面，都独具特色。刚才我们进行了授牌，标牌上的标识就表达了这个主题。标识创意源于大篆当中的“界”字，体现了传统文化和山东特色，上半部分象形体现“人心汇聚”，下半部分表达“众人合力”；背景是以红色界栏为主要特征的信笺，表达了交流思想的聚识之意。“界别同心汇”五个字，集山东籍唐代大书法家颜真卿手迹而成。标识下方印有政协会徽和“山东省政协”字样，表明创建主体。创建“界别同心汇”的意见，专门用一页纸来说明这个标识，就是要明确阐释平台创建的主题。为了真正建好、用好省政协“界别同心汇”，树好标杆，塑好品牌，扩大影响，发挥效能。下面，我讲几个方面的意见，与大家一起探索实践。

一、要明确“为什么”，提高对创建“界别同心汇”重要意义的认识

创建“界别同心汇”，是深入学习贯彻习近平总书记关于加强和改进人民政协工作的重要思想，更好发挥人民政协制度效能和优势的内在要求，主要目的在于适应新时代人民政协面临的新形势新任务新要求，立足政协性质特点，坚持建言资政和凝聚共识双向发力，发挥政协界别优势和委员作用，拓展工作手臂，扩大团结半径，搭建起更好联系、影响和服务界别人士、界别群众的开放性履职平台，推动实现委员联系服务界别群众的经常化、组织化，把更多的人团结凝聚在党的周围。其意义，我认为至少有这三个方面：

第一，这是充分发挥人民政协统一战线组织功能，强化思想政治引领、广泛凝聚共识的创新举措。人民政协是中国人民爱国统一战线组织，统战属性是人民政协一成立就有的固有属性。党的十八大以来，习近平总书记多次强调指出，人民政协要强化统战意识，坚持一致性和多样性统一，努力寻求最大公约数、画出最大同心圆；要通过有效工作，努力成为坚持和加强党对各项工作领导的重要阵地，用党的创新理论团结教育引导各族各界代表人士的重要平台，在共同思想政治基础上化解矛盾和凝聚共识的重要渠道。强化引领，增进共识，既是人民政协的初心使命所系，也是新时代赋予人民政协的新任务新要求。从国际国内形势看，我国已开启实现第二个百年奋斗目标的新征程，世界百年变局和世纪疫情交织，改革发展稳定重大任务和诸多矛盾风险挑战叠加，用好统一战线这个重要法宝，最大限度把各方面智慧和力量凝聚起来，显得尤为重要且迫切。从统战自身形势看，统战对象的群体结构和社会特征深刻变化，我们的统战对象数量比建国初期大大增加，结构也分外复杂，类型非常多样，统战工作对象由“单位人”向“社会人”转变、由“体制内”向“体制外”延伸、由“大众化”向“圈层化”演化。特别是党外知识分子、非公有制经济人士、新的社会阶层人士数量空前扩大，如何与他们说得上话、交得上朋友，成为当前做好统战工作的一个重要问题。我们创建“界别同心汇”，提炼了十二个字的核心内涵——“同心同向同行，汇识汇智汇力”，指的就是要紧扣加强思想政治引领、广泛凝聚共识这个中心环节，坚持大团结大联合，发挥联系一界、团结各方的优势，不断扩大“朋友圈”，画大同心圆，汇集更多志同道合者，影响更多有影响力的人，更加紧密地团结在党的周围，更好地肩负起把党的决策部署落实下去，把各方面的智慧力量凝聚起来的重大使命。

第二，这是充分发挥人民政协专门协商机构作用，参与国家治理、彰显制度优势的有效途径。人民政协是社会主义协商民主的重要渠道和专门协商机构，是国家治理体系的重要组成部分，协商既是主责主业，也是参与治理的重要方式。党的十八大以来，围绕加强和改进新时代人民政协工作，习近平总书记发表了一系列重要指示和讲话，中央出台了一系列重要文件，都反复强调，要充分发挥人民政协作为社会主义协商民主重要渠道和专门协商机构的重要作用，这就需要在继承的基础上搭建更多开放性、组织化的新平台。搞经济发展需要有项目，项目是经济发展的平台；政协汇聚共识、参与治理，同样也需要有适合委员参与、能够常态化发挥作用的履职平台。“界别同心汇”建在政协团结对象的集中区域、建在界别群众的门口身边，具有明显的一线性、下沉性、开放性。我们既要有把大家请上来资政建言的平台，又应通过委员搭建好下沉基层、开放联系的平台，更好发挥委员作用。这样，才能够体现社会主义协商民主有事多商量、遇事多商量、做事多商量的特点和优势。通过这个平台，各级政协组织、政协界别、政协委员和界别人士、界别群众可以经常性坐到一起，围绕党政重视、群众关切的热点难点焦点问题，面对面地进行讨论、交流、协商，既能实现有序参与、理性表达，又能做到畅所欲言、群策群力，找到解决问题的“金钥匙”，我们的成果还可以及时转化为政协提案、大会发言和社情民意信息等，为党委和政府决策提供参考。

第三，这是充分发挥政协界别优势和委员作用，更好联系群众、服务群众的重要抓手。界别是政协组织的基础，委员是政协工作的主体。政协作用发挥，在界别，也在委员，关键看能否真正贴近所代表的界别群众，察民情、听民意、集民智、解民忧。通过“界别同心汇”，我们可以把界别和委员的优势有效结合起来。习近平总书记指出，政协委员要发挥桥梁纽带作用，在界别群众中多做雪中送炭、扶贫济困的工作，多做春风化雨、解疑释惑的工作，多做理顺情绪、化解矛盾的工作。强调要鼓励和支持委员深入基层、深入界别群众，及时反映群众意见和建议，深入宣传党和国家方针政策。学习习近平总书记对政协委员提出的要求，就需要我们找到一个有用、有效、有力的平台。一个界别就是一条团结的渠道，一名委员就是一个团结的因子。我们以界别为依托，以委员为主体，把“界别同心汇”平台搭建到社区、学校、乡村、企事业单位等等，就能有效地补齐长期以来委员做界别群众工作缺乏抓手的短板，及时宣传政策，经常联系群众，更好地发挥界别委员在界别群众中的示范引领作用，树立政协的良好形象。同时，这也是破解“年委员、季常委”难题，促进委员常态化履职、写好委员履职作业的有效平台和载体。前期我到各市调研时，也去各地创建的“委员之家”“委员工作室”等实地了解情况。我感到大家都有积极的探索，但是在活动方式、功能定位等方面，有的影响聚焦还不充分，作用方向还不清晰。如何发挥好平台作用，需要我们进一步研究。委员履职，需要有平台，没有组织搭建的平台，委员组织活动的合法性就会受到影响。政协组织统一授牌，就是要赋予“界别同心汇”平台一定的定位。政协是政治组织，政协搭建的任何平台，都要符合政协的属性，发挥政协的功能。搭建履职平台，把委员组织起来，委员就是团队里的一分子，要通过委员的积极作为，把政协组织的作用充分发挥出来。今天是试点会，首先要解决好认识问题，只有认识到位，工作才不会偏离，才能找到切入点和着力点，才能更精准地打到点位。

二、要明确“怎么建”，高标准、高质量打造“界别同心汇”

创建“界别同心汇”，建好是基础。在怎么建这个问题上，我始终强调要积极稳妥、有序推进，成熟一个，创建一个，不搞大呼隆。考虑到今年是本届省政协的届末之年，是市县政协换届后的起步之年，所以这一次的创建是省、市、县一体搞试点，来推进。省政协印发创建意见以后，各市积极性都很高，大家想多创建一些，但之所以叫试点，就是想选择不同类型。第一批我们各个市就选一个，16 个市选 16 个，省里选 4 个。第一批试点的这 20 个，具备各种形态，为我们以后的复制推广创造了基础和条件。每个市把第一个创建试点建好了，基本的形态具备了，每个市也就有了一个标杆，以后建设也就有了模板，也就可以做到复制推广。具体工作中，要根据功能、设计的要求，把握好以下几点。

（一）对照“六有”，统一规范。因为政协是政治组织，“界别同心汇”是政协组织交付委员履行政治任务的活动场所，所以我们这项工作具有政治性、统战性，要以“职责清晰、功能明确、运行规范、活动正常、作用明显”为目标。按照创建意见当中提出的规范化、标准化创建要求的“六个有”来推进，要有场地、有标识、有制度、有活动、有档案、有评价。这些，有的是建设的硬件要求，比如场地，需要满足线上线下活动需要，需要建设小型“学而书房”，需要上墙明示内容、需要有履职档案等等，是统一动作。当然，场地不要搞得大而全，符合基本功能就可以，不要在设施上做攀比。聚识平台是做人的工作的，关键是内涵，大家要把握好这一点。有的是管理和使用方面的要求，比如标识使用要经过审核，就是为了使这项工作把好方向。委员们都有积极性，但对这个平台理解不深刻、不到位就会走偏。我们授予标识，更主要是便于把握平台定位。今天是一个动员会，其实也是一个培训会。以后我们每公布一批，都要开一个会，明确创建要求，做好培训指导，这样工作才不会走偏。

（二）突出特色，一“汇”一品。一个“界别同心汇”可能由一个界别，也可能由专业相近的多个界别的委员组成；一个界别可以设立一个“界别同心汇”，也可以建设多个。建设地点不同、影响对象不同、团队组成不同，自然“界别同心汇”的特色、定位也会不同，所以我们既要做好“规定动作”，也要注重彰显特色，做好“自选动作”。这样，每个“界别同心汇”才会焕发出独有的、独到的、独特的魅力和活力。各创建团队要结合实际，做好特色文章，让“界别同心汇”百花齐放、多姿多彩。

（三）严格标准，分批推进。“界别同心汇”创建一定要把握标准。在第一批试点取得经验后，我们将按照“委员申报、资格审核、组织认定”的创建流程接茬推进。特别是对牵头委员的遴选，一定要政治素质好，还要履职热情高、组织协调能力强。新申报创建的，下一步数量会加大，为提高工作效率，将分层级审核。省政协委员牵头申报的，由委员活动工作室审核把关；市和县（市、区）政协委员牵头申报的，由市政协审核把关，省政协委员活动工作室牵头考核认定。成熟一批，挂牌一批，运行一批。

三、要明确“怎么用”，常态常效开展特色聚识活动

“界别同心汇”不是各级政协已经建成的“委员工作室”“界别之家”“协商议事室”等平台的简单复制或嫁接，要根据我们对这个平台的功能定位，即建设成为“学习交流的园地、议政建言的平台、了解民生的窗口、凝聚共识的渠道”，精心设计筹划，扎实开展特色活动，充分发挥引领作用，放大聚识功能。

（一）要坚持固点串线，由内向外聚共识。我们首批“界别同心汇”，覆盖 19 个界别，涵盖了 20 个团队、270 名委员，包括四级政协委员，地址都选在专业性、行业性强，党外人士比较多的地方和领域。20 个点，都有特定的、相对聚焦的影响对象，涉及经济界人士、新生代企业家、文艺工作者和爱好者、产权交易从业者、侨胞侨属等等，覆盖面广。如果说，我们以前搭建的各种平台，侧重于内部团结联谊的话，“界别同心汇”则是由此及彼、推己及人，更加注重面向社会、面向统战群体、面向界别群众。以前我们基本上是以委员自己的活动为重点，那么现在要搭建的，是要利用委员的影响力，面向社会。它是一个努力扩大团结半径，持续将政协委员的正能量向外扩散，尽可能辐射界别群众、带动有影响的人，始终坚持正面宣传、正向引导的开放性平台。要想带动更多人，首先要固守“圆心”强自身，加强理论学习，守牢政治底线，增强“四个意识”、坚定“四个自信”、做到“两个维护”。以后，我们要对“界别同心汇”牵头委员给予专门的培训服务，提供更多的学习机会，包括提供一些学习资料等。委员要去聚识增识，首先自己要加强理论学习，提升自身的政治素养。对于一些重要的活动，比如中央和省委重要会议精神，我们的党员副主席就可以到“界别同心汇”，面向界别群众，进行宣讲，与大家共同交流座谈。其次要拉长“半径”聚共识，把团结引领、凝聚共识融入委员读书、政策宣讲、团结联谊、调研协商等各项履职活动中，春风化雨、循循善诱，更好地吸引人、汇聚人，进而感召人、影响人。要把“学而书房”建到“界别同心汇”，通过“学而讲谈”使大家共同读书、思想交流，活动内容也会更加丰富。

（二）要发挥牵头作用，创新活动聚共识。“界别同心汇”是意在调动委员积极性、突出委员自主性的履职平台。“界别同心汇”的工作能不能开展得起来，关键取决于团队的凝聚力战斗力，首要的，是看牵头委员的作用发挥。牵头委员在“界别同心汇”团队中起着关键作用。从选择场地、拉起团队，到设计施工、完成建设；从制订计划、策划主题，到组织活动、报送成果……方方面面，每个环节，都要用心费力。挂牌以后，实际上是多了一份责任。所以，我们对牵头委员有特别要求，这次遴选出来的20名牵头委员，都是省政协各专委会、各界别和各市政协精心挑选出来的，都是有口碑、有能力的委员。我想，大家要想带好这个小团队，发挥好应有的聚识功能，就要既当指挥员，也当战斗员，尤其要把各项活动设计好、组织好，办出特色、办出成效，尤其要珍惜这个荣誉，带着情怀干、带着责任干、带着温度干。同时，要严守政治纪律政治规矩，严格遵守中央八项规定及其实施细则精神和省委、省政协的要求，不组织与工作无关的活动，不能办成“接访室”“俱乐部”，不允许聚餐，坚决杜绝喝酒。

（三）要强化三级联动，上下合力聚共识。“界别同心汇”是三级政协联动履职平台，在工作载体上，上下贯通、左右联动，既把各级政协委员，也把各级政协力量和智慧汇聚在了一起。做好“界别同心汇”工作，政协委员是前台，是主角；政协组织是后台，提供服务保障。“界别同心汇”是要依靠委员的影响力来发挥作用，但委员都有自身职业，不是专门做政协工作的，所以每个“界别同心汇”都要有一位政协机关的同志来参与联络。有一些委员单位可以承接部分联络工作，但是大量的工作都应是政协组织提供服务保障，这就是前台跟后台的关系。全省三级政协都负有领导、组织、管理之责，要健全机制，构建三级政协组织共建共管、共享共用的工作格局，在服务、保障、管理上多下功夫，决不能将牌子“一授了之”，做“甩手掌柜”。省政协党组和主席会议要把“界别同心汇”建设纳入重要议事日程，定期研究解决创建和运行中遇到的共性困难和问题。随着创建数量增多，主席会议成员将根据分工，每人联系 1—2 个“界别同心汇”，每年至少要参加 2 次活动，特别是“界别同心汇”创建后的第一次活动，要去指导，跟大家交流。各个专委会要做好分工联系指导服务，每个专委会都有联系的界别，“界别同心汇”的活动专委会也要参与进去。省政协委员活动工作室负责做好全省“界别同心汇”创建的统筹服务工作。这样，几级组织都有工作任务，才能够营造齐抓共管的工作局面。

各位委员、同志们，奋进新时代，扬帆正当时。希望全省各级政协组织和广大政协委员强化责任担当，勇于创新实践，扎实推进“界别同心汇”建设，努力擦亮这一聚识品牌，奋力在山东“走在前、开新局”中展现政协的新作为，作出政协的新贡献！

在省政协党的建设工作领导小组会议暨省政协党的建设工作座谈会上的讲话

（2022 年 7 月 19 日）

葛慧君

今天的会议既是一次党建述职会，也是一次交流推进会。刚才，机关党组和各专委会分党组汇报了各自的工作情况，大家准备得很充分，讲得都很好，既谈工作成效，也分析存在的问题，既谈下一步工作打算，也提出了很好的建议。通过建立这种制度，一定会对加强省政协党的建设、机关党的建设起到重要推动作用。

从刚才大家的汇报和平时掌握的情况来看，机关党组和各专委会分党组，在省委和省政协党组领导下，认真贯彻落实中央关于政协党建工作的文件精神，发挥党建引领作用，服务中心大局，积极探索创新，取得了明显成效。主要有这样几个特点：一是理论武装抓得紧。始终把习近平新时代中国特色社会主义思想作为学习的主线，落实“第一议题”制度，发挥党组理论学习中心组的引领作用，抓好学习座谈小组的学习座谈，搭建常态化、制度化的学习平台，有力地推进理论武装走深走实。二是政治责任扛得牢。始终把坚持党的领导作为最根本的政治原则，以党的政治建设为统领全面推进党的各项建设，发挥党组把方向、管大局、保落实的领导责任，党组成员认真落实“一岗双责”，发挥了示范带动作用，推动党的领导全面落地落实。三是党建引领效果好。通过加强党建工作，促进了理念、方式、作风等一系列变化，提升了履职质量，在围绕中心服务大局、落实省政协重点工作任务上更加积极主动、奋发有为，机关工作、专委会工作展现了新面貌、干出了新样子。实践充分证明，政协党建工作抓与不抓大不一样，抓得紧与不紧也大不一样。

对机关党组、各专委会分党组取得的成效、作出的工作，省政协党组是满意的。同时也要认识到，我们的工作中还存在一些问题。主要是：政协党建工作与履职工作结合不够紧密；政协党建工作特点研究还不够，党建工作的形式和方法还比较单一；党员委员作用发挥还不够充分，等等。对这些问题和不足，大家要重视起来，认真研究，在下步工作中加以解决。党的建设是我们政协工作的根本，起着牵头抓总的作用。下面，我就加强政协党建工作谈几点意见。

第一，要深化对加强政协党建工作重要性的认识。

党的十八大以来，党中央对加强党的建设要求越来越高、抓得越来越严。现在各个领域党的建设都在加强，政协系统也不例外。十三届全国政协从履职之初就高度重视党的建设，2018 年中办印发了《关于加强新时代人民政协党的建设工作的若干意见》，在党的历史上第一次以党中央文件的形式，专门对政协党的建设作出部署。全国政协召开了全国政协系统党的建设工作座谈会，在人民政协历史上第一次召开政协系统党的建设会议。2021 年又召开了全国政协党的建设工作经验交流会。可见，抓好政协党建有其特殊的意义，我们必须充分认识加强政协系统党建的重要性。一是加强政协党建工作是坚持党的领导的根本保证。人民政协作为党领导的政治组织和民主形式，党的领导是人民政协这一制度安排和政治组织最本质的特征。只有旗帜鲜明讲政治、理直气壮抓党建，把坚持党的领导贯穿履职始终，才能确保协商民主正确政治方向和专门协商机构优势作用的发挥。二是加强政协党建工作是落实"三个重要"的必然要求。"三个重要"是以习近平同志为核心的党中央着眼党的历史使命，立足政协性质定位和功能作用，对政协更好服务党治国理政作出的新概括、提出的新要求，凸显了政协党建最重要、特色最鲜明的方面。政协党建工作必须自觉围绕"三个重要"来开展，"三个重要"的任务落实好了，政协党建工作也就抓起来了。三是加强政协党建工作是做好政协工作的关键所在。政协作为专门协商机构，党外人士占 60% 以上，只有抓好党的建设，发挥好党员委员的先锋模范作用，才能更好地去团结、联系、凝聚各界人士，担负起"凝聚起来、落实下去"的政治责任。政协组织中一度出现宽松软的问题，主要是党员委员特别是党员领导干部作用发挥不够充分，以至有党外委员说：到底谁影响谁？我觉得，无论哪个时期，无论哪个地方，党组织坚强有力、党员委员担当作为，政协事业就发展得好，党的建设不到位，政协工作就容易出问题。

第二，要把握加强政协党建工作的着力重点。

政协党建工作是一项长期性系统性工程。我们既要全面把握、持续推进，又要善于抓住关键、重点突破，努力在固根基、扬优势、补短板、强弱项上下功夫，不断提高政协党的建设质量和水平。我认为，有这么几个方面需要把握。

*一是要始终坚持把加强思想政治引领摆在首位。*政协是一致性和多样性的统一体，思想政治引领尤为重要。一方面，要加强政治建设。政治建设是根本性建设，决定着党的建设方向和效果。政协组织是政治组织，政协机关是政治机关，时时、事事、处处都有政治，旗帜鲜明讲政治始终是第一位的要求，是加强政协党建工作的根本保证和原则要求。政协抓党建，必须在加强政治引领上下功夫，深刻领会"两个确立"的决定性意义，不断增强"四个意识"、坚定"四个自信"、做到"两个维护"。另一方面，要加强理论武装。充分发挥党组理论学习中心组的带动作用，发挥党员领导干部的示范引领作用，落实学习座谈会制度，建立健全主席会议和常委会会议集体学习、委员学习培训、"学而系列"读书平台等相配套的多层次、常态化学习制度体系，实现学习

教育全覆盖。这方面，当前我们的学习方式、工作载体是比较多的，关键是要思考如何提升完善、增强实效的问题。

*二是要不断研究探索政协党建工作的特点规律。*政协党建工作既有党建工作的一般规律要求，又有其自身的内在特性。抓政协党建不仅仅是抓好机关党建，要从政协特点出发去抓党建，探索一条符合政协实际、体现政协特色的路径机制，拓展和丰富政协党建工作的平台载体。政协专委会分党组成立时间不长，工作中可探索的方面有很多。要从各专委会特点出发，认真研究各专委会因工作对象、工作方式有所差异带来的党建工作各有侧重的特点规律，进一步深化完善工作思路举措，打造专委会党建工作特色和品牌。

*三是要推动党建与履职融合互促。*刚才，大家谈到党建与履职的关系，谈到怎样使党建与业务真正融合，这说明大家把握的点是准的。党的建设与履职工作就像“车之双轮”“鸟之两翼”，相伴而生、相辅相成，只有互融互促，才能发挥最大效能。我们要做到融入履职抓党建、抓好党建促履职，坚持党建和履职一体部署、一体谋划、一体推进、一体考核，以党建引领带动履职，以履职成效来检验党建工作质量，达到党建与履职相互促进、相得益彰的效果。

第三，要切实扛起全面从严治党的主体责任。

我们都担负着“一岗双责”，要紧紧扭住责任制这个“牛鼻子”，持续完善省政协党组负总责、机关党组具体抓、专委会分党组分头抓、机关党委牵头落实、各党支部严格执行的工作格局。要结合政协机关特点，结合专委会业务特色、界别特征和委员特点，细化制定责任清单和任务清单，实现岗位责任具体化、目标任务项目化，做到守土有责、守土负责、守土尽责。纪律和作风建设既是党建的重要内容，也是提升党建质量的重要保障。政协党员领导干部必须把纪律规矩挺在前面，用铁的纪律推进全面从严治党，坚决防止执行纪律宽松软的问题；必须严格落实中央八项规定及其实施细则精神，继续在常和长、严和实、深和细上下功夫，持之以恒加强作风建设，营造风清气正的良好政治生态。

今年时间已经过半，我们要紧紧围绕省委的部署要求和省政协下半年履职重点任务的落实，把强化党组的领导核心作用体现到推动履职提质增效上来，把强化党组织的领导力、引领力、组织力、号召力体现到做好团结统战工作上来，把强化党员的先锋模范作用体现到打造政协过硬队伍上来，将抓好党建作为促进政治思想、能力素质、队伍作风提升的“强引擎”，推动履职工作高质量发展，落实好省第十二次党代会精神，为迎接党的二十大胜利召开作出新的贡献。

在“黄河三角洲盐碱地综合开发利用”月度协商会上的讲话

（2022年7月20日）

葛慧君

今天，我们举办本年度第五次月度协商会，主题是“黄河三角洲盐碱地综合开发利用”。

盐碱地是我国重要的后备耕地资源，开发利用好盐碱地，对我国经济社会发展大局具有重要战略意义。去年10月，习近平总书记亲临黄河三角洲农业高新技术产业示范区，实地察看了盐碱地生态保护和综合利用、耐盐碱植物育种和推广等情况，强调“18亿亩耕地红线要守住，5亿亩盐碱地也要充分开发利用。如果耐盐碱作物发展起来，对保障中国粮仓、中国饭碗将起到重要作用”。省委、省政府牢记总书记殷切嘱托，就盐碱地综合开发利用作出部署，在省第十二次党代会报告、省委2022年一号文件和《山东省黄河流域生态保护和高质量发展规划》中，都对盐碱地综合开发利用作了具体安排，前不久，省政府又出台了《关于支持黄河三角洲国家农业高新技术产业示范区高质量发展的意见》。我们这次协商会，就是落实总书记重要指示要求，围绕省委、省政府重点工作开展协商议政的实际举措。

一、充分认识盐碱地综合开发利用的重大意义

习近平总书记多次强调，中国人的饭碗任何时候都要牢牢端在自己手中，我们的饭碗应该主要装中国粮。目前，我国部分农产品对外依存度较高，粮食安全依然是紧平衡，且建设用地与耕地矛盾日益加剧，守住18亿亩耕地红线压力越来越大。我国盐碱地面积广阔，经过几代科技工作者的努力，已有利用盐碱地的初步科技储备和实践经验。从这一角度看，增加耕地资源的一个重要潜力在于合理开发利用盐碱地，向盐碱地要地、要粮、要效益。因此，习近平总书记到东营考察时专门作出盐碱地综合开发利用的战略部署，这是功在当代、利在千秋的时代课题。

同时，盐碱地开发利用也是实现农民增收的有效途径。习近平总书记讲，“说一千、道一万，增加农民收入是关键”。从过去“十年九不收”到现在亩产700斤，从过去只长黄须菜到现在种植土豆、苜蓿、大豆多种作物，盐碱地从白变绿，真正惠及了农民群众，让农民钱包越来越鼓，日子越过越好，充分享受到盐碱地开发利用的增值收益。我们要深刻理解习近平总书记对盐碱地开发利用作出的重要指示要求，担负起总书记赋予我们的重大政治责任。

二、坚持以种业创新引领盐碱地综合开发利用

开发利用盐碱地是一个世界性的难题，过去一些取得盐碱地治理成果的地方，出现撂荒、盐碱化重现的问题；一些盐碱地治理技术方案成本高，实施过程复杂，对不同区域盐碱地适用性差。从我省情况来看，容易开发的盐碱地大多都已开发完成，剩下的都是治理难度比较大、难啃的“硬骨头”，普遍面临着缺乏淡水资源，土壤含盐量高、质量差、肥力低等问题。

习近平总书记指出，“要转变育种观念，由治理盐碱地适应作物向选育耐盐碱植物适应盐碱地转变，挖掘盐碱地开发利用潜力”，这为我们指明了前进方向、提供了重要遵循。种子是农业的“芯片”，也是破解盐碱地综合开发利用难题的关键。我们要由过去的“改造自然”转变为现在的“适应自然”“改造种子”，加强种业攻关，为盐碱地开发利用注入“芯”的力量。

从大家的发言和会上印发的案例看，我们在种质资源保护、育种研发、试验推广等方面，取得了很好的成绩。比如“济麦 60”小麦、“齐黄 34”大豆、“赛迪 5 号”紫花苜蓿、“科甜 10 号”高粱等品种都实现了高产丰产。要继续把种业科技创新摆在突出位置，以建设国家盐碱地综合利用技术创新中心为抓手，加强平台建设，聚集高端资源，加强耐盐碱种质资源收集、保存及新种质创制研究，加大种业“卡脖子”技术攻关，培育一批突破性耐盐碱新品种，努力构建育繁推一体化的盐碱地特色种业链条。

三、围绕盐碱地综合开发利用聚识聚智聚力

聚识才能聚心，聚智才能突破，聚力才能前进。盐碱地综合开发利用涉及部门多、学科广、专业性强，必须有效整合各方面力量资源，才能打好盐碱地综合开发利用攻坚战。

要强化组织领导，建立统筹协调机制，编制相关专项规划，利用第三次全国土壤普查摸清资源底数，建立动态监测机制和数据服务体系，打造一批盐碱地农业科技创新“平台集群”，探索建立“政产学研金服用”协同开发利用盐碱地的高效模式。要把人才作为第一资源，用一流的人才政策、一流的发展环境、一流的科研服务增强人才吸附能力，既要大力引进外来人才，也要善于培育本土人才，更要做好留住人才的工作。要坚持综合施策，在保障盐碱地农业用水，提高农田压碱排盐、抗旱防涝能力等方面多措并举，形成一批落到地头上、可复制推广的新技术、新模式，为盐碱地综合开发利用提供有力支撑。

对于政协来说，包括有关市政协和各位委员、专家，要持续关注盐碱地问题，加强同有关部门和一线工作人员的联系沟通，建言资政和凝聚共识双向发力，为我省盐碱地综合开发利用汇聚智慧力量、作出更大贡献。

用好耕地后备资源　保障国家粮食安全
扎实开展黄河三角洲盐碱地综合开发利用

——在省政协“黄河三角洲盐碱地综合开发利用”月度协商会上的主题发言

（2022 年 7 月 20 日）

王艺华

根据年度协商计划，这次月度协商会主题是“黄河三角洲盐碱地综合开发利用”。省政协党组高度重视，葛慧君主席亲自安排并带队到东营、滨州等市调研。3 月份以来，省政协农业和农村委员会通过实地调研、协同调研、部门座谈、专家研讨、网络议政、“民声连线”等，广泛了解情况，深入研究对策，省政府及有关部门、高校院所大力支持，农工党省委会和东营、滨州等 6 市政协联动协作，130 多名省市县三级政协委员、专家和一线同志积极参与，收到意见建议 700 多条、案例 32 个，为开好协商会做充分准备。

据农业部门调查，我省共有盐碱地 889 万亩，其中黄河三角洲地区有 698.56 万亩，主要分布在东营、滨州，占全省盐碱地总面积的 78.58%。去年 10 月，习近平总书记到我省东营视察，强调开展盐碱地综合利用对保障国家粮食安全、端牢中国饭碗具有重要战略意义，为我们开发利用盐碱地指明了前进方向、提供了根本遵循。省第十二次党代会进一步对“深入开展盐碱地综合利用”提出明确要求。多年来，省委、省政府高度重视盐碱地开发利用，采取了一系列有力措施，科技创新能力显著增强，盐碱耕地数量质量和综合产能大幅提升，为保障国家粮食安全作出重要贡献。调研中也发现一些问题和短板：一是开发利用难度较大。生态系统脆弱，淡水资源短缺，土地“盐、板、瘦”问题突出，开发治理投入大、周期长，管护成本高。目前专项政策较少，涉及部门分散，需要加强集成。二是创新能力有待提升。协同创新不够，创新效率需要提高，耐盐碱作物传统品种选育较慢，优质高产新品种较少。三是地力保护需要加强。用养结合不够，种植结构、制度单一，加上施肥不合理、管护不到位等，导致地力下降、增产受限。四是开发利用相对粗放。农林牧渔结合、种养加一体、一二三产融合水平不高，精深加工能力不强，产品附加值低，盐碱地农产品的特殊功能有待挖掘。

调研组认为，推进盐碱地综合开发利用，必须深入贯彻习近平总书记重要指示要求，扎实落实党中央部署和省委、省政府安排，锚定“走在前、开新局”，综合施策、精准发力，构建盐碱地综合利用新机制、新路径、新模式，为我国盐碱地大面积开发利用提供示范。

一、加强顶层设计，科学有序开发利用盐碱地。坚持系统思维，落实全国盐碱地等耕地后备资源综合利用要求，加强规划引领，推动制度集成创新。一是全面摸清底数。结合第三次全国土壤普查，尽快摸清全省盐碱地的程度、类型、分布、数量以及修复与利用潜力等情况，建立动态监测和数据服务系统，为盐碱地综合开发利用提供依据。二是科学制定规划。坚持“生态优先、以水定产，因地制宜、分类施策，以盐适种、用养结合，产业融合、提质增效”原则，研究制定专项规划及实施意见，明确全省盐碱地开发利用的思路目标、布局进度和任务举措。三是加强组织领导。成立由省级领导同志任组长，有关市和省直部门、单位负责同志为成员的综合协调机构，统筹政策措施，整合要素资源，加强协调调度，确保取得实效。

二、强化种业创新，打造盐碱地“种业硅谷”。坚决贯彻习近平总书记关于“由治理盐碱地适应作物向选育耐盐碱植物适应盐碱地转变”的要求，打造盐碱地种业创新山东样板。一是建设种业创新高能级平台。加快创建国家盐碱地综合利用技术创新中心，搭建集科技创新、科企对接、产业孵化、示范服务、人才引育等于一体的开放型创新平台集群，把黄三角国家农高区打造成创新高地、人才高地、产业高地，吸引全国优质创新资源在我省聚集。二是完善育种扶持政策。将盐碱地种业作为单列类别深度挖掘，设立耐盐碱作物育种专项，完善耐盐碱作物品种审定规范，建设种质资源库、育种综合实验室、耐盐碱能力鉴定评价中心等，面向全国提供盐碱地种业服务。三是加强耐盐碱作物攻关。围绕耐盐碱小麦、水稻、玉米、大豆、藜麦等粮食作物，以及棉花、蔬菜、林果、牧草、中药材等，推进产学研用协同创新，采取“揭榜挂帅”制，集中攻克一批关键核心技术，形成一批可复制推广的产品和技术体系。

三、促进粮食增收，把盐碱地变为丰产田。坚持“藏粮于地、藏粮于技”，以保障国家粮食安全为首要任务，向盐碱地要地、要粮、要效益。一是强化水资源保障。结合现有规划，加快推进黄河三角洲水利工程建设，争取更多盐碱地农业用水、生态用水指标，探索建立雨洪水集蓄利用机制，解决水资源“卡脖子”问题。二是提升耕地质量。参照国家黑土地保护政策，出台盐碱耕地改造提升计划，以高标准农田建设为依托，研发应用节水、降肥、减药等新技术新装备，推广微生物菌肥、有机肥、绿肥翻压等成熟技术。三是推广耐盐碱粮食种植。坚持“政府主导、科技支撑、示范引领、辐射带动”，建设一批盐碱地高产示范基地，优选推广耐盐碱小麦、水稻、玉米、大豆、藜麦、高粱、马铃薯等作物，加强田间管理、技术指导和社会化服务，加大补贴力度，将科研成果加快转化为现实生产力。

四、高效生态发展，提升盐碱地综合效益。树立大农业、大食物、大生态观念，统筹推进盐碱地高效利用与生态修复。一是多元化开发利用。根据土壤理化性质和改良效果，宜耕则耕、宜林则林、宜草则草、宜牧则牧、宜渔则渔，推动种植制度由传统单一作物种植向多种作物间作、套种、轮作转变，鼓励发展设施农业、林下种养、绿色水产、渔光互补等项目。二是农牧融合、种养结合。统筹规划盐碱地农牧业发展，推广“饲草饲料—畜禽养殖—废弃物—有机肥—盐碱农田”等循环模式，实现养殖环境净化与土壤快速脱盐“双赢”。三是三产融合发展。延伸产业链条，发展盐碱地农产品加工、乡村休闲旅游、农村电商等特色产业，挖掘盐碱地农产品的独特价值和功能特性，提升产品附加值，打造区域公共品牌，带动农民增收，推动盐碱地农业高质量发展。

在《山东省民营经济发展促进条例》落实情况民主监督调研座谈会上的讲话

（2022 年 7 月 21 日）

王书坚

今年 1 月 1 日，《山东省民营经济发展促进条例》正式施行。省政协把《条例》落实情况列入今年民主监督工作计划，主要是为了督促各级加大政策法规实施力度，聚力解决当前民营企业遇到的突出困难和问题，推动我省民营经济高质量发展。

会前，我们到东岳集团、新恒汇电子、齐鲁储能谷等民营企业和园区进行了实地调研。刚才，淄博市政府、高新区管委会和有关企业，做了很好的发言，各位委员互动积极，大家谈形势实事求是，提建议针对性强，很有参考价值，听了很受启发。借此机会，我谈几点看法，供大家参考。

一、高度重视民营经济和民营企业遇到的困难与挑战

民营经济是我国公有制为主体多种所有制经济共同发展的重要组成部分，在推动发展、促进创新、增加就业、改善民生等方面发挥了不可替代的作用。从我省情况来看，2021 年，占市场主体 90% 以上的民营经济，贡献了全省 50% 以上的生产总值、60% 以上的投资、70% 以上的税收，占据了山东经济的“半壁江山”，是山东未来发展的巨大潜力板。与此同时，我省民营经济发展仍然存在不少困难和挑战，必须引起足够重视。

一方面，新冠疫情造成经济承压、消费受限、社会预期下降，对民营经济组织带来的影响和冲击需要多措并举、积极应对、危中见机。各地要认真落实好纾困惠企政策，确保各项纾困措施直达基层、直接惠及市场主体。要为民营经济发展提供创业优惠及创业平台，建立和发展各类研发机构，加大政策兑现力度，《条例》规定的民营经济组织创新财政奖励要“能给尽给、应奖尽奖”。发挥新型举国体制优势，不断释放制度效能，支持“链主”企业牵头“建圈强链”，带动上下游各类企业共渡难关。深化落实工业和信息化部等部门《关于开展“携手行动”促进大中小企业融通创新（2022—2025 年）的通知》要求，通过政策引领、机制建设、平台打造，推动形成协同、高效、融合、顺畅的大中小企业融通创新生态，有力支撑产业链供应链补链固链强链。

另一方面，长期制约我省民营经济发展的“融资难、降成本难、要素保障难、创新难”等问题仍未得到根本解决。刚才大家在发言中也提到，《条例》贯彻落实过程中，存在“平等准入、创业创新、融资促进、权益保护、保障措施”等多个方面的问题，有的还比较突出。比如，民营经济组织反映强烈的因所有制不同而产生的不平等问题。这里面，既要清除“有形”的障碍，深入落实《条例》关于市场准入清单、混合所有制改革、市场公平特别条款等规定；也要破除“无形”的歧视，思想上的偏见。有的领导干部认为把项目交给国有企业是“左手到右手”，一旦要交给民营企业，心里就打鼓，担心这担心那。习近平总书记强调，民营经济是我国经济制度的内在要素，民营企业和民营企业家是我们自己人。对此，必须提高政治站位，努力为民营企业、为民营企业家解决更多的困难、提供更优质的服务、更舒心的发展环境。

二、着力推动《条例》落地落实和作用发挥

徒法不能自行。法律法规一旦通过颁布，就必须把工作重点放在实施落地上。要推动各级念好“严、细、高、准”字决，着力推动《条例》各项政策措施尽快落地见效。

在严肃法律权威上，要严格执行市场准入负面清单，进一步打破隐性壁垒，为企业发展创造充足市场空间。以最优营商环境倒逼制度完善，对部门政策规定不符合《条例》精神的，要尽快修改完善，避免出现“部门政策”和法律法规不相衔接的问题。要大力弘扬企业家精神，保护企业家合法权益及财产、生命安全，着力营造市场化、法治化、制度化的长期稳定发展环境。在政策落细落实上，要提供看得见、摸得着、用得上的“政策工具箱”，把鼓励、支持、引导民营经济的措施落细落具体。用好用足各级惠企政策，推出配套措施、实施细则，明确申报流程、条件界定，打通政策落地堵点。强化政策宣传解读，根据受众需求，进行分类解读、案例解读、点对点解读，利用人工智能、大数据等信息技术手段，依据企业经营范围、行业领域与个人信息精准推送政策。在务实高效服务上，以“绣花针”功夫优化服务流程，落实涉企问题闭环管理。建好涉企服务网络直通车，借鉴广东等地设立民营企业“政策驿站”等形式，畅通民企诉求表达和问题解决渠道。优化创新创业政策体系，向新技术和新模式引导的融合创新业态倾斜，将项目补贴、贷款贴息、税费减免、用地调整、奖励配套等政策，灵活运用到适合本地发展的重点领域。在精准解决问题上，以让利焕活力，落实减费降税政策，推动完善金融服务。推广循环贷款、年审制贷款以及分期还款等多样化还款方式，努力减少企业短贷长用和高息“过桥”融资。加强诚信体系建设，既要让企业讲诚信，更要让政府讲诚信，纠正个别政府部门、大企业拖欠民营企业款项的行为，推动各级政府成为“应付尽付”的诚信政府，国有企业成为“应付尽付”的引领企业，大型民企成为“应付尽付”的自律企业。

三、推动民营企业在“走在前、开新局”中展现更大作为

近年来，我省深入贯彻落实习近平总书记在民营企业座谈会上的重要讲话精神和关于民营经济的重要论述，在抓好《条例》制定和颁布实施的同时，先后制定出台了《山东省民营经济“十四五”发展规划》《民营经济高质量发展 2022 年十大专项行动方案》《省委省政府关于支持非公有制经济健康发展的十条意见》等系列政策措施，着力开展营商环境创新突破行动、创新提升行动，为民营经济发展提供了良好环境。民营企业家要善于把握大势，吃透政策精神，用好政策红利，对省第十二次党代会作出的重要部署和《条例》规定的政策措施要细研深悟。要坚守实业报国，锚定卓越制造，戒除浮躁、专注主业，炼就新时代齐鲁儒商的“琴心剑胆”。紧跟科技前沿、市场趋势，锚定科技自立自强，拉长产业链条，向“专精特新”进军。推行现代企业制度和倒逼成本管理法，不断提升管理水准，有效降低成本，提高竞争优势。各级各部门要按照构建亲清政商关系的要求，健全政企沟通协商制度，完善民营企业权益维护机制，激励干部主动作为、靠前服务，做到“亲”而有度、“清”而有为。各级政协组织要发挥专门协商机构职能作用，强化协商式监督，推动调研、协商、监督、资政一体化建设，在推动《条例》贯彻落实和民营经济高质量发展中贡献政协力量。委员联络委要以这次淄博实地调研为基础，联动烟台、聊城市政协开展好书面调研，充分发挥委员主体作用，深入研判，抓住重点，提准建议，高标准完成民主监督报告的起草和报送工作。

在走访提案承办单位省教育厅座谈会上的讲话

（2022 年 7 月 21 日）

林峰海

今天我带领省政协提案委员会及部分提案者代表一起到省教育厅走访座谈，主要目的是了解省教育厅承办的省政协十二届五次会议提案办理工作情况，推动提案办理落实，并听取对省政协提案工作的意见建议。通过走访座谈，提办双方就提案办理工作、落实转化情况，进行面对面沟通协商，对于提案者更好地“知情明政”，增加提案办理的广度、深度和密度，实现建言资政和凝聚共识双向发力具有重要意义。

教育是国之大计、民生之基。党的十八大以来，以习近平同志为核心的党中央高度重视教育事业，把教育摆在优先发展的战略位置，将公平和质量作为主要追求。国家“十四五”规划纲要提出，“要建设高质量教育体系。全面贯彻党的教育方针，坚持优先发展教育事业，坚持立德树人，增强学生文明素养、社会责任意识、实践本领，培养德智体美劳全面发展的社会主义建设者和接班人”。

省第十二次党代会也提出，“要实施教育提质行动。落实立德树人根本任务，健全学校、家庭、社会、网络等全环境育人机制，率先建成高质量教育体系”。

山东是人口大省、教育大省，教育始终是人民群众关心关注的民生大事。近年来，省教育厅深入贯彻落实中央决策部署和省委工作要求，以实际行动践行教育初心使命，全面加强党对教育的领导，立德树人机制不断完善，教育民生问题加快破解，教育治理能力持续增强，各项工作不断取得高质量发展。当前，随着我省教育教学改革的不断深化，政协委员和政协各参加单位对教育工作的关注程度越来越高，提出的意见建议也越来越多，自省政协十二届一次会议以来，省教育厅承办的政协提案数量在 100 多个承办单位中排名始终是第一位（一次会议期间 152 件，二次会议期间 148 件，三次会议期间 150 件，四次会议期间 166 件，今年 156 件，占省政协立案提案总数的 19.48%），涵盖学前教育、高等教育、普通教育、职业教育各个层次，涉及教育改革发展和教育现代化建设各个方面。

刚才，孙晓筠副厅长介绍了办理省政协十二届五次会议提案情况，非常详实、客观、全面。提案者代表也发表了很好的意见，谈了个人的体会感受和建议，对省教育厅提案办理工作高度认可，非常满意。省政协提案委也对省教育厅提出的工作建议作了回应，在今后工作中要加强改进。

通过座谈交流，我认为教育厅提案办理工作有以下几个特点：一是把办理工作作为政治责任抓紧抓实。把提案办理工作列入重要议事日程，摆在更加突出的位置，建立了主要领导亲自抓、分管领导靠上抓、其他领导分头抓、业务处室单位具体负责落实的工作机制。二是把健全制度作为办理落实的重要保障。不断健全完善办理制度和程序，建立提案登记分办、办理督查、办理考核、提案复文公开四项制度，办理工作规范化、标准化水平不断提高。三是把沟通协商作为提升办理实效的必经环节。各承办处室和单位严格执行“每件必沟通”的要求，积极主动地开展协商、增进共识。四是把提高办理质量作为教育工作的重要抓手。在办理工作中，把采纳委员意见建议、促进教育工作放在首位，主动邀请政协委员参与调研、咨询、论证，工作中努力做到“三个必须”。

省教育厅一直高度重视提案办理工作，把做好提案办理与落实教育工作任务目标紧密结合，既注重答复满意，更强化建议采纳，使广大委员的关注关切及时转化为政策措施、文件制度。比如，针对6件涉及“双减”工作的政协提案，从省级层面出台了一系列政策文件，形成了比较完善的“双减”工作机制和政策体系，等等。在此，我代表省政协，向省教育厅长期以来对政协提案工作的高度重视和支持，表示感谢！

走访提案承办单位是省政协今年开展的一项创新性工作，葛慧君主席高度重视，亲自审定活动方案。希望省教育厅通过这次走访座谈，认真总结经验，发扬成绩，改进工作，不断提高提案办理工作质量。下面，我就做好提案办理工作谈几点意见。

一、提高认识，进一步增强做好提案办理工作的责任感。提案是人民政协一项历史较长、特色鲜明、影响深远的全局性工作。提案办理工作是提案工作的关键环节，直接关系到提案工作的成效。做好提案办理工作，对于协助党委政府进一步拓宽工作思路、解决工作难题、落实工作部署，实现决策科学化、民主化，具有十分重要的意义。年初，省委、省政府、省政协三家办公厅联合召开提案交办会，对做好今年提案办理工作进行了部署安排。省委书记、省长亲自阅批督办省政协重点提案，葛慧君主席亲自推动、亲自点题、协助督办，这为我们做好提案办理工作起到了很好的示范引领作用。我们要从讲政治和讲大局的高度，进一步提高认识，认真负责地办理和落实好政协提案。

二、加强对接，不断提高办理质量和办理时效。提办双方沟通对接的过程是实现信息共享、加强沟通协商、共商对策建议、促进科学施政的过程。当前，提案办理过程中，提办双方沟通对接不紧密、信息不对称，出现“你提的不是我要的，我要的你没提”“你办的不是我想的、我想的你没办”的现象。承办单位在实践中要积极主动做好沟通对接工作，通过向政协提供年度工作重点和提案选题建议、召开知情明政情况通报会等方式，为委员提出高质量提案创造条件。要注重创新协商形式，尤其是省教育厅这种承办“大户”，可以通过召开提案办理集中面复会等形式，增强提办双方沟通了解，共同深入研究问题，逐步完善对策措施，不断提高办理质量和办理时效。

三、狠抓落实，推动提案建议落地见效。衡量提案办理的效果如何，一看进度，有没有按照办理时限认真完成；二看精准度，有没有落实建议解决问题；三看满意度，提案者是否满意，群众是否受益。在督办过程中，我们发现，有的承办单位办理态度很认真，答复很严谨，落实措施很明确，但是办理结果始终写在纸上、锁在柜子里，没有真正采纳落地。一方面，承办单位要按照要求办理答复，积极采纳提案建议；另一方面，省政协提案委也要加强与省委省政府督查工作领导小组办公室、提案者、承办单位的沟通联系，通过开展走访承办单位、重点提案督办、加强督促检查等形式，持续跟踪督办提案建议落实情况，推动提案办理由“答复型”向“落实型”转变，确保提案办理落地见效。

在省政协十二届二十三次常委会会议上的讲话

（2022 年 7 月 29 日）

葛慧君

在全省上下深入学习贯彻省第十二次党代会精神之际，省政协积极响应省委“走在前、开新局”的号召，围绕“在增强经济社会发展创新力上走在前”开展专题议政，时机重要，主题鲜明，议题聚焦，意义重大，是助力我省深入实施创新驱动发展战略的一次重要协商活动，也是政协作为专门协商机构紧扣中心任务凝心聚力的生动体现。

省委、省政府对这次会议高度重视，周乃翔省长亲自出席，就全省上半年经济形势作报告，听取大会发言。9 位省直部门负责同志参加会议，在分组进行的专题协商讨论中作了互动交流。会议通过了《关于推动我省“在增强经济社会发展创新力上走在前”的建议案》和有关人事事项，举办了“数字经济春潮涌动，大省创新使命担当”专题讲座。在大家的共同努力下，这次会议开得务实紧凑、圆满成功，达到了知情明政和专题协商双重收获、建言资政和凝聚共识双向发力的良好效果。

为深入贯彻落实习近平总书记“三个走在前”重要指示要求，全力服务助推“走在前、开新局”，今年以来，省政协综合运用多种履职方式，安排了系列专题协商议政。5 月份，围绕“在服务和融入新发展格局上走在前”召开首次专题议政性常委会会议，形成了丰富的协商成果和广泛的思想共识，李干杰书记作出重要批示，给予充分肯定。这次常委会会议是系列专题协商议政的“第二篇”，也是“重头戏”。会前，省政协党组和主席会议多次研究部署，制定专项实施方案。在几位副主席的带领下，由教科卫体委员会牵头，委员活动工作室、民族和宗教委员会、文化文史和学习委员会共同组织实施，开展各类调研 20 余次；在移动履职平台组织网络议政，提出意见建议 306 条。会议期间，与会同志以饱满的履职热情，积极协商讨论，79 位同志提交了发言材料，6 位同志作了大会交流发言，提出了富有建设性的意见建议，形成了思想共识。大家一致认为，面对国际环境更趋复杂严峻、国内疫情多发散发等一系列超预期因素冲击，今年上半年我省地区生产总值增长 3.6%，高于全国 1.1 个百分点，在经济总量前六名省份中增幅最高，经济运行保持稳中向好、进中提质的良好态势，展现出强大韧性和巨大潜力，根本在于习近平总书记坚强核心掌舵和创新理论指引，关键在于省委省政府科学研判、精准施策，扎实做好“疫情要防住、经济要稳住、发展要安全”三件大事，高效统筹疫情防控和经济社会发展。大家一致认为，未来五年是山东实现“走在前、开新局”的关键窗口期和重要机遇期，只要我们一以贯之地把创新摆在发展全局的核心位置，坚定信心，鼓足干劲，加压奋进，就一定能够落实好习近平总书记的殷殷嘱托，就一定能把山东的事情办好，担负起“走在前、开新局”的光荣使命。下面，我结合这次常委会会议的议题，讲三个方面。

*第一，要进一步提高站位、着眼大局，对实现在增强经济社会发展创新力上走在前要有新认识。*在增强经济社会发展创新力上走在前，是“三个走在前”的关键内容。实现这一目标，服务和融入新发展格局就有了动力和活力，推动黄河流域生态保护和高质量发展就有了基础和支撑。我们要站在抢抓发展机遇、提高发展质量、实现发展突破的高度，深刻认识、准确把握在增强经济社会发展创新力上走在前的重要意义。

要深刻认识到，这是山东因时应势加速发展的重要机遇。创新力是衡量一个地区经济社会发展水平的关键指标。一定程度上，创新力就是生产力，就是竞争力。从世界大势看，发展的内涵正在发生深刻变化，全球也正面临着发展方式的深刻转变，创新日益成为引领发展、催化发展的第一动力。从国内形势看，我国经济已经由高速增长阶段转向高质量发展阶段，实现更高质量、更有效率、更加公平、更可持续的发展，成为各地区、各领域共同追求的目标。从山东实际看，我省正处在经济社会发展的关键时期，只有抢抓机遇、乘势而上，持续增强经济社会发展创新力，才能在发展全局中站稳脚跟、争先进位，才能跑出发展的加速度，更好实现“走在前、开新局”。

要深刻认识到，这是推动山东高质量发展的必然要求。高质量发展是创新驱动的发展。如果说传统的发展是做加法，那么创新发展就是做乘法，解决的是发展效能、发展质量、发展动力的问题。当前，山东正处在高质量发展的风口，迫切需要不断增强经济社会发展创新力，坚定把创新驱动引领高质量发展作为一项事关战略全局的重大任务来抓，加快从要素驱动转向创新驱动，形成以创新为主要引领和支撑的经济体系和发展模式，才能更大限度激发全社会创造潜能，激发社会和市场的动力活力，进而不断开拓发展新空间、塑造发展新优势，更好地赋能高质量发展。

要深刻认识到，这是推进现代化强省建设的战略举措。抓创新就是抓发展，谋创新就是谋未来。创新具有广泛的渗透性、支撑性和牵引性，已经融入经济社会发展和民生改善的各个领域，是最关键的支点、最有力的动能。增强经济社会发展创新力，是全方位、高标准、可持续的创新，事关现代化强省建设的方方面面。当前，山东发展进入全面求强、大踏步向现代化迈进的新阶段，这既是厚积薄发、步步为营的过程，也是优势集聚、挑战增多的过程，更是全面提升、强力突破的过程。在这个过程中，只有紧紧抓住创新这个“牛鼻子”，才能成为走在前的领跑者；只有坚定不移下好创新先手棋，才能做到创新一子落、发展满盘活。

第二，要进一步增强信心、服务中心，为助力在增强经济社会发展创新力上走在前作出新贡献。省第十二次党代会锚定“走在前、开新局”，对未来五年山东发展总体要求、奋斗目标和重点任务作出部署，为增强经济社会发展创新力指明了方向。全省各级政协组织和广大政协委员要聚焦助力在增强经济社会发展创新力上走在前，找准履职的切入点、突破口，做好服务中心、增强信心、凝聚人心的工作。

要聚焦山东比较优势，在助力发挥优势、放大优势上有新贡献。一个区域经济社会的运行，既需要资源禀赋的支撑，也需要发展基础的保障。这种支撑和保障，成为区域发展的比较优势。省委、省政府系统梳理了山东的九大比较优势，明确了创新可资利用的资源、寻求突破的方向，是山东增强经济社会发展创新力的基础所在、底气所在。政协要聚焦山东发展的比较优势，立足当前的良好发展态势，进一步做好凝聚共识、凝聚人心的工作。要充分发挥政协的平台作用，组织政协委员、专家学者开展相关研究，在认识好、巩固好、拓展好九大比较优势上建真言、出实招，助推优势更优、长板更长，努力把比较优势变成发展胜势、把创新势能转化为发展动能。

要聚焦重点难点问题，在助力补齐短板、克服弱项上有新贡献。增强经济社会发展创新力，既要发挥优势、锻造优势，也要着眼问题、破解问题。当前，我省经济社会发展既面临难得发展机遇，也面临风险挑战、存在短板弱项，增强经济社会发展创新力的任务要求更高、难度更大。政协履职要坚持问题导向，紧盯提升自主创新能力、优化产业结构、统筹城乡发展等关键问题，找准服务中心大局的切入点、着力点和突破点。要充分发挥政协智力密集、人才荟萃的优势，发挥站位超脱、角度客观的优势，深入调查研究，广泛协商议政，针对制约发展、束缚创新的重点难点问题，提出有效对策和建议，助力我省补齐短板、克服弱项，让增强经济社会发展创新力的基础更坚实、步伐更稳健。

要聚焦关键领域环节，在助力激发潜能、创新突破上有新贡献。创新不停步，发展才能走在前。省委、省政府提出的“十大创新”，充分体现了对山东经济社会发展的前瞻性思考、全局性谋划，进一步明确了增强经济社会发展创新力的重要领域和关键环节。政协要把服务“十大创新”作为重要履职内容，充分发挥作为专门协商机构的作用，综合运用会议、提案、视察、专题调研、反映社情民意信息等方式，广集众智，深谋良策，围绕具体推进“十大创新”选题破题，提出更多富有针对性、操作性的对策建议。要聚焦聚力重点领域改革攻坚、创新突破，引导广大政协委员充分发挥示范作用，带动社会各界重视创新、支持创新、投身创新、合力创新，形成浓厚的创新氛围，为高质量发展提供更加强劲的动力。

第三，要进一步对标对表、创新履职，在推动全省政协工作实现高质量发展上展现新作为。“走在前、开新局”是对山东工作的全方位要求，政协工作也不例外。我们要坚持以习近平总书记关于加强和改进人民政协工作的重要思想为指导，对标对表中共中央的决策部署和省委工作要求，聚焦重点任务，拉高工作标杆，提升履职质效，事争一流，奋发有为，推动全省政协事业实现新发展、迈上新台阶。

要着力加强思想政治引领。今年下半年，中国共产党将召开第二十次全国代表大会，这是在进入全面建设社会主义现代化国家新征程的关键时刻召开的一次十分重要的大会，是党和国家政治生活中的大事、要事。我们要把迎接中共二十大、学习宣传贯彻二十大精神作为贯穿全年的重大政治任务，知责于心、担责于身、履责于行，切实担负起加强思想政治引领、广泛凝聚共识的政治责任。要围绕迎接中共二十大加强思想政治建设，认真组织学习《习近平谈治国理政》第四卷，与学习贯彻习近平总书记对山东工作的重要指示要求结合起来，与学习贯彻省第十二次党代会精神结合起来，联系起来学习，贯通起来领会，切实把思想和行动统一到中共中央的决策部署和省委的工作要求上来。要把加强思想政治引领寓于经常性履职实践中，在经济社会发展变化的实际体验中感受新成就、领悟新思想，筑牢共同思想政治基础。中共二十大召开后，要通过常委会会议、主席会议、理论中心组学习、专题辅导报告、委员读书等形式，深入做好学习宣传贯彻工作，推动形成最牢固的团结，激发最有力的奋斗，引导参加政协的各党派团体、各族各界人士和广大政协委员奋进新征程、建功新时代。

要勇于创新抓好工作落实。今年，全国政协开展贯彻落实中央政协工作会议精神进展情况“回头看”工作，总结中共十八大以来特别是中央政协工作会议以来人民政协实践、理论和制度创新成果，体现了创新对于推动新时代政协事业发展的重要驱动作用。我们以此为契机，做了一系列既打基础、利长远又富实效、创新性的工作。半年多的时间里，省市县政协上下贯通、整体联动、深耕主责的“四梁八柱”渐次搭建、日趋完善，“五大平台”履职载体相继推出、备受关注。可以说，政协工作的履职方向越来越清晰，履职的平台载体越来越丰富，广大政协委员和机关干部的履职热情越来越高涨，全省政协事业呈现出良好的发展局面。下半年，我们要继续保持干事创业的精气神，扎实做好贯彻落实中央政协工作会议精神进展情况“回头看”工作，认真抓好《中国共产党政治协商工作条例》的学习贯彻，组织好专题议政性常委会会议、月度协商会、提案督办等重要履职活动，努力推动经常性工作再上新水平。要持续推进“五大平台”建设，不断赋予其新形式新内容，充分激发委员参与的积极性主动性，形成多管齐下、多点发力、多方联动的履职新常态，在新时代社会主义现代化强省建设中释放制度效能、贡献智慧力量。

要全力以赴写好履职答卷。政协委员身份特殊、影响力大，是政协工作的主体，也是实现“走在前、开新局”不可或缺的重要力量。要牢记“懂政协、会协商、善议政，守纪律、讲规矩、重品行”的要求，切实把组织和人民赋予的政治荣誉转化为履职尽责的内在动力，努力在政协履职中当好主力军，以奋斗者的姿态和干劲奋战在政协实践第一线。要立足本职岗位显担当，把个人奋斗融入新时代社会主义现代化强省建设，施展抱负、建功立业，以舍我其谁的豪气、开拓创新的锐气、敢于斗争的胆气拼搏在全省经济社会发展最前沿。政协常委是政协工作的骨干力量，要进一步提高政治站位，把牢履职方向，强化履职动力，提高履职本领，增强履职质效，更好发挥模范带头作用，引领带动全体委员交出履职高分答卷。

各位常委、同志们，为者常成，行者常至。服务助力“走在前、开新局”，政协舞台宽广，也大有可为。让我们更加紧密团结在以习近平同志为核心的中共中央周围，在中共山东省委的坚强领导下，团结奋进，积极进取，为推进新时代社会主义现代化强省建设作出新的更大贡献，以优异成绩迎接中共二十大胜利召开！

树立与新时代要求相适应的思维方法 推动我省政协工作走在前开新局

——在全省政协暑期读书会上的讲话

（2022 年 8 月 15 日）

葛慧君

在党的二十大即将召开、全省上下深入学习贯彻省第十二次党代会精神之际，我们召开全省政协暑期读书会，时机重要，意义重大。这次读书会的主要任务是，深入学习贯彻习近平总书记关于加强和改进人民政协工作的重要思想，贯彻落实中央政协工作会议精神，进一步深化对政协工作的规律性认识，总结交流经验，提升工作质效，更好发挥政协专门协商机构作用，为“走在前、开新局”汇聚共识力量，为新时代社会主义现代化强省建设作出新的贡献。

组织这次暑期读书会，主要有以下几个考虑：一是近期习近平总书记在中央统战工作会议上发表重要讲话，中央印发《中国共产党政治协商工作条例》，《习近平谈治国理政》第四卷出版发行；全国政协开展贯彻落实中央政协工作会议精神进展情况“回头看”进入新阶段，把大家集中起来，有利于深化学习交流、统一思想认识。二是省第十二次党代会锚定“走在前、开新局”，对未来五年山东发展作出部署，对全省政协工作提出了明确要求。这是我们学习贯彻落实省第十二次党代会精神的具体行动。三是 4 月份举办的全省市县政协主席研讨班收到良好效果。这次读书会作为研讨班的“续篇”，旨在为全省政协工作“再续一把柴，再添一瓢水”。四是暑期读书会是工学相长的一种很好形式，通过读书学习思考，加强工作交流，相互学习借鉴，为做好今后工作、完成全年任务蓄力充电、加油鼓劲。

今年以来，特别是学习研讨班以来，以大调研、大学习开局，向高质量、高水平迈进，全省政协事业呈现出良好发展局面：一是党的领导全面加强。省第十二次党代会将政协工作纳入全局工作作出部署安排，省委常委会会议定期听取省政协党组工作汇报，研究重大事项、审议重要工作，研究出台《关于加强和改进新时代市县政协工作的实施意见》。省委领导同志带头参加重要协商活动、阅批督办重点提案。各市县党委注重加强和改进对政协工作的领导，着力解决“两个薄弱”问题，为政协履职提供了有力支持。省政协成立党的建设工作领导小组，市级和部分县级政协建立机关党组，政协党的建设全面推进。二是理论武装走深走实。认真落实“第一议题”和学习座谈会制度，以深入学习贯彻习近平总书记关于加强和改进人民政协工作的重要思想为主线，对人民政协“是什么”“干什么”“怎么干”“靠谁干”等问题认识更加清晰，履职方向更加明确，思想基础更加牢固。三是履职尽责竞相出彩。各地政协秉持“有为才有位”理念，紧紧围绕党政中心大局，聚焦主责主业，坚持双向发力，组织开展了许多富有成效的协商议政活动，彰显了政协作为专门协商机构的优势作用，为助力经济社会高质量发展贡献了政协智慧和力量。四是整体效能得到提升。全省政协以开展贯彻落实中央政协工作会议精神“回头看”工作为契机，“五大平台”梯次搭建，试点工作有序开展，制度机制更加健全。各级政协的创新力、履职力、亲和力、贯通力有效加强，新一届市县政协工作实现了良好开局、顺利起步，以聚合态势和倍增效应释放了专门协商机构效能。五是精神面貌焕然一新。全省各级政协干部和广大政协委员，人人心中有使命、肩上有责任、手上有任务，“事争一流、奋发有为”的精神状态更加饱满，干事创业的良好氛围更加浓厚。特别是市县政协的同志，角色转变快、工作热情高、履职成效实，展现了良好的政治素质和责任担当。这些成绩的取得，为推进全省政协工作高质量发展奠定了基础，值得充分肯定，应该继续发扬。

但是也要清醒地看到，与新时代新要求相比，我们的工作还存在一些问题与不足，比如，贯彻落实中央政协工作会议精神的创新性举措还不够多；对人民政协工作的规律性认识还不充分，对政协的职责定位把握得不够精准；履职能力水平与新时代政协工作的新任务新要求还有差距；“五大平台”建设尚未做到有形覆盖和有效覆盖相统一；“两个薄弱”问题的解决存在不平衡，等等。这些问题，表象在履职、在业务，其实根子在思想方式，特别是思维方法，必须高度重视，认真思考解决。

习近平总书记多次强调，各级领导干部要努力学习掌握科学的思维方法。思维决定行动、思路决定出路。有什么样的思维，就有什么样的结果。我们无论做什么工作，都要树立与之相适应的思维方法。特别是各级政协领导，是负责“把方向”“出思路”“作决策”的，只有自己首先想明白，才能带领大家干明白。人民政协是具有中国特色的制度安排，做政协工作既要善于运用战略思维、辩证思维、系统思维、底线思维、创新思维等共性思维，也要从政协工作内在规律和特点出发，大力培育与之相适应的思维方法，更好彰显政协的文化气度和精神风格，推动政协工作高质量发展。在党政部门工作久了，思维思路上难免会有一些过去的“套路”，需要进行“思维革命”，破除思维桎梏和惯性，不能身子进入了新时代，思维观念还在过去时；不能人到了新岗位，脑子还在原单位。在政协工作多年的同志，也不能放松要求，陷入经验主义，因为思维是一个不断革新、深化提高的过程，只有紧跟时代步伐，才能适应政协事业发展需要。树立与新时代要求相适应的思维方法，概括地讲，就是要强化“五种思维”。

一、强化政治思维，牢牢把握新时代政协工作的正确方向

人民政协是政治组织，政治属性是第一属性，政治思维是第一思维。人民政协从诞生的那一天起就具有鲜明的政治性，其成立庄严宣告了我国各民主党派、各界别以及全国各族人民选择了中国共产党的领导。70多年来，旗帜鲜明讲政治始终是人民政协的本质要求，也是政协工作的永恒底色。在政协，没有脱离政治的业务，也没有脱离业务的政治，大事小事、一点一滴都包含着政治。可以说，政协工作时时、处处、事事有政治，每个部门、每个岗位、每项工作，都要首先从政治上去认识、去把握。有了政治思维，政治站位就不一样，境界格局也不一样，工作质效更不一样。只有站在政治的角度去思考和谋划工作，目标才会更明确，视野才会更宽广，思路才会更清晰，对政协性质定位、职责使命、工作规律的把握才会更准确。因此，我们要把政治思维作为最重要、最根本、最关键的思维，切实把准政治方向，坚定政治立场，明确政治态度，严守政治规矩，做政治上的明白人。强化政治思维，要做到三个方面。

（一）扛牢政治责任，始终不渝做到"两个维护"。"两个维护"是党的十八大以来我们党取得的重大政治成果、宝贵政治经验和普遍政治共识，是我们党以伟大自我革命推动伟大社会革命成功实践的重要结晶。坚决做到"两个维护"，是人民政协的首要政治责任。旗帜鲜明讲政治，首要的是把增强"四个意识"、坚定"四个自信"、做到"两个维护"作为检验理想信念、政治立场的试金石和度量衡，对标对表、校准航向，不断增强忠诚核心、拥戴核心、维护核心、捍卫核心的思想自觉政治自觉行动自觉。"两个维护"不是抽象的而是具体的，不是有条件的而是无条件的，必须一心一意、一以贯之，必须表里如一、知行合一，切实把"两个维护"体现在坚决贯彻党中央决策部署的行动上，体现在履职尽责、做好政协工作的实效上，始终在政治立场、政治方向、政治原则、政治道路上同以习近平同志为核心的党中央保持高度一致。坚决做到"两个维护"，是人民政协加强政治引领的重要使命。政协的思想政治引领有两方面任务：一方面是在政协组织内，党员委员要加强与党外委员的沟通联系，引导他们不断增强共识；另一方面是发挥每个政协委员的作用，向所联系的社会各界开展工作。政协做到"两个维护"，就要始终把坚持和发展中国特色社会主义作为巩固共同思想政治基础的主轴，广泛引领参加政协的各党派团体、各族各界人士，增进对中国共产党和中国特色社会主义的政治认同、思想认同、理论认同、情感认同。要建立政协党组同参加政协的各党派团体、各族各界人士经常性联系制度，正确处理一致性和多样性的关系，及时了解统一战线内部思想动态，把强化思想政治引领同经常性思想政治工作结合起来，不断壮大最广泛的爱国统一战线，把更多的人紧密团结在党的周围。坚决做到"两个维护"，是人民政协必须严守的政治纪律。"两个维护"是保证全党团结统一、步调一致向前进的根本政治保证，是最重要的政治纪律和政治规矩。近年来的反面案例，出现的问题形形色色、五花八门，但是往深里看，不守纪律是表现，不讲政治是根本。正是因为政治纪律这根弦松了，才出现了这样那样的问题。人民政协作为政治

组织，必须把坚决做到“两个维护”作为首要政治纪律，切实做到党中央提倡的坚决响应，党中央决定的坚决照办，党中央禁止的坚决杜绝，这方面绝不能有丝毫的含糊懈怠。

（二）高举思想旗帜，坚持不懈强化理论武装。政治上的坚定源自理论上的清醒。拥有马克思主义科学理论指导是我们党鲜明的政治品格和强大的政治优势。中国共产党为什么能，中国特色社会主义为什么好，归根到底是马克思主义行。习近平新时代中国特色社会主义思想把马克思主义基本原理同中国具体实际相结合、同中华优秀传统文化相结合，深刻回答了新时代坚持和发展什么样的中国特色社会主义、怎样坚持和发展中国特色社会主义等重大时代课题，充分彰显了马克思主义的真理力量、科学社会主义的时代价值，集中体现了我们党的政治意志、政治立场、政治主张，是指引中华民族伟大复兴的思想旗帜、前进灯塔。人民政协强化理论武装，最根本的是要坚持以习近平新时代中国特色社会主义思想为指导，认真学习贯彻习近平总书记关于加强和改进人民政协工作的重要思想。基础在于深学细悟、入脑入心。党的理论创新每推进一步，政协的理论武装就要跟进一步。这就需要人民政协充分发扬学习传统，更加崇尚学习、积极改造学习、持续深化学习，运用多种形式，把学习贯彻党的创新理论同学习马克思主义基本原理贯通起来，同新时代我们进行伟大斗争、建设伟大工程、推进伟大事业、实现伟大梦想的丰富实践联系起来，同深刻理解人民政协性质定位、准确把握政协工作规律结合起来，在深入学习中把握核心要义，提高思想认识。重点在于提高站位、增强能力。无论是谋划政协工作思路，还是推进政协履职实践，只有不断提高政治站位、增强政治能力，才能不被乱花迷人眼、不畏浮云遮望眼。广大委员、各界人士来自方方面面，对一些问题的看法或有不同，但政治立场不能含糊、政治原则不能动摇、政治方向不能偏离。这就需要通过强化理论武装，不断提高政治判断力、政治领悟力、政治执行力，善于从政治视角、政治立场来考量问题，用政治标准、政治尺度来明辨是非，以政治智慧、政治担当来履职尽责，确保政协的各项工作都有好的政治导向、政治影响、政治效果。关键在于指导实践、解决问题。学习的目的在于运用。习近平新时代中国特色社会主义思想，本身就是坚持马克思主义科学性和实践性的有机统一，贯穿着强烈的问题意识、鲜明的问题导向。要对标对表习近平总书记关于加强和改进人民政协工作的重要思想，查摆工作中存在的突出问题，进一步明确加强和改进政协工作的努力方向和着力重点，切实抓好整改落实工作，以理论学习、思想武装促进工作提质增效。

（三）把握正确方向，毫不动摇坚持党的领导。中国共产党的领导是人民政协事业发展进步的根本保证。无论是总结人民政协的历史经验，还是新时代政协工作的任务要求，第一位的、最关键的，就在于加强党对人民政协工作的全面领导。在工作坐标上，党对政协领导是全方位的。习近平总书记关于加强和改进人民政协工作的重要思想中最根本、最核心的观点，就是坚持和加强党对人民政协工作的全面领导。人民政协事业要沿着正确方向发展，就必须把坚持和加强党的全面领导落实到政协全部工作之中，把党的主张转化为参加政协的各党派团体和各族各界人士的共见共识，推进具有共同思想政治基础、共同目标追求、共同根本利益的政治共同体建设。在工作领域上，党在政协的组织和工作是全覆盖的。党的全面领导、党的全部工作要靠党的坚强组织体系去实现。人民政协不折不扣执行党的决策部署，需要健全的党组织体系作保障。只有不断完善政协党的组织设置，构建既符合政协特点又能有效覆盖的组织体系，形成上下衔接、立体覆盖、各尽其责、无缝对接的组织网络，才能更好地发挥政协党组织的整体功能。需要注意的是，政协党建工作既有党建工作的一般规律要求，又有其自身的内在特性，抓政协党建不仅仅是抓好机关党建，要从政协特点出发去抓党建，探索一条符合政协实际、体现政协特色的路径机制，拓展和丰富政协党建工作的平台载体，不断推进理念思路、制度机制、工作载体和方式方法创新。在工作链条上，党的领导是贯穿政协履职全过程的。习近平总书记强调，要把坚持党的领导贯穿到政协全部工作之中，切实落实党中央对人民政协工作的各项要求。推动政协党建与履职相互融合，不是说所有的东西都简单贴上党建标签，搞成“两张皮”。政协抓党建最终还是要体现到履职工作上，这就需要建立健全党的建设与履职工作融合互促的制度机制，做到一体谋划、一体部署、一体落实、一体检查，以党的建设引领和推动履职实践，以履职成效检验党建工作的质量和水平，实现党建工作和政协履职两手抓、两手硬、两促进。

二、强化历史思维，从人民政协奋斗历程中汲取前进动力

历史思维，是以史为鉴、知古鉴今，运用历史眼光认识发展规律、把握前进方向、指导现实工作的思维方法。习近平总书记指出，历史和现实都告诉我们，一场社会革命要取得最终胜利，往往需要一个漫长的历史过程。只有回看走过的路、比较别人的路、远眺前行的路，弄清楚我们从哪儿来、往哪儿去，很多问题才能看得深、把得准。总书记这种把过去、现实和未来联系起来考察问题、作出决策的“历史思维”，是我们分析问题、解决问题的一把金钥匙，可以帮助我们把握历史规律、认清历史趋势、汲取智慧力量，在对历史的深入思考中做好当下工作、更好走向未来。

（一）*要明白政协从哪里来，坚持以初心传递责任*。搞清楚政协从哪里来，才能认清政协的初心，体会肩上的责任。人民政协从哪里来？我理解，第一，人民政协从中国深厚的历史土壤中来。习近平总书记指出，每个国家的政治制度都是独特的，都是在这个国家历史传承、文化传统、经济社会发展的基础上长期发展、渐进改进、内生性演化的结果。人民政协作为我国一项基本政治制度，不是政治制度的“飞来峰”，而是从中国深厚的历史土壤中生长出来的。人民政协与生俱来的天下为公、立言为民的家国情怀，兼容并蓄、商以成事的协商文化，和而不同、求同存异的合作方式，无不体现着鲜明的中国风格、中国气派。第二，人民政协从近代以后中国人民革命的伟大斗争中来。经历了近代以来100多年苦难斗争，1948年4月，在新民主主义革命胜利前夕，中共中央发布《纪念“五一”劳动节口号》，得到各民主党派、各人民团体、各界民主人士、国内少数民族和海外华侨的响应。1949 年 9 月，中国人民政治协商会议第一届全体会议召开。会议代行全国人民代表大会职权，通过了具有临时宪法性质的共同纲领和人民政协组织法、中央人民政府组织法，作出关于国都、国旗、国歌、纪年的决议，选举产生政协全国委员会和中央人民政府委员会，庄严宣告中华人民共和国成立。这标志着 100 多年来中国人民争取民族独立和人民解放运动取得了历史性的伟大成就，标志着中国共产党领导的多党合作和政治协商制度正式确立。新中国成立后，人民政协为恢复和发展国民经济、巩固新生人民政权、推动各项社会改革、促进社会主义革命和建设作出了历史性贡献。第三，人民政协从中国共产党领导的中国特色社会主义光辉实践中来。改革开放后，人民政协认真贯彻党的理论和路线方针政策，团结一切可以团结的力量，为推进改革开放和社会主义现代化建设作出了重要贡献。中国特色社会主义进入新时代，人民政协深入贯彻落实习近平总书记关于加强和改进人民政协工作的重要思想，为党和国家取得历史性成就、发生历史变革，完成第一个百年奋斗目标贡献了智慧和力量。

回望历史，做中华优秀文化的忠实传承者、做中国共产领导的忠诚拥护者、做中国特色社会主义制度的坚定实践者，既是我们的初心追求，也是我们的责任所系。我们要观史明责、知史悟责、学史担责，继续坚定文化自信、永葆政治本色、坚守价值追求，进一步激发前行动力、扛起使命责任，坚持好维护好发展好这一具有中国特色的制度安排，彰显我国社会主义民主政治的特点和优势。

（二）要明辨政协身在何处，坚持以定位引领站位。准确把握人民政协的历史方位，是坚定正确方向、更好发挥职能、创新开展工作的前提和基础。人民政协的性质定位是一个与时俱进、不断演进的过程，大致可分为三个阶段：一是建国初期人民政协完成从“代行人大职权”到“统一战线组织”的历史转型。二是改革开放后人民政协实现“统一战线的组织、多党合作和政治协商的机构、人民民主的重要实现形式”的定位拓展。三是进入新时代人民政协确立了新定位。在中央政协工作会议暨庆祝中国人民政治协商会议成立 70 周年大会上的讲话中，习近平总书记首次对人民政协性质定位作出了全新阐述：“人民政协作为统一战线的组织、多党合作和政治协商的机构、人民民主的重要实现形式，是社会主义协商民主的重要渠道和专门协商机构，是国家治理体系的重要组成部分，是具有中国特色的制度安排”。这一新定位，为新时代人民政协提供了更加广阔的发展空间、更加开阔的格局视野。

从社会主义协商民主视角来看。“专门协商机构”赋予了人民政协专门的政治职责。这个定位既准确反映了政协是我国协商民主的重要制度载体，也反映了政协在我国协商民主体系中的制度引领作用，彰显了人民政协的独特优势。从国家治理体系视角来看。专门协商机构的性质职能，与国家治理体系现代化所要求的治理范围广泛性、治理过程协商性相一致，可以发挥建言资政和凝聚共识双向发力的独特作用，可以承载国家治理体系重要组成部分的使命责任。从中国特色社会主义制度视角来看。政协协商的制度机制更加健全，协商范围、讨论原则、基本程序、交流方式等更加规范，发扬民主和增进团结相互贯通、建言资政和凝聚共识双向发力的程序机制更加完善。相较于西方民主，人民政协制度展现出了巨大的政治包容性和制度稳定性，为提升国家治理效能发挥了重要作用。人民政协是党和国家事业的重要组成部分，大家作为这个组织的一员千万不能把政协的事业看小了，把肩上的责任看轻了，把自己的优势看弱了，要以定位引领站位，以视野放大格局，胸怀国之大者，努力投身凝心聚力第一线、决策咨询第一线、协商民主第一线、国家治理第一线，把政协制度优势切实转化为国家治理效能。

（三）要明晰人民政协走向何方，坚持运用规律推动发展。习近平总书记强调，要深入研究历史发展规律和大势，始终掌握新时代新征程党和国家事业发展的历史主动，增强锚定既定奋斗目标、意气风发走向未来的勇气和力量。在中央政协工作会议上，习近平总书记精辟概括了涵盖人民政协本质特征、性质定位、使命任务、工作要求、能力建设等八个方面宝贵经验，深化了对新时代人民政协事业发展的规律性认识，为在新的更高起点上把人民政协制度坚持好、把人民政协事业发展好，提供了有力的方向指引。历史思维，是思维的历史方法，做好政协工作必须尊重规律、研究规律、运用规律。一是善于总结，发现优势。习近平总书记早在担任福建宁德地委书记时就指出："领导要有水平，水平从哪里来？水平来自对客观规律的认识和掌握。"不少地方政协出经验、创品牌，特色鲜明、亮点纷呈，走在全省甚至全国前列，就是因为把握住了对政协工作的内在规律。我们的政协主席"一把手"，要对政协作用优势有清晰的认识，善于从实践中、从成熟经验中抽丝剥茧，总结出做好政协工作的特点规律。我想，只要我们不断深化和把握好规律，结合工作实际、充分挖掘优势，一定能推动工作再上新水平。二是顺应大势、融入全局。古人讲，"虽有智慧，不如乘势"。我们做政协工作一定要顺势而为、乘势而上。我们常讲，政协要胸怀国之大者，围绕中心服务大局。但我们也看到，曾经一段时间，有的同志主责主业意识不强，还有的同志满足于自娱自乐、自拉自唱，专门协商机构作用没有得到充分发挥。这段时间，我到各地调研，发现这个问题总体上解决得比较好，各级政协组织在党委的领导下，同心同德、同心同向、同心同行，主动负责、步调一致开展工作，专门协商机构优势和作用得到较好发挥，政协制度效能得到有力彰显。三是运用规律、积极创新。认识规律，目的是运用规律。我们要在总结把握政协工作发展的一般规律的基础上，结合各自实际创造性地开展工作，形成百花齐放春满园的工作格局。今年我们省市县三级政协共建"有事多商量"协商平台、"界别同心汇"聚识平台、"学而系列"读书平台、"政协在线"数字平台、"鲁力同心"宣传平台等五大平台，大家目标一致、方向一致，初步构建起全省上下贯通、整体联动的"四梁八柱"，但在推进过程中要防止搞简单"复制粘贴"。比如"界别同心汇"，各个界别的成员组成、群体特点等不尽相同，这就要求我们在平台搭建、活动组织、制度制定等方面都要"量体裁衣"，在深化规律认识、把握标准要求的前提下，积极探索丰富内涵、体现特色。

三、强化协商思维，不断深化全过程人民民主的生动实践

在我国政治体制架构中，政协作为专门协商机构，与决策机构、权力机构、行政机构相比，思维方式和履职方式明显不同，协商是核心要义。从“各党派的协商机关”到“民主协商机构”再到“专门协商机构”，协商始终是政协的主要工作，它伴随着人民政协的诞生发展、承载了人民政协的性质定位、体现出人民政协的制度优势，彰显了全过程人民民主的价值理念。前段时间，中央印发了《中国共产党政治协商工作条例》。这是规范政治协商工作的第一部党内法规，对于更好发挥人民政协专门协商机构作用、把人民政协制度优势转化为国家治理效能具有重要指导意义。对于人民政协来说，适应新形势新任务新要求，不断深化全过程人民民主的生动实践，必须强化协商思维，深入推进专门协商机构建设，切实把人民政协的独特优势转化为“集思广益商量事、集中力量办大事”的制度效能。

（一）进一步聚焦主责主业，克服“职能模糊、责任虚化”的问题。习近平总书记指出，人民政协是具有中国特色的制度安排，是社会主义协商民主的重要渠道和专门协商机构。这既是对政协的性质定位，也是对政协的工作定位。发挥专门协商机构作用，必须明确政治协商的属性和特征，聚焦“专”的定位，突出“专”的功能，特别是不能简单地把专门协商机构的协商看作政协某一项职能的协商，而要牢固树立协商是政协重要政治原则、组织原则和工作原则的理念，将其贯穿履职的全过程各方面，促进政协各项职能向其聚集、两大主题向其聚合、双向发力向其聚焦、各项工作向其聚力，做到工作定性清晰、职能清晰、责任清晰、指导方式清晰，不断提高协商议政成效。比如，政协搞参政议政，是协商式议政，关键在说得准、说得对上下功夫。要凡事讲道理、重质效，有充分的事实根据，有严密的逻辑链条，力求言有所值、资有所用。比如，政协搞凝聚共识，在有商有量、沟通融通的过程中，各方利益和观点充分表达、真诚倾听，尊重差异而不扩大分歧，增进共识而不强求一律，既能达到“政通”的效果，也能达到“人和”的目的。再比如，政协搞民主监督是协商式监督。中共中央办公厅印发《关于加强和改进人民政协民主监督工作的意见》，将协商式监督明确为政协民主监督的属性。与党内监督、人大监督、行政监督、司法监督、社会监督、舆论监督等监督形式不同，协商式监督的题眼是“协商”二字，主要特点在于聚识性、建设性和包容性，始终坚持尊重差异、求同存异，不苛责、不为难、不强求，把民意的汇集、意见的表达、分歧的化解、合力的增强纳入其中，使监督结果更加有助于党政决策部署减少阻力、增添助力、形成合力。

（二）高质量组织协商活动，克服“能力跟不上、边界不清晰”的问题。人民政协是党领导的专门协商机构。“专门”二字就意味着“专设”“专业”“专责”。人民政协要承担起专门协商机构的使命，必须加强专业性建设，提升专门化水平。要提高协商能力。习近平总书记多次要求，建言献策“只是一些零碎的想法，一般的观感、笼统的表态是不够的”。这既是对政协委员的要求，也是对政协组织的期望。我们常讲，在什么山头唱什么歌。对于政协工作来讲，就要始终坚持把协商作为一门科学来研究，深入把握协商民主发生发展的规律，不断探索有效开展协商的方式方法，持续推进履职能力建设，强化专业能力训练，涵养专业专注的精神，提高协商的技术和艺术，努力使全省各级政协组织和广大政协委员成为“懂政协、会协商、善议政”的行家里手。要完善工作机制。协商民主是一种制度性民主，提高制度化、规范化、程序化是必然要求。立足专门协商机构的功能定位，建立程序合理、环节完整的协商机制，特别是要健全协商计划确定机制、规范知情明政机制、拓展社会各界有序参与机制、完善协商成果转化机制、探索协商质量评价机制，对协商内容、形式、程序、成果运用、与党政工作衔接、保障措施等各个环节作出系统规范，形成工作闭环。这样，才能形成与专门协商机构定位相匹配、与专业化要求相适应的制度体系，确保各项协商活动常态化、可持续、高质量发展。要厘清工作边界。汪洋主席提出，要积极推进政协协商与基层协商相衔接，为各界群众有序参与基层治理开辟更多途径。市县政协是推进政协协商向基层延伸的发力点，在推动政协协商向基层延伸上大有可为。上次学习研讨班的时候，我就讲过，政协协商和基层协商都是社会主义协商民主的重要形式之一，推进政协协商向基层延伸，必须厘清两者的工作边界。与协商民主的其他渠道协商形式相比，政协协商有完备的组织保障和制度保障，具有更高的组织化、制度化程度，是有计划、有选题、有组织的协商。政协协商不能简单替代一般的基层协商，更不能包打天下，把基层需要协商的所有事项都拿到政协来协商。我理解，推动政协协商向基层延伸，关键是要把政协组织搭建的协商平台向基层延伸，真正实现政协协商与基层治理的有效衔接，用协商民主赋能基层治理。

（三）多维度培育协商文化，克服“特色不突出、氛围不浓厚”的问题。文化是最具持久力的。人民政协作为专门协商机构，需要有相应的协商文化来滋养和支撑，更好凸显“政协的就是政协的，政协的会更加政协”的独特优势。山东作为文化大省，文化底蕴厚重。我们有基础、有条件，也有责任积极探索创新，着力培育具有山东特色的政协协商文化。一是充分挖掘协商文化内涵特色。政协协商具有广泛多层制度化发展的特点，涉及政党、团体、民族、宗教、港澳台侨等不同领域，具有各自的历史传统、思想观念、精神创造，这就决定了协商文化的培育，既要体现政协协商的共性特征，又要反映不同协商形式的个性特色。特别是在这个数化万物的时代，不仅对各类协商活动赋予了新的内容形式，也为协商文化带来了富有时代气息的新元素新特点。二是科学选择协商文化实现路径。政协协商文化看似是一项务虚的工作，实则目标要求是具体的，需要掌握内在的特点规律，探索科学的实现方式和路径。我理解，只有把协商文化所倡导的思想理念、价值追求、思维方式、工作方法等融入贯穿到政协工作方方面面，将隐形文化精神转化为看得见、摸得着、感受得到的显形环境状态，才能彰显协商文化的实践价值。只有对政协专门协商机构的历史渊源、基本精神、核心价值、思维方式等进行深入挖掘，推动优秀传统扬弃继承、转化创新、丰富再造，才能让协商文化彰显中国风格和中国气派，才能更好彰显政协协商的历史底蕴、文化底蕴。三是着力构建协商文化制度体系。文化与制度相互作用、相互影响。一方面，有文化滋养的制度，才能为文化生长提供丰厚土壤。另一方面，制度具有导向性，可以激发文化、铸就文化。常规的制度举措，庄重而恒久地抓，就会出成效，协商文化建设水平自然随之不断提高。制度是文化的外在表现和固化形式，文化是制度的内在灵魂和价值核心。所以，要把协商制度建设与协商文化建设融会贯通起来，不仅关注制度规范的刚性约束力，而且注重协商文化精神的柔性影响力，使协商文化体现和凝结在协商制度规范之中。通过完善专门协商机构制度体系，进一步营造尊重协商、倡导协商、规范协商的良好氛围，使每场协商活动都在协商文化的滋养中勃发生机。

四、强化聚识思维，广泛汇聚团结奋斗的共识和力量

毛主席说过，所谓政治，就是把拥护我们的人搞得多多的，把反对我们的人搞得少少的。我们党领导革命、建设、改革取得成功靠的就是这个。在新时代条件下，我们要继续前进，就必须增进全国各族人民的大团结，调动一切可以调动的积极因素。要把大家团结起来，思想引领、凝聚共识就必不可少。加强思想政治引领、广泛凝聚共识作为人民政协履职工作的中心环节，也是一项重要职能。人民政协要扛起这一职责使命，必须强化聚识思维，书写好凝聚共识这篇大文章。要深刻认识到凝聚共识是人民政协的本质属性。一部人民政协史，就是一部凝聚共识史。人民政协因凝聚共识而生，中央发布的“五一口号”得到各民主党派、各人民团体及社会贤达的热烈响应，凝聚起各方面的政治共识，拉开了协商建国大幕。人民政协随凝聚共识而进，从社会主义改造思想到开展真理标准问题大讨论，从政协统战属性载入宪法到团结和民主成为两大主题，人民政协团结起一切可以团结的力量，为建设新中国、探索改革路广泛凝心聚力。人民政协为凝聚共识而兴，进入新时代更加注重强化思想政治引领，突出双向发力，把凝聚共识贯穿于政协工作各方面全过程，为实现中华民族伟大复兴中国梦画出最大同心圆。要深刻认识到凝聚共识是人民政协的政治责任。人民政协既与生俱来，又与时俱进的政治性、统战性，决定了广泛凝聚共识必然是人民政协制度的本质规定和功能任务，是彰显统一战线组织政治功能和专门协商机构治理效能的根本途径。人民政协作为政治组织，必须把广泛凝聚共识放在突出重要位置，自觉扛起“落实下去、凝聚起来”的重大政治责任。要深刻认识到凝聚共识是人民政协的目的所在。近年来，中共中央制定的关于发展社会主义协商民主、政协协商民主、新时代加强和改进人民政协工作的意见等制度文件中，都明确强调发展协商民主、做好政协工作的目的就是凝聚共识、促进团结。在人民政协，无论是履行政治协商、民主监督职能，还是履行参政议政职能，落脚点都是为了更好凝聚共识。我们要牢固树立正确的履职观，深刻认识建言资政是履职成果、凝聚共识也是履职成果，甚至是更重要的成果。

当前，面对中华民族伟大复兴的战略全局和世界百年未有之大变局，改革发展稳定任务之重前所未有，矛盾风险挑战之多前所未有，多元思想文化交流交融交锋前所未有。可以说，凝聚共识的任务更重、责任更大、意义更重要。全省政协组织要切实强化聚识思维，增强更好凝聚共识的政治自觉，服务中心大局，作出更大贡献。

（一）把握凝聚共识的融合性，一体履职要结合得更紧密。政协凝聚共识的精髓在于，只有与其他工作“融”得紧，以“融”促“聚”，才能“聚”之有方、“聚”之有力。要树牢以“融”促“聚”的理念。把凝聚共识贯穿于政治协商、民主监督、参政议政各项职能之中，融入政协履职的全过程各方面，推进建言成果、思想收获的一体设计、一体落实，促进有机融合、相互赋能、相得益彰，切实推动“三个重要”的任务落到实处。这既是凝聚共识重要职能的内在要求，也是做好凝聚共识的工作方法。比如，我们打造的“五大平台”，除了“界别同心汇”这个聚识平台，其他四大平台也都要赋予其聚识功能，才能发挥出最大效应。要创新以“融”促“聚”的形式。以前，我们搞团结联谊主要是通过茶话会、联欢会、走访慰问等活动。现在，我们探索了很多新手段新途径。比如，我们的“有事多商量”协商活动，这个“商量”的过程其实就是心往一处想、劲往一处使的过程。在协商中，既广集良策助力科学民主决策，又广聚共识推动决策落地见效，以协商聚共识、以共识固团结。要健全以“融”促“聚”的机制。凝聚共识工作要常态、长效开展，关键是要形成一套务实管用的制度、程序和机制，用制度来保障、来规范、来推进。我省是经济大省、人口大省、文化大省，每个市县的情况不尽相同，十里不同风、百里不同俗，有的少数民族人口比较集中，有的非公有制经济人士、新的社会阶层人士比较密集，有的出国和归国留学人员较多，在这些地方，我们就可以结合实际，建立“界别同心汇”这样的聚识平台，使凝聚共识的工作更有针对性和实效性。

（二）把握凝聚共识的复杂性，方法艺术要运用得更讲究。凝聚共识是在人的头脑里搞建设，建设的是理想信念、思想观念、价值理念等意识形态的内容。由于人的认知水平、文化程度、宗教信仰等众多差异性，决定了凝聚共识的复杂性、艰巨性。因此，凝聚共识工作必须做到凝有方法、聚有艺术。具体讲，要做到“四力”：一是铿锵有力。无论政协工作者，还是政协委员，都要始终立场坚定旗帜鲜明，在大是大非问题上，在一些关键时刻和敏感节点，要敢于斗争，主动发声，在多变中把方向，在多元中立主导，在多样中谋共识，突出主旋律、弘扬正能量。比如，在面对破坏党和政府公信力形象的谣言出现时，在面对违法违规、失德失范行为和不良风气时，就要绝不含糊，敢于发声亮剑。二是绵绵用力。凝聚共识工作具有渗透性的特点，“渗”意味着逐渐进入，“透”意味着贯穿其中。凝聚共识工作好似滴水穿石，是一种慢功夫、细功夫，急不得，不能搞立竿见影。正如习近平总书记所强调“不能做快餐，而是要做佛跳墙这样的功夫菜”。要靠真心真情来引导，靠说理说服来感召，通过春风化雨、潜移默化的方式，消除认识上的“疑点”，解开思想上的“疙瘩”。三是善用巧力。凝聚共识是门“技术活”，既不能采用党内的办法，也不能采用一般群众工作办法，更不能用“行不行三分钟，再不行龙卷风”那一套，而是要找准有效的切入点、发力点，有效产生共鸣、引发共情，达成共识也就水到渠成了。四是形成合力。凝聚共识是一项长期性、系统性工作，既要发挥政协党组的领导核心作用，也要发挥政协委员的主体主力作用，还要发挥政协系统的联合联动作用，协力协同，共促共进，形成从党内到党外、从常委到委员、从委员到界别群众的凝聚共识工作格局，一起把这项工作做得更实更细、更深更优。

（三）*把握凝聚共识的辐射性，工作覆盖要拓展得更广泛。*思想共识好比磁场，具有辐射特征。做好凝聚共识工作，凝聚的程度向内越紧越好，凝聚的范围向外越大越好。所以，我们要提高工作的覆盖面，使凝聚共识工作全方位、多领域及全过程有效开展，不仅要在政协内部加强团结，还要面向社会广泛联系和动员各界群众，开门聚人心、开门汇合力。要拓展由上向下、由内向外的聚识通道，统筹做好面向委员、面向社会、面向海内外“三个面向”的工作，延长工作手臂，延伸履职触角，积极开展行之有效的活动，了解各方面人士的思想状况，听取意见建议，厚植我们党领导人民进行有效治理的政治和社会基础。市县政协贴近基层、直面群众，在凝聚共识上，既有得天独厚的条件，也有义不容辞的职责。要以开放的思维、开放的姿态，组织引导政协委员，深入基层做好宣传政策、解疑释惑、引导预期、提振信心工作，面向社会各界传播共识、凝聚共识，通过委员团结有影响力的人、团结界别群众，发挥辐射带动作用，使团结奋进同心圆像水的涟漪一样一圈一圈不断扩大。我们的“界别同心汇”，就是这样的一个载体、一条途径。前段时间，省政协召开了“界别同心汇”试点创建工作座谈会，对“为什么建”“怎样建”“怎么用”进行了交流探讨，统一了思想，作出了部署，确定了 20 个试点。我们的“界别同心汇”是建在政协团结对象集中的区域，建在界别群众的门口身边，具有明显的一线性、下沉性、开放性。我们要共同努力，切实把这个平台建好用好。

五、强化质效思维，奋力推动新时代政协工作高质量发展

习近平总书记多次强调，新时代新阶段的发展必须贯彻新发展理念，必须是高质量发展。提高工作质量是党和国家事业发生历史性变革的重要特征，也必然成为人民政协进入新时代的新要求。人民政协是具有中国特色的制度安排，强化质效思维，推动提质增效，是做好政协各项工作的大逻辑。只有强化质效思维，真正实现从“做了多少”向“做出什么效果”转变，才能更好发挥制度优势、体现制度特色、彰显制度效能。

（一）*要把握好质量与数量的关系，让质效导向立起来。*辩证法告诉我们，数量与质量是辩证统一的。对于政协而言，数量主要反映政协履职的态度和热情，而质量则反映政协履职的效果和水平。政协履职要有一定的数量，该开展的履职活动必须开展起来，但更要注重质量，强化履职成效，既要看“干了多少”，更要看“干得怎样”。为此，我们要处理好数量和质量、形式和内容、过程和结果的关系，努力提高工作质效。这里面，应该把握好以下几点：一是注重把准时机。政协很多工作时机把握得当，往往就能起到“四两拨千斤”的效果，而时间节点把握不好，就会成为“马后炮”。政协组织以行使“话语权”为主要形式，我们履职工作的开展，要踩准节拍、把好节奏，努力做到与党政中心工作合时合拍，不搞自娱自乐、自弹自唱。尤其是一些履职成果的报送，特别讲求时效性，多下“及时雨”，履职成果才会有价值、有意义。二是注重实际效果。当前，我省各级政协履职积极性、主动性有了明显增强，干劲很足。这种“想干事、多干事”的想法值得肯定，这种“动起来、忙起来”的氛围很是喜人。在全面从严治党的背景下，在现代化强省建设的征程中，做好政协工作，同其他各个行业的工作一样，忙是必需的，忙是常态。但如何忙需要我们认真思考，要忙到点子上，做到忙而有方、忙而有序、忙而有效，真正实现数量质量并重、科学高效履职。三是注重质量评价。有什么样的评价指挥棒，就有什么样的导向。很长一段时间，大家认为政协工作不好评判，干多干少都一样，没有评价标准。我们要建立质量评价标准和评价办法，通过定性评议和量化打分的方式，分类实施评估，加强结果运用，实现协商议政可量化、可视化，才能客观反映出履职活动的整体质量，发挥激励引导和示范引领作用，促进政协工作提质增效。当然，评价是手段不是目的，主要是把质量评价过程作为明确质量标准、精品标杆的过程，在进行评价的同时，对其反映出的共性问题和薄弱环节，能够有针对性地进行改进提升。

（二）*要把握好守正与创新的关系，让履职活力强起来。*知常明变者赢，守正创新者进。“守正”就是我们的各项工作，都是严格依照宪法法律和政协章程，坚守政协的性质定位，保证我们的所有工作都是在制度框架内展开。“创新”就是把握政协特点，探索发展规律，推动政协理论创新、制度创新、工作创新。当前，人民政协工作的“背景板”正在发生显著深刻的变化，工作的内容和重点、理念和方式、对象和形态等，与过去都有很大不同，如果我们的履职方式一成不变，工作就会陷入被动。这就要求我们在思维方式上要“更新换代”、在能力素质上要“提档升级”、在工作状态上要走出“舒适区”，善于用创新的思维和改革的方法推动工作，准确识变、科学应变、主动求变，使政协工作更好地体现时代性、把握规律性、富于创造性。强化质效思维，需要激发创新履职活力：一是大力弘扬政协重视学习的好传统。学习是人民政协的优良传统和重要任务，也是人民政协重要的基础性工作。我们要崇尚学习、加强学习，致力于把政协党组建成学习型党组，把政协机关建成学习型机关，把委员队伍建成学习型队伍，构建线上线下相结合、多层次立体化的读书学习体系，养成人人爱学习、勤学习、善学习的良好氛围，让学习之风吹遍全省政协系统，让书香成为政协最美的味道。这样才能更好地担负起新时代赋予人民政协的新使命，以大学习促进履职能力大提升，推动政协事业不断创新发展。二是大力发扬深入调查研究的好作风。推动政协工作创新，需要以搞好调查研究为前提保证。要准确把握政协调研特点，改进政协调研作风，努力破除调查不细不实、研究不深不透、只调查不研究等问题，进一步贯通调查和研究两个环节，既深度调查又潜心研究，善于以解剖麻雀的方式获取更真实更鲜活的素材，力求掌握原汁原味的第一手资料，为推动履职工作出新出彩、见质见效打牢基础、做足准备。三是大力培育善于研究思考的好风尚。“凡事预则立，不预则废”。干工作不爱研究、不会思考是不行的，不研究就会陷入事务主义，不思考就会因循守旧。我们要在深入研究、认真思考中，找到提高工作质效的正确思想方法和工作方法；要养成思考的习惯，对工作多琢磨、多谋划，通过研究，探寻规律，找到过河的“桥”和“船”，工作才会得到加强和改进。我们的许多工作，都需要不断研究思考，比如像提案、委员视察、专题调研等经常性工作，比如像专委会建设、制度建设、团结联谊等基础性工作，再比如像平台载体建设等创新性工作，都有许多问题值得深入研究思考。

（三）*要把握好务虚与务实的关系，让履职成果亮起来。*习近平总书记讲，如果说务实是“决胜千里之外”的实践，那么务虚就是“运筹帷幄之中”的谋划，两者可谓并蒂之花、相辅相成。在国家治理体系中，政协不是决策机关，也不是权力机关、行政机关，相对而言工作“务虚”多一些。但对于政协工作的要求，同其他工作都是一样的，是具体的、实在的，必须坚持“虚功”实做，多打造一些拿得出、叫得响、推得开、经得起检验的履职精品。一是深化高质量平台建设。今年以来，我们重点推进“五大平台”建设，形成了全省政协履职的“基本模样”和“主要框架”。目前，有的平台建设存在重形式轻内容的问题，有的平台功能定位不精准等等。下一步，重心要在抓好落实、丰富实践上下功夫，把平台机制建设从“大写意”转向“工笔画”，把平台内容丰富起来，把平台活动开展起来，做到形神兼备、内外统一，有形覆盖与有效覆盖相结合，实现常态规范运行和可持续发展。二是健全高集成制度机制。高集成的制度机制具有稳定性和延续性，是高质量发展“一张蓝图绘到底”的根本保证。4月份以来，省政协审议通过了20多项制度，涉及平台建设、协商议政、提案办理、界别工作、委员管理等多个方面，为高质量履职提供了坚实的制度保障。三是运用高能级方法手段。在数字化、信息化、网络化加速发展的新形势下，必须为政协高质高效履职插上“智慧翅膀”。特别是抓好数字赋能政协工作，实现省市县政协委员和机关干部“云”上集结，推动形成数字化履职新观念和全时空在线新常态，进一步丰富频道、畅通渠道，拓展数字平台应用场景，努力把互联网这个关键变量转变为政协事业发展最大增量。四是建设高水平履职队伍。追求政协工作高质量，最终考验的是能力本领。要着力打造过硬的委员队伍和干部队伍，把报国之志、为民之情和履职之能结合起来，全面提升“四种能力”，使能力本领同工作职责相匹配，这样才能将“为国履职、为民尽责”的担当落到实处。

同志们，征程万里风正劲，重任千钧唯担当。新时代赋予人民政协新任务，新征程呼唤人民政协新作为。让我们紧密团结在以习近平同志为核心的党中央周围，在省委的坚强领导下，全面落实省第十二次党代会精神，事争一流、奋发有为，提质增效、稳中有进，努力推动我省政协工作“走在前、开新局”，以优异成绩迎接党的二十大胜利召开！

在日照市重点提案调研督办协商座谈会上的讲话

（2022 年 8 月 19 日）

王书坚

刚才，省发改委胡薄副主任介绍了重点提案办理情况，民盟省委会王睿副主委就办理情况谈了意见建议，贾刚同志介绍了日照市相关工作情况，与会同志进行了很好的互动交流。通过调研和座谈，提、办双方作了面对面的沟通交流，进一步促进了提案办理工作，大家对日照市相关工作也有了更加全面的认识。日照市在推动协调发展、实现共同富裕方面，领导重视程度高，措施有力，特点突出，相关工作值得充分肯定。借此机会，再次感谢日照市委、市政府、市政协和有关部门，对省政协各项工作尤其是这次督办活动提供的支持帮助，感谢省发改委、民盟省委会及各位同志的积极参与。

下面，我就这次重点提案办理工作谈几点意见，供同志们参考。

一、提高政治站位，全面学习领会习近平总书记有关重要讲话精神

党的十八大以来，以习近平同志为核心的党中央把握发展阶段新变化，把逐步实现全体人民共同富裕摆在更加重要的位置，作出我国现在“已经到了扎实推动共同富裕的历史阶段”的重大判断。2021 年 12 月 8 日，习近平总书记出席中央经济工作会议，研究正确认识和把握我国发展重大理论和实践问题并发表重要讲话，提出推进共同富裕战略目标，强调指出：“首先要通过全国人民共同奋斗把‘蛋糕’做大做好，然后通过合理的制度安排正确处理增长和分配关系，把‘蛋糕’切好分好。这是一个长期的历史过程，我们要创造条件、完善制度，稳步朝着这个目标迈进。”

全面学习领会习近平总书记有关重要讲话精神，要结合工作实际，重点澄清“四个方面”认识，把握“六个方面”要求。

（一）要澄清四个方面认识

一是共同富裕是全民富裕，不是少数人富裕。全民富裕，是就共同富裕的覆盖面而言。全体人民的共同富裕，既表现在收入水平提升和收入差距缩小上，也表现在基本公共服务均等上。当前促进全体人民共同富裕，最艰巨最繁重的任务仍然在农村。要把巩固拓展脱贫攻坚成果与全面推进乡村振兴结合起来，加强农村基础设施和公共服务体系建设，促进更多农村居民勤劳致富。

二是共同富裕是全面富裕，不仅仅是物质富裕。全面富裕，是就共同富裕的内容而言。共同富裕是物质富裕和精神富裕的统一，要坚持“两手抓、两手都要硬”，正确处理物质文明和精神文明的关系，把精神文明建设贯穿改革开放和现代化全过程、渗透社会生活各方面。

三是共同富裕是共建富裕，不是自然而然实现的。共建富裕，是就共同富裕的实现方式而言。共同富裕要靠勤劳智慧来创造，共建的过程就是实现共同富裕的过程。要坚持在发展中保障和改善民生，促进人的全面发展，提升全社会人力资本和专业技能，形成人人参与、人人尽力、人人都有成就感的生动局面。

四是共同富裕是渐进富裕，不是同步同等富裕。渐进富裕，是就共同富裕的推进进程而言。各地在推进共同富裕的进程上会有差异，不可能完全同步；不同人群实现富裕的程度有高有低，时间上也会有先有后，不可能齐头并进。需要立足国情、立足省情市情、立足经济社会发展水平推动共同富裕，既不能裹足不前、该做的工作不尽力，也不要吊高胃口、许下的承诺办不到。要坚持循序渐进，对共同富裕的长期性、艰巨性、复杂性有充分认识，因地制宜探索有效路径，实打实地一件事一件事办出成效。

（二）要把握实现共同富裕的六个方面要求

一是提高发展的平衡性、协调性、包容性。加快完善社会主义市场经济体制，增强区域发展的平衡性，落实好区域重大战略和区域协调发展战略，健全转移支付制度，缩小区域人均财政支出差异。要强化行业发展的协调性，加快垄断行业改革，推动金融、房地产同实体经济协调发展。支持中小企业发展，构建大中小企业相互依存、相互促进的企业发展生态。

二是强化就业优先导向。就业是民生之本。要提高经济增长的就业带动力，不断促进就业量的扩大和质的提升。支持中小微企业发展，发挥其就业主渠道作用。要吸取一些西方国家经济“脱实向虚”的教训，不断壮大实体经济，创造更多高质量就业岗位。加大人力资本投入，提升教育质量，提高劳动者素质，切实防范规模性失业风险。

三是着力扩大中等收入群体规模。抓住重点、精准施策，推动更多低收入人群迈入中等收入行列。对高校毕业生、技术工人、中小企业主和个体工商户分类施策，创造条件让他们通过奋斗进入中等收入群体。进城农民工是中等收入群体的重要来源，要深化户籍制度改革，解决好农业转移人口随迁子女教育等问题，让他们安心进城，稳定就业。适度增加城乡居民住房、农村土地、金融资产等各类财产性收入。

四是发挥好分配的功能和作用。处理好效率和公平关系，构建初次分配、再分配、三次分配协调配套的基础性制度安排。坚持按劳分配为主体，提高劳动报酬在初次分配中的比重，完善按要素分配政策。发挥再分配的调节作用，加大税收、社保、转移支付等的调节力度，提高精准性。发挥好第三次分配作用，引导、支持有意愿有能力的企业和社会群体积极参与公益慈善事业，注意不能搞道德绑架式“逼捐”。

五是完善公共服务政策制度体系。促进共同富裕，不能搞“福利主义”那一套，不能养“懒人”和不劳而获者。福利待遇上去了就下不来了，搞超出能力的“福利主义”是不可持续的，必然会带来严重的经济和政治问题。要坚持尽力而为、量力而行，重在提升公共服务水平，在教育、医疗、养老、住房等人民群众最关心的领域精准提供基本公共服务，兜住困难群众基本生活底线。

六是促进农民农村共同富裕。农村共同富裕工作要抓紧，但不宜像脱贫攻坚那样提出统一的量化指标。要巩固拓展脱贫攻坚成果，对易返贫致贫人口要加强监测、及早干预，确保不发生规模性返贫和新的致贫。全面推进乡村振兴，加快农业产业化，盘活农村资产，增加农民财产性收入。加强农村基础设施和公共服务体系建设，改善农村人居环境，扎实推进农村共同富裕工作。

二、扎实推动我省协调发展，实现共同富裕

2021 年 10 月，习近平总书记在山东视察时，要求山东“努力在服务和融入新发展格局上走在前、在增强经济社会发展创新力上走在前、在推动黄河流域生态保护和高质量发展上走在前，不断改善人民生活、促进共同富裕，开创新时代社会主义现代化强省建设新局面”。大家可能对“三个走在前”比较熟悉，要注意全面理解和把握总书记对我省“不断改善人民生活、促进共同富裕”的相关指示要求。

*一是认真贯彻落实国家和省里的决策部署。*推动协调发展、实现共同富裕，在国家层面，要贯彻落实好习近平总书记系列重要讲话精神，贯彻落实好《国民经济和社会发展第十四个五年规划和 2035 年远景目标纲要》。在我省层面，一要贯彻落实好省“十四五”规划；二要贯彻落实好省第十二次党代会精神。李干杰书记在省十二次党代会上代表省委提出的“六个一”发展思路、“六个更加注重”策略方法、十二项重点任务，对我们推动协调发展、实现共同富裕，有着重要的指导作用。要按照省委、省政府要求，学习借鉴浙江等兄弟省份的好经验好做法，落实好省级层面顶层设计和共同富裕实施方案，积极开展试点工作，努力争取国家政策和支持，探索实现共同富裕的“山东路径”。

*二是做大“蛋糕”，切实增加城乡居民收入。*坚持“效率优先、兼顾公平”，创造更多财富，把我省共同富裕的“蛋糕”做大。第一，增强“一群两心三圈”区域发展协调性。充分发挥济南、青岛中心城市和省会、胶东、鲁南经济圈特色产业优势，带动周边区域共同发展、共同富裕。第二，主动融入新发展格局。用好我省出台的有关“政策包”，推动国有经济高质量发展，把国有经济做大做强；扶持、保护民营经济、中小企业发展，不断壮大实体经济，创造更多高质量就业岗位。第三，全面推进乡村振兴，深入打造乡村振兴齐鲁样板。协调推进乡村产业、人才、文化、生态、组织振兴，加快农业数字化转型，推动农业全面升级。第四，着力扩大我省中等收入群体规模。实施中等收入群体倍增行动计划，深化收入分配体制改革，加快提高城乡居民收入。扩大居民消费，通过消费升级促进技术创新和产业升级，促进新旧动能转换，形

成收入增加—消费升级—产业优化—经济增长—民生改善的良性循环。

*三是加强协调，发挥好再分配、三次分配作用。*共同富裕主要包含两个维度，即“富裕”和“公平”，富裕依靠发展，共同依靠公平。实践表明，做大“蛋糕”与分好“蛋糕”并不是天然统一的，如果没有政府的主动调控，收入差距不可能自动缩小。第一，在再分配领域，重点强化税收的收入分配调节机制，使高收入者个人、阶层、行业或机构收入的一部分再转化为社会的收入；完善社会保障制度，加大对低收入人群和相对贫困人口的转移支付的力度，使他们成为收入再分配的主要获益者，实现收入分配的相对公平。第二，加强省内各类保障制度、保障体系协同性，推动我省基本医疗保险、失业保险、工伤保险实现省级统筹。逐步提高城乡居民基本养老金水平，缩小城乡社保筹资和保障待遇差距。探索拓展社会保障的范围和渠道，将“辅助就业”设置为社会保障的重要方面，通过组织免费的技能培训、技能等级考试、招聘会等，为困难群众提高就业能力，提供就业机会。第三,三次分配以“自愿”为原则，鼓励高收入群体、高收入企业更多回报社会。要充分发挥省、市、县（市、区）慈善总会及有关慈善机构作用，促进慈善组织持续健康发展。

*四是抓重点、难点，提升公共服务水平。*我们每一级组织、每一个单位在自己的领域内，善于抓重点，敢于抓难点，解决人民群众“急难愁盼”的问题，共同富裕的道路就会越走越宽。第一，要加强组织领导。各级各部门党组（党委）要肩负起领导责任和政治责任，按照党中央统一部署和省委工作要求，每年把要办的大事、难事梳理出来，列入计划，专题研究，高质量推进落实。第二，推动基本公共服务均等化。更多向老百姓关心的住房、医疗、教育倾斜，稳步提高保障标准和服务水平。要聚焦“一老一小”问题，大力发展普惠托育服务和养老服务。第三，推动公共服务城乡一体化发展。推动巩固脱贫攻坚成果与乡村振兴全面对接，健全城乡融合发展的体制机制。推动实现城乡交通、供水、电网、通信、燃气等基础设施同规同网。

在省委、省政府的坚强领导下，过去五年我们在“推动协调发展、实现共同富裕”方面做了大量工作，取得了可喜成果（民生财政支出占比稳定在 80% 左右。城镇、农村居民人均可支配收入分别增长 38.4% 和 49%。251.6 万省标以下贫困人口全部脱贫，近 60 万滩区群众实现“安居梦”。城镇新增就业连年超过 120 万人。新建改扩建幼儿园 1.2 万所，新增中小学学位 260 多万个，大班额实现动态清零。医疗卫生机构总数、床位数分别增长 11.2% 和 24.2%。社保体系更加完善，9 类困难群众救助标准提高 59% 以上、最高达 314%。养老、住房、体育、助残、妇女儿童等事业全面进步。)，为实现共同富裕奠定了坚实基础，这是各级各部门共同努力的结果，我们要在这一基础上，进一步推进我省共同富裕各项工作。

三、高质量做好重点提案办理工作

政协提案办理是一种重要的协商方式，办理好提案、发挥好提案作用，是党政机关的重要职责。重点提案是经省政协主席会议审议通过、精心培育遴选出来的，也是报李干杰书记、周乃翔省长同意的，所以承办单位要将重点提案办理工作纳入重要工作日程，与业务工作一同谋划、一体部署、一起推进，确保取得实效。

民盟省委会着眼于贯彻落实习近平总书记重要指示要求，探索实现共同富裕的“山东路径”，从三个方面分析了制约我省实现共同富裕的短板和不足，提出十条建议，具有较强的针对性、可操作性。要通过做好提案办理工作，进一步促进我省各项工作开展。

一要压实办理责任。承办部门主要领导同志作为第一责任人，要专题研究部署提案办理工作，提出明确要求；分管领导要靠上抓，有关处室要根据工作职责分解任务、明确责任、建立台账，制定切实可行的实施方案；要完善制度机制，实行“谁承办、谁沟通、谁答复”的办理模式，把重点提案办理工作落实到位。

二要加强沟通协商。认真落实习近平总书记关于“协商就要真协商”的要求，切实把提案办理过程变成了解情况、求教问计、宣传政策、形成共识的过程。一方面，坚持做到与提案者“办前沟通”，明确办理重点；“办中沟通”，及时通报办理思路和进展情况；“办后沟通”，说明办理情况，既“文来文往”，也“人来人往”“常来常往”。另一方面，加强各承办单位的协调沟通，形成工作合力，推动办理工作扎实开展。

三要注重办理实效。提案答复是接受政协监督的重要环节，也是衡量办理工作质量的重要标准。要把提案答复作为推动工作的新起点，认真做好答复“后半篇文章”，通过定期“回头看”，持续跟踪、一抓到底。要把解决问题、推动工作作为提案办理工作的出发点和落脚点，注重吸收提案合理内容，研究解决实际问题，把办理成效体现到政策制定和工作推动中。要注意从提案中发现带有普遍性、倾向性、前瞻性的问题，及时总结具有代表性、规律性的经验做法，使之成为推动工作发展的新动力。

在“用好 RCEP 便利政策，扩大我省农产品出口”月度协商会上的讲话

（2022 年 8 月 25 日）

葛慧君

今天，我们举办本年度第六次月度协商会，主题是“用好 RCEP 便利政策，扩大我省农产品出口”。RCEP（区域全面经济伙伴关系协定）从 2012 年开始谈判，到今年 1 月 1 日正式生效，可谓是“十年磨一剑”。加入 RCEP，是以习近平同志为核心的党中央统筹“两个大局”，立足新发展阶段、贯彻新发展理念、构建新发展格局作出的重大战略部署，也是我国扩大开放和促进改革的重要抓手，具有重大的战略意义。在省第十二次党代会上，李干杰书记明确提出要“深度对接国际标准规则，推进更高水平制度型开放。拓展区域全面经济伙伴关系协定（RCEP）成员国、拉美、非洲等新兴市场”。RCEP 生效半年多来，在农产品对外贸易方面的成绩尤为亮眼。山东是农业大省，也是农产品出口强省，用好 RCEP 便利政策、扩大农产品出口，是一项重要而紧迫的任务。今天的会议，就围绕这个问题协商交流，为推动相关工作建言资政、凝聚共识。

一、充分认识 RCEP 给山东农业发展带来的重大影响。RCEP 的生效，为山东农业发展打开了重要窗口、带来了积极利好。一是更加广阔的市场空间。RCEP 是一个超级“朋友圈”，覆盖人口 23 亿，农产品消费额约占全球 1/4，而且每年都有较大幅度增长。其中，日本、韩国都是农产品进口大国，是山东农产品出口主要目的地，东盟国家的农产品消费需求和增长潜力同样十分巨大，是我省农产品出口可以争取的增量空间。二是更加优惠的政策红利。农业是高风险、低利润行业，对税负水平非常敏感，而关税减免是 RCEP 最核心的内容，可以帮助我们的企业有效降低成本。特别是在 RCEP 框架之下，中日首次达成双边关税减让安排，使得我们对日本重点出口的蔬菜制品和水产品都进入到了享受优惠范围，对日本农产品出口竞争力显著增强。还有原产地累积政策，能够促进生产要素在域内自由流动，有利于优化产业链、重塑价值链。三是更加便利的贸易规则。RCEP 生效后，济南、青岛、烟台、威海等口岸，都实现了针对易腐货物和生鲜产品的“六小时通关”，这对我省以水海产品、蔬菜、水果等品种为主体的农产品出口结构非常有利。类似的规则还有 AEO 互认安排（高级认证企业可以享受互认国家或地区海关的通关便利）等等，都将有效助力我省农产品出口跑出新的“加

速度”。

当然，我们看到重大发展机遇的同时，也不能忽视随之而来的竞争和挑战。一方面，面对东盟人力资源的成本优势、日韩精深加工的技术优势、澳新大型农场的规模优势，我们的出口产品还能否立得住、叫得响、打得赢，这是需要我们深入思考的。另一方面，我们的农产品在千方百计“走出去”的同时，其他国家的优势产品、优势资源也在挤压我们农产品的生存空间，像是我们餐桌上的澳大利亚的牛羊肉、新西兰的乳制品、东盟的热带水果、日韩的加工休闲食品等，对我们同类的产品也带来了很大的竞争压力。市场的开放是双向的，就看我们如何来用好这些经验。

二、用足用好 RCEP 涉农政策为山东农产品出口赋能。现在这个政策生效的时间较短，可以说市场空间比较大，这个时间我们如果能更好地“走出去”，就能够赢得更好的发展机会。一是要做好政策梳理。RCEP 协定涵盖货物贸易、服务贸易、投资准入等领域，并纳入知识产权、电子商务等多项现代化议题，具有很强的专业性。要对 RCEP 协定和成员国双边自贸协定中涉及农产品贸易的章节条款，进行全面梳理、逐一比对，对于规则的基本内容、实现条件、运用途径等等，做到系统掌握、融会贯通，我觉得这是一项重要的前置性、基础性工作。二是要做好政策宣传。很多企业由于专业人才、专业知识的缺乏，导致出现程林副主席在主题报告中讲到的出口企业对优惠政策“一知半解”的情况，有些企业对政策知晓度也不高，特别是涉农企业，这方面人才更加欠缺，需要引起重视。商务、贸促、海关等部门举办的 RCEP 政策宣讲会很有必要，也是我们政府对企业提供服务的重要内容，希望在举办频次、覆盖范围等方面能够进一步加强，扩大相关企业对 RCEP 涉农政策的知晓率。三是要做好政策对接。政策再好，如果不落地，它就发挥不了作用。周长生委员反映企业没有感受到明显利好的问题，也说明我们在做好一对一的精准政策指导方面还需加强。我们现在有很好的载体，线下已经有“RCEP 山东服务中心”，线上有“鲁贸通”服务平台，要把工作深化细化，一把钥匙开一把锁，加强“一企一策”精准指导，帮助企业用足用好优惠政策，找准开拓市场之门、破解问题之方、提升效益之策，我们的机遇就会越来越大。

三、扬长补短增强山东农产品出口核心竞争力。有效应对 RCEP 带来的竞争和挑战，关键在于练好内功。我认为要把握好三对关系。一是数量与质量的关系。单纯以数量来论，山东农产品出口在全国是名副其实的头把交椅，但是如果打开来看，内里还有很多短板，我们在精深加工方面还是需要进一步加强。我们还是要坚持产业链、价值链、利益链协同，提高产品价值。二是产品与产业的关系。山东农产品共用“山东出品”这样一个标签，这是一个利益攸关的共同体。在国外可能对省份、知名企业有一定的了解，其他的要是去国外打造一个地理标志产品难度还是非常大的，所以我们还是要抱团发展，打造山东农产品优势产业集群，增加在国际贸易当中的话语权。三是品质与品牌的关系。山东农产品在出口领域，有优等品质、有优良品种，但是我们在知名品牌、优势品牌的打造方面还是有很大的潜力，需要进一步在各方面下功夫。

我们很多还是做一些贴牌、加工，所以整个产品的附加值不是很高。我们要坚持“省级整体品牌、区域公用品牌、企业产品品牌”一体培育，通过品牌化战略推动“鲁品”“鲁味”抱团出海、走向世界，把品牌溢价的主动权攥在自己手里，真正实现名利双收。

这个问题太专业，我自己了解也不够，所以我们一起努力。今天我们的月度协商会关注到这个问题，选择了农业这个切口进行协商，这只是一个开头，接下去我们还会继续关注这个问题。RCEP 政策体系庞大、内容丰富，RCEP 对于制造业、服务业等行业的影响，也值得我们去深入研究。各级政协要充分发挥专门协商机构作用，持续关注 RCEP 实施过程中的新情况新问题，聚众识、集众智、汇众力，推动做好 RCEP 与山东发展的结合文章，为新时期山东实施更高水平对外开放贡献政协的智慧和力量。

在"用好 RCEP 便利政策，扩大我省农产品出口"月度协商会上的主题发言

（2022 年 8 月 25 日）

程　林

本次月度协商会围绕"用好 RCEP 便利政策，扩大我省农产品出口"主题协商议政，省政协党组高度重视，葛慧君主席提出了明确要求。5 月份以来，港澳台侨和外事委通过实地调研、问卷调查、网络议政等不同方式，了解情况、研究对策，120 余名省市县三级政协委员、海外顾问、专家学者、部门同志和企业代表提出建议 1100 余条，为开好协商会做了必要的准备。

农业是山东的优势，农产品出口连续 23 年居全国第一位。区域全面经济伙伴关系协定（RCEP）成员国是山东农产品出口的重要地域。RCEP 实施后，关税减让、原产地累积、通关便利化等规则红利持续释放，为拓展农产品出口市场带来了新的更多的机会。省委、省政府超前谋划，制定《落实〈区域全面经济伙伴关系协定〉先期行动计划》，落实贸易便利化措施，为农产品出口营造良好环境。RCEP 实施半年来，我省对 RCEP 其他成员国出口农产品 350.2 亿元，比去年同期增长 9.1%。

与此同时，我们也应该看到 RCEP 的实施为我省农产品出口带来的新挑战：从外部环境看，竞争日趋激烈，面临澳大利亚、新西兰产品的高竞争力，东盟国家的低成本，日本、韩国的高附加值农产品的市场冲击。技术性贸易壁垒加剧，日本、韩国频繁加严检测标准，东盟国家扩大第三方认证商品种类，重复认证增加了企业的负担。贸易便利化措施还不够，大多数东盟国家不认可电子签章自主原产地声明，影响了企业享受优惠。从内部情况看，我省初级农产品及简单加工产品较多，产品竞争力有待提高。很多出口农产品缺乏自有品牌和自主销售渠道，缺少品牌溢价。许多中小企业对规则"一知半解"，对规则红利感受不明显。

前期调研和讨论中，委员们认为，要进一步贯彻落实中央高质量实施 RCEP 决策部署和省第十二次党代会精神，用足用好 RCEP 规则红利，推动我省农产品出口固稳提质、扩面增效。

一、强化统筹引导，开拓出口市场新空间。一是找准目标市场。深度挖掘传统市场潜力，积极开拓新兴市场。二是精准指导服务。有针对性组织 RCEP 规则宣介、案

例推广，延展“鲁贸通”综合服务平台一体化服务功能，指导企业增强关税筹划及原产地技术能力。三是强化通道平台支撑。发挥山东独有的“中日韩海上高速公路”航线和口岸班轮性价比优势，打造农产品进出口便捷贸易通道。优化布局海外仓和农产品展示中心，拓展跨境电商销售渠道。

二、加强国际合作，抢抓产业链对接新机遇。一是把产业链“做优”。用好原产地累积规则，支持企业加强跨国产业融合和产能合作，科学配置要素资源，实现投资贸易一体化发展。二是把走出去“做准”。抓住东盟扩大涉农投资服务市场准入的有力时机和资源优势，探索建立境外农业示范园区，带动我省优势农机、农技服务“走出去”。三是把引进来“做精”。引入日韩等国农产品加工、检测、包装、设计等领域的优秀企业和技术，实现优势互补。

三、实施品牌战略，塑强出口竞争新优势。一是保障出口农产品高质量供给。充分发挥我省农产品出口产业集聚区、农业国际贸易高质量发展基地和农产品出口示范企业的集聚带动作用，塑优培强一批农业龙头企业，提高农产品精深加工能力和绿色化特色化发展水平，提升出口农产品附加值。二是完善与国际接轨的农业标准化体系。积极采用国际先进标准，加强农产品生产加工、仓储、销售等全链条监管，及时跟进研究其他成员国法规标准制修订动态，指导企业技术升级。三是加大出口农产品品牌培育推广。用好中日韩产业博览会、山东—东盟农业贸易促进洽谈会等高等级平台，发挥港澳对外辐射作用，培育打造国际知名品牌。四是发挥行业协会管理协调功能。最大程度避免行业内部消耗与价格恶性竞争。

四、推进交流互认，拓展贸易便利化新成效。一是强化规则对接互认。借助我省与日韩等 RCEP 成员国建立的机制性合作关系，加强规则研究对接和技术标准协同；推进认证体系和实验室检测结果的等效性互认，减少企业重复认证。二是加大经认证的经营者 AEO 企业培育。着力推动与东盟国家的互认，扩大自助打印原产地证书适用国别范围。对申请认证农产品出口企业给予扶持，指导企业用好自主出具原产地声明优惠。三是完善预警机制。加强农产品贸易摩擦监测预警，建立技术性贸易壁垒信息收集互通机制，为企业应对技术性贸易壁垒提供支持。

在重点提案督办协商座谈会上的讲话

（2022 年 8 月 26 日）

赵家军

今天，我们在滨州市召开重点提案督办协商座谈会，就省政协十二届五次会议的重点提案《关于扩大优质医疗资源供给，增强人民群众获得感的建议》办理工作进行协商交流，听取职能部门办理情况介绍，提案单位负责人、省政协委员提出意见建议，开展协商交流，以提案办理落实推动工作开展。

省政协党组和葛慧君主席对提案工作高度重视，今年，建立完善了省委省政府主要领导阅批督办、省政协领导领办督办重点提案制度。李干杰书记、周乃翔省长分别对省政协重点提案作出批示，提出办理要求。今年的重点提案经省政协主席会议研究，一共确定了 13 件，其中李干杰书记、周乃翔省长阅批督办的 2 件重点提案由葛慧君主席亲自协办，其余 11 件重点提案由省政协领导同志分别领办督办。按照分工，我负责领办督办九三学社省委提交的《关于扩大优质医疗资源供给，增强人民群众获得感的建议》重点提案。我认真地看了提案的内容，感到这件提案反映的情况和意见建议，符合当前我省医疗资源供给发展的趋势，也与省第十二次党代会提出的十二个方面重点任务中关于实施健康促进行动的工作任务是相契合的，具有较高的参考价值。

刚才，省卫生健康委同志介绍了这件提案的办理情况及下一步工作打算，提案单位九三学社省委副主委刘霞对提案提出的背景作了介绍。几位委员进行了互动交流，大家围绕怎样扩大优质医疗资源、促进卫生事业高质量发展、增强人民群众获得感，谈了很好的意见和建议，对办理结果表示满意，会议开得很好，达到了预期效果。

下面，就做好“扩大优质医疗资源供给，增强人民群众获得感”重点提案办理工作，我再谈几点意见。

一、进一步提高扩大优质医疗资源供给重要性的认识

习近平总书记指出：“现代化最重要的指标还是人民健康，这是人民幸福生活的基础。”省委、省政府高度重视公共卫生体系建设，在省第十二次党代会等会议上作出部署安排。我省是经济大省、人口大省，也是医院数量位居全国前列的医疗大省。近年来，全省卫生医疗机构总量快速增加，技术水平、医疗服务质量不断提升，省卫生健康委坚决贯彻党中央、国务院决策部署和省委、省政府工作安排，积极应对疫情防控突发医疗事件等挑战，扎实做好医疗保障工作，为我省健康强省建设作出了贡献。我们要进一步深刻认识优质医疗卫生服务供给的重要性，提高站位、统一思想，坚决贯彻健康中国战略，为全省医疗事业平稳健康运行提供有力支撑，以实际行动坚定拥护“两个确立”、坚决做到“两个维护”。

二、加大优质医疗资源扩容

为加快推动优质医疗资源扩容和均衡布局，国家发改委、卫健委、中医药局制定了《有序扩大国家区域医疗中心建设工作方案》，要求到2022年底，基本完成全国范围内的规划布局，力争国家区域医疗中心建设覆盖全国所有省份。我所在的省立医院也在国家区域医疗中心输出医院名单之列。要加快推进公立医院改革和高质量发展，带头切实发挥好省级高水平医院的辐射和引领带动作用，增强市县级医院服务能力，强化高标准的区域医疗高地建设，支持市县级医院建立疑难危急重症诊疗联盟，组建专科首席专家团队。在优质医疗资源短缺地区，协助推进临床诊疗中心、人才培养基地的建设，形成“互联网＋医疗健康”协作机制，既把“蛋糕”做大，又把“蛋糕”分好。要结合我省实际，根据人民群众重大疾病诊治的实际需求，不断扩大重点病种的覆盖范围，医疗机构要保障人民群众看病就医的基本需求，对急危重症患者不得推诿拒绝，有效缓解群众看病难问题。

三、切实提升基层医疗卫生服务水平

基层医疗卫生机构是医疗卫生服务网络的网底。习近平总书记指出，要推动医疗卫生工作重心下移、医疗卫生资源下沉，推动城乡基本公共卫生服务均等化，为群众提供安全有效方便价廉的公共卫生和基本医疗服务。提升基层医疗卫生机构服务能力是一项关乎长远发展的重要工作，要坚持基本医疗卫生事业的公益性，不断完善制度、扩展服务、提高质量。要进一步完善分级诊疗制度，深入推进县域卫生一体化，组建医共体，实现县域同质化服务，提升资源利用效率。加强基层医疗机构信息化建设，实现远程门诊、远程诊断、双向转诊。明确乡镇卫生院、村卫生室功能定位，将一般常见病、康复病向基层引导。要加大对特殊群众健康保障力度，落实健康扶贫与乡村振兴有效衔接，着力减轻群众就医负担。

四、加强医院人才队伍建设

做好优质医疗资源供给保障工作，关键是人才，既要引得进，更要留得住。近年来，省委、省政府高度重视基层医疗卫生机构人才队伍建设，先后出台了多项政策文件，取得了一些积极成效。下一步，要建立与医院治理体系和治理能力相适应的权责一致、制衡有效、运行顺畅、执行有力的内部控制体系，让用人单位享有充分的用人自主权，切实发挥人才队伍建设在医疗卫生服务体系中的重要作用。严格落实高层次和急需紧缺人才引进要求，优先保证急需紧缺医学人才编制需求，保障人员编制到位。优化专业技术人才队伍结构，形成专科发展互相支撑、专业结构配比合理的人才队伍。

沿黄九省（区）政协黄河流域生态保护和高质量发展协商研讨第五次会议协商交流发言

（2022 年 9 月 8 日）

刘均刚

去年，习近平总书记在济南召开深入推进黄河流域生态保护和高质量发展座谈会，要求山东“在推动黄河流域生态保护和高质量发展上走在前”，并对全方位贯彻“四水四定”原则提出了明确要求，为加强水资源集约节约利用，提供了总遵循、总定位、总航标。

山东省委、省政府认真学习贯彻习近平总书记的重要指示要求，在优化水资源配置、落实最严格的水资源管理制度等方面，出台了《落实和完善节水激励政策若干措施》，各部门、各地区积极行动，形成了整体推进的合力。山东省政协把实施好“黄河战略”作为履职重点，推出一系列履职活动，第三季度常委会会议将围绕“在推动黄河流域生态保护和高质量发展上走在前”组织专题议政，其中“水”的问题将是这次专题议政的重要内容。

山东是水资源严重短缺的省份，人均水资源占有量 315 立方米，不足全国的 1/6，在黄河流域倒数第二（仅比宁夏多），沿黄县（市、区）一般年份缺水量 8 亿立方米，属于严重缺水地区，水资源短缺制约了经济社会发展和生态建设。黄河下游是粮食主产区和工业区，人口多、密度大，工农业规模大。近 3 年黄河来水量比较可观，河口三角洲湿地生态改善成效明显。但总体来看，山东缺水依然严重，对黄河水依赖程度非常高，特别是黄河三角洲湿地生态功能脆弱，如何保障生活生产生态用水，成为推动黄河流域生态保护和高质量发展的重大课题。

从前段时间我们实地调研情况看，水资源集约节约利用还存在一些普遍性问题。比如，考核的目的是把水资源用好管好，更加符合发展需要。当前，我们的考核奖惩机制尚不够健全，考核制度尚不够完善，还不能完全适应新时代的新要求。

水利部的领导同志今天也来到会场，我想借这个机会，提三个建议。

一是从国家层面，进一步健全水资源集约节约奖励激励机制，完善最严格水资源管理制度考核办法，更好地发挥考核的指挥棒、风向标作用。

二是加大节水工作投入，设置再生水利用配置试点专项资金。向水资源利用效率高、节水成效大、工农业规模大、用水需求大的地区倾斜，给予更多的资金和用水指标奖励。

三是山东担负着经济大省、农业大省的责任，下一步将采取更加有力措施，加大水资源集约节约与保护力度。同时恳请赋予山东自主调配、相机调引黄河水的一定权限。

在“推进我省新能源汽车产业高质量发展”月度协商会上的讲话

（2022 年 9 月 20 日）

葛慧君

今天召开第七次月度协商会，主题是“推进我省新能源汽车产业高质量发展”。近年来，新能源汽车产业快速发展，成为政策高度关注、资本高度集中、舆论高度聚焦的前沿和风口行业。习近平总书记指出，“发展新能源汽车是我国从汽车大国迈向汽车强国的必由之路”。2020 年 10 月，国务院办公厅印发了《新能源汽车产业发展规划（2021—2035 年）》。8 月底，我国成功举办了 2022 世界新能源汽车大会，并发布了《大会共识》。省委、省政府高度重视新能源汽车产业的发展，也相应制定出台了我省新能源汽车产业发展规划和配套政策，对我省新能源汽车产业发展作出部署。所以，今天我们举行这样的一次月度协商会，也是贯彻落实中央决策部署和省委工作要求的具体体现。

一、把握机遇，增强推进新能源汽车产业高质量发展的责任感和紧迫感。新能源汽车是国家大力支持的战略性新兴产业，代表着新一轮科技革命和产业变革的趋势方向。推进新能源汽车产业高质量发展，既是实现汽车行业“弯道超车”、推动我国从汽车大国向汽车强国转变的重要抓手，也是实现碳达峰碳中和的题中应有之义，更是打造经济发展新引擎的关键路径。

山东是人口大省和汽车消费大省，汽车保有量常年居全国首位，其中新能源汽车约占 20%，巨大的市场潜力是我省发展新能源汽车产业的有力支撑。山东还是全国唯一拥有全部 41 个工业大类的省份，雄厚的工业基础是我们省发展新能源汽车产业的最大底气。今年 4 月，省里又制定出台了“十大创新”“十强产业”“十大扩需求”2022 年行动计划，其中将新能源汽车作为新能源产业的六大重点产业链之首，精准绘制产业链图谱，集中资源、全力打造，彰显了省委、省政府做大做强新能源汽车产业的信心和决心。

同时，我们也应该清醒地看到，我省新能源汽车产业发展还面临诸多问题，像刚才林峰海副主席在主题发言中提到的像产业布局分散、核心技术有待提升、配套设施不够完善、电池回收行业比较混乱、扶持政策有待加强等，还有委员们在发言交流中提到的电池存在安全隐患、市场生态服务体系不健全、氢燃料电池车推广难等问题，解决不好就会影响产业的健康发展。发展新能源汽车是大势所趋，我们一定要把握机遇，增强责任感和紧迫感，以新发展理念为引领，加强统筹、综合施策，推进我省新能源汽车产业高质量发展。

二、超前谋划，塑造新能源汽车产业高质量发展的新优势。目前，国内不少省份都在布局新能源汽车产业，有的走得比较快，涌现出一批头部企业，比如广东的比亚迪，浙江的吉利，安徽的蔚来汽车等等，相比之下，我们还是需要进一步加快步伐。推进我省新能源汽车产业高质量发展，就要着眼于新能源汽车产业链条的各个环节，不断开辟新领域、塑成竞争新优势。

*一方面，要加快整车龙头企业发展。*目前，国内叫得响的整车品牌，像比亚迪、吉利等，在我省都有整车项目。同时，像我省的潍柴新能源商用车、中通新能源客车等，在各自的细分领域也有较强的竞争力，我们要给予更多的阳光雨露。

*另一方面，要在培育配套企业特别是关键零部件企业上多用力。*目前，我省新能源汽车本地配套率与先进省份相比还有很大的提升空间，特别在驱动电机、动力电池系统、增程式发动机等，有的要扩大优势，有的要提高质量，有的还需要填补空白。整车项目也好，关键零部件也好，最要紧的还是核心技术。所以需要企业、高校和科研院所联合攻关、融合创新，加快新能源汽车电池系统、关键零部件与整车集成等关键技术研究与产品开发，增强自主创新和核心竞争能力。同时，还要深化对外合作，加强外部优势资源导入和高端人才引进，形成关键核心技术集聚高地。

三、广聚合力，打造新能源汽车产业高质量发展的最优环境。新能源汽车产业周期长、链条长，培育发展是一个巨大系统工程，需要各方充分重视支持，合力推动。各职能部门要树立“一盘棋”的思想，强化部门之间、部门与地方之间的协作配合，统筹研究制定重大政策，协调解决重大问题，发挥好在政策规划、要素保障、优化环境、充换电基础设施、质量安全监管等方面的作用，引导新能源汽车产业有序发展。各市场主体要完善产业协调推进机制，加快推动新能源汽车与能源、交通、信息通信等领域的深度融合，努力构建安全、高效、低碳、智能、愉悦的新出行生态。刚才委员发言中提到的很多问题，也是我们可以拓展的新蓝海，有些市场空间还是很大的。要在激烈竞争下生存发展，我们必须拥有品牌格局，塑造品牌价值，也要借着“好品山东”“走出去”，树立山东新能源汽车品牌新形象，提升品牌知名度和产品认可度。

各级政协组织要充分发挥人才荟萃、联系广泛、智力密集的优势，引导广大政协委员和社会各界通过提案、大会发言、社情民意信息、调研协商、网络议政、民声连线等多种渠道，围绕新能源汽车产业高质量发展聚识聚智聚力，助推相关政策措施落地落实，展现担当作为，贡献智慧力量。

在“美育追寻黄河魂·同心共庆二十大”界别同心汇活动上的讲话

（2022年10月20日）

段青英

今天，在举国共庆党的二十大胜利召开之际，我们在此欢聚一堂，举行省政协“鲁风美育·界别同心汇”首次主题聚识活动——“美育追寻黄河魂·同心共庆二十大”分享会，非常适时，很有意义。在此，我受葛慧君主席委托，向本次活动的成功举行表示热烈祝贺！向前来参加活动的政协委员和社会群众表示热烈欢迎！向为筹划组织活动付出辛勤努力的同志们表示衷心感谢和诚挚问候！

习近平总书记在党的二十大报告中指出，要全面发展协商民主，推进协商民主广泛多层制度化发展，坚持和完善中国共产党领导的多党合作和政治协商制度，完善人民政协民主监督和委员联系界别群众制度机制。“界别同心汇”是今年省政协创新打造的五大平台之一，旨在发挥界别专业优势、委员主体作用，面向社会各界人士和界别群众，搭建起“同心同向同行、汇识汇智汇力”的开放性履职平台，实现联系服务界别群众的经常化，达到广泛聚合共识的目的。葛慧君主席对此高度重视，深入实地现场调研，亲自出席试点创建工作座谈会进行动员部署并授牌。“鲁风美育·界别同心汇”作为首批试点的20个品牌之一，由山东美术馆杨晓刚馆长和山东师范大学美术学院吴磊副院长两位委员牵头创建，主要面向广大文艺工作者和文艺爱好者开展工作、凝聚共识。自试点创建启动以来，各位委员倾情付出，在团队组建、选址设计、活动策划等方面做了大量卓有成效的工作，今天的活动就是创建成果的集中展示。

刚才，我们参观了“潮涌黄河口——黄河流域生态保护和高质量发展美术创作展”和“画述百年——山东美术馆馆藏革命历史题材作品展”，欣赏了《二十大之歌》诗朗诵，聆听了吴磊院长所作的美育讲座，深受教育和启发。整个活动主题鲜明，内容丰富，形式新颖，感染力强，符合界别同心汇聚共识的基本要求。有三个突出特点。一是时机选得好。在举国共庆党的二十大胜利召开和习近平总书记在深入推动黄河流域生态保护和高质量发展座谈会上发表重要讲话一周年之际，我们举办“美育追寻黄河魂·同心共庆二十大”界别活动正逢其时。广大文艺工作者精心创作了美术和文艺作品，热情讴歌新时代新征程，向二十大献上了一份沉甸甸的祝福。二是发挥作用好。活动充分利用山东美术馆这一济南重要文化地标的有利条件，将其打造为彰显美术作品感人、育人、化人功能的文化平台，在不断满足群众日益增长的精神文化需求的同时，也能面向界别群众更好地凝聚广泛共识。三是社会反响好。本次活动既有政协委员参加，也邀请了部分文艺工作者、文艺爱好者以及鲁能泰山队球员，有效扩大了辐射面和影响力，产生了积极的社会效应。

下一步，希望“鲁风美育·界别同心汇”继续积极探索，建好用好活动平台，将界别委员的独特优势更好发挥出来，满足更多文艺工作者、文艺爱好者的文化需求，更好将他们团结凝聚在党的周围。

一要深化认识，准确把握“界别同心汇”的功能定位。人民政协因凝聚共识而生、随凝聚共识而兴、为凝聚共识而进。创建“界别同心汇”主要目的在于适应新时代人民政协面临的新形势新任务新要求，立足政协性质特点，坚持建言资政和凝聚共识双向发力，发挥政协界别优势和委员作用，拓展工作手臂，扩大团结半径，搭建起更好联系、影响和服务界别人士、界别群众的开放性履职平台、聚识平台，推动实现委员联系服务界别群众的经常化、组织化，把更多的人团结凝聚在党的周围。这也是贯彻落实二十大会议精神的实际举措。“鲁风美育·界别同心汇”作为省直试点的4个单位之一，通过重重考核脱颖而出，要珍惜荣誉、再接再厉，力争打造成全省样板。要把握好聚识平台的功能属性，以强化思想政治引领为要，通过政协委员影响带动界别群众，不断聚合、增进、扩大共识，更好完成“落实下去、凝聚起来”的政治责任。当前和今后一个时期，深入学习宣传贯彻党的二十大精神，是全党全国上下首要的政治任务，也理应成为界别同心汇下一步开展活动的主题和重要内容。

二要突出特色，不断扩大“界别同心汇”的辐射影响。规范、常态、有效地开展特色活动，是“界别同心汇”发挥作用的根本所在。“鲁风美育·界别同心汇”辐射影响的是广大文艺工作者和爱好者，要注重分析把握他们的特殊爱好和需求，不断推陈出新，开展更多便于他们参与、深受他们欢迎的活动。这次的分享会就很好，既有美术作品展，也有诗歌朗诵和美育讲座，既形式多样、契合大势，又内容鲜活、予人以深刻启迪，需要继续坚持和发扬。今后要围绕彰显政协的特色优势，更加注重统筹谋划、精心设计，扩大有效覆盖面，不断提高“界别同心汇”活动的针对性、开放性、多样性和可持续性，充分释放制度效能，真正体现“同心同向同行，汇识汇知汇力”的核心内涵。

三要汇聚合力，精心打造“界别同心汇”的聚识品牌。“界别同心汇”是学习交流的园地、议政建言的平台、了解民生的窗口、凝聚共识的渠道，也是政协工作的创新品牌，需要系统上下共同努力，来把这个品牌擦亮。牵头委员和团队成员要进一步提高政治站位，深刻认识创建“界别同心汇”的重要性，既讲政治又有情怀，既细化分工又协作配合，全面提升自我运作、自我创新、自我拓展能力，确保“界别同心汇”有序运行、有效发力。政协委员活动工作室和专委会要处理好统筹指导和服务保障的关系，在完善考核激励、宣传推广典型上下功夫、做文章。各依托的委员单位要继续给予大力支持，通过多方合力，共同打造，“界别同心汇”一定能够成为凝聚共识、汇聚力量的“磁石”，为寻求最大公约数、画出最大“同心圆”贡献智慧和力量。

凡是过往，皆为序章。希望“鲁风美育·界别同心汇”以此次活动为起点，发挥好团队优势，持之以恒开展工作，为全面发展协商民主谱写更加精彩的聚识篇章。

在省政协机关全体干部大会上的讲话

（2022 年 10 月 25 日）

葛慧君

我们这次会议的主要任务是，传达学习党的二十大精神，传达学习省委常委会扩大会议精神，进一步统一思想认识，抓好贯彻落实。

二十大是在党的历史关键时刻召开的一次十分重要的大会，是一次高举旗帜、凝聚力量、团结奋进的大会。习近平总书记的报告登高望远、纵览历史、经略未来、鼓舞人心、催人奋进，是高举旗帜的政治宣言，是守正创新的鸿篇巨著，是继往开来的时代答卷，是引领未来的行动纲领，必将激励和鼓舞全党上下全国各族人民在建设中国式现代化中奋发有为阔步前行，不断取得新的辉煌。学习二十大精神，我觉得主要有以下五个方面。

第一，大会总结五年工作、回顾十年伟大变革，深刻阐明“两个确立”是党在新时代取得的最大政治成果和战胜一切风险挑战的根本保证。新时代十年的伟大变革，是全方位、根本性、格局性的，体现在改革发展稳定、内政外交国防、治党治国治军等各个方面，为中华民族伟大复兴提供了坚实的政治基础、物质基础、制度基础。这10 年，我们面对的国际国内形势世所罕见、史所罕见，对我们党治国理政的考验之大前所未有。在这种极其艰难形势下，习近平总书记以马克思主义政治家的卓越智慧、超凡魄力、顽强意志和斗争精神，带领全党全军全国各族人民，沉着应对历史性挑战，解决了历史性难题，取得了历史性成就，开启了历史性新篇。报告以“3+16+4”的结构回顾总结了新时代 10 年的伟大变革。“3”就是这 10 年经历的 3 件大事（迎来中国共产党成立一百周年；中国特色社会主义进入新时代；完成脱贫攻坚、全面建成小康社会的历史任务，实现第一个百年奋斗目标）。“16”就是新时代 10 年党和国家事业发展的 16 个方面的历史性成就和历史性变革。“4”就是新时代 10 年伟大变革的 4 个方面里程碑意义（中国共产党在革命性锻造中更加坚强有力；中国人民焕发出更为强烈的历史自觉和主动精神；实现中华民族伟大复兴进入了不可逆转的历史进程；科学社会主义在 21 世纪的中国焕发出新的蓬勃生机）。这 10 年，国家综合实力空前强大，国际地位影响空前提升，党心军心民心空前凝聚。可以说，这 10 年是革命锻造的十年，是大国崛起的十年，是变革图强的十年，是民族腾飞的十年。大会选举产生了新一届中央委员会和中央纪律检查委员会，二十届一中全会选举产生了以习近平同志为核心的新一届中央领导集体。这是全党全军全国各族人民的共同心愿，充分反映了习近平总书记在我们心目中的崇高威望，是我们衷心爱戴的人民领袖。事实雄辩证明，“两个确立”是党在新时代取得的最重大的政治成果、得出的最重要的政治结论，是推动党和国家事业取得历史性成就、发生历史性变革的决定性因素，是党应对一切不确定性的最大确定性、最大底气和最大保证，已经写在了新时代的伟大征程上、写在了中国的大地上，牢牢刻印在全党全军全国各族人民的心坎上。我们要更加坚定地把拥护“两个确立”转化为增强“四个意识”、坚定“四个自信”、做到“两个维护”的政治自觉、思想自觉、行动自觉，切实把旗帜鲜明讲政治落实到政协工作的各方面全过程。

第二，大会把握历史主动、深化规律认识，突出强调不断谱写马克思主义中国化时代化新篇章。习近平总书记在报告中强调，不断谱写马克思主义中国化时代化新篇章，是当代中国共产党人的庄严历史责任。拥有马克思主义科学理论指导是我们党坚定信仰信念、把握历史主动的根本所在。党的十八大以来，习近平总书记对关系新时代党和国家事业发展的一系列重大理论和实践问题进行了深邃思考和科学判断，提出了一系列原创性的治国理政新理念新思想新战略，指明了中国式现代化道路的新图景，开辟了管党治党、兴党强党的新境界，实现了马克思主义中国化时代化两个相结合，是理论创新和实践创新的典范，是对历史实践经验的总结，是对西方现代化理论的超越。大会还创新性地提出，“要把握好习近平新时代中国特色社会主义思想的世界观和方法论，坚持好、运用好贯穿其中的立场观点方法，即必须坚持人民至上，坚持自信自立，坚持守正创新，坚持问题导向，坚持系统观念，坚持胸怀天下”。我们现在都在认真学习领会二十大报告，怎么学、怎么悟至关重要。学习的世界观方法论不一样，观察问题、思考问题、分析问题的立场、观点、方法就不一样。这“六个必须坚持”是对习近平新时代中国特色社会主义思想主要内容和核心要义更为深入的把握、更深层次的认知与理解，是解答中国之问、世界之问、人民之问、时代之问的“金钥匙”，具有鲜明的时代性、极强的针对性、非凡的创新性、高度的实践性，我们要从政治高度、历史视角、现实需要出发去坚持运用。大会审议通过《中国共产党章程（修正案）》，把这些重大理论观点和重大战略思想写入党章，使党章充分体现马克思主义中国化时代化最新成果，适应新形势新任务对党的工作和党的建设的新要求。我们要在学习贯彻中深刻领会党的创新理论的道理学理哲理，做到知其言更知其义、知其然更知其所以然，更好地把坚持和发展马克思主义统一起来，持续用于武装头脑、指导实践、推动工作，在实践发展与理论创新的“螺旋式上升”中，不断谱写马克思主义中国化时代化新篇章。

第三，大会科学谋划未来、擘画强国蓝图，明确提出新时代新征程中国共产党的使命任务。大会明确提出，从现在起，我们党的中心任务就是团结带领全国各族人民全面建成社会主义现代化强国、实现第二个百年奋斗目标，以中国式现代化全面推进中华民族伟大复兴。大会对全面建成社会主义现代化强国两步走战略安排进行宏观展望，重点部署未来5年的战略任务和重大举措，不仅提出共同奋斗目标，明确了目标实现的时间表和路线图，而且从加快构建新发展格局、实施科教兴国战略、发展全过程人民民主、坚持全面依法治国、推进国家安全体系和能力现代化等方面，对各个领域的改革、发展、稳定、安全任务进行了谋篇布局与科学部署，让我们倍感振奋，感觉方向更明了，思路更清了，信心更足了。未来5年是全面建设社会主义现代化国家开局起步的关键时期，搞好这5年的发展对于实现第二个百年奋斗目标至关重要。我们要按照二十大的决策部署，聚焦新时代新征程新的使命任务持续用力，只争朝夕，鼓足干劲，为全面建设社会主义现代化国家、全面推进中华民族伟大复兴而不懈奋斗。

第四，大会标定历史方位、指明前进方向，全面开启中国式现代化道路新征程。习近平总书记指出，“中国式现代化是全面建设社会主义现代化强国的必由之路”，强调“必须坚持以中国式现代化推进中华民族伟大复兴”。经过党的十八大以来在理论和实践上的创新发展，我们成功推进和拓展了中国式现代化。大会对中国式现代化作了全面论述，深刻揭示了中国式现代化道路的内涵特色、本质要求、重大原则、战略步骤，发出了夺取新时代中国特色社会主义新胜利的动员令，开启了全面建设社会主义现代化强国的新征程，极大深化了全党对社会主义现代化建设规律的认识，是习近平新时代中国特色社会主义思想的最新发展，为新时代全面建设社会主义现代化国家指明了方向。历史是实践的源头，只有回看走过的路，比较别人的路，远眺前行的路，很多问题才能看得清、把得准。中国式现代化道路，扎根于中华大地，奠基于党的领导，开拓于共同奋斗，既符合中国实际，又顺应时代潮流，体现中国特色社会主义建设规律、世界现代化规律和人类社会发展规律，具有鲜明的时代特征和中国特色，具有强大生命力和巨大优越性，是中国人自己的路、正确的路、宽广的路。在这条道路上坚定不移走下去，必将谱写中国未来发展新篇章、夺取中国特色社会主义新胜利，对此，我们充满自豪和自信。

第五，大会发出团结奋斗的伟大号召，广泛凝聚实现中华民族伟大复兴的强大合力。团结奋斗是贯穿大会的一个主题词，也是贯穿党百年历程的一项重要启示。大会多次提到“团结”，报告的标题、主题、结束语都突出了“团结奋斗”，从强调“团结奋斗是中国人民创造历史伟业的必由之路”，到指出“团结就是力量，团结才能胜利”，再到号召“为全面建设社会主义现代化国家、全面推进中华民族伟大复兴而团结奋斗”。党的百年历史就是与中国人民紧密团结、不懈奋斗的历史，党带领人民取得的一切成就都是团结奋斗的结果，迈进新征程、建功新时代，续写创造历史的新篇章，必须坚定不移地走好团结奋斗之路，靠团结奋斗创造历史，更要靠团结奋斗开创未来。当前，世界百年未有之大变局加速演进，当代中国正经历人类历史上最为宏大而独特的实践创新，唯有团结奋斗才能夺取胜利，万众一心才能赢得未来。在百年奋斗取得伟大成就的基础上再出发，夺取新的伟大胜利，我们党拥有坚定的自信、充分的底气、高强的本领，而这一切都建立在团结人民的实践基础上，需要把人心聚得更紧、把共识筑得更牢、把各方面力量更好地汇集起来。人民政协作为最广泛的爱国统一战线组织，因团结而生、依团结而存、靠团结而兴，团结是永恒主题。要充分发挥统一战线组织作用，固守党的领导这个圆心，把工作聚焦到为党争取人心、汇聚力量这个最大的政治上来，强化团结奋斗的政治引领，汇聚团结奋斗的强大合力，画出团结奋斗的最大同心圆。

学习宣传好、贯彻落实好党的二十大精神，是当前和今后一个时期的重大政治任务。24日，省委召开常委会扩大会议，李干杰书记对全省学习贯彻工作提出了明确要求。省政协召开党组扩大会议，进行了传达学习。下一步，我们要按照中央、全国政协和省委部署要求，进一步把学习贯彻工作引向深入。下面，我就学习贯彻工作讲几点意见。

一、要在学深悟透、领会实质上下功夫，切实把思想和行动统一到党的二十大精神上来

二十大开幕以来，大家集体收看了开幕会盛况直播，聆听了习近平总书记所作的报告，开展了多种形式的学习研讨，并通过报纸、电视、网络等及时跟进学习。各位主席、各位党组成员带头抓好学习讨论，发挥了表率作用。这些学习只是初步的，接下去还要进一步深化落实，推动大会精神往心里走、往深里走。一要迅速开展各种学习活动。认真制定学习方案，依托“五大平台”履职载体，通过发挥“头雁效应”带头学、走进界别群众一起学、三级委员集聚线上学、广泛宣传宣讲深入学，努力学出理论自觉、学出坚定信仰、学出使命担当。11月上旬，省政协将在“学而系列”读书平台，开设专题学习时政群和16个市县群，组织省、市、县三级政协万名委员，深入开展为期1个月的线上专题学习交流，并组织线下分享会。机关党组、各专委会分党组、各学习座谈小组和机关各党支部都要把学习二十大作为当前首要任务，安排专题学习讨论。二要深刻把握核心要义。习近平总书记在参加广西代表团讨论时，提出“五个牢牢把握”（牢牢把握过去5年工作和新时代10年伟大变革的重大意义；牢牢把握新时代中国特色社会主义思想的世界观和方法论；牢牢把握以中国式现代化推进中华民族伟大复兴的使命任务；牢牢把握以伟大自我革命引领伟大社会革命的重要要求；牢牢把握团结奋斗的时代要求），给全党上了一堂生动而深刻的辅导课。这“五个牢牢把握”，既有“怎么看”的认识论，又有“怎么办”的方法论，为我们抓好学习贯彻明确了任务目标，提供了根本遵循。我们要聚焦“五个牢牢把握”，深入领会丰富内涵、精神实质、实践要求，学深悟透、融会贯通，内化于心、外化于行。三要深入组织宣传宣讲。要根据省委的统一安排，结合政协特点，组织各专门委员会、1000多个界别组深入所联系委员和界别群众，走进“界别同心汇”，广泛开展学习宣讲。同时，注意发挥“鲁力同心”宣传平台作用，推出学习专栏，开展主题宣传，广泛深入、生动活泼地宣传好二十大精神。通过以上学习宣传形式，在全省政协系统形成百名政协主席、千个委员界别组、万名政协委员“学习二十大、奋进新征程”的良好氛围。

二、要在把握大势、服务大局上下功夫，围绕党的二十大各项重大决策部署汇聚强大合力

党的二十大作出的战略部署目标宏伟、前景光明、催人奋进，需要举全党全国之力为之不懈奋斗。人民政协作为党领导下的爱国统一战线组织，应当充分发挥统战组织作用，把智慧力量汇聚到实现二十大各项决策部署上来。一要加强党的领导。不断完善加强党对政协工作全面领导的制度机制，坚决落实向党委请示报告制度，让政协工作在党的领导下开展，充分发挥“三个重要”作用，把党的主张转化为各党派团体、各族各界人士的思想共识和行动自觉。二要服务中心大局。要对照二十大的部署要求，结合省第十二次党代会确定的各项目标任务，召开理论学习中心组专题学习会暨省政协主席务虚会，研究梳理省政协明年的重点工作和协商题目，制定好 2023 年党组工作要点和省委、省政府、省政协协商计划，起草好省政协常委会工作报告，认真做好换届的各项筹备工作。三要凝聚团结力量。立足全过程人民民主的“全链条、全方位、全覆盖”，充分发挥人民政协在党治国理政、协商民主中的独特作用，在服务群众、服务委员、服务各界的过程中，着力做好增进共识、促进团结的工作，使“两步走”战略深入人心，成为各党派团体和各族各界人士共同为之奋斗的光辉使命、共同为之努力的宏伟目标、共同为之担当的理想追求，为实现“两步走”战略团结一切可以团结的力量，凝聚最大正能量。

三、要在强化担当、创新实干上下功夫，全面落实党的二十大关于政协工作的新部署新要求

报告第六部分专章阐述了“发展全过程人民民主，保障人民当家做主”，明确提出“协商民主是实践全过程人民民主的重要形式。健全各种制度化协商平台，推进协商民主广泛多层制度化发展。发挥人民政协作为专门协商机构作用，加强制度化、规范化、程序化等功能建设，提高深度协商互动、意见充分表达、广泛凝聚共识水平，完善人民政协民主监督和委员联系界别群众制度机制”。这些重大战略部署，既有工作方向，也有具体内容，为我们更好坚持和发展人民政协制度、持续加强和改进人民政协工作，提供了遵循、指明了方向。我们要按照二十大报告对政协工作的新部署新要求，准确把握人民政协性质定位、职能属性和重点任务，加强对民主协商、民主监督、界别工作、委员队伍建设等问题的研究，创新方法，完善形式，强化制度化、规范化、程序化等功能建设，提高深度协商互动、意见充分表达、广泛凝聚共识水平，努力干出新时代人民政协新样子。其中，开展广泛多层制度化协商，要坚持党的领导、统一战线、协商民主有机结合，坚持发扬民主和增进团结相互贯通、建言资政和凝聚共识双向发力，持续打造好“有事多商量”协商平台，有效有序推动政协协商向基层延伸。完善人民政协民主监督制度，要坚持协商式监督，探索加强政协民主监督工作的形式和方法，围绕重点议题开展持续跟踪监督，充分发挥委员主体作用，提高监督质量，促进问题解决。推动形成委员联系界别群众机制，要充分发挥专委会、界别组、“界别同心汇”的联系聚识作用，不断拓展委员联系群众的新视野、新路径，推动委员联系群众制度机制有形有神，确保委员联系群众的常态化、规范化和实效化。

四、要在夯实责任、改进作风上下功夫，持续加强政协党的建设和自身建设

大会从坚持和加强党中央集中统一领导、坚持不懈用习近平新时代中国特色社会主义思想凝心铸魂、完善党的自我革命制度规范体系、建设堪当民族复兴重任的高素质干部队伍等方面，系统部署了深入推进党的建设新的伟大工程的任务要求。我们要认真贯彻落实好这些部署要求，始终把政治建设摆在首位，牢记“三个务必”，牢记“国之大者”，全面落实从严治党政治责任，以更严标准、更实要求、更高质量抓好政协党的建设。要严格落实中央八项规定及其实施细则精神，深入推进反腐败斗争，大力支持派驻纪检监察组履行监督执纪职责，营造风清气正的政治生态。要树立大抓基层的导向，从严加强基层党支部建设，规范党内政治生活，引导广大党员发挥先锋模范作用。要全面加强政协干部队伍建设，强化干部的政治思维、历史思维、协商思维、聚识思维、质效思维，提高政治能力、履职能力、服务能力，以工作的新成效，展现学习贯彻二十大精神的新作为。

同志们，新航向引领新征程，新使命呼唤新担当。让我们更加紧密地团结在以习近平同志为核心的党中央周围，以习近平新时代中国特色社会主义思想为指导，深入学习贯彻党的二十大精神，不忘初心、牢记使命，事争一流、奋发有为，努力为实现“走在前、开新局”，建设新时代社会主义现代化强省作出新的更大贡献。

在省政协基层联系点邹平市政协调研座谈会上的讲话

（2022 年 10 月 26 日）

段青英

在中共二十大刚刚胜利闭幕之时，到基层联系点邹平市政协开展调研，有这样几点考虑：一是我们共同深入学习贯彻落实中共二十大精神，这是当前和今后一个时期首要的政治任务，昨天省政协召开了机关全体干部会议传达了二十大会议精神，对学习贯彻二十大精神提出明确要求，其中就讲到主席会议成员要带头学习并做好宣讲，我想这也是我到所联系基层点题中应有之义；二是今年葛慧君主席对全省政协工作提出很多新要求、部署很多新任务，我们看一看有关工作的落实情况；三是基层政协已经换届一年，了解一下新一届邹平政协工作情况和遇到的困难问题，11 月中旬省政协要召开理论学习研讨会暨明年工作协商计划、监督议题务虚会，我这次调研也想听听你们意见。

这次调研虽然时间不长，但是安排紧凑、内容丰富，收获很大。上午，参观了市政协文史馆、创新金属科技有限公司、魏桥纺织特宽幅印染技改项目。刚才，范连生主席汇报了全市政协工作情况，吕明涛书记介绍了邹平市经济社会发展情况，孙利华主席汇报了邹平市政协工作开展情况。通过这次调研，深感滨州市、邹平市认真贯彻落实“疫情要防住、经济要稳住、发展要安全”的要求，各方面工作都取得了很好的成绩，走在了全省乃至全国的前列。邹平市今年再次入选中国县域经济百强，便是最好的证明，这也是连续 18 年入选中国县域经济百强。滨州市政协、邹平市政协做了大量富有特色、卓有成效的工作，彰显了政协的担当，为促进经济社会发展发挥了重要作用。

习近平总书记在党的二十大上所作报告，高举旗帜、总览全局、彰显初心、引领时代，深刻回答了事关党和国家事业发展的一系列重大理论和实践问题，通篇闪耀着马克思主义真理的光辉，是我们全面建设社会主义现代化国家、全面推进中华民族伟大复兴的政治宣言和行动指南，也是人民政协奋进新时代、立业新征程的根本遵循。当前，我们工作重中之重是要按照“五个牢牢把握”，深入学习贯彻中共二十大精神，切实把思想和行动统一到中共二十大精神上来。下面，围绕学习贯彻中共二十大精神，贯彻落实好中央关于加强和改善新时代市县政协工作的意见和省委的实施意见，推动市县政协工作取得新进展新成效，谈几点认识。

一、深刻理解和把握大会主题，更加紧密团结在以习近平同志为核心的党中央周围，筑牢对党忠诚的思想根基，在把准前进方向中彰显“政协站位”

党在新时代新征程上举什么旗、走什么路、以什么样的精神状态、朝着什么样的目标继续前进，对团结和激励全国各族人民为夺取中国特色社会主义新胜利而奋斗具有十分重大的意义。党的二十大郑重宣示要高举中国特色社会主义伟大旗帜，就是在实现中华民族伟大复兴的新征程上，要始终坚定“四个自信”；宣示要全面贯彻习近平新时代中国特色社会主义思想，就是在迈向第二个百年奋斗目标的新征程上，要始终坚持科学理论的指导地位；宣示要弘扬伟大建党精神，就是在新的赶考之路上，要始终做到不忘初心、牢记使命，自信自强、守正创新，踔厉奋发、勇毅前行。这是从历史和现实中得出的不可动摇的结论。我们一定要深刻理解，内化于心、外化于行，坚决拥护“两个确立”、做到“两个维护”，始终保持人民政协工作正确的发展方向。

刚才范连生主席汇报的“强化党建引领，履职方向更加清晰”，孙利华主席汇报的“突出党建引领，持续深化‘同心’党建品牌创建”的做法，经实践检验，行之有效。要以学习贯彻落实党的二十大精神为契机，进一步加强党对市县政协工作的领导，以党的建设新成就推进市县政协工作取得新进展新成效。

二、坚决贯彻新发展理念、推动高质量发展，切实肩负起新时代赋予的“政协使命”

党的二十大报告指出，高质量发展是全面建设社会主义现代化国家的首要任务，必须完整、准确、全面贯彻新发展理念。加快构建新发展格局，着力推动高质量发展，是一场需要保持顽强斗志和战略定力的攻坚战、持久战。习近平总书记对山东情深似海、厚望如山，亲自为山东发展把脉定位、引领航向，赋予我们“走在前、开新局”的光荣使命。我们要全面贯彻习近平总书记重要指示要求，坚定不移贯彻新发展理念、构建新发展格局，在推动经济社会高质量发展中，发挥好专门协商机构的职能优势，顺应大势、融入全局，聚焦主业、把握规律，一切发展思路以此来谋划，一切发展布局以此来展开，一切发展成果以此来检验，不断提高参政议政、建言献策能力、质效和水平，努力推动实现“走在前、开新局”，确保山东工作始终沿着习近平总书记指引的方向阔步前进。

市县政协是发挥人民政协专门协商机构作用的重要力量。市县政协组织和广大政协委员要积极发挥身在基层、面向群众、干在一线的优势，把协商摆在更加重要的位置，着力提高协商效能。邹平市政协在实践中形成的“五位一体”协商格局就是很好的做法。要在发展中优化，通过规范协商制度，强化数字赋能，拓展协商平台等措施，最大限度把专门协商机构的制度优势转化为基层治理效能，在助推高质量发展上再创新业绩。

三、始终以科学思想引领复兴航程，坚持培根铸魂，不断增强中华文化的影响力感召力

党的二十大报告指出，要坚持创造性转化、创新性发展，传承中华优秀传统文化，不断提升国家文化软实力和中华文化影响力。在实现中华民族伟大复兴和建设社会主义文化强国征程中，加强中华优秀传统文化的阐释宣传推介，是政协文化文史工作面临的崭新课题。

我记忆犹新的是，9 月 12 日参加第十四届海峡两岸（滨州）孙子文化论坛开幕式时，宋永祥书记讲到，滨州作为孙子故里，最应扛起深挖孙子文化现代应用价值的大旗，推动孙子文化实现从学术研究到创新应用，再到时代价值的跨越发展，成为城市发展最基本、最深沉、最持久的内在力量。孙子文化论坛作为一张名片、一条纽带在弘扬传承中华优秀传统文化，增强海峡两岸的民族认同感和凝聚力方面已经发挥了重要的文化引领作用。

我们要深入学习贯彻二十大精神，充分发挥自身优势，加快构建中国话语和中国叙事体系，更好推动中华文化、齐鲁文化“走出去”，向世界展示泱泱大国和煌煌齐鲁的良好形象。要坚持以习近平中国特色社会主义思想为指引，将社会主义核心价值观融入文化建设全领域，唱响主旋律、弘扬正能量，促进人的全面发展、社会全面进步。要坚持繁荣发展社会主义文化事业与文化产业同步推进，切实增强中华优秀传统文化软实力，努力塑造可信可爱可敬的中国形象、山东形象、滨州形象、邹平形象，让中国、山东、滨州、邹平更好地走向全球、融入世界。

四、坚持守初心担使命，努力在加强自身建设上树好“政协形象”

党的二十大报告提出：“全面从严治党永远在路上，党的自我革命永远在路上。”这是党永葆生机活力、走好新的赶考之路的必由之路，表明了百年大党始终坚定不移全面从严治党，深入推进新时代党的建设新的伟大工程，推动党风廉政建设和反腐败斗争向纵深发展的决心和定力。

我们要把习近平总书记对新时代加强和改进人民政协工作的总体要求作为推进自身建设的方向标和动力源，推动政协工作高质量发展。习近平总书记在中央政协工作会议上指出，要为政协组织开展工作创造有利条件，选优配强政协领导班子，重点解决市县政协基础工作薄弱、人员力量薄弱的问题。“两个薄弱”是制约市县政协提升工作质量的“瓶颈”，也是影响其发挥专门协商机构作用的短板。以习近平同志为核心的党中央高度重视政协工作，中办专门印发《关于加强和改进新时代市县政协工作的意见》，省委也配套出台相关实施意见，要充分认识加强和改进新时代市县政协工作的重要意义，切实加强市县政协基础性建设，拓展思想政治引领渠道，围绕大局协商议政，以解决工作薄弱带动解决“两个薄弱”问题，以政协机关干部队伍建设带动委员队伍建设，希望滨州市政协、邹平市政协在党委的坚强领导下，聚焦聚力抓好政策落实，努力把短板弱项补齐变强，这也是以实际行动贯彻落实二十大精神。

今年四月份，葛慧君主席在邹平调研时强调，市县政协要特别注意加强委员队伍建设。要按照习近平总书记提出的“懂政协、会协商、善议政，守纪律、讲规矩、重品行”重要指示，通过加强培训学习、书香政协建设等方式，强化委员政协意识，提高履职能力，充分发挥政协委员在本职工作中的带头作用、在政协工作中的主体作用和在界别群众中的代表作用，更好地为国履职、为民尽责。要加强政协机关建设，努力做好搭台服务工作，为委员履职提供贴心、暖心服务，使政协成为名副其实的“委员之家”。省政协要加强对市县政协工作的联系指导，在平台共建、品牌共育、履职共推、资源共享、队伍共建等方面下功夫求实效，为市县政协工作开新局打好基础。

五、充分发挥政协界别优势和委员作用，坚持双向发力，更好完成“落实下去、凝聚起来”的政治责任，在服务中心大局上贡献“政协力量”

党的二十大报告指出：“团结就是力量，团结才能胜利。全面建设社会主义现代化国家，必须充分发挥亿万人民的创造伟力。”“完善人民政协民主监督和委员联系界别群众制度机制。”团结奋斗是中国人民创造历史伟业的必由之路。全面建设社会主义现代化国家、全面推进中华民族伟大复兴，是一个需要持续团结奋斗的历史进程。

人民政协是最广泛的爱国统一战线组织，凝聚共识、汇聚力量是履职工作的重要一环。今年省政协创新打造的“界别同心汇”聚识平台，就是旨在发挥界别专业优势、委员主体作用，面向社会各界人士和界别群众，搭建起更好联系、影响和服务界别人士、界别群众的开放性履职平台。

受葛慧君主席委托，10月20日我参加了“鲁风美育·界别同心汇”首次主题聚识活动——“美育追寻黄河魂·同心共庆二十大”分享会，深受触动和启发。整场活动主题鲜明、形式新颖，受众面广、影响力大，团队成员有省话剧院的青年演员、鲁能泰山足球队员、山师大美术学院的学生，青年一代的朝气与蓬勃为界别同心汇注入生机与活力。富有感染力、感召力的美术创作、诗歌朗诵、艺术讲座，助燃了青年一代响应二十大号召担当奋斗的热情，展现了中华优秀传统文化浸润人心、培根铸魂、激发文化自信的深沉持久力量。一场活动把政协委员、同心汇团队成员及一大批文艺爱好者、广大群众紧密联系在一起，扩大了凝聚共识的“朋友圈”，真正发挥了团结一界、联系一方的效果。

这个平台既立足政协特点、契合发展大势，又顺应人民期待、融入中心大局，可以有效拓展工作手臂，扩大团结半径，实现委员联系服务界别群众组织化、经常化，有效汇集起省、市、县三级政协界别委员智慧和力量。我也欣喜地看到，9月9日，滨州市举行了首个省政协“界别同心汇”创建试点单位——“科创滨州界别同心汇”揭牌仪式，正式拉开了打造全新开放性聚识平台的帷幕。既做好做实“规定动作”，又创新推出“自选动作”，如创建了“同心讲坛”，把团结引领、凝聚共识融入委员读书、政策宣讲、团结联谊、调研协商等各项活动中，彰显了滨州特色与活力。市县政协要进一步把准其功能定位，扩大有效覆盖面，形成工作合力，共同实现“同心同向同行、汇识汇智汇力”的美好愿景，为以中国式现代化全面推进中华民族伟大复兴汇聚正能量、画大同心圆，在新征程中贡献更多政协力量。

在省政协十二届二十四次常委会会议上的讲话

（2022 年 11 月 8 日）

葛慧君

这次常委会会议，是在全省上下深入学习宣传贯彻中共二十大精神、奋力推进新时代社会主义现代化强省建设的关键时期召开的一次重要会议，节点关键、议题重要、内容丰富。会上，我们专题宣讲了中共二十大精神，传达学习了全国政协十三届常委会第二十四次会议精神、中共山东省委十二届二次全体会议精神，审议通过了《政协山东省委员会关于深入学习宣传贯彻中国共产党第二十次全国代表大会精神的决议》，审议通过了《关于我省“在推动黄河流域生态保护和高质量发展上走在前”的建议案》和有关人事事项，进行了两次大会发言。与会常委和同志们围绕学习贯彻中共二十大精神进行了热烈讨论和深入交流，研究了贯彻落实措施。这次会议还围绕我省“在推动黄河流域生态保护和高质量发展上走在前”进行了专题协商议政。中共山东省委、省政府对这次会议高度重视，省委常委、常务副省长曾赞荣出席会议并作专题报告。12 位省直部门负责同志参加会议，在分组进行的专题协商讨论中作了互动交流。在大家的共同努力下，这次会议开得务实高效、圆满成功，达到了统一思想、凝聚共识、推进工作的目的。下面，我结合这次会议主题，讲三个方面的内容。

一、深刻认识把握中共二十大重要里程碑意义，切实把思想和行动统一到大会精神和各项决策部署上来

中共二十大是在全党全国各族人民迈上全面建设社会主义现代化国家新征程、向第二个百年奋斗目标进军的关键时刻召开的一次十分重要的大会，是一次高举旗帜、凝聚力量、团结奋进的大会，具有极其重大的政治意义、历史意义、时代意义、战略意义。我们要坚持历史和现实、理论和实践、国际和国内相结合的办法，深刻领会、准确把握中共二十大确定的重要思想、重要观点、重大战略、重大举措，切实增强贯彻落实的自觉性和坚定性。

*第一，深刻把握核心掌舵领航是铸就新时代 10 年伟大变革的根本保证，坚定拥护“两个确立”、坚决做到“两个维护”。*新时代十年承接历史、塑造现实、开辟未来，习近平总书记带领我们走过了这非凡的十年，每一年都极不寻常、极不平凡。中共十八大以来，我们面对的国际国内形势世所罕见、史所罕见，对我们党治国理政的考

验之大前所未有。在这种极其艰难复杂的形势下，习近平总书记以马克思主义政治家、思想家、战略家的卓越智慧、超凡魄力、顽强意志和斗争精神，在非凡之时行非凡之举，带领全党全军全国各族人民，沉着应对历史性挑战，解决历史性难题，创造历史性成就，开启历史性新篇，国家综合实力空前强大，国际地位影响空前提升，党心军心民心空前凝聚，为实现中华民族伟大复兴提供了更为完善的制度保证、更为坚实的物质基础、更为主动的精神力量，铸就了历史和时代的不朽丰碑。新时代 10 年的伟大变革，根本在于有习近平总书记掌舵领航，根本在于有习近平新时代中国特色社会主义思想科学指引。事实雄辩证明，“两个确立”是新时代的最大政治成果、最重要历史经验、最客观实践结论，是引领党和国家事业取得历史性成就、发生历史性变革的决定性因素，是战胜一切艰难险阻、应对一切不确定性的最大确定性、最大底气、最大保证。我们要深刻领悟“两个确立”的决定性意义，增强“四个意识”、坚定“四个自信”、做到“两个维护”，始终在思想上政治上行动上同以习近平同志为核心的中共中央保持高度一致。

第二，深刻把握不断谱写马克思主义中国化时代化新篇章的历史责任，切实从习近平新时代中国特色社会主义思想中感悟思想伟力、汲取真理力量。理论指导实践，思想引领航向。新时代 10 年日新月异、万象更新，源于照亮时代的思想光芒，源于扭转乾坤的真理力量。习近平新时代中国特色社会主义思想为新时代党和国家事业发展提供了根本遵循，是马克思主义基本原理同中国具体实际相结合、同中华优秀传统文化相结合的最新成果和光辉典范，是中华文化和中国精神的时代精华，是中华民族伟大复兴的思想指引、理论之基、行动指南。这一思想科学回答中国之问、世界之问、人民之问、时代之问，深化了对共产党执政规律、社会主义建设规律、人类社会发展规律的认识，开辟了马克思主义中国化时代化的新境界，使科学社会主义在 21 世纪的中国焕发出新的蓬勃生机。这一思想之所以具有强大的真理力量和实践伟力，就在于坚持马克思主义世界观和方法论，运用了科学的立场观点方法。我们要从政治高度、历史视角、现实需要出发，深入学习贯彻习近平新时代中国特色社会主义思想，坚持好、运用好贯穿其中的立场观点方法，深刻领会蕴含其中的道理学理哲理，做到知其言更知其义、知其然更知其所以然，以思想的力量激扬奋进的力量，以理论的主动把握历史的主动，在新时代的伟大实践中不断谱写马克思主义中国化时代化新篇章。

第三，深刻把握以中国式现代化全面推进中华民族伟大复兴的中心任务，努力为全面建设社会主义现代化国家贡献力量。与时俱进确定党和国家事业发展中心任务、擘画宏伟蓝图并为之接续奋斗，是中国共产党治国理政的重要方式，是马克思主义政党长期执政的鲜明特征和独特优势。经过中共十八大以来在理论和实践上的创新突破，我们成功推进和拓展了中国式现代化。中共二十大明确提出以中国式现代化推进中华民族伟大复兴，庄严宣示了新时代新征程中国共产党的使命任务，对全面建成社会主义现代化强国总的战略安排进行了部署，明确提出二〇三五年我国发展的总体目标和未来五年的主要目标任务，科学擘画了伟大复兴的宏伟蓝图。我们要深刻领会中国式现代化的中国特色、本质要求、重大原则，深刻领悟中共二十大关于党和国家事业发展大政方针和战略部署的历史逻辑、理论逻辑和实践逻辑，使政协工作围绕中心更紧密、服务大局更有效，为全面建设社会主义现代化国家作出政协贡献。

二、深入贯彻落实中共二十大关于政协工作的新部署新要求，奋力推动新时代政协工作高质量发展

中共二十大报告从发展全过程人民民主、保障人民当家做主的政治高度、战略高度，对新时代新征程人民政协的使命任务作出明确部署，对人民政协作为专门协商机构作用提出明确要求。虽然篇幅不长，但站位高、分量重、内涵深，对政协工作既肯定了新探索，也明确了新方向、部署了新任务，充分体现了中共中央对人民政协工作的高度重视和殷切期望，为新时代人民政协工作提供了根本遵循。我们要深入贯彻落实大会对政协工作的新部署新要求，努力付诸行动、见之于实效，推动新时代人民政协事业不断向前发展。

*第一，要在广聚团结奋斗的共识和力量上下功夫。*团结奋斗贯穿二十大报告全篇，体现在标题、导语、正文、结束语各个部分。团结奋斗作为中国共产党百年历程的一项重要经验、重要启示，是党和人民最显著的精神标识，是中国人民创造历史伟业的必由之路。当前，世界百年未有之大变局加速演进，当代中国正经历人类历史上最为宏大而独特的实践创新，唯有团结奋斗才能夺取胜利，万众一心才能赢得未来。人民政协作为最广泛的爱国统一战线组织，因团结而生、依团结而存、靠团结而兴，团结是永恒的主题，广聚团结奋斗的共识和力量是义不容辞的责任。我们要充分发挥政协统战组织作用，固守党的领导这个圆心，把工作聚焦到为党争取人心、汇聚力量这个最大的政治上来，广泛凝聚各党派团体、各族各界人士的智慧和共识，不断凝聚想在一起的团结之心，激发干在一起的奋斗之力，形成心往一处想、劲往一处使的生动局面。

*第二，要在充分释放专门协商机构效能上下功夫。*中共二十大对发展全过程人民民主进行了全面阐释，对发挥人民政协作为专门协商机构作用和加强制度化、规范化、程序化等功能建设作出了安排部署，为人民政协指引方向、定性赋能，开辟了人民政协事业发展新的广阔天地。“三化”功能建设的本质要求是通过制度设计、规范标准、程序运行，把拓展协商深度、加强互动交流、促进畅所欲言等政协协商的理念和做法巩固下来、发扬下去，从而更好地通过充分发扬民主来广泛凝聚共识、凝聚智慧、凝聚力量。我理解，这里的“三化”功能建设是开放性的、创新性的，我们既要继承已有的制度成果，又要适应新形势新任务的要求，注重从理论、制度和运行机制等方面不断去实践探索，充分释放专门协商机构的效能。要坚持党的领导、统一战线、协商民主有机结合，开展广泛多层制度化协商，持续打造“有事多商量”协商平台，有效提高深度协商互动、意见充分表达、广泛凝聚共识水平。要坚持发扬民主和增进团结

相互贯通、建言资政和凝聚共识双向发力，以协商聚共识、以共识固团结、以团结铸合力，努力把党的主张和路线方针政策转化为社会各界的共同意志和自觉行动。

*第三，要在探索政协凝心聚力实践路径上下功夫。*中共二十大报告强调要“完善人民政协民主监督和委员联系界别群众的制度机制”，这为进一步拓展人民政协凝心聚力的实践路径指明了努力方向和工作重点。政协民主监督是融协商、监督、参与、合作为一体，以协助党和政府解决问题、改进工作、增进团结、凝心聚力为目的的协商式监督；委员联系界别群众是政协履行职能的优势，是把更多的人团结在党的周围的有效途径。如何进一步建立完善制度机制、搭建有效平台载体，是摆在我们面前的重要课题，需要在履职实践中不断研究探索。比如，在民主监督方面，我们要准确把握好协商式监督这一本质特征，积极探索加强政协民主监督工作的有效形式和方法，通过民主监督推动工作落实、解决实际问题、密切交流互动、有效增进共识，更好地实现凝心聚力。比如，在委员联系界别群众方面，要进一步加强联系的广度、深度、频度和效度，确保联系机制更加及时通畅、有效到位。我们创设的“界别同心汇”就是这样一种制度设计，旨在发挥政协界别优势和委员作用，更好地联系、影响和服务界别人士、界别群众。我们要在现有工作的基础上，不断总结经验、创新探索，拓展委员联系群众的新视野、新路径，推动实现委员联系界别群众的常态化、规范化和实效化。

三、以学习贯彻落实中共二十大精神为动力，助力我省在推动黄河流域生态保护和高质量发展上走在前

黄河流域生态保护和高质量发展是事关中华民族伟大复兴的千秋大计。中共十八大以来，以习近平同志为核心的党中央高度重视黄河流域生态保护和高质量发展。2021 年 10 月，习近平总书记亲临山东视察，要求山东“在推动黄河流域生态保护和高质量发展上走在前”，这是以习近平同志为核心的中共中央赋予山东的重大政治任务。中共二十大报告把“推动黄河流域生态保护和高质量发展”作为区域协调发展的重要内容，提出明确要求、作出具体部署。10 月 27 日，我省召开了黄河流域生态保护和高质量发展推进会，深入学习贯彻习近平总书记重要指示要求，对落实黄河重大国家战略进行再强调、再部署、再推进。全省政协要全面系统学习贯彻习近平总书记重要指示要求和中共二十大决策部署，认真落实省委要求，聚焦助力在推动黄河流域生态保护和高质量发展上走在前，作出积极贡献。

*第一，要坚持保护优先、促进综合治理，当好生态安全的守护者。*治理黄河，重在保护，要在治理。这是一项系统工程，只有齐心协力、统筹推进，才能保障黄河长治久安。全省政协要坚持双向发力、扭紧中心环节，积极协助党委政府聚心、聚力、聚识，引领带动参加政协的各党派团体和各族各界人士，牢固树立“绿水青山就是金山银山”理念，不断增强黄河生态保护意识，为我省持续加力打造生态保护样板区、长久安澜示范带汇聚广泛共识和强大合力。要进一步发挥人民政协民主监督的独特优

势和重要作用，围绕统筹黄河流域系统治理、生态修复、防洪减灾等重点工程，常态化开展民主监督活动，助推党政决策落实，促进黄河生态持续治理修复。

第二，要聚焦中心工作、汇聚智慧力量，当好高质量发展的推动者。坚持生态优先、绿色发展，关键在于坚定走绿色、可持续的高质量发展之路。省委提出要把落实黄河重大国家战略作为学习贯彻中共二十大精神的实际行动，努力为中国式现代化提供创新样本、实践范例。全省政协要按照省委要求，把推动黄河流域生态保护和高质量发展作为重要履职内容，围绕打造绿色低碳高质量发展先行区、产业布局、城市建设等深入调查研究、积极议政建言，提出更多富有针对性、可操作性的对策建议，为党和政府的科学决策提供有效参考。要充分利用沿黄九省（区）政协黄河流域生态保护和高质量发展协商研讨会这一平台，主动沟通对接、加强工作统筹、深化协作交流、解决共性问题，推动区域联动协商常态化、长效化。

第三，要讲好黄河故事、深挖精神内涵，当好黄河文化的传承者。黄河文化是中华文明的重要组成部分，是中华民族的根和魂，具有显著的文化标识性和巨大的精神感召力。全省政协要深入挖掘黄河文化蕴含的哲学思想、人文精神、价值理念、道德规范，加强黄河文化遗产保护、黄河文化研究阐释、文化资源转化利用，构筑黄河文化交流传播阵地，推动中华优秀传统文化创造性转化、创新性发展。广大政协委员要用好自身影响力和制度机制赋予的话语权，紧扣重点内容，突出地方特色，讲好新时代“黄河故事”山东篇章，充分展现黄河文化的独特魅力、丰富内涵、时代价值。

各位常委、同志们，新形势需要新担当，新征程呼唤新作为。让我们更加紧密团结在以习近平同志为核心的中共中央周围，深入学习贯彻中共二十大精神，在中共山东省委的坚强领导下，坚定不移沿着习近平总书记指引的方向开拓进取、勇毅前行，为推进新时代社会主义现代化强省建设作出新的更大贡献！

在省政协十三届一次会议重点提案培育暨集体提案征集座谈会上的讲话

（2022 年 11 月 14 日）

林峰海

今天，我们召开重点提案培育暨集体提案征集座谈会，主要任务是深入学习贯彻中共二十大精神，研究明年重点提案培育和集体提案征集工作，听取大家对提案工作的意见建议，进一步推动省政协提案工作高质量发展。

刚才，听了大家的发言，很受启发，很受感动，总体感到这次会议有“三好”。一是时机把握好。在全省上下深入学习贯彻中共二十大精神之际，我们聚焦党委政府中心工作研究提案选题，是对二十大精神的再学习、再领会、再落实。省政协十三届一次会议将于 2023 年初召开，做好重点提案培育和集体提案征集工作，有助于为新一届省政协开好局、起好步奠定基础。二是会议形式好。就重点提案培育、集体提案征集组织座谈交流，在省政协历史上是第一次，推动了协商关口从办理环节前移到提出环节。会前，大家做了充分准备；讨论时，大家畅所欲言，集思广益，群策群力，共谋发展。这是全过程人民民主的生动实践，是落实二十大精神的具体举措，彰显了中国特色社会主义制度的显著优势。三是实际效果好。会议虽短，但成效明显。大家从经济社会发展的不同角度提供了不少选题，既有事关长远和全局的战略性选题，也有需要当下谋划和考虑的发展性选题，还有带着“民生温度”的现实性选题，视角独特，见解独到，问题精准，符合实际。提案委员会要及时整理，同征集到的其他选题一并呈葛慧君主席审示。

集体提案是集体智慧的结晶，普遍站位高、选题准、分析透、建议实，具有较高的质量。省政协十二届一次会议以来，各党派、团体、界别、专委会共提交集体提案 491 件，立案 463 件，立案率 94.30%，高于总体 89.77% 的立案率。十二届省政协共确定重点提案 48 件，其中集体提案 32 件，占比达 67%。今年确定了 13 件重点提案，其中 9 件来自集体提案。

在各党派、团体、委员活动工作室界别处、专委会的支持下，重点提案示范引领作用凸显。重点提案内容涵盖了加快数字经济发展、促进共同富裕、助推新旧动能转换、打造乡村振兴齐鲁样板、推动黄河三角洲生态保护和高质量发展等党政工作重点及系列民生问题，督办工作促进了党委政府决策的科学化、民主化。尤其是今年，葛慧君主席高度重视重点提案工作，亲自部署，亲自推动，省政协建立完善了书记省长阅批督办重点提案、省政协副主席领办督办重点提案机制，重点提案数量增多，督办层次提升，示范引领性增强，社会各界更加关注，带动提案质量、办理质量和服务质量不断提升。

省政协集体提案、重点提案工作虽然取得了一些成绩，但也存在一些需要改进和提升的方面：一是集体提案数量不高，仅占提案总数的 10.25%，比重有待进一步提升；二是集体提案分布不平衡，各民主党派、省工商联提案数量相对稳定，团体、界别和专委会提案数量较少（各民主党派省委提案 397 件，省工商联提案 44 件，人民团体提案 1 件，界别提案 34 件，专委会提案 13 件，会议小组提案 2 件）；三是提案质量还有提升空间：有的选题过于宏观，切口太大，有的内容过于空泛，缺乏创新性、操作性的意见建议。这些问题，都需要在今后工作中努力解决。

下面，我就学习贯彻中共二十大精神，做好重点提案培育、集体提案征集工作讲几点意见，供大家参考。我理解，学习贯彻二十大精神与做好提案工作是辩证统一、相互促进、相互推动的。一方面，做好提案工作，能够为二十大精神的贯彻落实汇聚智慧力量。另一方面，学习贯彻二十大蕴含的新思想、新理论，能够推动提案工作高质量发展。

一、更好发挥提案服务大局的作用，努力为实现二十大描绘的宏伟蓝图贡献智慧和力量

提案是向党委、政府提出的意见建议，具有很强的政治性。围绕二十大部署的战略任务和重大举措提出提案，是新时代赋予提案工作的新使命，对于实现二十大提出的全面建设社会主义现代化国家、全面推进中华民族伟大复兴的宏伟蓝图具有重要意义。

去年，习近平总书记亲临山东视察时，着眼全国大局、把握时代大势，确立了山东发展的清晰航标。省第十二次党代会、《山东“十四五”规划和 2035 年远景目标纲要》，部署了未来一段时期山东发展的目标任务，指明了山东发展方向。特别是二十大的召开，让山东发展站在了一个新的历史起点上。中共二十大，宣示了中国共产党在新征程上举什么旗、走什么路、以什么样的精神状态、朝着什么样的目标继续前进，让山东的发展有了更加明确而清晰的历史定位。我们要以高度的政治自觉，运用包括提案在内的一切手段和方法，努力把习近平总书记擘画的宏伟蓝图、省委省政府谋划的目标任务变为美好现实。

提案是各党派、团体、界别、专委会履行参政议政职能的重要形式。今天，大家紧扣二十大部署的战略举措，结合山东实际，提出了许多颇有价值的提案选题，比如，做优做强先进制造业、推动海洋经济发展、保障粮食安全等，充分展现了各党派、团体、界别、专委会为国尽责、为民服务的履职担当，体现了大家干事创业、求真务实的工作作风。实践证明，在广大政协委员、政协各参加单位的共同努力下，省政协提案工作在助推山东经济社会发展方面发挥了重要作用。

各党派、团体、界别、专委会要从学习贯彻二十大精神的角度，从坚持完善中国共产党领导的多党合作和政治协商制度的高度，深刻认识提出提案的重要意义，充分认识到，通过提案反映各界群众的意愿和诉求，有助于党委政府充分吸纳合理建议，健全完善政策措施，推动国家治理体系和治理能力现代化；有助于最大限度地激发和释放正能量，为实现二十大确定的宏伟目标凝聚共识、汇集力量。要深入学习领会二十大精神，做到精髓要义记心中，把推动二十大确定的战略举措落细落实落地作为工作主线，把实现山东“走在前、开新局”的目标任务作为工作重点，为推进中国特色社会主义伟大事业增添强大力量。

二、坚持以二十大精神为统领指导实践、推动工作，奋力开创提案工作新局面

二十大报告全面总结了新时代国家发展所取得的重大成就和宝贵经验，这些宝贵经验为做好工作提供了基本遵循。宝贵经验弥足珍贵，我们要赓续历史经验，联系工作实际，解决实际问题，做到联系实际见真功，推动提案工作高质量发展。

*一是坚持党的领导。*强化提案工作的政治属性，坚持提案提出体现政治立场、提案审查严守政治标准、提案办理彰显政治效果，让提案工作在党的领导下开展。通过省领导牵头督办重点提案、牵头协调提案办理工作等事项，发挥好党委对提案工作的统筹协调作用，推动党的主张转化为各党派团体、各族各界人士的思想共识和行动自觉。

*二是坚持人民至上。*提案工作要始终把实现好、维护好、发展好最广大人民群众的根本利益作为工作的出发点和落脚点，在工作思路、内容、方法上突出群众观点，多做为党委政府分忧、为人民群众尽责的工作。

*三是坚持协商民主。*提案者提出提案，党政部门办理提案，本身就是全过程人民民主的鲜活体现。协商就要真协商，要把协商贯穿提案提出、审查、交办、办理、反馈等各环节全过程，特别是提案办理环节，推进协商程序制度化、协商活动常态化，提高协商互动深度，推动意见充分表达。

*四是坚持团结奋斗。*团结主题贯穿二十大报告始终。要以提案工作为纽带，加强与各党派团体、各界人士的沟通联系，做好加强思想政治引领、广泛凝聚共识的工作，最大限度地激发和释放正能量，画出团结奋斗的最大同心圆。

三、把学习贯彻二十大精神与做好当下工作结合起来，扎实推进重点提案培育、集体提案征集有序开展

要把学习贯彻二十大精神，与统筹兼顾做好年底各项工作有机结合起来，做到抓好当下不放松，确保如期完成全年目标任务，尤其要做好重点提案培育、集体提案征集工作。

省政协十三届一次会议重点提案工作将继续提档升级、提质增效，一方面，扩大督办范围，省政协党组将推动省委常委、省政府副省长督办重点提案；另一方面，改进重点提案产生方式，采用遴选和培育相结合的方式，一部分从年度立案提案中广泛遴选，一部分从培育提案中产生。重点提案由省领导牵头，社会各方都很关注，示范引领性强，这就对重点提案的质量提出了更高的要求。重点提案主要从大家提交的集体提案中产生，希望大家高度重视，加强领导，密切协作，形成合力，努力为重点提案培育、集体提案征集工作创造有利条件，提供坚实保障。

一是选题要精准。第一，要选大事、难事，要紧扣中共二十大、省第十二次党代会、省委十二届二次全会的部署要求，选择党政部门关注的事、人民群众关切的事。第二，选题要注重“大”“小”的关系，题目不要太大，太大很难说清楚，要“大问题、小切口”，有针对性地选择题目，循序渐进地推动问题解决。第三，要选有自身特色的，把本组织、本界别的意见建议，通过提案直接反映出来。

二是主动揭榜领题。前期，提案委员会通过省直部门荐题、“民声连线”征题，收集了部分选题，再加上今天各单位提供的选题，形成重点培育选题初选目录，报省政协主席会议审定后，印发给各培育单位。各单位要将提交集体提案与培育重点提案结合起来，在做好集体提案的基础上，主动认领重点提案培育选题，提前谋划，统筹部署，切实提出高质量提案。尤其是提案数量较少的团体、界别和专委会，明年也要有所突破。

三是深入调查研究。提出高质量的提案，关键是要进行调查研究。调查研究的过程中，一方面要及时了解党委政府的工作重点、方针政策，避免提案内容偏离大局或者滞后于实际工作进展，尽可能提一些党委政府没有考虑到或虽然考虑到、但未必思虑周全的问题；另一方面要深入基层，深入群众，充分占有材料，核准事实情况，客观反映问题，精准提出建议。同时，要注重履职成果转化，及时把具有提案性质、符合提案要求的调研视察成果、会议发言、社情民意信息等履职成果转化为集体提案。

四是强化服务保障。提案委员会要抓紧抓实抓细后续工作，主动牵线搭桥，建立提案者与党政部门之间的交流机制，为提案者知情明政、调查研究、撰写提案等提供帮助。要制定工作规划，按照时间节点，组织重点提案培育评审会，对培育提案逐一审查，不断充实和完善提案内容，力争提出更多有理、有据、务实、可操作的提案，为我省各项工作“走在前、开新局”作出新的更大贡献。

深入学习贯彻中共二十大精神
凝心聚力做好政协工作

（2022 年 11 月 28 日）

葛慧君

中共二十大，是在全党全国各族人民迈上全面建设社会主义现代化国家新征程、向第二个百年奋斗目标进军的关键时刻，召开的一次十分重要的大会。山东省政协党组高度重视，先后通过党组扩大会议集中传达贯彻、主席会议成员带头宣讲、“学而书院”在线学习等方式，不断将学习贯彻引向深入。这段时间，我个人也在原原本本学，在收听、收看、阅读各大媒体评论解读，在参加各种会议研讨交流中，进一步深化理解、深化认识，感到越学越有信心、越学越有方向、越学越有力量。今天，我结合自己的学习思考，谈谈体会和感受。

一、充分认识中共二十大的重大意义，切实增强学习贯彻的政治自觉思想自觉行动自觉

中共二十大是一次高举旗帜、凝聚力量、团结奋进的大会，取得了丰硕的政治成果、理论成果、实践成果，必将对鼓舞和动员全党全军全国各族人民，高举中国特色社会主义伟大旗帜，深入学习贯彻习近平新时代中国特色社会主义思想，万众一心全面建设社会主义现代化国家，全面推进中华民族伟大复兴，乃至对世界发展产生重大影响。所以，在我们党和国家历史上，二十大具有重要里程碑意义。

第一，大会高举中国特色社会主义伟大旗帜，作出了鲜明的政治宣示。百年奋斗历程中，我们党创造了恢宏伟业。面向未来，我们党举什么旗、走什么路、以什么样的精神状态、朝着什么样的目标继续前进，全党上下高度关心，全国人民热切期盼。对此，二十大作出明确回答：高举中国特色社会主义伟大旗帜，全面贯彻习近平新时代中国特色社会主义思想，弘扬伟大建党精神，自信自强、守正创新，踔厉奋发、勇毅前行，为全面建设社会主义现代化国家、全面推进中华民族伟大复兴而团结奋斗。这是二十大的灵魂，是党和国家事业发展的总纲，亮明了我们党的政治立场、政治方向、政治主张。

第二，大会选举产生新一届中央领导机构，为实现新时代新征程党的使命任务提供了根本保证。中共二十大和二十届一中全会选举产生了以习近平同志为核心的新一届中央领导集体。习近平同志继续当选中共中央总书记、中央军委主席，充分反映了全党同志和全国各族人民对习近平总书记的衷心拥护、信赖和爱戴，反映了习近平总书记在全党全军全国各族人民心中的崇高威望，反映了亿万人民紧跟党的核心、人民领袖开创更加美好未来的共同心声和坚定决心。

第三，大会科学擘画新征程宏伟蓝图，为全面建设社会主义现代化国家提供了行动指南。大会部署工作不仅仅是对未来五年，而是放眼更长远、视域更宽广。明确新时代新征程中国共产党的中心任务就是团结带领全国各族人民全面建成社会主义现代化强国、实现第二个百年奋斗目标，以中国式现代化全面推进中华民族伟大复兴，对全面建成社会主义现代化强国“两步走”战略安排进行宏观展望。特别是立足我国发展面临新的战略机遇、战略任务、战略阶段、战略要求、战略环境，对统筹推进“五位一体”总体布局、协调推进“四个全面”战略布局作出了全面部署，这对我国未来发展具有管全局、管根本、管长远的指导和保证作用。

第四，大会彰显大党大国担当，为构建人类命运共同体提供了最具确定性的中国方案。当今世界并不太平，世纪疫情仍在发展，“中国之治”和“西方之乱”形成鲜明对比。在这样的历史当口，中共二十大既着眼于中华民族千秋伟业，又致力于人类和平发展崇高事业，提出了一系列新的重大理念和思想观点，凝结着中国共产党治国理政的丰富智慧和宝贵经验，彰显着高度的历史自信和强烈的历史主动，将给世界上其他国家的发展以深刻启示和重要借鉴，给正处于动荡变革的世界注入了更多确定性。

二、深刻把握中共二十大的精神实质，坚定不移沿着习近平总书记指引的方向奋勇前进

二十大报告统揽全局、博大精深，科学回答了新时代新征程坚持和发展中国特色社会主义的一系列重大理论和实践问题，是一篇具有深刻历史洞察力、深邃思想引领力、强大实践指导力的马克思主义纲领性文献，也是我们党向新时代新征程进军的宣言书、动员令。

第一，深刻把握过去 5 年成就和新时代 10 年伟大变革的重大意义。报告凝练总结了中共十九大以来“极不寻常、极不平凡”的 5 年工作，全景式全方位回顾了中共十八大以来新时代 10 年的伟大变革。回顾新时代十年，这是中国共产党在革命性锻造中更加坚强有力的十年，在 100 多年的中国共产党史上具有里程碑意义；这是中国人民焕发出更为强烈的历史自觉和主动精神的十年，在 40 多年的改革开放史、70 多年的新中国史上具有里程碑意义；这是实现中华民族伟大复兴进入了不可逆转的历史进程的十年，在 5000 多年的中华民族发展史上具有里程碑意义；这是科学社会主义在 21 世纪中国焕发出新的蓬勃生机的十年，在 500 多年的社会主义发展史上具有里程碑意义。

回望这 10 年，我们的一切成就，是在以习近平同志为核心的党中央坚强领导下取得的，是在习近平新时代中国特色社会主义思想科学指引下取得的。习近平总书记作为党中央的核心、全党的核心，在风云变幻中举旗定向、掌舵领航。实践充分证明，“两个确立”作为党在新时代取得的最大政治成果，是从党的百年奋斗历程得出的重大历史结论，是新时代的历史选择、民心所向，是推进中国式现代化的根本保证和必然要求，是应对一切不确定性的最大确定性、最大底气、最大保证，已经成为全党全军全国各族人民的高度共识和共同意志。新时代新征程上把中国特色社会主义事业推向前进，最紧要的是深刻领悟“两个确立”的决定性意义，增强“四个意识”、坚定“四个自信”、做到“两个维护”，自觉在思想上政治上行动上同以习近平同志为核心的党中央保持高度一致。

第二，深刻把握习近平新时代中国特色社会主义思想的世界观和方法论。二十大报告的一个重大的理论贡献，就是深入总结我们党坚持和发展马克思主义的历史经验，精辟概括习近平新时代中国特色社会主义思想的世界观和方法论，号召全党继续推进实践基础上的理论创新，不断开辟马克思主义中国化时代化新境界。报告把习近平新时代中国特色社会主义思想的世界观和方法论概括为“六个坚持”，每一条都有深厚的内涵。

第一条，坚持人民至上。历史是人民创造的，人民的创造性实践是中国共产党理论创新的不竭源泉，所以党的理论是来自人民的理论；中国共产党是为人民服务的，所以党的理论必然是为了人民、造福人民的理论。习近平新时代中国特色社会主义思想就充分体现了人民性。第二条，坚持自信自立。这条与第六条坚持胸怀天下是辩证统一、紧密联系在一起的。没有自信自立的主体性，任何一种文明、一种文化都立不起来，也不可能真正有效地借鉴、吸收好的外来文化。只有保持文明互鉴、文化交流，保持开放包容、兼收并蓄，才能不断增强自身的活力，不断丰富、强大。第三条，坚持守正创新。守正不是教条主义、本本主义的保守，创新也不是无原则、无基础的求新。在“变”与“不变”之间，中国共产党既有着矢志不渝的执着坚守，又有着革故鼎新的创新勇气，既着力正本清源、固本培元，又以巨大魄力推进各方面改革创新。习近平新时代中国特色社会主义思想就是在不断变化的时代和实践中保持着不变初心和旺盛活力。第四条，坚持问题导向。中国共产党从来就不是坐而论道的，从来都是起而行之的，是以科学理论为指导去解决现实问题的，同时又在解决问题的过程中增进对规律的认识，不断丰富发展理论。习近平新时代中国特色社会主义思想就是沿着这条路径形成和发展起来的。第五条，坚持系统观念。这是习近平新时代中国特色社会主义思想的一个鲜明特质。中国人自古以来就有“以天地万物为一体”的思想传统，马克思主义强调世界是普遍联系的、不断发展的。第六条，坚持系统观念，如同中医辨证施治，不能头痛医头、脚痛医脚，而必须从一个内在联系的整体和系统的视角出发，前瞻性思考、全局性谋划、整体性推进。对系统观念的坚持和运用，体现在习近平新时代中国特色社会主义思想的方方面面。

第三，深刻把握以中国式现代化推进中华民族伟大复兴的使命任务。二十大报告深刻阐明了新时代新征程中国共产党的使命任务，全面阐释了中国式现代化的中国特色和本质要求，明确了未来 5 年全面建设社会主义现代化国家的主要目标任务，把我们党对中国式现代化的认识提升到一个新的高度，为我们做好各项工作提供了根本遵循。这其中，二十大报告特别提出了前进道路上必须牢牢把握的五条重大原则，凝聚着党和人民长期奋斗的宝贵经验，是我们居安思危、未雨绸缪，准备经受风高浪急，甚至惊涛骇浪的重大考验的底气所在、信心所在。

一是坚持和加强党的全面领导，这是根本保证。中国共产党领导是中国特色社会主义最本质的特征，是中国特色社会主义制度的最大优势。新征程上，我们把坚持和加强党的全面领导落实到党和国家事业各领域各方面，就能抓住机遇、应对挑战，在时代洪流中牢牢把握事业发展主动权，确保我国社会主义现代化建设的正确方向。

二是坚持中国特色社会主义道路，这是方向引领。方向决定道路，道路决定命运。新征程上，面对不确定性的国际局势和复杂变化的发展环境，必须坚持中国特色社会主义制度，用制度优势应对各种冲击，以制度自信保持战略定力和坚定信念，把国家和民族发展进步的命运牢牢掌握在自己手中。

三是坚持以人民为中心的发展思想，这是价值立场。人民性是马克思主义的本质属性，人民立场是马克思主义的根本立场。百年来，我们党紧紧依靠人民交出了一份又一份载入史册的答卷。新征程上，我们必须把坚持以人民为中心的发展思想作为推进中国式现代化必须牢牢把握的重大原则，不断满足人民日益增长的美好生活需要。

四是坚持深化改革开放，这是动力源泉。改革开放是决定当代中国前途命运的关键一招，是当代中国发展进步的必由之路。改革只有进行时、没有完成时。新征程上，唯有深化改革开放，才能加快构建新发展格局，增强发展动力活力，实现社会生产力大发展。

五是坚持发扬斗争精神，这是精神力量。斗争精神是马克思主义鲜明的理论品格和精神特质。敢于斗争、敢于胜利，是中国共产党不可战胜的强大精神力量。新征程上，面对错综复杂的国内外环境，我们必须增强忧患意识、始终居安思危，敢于战胜一切风险挑战，依靠顽强斗争打开事业发展新天地。

第四，深刻把握以伟大自我革命引领伟大社会革命的重要要求。二十大报告分析了党的建设面临的形势和任务，对深入推进新时代党的建设新的伟大工程作出部署、提出要求。强调，我们党作为世界上最大的马克思主义执政党，要始终赢得人民拥护、巩固长期执政地位，必须时刻保持解决大党独有难题的清醒和坚定。如何保持解决大党独有难题的清醒和坚定？我认为至少有这么几个方面。

一是始终保持集中统一、步调一致。习近平总书记指出：“我们党作为世界上最大的政党，大就要有大的样子，大也有大的难处，如何确保全党在共同思想理论基础上的高度集中统一尤其不易。”现在我们党有 9600 多万名党员、490 多万个基层党组织，只有“团结成一块坚硬的钢铁”，令行禁止、行动统一，心往一处想、劲往一处使，才能保持强大的向心力、凝聚力、战斗力。

二是始终保持不忘初心、牢记使命。习近平总书记讲："初心不会自然保质保鲜，稍不注意就可能蒙尘褪色，久不滋养就会干涸枯萎，很容易走着走着就忘记了为什么要出发、要到哪里去，很容易走散了、走丢了。"只有始终坚守出发的初心，一路走来矢志不移，才能永远为实现人民对美好生活的向往而奋斗。

三是始终保持忧患意识、居安思危。习近平总书记告诫我们，"功成名就时做到居安思危、保持创业初期那种励精图治的精神状态不容易，执掌政权后做到节俭内敛、敬终如始不容易，承平时期严以治吏、防腐戒奢不容易，重大变革关头顺乎潮流、顺应民心不容易"。只有始终保持居安思危的警觉、艰苦奋斗的作风、自我革命的精神，我们才能在新的伟大征程中不断从胜利走向另一个胜利。

四是始终保持敢于斗争、善于斗争。习近平总书记强调，"敢于斗争、敢于胜利，是中国共产党不可战胜的强大精神力量。实现伟大梦想就要顽强拼搏、不懈奋斗。"只有直面困难、敢于斗争，才能有效应对错综复杂的国际环境带来的新矛盾新挑战，只有讲究策略、善于斗争，才能成功破解我国社会主要矛盾变化带来的新问题新考验，才能不断推进中国式现代化，实现中华民族复兴的伟大梦想。

当前，还要清醒认识到，党面临的四大考验和四大危险长期存在。为此，习近平总书记在二十大报告开篇中就向全党同志发出了"务必不忘初心、牢记使命，务必谦虚谨慎、艰苦奋斗，务必敢于斗争、善于斗争"的伟大号召，报告还部署了全面从严治党 7 个方面的主要任务。这些战略部署，抓住了根本、抓住了关键，体现了党对严峻复杂考验的清醒认识、对以党的自我革命引领社会革命的高度自觉，为深入推进新时代党的建设新的伟大工程提供了根本遵循。

三、全面落实中共二十大的新部署新要求，奋力推动新时代政协工作高质量发展

中共二十大报告从发展全过程人民民主、保障人民当家做主的政治高度、战略高度，对新时代新征程人民政协的使命任务作出明确部署，对人民政协作为专门协商机构作用提出明确要求。虽然篇幅不长，但站位高、分量重、内涵深，对政协工作既肯定了新探索，也明确了新方向、部署了新任务，充分体现了中共中央对人民政协工作的高度重视和殷切期望，为新时代人民政协工作提供了根本遵循。我们要深入贯彻落实大会对政协工作的新部署新要求，努力付诸于行动、见之于实效，推动新时代人民政协事业不断向前发展。

*第一，要在广聚团结奋斗共识上下功夫。*团结奋斗是贯穿二十大报告的一个主题词，体现在标题、导语、正文、结语各个部分。当前，世界百年未有之大变局加速演进，当代中国正经历人类历史上最为宏大而独特的实践创新，唯有团结奋斗才能夺取胜利，万众一心才能赢得未来。人民政协作为最广泛的爱国统一战线组织，因团结而生、依团结而存、靠团结而兴，广聚团结奋斗的共识和力量是义不容辞的责任。我们要充分发挥政协的统战组织作用，固守党的领导这个圆心，把工作聚焦到为党争取人

心、汇聚力量这个最大的政治上来，广泛凝聚各党派团体、各族各界人士的智慧和共识，不断凝聚想在一起的团结之心，激发干在一起的奋斗之力，形成心往一处想、劲往一处使的生动局面。

第二，要在充分释放专门协商机构效能上下功夫。中共二十大对发展全过程人民民主、发挥人民政协作为专门协商机构作用和加强制度化、规范化、程序化等功能建设作出了安排部署，为人民政协指引方向、定性赋能。“三化”功能建设的本质要求是通过制度设计、规范标准、程序运行，把拓展协商深度、加强互动交流、促进畅所欲言等政协协商的理念和做法巩固下来、发扬下去。我理解，这里的“三化”功能建设是保障专门协商机构高质量运行、提升专门协商机构效能的关键所在，事关全局，影响长远。要坚持党的领导、统一战线、协商民主有机结合，开展广泛多层制度化协商，打造品牌化的协商平台，有效提高深度协商互动、意见充分表达、广泛凝聚共识水平。要坚持发扬民主和增进团结相互贯通、建言资政和凝聚共识双向发力，以协商聚共识、以共识固团结、以团结铸合力，努力把党的主张和路线方针政策转化为社会各界的共同意志和自觉行动，把专门协商机构优势转化为国家治理效能。

第三，要在深化对政协工作规律性认识上下功夫。人民政协成立 70 多年来，我们对政协性质定位、总体要求、运行机制等方面的认识也经历着一个不断深化、不断成熟的过程。特别是党的十八大以来，党中央首次召开中央政协工作会议，概括形成了人民政协工作的 8 条基本经验；习近平总书记就人民政协工作发表一系列重要讲话，形成了关于加强和改进人民政协工作的重要思想；全国政协坚持守正创新，对政协党的建设、市县政协工作、专委会工作、委员责任担当等提出了一系列新要求，进行了一系列新的实践探索，为我们树立了标杆。

在今后工作中，我们既要总结好这些成功经验，继承好已有的履职实践成果，也要认清“时”和“势”的新变化，与时俱进，顺势而为，注重从理论、制度和运行机制等方面不断去实践、去探索。比如，如何坚持党的领导、统一战线、协商民主有机结合，把握好政协政治方向；如何进一步建立完善制度机制、搭建有效平台载体，做好加强思想政治引领、广泛凝聚共识的工作，做好强信心、聚人心、筑同心的工作；如何准确把握好协商式监督这一本质特征，积极探索加强政协民主监督工作的有效形式和方法，通过民主监督推动工作落实、解决实际问题、密切交流互动、有效增进共识；如何进一步加强委员联系界别群众的广度、深度、频度和效度，确保联系机制更加及时通畅、有效到位。

通过不断深化对政协工作的规律性认识，坚持用新视角看问题、用新思维谋思路、用新办法推工作，在履职实践中不断探索，才能切实把中共二十大对政协工作的新部署新要求全面落实到政协各项履职工作中。

在全省政协农业和农村委员会工作座谈会上的讲话

（2022 年 11 月 28 日）

王艺华

根据省政协年度工作安排和葛慧君主席要求，今天我们召开全省政协农业和农村委员会工作座谈会，认真学习了党的二十大精神，传达学习了全国暨地方政协农业和农村委员会工作座谈会精神，学习了省委和省政协有关会议精神，总结交流政协农业农村委成立以来的主要工作和经验体会，深入研讨政协农业农村委工作特点和规律，谋划部署今后重点工作。会议开得很好，达到了统一思想、凝聚共识、研究探讨、共同提高的目的。结合这次会议主题，我谈三点意见。

一、认真学习宣传贯彻党的二十大精神

党的二十大是在全党全国各族人民迈上全面建设社会主义现代化国家新征程、向第二个百年奋斗目标进军的关键时刻召开的一次十分重要的大会。大会在政治上、理论上、实践上取得一系列重大成果，就新时代新征程党和国家事业发展制定了大政方针和战略部署，是党团结带领人民全面建设社会主义现代化国家、全面推进中华民族伟大复兴的政治宣言和行动纲领。选举产生了以习近平同志为核心的新一届中央领导集体，充分反映了全党全军全国各族人民对习近平总书记的衷心拥护、信赖和爱戴，反映了亿万人民紧跟党的核心、人民领袖开创更加美好未来的共同心声和坚定决心。党的二十大召开后，省市政协农业农村委开展了多种方式的学习、宣传、贯彻活动，取得了很好成效。下一步，要按照全面学习、全面把握、全面落实的要求，继续推动学习宣传贯彻走深走实，特别要密切联系实际，把党的二十大精神同习近平总书记关于政协工作、“三农”工作和山东工作的重要指示要求贯通起来学习，把新时代新征程政协农业农村委干什么、怎么干、怎么干好搞清楚、弄明白、落实好，以实际行动坚定拥护“两个确立”、坚决做到“两个维护”。

政协农业农村委的主责主业是立足政协、服务“三农”，必须把党的二十大关于全面推进乡村振兴的重要部署和习近平总书记关于“三农”工作的重要论述学深悟透，坚持好、运用好贯穿其中的立场、观点、方法，自觉用以指导我们的履职实践。要深刻认识到，党的十八大以来，习近平总书记站在统筹中华民族伟大复兴战略全局和世界百年未有之大变局的高度，就做好“三农”工作发表一系列重要论述，科学回答了农村改革发展的一系列重大理论和实践问题，深刻揭示了做好“三农”工作的历史逻辑、理论逻辑、实践逻辑，开辟了马克思主义“三农”理论新境界，为全面推进乡村振兴、加快农业农村现代化举旗定向、领航掌舵。我梳理了一下，至少有这样十个方面需要准确领会把握、坚决贯彻落实。

（一）深刻把握“坚持用大历史观来看待农业、农村、农民问题”这一认识论方法论。从“三农”与我们党、国家、民族的内在关系中，深刻认识其历史地位、历史方位、历史成就、历史经验、历史使命，准确把握党的农村工作基本立场、基本原则、基本方法、基本观点，始终保持“三农”工作的正确方向。

（二）深刻把握“把解决好‘三农’问题作为全党工作重中之重，加快建设农业强国”这一战略定位。牢记“全面建设社会主义现代化国家，最艰巨最繁重的任务仍然在农村”，坚持农业农村优先发展总方针，准确把握“三农”工作重心的历史性转移，锚定农业农村现代化总目标，坚定不移走中国特色社会主义乡村振兴道路，加快建设农业强国。

（三）深刻把握“确保中国人的饭碗牢牢端在自己手中、饭碗主要装中国粮”这一头等大事。从政治和全局的高度看待粮食安全，坚持以我为主、立足国内、确保产能、适度进口、科技支撑，落实“藏粮于地、藏粮于技”战略，集中力量解决种子和耕地两个要害问题，树立大食物观，构建多元化食物供给体系，全方位夯实粮食安全根基。

（四）深刻把握“说一千道一万，增加农民收入是关键”这一中心任务。坚持人民至上，把增加农民收入作为“三农”工作的中心任务，拓宽农民增收渠道，促进小农户和现代农业发展有机衔接，统筹乡村基础设施和公共服务布局，不断缩小城乡差距，扎实推进共同富裕。

（五）深刻把握“建设宜居宜业和美乡村”这一时代课题。把建设宜居宜业和美乡村作为全面建设社会主义现代化国家的重要内容，深入实施乡村建设行动，创造更多就地就近就业机会，推进农业绿色发展，改善农村人居环境，加快乡村治理体系和治理能力现代化，培育文明乡风、良好家风、淳朴民风，打造农民就地过上现代生活的幸福家园。

（六）深刻把握“推动乡村产业振兴”这一基本前提。把产业兴旺作为解决农村一切问题的前提，顺应产业发展规律，立足当地特色资源，加快发展现代农业，推进农村一二三产业融合发展，构建乡村产业体系。

（七）深刻把握“绿水青山就是金山银山”这一重大理念。乡村是绿水青山资源的集聚地，必须坚持绿色发展，把农业作为生态产业，把农村作为生态系统重要一环，把绿水青山转化为乡村发展的巨大优势和宝贵财富，让良好生态成为乡村振兴的支撑点。

（八）深刻把握“传承发展提升农耕文明”这一必由之路。乡村振兴，既要塑形，也要铸魂。必须牢牢把握社会主义先进文化的前进方向，充分发掘乡村优秀传统文化的思想观念、人文精神、道德规范，赋予其新的时代内涵和价值，走乡村文化兴盛之路。

（九）深刻把握“新形势下深化农村改革，主线仍然是处理好农民和土地的关系”这一科学判断。毫不动摇坚持和完善农村基本经营制度，守牢“三个决不能”的农村改革底线，加快推进农村重点领域和关键环节改革，深化农村土地制度改革，激发农村资源要素活力。

（十）深刻把握“办好农村的事情、实现乡村振兴关键在党”这一根本保证。健全党委全面统一领导、政府负责、党委农村工作部门统筹协调的农村工作领导体制，落实五级书记抓乡村振兴要求，建设政治过硬、本领过硬、作风过硬的乡村振兴干部队伍，培养造就懂农业、爱农村、爱农民的人才大军。

二、深入总结政协农业农村委工作的实践经验和内在规律

这个月上旬召开的全国暨地方政协农业农村委工作座谈会，全面总结并充分肯定了各级政协农业农村委工作的好成绩好经验，对认真学习宣传贯彻党的二十大精神、进一步开创政协农业农村委工作新局面提出明确要求。我代表省政协作了大会交流发言，介绍了省政协农业农村委的工作亮点、经验体会和下步打算。今天会上，我们通报了省政协农业农村委成立以来的工作，各市政协交流了有关情况。总的看，在省委和省政协党组坚强领导下，省政协农业农村委坚持“爱农、为农、兴农”导向和“整体工作高质量、特色工作出亮点”思路，在建言资政中抓牢“为农”主业，在政协全局工作中彰显“农人”担当，在凝聚共识上突出“农”字特色，围绕发挥乡村功能打造乡村振兴齐鲁样板、种业科技创新、做强“齐鲁粮油”品牌等近30个重点专项开展调研、协商、监督活动，与人资环委共同牵头2次常委会会议、先后就编制和实施我省“十四五”发展规划开展专题议政，为我省“走在前、开新局”贡献智慧力量。4年间共获得党中央、国务院和全国政协领导批示4次，党中央、国务院领导关注1次，全国政协农业农村委和省委、省政府领导批示27次，许多对策建议引起有关方面高度重视，转化为实际举措。各市政协紧扣“三农”工作的重点难点和事关农民群众切身利益的问题，扎实开展调研、协商、监督活动，建言资政和凝聚共识双向发力，为“三农”事业发展作出了积极贡献。可以说，全省各级政协农业农村委自成立以来，干出了新时代政协农业农村委新样子，展现了政协最年轻专委会的新作为。在此，向大家取得的成绩表示祝贺，向大家的辛勤付出表示衷心感谢！

回顾这几年政协农业农村委的工作，有许多经验和规律值得总结。一是必须落实习近平总书记重要指示要求深耕“三农”。坚持把习近平总书记对政协工作、“三农”工作的重要指示要求作为根本遵循，胸怀“国之大者”，强化责任担当，当好政协服务“三农”的主力军。二是必须运用大历史观把握“三农”。从大历史观的角度深刻认识做好新时代“三农”工作的重大意义、工作原则和实践要求，保持足够的战略定力和历史耐心，作出经得起历史、人民和实践检验的实绩。三是必须厚植“三农”情怀服务“三农”。坚持爱农、为农、兴农，时刻把农民群众利益摆在首位，确保乡村振兴为农民而兴、乡村建设为农民而建。四是必须抓住主要矛盾研究“三农”。聚焦牵一发而动全身的重点问题、具有撬动作用的杠杆问题、需要集中突破的堵点问题、群众反映强烈的热点问题，深入调研、充分协商，努力提出有用能用的对策建议。五是必须发挥政协优势助推“三农”。立足政协组织优势和职能特点，建言资政和凝聚共识双向发力，上下协作、内外联动、形成合力，为打造乡村振兴齐鲁样板、加快建设农业强省汇聚强大正能量。

三、推动全省政协农业农村委工作争一流、走在前

党的二十大对发展全过程人民民主、全面推进乡村振兴作出一系列重大部署，为做好新时代新征程政协农业农村委工作指明了前进方向。习近平总书记对我省“三农”工作寄予厚望，多次作出重要指示批示，指出“素有‘全国农业看山东’之说”，赋予我省打造乡村振兴齐鲁样板的重大政治责任。李干杰书记多次强调，要坚决扛起“走在前、开新局”的光荣使命，各领域都要事争一流、唯旗是夺，为全国大局作出更多山东贡献。葛慧君主席要求我们强化“五种思维”，以事争一流、奋发有为的精神状态做好政协工作，特别在省政协工作务虚会上，强调要树牢“质量为要”理念，锚定“走在前、开新局”，强化事争一流工作导向，推动全省政协工作走在前、开新局。政协农业农村委作为政协专门委员会的年轻一员，从筹备机构、组建班子、完善制度，到全面开展工作、取得丰硕成果，已经在思路理念上、方式方法上、制度机制上逐渐成熟起来，进入创新发展、提质增效的新阶段。大家有能力、有担当、有情怀、有干劲，也完全有基础、有优势，在全国政协农业农村委系统中、在政协各专委会工作中争一流、走在前。

*第一，要在强化理论武装上练真功。*大兴学习研究之风，以学习宣传贯彻党的二十大精神和习近平新时代中国特色社会主义思想为统领，通过各种会议、活动和“界别同心汇”聚识平台、“学而系列”读书平台等载体，分专题开展深层次、互动式、有特色的理论学习，引导广大委员和机关干部深刻领悟“两个确立”的决定性意义，增强“四个意识”、坚定“四个自信”、做到“两个维护”，始终在思想上政治上行动上同以习近平同志为核心的党中央保持高度一致。

*第二，要在助力乡村振兴上发准力。*立足各地实际，紧扣打造乡村振兴齐鲁样板、加快农业农村现代化、建设宜居宜业和美乡村、建设农业强省的重点问题和群众普遍关心的难点问题，选准角度和切口，扎实建言资政。经初步研究，明年，省政协农业农村委将在完成好省委和省政协党组安排的任务同时，从“加快现代农业强省建设，扎实推进乡村振兴高质量发展”“树立大食物观，发展设施农业，构建多元化食物供给体系”“进一步缩小城乡差距，扎实推进共同富裕”“提升乡村建设和治理水平，推进宜居宜业和美乡村建设”“深化土地托管服务，推进农业农村现代化”“加强历史文化名镇名村保护，留住乡村记忆”等题目中，确定调研、协商、监督议题，届时将邀请

相关市政协参与协同调研，请大家在谋划明年工作时参考。

第三，要在宣传联系群众上接地气。积极探索农业界委员联系“三农”工作者和乡村干部群众的新机制、新载体、新渠道，把凝聚共识贯穿于履行职能和“界别同心汇”建设中，搭建起形势政策“宣传站”、委员群众“连心桥”、农情民意“直通车”，为完善委员联系界别群众制度机制提供实践经验。

第四，要在提升履职质效上求突破。树立一流标准、强化质效导向，调查研究要着重在查实情、听真话上下功夫，协商议政要着重提高深度协商互动、意见充分表达、广泛凝聚共识水平，民主监督要着重创新方法、完善机制、提高实效，用高质量的履职，彰显政协在全过程人民民主中的独特优势和作用。

第五，要在加强自身建设上见实效。要坚持党建引领，充分发挥专委会分党组领导作用、办公室党支部战斗堡垒作用和党员先锋模范作用，打造全面过硬的委员队伍和机关干部队伍，努力在新时代新征程上展现新气象、新作为。

同志们，让我们更加紧密地团结在以习近平同志为核心的党中央周围，坚持以习近平新时代中国特色社会主义思想为指导，深入学习宣传贯彻党的二十大精神，在省委和省政协党组坚强领导下，扎实履职、积极作为、奋勇争先，不断开创新时代新征程政协农业农村委工作新局面，为打造乡村振兴齐鲁样板、加快建设农业强省，为我省“走在前、开新局”作出更大贡献！

讲好昆嵛山故事　打造文化生态名山

（2022 年 11 月 29 日）

唐洲雁

月度协商是我们省政协协商议政大格局中的一个重要组成部分，也是省委省政府省政协年度协商计划的重要内容。今天的会议是省政协今年召开的第九次月度协商会议，由民族和宗教委员会负责具体组织实施，议题为“整合昆嵛山综合资源，打造文化生态名山”。刚才看了宣传片，相信大家对昆嵛山应该有了一个直观的感受和了解，作为“海上诸山之祖”的胶东半岛东部最高峰，不仅有着良好的自然生态，而且有悠久的历史文化底蕴，同时还彰显着胶东人深厚的人文情怀。我们选择这样一个题目作为本次月度协商的主题，目的就是想将昆嵛山在历史、文化、人文、生态等多个方面的开发、保护和研究价值挖掘出来，将其丰富独特的魅力展现在世人面前，为弘扬优秀齐鲁文化、推动文化强省建设、服务高质量发展作出政协贡献。

为确保协商质效，8 月份以来，省政协民宗委组建调研组，赴烟台、威海两市进行了实地调研，商请江西、湖北两省政协开展协同调研；通过情况通报会、座谈交流、网络议政等方式，全面了解昆嵛山综合资源开发利用情况，广泛听取各方意见建议，为开好这次月度协商会议收集了大量资料、做了充足准备。相关材料已汇编成册，供大家协商时参阅。

通过深入调研，我们更加深刻地认识到，昆嵛山确实是一座值得挖掘的宝藏，一张有待擦亮的名片。为什么这么说呢？第一，它是一座丰富的文化宝库。这里名胜古迹众多，既有汉代“永康”石刻，又有金元帝王敕封的“圣旨碑”“懿旨碑”等铭记，圣经山上的《太上老子道德经》大型摩崖石刻，无染寺的汉碑、唐碑，东华宫的五代五华碑，更是难得一见的珍品。第二，它是一座神圣的红色圣地。早在 1935 年农历十一月，中共胶东特委就以昆嵛山为中心，领导发动了席卷胶东的“一一·四”暴动。1937 年 12 月，中共胶东特委以昆嵛山红军游击队为骨干力量，举行了天福山抗日武装起义，此后正是以此为基础，发展孕育出了人民解放军的四个集团军，非常了不起。著名作家冯德英的《苦菜花》《迎春花》《山菊花》家喻户晓，描写的就是昆嵛山军民抗日战争的故事。第三，它是一座物种丰富的生态宝藏。这里有野生动物 1200 多种，有野生高等植物 1000 多种，是我国南北植物的交汇点，有分布于我国最北界的刺杉，最南界的红松，千年树龄的杜松、古银杏，还有颇具欣赏价值的鹅掌楸、华山松等。同时，昆嵛山群山环抱，地形多样，沟谷曲折幽长，沟沟有水，处处见潭，潭瀑相连，佳景迭出，在省内实属罕见。

正是通过这样的调查了解，调研组认为，良好的生态是长期保护的结果。近年来，在省委、省政府的有力领导下，烟台、威海两市贯彻落实新发展理念，加强科学规划、注重生态保护、有序开展开发利用工作，取得了可喜的成效。但仍存在一些不容忽视的问题和制约因素，比如在资源整合上缺乏清晰的目标定位，在统筹规划、整体推进上仍需加强，文化内涵挖掘不够，生态价值应用性提炼不到位，宣传力度有待加强等。

为此，调研组提出，应依托昆嵛山国家级自然保护区天然禀赋，深入挖掘、开发其自然、历史、文化内涵，以打造文化生态名山为高点定位，作出统筹谋划，并付诸实践。具体有以下几个方面的建议，供参考、研究以及进一步协商。

*一是坚持高点定位，加强统筹规划、整体推进。*昆嵛山自然资源与文化底蕴相得益彰，展示着中华民族源远流长的文化传承、独具特色的精神追求和一脉相承的生态智慧。鉴于这样的基础和底蕴，我们应当以更高的定位、更高的标准、更大的力度、更精准的举措，做好昆嵛山的进一步开发保护、研究宣传、推广推介等一系列工作。当务之急就是要做好顶层设计，在省级层面统筹昆嵛山区域保护利用规划，尽快出台实施意见；成立相关机构或建立联席会议机制、常态化协调机制，做好昆嵛山区域保护利用协调管理工作；借鉴有关经验，明确一家省级平台企业负责昆嵛山有关资源的整体开发运营。同时，要厘清各级各部门职责分工，指导推动烟台、威海两市落实到位。

*二是做好挖潜研究，丰富昆嵛山文化内涵。*要拓展人文社科研究的广度和深度，不断丰富昆嵛山文化内涵，依托高校、科研院所成立研究机构，加强学术研究，对昆嵛山红色文化资源、传统文化资源、自然生态资源进行深入研究，全方位、多维度挖掘和阐释昆嵛山文化中蕴含的人文精神、价值理念、道德规范，形成体系；做好文化遗产的保护传承，由文旅部门牵头，组织专家对包括烟霞洞、圣经山摩崖石刻、旸谷山测定春分遗址、驰道古迹等在内的昆嵛山历史文化遗产进行挖掘、抢救、保护；增强公众对昆嵛山文化价值的感知度，借鉴敦煌莫高窟文化遗产价值推广模式，站在推动中华优秀传统文化创造性转化、创新性发展的角度，以展示中华民族的文化精神、文化胸怀和文化自信为目的，提升公众对昆嵛山文化价值的认知。

三是树立绿色理念，擦亮生态金名片。“两山”理论中的“金山银山”，不仅体现经济价值，而且体现包括生态价值在内的自然形态价值、社会价值和文化价值等。要树立正确的生态理念，严守生态保护红线，维护昆嵛山生态系统的原真性和完整性，推进“美丽昆嵛”建设；加快推进昆嵛山自然中心建设，加强与科研院校合作，全力打造中国北方重要的科学研究和自然教育基地；借鉴浙江天目山国家级自然保护区管理经验，积极打造生态文明宣传基地、生态成果展示基地、生态福祉共享基地，打响

人与自然和谐共生的生态名片；根据保护区功能定位，在政策空间范围内积极探索生态价值实现路径，凭借“高颜值”生态，推动高质量发展，以绿色赋能绘就金色前景。

*四是加大宣传力度，扩大公众知晓度。*打造开放性展示平台，由宣传部门牵头，搭建昆嵛山开放式文旅百科平台，发动和鼓励群众对本地的民间传说、民风民俗、美食、风景等不断补充和完善，通过大量的图片、视频、文字讲述昆嵛山故事；以文创产品带动文化传播，借鉴故宫文创产品、徽派文化文创产品研发模式，用文创产品讲述文化故事；打造以“互联网 +”为主的全媒体营销宣传模式，依托专业营销推广团队，通过打造昆嵛山文化生态创意 IP，全方位提升昆嵛山的公众知晓度和知名度；加强文旅深度融合，坚持以文塑旅、以旅彰文，依托《胶东经济圈文化旅游一体化高质量发展合作框架协议》，通过文旅集团等专业团队，整合串联优质资源，加强区域联动，延长文旅产业链条，以文旅消费带动文化传播。

深入学习贯彻中共二十大精神
推动全省政协社法委工作开新局

——在全省政协社法委工作会议上的讲话

（2022 年 12 月 7 日）

王修林

按照省政协年度工作安排，今天召开全省政协社法委工作会议，主要任务是：以习近平新时代中国特色社会主义思想为指导，深入学习贯彻中共二十大精神，深入学习贯彻习近平总书记关于加强和改进人民政协工作的重要思想，总结交流经验，研究部署工作，踔厉奋发，守正创新，聚力推动全省政协社法委工作开创新局面。

省政协对开好这次会议高度重视，葛慧君主席亲自审定会议方案并提出要求。因疫情原因，原定线下的会议调整为线上线下相结合形式，省政协机关设立主会场，16 市政协设分会场。刚才，孟富强主任全面系统总结了十二届省政协社法委五年以来的工作，提炼出 5 条重要体会，对做好明年工作提出了 5 个方面的建议；6 位市政协负责同志作了交流发言，大家讲得都很好，听后很受启发。下面，我就学习贯彻中共二十大精神，推动全省政协社法委工作开新局，讲五点意见建议。

一、深入学习贯彻中共二十大精神，把思想和行动统一到大会决策部署上来

中共二十大是在迈上全面建设社会主义现代化国家新征程、向第二个百年奋斗目标进军的关键时刻召开的一次十分重要的大会，在党和国家发展进程中具有重大的历史意义。我们要把学习宣传贯彻中共二十大精神作为当前和今后一个时期的首要政治任务，切实做到用二十大精神武装头脑、指导实践、推动工作。

（一）坚定拥护“两个确立”，坚决做到“两个维护”。新时代十年承接历史、塑造现实、开辟未来。过去五年工作和新时代十年的伟大变革，根本在于习近平总书记作为党中央的核心、全党的核心掌舵领航，在于习近平新时代中国特色社会主义思想的科学指引。“两个确立”是新时代引领党和国家事业从胜利走向新的胜利的决定性因素，是战胜一切艰难险阻、应对一切不确定性的最大确定性、最大底气、最大保证。我们要深刻领悟“两个确立”的决定性意义，增强“四个意识”，坚定“四个自信”，做到“两个维护”，始终在政治立场、政治方向、政治原则、政治道路上同以习近平同志为核心的党中央保持高度一致。

（二）深刻认识和把握全面推进中华民族伟大复兴的使命任务和战略部署。中共二十大报告系统擘画了以中国式现代化推进中华民族伟大复兴的宏伟蓝图，是全面推进社会主义现代化国家建设的政治宣言和行动纲领。我们要深刻领悟马克思主义中国化时代化新境界，深刻领悟中国式现代化的中国特色、本质要求和重要原则，深刻领悟推动高质量发展、实施科教兴国战略、发展全过程人民民主、全面依法治国、文化自信自强、增进民生福祉、推动绿色发展等方面的重大部署，深刻领悟“三个必须”“两个结合”“六个坚持”“中国式现代化”等重大思想观点，切实把二十大精神转化为社会各界的共同意志和自觉行动。

（三）为实现中共二十大确立的奋斗目标广泛凝心聚力。中共二十大报告对人民政协工作提出了新要求，明确了新时代新征程人民政协的使命任务。人民政协作为社会主义协商民主的重要渠道和专门协商机构，是发展全过程人民民主的重要力量。我们要坚持党的领导、统一战线、协商民主有机结合，坚持发扬民主和增进团结相互贯通、建言资政和凝聚共识双向发力，丰富深化中国式“商量”实践，充分释放专门协商机构的制度效能。充分发挥最广泛爱国统一战线组织的作用，积极融入大统战格局，切实担负起“落实下去、凝聚起来”的政治责任，寻求最大公约数，画出最大同心圆，巩固团结奋斗的共同思想政治基础，形成全面建设社会主义现代化国家的强大合力。

二、强化责任感使命感，激发做好专委会工作的内生动力

葛慧君主席对专委会工作高度重视，今年年初专门召开专委会主任座谈会，听取工作情况汇报，对做好专委会工作提出一系列新要求。专委会作为常委会和主席会议领导下的工作机构，在政协工作中具有基础性地位和作用，专委会工作开展得怎样、作用发挥得如何，关系政协工作全局，关系政协履职成效，关系政协事业长远发展。

（一）专委会是政协履职的重要依托。人民政协履行政治协商、民主监督、参政议政和凝聚共识职能，主要靠专委会来实现。专委会是“机构中的机构”“专门中的专门”，肩负着承办重要会议、组织重要活动、开展政协经常性工作的重要职责。政协专题议政性常委会会议、月度协商会等，主要依托专委会来筹办，从议题的提出、调研的开展到会议的组织、协调党政部门、安排委员发言再到最终形成协商报告，专委会都发挥着主导主办的作用。政协组织视察、调研、协商、监督等活动，发挥委员作用，汇集委员才智，也主要依靠专委会来组织和调动。可以说，专委会是政协履职的主攻手，是政协事业高质量发展的主力军。

（二）专委会是服务中心大局的重要力量。专委会是政协围绕中心、服务大局的前沿阵地。专委会具有政治站位高、工作领域广、专业性强、专业人才密集的优势，工作领域涵盖政治、经济、文化、教育、生态、社会法治、民族宗教、外事等方方面面。所以，在推进经济社会全面发展的大格局中，政协专委会是一支重要的“方面军”，占有重要的一席之地。近年来，省政协各专委会围绕新旧动能转换、乡村振兴、“三个走在前”等重大问题，深入开展调研协商，形成一大批高质量履职成果，得到省委省政府主要领导重视，为党委政府科学决策提供重要参考，许多建议转化为党政部门的政策措施。各专委会还积极做好协调关系、化解矛盾、凝心聚力、团结联谊方面的工作，为经济社会发展营造良好环境。这些都彰显了专委会在服务中心大局中的作用和价值。

（三）专委会是联系委员和社会各界的重要渠道。专委会具有渠道宽、触角深、联系面广的优势。首先，专委会是联系服务委员的渠道。按照“全员入委”要求，全体委员都由专委会来联系服务，帮助委员知情明政，组织委员有序参政议政，保证委员履职常态化。其次，专委会是合作共事的渠道。专委会由主任、副主任、若干委员组成，还联系若干界别，自身构成包涵多个党派、多个界别，是具有统战性质的各界人士团结共事的阵地。最后，专委会是联系社会各界的渠道。专委会联系面非常广泛，与党政部门、党派团体、科研院所、民间组织、五大宗教等都有深层的联系与协作，与非公有制经济、新的社会阶层、港澳台同胞、海外侨胞有广泛的联系和交往，专委会工作触角可深达社区、企业、学校、乡村等最基层。可以说，专委会是联络联系各方面各阶层、广泛汇聚智慧和力量的重要平台。

三、总结运用好经验好做法，提升社法委工作科学化水平

善于总结经验，用经验指导推动工作，是重要的工作方法。近年来，全省各级政协社法委形成了许多好经验好做法，概括大家的工作实践和交流材料，我认为有以下几个方面。一是坚持党对专委会工作的全面领导；二是聚焦聚力协商主责主业；三是紧扣中心大局履职尽责；四是坚持建言资政与凝聚共识双向发力；五是探索创新高质量履职有效形式；六是注重发挥委员和界别作用；七是加大社法委工作的社会开放度和宣传力度；等等。这些经验做法，值得在今后工作中继续坚持和发扬。具体包括以下方面。

在加强思想政治引领方面，烟台市政协社法委谋划打造“同心向党”党建品牌，开展“走进党代表”主题党日、初心论坛等党建活动，以党建促履职、凝共识。菏泽市政协社法委以所联系的界别委员为主体成立学习小组，定期开展集中学习，举办两次“法治讲堂”。德州市政协社法委在所联系的界别成立临时党支部。在做好协商主责主业方面，济南市政协社法委通过“商量”平台，围绕民生“关键小事”举办了10次专题“商量”，还创新开展青春版“商量”，让学校学生参与商量实践，产生了广泛的社会影响。济宁、威海市政协社法委围绕民生热点问题，积极开展对口协商。潍坊、临沂、滨州市政协社法委积极开展立法协商，组织委员参与地方立法工作，为立法修法提供智力支持和广泛民意基础。在创新履职形式方面，青岛市政协社法委发挥“智慧政协”平台作用，积极开展协商议政、法律咨询活动，开辟委员讲民法典栏目和网络议政专栏，进一步丰富了履职手段。淄博市政协社法委实行选题过程、协商过程、办理过程“三公开”，扩大了协商的社会影响力。东营市政协社法委落实协商建议办理跟踪问效机制，形成建议转化的工作闭环，推动履职成果转化为基层治理效能。济宁市政协社法委将调研课题分解成几个子课题，分别成立小分队，采取“四不两直”方式开展调研。泰安市政协社法委成立政协“法治之光”服务团，把法律领域的13名市政协委员组织起来，为工业企业合规运行、知识产权保护提供全方位法律服务。聊城市政协社法委开展监督式协商活动，将“完善养老服务体系”议题分解为七大类27条小的意见和问题，使监督更具针对性，辣味十足。在发挥委员和界别作用方面，枣庄市政协社法委让政协常委牵头负责调研的子课题，让政协委员带领小分队，直接带着问题去调研，提高了调研的精准度。日照市政协社法委开展“阳光协商·界别悦读”活动，举办防电信诈骗系列讲座，引导界别群众学习法律知识，掌握“反诈”要领。

此外，各地还有许多好的做法，我在这里就不一一列举了。

四、准确把握新使命新要求，推动全省政协社法委工作开新局

中共二十大赋予人民政协新的使命任务，提出了新部署新要求。省第十二次党代会向全省发出了“牢记嘱托走在前、勇担使命开新局”的动员令。要以学习贯彻二十大精神和省第十二次党代会部署为主线，推动全省政协社法委工作走在前、开新局。

（一）坚持党建引领，在打造党建工作亮点和品牌上开新局。党的建设是专委会的根本性建设，是头等政治任务。省政协社法委分党组自2019年成立以来，积极探索强化理论武装、加强思想引领的有效形式。近期，分党组形成了“搭建理论课堂、指尖课堂、实践课堂，提升党建工作质效”的经验文章，并在省委省直机关工委刊物《机关党建》上刊发。葛慧君主席阅后作出重要批示，给予高度评价，指出社法委分党组工作“做出了特色、创造了经验”。葛主席的批示，对做好专委会党建工作是莫大的激励和鼓舞，也是一种殷切的要求和期望。今后，要统筹规划、一体推进三个“课堂”的开展，完善功能定位、规范学习内容、创新学习形式、提高学习成效，充分发挥三个“课堂”在理论武装、促进履职、锤炼党性等方面的作用，打造社法委党建工作品牌。各市政协社法委也要积极探索创新专委会的党建工作，创造出更多好的经验、好的典型。

（二）围绕中心大局协商议政，在推进高质量履职上开新局。围绕中心、服务大局，是做好专委会工作的根本遵循。要紧紧围绕中共二十大精神和省第十二次党代会部署谋划开展工作，在服务中心大局中展现更大作为。一是抓好选题这个“牛鼻子”。中心大局的工作，仅就社会和法治领域，重要题目就非常多，而每年社法委的重点选题就那么一两个，这就对选好题目提出很高的要求。题目过大，超出能力范围，小牛拉重车，拖不动；题目过小，做起来倒是省时省力，但普遍价值不大。所以，每年我们都普遍面临“选题难”的窘境。我认为，选好题目应在“三个最”上下功夫，党政最急需、群众最期盼、社法委最所能，把这三者结合好。二是抓好调查研究这个“定磐石”。调查研究是履职建言的基石，体现的是“内功”“硬功”。这项工作做不好，后面的工作就是花拳绣腿，议政建言势必“水货连篇”。调查研究要做到：把情况摸“透”，把问题找“准”，把分析搞“深”，提出务实管用、切实可行的意见建议。三是抓好协商议政这个“重头戏”。围绕调查研究形成的重要建议、发现的重要问题，组织委员与党政部门深度协商交流，碰撞观点，交换看法，深化认识，达到增进共识、解决问题、推动工作的效果。四是抓好报告起草这个“履职果”。报告起草是整个履职链条结出的果，是最为精华的部分，体现的是“真功夫”。要把调研和协商的情况综合好，把文字提炼好，形成有决策参考价值的履职成果。

*（三）创新履职形式方法，在提高协商监督质效上开新局。*创新是做好工作的重要理念和方法。“时”与“势”都在不停地变化，不创新就会跟不上趟、被落下。当前社法委工作需要强化、改进、提升、探索的地方还有很多，对症下药就是守正创新。要强化思想政治引领，做好广泛凝聚共识工作；要改进调查研究形式，掌握调研的主动权、主导权；要提升协商议政质量，做到深度协商互动、意见充分表达；要探索民主监督的有效形式，体现出“辣味”，使监督更具针对性；要运用好“五大平台”，用数字赋能提升专委会履职工作质效。

*（四）注重加强协作联动，在优化履职环境、形成履职合力上开新局。*社法委是政协涉及对口部门最多的专委会之一，工作联系范围宽、业务涉及面广，必须做好上下贯通、联系内外、联络各方的工作。要加强与全国政协社法委的联系，及时得到有力指导。要加强与党政对口部门的联系协作，增进重要工作的交流，在重要工作开展中相互支持和配合。要加强省市县三级政协社法委的合作联动，以课题为纽带，开展联合调研视察活动，发挥政协整体功能优势。明年，省政协社法委将围绕“推进居家社区养老服务”开展协商，围绕《山东省养老服务条例》实施情况开展视察，希望有关市县政协社法委参与协同调研和视察。要加强与党派团体和社会各方面的联系合作，根据议题需要，邀请参与专委会的调研、视察、协商活动，借用外智外力，提升调研精准度和建言“含金量”。

*（五）加强界别联系指导，在团结引领界别群众上开新局。*中共二十大报告提出，要完善委员联系界别群众制度机制。政协由界别组成，每个界别都是一条民主通道，一头连着党委政府，一头连着千万民众。加强对所联系界别的指导，是专委会的一项重要任务和职责。今年以来，省政协在全省搭建起 20 个“界别同心汇”聚识平台，是委员联系界别群众的有益探索。下一步，规范引导、有序推广，将是省政协的一项重点工作。社法委要积极参与和推动“界别同心汇”的创建，通过这个平台，一方面，加强对界别群众的思想引领，更好地凝聚共识；另一方面，畅通界别群众利益诉求表达渠道，引导组织他们有序政治参与。

五、全面加强自身建设，为高质量履职提供坚强保障

打铁还需自身硬。抓紧抓实自身建设，是做好社法委工作的前提保证。要立足新时代新使命，适应新任务新要求，全面提升服务保障能力和水平。

*（一）发挥专委会主任的头雁作用。*专委会主任是做好专委会工作的关键。要保持“一线”状态，打消来政协歇歇脚、养养老的念头，以高的标准、严的要求、争一流的

状态干好工作；要把好政治关，发挥理论水平高、政治能力强、熟悉大局工作的优势，把握好专委会工作的政治原则和工作重点；要带好“两支队伍”，一支是专委会委员队伍；一支是办公室干部队伍，强化思想教育、业务指导、方法传授、精神激励、作风监管，激发他们履职尽责的积极性能动性。

（二）发挥委员的主体作用。委员是政协工作的主体，也是专委会工作的主体。要积极为委员知情明政、履职尽责创造条件，让委员学习有平台、协商有渠道、履职有路径。特别是要引导和组织委员通过“五大平台”各展其长、各施其能。要有针对性地开展学习培训，不断增强委员政治把握能力、联系群众能力、调查研究能力和合作共事能力。要做好委员服务管理，调动委员积极性，确保实现委员履职全覆盖。

（三）发挥制度机制的规范作用。制度机制建设是一项固基础、稳预期、利长远的重要工作。二十大报告也提出“加强制度化、规范化、程序化等功能建设”。要处理好“管当下”与“立长远”的关系，坚持把建章立制作为一项重要工作来抓，及时把实践中形成的好经验好做法，提炼上升为具有普适性、指导性的制度规范。要做好现有制度的梳理，根据新形势新要求，做好“废改立”，确保制度对工作的全覆盖，确保制度的生命力、执行力，使专委会各项工作有制可依、有序可循。

（四）发挥办公室的保障作用。办公室是搭建协商议政平台、服务委员履职、确保专委会工作有序运行的重要保障。要强化服务意识，为政协委员和各界人士提供优质高效的服务；要提升业务能力，成为胜任社法委工作的行家里手；要改进文风，文字材料做到“短、实、新”；要注重廉洁自律，特别是落实好中央八项规定以及新出台的实施细则精神和省委实施办法；要加大干部的教育、培养、锻炼，造就一支政治坚定、作风过硬、业务熟练、担当干事的干部队伍。

新征程期待新作为，新使命呼唤新担当。让我们更加紧密地团结在以习近平同志为核心的党中央周围，深入贯彻落实中共二十大精神，以更加昂扬的精神状态、更加务实的创新举措、更加出彩的履职业绩，为新时代社会主义现代化强省建设贡献智慧和力量。

在“融入双循环，推进山东港口高质量发展”月度协商会上的讲话

（2022年12月15日）

葛慧君

时至年终岁尾，我们召开本年度第十场也是最后一场月度协商会，主题是“融入双循环，推进山东港口高质量发展”，主要目的是聚焦山东港口一体化改革和高质量发展，广泛协商、务实建言，为推动相关工作汇聚智慧、凝聚共识，增强信心、增添助力。

大家知道，但凡大国、大省，必有大港。（来山东之前，我一直在浙江工作，包括在宁波工作近两年的时间。当时恰逢习近平总书记前瞻性、战略性、创造性地作出了“加快宁波舟山港一体化进程”的重大部署，开启了宁波、舟山两港组合发展的美好蓝图。因此，我是以亲历者、参与者、推动者的身份，见证了舟山港依靠一体化整合，从区域性海港走向全国第一、再到世界第一的成长历程。）到山东工作以来，我通过多层面、多渠道、多场合了解到，从2018年开始，山东港口抓住一体化改革这个“牛鼻子”，有效推动了架构重塑、资源重组、实力重振，对我省经济发展起到了重要的支撑作用。今天现场听了大家的发言，又给了我不少启发，让我对山东港口的发展前景充满了坚定信心。下面，再谈几点意见。

一、充分认识港口发展的重要意义。港口是时代发展的产物，推动实现港口经济高质量发展是建功新时代、构建新发展格局的题中应有之义。

*港口是畅通双循环的“主渠道”。*作为战略性基础性设施，现代港口的职能定位，已经从单一的集疏运平台，拓展为物流服务中心、现代产业中心、后援服务中心和商务中心。特别是我们山东的港口，向内背靠强大的制造业腹地，向外对接日韩等广阔的国际市场，在双循环大格局中处于枢纽位置、发挥链接作用，地位特殊、优势突出。

*港口是海洋强省建设的“硬平台”。*2018年，习近平总书记对山东提出了“努力在发展海洋经济上走在前列”的殷切期望，并为我们标注了海洋强省建设的三大目标，也就是加快建设世界一流的海洋港口、完善的现代海洋产业体系以及绿色可持续的海洋生态环境。我们要认识到，这三大目标不是相互割裂的，而是一个有机整体，

特别是习近平总书记把海洋港口建设列在首位，背后颇有深意。因为港口建设是海洋强省建设的切入点和突破口，对海洋产业发展和海洋环境保护具有牵引带动作用。(比如，港口在发展海洋产业方面，业务专、实力强、位置优，具有其他设施不可比拟的独特优势；再比如，在海洋生态保护方面，港口的绿色化发展本身就是海洋可持续发展的重要部分。）这里面蕴含着深刻的辩证思维，我们要用心学习、用心领悟、用心贯彻。

*港口建设是绿色低碳发展的“助推器”。*交通运输行业一直是资源消耗和碳排放的大户，前些天看到一组统计数据，目前我国交通运输排放占碳排放总量的1/10，其中公路运输排放又占将近九成。对应欧美的经验，在完成工业化以后，这个数据会攀升至1/3左右。这就意味着，我们的交通碳排放压力是相当大的。从这个角度来看，要实现“双碳”目标，推动交通运输行业碳排放结构优化，港口建设大有文章可做。

二、扎实推动港口建设提质增效。历经3年多的一体化改革，山东港口发展势头好、业绩优、潜力大，2021年货物吞吐量、集装箱量分居世界第一位和第三位。今年又克服诸多不利因素的影响，实现逆势上扬，成绩来之不易、成效难能可贵。但是，改革没有完成时，发展始终在路上，我们仍然要在“闯难关”“蹚新路”上下功夫、求突破。

*要智慧化、绿色化齐头并进。*从国际先进港区发展来看，加大智慧化投入、推进绿色化转型，是未来的大趋势、大潮流。青岛港自动化码头、“氢+5G”智慧绿色码头等，为我省港口建设积累了经验、蹚出了路子、提供了样板。下一步，要做好以点带面、从线到片的拓展深化，抓住用好山东港口集团一体化改革机遇，加大推广力度和升级速度，靠信息技术让港口跑出加速度，用绿色发展为港口注入强动力。

*要深耕主业、前瞻布局同步推进。*山东港口集团现有12个业务板块，这是不可动摇的“立身之本”。要坚决贯彻落实习近平总书记关于国有企业改革发展的重要指示精神，心无旁骛攻主业，咬定青山不放松，合理摆布好12项业务的关系，深耕细作、持续发力。同时，要看到在高端服务等领域的巨大发展空间，走出舒适区、布局新赛道，做好扩充增量和迭代升级的文章。刚才，程学展委员也讲到，高端服务是香港当前重要的转型目标，也代表了一种行业发展的趋势。我们应该在这方面有所认识、有所动作，超前谋划、打好基础，补齐短板、迎头赶上。

*要内聚合力、外谋拓展协调施策。*山东地处南北地理分界线，是“一带一路”新亚欧大陆桥经济走廊的重要节点，还是黄河流域唯一出海口，山东港口肩负着协同南北、沟通东西、连接陆海的重要使命。山东港口如何更好地发挥作用？非常关键的一点，是要重视多式联运。去年12月，国务院印发了推进多式联运发展、优化调整运输结构的工作方案，其中涉及港口的相关内容，篇幅很长、分量很重，政策的含金量也很高。我们要主动出击，抢抓政策窗口，在合理布局内陆无水港上下功夫，在便捷通关上想办法，不断提升综合运输效率，降低社会物流成本。还有一个重大的机遇，就

是 RCEP 的落地生效，这项工作各省份都在研究推进。（8 月份，省政协召开第六场月度协商会，围绕“用好 RCEP 便利政策，扩大我省农产品出口”这个题目，进行协商议政，取得了很好的效果。）山东作为沿海大省，应当深研一层、先行一步，利用好港口资源，真正让服务延伸到大宗物资主产区，把“接口”放到需求侧的“家门口”，切实把 RCEP 机遇用足用好用实。

三、凝聚港口发展的强大合力。港口建设这个题目专业性强、关注度高、影响面广，对于政协来讲，是一个值得深研细究的课题，是一个值得深挖的“富矿”。全省各级政协要发挥好组织、渠道、人才优势，为推进山东港口高质量发展贡献智慧和力量。要科学建言。引导广大委员和社会各界，围绕我省港口高质量发展建箴言、献良策。要监督助推。抓住港口发展的关键问题，有针对性地开展协商式监督，助力相关政策措施落地落实。要广聚共识。发挥联系广、渠道多的优势，把省委省政府的决策部署宣传出去，把港口一体化改革的成果成效推介出去，增强共谋发展的定力，增进共促改革的共识。

会议刚开始的时候，我向大家介绍了，这是本年度最后一场月度协商会。月度协商会制度是今年省政协的创新工作之一，是我们集中力量打造的集专题协商、对口协商、界别协商、远程协商、网络议政等于一体的常态化融合履职载体。根据省委省政府省政协年度协商计划，我们在全年共安排了 10 场月度协商会。对于这项工作，我个人是非常重视的，除了因工作安排冲突缺席了两场，其余 8 场我都参加了。现在回过头来看，今年的月度协商会，各有特色、场场精彩，实现了丰富政协协商平台、增加政协协商频次、发挥专门协商机构作用的目标定位，达成了扩大政协协商机构影响、拓宽政协委员履职渠道、锻炼政协机关干部队伍的预期效果。

概括起来，我认为今年的月度协商会工作，有三个突出特点。一是选题好。从实际效果看，这 10 场协商会的选题，从第一场的育儿友好型社会建设，到今天的港口发展，方方面面都比较关注，参与热情很高，可以说实现了“选好题”的目标。二是调研实。在各位副主席的带领下，各专委会组织委员、专家学者和市县政协，深入细致地开展调研活动，尤其是在疫情反复的情况下，大家抢抓“窗口期”，沉到一线、走近群众，并通过网络议政、视频连线等方式，掌握了一手资料。三是协商深。会上，委员们发言踊跃、提问精准，部门同志的回应全面深入、互动充分，在很多问题上讨论出了真知灼见、碰撞出了智慧火花，对相关工作起到了很好的助力助推作用，真正做到了二十大报告提出的“深度协商互动、意见充分表达、广泛凝聚共识”要求，体现了省政协协商议政的质量和水平。

以上工作成果，是大家从无到有、一点一滴干出来的，是大家集思广益、探索创新摸索出来的。这些成绩的取得，得益于省委、省政府的关心指导，得益于各部门单位和社会各方面的大力支持，是广大政协委员、省政协各专委会和全省各级政协组织共同努力的结果。在此，我代表省政协向大家表示衷心的感谢！

下一步，我们将做好归纳总结、建章立制、优化提升的工作，研究制定月度协商会工作规程，进一步规范协商程序、运行方式和制度要求，推动提升月度协商会的制度化、规范化、程序化水平。根据初步计划安排，明年要安排两次专题议政性常委会会议、组织8场月度协商会，请各位领导、委员和专家继续关心关注、继续支持帮助。

在全省政协港澳台侨和外事工作座谈会上的讲话

（2022 年 12 月 15 日）

程　林

今天我们召开全省政协港澳台侨和外事工作座谈会，学习贯彻中共二十大和省委十二届二次全会精神，总结工作，交流经验，是贯彻落实二十大精神的具体行动，也是推动工作提质增效的有效举措。刚才，省委台港澳办刘渊主任围绕二十大对港澳台工作的新部署新要求进行了专题辅导；省政协港澳台侨和外事委员会于毅主任总结了五年来全省政协港澳台侨和外事工作情况，提出了下步工作打算；5 位市政协相关负责同志做了交流发言。相信通过今天的会议，大家将进一步加深对二十大精神的理解和把握，进一步明确新征程上做好港澳台侨和外事工作的目标和方向，进一步增进为全面建设社会主义现代化强省、全面推进中华民族伟大复兴而团结奋斗的责任感和使命感。

十二届省政协以来，在中共山东省委的坚强领导下，坚持以习近平新时代中国特色社会主义思想为指导，全面贯彻习近平总书记关于加强和改进人民政协工作的重要思想，落实中央政协工作会议精神和省委政协工作会议精神，发挥专门协商机构作用，坚持建言资政和凝聚共识双向发力，为经济社会高质量发展贡献了政协智慧和力量。特别是今年以来，把平台建设作为改进工作的“硬抓手”、提质增效的“主引擎”、创新发展的“重头戏”，在全省政协系统打造了“有事多商量”协商平台、“界别同心汇”聚识平台、“学而系列”读书平台、“数字政协”数字平台、“鲁力同心”宣传平台等五大平台，工作运行机制发生开创性变化，政协的社会影响力和品牌效应逐步显现。

五年来，省政协港澳台侨和外事委员会在常委会和主席会议领导下，成立委员会分党组，党的建设全面加强；支持引导港澳台侨界别委员开展反“独”促统斗争，凝心聚力成效明显；发挥专门协商机构基础性作用，建言资政有力有效；着力完善制度机制，高标准高质量完成了各项履职工作，得到全国政协和省有关领导充分肯定。各市政协港澳台侨和外事工作部门，立足本职、开拓创新，工作各具特色、富有成效，在此我代表省政协，对省市政协港澳台侨和外事工作取得的成绩表示热烈祝贺，对从事港澳台侨和外事工作的全体同志表示衷心感谢！

10 月份召开的中共二十大，凝练总结了十九大以来 5 年的工作，全景式回顾了十八大以来新时代10年的伟大变革，擘画了以中国式现代化全面推进中华民族伟大复兴的宏伟蓝图，为新征程上党和国家事业发展、实现第二个百年奋斗目标指明了前进方向、确立了行动指南，也对新时代政协港澳台侨和外事工作做出了新部署、提出了新要求。下面，围绕学习贯彻中共二十大精神，开创全省政协港澳台侨和外事工作新局面，讲几点意见。

一、深入学习、深刻领会中共二十大精神，夯实团结奋斗的共同思想政治基础

中共二十大是在关键时刻召开的一次十分重要的大会，在党和国家发展进程中具有极其重大的里程碑意义。习近平总书记的报告，视野宏阔、思想深邃、内涵丰富，为奋进新时代、走好新征程提供了根本遵循。全省各级政协港澳台侨和外事工作部门，要将学习宣传贯彻中共二十大精神作为当前首要政治任务和长期根本性任务，全面学习、全面把握、全面落实，切实把思想和行动统一到大会精神和各项决策部署上来。

一是深刻认识新时代十年伟大变革的重大意义和根本保证，坚定拥护“两个确立”、坚决做到“两个维护”。中共十八大以来，以习近平同志为核心的中共中央团结带领全党全军全国各族人民，创立习近平新时代中国特色社会主义思想，沉着应对历史性挑战，在港澳台侨和外事工作领域，全面准确推进“一国两制”实践，推动香港进入由乱到治走向由治及兴的新阶段，坚决开展反“台独”分裂、反干涉重大斗争，掌握了实现祖国完全统一的战略主动，全面推进中国特色大国外交，我国国际影响力、感召力、塑造力显著提升。回望过去，新时代十年的伟大变革，根本在于有习近平总书记掌舵领航，在于有习近平新时代中国特色社会主义思想科学指引。“两个确立”是新时代的最大政治成果，是党和国家事业取得历史性成就、发生历史性变革的决定性因素。展望未来，要实现第二个百年奋斗目标，要战胜前进道路上的重大风险挑战，更加需要坚强领导核心与科学理论指引。我们要深刻领悟“两个确立”的决定性意义，进一步增强坚决做到“两个维护”的政治自觉、思想自觉、行动自觉，始终沿着习近平总书记指引的方向勇毅前行，以新的伟大奋斗书写新的辉煌篇章。

二是深刻领会以中国式现代化全面推进中华民族伟大复兴的中心任务。二十大报告明确提出全面建成社会主义现代化强国、实现第二个百年奋斗目标，以中国式现代化全面推进中华民族伟大复兴的中心任务，对全面建成社会主义现代化强国进行了战略谋划，重点部署了未来五年全面建设社会主义现代化国家的战略任务和重大举措。全面建设社会主义现代化国家，是一项伟大而艰巨的事业，前途光明，任重道远。我们要立足政协港澳台侨和外事工作实际，增强战略定力，把握历史机遇，积极主动作为，为助力山东走在前、开新局，不断夺取全面建设社会主义现代化国家新胜利贡献智慧力量。

三是深刻把握人民政协在发展全过程人民民主中担负的职责功能。全过程人民民主是以习近平同志为核心的中共中央不断推进中国民主理论创新、制度创新、实践创新的重大成果、伟大创造，彰显了我国人民当家做主民主政治制度体系的独特优势。

人民政协作为全过程人民民主的重要制度安排、重要实现形式、重要民意渠道，担负着扩大有序政治参与，广泛凝聚共识、汇聚智慧力量，推动人民民主全链条、全方位、全覆盖发展的功能。新时代新征程，我们要在全过程人民民主大格局下把握和推进政协工作，坚持党的领导、统一战线、协商民主有机结合，坚持发扬民主和增进团结相互贯通、建言资政和凝聚共识双向发力，发挥人民政协专门协商机构作用，进一步提升履职质效；着力强化海内外同胞团结联谊，拓展朋友圈、画大同心圆、汇聚正能量。

二、深刻理解、准确把握中共二十大关于港澳台侨和外事工作新部署新要求，为实现中华民族伟大复兴广泛凝心聚力

二十大报告指出，百年变局和世纪疫情相互交织，世界进入新的动荡变革期，外部环境更加不稳定不确定，我国发展面临新的战略环境。我们要准确把握报告关于治港、治澳、对台、侨务、外交等方面的方针部署，与落实习近平总书记对山东工作的指示要求紧密结合，胸怀“国之大者”，加强海内外中华儿女大团结，形成同心共圆中国梦的强大合力、合力助推强省建设的强劲动力。

*一是坚持和完善“一国两制”制度体系，为推进祖国统一献智聚力。*港澳长期繁荣稳定、实现祖国完全统一是全体中华儿女的共同愿望，是实现中华民族伟大复兴的必然要求。港澳回归之后的实践表明，“一国两制”是经得起实践检验的好制度，“和平统一、一国两制”方针是实现两岸统一的最佳方式。要完整准确、坚定不移贯彻“一国两制”方针，积极引导港澳委员做发展壮大爱国爱港爱澳力量的中坚骨干、促进港澳人心回归的引领力量、推动鲁港澳交流合作的行动标杆。坚持贯彻新时代党解决台湾问题的总体方略，拓展思路、丰富形式，团结广大台湾同胞共同推动两岸关系和平发展、推进祖国和平统一进程。

*二是加强和改进侨务工作，形成共同致力于民族复兴的强大力量。*广大侨胞始终心系祖国，在中国革命、建设和改革的各个时期发挥着独特作用，是中国特色社会主义现代化建设和中华民族伟大复兴的重要推动力量。二十大报告首次提出“加强和改进侨务工作”的明确要求，新时代侨务工作的重要性愈发凸显。我们要坚定扛起政治责任，加强同海外侨胞的联系，积极宣介党的理论政策、宣传我省改革发展辉煌成就，促进侨心凝聚；要做好为侨服务，鼓励和引导他们到山东投资兴业、为山东发展建言，发挥桥梁纽带作用，为强省建设作出更大贡献。

*三是落实中央外交工作部署，推动构建人类命运共同体。*中共十八大以来，习近平总书记以卓越的政治家和战略家的宏大视野和战略思维，高瞻远瞩地提出构建人类命运共同体的重要思想。人民政协对外交往是我国总体外交的重要组成部分，在推动构建人类命运共同体中可发挥重要作用。二十大报告提出要积极推进人大、政协、军队、地方、民间等各方面对外交往的新要求。全省政协港澳台侨和外事工作部门，要按照国家对外工作总体部署和省委外事工作安排，充分发挥政协在对外交往方面的独特优势和山东地域、文化、发展优势，加强同有关国家、政治组织、媒体智库等友好往来，

开拓对外交往新思路、开辟对外交往新路径、取得对外交往新成效，为中国特色社会主义现代化建设营造良好国际环境。

三、强化知行合一、着力担当作为，推动新时代政协港澳台侨和外事工作走在前、开新局

中共二十大郑重宣示，为全面建设社会主义现代化国家、全面推进中华民族伟大复兴而团结奋斗。新时代新征程，加强海内外中华儿女大团结，共担中华民族伟大复兴的历史责任，人民政协重任在肩，港澳台侨和外事工作部门大有可为。我们要胸怀中华民族伟大复兴战略全局和世界百年未有之大变局，充分发挥人民政协统一战线组织作用，坚持建言资政和凝聚共识双向发力，以“五大平台”为依托，做好团结联谊、协商议政、对外交往主责主业，以高质量履职，开创政协港澳台侨和外事工作新局面。

*（一）以思想政治引领铸魂，广聚港澳台侨人士团结奋斗的共识和力量。*团结奋斗是中共二十大贯穿全篇的重要主题，是中国人民创造历史伟业的必由之路。人民政协作为最广泛的爱国统一战线组织，广聚团结奋斗的共识和力量义不容辞。我们要大力加强思想政治引领，以二十大精神凝心铸魂，发挥港澳委员“双重积极作用”和台联、侨联、对外友好等界别委员示范带动作用，团结港澳台同胞、海外侨胞厚植家国情怀，主动服务和融入新发展格局，形成心往一处想、劲往一处使的生动局面。发挥政协对外交往窗口作用，创新疫情防控常态化形势下对外交往方式方法，加强公共外交、民间外交、人文交流等沟通交往，打造交往平台、拓展广度深度、强化交往效果，为拓展山东对外开放新优势、打造文明交流互鉴新高地贡献力量。

*（二）以有效协商议政助力，更好服务全省港澳台侨和外事工作大局。*中共二十大对发挥人民政协专门协商机构作用做出安排部署，提出明确要求。省第十二次党代会提出，擦亮“有事多商量”协商品牌。今年以来，葛慧君主席亲自部署推动，搭建起贯通省市县三级政协的“有事多商量”协商平台。各市政协港澳台侨和外事工作部门，依托独具地方特色的协商平台开展协商议政，取得积极成效。下一步，要适应新形势新任务新要求，坚持党政所需、政协所能，紧紧围绕推动绿色低碳高质量发展先行区建设，发挥港澳优势、深化交流合作，讲好中国故事山东故事等全省工作大局和港澳台侨外事工作重点、难点问题，深入开展协商议政、民主监督，提高深度协商互动、意见充分表达、广泛凝聚共识水平。落实“积极探索推进同台湾各党派、各界别、各阶层人士就两岸关系和国家统一开展广泛深入协商”的要求，选准切入点，拓展经贸、文化等方面交流，促进两岸同胞心灵契合，深化融合发展。

*（三）以制度化规范化程序化功能建设筑基，全面提升履职效能。*完善加强党对政协工作全面领导的制度机制，以政治建设为统领，发挥委员会分党组把方向、管大局、保落实作用，党员委员先锋模范作用，确保二十大决策部署不折不扣贯彻落实。构建多层次协商议政体系，加强“有事多商量”协商平台运行机制的实践探索，充分释放专门协商机构效能。完善人民政协民主监督制度，坚持协商式监督，提高监督质量，

促进解决问题。发挥委员主体作用，完善港澳台侨界别委员、特别邀请人士常态化联系机制，加强团结联谊，深入开展政策宣讲、谈心谈话、参访交流、国情考察等活动，激发为国履职、为民尽责的责任担当；以“界别同心汇”为抓手，健全委员联系群众、服务群众、团结群众的机制、平台、载体，展现新时代责任委员风采。全面加强委员会自身建设，强化委员和干部的政治思维、历史思维、协商思维、聚识思维、质效思维，提高履职能力。完善省市县政协港澳台侨和外事工作部门联系机制，发挥好“五大平台”的联动效应，增强履职贯通力，提高政协系统港澳台侨和外事工作整体水平。

同志们，新的历史方位，新的时代坐标，新的使命责任。在全面建设社会主义现代化国家新征程上，让我们更加紧密地团结在以习近平同志为核心的中共中央周围，深入学习贯彻中共二十大精神，认真履职、勤勉尽责，事争一流、奋发有为，不断开创政协港澳台侨和外事工作新局面，为我省“走在前、开新局”作出新的更大贡献！

报告、决议

中国人民政治协商会议山东省委员会常务委员会工作报告

——在政协第十二届山东省委员会第五次会议上

（2022 年 1 月 22 日）

付志方

各位委员：

我代表中国人民政治协商会议第十二届山东省委员会常务委员会，向大会报告工作，请予审议。

过去一年的主要工作

2021 年是中国共产党成立 100 周年，是实施“十四五”规划的开局之年。在全国政协有力指导和中共山东省委坚强领导下，省政协常委会坚持以习近平新时代中国特色社会主义思想为统领，深入学习贯彻中共十九大和十九届历次全会精神，认真落实习近平总书记对山东工作重要指示要求，锚定“走在前列、全面开创”“三个走在前”总遵循、总定位、总航标，组织参加政协的各党派团体和各族各界人士，凝聚思想共识，忠诚履职尽责，为新时代社会主义现代化强省建设贡献了政协力量。

一、加强政治建设，把握工作方向

常委会以政治建设为统领，始终把学习习近平新时代中国特色社会主义思想作为理论武装的主线，持续学而悟、学而信、学而用、学而行，不断增强“四个意识”、坚定“四个自信”、做到“两个维护”。

坚持不懈用党的创新理论武装头脑。省政协党组理论学习中心组示范引领，带动各级政协组织、各专门委员会和省政协机关落实“第一议题”制度，定期召开习近平新时代中国特色社会主义思想学习座谈会，及时学习习近平总书记重要讲话精神，读原文、悟原理、强思想、筑根基。全年开展党组集体学习15次，组织学习座谈会20次，举办政协讲堂、辅导报告会、各界人士谈心谈话会30次。通过各种形式的学习和思想交流，促进领导班子成员和政协委员，深入领悟习近平总书记"七一"重要讲话、视察山东重要讲话和中共十九届历次全会精神，汲取思想营养，增强贯彻自觉性，做到真学真悟、知行合一，深刻领会"两个确立"的决定性意义，强化"两个维护"的政治自觉。省政协党组成员和委员宣讲团成员，走进企业、社区、学校和委员队伍中开展宣讲，引导各界人士把思想和行动统一到中央决策部署上来。

*推动党史学习教育走深走实。*按照统一部署，立足政协实际，扎实开展党史学习教育。围绕学史明理、学史增信、学史崇德、学史力行4个专题，党组组织10次学习研讨，突出主题和重点，召开专题民主生活会，深化和巩固党史学习教育成果。党组成员到所在党支部、基层联系点、高校讲党课18次。举办"四史讲堂"和"学习百年党史，汲取智慧力量"专题报告会。精心组织全省政协庆祝建党百年书画文艺展演、"百年百人"大合唱、"致敬百年·同心颂党""品读红色家书"系列活动，弘扬伟大建党精神，传承红色基因，坚定信仰信念。

*加强党对政协工作全面领导。*中共山东省委高度重视政协工作，制定《贯彻落实〈中共中央关于新时代加强和改进人民政协工作的意见〉的若干措施》。省委书记李干杰同志主持省委常委会会议，专题听取省政协工作汇报，就做好政协工作提出明确意见和要求。省政协党组认真落实省委工作部署，及时发出倡议，动员各级政协组织，围绕"十四五"开好局，聚焦"七个求突破"建言资政。坚决贯彻落实省委既有工作部署和"六个一"发展思路、"六个更加注重"策略方法、"十二个着力"重点任务，广泛开展专项履职活动。严格执行重大事项请示报告制度，凡重大事项及时向省委请示报告，按照省委要求抓好落实。认真履行全面从严治党主体责任，强化党组、分党组的整体功能，把党对政协工作的领导落实到履职全过程，体现到工作各方面。严把政协会议、讲座和各项活动政治关，落实意识形态工作责任制，引导委员站稳政治立场、坚定不移跟党走。

二、开展专题调研，助推高质量发展

"实施创新驱动，促进高质量发展"，是我省"十四五"时期经济社会发展的主题。常委会以此为工作重点，汇聚各方力量，组织深入调研，探寻破解之策，助力攻坚克难。

一是精心选题。依照"党委点题、委员荐题、部门商题"的思路方法，从建设科教强省、壮大"十强"产业等7个方面，遴选82个典型样本，开展调查研究。各民主党派省委会、省工商联、各市政协积极响应，500余名各级政协委员参与，形成了整体联动的调研工作合力。二是精深调研。政协委员走进厂矿车间、科研院所、乡村社区，察看实情、分析思考，剖析基层典型、探索发展规律。注重做好结合文章，把协商民主、监督落实、凝聚共识贯穿调研全过程，召开各类座谈会、协商会近200次，掌握大量鲜活的第一手资料。三是精准建言。对调研成果交叉论证、多方审议，形成 60 篇调研报告，总结归纳 148 条经验、41 条启示，查找问题 204 个，提出对策建议 505 条。在此基础上，形成综合报告报送省委，提炼出“核心技术攻关”“数字经济赋能”“多业融合互动”等创新驱动高质量发展的 10 种类型，从构建科技金融支持体系、围绕产业链布局创新链人才链、围绕创新链布局资金链等 6 个方面提出建议。

省委常委会会议听取专题调研情况汇报，省委书记李干杰，省委副书记、省长周乃翔，省委副书记杨东奇等领导同志对专题调研工作给予充分肯定。李干杰书记指出，省政协专题调研成果丰硕，意见建议含金量高，针对性、可行性强，是省政协围绕中心、服务大局的集中展现；对提出的问题和建议，要求相关部门认真研究，充分吸纳，积极推动问题解决和建议落实。省委的肯定和鼓励进一步激发了政协委员参政议政的热情和信心。

为运用好专题调研成果，省政府、省政协召开新闻发布会进行推介，中央和省内 20 余家媒体给予深度报道。出版调研成果集《高路入云端》，为省直各部门和市、县党委政府提供决策参考，打通成果运用“最后一公里”。

三、深入协商议政，构建协商格局

聚焦省委、省政府中心工作，发挥专门协商机构作用，制定协商工作实施细则和年度协商计划，商以求同，协以成事。

*为实施“十四五”规划建言。*去年 4 月，常委会会议就“实施我省‘十四五’发展规划”协商议政。会前组成 14 个组分专题开展调研，并采取“一对一”访谈、发布“委员作业”“实地＋书面＋视频”调研等，收到调研报告 160 篇、各方面建议 1500 余条，为高质量建言打牢基础。会议通过的建议案，从“蹚出动能转换突破路径”“拓宽消费投资贸易发展空间”等 11 个方面，提出 60 条对策建议。根据省委、省政府领导同志批示要求，省直有关部门对所提建议认真采纳落实，转化为工作措施。

*为完善科技创新体制献策。*去年 7 月，常委会会议围绕“完善科技创新体制机制，释放人才创新创造活力”协商议政。通过在省政协网站开设委员论坛、上门协商等多种渠道，近 200 名委员、专家就我省科技创新体制机制补短板强弱项，提出建议 520 余条。审议通过的建议案，聚焦“涵养优良人才生态”这条主线，突出高校科研院所和企业两个创新主体作用，提出 4 个方面 12 条建议，时任省委书记刘家义、省长李干杰同志作出批示予以肯定。

*为弘扬齐鲁优秀文化助力。*去年 10 月，常委会会议以“大力弘扬齐鲁优秀文化”为议题，开展专题协商议政。坚持把调研做深、把议政做实、把协商做活，会前召开专家论证会，举办 5 期“齐鲁文化论坛”，深入研究讨论，汇集各方智慧。形成的建议案从挖掘文化资源优势、加强传承保护、深化普及教育等 5 个方面，提出 21 条意见建议，转化为党委政府决策。

*深化“有事多商量”系列协商。*围绕“推动我省精品旅游产业高质量发展”“推进

山东黄金精深加工、延长黄金产业链条”“打造‘齐鲁粮油’公共品牌”“推动企业科技创新融入新发展格局”等21个议题，协调各方力量，开展系列协商活动，协商成果引起省委、省政府领导同志重视，被有关部门吸收采纳。在近几年工作基础上，持续深化协商工作品牌建设，形成比较健全的协商工作体系。召开全省政协“有事多商量”协商工作经验交流会，在媒体开设协商专栏，总结推广市县政协“泉城商量”“倾听与商量”“为民协商”“草根协商”等典型经验和创新做法，指导全省各级政协搭平台、建机制、创品牌，促进政协协商与基层社会治理有效衔接、深度融合。

四、强化责任担当，落实专项任务

常委会发挥政协组织优势，协调各界力量，努力担当作为、发挥作用，较好地完成了省委交办的各项任务。

开展为重点工作建言活动。省委年初工作动员会召开后，常委会迅即响应，全面启动专题建言活动，组织委员聚焦“七个求突破”，围绕新旧动能转换、补强产业链供应链、科技自立自强、优化法治环境、打好污染防治攻坚战等重点任务，发挥政协组织信息畅通的优势，及时反映各方面遇到的发展“瓶颈”、提出应对之策。全年共报送专刊32期，反映问题20项，提出建议39条，省委、省政府主要领导同志批示26次，一批建言成果在经济社会发展决策中得到转化落实。

参与重大事项督导督查。根据省委统一要求，选派人员参加省换届风气巡回督查组、党史学习教育巡回督导组，参与政法队伍教育整顿、换届考察、环保督察、安全生产督导、依法治省督察、建党100周年安保维稳督导等专项工作，参与省委深改委民主法制领域改革专项小组和乡村振兴专班等有关工作。

包案化解信访事项。为做好省委交办的信访事项化解工作，主席会议成员牵头成立11个协调组，深入基层察案情、贴近群众听诉求，召开碰头分析会、协调督办会等40余次，查找问题症结，寻求化解方案，督促承办单位加大办理力度，承担的88件信访事项全部化解办结。

联系服务经济组织。主席会议成员带队走访异地商会、非公企业，调研重大项目，服务企业高质量发展。一年来，组织22次实地考察，召开15次座谈会，了解企业的呼声和建议，帮助协调解决立项、融资、用地、人才等方面的实际问题，建立亲清政商关系。

五、坚持人民至上，增进民生福祉

常委会牢记人民政协为人民，坚持把人民满意作为履行职责的出发点和落脚点，真心实意听民意、解民忧、惠民生。

围绕民生问题开展民主监督。制订年度民主监督计划，确定27个监督议题，提高民生类议题比重，围绕未成年人保护、医养结合、婴幼儿照护等涉及群众切身利益、社会关注度高的问题，实施会议监督、提案监督、调研视察监督，及时向有关职能部门提出意见建议，促进落实惠民政策。

坚持开门协商议政。总结“民声连线”15年创新发展的经验，把解决民生问题与

发展协商民主融为一体，打造永不下线的为民议政平台。举办“民生云对话”“云连线”等活动5次，将群众关切转化为提案、大会发言30余件。开展“政协委员公益行”系列活动，参加“关注森林·六大行动”，实施“乡村红色文物旧址保护”“黄河阻泳”和“绿色小屋”“希望小屋”“乡村图书馆”等公益活动项目。设立“政协开放日”，邀请群众代表旁听省政协会议，提交“百姓提案”。组织机关干部参加“心系社区、助力创城”志愿服务，与周边社区、学校等开展党建联建、文明共建，让公众走进政协，让政协贴近群众。

*组织干部服务基层。*开展“我为群众办实事”实践活动，在阳谷、平度等地建立6处省政协工作联系点，主席会议成员带头联络服务基层单位和群众，年初确定的37项任务全部完成。选派干部72人次担任驻村“第一书记”、村支部书记，参加“万名干部下基层”服务队、“加强农村基层党组织建设”工作队和“四进”攻坚工作组，以实际行动助力脱贫攻坚、乡村振兴和“六稳”“六保”，在贴近基层、服务群众中提升素质、有所作为。

六、广泛团结联谊，汇聚强省合力

制定加强和促进凝聚共识工作的实施意见，发挥统战功能，拓展联络渠道，努力画出团结奋进的最大同心圆。

*加强与党派团体的经常性联系。*修订加强与各民主党派省委会、省工商联联系办法，定期召开省政协秘书长与各民主党派省委会、省工商联负责人联席会议。拓宽党派团体在政协平台参政议政的渠道，提高在政协各类会议上的发言比例，增加集体提案比重。一年来，各民主党派省委会、省工商联和无党派人士，承担专题调研、民主监督和协商工作任务35项，提交提案81件，大会发言83篇，报送社情民意信息5172条，在服务大局中彰显才智，充分发挥了优势和作用。

*促进民族团结宗教和睦。*贯彻中央民族工作会议和全国宗教工作会议精神，落实省委部署要求，组织少数民族界、宗教界委员座谈交流，深化“两看三强”（看发展、看变化，强责任、强素质、强能力）活动，引导各族各界人士切身感受新时代发展成就，坚定听党话、跟党走的信心决心。围绕“加强少数民族务工人员服务”“用社会主义核心价值观引领宗教中国化”等课题调研协商，助力有关政策落实。定期走访看望少数民族界、宗教界代表人士，开展谈心交流，增进感情和共识。

*扩大同港澳台侨联系交往。*支持成立香港山东社团总会，召开澳门委员顾问座谈会，走访爱国爱澳社团组织，密切沟通交流。开展四地连线远程协商，推动建设“港澳青少年爱国主义教育基地”。省政协港澳委员高举爱国爱港爱澳旗帜，充分发挥“双重积极作用”，坚定拥护和落实“爱国者治港”“爱国者治澳”，举办“撑立法”系列活动，参加“政协委员进校园”“泰山关爱行动”，充分焕发港澳委员的正能量。

七、着眼提质增效，勇于开拓创新

常委会以创新为动力，强化问题导向和目标导向，促进政协工作更具特色、富有活力。

完善提案工作机制。坚持质量标准，健全提案工作“提、交、办、督、评”制度体系，建立办理台账，开展“回头看”，提案采纳落实率持续提高。完善重点提案督办机制，围绕黄河三角洲生态保护和高质量发展、完善医疗卫生服务体系、应对人口老龄化等重点提案，组建 9 个督办调研组，召开 14 次协商座谈会，提办双方坦诚交换意见，通过协商解决问题、办好提案。

拓展文史资政功能。历时两年时间，编纂出版《山河齐鲁多娇——山东概览》，以 48 万字、1400 余幅图片，从自然地理、历史人文、资源禀赋等 9 个方面，全景式展现齐鲁风采，为认识山东、宣传山东提供翔实可考的资料。落实全国政协安排，完成新时代人民政协工作通用教材——《人民政协概论》有关章节编写任务。举办纪念辛亥革命 110 周年活动。做好政协委员口述史料征集工作，记录往届省政协委员履职事迹，展现励志故事。谋划省政协文史馆实体馆建设，“喜看稻菽千重浪——十二届省政协工作成果展”受到社会各界和政协委员的好评。

提升信息工作水平。建设全省政协智慧信息系统，突出“直通车”优势，全年共处理社情民意信息 2.1 万篇，向全国政协报送 1002 篇，向省委报送 1113 篇，被全国政协评为信息工作先进单位，继续在评比中居全国前列。其中，总结省农担公司打造农业数字供应链增信平台的做法、提出构建农村数字普惠金融体系等建议，形成专报信息《创新政策性担保，破解农业融资“难贵烦”》，得到国务院领导同志批示肯定。

改进调研协商方式。在调研中，更加注重摸清真实情况。加强常委会会议和各类协商会议的互动交流，鼓励畅所欲言，营造民主宽松的协商氛围。引领协商民主下沉到基层，探索开展上门协商、田间地头协商、远程协商和云上议政等，做到有事多商量、有事会商量、有事好商量。注重用事实验证，用数据说话，画好“工笔画”。“促进知识产权转化运用”“将物业管理纳入社区治理体系”“振兴种业”等建议，多次被省委、省政府有关文件和制度法规吸纳。

构建大宣传格局。制定加强和改进省政协新闻宣传工作的实施意见，以融媒体中心建设为抓手，建好用好《联合日报》《春秋》《山东政协》《委员天地》和省政协网站、微信公众号等宣传工作平台。让镜头聚焦委员，把版面留给基层，实施“政协工作齐鲁行”“行走黄河 · 看高质量发展”等主题宣传活动，落实习近平总书记重要指示，奏响黄河流域生态保护和高质量发展主旋律，讲好山东故事，发出政协好声音。加强省政协理论研究会建设，围绕“加强思想政治引领，广泛凝聚共识”开展理论研讨，征集评选山东政协品牌创新案例。全国政协党建工作经验交流会、理论研讨会、地方政协秘书长工作会等会议和《人民日报》《光明日报》等中央媒体，对我省政协打造履职品牌、深化理论研究、培育协商文化、加强机关建设等方面的经验做法给予肯定和宣传推介。

八、加强自身建设，筑牢履职基础

牢记新时代政协工作的使命要求，坚持党建引领，提升政协委员和机关干部“两支队伍”能力素质。

优化委员服务管理。制定强化政协委员责任担当的实施意见，引导委员增强主体意识，提高履职本领，写好履职答卷。在政协委员中开展“弘扬伟大建党精神，争取更大光荣”实践活动，在调研视察中融入红色教育，加强思想政治引领。举办省政协委员学习研讨班，在省政协网站开设“委员读书”栏目，以视频方式召开省市县三级政协委员读书心得交流会，促进委员学习常态化。发挥委员主体作用，着眼搭建委员履职新平台，鼓励基层依托委员企业、农业园区设立界别活动室和委员协商议事室，架起服务群众的“连心桥”。召开全省政协界别工作座谈会，推进界别工作内通外联，着力强统筹、拓平台、促活动，实现界别履职常态化、特色化，全年共开展界别活动88项，参与委员1222人次，形成履职成果88件。健全完善委员履职档案，实现履职信息一人一档、动态管理。推荐委员112人次参加全省安全生产督导、经济社会发展综合督查等民主监督活动，参加《问政山东》等节目，担任省有关部门改革联络员、公益观察员、特邀监督员，委员们在不同平台上发出政协声音，为推动我省经济社会发展积极贡献政协力量。

全面创建模范机关。坚持以“一抓双创”（抓党建引领，创建模范机关、创建全国文明单位）为总抓手，以“走在前列、全面开创、我在行动”主题活动为载体，创建“讲政治、守纪律、负责任、有效率”的模范机关。通过庆祝党的百年华诞、重大节日举行升国旗仪式、主题党日、重温入党誓词等方式，开展忠诚教育，锤炼坚强党性。深化“一支部一品牌”工作，以支部“小品牌”塑造机关党建“大品牌”，省政协机关32个党支部全部达到“标准党支部”以上等次。坚持重实干重实绩的用人导向，树好选人用人“风向标”，加强干部多岗位锻炼和选拔任用。常态化开展廉政警示教育，抓好省委巡视整改，坚持双周检查机制，强化作风纪律建设。举办道德讲堂等系列活动，在媒体开设“同心谈”专栏，“书香政协”和机关文化建设取得良好成效。去年12月，省委省直机关工委在省政协机关召开现场交流会，激励省政协机关积极作为，在创建全国文明单位基础上再创新业绩。

增强服务保障能力。组织144人次参加全国政协培训、省委党校培训和专题读书班，实施青年理论学习提升工程。树立“事争一流”干事导向，对照“文经我手无差错，事交我办请放心”要求，实施工作流程及规范再造。加快智慧政协建设，打造协商议政信息服务平台，提升信息化保障水平。持续开展绿化、美化、净化行动，全面提升机关环境质量。坚持节约办公、绿色办公，降低机关运行成本，荣获全国首批“节约型机关”称号。在过去的一年里，省政协机关共有67项工作成果受到国家领导人和省委、省政府主要领导同志批示肯定、上级有关部门通报表扬；35人次受到省级以上表彰奖励。

各位委员，去年省政协常委会的工作取得新成绩，是全国政协精心指导和中共山东省委正确领导的结果，是省人大、省政府大力支持的结果，是各位老领导老同志关心爱护、社会各界热情帮助的结果，也是全省各级政协组织、政协各参加单位和广大政协委员履职尽责、齐心协力的结果。我代表省政协常委会，向大家表示衷心感谢！

主要工作体会

十二届省政协以来，我们坚持守正创新、积极探索，深化对新时代人民政协性质、定位、职责的认识，有了以下新的体会。

——*必须把学习贯彻习近平新时代中国特色社会主义思想作为首要任务。*习近平新时代中国特色社会主义思想是中华文化和中国精神的时代精华，是人民政协事业的行动指南。四年来，常委会深入学习贯彻习近平新时代中国特色社会主义思想，运用“研究基地、专题读书班、政协讲堂、委员读书活动、谈心谈话”等学思践悟平台，引导各党派团体和各族各界人士学思用贯通、知信行统一，在学习中感悟思想伟力，汲取奋进力量，把政治忠诚铭刻在头脑里，把“两个维护”落实到工作中，努力做到信念坚如磐石、思想共同进步、行动步调一致。

——*必须紧紧围绕全省大局谋划和推进政协工作。*常委会坚持省委、省政府中心工作推进到哪里，政协工作就跟进到哪里；群众所愿所盼集中在哪里，履职步伐就迈到哪里。围绕全省大局确定履职重点，聚焦“新旧动能转换”“打造乡村振兴的齐鲁样板”“培育高质量发展新动能”“黄河流域生态保护和高质量发展”“建立稳定脱贫长效机制”等重大任务，组织调研协商，监督推动落实。一件件提案、建议案，一份份调研报告、建言专刊、大会发言，一场场互动、交流、协商，承载政协的责任担当，连接民声和民心，汇聚委员的智慧与情怀，展现出协商民主在山东的蓬勃活力。实践证明，围绕中心才能找准定位，服务大局才能有所作为，求真务实才能彰显使命担当。

——*必须把握性质定位发挥整体优势。*常委会深刻认识到，在高质量发展成为新时代主题的大背景下，政协工作应当与时俱进、提质增效，实现由“做了什么、做了多少”向“做出什么效果”转变。为此，我们把握专门协商机构性质定位，专注主责主业，把协商民主贯穿履职全过程；搭建凝聚共识的载体平台，把双向发力融入调研、协商、监督之中，做到见事见人又见思想；坚持上下结合、各方联动，加强与党派团体的经常性联系，深化对市县政协的工作指导，组织协同调研、联动协商，充分调动各方面的积极性，把政协的制度优势、人才优势、平台优势转化为服务现代化强省建设的实际效能，干出了新时代山东政协的新样子。

——*必须练好调查研究这个履职基本功。*调查研究是执政党的传家宝，是政协工作的基本功、压舱石。对政协组织和政协委员来讲，练好调查研究这项基本功是重大课题。调研有深度，建言才能有的放矢，协商才能精准到位，监督才能有力有效。四年来，常委会每年选定一个主题，统筹全省政协力量开展专题调研，坚持眼睛向下、迈开双脚，蹚深水、摸活鱼，倾听基层呼声，感知民生冷暖，把脉问题症结，监督政策落实，不少建言资政成果转化为省委、省政府决策，成为省政协履职的亮点。专题调研既是汇智慧出成果的过程，又是引导委员凝聚共识、团结奋进的过程，也是培育政协队伍务实作风、过硬素质的过程。

——*必须把强作风带队伍贯穿始终*。新时代政协组织处在凝心聚力第一线、决策咨询第一线、协商民主第一线、社会治理第一线，工作中必须坚持高标准高质量，保持昂扬向上的精神状态。常委会以打造“一抓双创”品牌为引领，以“严、真、细、实、快”为标尺，坚持党建强基、文化铸魂、创新赋能，着力培育一支“懂政协、会协商、善议政，守纪律、讲规矩、重品行”的政协委员队伍，造就一支学习型、服务型、实干型的政协干部队伍，推动自身建设不断迈上新台阶，为高质量履职提供坚强保证。

我们清醒地认识到，与新时代新要求相比，省政协常委会的工作还存在一些不足。比如，理论学习的深度和系统性还有欠缺；民主监督的力度有待加大，方式有待于改进；履职成果转化落实的渠道不够畅通；对委员履职的服务还不够周到；机关综合服务保障能力还有待于提升，等等。今后，我们要扬长补短、砥砺前行，在建设社会主义现代化强省的征程中，努力谱写新的政协篇章。

新一年的主要任务

2022 年是我省奋力“走在前列、全面开创”，做到“三个走在前”的新年份。省政协工作的总体要求是：以习近平新时代中国特色社会主义思想为指导，深入学习贯彻中共十九大和十九届历次全会精神，深入贯彻落实习近平总书记关于加强和改进人民政协工作的重要思想和对山东工作的重要指示要求，在中共山东省委的领导下，牢牢把握政协的性质定位，充分发挥专门协商机构作用，组织参加政协的各党派团体、各族各界人士，聚焦“走在前列、全面开创”“三个走在前”，努力提高建言资政和凝聚共识水平，为新时代社会主义现代化强省建设贡献智慧和力量，以优异成绩迎接中共二十大胜利召开。

一、深化思想政治引领

深入学习习近平新时代中国特色社会主义思想，深刻认识“两个确立”的决定性意义，深刻认识百年党史的光辉历程和宝贵经验，心怀“国之大者”，在学思践悟中不断提高政治判断力、政治领悟力、政治执行力，增强“四个意识”、坚定“四个自信”、做到“两个维护”，始终在思想上政治上行动上同以习近平同志为核心的中共中央保持高度一致。落实习近平新时代中国特色社会主义思想学习座谈会和“第一议题”制度，及时跟进学习贯彻习近平总书记重要讲话和省委重要会议精神。巩固拓展党史学习教育成果，继续开展“弘扬伟大建党精神，争取更大光荣”和委员读书、委员宣讲活动，办好政协讲堂，引导各级政协组织、政协各参加单位和广大政协委员增进“四个认同”，筑牢团结奋斗的共同思想政治基础。

二、围绕“三个走在前”深入议政建言

“走在前列、全面开创”“三个走在前”是我们做好工作的总遵循、总定位、总航标。今年，省政协要以落实习近平总书记的重要指示要求为主题开展专题调研，就如

何实现“三个走在前”建真言、谋良策。围绕“在服务和融入新发展格局上走在前”“在增强经济社会发展创新力上走在前”“在推动黄河流域生态保护和高质量发展上走在前”，召开3次专题议政性常委会会议，为省委、省政府决策提供参考。按照省委既有工作部署，聚焦“六个一”发展思路、“六个更加注重”策略方法、“十二个着力”重点任务，找准政协服务全省高质量发展的着力点，制订协商计划和民主监督计划，擦亮“有事多商量”协商工作品牌。围绕黄河三角洲生态保护、扩大优质医疗资源供给、促进共同富裕等重大任务，遴选重点提案并开展督办。

三、凝聚推动高质量发展合力

立足政协优势，动员各党派团体和各族各界人士坚决贯彻省委部署，同心同德投身和服务现代化强省建设。定期召开省政协秘书长与各民主党派省委会、省工商联负责人联席会议，为民主党派、工商联和无党派人士在政协更好发挥作用创造条件。制定政协委员联系服务界别群众的实施办法，加强界别活动室、委员协商议事室建设。组织“两看三强”活动，促进民族团结、宗教和睦。进一步发挥港澳委员的作用，加强与港澳台同胞和海外侨胞的交流，弘扬爱国精神。发挥文史资料资政育人作用，配合全国政协做好《“三亲”文库》编辑出版工作，高标准推进文史馆实体馆建设。

四、在创新中提升工作质效

开展提案工作“双向评议”“双公开”和评选表彰活动，落实省委、省政府领导同志阅批、督办重点提案制度。围绕省委“十二个着力”重点任务的贯彻落实情况，开展民主监督和建言活动，完善信息收集、报送和反馈办法。总结推广发挥界别和委员作用的经验，拓宽委员参政议政渠道。以“发展全过程人民民主”为主题，组织理论研讨活动。以融媒体中心项目建设为契机，加强政协宣传阵地建设。

五、锲而不舍加强自身建设

健全委员联络制度，加强委员履职服务保障，因地制宜建立“委员活动之家”。完善委员履职激励机制，修订省政协委员视察办法，帮助委员更好知情明政。提高党建工作质量，巩固“一抓双创”成果，加强机关干部学习培训和实践锻炼，拓宽干部锻炼、成长渠道，营造向上向善的机关文化。着力打造“数字政协”，优化委员履职系统，逐步实现省市县政协工作信息互联互通、数据共享。落实全面从严治党主体责任，强化纪律作风建设，支持省纪委监委驻省政协机关纪检监察组履行职责。严格落实中央八项规定及其实施细则精神，建设忠诚干净担当的高素质干部队伍。

各位委员，落实习近平总书记“走在前列、全面开创”“三个走在前”的重要指示要求，山东重任在肩，政协责无旁贷。让我们更加紧密地团结在以习近平同志为核心的中共中央周围，深入学习贯彻习近平新时代中国特色社会主义思想，在中共山东省委领导下，勇毅前行、埋头实干，为开创新时代社会主义现代化强省建设新局面作出新贡献，以优异成绩迎接中共二十大胜利召开！

中国人民政治协商会议山东省委员会常务委员会提案工作报告

——在政协第十二届山东省委员会第五次会议上

（2022 年 1 月 22 日）

刘均刚

各位委员：

我代表中国人民政治协商会议第十二届山东省委员会常务委员会，向大会报告省政协十二届四次会议以来的提案工作，请予审议。

一

省政协十二届四次会议以来，常委会坚持以习近平新时代中国特色社会主义思想为指导，全面贯彻中共十九大和十九届历次全会精神，认真落实习近平总书记对山东工作的重要指示要求，在中共山东省委坚强领导和省政府大力支持下，坚持围绕中心、服务大局，把提案作为履行职能的重要方式。政协委员、政协各参加单位和专门委员会围绕“十四五”开局之年我省经济社会等领域的重要问题和涉及人民群众切身利益问题，提出提案 968 件，经审查立案 866 件。立案提案中，委员提案 778 件，民主党派、人民团体、专门委员会、界别等集体提案 88 件，分别交由 85 个单位承办，经过承办单位认真办理，截至去年底已全部办复。所提问题得到解决和列入计划准备解决的 793 件，占 91.6%。其中，已经采纳落实的 442 件，占 51%；列入计划逐步落实的 351 件，占 40.6%。因政策或条件所限暂时难以落实、已作解释说明的 73 件，占 8.4%。提案工作成效充分体现了政协委员、政协各参加单位和承办单位胸怀大局、履职为民的情怀和担当，为新时代现代化强省建设贡献了政协智慧和力量。

围绕适应经济发展新常态、转变发展方式、优化经济结构、推进供给侧结构性改革、加快新旧动能转换等提出提案 348 件，占 40.2%。针对促进民营经济发展的建议，省工业和信息化厅加快推进民营经济立法进程，《山东省民营经济发展促进条例》已经省人大常委会审议通过，并于今年 1 月 1 日起施行。省财政厅采纳发挥财政资金带动作用助力我省科技创新的建议，加大科技投入，将省级科技资金预算较上年增加 10%。

省农业农村厅采纳加快推进农业产业发展的建议，印发实施《农业优势特色产业培育方案（2021—2025年）》。省商务厅在加快建设现代流通体系服务、构建新发展格局的实施意见中，充分吸收提振消费循环、支持中小微企业发展的建议，围绕7个方面出台26条政策措施。省地方金融监督管理局吸纳加强普惠金融建设推进乡村振兴战略实施的建议，联合10个部门出台支持乡村产业振兴的指导意见，制定财政资金、信贷资源、资本市场、保险服务、担保增信等政策措施。

围绕加强民主政治建设和依法治国等提出提案30件，占3.5%。针对加强农村基层党组织建设的建议，省委组织部把选优配强村党组织带头人作为全省村“两委”换届工作的重中之重，全面推进村党组织书记专业化管理。省政府办公厅结合加快省级以上政务服务自建系统整合的建议，大力推进实施政务服务“双全双百”工程，分别整合企业和个人经常办理的百余项政务服务事项，提供主题式、套餐式集成服务。省司法厅落实完善我省村（居）法律顾问制度建设的建议，在全省组织开展矛盾纠纷排查、法律咨询等“五个一”专项行动，提升村（居）法律顾问工作水平。

围绕弘扬中华优秀传统文化、推动文化事业和文化产业高质量发展等提出提案105件，占12.1%。省委宣传部结合破解知识产权维权“举证难”的建议，升级改造省级数字版权服务平台，开展“剑网2021”专项行动，查处侵权盗版案件161起。省文化和旅游厅编制《山东省黄河文化旅游带总体规划》，吸收了加强沿黄古村落保护开发、推动黄河文化传承发展的相关建议。省科技厅采纳推动文化科技深度融合、助推文化产业高质量发展的建议，将文化和科技深度融合纳入省科技创新工程和省自然科学基金项目指南建议中。结合树立文宣精品意识的建议，省广电局拍摄制作了《百年初心》《大迁建》《新沂蒙扶贫“六姐妹”》等一批精品节目。

围绕促进教育事业发展、完善医疗卫生服务体系、应对人口老龄化、做好就业创业工作等提出提案338件，占39%。省教育厅采纳推动儿童青少年心理健康服务体系建设的建议，制定实施加快推进全省大中小学心理健康教育体系建设的意见。省民政厅吸纳积极应对人口老龄化的建议，制定解决老年人运用智能技术困难实施方案，会同相关部门建立失智老年人防走失关爱机制。省人力资源社会保障厅结合加大组织用人单位进校园招聘力度的建议，开展“百校千企”人才对接活动，服务用人单位与高校毕业生双向对接。围绕完善医疗卫生服务体系的建议，省卫生健康委强化公共卫生体系建设，改革疾病预防控制体系，实施新一轮区域医疗能力“攀登计划”，提升基层医疗卫生服务能力。

围绕推动绿色发展、加强生态环境保护、加快构建生态文明体系等提出提案45件，占5.2%。省发展改革委采纳加快全省限塑令实施工作的建议，制定《山东省塑料污染治理2021年工作要点》，从五个方面抓实塑料污染治理工作。省自然资源厅结合加快推进黄河三角洲生态保护和高质量发展的建议，制定了《山东省国家公园管理办法》，扎实推进黄河口国家公园创建工作。针对促进南四湖区域协调发展的建议，省生态环境厅会同省财政厅印发《关于建立流域横向生态补偿机制的指导意见》，开展南四湖流域水污染综合整治，促进流域环境质量不断改善。

二

一年来，常委会深入贯彻习近平总书记关于加强和改进人民政协工作的重要思想，落实全国政协和中共山东省委的部署要求，坚持协商民主与提案工作相结合，以提高质量为导向，以凝心聚力为目标，推动提案工作提质增效。

（一）坚持正确政治方向。省委加强对政协工作的领导，高度重视提案工作。省政协党组发挥把方向、管大局、保落实重要作用，把党对政协工作的领导贯穿提案工作全过程，将提案工作纳入省政协总体工作部署和重要议事日程，听取情况汇报，研究部署提案工作，确保党中央大政方针和省委决策部署贯彻落实到提案工作中。常委会通过开展习近平新时代中国特色社会主义思想学习研讨、委员读书、“政协讲堂”等活动，引导政协委员和各参加单位，在提案履职工作中切实增强“四个意识”、坚定“四个自信”、做到“两个维护”，确保提案工作始终坚持正确政治方向。

（二）坚持质量导向。针对提案征集、交办、办理等各环节中影响提案工作质量的关键因素，认真分析研究，不断探索改进。召开民主党派、人民团体、专门委员会、界别集体提案征集座谈会，科学谋划选题，提出高质量提案。引导政协委员和参加单位按照提案“注重质量、不比数量”要求，着力提高提案质量。严格立案标准，加大提案委员会与省直有关部门联合审查提案工作力度。落实省委办公厅、省政府办公厅、省政协办公厅联合向承办单位交办提案制度，明确办理责任和要求，加大交办力度。通过举办承办单位工作人员业务培训等形式，逐步规范办理流程，提升办理能力水平。建立提案办理台账制度，开展提案质量和办理质量“双向评议”。有序推进提案内容和办理结果“双公开”，在省政协门户网站公开提案 859 件、提案答复 1052 件，公开率分别为 99.2% 和 73.8%，回应社会关切、接受群众监督。

（三）坚持督办协商。围绕推动黄河三角洲生态保护和高质量发展、完善医疗卫生服务体系、应对人口老龄化开展重点提案督办。省政协各位副主席分别带领督办调研组，深入我省 25 个县（市、区）及 58 个单位、村居、企业、项目开展实地调研，召开提案办理协商会 14 次，先后有 19 个省直部门负责同志和省、市、县三级政协委员 168 人次参加。通过调研和协商，提案者与承办单位针对重点提案反映的 10 个方面问题及意见建议，深度协商，增进共识，凝聚了合力，提案意见建议得到承办单位采纳并逐步落实。召开重点提案督办工作新闻通气会、督办情况新闻发布会，发布督办工作情况和办理成果，在《大众日报》《联合日报》刊发提案摘编，扩大提案工作社会影响力。

（四）坚持督查落实。提案委员会会同省委省政府督查工作领导小组办公室开展提案办理“回头看”，重点对本届省政协一次会议以来，127 个承办单位承诺期限内解决问题的落实情况，开展专项督查。各承办单位在自查落实的基础上，分别向督查组提交书面自查报告，督查组采取抽查、召开提案办理督查专题会等形式，督促承办单位对承诺解决的问题进行“再办理”，提案建议采纳落实率达到72.4%，形成了协商与监督结合、各方联合督办、承办单位担当作为、办理质量显著提升的良好局面。

常委会认为，提案工作取得的成绩，是省委正确领导、省政府大力支持以及省政协委员、参加单位和承办单位共同努力的结果。同时，工作中仍存在一些不足：部分提案调查研究不深、意见建议针对性可操作性不强、质量不高，提案办理重答复轻落实问题仍不同程度存在，提案办理协商有待规范，发挥提案民主监督作用方式单一，提案工作创新有待加强等。真诚希望各位委员集思广益、提出意见，进一步改进和加强提案工作。

三

2022年，常委会将深入贯彻中共十九大和十九届历次全会精神，进一步增强做好新时代人民政协提案工作的责任感和使命感，引导省政协委员和各参加单位锚定“走在前列、全面开创”“三个走在前”总遵循、总定位、总航标，围绕中共山东省委决策部署和涉及人民群众切身利益问题，通过提案建言资政、凝聚共识，更好服务全省经济社会高质量发展。

（一）多措并举提高提案质量。拓宽委员知情明政渠道，为提案形成提供政策信息。引导政协委员和参加单位坚持围绕中心、服务大局，在深入调查研究的基础上形成具有独特视角、独立思考和独到见解的提案。发挥提案履职重要渠道作用，做好履职成果转化文章。将省政协全体会议、常委会会议大会发言提出的重要问题及建议转化为提案。引导省政协各参加单位、专门委员会、各界别将更多履职成果转化为提案，提高集体提案比重。做好提案委员会与省直相关部门联合开展提案初审工作，加大并案力度，严把提案审查和立案关，确保提案质量。

（二）发挥重点提案示范作用。加大重点提案遴选督办力度，完善省委省政府省政协主要领导阅批督办、省政协副主席领办督办重点提案制度。将重点提案办理协商和督办工作列入省政协年度协商和民主监督计划。引导承办单位完善重点提案办理程序，抓好协商这一关键环节，提升协商实效，更好凝聚共识。

（三）持续提高提案办理质量。落实省委办公厅、省政府办公厅、省政协办公厅联合交办提案制度。加强与省委省政府督查工作领导小组办公室的协作配合，加大对提案办理工作督查力度。进一步规范承办单位办理流程，对时效性强的提案及时办理，重复的提案“了断式”办理，综合性提案合力办理。搭建提办双方沟通协商平台，采取邀请承办单位通报情况、提案者与承办单位开展实地调研、召开提案办理协商座谈会等方式，广泛凝聚共识，在推动问题解决上形成合力，以高度责任心办好每件提案，切实提高提案办理质量和实效，让委员满意、群众受益。

（四）完善各项制度。开展调查研究，逐步建立运用评价结果有针对性地提高提案质量和办理质量机制。探索提案及办理与民主监督相结合的有效机制，发挥提案在履行民主监督职能中的积极作用。适时修订提案公开办法，进一步规范公开内容、原则、程序和方式，推进提案内容和提案办理结果“双公开”工作，做到能公开则公开，应公开全公开，主动接受群众监督。完善优秀提案评选表彰制度，及时总结经验，开展省政协十二届一次会议以来优秀提案、先进提案承办单位、先进提案工作者评选表彰活动。

各位委员，新时代赋予政协提案工作新使命、新作为。让我们紧密团结在以习近平同志为核心的中共中央周围，在中共山东省委的坚强领导下，围绕中心，服务大局，扎实履职，展示政协委员新担当，为开创新时代现代化强省建设新局面作出新的更大贡献！

中国人民政治协商会议
第十二届山东省委员会第五次会议政治决议

（2022年1月26日政协第十二届山东省委员会第五次会议审议通过）

中国人民政治协商会议第十二届山东省委员会第五次会议，于2022年1月22日至26日在济南召开。

中共山东省委书记李干杰，省委副书记、省长周乃翔等省委、省政府领导出席大会，听取大会发言，参加分组讨论，与委员们共商山东改革发展大计。李干杰书记在开幕会上发表讲话。会议审议并批准付志方同志代表政协第十二届山东省委员会常务委员会所作的工作报告和刘均刚同志所作的提案工作报告，经过民主协商和选举，决定了有关人事事项。委员们列席山东省第十三届人民代表大会第七次会议，听取并讨论周乃翔省长所作的政府工作报告，听取并讨论省高级人民法院工作报告、省人民检察院工作报告，对上述报告均表示赞同。

会议认为，2021年是中国共产党成立100周年，是全面迈入社会主义现代化新征程起步之年和“十四五”开局之年。习近平总书记再次亲临山东视察，作出“三个走在前”的重要指示要求，为我们指明了方向，注入了强大动力。全省上下深入学习贯彻习近平总书记对山东工作的重要指示要求，坚定不移深学笃用习近平新时代中国特色社会主义思想，坚定不移推进全面从严治党，坚定不移贯彻新发展理念，坚定不移深化改革扩大开放，坚定不移改善人民生活促进共同富裕，坚定不移守住守牢安全发展底线，统筹做好疫情防控和经济社会发展各项工作，“十四五”实现良好开局，新时代社会主义现代化强省建设迈出坚实步伐。省政协常委会深入学习贯彻习近平总书记关于加强和改进人民政协工作的重要思想，准确把握专门协商机构性质定位，坚持建言资政和凝聚共识双向发力，聚焦省委、省政府中心工作开展专题调研、深入协商议政、忠诚履职尽责，为新时代社会主义现代化强省建设贡献了政协力量。

会议指出，李干杰书记的讲话，回顾总结了我省过去一年经济社会发展取得的显著成绩，充分肯定全省各级政协的履职工作和广大委员的辛勤付出，动员全省人民奋力走在前、携手开新局，对更好发挥政协专门协商机构作用、广泛凝聚共识、服务高质量发展提出明确要求，体现了对政协工作的高度重视和对政协委员的信任重托。委员们表示一定要认真抓好落实。周乃翔省长所作的政府工作报告，充分体现习近平总书记对山东工作的重要指示要求，充分体现稳中求进工作总基调，政治站位高、工作思路清、发展举措实、为民情怀深，是一个守初心、提信心、暖人心、见真心的好报告。委员们围绕实现今年的各项目标任务竭诚建言，就黄河流域生态保护和高质量发展、打造对外开放新高地、深化资本市场服务改革、“双减”政策落实落地、能源安全保供和绿色转型等问题，提出了许多建设性的意见建议。

会议强调，2022 年是中共二十大召开之年，是“十四五”规划实施的关键之年。要坚持以习近平新时代中国特色社会主义思想为指导，深入贯彻中共十九大和十九届历次全会精神，坚定拥护“两个确立”，增强“四个意识”、坚定“四个自信”、做到“两个维护”。要锚定“走在前列、全面开创”“三个走在前”，聚焦省委既有工作部署和“六个一”发展思路、“六个更加注重”策略方法、“十二个着力”重点任务，积极协商议政、开展民主监督。要立足政协优势，动员各党派团体和各族各界人士同心同德投身和服务现代化强省建设，凝聚推动高质量发展合力。要锲而不舍加强自身建设，加强委员履职服务保障，拓宽委员参政议政渠道，在创新中提升工作质效。

会议号召，全省各级政协组织、政协各参加单位和广大政协委员，要更加紧密地团结在以习近平同志为核心的中共中央周围，在中共山东省委的坚强领导下，踔厉奋发、勇毅前行，为开创新时代社会主义现代化强省建设新局面作出更大贡献，以优异成绩迎接中共二十大胜利召开！

政协第十二届山东省委员会提案委员会
关于省政协十二届五次会议提案审查情况的报告

（2022 年 1 月 26 日政协第十二届山东省委员会第五次会议审议通过）

省政协十二届五次会议期间，广大政协委员、政协各参加单位和专门委员会坚持以习近平新时代中国特色社会主义思想为指导，深入学习贯彻中共十九大和十九届历次全会精神，认真落实习近平总书记对山东工作的重要指示要求，按照中共山东省委部署，锚定“走在前列、全面开创”“三个走在前”总遵循、总定位、总航标，通过提案积极建言献策、履职尽责。

截至 2022 年 1 月 23 日 18 时，大会共收到提案 665 件。其中，委员提案 567 件，各民主党派省委、省工商联提案 83 件，界别提案 11 件，小组提案 2 件，专委会提案 2 件。根据《省政协提案工作条例》和《提案审查工作细则》，经提案委员会审查，立案 620 件，未立案 45 件。

立案提案中，经济建设方面提案 254 件，占 41%。内容涉及：加快发展数字经济、推动制造业转型升级、促进新能源汽车产业发展、打造山东港口集群、推进高端化工产业发展、加大小微企业和个体工商户政策扶持力度、推动跨境电商高质量发展、推进农业物联网建设、培育沿黄产业经济带、建设知识产权强省、加快冰雪产业发展等。

政治建设方面提案 25 件，占 4%。内容涉及：持续优化营商环境、统筹推进全省政务区块链平台建设、强化党建引领助力国企发展、加强新业态劳动者权益保障、优化基层生态环境执法工作、加强村级财务管理等。

文化建设方面提案 68 件，占 11%。内容涉及：弘扬沂蒙精神做强山东红色文化、推进齐鲁文化传承发展、讲好新时代山东黄河故事、推动博物馆事业发展、弘扬孙子文化打造“文武双圣”文化品牌、建设戏曲青年人才队伍、促进鲁港文化交流等。

社会建设方面提案 224 件，占 36.1%。内容涉及：推动协调发展实现共同富裕、扩大优质医疗资源供给、推进巩固拓展脱贫攻坚成果与乡村振兴有效衔接、完善“三孩”生育配套政策、加强医保门诊慢特病管理、促进医养融合发展、推动老年健康和托幼服务体系建设、巩固“双减”成果、完善职业教育体制机制、培养引进青年创新人才、加强物业管理、提升防灾减灾能力等。

生态文明建设方面提案 49 件，占 7.9%。内容涉及：推进黄河口国家公园建设、打造农业碳中和齐鲁样板、加强林地耕地资源和海岸线保护、抓好煤炭清洁利用、推动海洋渔业绿色发展、加强黄海浒苔治理、建立健全互花米草生态防治长效机制、加强地热清洁能源勘查与开发利用等。

本次会议立案提案整体质量进一步提升，内容涉及我省经济社会发展等诸多领域，选题精准、调研充分、分析透彻，意见建议针对性和可操作性强，凝聚着提案者的智慧和心血，体现了广大政协委员和政协各参加单位积极建言献策、助力新时代现代化强省建设的履职热情和责任担当。

提案委员会按照有关规定，将立案提案协商确定了承办单位。全体会议闭幕后，省政协办公厅将会同省委办公厅、省政府办公厅对立案提案进行集中交办，并推动提案办理协商，加大督办力度，提升办理质量和成效。对大会提案截止时间以后收到的提案，提案委员会审查立案后，作为平时提案及时交承办单位办理。

政协山东省委员会关于深入学习宣传贯彻中国共产党第二十次全国代表大会精神的决议

（2022 年 11 月 8 日政协第十二届山东省委员会常务委员会第二十四次会议通过）

政协第十二届山东省委员会常务委员会第二十四次会议于 2022 年 11 月 7 日至 8 日在济南举行。会议认真学习中国共产党第二十次全国代表大会精神，学习政协第十三届全国委员会常务委员会第二十四次会议和中共山东省委十二届二次全会精神，并深入讨论交流。会议衷心拥护习近平同志代表中共十九届中央委员会所作的报告和大会通过的各项决议，衷心拥护以习近平同志为核心的新一届中共中央领导集体，坚信在以习近平同志为核心的中共中央坚强领导下，全国各族人民团结奋斗，必将创造新时代的新辉煌。

会议认为，中共二十大是在全党全国各族人民迈上全面建设社会主义现代化国家新征程、向第二个百年奋斗目标进军的关键时刻召开的一次十分重要的大会，是一次高举旗帜、凝聚力量、团结奋进的大会，在党和国家发展进程中具有极其重大的历史意义。习近平同志所作的报告，举旗定向、主题鲜明、思想深邃、内涵丰富，回顾总结了过去五年工作和新时代十年的伟大变革，阐述了开辟马克思主义中国化时代化新境界、中国式现代化的中国特色和本质要求等重大问题，对全面建设社会主义现代化国家、全面推进中华民族伟大复兴进行了战略谋划，对统筹推进“五位一体”总体布局、协调推进“四个全面”战略布局作出了全面部署，是夺取中国特色社会主义新胜利的政治宣言和行动纲领，是马克思主义的纲领性文献。全省各级政协组织、政协各参加单位和广大政协委员要把学习宣传贯彻中共二十大精神作为首要政治任务，深刻领会和准确把握大会的鲜明主题、精神实质和战略部署，学出理论自觉、学出坚定信仰、学出使命担当，切实把思想和行动统一到中共中央决策部署上来。要把深入学习宣传贯彻中共二十大精神与深入学习贯彻习近平新时代中国特色社会主义思想结合起来，与深入学习贯彻习近平总书记关于加强和改进人民政协工作的重要思想结合起来，与深入学习贯彻习近平总书记对山东工作的重要指示要求结合起来，联系起来领会，统筹起来推进，贯通起来落实，将学习宣传贯彻持续引向深入。

会议认为，中共十九大以来的五年和新时代十年极不寻常、极不平凡。以习近平同志为核心的中共中央统筹中华民族伟大复兴战略全局和世界百年未有之大变局，团结带领全党全军全国各族人民，采取一系列战略性举措，推进一系列变革性实践，实现一系列突破性进展，取得一系列标志性成果，经受住了来自政治、经济、意识形态、自然界等方面的风险挑战考验，党和国家事业取得历史性成就、发生历史性变革，在党史、新中国史、改革开放史、社会主义发展史、中华民族发展史上具有里程碑意义。新时代伟大成就的取得，根本在于习近平总书记作为党中央的核心、全党的核心掌舵领航，在于习近平新时代中国特色社会主义思想科学指引。“两个确立”是新时代取得的重大政治成果，反映了全党全军全国各族人民共同心愿，对新时代党和国家事业发展、对推进中华民族伟大复兴历史进程具有决定性意义。要深刻领悟“两个确立”的决定性意义，牢记“国之大者”，增强“四个意识”、坚定“四个自信”、做到“两个维护”，自觉在思想上政治上行动上同以习近平同志为核心的中共中央保持高度一致。

会议认为，习近平新时代中国特色社会主义思想，以全新的视野深化对共产党执政规律、社会主义建设规律、人类社会发展规律的认识，科学回答中国之问、世界之问、人民之问、时代之问，是当代中国马克思主义、21 世纪马克思主义，是中华文化和中国精神的时代精华，实现了马克思主义中国化时代化新的飞跃，开辟了马克思主义中国化时代化新境界。要全面把握习近平新时代中国特色社会主义思想的世界观和方法论，坚持运用好贯穿其中的立场观点方法，深刻领会“两个结合”，坚持人民至上、坚持自信自立、坚持守正创新、坚持问题导向、坚持系统观念、坚持胸怀天下，持续用以武装头脑、指导实践、推动工作。

会议认为，全面建设社会主义现代化国家，是一项伟大而艰巨的事业，前途光明，任重道远。中共二十大全面把握党和国家事业发展新要求、人民群众新期待，发出了全面建成社会主义现代化强国、实现第二个百年奋斗目标、以中国式现代化全面推进中华民族伟大复兴的动员令。要围绕中共二十大绘制的宏伟蓝图、确立的奋斗目标和作出的战略部署，结合我省实际，锚定“走在前、开新局”，贯彻中共山东省委“六个一”发展思路、“六个更加注重”策略方法，聚焦深化新旧动能转换、建设绿色低碳高质量发展先行区、推动黄河流域生态保护和高质量发展、促进区域协调发展等重大问题，紧扣十二个方面重点工作、“三个十大”行动，发挥政协履职平台载体作用，深入协商集中议政，凝聚共识汇聚合力，强化监督助推落实，为全面开创新时代社会主义现代化强省建设新局面贡献智慧和力量。

会议强调，人民政协是社会主义协商民主的重要渠道和专门协商机构，要深刻把握新时代新征程人民政协的使命任务，坚持大团结大联合，凝聚人心、汇聚合力。要彰显凝心聚力的独特优势，坚持和完善中国共产党领导的多党合作和政治协商制度，坚持党的领导、统一战线、协商民主有机结合，发挥统一战线组织平台作用，在协商中促进广泛团结、推进多党合作、践行全过程人民民主。要增强凝心聚力的制度效能，坚持发扬民主和增进团结相互贯通、建言资政和凝聚共识双向发力，加强制度化、规范化、程序化等功能建设，提高深度协商互动、意见充分表达、广泛凝聚共识水平。

要拓展凝心聚力的实践路径，完善人民政协民主监督和委员联系界别群众的制度机制，筑牢团结奋斗的共同思想政治基础，凝聚起团结奋斗的强大力量。

会议号召，全省各级政协组织、政协各参加单位和广大政协委员，更加紧密地团结在以习近平同志为核心的中共中央周围，高举中国特色社会主义伟大旗帜，全面贯彻习近平新时代中国特色社会主义思想，在中共山东省委的坚强领导下，坚定信心、同心同德，埋头苦干、奋勇前进，为谱写新时代中国特色社会主义山东实践新篇章，为全面建设社会主义现代化国家、全面推进中华民族伟大复兴而团结奋斗！

制度建设

关于加强和改进省政协委员学习工作的办法

（2022 年 3 月 31 日政协第十二届山东省委员会第三十八次主席会议通过）

为深入贯彻中央和省委政协工作会议精神，进一步加强和改进省政协委员学习工作，根据《中国人民政治协商会议章程》和全国政协《关于加强和改进全国政协委员学习工作的办法》（政全委发〔2022〕1 号）等文件规定，结合实际，制定如下办法。

一、充分认识加强和改进委员学习工作的重要意义、指导思想和基本原则

学习，是人民政协的优良传统和重要任务，是筑牢团结奋斗的共同思想政治基础、提升人民政协履职能力的宝贵经验和重要途径。面对新时代新征程和新形势新任务，必须把委员学习工作摆在更加突出位置，大兴学习研究之风，以学习坚定政治方向、增进思想共识、引领履职实践、提高工作质量，切实担负起把中央部署和省委要求落实下去、把全体齐鲁儿女智慧力量凝聚起来的政治责任，推进政协更好成为坚持和加强党对各项工作领导的重要阵地、用党的创新理论团结教育引导各族各界代表人士的重要平台、在共同思想政治基础上化解矛盾和凝聚共识的重要渠道。

加强和改进委员学习工作，要坚持以马克思列宁主义、毛泽东思想、邓小平理论、“三个代表”重要思想、科学发展观、习近平新时代中国特色社会主义思想为指导，深入学习贯彻习近平总书记关于加强和改进人民政协工作的重要思想，不断丰富学习内容、创新学习形式、拓宽学习渠道，建立系统完备、科学有效、保障有力的学习体系，引导委员“懂政协、会协商、善议政，守纪律、讲规矩、重品行”，夯实共同思想政治基础，提高履职质量和成效，充分发挥人民政协专门协商机构作用，为全面开创新时代社会主义现代化强省建设新局面作出更大贡献。

加强和改进委员学习工作，必须把党的领导贯穿全过程，引导委员把牢正确的政治方向，深刻认识“两个确立”的决定性意义，增强“四个意识”、坚定“四个自信”、做到“两个维护”，在事关旗帜、道路、制度等重大问题上统一意志、统一步调、统一行动；必须准确把握政协的性质定位，引导委员坚定不移走中国特色社会主义政治发展道路，加强专门协商机构建设，把人民政协制度优势转化为治理效能；必须服从服务于中心大局，引导委员聚焦党政中心任务，紧扣群众关心关切，自觉学习相关知识，准确把握政协履职方式方法，提高建言资政能力和水平；必须落实好大团结大联合要求，引导委员围绕团结和民主两大主题，广泛凝聚人心和共识、汇聚智慧和力量，画出最大同心圆；必须发扬理论联系实际的马克思主义学风，引导委员将读书学习与履职实践相结合，切实做到学思用贯通、知信行统一；必须充分发挥委员主体作用，引导委员更好发扬自我学习、自我教育的优良传统，在勤学习、勇担当、善履职中当好人民政协制度的参与者、实践者、推动者。

二、把握重点学习内容

加强和改进委员学习工作，要紧跟形势任务要求，不断拓展学习领域，丰富学习内容，突出学习的政治性、理论性、统战性和时代性特点。

（一）政治理论学习。以马克思列宁主义、毛泽东思想、邓小平理论、“三个代表”重要思想、科学发展观、习近平新时代中国特色社会主义思想为主要内容，重点学习领会习近平总书记关于加强和改进人民政协工作的重要思想、统战政协理论等，学习党的基本理论、基本路线、基本方略，服务委员更好地用科学理论武装头脑、指导实践、推动工作。

（二）时事政策学习。学习中共十八大、十九大精神以及十八大以来历次中央全会精神，学习中共中央重大决策部署和关于统一战线、人民政协工作的重要方针政策，学习习近平总书记对山东工作的重要指示要求，学习各相关领域的政策规定，服务委员坚定政治立场，明确政策方向。

（三）履职知识学习。学习宪法法律和政协章程，学习协商议政、调研、提案、大会发言、反映社情民意信息等履职必备知识以及履职所需的各领域前沿知识，服务委员拓展眼界视野，更好履职尽责。

（四）主题学习教育。围绕学习贯彻中共中央重大部署和中共山东省委重要工作安排，适时组织主题学习教育活动，积极开展思想政治引领工作，增强委员的政治使命感和责任担当意识。

（五）历史学习教育。巩固拓展党史学习教育成果，把学习中共党史与学习新中国史、改革开放史、社会主义发展史、统一战线史和人民政协史相结合，服务委员树立正确的历史观和大局观。

三、健全完善学习体系

以省政协党组理论学习中心组学习为引领，构建多层次、全方位、立体式、科学化的学习体系，实现委员学习全覆盖。

（一）党组理论学习中心组学习。以政治学习为根本，以专题学习、集体研讨为主要形式，加强省政协党组、机关党组和专门委员会分党组的理论学习，为政协党组发挥好把方向、管大局、保落实的重要作用提供思想政治保证。

（二）主席会议集体学习。发挥“关键少数”在学习中的表率作用，通过传达文件、讨论交流、理论务虚会等形式，将集体学习与个人学习相结合，统一思想认识，促进省政协领导班子思想政治建设。

（三）习近平新时代中国特色社会主义思想学习座谈会。由省政协党组成员分别会同主席会议党外成员，以专门委员会和界别为依托，组成学习座谈小组，制订年度计划，以自学为主，每季度安排 1 次集体学习座谈。

（四）常委会会议集体学习。在省政协常委会会议期间，邀请省委、省政府有关领导同志或相关领域专家学者围绕会议议题作专题报告。

（五）委员学习研讨班。按照分类别分批次及委托培训等方式，开展面向新任委员、连任委员、界别委员的集中学习研讨活动。通过集中授课、现场教学、座谈交流等，促进学习交流和共同提高。

（六）政协讲堂。围绕党政中心工作、省政协重点任务和社会热点问题，邀请知名专家学者、省直部门负责同志作专题讲座。每年一般举办 4—6 期。必要时与常委会会议集体学习结合举办。

（七）委员读书活动。在省政协委员读书活动领导小组的组织领导下，依托各专门委员会，面向全体委员，按照线上线下相结合、读书履职相促进的原则开展多种形式的读书交流活动，引导委员多读书、读好书、善读书，并带动更多界别群众参与读书活动。

（八）委员自主学习。倡导自我学习、互相学习，以专门委员会为依托，组织界别委员每季度开展 1 次学习讨论，推动“委员讲、委员听、委员议”。编发各类学习和履职参考资料，办好《联合日报》和《山东政协》《委员天地》《春秋》，依托省政协网站、“山东政协”APP 客户端和微信公众号等平台，为委员自主学习创造条件。

四、认真落实学习要求

（一）推动委员学习工作制度化。严格落实“第一议题”制度，深化落实党组理论学习中心组学习、主席会议集体学习、习近平新时代中国特色社会主义思想学习座谈会、常委会会议集体学习等各项学习制度，用制度保障各项学习任务落到实处。

（二）促进委员学习工作规范化。强化学习管理，规范学习行为，定期督促检查，及时听取委员意见建议，不断加强和改进工作，做到年度有计划、季度有安排、工作有落实、全程有考核，确保委员学习工作规范有序开展。

（三）实现委员学习工作经常化。大力营造“崇尚学习、加强学习”的浓厚氛围，坚持领导带头、层层推动，依托中共省政协党组成员联系界别、中共党员委员联系党外委员制度，开展多层次、经常化、制度化的学习活动，形成“党组带头学、委员主动学、会议集中学、平时自主学”的良好局面，推进学习工作即时性、常态化。

（四）确保委员学习工作实效化。坚持学以致用，把学习工作与加强人民政协理论研究相结合，用理论研究深化学习工作，以学习实践促进理论研究深入开展。将学习工作作为视察考察、专题调研、协商议政等各项履职活动的基本要求和必要环节，寓学习于政协履职全过程，以学习引领、推动履职实践，提高建言资政和凝聚共识双向发力的质量和水平。

五、加强学习工作的组织领导和服务保障

（一）加强组织领导。由省政协党组、主席会议统一领导，将委员学习工作列入重要议事日程，在政协工作全局中统筹安排，定期研究部署，构建“大学习”格局。建立学习工作联席会议制度，讨论年度学习工作计划，推动计划的实施。办公厅、研究室、委员活动工作室、各专门委员会分工负责、密切配合，形成抓学习工作的整体合力。

（二）注重工作创新。加强委员学习工作研究，积极探索创建更多类别丰富、灵活多样、行之有效的学习形式、方法和载体，不断增强学习的吸引力、覆盖面和实效性。加快“数字政协”建设，升级委员履职平台系统，拓展委员学习、读书、培训和履职考核功能，努力提高政协信息化服务水平。

（三）促进成果运用。及时汇总整理学习成果，视情编发学习研讨情况报告、社情民意信息等，报送党政领导和有关部门，促进学习成果转化。充分发挥融媒体作用，对重要学习活动宣传报道，扩大委员读书学习社会影响力。

（四）做好服务管理。落实委员学习工作计划安排，做好沟通引导、组织协调、服务保障等工作。严格读书学习统计通报制度，强化考核激励，完善管理办法，将委员读书学习情况纳入常委履职报告、委员履职档案。定期召开学习工作座谈会，交流经验，改进不足，促进委员学习工作不断提质增效。

关于全省政协开展“有事多商量”平台建设工作的指导意见

（2022 年 4 月 28 日政协第十二届山东省委员会第三十九次主席会议审议通过）

为深入学习贯彻习近平总书记关于加强和改进人民政协工作的重要思想，落实中央和省委政协工作会议精神，更好发挥人民政协专门协商机构作用，推动全省政协工作提质增效，经省委研究同意，现就全省政协统一建设“有事多商量”协商平台提出以下指导意见。

一、总体要求

（一）重要意义。协商平台是人民政协发挥专门协商机构作用的重要支撑。建设“有事多商量”协商平台，有助于丰富人民政协协商于民、协商为民的履职载体，有助于拓展人民政协建言资政和凝聚共识双向发力的履职途径，有助于人民政协成为“重要阵地、重要平台、重要渠道”目标的实现，是新时代政协工作实现高质量发展的重要抓手。

（二）指导思想。坚持以习近平新时代中国特色社会主义思想为指导，深入贯彻落实习近平总书记关于加强和改进人民政协工作的重要思想，准确把握新时代人民政协的新方位新使命，锚定“走在前列、全面开创”“三个走在前”总遵循、总定位、总航标，通过建设“有事多商量”协商平台更好地广纳群言、广谋良策、广聚共识，在推进常态化协商议政中实现建言资政和凝聚共识双向发力，促进政协工作高质量发展，为新时代社会主义现代化强省建设贡献政协智慧力量。

（三）工作原则

1. 坚持政治性。在党委领导下开展平台建设工作，提高政治站位，扛起政治责任，深刻认识“两个确立”的决定性意义，增强“四个意识”、坚定“四个自信”、做到“两个维护”，严守政治纪律政治规矩，突出团结和民主两大主题，把牢人民政协性质定位。

2. 坚持人民性。深入践行以人民为中心的发展理念，在围绕中心、服务大局的原则下，更多聚焦事关群众切身利益的民生实事协商议政，做到协商于民、协商为民。

3. 坚持开放性。在协商议题征集和协商活动中，坚持以政协委员为主体，广泛听取社会各方面意见建议，邀请界别群众代表参与，扩大协商参与面。协商议题宜公开的，可采用网络议政、远程协商等途径活跃协商形式，增强协商开放度和时代性。

4. 坚持实效性。坚持数量适度、质量为要，精选协商议题、深入开展调研，精准议政建言、平等真诚交流，切实做到说实话、献实策、求实效。

二、工作内容和方法步骤

（一）确定协商议题。聚焦党委和政府工作的重点、群众生产生活的难点、社会治理的焦点，注重选择切口小、关联广、与群众切身利益密切相关的议题开展协商。协商议题可采用党委政府点题、政协委员荐题、向社会公开征题等方式广泛选择，由政协主席会议审议通过、同级党委审定后，纳入党委、政府、政协年度协商计划。

（二）规范协商频次。除全体会议、专题议政性常委会会议外，市政协一般每年举办 8 次重要协商活动，县（市、区）政协一般每年举办 6 次重要协商活动，由政协主席主持，邀请党委、政府负责同志参加。另外，政协参加单位、专门委员会、界别可发挥各自优势，与相关部门（单位）开展小型多样的对口协商、界别协商、提案办理协商。

（三）提高协商质量

坚持调研于协商之前，围绕协商议题组织政协委员开展深入调研，摸清实情，查找症结。对协商议题中敏感的问题、多年积累的难题，在调研中要主动向党委政府通报情况，提前与相关部门研究切实可行的解决方案。

精选协商参与人员，精心设置议程，加强互动交流。让参加会议的政协委员、界别群众代表和专家学者等充分表达，党政有关部门现场介绍情况并回应相关意见建议，多向沟通协商，广泛凝聚共识。

（四）完善协商机制。注重顶层设计，制定协商工作办法，规范协商运行程序。健全协商工作评价体系，适时开展协商活动评价，组织开展协商活动示范案例评选，促进协商活动质效提升。按照“不建机构建机制”原则，组建委员履职小组，在有条件的乡镇（街道）设立“协商议事室”，积极探索“有事多商量”向基层拓展延伸，注重做好与基层协商的衔接，把握好与基层协商的边界。

（五）推动成果落实。及时汇总整理协商意见建议，以协商报告、纪要或其他形式形成协商成果，按程序审批后向党委政府及有关部门报送。时效性强的意见建议可以社情民意信息等形式，及时向党政有关部门反映。加强与各级党政部门沟通联系，推动做好协商成果办理、采纳和转化工作。对协商建议中的重点、难点问题，政协可组织政协委员开展民主监督、调研视察、民主评议等跟踪办理情况，通过再调研、再视察、再协商，推动协商成果落到实处。

三、组织领导

（一）坚持党的领导。主动争取当地党委重视支持，及时向党委请示和报告平台建设的重要事项、协商活动安排，推动平台建设纳入党委工作总体部署，请党委、政府主要负责同志出题目、交任务，带头抓协商成果的落实。

（二）发挥政协党组作用。各级政协党组是“有事多商量”平台建设的主体，要切实担起政治责任，把好政治方向，加强组织谋划，保障平台运行。要在协商计划、协商活动方案、协商成果审定上严格把关，抓好组织实施，努力发挥好平台的建言资政和凝聚共识作用。

（三）强化分工负责。做好责任分工，层层压实责任，形成由政协主席总负责，联系副主席牵头抓，秘书长统一协调，办公厅（室）、研究室、各专门委员会分工负责的工作机制。

（四）注重工作结合。把“有事多商量”与各类协商活动相结合，与开展民主监督相结合，与重大课题调研相结合，实现面对面沟通协商、线上线下互动协商、场内场外联动协商，推动协商工作更有质量、更富成效。

由省政协负责设计“有事多商量”标识，省市县政协统一使用，助推工作精品的打造、特色品牌的培育。各地已有的政协协商民主工作品牌仍可作为副标识继续使用。

（五）营造广泛参与氛围。积极争取党委政府及工作部门对协商平台建设的重视支持，为协商活动开展提供保障，推动协商成果办理落实。要广泛发动政协委员，完善协商机制，务实有效协商。要加大对“有事多商量”活动的宣传报道力度，营造良好舆论氛围，扩大协商影响力，让更多群众关注、参与、支持“有事多商量”。

政协山东省委员会
关于创建"界别同心汇"的意见

（2022年5月10日政协第十二届山东省委员会第四十次主席会议通过）

为充分发挥人民政协统一战线组织功能，探索新时代人民政协加强团结联谊、更好服务群众的新途径、新载体、新方法，最大限度地凝聚共识、凝聚人心、凝聚智慧、凝聚力量，现就创建山东省政协"界别同心汇"，提出如下意见。

一、总体要求

（一）指导思想。以习近平新时代中国特色社会主义思想为指导，按照"走在前列、全面开创""三个走在前"的总遵循、总定位、总航标，全面贯彻习近平总书记关于加强和改进人民政协工作的重要思想，切实发挥"重要阵地""重要平台""重要渠道"作用，坚持大团结大联合，通过搭建省、市、县三级政协上下贯通、界别联动、委员合力的履职平台，实现联系、影响和服务群众的经常化、组织化，达到团结一界、联系一方的效果，更好汇聚正能量、画大同心圆，把中央和省委的决策部署和对政协工作的要求落实下去，把海内外齐鲁儿女的智慧和力量凝聚起来，为开创山东社会主义现代化强省建设新局面作出积极贡献。

（二）基本原则。一是坚持党的领导。提高政治站位，强化政治纪律，把准平台定位，确保正确的政治方向。二是突出界别特色。以界别为依托，以界别委员为主体，发挥行业特色和专业优势，组织开展具有界别特色的履职活动。三是强化三级联动。以平台为载体，汇集省、市、县三级政协界别委员智慧和力量。四是积极稳妥推进。因地制宜、典型示范、总结经验、稳步推进。

二、功能定位

"界别同心汇"旨在发挥界别专业优势、委员主体作用，面向社会各界人士和界别群众，搭建起"同心同向同行、汇识汇智汇力"的开放性履职平台，实现联系服务界别群众的经常化、组织化。

（一）学习交流的园地。通过搭建微书房、开设微课堂、举办微讲座等形式，定期组织委员学习习近平新时代中国特色社会主义思想，学习党的路线方针、时事政策，交流业务知识和科学技术知识，同时把学习交流与党员委员联系党外委员、委员读书活动等有机结合起来，推动委员在学习交流中增进共识、提升能力。

（二）议政建言的平台。聚焦党委政府工作的重点、界别群众关心的热点、社会治理的难点，依托“界别同心汇”所联系的领域、界别及界别群众，紧贴基层、紧贴实际，开展调查研究，通过面对面恳谈沟通，“微协商”“微监督”等方式，发现问题、分析原因、提出建议，及时转化为政协提案、大会发言和社情民意信息等，为党委和政府决策提供参考。

（三）了解民生的窗口。线上依托数字政协，码上赋能、远程连线；线下拓展服务渠道，设立委员信箱、发放联络卡、公布联系方式、接待和走访界别群众、开展社会公益活动等，及时体察民情、倾听民声、了解民意，积极维护群众切身利益，当好群众的“知心人”。

（四）凝聚共识的渠道。密切与界别群众，特别是与党外知识分子、非公有制经济人士、新的社会阶层人士的沟通联系，积极宣传党的路线方针政策、国家法律法规、党委和政府重大决策部署。面向社会热点话题积极发声、正面发声，通过协商互动和讨论沟通，不断加强了解、深化理解、消除误解，最大限度巩固共识、深化共识，切实把各方面力量团结和凝聚在党的周围。

三、创建要求

（一）团队组建。“界别同心汇”由1名或数名省、市政协委员牵头，省、市、县（市、区）若干名政协委员参加，原则上不超过15名。根据议题，视情邀请住鲁全国政协委员参加活动。牵头委员须政治素质过硬、履职热情高、纪律规矩意识强，且有一定组织协调能力，善于团结联合本界别委员和群众。

每个“界别同心汇”配备1名联络员，由政协相关专委会或有关部门工作人员担任。

（二）基本条件。“界别同心汇”需满足线上、线下活动需要，既统一规范，又各具特色。坚持标准化、规范化创建，做到“六个有”：有场地、有标识、有制度、有活动、有档案、有评价。在每个“界别同心汇”中，统一设立小型“学而书房”，为委员读书交流提供便利。

（三）创建流程。1. 创建申报。由有意向的省、市政协界别或委员（个人或联名），向省政协提出书面申请，由省政协委员活动工作室受理。2. 资格审核。省政协界别或省直省政协委员申报创建的，由省政协委员活动工作室会同相关专委会、市政协审核。3. 场地建设。以牵头委员为主体，依托相关单位、各级政协组织建设。4. 组织认定。省政协主席会议审定后授牌。

（四）创建步骤。

第一步，试点先行、树立标杆。综合考虑界别委员组成、政协换届等因素，省政协先行试点建设3—5所；16市政协各试点创建1所。建成后统一授牌启动。

第二步，复制推广、分批推进。通过召开现场会观摩学习、举办培训班进行传帮带等，以点带面，有序推进，做到成熟一批、挂牌一批、运行一批。同时，对全省各级政协已经建成的各种界别委员履职平台，对照标准培育提升，经评估符合要求的予

第五条 委员培训工作的主要内容

（一）政治理论学习。以习近平新时代中国特色社会主义思想为主要内容，重点学习领会习近平总书记关于加强和改进人民政协工作的重要思想、统战政协理论等，学习党的基本理论、基本路线、基本方略，服务委员更好用科学理论武装头脑、指导实践、推动工作。

（二）时事政策学习。学习中共十八大、十九大精神以及十八大以来历次中央全会精神，学习中共中央重大决策部署和关于统一战线、人民政协工作的重要方针政策，学习习近平总书记对山东工作的重要指示要求，学习各相关领域的政策规定，服务委员坚定政治立场，了解把握大局，明确政策方向。

（三）履职知识学习。学习宪法法律和政协章程，学习协商议政、调研、提案、大会发言、反映社情民意信息等履职必备知识以及履职所需的各领域前沿知识，服务委员拓展眼界视野，更好履职尽责。

（四）主题学习教育。围绕学习贯彻中共中央重大决策部署和中共山东省委重要工作安排，适时组织主题学习教育活动，积极开展思想政治引领工作，增强委员的政治使命感和责任担当意识。

（五）历史学习教育。巩固拓展党史学习教育成果，把学习中共党史与学习新中国史、改革开放史、社会主义发展史、统一战线史和人民政协史相结合，引导委员学史明理、学史增信，树立正确的历史观和大局观。

（六）实践学习教育。围绕改革开放和社会主义现代化建设的历史性成就、党和国家事业发展的历史性变革等，采取实地教学、典型考察等形式进行实践学习教育。

第六条 委员培训工作的主要方式

（一）参加全国政协举办的培训班。

（二）省政协举办线下新任委员学习培训班、连任委员学习研讨班、综合能力素质提升培训班、主题（专题）学习考察班和线上远程视频教学、网络培训班等综合性培训。

（三）省政协各专门委员会、各界别组织日常培训及专项培训。

（四）结合委员读书活动，开展灵活多样的专项学习交流。

第七条 委员培训工作的组织领导和服务保障

（一）加强组织领导。由省政协党组、主席会议统一领导，将委员培训工作列入重要议事日程，在政协工作全局中统筹安排、总体部署。集中培训时设立临时党组织。

（二）健全工作机制。认真落实《山东省政协委员学习工作联席会议制度》，省政协委员活动工作室承担委员培训的统筹协调和组织工作，负责届期内委员培训规划和编制年度计划，按程序报经批准后组织实施。其中，综合性培训由委员活动工作室牵头，办公厅、研究室、各专门委员会协助；各专门委员会、各界别开展的日常培训及专项培训，由各专门委员会、各界别负责。

（三）提高培训质效。根据不同班次和主题需要，采取自主办班培训、联合办班培训、委托培训等模式，充分利用各方面的优质教学资源；采取“量体裁衣”“定制培训”“模块化教学”等方式，设计教学内容，提高培训的针对性；采取课堂教学、实地教学、分组讨论、经验交流和模拟训练等形式，提高培训的实效性；积极探索数字化背景下学习培训新模式，促进线上线下有机结合、良性互动。

（四）落实培训经费。委员培训所需经费，由省政协办公厅根据相关规定列入年度经费预算，按照“充分保障、节俭适度”的原则统筹解决。经费开支严格按照有关规定，由办公厅和培训主办部门共同审核把关。

第八条 委员培训工作的考核管理

（一）严明参训要求。委员应当按照有关规定要求，积极参加省政协及各专门委员会、各界别组织的培训。届内，新任委员必须参加省政协组织的新任学习培训，连任委员至少参加一次省政协组织的综合性培训。

（二）严格请假制度。委员因特殊原因不能参加培训的，须履行请假手续。不能参加全国政协和省政协组织的培训，须在接到培训通知后及时向省政协秘书长履行书面请假手续；不能参加省政协各专门委员会、各界别组织的培训，须向召集人请假。对无故不参加培训的委员，记入履职档案，予以通报。

（三）加强履职考核。按照《政协山东省委员会委员履职工作规则》等有关规定，委员参加培训情况纳入履职统计范围，参训情况记入委员履职档案，作为履职考核的重要内容。

第九条 本办法由省政协委员活动工作室负责解释。

山东省政协委员学习工作联席会议制度

（2022 年 5 月 10 日政协第十二届山东省委员会第四十次主席会议通过）

为加强对省政协委员学习工作的统筹，形成工作合力，根据政协山东省委员会《关于加强和改进省政协委员学习工作的办法》（鲁协发〔2022〕4 号），制定省政协委员学习工作联席会议制度。

第一条 省政协委员学习工作联席会议在省政协党组、主席会议领导下开展工作。

第二条 联席会议由省政协主席或委托有关副主席担任召集人，委员活动工作室牵头，办公厅、研究室、各专门委员会参加，各参加单位负责人为联席会议组成人员。联席会议可根据工作开展情况，邀请相关界别召集人、读书群群主和省政协有关部门负责人参加。

第三条 联席会议办公室设在委员活动工作室学习培训处，负责联席会议筹备和日常事务。办公室主任由委员活动工作室分管副主任兼任。

第四条 联席会议主要职能

（一）贯彻落实中共中央、全国政协、省委和省政协关于加强委员学习工作的决议、决定、部署和要求。

（二）研究委员学习工作制度，推动委员学习工作制度化、规范化、程序化开展。

（三）讨论委员学习工作年度计划，推动计划的实施。

（四）组织交流开展委员学习工作的情况和经验。

（五）整合协调各方面学习资源，实现各部门学习资源统筹与共享。

（六）分析研究、协调解决委员学习工作中出现的困难和问题。

（七）研究协调其他需要联席会议讨论或决定的问题。

第五条 联席会议工作规则

（一）联席会议一般每季度召开一次，根据需要也可临时召开。

（二）联席会议议题由联席会议办公室提出，报分管负责人初审。初审议题向各成员单位征求意见，经研究综合吸收采纳后，报联席会议召集人审定。

（三）联席会议由召集人或委托委员活动工作室负责人主持，各成员单位负责人参加。成员单位负责人因故不能出席的，需会前请假，并委托其他负责同志出席。

（四）联席会议作出的决定，由相关部门根据分工实施，落实情况及时反馈联席会议办公室。

第六条 联席会议工作要求

（一）各成员单位要加强沟通、相互支持、紧密配合、形成合力，充分发挥好联席会议的作用，推动委员学习工作有序开展。

（二）各成员单位应主动研究解决本部门在开展委员学习工作中遇到的困难和问题，需要联席会议讨论研究的事项，及时提交联席会议办公室。

第七条 本制度自省政协主席会议审议通过后施行。

山东省政协界别活动质量评价办法（试行）

（2022 年 5 月 10 日政协第十二届山东省委员会第四十次主席会议通过）

第一条 为进一步提高省政协界别工作制度化、规范化、科学化水平，推动界别活动探索创新、界别履职提质增效，根据《政协山东省委员会关于进一步发挥界别作用的意见》，结合工作实际，制定本办法。

第二条 界别活动质量评价，是对列入省政协年度界别活动计划的各界别履职情况进行量化评定。

第三条 界别活动质量评价，坚持正向激励、全面赋分、重点突出、兼顾平衡的原则。

第四条 界别活动质量评价的内容，包括年度界别工作计划、总结，界别活动组织开展，界别履职成果反映等。

第五条 界别活动质量评价设基础分和附加分。基础分重在评价界别活动过程的程序性、制度性和规范性；附加分重在评价界别履职成效，对各界别发挥协商建言、凝聚共识作用，形成履职成果情况，分项量化赋分。

第六条 每年 12 月份，开展本年度界别活动质量评价工作。

第七条 界别活动质量评价计分依托界别工作应用系统进行。年中，将界别履职信息录入应用系统，系统按照评价指标设置进行分类记录并自动赋分。年底，汇总统计记分情况，进行查阅审核，以界别为单位形成年度界别活动质量评价赋分表，并向各界别反馈。各界别对评价结果无异议的，由界别活动召集人签字确认；有异议的，可提出申请，在应用系统中补录修改履职信息后再予重新确认。

第八条 各界别活动质量评价结果，纳入省政协年度界别工作情况报告，书面印发常委会会议和全体会议，具体得分情况书面通报各界别。

第九条 委员活动工作室界别工作处负责年度界别活动质量评价工作的具体组织实施。各专门委员会办公室负责将所联系界别的履职信息及时录入界别工作应用系统，并留存文字、录音、影像等相关资料。

第十条 本办法自省政协主席会议审议通过后施行。

附件：山东省政协界别活动质量评价赋分表

附件

山东省政协界别活动质量评价赋分表

（　　年）

界别：

评价内容	评价指标		指标说明	项数	得分
基础分	年度界别工作计划		有计划计 20 分，缺项不计分。		
	年度界别工作总结		有总结计 20 分，缺项不计分。		
	界别活动	实施方案	有 1 项及以上界别活动实施方案即计 20 分，缺项不计分。		
		组织开展	程序规范、组织有序，计 20 分。		
		活动成果	形成 1 项及以上界别履职成果计 20 分，缺项不计分。		
附加分	界别履职成果	界别调研、视察、协商报告	1. 形成报告的，每篇计 3 分；报送省委、省政府的，每篇增加 2 分。 2. 省部级领导同志作出批示的，每人次计 3 分。		
		界别提案	1. 立案界别提案每件计 3 分；列入省政协重点提案的，每件增加 2 分；被评为优秀提案的，每件增加 2 分。 2. 省部级领导同志作出批示的，每人次计 3 分。		
		界别大会发言	1. 书面发言每篇计 3 分；口头发言每篇增加 2 分。 2. 省部级领导同志作出批示的，每人次计 3 分。		
		界别反映社情民意信息、意见建议等	1. 报送全国政协的，每篇计 3 分；采用的，每篇增加 2 分。 2. 报送省委、省政府的，每篇计 2 分；采用的，每篇增加 1 分。 3. 国家领导人作出批示的，每人次计 5 分；省部级领导同志作出批示的，每人次计 3 分。		
		界别学习、社会活动等	在国家级媒体宣传报道的，每篇计 3 分；在省级媒体宣传报道的，每篇计 2 分。		
		其他	界别工作（活动）成效显著，入选创新案例或领导同志作出批示的，国家级每项计 5 分，省级每项计 3 分。		
总　分					
备注	1. 评价基础分每项 20 分，满分 100 分。 2. 在多个平台宣传报道内容完全重复的，只计单次最高分。				

政协山东省委员会重点提案培育、遴选与督办办法

（2022 年 5 月 26 日政协第十二届山东省委员会第四十二次主席会议通过）

第一条 为规范省政协重点提案培育、遴选与督办工作，提高提案质量和提案办理质量，根据《政协山东省委员会提案工作条例》，省委办公厅、省政府办公厅转发《省政协办公厅关于办理省政协提案的意见》及有关规定，制定本办法。

第二条 省政协重点提案培育、遴选与督办工作在主席会议的领导下进行。省委、省政府、省政协领导阅批督办或领办督办重点提案，省委办公厅、省政府办公厅、省政协办公厅统筹协调，提案委员会牵头负责，各专门委员会分工协作、组织实施。

第三条 培育工作

重点提案培育原则上每年集中开展一次，在省政协全体会议召开前 3 个月进行。

（一）征集培育选题。聚焦省委省政府中心工作及群众关心关注的热点难点问题，研究年度提案征集重点和要求，向省政协委员、省政协各参加单位和各专门委员会印发征集通知，向省直有关部门发函征集提案选题建议，召开由省政协各参加单位、各专门委员会和委员活动工作室负责同志参加的集体提案征集座谈会，研究确定《省政协重点提案培育选题初选目录》。

（二）确定培育选题。将《省政协重点提案培育选题初选目录》分别报送分管副主席、主席审定并提出指导意见后，组织召开重点提案培育会，邀请省政协各参加单位和各专门委员会、有关专家学者参加。结合所培育选题初选目录，根据省政协党组年度工作安排，围绕全省年度重大规划、建设、改革发展、民生关注等问题，研究确定培育选题，协商形成《省政协重点提案培育选题目录》。

（三）商定培育主体。省政协提案委员会走访各民主党派省委会、省工商联、各人民团体，通报有关情况，商定选题承担主体。各民主党派省委会和省工商联，结合日常履职成果转化，至少承担 2 件以上培育选题。各人民团体、省政协各专门委员会和委员，结合自身优势特长，积极参与培育工作。省政协提案委员会根据各单位和委员申报情况，报分管副主席审定，确定选题培育主体。

（四）开展培育调研。协助承担培育提案的单位或委员开展调研，赴省直部门座谈了解相关情况，建立提案者与党政部门之间的交流机制，协助提案者完善提案建议，提出高质量的提案。

（五）加强跟踪督导。提案委员会加强对提案培育工作的督导，及时调度进展情况，确保培育提案按时完成。

（六）评审培育提案。组织召开重点提案培育评审会，对培育提案逐一审查，提出修改意见，负责培育的单位或委员认真修改完善，严格按照提案撰写规范要求提交提案管理系统。培育提案作为年度重点提案的候选提案。

第四条 遴选工作

（一）遴选范围和数量

重点提案从省政协当年立案的提案中遴选，数量为立案提案总数的 2% 左右。其中，各民主党派省委会和省工商联、省政协各专门委员会，全体会议期间界别、委员小组或联组的重点提案数量，原则上不少于重点提案总数的 40%。

（二）遴选标准

重点提案必须是反映情况真实，分析问题深刻，建议明确具体、可行性较强的提案，且符合下列标准之一：

1. 围绕省委和省政府的中心工作，反映经济社会发展和改革中的重要问题以及爱国统一战线的重要问题；

2. 全局性、前瞻性、战略性和可操作性较强，对宏观决策和长远规划具有重要参考价值；

3. 社会关注度较高，有利于推动解决人民群众普遍关心的实际问题；

4. 围绕贯彻落实省委省政府重要决策部署情况，提出的监督性意见和建议；

5. 对党政机关提高工作效能具有积极促进作用。

（三）遴选程序

重点提案原则上每年集中遴选一次，在省政协全体会议闭幕后一个月内进行。

1. 推荐。提案委员会根据前期提案培育和立案情况及省领导阅批督办或领办督办数量，确定推荐名额，并商各提案承办单位，从当年各单位承办的立案提案中推荐 2 件候选提案；各民主党派省委会和省工商联从当年立案提案（包括承担的培育提案）中自荐 3 件候选提案；其他集体提案候选提案由提案委员会推荐。

2. 评审。提案委员会及时汇总各方推荐的候选提案，严格按照提案质量要求，综合平衡提案内容，并征求其他专门委员会意见，按照重点提案与候选提案 1∶2 的比例确定候选重点提案（草案）。

3. 审定。候选重点提案（草案）经秘书长会议审议后，报主席会议审定。

集中遴选结束之后新提交的特别重要的提案，需列为重点提案的，由提案委员会提出建议目录，经秘书长会议审议后，报主席审定。

第五条 督办工作

（一）重点提案实行主席会议成员分工督办制度。省领导每年阅批督办或领办督办的重点提案原则上不少于 1 件。此项工作由省政协办公厅负责协调，提案委员会组织实施，省委省政府督查工作领导小组办公室督促检查，采取调研、视察、提案办理协商会、走访承办单位等方式进行。

（二）提案委员会以《督办动态》的形式，及时刊发督办进展情况；适时召开重点提案督办工作见面通气会、督办情况新闻发布会，发布督办工作情况和办理成果。

（三）省委、省政府和省政协领导同志对重点提案的批示情况，由提案委员会及时告知提案者和承办单位，并跟踪了解落实情况。

（四）提案委员会负责重点提案督办情况调度；对未按期办复的重点提案，及时催办；对办理答复意见未落实或需要跨年度办理的，适时组织跟踪督办。

（五）省政协办公厅、各专门委员会牵头督办的重点提案，应及时将督办情况以书面形式向提案委员会反馈，提案委员会应在年底前将重点提案督办情况以书面形式向省政协主席会议汇报，并以省政协办公厅名义报省委办公厅、省政府办公厅。提案委员会将各民主党派省委会、省工商联重点提案及省领导批示情况汇总后告知省委统战部，作为绩效考核参考。

第六条 本办法由省政协主席会议审议通过后施行，提案委员会负责解释。原《中国人民政治协商会议山东省委员会重点提案遴选与督办办法》同时废止。

政协山东省委员会提案质量和提案办理质量评价办法

（2022 年 5 月 26 日政协第十二届山东省委员会第四十二次主席会议通过）

第一条 为进一步推动提案工作高质量发展，发挥提案在政协履行职能中的重要作用，根据《政协山东省委员会提案工作条例》，省委办公厅、省政府办公厅转发《省政协办公厅关于办理省政协提案的意见》及有关规定，制定本办法。

第二条 提案质量和提案办理质量评价工作（以下简称评价工作）以习近平新时代中国特色社会主义思想为指导，深入贯彻落实习近平总书记关于加强和改进人民政协工作的重要思想，特别是“提高提案质量和提案办理质量”的指示精神，准确把握新时代提案工作的新定位、新要求、新思路，坚持建言资政和凝聚共识双向发力，更好发挥提案在协调关系、汇聚力量、建言资政、服务大局中的作用。通过开展评价，有效提升提案质量和提案办理质量，助推中央决策部署和省委工作要求落地见效，为建设新时代社会主义现代化强省贡献智慧和力量。

第三条 评价范围

提案质量评价主要是从本届立案的提案中选取部分与党委政府中心工作和经济社会发展关联度较强、社会关注度较高的提案进行质量评价。评价提案数量原则上占立案提案总数的 1%—3%。提案办理质量评价主要是对办理提案数量较多的承办单位提案办理情况，或者对评价得分较高提案的主要承办单位办理提案情况，开展质量评价。每年提案办理双向评议情况可作为重要参考依据。

第四条 评价时限

提案质量和提案办理质量评价与优秀提案、先进提案承办单位和先进提案工作者评选表彰相结合，每届（五年）举办两次，分别在每届政协第三年和第五年开展，也可根据省政协工作安排适时开展。

第五条 评价原则及方式

评价工作坚持客观有效、科学合理和实事求是原则，以正向激励为主；采取定性与定量相结合的评价方式。

第六条 评价主体

设立由提案委员会主任任组长，副主任任副组长，省委省政府督查工作领导小组办公室及各民主党派省委会、省工商联、省有关人民团体负责同志、提案委员会委员、提案者以及提案承办单位（主办单位）负责同志组成的评价工作小组。提案委员会办公室组织实施。

第七条 评价主要内容

（一）提案质量评价的主要内容：

1. 选题是否准确。围绕党委和政府的中心工作，反映经济社会发展中的重要问题、爱国统一战线的重大问题、地方重要事务以及人民群众普遍关心的问题。

2. 调研是否深入。在深入调查研究和认真思考的基础上提出，反映的情况客观、真实、准确、全面。

3. 论证是否充分。分析问题条厘清晰、逻辑严密、简明扼要，有科学的分析和正确的判断，把问题说清说透。

4. 建议是否符合客观实际。具有一定的针对性、前瞻性和可操作性，有解决问题的具体办法和措施；对宏观决策、长远规划有重要参考价值，对促进我省经济建设、政治建设、文化建设、社会建设、生态文明建设具有较为明显的成效；对承办单位改进工作有较为明显的推动作用。

5. 格式是否规范。达到“三有”（有情况、有分析、有具体建议）的基本要求；一事一案、结构完整、文字精炼、措辞严谨、篇幅适中。

（二）提案办理质量评价的主要内容：

1. 领导是否重视。主要领导亲自抓，有领导分管，有专人承办；与本单位中心工作同部署、同推进、同检查、同落实。

2. 程序是否规范。建立健全提案办理工作的各项规章制度，并得到较好的落实；复文规范，答复认真，并按相关规定主动公开办理结果；办理工作达到制度化、程序化、规范化的要求。

3. 是否积极开展提案办理协商。采取座谈、调研、走访、电话、信函等方式，与提案者进行沟通协商，积极推动办理落实；在书面答复前，主动征询提案者对办理复文的意见。

4. 成效是否明显。对提案反映的问题，凡能解决的，做到抓紧解决；因条件所限一时解决不了或确实无法解决的，实事求是地向提案者做出解释，不敷衍搪塞，并在完善决策、改进工作中，充分吸纳提案者的意见和建议；提案办理及时，办结率达到100%。

第八条 评价分值及要求

1. 评价工作按照百分制对提案质量和办理质量进行评价。其中，提案者、提案办理单位分值权重占 70%，评价领导小组分值权重占 30%。

2. 提案者依据《提案办理质量评价评分表》对主要承办单位办理质量进行评价打分；提案主办单位依据《提案质量评价评分表》对提案质量进行评价打分。评价工作领导小组组织力量（提案委员会部分组成人员、各民主党派省委会、省工商联及省有关人民团体相关人员，相关主办单位和有关方面代表）开展评价工作。同时，提案委员会及其他相关专门委员会，也可适时组织委员，选取部分代表性强的提案，通过审阅提案原文和提案办理答复件、开展相关调研视察、召开办理协商会议等形式进行集中或分散评价。

3. 提案质量评价得分 90 分以上为优秀，80—89 分为良好，79 分以下为合格。提案办理质量评价得分 90 分以上为优秀，80—89 分为良好，60—79 分为合格，59 分以下为不合格。

第九条 评价填写及结果运用

评价通过登录省政协官方网站提案管理系统填写，提案管理系统自动采集汇总评价内容，一键生成评价数据。评价结果将作为表彰省政协优秀提案和先进提案承办单位的重要参考，并以适当形式在一定范围内公开。

第十条 政协组织和各承办单位应高度重视评价结果的分析运用，采取有效措施，有针对性加强提案知识和提案工作培训，将提高提案质量和提案办理质量纳入政协委员履职考核和部门工作综合考评，切实有效推进提案工作提质增效、创新发展。

第十一条 本办法经主席会议审议通过后施行，提案委员会负责解释。

附件：1. 提案质量评价评分表

2. 提案办理质量评价评分表

附件 1

提案质量评价评分表

提案号		提案者		承办单位		
案由						
评议项目	标准				分值	得分
选题（15 分）	围绕省委省政府重大决策和重要部署、经济社会发展中出现的新情况新问题、人民群众普遍关注的实际问题、社会治理中的难点问题、爱国统一战线的重大问题等				15	
内容（45 分）	反映的情况客观、真实、准确、全面				10	
	分析问题深入透彻、逻辑清晰、简明扼要，有科学的分析和正确的判断				10	
	建议符合客观实际，具有一定的针对性、前瞻性和可操作性，有解决问题的具体办法和措施				15	
	建议符合政策、法规及省情条件，与省委省政府决策部署及部门工作相结合				10	
格式（5 分）	格式规范，达到“三有”（有情况、有分析、有具体建议）基本要求，一事一案，不超过 2000 字				5	
成效（35 分）	建议得到承办单位重视，对改进工作、解决问题有促进作用，对长远规划、宏观决策有参考价值				10	
	建议被吸纳到法律法规政策文件中或直接转化为承办单位的具体工作举措				15	
	成果被重要新闻媒体报道，产生良好社会影响				10	
等次					总分	
备注	提案质量评价 90 分以上为优秀，80—89 分为良好，79 分以下为合格					

附件 2

提案办理质量评价评分表

提案号		提案者		承办单位	
案由					
评议项目	标准			分值	得分
工作机制（10 分）	建立健全提案办理工作制度，制定办理方案，创新办理方式，分工明确，责任到人			10	
沟通协商（25 分）	开展相关调研，为提案办理作准备			10	
	主动与提案者适时有效沟通			10	
	主、会办单位加强沟通协商，共同研究提案办理工作（独办、分办单位自动得分）			5	
答复情况（25 分）	按时答复、及时上传提案管理系统并及时抄送省委省政府督查工作领导小组办公室、省政协提案委员会得 10 分；无故延期达半个月得 7 分；无故延期达 1 个月得 5 分；无故延期达 2 个月不得分			10	
	答复格式正确、内容充实、针对性强			10	
	在网络或其他媒体上主动公开办理复文			5	
办理成果（40 分）	提案者对办理结果“满意”得 15 分，“基本满意”得 10 分，“不满意”不得分			15	
	所提建议切实推动承办单位工作，解决实际问题			10	
	所提建议被采纳吸收到相关文件中			10	
	承办单位与提案者协商达成共识，但问题暂时未得到解决，列入今后工作规划中			5	
等次				总分	
备注	提案办理质量评价得分 90 分以上为优秀，80—89 分为良好，60—79 分为合格，59 分以下为不合格				

政协山东省委员会平时提案工作规程

（2022 年 5 月 26 日政协第十二届山东省委员会第四十二次主席会议通过）

第一条 为进一步做好平时提案工作，根据《政协山东省委员会提案工作条例》和《政协山东省委员会提案审查办法》及有关规定，制定本工作规程。

第二条 平时提案，是指政协全体会议规定的提案提交截止时间后至下次政协全体会议提案征集开始前提交的提案，与大会提案具有同等效力。本规程主要规范平时提案的提出、接收、审查、交办、办理等。

第三条 设立由提案委员会主任任组长，专职副主任任副组长，部分提案委员会委员组成的平时提案审查工作小组，办公室安排专人负责平时提案工作。

第四条 提案的提出。提案者应当重视平时提案，围绕经济社会发展中出现的新情况新问题和人民群众普遍关心的热点难点问题，进行深入调查研究，提出可行性建议。也可将有关调研报告或者在省政协全体会议、常务委员会会议和专题协商会议上的发言等协商议政成果转化为平时提案。提案的提出突出时效性和针对性，坚持注重质量、不追求数量的原则。

第五条 提案的接收。提案者登录省政协官方网站或山东政协 APP 提案管理系统提交。提案委员会办公室要及时接收。

第六条 提案的审查。提案委员会本着尊重和维护提案者的民主权利、保证提案质量的原则，对收到的平时提案进行审查。对事关紧急的提案，建立“快速通道”，做到随收随审随交随办。审查过程中应加强与提案者和提案承办单位的协商沟通。审查程序如下。

（一）初分

对拟立案的提案，是否重复提交、是否有涉密内容、是否公开等进行审查，同步查重，提出提案类别并在线编辑校对后进行打印；对拟不立案的提案，提出不立案的理由及作撤案、转信件处理建议；对不符合要求的提案退请提案者进行重新修改。

（二）初审

对拟立案的提案，提出主办、会办、分办等承办建议，并同拟办单位沟通协商，对存有异议的，由提案委员会办公室负责调整。对符合立案标准、反映同一个问题、意见建议基本相同的提案，提出并案处理的建议。对拟转为“意见建议”的提案，提出参阅单位等建议。对不同意初分拟立案建议的提案，提出相应理由及处理建议，退回初分环节。

（三）复审

平时提案审查工作小组负责平时提案的复审，协调处理提案审查过程中的疑难问题。

（四）终审

提案委员会主任或受委托的专职副主任负责平时提案的终审。

第七条 提案的交办。平时提案立案后，提案管理系统将自动发送短信告知提案者和承办单位。不予立案的，应及时告知提案者并说明理由。

第八条 提案的办理。按照健全制度、严格程序、保证质量的要求，承办单位收到交办的提案后，一般应在三个月内办复。提案的答复应当按规定的格式行文，并加盖公章。

第九条 有序推进平时提案内容和办理结果“双公开”，开展平时提案质量和办理质量“双向评议”。

第十条 本工作规程经主席会议审议通过后施行，提案委员会负责解释。

政协山东省委员会提案征集办法

（2016年7月11日政协第十一届山东省委员会提案委员会第十四次全体会议审议通过，
2022年5月26日政协第十二届山东省委员会第四十二次主席会议修订）

第一条 为贯彻落实习近平总书记关于加强和改进人民政协工作的重要思想特别是关于提案工作的重要指示精神，进一步加强和规范省政协提案征集工作，根据《政协山东省委员会提案工作条例》和《政协山东省委员会提案委员会关于提高提案质量的意见》及有关规定，制定本办法。

第二条 提案征集是开展提案工作的前置性基础环节。提案征集工作在省政协常务委员会和主席会议领导下，由提案委员会负责，主要为引导、组织、服务提案者按照有关要求准备并向省政协提交提案的过程，包括提案的选题与撰写、提出与接收等工作。

第三条 提案征集范围为省政协委员，参加省政协的各党派、人民团体，省政协各专门委员会以及省政协全体会议期间界别、委员小组（以下统称提案者）。

第四条 提案征集的实施

（一）根据省委、省政府中心工作和省政协的工作部署，研究年度提案征集重点和要求，在省政协官网刊登大会提案征集通知并向提案征集对象发送短信提醒或印发书面通知。加强平时提案征集引导，提高平时提案比重，做到随提交随接收。

（二）邀请省政府和相关部门召开情况通报会，推动政府部门信息资源公开，组织委员参加调研视察，向省直部门征集年度工作重点和需要通过提案反映的问题，通过“民声连线”“百姓提案”活动，征集人民群众关心关注的热点难点问题，形成提案线索目录，为提案者撰写提案提供参考。

（三）加强信息共享，运用省政协官方网站和“山东政协”APP提案管理系统，实现提案撰写、提交、审查、交办、协商、答复、督办、反馈、查询、统计、公开等自动化即时化管理，便于提案者查重、错开或合并选题。

（四）召开参加省政协的各民主党派、各人民团体、省政协各专门委员会和委员活动工作室负责同志参加的集体提案征集座谈会，交流情况，听取意见，研究部署集体提案征集、选题、培育等事宜。

（五）做好提案接收、分类、登记工作，对不符合提交要求的提案退请提案者继续补充完善或作撤案处理；对符合提交要求的提案转入提案审查程序，以适当方式向提案者反馈提案受理结果。

第五条 提案准备的规范要求

提案者应当围绕全省的中心工作，坚持问题导向，聚焦我省经济建设、政治建设、文化建设、社会建设、生态文明建设中的重要问题，人民群众普遍关心的问题，以及爱国统一战线的其他重要问题，在深入调查研究的基础上提出提案。在准备提案过程中应注意把握以下几点。

（一）切实增强运用提案履职的责任感和使命感，坚持为国履职、为民尽责的情怀，在服务全省经济社会发展中履职尽责、建言资政，切实在破解经济发展“瓶颈”难题、保障和改善民生的实际问题中全面增强履职本领、提升工作效能，积极提出高质量提案。

（二）注意平时研究、日常积累，积极参加省政协组织的各类知情明政活动，加强与相关部门沟通，及时了解部门最新工作动态及工作重点难点，深入基层，深入群众，做好提案线索和选题储备。各界别可依托专门委员会和相关单位积极做好界别提案的准备工作。

（三）以提案不在多而在精为导向，注重质量、不比数量，精心选题，深入调研，认真准备，提出问题要聚焦，反映情况要准确，分析问题要深入，提出建议要具体；在提出提案前，应注意了解过去相关提案及提案办理情况，对已办结且有较好办理成效和多年重复提出无新意的提案，应避免重复提出；对相关工作正在推进，需有一定过程才能明确落实效果的提案，应暂缓提出；坚持原创，必须是提案者自己调查研究和认真思考的成果，避免道听途说、主观臆断、抄袭炒作，借鉴或引用他人材料须注明出处和来源。

（四）各党派、团体、界别、政协各专门委员会要进一步发挥特色、优势，集中智力资源提出集体提案。政协界别、委员小组可在全体会议期间专门研究、酝酿提出本界别、小组提案，政协各专门委员会可将日常调研、会议等协商议政工作的成果转化为提案，以提高集体提案比例。

（五）应重视平时提案提出，围绕经济社会发展中出现的新情况新问题和人民群众普遍关心的热点难点问题，进行深入调查研究，提出可行性建议。

第六条 提案撰写规范及相关要求

（一）提案撰写要规范。提案案由应当简短明了，使用“关于……的建议”的格式，字数一般应控制在 20 个字以内。

（二）提案内容应包含“背景或问题”“原因分析”“意见建议”等部分，坚持严肃性、科学性、可行性，须一事一案，实事求是，简明扼要，有情况、有分析、有具体可操作性的建议，一件提案字数原则上不超过 2000 字。

（三）委员联名提案时，第一提案者应向被联名提案者说明提案内容，力戒盲目联名、杜绝“被联名”。被联名提案者须在 72 小时内登录提案管理系统进行确认，否则联名无效。

（四）省政协在官方网站“提案公开”专栏公开提案内容，提案者要认真审核提案内容，对能否公开提案提出意见，不提交内容涉及党和国家秘密的提案。

（五）提案要按照统一的格式和要求，通过省政协官方网站或“山东政协”APP 提案管理系统在线提交。提案可建议由相关职能部门办理，不可直接指定具体领导或省委、省政府承办。

（六）以界别、小组或者联组名义提出的提案，须由召集人签名；以党派、团体、省政协专门委员会名义提出的提案，须由该组织负责人签名并加盖公章；以集体或组织名义提出的提案，不得再以其成员个人名义或者联名形式重复提出。

第七条 提案征集的时间

根据《政协山东省委员会提案审查办法》，提案分为大会提案和平时提案。自提案征集之日起至次年大会规定的提案提交截止时间前收到的为大会提案；其他时间收到的为平时提案。

除以界别、小组或者联组名义提出的提案外，其他提案可作大会提案提出，也可作平时提案提出。

第八条 提案征集其他有关事项和要求按照《政协山东省委员会提案工作条例》执行。

第九条 本办法由省政协主席会议审议通过后施行，提案委员会负责解释。原《中国人民政治协商会议山东省委员会提案委员会提案征集暂行办法》同时废止。

山东省政协议政建言成果反馈工作办法（试行）

（2022 年 5 月 26 日政协第十二届山东省委员会第四十二次主席会议通过）

第一条 为深入贯彻落实中央政协工作会议和省委政协工作会议精神，通过完善体制机制，不断健全协商议政程序，强化双向发力实效，激励委员履职尽责，进一步发挥好人民政协专门协商机构作用，制定本办法。

第二条 省政协议政建言成果主要包括以下类别：

（一）省政协全体会议、议政性常委会会议、月度协商会等形成的综合情况报告等；

（二）提案办理协商、对口协商、界别协商、网络议政、远程协商和专题调研、视察考察等形成的成果；

（三）省政协重点提案、社情民意信息、大会发言等；

（四）委员向领导同志呈送的研究报告等；

（五）其他议政建言成果。

第三条 对议政建言成果获中共中央、国务院、全国政协领导同志和省委、省政府领导同志批示，以及各部门、各市县书面反馈的情况建立工作台账。

（一）由秘书处（督查处）建立办公厅总台账，记录有关批示、反馈的来文单位、标题、密级，批示领导、日期、内容及后续工作情况等。

（二）由机关各处室、单位建立相应分台账，记录涉及本部门工作的有关批示、反馈及后续工作情况等。

第四条 议政建言成果获中共中央、国务院、全国政协领导同志和省委、省政府领导同志批示，以及各部门、各市县书面反馈的情况应及时呈报。

第五条 向省政协领导同志呈报批示、反馈情况，统一采用传阅单和来文办理单两种文本格式。

第六条 办公厅收到的有关批示、反馈，由秘书处（督查处）在 2 个工作日内向有关领导同志呈报，并视情向机关有关处室、单位提供复印件供工作使用。

第七条 机关各处室、单位收到未经办公厅公文流转程序的批示、反馈，须在 2 个工作日内将原件交秘书处（督查处）纳入总台账，由秘书处（督查处）向有关领导同志呈报，并视情提供复印件供工作使用。

第八条 省政协主席会议成员和各工作机构负责同志等以个人名义报送的议政建

言成果，如办公厅收到相关批示、反馈，由秘书处（督查处）保存原件、向有关领导同志提供复印件，同时根据领导同志意见确定是否报送其他领导同志；如领导同志直接收到相关批示、反馈，由领导同志确定是否向秘书处（督查处）提供原件及是否报送其他领导同志。

第九条 根据议政建言成果类型，获中共中央、国务院、全国政协领导同志和省委、省政府领导同志批示，以及各部门、各市县书面反馈的情况采取不同办理方式。

（一）主要体现委员集体智慧的议政成果的批示、反馈情况，由秘书处（督查处）作脱密处理后纳入集中发布范围。经脱密处理仍不宜公开的批示、反馈情况，由相关专门委员会办公室采取适当方式向有关委员通报。

（二）主要体现委员个人智慧的议政成果的批示、反馈情况，由秘书处（督查处）将脱密处理后适合公开的纳入集中发布范围。同时，由相关专门委员会办公室及时告知委员本人。

第十条 对纳入集中发布范围的议政建言成果，通过委员移动履职平台每月集中发布 1 次；重要议政建言成果即时发布，或以《工作通报》专刊等适当方式不定期发布。

第十一条 发布、反馈、保存议政建言成果，须严格执行《山东省政协机关保守国家秘密暂行规定》。

第十二条 领导同志批示、反馈原件及复印件一般不向委员个人提供。如有关委员提出阅文需求，有关单位可联系秘书处（督查处）在机要阅文室阅读。如有关委员因工作需要要求保存机密级及以下复印件，须经有关单位提交请示，由秘书处（督查处）按程序报批同意后提供。

第十三条 议政成果的批示、反馈情况由秘书处（督查处）存档；有关单位可根据工作需要存档。

第十四条 本办法自印发之日起施行。

政协山东省委员会主席办公会议工作规则

（2022 年 5 月 26 日政协第十二届山东省委员会第四十二次主席会议通过）

第一条 参照《中国人民政治协商会议全国委员会主席会议工作规则》，根据《政协山东省委员会主席会议工作规则》，结合我省政协工作实际，制定本规则。

第二条 主席办公会议由主席或主席委托的副主席召集并主持，主要任务是研究落实主席会议确定的重点工作、专项工作任务，听取省政协各工作机构月度工作完成情况，安排部署下月重点工作，研究解决推进政协工作的重要问题。

第三条 主席办公会议的议题由主席或主席委托的副主席确定。

第四条 主席办公会议例会参加人员为主席会议成员，列席人员为秘书长会议成员和各专门委员会主任、机关厅级以上干部；主席办公会议专题会议参加人员为主席、有关副主席、秘书长，列席人员为办公厅、研究室、委员活动工作室和专门委员会有关负责同志。

第五条 主席办公会议例会一般每月月底或下月月初召开，必要时可临时召开专题会议。

第六条 主席办公会议由办公厅负责组织筹备，会后编发会议纪要。会议纪要由主席或主席委托召集会议的副主席签发，报主席会议成员，发省政协各工作机构。

第七条 对主席办公会议研究确定的事项，印发《省政协各工作机构月度重点工作安排》，主席会议组成人员和各工作机构要按照工作分工抓好落实。办公厅要对会议确定事项落实情况开展督查。

第八条 本规则经主席会议通过后施行。

政协山东省委员会
关于政协委员联系服务界别群众的意见

（2022年5月26日政协第十二届山东省委员会第四十二次主席会议通过）

为深入学习贯彻习近平总书记关于加强和改进人民政协工作的重要思想，充分发挥政协界别优势和委员主体作用，更好履职为民，根据全国政协部署和中共山东省委要求，结合我省政协工作实际，现就政协委员更好联系服务界别群众，提出如下意见。

一、总体要求

（一）指导思想。坚持以习近平新时代中国特色社会主义思想为指导，贯彻落实习近平总书记关于加强和改进人民政协工作的重要思想，践行人民政协为人民理念，锚定“走在前列、全面开创”“三个走在前”总遵循、总定位、总航标，发挥政协委员在界别群众中的代表作用，积极联系、团结、引导、服务界别群众，当好党的政策宣传员、思想政治引领者、界别群众贴心人，切实担负起把中央和省委的决策部署和对政协工作的要求落实下去，把广大齐鲁儿女的智慧和力量凝聚起来的政治责任。

（二）基本原则。始终把党的领导贯穿全过程各方面，充分发挥人民政协“重要阵地”“重要平台”“重要渠道”作用，引导各界群众拥护“两个确立”，增强“四个意识”，坚定“四个自信”，做到“两个维护”，确保与党同心同向同行。突出团结民主主题，坚持双向发力，把加强思想政治引领、广泛凝聚共识工作作为联系服务界别群众的中心环节，面向社会传播共识，努力寻求最大公约数、画出最大同心圆、形成最大向心力。践行履职为民理念，始终把人民群众放在心中最高位置，思想上融入群众，作风上深入群众，履职上造福群众，做到群众在哪里、联系服务就跟进到哪里，让群众感到政协委员就在身边、人民政协离自己很近。坚持常态长效，以政协委员为主体，以各界别为单位，以专委会为依托，省、市、县三级政协协同联动，实现联系服务界别群众的组织化、制度化、常态化和长效化。

二、主要任务

（一）广泛凝聚共识。广大委员要主动深入基层、深入群众，广泛宣传习近平新时代中国特色社会主义思想，加强思想政治引领；宣讲党和国家重大方针政策和省委、省政府重要决策部署，引导帮助各界群众及时了解情况、理解掌握政策；发挥联系广泛优势，广交朋友、多交朋友、深交朋友，延长团结“半径”，引领各界群众坚定不移听党话跟党走。

（二）积极建言资政。广大委员要聚焦事关我省改革发展稳定重大问题和涉及群众切身利益的实际问题，深入群众调查研究，问需于民、问计于民、问策于民，促进党政科学决策、有效施策；积极体察民情、听取民声，通过提案、社情民意信息、会议发言等，及时反映群众意见和诉求，促进相关问题解决。

（三）参与社会治理。广大委员要发挥人民政协制度参与者实践者推动者的优势，围绕基层治理难点、堵点，积极开展协商议事活动；针对群众“急难愁盼”问题，开展民主监督，做好春风化雨、协调关系、理顺情绪、化解矛盾工作，努力把政协制度优势转化为社会治理效能。

（四）服务改善民生。广大委员要主动履行社会责任，把不断满足人民对美好生活的需求作为履职的重要着力点，有的放矢地开展各种便民服务、公益关爱等活动，多做雪中送炭、扶贫济困工作，帮助界别群众排忧解难。

三、工作方式

（一）融入经常性履职。广大委员要通过积极参加政协组织的会议、委员读书和协商议政、民主监督、提案办理等活动，采取座谈交流、实地调研、入户走访等形式，与界别群众零距离交流，了解愿望诉求，为增进群众福祉谋与议、鼓与呼。每名委员每年至少参加 1 次政协履职活动，提交 1 件提案或反映 1 条社情民意信息。

（二）参加界别活动。广大委员要通过参与界别调研、界别视察、界别考察、界别协商、界别社会活动等，下沉基层、走近一线，就近就地主动做好联系服务群众工作。中共界别委员要发扬紧密联系群众的优良作风，带头体察民情民意；民主党派、无党派人士界别委员，要加强对本党派成员和无党派人士的团结引导；少数民族界、宗教界委员，要深入本界别群众宣传党的民族宗教政策，促进民族团结、宗教和睦，铸牢中华民族共同体意识；港澳委员要全面准确贯彻“一国两制”，落实“爱国者治港”“爱国者治澳”，支持特别行政区政府和行政长官依法施政，联系各界民众，维护和促进港澳长期繁荣稳定，深化鲁港澳交流合作。有关界别委员要加强同非党知识分子、非公有制经济人士、新的社会阶层人士等的联系沟通，凝聚起建设社会主义现代化强省的合力。对政协委员联系的界别群众思想状况，以专委会为依托，及时转化为提案、社情民意信息等报送党委、政府参考。

（三）用好履职平台。一是用好“学而”系列委员读书平台。鼓励“学而书房”走进公共文化空间，深入社区、农村、企业等基层一线开展“学而讲谈”，通过读书学习交流，推动各界别群众在思想上共同进步。二是用好“界别同心汇”聚识平台。制度化开展政策宣讲、座谈协商、团结联谊等活动，通过邀请相关界别群众代表参加、谈心谈话、接待走访、设立“委员信箱”等方式，多与群众联系交流，努力传上情、解疑惑、促共识。三是用好“有事多商量”协商平台。坚持协商于民、协商为民，围绕老百姓的操心事烦心事揪心事，组织更多委员与群众面对面协商恳谈，走进群众心里，增进了解、深化理解、消除误解。

（四）开展“走基层”活动。发挥界别和委员专业优势，组织政策咨询、技术指导、法律援助、科普宣传、义诊送医、文艺下乡等惠民便民服务，开展扶贫帮困、捐资助学等社会公益活动，努力为群众办实事、解难事。鼓励委员根据自身界别、职业和区域实际，主动结对联系具有较强参政意识，关心经济社会发展的界别群众，经常性交流沟通、谈心谈话，听取意见建议。

四、工作保障

（一）加强工作领导。政协委员联系服务界别群众工作，在省政协党组和主席会议统一领导下进行。省政协党组、机关党组、各专委会分党组要加强工作领导和指导。党组会议、主席会议成员要示范带动，按照省委要求，做好联系基层、商（协）会、非公有制企业和包案化解信访事项等工作；加强对所联系界别、基层政协联系点的指导；根据工作分工，联系相关“界别同心汇”，每年参加相关活动不少于2次。

（二）明确责任分工。省政协委员活动工作室负责政协委员联系服务界别群众工作的统筹协调，各专委会负责联系指导，各界别负责具体组织实施。

（三）健全评价机制。政协委员联系服务界别群众工作情况，记入委员履职档案，纳入委员履职考评和界别活动质量评价体系，作为省政协常委年终述职内容。

（四）加强工作宣传。充分利用省政协自有媒体和社会主流媒体，广泛宣传委员联系服务界别群众典型和经验，树立政协委员履职为民良好形象。

政协山东省委员会提案办理协商办法

（2016 年 8 月 10 日政协第十一届山东省委员会第三十五次主席会议审议通过，
2022 年 6 月 28 日政协第十二届山东省委员会第四十四次主席会议修订）

第一章　总　则

第一条　为规范提案办理协商工作，根据《政协全国委员会提案办理协商办法》和《政协山东省委员会提案工作条例》，结合我省实际，制定本办法。

第二条　提案办理协商是人民政协协商民主的重要形式，是提案者、提案承办单位、政协组织及有关方面为增进共识、推动政协提案办理开展的协商活动，贯穿于提案的提出、立案、交办、办理、督办、反馈、评议、总结各环节。提案办理协商的主体是提案者和提案承办单位。政协组织做好组织、协调、督促、服务工作，推动提案办理协商广泛、多层、制度化开展。

第三条　提案办理协商贯彻“围绕中心、服务大局、提高质量、讲求实效”的提案工作方针，坚持民主协商、平等议事、求同存异、体谅包容的协商原则，努力营造畅所欲言、各抒己见、理性有度、合法依章的良好协商氛围。

第四条　提案办理协商可以通过会议座谈、调研视察、现场办理、登门走访、电话联系、信函征询、网络协商等方式进行。

第二章　办理前协商

第五条　提案提出。提案者应当围绕全省的中心工作，坚持问题导向，聚焦我省经济建设、政治建设、文化建设、社会建设、生态文明建设中的重要问题，人民群众普遍关心的问题，以及爱国统一战线的其他重要问题，在深入调研和认真思考的基础上，准确反映情况、深入分析问题、提出具体建议，通过提案认真履职。省政协通过邀请有关部门通报工作情况等方式，帮助提案者知情明政；通过召开集体提案征集座谈会以及向省政协委员提供提案征集参考材料等方式，做好提案征集引导工作。党委和政府有关部门应支持提案者就提案选题进行前期调研和咨询协商。

第六条　审查立案。省政协提案委员会（提案审查委员会）对收到的提案按立案标准进行认真审查，与提案者沟通，并征求提案承办单位意见，协商确定立案提案及提案的主办、会办、分办单位。对撤案、并案、转作来信或社情民意信息的，应及时告知提案者，做好沟通解释工作。

第七条 重点提案培育遴选。省政协全体会议召开前 3 个月，提案委员会进行重点提案培育；省政协全体会议闭幕后 1 个月内，提案委员会在征求各方意见的基础上，协商确定初选重点提案，报主席会议审定。

第三章 办理中协商

第八条 提案交办。省政协全体会议期间审查立案的提案在省政协全体会议闭幕后由省委办公厅、省政府办公厅、省政协办公厅适时召开提案交办会。交办会后的立案提案，由省政协提案委员会交各提案承办单位办理。

第九条 提案办理。建立和完善政协组织、提案者和提案承办单位有效沟通的提案办理协商机制。提案承办单位要把沟通协商作为政协提案办理的必经环节，在办理过程中加强与提案者的沟通，通过会议座谈、调研视察、现场办理、登门走访、电话联系、信函征询、网络协商等方式，及时通报办理进展情况，主动征求提案者意见，共同协商解决难点问题。未经沟通协商，特别是重点提案未经面对面协商，提案复文不得进入报批程序。主会办双方应互相通报办理情况。主办单位要主动与会办单位协商办理，会办单位要积极配合，自收到提案之日起 1 个月内将办理意见书面告知主办单位。省政协确定的重点提案，应由承办单位主要负责人牵头研究办理。对党派、团体、省政协专门委员会和界别的提案以及有省领导同志批示的提案应重点研究办理。涉及重点提案的调研座谈活动，应邀请提案者参加。

第十条 重点提案督办。建立和完善省委、省政府、省政协领导重点提案督办机制。省委、省政府、省政协主要领导阅批的重点提案，要重点督促办理落实。其中，省委、省政府领导阅批的重点提案，由省委办公厅、省政府办公厅会同省政协有关工作机构督促相关承办单位办理落实。省政协领导督办的重点提案，由省政协办公厅负责协调，省政协各承办工作机构负责督促办理。重点提案督办可视情况邀请相关民主党派省委会、省工商联、省人民团体、省政协界别负责同志以及省政协委员和社会各界人士代表参加。对重点提案的办理协商应突出重点，制定协商工作方案，注重办前调研和协商。督办成果以协商情况报告、信息专报等形式报省委、省政府及有关方面。省政协提案委员会于每年年底，汇总当年重点提案督办情况，向主席会议汇报。

第四章 办理后协商

第十一条 督促检查。省政协提案办理情况纳入省委办公厅年度督查计划，每年由省委办公厅、省政府办公厅、省政协办公厅联合采取抽查、重点督办等形式对部分承办单位办理工作进行督促检查。承办单位应认真向督促检查单位报告提案办理情况，通过民主协商改进办理工作。各提案承办单位应建立和完善提案办理台账制度。省政协每年对部分提案承办单位年度提案办理工作进行视察。

第十二条 采纳反馈。推动提案承办单位吸收采纳提案办理协商的成果。省政协提案办理工作采用双向评议，即承办单位对提案者的提案质量进行评议，提案者对承办单位的提案办理情况进行评议，评议结果作为对提案质量和办理质量评价依据。省政协提案委员会建立年度提案办理台账，逐件梳理总结提案办理情况，对办理结果不满意的提案，商请承办单位开展“二次办理”，持续推动提案办理工作由重答复向重落实转变。提案承办单位应及时将采纳落实提案建议的情况向省政协提案委员会和提案者反馈，按照省委、省政府关于做好政协提案办理结果公开工作的要求，有序推进提案内容和提案办理复文“双公开”工作。

第十三条 总结表彰。承办提案 10 件以上的承办单位，应于当年 9 月底前向省政协提案委员会书面总结提案办理工作。每届省政协对本届省政协的优秀提案、先进提案承办单位和先进提案工作者进行表彰，与提案质量和提案办理质量评价工作相结合，每届（五年）举办两次，分别在每届政协第三年和第五年开展。省政协提案委员会在征求各方意见的基础上，提出优秀提案和提案承办先进单位建议名单，经秘书长会议审议，报主席会议审定。

第五章 组织领导

第十四条 加强对提案办理协商工作的组织领导。每年省政协提案办理协商计划纳入省政协年度协商工作计划。重点提案分别由省委、省政府、省政协领导阅批、督办。省政协主席会议定期听取提案工作情况汇报，研究确定重点提案和提案办理协商工作方案。省政协主席会议成员带队督办重点提案和走访提案承办重点单位，出席重点提案办理协商会。承办单位主要负责同志和分管负责同志要切实负起责任，抓好工作落实，确保完成提案办理各项任务。省政协提案委员会做好对提案者、提案承办单位及政协各部门开展提案办理协商的协调服务工作。

第六章 附 则

第十五条 本办法经省政协主席会议审议通过后施行，提案委员会负责解释。

政协山东省委员会提案审查办法

（2017 年 6 月 23 日政协第十一届山东省委员会提案委员会第十七次全体会议通过，
2022 年 6 月 28 日政协第十二届山东省委员会第四十四次主席会议修订）

第一条 为加强提案审查工作规范化、制度化、程序化建设，根据《政协山东省委员会提案工作条例》及有关规定，制定本办法。

第二条 提案审查工作是按照提案标准、原则、程序等确定提案是否立案及其处理方式的过程。提案审查工作遵循“围绕中心、服务大局、提高质量、讲求实效”的提案工作方针，严格立案标准，规范审查程序，提高审查质量，保障提案者通过提案履行职能的权利，充分发挥提案作用。严格遵守保密纪律，在审查过程中尚未立案的提案内容，以及不公开的提案，未经批准，不得向新闻媒体和与审查工作无关人员泄露。

第三条 提案分为大会提案和平时提案。自提案征集之日起至次年政协全体会议规定的提案提交截止时间前收到的为大会提案；其他时间收到的为平时提案。

第四条 提案审查工作的主体。每届政协山东省委员会第一次全体会议的提案审查工作由提案审查委员会负责，之后由提案委员会负责。

提案审查的具体工作，全体会议期间由大会秘书处提案组负责，闭会期间由提案委员会办公室负责。

第五条 予以立案的提案，须符合下列基本条件。

（一）以个人或联名形式提出的提案，提案者应为本届省政协委员；以集体形式提出的提案，提案者应为参加政协的各党派、人民团体，政协各专门委员会和政协全体会议期间各界别、小组或联组。

（二）提案内容围绕全省的中心工作，坚持问题导向，聚焦我省经济建设、政治建设、文化建设、社会建设以及生态文明建设中的重要问题，人民群众普遍关心的问题，以及爱国统一战线的其他重要问题，在深入调查研究基础上提出。

（三）提案坚持严肃性、科学性、可行性，须一事一案，实事求是，简明扼要，有情况、有分析、有具体建议。提案的提出应注重质量不比数量。

第六条 有下列情形之一的提案，不予立案：

（一）违反宪法和法律法规的；

（二）涉及党和国家秘密以及国家明令禁止的；

（三）中共党员对党内有关组织、人事安排等方面有意见，民主党派成员反映本组织内部问题的；

（四）为单位或个人解决项目审批、机构编制、资金、土地等具体问题的；

（五）违反公共利益和社会公德，不符合公序良俗的；

（六）进入民事、刑事、行政诉讼程序或者行政复议、仲裁程序，以及纪检监察机关正在审查和调查的涉嫌违纪违法问题的；

（七）属于学术研讨的；

（八）指名举报的；

（九）内容空泛、建议笼统或者明显不可行的；

（十）所提问题不具有普遍性、代表性，具有显著地域性、局限性，或属于地方政府职责及行政权力下放给地方政府，不适宜作为省政协提案立案办理的；

（十一）宣传、推介具体技术、专利、作品、产品的；

（十二）所提问题或建议滞后于实际情况，问题已经得到解决或正在解决的；

（十三）内容敏感，不宜作为提案办理的；

（十四）超出本省管辖权范围的；

（十五）内容存在抄袭、杜撰或者炒作话题行为的；

（十六）提案审查委员会或提案委员会全体会议审定不予立案的其他情况。

不予立案的，应与提案者沟通协商，经提案委员会全体会议研究确定后，书面告知提案者。

第七条 属于第六条第（六）（七）（八）（九）（十）项，但有具体事项、具体观点的，可视情转为意见建议，送有关部门参阅。

第八条 属于第六条第（十三）（十四）项，但意见建议有重要参考价值的，可视情转为社情民意信息，送有关部门研究处理或参考。

第九条 属于第六条第（十五）项，提案抄袭是指将他人作品或作品片段窃为己有并作为自己提案内容的行为。

（一）每年省政协提案委员会委托专业查询机构对收到的全部提案在审查立案时同步进行查重比对。

（二）提案查重以国内各种公开或半公开发表并可数据检索的报纸、期刊、论文、文献文库等网络数据资源以及全国各地各级政协提案文本为参照。

（三）有下列情形之一的提案，认为存在抄袭：

1. 连续引用他人作品超过 300 字且未注明出处的；

2. 复制或通过改变个别字句、词组及重排顺序，内容超过本人所撰写总字数的 20% 的（引用法律法规，政府公文，领导讲话，时事新闻，名人名言，古典诗词，自身论文成果，公认的原理、方法和公式，通用数表，统计数据等内容除外）；

3. 引用他人论文或著作中的研究结果、分析设计和问题解决办法而没有注明出处或未说明借鉴来源的；

4. 照搬全国各地各级政协提案的；

5. 被他人举报且举证证明属于抄袭他人作品的。

（四）对提案抄袭行为处理如下：

1. 对存在抄袭问题的提案作撤案处理。对初次出现抄袭的提案者由提案委员会作出口头或书面提醒。

2. 同一提案者同期有 2 件以上提案被认定属于抄袭的，由提案委员会对提案者进行约谈及批评教育。

3. 提案抄袭情节严重且经批评教育仍不改正的，由提案委员会提出处理意见，报请秘书长会议或主席会议审定。

第十条 提案审查工作按照接收、初分、初审、复审、终审的工作程序进行。

大会提案的审查由大会秘书处提案组进行接收、初分、初审，提案审查委员会或提案委员会值班主任（委员）进行复审，提案审查委员会或提案委员会负责终审。

平时提案的审查由提案委员会办公室进行接收，初分、初审，平时提案审查工作小组负责复审，提案委员会主任或受委托的专职副主任负责终审。

审查中应加强与提案者和提案承办单位的协商沟通。

第十一条 接收

（一）核对提案者资格。提案者的资格应符合第五条第（一）项的规定。以界别、小组或者联组名义提出的提案，须由召集人签名；以党派、人民团体、省政协专门委员会名义提交的提案，须由该组织负责人署名并加盖公章。以集体或组织名义提出的提案，不得再以其成员个人或联名方式重复提出。对不具备资格的提案，予以退回。

（二）核对提案题目、内容、附件是否齐全、完整；是否按照规范的格式书写。

（三）对征集到的提案进行接收登记。

第十二条 初分

（一）审查同一个提案者是否重复提交相同的提案，或不同提案者分别提交相同内容的提案。

（二）审查提案是否有涉密内容，发现有涉密内容的按保密规定处理，并在提案管理系统中作物理删除。

（三）对拟立案的提案，提出初分意见；对拟不立案的提案，提出不立案的理由及处理建议；对不符合要求的提案退请提案者补充完善。

（四）对提案是否公开进行标注，并对拟不公开的提出理由和具体处理意见。

第十三条 初审

（一）审查提案的内容，视情作必要的文字整理。

（二）对拟立案的提案，根据提案内容、建议及承办单位的职能，确定提案主办、会办、分办单位。确定承办单位应沟通协商，务求准确。涉及多个承办单位的，应确定一个主办单位牵头，相关承办单位会同办理，或确定相关承办单位分别办理。主会办单位一般不超过 4 个，分办单位不超过 4 个。

（三）对提案内容是否涉密再次进行核查，发现有涉密内容的按保密规定处理。

（四）对提案是否公开再次进行核查，对拟不公开的提出理由和具体处理意见。

第十四条 复审

（一）对不公开提案处理的准确性进行审查。

（二）对拟立提案的分类和承办单位的准确性进行审查。

（三）对初审意见有异议的进行审查。可与初审沟通协商后直接进行修改，也可退初审或初分环节进行重新审查处理。

全会期间复审中遇到的疑难提案，提交提案审查委员会或提案委员会主任会议研究。闭会期间复审中遇到的疑难提案，提交平时提案审查工作小组研究。

第十五条 终审

提案审查情况报告经委员会主任会议、全体会议讨论通过后，提交省政协主席会议、常委会会议和全体会议审议，向全体会议报告。

复审后的大会提案，提交提案审查委员会或提案委员会主任会议、全体会议审定。

初审后的平时提案，提交提案委员会专职副主任审定。

第十六条 政协全体会议召开前，提案审查委员会或提案委员会制定提案工作方案。在政协全体会议闭幕会上，提案审查委员会或提案委员会书面报告大会提案审查情况。

提案审查情况报告（草案）由大会秘书处提案组起草，内容包括提案审查基本情况、提案主要内容分类及提案交办等后续工作情况。提案审查情况报告（草案）由提案审查委员会或提案委员会主任会议、全体会议讨论，经主席会议、常务委员会会议审议后，提交政协全体会议闭幕会通过。

第十七条 大会提案的预交办和调整。终审后的大会提案正式交办前，承办单位进行核对，对提案审查有异议的，提出具体调整意见，由提案委员会办公室负责调整承办单位。

政协全体会议闭会期间，经审查立案的平时提案，由提案委员会办公室及时交有关单位办理。

第十八条 提案的正式交办和处理。立案提案按程序正式交办。对符合立案标准、反映同一个问题、意见建议基本相同的，应与提案者沟通协商作并案处理。并案提案的提案者均为第一提案者，并案提案一并交送提案承办单位，承办单位需同时答复全部第一提案者。提案者有异议的，提交提案委员会全体会议研究确定。

第十九条 本办法经省政协主席会议审议通过后施行，提案委员会负责解释。原《政协山东省委员会提案委员会提案审查工作细则》《政协山东省委员会提案委员会提案抄袭认定处理暂行办法》废止。

政协山东省委员会
优秀提案、先进提案承办单位和先进提案工作者评选表彰办法

（2012 年 5 月 10 日政协第十届山东省委员会秘书长会议审议通过，
2019 年 6 月 26 日政协第十二届山东省委员会第六次秘书长会议修订，
2022 年 6 月 28 日政协第十二届山东省委员会第四十四次主席会议修订）

第一条 为贯彻落实“围绕中心、服务大局、提高质量、讲求实效”的提案工作方针，更好地发挥提案在履行政协职能中的重要作用，根据《政协山东省委员会提案工作条例》和《政协山东省委员会提案质量和提案办理质量评价办法》及有关规定，制定本办法。

第二条 评选范围

（一）优秀提案的评选范围：在本届省政协立案的提案中评选，集体提案、重点提案占一定比例。优秀提案数量原则上占立案提案总数的 3% 左右。

（二）先进提案承办单位的评选范围：在承办省政协提案的中共山东省委、省人大、省政府、省政协有关部门，省法院、省检察院，各市党委和政府，中央驻鲁单位，有关人民团体等单位中评选。先进提案承办单位数量原则上为承办单位总数的 20% 左右。

（三）先进提案工作者的评选范围：在承办单位负责提案办理工作或在省、市、县（市、区）政协及各民主党派省委会、省工商联、有关人民团体从事提案工作并且连续工作 2 年以上的工作人员中评选。先进提案工作者的数量由提案委员会商有关部门确定。

第三条 评选条件

（一）优秀提案的评选条件：

1. 选题准确。围绕中共山东省委和省政府的中心工作，反映经济社会发展中的重要问题、爱国统一战线的重大问题、地方重要事务以及人民群众普遍关心的问题。

2. 内容重要。反映情况真实，分析问题深刻，建议明确具体，针对性、可行性较强。

3. 成效显著。提案意见和建议被采纳后，对宏观决策、长远规划有重要参考价值，对促进我省经济建设、政治建设、文化建设、社会建设以及生态文明建设具有较为明

显的成效；对承办单位改进工作有较为明显的推动作用。

（二）先进提案承办单位的评选条件：

1. 领导重视。认真贯彻落实中共中央、中共山东省委对政协提案工作的要求，主要领导亲自抓，有领导分管，有专人承办，与本单位中心工作同部署、同推进、同检查、同落实。

2. 程序规范。建立健全提案办理工作的各项规章制度，并得到较好的落实。复文格式规范，答复认真，实事求是，针对性强，并按照相关规定主动公开办理结果。办理工作达到制度化、程序化、规范化的要求。

3. 注重协商。采取座谈、调研、走访、电话、信函等方式，与提案者进行沟通协商，积极推动办理落实。在书面答复前，主动征询提案者对办理复文的意见。

4. 成效明显。对提案反映的问题，凡有条件解决的，及时予以解决；因条件所限暂时不能解决的，纳入计划，逐步加以解决；确实无法解决的，主动向提案者说明情况，做好解释工作。提案办结率达到 100%。

（三）先进提案工作者的评选条件：

1. 对提案工作态度端正，认真负责，严谨细致。

2. 政治立场坚定，刻苦钻研业务知识，在本单位开展和创新提案工作中发挥骨干带头作用。

3. 积极向本单位领导提出建议，主动与有关部门搞好协作和配合，提案建议采纳率高。

4. 注重加强与提案者的沟通与协商，采取多种形式，认真办理政协提案，提案办理满意率高。

第四条 评选程序

评选活动由政协山东省委员会办公厅统筹协调，提案委员会负责组织实施。

（一）推荐。优秀提案由提案承办单位推荐或者提案者自荐；先进提案承办单位由提案者推荐；先进提案工作者由各级政协、提案承办单位和集体提案单位推荐，处级干部比例原则控制在 20% 以内。推荐过程中充分发扬民主，广泛征求意见。

（二）评价。提案委员会根据推荐情况，开展提案质量和提案办理质量评价。

（三）初评。提案委员会综合推荐情况、评价结果、评选比例以及提案入选重点提案情况、承办单位办理工作情况等因素，提出优秀提案和先进提案承办单位、先进提案工作者建议名单。

（四）审定。优秀提案和先进提案承办单位、先进提案工作者建议名单经提案委员会主任会议或全体会议审议通过后，提交省政协秘书长会议审议，报主席会议审定。

第五条 表彰奖励

（一）评选表彰活动每届（五年）举办两次，分别在每届政协第三年和第五年开展。重点对本届省政协的优秀提案、先进提案承办单位、先进提案工作者进行表彰。表彰以省政协办公厅名义作出决定，颁发荣誉证书、奖牌，按相关规定予以奖励。

往届省政协立案提案中产生明显成效、对促进我省经济社会发展发挥了重大作用，但未曾表彰过的提案，由承办单位提出，经上述程序审定后，可列入表彰奖励范围。

（二）表彰决定、表彰名单以省政协办公厅文件形式印发全体政协委员、参加政协的各党派和人民团体、政协各专门委员会、提案承办单位和各市政协。对除不宜公开内容以外的优秀提案全文、先进提案承办单位和先进提案工作者名单在省政协官方网站公布，并组织新闻媒体进行宣传报道。

第六条 本办法由省政协主席会议审议通过后施行，提案委员会负责解释。

政协山东省委员会提案公开办法

（2019 年 6 月 26 日政协第十二届山东省委员会第六次秘书长会议审议通过，
2022 年 6 月 28 日政协第十二届山东省委员会第四十四次主席会议修订）

第一条 为贯彻落实中共中央《关于加强人民政协协商民主建设的实施意见》《关于加强和改进人民政协民主监督工作的意见》，根据《政协山东省委员会提案工作条例》，结合我省工作实际，制定本办法。

第二条 公开内容

提案公开范围是指由省政协委员，省政协各参加单位、各专门委员会，省政协全体会议期间的界别、委员小组，向省政协全体会议或者常务委员会提出并交提案审查委员会或者提案委员会审查立案的书面意见和建议。一般采取公开全文的方式，包含提案案由、提案者、承办单位及正文。应适当公开提案工作开展情况及相关工作动态等内容。

第三条 公开原则

提案公开工作应坚持“围绕中心、服务大局、提高质量、讲求实效”的提案工作方针。提案内容涉及公共利益、公众权益、社会关切及需要社会广泛知晓的，原则上应全文公开，部分内容敏感的则延后择机公开。提案办理复文涉及国家秘密的，依法不予公开。对部分内容涉及国家秘密、商业秘密和个人隐私，公开可能危及国家安全、公共安全、经济安全和社会稳定的，可摘要公开。

第四条 公开程序

（一）提案者在提交提案时对提案是否公开提出意见，对不予公开的提案提出理由。

（二）省政协提案委员会或提案审查委员会对提案是否公开具有最终裁量权。

（三）大会提案由提案初审组提出公开的初步意见，值班主任或委员进行审核，提案委员会或提案审查委员会全体会议进行终审；平时提案由提案委员会办公室提出公开的初步意见，提案委员会主任或副主任进行审核。对提案者提出可以公开的提案，审查发现不宜公开的，或提案者提出不予公开的提案，审查发现可以公开的，应及时告知提案者。

（四）承办单位在提案办理结束后，通过提案管理系统上传答复意见时应注明是否公开其内容。提案委员会办公室在公开提案办理复文时，应认真核实公开意见，对存在疑问和异议的，应加强沟通协商。

第五条 公开方式

在省政协官方网站提案公开栏目进行公开，也可通过召开重点提案督办工作见面通气会及《大众日报》《联合日报》《委员天地》、山东政协微信公众号、山东通政协在线等媒介公开。

第六条 附则

本办法经省政协主席会议审议通过后施行，提案委员会负责解释。

关于进一步加强对市县政协工作联系和指导的若干意见

（2022 年 6 月 28 日政协第十二届山东省委员会第四十四次主席会议审议通过）

为深入贯彻落实习近平总书记关于加强和改进人民政协工作的重要思想，提升全省政协工作整体效能，根据中共山东省委办公厅《关于加强和改进新时代市县政协工作的实施意见》（鲁办发〔2022〕12 号）有关要求，现就进一步加强省政协对市县政协工作的联系和指导提出如下意见。

一、深化学习研讨交流

1. 每年召开 1 次全省政协主席读书会，深入学习贯彻习近平新时代中国特色社会主义思想，学习贯彻习近平总书记关于加强和改进人民政协工作的重要思想，对事关全省政协工作的重要问题进行研讨交流。

2. 每届至少召开 1 次全省政协工作经验交流会，各市政协、部分县级政协主要负责同志参加，总结经验做法，研究解决共性问题。

3. 每年召开 1 次全省政协秘书长、研究室主任工作交流座谈会，各市及部分县级政协秘书长、研究室主任参加，对需要全省各级政协联动开展的有关工作进行沟通协商，做出统筹安排。

4. 省政协办公厅、委员活动工作室、各专门委员会每届分别召开 1—2 次专题工作交流座谈会，交流探讨有关工作。

二、促进履职整体联动

5. 深化“有事多商量”协商平台建设，推动省市县三级政协共建共享共育，打造辨识度高、参与面广、影响力大的协商工作品牌。

6. 搭建“界别同心汇”聚识平台，丰富和拓展凝聚共识的形式载体，实现联系和服务界别群众的经常化、组织化。

7. 省政协全体会议每年邀请部分县级政协主要负责同志列席，每届基本实现对县级政协全覆盖；省政协专题议政性常务委员会会议邀请各市政协主要负责同志参加；省政协月度协商会根据议题邀请部分市县政协负责同志参加。

8. 省政协开展的重点课题调研、委员视察考察、重点提案督办等，视情邀请部分市县政协委员和有关同志参加。

9. 发挥政协社情民意信息“直通车”作用，指导市县政协在拓宽信息渠道、提高信息质量、完善反馈办法、健全激励机制等方面重点用力，加强信息联系点建设。

10. 加强政协文史资料工作，健全全省三级政协协同征编机制。

11. 加强政协理论研究，每年开展 1 次全省政协理论研讨活动。通过课题合作、专家论坛、经验推广等形式，指导市县政协聚焦履职实践深化理论研究，推动成果运用。

12. 打造省市县政协共建共享的应用型智库，为高质量建言资政提供智力支持。

三、实现信息互融互通

13. 用好“鲁力同心”宣传平台，讲好山东政协故事，大力宣传市县政协履职特色亮点，推动“报、刊、网、微、端”互通互联、矩阵传播，构建全媒体协同发声、共同发力的政协新闻宣传工作格局。

14. 建设省市县政协上下贯通、数据共享、成果共用的“政协在线”数字平台，打造集学习教育、履职活动、信息反映、服务管理于一体的应用体系。

15. 推进政协机关数字化升级，实现政协机关事务“网上办”“掌上办”，强化各级政协信息系统应用贯通和数据安全，推动政协工作理念、机制、手段、方法全面提升。

四、加强队伍共育共建

16. 推进全省“书香政协”建设，依托“学而系列”读书平台，打造“学而书院”“学而书房”，开展“学而讲谈”读书交流活动，形成多种形式融合、多元载体并存、多跨场景应用的立体化读书体系。

17. 省政协每届对各市政协主席会议成员和县级政协主席至少轮训 1 遍。推荐市县政协负责同志参加全国政协组织的有关培训。

18. 市县政协开展委员培训、学习讲座等工作，省政协可在师资力量、培训资料等方面予以支持。

五、推动工作协调落实

19. 每届至少协助省委开展一次对省委关于政协工作决策部署贯彻落实情况的专项督查，推动各项部署要求落到实处。

20. 省政协主席会议成员每人选择 1 个县级政协作为基层联系点，就市县政协工作定期开展调研。

21. 定期推选市县政协工作优秀创新案例，召开现场推进会、观摩会，总结成熟做法，推广典型经验，促进质效提升。

关于进一步做好驻鲁全国政协委员履职服务工作的实施办法

（2022年7月19日政协第十二届山东省委员会第四十五次主席会议通过）

为进一步做好驻鲁全国政协委员履职服务工作，根据全国政协办公厅《关于进一步做好全国政协京外委员履职服务工作的办法》，制定如下实施办法。

一、总体要求

坚持以习近平新时代中国特色社会主义思想为指导，深入贯彻习近平总书记关于加强和改进人民政协工作的重要思想，贯彻落实中央政协工作会议精神，按照全国政协要求，全面提升驻鲁全国政协委员履职服务工作水平，更好发挥驻鲁全国政协委员履职主体作用。

二、主要工作内容

1. 驻鲁全国政协委员参加全国“两会”服务工作。成立工作专班，做好报名报到、会议服务、宣传报道、会后返程等会前、会中、会后各项服务工作。

2. 驻鲁全国政协常委、委员出席和列席全国政协常委会会议服务工作。做好选题报送、报名报到、接送站等服务工作；根据全国政协要求，派员随会做好服务保障工作。

3. 综合运用网络议政、远程协商等多种形式为驻鲁全国政协委员参加全国政协有关履职活动提供服务保障。

4. 组织服务好全国政协主席会议成员来山东出席活动期间走访看望驻鲁全国政协委员活动。

5. 服务好全国政协各部门组织的来山东调研、考察等活动，根据调研组和考察团要求，加强与有关驻鲁全国政协委员的联系、沟通，积极为驻鲁全国政协委员参加相关履职活动创造条件、提供优质服务。

6. 按照全国政协的工作部署，组织驻鲁全国政协委员开展履职活动，并纳入山东省政协年度整体工作计划，保证履职活动的经常化、制度化。

7. 根据全国政协工作安排，原则上每届内组织驻鲁全国政协委员开展一次跨省考察，每年组织一次就地考察。跨省考察及就地考察报告以书面形式及时报送全国政协办公厅。

8. 根据工作需要，积极邀请驻鲁全国政协委员参加或列席山东省政协组织的有关会议、视察、考察、专题调研、读书学习、座谈、联谊等履职活动。

9. 邀请或协助组织驻鲁全国政协委员参加有关省情、政情通报会，为委员知情明政提供服务。

10. 做好提案服务工作。每年全国“两会”召开前，向省政府有关部门发函，征集我省经济社会发展重点问题提案素材，供驻鲁全国政协委员提交提案参考。

11. 应国家有关部委或山东省有关部门邀请，组织推荐驻鲁全国政协委员参加有关座谈会或担任特邀监督员等活动。

12. 每年年底，将驻鲁全国政协委员日常履职情况，以书面形式报送全国政协办公厅。

三、组织保障

13. 受全国政协委托，山东省政协主席为驻鲁全国政协委员履职活动召集人。负责加强与驻鲁全国政协委员的联系和沟通；组织开展驻鲁全国政协委员履职活动。

14. 山东省政协秘书长为驻鲁全国政协委员履职活动联络员。负责协助召集人落实全国政协的有关文件精神和工作部署；协助召集人加强与驻鲁全国政协委员的联系和沟通，做好驻鲁全国政协委员参加各项履职活动的组织协调工作。

15. 山东省政协委员联络工作委员会负责驻鲁全国政协委员履职服务的日常联络工作。负责汇总统计本年度驻鲁全国政协委员履职活动情况报送全国政协办公厅；负责统筹用好全国政协办公厅每年拨付的驻鲁全国政协委员履职活动经费，确保专款专用。

16. 山东省政协机关各部门根据分工，高标准做好驻鲁全国政协委员履职服务各项工作。

山东省政协协商议政质量评价工作办法（试行）

（2022 年 8 月 31 日政协第十二届山东省委员会第四十六次主席会议通过）

为深入贯彻习近平总书记关于加强和改进人民政协工作的重要思想，落实中央政协工作会议和省委政协工作会议精神，进一步推动新时代人民政协工作提质增效，根据《中国人民政治协商会议章程》和有关文件精神，参照《全国政协协商议政质量评价工作办法（试行）》，结合实际，现就省政协协商议政质量评价工作制订如下办法。

第一章　总体要求

第一条　坚持党的领导。以习近平新时代中国特色社会主义思想为指导，毫不动摇坚持党对政协工作的全面领导，深刻领会“两个确立”的决定性意义，不断增强“四个意识”、坚定“四个自信”、做到“两个维护”，确保中央部署安排和省委工作要求不折不扣地贯彻落实到政协全部工作之中。

第二条　服务中心大局。深入贯彻落实习近平总书记关于加强和改进人民政协工作的重要思想，坚持人民政协性质定位，立足新时代人民政协工作的新方位新使命，锚定“走在前、开新局”，不断提高省政协协商议政的质量和实效，努力把人民政协制度优势转化为服务大局的实际效能，为新时代社会主义现代化强省建设贡献智慧和力量。

第三条　提升履职能力。切实发挥协商议政质量评价对履职工作的引导和激励作用，通过制定科学有效的质量标准和评价办法，引导委员提高政治把握能力、调查研究能力、联系群众能力、合作共事能力，充分彰显人民政协的制度优势。

第四条　突出质量导向。按照提高协商议政质量的目标要求，探索提高质量的路径方法，不断改进、创新工作机制，着力提高协商议政水平，促进人民政协工作全面提质增效。

第五条　坚持循序渐进。2022 年开展协商议政质量评价试点工作，先对部分具备评价条件的协商议政活动进行评价。在此基础上，根据工作需要适时调整评价范围，在实践总结中不断提高评价工作的科学性，逐步建立一套评价、考核一体化的科学指标体系。试点取得经验后，再正式实施，并指导市县政协积极稳妥开展此项工作。

第二章 评价标准

第六条 分类评价。针对履职的不同主体、领域、形式、特点等，分类建立科学合理、各有侧重的协商议政质量评价体系。重点对专题议政性常委会会议、月度协商会、提案等开展比较经常、制度比较健全、工作比较规范的协商议政活动，建立质量评价标准和评价办法。

第七条 重点环节。聚焦协商议政过程中共有的重点环节，提炼出示范性强、适用性广、简便易行的评价指标。将选择题目、调查研究、会议组织、协商议政成果和转化落实等作为主要内容，加大协商议政成果在质量评价中的权重。

第八条 指标设置。结合各项协商议政活动的性质和特点，设置不同指标和分值，既体现工作导向，又提供评价依据。

专题议政性常委会会议、月度协商会等重要协商活动设置议题选定、调查研究、会议组织、协商成果和转化落实等五个方面的基本项分别赋分，并设置新闻宣传等加分项。提案、界别活动等按照已有的评价办法执行。

第三章 评价办法

第九条 评价导向。坚持客观评价与主观评价相结合，以客观评价为主；结果评价与过程评价相结合，以结果评价为主；内部评价与外部评价相结合，以内部评价为主；激励与约束相结合，以激励为主。

第十条 评价程序。省政协协商议政质量评价工作在主席会议领导下展开，由研究室牵头负责质量评价工作具体实施。评价分为初评和定评两个环节，研究室组织若干个专项评价组开展初评；省政协秘书长会议负责定评。质量评价工作每年开展一次。

第十一条 评价方式。专题议政性常委会会议、月度协商会等重要协商活动采用定性评价的方式，划分为优秀和较好两个等次。提案、界别活动等按照已有的评价办法确定等次。

第四章 保障措施

第十二条 运用评价结果。协商议政质量评价结果向省政协常委会会议报告，根据协商议政形式需要向相关委员和单位反馈，作为优秀协商议政成果评选的重要依据，纳入委员履职档案。每年通报表扬优秀协商议政成果。

第十三条 做好服务保障。省政协办公厅建立统一协调、职责明确的评价工作机制，根据评价结果，及时总结经验、查找问题、改进工作。

第十四条 加强宣传引导。通过各类新闻媒体深入报道协商议政质量评价工作，引导政协各参加单位、各级政协组织和广大政协委员不断增强质量意识，为全省政协工作高质量发展创造良好舆论氛围。

第十五条 本办法自印发之日起施行。

附件：1. 专题议政性常委会会议质量评价标准简表
2. 月度协商会质量评价标准简表

附件 1

专题议政性常委会会议质量评价标准简表

评价内容	指标	指标说明	分值	得分
基础分	议题选定	善于从我省政治经济文化和社会生活中的重要问题、涉及群众切身利益的实际问题精选议题	10	
	深入调研	充分收集材料基础上，制定调研协商方案，力求内容全面，具体可行	10	
		深入基层一线实地调研，掌握问题情况，分析产生原因，探讨对策措施，提出切实可行的意见建议	10	
	会议组织	做好总体设计，选好发言主题和发言人，结构合理，重点突出，针对性强，注重探索创新	10	
		委员发言坚持问题导向，直奔主题，言简意赅，言之有据，言之有物，时间得当	10	
		组织小组讨论，与会同志深入交流，积极互动，切实回应，协商氛围浓厚	10	
	协商成果	形成共识，加强思想政治引领，鼓励深入开展交流，有助于深化认识、自我提高，推动增进共识、汇聚力量	10	
		综合协商意见，形成《建议案》委员反映的重要意见形成社情民意信息，力求反映情况准确，分析问题深入，提出建议可行	10	
	转化落实	省委、省政府领导同志作出批示	10	
		意见建议被吸收到法律法规、政策文件中；被省委、省政府有关部门采纳，对当前改进工作、解决问题有明显的促进作用；对宏观决策、长远规划有重要参考价值	10	
加分项	新闻宣传	产生良好社会影响，被中央主要媒体、省主要媒体和省其他媒体报道分别赋分，并可累计	10	
	工作创新	丰富协商形式，通过现场协商与网络议政、远程协商相结合的形式，推动协商讨论更加广泛深入	10	
总分				
备注	1. 基础分 100 分，加分项 20 分 2. 每项指标满足评定条件，可得满分 3. 组织评定工作时再制定具体细则			

附件 2

月度协商会质量评价标准简表

评价内容	指标	指标说明	分值	得分
基础分	议题选定	善于从我省政治经济文化和社会生活中的重要问题、涉及群众切身利益的实际问题精选议题	10	
	深入调研	充分收集材料基础上，制定调研协商方案，力求内容全面，具体可行	10	
		深入基层一线实地调研，掌握问题情况，分析产生原因，探讨对策措施，提出切实可行的意见建议	10	
	会议组织	做好总体设计，选好发言主题和发言人，结构合理，重点突出，针对性强，注重探索创新	10	
		委员发言坚持问题导向，直奔主题，言简意赅，言之有据，言之有物，时间得当	10	
		与会同志深入交流，积极互动，切实回应，协商氛围浓厚	10	
	协商成果	形成共识，加强思想政治引领，鼓励深入开展交流，有助于深化认识、自我提高，推动增进共识、汇聚力量	10	
		综合协商意见，形成《协商情况报告》；委员反映的重要意见形成社情民意信息，力求反映情况准确，分析问题深入，提出建议可行	10	
	转化落实	省委、省政府领导同志作出批示	10	
		意见建议被吸收到法律法规、政策文件中；被省委、省政府有关部门采纳，对当前改进工作、解决问题有明显的促进作用；对宏观决策、长远规划有重要参考价值	10	
加分项	新闻宣传	产生良好社会影响，被中央主要媒体、省主要媒体和省其他媒体报道分别赋分，并可累计	10	
	工作创新	丰富协商形式，通过现场协商与网络议政、远程协商相结合的形式，推动协商讨论更加广泛深入	10	
总分				
备注	1. 基础分 100 分，加分项 20 分 2. 每项指标满足评定条件，可得满分 3. 组织评定工作时再制定具体细则			

政协山东省委员会大会发言工作规则

（2022 年 8 月 31 日政协第十二届山东省委员会第四十六次主席会议通过）

第一章　总　则

第一条　为进一步加强和改进政协山东省委员会大会发言工作，依据《中国人民政治协商会议章程》，参照《中国人民政治协商会议全国委员会大会发言规则》，制定本规则。

第二条　大会发言要深入贯彻落实习近平总书记关于加强和改进人民政协工作的重要思想和党中央对政协工作的要求，以《中国共产党政治协商工作条例》为指导，坚持发扬民主和增进团结相互贯通、建言资政和凝聚共识双向发力。

第三条　大会发言是人民政协参加单位、政协委员在全体会议和常委会会议期间履行职能，发挥人民政协专门协商机构作用的一种重要形式，是人民政协参加单位和政协委员的一项重要民主权利。

第四条　大会发言要坚持围绕中心、服务大局，聚焦党和国家中心任务，围绕省委省政府重大决策部署贯彻落实、人民群众普遍关心关切的重要问题等建言资政，促进决策科学化、民主化。

第五条　参加人民政协的各党派、团体、界别和政协委员，要加强同社会各界人民群众的联系，深入调查研究，通过大会发言，加强思想政治引领，广泛凝聚共识。

第六条　发挥人民政协作为实行新型政党制度重要政治形式和组织形式作用，为各民主党派以本党派名义通过大会发言发表意见、提出建议提供保障。

第七条　坚持“不抓辫子、不扣帽子、不打棍子”的方针，依法依章程维护各参加单位和政协委员发表意见建议的权利。

第二章　大会发言的提出和基本要求

第八条　大会发言的提出方式

人民政协各参加单位可以本党派、团体、界别名义提出，委员可以个人名义或者若干人联名方式提出。

第九条　大会发言的基本要求

（一）热爱祖国，拥护中国共产党的领导和社会主义事业。维护民族团结和国家统一，遵守国家宪法和法律，遵守政协章程，保守国家秘密。

（二）坚持科学性、可行性，在深入调查研究的基础上，努力做到观点鲜明、言之有物，分析问题深入透彻，意见建议务实可行。引用资料和数据应准确，并注明出处。

（三）大会发言要语言生动、有感染力。坚持“短、实、新”，直入主题、层次分明、言简意赅。

（四）大会发言分为口头发言和书面发言。每份口头发言材料一般不超过 1500 字，每份书面发言材料应在 3000 字以内。

第十条 大会发言内容不能涉及以下情形：

（一）泄露党和国家秘密的；

（二）国家法律、法规和政策禁止的；

（三）对其所在组织、单位有关组织事宜和人事安排有意见的；

（四）进入司法诉讼或者行政复议、仲裁程序，尚未结案的；

（五）为本人或亲属解决个人问题的；

（六）宣传、推介作品、产品的；

（七）指名举报的；

（八）纪检、监察机关或审判、检察机关正在审理的违纪违法问题的；

（九）其他不宜作为大会发言的情形。

第十一条 对不符合大会发言基本要求的稿件，及时退回提交人或有关单位，作调整修改或撤稿处理。

第三章 大会发言工作机构

第十二条 在省政协党组和主席会议领导下，成立全体会议和专题议政性常委会会议大会发言协调小组和工作专班。协调小组负责大会发言的统筹协调和审核把关，工作专班负责大会发言的组织服务和具体落实。

协调小组由分管省政协党组副书记、副主席任组长，相关副主席和秘书长任副组长，办公厅主任、研究室主任和相关副秘书长等为成员。办公厅主任牵头负责具体工作，秘书处（督查处）负责具体联络服务。

全体会议大会发言工作专班设在大会秘书处简报发言组，由经济委员会负责牵头组建并具体实施，专班人员由大会秘书处统筹安排。专题议政性常委会会议大会发言工作专班，由承办会议的专门委员会负责组建，并落实相关工作。

第十三条 全体会议和专题议政性常委会会议大会发言稿件审改工作实行分工负责制，即按照工作领域分工，由有关专门委员会分头负责相关专业领域大会发言稿件的初步遴选和审改，进行专业把关，由大会发言工作专班统筹协调和服务工作。

第十四条 大会发言工作专班工作人员要保持高度政治敏锐性和政治鉴别力，坚持正确的政治导向。要尊重政协参加单位和政协委员表达自己观点和保持自己语言风格的权利。

第十五条 大会发言工作专班的职责

（一）起草大会发言工作实施方案。

（二）向各民主党派和工商联、无党派人士、有关人民团体、政协委员等发出大会发言征稿通知。

（三）负责发言来稿登记工作。对不符合发言要求的来稿，按照本规则进行处理。

（四）对来稿进行编阅。

（五）提出大会口头发言建议名单，落实发言人。

（六）协调党派团体大会口头发言有关工作。

（七）负责大会发言选稿等工作会议的组织服务工作。

（八）负责大会发言现场组织服务工作，协助发言人做好会前准备，保障发言成效。

（九）配合有关工作机构，做好发言材料文档发布、网络直播、新闻报道等工作。

（十）成果转化及资料归档等后续工作。

（十一）做好领导交办的其他工作。

第四章　大会口头发言的遴选

第十六条 全体会议期间安排一次大会口头发言，每次常委会会议期间安排一次大会口头发言。提交发言稿件但未被采纳为大会口头发言的，一般作为书面发言，通过省政协官方网站等渠道发布，供全体会议或常委会会议与会人员参阅。

第十七条 建立常态化工作机制，把议题设置、遴选贯穿全年和履职全过程，把工作做在经常、做在前面。

（一）年初根据省委年度工作要点，科学拟定若干细分课题和领域，设置相关议题。

（二）省政协各专门委员会应在组织专题调研、政治协商、民主监督和界别活动等履职工作中，善于发现委员们的关注点、智慧闪光点，定期汇总梳理，初步框定大会发言议题和人选。

（三）通过深入基层调研、联系委员、走访企业、民声连线等渠道，及时发掘基层创造的鲜活经验，找准基层工作中的重点难点问题，掌握第一手资料。

（四）加强与各民主党派省委、省工商联和各界别的经常性沟通和联系，注意把党派调研成果转化为大会发言。

（五）根据省政协专题议政性常委会会议、各类协商会上委员发言和交流情况，选取精彩发言，进行深入调研和完善，作为全会大会发言备选议题。

（六）工作专班根据全体会议筹备工作安排，适时提前召开大会发言工作会议，将各工作机构和单位汇集到的情况进行梳理总结，形成全会大会发言工作初步方案。

第十八条 在省政协全体会议和常委会会议召开前，发布大会发言征稿通知，组织大会发言报名。报名参加大会发言的，填写统一格式的《大会发言稿件登记表》，按照通知要求在规定时间内，通过公务邮箱或大会发言专用系统报送发言稿件。对全体会议大会发言，可试行预先报发言题目，经大会发言组统筹后再报发言稿件，避免和减少稿件选题过分集中。加强重点约稿，提升大会发言的质量。

第十九条 大会发言工作专班对收到的大会发言材料进行登记编号，并对发言选题、观点内容和文字表述等进行审核把关。采取初审、再审、集体审和交叉审相结合的方式进行。

第二十条 按照“质量第一、协调各方、统筹兼顾”的原则，提出大会口头发言建议方案，按程序经协调小组审核把关后，报省政协主要领导同志审定。全体会议一般选取 15 篇左右发言稿作为大会口头发言，另安排 1—2 篇作为后备发言；专题议政性常委会会议，一般选取 8 篇左右发言稿作为大会口头发言；遇有突发热点情况，可不受篇数限制。

第二十一条 党派、团体、界别大会口头发言的遴选

（一）全体会议和专题议政性常委会会议，综合考虑会议主题、专题设置、集体发言与个人发言比例等因素，统筹安排民主党派和工商联、无党派人士作大会口头发言。

（二）根据各团体、界别提出的发言材料质量和会议的总体情况，决定是否安排作大会口头发言。

（三）党派、团体、界别申请作大会口头发言时，应在提交大会发言材料的同时提出大会发言宣读人。

第二十二条 委员个人大会口头发言的遴选

（一）自愿报名。

（二）质量第一，唯材是举，不指定，不照顾。

（三）在同等条件下，优先安排未作过大会口头发言的委员。

（四）两人及以上联名发言的，应事先提出大会发言宣读人。

第五章 大会发言成果转化

第二十三条 高度重视大会发言成果的转化应用，对大会发言反映的重要情况、提出的重要意见和建议，采取以下形式报送、处理。

（一）大会口头发言作为《会后报告》的重要内容，向省委、省政府有关领导同志报送。

（二）大会书面发言中的重要内容视情转送省直有关部门。

（三）省委、省政府领导同志对大会发言现场作出批示意见的，及时转送省委办公厅、省政府办公厅，做好督办落实工作。根据省领导批示要求，省政协办公厅会同省委督查部门对大会发言中的具体建议，建立清单和台账，明确责任部门和办理时限，及时跟踪协调督办。

（四）转化为政协提案、社情民意信息等。

第二十四条 做好大会发言宣传报道工作，制定宣传工作方案，加强与中央和我省主流媒体，特别是政协系统内媒体、数字网络媒体的沟通合作，全方位、多角度、深层次报道大会发言工作，挖掘发言人关注领域特点和前期调研背景等情况，创新宣传报道形式，引导形成高质量的宣传效果。

第六章 附 则

第二十五条 本规则由政协山东省委员会办公厅负责解释，自主席会议通过之日起施行。

政协山东省委员会大会发言工作实施办法（试行）

（2022 年 8 月 31 日政协第十二届山东省委员会第四十六次主席会议通过）

第一条 为进一步推进省政协全体会议和专题议政性常委会会议大会发言工作制度化水平，提高协商发言质量，参照全国政协大会发言工作相关规则和办法，制定本实施办法。

第二条 在省政协党组和主席会议领导下，成立全体会议和专题议政性常委会会议大会发言协调小组和工作专班。协调小组负责大会发言的统筹协调和审核把关，工作专班负责大会发言的组织服务和具体落实。

第三条 协调小组由分管省政协党组副书记、副主席任组长，相关副主席和秘书长任副组长，办公厅主任、研究室主任和相关副秘书长等为成员。办公厅主任牵头负责具体工作，秘书处（督查处）负责具体联络服务。

全体会议大会发言工作专班设在大会秘书处简报发言组，由经济委员会负责牵头组建并具体实施，专班人员由大会秘书处统筹安排。专题议政性常委会会议大会发言工作专班，由承办会议的专门委员会负责组建，并落实相关工作。专班下设综合组、材料组和联络组。

第四条 综合组承担工作专班日常工作。负责整体谋划，提出大会发言工作建议方案，会同相关方面根据会议议题提出若干专题和选题参考，按程序报审。

第五条 材料组负责发言材料的初选、评审、修改和推荐，可视情邀请委员和专家等参与材料评审；报送大会发言安排建议，汇总整理和编印大会发言材料。

第六条 联络组负责发送征稿通知、征集发言材料，与发言人协调对接，组织落实大会发言的有关工作等。

第七条 大会发言材料的征集采取广泛发动和定向征稿相结合的原则进行，既向会议出列席人员征稿，又向党派、界别、专委会和设区市政协等征稿。

第八条 大会发言审改实行分工负责制。按照工作领域分工，由有关专门委员会分头负责相关专业领域稿件的审改、把关，根据审改流程，由大会发言工作专班统筹协调并做好服务工作。

（一）初审。由专人将稿件分派给负责初审的同志，由其提出是否作为大会口头发言及初步修改完善意见，报大会发言工作专班负责同志审定。

（二）再审。拟作为大会口头发言备选的稿件，反馈至初审同志，通知发言人作进一步修改。发言人修改后，交相关专门委员会审改。

（三）集体审。对列入大会发言备选的稿件，由相关专门委员会审改后，大会发言工作专班再进行集体审稿，并与发言人做好沟通反馈。

（四）交叉审。对不能作为大会口头发言但可作为大会书面发言的稿件，实行交叉审核，两人一组，做好修改、审核、把关工作。

第九条 大会发言人建议名单由材料组提出，经大会发言工作专班讨论确定并经协调小组审核把关后，报省政协主要领导审定。对未列入大会口头发言的材料，相关意见建议可转化为社情民意信息等送有关部门参考。

第十条 大会口头发言前聘请专业人士对发言人进行现场指导并做好会前准备工作。

第十一条 本办法自印发之日起试行。由省政协办公厅负责解释。

关于进一步做好驻各市省政协委员履职服务工作的办法

（2022 年 7 月 14 日政协第十二届山东省委员会第十九次秘书长会议通过）

为进一步做好驻各市省政协委员履职服务工作，根据《中国人民政治协商会议章程》《政协山东省委员会委员履职工作规则》及有关规定，参照全国政协办公厅《关于进一步做好全国政协京外委员履职服务工作的办法》，制定如下办法。

一、以习近平新时代中国特色社会主义思想为指导，深入贯彻习近平总书记关于加强和改进人民政协工作的重要思想，贯彻落实中央政协工作会议精神，全面提升驻各市省政协委员履职服务工作水平，更好发挥驻各市省政协委员作用。

二、省政协各项履职活动应注重组织驻各市省政协委员参加，综合运用网络议政、远程协商等多种形式为驻各市省政协委员履职提供便利。

三、省政协各部门组织的到各市调研、考察等履职活动，要注意吸收驻当地省政协委员参加。

四、省政协各专门委员会按照所联系的界别，密切与驻各市省政协委员的联系、沟通，积极为驻各市省政协委员参加相关履职活动创造条件、提供方便。

五、根据《政协山东省委员会关于进一步发挥界别作用的意见》，驻各市省政协委员分别组成委员活动组。委托驻地市政协主席为活动组召集人，负责加强与驻当地省政协委员的联系和沟通；组织驻当地省政协委员开展履职活动。

六、委托各市政协相关部门一位负责同志为驻当地省政协委员活动组联络员。负责协助召集人落实省政协的有关文件精神和工作部署；协助召集人加强与驻当地省政协委员的联系和沟通，做好驻当地省政协委员参加各项履职活动的组织协调工作；统计本年度驻当地省政协委员参加有关履职活动情况，并及时录入省政协委员履职统计系统。

七、各市政协按照省政协的工作部署组织驻当地省政协委员开展履职活动，并纳入年度整体工作计划，保证履职活动的经常化、制度化。

八、组织服务好省政协主席会议成员到各市出席活动期间走访看望驻当地省政协委员活动。

九、根据省政协有关考察工作安排，各市政协原则上每届内组织驻当地省政协委员开展一次至两次跨市考察，每年组织一次就地考察，跨省考察及就地考察报告应以书面形式及时报送省政协办公厅。

十、各市政协要积极组织驻当地省政协委员参加或列席当地政协组织的有关会议、视察、考察、专题调研、读书学习、座谈、联谊等履职活动，同时注意发挥“界别同心汇”履职平台作用。

十一、每年年底，各市政协应将驻当地省政协委员日常履职服务工作情况，以书面形式报送省政协办公厅。

十二、省政协委员活动工作室和委员联络工作委员会负责驻各市省政协委员履职服务的统筹协调工作，港澳台侨和外事委员会负责港澳地区省政协委员日常履职服务工作；各市政协负责驻当地省政协委员日常履职服务工作。

十三、省政协办公厅提供经费支持，按照驻各市和驻港澳地区省政协委员实际人数及有关标准，每年向各市政协和港澳相关社团拨付履职活动经费。各市政协和港澳相关社团要统筹用好活动经费，确保专款专用。

重要会议

政协第十二届山东省委员会会议

【第一次会议】 1月22日在山东会堂举行。应出席委员908名，实到委员728名。大会审议通过省政协十二届五次会议议程；中共山东省委书记李干杰讲话；听取省政协主席付志方受政协第十二届山东省委员会常务委员会委托，向大会作的工作报告；听取省政协副主席刘均刚受政协第十二届山东省委员会常务委员会委托向大会作的提案工作报告。省政协副主席吴翠云主持会议，省政协党组书记葛慧君，副主席赵家军、于国安、唐洲雁、王艺华、韩金峰、王修林、程林、段青英和秘书长刘永巨在主席台前排就座。省委副书记、省长周乃翔，省委副书记杨东奇，省领导夏红民、张江汀、王书坚、孙立成、白玉刚、王宇燕、林峰海、陆治原、邱月潮、刘强、王随莲、王良、齐涛、王云鹏、王华、凌文、孙继业、范华平、傅明先、曾赞荣、王心富、李猛、张甲天、陈勇，省级老同志赵志浩、王裕晏、李殿魁、周鸿兴、张敏、齐乃贵、赵玉兰、张传林、李德强、栗甲、王新陆、雷建国、陈光、赵润田、许立全、郭爱玲应邀出席大会并在主席台就座。

【第二次会议】 1月24日在山东会堂举行。15位委员围绕贯彻落实新发展理念、新旧动能转换、科技创新、乡村振兴、黄河流域生态保护和高质量发展、保障和改善民生等，作大会发言。省委书记李干杰，省委副书记、省长周乃翔，省委副书记杨东奇，省委常委、统战部部长张江汀，省委常委、政法委书记林峰海，副省长凌文、范华平、傅明先、王心富、李猛，以及省委、省政府有关部门负责同志，到会听取委员发言。省政协主席付志方，省政协党组书记葛慧君，省政协副主席吴翠云、赵家军、于国安、唐洲雁、王艺华、韩金峰、程林、刘均刚、段青英和秘书长刘永巨出席会议。省政协副主席王修林主持会议。

【第三次会议】 1月26日在山东会堂举行。会议通过辞去省政协主席、副主席、秘书长、常务委员职务人员名单：付志方同志不再担任省政协主席职务，吴翠云同志不再担任省政协副主席职务，刘永巨同志不再担任省政协秘书长职务，王信等15名同志不再担任省政协常委职务；通过省政协十二届五次会议选举办法及总监票人、监票人名单，选举葛慧君为省政协主席，选举王书坚、林峰海为省政协副主席，选举丁希滨等21名省政协委员为省政协常委。选举之后，葛慧君主持闭幕会议。会议表决通过政协第十二届山东省委员会第五次会议关于常务委员会工作报告和提案工作报告的决议，表决通过政协第十二届山东省委员会提案委员会关于省政协十二届五次会议提案审查情况的报告和政协第十二届山东省委员会第五次会议政治决议。省政协副主席王书坚、林峰海、赵家军、于国安、唐洲雁、王艺华、韩金峰、王修林、程林、刘均刚、段青英在主席台前排就座。省委书记李干杰，省委副书记、省长周乃翔，省政协原主席付志方，省委副书记杨东奇，省领导夏红民、张江汀、孙立成、白玉刚、王宇燕、陆治原、邱月潮、刘强、王随莲、王良、齐涛、王云鹏、王华、凌文、孙继业、范华平、傅明先、曾赞荣、王心富、李猛、张甲天、陈勇，省级老同志张传林、李德强、栗甲、雷建国、吴翠云、陈光、赵润田、许立全、郭爱玲应邀出席大会并在主席台就座。

政协第十二届山东省委员会常务委员会会议

【第二十次会议】1月20日在济南召开。省政协主席付志方主持开幕会，省政协党组书记葛慧君出席会议，副主席吴翠云主持闭幕会。会议听取省委副书记、省长周乃翔作的关于《政府工作报告（征求意见稿）》起草情况的说明，省委常委、统战部部长张江汀作的人事事项的说明。会议协商讨论《政府工作报告（征求意见稿）》，提出意见建议；审议通过关于召开省政协十二届五次会议的决定，决定省政协十二届五次会议1月22日在济南召开；审议通过政协省政协十二届五次会议议程（草案）和日程、常委会工作报告、提案工作报告；审议通过省政协十二届五次会议秘书长、副秘书长名单；审议通过人事事项；审议通过省政协十二届五次会议选举办法（草案）及总监票人、监票人名单（草案）。

【第二十一次会议】1月25日下午在济南召开。省政协主席付志方主持会议，省政协党组书记葛慧君出席会议。会议听取大会秘书处关于委员各组讨论情况的综合汇报，审议政协第十二届山东省委员会第五次会议关于常务委员会工作报告的决议（草案），审议政协第十二届山东省委员会提案委员会关于省政协十二届五次会议提案审查情况的报告（草案），审议政协第十二届山东省委员会第五次会议政治决议（草案），决定将上述审议事项提交省政协十二届五次会议闭幕会议审议。

【第二十二次会议】5月18日在济南召开。会议围绕“在服务和融入新发展格局上走在前”协商议政。省政协主席葛慧君主持开幕会，省政协副主席于国安主持闭幕会。会议听取省委常委、常务副省长王书坚作的专题报告；举行大会发言；开展专题分组讨论；审议通过《关于推动我省“在服务和融入新发展格局上走在前”的建议案》和人事事项。

【第二十三次会议】7月28日至29日在济南召开。会议围绕“在增强经济社会发展创新力上走在前”协商议政。省政协主席葛慧君主持开幕会，副主席王书坚主持闭幕会。会议听取省委副书记、省长周乃翔关于全省上半年经济形势的报告；举行大会发言；开展专题分组讨论；听取关于“数字经济春潮涌动 大省创新使命担当”的报告；审议通过《关于推动我省“在增强经济社会发展创新力上走在前”的建议案》和人事事项。

【第二十四次会议】11月7日至8日在济南召开。会议传达学习中国共产党第二十次全国代表大会精神，传达学习全国政协十三届常委会第二十四次会议和中共山东省委十二届二次全会精神，围绕“在推动黄河流域生态保护和高质量发展上走在前”协商议政。省政协主席葛慧君主持第一次全体会议，副主席林峰海主持第二次全体会议，副主席王书坚主持第三次全体会议。会议听取省政协主席葛慧君作的二十大精神宣讲报告，听取省委常委、常务副省长曾赞荣关于我省“在推动黄河流域生态保护和高质量发展上走在前”的报告；举行两次大会发言；开展专题分组讨论；审议通过《政协山东省委员会关于深入学习宣传贯彻中国共产党第二十次全国代表大会精神的决议》《关于我省“在推动黄河流域生态保护和高质量发展上走在前”的建议案》和人事事项。

【第二十五次会议】 12 月 28 日在济南召开。省政协主席葛慧君主持开幕会，副主席王书坚主持闭幕会。会议听取省委常委、统战部部长徐海荣作的人事事项的说明，省委常委、常务副省长曾赞荣作的关于《政府工作报告（征求意见稿）》起草情况的说明。会议对《政府工作报告（征求意见稿）》进行协商讨论，提出意见建议；审议通过关于召开省政协十三届一次会议的决定，决定省政协十三届一次会议 1 月 12 日在济南召开；审议通过政协第十三届山东省委员会设置界别名单、委员协商名单；审议通过省政协十三届一次会议议程（草案）和日程（草案）；审议通过政协第十二届山东省委员会常务委员会工作报告、提案工作报告；审议通过关于授权主席会议审议省政协十二届常委会第二十五次会议未尽事宜的决定；审议通过政协山东省委员会协商工作规则（试行）；宣读有关表彰通报。

政协第十二届山东省委员会主席会议

【第三十三次会议】 1月14日在济南召开。省政协主席付志方主持会议。会议审议通过省政协十二届常委会第二十次会议议程和日程，决定会议1月20日在济南召开。审议关于召开省政协十二届五次会议的决定（草案）；审议省政协十二届五次会议议程（草案）、日程（草案）和秘书长、副秘书长名单（草案）；审议省政协常委会工作报告（草案）、提案工作报告（草案）；审议通过省政协十二届五次会议常委会工作报告报告人和提案工作报告报告人建议名单、各组召集人名单、常委轮值名单；审议通过省政协2021年民主监督工作情况报告、反映社情民意信息工作情况报告、协商工作情况报告、专题调研工作情况报告、界别工作情况报告。

【第三十四次会议】 1月18日在济南召开。省政协主席付志方主持会议，省政协党组书记葛慧君出席会议。会议听取省委常委、组织部部长王宇燕和省委统战部负责同志分别作的关于省政协十二届五次会议人事安排工作有关事宜的说明，审议有关名单和选举办法（草案）及总监票人、监票人名单（草案）；审议人事事项。

【第三十五次会议】 1月25日在济南召开。省政协主席付志方主持会议，省政协党组书记葛慧君出席会议。会议听取了大会秘书处关于委员各组讨论情况的综合汇报，审议了政协第十二届山东省委员会第五次会议关于常务委员会工作报告的决议（草案），审议了政协第十二届山东省委员会第五次会议关于常务委员会提案工作报告的决议（草案），审议了政协第十二届山东省委员会提案委员会关于省政协十二届五次会议提案审查情况的报告（草案），审议了政协第十二届山东省委员会第五次会议政治决议（草案），决定将上述审议事项提交省政协十二届常委会第二十一次会议审议。

【第三十六次会议】 2月24日在济南召开。省政协主席葛慧君主持会议。会议审议通过政协山东省委员会2022年协商工作计划、省政协2022年专题议政性常委会会议方案、关于加强和改进新时代市县政协工作调研方案、中共山东省政协党组2022年工作要点和政协第十二届山东省委员会常务委员会工作报告重点工作任务分工方案。

【第三十七次会议】 3月15日在济南召开。省政协主席葛慧君主持会议并讲话。会议传达学习习近平总书记在全国“两会”期间的重要讲话精神和全国政协十三届五次会议精神，传达学习省委常委会会议精神。参加全国“两会”的省政协副主席赵家军、王修林、程林、刘均刚、段青英作交流发言。会议传达省委关于疫情防控工作部署要求，对省政协机关疫情防控工作作出安排，对省政协委员发挥作用提出要求。

【第三十八次会议】 3月31日在济南召开。省政协主席葛慧君主持会议并讲话。会议审议通过《关于召开省政协十二届常委会第二十二次会议的方案》《关于加强和改进省政协委员学习工作的办法》《省政协2022年界别活动计划》《关于开展首届“最美政协人”推宣活动的实施方案》。

【第三十九次会议】 4月28日在济南召开。省政协主席葛慧君主持会议。会议审议通过《关于全省政协开展“有事多商量”平台建设工作的指导意见》和《省政协十二届五次会议重点提案督办工作方案》。

【第四十次会议】 5月10日在济南召开。省政协主席葛慧君主持会议并讲话。会议审议通过省政协十二届常委会第二十二次会议议程（草案）、日程和大会发言工作安排，决定省政协十二届常委会第二十二次会议5月18日在济南召开；审议《关于在服务和融入新发展格局上走在前的建议案（草案）》；审议通过《政协山东省委员会委员培训工作办法（修订稿）》《山东省政协委员学习工作联席会议制度》《山东省政协界别活动质量评价办法（试行）》等规章制度；审议通过《政协山东省委员会关于深入开展委员读书活动 加快推进“书香政协”建设的实施方案》《政协山东省委员会关于创建“界别同心汇”的意见》《关于省政协领导包案化解信访事项的工作方案》等事项。

【第四十一次会议】 5月17日在济南召开。省政协主席葛慧君主持会议并讲话。会议听取有关人事安排情况的说明，审议关于增补委员协商名单、关于辞去省政协副主席职务和委员的人员名单以及有关专委会副主任任职事项的说明，审议有关专委会副主任任职名单。

【第四十二次会议】 5月26日在济南召开。省政协主席葛慧君主持会议并讲话。会议审议通过《贯彻落实中央政协工作会议精神工作情况报告》；审定“最美政协人”拟推宣人选名单；审议通过《政协山东省委员会主席办公会议工作规则》《山东省政协议政建言成果反馈工作办法（试行）》《政协山东省委员会关于政协委员联系服务界别群众的意见》《政协山东省委员会重点提案培育、遴选与督办办法》《政协山东省委员会提案质量和提案办理质量评价办法》《政协山东省委员会平时提案工作规程》和《政协山东省委员会提案征集办法（修订稿）》等规章制度。会议听取省委统战部负责同志所作的关于免去张开兴省政协常务委员职务及撤销其省政协委员资格的说明，审议通过《关于免去张开兴中国人民政治协商会议第十二届山东省委员会常务委员职务及撤销其委员资格的决定（草案）》。

【第四十三次会议】 6月10日在济南召开。省政协主席葛慧君主持会议并讲话。会议研究明确省政协领导同志分工。

【第四十四次会议】 6月28日在济南召开。省政协主席葛慧君主持会议并讲话。会议传达学习全国政协十三届常委会第二十二次会议、全国政协文史工作座谈会精神；审议通过《政协山东省委员会关于进一步加强对市县政协工作联系和指导的若干意见》和《关于加强和改进新时代市县政协工作的实施意见》任务分工；审议通过政协山东省委员会提案办理协商办法（修订稿）、提案公开办法（修订稿）、提案审查办法（修订稿）及优秀提案、先进提案承办单位和先进提案工作者评选表彰办法（修订稿）。

【第四十五次会议】 7月19日在济南召开。省政协主席葛慧君主持会议并讲话。会议传达学习全国地方政协秘书长工作交流座谈会精神和全省新旧动能转换“五年取得突破”重点项目现场观摩会精神；审议通过省政协十二届常委会第二十三次会议议程（草案）、日程和大会发言工作安排，决定省政协十二届常委会第二十三次会议7月28日在济南召开；审议《关于推动我省“在增强经济社会发展创新力上走在前”的建议案（草案）》；审议通过《关于进一步做好驻鲁全国政协委员履职服务工作的实施办法》《关于暂停韩林履行政协第十二届山东省委员会委员职责的决定》和《关于暂停冯希宁履行政协第十二届山东省委员会委员职责的决定》。

【第四十六次会议】 8月31日在济南召开。省政协主席葛慧君主持会议并讲话。会议传达学习全国政协十三届常委会第二十三次会议精神；审议通过《山东省政协协商议政质量评价工作办法（试行）》《政协山东省委员会大会发言工作规则》《政协山东省委员会大会发言工作实施办法（试行）》和《省政协十二届常委会第二十四次会议调研议政工作方案》；听取省委统战部负责同志作的人事事项说明，根据政协章程和《省政协委员退出和暂停履职办法（试行）》有关规定，作出撤销孙亮委员资格的决定，提交省政协十二届常委会第二十四次会议予以追认；审议通过有关人事事项。

【第四十七次会议】 9月29日在济南召开。省政协主席葛慧君主持会议并讲话。会议审议通过省政协十二届常委会第二十四次会议方案，决定常委会会议在党的二十大之后召开；审议“山东数字政协”建设总体方案和关于加快推进“山东数字政协”建设的工作方案。

【第四十八次会议】 11月4日在济南召开。省政协主席葛慧君主持会议并讲话。会议传达学习全国政协十三届常委会第二十四次会议精神；审议通过省政协十二届常委会第二十四次会议议程（草案）、日程和大会发言工作安排，决定省政协十二届常委会第二十四次会议11月7日在济南召开；审议《政协山东省委员会关于深入学习宣传贯彻中国共产党第二十次全国代表大会精神的决议（草案）》《关于我省“在推动黄河流域生态保护和高质量发展上走在前”的建议案（草案）》和《政协山东省委员会协商工作规则（试行）》；审议有关人事事项。

【第四十九次会议】 12月1日在济南召开。省政协主席葛慧君主持会议。会议审议通过《山东省政协优秀提案、先进提案承办单位和先进提案工作者建议名单》。

【第五十次会议】 12月20日在济南召开。省政协主席葛慧君主持会议并讲话。会议审议政协第十二届山东省委员会常务委员会工作报告（草案）、2023年协商工作计划（草案）、政协第十二届山东省委员会常务委员会提案工作报告（草案）；审议通过省委省政府省政协2022年协商工作计划执行情况报告、省政协2022年反映社情民意信息工作情况报告、十二届山东省政协界别工作情况报告和首届“最美政协人”人选名单；审议邀请列席省政协十三届一次会议港澳台侨重点联谊人士建议人选。

【第五十一次会议】 12月26日在济南召开。省政协主席葛慧君主持会议并讲话。会议听取省委统战部负责同志作的关于政协第十三届山东省委员会界别调整情况和委员人选情况的说明，审议政协第十三届山东省委员会拟设置界别名单（草案）、委员协商名单；审议关于召开省政协十三届一次会议的决定（草案）、省政协十三届一次会议议程（草案）和日程（草案）；审议关于授权主席会议审议省政协十二届常委会第二十五次会议未尽事宜的决定（草案），决定将上述事项提交省政协十二届常委会第二十五次会议审议。会议审议通过省政协十二届常委会第二十五次会议议程（草案）和日程，决定12月28日在济南召开；审议通过省政协十三届一次会议秘书处工作机构设置和负责人名单；审议通过政协第十三届山东省委员会界别召集人名单；审议通过省政协十三届一次会议委员分组办法，审议各组召集人名单（草案）；审议通过省政协各工作机构2022年工作完成情况报告和省政协各专门委员会2022年工作完成情况报告。

建议案、协商报告、调研报告

关于推动我省“在服务和融入新发展格局上走在前”的建议案

（2022 年 5 月 18 日政协第十二届山东省委员会常务委员会第二十二次会议审议通过）

为深入贯彻落实习近平总书记重要指示精神，推动省委省政府决策部署落地落实，省委常委会专题研究省政协年度协商工作计划，把围绕“三个走在前”议政建言确定为 2022 年工作重点。葛慧君主席亲自审定工作方案，主持召开主席办公会研究相关工作，主席会议成员分别带队开展系列调研活动。3 月份以来，重点围绕“在服务和融入新发展格局上走在前”，聚焦激发消费活力、优化全方位开放格局、数字赋能制造业和人才助力海洋经济，通过调查研究、协商座谈、网络议政和个别访谈等广泛征询意见，于 5 月 18 日召开第二十二次常委会会议进行了专题议政。

委员们表示，习近平总书记对山东情深似海、厚爱如山，提出的“三个走在前”重要指示要求，是从战略和全局高度对山东发展的精准把脉定向，是做好山东工作的总遵循、总定位、总航标。委员们认为，实现“在服务和融入新发展格局上走在前”目标，应深刻领会省委“九大比较优势”的分析判断，特别是要着眼广阔的内需市场、独有的区位特点、坚实的产业基础和丰富的海洋人才资源，找准定位、凝心聚力，努力把固有优势转化为发展胜势。

一、立足内需“稳压器”功能，提升供需适配性

建设全国统一大市场是构建新格局、塑强新优势的内在要求，也是心怀“国之大者”，应变局、开新局的战略支撑。山东产业体系完备，是全国唯一的常住、户籍人口“双过亿”省份，应紧抓“大市场”建设大势，扭住消费升级这个关键点，做好对接、融入和服务三篇文章，当好激活力、扩内需的“生力军”。

1. *对接“大市场”，营造安全放心消费环境。*一是立破并举，加快建设高标准市场体系。对标党中央最新文件要求，在市场基础制度规则统一、市场设施高标准联通、要素与资源市场以及商品与服务市场高水平统一、市场监管公平统一等方面，尽快查找问题、立规建制。坚持商品质量与消费服务质量“双提升”，围绕建设统一大市场的要求，进一步深化社会信用体系、质量标准体系建设，尽快清理涉及地方保护和区域壁垒制度，持续加强反垄断和反不正当竞争执法。二是点面结合，优化城市消费网络。着眼国内大循环，以创建消费中心城市为抓手，以大型商业实体企业为重点，通过税收、审批等政策支持，引导加快推进数字化智能化改造。加强应急保供体系建设，做好应急商品储备、组织配送等工作，有效衔接供需两端。支持济南、青岛加快培育建设国际消费中心城市，围绕省会圈、胶东圈和鲁南圈打造区域消费中心。主动对接国家关于统筹布局建设免税店相关政策，支持免税经济发展。三是双频共振，凝聚贯彻落实共识。把加快建设全国统一大市场，作为干部培训、进修、轮训的“必修课”，提升落实能力，形成思想自觉。通过公众号、短视频、明白纸、专题讲座等形式，强化政策宣介，推动各类市场主体在调整产品结构、优化销售渠道等方面超前准备、有的放矢。

2. 融入“大市场”，提高生产供给能力水平。一是优化产业产品结构，提升终端消费品比重。以价值链为核心，重塑产业链与供应链，引导资源型初加工和中间品供应骨干企业向下游延伸，调整产品结构，提升消费终端产品供给能力，让更多用户用上“山东好品”。抓住疫情防控常态化对食品行业的催变机遇，支持潍坊、聊城等蔬菜基地发展预制菜产业，有效满足消费者需求。二是加强供给管理，挖掘县乡消费潜力。以城带乡推动消费结构升级，科学规划布局县域、镇街商业网点，提高超市、餐饮、家政服务等生活网点设置匹配性。推进县级仓储物流配送中心建设，加快整合农村物流资源，逐步实现统仓共配，建成通乡达村的物流体系，提升快递物流效率、降低成本。三是做强平台经济，增强联动服务能力。尽快出台我省平台经济规范健康持续发展的相关意见，培育一批具有龙头作用的垂直领域平台企业。积极引进电商供应链高端人才，培育认定一批网络商品交易市场基地，布局建成一批电商供应链基地。

3. 服务“大市场”，分层分类提升消费能力。一是在“拓”上持久发力，持续拓宽中等收入群体消费领域。针对住房、教育、养老、医疗等生活开支“四座大山”掏空中等收入群体钱包问题，率先改革探索，放宽市场准入，增加市场供给，搭建政府财政与社会资本共建共享平台，降低消费成本，实现公益与商业均可持续。比如，抓住中央“支持各地从当地实际出发完善房地产政策”的机遇，优化商品房预售资金监管，支持刚性和改善性住房需求。二是在“增”上多出实招，增强中低收入群体收入稳定性。针对疫情影响，织密“六稳”“六保”政策网格，适时为困难群体和低收入者发放代金券、消费券，保障基本生活。对困难企业发放稳岗补贴，准予在一定期限缓缴社保费用。三是在“引”上下大气力，引导高端人群“消费回归”。通过优化消费服务弥补高端商品质量差距，采用AR/VR等信息技术增强购物体验，引导高端海外消费理性回归，积极迎合新生代消费需求，形成消费新时尚。认真落实个人所得税专项附加扣除和消费税优惠政策，增强消费意愿。四是在“育”上善于创新，开启消费新模式。总结“家电汽车下乡”经验，借鉴广东等地做法，鼓励开展新能源汽车、绿色智能家电下乡和以旧换新。结合“双碳”战略实施，支持公共设施和新型居住区全面推广应用绿色低碳建材，对相关企业给予适当补贴。

二、发挥陆海统筹“交互区”作用，畅通国内国际双循环

我省地处中日韩陆海交汇中心，是“一带一路”重要交通枢纽，有得天独厚的长海岸、大腹地。山东在立足建设全国统一大市场中有大作为的同时，任何时候都必须高度重视“走出去”战略的实施和国际大市场的开拓，抓住 RCEP 落地实施的契机，发挥陆海统筹交互区位优势，参与共建面向日韩、连接欧亚大陆的黄金大通道，畅通经济循环、提升开放水平。

4. *推动外资外贸提质增效*。一是提振外商投资信心，巩固拓展外贸市场。“一企一策”实施疫情防控，保障物流畅通、企业用工和外方人员往来。加强递延纳税政策辅导，鼓励外资企业利润境内再投资。妥善应对新兴市场频繁发起的贸易救济调查，稳定并扩大在拉美、非洲市场份额。二是建立多元进口渠道，提升进口规模质量。培育进口备份市场，保障进口供应链安全稳定。增加从“一带一路”、RCEP 国家能源资源性商品和紧缺农产品、水海产品进口。加大日韩服务进口，扩大金融、教育、文化、医疗、康养等高端服务进口。吸引贸易伙伴国企业在我省建设集散中心仓，力争成为日韩、RCEP 国家进口商品进入我国的“首发站”、集散地，扩大进境免税商品进口。三是完善预警服务机制，防范化解贸易风险。建设技术性贸易壁垒预警服务平台，引导企业加强内部合规，完善企业海外应诉法律援助机制。用好出口信用保险、关税保证保险风险补偿等政策工具，指导企业运用汇率避险产品对冲汇率波动。探索对俄开展新型易货贸易、离岸贸易，推动人民币结算。

5. *发展对外贸易新业态*。大力发展跨境电商，鼓励企业共建共享公共海外仓，推广一站式服务和体验店模式，解决跨境电商出口“最后一公里”问题。对保税仓入驻商家提供仓储及物流补贴，推动全省共享市场采购贸易方式试点政策红利。积极推进数字贸易，推动与贸易伙伴国电子单证互认和国际贸易“单一窗口”国际间互联互通，探索数据处理和交易机制，在青岛筹建 RCEP 数字结算中心。拓展服务贸易，支持面向 RCEP 成员国开展 5G、数据中心等信息基础设施投资合作。面向日韩、东盟开展服务贸易增值服务，发挥济南国家超算中心、浪潮大数据平台、齐鲁国家软件园等作用，扩大承接信息技术服务外包等高附加值离岸服务外包执行额。

6. *强化开放枢纽地位*。一是构建黄河流域对外开放桥头堡。发挥山东黄河流域唯一出海口优势，打造济南陆港一线口岸枢纽，推动沿黄九省共建海铁联运中转基地，实现出口商品监管检验在鲁完成。围绕黄河流域高质量发展，加强农业、能源、环保等产业合作，建设沿黄出海口区域物流中心和特色产品进出口基地。二是深化鲁日韩区域经济合作。依托山东地处中日韩贸易前沿区位优势，争取日韩非处方药品、医疗设备及耗材等跨境电商试点，探索医疗器械、船舶设备保税维修。推进鲁日韩港航合作，发展集装箱陆海联运、汽车甩挂和整车货物运输，建设鲁日韩海上“高速公路”。与日韩商定鲜活农副产品目录清单，推开 6 小时通关。三是加快国际物流通道建设。做大做强山东港口群，加快智能港口建设，推进航运数字化转型，解决港区铁路疏港能力不足问题。支持鲁企参与北极航线开发利用，提升货运规模，开展对俄转口贸易。发挥山东陆海联接优势，争取设立中欧班列国家级集结中心，探索中欧班列先期市场补贴。拓展国际客货运航线，争取济南、青岛、烟台国际机场开通第五航权。

7. 打造一流国际营商环境。一是推进便利化。优化口岸营商环境，持续巩固货物通关整体时间成效。用好企业地理标志和原产地累积规则，探索原产地自主声明新模式。完善线上服务方式，提升商事认证签发效率，全面推广电子原产地证书和自主打印服务。二是对接国际化。开展 RCEP 规则政策惠企辅导活动，加强高标准国际贸易规则研究。鼓励职业院校伴随企业共同出海培养当地技术人才，依托山东外贸职业学院建设山东外贸大学。三是提升法治化。建立 RCEP 框架下企业间商事纠纷解决机制，支持企业应对 RCEP 贸易救济调查案件。引入国际商事法庭，鼓励著名国际商事仲裁院在鲁设立分支机构。

三、巩固制造业“压舱石”地位，抢抓智改数转先机

制造业是山东经济的根基，数字化变革是制造业“蝶变新生”的必由之路。应坚持问题导向，瞄准短板弱项，下好筑底、补短、聚力功夫，切实提升“两化”融合水平。

8. 夯实“底座”，释放“数字”潜能。一是推动确定性网络深度应用。发挥确定性网络大带宽、低时延、低抖动优势，总结青岛港经验，支持适需企业构建区域化、园区化、工厂化高速网络系统；依托未来网络研究院和未来集团等，分行业甄选代表企业重点推进上网用网，形成示范方案并推广应用。二是错位布局行业数据中心。加快推进国家工业互联网大数据山东分中心建设，聚焦行业需求建设一批区域节点，推进数据中心提质增量。构建“国家级—省级—边缘级”工业大数据中心协同创新体系，选择省会、胶东、鲁南 3 个经济圈建设省级区域中心，机械、冶金、纺织、化工、能源、交通等优势行业建设省级行业中心，面向特色数字园区及数字工厂建设边缘中心，凝聚各级业务主管部门、中国工业互联网研究院和第三方服务机构合力，以重点区域和链主企业为示范对象布局节点建设，推动整合改造，统筹推进全省工业大数据集约化、规模化、绿色化发展。塑强“双千兆”网络支撑，全面推进物联网终端部署。省市县三级政府按比例出资，“打包”购买算力和通用算法，优惠供企业使用；参考阶梯电费、大用户电价做法，推行算力阶梯价格及波谷折扣，推进算力优化和平衡。三是打通工业软件研发堵点。支持浪潮、海尔等龙头企业与需求方共组平台、同建团队，以揭榜挂帅、赛马等方式协同攻关，推进工业软件国产化替代。借鉴消费互联网思维，政府补贴企业免费开放自有工业软件，以实景应用推动迭代升级。鼓励行业龙头企业联合优势软件企业和研发团队，协同推进共性关键技术突破和解决方案研发应用。

9. 凝聚合力，提升“数改”质效。一是大力引育服务商队伍。借鉴山钢经验，支持转型成功的头部企业，依托自有技术团队成立独立运营公司，面向产业链上下游及全行业提供数字转型服务。针对细分领域定制化需求，组建解决方案资源库。制定数字化改造咨询服务补贴办法，以咨询服务费方式对服务机构定向补贴。重点培育100家服务商，优先推荐其对传统制造业企业分行业分领域进行数字化改造，以市场资源助力服务商“茁壮成长”。二是示范引领带动。分门类遴选1000家企业，加快实施数字化诊断和“一企一策”转型。统筹考虑区域、行业发展差异和特点，总结梳理智能化改造先进模式和案例，筛选一批深度应用的标杆，多形式予以宣介。三是扩容扶持资金。建立引导性“母基金”，鼓励金融机构研发专属金融产品，同时引入社会资本参与。发挥财政资金引导作用，大幅增加技改、中小企业扶持等财政资金，帮助企业形成良性循环，推动上云赋智。支持济南创建全国科创金融改革试验区，探索“数据驱动”的科创金融精准服务模式。四是定准考核风向标。联合商协会、产业联盟、企业和服务商，制定数转关键指标体系。对服务商数字赋能示范企业情况进行考核，将数转成效与申报政府补贴、政策优惠等挂钩，形成倒逼机制。

10. 优化保障，提速“数用”进度。一是协同推进。完善部门协同机制，组建工作专班，健全与企业、服务商定期会商制度，精准对接、分类施策、协同保育。二是开发数据红利。由工信部门主抓，掌握全省制造业数据目录和资产地图；组建由政府、企业、服务商和专业团队组成的“建模”队伍，优选龙头企业组建“数据经纪人”队伍，围绕重点领域开展中介服务，先行先试推进数据资产化。三是建强平台支撑。支持“十强”产业、“链主”企业创建工业互联网平台，支持“链主”企业带头拓展工业互联网平台应用，赋能链上企业共同发展。引导省属国有企业在化工制药、能源交通等领域率先培育行业及专业平台。四是优选路径。借鉴佛山以奖励形式分担成本经验，支持平台商牵头组建转型联合体；指导中小企业量力而行，聚焦产业链重点环节有序推进数字化转型，提高投入收益比。以滨州、东营等地专业园区为代表，围绕产业特点和发展需求，支持特色园区优先开展数字化转型，加速补链强链延链。

四、释放海洋人才“富集地”效应，激活海洋经济“潜动能”

人才是第一资源。我省海洋资源丰富、海洋科技人才各项指标领跑全国，但海洋经济发展步伐一直落后于广东。其中一个重要原因，就是人才优势尚未充分转化为发展势能。

11. 抓实人才“放管服”，释放产业发展活力。一是加强对“人才强鲁”的组织领导。明确建设国际领先的海洋经济创新引领区目标，由省领导统筹调度，协调解决问题困难。用好专项统计，摸清重点企业人才底数，科学编制《山东海洋人才发展计划白皮书》，完善海洋人才动态需求目录，建立基础信息数据库，为人才资源精准对接提供服务。二是优化人才待遇自动实施流程。对注册或备案的海洋人才，相关部门应强化平台共享、后台自动匹配，优化服务流程，推行“管家服务”，取消个人单独申请等审批环节。设立“候鸟型”专家工作站，创建协同创新基地，填补急需海洋人才缺口；建立“一个项目、一个领导、一个班子、一套方案、一跟到底”协调服务机制。三是创新科研评价机制。加快改革现行成果评价和职称评价机制，重树创新价值、实际贡献导向，激发创新创业热情。四是适度为企业和高校院所放权。清除产学研合作障碍，鼓励企业“出题目”，高校院所“给答案”，消除院校人才创业顾虑。借鉴“四进”工作推进经验，研究公办科研机构、科研人员下沉一线、援企助企常态化措施。大胆改革探索，鼓励体制内科研人员通过挂职、参与科技攻关、承担科研任务等形式到企业工作，享受企业科研人员同等奖励待遇。

12. 构筑人才“创业谷”，力促产学研紧密黏合。一是促进科技人才与产业发展有机融合。借助信息技术平台和行业协会组织，推动海洋科技人才与需求企业及时无缝对接。培强海水综合利用、海洋工程装备设计、海洋药物与生物制品研发等新兴产业，重振盐化工、近海渔业、远洋捕捞等传统产业，培育一批主营业务突出的“专精特新”“小巨人”中小微企业和市场占有率高的“单项冠军”企业，努力为海洋人才施展抱负提供舞台。二是支持科研人员创新创业。鼓励科研人员及其团队带成果创办企业，及时做好项目规划立项；按照“要素跟着项目走”的原则，有效保障土地、资金，协助做好招工和手续审批。三是提升现有平台服务能力。支持山东蓝色海洋人才发展有限公司加快发展，赋予其更多人才服务功能，面向全球配置海洋创新要素资源，为海洋人才提供“一站式”服务。做实省科技成果转化服务平台，推进省技术成果交易中心等平台实体化运营，打造综合性技术交易平台。

13. 创建人才“新高地”，培育产业新增长极。一是提高招才引智政策“含金量”。一流人才应当匹配一流待遇，在高层次人才、紧缺人才引进上，要舍得下大本钱、投入“真金白银”。借鉴舟山市斥巨资引进高层次人才、打造领军团队做法，比肩上海、广东、浙江等沿海省份提供的待遇，重点引进行业领军人才、科研团队和基础研究顶尖人才，以“头雁”引“雁群”，形成引领集聚效应。二是发挥基金的市场引导作用。着眼人才、科技与资本的“孪生”关系，注重从根上“浇水施肥”，借鉴深圳、合肥等市风投基金运作经验，优化我省新旧动能产业基金及各类风投基金运作方式，做强做优海洋人才发展基金、海洋产业投资基金、海洋科技成果转化基金，避免出现投不出、用不好等现象。三是借助新型科技平台“引力场”作用。充分认识大科学装置的集聚作用，围绕国家和区域重大海洋战略需求，争取国家大科学装置在我省落地；全力推动中科院海洋研究所“科学号”科考船资源共享。四是推进央地合作共建创新综合体。支持海洋试点国家实验室、驻鲁涉海高校院所牵头组织或承担重大科研任务，汇集国内外知名科学家和团队资源。探索省属高校、科研院所和中央驻鲁企业共建研发平台，发挥央地合作共聚人才效应。五是推动教育资源重组。围绕现代海洋产业、“四新”经济和海洋前沿科技等，优化高校学科布局。参照齐鲁工业大学与省科学院整合的做法，推动海洋院校与科研院所资源整合共建。

关于推动我省“在增强经济社会发展创新力上走在前”的建议案

（2022 年 7 月 28 日政协第十二届山东省委员会常务委员会第二十三次会议审议通过）

为深入贯彻落实习近平总书记重要讲话和重要指示精神，全面贯彻落实省第十二次党代会精神，葛慧君主席提出明确指示要求，主席会议成员分别带队，围绕“在增强经济社会发展创新力上走在前”，聚焦科技研发创新、打造一流营商环境、加快产业生态创新和推动文化“两创”发展，采取实地调研、协商座谈、调查问卷、网络议政等方式，广泛调研、深入论证。省政协十二届二十三次常委会议进行了专题议政。

委员们认为，创新是引领发展的第一动力，实现“三个走在前”，答好新时代“山东卷”，关键是在增强经济社会发展创新力上走在前。当前我省发展正处于转型升级的紧要关口，必须把创新摆在更加突出位置、瞄准更高水准，着力向创新要活力、要动力、要效益，更好发挥创新引领推动作用。应着眼着力省委“十大创新”任务要求，把改革创新主线牢牢贯穿于科技、环境、产业、文化等现代化强省建设的重点领域、关键环节，对标先进、对接国际，不断谋创新、求突破，提升整体创新能力和核心竞争力，推动我省经济社会高质量发展。

一、点燃创新驱动“新引擎”，助力科技研发蝶变跃升

科技是强省之本。今年，我省把“加强科技研发创新”列为增强经济社会发展创新力“十大创新”之首，推动构筑高能级创新平台，提升科技研发创新效能，强化科技战略支撑，努力争当国家高水平科技自立自强排头兵。

1. *夯实“四梁八柱”，激发科技研发新动能。*一是强化重大平台支撑。加强战略引领，将发展需要和现实能力、长远目标和当前工作统筹考虑，找准高能级创新平台建设与发展的山东路径，围绕国家重大任务跨单位、跨体制组建核心团队开展协同攻关，全力推动青岛海洋科学与技术试点国家实验室尽早入列国家实验室。发挥高校、科研院所、科技领军企业主力军作用，强强联合，支持在前沿交叉学科、优势学科、重点领域创建国家重点实验室。二是强化一流学科支撑。聚焦我省经济社会发展需求，大力发展冲击“双一流”的潜力学科，从团队建设、项目申报、服务保障等方面给予支持。鼓励有条件的高校争取建设未来技术学院，推进新工科建设，做好未来科技创新领军人才的战略性培养。对接“十强产业”优化学科专业布局，设置物联网、大数据、新能源、智慧医疗、人工智能等新兴交叉专业，使学科分类体系更加完善。三是强化国际合作支撑。积极参与国家重大科技外交活动，支持民间组织、科技社团举办或承办国际学术交流活动，支持省内高校院所与国际知名高校开展合作，通过搭建离岸创新创业基地等平台，支持科技型企业引进海外人才、技术、资金等科创资源。

2. 优化“战略布局”，抢占科技研发创新制高点。一是深耕基础研究。从全省战略需求和关键科技问题出发，围绕重点行业领域的产业链、生态圈，在海洋科学、生物医药、高端装备、航空航天、新材料、氢能等领域开展集成研究、协同攻关。进一步优化资源配置，推动投入主体多元化，聚集一批高水平的基础研究人才，集中优势资源，攻克重点难点项目。支持企业开展基础研究，对企业用于资助科研公益捐赠视同研发投入，给予税收优惠支持。二是探索布局“科创走廊”。学习广深港澳科创走廊、浙中科创走廊等先进经验，落实《山东半岛城市群发展规划（2021—2035年）》，树立大都市圈理念，塑强科创、智造品牌，提高济南首位度，加快建设国际化创新城市，增强青岛引领力，加速建设济、青科创走廊，通过发挥产城融合、区域一体化、开放式创新的作用，形成以科研机构为创新核心，以园区为科技孵化区，以高速公路周边为科技延伸区的协同创新共同体，打造区域科技创新体系。三是支持创新型企业发展。筛选成长性好、创新成效显著的科技型企业进行专项辅导、个性化咨询，实施从“育种”到“拔节”到“成林”的全周期全方位服务。从战略引导、信用融资、上市培育、行业发展等方面进行重点扶持，引导和激发其以创新为引领、以资本为助力，加快成长为产业领跑者、转型升级的示范者。四是找准产学研深度融合突破口。借鉴湖北光谷实验室经验，支持山东大学、中国海洋大学等高校与企业共建实验室，集中优势力量，精准定位产业发展和重大关键技术需求，联合开展技术攻关，贯通人才链、创新链、产业链，提高科技成果产出质量和效率。

3. 强化“政策加持”，打造科技研发创新好生态。一是打通政策落实关。将发改、科技、工信、商务、金融等部门惠企政策，按不同维度优化整合，将企业信息和政策信息进行匹配，主动推送给企业，提高企业对政策的知晓度。进一步发挥“四进”工作队作用，协助企业做好政策解读和项目申报等工作。二是完善科研风险补偿机制。探索“资本＋科技”创投模式，引导资本对孵化企业进行直接投资，扶持有潜力的科技型中小企业进行研发，由省财政给予创投机构一定比例的风险投资损失补偿。强化科技成果转化贷款风险补偿、科技保险等金融服务，鼓励企业开展自主研发。三是为科技成果转化赋能。加速科技成果产出和应用转化，建设国家、省级技术转移人才培养基地，壮大技术经纪人才队伍，推进省技术成果交易中心实体化运营。四是激发人才活力。制定差别化评价标准，分类开展人才评价，杜绝“一刀切”。建立“谁使用谁评价”的评价机制、“能上能下”的人才竞争机制、“以绩效论英雄”的激励机制。对贡献突出、急需紧缺的优秀拔尖人才和海内外高层次人才，实行“一人一策”“一事一议”。

二、创造营商环境“新高地”，激活民营经济市场活力

良好的营商环境是企业创新发展的沃土，应瞄准“走在全国前列”目标定位，加快营商环境创新提升力行动，打破隐性壁垒，补齐短板弱项，充分激发民营经济市场主体活力。

4. 重商亲商，营造良好氛围。一是健全党委政府与民营企业制度化、经常化的政企沟通机制，明确政商交往正负面清单，构建“亲”“清”新型政商关系。健全民营企业参与涉企政策制定机制，完善涉企政策信息公开机制，建立涉企政策信息集中公开制度和推送制度。发挥统战部门、工商联和行业协会商会等作用，健全完善民营企业挂钩帮扶机制。二是制定完善企业家容错机制和正向激励措施，营造尊重企业家价值、鼓励企业家创新、发挥企业家作用的社会氛围。加大优秀民营企业家在“两代表一委员”中占比。增强民营企业家培养接班人意识，完善接班人培养制度。三是大力弘扬企业家精神，保护企业家合法权益及财产、生命安全，营造企业家健康成长良好环境。加大对优秀企业家的宣传表彰力度，增强其干事创业信心。

5. 龙头引领，促进融通发展。一是聚焦我省优势产业，培育一批具有行业话语权、核心竞争力的“领航型”企业；实施精准招商，引进落地一批在产业构建中起关键作用的旗舰企业和重大项目；开展龙头企业、头部企业引领行动，有效发挥龙头企业对中小民营企业的牵引辐射带动作用。二是开展“专精特新”企业梯次培育行动，健全“金字塔型”梯次培育体系；注入“金能量”，打造“齐鲁号”专精特新企业“上市直通车”；探索开展订单、供应链等贷款方式，为更多中小企业提供资金支持。三是落实工业和信息化部等部门联合印发《关于开展“携手行动”促进大中小企业融通创新（2022—2025年）的通知》，尽快制定实施细则，构建以商招商、链式招商模式；加快破除区域所有制行政壁垒，促进跨行业、产业链协作关系的形成。

6. 量体裁衣，提升服务效能。一是加大服务型政府建设，强化服务意识，探索建立健全企业联络员长效机制，借鉴精准扶贫成功经验做法，组建各级党委政府、社会组织、科研院所、离退休官员和知识分子等构成的“服务企业联盟”，包靠到具体企业，建立企业问题库，有针对性提供有效服务。二是梳理惠企政策清单，利用报刊、广播电视和门户网站、“两微一端”等媒体进行政策解读，依据企业经营范围、行业领域与个人信息精准推送政策。借鉴新加坡实行低税率做法，出台符合我省实际的减税免税退税等政策，切实为企业减负。鼓励推行惠企政策“免申即享”，及时对接符合政策条件的企业。设置政策评估职能机构，建立省市县三级“跟踪问效”长效机制。三是借鉴浙江省优化政务服务做法，推动不同地区、不同部门间基础数据和系统互联互通，实现数据共享共用。整合涉企部门力量，搭建民营企业公共服务平台，以“绣花针”功夫优化服务流程，落实涉企问题闭环管理。充分利用云计算、大数据、人工智能等现代信息技术手段，不断改进政务服务平台功能，提高服务质效。

7. 法治护航，保障企业发展。一是规范各类涉企检查、督导工作及行政执法检查程序，减少检查频次；为企业提供诉讼“一站式”服务，将案件繁简分流，对简易案件快速调解、裁判；加强司法保护，严格区分企业经济纠纷与刑事犯罪的实际界限，严格区分企业和企业家的法律责任；由党政部门牵头相关执法部门，组建“企业合规评议团”，定期对企业进行“法治体检”，推动企业合规管理走上“快车道”。二是严格执行市场准入负面清单，进一步打破隐性壁垒，为企业发展创造充足市场空间；强化反垄断和防止资本无序扩张，给中小微企业创新留出市场空间；政府购买惠企法律服务，免费为企业提供政策咨询等服务，协助企业依法经营管理和维权。三是建立政府清理台账，依法依规妥善处理历史遗留问题；纠正个别政府部门、大企业拖欠民营企业款项的行为；加强诚信建设，推动各级政府成为“应付尽付”的诚信政府，国有企业成为“应付尽付”的引领企业，大型民企成为“应付尽付”的自律企业。

三、构建产业发展“新生态”，提高区域核心竞争力

优良的产业生态，是多条产业链条交织共生的产业系统，是集聚产业、催生创新的土壤。应放大我省产业存量优势，进一步强机制、搭平台、促创新，推动大中小企业强化协同、提高能级、融通发展，提高产业生态创新进化力，提升区域核心竞争力。

8. 提高“链主”企业赋能水平，龙头领航、串珠成链，打造系统完备的产业生态。支持“链主”企业牵头“建圈强链”，领建专业配套产业园，引进、投资或孵化产业内有竞争力的企业或项目，吸引上下游企业集聚发展，稳固产业生态；联合上下游共同开展终端及其配套产品研发和产业化，积极开展核心技术攻关，加速突破“卡脖子”问题，促进全产业链共同提升；带动上下游企业拓展国内外市场，拓宽线上线下销售渠道，增强优质产品供给能力，提高市场主导能力；发起建立产业特色鲜明、各类要素集聚、创新机制完备、示范带动有力的产业联盟，布局建设重大功能型研发测试平台和产业生态平台，为产业链上下游企业全面赋能。

9. 提高重点产业集聚水平，聚链成群、链群融合，打造互联共生的产业生态。一是精准招商。细化产业链图谱、技术路线图、应用领域图、区域分布图和各项清单，找准优势潜力和短板弱项，以更加开放务实的心态，转变过去就项目、论项目的点对点招商模式，围绕产业链薄弱环节、关键环节，大力寻找与主导产业相关联的产业项目，推动产业集聚发展，打造空间上高度集聚、上下游紧密协同、供应链节约高效的产业集群。二是精准施策。贴近产业生态创新的核心轴和重要环节，围绕企业家—产品和服务—生产线的需求，调整政策和激励机制；落实“土地要素跟着项目走”机制，一个项目一个政策，切实将新增建设用地计划指标与处置存量土地挂钩，结合实际推广先租后让、租让结合和弹性年期出让等多种供地方式，降低初始用地成本，助推落地企业长续发展；细分市场机会，拓展应用场景，整体布局规划，促进上下游产业链实现资源整合、优势互补、强强联合、错位发展。

10. 提高优质企业配套水平，挖潜增效、提档升级，打造创新活跃的产业生态。一是培壮“专精特新”。着眼细分配套，加大梯次培育骨干企业、帮扶中小企业力度。改进目前实施的全员包靠服务专员制度，整合专业力量，精准提供咨询答疑服务，协调解决政策落实、项目审批、劳动用工等困难和问题，引导帮助其走“专精特新”创新发展之路，积极与“链主”企业对接合作，培育产业链供应链伙伴关系，成为产业链关键节点上的重要支撑。二是建立企业家常态化交流机制。切实尊重和保护企业家创新精神，打破链条分界，发挥企业和企业家的创新主导作用，由链主企业、关键企业、关联企业自由组织产业内或产业间的交流活动，发现新市场、实现新链接。三是用好产业发展扶持资金。转变资金“散而少”现状，集中扶持领军企业创新；对创新产业生态领域内符合规定的企业研发费用，通过现有专项资金给予支持；对承接高校院所科技成果在省内转化的企业，以及成长性好的高技术企业，分别给予奖励补助，实现人力、技术、信息、资本等创新要素的有效汇聚。

11. 提高自主可控能力，打通堵点、消除痛点，打造安全稳定的产业生态。一是加快数字化转型。制定统一的企业“三化”标准，推动企业尤其是民营企业提升数字化、网络化、智能化水平，提高产业对接和支撑能力。二是推进国产替代。鼓励国有企业带头采用国产设备、国产零部件，落实阶段性税收减免政策；出台容错兜底政策，降低企业在推动产业链国产化过程中的风险。建议特别加大对国产工业软件的支持力度，设立专项保障基金，加强知识产权保护，培育自主工业软件体系，逐步减少对国外软件的依赖，降低断供风险。三是加强基础研究。建立基础研究与产业研发常态化对接机制，挖掘山东大学等省内高校的应用基础研究，如金融数学、控制数学、生命数学等优势，推动省内现有新型研发机构与其对接融合，让基础研究为我省产业生态稳定发展提供长远支撑。

四、打造文化两创“新标杆”，推动文化繁荣兴盛

山东文脉绵长、底蕴深厚，文化资源富集、优势突出，应坚决扛牢文化“两创”担当，探索更多登峰、传承、融合、落地的新路径、新举措，不断提升文化软实力和溢出效应，在提高文化创领力、传播影响力、宣传引领力方面抢占制高点、当好排头兵。

12. 推动文化登峰，增强话语权、传播力。一是坚定践行“两个结合”。凝聚理论、社科和研究机构合力，深度挖掘提炼优秀传统文化特别是齐鲁文化蕴含的价值理念、道德规范和人文精神，推出一批理论成果、实践成果、制度成果，为丰富中国特色的理论体系、话语体系、价值体系贡献力量。二是做强文化交流平台。精心举办齐鲁文化与中华文明高端学术论坛、尼山世界文明论坛、世界儒学大会、国际孔子文化节等活动，形成带动效应；加大“走出去”力度，在不同国家和地区开展“齐鲁文化丝路行”“孔子文化展”等活动，主动发出中国好声音。三是厚植文化人才支撑。深入实施“齐鲁文化高峰计划”“尼山学者工程”“儒学大家”等高端人才培养引进计划。整合现有智库、高校、企业资源，成立文化旅游研究机构或专家顾问团，建设一批科研骨干、学术领军人物、实用性技术人才的一流科研团队。加大本土人才培育，鼓励省内高等院校特别是文化旅游类职业院校因需育才，联合举办“校企合作班”“订单班”“就业直通班”，努力打造文旅融合复合型人才培养大省。

13. *加重保护传承，实现守得住、活起来*。一是构筑立体保护传承机制。统筹实施曲阜优秀传统文化、齐文化、泰山文化、沂蒙红色文化等区域性文化传承发展示范工程，高标准谋划建设黄河、大运河、齐长城等国家文化公园，扎实推进文物保护利用“十大工程”。把文化名镇及传统村落的保护列入立法规划，尽快启动立法程序，健全责任落实体系，推进城乡建设与文物保护工作协调发展。二是完善“非遗”保护传承制度。健全相关支持政策，探索实施分类保护措施，重视培养和扶持非遗代表性传承人，提升传承发展活力。研究推进非遗产业化保护发展之路，加强非遗工坊建设，把更多富有特色、具备市场前景的传统手工艺产品推向市场、融入生活。加大非遗宣传展示力度，拓展传播方式和途径，讲好非遗故事，提升非遗品牌知名度，形成全社会关注、参与、保护非遗的良好局面。三是加大文化文物展示利用。持续办好中国国际文化旅游博览会、中国非物质文化遗产博览会、中华传统工艺博览会、中国（山东）数字文化产品博览交易会，释放文化会展品牌优势。积极开发丰富多元、精致美观、实用可亲的文创产品，让厚重深邃的历史文化以轻松、现代、互动、实时的方式走近受众，让传统文化活起来。

14. *突破文旅融合，构建新版图、新业态*。一是构建全域旅游战略格局。加强顶层设计和规划引领，高标准建设山水圣人、仙境海岸、红色文化等文化旅游带，以点串线，以线缀带，以带覆面。二是推动文旅产业集群集聚发展。统筹全省区域优势特色，推动文旅产业特色化、差异化、集群化发展，把更多的文旅项目纳入省级重点项目库，持续推进“百企领航”计划，培植一批文化创意产业集群和精品旅游产业集群。三是丰富提升文旅业态。加快文化、旅游、影视、体育等多方面的融合创新，出台专项扶持政策，不断优化产业结构和营商环境，努力建设一批富有文化底蕴的世界级旅游景区和度假区。四是推进“互联网＋文旅”。依托“好客山东·云游齐鲁”智慧文旅平台创新消费业态，鼓励文旅产品智能化升级，推出更多数字化体验产品，丰富公众文旅消费体验，实现线上与线下统一、传统与现代结合。

15. *加深普及落地，着力润人心、明风尚*。一是构建传统文化教育体系。推动优秀传统文化进学校进教材进课堂进头脑，融入各学段课程，纳入大思政课，为全国提供教学样板。巩固和创新其在文脉传承、教育推广、人才培养等方面发挥的社会效应。二是健全文艺作品创作体系。实施“齐鲁文艺高峰”计划，壮大文化文艺新鲁军队伍，扶持重大现实题材、革命题材、历史题材创作，推出一批新时代精品力作，培育壮大鲁剧、鲁艺、鲁版图书等品牌。三是完善公共文化服务体系。实施“文化惠民”工程，办好“齐鲁书香节暨山东书展”，引领推进全民阅读，打造“书香山东”。创新实施乡村文化建设样板镇村创建工程，积极探索“民间文艺艺术之乡”建设管理和运营机制，激发全省乡村文化发展、文化传承的活力。

关于我省“在推动黄河流域生态保护和高质量发展上走在前”的建议案

（2022 年 11 月 8 日政协第十二届山东省委员会常务委员会第二十四次会议审议通过）

为深入学习贯彻习近平总书记在深入推动黄河流域生态保护和高质量发展座谈会上的重要讲话和对山东工作的重要指示精神，全面贯彻中共二十大精神，落实省第十二次党代会的部署安排，省政协十二届二十四次常委会会议围绕“在推动黄河流域生态保护和高质量发展上走在前”进行了专题议政。在省政协党组和主席会议领导下，人口资源环境委员会、农业和农村委员会、社会法制委员会和济南市、东营市政协深入开展了调研协商。

委员们认为，在推动黄河流域生态保护和高质量发展上走在前，是习近平总书记对山东的殷切期望，中共二十大报告把“推动黄河流域生态保护和高质量发展”作为区域协调发展的重要内容。我省坚决扛起这项重大政治任务，有力有序推进新旧动能转换，绿色、低碳、循环发展迈出坚实步伐，生态保护发生历史性、转折性、全局性变化，高质量发展呈现出由“量”到“质”、由“形”到“势”的根本性转变，人与自然和谐共生的美丽画卷正在齐鲁大地精彩展开。在实施黄河重大国家战略上“走在前、开新局”，必须以习近平新时代中国特色社会主义思想为根本遵循，对表对标习近平总书记重要指示要求，完整、准确、全面学习贯彻中共二十大精神、贯彻新发展理念，着眼流域全局、立足山东实际，发挥比较优势、推动绿色发展，加快数字赋能、产业升级、区域协同，努力走出一条生态优先、节约集约、绿色低碳发展新路子，为中国式现代化提供山东创新样本和实践范例。

一、深入推进黄河生态系统治理，在打造黄河流域生态保护样板区上走在前

1. 建立绿色发展推进机制。一是完善“1+N+X”规划政策体系。各级专项规划应编尽编，建立统一的规划信息管理平台，形成涵盖规划、方案、细则、政策措施的规划政策体系。加强省级统筹、区域协作和上下联动，强化专项巡视、督导考核、专班推进，完善“省负总责、市县落实”工作机制，形成推动黄河国家战略落实的强大合力。二是创新国土空间管控。开展国土空间综合调查，摸清自然禀赋家底、生态隐患和制约病因，开出保护发展互利药方。尽快制定环境分区精准管控方案，健全黄河流域负面清单管理制度，明确区域开发、岸线利用等管控要求。探索流域内耕地保护、生态修复、产业发展的用地平衡，创新跨区域用地指标调配和补偿机制，开展国土空间差别化用途管制等试点。三是深化理论研究和实践创新。整合全省黄河研究力量，成立山东黄河流域生态保护和高质量发展研究院，培育大团队、争建国家队，创建黄河三角洲国家级实验区，建设协作共享的科研平台和成果转化平台，引领全流域绿色发展。

2. 打造生态保护修复标杆。一是高质量建设黄河口国家公园。制定完善配套措施，创新管理体制机制，实行差别化管理。推进河陆滩海一体化保护修复，实施盐碱地综合利用和海岸线蚀退治理等重点项目，健全“天空地海”一体化监测体系，提高黄河三角洲生态系统质量和稳定性。二是打造沿黄生态保护带。健全水生态监测预警体系，制定重点河湖生态流量控制指标。探索水系连通、植被恢复等修复模式，构建耕地、林草、水系、绿带多位一体的生态涵养带，打造沿黄生态廊道。三是加强系统治理。改进采煤塌陷地和废弃矿山生态修复模式，在东平湖等区域建设自然生态修复试验区，明确绿色矿山建设、激励等政策，对沿黄地区实行差异化考核，建立完善以生态保护优先的考核体系。推行水土环境协同治理，组织协同调查，合理管控地下水位，大范围降低水土盐分，根治土壤盐碱化。

3. 加强生物多样性保护。一是摸清底数。深入开展生物多样性资源普查，强化对黄河三角洲生物资源及栖息地生境本底状况的系统研究、风险监控和保护成效评估，加快建设水生生物繁育中心和种质资源库，实施主要经济鱼类“三场一通道”修复等重大工程和珍稀濒危野生动植物保护繁育行动。二是完善法规。以黄河保护法颁布实施为契机，积极推进《黄河口国家公园条例》《山东省生物多样性保护条例》等立法工作。健全基于名录制度的工作机制，加强外来物种防治工程技术研究。三是加强监测。在重要生态区域设立水文、土壤、生态、动植物群落等监测站点，建成涵盖生态、资源、水文、气象、防洪的黄河流域监测“一张网”。

4. 提升污染防治水平。一是加强综合整治。结合“两清零一提标”整治行动，加大雨污分流管网改造、黑臭水体治理和排污口整治力度。二是完善标准体系。指导各地制定分区差别化的排污标准和技术标准，提高治污针对性精准性。三是推进全域“无废城市”建设。开展固废物排查整治，持续推进固体废物源头减量和资源化利用，最大限度减少填埋量，重点解决赤泥、氰化尾渣、盐碱渣等的减量和资源化利用。

5. 创新生态产品价值实现模式。一是夯实基础。开展流域内生态资源统计，建立综合数据库、生态状况评估指标体系和评级制度。二是加快建立完善全流域生态补偿机制。明确重要功能区补偿标准，将补偿范围扩大到沿黄生态林带、集体林场、湿地公园。探索入海、入湖及跨省断面补偿模式，积极向国家争取将黄河流域下游生态补偿纳入专项支持。三是强化制度保障。创新自然资源资产配置、产权交易等制度设计，探索建立国土空间规划和生态产品价值实现联动运行机制，探索建立财税、产业等多种政策工具和分配机制，鼓励对口协作帮扶、绿色品牌共建、旅游发展互助等补偿方式。四是引导社会参与和市场化运作。推进再贷款、贴息、担保、绿色基金投资等投融资方式与生态补偿相结合，实施一批生态产业化、产业生态化的实体项目，打造山东段生态产品地域品牌。深入推进生态环境导向的开发（EOD）模式试点，重点打造徒骇河流域等生态保护修复、价值实现示范。

二、深入推进新旧动能转换，在绿色低碳高质量发展上走在前

6. 高质量推进济南新旧动能转换起步区建设。一是创新以河为轴的城市建设和发展模式。借鉴雄安新区建设理念和经验，构建城绿相融、城水相依、布局合理的生态空间。用足用好“四区合一”政策红利，加大政策创新力度。将起步区作为承接北京非首都功能疏解优选承载地，优先布局国家重大科研院所、重大科技项目，建设一批重大科技创新平台和技术创新中心，将起步区打造为集聚新动能的活力之城。二是突出新动能强力引擎。明确新动能进入领域，制定新动能产业标准和支持政策，产业发展、公共服务、城市治理、基础设施建设等全面体现新动能要求。省市一体推进济南新旧动能转换起步区建设，引导省属企业参与建设，吸引高端要素和高新产业落户。三是打造绿色低碳发展典范。严控化石能源消费总量，大力发展地热能、太阳能等清洁能源，规划建设“绿色建筑”“绿色交通”；开展“碳达峰、碳中和”跟踪评估，建立节水型示范新区。

7. 构建优势互补区域经济布局。一是加强产业分工协作。进一步增强“一群两心三圈”区域经济发展协调性，健全市场一体化发展、利益补偿等机制。鼓励共建“飞地园区”，优化产业链布局，推动优势产业集群成链发展。探索构建高质量协同发展评价指标体系，评估区域产业协同和同质化竞争程度，推进产业错位发展。二是推动港产城互动。积极培育临港制造业、海洋高新技术产业、海洋服务业，构建沿海产业发展带。主动对接京津冀、长三角与粤港澳大湾区，积极参与“一带一路”建设和 RCEP 实施，构建沿海超级城市群连绵带。三是发挥半岛城市群龙头作用。提升济南、青岛城市能级和辐射带动作用，充分发挥动能转换、对外开放、海陆统筹、区域协调、科技创新等优势，引领全省创新力和竞争力。突出海洋特色，打造具有全球影响力的海洋创新中心、对外开放枢纽和黄河流域对外开放门户。

8. 加快发展绿色能源。一是推动清洁能源规模化发展。坚持陆海统筹、集散结合、多元利用，加快风电、光伏、生物发电规模化开发和地热能利用。积极推进煤电转型升级，研究煤电与光伏、风电、气电等耦合发展，提升电网调峰能力，实现多能互补。二是健全能源储备体系。鼓励各类主体参与储备设施建设，加大煤炭、石油储备基地、储气库群、抽水蓄能电站、新型储能等的建设力度，构建政府储备与企业储备结合、战略储备与商业储备并举的储备体系。三是推动能源科技创新。组织碳捕获、利用、封存及智能电网、煤炭高效清洁利用等关键核心技术研发，依托企业和园区开展应用示范。四是扩大清洁能源项目应用。在工业、建筑、交通等重点行业，积极推行电能替代、清洁替代，将绿色能源理念深植企业经营管理之中。

9. 创新产业绿色转型发展模式。一是推动传统产业绿色化高端化发展。分类指导、精准制订改造提升计划，完善数字转型、智能升级、融合创新等配套服务，促进信息技术全流程、全产业链集成应用。深入推进生态工业园区建设和清洁生产，提升园区和企业绿色发展水平。二是加快高耗能产业低碳转型。支持钢铁、有色、化工等产业，开展工艺流程的相嵌性、相融性再造，实现降碳提质增效。建立能耗利用统计预测与监测体系，通过智能化手段实现碳排放总量管理等碳账户管理场景应用。三是大力发展新兴产业。积极搭建对接平台，布局建设一批数字化转型促进中心，有计划梯次培育“专精特新”中小企业和单项冠军企业。四是壮大绿色低碳产业。统筹推进氢能“制储输用”技术攻关和全链条发展。加强储能充电设施与车网互动技术原始创新，做强新能源汽车作为交通工具、储能装置、智能终端的超长产业链。高质量发展生态环保产业，打造一批环保产业集群、特色园区和龙头骨干企业。强化节能环保技术及装备研发，向价值链高端延伸，全力占领山东乃至黄河流域大市场。

10. 强化高质量发展基础保障。一是健全法规政策体系。修订完善《山东省循环经济条例》《山东省节约能源条例》。扩大绿色金融、绿色税收、绿色补贴、排污权交易、碳排放交易、生态系统服务付费等政策供给，提高市场主体绿色创新、投资、生产的主动性，强化绿色消费引领。二是完善标准规范。健全绿色产品标准，推动绿色产品认证制度实施，培育一批专业绿色认证机构，提高节能低碳等服务水平。建立绿色信息平台，加强部门联动，强化数据汇聚、分析、运用，提升绿色信息平台的统计核算、信用评估等功能。三是争创黄河流域科技创新中心。举全省之力培育国家战略科技力量，积极向国家争取，下大力招引高科技人才，率先建设黄河流域科技创新中心。

三、深入推进水资源集约节约利用，在贯彻“四水四定”原则上走在前

11. 优化水资源配置格局。一是完善水网布局。实行新建、整治、提升相协调，完善现代水网布局和水资源调配格局。推进省内重点河道防洪治理，提升城乡、农田防洪排涝能力，构建稳固的水旱灾害防御体系。二是加强水系连通。推动重点引水工程与各地水网互连互通，优化省内分配方案，提高供水保证率。优化调度和运用，把南四湖、东平湖、峡山水库等大型调蓄工程和战略水源地的配置作用充分发挥出来。三是推行地表水、地下水联合调蓄。发挥地下水库和海湾水库作用，将地表水拦蓄工程与地下水超采区的人工回灌工程、农用蓄水坑塘等连接起来，将汛期多余洪水转化为地下水资源。积极推进建设河口海湾水库和地下水库，努力做到“藏水于地”。四是争取用水指标。加强与水利部、黄委会沟通协调，从山东用水效率高及生态补水、经济建设用水需求量巨大等方面，研究提出增加引黄指标和用水指标的根据。

12. 实施深度节水行动。一是加强取用水管理。严格落实规划水资源论证制度，从严落实水资源超载地区取水许可限批，加强计划用水和超引超采治理。加大地下水勘查力度，根据不同水文地质单元状况，科学划定限采区、超采区、禁采区，把地下水资源利用好。建立健全水权市场化交易机制，完善交易平台、规范交易行为、创新流转方式。二是完善节水制度体系。从执行措施、考核办法和配套政策上体现管理制度的“最严格”，进一步明确各市用水总量和用水效率等控制目标。落实节水激励政策，加快“饮、用”分离，深化城乡生活阶梯水价、农业水价综合改革，深化多水源区域综合水价改革。

13.提高非常规水开发利用效率。一是加强雨洪资源利用。发挥库（湖）蓄滞调洪作用，进一步校核除险加固水库防洪库容和汛限水位，利用采矿塌陷地兴建平原水库和生态湿地，研究论证南四湖、东平湖生态疏浚、挖湖筑岛扩容措施，扩大雨洪水、矿井排水的集蓄。加强信息化预报，优化调整水库（湖）固定时间、固定汛限水位的调度运行方式。发挥河道蓄水作用，优化闸坝建设，清淤扩宽、加深河槽增容扩容。发挥“五小”水利工程作用，加强农村水系连通工程建设，严禁随意填埋坑塘、沟渠。二是加快再生水利用。坚持集中和分散、大型和小型、技术可行和经济适用相结合，完善再生水利用设施，加快管网建设，促进污水处理和资源化利用相协同，推广“污水处理厂＋人工湿地”的治污模式。制定约束性和操作性强的再生水利用法规，出台补助、奖励或减免污水处理费等激励政策，显著提高高耗水行业和工业园区再生水利用比例。引导再生水水厂和管网一体化建设，形成政府主导、多元投资、企业参与、市场运作的良性循环。三是扩大海水淡化、海水直接利用规模。加快微咸水开发利用试点，鼓励黄河三角洲等地区开发利用地下卤水和微咸水。

14.打造黄河下游长久安澜示范带。一是构建防洪安全体系。建设东平湖、黄河河口综合治理核心区，争取将金山坝加固列入黄河防洪建设规划，论证建设长清—平阴段黄河南大堤，将长平滩区转化为城市建设用地，为省会发展拓宽空间。研究论证黄河向徒骇河、马颊河分流的水生态和水安全工程。二是发挥黄河“水池子”作用。合理分水，管住用水，保证入海生态基流。发挥黄河调水总干渠和枢纽作用，实行生产、生活、生态用水联合调度，保障流域用水安全。根据丰枯年份和用水实际，灵活调整省内引黄计划，提高引黄保障能力。加强黄河生态补水和应急抗旱引水政策研究，建立常态化机制，明确引水的条件、指标以及范围，争取不计入黄河用水总量指标。三是打造“智慧黄河”数字化平台。建立覆盖骨干河道干支流的立体化数据采集监测网络，提升防灾预报、预警、预演、预案能力。

四、深入实施乡村振兴战略，在推动农业高质高效、乡村宜居宜业、农民富裕富足上走在前

15.加强粮食安全保障能力建设。一是推进耕地保护和质量提升。坚持耕地占补平衡数量、质量“双保证”，强化监测监管和常态化自然资源执法，全面推行田长制，确保粮食播种面积稳定。实施耕地土壤培肥改良、退化耕地治理修复、耕地质量专项监测等工程，集成推广测土配方施肥、有机肥替代化肥等技术。加强高标准农田建设和管护，持续加大考核力度和亩均财政投入，确保实现旱涝保收并发挥长久效益。二是提升科技兴农水平。实施良种良法配套、农艺农技融合和粮食收储运与加工技术科研专项支持力度，组建省市县三级粮食生产专家库，充实到各级农技推广指导组，加强先进技术、关键农时技术的基层推广和指导，确保高产优质技术入户到田。三是强化为农服务保障。完善供销社等专业化组织的服务方式，推广普及为农服务中心，构建覆盖生产全过程社会化服务体系。强化农业保险作用，增加全粮食种类、全生命周期险种，提升保险理赔透明度。四是调动农户种、政府抓的积极性。用足用好国家耕地地力保护补贴、产粮大县奖励、农机具购置补贴等政策，提高粮食生产补贴标准，调动农户种粮积极性。加大对粮食主产区奖励力度，降低或取消其粮食生产相关资金配套，调动地方抓粮积极性。

16. 提高农业发展质量效益。一是培植培强优势特色产业。适度扩大特色蔬菜、特色水果等品牌农产品生产，集中支持优质牧草、食用菌、南美对虾、肉牛肉羊、奶业等产业发展。二是大力发展生态循环农业。重点构建种养循环格局，建立“以地定养、以养肥地、农牧融合、就地消纳”的循环体系和长效机制，推行“饲草饲料—畜禽养殖—废弃物—有机肥—农田”的粪污利用模式，一体实现养殖优化、粪肥还田和土壤增肥。三是加快数字农业发展。推动数字技术在种植、养殖、加工等环节广泛应用，探索数字化改造农企、园区、基地，建设数字牧场、数字果园、数字车间、数字田园等。打造绿色智慧仓储物流基地，完善县乡村三级快递物流节点，建设镇村级快递综合服务中心，构建城乡绿色物流共配体系。积极对接阿里巴巴、京东等平台，培育本地电商平台，发展电商直播等营销新模式，点燃农产品“线上＋线下”营销双引擎。

17. 提升乡村建设和治理水平。一是强化基层党组织建设。实施整体分类提升行动，配强村级党组织，加强本地致富能手和外出务工、经商优秀青年的联系培养。二是改善农村生产生活条件。因地制宜推进供水、电力、网络等基础设施建设，健全农村生活污水、垃圾、粪便等处理利用体系，抓好道路提升、沟塘治理等重点工作，建立农村人居环境整治长效机制。三是完善乡村治理体系。创新自治、德治和法治相结合的途径和方式，鼓励村民议事会、道德评议会、红白理事会发挥作用，支持退休公职人员、致富能手、复转军人等参与乡村治理。

18. 做好黄河滩区迁建后续文章。一是明确产业发展路子。统筹安排滩区耕地、生态、产业空间，为产业发展提供适度空间，出台滩区产业发展的具体指导意见，明确滩区鼓励、限制、严禁发展的项目清单。二是强化政策支持。协调涉农资金、专项债券和民生领域专项资金更多投向滩区迁建后续工作，推动更多基础设施和产业项目布局迁建地区。三是提升服务管理水平。完善搬迁社区服务功能，推进物业规范化运作，丰富群众精神文化生活，努力让搬迁群众尽快适应新生活。

五、深入推进黄河国家文化公园建设，在保护传承弘扬黄河文化上走在前

19. 高站位阐释山东黄河文化特色和价值。一是彰显儒家文化主流定位。梳理儒家文化与黄河文化的内涵关联，挖掘时代价值，充分阐释和展现其根脉价值和支撑作用，力争建成中华文化的标志性工程。二是彰显齐鲁文化特色。对泰山、孔庙、沂蒙山革命老区等文化地标进行文化资源整合互联，建成黄河国家文化公园重要核心区，突出特色文化标识，打造具有中国气派、齐鲁风韵、时代精神的文化高地。三是彰显山东黄河独特景观。系统总结山东治理、保护、利用黄河和协调人地关系、化害为利的历史经验，展现时代精神风貌。四是发挥文化研究基础性作用。建强黄河文化研究院，培育高端研究智库，统筹开展儒家文化、运河文化、海洋文化、红色文化与黄河文化的融合研究，打造黄河文化思想高地和品牌高地。

20. 高质量建设黄河国家文化公园。一是强化统筹联动。健全组织机构和协调联动机制、调度督导机制，推进旅游交通、基础设施、智慧文旅和公共服务等一体化。建立跨省协调协商机制，共同推动黄河文化资源有序开发。二是强化政策供给。加强对重点文旅项目建设用地指标支持，加大对文旅企业减税、返利力度。三是设立专项资金、吸引社会资本参与。组织省级投融资推介活动，搭建高层次融资平台。

21. 高水平构建黄河文化综合保护体系。一是加快创建文物保护利用示范区。开展沿黄流域文物文献调查和重大考古工程。二是加强非遗保护。尽快建立非遗数据库，借鉴中国非遗博览会等形式，以“九曲黄河·技忆齐鲁”为主题，打造非遗保护大平台。设立市县非遗保护传承资金，健全四级非遗代表性项目名录体系，加强研修传承梯队建设。三是加强立体化展示。建设黄河流域农业文明综合展示馆、中国海洋渔盐文化博物馆，提高黄河文化论坛规格，策划黄河流域文物展览、民俗表演和文艺创作，全方位讲述黄河故事。

22. 高能级发展黄河文创文旅产业。一是构建“三造”产品体系。推行生产性保护，开发特色文创产品，打造重点产业、非遗工坊、元宇宙文化服务平台和示范街区，构建融“山东手造”“数字智造”“精品创造”为一体的产品体系。二是推进文旅重点项目。加快黄河文化旅游带重点项目建设，推动要素向资源连片开发、旅游线路联动、主题文化和延链补链项目倾斜，加快培育示范性、引领性文旅融合平台和大项目。创新沉浸式、体验式、情景式项目模式，打造工业、乡村、演艺、研学等文旅融合新业态。三是擦亮黄河文旅品牌。统合目的地品牌、产品品牌、企业品牌，特别要立足河海相接、蓝黄交汇的特有风貌，打造“好客山东·黄河入海”品牌，形成具有国际影响力的文化旅游带。四是推动文创产业园和产业带发展。结合沿黄各地城镇规划布局、区位优势和文化资源，科学布局文旅产业链条，引导各地文化产业错位发展。创新建设文化产业园区、孵化基地、专业市场、文化街区，形成完备的文化价值链条和文创产业体系。

23. 高标准推进软硬件建设。一是增强交通支撑力。加快论证黄河通航和运河穿黄、全线复航工程，加快小清河与京杭运河连通工程，规划建设“两河”一体景区，加快推进雄商高铁和津潍高铁山东段及济南联络线建设。二是增强文旅廊道聚合力。与黄河河务部门协作建设三位一体的沿黄生态绿道、观光步道、交通干道。借鉴陕西、山西经验，建设沿黄走向、贯穿全域的高等级旅游公路。加快推进“千里黄河体验游廊道”建设，依托文化带和生态廊道，建设“黄河驿站”，让沿黄文旅节点连珠成链。三是增强数字文旅吸引力。完善“智慧文旅”平台，依托“齐鲁文化云”、国家文化大数据体系，高标准建设山东黄河文化数据库、数字博物馆、水文资源数据库等。建设“黄河口国家智慧公园”数字平台，推进“5G+VR 云游”等数字再现工程，推动文化资源数字化转化。加强与携程、腾讯等企业及自媒体合作，开展智慧化旅游体验和自媒体宣介，全面提升信息服务水平。

关于加强新就业形态劳动者权益保障的协商报告

社会法制委员会

4月24日上午，省政协召开“加强新就业形态劳动者权益保障”月度协商会。省政协主席葛慧君主持会议并讲话。副省长孙继业出席会议听取意见建议并讲话。省政协副主席于国安、王修林、段青英出席会议。为扩大协商参与面，加强上下级政协联动，本次会议除现场交流外，还视频连线临沂、菏泽曹县两个分会场。

省政协高度关注新就业形态劳动者权益保障情况，组织委员通过线上视频调研、社区微调研、委员自主调研、网络议政、问卷调查、与市县政协联动调研等形式，深入了解新就业形态劳动者生产生活和权益保障状况，听取他们的愿望和呼声。会上，省政协副主席王修林作主题发言，委员、专家和从业者代表，与省总工会、省人力资源社会保障厅、省交通运输厅、省市场监督管理局、省医疗保障局主要负责同志进行了深入协商交流。

参加协商的委员、专家、从业者代表认为，省委、省政府高度重视新就业形态劳动者权益保障工作，积极践行习近平总书记关于新就业形态的重要指示要求，率先出台《关于维护新就业形态劳动者劳动保障权益的实施意见》，省总工会、省人社厅、省交通运输厅、省市场监管局、省医保局等部门，在新就业形态建会入会、加强劳动用工指导、推动网约车合规运营、促进平台企业健康发展、优化医保经办服务等方面，出台了系列政策措施，形成了一批好经验好做法，推动我省新就业形态劳动者权益保障工作取得新成效新进展。同时，由于新就业形态灵活性、短期性、流动性和去雇主化等特点，劳动者在社会保险保障、职业伤害保障、职业技能培训、人文关怀帮助等方面还存在一些困难。

（一）制度建设有现实需求缺有效供给。新就业形态劳资关系场景多样、形式丰富，由此造成制度层面存在三点难题：一是法律政策滞后于现实需要，权益保障存在“空白期”，迫切需要新的法律规范、新的政策制度加以调整。二是职能部门、群团组织等出台的“零散”政策措施碎片化，影响政策措施的整体功能和实施效果。三是我省暂未列入职业伤害保障试点，大部分新就业形态劳动者因不符合传统劳动关系认定标准，很难获得工伤保险、失业保险等保障。

（二）劳动者有择业自由缺权益保障。新就业形态劳动者普遍缺乏稳定的社会保障，社会保险覆盖面窄、层次单一、保障水平低。有的劳动者因不符合传统劳动关系认定标准，不能参保；有的对社保政策、经办手续不了解，不会参保；有的因参保费率高，不愿参保。此外，省政协联合省总工会进行的问卷调查统计结果显示，在公共服务方面，39.8% 的劳动者表示在停车、休息、如厕、充电时常遇困难，60.7% 的劳动者期待在子女入学、住房保障等方面享有更高质量的公共服务。

（三）平台企业有用工问题缺规范监管。调查显示，平台企业用工不规范问题较为突出。一是平台利用外包、众包、承揽等用工模式，避免与劳动者直接建立劳动关系，有 32.3% 的调查对象未与用工主体签订任何形式的用工合同，无法纳入劳动法律关系的调整范围。二是平台抽成不公开不透明，抽成比例普遍偏高，劳动者报酬水平整体偏低。三是平台企业地位强势，习惯于签订格式化用工合同，单方面就平台算法、收费价格、抽成比例等作出决定，普遍忽视劳动者群体权益。

（四）职能部门有管理责任缺常规抓手。目前，头部平台企业在山东设办事机构但无法人资格，根据“属地”管辖原则，我省职能部门对平台企业核心业务监管处于缺乏法律依据、但“有事”仍要担责的尴尬局面。新就业形态涉及领域广，服务管理部门多，牵头部门不明确，各部门之间各管一段但又互不衔接、共管一段但又责任不清，有时想管却不知怎么管。

通过深入协商交流，与会人员一致认为，要认真贯彻落实习近平总书记关于新就业形态的重要指示要求，充分认识加强新就业形态劳动者权益保障的重要性复杂性紧迫性艰巨性，准确把握其中关键问题，有的放矢解决突出问题，做好当前与长远的兼顾、制度与机制的衔接，实现平台与劳动者的共赢。具体建议如下：

一是增加制度有效供给。尽快健全完善相关制度，坚持分类施策，根据不同行业、不同类型的劳动用工关系，分行业出台更具针对性的指导意见。以制度相对明确界定新就业形态劳动者范围，明确政策适用对象，为主管部门履行职责、平台企业合法合规用工提供依据。以制度明确权益内容，将权益保障列表挂图，实施“菜单化”“目录化”的保障评价机制。以制度明确各部门监管责任，将平台企业招工用工、订单分配、抽成比例、报酬构成及支付、工作时间、奖惩办法等纳入行业主管部门监管范围。

二是建立协调联动机制。理顺新业态劳动管理机制，明确由人社部门牵头抓总，将用工登记等信息同步输入人社管理系统，并以此开发全省新就业形态大数据库，摸清劳动者数量、构成、分布等数据。建立工作沟通机制，牵头部门履行协调落实责任，定期召开情况通报会，共享工作信息，研究制定推进工作的规划。建立综合服务平台，采用政府部门主导建设或者市场培育的方式，建立跨地区跨部门跨行业的综合服务平台，集用工信息、社保经办、教育培训、法律服务、反映诉求于一体，为从业者提供“一站式”服务。

三是完善参加社保制度。探索社会保险与劳动关系脱钩，借鉴“健康码”“行程码”方式，建立劳动者个人数字化账户，实行与新就业形态特点相适应、可自由灵活组合的参保机制，及早实现应保尽保。引导从业者积极参保，梳理适用于新就业形态的现有社保政策，形成政策包，通过数据比对筛查，向从业人员精准发布，激发参保意愿。加强职业伤害保障，符合劳动关系或者形成事实劳动关系的，督促用工方签订劳动合同，由用工方为其单险种参保；对于未建立劳动关系的，允许从业者以灵活就业人员身份参保工伤保险。缩减医保待遇地区差异，根据我省各地医保基金承载能力，推动全省医保缴费政策、待遇趋于一致。完善多支柱保险体系，深化政保合作，重视发挥商业保险功能作用，鼓励平台企业为从业者做好商业保险配置。比如，滴滴出行平台在青岛联合多家保险公司推出的专属养老保险，个人缴多少（最高 150 元），平台补多少，共建养老保险蓄水池，建议推动该模式在全省全面落地。

*四是强化工会组织作用。*加大建会入会力度，组织新就业形态劳动者加入工会，尤其是要发挥好网上工会作用，推动网上工会与政务服务网的数据互联互认，便于新就业形态劳动者入会转会；强化平台功能，量身定制福利政策，提升工会对新就业形态劳动者吸引力。推动开展集体协商，组织劳动者与行业协会、头部企业，就关乎切身利益的重要问题开展集体协商，参与制定相关行业规则标准，促进用工模式规范、健康发展。持续开展工会劳动法律监督，深入平台企业或用工单位开展劳动用工“法治体检”，切实当好劳动者权益保障情况的“第一报告人”。

*五是优化公共服务效能。*加大普惠化服务力度，统筹规划建设户外驿站、职工之家等服务站点，解决停车、充电、饮水、如厕等难题，为其提供工作便利。探索社会化管理服务形式，依托社区、行业协会、社会组织等，更好地联系、服务、凝聚新就业形态劳动者。提升法治化保障水平，开设法治课堂，提升劳动者法治观念、维权意识，重视订立劳动合同，降低从业风险。分行业、有计划开展法律咨询与法律援助，为劳动者维权提供指导帮助。完善多元化纠纷解决机制。建立专家调解资源库，畅通调解、仲裁与诉讼衔接机制，为劳动者提供便捷的纠纷解决渠道。发布典型案例，统一裁判尺度，发挥司法的正面导向作用。

*六是增强职业获得感。*提升劳动者职业素质，用好就业培训平台、公共实训基地及新媒体平台，开展线上线下衔接、直播点播互补、知识跨界学习的灵活性职业技能培训，帮助劳动者在不同就业形态之间顺畅转换。给予精神关照关怀，组织评先评优，大力选树先进典型，增强他们的职业归属感、荣誉感。培育良好社会环境，通过加强就业教育引导和正面宣传报道，树立平等就业观，引导全社会形成包容、认可、尊重新就业形态劳动者的良好氛围。

关于努力建设长城国家文化公园（山东段）的协商报告

文化文史和学习委员会

5月24日，省政协召开“努力建设长城国家文化公园（山东段）”月度协商会。省政协主席葛慧君对本次协商高度重视，出席并主持协商会议。省委常委、宣传部部长白玉刚出席并讲话。

部分委员和专家学者克服疫情影响，与我省齐长城沿线7市政协开展协同调研，与河南、青海、黑龙江等有古长城保护任务的外省政协开展网络调研，赴济南市莱芜区和长清区进行实地调研，并召开座谈会，深入了解情况，汇集各方面意见建议。在山东政协网站开设专题论坛，112名委员、专家参与互动交流，发帖跟帖建言献策189条；开通“民声连线”，访问量达到11万人次，1500余人参与互动，实现了“开门协商”。会上，14位省政协委员、专家学者、市政协负责人和相关领域从业代表分别发言，围绕如何用好相关政策、挖掘文化内涵、加强预防性保护、促进文旅融合、推动品牌建设、用好数字赋能等方面，与省委宣传部、省发展改革委、省交通厅、省文旅厅等单位负责同志积极协商互动。

大家认为，省委、省政府高度重视长城国家文化公园建设，健全完善领导体制和工作机制，强化顶层设计和规划引领，以深化文旅融合为着力点，以重点项目建设为突破点，扎实推进工作，取得明显成效。但实际工作中还存在一些问题。一是思想认识还不够到位。有的没有认识到建设长城国家文化公园、保护利用齐长城的重大意义，以致出现重视不够、抓得不力、措施不到位等问题。二是基础保护亟待加强。由于整体经费投入不足，齐长城文化遗产保护历史欠账较多，基础比较薄弱，多处段落无人看护，保护责任落实有待进一步强化。三是文化内涵挖掘不足。目前对齐长城的开发利用多以观光游览为主，其深厚的文化遗产价值尚未充分体现，文化旅游资源整合程度不高，文化创意产业发展相对滞后。四是保护与建设矛盾依然存在。涉建项目与齐长城环境风貌不协调的现象时有发生，沿线居民生产生活在一些方面也对齐长城生态环境造成影响。五是配套设施及服务滞后。齐长城沿线穿越鲁中山区，区域交通状况较差，部分地区尚无干线公路连接，交通环线不完整，甚至存在不少“断头路”，景区可进入性差。六是品牌认知度较低。沿线7市不少方面相互之间缺乏统筹协作，没有把齐长城当作线性文化遗产进行整体性保护与开发，齐长城品牌价值未能得到有效整合，在国际旅游市场上远没有达到“中国长城”那样高的知名度。七是保护性开发制度体系不健全。目前我省尚未形成与长城国家文化公园发展规划配套的法规政策、标准规范、社区参与机制等相关制度。没有设立省级层面的专门研究机构或研究基地，基础研究相对薄弱。

大家认为，齐长城是中国最古老的长城，在中国长城史上具有不可替代的奠基地位，是长城国家公园的重要组成部分。要贯彻落实中办、国办印发的《长城、大运河、长征国家文化公园建设方案》，坚持“全球视野、中国高度、时代眼光”，建设好长城国家文化公园（山东段），促进齐长城科学保护、世代传承、合理利用，将其塑造成为独具山东特色的文化名片。为此建议：

一、强化顶层设计，高效推进建设任务

1. 加强组织领导。发挥山东省国家文化公园建设工作领导小组作用，推动在省级层面组建工作专班，配齐工作力量，加大统筹协调督导力度，构建“省负总责、分级管理、分段负责”的工作格局，协调解决跨地区、跨部门重大问题，督促落实支持政策。

2. 做好规划衔接。将长城国家文化公园专项规划与相关领域规划编制充分结合，统筹做好我省境内三大国家文化公园保护规划，既突出各自特色又注重相辅相成、业态互补。协同推进《山东省齐长城保护条例》编制工作，保障各项任务顺利推进。

3. 用好上级政策。争取将更多开发建设项目纳入“十四五”期间国家重点文旅项目储备库，做好沿线重点项目的跟踪服务工作，不断增强标志性项目的影响力和带动性。整合现有政策，落实专项资金，支持齐长城沿线乡村旅游发展，培育打造一批国家级、省级乡村旅游重点村镇。

二、采取有力措施，加强文化遗产保护传承

4. 坚持保护优先。加强预防性、抢救性保护，强化日常保养维护、局部抢险加固，使齐长城遗址及其环境得到有效保护，历史信息及价值得以延续。对于历史上地面部分已坍塌或消失的齐长城遗址，实施遗址原状保护，不在原址重建或进行大规模修复。对于面临自然灾害威胁的齐长城点段，要加强预警监测，避免遭受直接破坏。

5. 深化考古研究。组织省文物考古研究院编制齐长城遗址专题考古研究工作计划，明确齐长城本体边界、摸清消失点段地下遗迹埋藏情况。组织省古建筑保护研究院开展土石遗址保护研究，编制齐长城抢险加固项目计划，区分轻重缓急逐步推进实施保护项目。

6. 加强非遗保护。开展齐长城沿线非遗普查研究，健全齐长城沿线非遗项目名录体系。推动临朐齐长城非遗传承项目等非遗传承体验设施、周村商贸民俗文化生态保护实验区等省级文化生态保护实验区建设。积极培育齐长城沿线“非遗在社区”省级示范点。

7. 实施复合监管。强化各级各部门沟通协调配合，对重大事项和重点工程实施跟踪监督。在齐长城保护上实施人防、物防和高科技检测相结合的复合保护监管手段，将齐长城保护点段落实到巡查员，在重点段落安装监控设施，鼓励使用遥感卫星、无人机、现代通信等技术手段。

三、完善配套服务，提升旅游目的地品质

8. 加强金融支持。参照外省先进做法，设立专项建设发展基金，重点支持重大项目建设和文旅融合发展。创新投融资体制，探索采取股权投资、政府和社会资本合作（PPP）等方式，引导社会资金发挥作用，激发市场主体活力，支持国家文化公园项目建设。

9. 健全服务体系。整合齐长城沿线公共服务机构功能，设置综合游客服务中心，完善配套设施，统一使用国家文化公园功能标识，打造拥有广泛影响力的视觉形象识别系统。推进齐长城文化旅游深度融合，统筹遗产保护区、国家公园管理区、旅游景区、旅游度假区和历史文化古村的管理运营，在产品化、业态化、体验化上实现品质提升和功能培优。

10. 抓好生态涵养。做好齐长城沿线山体生态修复、生物多样性保护工作，确保设施建设与自然景观相协调，打造海景路、山景路、红色旅游公路。建设旅游型、休闲型高速公路服务区，推动具备条件的服务区全部创建成为3A级以上景点设施。

11. 优化交通布局。实施齐长城旅游畅通工程，统筹交通基础设施规划建设，因地制宜配套自行车道、旅游步道等基础设施，建设融交通、文化、体验、游憩于一体的复合廊道，全面提升齐长城沿线景观公路建设水平。

四、加强宣传推广，拓展传播媒介和传播途径

12. 繁荣文艺创作。树立鲜明导向，加大扶持力度，深入挖掘我省丰富的长城文化资源，积极推动长城文化主题文学、戏剧、音乐、舞蹈、美术等艺术作品创作，组织推出一批思想精深、艺术精湛、创作精良的文艺作品。

13. 推动品牌建设。以“中国最古老的长城”作为整体文化标识，鼓励齐长城沿线地区深入挖掘本地文化特色，塑造独特文化品格，因地制宜打造本地标志性长城文化名片，通过社会宣传、媒体推广、参观游学等方式，讲好“齐长城故事”，扩大长城国家文化公园品牌影响力。

14. 创新宣传形式。依托“好客山东 云游齐鲁”智慧文旅平台，打造数字化、虚拟化、可视化、智能化的线上齐长城国家文化公园。借助抖音、快手等平台，策划宣传齐长城短视频，推出齐文化研学云课堂。利用携程、马蜂窝、驴妈妈等OTA平台，开展线上营销，策划主题活动，挖掘齐长城宣传热点。

关于加强产教融合　共建国家职业教育创新发展高地的协商报告

委员联络工作委员会

7月1日下午，省政协召开“加强产教融合，共建国家职业教育创新发展高地”月度协商会。省政协主席葛慧君主持会议并讲话，副省长凌文出席会议听取意见。省政协副主席王书坚、王艺华出席会议。

省政协高度关注我省创建国家职业教育创新发展高地进展情况，组织全国和省市县四级政协委员，面向职业院校、民间办学力量、产教融合型企业、产业园区、行业协会等产教融合各方面，先后赴国家产教融合试点城市济南、青岛和省职业教育创新发展示范区潍坊等地，深入了解情况，听取对策建议，形成《百名委员“会诊”产教融合》《“数”观产教融合——问卷调查情况》等调研成果。会上，省政协副主席王书坚作主题发言，11位委员、专家、一线技能人才和企业管理人员、职业院校校长、职业教育学生及技能大赛获奖选手等，与省工业和信息化厅、省教育厅、省人力资源社会保障厅负责同志进行了深入协商交流。

大家认为，省委、省政府高度重视职教高地和国家产教融合试点省份建设，省第十二次党代会明确提出要“建成国家职业教育创新发展高地，培养一批专业技能人才”，为职业教育高质量发展进一步指明了努力方向。近年来，我省各有关部门以部省共建职教高地为抓手，不断优化顶层设计、加强载体平台建设，校企优势互补、产教良性互动的格局基本形成，两次入选国务院激励的职教改革成效明显省份。同时也发现，职业教育产教融合在跨部门工作合力、政策供给与落实、技能人才发展空间、社会舆论引导等方面，还存在一些较为突出的矛盾和问题。

（一）技能人才供需矛盾较为突出。我省技能人才队伍与经济社会发展需求相比，在规模总量、层次结构上还有较大差距。目前，全省高技能人才缺口达20万人以上，技术工人特别是高技能人才短缺，已成为影响经济社会发展的重要因素。

（二）制度机制建设存在短板，企业参与产教融合积极性不高。政府、学校、企业、行业协会等协同育人机制不够健全。企业参与办学投入较大、周期长、收益不确定性多，校企双方目标追求、文化环境也有差异，产教融合存在较为明显的学校、企业“一头热、一头冷”现象。

（三）产教融合政策缺少操作细则，难以有效落实。《产教融合型企业实施办法》提出对进入目录的企业给予“金融＋财政＋土地＋信用”的组合式激励，实际中除抵扣 30% 的教育费附加和地方教育附加税收政策外，其他政策没有操作细则、无法落地。

（四）职业院校办学质量有待提升，技能型社会建设任重道远。职业教育投入不足，办学质量有待提高，职校教师到校企合作企业实践少。企业对技能人才培训重视不够，技能人才知识和技能更新慢，成长空间有待提高。社会“重学历、轻技能”现象较为严重，接受职业教育、成为技能人才的观念还没有被社会普遍接受。

大家认为，加强产教融合，共建国家职业教育创新发展高地，必须深入贯彻落实习近平总书记对职业教育的重要指示和党中央重要决策部署，以“走在前、开新局”的使命担当，把握重点关键，精准施策发力，持续推动我省打造新时代职业教育样板和标杆。为此建议：

一、推动职业教育更好服务发展

1. 融入区域发展大格局。聚焦各地特色产业需求，突出上合示范区、自贸片区、济南起步区、国家和省级经济新区建设，合理规划职业学校、公共实训基地布局，调整优化专业结构，强化重点专业群打造，为新旧动能转换和现代化强省建设提供有力支撑。推动成立山东职业技术师范大学，在章丘大学城规划建设省级职教产业园。建立统一的产教融合信息共享平台，促进人才培养供给侧和产业需求侧协同发展。

2. 强化产教融合评估评价。完善职业学校考核评价体系，提高产教融合的分值比重。深化“政校行企”协同育人，共同制定人才培养方案，发布全省职业院校产教融合度指标体系，促进教育链、人才链与产业链、创新链有机衔接，服务产业升级和高质量发展。分批次对 23 个产教融合省级行指委进行定期评估，切实改进工作，有效发挥作用。

3. 提高企业办学积极性。进一步细化产教融合型企业“金融＋财政＋土地＋信用”组合式激励政策，明确每项政策的具体项目、落实部门、申报程序和办法。发挥税收调节作用，企业参与和举办职业教育的资本性投入可在税前扣除。推动国有企业率先成为产教融合型企业，支持有条件的在鲁中央企业和省属国有企业继续办好做强职业院校。完善落实企业接受学生实习实训的成本补偿政策，调动企业参与职业教育积极性。

二、增强职业教育适用性

4. 强化职业院校改革攻坚。落实职业院校用人自主权，强化“双师型”队伍建设、绩效工资改革、中国特色学徒制、订单班、“工学一体”等政策实施，赋予职业院校更多办学自主权。深入推进职业学校混合所有制改革，明晰产权归属和权益分配办法。

5. 进一步扩大开放办学。推动职业院校完善校企合作治理结构，促进校企合作制度化规范化，保证企业重要办学主体地位；把行业领军企业开发的职业技能标准有机融入日常教育教学，加大引企入校、办校进厂力度。推动职业教育集团实体化运作，加快培育市场导向、对接供需、服务精准、运行规范的产教融合服务组织。

6. 推进职普融通发展。开设中小学生职业体验课，鼓励普通高中与中职学校学分互认、课程互选、学籍互转，科学增加“职教高考”本科计划，指导和支持应用型本科院校、职业技术大学更多招收职校学生，通过“3+4”贯通培养、“三二连读”“职教高考”等方式，推动各个学段融合渗透，完善互相贯通、多元立体的人才培养机制。

三、强化要素保障基础支撑

7. 加大经费投入力度。探索建立“基本保障 + 发展专项 + 绩效奖励”相结合的资金拨付制度，发挥财政资金撬动作用，引导社会力量投资办学。用好公共实训基地建设中央预算内投资，做优做强新旧动能转换公共实训基地和校内生产性实训基地，加快培养关键行业和领域内的紧缺技能人才。

8. 拓展技能人才成长空间。出台《关于进一步加强新时代产业人才队伍建设的实施意见》，落实好新“八级工”制度，建立特级技师评聘制度，将技能人才纳入卓越工程师范畴。组织产业链“链主”企业或行业协会主办跨企业培训中心，帮助中小企业解决自身培训能力不足问题。

9. 健全表彰激励机制。推动将职业教育工作纳入地方经济社会发展综合考核。以薪酬分配指引为重点，鼓励设置体现技术技能价值的工资单元和技能津贴，探索对高技能人才实施人才持股、期权奖励等多元激励方式。推动设立山东省职业教育奖，表彰推动职业教育发展的先进单位和个人，建立健全技能人才荣誉表彰体系。

四、着力深化思想舆论引导

10. 强化新闻舆论正面宣传。加大对职业教育法的宣传解读力度，通过融媒体开设“大国工匠”等专栏进行宣传，大力宣传技能赛事和获奖选手事迹。宣传产教融合型企业制度红利和创新发展案例，引导更多企业积极参与产教融合、校企合作。

11. 加强思想政治引领。坚持立德树人，提升职业学校办学质量和学生职业素养。加强职业院校共青团、学生会等群团组织建设和作用发挥。面向青年广泛开展“技能成才、强国有我”主题教育活动。加强就业观念引导，合力营造良好氛围，让更多的劳动者特别是青年走技能成才、技能报国之路。

关于黄河三角洲盐碱地综合开发利用的协商报告

农业和农村委员会

7 月 20 日，省政协在济南召开“黄河三角洲盐碱地综合开发利用”月度协商会。省政协主席葛慧君主持会议并讲话，省委常委、常务副省长曾赞荣出席会议听取意见建议。省政协副主席王书坚、王艺华、程林出席会议。东营市政协和滨州市政协设分会场。

省政协党组高度重视我省盐碱地综合开发利用，葛慧君主席就组织好本次协商会议提出明确要求，带队到东营、滨州等市调研。3 月份以来，王艺华副主席带领省政协农业农村委部分委员和专家学者，通过实地调研、部门座谈、专家研讨、网络议政、“民声连线”等方式，广泛了解情况，深入研究对策，省政府及有关部门、高校院所大力支持，农工党省委和东营、滨州等 6 市政协联动协作，130 多名省市县三级政协委员、专家和一线同志积极参与，共收到意见建议 700 多条、案例 32 个（典型案例 11 个，见附件）。会上，省政协副主席王艺华结合调研情况作主题发言，12 位省、市政协委员，专家学者、民主党派和基层群众代表分别发言，与省发展改革委、省科技厅、省水利厅、省农业农村厅负责同志进行了深入协商交流。

大家认为，2021 年 10 月，习近平总书记到我省东营视察，强调开展盐碱地综合利用对保障国家粮食安全、端牢中国饭碗具有重要战略意义，为我们开发利用盐碱地指明了前进方向、提供了根本遵循。省第十二次党代会进一步对“深入开展盐碱地综合利用”提出明确要求。多年来，省委、省政府高度重视盐碱地开发利用，采取了一系列有力措施，科技创新能力显著增强，盐碱耕地数量质量和综合产能大幅提升，积累了一批科技储备和实践经验，为保障国家粮食安全和农产品有效供给作出重要贡献。与此同时，以下问题应引起重视：

一是开发利用难度较大。生态系统脆弱，淡水资源短缺，土地“盐、板、瘦”问题突出，开发治理投入大、周期长，管护成本高。目前专项政策较少，涉及部门分散，需要系统规划。二是创新能力有待提升。从业科技人员较少，科技投入不足，缺乏相对稳定的科技专项，协同创新不够，创新成效不突出，耐盐碱品种、配套栽培技术、农机装备等仍较为匮乏，对技术集成和推广应用支持力度不够。三是地力保护需进一步加强。用养结合不够，种植结构单一，种植制度有待优化，加上施肥不合理、管护不到位等，导致地力下降、产能提升受限。四是开发利用相对粗放。农林牧渔结合、种养加一体、一二三产融合水平不高，精深加工能力不强，产品附加值低，盐碱地农产品的特殊功能有待挖掘。

大家认为，推进盐碱地综合开发利用，必须深入贯彻习近平总书记重要指示要求，扎实落实党中央部署和省委、省政府安排，锚定“走在前、开新局”，综合施策、精准发力，构建盐碱地综合开发利用新机制、新路径、新模式，为我国盐碱地大面积开发利用提供示范和样板。

一、加强顶层设计，科学有序开发盐碱地

1. 全面摸清底数。结合第三次全国土壤普查，尽快摸清全省盐碱地的程度、类型、分布、数量以及修复与利用潜力等情况，为综合开发利用提供基础支撑和科学依据，并建立动态监测和数据服务系统，及时更新盐碱地分布情况，调整农业种植结构，充分发挥盐碱地开发利用最大效益。

2. 科学制定规划。立足黄河流域生态保护和高质量发展国家战略要求，坚持“因地制宜、分类施策，生态优先、以水定产，以盐适种、用养结合，产业融合、提质增效”原则，研究制定专项规划及实施意见，明确全省盐碱地开发利用的思路目标、布局进度和任务举措。

3. 强化组织领导。成立由省领导同志任组长，有关市和省直部门、单位负责同志为成员的综合协调机构，统筹政策措施，加强协调调度，推进“政产学研金服用”协同开发，确保各项目标任务高效落地。

二、强化种业创新，有力支撑盐碱地开发

4. 建设高能级创新平台。以创建国家盐碱地综合利用技术创新中心为抓手，支持高水平盐碱地生物育种创新中心、盐碱地综合利用研究中心等重大科研平台建设，搭建集科技创新、科企对接、产业孵化、示范服务、人才引育等于一体的开放型创新平台集群，把黄三角国家农高区打造成创新高地、人才高地、产业高地，吸引全国优质创新资源向我省集聚，并全部纳入统一的平台共享体系，实现实物共享、服务共享和信息共享，避免重复投资和资产闲置浪费。

5. 完善育种扶持政策。改变过去以作物分类支持的惯例，将盐碱地种业作为单列类别深度挖掘，特别是低耗水、高耐旱和耐盐碱作物品种，设立耐盐碱作物新品种研发专项，从种质资源收集、保护、选育、示范推广等方面给予系统支持。对开展耐盐碱新品种（配套系）培育获认定的企业，给予一定资金扶持，并同时出台有利于企业开展耐盐碱品种资源保护的优惠政策。

6. 支持种业产业化发展。建设种质资源库、育种实验室、育种和繁种基地等，构建育繁推一体化的盐碱地特色种业链条。建立耐盐碱能力鉴定评价中心，面向全国开展作物耐盐能力鉴定评价，为耐盐碱作物种质资源创制提供技术支撑。尽快完善非主要农作物认定（登记）办法，增设盐碱地作物新品种鉴定区域试验系列和耐盐碱作物新品种生产试验系列，加快耐盐碱作物品种认定（登记）进度。

7. 优化科研项目规划和立项管理方式。以地块和区域为单元，整合各类项目资金，对“良种、良田、良机、良法”进行综合配套支持，发挥项目资金最大效益。以耐盐碱植物种质创新、盐碱地耕地质量和综合产能提升等“卡脖子”技术为目标，设立稳定的盐碱地创新专项，由黄三角国家农高区负责具体实施，在全国遴选领军人才牵头，以属地创新载体为依托，组建省内外相关学科专家参与的联合创新团队，探索形成“由问题定团队、由团队定任务、由任务配经费”的新型科研组织模式，集中力量开展联合技术攻关，为盐碱地综合利用提供强有力的技术支撑。

8. 建立盐碱地农业科技示范园区。黄三角地区以区县为单位，依托区域内大型农业企业或其他新型农业经营主体，建立区域性的农业科技示范园区，政府以专项资金补助的形式，对省内外科研教学机构及科技企业提供的技术成果进行集中示范展示，将园区建成农业科技成果的“赛马场”和“成果超市”，以筛选适宜当地推广应用的农业科技成果。各级农技推广部门、科研机构全过程参与，在科技成果筛选的基础上，进一步对各项技术进行组装集成，由本地化科技队伍依托现实应用场景开展农民培训，促进科技成果转化应用。

三、提高生产能力，促进盐碱地粮食增收

9. 强化水资源保障。积极争取盐碱地耕地后备资源改造农业用水指标和生态用水指标单列，支持滨海地区在黄河调水调沙及防汛分洪期间，灌区引黄水量不占用引黄指标，缓解水资源紧缺形势。结合现有规划，加快推进黄河三角洲水利工程建设，完善泵、闸、桥、涵等水利基础设施配套，因地制宜布局一些平原水库、河道拦蓄等雨洪集蓄利用工程。积极探索“管道送水、滴灌浇水、沙培回水”三位一体的水资源高效利用模式，积极推广覆盖保墒、施用生物抗旱剂等农艺节水技术。

10. 提升耕地质量。参照国家黑土地保护政策，出台我省盐碱耕地改造提升计划，以高标准农田建设为依托，改善大中型灌区续建、防渗渠、排渠等工程；集成推广盐碱地测土配方施肥、水肥一体化等技术，落实好增施微生物菌肥、有机肥、绿肥翻压、秸秆还田和腐熟粪肥还田等技术措施，研发应用降肥、减药、土壤改良等新技术新装备。

11. 推广耐盐碱作物种植。增加省级农业技术推广重大协同专项数量，加大小麦全幅匀播、玉米小麦“双深双晚”、马铃薯绿色轻简栽培等盐碱地先进农业技术推广。坚持“政府主导、科技支撑、示范引领、辐射带动”，建设一批盐碱地高产示范基地，优选推广耐盐碱小麦、水稻、玉米、大豆、藜麦、马铃薯等粮食作物，紫花苜蓿、饲用甜高粱、狗牙根、小黑麦、青贮玉米等“饲料粮”作物，加强田间管理、技术指导和社会化服务，促进科研成果加快转化为现实生产力，保障国家粮食安全。

四、聚焦高效生态，提升盐碱地综合效益

12. 推进多元化利用。中度盐碱地可布局耐盐适生的高效特色作物，比如棉花、高粱、油葵等棉油作物，番茄、萝卜、枣、梨、果桑、枸杞等果蔬作物，苜蓿、甜高粱、饲料桑等饲草作物，菊芋、金银花、酸枣等药用植物。重度盐碱地应在生态保护基础上进行适度开发，采用翻地、施肥、有机农业废弃物培肥等改良方法，结合盐地碱蓬、柽柳、柳枝稷等盐生植物种植，修复重度滨海退化湿地；依托正在建设的黄河口国家公园，深入挖掘黄河文化、湿地文化，统筹推进湿地生态保护、盐碱地休闲旅游，打造农旅融合新业态；鼓励发展设施农业、渔业和生态草牧业，培强渔光互补、光畜互补等新业态，提高土地产出效率，提升农业综合生产能力。

13. 推进用养结合。大力发展“粮经饲”三元种植结构，促进粮食、经济作物、饲草料三元种植结构协调发展。推行小麦、玉米、大豆、花生等粮油作物与棉花、高粱、饲草等周期性轮作，推广“草棉”轮作、“果草”间作等高效生态种植，推进由传统单一作物规模化种植向多种作物轮作、间作制度转变，提高地力水平和综合利用效益。大力发展绿肥作物，通过种植田菁以及冬闲田种植二月兰、毛叶苕子等绿肥作物，有效提高土壤肥力。

14. 推进农牧融合。建立“以地定养、以养肥地、农牧融合、就地消纳”的种养循环体系，采用“饲草饲料—畜禽养殖—废弃物—有机肥—盐碱农田”模式，建立畜禽养殖粪污就近利用和异地利用长效运行机制，实现畜禽养殖环境净化、畜禽养殖粪污还田利用和农田土壤快速脱盐。在果菜茶等经济作物率先大面积推行粪源有机肥替代化肥行动的基础上，全面向大田作物扩展。配套建设贮粪池、液体粪便和沼液输送管网等粪污资源化利用设施设备，实现全方位水肥一体化。

15. 推进高质高值发展。用好、用足、用活国家和省里黄河三角洲生态保护和高质量发展有关扶持资金和政策，积极推进盐碱地特色农业产业发展。适度扩大“黄河口大闸蟹”“博兴对虾”“利津滩羊”等水产、畜禽养殖产能，稳步提升“沾化冬枣”、盐碱地大豆、紫花苜蓿等种植规模，大力开发食药用菌、微生物多糖等盐碱地特色营养、保健、药用功能性食品，着力打造“黄河三角洲盐碱地”区域公用品牌和企业品牌，加快推进一二三产业融合，形成一批盐碱地特色产业集群，实现盐碱地农业高质高值发展。

关于用好 RCEP 便利政策，扩大我省农产品出口的协商报告

港澳台侨和外事委员会

8 月 25 日，省政协在济南召开“用好 RCEP 便利政策，扩大我省农产品出口”月度协商会。省政协主席葛慧君主持会议并讲话，省政协副主席王书坚、林峰海、程林出席会议。省政府副秘书长崔建海出席会议听取意见建议。

省政协党组对这次协商会高度重视，葛慧君主席多次作出批示，提出明确要求。5 月份以来，程林副主席带领港澳台侨和外事委员会委员、专家学者和有关部门同志，通过实地调研、协同调研、问卷调查、网络议政等形式，广泛了解情况，深入研究对策，120 余名省市县三级政协委员、海外顾问、专家学者、部门同志和企业代表积极参与，提出问题及意见、建议 1100 余条。会上，程林副主席结合调研情况作主题发言，10 位省市县政协委员、专家学者、海外商会负责人和企业代表，分别在济南主会场以及潍坊、荣成分会场，与省农业农村厅、省商务厅、省贸促会、青岛海关负责同志进行深入协商交流，并与柬埔寨王国驻济南总领事馆领事和省政府驻日本经济贸易代表处首席代表进行视频连线交流。

大家认为，区域全面经济伙伴关系协定（RCEP），是全球最大的自贸协定，加入 RCEP，是以习近平同志为核心的党中央统筹“两个大局”，立足新发展阶段、贯彻新发展理念、构建新发展格局作出的重大战略部署。RCEP 区域是世界重要的农产品生产和贸易区，也是山东农产品出口的重要区域。在 RCEP 框架下，我国与日本首次建立了自贸关系，韩国、东盟等也在部分农产品上给予我国超出原自贸协定的优惠待遇，为山东农业发展带来积极利好。农业是我省优势产业，农产品出口连续 23 年领跑全国。水海产品、果蔬、禽肉制品等是我省出口优势农产品。RCEP 生效后，关税减让、原产地累积、通关便利化等规则红利持续释放，为拓展农产品出口市场带来新契机。省委、省政府高度重视，主动对接高标准经贸规则，在全国率先制定《落实〈区域全面经济伙伴关系协定〉先期行动计划》，前瞻谋划务实推进，创新落实贸易便利化措施，为我省农产品出口营造了良好环境。据海关统计数据显示，2022 年上半年，我省对 RCEP 成员国出口农产品 350.2 亿元，同比增长 9.1%，占全省农产品出口总值的 53.5%。

看到重大发展机遇的同时，也要看到随之而来的竞争和挑战：域内国际竞争日趋

激烈，技术性贸易壁垒还在加剧，贸易便利化措施范围仍需扩大，出口农产品竞争力有待进一步提高，我省农产品缺乏自有品牌和自主销售渠道，农业产业链价值链有待完善。另外，RCEP 落地时间短，出口企业对 RCEP 优惠政策的知晓度和统筹利用率还需提升，据有关部门调查显示，全省 2103 家进出口企业中，48.6% 的企业对 RCEP 规则不了解，仅 6.2% 的企业非常了解且能结合实际运用，有的企业对规则红利感受不明显。

委员们认为，农产品出口关乎农民增收、就业稳定、乡村振兴。RCEP 生效，为我省农产品出口带来更为广阔的市场空间，同时协定引入的外部市场竞争，也有利于倒逼山东农业调结构、塑优势，走在前、开新局。要认真贯彻落实党中央、国务院高质量实施 RCEP 有关决策部署和省第十二次党代会精神，用足用好 RCEP 规则红利，推动我省农产品出口固稳提质、扩面增效，培育新时代农业国际竞争合作新优势。建议：

一、强化统筹引导，开拓出口市场新空间

1. 找准目标市场。立足山东农业产业优势，加大 RCEP 规则分析及进出口贸易、享惠情况研究，定期出台日本、韩国、东盟等我省农产品重点出口的国家、地区市场分析报告和优势农业产业出口情况研究报告。指导各地根据各自产业实际，建立 RCEP 国别商品减税对比清单，引导企业全面了解情况，及时调整战略，深度挖掘传统出口市场潜力、积极开拓新兴市场。

2. 精准指导服务。深化拓展 RCEP 实施“攻坚年”活动，凝聚部门合力，有针对性组织规则宣介、案例推广，扩大覆盖面、提升精准度，靶向指导企业增强关税筹划及原产地技术能力，寻找享惠最优解。增强 RCEP 山东企业服务中心全链条服务能力，延展“鲁贸通”综合服务平台一体化服务功能，打通相关部门间数据梗阻，为企业提供包含政策咨询、方案设计、原产地签证、贸易合规、融资服务、涉外商事争议处置等“线上 + 线下”一站式服务。

3. 强化通道平台支撑。发挥山东口岸独有的“中日韩海上高速公路”航线、跨境贸易便利化通道和口岸班轮进出口性价比优势，扩大宣传、提升服务，打造“引领全国、面向日韩、辐射全球”的农产品进出口贸易通道。支持重点农业龙头企业、平台企业牵头运作现代保税物流模式，发挥集群规模优势，提高国际贸易谈判话语权，助力企业降低仓储、物流、运输等成本。借助龙头企业的渠道优势、海外侨团的在地化优势，加快推进平台型海外仓建设，支持中小企业共享进驻，拓展跨境电商平台销售渠道，放大倍增效应。

二、加强国际合作，抢抓产业升级新机遇

4. 把产业链“做优”。用好原产地累积规则，坚持产业链、价值链、利益链“三链重构”，支持重点农业企业在区域内进行生产要素和资源的灵活配置，通过海外并购、参股控股等形式加强跨国产业融合和产能合作，推动投资贸易一体化发展，优化产业链，稳定供应链，重塑价值链。

5. 把走出去“做准”。积极对接粮食安全、能源安全等国家战略，加强与东盟国家农业领域投资合作，抓住用好东盟等成员扩大涉农投资服务市场准入的有利契机和土地、海域、劳动力等资源成本优势，对龙头企业赴境外开展农业种养殖、渔业捕捞及就地深加工等合作项目，探索建立境外农业示范园区给予支持，带动我省具有优势的农技、农机等服务“走出去”，实现互利共赢。

6. 把引进来“做精”。聚焦我省农业创新发展、产业结构升级，统筹各国比较优势，研究生产、供应匹配特点，扩大引入日韩等国农产品加工、检测、包装、设计等领域优秀企业、技术和人才，开展研发创新、品牌打造、标准制定、产业链拓展等多环节合作，强化优势互补和全产业链一体化发展，补全产业链图谱，助推农业产业高质量发展。

三、实施品牌战略，塑强出口竞争新优势

7. 保障出口农产品高质量供给。充分发挥我省农产品出口产业集聚区、农业国际贸易高质量发展基地和农产品出口示范企业的集聚带动作用，塑优培强一批面向国际市场、对标国际标准、打造国际品牌、迈向国际价值链中高端的农业龙头企业，加大研发投入，创新发展预制菜等产品，针对日本市场发展调理食品、健康食品和功能性食品，提高出口农产品精深加工能力和绿色化特色化发展水平，提升出口农产品附加值和国际竞争力。

8. 完善与国际接轨的农业标准化体系。积极采用国际先进标准，加强农产品生产、加工、仓储、销售等全区域、全链条、全产业监管，及时跟进研究其他成员国法规标准制修订动态，指导企业合规经营；企业要进一步规范生产加工流程、创新产品加工工艺、落实检验检疫要求，确保产品质量安全。

9. 加大出口农产品品牌培育推广。坚持“省级整体品牌、区域公用品牌、企业产品品牌”一体培育，打造国际知名品牌，支持企业在目标市场国尽快申请地理标志保护，实现“好品山东”抱团出海。用好中日韩产业博览会、山东—东盟农业贸易促进洽谈会等高等级平台，发挥港澳对外辐射和平台机制作用，通过线上、线下多种形式，更多组织优势农产品推介活动，增加品牌曝光率，扩大山东农产品出口。

10. 发挥行业商协会协调服务功能。加强与 RCEP 有关国家行业商协会对接合作，建立或发展合作机制，拓宽商务渠道、信息渠道，强化国际合作优势。建议由省贸促会牵头，成立 RCEP 成员国鲁商联盟协会，实行轮值制，积极推动成员国之间相互交流、资源共享。发挥行业协会内部协调功能，最大程度避免行业内部消耗与价格恶性竞争，提高整体竞争力和行业利益。

四、推进交流互认，提升贸易便利化新成效

11. 强化规则对接互认。借助我省与日韩等 RCEP 成员国建立的机制性合作关系，开展农产品质量标准和检验检疫体系交流合作，加强规则研究对接，加大标准、技术法规和合格评定程式等方面的协同。大力推进“前置检测、结果互认”“一次检测、快速通关”，探索建立互认检测机构正面清单，逐步升级拓展为监管机构互认，打造制度型开放合作示范项目，促进我省农食产品扩大出口。着力推动与东盟国家 AEO 互认，扩大自助打印原产地证书适用国别范围，促进 RCEP 红利充分释放。

12. 加大经核准出口商培育力度。推广自主声明享惠机制，对申请 AEO 认证的农产品出口企业给予精准指导、政策扶持，指导企业用好自主出具原产地声明享惠。

13. 完善监测预警机制。加强农产品贸易摩擦监测预警关注、研究，建立监测预警平台，借助海外侨团、行业协会等建立技术性贸易壁垒信息收集互通机制，定期发布农业产业损害、农业对外投资及农产品贸易摩擦监测预警分析报告，为企业应对技术性贸易壁垒提供支持。

关于推进我省新能源汽车产业高质量发展的协商报告

提案委员会

9月20日，省政协在济南召开“推进我省新能源汽车产业高质量发展”月度协商会。省政协主席葛慧君主持会议并讲话，省政府副省长凌文出席会议并介绍情况，省政协副主席王书坚、林峰海、刘均刚出席会议。

省政协党组对这次协商会高度重视，葛慧君主席多次作出指示，靠前指挥调度。7月份以来，在林峰海副主席带领下，提案委员会组织有关委员、专家和企业代表，邀请相关部门同志，利用省政协协商平台、聚识平台、读书平台、数字平台和宣传平台，通过专题辅导、情况通报、座谈讨论、实地调研、联动调研、协同调研、“学而书院”主题议政、爱山东“有事多商量”民声连线等方式，全面了解情况、征集意见建议。300余名省市县三级政协委员、专家学者、部门同志、企业和消费者代表等提出建议1000余条，“民声连线”访问量达到45万人次，有600余人参与了互动。

凌文副省长在讲话中谈到李干杰书记对这项工作非常重视，介绍了我省新能源汽车产业发展情况，并与部分委员、专家进行了互动交流。林峰海副主席结合调研情况作了主题发言，8位省政协委员、专家学者和企业代表，分别在主会场或通过视频连线方式，围绕推动规划落地、实现重点突破、优化服务保障、加强对外合作等方面作了交流发言，6位省政协委员、企业代表踊跃提问，与省发展改革委、省科技厅、省工业和信息化厅、省商务厅、省能源局负责同志进行了深入协商。

经过协商讨论，大家认为，新能源汽车产业是国家鼓励发展的战略性新兴产业，代表着新一轮科技革命和产业变革的方向。加快发展新能源汽车产业，既是实现汽车行业“弯道超车”、推动我国从汽车大国向汽车强国迈进的重要抓手，也是应对全球气候变化、改善生态环境、落实“碳达峰碳中和”任务目标的内在要求，更是打造经济发展新引擎的必由之路。省委、省政府高度重视新能源汽车产业发展，印发实施了《山东省新能源汽车产业发展规划（2021—2025年）》，聚焦推动汽车产业转型升级和高质量发展，加大项目招引力度，统筹优化产业布局，着力推进技术创新，产业发展势头良好。

虽然我省新能源汽车产业发展取得了一定成绩，但发展不平衡不充分的问题依然存在，还有一些短板和弱项不容忽视。一是产业布局较为分散。各市有“单打独斗”、重复建设趋势，上下游产业链区域性集中度不高。二是核心技术待提升。“三电”系统、芯片等关键零部件大多由省外生产厂家配套供应，我省还不具备成熟稳定的供应能力。三是配套设施还不完善。充电桩、换电站等补能配套设施总量不足，分布不均衡。四是电池回收行业发展无序。废旧电池拆解利用处于发展初期，价格飙升、回收市场火爆，但相关标准和规范不完善，很多企业和个人蜂拥而上。五是扶持政策有待加强。随着新能源汽车补贴政策将由生产端向使用端转移，生产成本上扬，车企盈利空间大幅缩小，普遍面临减产压力。

大家认为，大力发展新能源汽车产业，对于提升我省汽车产业核心竞争力，推动汽车产业高质量发展，加快新旧动能转换具有重要的战略意义。要深入贯彻落实《“十强产业”2022年行动计划》和国家、我省新能源汽车产业发展规划，统筹兼顾、系统推进，立足实际、创新实干，推进我省新能源汽车产业高质量发展。

一、优化产业布局，厚植发展优势

1. 放大规模效应。充分发挥济南、青岛产业基础扎实、配套体系完善、商贸物流发达、市场辐射较广的优势，优先支持济南、青岛布局新建整车项目，积极招引大型头部企业，做优做强品牌，形成新能源汽车产业发展高地。其他地市以优化存量、整合提升为重点，推动现有企业加快电动化转型、提升产能利用水平，坚决防止盲目布点和低水平重复建设，打造区域集聚、主体集中的产业格局。

2. 坚持错位发展。根据不同应用场景、不同车辆及零部件类型、特点、产业现状等，采取不同的技术路线和发展路径，引导企业差异化发展，打造自身特色。

二、坚持“三链”同构，提升整体效能

3. 贯通产业链。省级层面搭建上下游对接平台，选择中通客车、中国重汽等带动能力强的“链主”企业、服务能力强的公共服务平台、合作意愿强的“专精特新”企业，融合上下游供需、技术、金融等各类要素资源，强化产业链上下游对接合作。促进新能源汽车与能源、交通、信息通信等领域全面深度融合，统筹推进技术研发、标准制定、推广应用和基础设施建设，提升产业发展质量。

4. 稳定供应链。梳理供应链薄弱环节和空白领域，制定较为完善的招商引资政策，引导新能源汽车零部件企业集聚，培育发展一批新能源汽车零部件“专精特新”和单项冠军企业，提高省内产业配套能力，建立多渠道供应体系，确保供应链自主安全可控。

5. 建强创新链。推动新能源汽车领域重点实验室等创新平台建设，集全省力量开展技术攻关，重点支持动力电池、汽车芯片、高强度轻量化车身、智能化控制及自动驾驶等领域关键共性技术研发及产业化。实施新能源汽车和智能网联汽车产业技术创新工程，组织龙头企业和高校、科研院所组建创新联合体，引进转化优秀科技成果，培育新能源汽车产业领军人才，建优配强创新链。省级层面设立新能源汽车专项基金，撬动社会资本共同支持新能源汽车产业共性关键技术研发。

三、创新支持政策，赋能产业发展

6. 加大财税优惠力度。完善针对新能源汽车全产业链的税收支持政策，降低生产成本。对于消费终端，在落实国家新能源汽车购置税、车船税减免政策的基础上，探索碳税等税种的普及应用。

7. 加大政府采购、补贴力度。加大对省内汽车品牌的政府采购力度，增加公务用车、公交车等采购数量，提高置换、购买新能源汽车的政府补贴，提升企业单位和居民购买新能源汽车的积极性。

8. 营造良好用车环境。研究制定不限行、充电停车费减免、充电停车位专享、补贴充电费用等政策措施，开辟新能源汽车上牌、保险、年检绿色通道，扩大通行范围。

四、培育重点产品，加大推广应用

9. 强化产品质量。引导企业瞄准国际、对标一流，加强设计、制造、测试验证等全过程可靠性技术开发应用，健全产品全生命周期质量控制和追溯机制，在突出节能性的基础上，不断提升安全性和产品使用性能。

10. 注重品牌打造。支持中国重汽、中通客车、上汽通用五菱青岛分公司等国内领先的整车生产企业加大对新能源汽车的研发力度和生产规模，不断扩能增效，利用现有渠道优势进一步拓展市场，打造国际知名的行业领先企业。鼓励零部件生产企业不断提升技术水平和产品档次，实现专业化、规模化、高端化发展，形成一批国际知名品牌。

11. 拓宽应用场景。率先推动市政、公交、出租、快递物流等公共服务领域的新能源车辆应用，发挥示范引领作用。

五、健全配套体系，完善服务保障

12. 加快充换电基础设施建设。健全“车桩网”融合发展机制，统筹做好城市公共停车场、居民小区、高速公路服务区、乡镇驻地等重点场景充换电设施建设，加快换电模式创新，优化公共快充服务网络。采用光伏发电、储能和充电桩联合的分布式微网新能源车充电模式，减轻电网压力，提高充电效率。积极引导企事业单位、社会资本、物业管理参与充电设施建设，推进区域充电标准化、便捷化。引导充电服务商合作共建充电服务平台，实现信息共享与统一结算。

13. 推进氢能供给体系建设。根据氢燃料供给及应用场景需求，加快储运装备研发，合理布局加氢基础设施，形成氢能供储链条，突破燃料电池汽车推广应用瓶颈。探索利用现有场地和设施，开展油、气、氢、电综合能源供给服务。

14. 健全电池回收利用体系。建设全省统一的动力电池回收利用政府监管和追溯服务平台，严格管理动力电池从出厂到报废的所有环节。根据地域市场特点，确定回收渠道和再生利用规模，形成规范的回收利用闭环模式。开展动力电池阶梯利用试点工作，推广复制成功模式。

15. 规范相关标准与工作流程。分类统一新能源汽车动力电池标准，建立充电桩充电效率标准和电动汽车充换电标准，完善充换电、加氢等基础设施建设、验收行业标准，规范选址审核、建成验收、运营监管等工作流程，确保补能设施科学建设、安全运行。支持有条件的地区积极开展试点，争取在新能源汽车换电模式标准化、通用化发展方面走在全国前列。

六、开拓海外市场，深化交流合作

16. 加强国际交流合作。利用新能源汽车国际交流合作平台，把国外的科技、产业资源与省内相关方面进行对接，深化研发设计、贸易投资、技术标准、人才培训等领域的交流合作，积极参与国际规则和标准制定。派员与对方政府进行沟通，做好长期规划，提前落实配套产业政策、税收政策、进出口政策等。

17. 适应国际市场需求。认真调研海外市场，制定产品及营销策略，适应海外市场特点，创新设计新能源汽车车型，投放差异化优势产品，提供更为多元的品牌选择。

18. 完善海外服务链。鼓励优势企业加快国际化步伐，从整车生产、销售，到配套设施建设、用户全生命周期服务等方面，通过输出整体的解决方案，不断完善新能源汽车产业海外发展布局。

关于推进医防融合慢性病管理工作的协商报告

教科卫体委员会

10月14日，省政协在济南召开“推进医防融合慢性病管理工作”月度协商会。省政协副主席林峰海主持会议并讲话，省政协副主席赵家军、唐洲雁出席会议，省政府副秘书长张连三出席会议并介绍情况。

省政协主席葛慧君对这次月度协商工作高度重视，多次调度工作进展情况，及时给予指导。8月份以来，教科卫体委员会组建调研组，通过实地调研、协作调研、文献研究、座谈交流等方式，深入了解情况。发挥省政协平台优势，积极开展“云调研”，在“山东通”APP“主题议政”平台开展网络议政，医药卫生、教育、科技、体育等界别委员积极参与，提出200多条成熟的意见建议。在“爱山东”APP“有事多商量”平台开展民声连线，广泛联系界别群众，听取各方声音，群众访问量达到46万人次，570多人参与了互动，真正实现了“开门协商”“聚识汇智”。协商会上，赵家军副主席结合调研情况作了主题发言，10位省政协委员、专家学者和基层医疗卫生机构、医养结合养老机构、企业代表作交流发言。其中，5位同志结合工作实际提出问题，与省教育厅、省民政厅、省卫生健康委、省体育局、省医保局负责同志开展协商交流。

大家认为，随着经济社会的发展、人口老龄化速度的加快，心脑血管疾病、癌症、糖尿病等慢性病成为威胁居民健康的重大公共卫生问题。推进医防融合慢性病管理工作，对于提升慢性病患者的获得感，降低并发症发生率和住院率，减轻患者经济负担，提高全民健康素养和生活质量具有重要意义。近年来，我省不断完善慢性病综合防治机制，在加强健康教育、完善监测机制、构建健康支持性环境、加强基层能力建设、推进“互联网＋医疗健康”、推进中医药服务等方面全面发力，居民健康素养水平大幅提升，健康核心指标明显改善，重大慢性病过早死亡率大幅下降，在全国率先探索推进“三高共管 六病同防”医防融合慢性病管理模式，打造国家级“慢性病综合防控示范区”29个，走在了全国前列。

虽然我省医防融合慢性病管理工作取得了积极成效，但短板和制约因素仍然存在，主要表现为：一是重医轻防的思想未从根本上改变。长期以来，与医疗服务体系建设相比，公共卫生服务体系建设相对较慢，发展不平衡；人民群众自我健康管理的意识薄弱，慢性病防治素养水平不高。二是紧密的协作机制尚未建立。“三医联动”不够顺畅，卫生健康、医保两部门各自与医疗机构建立支付接口，“互联网＋医疗健康”服务平台与医保结算系统互不联通。三是人员力量薄弱。目前，公共卫生人才数量少、流失严重、队伍不稳，特别是基层招人难、留人难现象更为突出，人员普遍学历低、年龄大，梯队建设严重断层。四是经费投入难以满足需求。部分地区卫生健康财政性预算拨款比例不高，专项经费补偿不到位，限制了慢性病防控信息化、专业化水平的提升。

经过深入协商，大家一致认为，要建立政府主导、部门协作、社会动员、全民参与的管理体系，疾控部门、二级以上医疗机构、基层医疗卫生机构分工协作，从宣传教育、部门协作、人才引育、环境建设、“治未病”等方面全方位提高慢性病管理水平。

一、凝聚宣传合力，提高群众健康意识

1. 开展立体宣教，引领健康风尚。坚持预防先行，加强健康教育，形成全方位、多渠道、立体式宣传教育格局。充分利用“健康山东”微信公众号及微博、抖音等新媒体，大力开展健康知识普及，引导群众做好自我管理，从病因预防入手，倡导健康生活方式，从源头上降低慢性病的发病风险，让“自己是健康第一责任人”“运动是良医”等理念深入人心。

2. 增加知识供给，掌握科学方法。充分发挥省健康科普专家库作用，增加高质量健康知识供给，通过开展科普讲座、撰写科普文章、开展网络直播等，传播科学、权威的慢性病防治知识。加强网络监管和信息审核，及时处置误导群众的伪科学和错误言论。

二、加强部门协作，打造协同联动模式

3. 主管部门协调，完善工作机制。卫健、财政、医保等部门协调配合，健全慢性病管理政策法规体系，明确职责，统分结合，强化督查，建立稳定的经费投入保障机制，将公共卫生机构基础建设、设备配备及人员经费等列入财政预算。

4. 公卫医疗协同，深度保障服务。推进公共卫生服务和医疗服务协同发展，充分发挥疾控中心在慢性病防、控、管中的作用，建立集早期筛查、风险评估和健康管理于一体的重点慢性病综合干预机制。加强医疗机构内部公共卫生服务能力建设，补齐二级三级预防短板，实现从“治病为中心”到“健康为中心”的转变。

5. 探索工作创新，深化体卫融合。借鉴国内外成熟经验，在公立医疗机构内建立医学健身中心或运动治疗中心，探索建立多方共赢的利益分配机制，优化流程，发挥体育非医疗手段作用，严格康复治疗师、健康管理师、运动处方师等从业人员的职业资格认证，让运动这味“良药”在专业人员的科学指导下，发挥疗效，增强体育健康效应。

6. 强化三医联动，完善医保支持。增强医保、医疗、医药改革的联动性，构建线上线下的医保服务新模式，扩大医保支付范围，开展专项保障，推进集中带量采购，深化复合式支付改革等，实现慢性病医保政策全覆盖，让群众享受更便捷、更实惠的医疗服务。

三、夯实基础力量，补齐人才资源短板

7. 设置慢病专业，加大人才培养。建立医防融合的医学教育模式，将预防医学与临床医学课程教学融合，加大公共卫生、护理、康复等慢性病管理专业人才培养，增设体医融合课程和专业，精心设计人才培养方案，培育更多公共卫生与临床医疗、体育与医疗复合型、实用型人才。

8. 优化资源配置，补齐基层短板。发展紧密型医共体，通过医疗资源下沉、开展技能培训等方式，提高基层慢性病管理能力。设立专项经费，给予公立乡镇卫生院公益一类事业单位人员经费补助，逐步解决乡村医生的编制问题，大大提高基层医护人员收入，加大对基层优秀医疗卫生人才的宣传，以优厚的待遇、畅通的晋升发展渠道、较高的社会地位吸引人、留住人，夯实基层网底。

四、提高诊疗能力，全面增强防控水平

9. 畅通双向转诊，规范就医秩序。建立基层首诊、双向转诊、上下联动、急慢分治的就医秩序，着重加强基层医疗卫生机构标准化、信息化建设，增加床位、更新设备、提高医疗硬件设施等，鼓励并规范病情稳定的慢性病患者到基层就诊，减轻就医负担，对超出基层医疗卫生机构功能定位和服务能力的患者，提供转诊服务。

10. 整合部门职能，实现同质管理。试点整合社区卫生机构、三级医院和疾控中心的相关部门，发挥三级医院业务和技术优势，成立慢病管理中心和泛血管病管理中心。管理中心利用信息化和大数据，牵头管理社区卫生中心和乡镇卫生院，制定相应诊治标准，统一诊治内容，明确不同阶段诊疗目标，以达到同质化管理的目的。

11. 发展信息技术，实施智慧医疗。利用推进“互联网 + 健康医疗”示范省建设的契机，发挥全民健康信息平台作用，将医疗服务、医疗保险和公共卫生信息资源进行整合，提高智能监测、远程医疗、线上支付便民化水平，逐步实现居民慢性病全生命周期动态管理。建立多学科协作的管理平台，开展预防宣教 、整体筛查和风险评估，落实多学科系统性治疗方案，从疾病上游进行早期预防、干预、诊断、治疗和康复。

五、构建支持环境，织密健康管理网络

12. 降低危险因素，打造健康环境。落实“将健康融入所有政策”的理念，建立健全健康影响评价评估制度，系统评估经济社会发展规划和政策、重大工程项目对公众健康的影响，打造健康的饮食环境、良好的健身环境、绿色安全的生产生活环境，举全社会之力，将慢性病危险因素降到最低，构建大健康发展格局和服务体系。

13. 创造有利条件，推广全民健身。推进健康细胞工程，充分利用城乡闲置土地资源，建设健身步道、健康主题公园等，完善“15 分钟健身圈”。积极推动各级各类公共体育设施在课后和节假日，免费或低收费有序对外开放，为群众健身创造条件。

14. 鼓励方式创新，提供优质服务。探索通过政府购买服务等方式，鼓励引导、支持各类公益慈善组织、行业学（协）会、社会团体、商业保险机构、企业等积极参与健康咨询和健康管理等相关工作，通过探索推广新的医疗保健模式，使群众求助、求医更加方便。

六、坚持预防为主，实现诊治关口前移

15. 推广中医中药，下足预防功夫。加强省、市、县三级中医医院治未病中心（科）建设，充分发挥中医对慢性病预防、诊治、保健等方面的独特优势，对慢性病高危人群进行风险评估和健康指导，推广中医养生、经络调理、食疗药膳、内病外治等特色治疗手段，为百姓提供全方位的中医健康管理。

16. 普及健康检测，实现早诊早治。完善和推广居民自我检测、健康体检、慢性病筛查、健康干预等适宜技术和管理模式，扩大健康筛查覆盖面，加强对青少年学生、老年人、职业人群等重点人群的健康管理，提升血压、血糖、血脂异常的筛查率，做到早诊早治，关口前移，提高治愈率，减轻患者负担。

关于整合昆嵛山综合资源打造文化生态名山的协商报告

民族和宗教委员会

11 月 29 日，省政协在济南召开“整合昆嵛山综合资源 打造文化生态名山”月度协商会。省政协副主席林峰海主持会议并讲话，省政协副主席唐洲雁出席会议。省政府副秘书长王健出席会议并介绍情况。本次会议采用现场交流与视频连线相结合方式，设烟台、威海两个分会场。

省政协党组对这次协商会高度重视，葛慧君主席多次调度，提出明确要求。省政协通过与市县政协联动调研、委员自主调研、网络议政等多种形式，全面了解情况、征集意见建议。170 余名省市县三级政协委员及专家学者、部门同志参与网络议政，提出意见建议 1000 余条。月度协商会上，省政协副主席唐洲雁结合调研情况作了主题发言，省政府副秘书长王健介绍了有关方面的情况，回应了大家的关注关切；省市政协委员、专家围绕昆嵛山生态文化建设、红色文化赓续、优秀传统文化传承、康养资源发掘、文旅融合发展等方面与省委宣传部、省自然资源厅、省文化和旅游厅负责同志进行了深入协商交流。

经过协商讨论，大家一致认为，昆嵛山自然禀赋突出、文化资源富集，既是显著的地理坐标，也是独特的文化标识，更是一座值得挖掘的宝藏。这里历史文化源远流长，素称“海上仙山之祖”。二十四节气的“春分”在此测定，史称“羲仲宾日”；秦皇汉武多次东巡经过此地，留下大量民间传说；东汉时期，儒学家郑玄在此讲学；隋唐时期，无染寺、六度寺兴盛一时；金元时期，全真教在此创教布道；明清时期，周边密布卫所军寨，成为巩固海防、抵抗倭寇的历史见证。这里名胜古迹众多，既有汉代“永康”石刻，又有金元帝王敕封的“圣旨碑”“懿旨碑”等铭记。圣经山上的《太上老子道德经》大型摩崖石刻，无染寺的汉碑、唐碑，东华宫的五代五华碑，更是难得一见的珍品。这里红色文化丰富，是胶东红色革命的摇篮，有“胶东小苏区”美誉。1935 年席卷胶东的“一一四”暴动、1937 年闻名全国的天福山起义、1938 年打响抗日武装第一枪的雷神庙战斗都发生在昆嵛山地区。以昆嵛山红军游击队为源头走出的中国人民解放军第 27、31、32、41 集团军，为中国革命立下了不朽功勋。著名长篇小说《苦菜花》《迎春花》《山菊花》就是以昆嵛山抗日斗争为背景创作的。这里生态资源富集，是我省唯一的森林生态型国家级自然保护区、国家森林公园、国家生态旅游示范区。这里还是中国赤松的原生地和全球赤松林分布面积最大、保护最完好的天然分布中心；拥有植物 1073 种、鸟兽和昆虫 1161 种，全球同纬度生物多样性最丰富的地区之一；是国际上目前唯一进行“森林有害生物自然控制”项目研究的森林生态系统定位研究之地。

近年来在省委、省政府的有力领导下，烟台、威海两市贯彻落实新发展理念，在昆嵛山总体格局、要素配置等方面，作出科学规划，开展系列工作，取得一定成效。但相较于昆嵛山本身丰富的资源优势、深厚的历史底蕴来说，目前的资源整合、优势挖掘、宣传推介等工作做得都还不够，这也导致昆嵛山在影响力、知名度上没有达到应有的高度。当前虽被列为中国十大道教名山，但在全国名山综合评价中，没有入围前一百名，与其优势和底蕴不匹配。整合昆嵛山综合资源，将其在历史、文化、生态、旅游等方面的优势发掘出来、宣传出去，是贯彻落实党的二十大关于文化建设和生态文明建设部署安排的务实举措，也是落实省第十二次党代会打造文化“两创”新标杆和一批文化新地标部署安排的实际行动。为此，建议：

一、加强昆嵛山优秀传统文化的保护修复和整理挖掘，打造“两创”新高地。昆嵛山地区汇集了东夷文化、齐文化、海疆文化、宗教文化、民俗文化等诸多独特的传统文化形态，在全省乃至全国都是独树一帜的宝贵财富。要加强对文物遗迹的保护修复，组织专家对烟霞洞遗址、圣经山摩崖石刻、旸谷山测定春分遗址等文化遗产进行整理、挖掘；做好昆嵛山区域非遗资源的普查，加强对如麻姑寿饼等非遗资源挖掘阐释和创新利用，建设一批带动群众就地就近就业的“非遗工坊”；深度挖掘昆嵛山优秀传统文化中蕴含的人文精神、价值理念、道德规范，构建脉络完整的文化体系，通过创造性转化、创新性发展，使之与时代语境相符，成为提升文化软实力的“助推器”。

二、推动红色文化传承赓续，讲好昆嵛山红色故事。从明清时期抗击倭寇，到土地革命、抗日战争、解放战争每一个时期，这片土地上都留下了许多可歌可泣的历史印记和红色故事。讲好这些故事，是传承赓续胶东人民、山东人民红色基因的生动体现。为此，要加大昆嵛山红色资源整体挖掘力度，开展红色资源专项调查，对红色文化历史进行抢救性保护；系统提炼阐发胶东人民同仇敌忾、共赴国难的革命精神和感党恩、听党话、跟党走的红色基因，构建历史脉络完整的胶东红色文化体系；深化与中央和省级媒体的合作，创作推出一批以胶东红色革命历史为题材的文艺作品，策划开展有分量、有深度的宣传活动，讲好红色昆嵛山故事，提升昆嵛山的知名度和影响力。

三、擦亮生态底色，书写绿色画卷。绿水青山就是金山银山，昆嵛山文化生态名山建设必须坚持生态优先，绿色发展。要严守生态保护红线，加强重点区域保护修复，做好生物多样性保护管理，维护生态系统健康稳定发展；放大自然禀赋优势，推动科研科普与自然教育相结合，探索建立高标准物种研究基地，努力把生态资源优势转化为科学研究高地；根据自然保护区功能划分，以保护生物多样性和森林生态系统为重点，聚焦“双碳”目标，探索森林碳汇价值实现路径，有序开发利用。

四、构建新型产业体系，推动区域绿色低碳高质量发展。昆嵛山不仅是一个生态载体和文化载体，更是一个重要的产业载体。依托优越的自然生态环境、深厚的传统文化底蕴和鲜明的红色文化特色，昆嵛山在现代文旅产业、新型康养服务以及碳汇功能与投融资服务等领域，优势得天独厚。要依托优越的生态环境，走好产业生态化与生态产业化协同发展之路，把生态环境优势转化为生态农业、生态工业、生态旅游、康养产业等生态经济优势；建立资源环境容量的底线约束机制，科学确定人口活动规模及其容量上限，提升环境监测管理能力和数字化展示水平，努力打造生态旅游、生态康养示范区；整合省级宣传、文旅等部门的资源要素，引荐有实力、有资源的项目方共同开发，围绕“仙境海岸”文化旅游目的地品牌，突出生态文化、健康养生元素，策划推出昆嵛山特色生态文化品牌；以胶东红色遗迹为圆心，将红色旅游景点和红色文化展馆串点成线、连线成面，打造红色研学等新业态。

五、加大统筹引领力度，从省级层面打造好昆嵛山这张亮丽名片。尽快出台实施意见，成立相关机构或建立联系会议机制、常态协调机制，明确各级各部门职责分工，指导推动烟台、威海两市具体落实；完善各项要素支撑，强化政策、资金等配套支持，加强生态保护及重点产业政策扶持，推动建立吸引社会资本参与生态保护修复的市场化投融资机制，协调推动生态旅游、特色文旅等重大项目建设；构建同频共振的大旅游框架，依托《胶东经济圈文化旅游一体化高质量发展合作框架协议》，强化昆嵛山在胶东经济圈文化旅游产业发展中的突出地位，加强与蓬莱阁、养马岛、刘公岛等周边区域旅游资源的融合联动发展，利用“好客山东”新媒体矩阵，加大形象展示，形成集群发展效应；在生态防护方面要完善监测信息共享、联合执法监管等制度，指导烟台、威海两市及所辖县（市、区）做好联防联控工作，切实保护好昆嵛山地区生态系统的原真性和完整性。

向海开新局全力打造世界一流海洋港口

——关于“融入双循环，推进山东港口高质量发展”协商报告

经济委员会

12月15日，省政协在济南召开“融入双循环，推进山东港口高质量发展”月度协商会。省政协主席葛慧君主持会议并讲话，省政府副省长凌文出席会议并介绍情况。

省政协党组对这次协商会高度重视，慧君主席对筹备工作高度重视、精心谋划，明确了协商有力度、议事见成效的目标要求。经济委员会深感使命在身、重任在肩，多次组织召开分党组和主任会议，传导压力、细化责任，研究推进举措。6月份以来，坚持统筹出精品、协同聚合力的工作思路，组织赴青岛、滨州、东营、日照等市实地调研，与烟台、威海等市政协联动调研，商请上海、浙江等地提供典型经验，全面了解一线情况，学习先进做法。同时，立足“有事多商量”协商平台、“界别同心汇”聚识平台、“鲁力同心”宣传平台的协商载体、宣传阵地作用，在整合贯通上下功夫，面向委员和社会各界广泛征求意见建议。在此基础上，努力克服疫情带来的不利影响，多次赴代表性企业开展“微调研”，先后组织4场线上线下交流会，分别邀请省直部门、专家学者、企业家等深入研讨、积极建言。

凌文副省长与部分委员、专家进行了互动交流。10位省政协委员、专家学者和企业代表，分别在主会场或通过视频连线方式，围绕机制建设、RCEP政策、产业平台、板块整合、多式联运等方面作了交流发言，5位省政协委员、地方政协代表踊跃提问，与省发展改革委、省交通厅、济南海关、省港口集团负责同志进行了深入协商。

经过协商讨论，委员们认为，组建省港口集团，整合港口资源，是省委、省政府着眼我省海洋优势，服务和融入新发展格局的科学决策，是实施深化改革攻坚、推动更高水平开放的成功案例。组建后的山东港口，畅通循环的综合枢纽功能持续放大，保稳保供的核心节点作用日益凸显，经济发展的支撑保障能力不断增强，世界一流海洋港口的建设步伐正加快推进。

委员们认为，虽然港口整合发展取得了较大成效，但对标《海洋强省建设行动计划》和《全省沿海港口改革方案》等，还存在一些不足，需要“补短”“育强”齐头并

进，包括：一是囿于投资大、建设周期长等因素，整合后的特色化差异化发展不够明显，不同板块协同效应尚需检验；二是在宏观经济形势、疫情等叠加影响下，新业态培育尚需加力，人才引进、渠道建设等需要持续推进；三是“港强贸弱”特点比较突出，以港口为中心，以贸易为纽带，带动金融、文旅、装备等产业联动发展的“雁阵型”格局尚未形成，港口的辐射带动作用还需发掘，内外互联、港产城融合发展需深度破题，等等。

对标习近平总书记“加快建设世界一流海洋港口”的指示要求，对照省委、省政府海洋强省战略部署，对比其他先进省份和国际一流港口建设经验，委员们建议：

（一）*强化顶层设计，以体系化政策引领港口高质量发展。*建设世界一流海洋港口，需要以中长期战略规划引领海洋港口发展，更大力度统筹推进。建议规划先行，按照《交通强国建设纲要》《关于建设世界一流港口的指导意见》和 RCEP 等有关政策，完善全省沿海港口发展中长期规划，配套制订实施方案，给予基础设施、贸易物流、资本合作、财政税收等方面的优惠政策，推进山东港口从传统装卸码头向“港口 + 物流 + 贸易 + 金融”的全链条发展，加快建设东北亚国际航运枢纽中心。强化发展统筹，积极对接国家有关部门，争取用海政策，加大涉港重点项目用地保障，为港口后续发展提供助力。推动河港一体化运营，加强海运与水运整合，加快小清河复航与运河连通，形成“内河远洋双航联动、海河陆空四位一体”发展格局。针对港口建设投资大、见效慢以及与地方关系密切等特点，建立完善重大设施协调推进机制，统筹港口集疏运体系、重大基础设施维护建设等事项，融产权、投资、运营、收益于一体，风险共担、利益共享，实现地方政府和港口间的和谐共赢。

（二）*科学谋篇布局，以全球化思维参与国际竞争。*在“双循环”新发展格局下，港口要进一步明确“东西双向互济、陆海内外联动”的战略定位，发挥好现代流通体系的战略支点作用。建议自身抓整合，更大力度、更深层次推进各大港口特色化、差异化发展，对基础设施、重点项目、重点客户、功能布局等统一管理、集中调度，推动业务高效协同、资源集约利用，提升议价、融资和资源开发能力。对内抓联合，加强与国内省内中西部地区合作，在重要城市和物流节点布局内陆港，优化海关、边防、检验检疫流程，完善仲裁、金融、保险、贸易、保税、海事等口岸环境，实现港口物流信息安全共享和业务协同管理一体化运营，从内陆港完成报关手续，抵达港口后直接上船出海。对外拓渠道，探索“飞地”经济，携手招商局、中远海运等央企，在港口建设、临港工业、海洋产业、物流贸易等方面开展合作，到非洲、中东等地投资运营港口，打通前沿战略基地。针对日益激烈的行业竞争，主动走出去与大型矿山、企业集团、船舶公司、内陆港和沿海港口开展战略合作，以资本为纽带，以共赢为基础，构建资源方、贸易方、运输方、港口方协同配合的利益共同体。

（三）*注重配套协作，以一体化联动加快港产城融合发展。*现代化的港口是一个强大的临港产业集群，促进港口资源功能与城市发展深度对接融合，能够有效推进以港聚产、以产兴城、港产城一体化发展。建议建立完善常态化港地对接机制，提升《港产城融合发展规划》，密切与城市产业发展、新老城区建设改造、重点交通路网、物流园区建设等衔接配套，推动港口建设与城市发展、临港产业衔接联动，打造具有山东特色的临港经济体系。大力推进“前港后厂”发展模式，加快推进油气中心、装备制造基地、国际交流中心等重点项目建设，带动下游企业发展，培育新的产业发展集群。大力支持贸易金融发展，立足综合航运体系，推动港航、金融、大宗商品供应链、船舶服务等在港城集聚，形成港航新业态的统筹发展。持续做大文旅产业，丰富邮轮旅游航线和产品，稳慎推进邮轮海上游航线试点，研究探索国内游航线，推进邮轮母港建设，完善落地配套设施，港地携手推进文旅产业发展。

（四）加速数字赋能，以智慧化绿色化运营提升港口水平。从机械化向智慧化绿色化转型，是利用现代技术和资源推动港口高质量发展的必由之路。建议持续深化“交通强国智慧港口建设试点”，依托“1+N”开放共享共建模式，加强与华为等信息化企业合作，打通“技术流、信息流、业务流”，完善智能港口管理平台，提高港口运营效率。针对港口装卸作业和堆存过程产生扬尘等问题，发挥跨区域、多港区统筹联动的大气环境智慧管控平台作用，加强监控、提前预判、及时响应处理。加大推广新能源新设备，加快淘汰高污染、高能耗机械设备，扩大电力、氢能、天然气、先进生物液体燃料等清洁能源应用，更大力度推进“散改集”封闭舱建设，提升绿色生产水平。加强安全生产管理，完善三维可视化监管系统，建立“陆海空”立体巡查模式，动态掌握危货企业储存设施的储存货类及日储存量，实时监管，精准识别，提前预警。

（五）拓展要素效能，以平台化服务释放发展新动能。建议充分发挥整合后港口集团的平台优势，统筹要素资源，提升服务效能，更大力度拓展市场。依托大数据、人工智能、物联网等技术，建立统一的业务调度平台，实时调度货轮、车辆、货物数据，压缩业务流程，简化手续办理，提升货物运转效率。更大力度推进多式联运，建设现代化综合联运服务中心，以效能最高为目标，完善海陆水铁联运网络，推进“公转铁”“公转水”“散改集”，提升物流服务效能。加强新兴业务开拓，围绕全流程物流运输，搭建金融机构、供应链企业和第三方物流企业合作平台，开展投资、信托、租赁、抵押等综合金融服务，赋能港口增值发展。以利益共享机制为基础，与阿里巴巴、京东等跨境电商合力共建海外仓，搭建重点物流企业优先装卸转运的快捷运输链，形成电商、物流商和港口集团间的紧密战略合作。

关于推动《山东省残疾预防和残疾人康复条例》立法的协商报告

社会法制委员会

近期，省政协社会法制委员会联合社会福利和社会保障界别，围绕推动《山东省残疾预防和残疾人康复条例》（以下简称《条例》）制定开展立法前协商。调研组赴泰安开展实地调研，听取当地职能部门、康复服务机构、残疾人代表意见建议；在济南召开协商座谈会，部分政协委员、专家与省残联、省教育厅、省民政厅、省财政厅、省人力资源社会保障厅、省卫健委、省医保局负责同志，就《条例》草案建议稿条款内容进行了深入协商交流，形成以下共识性意见建议。

一、《条例》立法总体思路

2017 年国家颁布《残疾预防和残疾人康复条例》将残疾预防和残疾人康复工作纳入法制化轨道。我省制定实施的残疾人相关立法包括《山东省实施〈中华人民共和国残疾人保障法〉办法》《山东省按比例安排残疾人就业办法》《山东省无障碍环境建设办法》等，现有立法较少直接涉及残疾预防和残疾人康复内容。

省人大常委会 2019 年将《山东省残疾预防和残疾人康复条例》列入年度立法计划，2020 年、2021 年两次列入抓紧推动的立法事项，2022 年列入年内初次审议的项目。《条例》将是全国首部关于残疾预防和残疾人康复方面的地方性法规，内容具有较强的创新性。应坚持问题导向，立足实践需求，符合《残疾预防和残疾人康复条例》《中华人民共和国残疾人保障法》等上位法精神以及国家政策规定，与卫生健康、民政、教育等部门和残联组织的政策相衔接，使其更具有可操作性。

二、关于《条例》草案建议稿的修改建议

（一）“总则”章

1.“乡镇人民政府、街道办事处根据残疾预防和残疾人康复工作需要”修改为“根据本地实际情况”。

2. 注重发挥社会组织等多元主体力量，增加鼓励和支持社会组织、个人捐助残疾预防和残疾人康复事业相关内容。

（二）“残疾预防”章

3. 建议细化卫生健康部门残疾预防内容。卫生健康部门在孕前优生健康检查、科学备孕、产前筛查、新生儿疾病筛查中发挥了重要作用，有效降低了出生缺陷风险，建议增加相关内容。

4. 婚检不是办理结婚登记的必备条件，并非民政部门的职能职责，主要由医疗机构出具医学意见。建议加强对婚前医学检查服务的指导部门删除民政部门。

5. 因我省致残性传染病疫苗接种率常年保持较高水平，建议将“提高致残性传染病疫苗接种率”修改为“保持较高水平疫苗接种率”。

（三）“康复服务”章

6. 残疾人康复服务机构政策支持方面的表述建议与上位法保持一致。“社会力量举办的残疾人康复服务机构和政府举办的残疾人康复服务机构在准入、执业、专业技术人员职称评定、非营利组织的财税扶持、政府购买服务等方面执行相同的政策。”参考上位法表述，不单独提社会力量举办的残疾人康复机构的优惠扶持政策。

7. “禁止基于残疾的歧视。禁止侮辱、侵害、虐待残疾人”修改为“禁止歧视、侮辱、侵害、虐待残疾人”。

8. 细化残疾儿童康教融合的内容。支持特殊教育学校申办残疾儿童定点康复机构。支持承担残疾儿童康复救助任务的机构设立特殊教育幼儿园、学前部（班）或者特殊教育学校、特殊教育部（班）。县级以上教育、卫生健康部门和残疾人联合会应当对居家生活的适龄重度残疾儿童提供上门服务，按照国家和省有关规定定期开展送教、送医、送康服务。

9. 增加对特殊教育行业教师的政策支持。根据需要在普通幼儿园和普通学校设置特殊教育资源教室，配备专职特殊教育教师，并在绩效工资分配、职称评聘、评优树先时给予倾斜。

10. 增加第三方评估残疾人康复服务质效相关内容。探索引入第三方机构定期对残疾人康复服务开展情况进行评估，并向社会公布。

（四）“监督保障”章

11. 将“监督保障”章题目修改为“保障措施”。因该章节中监督内容较少，可以融合到康复服务等内容中。

12. 规范医疗保障部分表述。将符合条件的残疾人康复服务机构纳入“基本医疗保险定点医疗机构范围”修改为“基本医疗保险定点医疗机构协议管理范围”。

13. “健全完善医疗保险基金支付与残疾人康复质量相挂钩的管理机制”修改为“健全完善考核管理机制”。结合 2021 年《定点医疗机构协议履行评价规范》，残疾人康复质量已经作为医疗服务质量的一方面，纳入考核指标体系，建议不单独设立考核指标体系，概括表述。

14. 合理界定产业发展职责主体。将“县级以上人民政府支持残疾人辅助器具产业发展”修改为“省、市及有条件的县（市、区）人民政府和有关部门”。

15. 做好医疗保障、医保救助等政策衔接。参照《山东省精神卫生条例》，建议将

“提高严重精神障碍患者救治保障水平，逐步实现所有精神障碍患者获得免费救助救治”修改为“完善严重精神障碍患者救治救助保障机制，对严重精神障碍患者逐步实现免费救治”。

关于加强和改进新时代市县政协工作的调研报告

研究室

今年 3 月，为协助省委起草《关于加强和改进新时代市县政协工作的实施意见》，省政协党组部署开展了新时代市县政协工作情况调研。调研在三个层次同步展开，一是由省政协党组成员带队，分四路到 8 个市开展实地调研；二是部署各市政协开展自主调研，形成调研报告报送省政协；三是省政协面向市县两级政协设计发放调查问卷。3 月底，在汇总梳理以上材料基础上，形成综合调研报告。

一、市县政协工作基本情况

目前，市县政协委员总计 40233 名，其中市级 7220 名，县级 33013 名，本科以上学历的占 58.5%，研究生以上学历的超过 10%；中共党员委员、常委占比均在 40% 以下；教育、卫生系统委员占比较高；界别设置市级政协平均有 28.7 个，县级平均有 24.3 个。

市级政协一般设有办公室、研究室、委员活动工作室和 7—9 个专委会，机关保障中心、文史馆等 1—2 个事业单位，专委会下设办事机构。县级政协工作机构 4—12 个，平均为 6.8 个，部分专委会办事机构综合设置。市级政协机关行政编制平均 51 个（不含主席、副主席），实有人员平均 71 名；事业编制平均 19 个，实有人员平均 12.6 名。县级政协机关行政编制平均 14.7 个（不含主席、副主席），实有人员平均 22.4 名。

总体上看，各市县能够坚持以习近平总书记关于加强和改进人民政协工作的重要思想为指导，较好贯彻落实中央和省委政协工作会议精神，推进各项履职工作有所提升。从整体效果看，市级政协工作好于县级。

（一）坚持和加强党对人民政协工作的领导方面。市县两级党委注重加强和改进对政协工作的领导，对中央和省委文件中有明确规定的要求落实及时，比如，定期听取政协党组和常务委员会工作情况汇报、党委主要负责同志参加政协全体会议讨论、将地方政协机关列为同级党委统战工作领导小组成员单位、党委统战部部长兼任同级政协党组副书记等，都已落实。对一些原则性要求，则落实情况不一。市县政协党组注重发挥在政协工作中把方向、管大局、保落实的领导作用，注重加强思想政治引领、加强党的创新理论武装。市县政协党的建设得到加强，市县政协党组普遍成立，机关党组设立情况不一，这方面市级政协动作较快。基层党组织的政治功能得到加强，涌现出一批特色党建品牌。

（二）建言资政工作方面。除全体会议外，市级政协一般每年召开2次专题议政性常委会会议，举办4—6次重要协商活动；县级政协则一般是1次专题议政性常委会议、2—4次重要协商活动。在组织视察方面，各市各县政协差别较大，每年从2次、3次、到20次、36次。近年来，部分市县政协加强协商平台建设、积极打造协商品牌。比如，济南市的“商量”、青岛市的“倾听与商量”、东营市的“月度协商会”、德州市的“协商面对面”，泰安市岱岳区的“为民协商”、日照市岚山区的“草根协商”等，在全省乃至全国政协系统都产生了一定影响。另外，多数市县政协注重利用已有的乡镇（街道）政协委员联络室、社区党群服务中心等，推动政协协商向基层延伸。比如，德州市建立了“委员议事室”“委员工作站”等履职阵地，聊城市打造了界别、委员或专委会工作室近140所，有些“委员工作室（站）”还获得了全国政协系统的“优秀委员工作室”称号。

（三）凝聚共识工作方面。对思想政治引领、凝聚共识工作重要性的认识加深，有的制定出台了加强凝聚共识工作的实施意见或办法，在坚持利用学习、培训、理论研讨等传统方式方法之外，进行了新的探索。比如，济宁市建立了专项工作委员宣讲制度，聊城市建立“主席会议成员联系服务常委、常委联系服务委员、委员服务联系界别群众”的“三联系”工作制度。

二、存在的主要问题

（一）对人民政协的性质定位作用认识不到位、把握不准确。一是少数党委主要负责同志，将政协作为普通工作部门在全局工作中摆布，安排政协主席担任地方重大任务、项目的“总指挥”，以承担多少攻坚任务来考量政协是不是“有为”。将政协作为安排干部的场所，不顾政协编制情况实际，将不好安排的干部往政协安排，致使市县政协超编缺编现象并存。如莒县政协5年进了14个干部，且都是党政部门年龄偏大的同志，但仅交流出去2人。二是有的市县政协领导，认为到政协工作就是不再受组织重用了，多数有“船到码头车到站”思想，把政协当成养老、歇脚的场所，干劲不足。有的虽有干劲，但用力方向有问题，导致“种了别人的田，荒了自己的地”。比如，有的政协主席把主要精力放在了党委政府交办的担任“总指挥”一类任务上，有的还引以为荣，对政协的工作则用力不够。有的认为政协工作虚、没啥用，政协协商活动多了反而给党委政府添麻烦，所以开展协商活动不主动，一些重要协商活动也不主动邀请党委、政府负责同志参加。“不干没意思、干点意思意思、干多了什么意思”“白酒几两，开会鼓掌，下班一躺，啥事不想”“民主就是开会，团结就是喝醉”等挂在他们嘴边的顺口溜，就反映了他们的错误认识。

（二）建言资政和凝聚共识双向发力质量不高。在建言资政方面，有的在选题上很随意、不聚焦，与党委、政府中心工作结合不紧。有的不落实党委会同政府、政协制订年度协商计划的规定，关起门来搞计划。有的协商活动走形式、走过场，交流互动不深入不充分，敷衍了事，议政成果转化为党政决策的少，反馈和跟踪落实机制不健全。不少市县政协虽然对协商品牌作了探索，但存在定位不准确、运作不规范的问题。在凝聚共识方面，有的理论学习体系不健全，委员读书活动开展不经常，不少县级政协至今没有建立习近平新时代中国特色社会主义思想学习座谈会制度。思想政治引领的方式方法单一，以传统的集体学习、政策宣讲等为主；走到界别群众中，开展深入的谈心交流和实地联系走访较少；不善于利用新媒体丰富载体平台。

同时，大部分市县政协普遍存在重建言资政、轻凝聚共识的现象。习惯于把每年报送了多少调研协商报告、领导同志批示了多少件次等作为展示政协担当作为的“名片”，对如何把凝聚共识贯穿履职全过程，帮助党委政府做好宣传政策、解疑释惑、理顺情绪、化解矛盾、凝心聚力的工作提及甚少。

（三）委员主体作用发挥不充分。主要原因是委员，特别是县级政协委员，不想履职、不会履职、履职机会少。不想履职的是把“委员”当成党委、政府给个人的“奖励”，只当“荣誉委员”，不做“责任委员”。对这类委员，相当一部分市县政协没有制定过专项的服务管理制度，即使制定了也不管用、不常用。不会履职、履职机会少的原因主要在于政协组织。一是对委员培训不够。主要表现在：一方面，培训时间安排滞后，组织培训动作慢、规模小、频次低，有的地方很多委员临近届末才得到培训；另一方面，培训内容重理论、轻实践，对中央、全国政协和省委的最新部署要求培训不及时，很多培训连如何撰写提案、提交社情民意信息等内容都没安排。二是委员履职渠道不畅。有的县级政协基本不召开议政性常委会会议，经常性履职活动安排也不多，组织委员参加知情明政活动较少，很多委员想参加政协活动也没有渠道和载体，只能当个“年委员”。有些县级政协的调研协商等活动，基本由机关人员包揽，不注重吸收委员参加。

（四）机构设置不规范。现行的市县政协“三定”方案均是2004年左右市县机构改革时制订的，近20年没有重新拟订。机构设置不平衡和一些机构职能交叉，相关表述不适应当前形势任务发展的需要。一是部分县级政协机构过少。县级政协平均设有6.8个工作机构，但有12个县级政协工作机构不到5个。比如日照市东港区只设置了4个，与其区域地位、经济社会发展不相匹配。个别县级政协没有设置专委会办事机构，如滨州市6个县级政协中，只有滨城区政协综合设置了专委会办事机构。二是县级政协专委会名称五花八门。以承担社会法制职能的机构为例，有的叫社会法制文史委，有的是社会法制联谊委，还有的是社会法制科教文史委，一定程度上影响了工作交流、业务开展。

（五）政协机关编制紧张与超编严重现象并存。一是机关编制紧张方面。全省16个市政协中，有7个机关行政编制不到40名；136个县级政协中，有22个机关行政编制不到10名。另外，有56个县级政协的主席、副主席编制仍未单列，占用政协机关编制累计达328名。二是普遍存在超编现象。市级政协机关行政编制平均超编20人，超出平均核定编制的39.2%，县级平均超编7.7人，超出平均核定编制的52.4%。全省136个县级政协中，超编10人以上的有43个，聊城市东昌府区、东营市东营区超编30多人。

（六）机关人员构成问题严重。一是干部老龄化严重。普遍缺少年轻干部。以日照市政协为例，66名机关干部平均年龄51岁，50岁以上的多达41人，40岁以下的只有7人（含30岁以下的1人），且近五年未招录、调入40岁以下工作人员。二是“官多兵少”现象突出。县级政协机关科级以下干部占比不到20%，有的实际配备1名科员。由于“官多兵少”，原本应由行政人员承担的任务，很多不得不由事业人员、工勤人员和编外聘用人员承担。

（七）党的建设方面仍有短板。部分市县党委负责同志对政协党的组织建设不重视，淄博市政协至今仍未建立机关党组，绝大部分县级政协没有建立机关党组。部分市县政协落实“两个全覆盖”不到位，政协党组成员联系党员委员、党员委员联系党外委员等工作开展不经常，一些规定没有执行到位。

（八）上级政协指导不经常。各地普遍反映上下级政协沟通联系少，且联系多以临时性接待任务为纽带，有针对性的业务培训、联合调研、协同履职等较少。市县政协各部门联系上级政协对口部门的意愿不强，存在“各搭各的台、各唱各的戏”的现象。政协数字化建设上下贯通性不强，缺少满足信息共享、资源共享的硬件。

（九）其他方面存在的突出问题。一是制度建设方面。有的制度照搬照抄多、地方特色少，政策定性多、具体定量少，原则性规定多、可操作细则少，比如对重点提案督办，谁来督怎么办没有明确的制度规范。有的虽有制度，但落实执行不力。二是有些创新性做法得不到及时总结推广。有些好经验好做法，比如前文中提到的各地在协商平台载体搭建、协商品牌打造等方面的探索，没有进一步总结提升，没有固化为制度规范。三是工作中存在不靠组织靠个人现象。有些工作的开展，凭借的是“领导的资历或魄力”等。领导一换，工作就开展不起来，连一些原本基础不错的工作也都“瘫痪”了。

三、做好市县政协工作的意见建议

（一）加强市县党委对政协工作的领导

1. 将党委会同政府、政协制订年度协商工作计划制度化，确定年度协商工作计划由市县党委常委会会议研究审议，并以市县党委、政府、政协名义印发实施。

2. 对市县党委每年研究政协工作、党政负责同志每年参加政协协商活动的形式、次数予以明确。

3. 重视支持政协党组织建设，今年实现市县政协机关党组全覆盖。

4. 建立健全党委、政府主要领导阅批、领办、督办重点提案工作机制和重点提案培育机制。

5. 市县党委在本级行政编制总额内，落实好鲁编办〔2016〕264号文件要求，将主席、副主席和转到政协工作的专职常委的编制单列管理，不再占用政协机关行政编制。

6. 重视支持市县政协机关干部队伍建设，按照“进出相对平衡”的原则，加强党政机关与政协机关干部交流任职，稳步解决政协机关超编现象。一届之内，应确保有政协机关干部交流使用。

（二）强化市县政协领导干部的责任担当

7. 省政协适时组织市县政协主席学习研讨班、市县政协干部专题培训班等不同层次的学习培训，促其认清职责、提高能力、强化担当，切实发挥头雁作用。

8. 在全省政协系统深入开展主题研讨活动，激发各级政协组织和机关干部工作积极性主动性，营造干事创业的浓厚氛围。

（三）充分发挥专门协商机构作用

9. 引导市县政协把协商摆在更加重要的位置，精选协商议题、增加协商频次，提升协商质量、推动成果转化。市级政协每半年至少举行 1 次专题议政性常委会会议、每两个月至少举行 1 次重要协商活动；县级政协每年至少举行 1 次专题议政性常委会会议、每季度至少安排 1 次重要协商活动，由政协主席主持、主席会议成员参加，党委、政府领导出席。

10. 加强协商平台建设。省级层面加强统筹指导，做好顶层设计，颁发全省政协协商平台建设的指导意见，通过试点、总结，搭建全省政协三级联动协商平台，一体化打造山东政协协商品牌。

（四）加强思想政治引领，更好凝聚共识

11. 落实第一议题制度，实现习近平新时代中国特色社会主义思想学习座谈会制度在市县政协全覆盖，每季度开展一次主题学习活动。

12. 届内实现市县政协党组成员同党外委员谈心谈话、主席会议成员走访看望委员全覆盖，健全完善专委会联系界别委员、党外委员专题视察等制度。

13. 搭建委员作用发挥平台，让委员更好团结所联系的界别群众。比如，推动以界别为基础，以专委会为依托，构建“界别同心家园”。

14. 搭建委员读书平台，深化委员读书活动。制定委员读书活动实施意见，探索一体化建设“政协书院”，确保委员参加全覆盖。定期召开委员读书座谈会，交流经验，共同提高。

（五）加强对委员的服务管理

15. 加大委员培训力度、提高培训质量，确保一年内完成对新任委员的培训。

16. 统筹安排协商会议和调研考察活动，增强各级委员参与度，为他们在政协舞台上发挥作用搭建平台、创设载体、畅通渠道。

17. 建立委员“年度履职作业”制度，健全完善委员考核办法、履职管理办法、暂停履职和退出办法等制度。

（六）推动解决政协机关工作力量薄弱问题

18. 着力化解机构编制难题。协调省委编办对市县政协机构设置、编制以及专委会上下对应设置等事项拿出具体意见。

19. 多渠道补充工作力量。一方面，在敞开入口上争取，比如，为部分事业单位调剂增加编制，加大事业单位人员招聘力度；对机关服务、专业技术等岗位，推行政府购买服务。另一方面，在拓宽出口上争取，比如，对超编严重的政协机关，探索采用“退二进一”的办法，适当补充年轻工作人员。

（七）加强省政协对市县政协工作的联系指导

20. 制定加强对市县政协工作联系指导的实施意见。对全省政协工作经验交流会、党的建设经验交流会、专题读书班、秘书长工作交流会、专委会工作交流会等一届内召开频次作出明确规定。构建政协主席会议成员、秘书长会议成员、各工作机构与基层政协经常性联系机制。

21. 加大政协系统干部工作交流，探索实施系统内部上下任职或挂职交流，省政协每年安排一定数量的干部到市县政协任职或挂职，统筹安排市县政协干部到省政协机关挂职。

22. 加快省市县三级“数字政协”建设步伐，构建全省政协系统共享信息化、智慧化履职和工作平台，建议推广“商量码”“码上履职”机制。

23. 按照“平台共建、品牌共育、履职共推、资源共享、队伍共建”的思路，增加联动协商、联合调研的频次，打造省市县政协履职共同体。

24. 探索建立市县政协工作质量评价体系，适时开展年度履职成效评估，指导市县政协工作提质增效。

让“参天大树”与“灌木丛”共生共荣

——关于“加快产业生态创新，提升区域核心竞争力”的调研报告

委员活动工作室

良好的产业生态，是集聚产业、催生创新的沃土，是塑造区域核心竞争力的关键。省政协于国安副主席带领部分委员和专家，围绕“加快产业生态创新，提升区域核心竞争力”分专题，聚焦我省制造业重点产业发展，实地考察了烟台、济南等企业，分别同省市有关职能部门、“链主”企业进行了座谈交流。现形成调研报告如下。

一、我省产业生态发展情况

调研发现，近年来，我省立足工业门类齐全完备优势，建机制、搭平台、促创新，大中小企业强化协同、提高能级、融通发展，产业生态持续向好。亮点经验主要有：

——构建完整链条，重点产业链“四梁八柱”基本形成，夯实了高质量发展的产业基础。推行制造业重点产业链“链长制”，聚焦 9 大产业 43 条产业链，整合 11 条标志性产业链，精准绘制覆盖上下游关键环节的“图谱”“清单”，确定“链主”企业 112 家、核心配套企业 709 家。中国重汽、济南二机床、烟台万华等一批“链主”企业深耕主业、率先创新，起到了很好的龙头引领作用。

——实施梯次培育，一批关键关联配套优质企业加速成长，形成了产业发展的“微生态”。作为细分市场的“单项冠军”和“配套专家”，我省 362 家国家级和 4500 余家省级“专精特新”中小企业、“瞪羚”企业、“独角兽”企业，创新活跃，通过自我发展进化，开始辐射周边和关联方,“产业微生态”已初步形成。比如，南山铝业形成“全球唯一同地区最完整铝产业链”；烟台“橙色云”生态协同平台，用互联网思维和云服务促进研发过程中的要素优化，实现了“协同创新、研发上云、研发商品化”持续进化，为中小企业研发创新提供了整体解决方案和平台支撑。而有的中小制造业企业，如淄博功力机械、潍坊神舟集团等，已从“做产品、做服务”进化到“数据赋能和工业互联网”的核心企业，产业生态位的关键性不断提升。

——加快“雁阵”集聚，优势产业集群不断壮大，提升了产业的规模效益和综合竞争力。全省现有国家级战略性新兴产业集群 7 个、新型工业化产业示范基地 28 个、创新型产业集群试点 4 个，全国领先。2021 年，入库管理“十强”产业“雁阵形”集

群105个，规模达到5.7万亿元，整体优势得以强化。

二、我省产业生态创新的主要痛点和堵点

一是“链主”和关键企业技术创新能力不足，赋能水平亟待提高。不少企业处于技术引进与应用层次，缺乏原始创新和集成创新，尤其是关键领域“卡脖子”问题比较突出，部分领域核心技术受制于人，关键零部件长期依赖进口，不能形成完整的自主可控产业链，无法成为真正意义上的“链主”企业和生态主导型企业，存在“断链”风险。

二是配套关联企业信息化、数字化、网络化水平整体不高，支撑能力较弱。不少配套企业与龙头企业仅限于工艺协作关系，以粗加工为主，黏性和互动不足，信息化程度低，跟不上“链主”企业需求，上下游企业间无法有效匹配协同，制约了产业的数字化水平。不少中小型民营企业对推广“三化”认识不足，缺乏主动性；政府对企业“三化”的标准不统一，极个别还停留在把企业财务信息化作为重点扶持项目的阶段。

三是产业政策的实现机制不够有力。产业发展具体措施有的“大而空”，不好落地；引导资金“散而少”，政府奖补资金兑现重结果，缺少对创新过程的引导和支持。减税降费、加计扣除、解难纾困等惠企政策有的难以享受，中小企业仍然存在融资难、贷款难、征地难等客观问题。

四是企业家之间深度联系沟通不畅。现行各种企业家论坛、产业对接活动，多是组织同一链条企业互动，缺乏跨链条的联系交流，不利于企业家之间深度互动，发现新市场，形成新链接。

三、加快我省产业生态创新的意见建议

委员们认为，创新产业生态，不是简单的“物理组合”，而是要催生“化学反应”。要以“打造系统完备、互联共生、创新活跃、安全稳定的产业生态”为目标，构建更加安全完整的产业链、创新链、供应链，培育更加系统的产业集群，推动上下游产业、大中小企业紧密协作、融通发展，增强我省产业生态创新进化能力，提升区域核心竞争力。建议紧扣以下关键环节发力：

一是发挥“链主”企业的领航作用，加强产业链组织、关联和协同，增强发展内生动力。支持“链主”企业“建圈强链”，领建专业配套产业园、孵化器，引进、投资或孵化产业内有竞争力的企业或项目，吸引上下游企业集聚发展，稳固产业生态；联合上下游共同开展终端及其配套产品研发和产业化，积极开展核心技术攻关，加速突破“卡脖子”问题，促进全产业链共同提升；带动上下游企业拓展国内外市场，拓宽线上线下销售渠道，增强优质产品供给能力，提高市场主导能力。发起建立产业特色鲜明、各类要素集聚、创新机制完备、示范带动有力的产业联盟，布局建设重大功能型研发测试平台和产业生态平台，为产业链上下游企业全面赋能。

二是发挥优质企业细分配套功能作用，精准补链延链强链，提升产业整体水平。持续培育骨干企业、帮扶中小企业，完善全员包靠服务专员制度，整合专业和专家力量，精准提供咨询答疑服务，协调解决政策落实、项目审批、劳动用工等困难和问题，引导帮助其走“专精特新”创新发展之路，深耕产业链某一环节或某一产品的研发和市场开拓，真正成为产业链关键节点上的重要支撑。细化产业链图谱、技术路线图、应用领域图、区域分布图和各项清单，找准优势潜力和短板弱项，加强省内外对接合作，精准招引，延展“短点”，补齐“断点”。在借鉴外省经验的基础上，以更加开放务实的心态，从过去就项目论项目的点对点招商模式，向产业链集群招商转变，打造空间上高度集聚、上下游紧密协同、供应链集约高效的战略新兴产业链集群。

三是发挥数字经济的引擎作用，推动产品升级、模式创新、效益提升，形成产业发展的新优势。聚焦我省传统优势产业，加快实施“万项技改”“万企转型”新一轮高水平技术改造。加大对建设智能工厂的扶持力度，支持发展智能化解决方案服务，深化新一代信息技术、人工智能等应用，实现数据跨系统采集、传输、分析、应用，优化生产流程，提高生产效率和质量。加快工业互联网创新应用，以建设网络基础设施、发展应用平台体系、提升安全保障能力为支撑，完善协同应用生态，支持“海尔卡奥斯”“浪潮云洲”“橙色云”打造世界级工业互联网平台，培育一批高水平 5G 应用案例和应用场景。

四是发挥政策激励和导向作用，加强顶层设计，完善产业发展的要素保障。贴近产业生态创新的核心轴和重要环节，紧扣“企业家—产品和服务—生产线”需求，调整政策和激励机制。建立与国家统计局产业统计口径相衔接的产业生态创新标准和机制，避免因统计口径差异，出现遗漏或重复。加强产业发展基金与风险投资基金对领军企业、“专精特新”企业的支持，对创新产业生态领域内符合规定的企业研发费用，通过现有专项资金给予支持，对承接高校院所科技成果在省内转化的企业，以及成长性好的高技术企业，分别给予奖励补助，实现人力、技术、信息、资本等创新要素的有效汇聚。建立基础研究与产业研发需求之间的常态化沟通机制。如，推动省内现有新型研发机构与山东大学等高校的金融数学、控制数学、生命数学等应用基础研究的对接融合，使基础研究成为产业生态优化的长远支撑力量。落实“土地要素跟着项目走”机制，新增建设用地计划指标与处置存量土地挂钩，推广先租后让、租让结合和弹性年期出让等多种供地方式，降低企业初始用地成本。

五是发挥企业和企业家的创新主导作用，发现新市场、实现新链接，推动产业深度融通发展。切实尊重和保护企业家创新精神，建立企业家常态化交流机制，打破链条分界，由链主企业、关键企业、关联企业自由组织产业内或产业间的交流活动，让企业家有更多机会观念碰撞、思想交流、方法互鉴。发挥行业协会等市场中间组织的协调交流优势，精准服务，推动行业企业技术进步和产业转型升级。推进国有企业与民营企业之间的技术信息沟通，在符合条件的前提下，增强民营企业为大型国企配套供应的能力。

打通人才“任督二脉”助力海洋经济发展

——“发挥海洋科技人才优势，激活海洋经济发展潜力”调研报告

提案委员会

历届省委省政府高度重视海洋经济发展，自20世纪90年代初就已提出“海上山东”，后来发展为“黄蓝”战略，2020年海洋生产总值1.32万亿元，占全省GDP的18.03%，占全国海洋生产总值的16.48%，居全国第二位。山东海洋资源丰度指数全国第一，拥有青岛、日照、烟台3个4亿吨大港。全国近一半的海洋科技人才、1/3的海洋领域院士聚集在山东，居全国第一位。面对新形势新任务，山东海洋经济面临新挑战，发展步伐一直落后于广东，江苏、福建等省注重“蓝色引擎”，急起直追，步步紧逼。要想在“服务和融入新发展格局上走在前”，海洋经济必须走在前。我们认为，海洋人才优势转换为经济发展强势不理想、不充分，是山东海洋经济大而不够强的重要原因之一，人才作用发挥不够、人才结构不合理流动不舒畅、科技成果转化落地难“堵点”多。只有打通海洋人才“任督二脉”，才能实现海洋经济既大又强。近期，省政协提案委员会在于国安副主席带领下，围绕“发挥海洋科技人才优势，激活海洋经济发展潜力”，进行了深入调研协商，形成如下报告。

一、我省海洋科技人才数量领跑全国、人才队伍优势明显

省委省政府高度重视海洋强省建设，不断加强科技人才队伍引育力度，采取了一系列务实举措，为我省海洋经济高质量发展提供了有力支撑。

（一）海洋领域科技人才领跑全国。“十三五”期间，我省全职驻鲁海洋界院士22人，入选国家杰出青年科学家7人，分别占全国的34%、19.4%，均位居全国第一。目前全省海洋科技人才超过1万人，涉海科研机构从业人员近6000人，其中博士占比达到32.1%。

（二）海洋领域科创成果领跑全国。“十三五”以来，“海洋深水钻探井控关键技术与装备”等16个项目获国家科学技术奖，占全国海洋领域获奖数量的42.1%；海洋领域4位专家获省科技最高奖，占最高奖总数的57.1%。中集来福士自主设计建造的超深水半潜式钻井平台“蓝鲸1号”“蓝鲸2号”，成功承担南海可燃冰试采任务，深水油

气勘探开发能力进入世界先进行列。中科院海洋所有害藻华处置技术体系在美国、智利和秘鲁等国赤潮防控得到有效应用，为全球海洋环境治理提供了中国方案。

（三）海洋领域科研实力领跑全国。我省涉海单位获国家重点研发计划支持全国领先，主持“蓝色粮仓”专项项目 22 项，占全国立项总项目的 42.3%，经费 6.78 亿元，项目数和经费数均位居全国第一；主持“海洋环境安全保障”专项项目 21 项，经费 4.06 亿元，占国家经费的 32.28%，项目数和经费数均居全国第一；主持“深海关键技术与装备”专项 14 项，经费 2.08 亿元，占国家经费的 9.28%，项目数居全国第二。

（四）创新平台和人才培养领跑全国。青岛海洋科学与技术试点国家实验室是全国唯一海洋领域试点国家实验室，会聚了一支包括 31 位院士、2100 余名科研人员的人才队伍。拥有 55 家省级以上海洋科研教学机构，建有 236 个省级以上海洋科技平台，博士点 17 个、硕士点 35 个。海洋教育体系比较完善，有国家重点建设的唯一一所综合性海洋大学，有涉海类专业的本科高校 14 所、高职院校 18 所，海洋工程类和海洋科学类本科在校生 4500 余人，渔业类和水上运输类高职在校生 1.5 万余人，在校博士、硕士、本科、中专生分别为 918 人、1191 人、32018 人、3423 人。

二、海洋人才优势作用发挥不够，没有有效转化形成发展领先优势

长期以来，尽管我省海洋科技人才各项主要指标领跑全国，但表现在经济和产业上一直落后于广东，根据山东省和广东省公布的 2020 年海洋经济统计公报，山东省海洋生产总值 13187 亿元，比广东省的 17245 亿元低 4000 多亿元，同时上海、江苏聚焦海洋加大投入，与我省的差距逐步缩小。问题出在哪儿？认真分析原因，主要有：

（一）省域之间人才竞争激烈，山东已成为沿海各省市海洋人才争夺的焦点。十八大以来，国家实施经略海洋战略，各沿海省份纷纷抢滩海洋，凭借地理区位优势、资金雄厚优势、政策优惠优势、体制灵活优势、高能级科研平台优势，与我省展开了抢人才、抢项目、抢产业的争夺战，省际海洋产业人才竞争进入白热化。沿海各省市全力提升海洋产业规划能级，围绕高新技术产业，千方百计从我省抢夺高层次海洋人才，直接将山东作为“猎取”人才的重要来源地。据中集来福士反映，过去 15 年，该公司被国内其他海洋工程装备企业挖走的技术人员高达 1000 多人，在天津、大连、南通、深圳等地区形成了“来福士同事圈”。沿海各省市也加大对驻青高校毕业生的争夺。据了解，中国海洋大学研究生、本科生有 50% 在读期间就被外省登记“签走”。我省整体海洋意识相对薄弱，有的地方和部门片面地认为发展海洋经济是沿海各市的事情，海洋人才建设更是与己无关，一些领域存在着“政府找不到专家、专家也找不到政府”的尴尬局面。调研中，许多同志向我们疾呼：“山东海洋人才不是引多少的问题，而是先保住不走、不流失的问题，再不重视，落后是必然的。”

（二）人才结构不合理，海洋科技人才队伍基础性人才较多、应用型人才偏少。我省海洋科技人才多聚集在中科院海洋研究所、中国海洋大学、山东省海洋研究院等官办机构，多从事海洋基础性研究，而在企业急需的应用人才方面我省并不占优势。学科设置不合理，基础学科多、工程技术学科少，开展基础研究的人才多、开展工程技术研究及成果转化的人才少，没有建立起以企业为主体、市场为导向的技术创新体系。调研发现，我省涉海高校的本专科毕业生多集中于水产养殖、海洋科学、海洋资源与环境等理学、农学专业，从事基础性研究和海洋生物研究的占比80%左右，虽然能够较好满足海洋渔业、海洋捕捞、海洋交通运输等传统一、二产业发展需要，但以海洋工程装备、海洋仪器仪表、海洋新材料、海洋生物医药等为代表的海洋高端产业人才培养少。

（三）产业聚才弱，整体产业发展集群效应严重不足。海洋高新技术产业发展滞后，据2021年《国家海洋创新指数报告》统计分析，我省区域海洋创新指数仅次于上海、位居全国第二，论文产出居全国第三，经费和人力投入居全国第五，但海洋高新技术产业居全国第十三，在沿海省域中处于倒数。产业协同和配套能力偏弱，据省有关部门反映，自主技术和关键配套产品研发能力不强，创新链产业链协同融合亟待提升。中国船舶集团是世界和我国船舶的领航企业，2021年中船总部由北京迁到上海的一个重要原因，就是上海具有超强的船舶制造业、海洋工程装备业协同配套能力和上海交大、同济大学强大的科教实力。中集来福士海工产品在国际上处于领先地位，但我省在这方面与上海相比有着明显差距，缺乏与其配套的产业集群和科技支持，形单影只，孤岛发展。

（四）人才助企难，海洋科技人才距离市场偏远、科研成果落地难。调研发现，科研院所、高校科研评价的标准是发表文章和发明专利数量，导致科研人员、经费围着论文转、围着职称转，满足在象牙塔内“自产自销”，并不太关心市场和企业需求。研究成果转化不了，企业还要找米下锅，这个“堵点”不通，是个大问题。虽然我省拥有55家省级以上海洋科研教学机构，但人才链与产业链缺乏有效衔接，人才与市场和产业需求信息渠道不畅，造成科研成果“不接地气”，体制机制存在鸿沟，这是造成看似科研成果多但却落地转化难、实用性差的根本原因。海洋科技创新服务能力滞后，成果转化、产学研合作、创业孵化等，本应该由市场承担的服务功能基本由政府代办。海洋人才，尤其是体制内人才，不甘也不能放下“身架”向企业和产业流动。人才条块分割，资源共享不足，集中科研力量攻克“卡脖子”问题缺少协调组织主体。比如，驻青涉海高校院所多，但因隶属关系不同，导致人员交往、信息沟通、团队合作都十分困难，抑制了我省海洋科技创新动能的有效释放。青岛海洋试点国家实验室作为体制破局的试点，已经吸引全国近20家涉海科研机构共建，但因管理体制尚未理顺，仍有“拼盘”之嫌，难以形成高水平的科技协同创新平台。

（五）引才政策不活，人才引进来、留下来缺少硬招实招打动人心的招。对高层次人才引进政策力度较大，但针对青年人才的留用力度较弱，人才层次断档显现；政策性住房、户籍管理、生活补助等方面出台的政策不系统、支持力度偏小，与国内同能级城市比较，政策竞争力、人才吸引力远远不足。20年前，青岛市的主要海洋创新指标在全国占比超过50%，是业界公认的全国海洋科技中心和创新驱动源头，然而最近几年青岛与其他中心城市的差距在逐步缩小，甚至被个别地区超越，尤其在海洋创新的投入规模和投入方式上，已逐步落后于部分东南沿海城市。据了解，驻青博士后岗位的薪酬水平大约只有粤苏浙等中心城市的1/2。如果不予以重视，量变将导致质变，青岛很难打造成世界海洋中心城市。

（六）金融扶持力小、滞后，涉海创投风投基金支持成果落地转化远远不够。2021年，深圳国资战略入股中集集团成为第一大股东，随后，与中集旗下企业中集来福士召开协同对接会，梳理与中集来福士已合作和潜在合作业务清单，发挥资本运营平台功能，进行产业协同、强链补链，谋求更深、更紧密的合作。这种做法既值得我们学习，也应当引起我们注意，采取更加有效的措施，保护支持在我省的涉海领军企业稳定发展。2019年，管华诗院士团队开发的抗阿尔茨海默病新药，因山东没有药企有能力有眼光接手，最终“外嫁”上海量产，该药上市后单品种市场销售达到100亿美元规模，令人追悔莫及。中科院海洋所的创新成果“水母活性肽与蜇伤解毒剂”，以1050万元转让费落户上海。这些海洋科技成果之所以远走他乡，一个重要的原因就是我省风投创投基金能力偏弱，支持力度不够。

三、激活人才潜力，赋能海洋发展

向海发展，做强海洋经济是我省立足当下、决战未来、走在前列的战略要地，面对当前我省海洋科技人才建设存在的突出问题，我们必须打好“组合拳”，突破“中梗阻”，打通“任督”二脉，以海洋般的宽广胸怀，下大气力予以解决。

（一）坚持目标导向“不动摇”，疏通落实渠道，以强力组织领导引领海洋人才新里程。《山东“十四五”规划和二〇三五年远景目标纲要》对海洋强省建设提出了明确要求，应坚定“事争一流、唯旗是夺”的决心，全力以赴抓好落实。一是完善推进机制。强化海洋强省建设的组织领导，制定专项规划，明确部门责任，细化任务分工，定期调度分析，切实将“海洋强省建设实现重大突破，成为国际领先的海洋经济创新引领区”规划目标变成现实，成为拉动我省高质量发展的强引擎。二是强化协调制度。针对我省海洋强省建设的重大问题、重大项目，省领导牵头相关部门定期会商研判，定期观摩沿海各地海洋经济发展状况，部门协同作战，完善政策措施，理顺工作机制，切实解决分兵把守、各自为战的条块分割。三是强化衔接服务。将海洋强省建设情况纳入国民经济发展统计重点内容，编制《“山东海洋人才发展计划”白皮书》，开展海洋人才专项调研，摸清重点企业人才底数，形成高层次海洋人才和紧缺人才动态需求目录，建立海洋人才信息基础数据库。政府有关部门要牵好头、搭好桥，为海洋人才资源精准对接提供服务。

（二）灌注产学研“黏合剂”，疏通转化渠道，创新科技与产业深度融合体制机制。对于普遍存在的问题，必须从体制机制上找原因、求突破。一是释放人才助企活力。借鉴省委“四进”工作组推进办法，研究公办科研机构、科研人员下沉一线、援企助企常态化措施，大胆改革，填平体制鸿沟，鼓励体制内科研人员通过挂职锻炼、参与科技攻关、承担科研任务等形式到企业工作，享受企业科研人员同等奖励激励政策。制定海洋产业共性关键技术和突破“卡脖子”问题清单，面向全球张榜纳贤、揭榜研发，增强我省海洋科技创新实力。二是激发市场主体潜力。强化企业创新主体地位，以企业为主导搭建产学研合作平台，鼓励企业“出题目”，高校院所“给答案”；将人才激励政策授权给重点用人企业，让企业把政策用在招聘或谈判中，打通产学研合作障碍，消除科研院校知识分子创业顾虑。三是提升学科支撑能力。围绕现代海洋产业、“四新”经济和海洋前沿科技，健全优化我省高校海洋学科专业布局，推动学科交叉融合。借鉴省第一医科大学与省科学院整合做法，推动海洋高校、海洋院系与海洋科研院所教育资源整合共建，带动提升高校学科建设水平和人才培养水平。

（三）打造人才聚集“引力场”，疏通人才流动渠道，抓住聚才招商关键和重点。一是强化产业聚才。加强产业发展，由“主动脉”深入到“毛细血管”，坚持“大小通抓”，既聚焦龙头企业，也关注中小微企业。围绕推动海水综合利用、海洋工程装备设计、海洋新能源开发、深海资源勘探开发、海洋药物与生物制品研发等重点领域，补齐上下游产业链，形成产业集群。借鉴山东港口集团的经验做法，整合海洋资源，做强做大山东海洋集团。打造一批海洋产业龙头企业，培育一批主营业务突出的“专精特新”“小巨人”中小微企业和技术或服务出色、市场占有率高的“单项冠军”企业。二是创新金融服务。着眼于从根上“浇水施肥”，以更大力度支持产业发展，借鉴深圳、合肥等城市风投基金运作经验，深入分析我省新旧动能产业基金以及各类风险基金投不出、用不好的深层次原因，改革现有基金市场化运行运作方式，做大海洋人才发展基金、海洋产业投资基金、海洋科技成果转化基金；发挥涉海大型骨干企业增信作用，创新开展供应链金融服务，让更多的“活水”滋养企业发展；鼓励相关产业企业创设研发机构，引育高层次领军人才和海洋专业技术人才，从宽落实减免税优惠政策。三是建设好大科学装置。大科学装置是高技术产业持续发展的“动力源”，人才成长的“摇篮”。我省目前只有中科院海洋研究所的“科学号”科考船获得国家发展改革委批复。应围绕国家和区域重大海洋战略需求，积极争取国家大科学装置在我省落地。四是争取更多重大科研任务。支持海洋试点国家实验室、驻鲁涉海高校院所牵头组织或承担大科学计划、大科学工程等重大科研任务，集聚国内外知名科学家和团队资源，打造具有世界影响力和全球资源吸附力的创新综合体。

（四）培育创新创业“生态圈”，疏通人才发育渠道，完善人才引得来、留得住的政策措施。一是强化服务保障。对于注册或备案后的海洋人才，待遇涉及部门要强化平台共享、推进后台自动匹配，优化服务流程，实行人才待遇管家服务，取消个人单独申请等各类申请、审批环节。设立“候鸟型”专家工作站，创建协同创新基地，填补急需海洋人才缺口；建立“一个项目、一个领导、一个班子、一套方案、一跟到底”协调服务机制。二是用好现有平台。充分发挥山东蓝色海洋人才发展有限公司等人才企业作用，支持并赋予其更多职责，利用海洋人才数据平台、引进平台、服务平台、金融平台、产业平台，从全球、全国匹配相关海洋人才、技术等创新要素，为海洋人才提供“一站式”服务。做实山东省科技成果转化服务平台，建立科研成果信息发布平台，推进山东省技术成果交易中心、青岛国家海洋技术交易中心、山东综合技术转化中心烟台中心等各类技术市场平台实体化运营，打造一体化科技成果转化基地。三是搭建央地合作平台。驻鲁中央企业众多，涵盖海洋经济各个领域，应探索省属高校、科研院所和驻鲁中央企业学科共建、研发平台共建，推动产业链、创新链、人才链无缝衔接，实现以项目带动创新，以创新激活人才，以人才保障项目，发挥央地聚才效应。鼓励驻鲁央企面向高等院校开放创新资源，推行众创、众包、众扶、众筹等创新模式，建设人才培养新平台。四是创新评价机制。以创新价值、实际贡献为导向，加快改革现有科研成果评价机制和职称评价机制，改变凭论文、资历的传统评价方式，为激活科研人员创新创业激情插上翅膀。

附件：沿海地区海洋生产总值及科研情况（表 1—6）

注：数据来自《中国海洋统计年鉴》，因为统计口径不统一，下述数据与文内数据有出入。

表 1　沿海地区海洋生产总值

单位：亿元

年份 地区	2016	2017	2018	2019
上海	7463.4	8494.7	9182.5	10406.4
江苏	6606.6	6933.4	7554.7	7721.4
浙江	6597.8	7041.4	7523.9	8194
福建	7999.7	9384	10659.9	11409.3
山东	13280.4	14191.1	15502.1	13444.9
广东	15968.4	17725	19325.6	18588.2

表 2　海洋生产总值占地区生产总值比重

年份 地区	2016	2017	2018	2019
上海	26.50%	27.70%	28.10%	27.30%
江苏	8.50%	8.10%	8.20%	7.70%
浙江	14.00%	13.60%	13.40%	13.10%
福建	27.80%	29.20%	29.80%	26.90%
山东	19.50%	19.50%	20.30%	18.90%
广东	19.80%	19.80%	19.90%	17.30%

表 3　科研机构数

单位：个

年份 地区	2016	2017	2018	2019
上海	11	11	14	14
江苏	8	8	11	11
浙江	19	19	17	16
福建	14	14	18	17
山东	20	19	27	27
广东	22	22	27	25

表 4　科研从业人员

单位：人

地区＼年份	2016	2017	2018	2019
上海	2571	2321	2962	3359
江苏	1441	1485	1857	1998
浙江	1839	1990	2626	2494
福建	1193	1194	1530	1347
山东	3532	3468	5492	5769
广东	4542	4824	6809	7417

表 5　专利授权数

单位：件

地区＼年份	2016	2017	2018	2019
上海	263	198	203	183
江苏	136	159	209	212
浙江	126	169	229	276
福建	35	39	57	74
山东	370	273	607	668
广东	788	988	1103	1210

表 6　R&D 经费内部支出

单位：万元

地区＼年份	2016	2017	2018	2019
上海	215005.7	174331.8	214492	257261
江苏	76883.1	82344.5	99752	105844
浙江	47955.4	54980.3	72115	94450
福建	40833.2	50046.5	56099	68693
山东	138289.5	155176.6	267869	261995
广东	196636	248586.2	355994	373104

关于沂蒙鸡产业化发展情况的调研报告

农业和农村委员会

沂蒙鸡俗称“草鸡”，产自沂蒙山区，饲养历史悠久，食用范围广，2020年底通过国家畜禽遗传资源委员会鉴定，成为我国第115个地方鸡品种资源。保护、开发和利用好这一地方畜禽优良品种，对于做好我省地方畜禽种质资源保护和创新利用，满足城乡居民多元化消费需求，促进地方畜禽养殖业发展，带动农民增收致富等具有重要意义。3月份以来，省政协农业和农村委员会联合省畜牧兽医局、省农业科学院和临沂市政协，组织部分农业界委员，就沂蒙鸡产业化发展情况进行了深入调研，现将有关情况报告如下。

一、品种特点

（一）标识强。革命战争年代，“沂蒙鸡”滋养了中国革命，特别是《沂蒙颂》中红嫂熬鸡汤的故事，传遍大江南北。粟裕将军曾多次著文回忆“沂蒙人民拿出自家养的老母鸡熬成鸡汤救助伤员”的感人事迹。沂蒙鸡作为军民水乳交融、生死与共铸就的沂蒙精神的重要载体之一，已经成为亲情沂蒙的红色标识。

（二）品种纯。沂蒙鸡曾一度濒临灭绝，2010年山东龙盛农牧集团与中国农业大学利用微卫星标记研究证实，与遗传距离较近的品种相比，沂蒙鸡的绿壳蛋基因属于独立分支，在体型外貌特征、生产性能等方面也具有明显差异，属于不同遗传类群。

（三）品质优。沂蒙鸡属肉蛋兼用型品种，习性活泼，觅食力和生存适应力强，适宜山地、林地、果园散养。鸡肉肉质口感细腻，芳香物质丰富，营养价值较高，不饱和脂肪酸、胶原蛋白含量突出；鸡蛋蛋黄比例大，蛋清黏稠度高，微量元素含量高，深受消费者喜爱。

（四）带动强。沂蒙鸡耐粗饲、抗逆性强，养殖投资门槛低、成本小，既适宜农户家庭散养，也适合现代规模化养殖，是联农带农助农增收的好产业。据养殖企业测算，以存栏量5000只为例，每年养殖2批，年出栏10000只，每只鸡纯利润7元左右，一年纯收入可达70000元，如计入产蛋收益，经济效益则更加可观。

二、发展现状

（一）种源保护体系初步形成。临沂市高度重视沂蒙鸡品种资源收集和保护工作。2003年就在蒙阴县建起3个不同品系保种群，种源规模最高达到1万只。部分龙头企业建立了沂蒙鸡保种基地及核心群，创建了省级保种场，制定了《沂蒙鸡饲养管理技术规范》《沂蒙鸡生物饲料企业标准》，推动沂蒙鸡种质资源保护走上正轨。

（二）养殖规模不断扩大。通过实施特色养殖区建设，推广应用立体笼养和林下养殖相结合等技术模式，沂蒙鸡养殖效率和效益显著提高，养殖规模逐步扩大。目前，已形成蒙阴县、兰山区等养殖优势区，发展规模企业 3 家、养殖户 400 余户，其中国家级龙头企业 1 家，存栏量由品种认定前的 23 万只发展到 60 多万只。

（三）产业发展有支撑。近年来产学研结合更加紧密，部分龙头企业与中国农业大学、省农业科学院、临沂大学等单位开展了深度合作，沂蒙鸡全产业链的自主育种、绿色无抗养殖、立体生态养殖设施（装备）等关键核心技术已逐项突破，目前拥有纯系沂蒙鸡 3.8 万只，可为产业发展提供有力支撑。

（四）消费需求旺盛。吃鸡在山东饮食文化中占有重要地位，既是宴会宾客的隆重礼遇，也是日常解馋的首选之趣。以临沂为例，仅市区炒鸡店就多达数百家，全市年消费地方鸡达到数千万只，作为土生土长的沂蒙鸡更是供不应求。

三、存在问题

（一）市场份额小。据统计，我省 2021 年出栏肉鸡 26 亿只，其中白羽肉鸡 20 亿只、817 肉鸡 5 亿只，均居全国第一；黄羽肉鸡 1 亿多只，位居全国第 15。沂蒙鸡属于黄羽肉鸡，虽然是优良地方品种，但是通过国家畜禽遗传资源品种鉴定时间短，群体规模相对较小，年出栏量仅 60 万只，占临沂地方鸡市场份额不足 6%，影响力较低。目前仅有 1 处省级保种场，缺少扩繁基地，规模化、标准化、产业化发展仍处于起步阶段，与我省开发比较好的地方品种汶上芦花鸡（年出栏量 2000 多万只）相比，有很大提升空间。

（二）产业链条短。受制于现有养殖规模，目前产业化发展缺环少链，绝大部分屠宰加工企业初级加工成分较大，下游产品开发不足，深加工链条较短，专业化程度较低，鸡肉副产品、深加工制品等高附加值产品供应规模较小。

（三）龙头企业少。目前沂蒙鸡规模企业仅有 3 家，主要依靠自产自销，与全省 6 家白羽肉鸡上市企业相比，缺少行业引领性、辐射性强的龙头企业，且行业发展模式较为单一，龙头企业、专业合作社、家庭农场之间抱团发展不够紧密。

（四）品牌影响低。虽然沂蒙鸡市场前景较好，但由于存栏量少、市场规模小且品牌宣传力度不够，没有形成区域肉鸡品牌，品牌影响力仅局限于省内，在全国市场消费者认知度不高。

四、有关建议

（一）制定产业规划，加强沂蒙鸡保护和开发利用。借鉴海南“文昌鸡”、广东“清远麻鸡”以及我省“琅琊鸡”“汶上芦花鸡”等发展经验，建议支持临沂市根据国家和我省关于加快推进畜禽种业高质量发展的有关要求，研究制定出台沂蒙鸡产业发展规划，把沂蒙鸡产业作为带动沂蒙山区农民增收致富、推进乡村振兴的特色产业来抓，按照“三品一标”相关要求，在政策、资金、技术、人才等方面予以支持，扩大产业规模，提高市场竞争力。如设立沂蒙鸡专项发展资金，吸引社会资本参与，推广普惠金融服务等，用于支持种质资源保护和创新利用、园区建设、规模养殖、合作经营以及龙头企业和新型经营主体培育等。条件成熟时，省有关部门要优先将沂蒙鸡产业富民增收项目列入国家支持我省农业产业园或优势特色产业集群项目。

（二）找准发展路径，推动沂蒙鸡产业高质量发展。一是把“位”定准。立足地方鸡特色优势，确立由内向外逐步扩展的发展思路，优先面向临沂及省内市场，提高沂蒙鸡在省内市场的竞争力和占有率，并借助“沂蒙山”农产品在江浙沪市场的良好口碑及“产自临沂”“好品山东”等区域公用品牌的影响力，加强对长三角市场的开拓，逐步扩大全国市场份额和知名度。二是把“种”保好。扩建沂蒙鸡保种基地，建立健全种鸡选育体系，加强科技支撑，引入现代育种技术，加快以沂蒙鸡等地方鸡种为育种素材的新品种、新品系的培育，进一步提高品种质量和生产潜能，满足市场需求。三是把“链”拉长。按照补链、延链、强链的思路，通过引进高端肉食企业、提升装备技术、促进加工合作、打造餐饮品牌等举措，补齐链条短板，打通产业链上下游纽带，建立起集孵化、养殖、屠宰、深加工、销售一体化的产业链发展模式。对沂蒙鸡屠宰深加工企业，要优先列入省市优质农产品加工企业名单，享受相关优惠政策。四是把“质”做优。坚持以标提质、以质促效，加强沂蒙鸡全产业链标准化创建，将产业链各环节纳入标准化管理轨道，引导产业规范高质发展。加强质量安全保障能力建设，通过构建质量安全追溯信息平台、健全质量安全责任体系、完善经营主体质量信用评价体系等措施，确保“舌尖安全”。

（三）壮大市场主体，构建沂蒙鸡产业生产经营体系。一是做大做强龙头企业。重点支持一批基础好、后劲足、潜力大的企业，在项目立项、税收、用地、环评、金融贷款、人才引进等方面给予政策支持，帮助协调解决企业发展过程中的困难问题，提高企业规模养殖、精深加工、品牌营销能力，引导企业把准市场需求，推动装备、技术、产品升级，不断提升行业竞争力和引领力。二是完善产业组织模式。支持龙头企业、专业合作社、家庭养殖场之间开展订单合作、抱团发展，鼓励采取“公司＋农户”“公司＋基地＋合作社”“公司＋合作社＋农户”等模式建立有效利益联结机制，实现利润共享、风险共担、共同致富。三是引导更多市场主体参与。在资金、政策、技术等方面加大对专业合作社、家庭养殖场、肉食加工厂等新型经营主体支持力度，宣传推广沂蒙鸡产业增收致富示范效应，通过共建有效利益联结机制，引导带动更多新型经营主体和农户参与沂蒙鸡产业发展。四是培育产业化联合体。引导龙头企业、专业合作社、家庭养殖场组建沂蒙鸡产业化联合体，与上下游各类市场主体组建产业联盟，加强产业协作，促进各类主体融合发展。

（四）加强品牌打造，提高沂蒙鸡市场占有率和知名度。一是推进品牌建设。打造“沂蒙鸡”区域肉鸡品牌，制定品牌发展规划，健全产业链各环节标准化生产体系，申请注册中国地理标志产品，融入“产自临沂”“好品山东”区域公用品牌体系。创建“沂蒙炒鸡”餐饮品类区域公用品牌，实施“沂蒙炒鸡”统标工程，加快起草以沂蒙鸡为原料的炒鸡标准，对符合管理规范的餐饮企业由协会统一授牌，逐步在临沂当地、省内各市及北京、上海等主要城市布局沂蒙炒鸡连锁店、体验店，借助鲁菜知名度，卡位鲁菜炒鸡代表，让“沂蒙炒鸡”走出山东、叫响全国。二是拓展营销渠道。充分利用展销会、推介会、直营店、连锁店等传统营销模式，积极拓展直播带货、电商平台等新型营销方式，加强与大型生鲜和品牌餐饮企业的产销合作，鼓励企业自主创建沂蒙鸡电商渠道，开拓网络市场，提升“沂蒙鸡”品牌知名度。三是构建宣传矩阵。加大在报纸、电视、门户网站等公共媒体特别是国家主流媒体上的宣传力度，讲好沂蒙鸡红色文化故事；依托抖音、快手等新媒体平台，增加流量热度，提升产品曝光度；借助“产自临沂”“三年百城”、沂蒙优质农产品走进长三角等活动，做好沂蒙鸡对外宣传推介。四是开发特色产品。依托省内外高校和科研院所等，成立沂蒙鸡研究机构，研发以沂蒙鸡为主原料的熟食深加工制品、炒鸡预制菜等特色产品，满足市场差异化需求，构建品牌特色化壁垒。

发挥乡村多功能性价值　全面推进我省乡村振兴

——关于“更好发挥乡村功能推动黄河流域乡村振兴”的调研报告

农业和农村委员会

按照省政协十二届常委会第二十四次会议“在推动黄河流域生态保护和高质量发展上走在前”专题协商议政部署，省政协副主席王艺华带领农业和农村委员会部分委员和专家学者，围绕“更好发挥乡村功能推动黄河流域乡村振兴”，通过实地调研、部门座谈、专家研讨等形式，开展了广泛深入的调研，济宁、泰安、德州、聊城、菏泽等5市政协联动协作。

调研组认为，乡村不仅承担粮食和农产品供给、生态保护、文化传承等独有功能，还承担就业创业、城乡社会协同治理、社会稳定等多种功能。当前，从中央到地方，对乡村功能问题越来越重视，乡村多种功能发挥、多元价值提升还大有可为，对于全面推进乡村振兴、加快实现农业农村现代化具有重大战略意义。我省作为黄河流域重要农业大省，应深入学习贯彻党的二十大精神，进一步遵循乡村发展规律，立足挖掘发挥乡村多种功能，拓展提升乡村多元价值，深入推进乡村振兴战略实施，把乡村建设成为产业高地、生态绿地、文化福地和休闲康养打卡地，推动打造乡村振兴齐鲁样板不断实现新突破、取得新进展，奋力谱写全面推进乡村振兴新篇章。

一、发挥农业生产功能，夯实粮食等重要农产品供给基本盘

生产粮食等各种农产品是乡村的基本功能，也是保障国家生产生活的重要基础。我省作为黄河流域主要粮食生产基地和重要农产品供给区域，应进一步提升粮食等重要农产品供给保障能力，切实扛稳国家粮食安全重任。一是加强耕地保护和质量提升。坚持耕地占补平衡数量、质量“双保证”，强化耕地、永久基本农田监测监管和常态化国土执法，全面推行田长制，坚决遏制耕地“非农化”、防止“非粮化”。实施耕地土壤培肥改良、退化耕地治理修复、耕地质量专项监测等工程，集成推广测土配方施肥、有机肥替代化肥等技术。深入推进高标准农田整县创建工作，将其列为涉农资金整合的硬性考核指标，并根据人工、工程材料等成本上涨幅度适时加大亩均财政投入。二是加大农业科技支撑力度。组织力量对良种良法、农艺农机配套和废弃物循环利用、农产品收储运等关键技术进行重点突破，构建出适合我省黄河流域的现代农业产业技术体系和发展模式。组建省市县三级农业生产专家库，充实到各级农技推广指导组，加强先进技术、关键农时技术的基层推广和指导，确保高产优质技术入户到田。三是大力发展节水抗旱农业。推进引黄灌区农业节水工程，实施续建配套和节水改造。推进分区域规模化推广喷灌、滴灌、淡咸混灌、渠道防渗等节水技术措施，配套田间灌溉计量基础设施。推进农业节水技术，产品、设施示范基地建设，每年新增一批示范项目。加快选育推广抗旱抗逆等节水品种，大力推广蓄水保墒、集雨补灌、测墒节灌、新型保水剂等旱作农业技术。四是强化农业生产服务保障。加大对供销社等各类农业社会化服务组织的支持力度，推广普及为农服务中心，构建覆盖农业生产全过程的社会化服务体系。加强农业政策性贷款担保力度，构建农政银担合作机制，发挥增信、分险作用，切实降低农业融资成本。发挥政策性农业保险作用，引导保险公司推出覆盖全粮食作物和主要畜禽种类、全生命周期保险险种，并提升保险理赔透明度。五是培植培强优势特色产业。坚持粮经饲统筹、农林牧渔结合、种养加一体、一二三产融合发展，适度扩大特色蔬菜、特色水果等品牌农产品生产，集中支持优质牧草、食用菌、南美对虾、肉牛肉羊、奶业等特色产业发展，加快建设国家级、省级特色农产品优势区，重点培育知名农产品区域公用品牌，不断做强产业、延长链条，提高农产品质量效益和竞争力。

二、发挥生态保护功能，擦亮农业农村绿色发展新底色

我国国土面积 97% 以上是乡村，乡村的农田、耕地、草场、水系、森林、植被等都具有生态价值。我省黄河流域作为重要的生态屏障，应着力推进农业绿色发展，解决乡村生产生活污染治理和资源化利用难题，以更好发挥乡村保护生态环境、维护生态安全的作用。一是推行绿色种植模式。借助绿色种养循环项目实施，在果菜茶等经济作物率先大面积推行粪源有机肥替代化肥行动的基础上，全面向种植业扩展。开展秸秆还田、增施有机肥工作，深入推进测土配方施肥等技术普及应用，提升科学施肥水平。大力推进农药减量增效行动，推广物理防控等绿色防控技术，减少对自然环境的危害；采用政府购买服务方式推广高效、低毒、低残留农药和飞防作业服务，利用现代植保机械组织实施病虫害专业化统防统治，减少农药使用量，提高农药利用率。二是发展生态循环农业。重点构建种养循环格局，建立“以地定养、以养肥地、农牧融合、就地消纳”的循环体系和长效机制，推行“饲草饲料—畜禽养殖—废弃物—有机肥—农田”的粪污利用模式，建设一批畜禽粪污原地收集储存转运、固体粪便集中堆肥或能源化利用、污水高效生物处理等设施和有机肥加工厂，一体实现养殖环境优化、粪肥还田和土壤增肥。三是加强农业废弃物综合利用。加大废弃农膜回收利用资金支持，提高回收补贴标准，增设回收点，做到应收尽收，从根源上消除废弃农用地膜造成的环境污染。建立健全秸秆收储运体系，推进秸秆机械还田、饲料化利用，实施秸秆气化集中供气、供电和秸秆固化成型燃料供热、材料化致密成型等项目。开展蔬菜生产废弃物处理配套技术和装备研发，遴选部分蔬菜生产大县探索蔬菜秸秆处理利用模式，并择优进行面上推广。四是持续推进人居环境整治。采取连片整治的推进方式综合治理农村环境，健全农村生活污水、垃圾、粪便等处理利用体系，抓好厕所管护、沟塘治理、村庄绿化等重点工作，建立农村人居环境整治长效机制。实施沼气集中供气，推进农村省柴节煤炉灶炕升级换代，推广清洁炉灶、可再生能源和产品。

三、发挥文化传承功能，提高优秀传统文化“两创”生命力

乡村作为中华民族文明的根基载体，在优秀传统文化保护、传承和发展中，具有不可替代的功能和作用。我省黄河流域优秀传统文化资源富集，应进一步加大保护传承力度，推动优秀传统文化创造性转化、创新性发展，使其能活在当下、存续发展，为乡村振兴注入持久动力。一是挖掘保护丰厚文化资源。加快黄河领域文化印记梳理，对黄河流域的传说、戏曲、古籍、文献、民俗、非遗等进行摸底汇总，分门别类建立资源数据库。加快成立黄河流域优秀文化研究机构，鼓励民间机构和个人参与，充分挖掘黄河文化的丰富内涵和独特价值；开展精品文艺创作扶持计划，推出一批具有代表性的文化成果典范。加快抢救保护古遗址、古建筑、古村落、古街巷等，改造成乡村博物馆，传承乡村文化根脉。二是嫁接融合丰富传播渠道。建立村镇综合文化站和村史馆，并利用人工智能、VR 等现代科技以数字化方式呈现，让“见人见物见生活”的乡村记忆文化活起来。打造文化产业链，开发文化体验、文化展演、休闲农庄、创意农业等新业态新产业，延续和传承乡土风情、传统习俗、传统技艺等非物质文化记忆。三是教育引导形成良好风尚。突出主题宣传，弘扬社会主义核心价值观，宣传乡村文化中蕴含的仁者爱人、以和为贵、讲信修睦等价值精华。发挥道德讲堂、家风学堂等作用，延续淳朴民俗，复制生活场景，传承优秀家风家训。在学校、机关、社区等广泛开展传统经典诵读、祠堂祭祖、敬老孝道等文化活动。四是完善机制推进持久发展。完善政府主导、社会力量参与的多层次保护体系，健全社会力量参与传统文化保护传承机制。整合现有传统文化扶持资金，提高使用效率，并设立传统文化遗产保护专项资金，制定传统文化生产性保护项目税收优惠政策。加大人才培育力度，将传统技艺传承人的培养、培训纳入职业教育范畴，培养一批扎根基层的文化队伍、文化人才和民间艺术继承人。

四、发挥休闲康养功能，打造乡村文旅、康养融合发展新格局

乡村优美宜居的生活环境、贴近自然的生活节奏和闲适安逸的生活状态与城市有很大区别，正逐步为更多人倡导。我省尤其是沿黄区域文化旅游资源丰富，应进一步挖掘发挥好乡村休闲康养功能，引导乡村文旅与康养产业融合，推进文旅康养产业健康发展。一是加强规划引导。在现有医养健康产业布局基础上，做好全省乡村文旅康养目的地建设专项规划，高标准谋划流域内乡村文旅康养功能分区。鲁西南以菏泽、济宁为中心建设水体康养区（温泉与森林湿地）；鲁西北以聊城、德州、滨州、东营为主建设中医药文化与水体康养区（温泉与黄河滨海湿地）；鲁中以泰安、济南、淄博为中心建设山地与森林康养区；胶东以青岛为中心建设滨海康养区。二是丰富产业业态。积极推动中医药文化与休闲康养深度融合，结合中药种植流通基地，建设中医药文化特色旅游康养打卡地和特色街区。规划沿黄体育健身项目，建设沿黄骑行道，利用黄河滩区建设湿地公园、户外休闲健身营地、体育公园等。丰富养老服务业态，促进养老服务与文化、旅游、老年教育、健康健身、家政等产业融合发展。三是强化示范带动。以景区化村庄建设标准为抓手，贾堌堆、西纸坊、蓑衣樊等全国乡村旅游重点村为示范，推进乡村旅游重点村、旅游民宿集聚区建设，积极培育乡村旅游业态和“乡村好时节”系列节会，打造一批人居环境优美、产业要素齐全、功能服务完善、主题特色鲜明的休闲康养村。四是加强品牌建设。深挖黄河流域地方文化，将文化遗产与民风民俗融入休闲康养，使地方自然资源和人文资源有机融合，在实现以新的方式传承传统文化的同时，赋予乡村休闲康养更为鲜明的特征，擦亮我省“黄河康养”品牌名片。

五、发挥就业创业功能，促进农民宜居宜业、增收致富新发展

促进就业创业，不断提高农民收入和生活品质，是乡村不可或缺的功能。我省是人口大省，农村常住人口 3751.3 万人，应多措并举促进农民就地就近就业创业，让广大农民特别是小农户跟上共同富裕和现代化步伐。一是发展壮大农村集体经济。以县域为单位，按照“宜农则农、宜工则工、宜商则商、宜旅则旅”的原则，对各镇街、村（居）产业进行统筹规划，进一步挖掘乡村资源和产业优势，通过发展富民产业项目、创建乡村工厂和产业基地等方式，做强做大村集体经济，培育就业蓄水池，为农民就地就近就业创业提供支撑。二是鼓励返乡农民工创业带动就业。优化涉农创业服务，加强对符合条件的返乡创业人员担保贷款贴息支持力度，落实税费减免，加大创业补贴。搭建具备仓储物流、特产展示等功能的农特产品加工产业园，吸纳农民工进驻创业就业。支持农民工发展自建果园、养殖场、民宿餐饮、乡村旅游、电商平台、物流运输等产业。三是提高农民务工就业组织化程度。充分发挥村党组织领导作用，建立“党建 + 劳务合作社”模式，由村干部担任合作社负责人，并鼓励支持乡贤、能人、致富能手领头办社，通过有组织的就地务工、劳务输出，形成农民“抱团”就业新格局，增强农民抗风险能力，更好保障农民权益。四是加强农民职业技能培训。整合各类培训资源，打破城乡、部门界限，制订农民技能中长期培训计划。构建“政府 + 企业 + 农户”的培养模式，政府搭建平台，根据当地企业岗位需求，组织培养种植型、养殖型、加工型等实用型人才，提升农民就业技能和基本素质。培养新农人网络直播技能，储备农村网络直播人才，带动当地特色农产品行销全国。五是充实农民就业创业服务力量。探索建立基层就业创业服务专员队伍，为每个村（居）配备至少 1 名服务专员，做好就业创业政策宣传、招聘求职信息对接等服务保障。加强人力资源市场建设，支持各类人力资源服务产业园区、零工市场，有序引导农民工外出务工。健全基本就业服务援助体系，对有劳动能力和就业意愿、靠市场渠道难以实现就业的农民，通过开发公益性岗位进行兜底安置。

六、发挥社会治理功能，维护乡村和谐稳定发展好局面

乡村治理是国家治理体系重要组成部分。我省文化底蕴深厚、民风乡风淳朴，应进一步加强和创新乡村治理，不断提高乡村治理效能，提升广大农民群众获得感、幸福感、安全感。一是强化基层党组织领导力。完善村党组织领导乡村治理体制机制，开展基层党组织整体分类提升行动，提高组织协调各类治理主体的多元治理能力。选优配强村党组织负责人，加强本地致富能手和外出务工、经商优秀青年的联系培养工作。推进“党建＋网格”建设，发挥支部“轴心”作用，将党组织全面向网格延伸。二是完善乡村治理体系。推进乡村自治实践，鼓励党组织领导下的村民议事会、道德评议会、红白理事会等乡村自治组织发展，支持退休公职人员、致富能手、复转军人等参与乡村治理，提高村民自治能力。推进乡村法治和德治建设，加强普法宣传、法律援助和司法救助，完善村规民约，弘扬传统美德，推广建设“德育银行”“道德红黑榜”等新型德治平台，培育形成文明乡风。三是推进数字乡村建设。提高行政村光纤入户覆盖率，推进重点乡镇、重点园区实现5G网络覆盖。建设农业农村信息化综合服务平台，汇总农情数据，打通涉农“信息孤岛”，实现乡村社会治理信息实时管理。推动村级党组织体系与网格化治理体系、数字化赋能体系融合，把人、事、地、物等要素纳入管控“一张网”，提升乡村治理智慧化、信息化、高效化水平。四是发展乡村社会工作和志愿服务。扶持服务性、公益性、互助性的农村社会组织发展，在乡村普遍建立便民服务站点，逐步形成完善的乡村便民服务体系。探索建立农村社区公共空间、公共设施、公共绿化等认捐、认建、认管机制，吸纳非户籍居民参与农村社区治理，维护外出务工居民在户籍所在地农村社区的权利，引导农村居民参与社区公共事务和公益事业管理。

关于推动工业园区绿色低碳循环发展的调研报告

工商联界别

根据年度计划，6 月 21 日至 23 日，省政协副主席刘均刚带领省政协工商联界别和人口资源环境委员会部分委员、专家，就“推动工业园区绿色低碳循环发展”赴潍坊市调研。

委员们认为，省委省政府高度重视工业园区绿色低碳循环发展，出台《山东省“十四五”绿色低碳循环发展规划》《山东省园区循环化改造推进工作方案》《关于深入推进生态工业园区建设的若干措施》等一系列政策文件，构建起省市园区三级一体化推进格局，取得较好成效。同时，还存在一些问题和不足。一是园区统筹规划不够。部分工业园区设立较早，之前缺乏科学规划或规划理念滞后，按照绿色低碳循环发展要求进行优化调整和空间布局难度较大。有些园区为追求短期效益和落地企业数量，“大杂烩”现象明显，主导产业不清晰，产业链条短，缺少循环化的产业基础。二是绿色低碳循环的合力不强。绿色低碳循环发展涉及部门多、领域宽、范围广，但部门间职责分工不明确，对园区考核侧重点不同，未能形成工作合力。部分园区管理体系建设不规范，有的没有独立的管委会，且人员更换频繁，衔接不畅。三是政策资金保障作用不足。园区绿色低碳循环发展的资金主要是政府财政补贴，缺少持续性的财政扶持政策和资金支持，社会资本引入较少，缺乏市场化投融资和风险分担等金融措施。在政策落实方面，有的只针对园区或只针对企业，导致园区与企业配合度不高，园区与企业难以协同发力。四是绿色科技创新能力和信息化水平有待提高。园区在绿色低碳循环发展方面科研经费投入不足，导致部分关键节点技术研发滞后，产业化推进速度慢。实施的循环化改造项目主要集中在生产过程和末端废物资源化利用，而在技术水平要求更高的源头减量化方面项目较少，投入产出比不高。园区物理边界与管理边界不统一，物质流能量流管理粗放、家底不清，对治污与减碳措施的相互作用、相互影响，数据支撑力较弱，缺少系统化研究。

委员们建议，应贯彻新发展理念，按照省第十二次党代会作出的决策部署，统筹谋划绿色低碳循环发展，从规划、机制、财税、科技等方面综合施策，推动工业园区实现高质量发展。

一、顶层规划，考核推动。按照“一园一策”原则，全面摸排工业园区土地、能源、水资源利用及废物排放等情况，根据不同类型园区的物质流特点，在空间布局优化、产业结构调整等方面制定分类指导方案，研究完善园区管理模式、技术支撑体系，提出靶向减污降碳调控措施。强化督导考核，将园区绿色低碳循环发展成效纳入全省开发区综合发展水平评价，充分调动园区管委会工作积极性。探索以园区为单位开展能耗双控、水资源总量和强度等精细化评价考核，完成情况作为新增指标分配的重要依据。

二、理顺体制，协同联动。省级层面应建立发改、工信、生态环境、商务、科技、财政等多部门协同推进机制，明确各部门职责范围和任务分工，形成上下联动、横向协同的工作合力。各市要建立完善本级工作推进体系，建立健全园区绿色低碳循环发展申报、评审、验收等实施细则，定期开展督导调度。工业园区作为实施主体，要成立绿色低碳循环发展工作推进小组或专班，着力强化方案编制、项目招引、要素保障，分解落实工作目标和任务，稳步提高绿色低碳循环发展水平。

三、财政支持，多元赋能。统筹各级节能、环保、土地等领域扶持资金，优先向园区及园区内企业倾斜，激发其积极性，进一步促进工业园区绿色低碳循环发展进程。创新投融资方式，鼓励园区引入专业化产业资本，通过天使投资、风险投资、股权投资等方式，大力支持园区绿色低碳循环发展关键补链项目和公共服务设施项目建设。选择有条件的园区开展创新绿色金融产品和服务试点，鼓励金融机构在风险可控、商业可持续的前提下，为绿色低碳循环发展效应显著的重点项目提供高质量金融服务。完善园区信息化数字化体系，加快数字基础设施建设，利用数字技术提升园区管理和服务能力。

四、创新驱动，示范带动。推动园区、企业与高等院校、科研院所开展产学研合作，聚焦绿色低碳循环发展方向和企业实际需求，加强协同攻关，加快研发推广资源循环利用、节能降碳等领域关键共性、先进适用的技术。以园区为载体、企业为主体，建立市场化运行的绿色技术创新联合体，推进产业创新服务平台建设，推动研发制造机构与园区合作建立技术装备创新基地。培育园区第三方专业服务机构，推动园区技术创新、管理运营模式创新，促进企业内部“小循环”、园区“中循环”与社会“大循环”的有机衔接。以生态工业园区、园区循环化改造和绿色工业园区创建为抓手，评树一批示范园区、示范案例，凝练总结普适性经验，多元化多渠道宣传推广，形成先进带动、所有园区普遍开展的良好格局。

做好四篇文章
开创我省黄河流域生态保护新局面

——关于“深入实施生态优先战略，推进黄河流域生态保护”的调研报告

人口资源环境委员会

9 月份，省政协副主席刘均刚带领部分委员、专家，围绕“深入实施生态优先战略，推进黄河流域生态保护”赴泰安、淄博开展调研。

委员们认为，近年来，省委、省政府认真贯彻习近平生态文明思想，牢固树立绿水青山就是金山银山理念，以黄河流域生态环境保护为核心，以美丽山东建设为统领，对标“走在前列、全面开创”总体定位，以前所未有力度抓环保、优生态，环境质量明显改善，有关指标连创有监测记录以来最优水平。2021 年，全省 PM2.5 浓度连续两年保持两位数改善，重污染天数同比下降六成；国控地表水断面优良水体比例提升幅度全国第一；近岸海域水质优良面积比例连续三年超过 90%。沿黄 9 市空气质量综合指数同比改善 11%，优于全省平均水平，已建成国家生态文明建设示范区 7 个、“绿水青山就是金山银山”实践创新基地 2 个；黄河干流全部达到Ⅱ类水质，入海断面水质优于邻省入境。人与自然和谐共生的美丽画卷，正在齐鲁大地精彩展开，为推动我省在黄河流域生态保护和高质量发展上走在前，奠定了更为坚实的工作基础。

调研发现，当前还存在一些问题和不足。

一是规划引领作用发挥不够。多数地市总体规划时间只到 2020 年，滞后于黄河流域生态保护和高质量发展实际；虽然各地市和各部门启动编制了各级、各类专项规划，但省级层面缺少黄河流域专项规划编制目录清单和管理信息平台，同时在规划编制、审批、修订、监督实施等环节也还需进一步补充完善。

二是生态保护修复任务繁重。黄河三角洲生态脆弱，面临整体性退化风险；沿黄地区水土流失较为严重，水生态环境问题依然突出；海水倒灌引起的土壤盐碱化趋势尚未得到根本遏制；生态补水时空分布不均衡，常态化生态补水机制尚不健全；互花米草等外来物种入侵较为严重，生物多样性保护需要加强；激励社会资本投入生态修复的政策措施还不够完善，生态产品价值实现缺乏有效途径。

三是污染治理成效还需进一步巩固。沿黄9市传统产业结构比重大，污染物排放量大，部分城镇基础设施相对滞后，流域环境风险隐患较多；空气质量持续改善成效不稳固，今年1—6月沿黄9市环境空气质量综合指数高于全省平均水平，采暖季颗粒物、二氧化硫污染特征明显，夏季臭氧防控面临较大压力；固体废物和危险废物处置能力不强；黄河干流、南四湖等重点区域农村生活污水治理任务艰巨，资金需求量大；黄河口附近海域及莱州湾无机氮浓度处于劣四类水平，近岸海域水质改善成果仍不稳固。

四是水资源制约问题突出。水资源约束短板日益凸显，全省人均水资源占有量不足全国的1/6，沿黄25个县（市、区）人均水资源比全省低18%；水资源刚性约束机制还不够健全，取用水监管存在薄弱环节，无证取水、违规取水、无计量取水现象仍然存在；经济社会发展用水挤占生态用水现象普遍存在，河湖生态水量难以保障；沿黄地市用水效率大多低于全省平均水平，有较大提升空间；再生水利用工作涉及多环节、多部门，缺乏统一规划和扶持政策，加上回用成本较高，对比效益不明显，用户积极性不高，回用比例较低；下游防洪短板突出，“二级悬河”态势严峻，防洪减灾压力依然较大。

委员们建议，应认真践行习近平生态文明思想，按照省第十二次党代会作出的决策部署，做好顶层谋划、保护修复、环境治理、治水用水文章，在黄河流域生态保护中“打头阵”“当先锋”“作表率”，不断推动全省生态环境质量实现新跃升。

一、做好顶层谋划文章，探索生态文明建设山东路径。一是做好规划统筹。建议省政府牵头建立黄河流域生态保护和高质量发展专项规划编制目录清单、审批办法，规范编制范围、内容和技术要点，明确责任主体、审批流程和备案实施监督机制，同时建立统一的规划信息管理平台，便于社会查询。加快推进我省黄河流域国土空间专项规划编制，及时划定“三区三线”，厘清生态、农业、城镇主体功能空间之间关系及边界。制定《山东省黄河流域生态保护条例》，强化法治保障。二是创新政策体系。探索黄河流域范围内耕地保护、生态修复、产业用地之间的用地平衡，创新出台跨区域用地指标调配和补偿机制。探索实施林地占补平衡，对确需占用林地的，要坚持占一还一、占优还优的标准，确保林地数量不减少，质量稳提升。构建政府、企业和个人三级绿色资产账户，将土地、森林、水资源等自然资源和其他环境权益纳入绿色资产体系，推动生态产品价值实现。实行差异化绩效考核机制，建立生态系统生产总值（GEP）核算体系，实现生态环境保护与经济社会协调发展。三是加强理论研究。加大对生物多样性保护、水资源利用、湿地修复、污染防治等黄河流域生态环境重大问题研究力度，形成前瞻性、应用性、针对性强的对策建议成果，为打造大江大河三角洲治理标杆提供理论支撑。成立黄河流域生态保护和高质量发展研究专班，加强高校、科研院所以及企业之间协作，促进研究成果转化。成立黄河流域“两山”理念转化研究院，打造“两山”理念实践基地和示范区。四是完善协调推进机制。健全完善流域统一工作机制、省直各部门以及沿黄各市之间协调机制，明确分工和职责，确保事权明确、职责清晰、常态化运行。加强各部门之间协同联动，在流域横向生态补偿、绿色金融、综合监管等方面，加大协作配合，形成整体合力。建设智慧生态黄河数据资源中心，整合流域及省市各类数据，实现信息共享、协同治理、综合管控。

二、做好保护修复文章，建设黄河下游绿色生态廊道。一是打造沿黄生态保护带。开展黄河流域资源环境承载力和国土空间适宜性评价，探索建立黄河流域国土用途负面清单。严格落实主体功能区规划，深入实施沿黄区域重大生态修复工程，推动生态系统质量稳定提升。实施山水林田湖草沙生态系统综合治理，持续抓好天然林资源保护、植树造林、退耕还林还草等重点生态工程。加强采矿毁损地综合治理修复，强化绿色矿山名录动态监管，提升绿色矿山建设和遴选质量。二是加强黄河三角洲生态保护修复。建立黄河下游及河口健康评估指标体系，为黄河生态环境保护与修复提供支持。研究编制黄河三角洲湿地保护修复规划，减少油田开采、围垦养殖、港口航运等经济活动对湿地生态系统影响。积极争取黄河口三角洲地区专用生态补水指标，将生态用水纳入黄河水资源日常管理与调度，实现生态补水常态化。探索出台《山东省生物多样性保护条例》，制定《黄河生物多样性保护工程实施方案》，建立健全黄河生物多样性保护体系。建立包括互花米草在内的外来物种入侵严控、监测机制和风险评价系统，加大治理研究力度，为入侵区域生态修复提供技术指导及依据。加快推进黄河口国家公园创建，建设高水平黄河三角洲盐生植物园。三是实施重点区域生态修复整治。针对湿地退化、土壤沙化、土地盐碱化、海水侵蚀等突出问题，谋划实施一批重大工程。实施东平湖、南四湖、小清河等重点区域保护修复工程，开展滩区、沉沙池区生态环境综合整治。实施湿地生态修复工程，对集中连片、破碎化严重、功能退化的湿地进行生态修复和综合整治，通过退耕还湿、退渔还湿、污染治理等手段，逐步恢复生态功能。加大对东平湖入湖水质监控力度，强化上游生态环境治理力度，尽快实施环湖、沿黄、沿河生态林带和湿地修复工程。制定实施大汶河生态流量保障方案，加强生态流量动态监管和保障效果评估。

三、做好环境治理文章，打好污染防治攻坚战。一是打好蓝天攻坚战。加强黄河流域污染天气防控，修订完善重污染天气应急预案，细化应急减排清单。深入论证能源结构调整优化工作，加强煤炭高效利用、石油清洁开采，充分利用太阳能、地热能、风能、生物质能、工业余热等能源，借助规模化储热技术，着力发展第四代区域供热技术。探索建立长效市场机制，打造黄河流域农村清洁能源示范区。深化工业炉窑、锅炉治理，有序实施钢铁、焦化、水泥等行业超低排放改造，加快现有高耗能产业转型升级。推进臭氧和细颗粒物协同治理，完善企业氮氧化物和挥发性有机物管控制度，加强重点排污单位企业和重点企业排放达标监管。强化扬尘管控，补充、完善全封闭储存设施。二是打好碧水攻坚战。健全入河、入海排污口智能监测监控体系，建立流域排污口数据库和实时监控平台，实施流域纳污总量动态实时监控。开展地下水环境状况调查，加快地下水污染防治分区划定和典型地下水污染场地修复治理工程。深入推进“两清零、一提标”，将农村生活污水治理一并纳入，在技术路线选择、设施建设维护、中水去向及执行排放标准等方面做好衔接。三是打好净土攻坚战。建立土壤养分数据库，分类制定施肥配方，推广物理防控和生物防治，完善农膜回收补贴政策，加快推进畜禽养殖粪污等综合利用，提高废弃物资源化利用水平。引导居民养成生活垃圾分类习惯，因地制宜选择适宜的城乡一体化治理、集中治理、分散治理等垃圾处理模式。四是打好减污降碳协同增效攻坚战。实施适应生态环境禀赋的减碳降碳措施，形成适合黄河流域生态的产业改造升级路径。加大滨海湿地蓝碳增汇技术研发和前瞻性布局，强化滨海湿地蓝碳支撑固碳增汇的技术耦合优化与协同增效，建立滨海湿地蓝碳增汇示范区，提升湿地碳汇的生态价值。加快工业园区绿色低碳循环发展，实施好循环化改造和清洁生产改造，提高能源资源利用效率，实现集约高效绿色低碳发展。加强大宗工业固废综合利用，压实主体责任，开展科技攻关，重点解决赤泥、氰化尾渣、盐碱渣等固废的减量化、资源化、再利用。

四、做好治水用水文章，构筑黄河长久安澜示范带。一是强化水资源刚性约束。健全用水总量管控指标体系，通过细化完善生态流量、用水总量和用水效率指标体系，强化用水指标红线约束力。在区域经济社会发展规划、城市总体规划、产业布局等重大规划方面，全力推进水资源论证工作。严格落实黄河流域水资源超载地区取水许可限批机制，明确超载划定、过程监管、审核退出等要求。二是优化水资源配置格局。加强省级骨干水网与区域水网连通，优化黄河、南水北调东线一期工程、胶东调水的功能，与各地水网互连互通，形成网络，建立全省水资源调配格局，提高供水保障率。发挥南四湖、东平湖、峡山水库水资源配置枢纽作用，加强优化调度。制定再生水利用的激励政策和价格体系，使再生水与自来水形成明显的价格差距，以价格杠杆引导用水单位使用再生水。在黄河水量分配上与国家有关部委主动对接沟通，力争生活及工农业生产引黄指标少减、生态引黄指标多增，未雨绸缪研究应对预案。三是提高水资源节约集约利用水平。加快完善水资源监测计量体系，建立起与要求相匹配的灵活高效的水权动态配置调整机制。探索建立黄河流域水权交易中心，积极推进沿黄地区水权转让试点。加快喷灌、微灌等高效节水灌溉设施建设，利用计算机、变频器调速、传感器等先进技术实现智能高效节水精准灌溉。明晰农田灌溉设施管护主体责任，因地制宜探索运行管护模式，确保节水灌溉工程长期发挥效益。推进高耗水工业企业向水资源条件允许的工业园区集中，统筹水处理及分质供水系统，进行水的梯级利用和集中处理。加快城镇和农村供水管网改造，降低供水管网漏损。加强节水型社会建设，大力推进节约集约用水激励促进机制建设，提升节水动力。四是加强防洪减灾能力建设。构建“一段两核”防洪安全体系，打造山东黄河长久安澜示范带，建设东平湖、河口综合治理核心区，完善东平湖金山坝、河口防洪工程体系，加强对刁口河备用流路的综合治理，补齐短板。推进省内重点河道防洪治理，构建安全可靠的水旱灾害防御体系。加快建设黄河大数据中心，打造“智慧黄河”数字化平台，优化数字预测模型，加强汛情信息共享和会商研判。

乘风破浪　奋楫扬帆
迈出开放新征程

——关于“融入国内国际双循环，优化全方位开放格局”的调研报告

港澳台侨和外事委员会

围绕“融入国内国际双循环，优化全方位开放格局”课题，调研组通过实地考察、视频座谈交流、征求职能部门意见、开展网络议政和委托海内外山东侨团商会以及有关市政协协同调研等形式，进行了调研协商。委员们认为，当前山东对外开放机遇与挑战并存。国家坚定不移实行开放战略，构建以国内统一大市场为基础、国内国际双循环相互促进的全方位开放格局，特别是 RCEP 协定落地生效，为山东带来了难得的开放发展机遇；但疫情和国际局势等内外部因素的超预期影响，对山东对外开放形成不少严峻挑战。面对机遇和挑战，需要我们在“稳”上做文章，在“促”上下功夫，紧抓机遇、化危为机，积极融入国内国际双循环，进一步优化全方位开放格局。为此建议：

一、推动外资外贸提质增效

1. 稳外资。外资企业普遍反映疫情对物流、用工和外方人员往来影响较大，造成开工不足、定单流失，企业预期看弱、信心缺乏，个别有外迁打算，应逐企有针对地开展以便利保障为主的纾困解难行动，帮助企业树立长期投资信心。一些外资企业对利润再投资的优惠政策了解不多，应加强辅导、优化服务，使更多企业享受递延纳税政策红利，释放稳外资积极信号。拓展外资来源渠道，加强与 RCEP 成员国战略对接，积极承接日韩产业转移。受疫情和国际局势影响，部分海外华人华侨有较强烈回国发展意愿，但对国内政策了解不多或缺乏渠道，建议充分发挥“选择山东”云平台作用，面向有回乡投资发展意愿的海外山东籍人士开展“云招商”。在当前美国对中概股持续打压情况下，注重发挥香港国际金融中心全球配置资源作用，鼓励山东中小企业赴港上市，加强财富和基金管理合作；抢抓国家设立澳门证交所机遇，用好澳门新兴债券市场，促进境外债资金返程投资。妥善处理山东企业境外债务违约问题，维护我省企业境外融资信用信誉。

2. 固外贸。用好 RCEP 红利，进一步提升自贸伙伴贸易占比。发挥中老班列运输时间成本优势，辐射带动向东盟国家货物出口。在稳定欧美日韩传统市场的同时，稳定和扩大在拉美、非洲市场份额。发挥我省“中国—加勒比发展中心”等多个国字头高层次平台和全省 604 对国际友城、友好合作关系资源作用，深化相关国家经贸合作。推进内外贸一体化，加强内外贸“同线、同标、同质”，支持外贸企业开拓国内市场，发挥外贸优品展销会作用，畅通出口转内销渠道，以内需订单帮助外贸企业恢复产能。

3. 促进口。受疫情影响，国内消费供给中粮食、煤炭等重点民生物资需求不断攀升，近期我省首次通过中欧班列进口俄罗斯大麦，对推动粮食进口多元化具有重要意义。建议增加从“一带一路”、RCEP 国家能源资源性商品和紧缺农产品、水海产品进口，培育多元化进口市场，保障供应链安全稳定。支持引导大型企业围绕市场、资源、技术、品牌等要素，以参股、控股或全资收购等方式开展跨国并购，完善产业链供应链，提升国际经营能力。对接 RCEP 服务贸易开放政策，加大日韩服务进口，扩大金融、教育、文化、医疗、康养等高端服务进口。引进日韩等国企业在我省建设集散中心仓，对接中欧班列，力争成为日韩、RCEP 成员国商品进入全国的“首发站”、集散地。在济青烟威等地扩大进境免税商品进口，促进消费升级。

4. 防风险。把合规风险作为企业涉外经营重要风险，帮助企业尤其是中小企业熟悉国际贸易规则，建立完善内部合规机制。建立国际贸易摩擦风险预警机制，开展应对国外技术性贸易措施信息服务，及时提供风险预警。引进港澳熟悉目的国海外法律的诉讼机构和团队，充实山东省境外领事保护律师服务团，建立企业海外应诉法律援助机制。跟踪市场及汇率波动风险，用好出口退税、出口信用保险、关税保证风险补偿等政策工具，为外贸企业提供低风险汇率避险和外汇衍生产品。规避西方对俄制裁风险，协调完善海关“0130”通道监管政策，探索对俄开展新型易货贸易、离岸贸易和人民币结算。密切关注、深入研究美西方利用外资审查政策动向，加强对我企业管理引导，严格控制企业前往高、中风险地区开展投资合作，指导企业完善境外安全管理制度和风险防范制度，压实主体责任，规范对外经营行为。依托沂蒙干部学院全国境外安保培训基地，加强涉外安保培训和演练演习。

二、发展对外贸易新业态

5. 跨境电商和市场采购贸易。运用社会资本多元化投融资方式，采用自建、合建、租赁等方式加强海外仓建设，建设海外运营中心，推动实现仓储、配送、营销、售后等“一站式”服务。引导企业海外仓采取体验店等模式积极融入境外零售体系，解决跨境电商出口“最后一公里”问题。建设山东省海外仓综合服务平台，为外贸企业和公共海外仓搭建信息对接、交流合作平台，提升企业出口海外仓便利化水平。建立健全跨境电商进口产品追溯体系，推动溯源链条向贸易合作方国家延伸。加大双向跨境优惠政策扶持，对保税仓入驻商家提供仓储及物流补贴。推动全省共享市场采购贸易方式试点政策红利，不断提高风险管控水平。

6. 数字贸易。推进与贸易伙伴国电子单证推广互认，推动国际贸易“单一窗口”国际间互联互通。结合数字人民币试点，探索在青岛建设 RCEP 数字交易结算中心。发挥济南国家超算中心、浪潮大数据平台、齐鲁国家软件园作用，为企业跨境数据存储、合规处理、离岸数据监管提供全方位技术支持。扩大承接信息技术服务外包等高附加值离岸服务外包执行额，支持面向 RCEP 国家开展 5G、数据中心等信息基础设施投资合作。推动外贸数据开发利用，运用大数据算法探测国际市场，帮助外贸企业定位产品、挖掘客户、降低成本和风险，探索数据处理和交易机制。

7. 服务贸易。发挥自贸试验区先行先试作用，在国家服务业开放的统一部署下，开展 RCEP 框架下服务业有序开放。在稳定传统服务贸易份额基础上，面向日韩、东盟开展服务贸易增值服务。积极参与国家服务贸易负面清单制定，警惕 RCEP 中服务贸易新规则如“非当地存在”等条款带来的监管挑战。发挥港澳国际服务业优势，引入国际金融、涉外法律等专业服务机构，提升我省服务贸易国际化水平。

三、强化开放枢纽地位

8. 打造黄河流域对外开放桥头堡。发挥山东黄河流域生态保护和高质量发展龙头牵引作用和唯一出海口优势，鼓励山东港口集团加强沿黄省份城市内陆港建设，打造济南等陆港一线口岸枢纽，实现沿黄九省出口商品监管、检验在鲁完成。围绕黄河流域高质量发展，加强农业、能源、环保、文化等产业合作，建设沿黄出海口区域物流中心和特色产品进出口基地。结合黄河流域生态治理，在山东建立黄河流域碳交易市场。

9. 深化鲁日韩区域经济合作。抓住 RCEP 实施解决中日自贸问题机遇，发挥山东对日韩开放桥头堡作用。借助鲁日韩之间的国际客货班轮，推进港航合作，统筹发展集装箱陆海联运、汽车甩挂货物运输和整车货物运输，打造鲁日韩海上高速公路。尽快与日韩商定鲜活农副产品等目录清单，开通“绿色通道”，实行“提前申报，货到验放”，推开 6 小时通关。争取 OTC 类非处方药品、家庭个人护理类医疗器械等跨境电商试点，面向日韩优势产业开展药品器械、医用耗材进口试点，建立境外家庭常备药保税仓，探索医疗器械、船舶航运相关设备保税维修。

10. 加快国际物流通道建设。做大做强山东港口群，加快智能港口建设，解决好瓦日铁路重载能力、青岛董家口港区铁路疏港能力不足等问题，加快建设打造油品、矿石等大宗商品东北亚集散基地和国际交易中心。注重北极航线开发利用，发挥其较亚欧传统航线缩短 10 天航程的优势，支持山东企业参与北极航道建设，逐步提升北极航线货运规模，开展对俄转口贸易。争取设立中欧班列国家级集结中心，探索“中欧班列 + 金融”模式，设立铁路物流发展培育基金，实施中欧班列先期市场补贴。利用好国家赋予济南、青岛、烟台国际机场的第五航权，拓展国际客货运空中航线。

四、打造一流营商环境

11. 便利化。推广青岛 RCEP 企业服务运营中心和济南“链上自贸”数字贸易化交易平台的经验，推进外资外贸全流程服务、进出口商品全流程保税监管模式。优化口岸营商环境，持续巩固货物通关整体时间成效。用好 RCEP 生产经营企业地理标志申请和原产地累积原则，探索企业原产地自主声明新模式。完善线上服务方式，提升商事认证签发效率，全面推广电子原产地证书和自主打印服务。

12. 国际化。开展 RCEP 规则政策惠企辅导活动，对外向型企业开展针对性培训。加强高标准国际贸易规则研究，理性对标 CPTPP（全面与进步跨太平洋伙伴关系协定）、DEPA（数字经济伙伴关系协定）。加强与国际标准组织交流，推进相关企业、协会参与出口产品标准制定。鼓励职业院校伴随企业共同出海开发当地市场，为企业发展培养当地技术人才。加强国际化外贸人才培养，依托山东外贸职业学院建设山东外贸大学。

13. 法治化。落实外商投资法和准入前国民待遇加负面清单制度，完善外资企业投诉工作机制。建立 RCEP 框架下企业间商事纠纷解决机制，支持企业应对 RCEP 贸易救济调查案件。支持在自贸试验区开展涉外专业性行业仲裁、资本项下的政策突破性探索，支持香港、新加坡等国际著名商事仲裁院在山东设立分支机构，引进国外优秀律师事务所、域外法查明机构、专业翻译机构进驻。争取在青岛设立国际商事法庭、在济南设立知识产权法院，建立海外知识产权维权援助机制。建立境外投资企业与涉外法律服务机构常态化对接机制，鼓励行业协会、法律服务机构与境内外知名院校、国际组织、行业协会共建专业人才培养基地。

关于县域城镇化进程中社会治理创新实践的调研报告

社会法制委员会

按照全国政协社会和法制委员会有关要求，近期，省政协社会法制委员会组织部分委员，围绕“县域城镇化进程中社会治理创新实践”，综合运用实地走访、书面调研、座谈交流等方式对全省县域社会治理有关情况进行专题调研，深入分析研究，听取各方面意见建议，形成报告如下。

一、县域城镇化建设取得显著成绩

近年来，省委、省政府高度重视以县城为重要载体的城镇化建设，不断激发县域发展活力，有效衔接县乡功能，提升乡村人口本地城镇化率及城镇化质量。2021 年县域常住人口城镇化率达到 52.9%，县域经济总量达 3.37 万亿元。

（一）强化顶层设计，完善县域空间发展布局。深入推进省、市、县、镇四级国土空间规划编制和“三区三线”划定工作，构建“多规合一”的空间规划体系，县城功能定位、发展方向和空间布局更加清晰合理。各县立足环境承载能力、区位条件、产业基础、功能定位，探索不同类型发展路径。诸城、邹平、齐河等建设大城市卫星县，高青、鱼台、阳信等发展农产品主产区县，栖霞、东平、蒙阴等发展重点生态功能区县，均取得显著成绩。

（二）大力发展县域经济，增强县域吸引力。2021 年县域一般公共财政预算收入 2413.6 亿元，12 个县级市财政收入过 50 亿元，6 个县（市）入选国家工业百强县（市），培育 197 家国家级“专精特新”中小企业。广饶子午轮胎、邹平高端铝业、滕州中小机床等成为全国有重要影响力的特色产业集群，诸城“工业绿动力”工程、齐河智能化绿色化技改等为县域新旧动能转换提供了样板，高唐“锦鲤 +”、曹县农村电商等成为三产融合发展的典范，有力带动了周边大量农业转移人口就业。

（三）补齐基础设施短板，增强县城综合承载能力。打造适应人口和产业集聚需求、完善高效的县城基础设施体系，全省县城人均城市道路面积达到 23.7 平方米，燃气普及率超过 98%，供水普及率超过 99%，生活垃圾无害化处理率 100%，建成区绿化覆盖率为 41.5%，人均公园绿地面积 16.8 平方米。省级园林县城实现全覆盖，国家级园林县城达到 44 个，数量全国最多。智慧城市建设加快，57 个县（市）纳入省四星级新型智慧城市建设试点。

（四）深入实施乡村振兴，促进乡村人口本地城镇化。统筹城乡基础设施建设，制定《山东省城镇化地区基础设施向农村延伸导则》，推动城乡基础设施一体化建设管护。全省农村公路路网规模近26万公里，居全国第2位，全部乡镇、建制村实现通沥青（水泥）路，具备条件的建制村100%通客车，19个县（市）入围全国电子商务进农村综合示范县。推动城乡公共服务均等化，47个国家级紧密型县域医共体试点深入推进，远程医学中心省内联网基本实现县级以上医院全覆盖，8县（市）进入“中国社会保障百佳县市”榜单，数量居全国前列。

二、县域城镇化进程中社会治理工作迈上新台阶

山东省认真贯彻落实中央关于社会治理现代化的总体部署，按照习近平总书记视察山东时的重要指示要求，加快推动社会治理重心下移，不断提升社会治理社会化、法治化、智能化、专业化水平，全力打造共建共治共享的社会治理新格局。

（一）强化顶层设计，坚持顶格推进。一是高位推动。全面贯彻习近平总书记关于“打造乡村振兴齐鲁样板”的重要指示精神，把加强社会治理作为重大的政治责任，纳入全省经济社会发展大局，与打造乡村振兴齐鲁样板一体部署、同步推进、一并考核。二是整体联动。省有关部门充分发挥社会治理职能，形成推进社会治理的合力。组织部就农村党组织建设和区域化党建印发指导意见；宣传部深化“四德工程”建设，促进“以法立德、以德润法、法德共进”；民政厅推动各地修订完善村民自治章程、村规民约，大力培育发展社区社会组织，全面推行基层协商民主；政法部门将推进诉源治理、法律“六进”活动等纳入民生实事工程。三是完善规范。出台“雪亮工程”、综治中心、网格化服务管理等规范，并写入《山东省乡镇人民政府工作条例》，在政策、保障方面为社会治理提供支持。制定《基层社会治理“双星双优”主题活动方案》，对全省综治中心（网格化服务管理中心）实行星级动态管理，每年推选表扬优秀综治中心干部、优秀网格员。

（二）夯实基层基础，提升治理效能。一是坚持党建引领。强化基层党组织政治功能和组织力，特别是总结疫情防控经验，创新构建党建引领、平急结合基层治理体系，实现各类工作力量平时参与治理，急时快速响应，提升基层党建引领基层社会治理效能。二是规范网格化服务管理。先后制定《山东省城乡社区网格化服务管理规范》等指导性文件6个，不断健全网格化服务管理政策体系，持续推动重心下移、力量下沉、精细精准管理。目前，全省县域网格覆盖率达到100%，网格员成为群众的“贴心人”。三是推进综治中心建设实体化。抓住机构改革契机，推动县、乡综治中心建成率100%，县级综治中心共批复编制1677人，乡镇共批复编制13980人。四是建设矛盾纠纷多元化解机制。以“一站式”矛盾纠纷化解中心为枢纽，从横向、纵向、内外等不同维度整合资源力量，以“整体政府”形式破解群众“跑多门”“跑多次”背后的条块分割、部门壁垒、信息孤岛等积弊。全省市、县、乡三级“一站式”矛调中心基本实现全覆盖，各级“一站式”矛调中心普遍采用部门入驻、集中办公的形式，市县两级调处中心入驻部门均达到 4 个以上。五是全力推动“齐鲁红色物业”建设。将“齐鲁红色物业”建设纳入城市基层党建引领基层治理总体布局，把物业企业、业委会打造成党组织领导社区治理、联系服务群众的重要力量。截至目前，县域全部成立行业党组织，具备条件的物业企业均成立党组织，暂不具备成立条件的，已全部选派党建指导员。

（三）强化科技支撑，赋能基层治理。一是打造信息平台。出台《山东省一体化综合指挥平台建设工作方案》，高标准建设社会治理网格化智能工作平台，贯通省、市、县、乡、村、网格六级数据，汇聚基础数据 1.5 亿条，实现“一网贯全省、一屏观全域、一平台统管、一渠道流转、一时间预警”。二是推动“雪亮工程”提质增效。各级加大科技投入，建设视频监控摄像机 420 万路，基本实现对公共安全重点区域、要害部位一、二、三类目标全覆盖。全域推进智慧安防小区建设，覆盖率达 98%，成效居全国前列。三是推进全要素智慧治理。成立山东省社会治理智能化技术创新中心，创新中心统筹社会治理与发展的物质资源、信息资源和智力资源，加强物联网、云计算、大数据等信息技术创新应用，推进“人机物”“科教产”融合智能互联，实现信息技术与社会治理深度融合。

三、存在的困难和问题

伴随着县域城镇化的推进，一些城郊村落逐渐由农村村落转变为城郊社区，由此产生了一系列新情况、新问题，进而对社会治理提出了许多新要求新挑战。当前，县域城镇化进程中，社会治理面临的问题主要有：

一是社会治理统筹推进力度不够。党委、政府统一领导，政法部门组织协调，相关部门协同配合的社会治理工作机制不够健全，在信息化建设、公共安全管理、执法监管等方面缺乏部门协同和上下联动。

二是农村社会治理基础相对薄弱。在县域城镇化加速发展的背景下，对农村基础设施建设投入相对较少，加之部分农村集体收入不高、自身发展受限，农村社会治理基础和服务能力仍然存在短板和不足。

三是基层社会治理队伍建设需要加强。街道、乡镇分管领导或具体从事社会治理的人员大多身兼数职，工作任务较重。社区工作者、网格员队伍不够稳定，更换比较频繁，职业认同感和归属感需要进一步增强。部分网格员和调解员年龄偏大，专业化程度、化解矛盾的能力有待进一步提升。

四是治理方式融合有待提升。社会协同方面，各地和各类社会组织的培育发展参差不齐；公众参与方面，群众参与社会治理的形式和渠道还不够多；数字赋能社会治理方面，各级各部门分散创新探索，存在信息壁垒、数据烟囱、数据融合应用不够等问题。

四、意见建议

党的二十大对完善社会治理体系，健全共建共治共享的社会治理制度，提升社会治理效能作出重大决策部署，为建设人人有责、人人尽责、人人享有的社会治理共同体指明了前进方向。要深入学习贯彻党的二十大精神，以更大的勇气、更有效的手段、更管用的举措，加强和创新社会治理，切实把党的二十大提出的社会治理的部署要求落到实处，深入推进社会治理体系和治理能力现代化，不断增强人民群众的获得感、幸福感、安全感。

（一）树牢多元共治理念，构建共治共享大格局。一是坚持党委领导。充分发挥党建在基层治理中的引领作用，通过党员干部下沉社区、大力发展“党建+网格”、打造“党建+物业”等途径，将村（社区）党组织体系与基层治理体系充分融合，切实把党的全面领导贯穿到社会治理全过程各方面。二是搭建多元共治平台。按照“党委领导+政府引导+群众参与”的原则，搭建管理规范、运作专业、开放多元、活力透明的协商议事平台，形成有事共协商、信息共交流、问题共治理、成果共分享的治理局面。三是调动多元力量。强化基层各类主体的治理作用，有效调动党员、致富能手、乡贤、复转人员等社会各方面力量，积极参与县域治理，形成强大合力。大力发展各类专业性社会组织，规范引导农业协会、行业组织等社会组织健康发展，发挥他们在社会治理中的积极作用，改变政府单打独斗局面。

（二）树牢系统融合理念，统筹推进县域社会治理。一是加强基层基础建设。硬件方面，加强综治中心实体化标准化规范化建设，推进各类诉讼服务中心、矛盾调解中心、信访接待中心、社会组织服务中心、法律服务中心资源整合；软件方面，加快推进社会治理网格化智能工作平台建设，统一技术规范和基础数据标准，实现便民服务、视频会议、指挥调度、远程监控和执法监督多功能一体化。二是全面提高社区服务能力。制定社区规范化建设标准，加快推进智慧社区建设，开发智慧社区自助服务终端信息化平台，开展社区服务信息资源跨领域、跨渠道综合分析。加大服务型社会组织孵化力度，通过项目化运作，鼓励社会组织认购社区服务项目参与社区治理。三是加强队伍专职化专业化建设。认真落实现有的关于网格员、调解员队伍建设的政策措施，推动以县（市、区）为单位制定网格员、调解员队伍发展专项规划，建立全过程培训体系。对网格员、调解员工作情况进行定期考核，据此评先定优、发放补贴，激发工作积极性。

（三）树牢精致精准理念，提升县域社会治理温度。一是提升网格化管理精准度。进一步优化网格设置，推进“基础网格+专属网格”建设。科学制定网格事项准入清单和禁入清单，明确网格事项办理操作流程，推动群众诉求在网格发现、服务资源在网格汇聚、矛盾问题在网格解决。扩大网格服务范围，推动更多更优质的公共服务进网格。二是强化智慧赋能。加大统筹协调、组织指导力度，推进大数据、人工智能、区块链等现代科技与基层社会治理的深度融合，推动基层社会治理在人员力量、数据信息、技术应用、平台终端、管理手段上互融共通，优化治理效能。三是推进自治德治法治相结合。突出自治特点，探索党组织领导的民事民议、民事民办、民事民管的新路径、新方法，鼓励村民议事会、道德评议会、红白理事会等自治组织发展，依据村规民约，深化村级议事协商活动，激发群众进行自我管理、监督、教育、服务。强化依法治理理念，加强法治宣传教育，创新法治方式，不断提升基层部门依法办事能力和广大群众的法律意识，确保县域治理在法治化轨道上运行。

用绿色低碳绘就高质量发展底色

——“统筹区域协调发展，推动黄河流域产业转型升级”调研报告

社会法制委员会

统筹区域协调发展，推动产业转型升级是践行新发展理念的必然要求，也是推动黄河流域生态保护和高质量发展的重要目标。近期，省政协社会法制委员会在王修林副主席带领下，围绕“统筹区域协调发展，推动黄河流域产业转型升级”选取菏泽、滨州、聊城、德州、淄博、东营等沿黄市开展调研，形成如下报告。

从调研情况看，近年来，省委、省政府深入贯彻落实习近平总书记对山东工作的重要指示要求，锚定“走在前、开新局”，坚持“腾笼换鸟、凤凰涅槃”，加快推进新旧动能转换，提升区域协调联动，产业结构全面优化，能源结构深度调整，发展动力换挡提速，经济稳中向好、进中提质，全面步入高质量发展轨道。但在探索转型发展之路上也存在一些不足，突出表现为：

（一）产业结构层次偏“低”。传统产业依然是山东沿黄区县经济增长的核心支撑，煤炭、化工、冶炼等传统企业存量大、占比高，接近70%的区县以炼油、化工、铝业、钢铁等高耗能高污染产业为支柱产业，如博兴、利津、东明等县炼油收入均占当地工业收入半数以上。沿黄九市规上工业平均利润率低于全省、全国平均水平，仅为4.74%，亟须加快培育新动能。

（二）产业联动偏“散”。受政策、区划、利益等因素制约，各地之间缺乏内在的产业合作动力，合作机制不尽完善，对于如何用好差异化资源要素，提高要素流动效率，形成产业链条尚未破题，由此导致各地产业同质化情况偏重，缺乏自身产业发展特色，且关联产业间尚未形成有机联系，难以形成一体化发展态势和集群规模优势，区域产业韧性不强。

（三）能源结构偏“煤”。能源结构中煤炭消费、煤电装机占比“双高”问题突出，能源资源的开发支撑了高耗能重化工业的建设与工业空间布局，形成了流域固有的高碳锁定效应，使流域内的碳排放量长期呈增长趋势，绿色低碳转型面临困境。

（四）政策支撑力度偏“弱”。我省传统产业绿色低碳转型缺乏相关支持政策、缺

少明确统一的低碳技术和产品标准体系、碳排放核算数据，尚未形成强有力的制度和标准体系支撑框架，支持产业绿色低碳转型升级的投资环境、融资环境、人才环境、保障条件等仍需进一步优化。

调研组一致认为，我省应坚定不移贯彻新发展理念，以国家支持山东深化新旧动能转换，推动绿色低碳高质量发展为契机，在产业布局、科技研发、体制创新等方面持续发力、强势突破，奋力蹚出绿色低碳高质量发展新路子。具体建议如下：

一、聚焦“一体化”，打好黄河流域“协同发展牌”

1. 深化区域合作。以更大区域空间协同发展为遵循，健全黄河流域市场一体化发展、区域互助、区域利益补偿等机制。省内加快推进济南、青岛、烟台“三核”与其他 14 市在现代产业发展、资源要素流动、生态环境保护等方面的对接协调，形成梯次有序的产业布局。省外加强与关中平原城市群、黄河“几”字弯都市圈、兰州西宁城市群的协作发展，通过建立产业联盟、产业投资基金、协同创新平台，建设产业集群，开展“飞地经济”合作等方式，加强产业分工协作。

2. 加强产业战略协同。科学确立各地推进产业转型升级和绿色发展的重点，推动各地围绕自身产业优势形成错位发展的政策支撑体系，推进黄河流域产业差异化协同发展。探索构建黄河流域高质量与绿色协同发展评价指标体系，通过量化指标和动态监测评估，衡量区域间城市产业协同程度和同质化竞争程度，发挥指标体系导向作用。

3. 提升山东半岛城市群能级。加快推动济青相向互动，推动济泰、济淄、济德同城发展，尽快实现规划同编、交通同网、产业同链、要素同享、生态同建，努力成为最具影响力和带动力的强劲活跃增长极。发挥山东作为黄河流域唯一沿海省份优势，积极培育临港制造业、海洋高新技术产业、海洋服务业，积极构建沿海产业发展带和沿海超级城市群连绵带。

二、聚焦“高质量”，打好黄河流域“动能转换牌”

4. 挖掘传统动能增长潜力。实施“一业一策”“一企一策”分类指导，精准制订改造提升计划。积极推动数字技术与实体经济深度融合，完善数字转型、智能升级、融合创新等服务配套，促进5G、大数据、物联网等信息新技术在企业研发、制造、管理、服务等全流程和全产业链的集成应用，实现产业链再造和价值链提升。

5. 加快高耗能产业低碳转型。鼓励支持钢铁、有色、化工等高耗能产业，通过工艺流程的相嵌性、相融性再造，实现资源的最优化配置和提质降本增效。建立跨部门碳信息数字平台，健全能耗统计与监测体系，通过智能化手段实现高耗能行业碳排放总量管理等碳账户管理场景应用。创新绿色园区督导考核，开展园区绿色高质量发展指标体系研究，发布全省园区绿色发展年度报告，探索以园区为单位开展碳“双控”精细化评价。

6. 发展壮大绿色新动能。攻关绿氢制取、储运、应用技术，统筹推进氢能“制储输用”全链条发展。以比亚迪落户济南为契机，加大全固态电池、压缩空气储能、超级电容储能充电基础设施与车网互动（V2G）技术原始创新，做强新能源汽车作为交通工具、储能装置、智能终端的超长产业链。

三、聚焦“绿色化”，打好黄河流域“绿色能源牌”

7. 推动能源生产绿色升级。在稳定能源保供基本盘前提下，科学谋划煤电优化、退出路径，加大落后机组淘汰力度，有序整合小型煤矿。大力推动煤电产能、能耗、碳排放、污染物排放等指标跨地市、跨区域调配，适当集中布局建设大型高效清洁煤电项目。在我省沿黄地市集中规划实施一批风电、光伏规模化应用工程，协同发展氢能、生物能等新能源，探索在全国率先建设黄河流域零碳低碳示范区。

8. 健全能源储备体系。加大新型储能技术研究和试验示范，鼓励在新能源基地、电站等推广发展“新能源＋新型储能”。支持各类主体参与储备设施建设，加大煤炭、石油储备基地、储气库群、抽水蓄能电站等设施投入和建设力度，搭建政府储备与企业储备结合、战略储备与商业储备并举的储备体系。

9. 打造能源科技重大创新策源地。加强碳中和基础科学研究，协同整合沿黄科研力量，重点加强绿色氢能、智慧电网、先进储能、碳捕获利用与封存等关键技术研究，研发可实现系统变革的颠覆性技术。建设绿色科技应用示范基地，提高绿色发展集聚度，培育绿色产业龙头企业，大力推进能源绿色科技创新转移转化。出台财税、信贷等一揽子政策，鼓励金融机构加大对能源绿色低碳技术研发项目的支持力度。

四、聚集“标准化”，打好黄河流域“机制保障牌”

10. 健全法规体系。修订完善《山东省循环经济条例》《山东省节约能源条例》，强化降碳法律约束；根据山东推进碳达峰碳中和的实际需要，制定出台《山东省碳达峰碳中和促进条例》，为黄河流域绿色低碳发展和产业转型升级提供法治支撑。

11. 强化政策支持。进一步增强政府规划引领，提升绿色金融、绿色税收、绿色补贴、排污权交易、碳排放交易、生态系统服务付费等绿色政策的制定和执行能力，提高市场主体绿色创新、投资、生产的积极性和主动性。

12. 建立省级标准体系。完善绿色标准、绿色认证体系，加快绿色产品认证制度建设，培育一批专业绿色认证机构，推动开展节能低碳、绿色环保产品、有机产品认证和体系认证服务。整合统一绿色信贷、绿色债券标准，研究制定具有山东特色、国际前瞻的绿色技术创新企业认证标准体系，助力数字经济和实体经济碳减排。

关于赴日照、枣庄的调研报告

民族和宗教委员会

按照省政协统一部署要求，3 月 6 日至 10 日，唐洲雁副主席带队赴日照、枣庄开展调研，分别召开了两级政协主席座谈会，逐一听取了两市及 10 个县级政协的情况汇报。从调研情况看，两市政协均已完成换届，所有主席均新任，年富力强，干劲十足。两市政协认为，在新一届市县政协开局之时，在贯彻落实中央意见的关键节点，省政协派出调研组，专门就加强和改进新时代市县政协工作开展专项调研恰逢其时、非常必要，希望抓住这一有利契机，推动省委即将出台的实施意见起草更加具体、更具可操作性，不断提升整体工作水平。

一、主要工作情况

两市党委重视支持政协工作，定期听取政协工作汇报，研究解决政协工作重大问题，安排部署重点任务，为政协工作开展提供了坚强保障。两市政协坚持守正创新、积极作为，富有成效地开展工作，创造了不少新思路、新经验、新模式。

在聚焦协商主责主业方面。中央意见要求，市级政协每半年至少举行 1 次专题议政性常委会会议、每两个月举行 1 次重要协商活动；县级政协每年至少举行 1 次专题议政性常委会会议、每季度至少安排 1 次重要协商活动。从两市的情况看，市县政协都能达到甚至超过这些要求。

日照市政协组织开展协商议政活动 113 次，枣庄市政协以双月协商为重点，完善协商议政格局，推动协商工作规范化、科学化。日照东港区政协拓展“一线服务”领域，围绕教育、卫生、养老等民生议题和中央活力区建设、园区经济发展等中心工作，组织重点协商活动 56 次，形成协商报告 60 余篇，很多建议被党委政府吸收采纳。枣庄台儿庄区政协围绕民营经济发展、大运河国家文化公园建设等开展 80 次协商活动，形成一批有分量、有价值的协商建言成果。

在凝聚共识职能发挥方面。枣庄市政协在全国市级政协层面率先出台做好凝聚共识工作的办法，举办“强化思想政治引领、广泛凝聚共识”主题理论研讨活动，推动了凝聚共识工作实体化、经常化、全过程化；日照岚山区政协建立完善区政协党组成员、委室与各党派、委员、界别人士联系走访制度，开展走访 600 余次，在密切联系中融汇共识。

在开展民主监督方面。日照市政协创建提案者、承办单位、政协组织及有关方面、新闻媒体“四方联动”提案协商督办机制，以提案促监督，开展“三评议三提升”行动（“三评议”是指提案者对提案承办单位的办理质量进行评议，提案承办单位对所主办的提案质量进行评议，提案者、承办单位对市政协提案委的服务质量进行评议；“三提升”是指提升提案质量、提升办理质量、提升服务质量），在提升提案工作质量的同时，增强了民主监督的硬度。枣庄滕州市政协连续四年开展“主席联系服务民营企业家委员”活动，联系48家企业，解决了土壤修复出资、办理消防手续等问题70余个，把“软监督”转化为“硬作为”。

在基层协商平台探索方面。日照市政协指导县区政协按照“六有”（有阵地、有标识、有制度、有流程、有活动、有成效）标准，搭建“有事多商量”协商议事室96处，打造融入基层、融入群众、融入民心“三融”协商品牌；岚山区政协通过协商议事室开展小而精、专而快的“草根协商”62次，帮助解决社区门口通行难、老旧小区供暖难等具体问题。枣庄市政协建设“委员之家”“委员驿站”70余处，把涉及群众切身利益的协商送到家门口；薛城区政协打造委员会客厅、“周末协商”“19点议事”“茶吧对话”等协商品牌，比较有特色。

在加强自身建设方面。两市政协旗帜鲜明讲政治，把政治建设摆在首位，加强政协系统党的建设，健全完善学习制度体系，落实学习座谈会制度，扎实开展主题教育和党史学习教育，引导政协委员和各界人士，不断增进“四个认同”。同时，持续强化政协机关建设，打造党建品牌，创建文明单位、模范机关、节约型机关等工作有声有色。日照市政协加强智慧政协建设，建成融“委员学习、掌上提案、远程协商”等10项功能于一体的“日照掌上政协”APP，为委员履职创造良好条件。枣庄薛城区政协优化调整机关综合保障中心，配齐党外兼职副秘书长、专委会副主任，提拔交流、职级晋升30余人，在破解“两个薄弱”问题方面做了积极探索。

二、调研发现的一些问题

总体来看，市县政协工作中存在的主要问题突出表现在基础工作薄弱、人员力量薄弱“两个薄弱”，具体有以下几个方面。

*一是机构和职能问题。*现在市县政协执行的“三定”方案均是2004年机构改革时印发的，本轮党政机构改革各级政协均没有重新制定“三定”方案，机构设置不平衡和一些机构职能交叉、相关表述滞后形势发展变化，一些机构名称上下不对应，设置不相近等问题，已不能适应新时代政协工作发展的实际需要。

在机构设置上，县级政协之间存在不平衡。两市10个县级政协共设83个内设机构，每个县级政协平均8.3个，最多的枣庄山亭区设置12个工作机构（办公室、调研室、委员活动工作室、提案委、经济委、人资环委、教科卫体委、社会和法制工作委员会、港澳台侨民族宗教委、文化文史和学习委、委员联络工作委员会、农业和农村委），最少的日照东港区设置5个工作机构（办公室、文史委、提案委、联工委、农业和农村委）。

在职能划分上，突出表现在各地专委会设置差别较大、名称千差万别。比如，学习提案经济委、经济和人口资源环境委、文史联谊科教文卫委、社会法制文史委、社会法制联谊委、社会法制科教文史委、文化文史科教委等，这些名称不一致的背后是职能交叉、条块分割，很大程度上影响了工作交流、业务开展，亟待统一规范。

二是人员和编制问题。突出表现在机关编制紧张，普遍是超编运行或满编运行状态，“一人一委”“官多兵少”“进多出少”等现象比较突出，年轻同志偏少，人员结构老化，导致工作力量薄弱。

在机关编制方面，日照市政协机关核定编制 55 名（行政 36 名、事业 19 名），目前实有在编人员 66 人（行政人员 51 人、事业人员 15 人），超编 11 人。枣庄市政协机关核定编制 63 名（行政 54 名、事业 9 名），目前实有在编人员 61 人（行政人员 52 人、事业人员 9 人），接近满编运行。两市 10 个县级政协机关（不含主席、副主席编制）共核定编制 229 名，目前实有在编人员 281 人，超编 52 人，平均超编 5.2 人。机关行政编制超编更加严重,10 个县级政协共核定行政编制 158 名，目前实有在编人员 225 人，超编 67 人，平均超编 6.7 人。10 个县级政协中仅有枣庄市中区满编运行，其他 9 个县区行政编制均超编运行。其中，枣庄薛城区、日照岚山区超编分别达 12 人、15 人。日照莒县政协上一届交流干部 16 人次，其中调入 14 人，调出仅有 2 人。

在人员结构方面，以日照市政协为例，66 名机关干部的平均年龄 51 岁，50 岁以上的多达 41 人，40—50 岁 18 人，40 岁以下的仅有 7 人，30 岁以下的仅 1 人，而且最近五年没有招录、调入 40 岁以下的工作人员。枣庄市政协机关以及枣庄山亭区、日照岚山区机关的平均年龄也都是51岁，干部年龄结构比例失调，年轻干部配备严重不足，影响了工作有效开展。

三是新一届领导班子和委员对政协工作熟悉程度有待加强。两市市县政协刚完成换届，主席全部新任，主席会议成员新任占 2/3 以上，政协工作经验、专业知识和理论素养不足；新到任的委员占比 60% 以上，能力素质与新时代新任务新要求相比还有差距，委员队伍履职活力有待激发。

四是协商议政质量有待提高。个别协商活动的程序不够规范，有的在调研论证、会议协商、办理反馈等环节，存在表面化、形式化的问题。比如，有的协商前调研不充分，协商意见建议缺少真知灼见；有的协商中交流互动不深入，影响了协商的质量。此外，网络协商、远程协商等虽有一定探索，但还没有得到充分应用。

三、几点建议

一是强化对市县政协的联系指导。健全完善全省各级政协工作经验交流会、秘书长工作交流会等制度，组织各市县政协之间相互学习交流；拓展延伸省政协领导同志基层政协联系点制度，构建省政协主席会议成员、秘书长会议成员、各工作机构与基层政协定向联系机制；适时向市县政协印发政协工作规章制度汇编，为基层政协工作开展提供依据，不断提高市县政协履职的制度化、规范化、程序化水平；加强履职资源共享，对政协工作有指导意义的文件规定、领导讲话等及时印发市县政协。

二是推动解决市县政协机构编制等具体问题。中央意见明确提出：市县政协根据工作需要，按有关规定设置相应专门委员会。根据市县人口和经济规模、政协工作量等实际情况，配齐配强必要的工作力量，确保有人干事，确保有效履行职能。根据有关政策规定，机构编制管理工作实行统一领导、分级管理。落实好这些具体要求，需要编制部门拿出专业化意见，做好顶层设计，上下一体地贯彻落实。因此，我们应抓住贯彻落实中央意见及研究起草省委贯彻落实意见的契机，积极争取省委支持，协调省委编办等部门联合开展专项调研，把市县政协机构设置和人员编制底数摸清，对市县政协机构设置、编制配备以及专委会上下相对对口等事项拿出具体意见，配合省委编办早日出台具体配套文件，推动中央意见、省委实施意见落地落实。

三是加大对市县政协的培训力度。充分利用政协系统内部培训平台、省市委党校、知名高校培训基地等资源，邀请有关专家和业内人士，采取订单式培训、专题式培训、学习观摩等方式，对市县政协领导班子成员、委员和机关干部进行精准培训。对市县政协开展学习培训工作给予指导帮助，在培训资料、师资力量等方面予以支持。

四是引导市县政协提高履职质效。强化市县政协主责主业意识，在总结传承好经验、好做法的基础上，紧密结合实践要求和时代特点，从创新方式方法、搭建平台载体入手，引导基层政协发挥专门协商机构作用，聚焦双向发力，推动工作提质增效。探索打造省市县政协履职共同体，适时开展联动协商、联合调研，为市县政协开展工作做好示范引领，进一步提高协商议政实效。

为民营经济"枝繁叶茂"厚植营商沃土

——关于创新营商环境激活民营经济市场主体活力的调研报告

民族和宗教委员会

营商环境是企业生存发展的土壤，是促进经济高质量发展的"撒手锏"之一。为深入贯彻落实省第十二次党代会精神，持续打造高标准市场体系，构建更加成熟的市场化法治化国际化营商环境，助力山东实现"走在前、开新局"，省政协调研组采取实地调研、问卷调查（对 4392 家企业开展问卷调查，其中民营企业占近九成）、资料调度、网络议政等方式，进行深入调研协商。

据调研了解，近年来，省委省政府把优化营商环境工作确定为"一把手"工程，顶层设计、顶格推进，构建了优化营商环境"1+18"的完整政策体系，整体水平位列全国第一方阵。2021 年全国工商联"万家民营企业评营商环境"调查中，山东排名第 5；市场主体活力竞相迸发，五年间增长 92.8%、达到 1360 多万户，其中民营经济占 98.8%。截至 2020 年底，我省实有民营经济市场主体总数达到 1169.8 万户，私营企业和个体工商户累计安置就业 3700 多万人；民营经济实现增加值 3.8 万亿元，贡献了全省约 52% 的 GDP；纳税规模为 7445 亿元，税收贡献占到 73.9%，民营经济市场主体已成为名副其实的强省经济主体。但与先进省份相比，我省民营经济总量不大不强，在中国民营企业 500 强榜单中，入围企业总体实力和个体平均实力与苏、浙、粤相比差距明显；民营企业存在感不强，发展基础不够牢固；惠企政策不完善且落地成效不足、检查评比多而不专、行政审批事多时长、融资难融资贵等问题依然不同程度存在；企业家安全感不足，在法律政策层面尚存在一定的堵点难点。为此，应瞄准"走在全国前列"目标定位，加快营商环境创新提升行动，打破隐性壁垒，补齐短板弱项，激发民营经济市场主体活力，助推我省经济高质量发展。

一、秉承人本理念，营造重商亲商"强磁场"

建立"亲""清"政商关系，增强民营企业家的存在感、荣誉感，营造干事创业的浓厚氛围。

（一）畅通政企沟通渠道。健全党政领导、相关部门与民营企业制度化、经常化的政企沟通机制，明确政商交往正负面清单，推动政商关系"清"上加"亲"。鼓励民营企业家遵纪守法办企业、光明正大搞经营，做“亲”“清”政商关系的积极践行者。健全民营企业参与涉企政策制定机制，制定出台政府重大经济决策主动向企业家和行业协会商会问计求策的操作办法。完善涉企政策信息公开机制，建立涉企政策信息集中公开制度和推送制度。发挥统战部门、工商联和行业协会商会等作用，健全完善民营企业挂钩帮扶机制，实行定期联系、定期调度、重大联系事项跟踪督办，帮助企业解决实际困难。

（二）树立企业家正向激励导向。制定完善企业家容错机制和正向激励措施，既要“锦上添花”，更要“雪中送炭”。营造尊重企业家价值、鼓励企业家创新、发挥企业家作用的社会氛围，加大优秀民营企业家在“两代表一委员”中的占比，鼓励其积极参政议政，发出时代新声音。帮助民营企业家增强培养接班人意识，完善接班人培养制度。

（三）营造企业家干事创业社会环境。重视弘扬企业家精神，鼓励企业家抓住主业，力争发展一流产业，生产一流产品。保护企业家合法权益，保障企业家的财产和生命安全，营造企业家健康成长良好环境。加强监管，规范企业家行为，引导企业家坚守底线，拓宽视野格局，增强干事创业信心。加大对优秀企业家的宣传表彰力度，引领更多优秀人才积极投身于民营经济市场主体中。

二、创新产业生态，培育投资兴业的“聚宝盆”

以行业龙头为引领，以产业链、特色园区为基础，携手民营企业创造更多发展机遇。

（一）实施“领航工程”，打造龙头企业“航母群”。一是聚焦我省优势产业，选树培育一批诸如魏桥电解铝、歌尔股份等具有行业话语权、核心竞争力的“领航型”企业。二是瞄准国内外龙头企业实施精准招商，集中力量引进落地一批在产业链构建中起关键作用的旗舰企业和重大项目。三是开展龙头企业、头部企业引领行动，增强“链主”龙头企业的产业整合和供应链掌控力，有效发挥“链主”的产业链牵引辐射带动作用，让龙头企业“舞”起来、配套企业“壮”起来。

（二）聚焦“补链强链”，打造“专精特新”优质中小企业群。一是开展“专精特新”企业梯次培育行动，健全由创新型中小企业、“专精特新”中小企业、“小巨人”企业、制造业单项冠军企业等组成的“金字塔型”梯次培育体系，筑牢塔基、壮大塔身、强化塔尖。二是搭建产业链领航企业与“专精特新”中小企业创新合作平台，针对共性技术、工艺开展协同研发创新；支持产业链领航企业联合中小企业建设先进制造业、战略性新兴产业等产业集群，通过产业链供应链与中小企业开展配套对接，构建创新协同、产能共享、供应链互通的新型产业发展生态。三是注入“金能量”，调动更多资本力量给予加持和赋能，打造“齐鲁号”专精特新企业“上市直通车”，推动更多企业到新三板、北交所和科创板、创业板以及沪深主板上市挂牌；探索开展订单、供应链等贷款方式，为更多中小企业提供资金支持。

（三）开展“携手行动”，构建上下游企业融通发展生态。一是根据工业和信息化部等部门联合印发的《关于开展“携手行动”促进大中小企业融通创新（2022—2025年）的通知》精神，尽快制定实施细则，以创新链、产业链、供应链、数据链、资金链、服务链、人才链“七条链”为重点，引导大企业通过生态构建、基地培育、内部孵化、赋能带动、数据联通等方式打造一批大中小企业融通典型模式。二是围绕支柱产业壮大和产业链水平提升，高标准推进特色产业园区建设，形成产业集群，构建以商招商、链式招商模式，吸引民营企业投资落户。三是加快破除区域所有制行政壁垒，促进跨行业、产业链协作关系的形成。

三、优化服务效能，提高暖企惠企“精准度”

立足企业发展阶段和特点，在政策上靶向用力，在服务上精准滴灌，让保障更有温度、精度和力度。

（一）创新理念，提升政务服务满意度。一是进一步强化服务意识，加大服务型政府建设，推动营商环境向宜商、留商环境转变。二是探索建立健全企业联络员长效机制，借鉴精准扶贫成功经验做法，组建各级党委政府、社会组织、科研院所、离退休官员和知识分子等构成的“服务企业联盟”，包靠到具体企业，开展“一对一”帮扶；建立企业问题库，有针对性提供有效服务。三是对标先进、对接国际，深化“放管服效”改革，优化政务环境，提升政务服务效能，按照审批最少、流程最优、体制最顺、机制最活、效率最高、服务最好的要求，进一步优化营商环境。

（二）量体裁衣，提高惠企政策普适度。一是加强政策解读、宣传，梳理惠企政策清单，充分利用报刊、广播电视和门户网站、“两微一端”等媒体进行精准化、差异化政策宣传解读，使企业了解政策、明了途径、知道程序，确保政策及时发挥效益。二是借鉴新加坡实行低税率做法，出台符合我省实际的减税免税退税等政策，打出政策“组合拳”，切实为企业减负。三是鼓励推行惠企政策“免申即享”，及时对接符合政策条件的企业，开展上门辅导，帮助其准确了解政策、争取政策支持。四是设置政策评估职能机构，建立省市县三级“跟踪问效”长效机制，加强政策落地实效评估，并将评估结果作为政府绩效管理的参照依据。

（三）数字赋能，增强涉企服务便利度。一是借鉴浙江省优化政务服务做法，更大力度推动数字化改革，尽快实现不同地区、不同部门间基础数据和系统互联互通，通过“一网覆盖、全省互通”，实现数据共享共用，真正让“数据跑路”代替“群众跑腿”。二是整合涉企部门力量，搭建民营企业公共服务平台，以“绣花针”功夫优化服务流程，落实涉企问题闭环管理，为中小企业提供优质公共服务。三是推动各级各类政务信息系统迁移上云，充分利用云计算、大数据、人工智能等现代信息技术手段，不断改进政务服务平台功能，提高服务质效。

四、强化法治保障，打造企业发展“护航舰”

法治是最好的营商环境，应优化事中事后监管，及时疏通堵点难点，营造“放足好水、养好活鱼”的健康创业生态。

（一）以良法推动善治，保护企业和企业家合法权益。为新产业、新业态、新模式设立底线，确立监管规则；规范各种涉企检查、督查、督导工作及行政执法检查程序，减少对企业检查频次，做到对守法者“无事不扰”、对违法者“利剑高悬”；为企业提供诉讼“一站式”服务，将案件繁简分流，由速裁团队对简易案件迅速调解、快速裁判；构筑企业合规成长通道，由党政部门牵头相关执法部门，组建“企业合规评议团”，定期对企业进行“法治体检”，推动企业合规管理走上“快车道”；加强司法保护，严格区分企业经济纠纷与刑事犯罪的实际界限，严格区分企业和企业家的法律责任，让企业公平竞争、安心发展。

（二）打通堵点疏通难点，打造公开透明的法治环境。一是严格执行市场准入负面清单，按照“非禁即入”“非限即入”原则，进一步打破“卷帘门”“玻璃门”“旋转门”等隐性壁垒，突破“中梗阻”，为企业发展创造充足市场空间。二是进一步优化监管方式，支持舆论监督和社会监督，强化反垄断和防止资本无序扩张，给中小微企业创新留出市场空间。三是政府购买惠企法律服务，免费为企业提供政策咨询、权益保障等服务，协助企业依法经营管理和维权。

（三）开展“回头看”，建立常态化的“理旧账”制度。一是建立政府清理台账，依法依规妥善处理历史遗留的工业园区和企业用地、用房等问题，依法保护企业家个人合法财产。二是加大力度纠正个别政府部门、大企业拖欠民营企业款项行为，开展“回头看”，加快清欠处理速度，提高欠款结算效率，避免表面“应清尽清”实际却以审计之名久拖不决。三是加强诚信建设，推动各级政府成为“应付尽付”的诚信政府，国有企业成为“应付尽付”的引领企业，大型民企成为“应付尽付”的自律企业。

关于赴青海、宁夏调研
黄河国家文化公园建设情况的报告

文化文史和学习委员会

根据省政协年度工作安排，8 月 5 日至 11 日，省政协文化文史和学习委员会由段青英副主席带队，组织部分委员赴青海、宁夏两省（区），调研学习黄河国家文化公园建设的经验和做法，现将主要情况报告如下：

一、两省（区）黄河国家文化公园建设主要工作开展情况及成效

（一）领导重视，机制健全。两省（区）党委政府高度重视黄河国家文化公园建设，黄河国家文化公园建设保护总体规划、专项规划等重大事项均由省（区）推动黄河流域生态保护和高质量发展领导小组全体会议进行审议。成立了高规格领导小组，省（区）分管领导任组长、相关部门主要负责同志为成员，下设办公室。工作机制健全，在国家文化公园领导小组办公室下设黄河国家文化公园推进组，制发工作要点，细化分解任务，建立工作台账，及时了解各地工作推进情况和重点项目建设进度，统筹推进黄河国家文化公园建设相关工作。

（二）强化顶层设计，注重基础研究。两省（区）在对区域内沿黄各类文化遗产和资源种类、数量、分布和保护情况进行深入调查的基础上，均高质量制定了黄河国家文化公园建设保护规划（征求意见稿）。青海通过加强与省（区）内外高等院校、研究机构、学术社团等组织的合作，形成《青海省黄河文化保护传承弘扬路径研究报告》《黄河视域中的河湟文化》，承担文化和旅游部《河湟文化研究》重大课题，与青海民族大学共建青海省河湟文化和产业研究中心。宁夏社会科学院正在编纂《宁夏黄河志》，联合黄河流域省区社科院共同编撰《黄河文化高质量发展研究》，深入挖掘黄河历史价值、文化价值、精神价值，推出一大批优秀科研成果。

（三）遗产管控力度大，保护体系完善。两省（区）认真落实黄河沿线全国重点文物保护单位保护范围和建设控制地带的勘定校核和落图工作，指导沿线有关地市做好相关文物保护单位保护修缮工程方案的编制和实施。完善规章制度，针对生态旅游区资源保护、生态修复等工作制定法规，严格黄河沿线湿地、景区、乡村等生态保护，黄河自然生态环境和历史文化遗产保护全面加强。

（四）重点项目突出，争取中央支持力度大。两省（区）加强重点项目谋划，积极争取区域内黄河国家文化公园建设项目列入国家“十四五”文化保护传承利用工程储备库，以重点项目带动黄河国家文化公园建设。青海申请中央资金3.2亿元，用于西海郡故城遗址、海北州门源县综合性非遗馆、海东市循化县街子历史文化名镇等一批重点项目建设。争取国家级和省级文物保护经费2.66亿元，实施瞿昙寺修缮工程等54项黄河流域重点文物保护项目。喇家遗址国家考古公园完成投资3.6亿元并建成开放。宁夏黄河国家文化公园引黄古灌区世界灌溉工程遗产展示中心项目等8个新建文化保护传承利用工程获得2022年首批中央预算内投资1.6亿元。

（五）文旅融合态势好，文化旅游带建设成效显著。两省（区）充分发挥沿黄大项目、大景区、大企业的引领作用，推动文旅产业规模化、高端化、精品化发展。青海持续推进西宁市沈那遗址公园、博物馆群5A级景区创建等一批重大文旅项目建设，黄河上游生态文化旅游线等7条线路入选国家黄河文化旅游带精品线路。宁夏以展现新时代“塞上江南、美丽宁夏”为主题，以黄河为主线，以黄河金岸为两翼，以沿黄历史遗产遗迹、文化风景区等为依托，布局各具特色、相互链接的黄河生态文化旅游深度融合功能区，黄河文化旅游带建设成效显著。

二、两省（区）黄河国家文化公园建设的主要经验

（一）工作机制务实管用。聚焦工作任务落实情况，强化考核结果运用，不断完善工作运行机制，推动机制建设常态化、长效化，扎实推进重大战略深入实施。加强组织领导，围绕规划编制、任务分解、项目推进等关键环节，及时研究解决重点和难点问题，形成上下联动、左右互动、统筹协作的良好工作格局。

（二）规划引领作用强。突出规划引领作用，认真编制和实施《黄河青海流域文化保护传承弘扬规划》《黄河国家文化公园（青海省）建设保护规划》《宁夏黄河流域文物保护利用规划》《黄河国家文化公园（宁夏段）建设保护规划》《关于建设黄河流域生态保护和高质量发展先行区的实施意见》等重要规划，确定一批具有示范带动作用的重大工程项目，引领黄河文化保护传承弘扬高质量发展。

（三）理论支撑力度大。青海突出河湟文化课题研究，构建河湟文化研究体系，坚持系统化、全方位、多层次开展研究，为黄河青海流域文化研究，打造河湟文化品牌奠定坚实的学理基础。宁夏筹建“黄河宁夏文化传承彰显研究中心”，协调全区社科类科研院所、高校等专家学者，形成黄河文化研究集群，在阐释“人与自然和谐共生”的生态文化，“手足相亲、守望相助，团结奋进、共享繁荣”的开放文化，“坚定理想、顾全大局、艰苦奋斗、勇于胜利”的革命文化等方面取得一批重要成果，为黄河文化传承彰显区建设提供决策咨询，为推动黄河国家文化公园建设提供了强有力的理论支撑和智力支持。

（四）协同保护效果好。青海围绕喇家遗址、柳湾遗址等文化遗产，花儿等非物质文化遗产开展系统性保护工作，整合具有突出意义、重要影响、重大主题的文化资源构建河湟文化主体功能区，推动设立国家级河湟文化（海东）生态文化保护试验区。

宁夏聚集优势资源，汇集工作合力，集中打造黄河文化传承彰显区建设，让文物与教育互动、与科技联姻、与创意嫁接、与旅游相融，真正成为传承红色基因、汲取奋进力量、助力乡村振兴、促进文化发展的活力源泉，推进黄河文化保护传承利用一体化开展，成效明显。

三、关于推进我省黄河国家文化公园建设的建议

（一）加强对黄河文化的深入研究阐发。重点围绕“什么是黄河文化”“黄河文化的内涵外延和时代价值是什么”“黄河文化公园的边界范围和空间布局如何确立”“山东黄河文化的特征及地位是什么”“黄河文化公园如何讲好黄河故事”等相关课题，进一步加强研究。重点扶持一所高校成立黄河文化研究中心，推动研究课题增量提质。通过深化研究阐发，加强对山东黄河国家文化公园建设的理论指导，更好地满足黄河国家文化公园建设保护实践对理论的现实性需求。

（二）加强流域统筹规划和协作机制建设。立足于国家文化公园的宏观定位与总体布局，全面把握山东黄河文化的特色与特征，在统一政策、统一主题、统一标准、统一管理、统一标识等方面下功夫，统筹确定国家文化公园（山东段）建设保护空间范围、整体框架、发展目标与思路原则，为沿黄各市制定分段规划和实施方案提供科学指引。建立健全统筹协作工作机制，完善纵向层层责任落实机制和横向协商工作机制，重点解决跨层级、跨区域、跨部门、跨行业的重大问题，实现黄河国家文化公园重大项目、重要信息、平台服务等跨地区共建共享。特别要完善交通网络，健全配套设施。

（三）率先打造黄河文化旅游带示范段。黄河流经我省 9 市 25 个县（市、区），文物保护单位、考古遗址公园、文化生态保护试验区、生态保护区、历史文化名城（镇、村）、自然风景区、水利风景区、森林公园、湿地公园、地质公园等资源丰富。黄河沿线道路、营地、驿站、服务中心等旅游服务设施基础较好。强化黄河文化旅游统筹发展的地域和部门沟通协调机制作用，通过“黄河国家文化公园风景道示范段”建设，系统推进保护传承、研究发掘、环境配套、文旅融合、数字再现等重点基础工程建设，加快推动全省黄河流域文化资源的有效整合和一体化开发，推动黄河文化和旅游在更广范围、更深层次、更高水平上实现融合发展，在黄河流域率先打造具有鲜明特色的黄河文化旅游带山东示范段。

（四）统筹做好资金保障。黄河国家文化公园本质上是公益属性，部分重大项目应以财政投入为主，资金缺口较大。一些社会投资的文化旅游项目，回报期长，加上疫情持续影响，企业经营和项目投融资面临困难。为此要加大政策集成力度，整合相关部门职能，出台优惠政策，构建支持黄河国家文化公园建设的财政金融政策体系。通过设立黄河流域生态保护和高质量发展基金、发行政府专项债券、股权投资等方式，加大金融对黄河国家文化公园标志性工程、重大项目的支持力度。加强政府和社会资本合作，举办系列投融资洽谈会、项目推介会，吸引社会关注，形成强大合力，统筹做好资金保障。

补齐短板　调优结构　塑强优势

——关于“激活市场活力，有效扩大内需”的调研报告

委员联络工作委员会

“激活市场活力，有效扩大内需”是“在服务和融入新发展格局上走在前”的重要内容，是我省经济平稳运行的“动力源”和“稳定器”。省委、省政府对“十大创新”“十强产业”“十大扩需求”2022年行动计划进行了全面部署。近日，《中共中央 国务院关于加快建设全国统一大市场的意见》正式发布。委员们认为，建设全国统一大市场是构建新格局、塑强新优势的内在要求，也是心怀“国之大者”，应变局、开新局的战略支撑。要紧抓“大市场”建设大势、需求驱动优势，做好对接、融入和服务三篇文章，聚力解决平台经济龙头企业少、网络零售总量低、终端产品供给偏少、人口城镇化率有待提高、实体商业企业转型压力大等现实问题，大力倡树“严真细实快”的工作作风，精准发力补短板、塑强优势创一流，努力在服务和融入新发展格局上走在前。

一、着力解决平台经济龙头企业少和网络零售总量低“双差距”短板。2021年我省实现网络零售额5403.9亿元，与广东、浙江、江苏等省份差距依然较大，仅为广东省的18%左右，网络零售规模处于全国第二梯队。商务部电商大数据监测的83家全国主要电商平台中，我省尚未有企业列入监测。建议：一是尽快出台推动我省平台经济规范健康持续发展的相关意见。从政策、资金、税收、土地等方面综合施策，进行重点扶持，依托平台企业研发团队集聚度较高的济南等市，着力扶持形成一批在全国平台经济市场具有龙头作用的垂直领域平台企业，提升对平台经济“研发在省会、运营在各地”的联动服务能力。二是重点布局一批电商供应链基地。着力引进电商供应链高端人才，培育认定一批规模引领、双循环衔接、特色鲜明的网络商品交易市场基地。坚持一二三产业融合发展，依托海尔“食联网”平台以及潍坊、聊城等市丰厚农业资源，加快推进预制菜电商产业链建设。三是推进县级仓储物流配送中心建设。大力推进公共服务体系建设，加快整合农村物流资源，逐步实现统仓共配，推动快递物流效率提升、成本降低。

二、聚力推动解决我省“终端产品供给占比偏少”及网络销售能力远低于网络购买能力的现实问题。我省产业链在输出终端产品上存在较大差距。2019年我省入围中

国制造业 500 强企业中，终端产品企业占 42.2%，比粤苏浙低了 20 个百分点以上。终端产品比例偏低、结构不够合理，不仅影响了我省入围企业盈利能力的提高，也是造成网络销售逆差的重要原因。综合 2019 年重点网络平台数据显示，我省网络购买、网络销售比为 1.8 : 1；浙江、广东、江苏三省的网络购买、网络销售比分别为 0.5 : 1、0.6 : 1、0.8 : 1。与粤浙苏网络销售是顺差相比，我省存在较大的网络销售逆差。建议：一是做好我省终端产品供给的“加法”。从我省优势特色产业中遴选一批对整个行业系统具备主导能力或集成能力的企业，研究专门扶持政策，引导在行业内具有话语权的资源型初加工企业和中间品供应企业，战略性兼并重组下游终端企业、增资扩能、产品升级。二是做好我省终端产品供给的“乘法”。支持现有终端产品企业应用先进系统集成技术，加快智能化、柔性化、定制化改造，大幅提高我省终端产品的市场美誉度。发挥商协会组织促进上下游黏合作用，引导终端产品企业与中小配套企业主动对接，提升终端产品的区域配套服务能力。三是改变居民生活必需品供给占比偏低问题。鼓励消费品企业紧盯市场，利用大数据深度挖掘用户需求，适应引领消费升级趋势，在新产品开发、外观设计、产品包装、市场营销等方面体现人性化和精细化，通过设计、研发和生产“微创新”，丰富产品类型，优化产品功能。四是切实把“链长制”抓细抓实抓出实效。我省部分产业链的“链主”企业和核心配套企业主要集中在省内，一定程度上存在内部循环、单打独斗的状况。贯彻落实加快建设全国统一大市场的部署要求，更深层次对接技术、人才、资本、市场等要素，一体化解决产业链供应链的稳定性和竞争力问题。

三、推进先进制造业和现代服务业融合发展，有效扩大就业容量。我省制造业企业从业人员数量呈下降趋势。近 5 年，我省入围中国制造业 500 强企业平均从业人数增速为 –7.31%，而广东、江苏、浙江三省平均从业人数增速分别为 14.79%、12.62% 和 7.87%。作为人口大省，防止因生产型制造向服务型制造转型不力，导致制造业吸纳就业数量过快下滑，是我省必须要面对的重大挑战。建议：一是发挥标杆示范引领作用。继续培育、支持一批服务能力强、行业影响力大的国家级、省级服务型制造示范企业，引导制造企业与产业链上下游企业融合发展。依托省服务型制造发展促进会，搭建交流推广平台，探索、推广更多的服务型制造优质案例及特色模式。二是优化高校工业设计、产业链设计、智能制造等专业设置，扩大招生培养力度，强化服务型制造人才培养供给。三是加大金融支持力度，推动企业生产经营从制造为主向制造服务融合并重转变。将制造业贷款、制造业信用贷款和中长期贷款投放情况等纳入宏观审慎评估体系或相关评价制度，并强化评价结果运用，力争做到全省制造业贷款年度新增规模逐年增加，制造业信用贷款、中长期贷款投放水平逐年提升；鼓励创新金融产品和服务，发展供应链金融，推动在手订单的质押、担保，加强企业与资本的融资路演平台建设，为企业提供精准融资服务。四是深化落实对企业利用现有房屋和土地兴办“互联网 +”、文化创意、科技研发、工业旅游、众创空间、生产性服务业等新业态的支持政策。破除制造业企业进入服务业领域的隐性壁垒，持续放宽市场准入。

四、充分释放人口城镇化在引领消费升级方面的巨大潜力。我省人口城镇化率还有较大发展空间。2021 年，我省城镇居住人口为 6401.4 万人，占 63.05%，但分别低于全国和江苏、浙江、广东 0.74 个和 10.39 个、9.12 个、11.1 个百分点。建议：一是完善财政、金融激励政策，积极吸引社会资本投入城乡融合典型项目，引导鼓励城市人才、资金、技术等返乡、入乡、留乡，促进城乡融合发展。二是积极创建济南、青岛国际消费中心城市。以城带乡推动消费结构升级，高度重视县城和小城镇商业网点规划，合理布局超市、便利店、餐饮、家政服务、生活用品租赁等与居民密切相关的服务网点，最大限度撬动内需。推进实施传统消费升级和新兴消费扩容行动，借鉴广东等省做法，出台鼓励汽车消费、家电消费的具体措施，大力提升汽车、家电等大宗消费。三是进一步培养居民健康生活习惯。以疫情应对为契机，引导企业加大对相关产品和服务供给，加快释放新兴消费潜力。丰富 5G 技术应用场景，积极发展智能家居、消费电子、网络直播等数字消费，扩大绿色食品、药品、卫生用品、健身器材的生产销售。

五、着力推进实体商业转型升级，强化应急保供体系建设。当前，我省传统商贸流通企业进入转型阵痛期，尤其是大型实体商业企业，面临着线上平台建设投入大、产出周期长，大型网络电商平台低成本竞争和疫情导致客流下降严重等多重发展压力，实体商业普遍存在经营同质化严重，自营业务占比小，较少拥有自主品牌，以及物流成本高、配送效率低等问题。同时，政府支持传统商贸流通企业的政策措施不足，打造新的沉浸式、体验式、互动式的消费场景，受到规划审批手续烦琐、限制条件多等制约。目前，全国零售百强中，我省入榜 11 家企业中无一进入前 20 名。建议：一是深化零售新业态新模式打造。政府通过税收、审批等多方面政策支持，引导实体商业企业推进数字化智能化改造，大力发展自有品牌、实行深度联营和买断经营，培育壮大流通主体。用好消费大数据，线上线下全渠道满足消费需求。二是融入商圈建设和城市更新行动。为传统商业形象更新提供政策支撑与制度保障，支持零售企业联合打造聚焦民生、健康、安全、富有特色的商业消费生态圈。三是加强应急保供体系建设。强化政府统筹、资金扶持，以银座等大型实体商业为重点，整合采购、配送和服务资源，形成统一应对机制。加强应急公共服务平台建设，有效衔接供需两端。

关于义务教育阶段“双减”政策落实情况的监督情况报告

教科卫体委员会

按照省政协党组工作安排，8—9月，教科卫体委员会组织教育界别委员，就“义务教育阶段‘双减’政策落实情况”进行监督性调研，函请省教育厅提供全省工作情况的书面材料，赴聊城、德州2市调研，召开主管部门、学校管理层、教师、家长、培训机构座谈会，深入交流，征求意见建议。有关情况报告如下：

一、“双减”政策落实成效明显

2021年7月，中共中央办公厅、国务院办公厅联合印发《关于进一步减轻义务教育阶段学生作业负担和校外培训负担的意见》。一年多来，我省立足实际、主动加压，认真贯彻落实意见要求，配套出台系列政策文件，形成了较为完善的“双减”政策体系和部门联动的协调机制，工作推进取得良好进展。

一是学校教育教学主阵地作用得到进一步夯实。出台《山东省普通中小学强课提质行动实施方案》，立足学校教育教学“主阵地”，开展教育强课提质行动。深化课程教学改革，推广启发式、互动式、探究式教学，开展主题化、项目式学习活动和丰富多彩的教育教学改革交流活动，征集推广优秀教学案例。组织开展思政课、班主任教师基本功展示活动，216名教师进行省级展示，推荐14名教师参加全国交流。推动义务教育优质均衡发展，通过发展教育联盟关系、集团化办学、区域间结对帮扶等方式，促进乡村教育质量整体提升。

二是学生作业负担明显减轻。印发作业统筹管理工作通知，建立作业统筹管理机制，健全全环节全链条、可量化可控制、有监督有评价的作业布置流程。监测显示，全省建立作业管理制度和公示公开制度的义务教育学校均达到100%，小学、初中学生在规定时间内完成书面作业比例分别达到90.73%、88.24%。

三是校外培训机构压减任务全面完成。印发《山东省校外培训机构专项治理实施方案》，在省教育厅设校外教育培训监管处，专司负责校外培训监管事宜。建立长效化、立体式监管机制，组建校外培训治理社会监督员队伍，开发上线山东“双减”举报随手拍平台，开展全方位监督，通过全省集中攻坚，义务教育阶段学科类校外培训机构压减率达到96.75%，现存的492家线下学科类培训机构全部完成“营转非”，线上学科类培训机构全部清零，学科类培训机构压减总数全国第一。理顺非学科类校外培训机构监管机制，将 1.8 万余家非学科类培训机构全部纳入全国校外教育培训监管与服务综合平台，实现全过程实时动态管理。

四是课后服务工作提档升级。出台规范性文件，建立多渠道经费筹集措施，明确参与课后服务教师每课时不低于 50 元补助政策，强化服务资源支撑渠道，打开第三方引进的大门，指导中小学校建设内容丰富的“课程超市”，不断满足学生多元化发展需求，课后服务实现了“帮管又帮教”。全省义务教育学校课后服务开展率和时间达标率均达到 100%，惠及 776.8 万名中小学生，部分学校课后服务供学生选择课程达到 100 门以上。多措并举开展暑期托管活动，集中力量解决假期托管难、培训负担重的问题。

五是全力维护校内教育生态秩序。实施科学幼小衔接行动，小学实行“零起点”教学，对违背教育规律、过早开展知识教学的行为进行专项治理。严格中小学招生管理，所有义务教育学校一律实行免试入学，禁止通过考试、面试、面谈等形式招生；民办义务教育学校在审批地范围内招生，报名超过招生计划的，通过电脑随机派位录取招生；所有高中学校禁止跨市域招生，坚决遏制跨区域、掐尖招生乱象。出台《山东省普通中小学办学基本规范》，探索建立系列配套制度，打出规范办学“组合拳”，坚决防止校外减负、校内增负，巩固“双减”深入实施的根基。

二、“双减”政策推进中的困难、问题

尽管我省“双减”政策实施取得积极成效，但调研发现，工作中仍面临困难和制约因素。

一是学校教育教学改革难度大。“双减”对学校办学思路、课程教学方式、教师能力素质等提出更高要求。如何处理好减轻学习负担和提高学习质量的关系、教育公平和个性化成长的关系、政策压力和改革动力的关系等，是摆在学校和教师面前的难题。

二是隐形变异培训层出不穷。学科类培训机构压减后，非法培训隐形变异，在居民楼、办公楼等隐蔽场所，以咨询、文化传播、自习室、托管班等名义开展“一对一”“一对多”培训，辨别、取证、查处难度大。

三是课后服务资源保障要求高。有的地市未出台收费标准，单纯依靠财政投入，无法满足课后服务经费需求，部分地区未落实对课后服务教师每课时不少于 50 元的补助政策，导致课后服务质量提升难、教师参与积极性不高。有些地区承担课后服务的专业教师不足，特别是音乐、美术、科技等课程，面临无人可教的局面。

三、进一步推进“双减”政策落地落实的建议

实施“双减”是一项系统工程，需要主管部门科学管理、精准施策，更需要家、校、社协同努力，在抑制不合理需求的同时，扩大优质资源供给。

（一）打造宣传矩阵，让义务教育回归本真

利用广播、电视、微博、微信及各类短视频平台等，打造全媒体宣传矩阵，在全社会倡树教育的初心和使命是立德树人的理念。学校要改变功利化、短视化的倾向，明确为国家培养德智体美劳全面发展的合格人才应当是教育的最大价值，不能过于关注考试成绩，更应当关注孩子的全面发展和身心健康。通过“家长课堂”“社区讲座”等形式向广大群众进行宣讲，呼吁家长回归理性、遵循教育规律和孩子的成长规律，帮助孩子培养好的思维能力和学习习惯，形成家校联合、全社会参与的教育合力。

（二）下足教研功夫，全面提高课堂教学质量

“双减”对教师能力和素质提出了更高要求，要改变传统的教学观念和模式，下功夫研究学生特点，不断提高课堂教学能力、科研能力、作业设计能力等。要向课堂要效能，提升课堂互动性、灵活性，实施分类分层教学，探索个性化辅导方案。要用“互联网 +”赋能教育教学，推动智慧校园建设，积聚各类资源，开发推广智慧教育平台，为学生免费提供网络学习资源。要重构教育资源库，丰富课件、音视频等授课素材，降低教师备课压力。减少教师教学之外的繁杂事务，使他们能全身心投入教学，从“双减”的被动执行者变为主动参与者。

（三）精心设计批改，发挥课后作业辅学功能

落实《关于加强义务教育阶段学生作业统筹管理工作的通知》要求，落实作业的育人导向、诊断改进功能，控制作业总量，提升质量。针对学生的学力情况，分层设计作业，可分为基础题（必做）、提升题（建议做）、拓展题（选做）等类型，着力优化过程性、弹性化、分解型、情境类作业设计，增加体育锻炼、劳动实践、科学探究、艺术欣赏等非书面作业量。提高作业批改质量，不给家长布置作业或要求家长批改作业。推广德州市做法，小学一、二年级实行“无纸化”考试，采取趣味游戏、朗读诵读等寓考于乐的方式考查学习成果，减轻学生考试压力。

（四）出台收费办法，建立多元经费筹措机制

发改部门要研究制定中小学课后服务收费标准，规定课后服务财政投入不足部分，按照“家长自愿、成本补偿、非营利性”原则向家长适当收取课后服务费，形成政府投入和家长支持相结合的经费筹措机制，确保参与课后服务的教师获得应有的补贴，也为引入专业的第三方社会机构创造条件，全面提高课后服务质量和水平，减少学生校外培训需求。

（五）强化力量保障，加大违规培训打击力度

壮大社会监督员队伍，发挥“社会监督员 + 线上举报 + 网格覆盖”的监督体系作用，及时发现、查处隐形变异培训行为。教育部门联合市场监管、公安、消防、卫健等部门开展联合执法，对校外培训机构进行明察暗访，设立黑、白名单制度，及时曝光违规案例。畅通监督举报渠道，广泛发布举报电话、邮箱等，发挥山东“双减”举报随手拍平台作用，随时接受群众监督举报。

“加强粮食应急体系建设 保障山东粮食供给安全”民主监督报告

农业和农村委员会

粮食安全是“国之大者”，是实现经济发展、社会稳定、国家安全的重要基础。习近平总书记多次就粮食安全问题发表重要讲话、作出重要指示批示。省委、省政府历来高度重视粮食安全工作，把保障粮食安全列为严守的“一排底线”之首。6月8日至9日，省政协副主席王艺华带领农业和农村委员会部分委员、农业界部分委员和特聘专家，就“加强粮食应急体系建设，保障山东粮食供给安全”问题，赴省粮食和物资储备局、泰安市山东富世康工贸集团和县级、镇级粮油应急供应网点，进行实地监督调研，并分别召开座谈会。现将有关情况报告如下：

一、基本情况

近年来，省粮食和物资储备局认真落实省委、省政府工作要求，狠抓应急体系配套项目建设和储备粮管理，基本构筑起了布局合理、设施完善、运转高效、保障有力的粮食应急保障体系。

（一）应急预案体系完备。高度重视粮食应急预案的制定、修订、演练等工作，着力推动市县区域性预案编制工作，省、市、县三级预案联动机制初步形成。一是规划编制较早。2006年6月，为应对各类突发公共事件，防范粮食市场急剧波动的状况，编制完成《山东省粮食应急预案》，并经省政府办公厅印发，同时指导市、县编制本级预案。二是修订完善及时。2019年1月，结合省粮食应急工作实际，重新修订《山东省粮食应急预案》，印发《山东省粮食安全风险防控应急预案》。2020年3月，结合疫情防控等要求，对《山东省粮食安全风险防控应急预案》作进一步修改完善。三是强化实战演练。按照粮食安全责任制考核和应急预案要求，指导市县做好区域性预案编制和演练工作，预案实现市县全覆盖，开展多层次、全方位实战演练60多场次，增强了应急保障队伍应对突发状况能力，为处置自然灾害、重大卫生事件和粮食市场价格异常波动等情况积累了经验。

（二）地方储备基础雄厚。近年来，通过政策支持、资金扶持等一系列措施，不断提高应急粮源的保障能力。一是抓好粮食收购工作。统筹抓好政策性收购和市场化收购，坚持以市场化收购为主，指导和督促国有粮食企业发挥示范引领作用，建立健全市场运行机制，推动形成主体多元、渠道多样、优粮优价的市场化收购新格局。二是加强储备安全管理。贯彻中办发〔2019〕48号、鲁办发〔2020〕7号文件，进一步优化地方储备规模、布局和品种结构。截至今年6月底，全省地方储备粮实际库存121.4亿斤，16市均建立市场供应量15天以上的成品粮储备，全省统算成品粮可供应城区人口26天以上。三是做好地方储备粮轮换。执行《山东省地方储备粮轮换管理办法》规定，督促各地科学制订年度轮换计划，指导政策性粮食承储企业合理安排地方储备粮轮换节奏，加强地方储备粮和中央储备粮协同配合力度，避免影响市场平稳运行。

（三）应急保障能力持续提升。按照“科学布局、全面覆盖，平时保供、急时应急”的原则，统筹规划应急加工、储运、配送、供应网点布局，形成了以区域成品粮应急配送中心为龙头，以城乡粮食应急供应网点为基础，粮食应急加工、储运、供应各环节协调配套的新型粮食应急供应网络体系。2021年8月，在全国率先出台《山东省“十四五”粮食流通和物资储备发展规划》，对健全粮食应急保障体系作出全面部署，明确到2025年，全省构建起都市区1小时、周边城市3小时、城市群5小时的“135”粮食应急保障圈。截至目前，全省设立粮食应急供应网点2090家以上，应急加工企业302家，应急配送中心196家，应急储运企业210家，应急保障中心107家。全省302家粮食应急加工企业小麦日加工能力11万吨，稻谷日加工能力0.41万吨，食用植物油日精炼能力2.43万吨，粮油加工产能储备充足，能够满足市场供应需要。

（四）监测预警能力不断加强。一是成立粮食市场监测预警委员会。负责粮食统计监测预警体系的规划设计、统筹协调、整体推进和监测数据的收集整理、分析研判，及时研究提出应急工作意见建议。二是组建粮食市场监测预警信息员和会商专家队伍。组建了141人的粮食市场监测预警信息员队伍，及时准确反映当地粮油信息数据，发现、总结粮食流通规律性经验做法。同时，组建由发改、农业、气象、统计、粮油企业经营管理等147名各领域专业人员组成的粮食市场监测预警会商专家队伍，根据需要组织开展综合分析，提升粮食市场监测预警的专业性和科学性。三是科学设立粮食应急监测点。全省纳入统计监测范围企业2206家，及时准确掌握粮食购销、库存、加工情况。设立城镇调查户1680户、农村调查户2942户，每年开展全省粮油供需平衡调查，分析年度全省粮食供给和消费情况，为指导生产、消费、进出口奠定基础。同时，通过云平台建立了727个省级价格监测点，随时掌握省内价格和市场动态，并及时根据市场情况采取必要调控措施，稳定各方预期。

二、主要问题

我省粮食总产量连续8年稳定在千亿斤以上，供应充足，基础较好，粮食市场运行整体平稳，但我省粮食产需始终处于紧平衡状态，玉米和大豆产消缺口较大，主要靠省外调入和进口，加之我省是粮食加工、需求大省，粮食安全依然存在较大风险，应急保障体系建设和应对突发事件能力也面临较大挑战。

一是应急管理队伍力量较为薄弱。基层人员力量薄弱，缺乏专业监测预警和应急队伍，部分市县粮食行政管理人员混岗使用，监测预警和应急保障业务不熟悉，专业队伍较少，工作开展有难度。二是应急经费投入相对不足。从我省应急演练和应急供应网点建设等情况来看，财政资金补助不足，甚至个别区县无专项资金；供应网点没有固定的经费支出，经费支出常态化、标准化严重缺位，“谁来出钱、出多少钱”的问题仍比较突出。三是应急演练工作有待加强。各类应急主体大多依托市场经营主体，政策、资金支持不大，持续性不强，部分企业社会责任感偏低。此外，受经费、场地等多种因素影响，开展综合性多位一体的应急演练不够，部门之间、应急主体之间协同配合演练少，磨合度不够，合力较弱。

三、几点建议

（一）进一步加强各地区各部门的协同联动。我省粮食市场多年来运行平稳，粮油商品价格未出现过剧烈、异常波动。但近年来随着国际形势发生变化，加之疫情常态化防控措施，应急供应保障逐渐由“纸面”抬上“桌面”，且突发事件发生时，检验的不仅仅是粮油等单一物资的供应保障能力，往往需要多品种集中供应，更多环节、更多部门协同处置。应建立部门间粮食应急联席会议制度，加强经常性粮食应急演练，强化中央和地方储备协同运作力度，进一步增强粮食应急工作实效性。

（二）进一步加大粮食应急体系建设资金投入。粮食应急保障企业多以生产经营盈利为主，当前与各类应急主体只是签订合作协议，政策、资金支持相对模糊，多数应急保障企业工作积极性并不高。从今年我省应急供应网点项目建设情况来看，普遍存在资金短缺等问题，难以确保应急保障企业提档升级、增加产能。应建立粮食应急常态化投入机制，财政部门将粮食应急演练、提升应急保障供应能力建设纳入年度预算；粮食行政管理部门加强粮食建设项目整合力度，提高粮食应急工作效能；税务和土地等相关部门对纳入粮食应急范围的企业在税收、土地使用、用电、用水等方面出台优惠政策，提高粮油加工企业参与粮食应急工作的积极性和主动性。

（三）进一步增强粮食安全风险应对能力。近年来，我省不断深化粮食流通体制改革，多渠道、多元化粮食流通格局基本形成，有效促进了粮食市场运行和社会经济发展。为确保粮食安全和社会稳定，需进一步强化粮食安全意识，理顺粮食行政管理体制，完善人员配置，加强业务培训，建立一支专业化粮食应急工作队伍。同时，合理调整储备粮品种结构，健全完善粮食预警机制和应急保障预案，细化各级各部门职责分工，建立健全应急加工和供应网络，制定应急粮源调度办法，不断提高应对突发事件能力。

关于加快发展我省新型储能产业的建议

人口资源环境委员会

2022 年 6 月，我国发布了《“十四五”可再生能源发展规划》，对构建清洁低碳、安全高效的现代能源体系，提出了多项措施和目标。近期，刘均刚副主席带队开展了专题调研，认为新型储能已然成为各省抢占能源新业态市场、获取经济发展新动能的又一重器，是推动多种清洁能源协同发展的关键环节。

当前，我省高起点谋划、高标准建设了 2 批共计 68 个、规模 387 万千瓦的新型储能示范项目，探索进入电力现货市场取得初步成效，在减少弃风弃光和构建新型电力系统方面开始发挥作用。但是，对照国家 2025 年实现新型储能由商业化初期步入规模化发展阶段的要求，我省仍处于政府扶持示范项目的初级发展阶段，距大规模商业化应用还有一定距离。为推动我省在新型储能领域“走在前”，提出如下建议：

一、率先在产业布局上多点开花，培育新的比较优势。强化顶层设计，优化产业布局，产学研相融，上下游相联，实现“美美与共”。一是强化重点布局。结合我省资源禀赋，对接我省“燃气机组建设工程”等八大工程行动方案，深入研究示范项目运行情况，以产业补链强链和关键技术自主可控为重点，以形成稳定核心竞争优势为突破，综合研判新型储能的发展定位，科学制定发展策略。注重理顺“规模化布局”和“技术更新迭代”的关系，避免因技术导致短期大规模布局产生资源浪费、投资损失等问题。二是深化产学研相融。创新企业、高校、科研院所等协作模式，构建共建共享的多方联动体系，促进人才链、产业链和创新链深度融合。探索组建由政府、企业、金融机构、技术机构等联合构成的新型储能发展基金和创新联盟，优化创新资源分配，充分调动各方力量，推动技术和商业模式创新。三是优化上下游相连。充分发挥我省产业门类齐全、制造业基础雄厚的优势，以枣庄“中国北方锂电之都”、泰安“储能之都”等建设为示范带动，结合各地条件，因地制宜、优势互补，着力打造多技术种类完整产业链条，为本土企业加快成长、吸引更多像宁德时代的顶尖企业项目落户山东营造条件，提升整体稳定性和竞争力。

二、率先在市场化运行上畅通高效，推动形成商用为主的发展格局。加快构建适应新型储能融入电力市场的体制机制，确保新型储能企业通过市场化机制获得合理投资回报，提高社会资本参与积极性。一是完善市场规则。推动新型储能作为独立市场主体参与电力现货市场的政策落实落地，兼顾效率和公平，做好辅助服务、现货市场的规则设计，细化准入标准和注册、交易、结算等具体环节，推出多种适合储能特性的交易品种，拓宽储能盈利渠道，为企业进入市场扫清障碍。二是提高系统调度能力。基于不同储能时间尺度、响应特性和布局形式，研究制订相应调度运行规程和调用标准，优化新型储能在发电、电网、用户侧的配置，提高电网风光储协同控制技术水平，确保“应调即调、应用即用”，避免闲置浪费，发挥好新型储能的功能和效益。三是强化政策支撑。结合不同类型储能成本和系统支撑作用，研究差异化支持政策，探索不同应用场景储能的商业模式，尽快形成合理的价格机制。加大对新型储能企业的财政、金融、税收等政策支持力度，鼓励金融机构创新金融产品和服务模式，纾解新型储能中小企业融资难题，推动更多优质项目落地。

三、率先在标准化制定上取得突破，为长远发展抢占先机。进一步规范项目管理，推动地方标准体系建设，提升发展质量。一是加快标准制修订步伐。尽快与电力系统相关标准进行有效衔接，在完善电化学储能电站有关标准的基础上，加快推动检测、涉网等地方标准立项步伐，及时开展压缩空气储能、热储能等新技术相关标准草案编制工作。二是加强电池全生命周期管理。针对当前新型储能以电化学储能特别是锂电为主导的现状，按照“长效设计、低碳制造、安全运维和绿色回收”的理念，加快技术创新和迭代升级，积极推进低成本修复延寿、退役电池梯次利用、绿色回收再生等技术的研究，实现从设计、制造、使用、梯次利用到退出的全生命周期管理，提升经济效益和环境效益。三是加大安全监管力度。对已投运项目加强安全监管和技术指导，进一步理顺市场、能源和消防安全部门的监管责任，建立安全防护及预警机制，为新型储能产业长远发展夯实安全根基。

以“双碳”为牵引　推动绿色低碳高质量发展

社会法制委员会

党的二十大报告指出：“要加快发展方式绿色转型，实施全面节约战略，发展绿色低碳产业，倡导绿色消费，推动形成绿色低碳的生产方式和生活方式。”近年来，我省坚持以习近平生态文明思想为根本遵循，稳步推进能源结构调整，不断优化升级产业结构，绿色日益成为经济社会发展的鲜明底色。但以煤炭为主的资源禀赋和能源消费结构短期难以改变，产业偏重、碳排放量较高等问题依然突出，绿色低碳转型面临困境。为此，建议：

一、夯实绿色低碳发展基础。用好国家赋予山东的改革自主权，完善协同推进碳中和与稳增长的制度环境。一是完善政策法规体系。立足山东实际，出台加快建立健全绿色低碳循环发展经济体系的实施意见，明确阶段目标和完成路径。对照上位法和国家政策，全面梳理我省相关地方性法规和制度，有计划地建立起我省绿色低碳发展的政策法规体系。二是完善支撑保障机制。制定绿色金融发展指导意见和专项规划，引导金融机构扩大绿色信贷规模。加快绿色节能标准更新升级，建立完善绿色低碳技术评估体系、碳汇监测核算体系、碳汇补偿和交易机制等。三是营造绿色节约的社会环境。因地制宜开展“低碳零碳”规划设计，加快推进“绿色建筑”“绿色交通”发展，建设“低碳零碳”公共服务体系，建立个人碳账户等绿色消费激励机制，开展绿色生活创建活动。

二、加快能源结构调整。统筹存量与增量、煤电与新能源的关系，稳妥推进能源结构绿色转型。一是大力发展非化石能源。坚持陆海统筹、集散结合、多元利用，加快推动风电、光伏、生物发电规模化开发和地热能利用。二是构建新型电力系统。积极推进煤电转型升级，研究煤电与光伏、风电、气电等耦合发展，提升电网调峰能力，实现多能互补。三是大力发展新型储能。开展新型储能专项规划研究，加快新型储能技术和重点区域试点示范，推进电源侧、电网侧、用户侧储能多元发展。四是扩大清洁能源项目应用。在工业、建筑、交通等重点行业，积极推行电能替代、清洁替代，将绿色能源理念深植企业经营管理之中。

三、深化新旧动能转换。加快新旧动能转换，推动产业转型升级是实现绿色低碳高质量发展的关键路径。一是推动传统产业绿色转型。持续做好重点领域、行业减污降碳工作，通过低碳工艺革新和数字化转型，实现资源的最优配置和提质降本增效。二是培育壮大数字动能。完善新型基础设施建设，以济南青岛为中心打造数字产业集群，培育全国领先的工业互联网发展生态。布局一批数字化转型促进中心，采用公益性服务和市场化运作相结合的运营模式，为中小企业提供数字化转型解决方案。三是壮大绿色低碳产业。强化节能环保技术及装备研发，完善循环产业链条，鼓励在产业间进行横向协作，实现废弃物的合作开发与利用。加快实施“氢进万家”科技示范工程，催生氢能社区、氢能电站、能源互联网等新产品、新业态，推进氢能“制储输用”全链条发展。

四、加强绿色科技创新。绿色低碳高质量发展离不开科技创新和高素质人才队伍。一是建设高能级创新平台。加大对重大科技基础设施的财政支持力度，争取国家在实施大科学计划大科学工程方面给予更多支持，布局一批国家重点实验室、技术创新中心等创新平台，促进产业链创新链深度融合。二是打造绿色技术策源地。鼓励链主企业联合高校、科研院所、行业企业共建产业创新中心，集中攻坚绿色氢能、智慧电网、先进储能、碳捕获利用与封存等关键技术。三是创新人才培育。创新高校人才培育和职业教育发展模式，强化新能源、工程学、环保等多学科交叉，并立足我省产业发展需求，开设与新能源、节能环保等应用研究相关专业，培养适合产业升级需求的高、精、尖专业技术人才队伍。

坚持生态优先　共筑绿色低碳新城

社会法制委员会

济南新旧动能转化起步区作为黄河重大国家战略中唯一实体性新区和落实黄河流域生态保护和高质量发展、新旧动能转换两大战略的重要载体，突出生态建设，筑牢黄河安澜屏障，具有重大现实意义和深远历史意义。起步区成立以来，省、市对此高度重视，抢抓机遇，加压奋进，取得积极成效。同时由于处于启动阶段，也存在科技、人才、资本等高端要素聚集能力不强的问题，能源、土地、水等要素制约明显。为此，建议：

一、建设节水典范新城。一是坚持规划先行。编制起步区“四水四定”实施方案，作为高质量发展的纲领性文件，将水资源作为最大刚性约束，纳入各项综合规划、专项规划编制内容。二是强化指标管控。对标国际先进水平，设定节水指标体系，建立水效准入制度。推广节水器具，将节水纳入国民素质和中小学教育，提升全社会节水意识。三是夯实工程基础。积极推进太平水库、太平水厂等重大水资源开发利用项目；加快推进起步区现代水网建设，结合道路等重大基础设施建设，同步建设供水、排水、再生水管网等，结合片区开发，同步配套建设雨水收集系统、再生水利用系统。

二、强化高端产业引领。一是明确新动能进入领域。编制地区产业负面清单，以水资源承载状况为底线，积极引进高附加值绿色产业，严禁建设高耗水项目，鼓励因地制宜种植低耗水作物，发展节水农业。二是加速集聚高端产业。将起步区作为承接北京非首都功能疏解优选承载地，优先布局国家重大科研院所、大科学装置、重大科技项目，建设国家级和省部级重大科技创新平台。重点依托比亚迪半导体、动力电池、整车及零部件新能源汽车全产业链项目带动产业“链式”发展。三是推进一体化发展。着眼省会经济圈发展大局，加快推动基础设施互联互通、产业协同融合发展、文化旅游融合推进、生态服务共治共享。

三、建设绿色低碳起步区。一是构建起步区低碳体系。制定低碳建设的导则、标准以及实施措施，统筹低碳建筑、低碳交通、低碳能源、低碳金融、智慧城市等多个领域，将减碳指标逐级分解，细化从区域到地块到楼宇到楼层的能耗、水耗、材料、垃圾等多项指标。二是推动能源生产消费方式绿色变革。统筹推进分布式光伏、地源水源等可再生能源的开发利用，降低传统化石能源的应用比例，建立高效供热供冷系统，通过热、冷、燃气等能源的阶梯利用和多能互补达到节能降耗。三是增强能源科技创新能力。加快能源产业数字化和智能化升级，提高能源系统效率，全面提升能源产业基础高级化和产业链现代化水平。大力发展智慧能源，实现能源领域的全面感知、互联互通和智能控制。

四、打造绿色宜居环境。一是规范发展绿色建筑。实施绿色建筑统一标识制度，高规格建设各类公共设施和建筑住宅，形成燃气、空气源、太阳能、水蓄能、污水、余热等一系列清洁可再生能源的综合利用新模式。二是大力发展绿色电力。大力宣传绿电优越性，培育绿色电力消费人群，鼓励政府机关率先购买绿电，支持绿电行业发展。加大对绿电行业的上游制造业的科研投入，加快绿色发电设备国产化。三是提高绿色交通一体化水平。健全交通设施建档制度，统筹地下空间综合利用。合理布局城市公交专用道、公交场站、电动汽车充换电站，强化城市轨道交通与其他交通方式衔接。

五、大力发展循环经济。一是推动能耗大户“自我循环”。对电力、化工等高耗水行业，全面推行绿色化技术改造，提高企业内部资源循环利用率。大力发展生态循环农业，建立“以地定养、以养肥地、农牧融合、就地消纳”的循环体系。二是强化再生水开发利用。坚持政府主导、社会参与、市场运作，将再生水作为重要水源纳入取水许可管理，健全与市场相适应的再生水利用价格体系、多元化投资机制和政府补偿机制。三是破解污泥处置难点。加快补齐起步区污泥处置能力短板，加快压减污泥填埋规模，积极推进污泥“生物质利用＋焚烧”“干化＋土地利用”处理，实现污泥无害化、资源化。

关于《山东省全民健身条例》实施情况的视察报告

社会法制委员会

近期，省政协副主席王修林带领部分省政协委员和省体育局负责同志，围绕《山东省全民健身条例》实施情况赴日照、德州开展专项视察，通过实地察看、现场询问、座谈交流等方式，深入了解条例实施及我省全民健身工作开展情况，广泛听取各方面意见建议。现将有关情况报告如下。

近年来，我省深入学习贯彻习近平总书记关于体育工作的重要论述，扎实实施《山东省全民健身条例》，紧紧围绕经济社会发展大局，以提高人民群众身体素质和健康水平为努力方向，加快构建更高水平的全民健身服务体系，在强化政府保障、凝聚社会力量、丰富健身活动、推进设施建设等方面取得了显著成效，全民健身事业呈现蓬勃发展的良好局面。

一、存在的问题与不足

对照新时期体育事业发展的新形势，对标全民健身国家战略和体育强国建设的目标要求，我省在《山东省全民健身条例》实施过程中还存在一些问题与不足。一是体育设施共享程度偏低。我省部分体育场馆还存在开放不到位的情况，学校体育场地开放比例较低，没有发挥其应有的社会功能。二是城乡、区域发展不平衡。农村全民健身组织不健全，既缺乏专项经费，又缺乏专人管理，健身器材缺少及时维护更新。三是赛事活动供给不充分。缺少国际、国内等高水平品牌赛事活动，承办的国际赛事项目相对小众，影响力不足，群众身边的赛事、活动仍然不够丰富。四是科学健身指导不足。科学健身宣传不够、健身指导人员不足，导致群众科学健身意识偏弱，不能根据身体的指标情况选择适宜的健身项目和科学训练方式。五是“体教融合”不顺畅。随着行政机构改革，部分地区体育主管部门和教育主管部门合并，工作中存在“重”教育、“轻”体育的现象，体育工作人员队伍建设有待加强。

二、意见建议

（一）完善全民健身工作保障制度。严格按照《山东省全民健身条例》规定，督促各市、县（市、区）及时制订本级全民健身实施计划并认真执行。完善与全民健身事业发展相适应的财政保障机制，将全民健身工作经费落实到位。推动各市、县（市、区）建立完善全民健身工作协调机制，加强各成员单位之间的信息共享，协调解决工作中的重大问题。依法依规组织《山东省全民健身条例》贯彻落实情况督导检查，进一步推动条例各项规定落实落地。

（二）加快体育健身设施建设与开放。深入实施全民健身场地设施补短板行动，聚焦群众就近健身需要，优先规划建设贴近社区、方便可达的全民健身中心、多功能运动场、体育公园、健身步道等健身设施。统筹区域协调发展，持续巩固完善农村体育健身基础设施，切实推进城乡全民健身事业一体化发展。加大公共体育设施的开放力度，进一步推动机关、学校、企业的体育设施向公众开放，让人民群众能够就近得到健身场地供给。

（三）积极推进全民健身融合发展。在体教融合方面，进一步巩固“双减”工作成果，督促各市按照《山东省体育类校外培训机构设置规定（暂行）》要求，研究制订本地区相应培训机构的具体设置要求，促进体育类校外培训机构规范有序发展。在体卫融合方面，积极建设体卫融合机构，为群众提供体质检测、运动能力和运动风险评估、开具个性化“运动处方”等服务，探索开展社保卡个人账户用于健身康复等支出。

（四）营造浓厚全民健身氛围。通过线上和线下相结合的方式，宣传和倡导科学健身理念，帮助群众在了解自身体质健康状况的基础上，掌握安全有效的健身方法，养成科学健身的生活习惯。发挥好各级体育部门、体育总会和项目协会的作用，积极开展社区运动会、家庭运动会等特色鲜明、参与广泛的全民健身活动，把赛事活动办到群众身边，提高群众参与体育活动的获得感、幸福感和安全感。

关于就《山东省民营经济发展促进条例》实施情况开展民主监督的报告

委员联络工作委员会

今年1月1日，《山东省民营经济发展促进条例》（以下简称《条例》）正式施行。省政协把《条例》落实情况列入今年民主监督工作计划。7月下旬以来，在省政协副主席王书坚带领下，委联委组织部分全国和省政协委员、专家学者，深入淄博民营企业实地调研，与烟台、聊城市政协开展联合调研，在济南召开协商监督座谈会，与省工业和信息化厅、民营经济组织、行业协会等深入协商，全面了解《条例》实施情况，分析研判存在的困难和问题，提出意见建议。

大家认为，省委、省政府高度重视民营经济发展，深化“放管服”改革，健全公共服务体系，推动全省民营经济健康发展。截至2021年，占市场主体90%以上的民营经济，贡献了全省50%以上的生产总值、60%以上的投资、70%以上的税收，占据了山东经济的“半壁江山”，是山东高质量发展的巨大潜力所在。

同时也发现，长期制约我省民营经济发展的“融资难、降成本难、要素保障难、创新难”等问题仍未得到根本解决，加上新冠疫情造成经济承压、消费受限、社会预期下降，给民营经济组织带来较大冲击和影响。在《条例》贯彻落实中，还存在有的部门推进力度不够大，有些规定尚未落实到位等问题。

一是贯彻落实工作机制还不健全。牵头部门作用发挥不足，在协调解决重点问题、建立常态化调度机制等方面工作力度不够大。统计部门尚未开展民营经济专项统计，民营经济统计监测和分析工作有待加强。

二是创新生态不够优化。民营企业引进共建的研发机构共性开发、成果转化等功能尚未充分发挥，产业园区、孵化器等创新创业载体建设尚显不足。数字化转型成本高、难度大，民营企业“不会转、不想转、不敢转”的问题较为突出。

三是金融支持服务体系还有较大差距。政府性融资担保体系不健全。省投融资担保集团资本金规模过小，注册资本金仅25亿元，远低于全国省级担保机构51亿元的平均水平，与我省经济体量和融资担保需求明显不匹配。民营企业申请贷款仍存在超范围担保现象，如部分银行对完全符合贷款审批条件的民营企业，仍不信任而要求法人及其亲属再提供保证担保，导致《条例》相关规定形同虚设。应急转贷基金落实不到位，民营企业续贷面临巨大资金压力。

四是拖欠民营企业资金账款问题亟待解决。国家机关、事业单位和国企拖欠民营企业资金，加大民营企业经营的成本性支出，严重阻碍我省民营经济发展。同时，破坏了营商环境，损害诚信山东形象，影响民生福祉和社会稳定大局。

为此建议：

一、强化《条例》落实的配套政策体系建设。加强对《条例》实施的组织领导，推动各相关部门制定《条例》实施办法，把相关条款规定具体化，增强可操作性。发挥省促进非公有制经济发展工作领导小组作用，强化对民营经济发展环境和政策体系建设的统筹协调，健全企业家紧急事态应对等制度，形成全省“一盘棋”落实工作合力。对发展前景好的重点项目，加大土地、环境等要素供给的保障力度，不断优化产业布局，健全产业分工协作体系。发挥新型举国体制优势，用好民营经济和中小企业广泛而丰富的场景，强化共性技术供给，加快数字化改造步伐。

二、以协同创新促进民营经济服务体系建设。坚持“政府引领 + 平台推动 + 市场主导”相结合模式，大力引育新经济企业、新型研发机构，强化对高科技和高成长性民营企业的支持。加强协同创新平台建设，借鉴推广广东省半导体照明产业联合创新中心、山东产业技术研究院等“四不像”创新平台经验做法，着力构建产业链众创链平台、上下游企业协同发展的研发共同体和产业众创生态圈，有效串联起“政产学研金服用”的完整链条，推动大中小企业融通发展。

三、加大民营经济营商环境创新提升和整治力度。开展民营经济发展环境评价，全面清理妨碍公平竞争的产业环境，增强民营经济使用资金、土地等要素的可得性和获得普惠性资源的便捷性，积极构建亲清新型政商关系。认真落实好纾困惠企政策，确保各项纾困措施直达基层、直接惠及市场主体。启动实施对各类经济政策的公平竞争审查，发挥党和国家监督体系优势，建立健全政策制定机构、监督监管机构和第三方评估多重审查机制。提高依法治理水平，开展政府及国企拖欠民营企业和中小企业资金账款问题重点整治。

四、着力缓解民营企业融资难、融资贵问题。深入开展民营企业首贷培植行动，创新应收账款类的动产、供应链融资等新模式，通过数据增信、担保增信、政策增信，提高企业获贷能力、降低融资成本。推广循环贷款、年审制贷款以及分期还款等多样化还款方式，努力减少企业短贷长用和高息“过桥”融资。健全融资担保体系，尽快扩大省担保集团资本金规模、出台保费补贴政策，以保障政策性担保事业可持续发展。深入挖掘民营企业上市后备资源，持续加强培育服务，推动符合条件的企业上市融资。

五、大力营造民营经济发展良好氛围。加大《条例》宣传普及力度，充分利用网络、报纸、电视等多种媒体对《条例》进行广泛宣传和深入解读，提升民营企业及社会层面知晓率。全面加强新时代民营经济统战工作，打造“两个健康”创新发展示范区。

推动设立民营企业家节，开展民营企业评奖评优活动，强化优秀民营企业、优秀民营企业家表彰激励，充分调动民营企业赶超先进、争当模范的积极性，打造山东优质本土民营企业，助力山东品牌企业走出山东、走向全国。

“淘”出乡村振兴新动能

——以曹县农村电商发展实践为例

委员活动工作室

10月中旬，省政协副主席于国安带队赴曹县，就“我省农村电商发展”开展界别考察，实地调研了e裳小镇、电商物流公共服务中心、大集镇电商产业园等，并与相关部门同志、电商从业代表进行了座谈交流。

考察组认为，近年来，曹县自下而上、以点带面，依托本地传统产业优势，以农民大规模电商创业就业为核心，以电商平台与服务型政府双向赋能为两翼，推动电商产业区域化、集群化发展，实现全面开花、全国领跑，探索出了农村电商赋能县域经济、助力乡村振兴的“曹县模式”，很值得借鉴和推广。

一、主要做法

（一）农民自发主导，形成村落电商生态。曹县农村电商发展不是经纪人驱动，而是源于“草根”创业。2013年从大集镇丁楼村起步，由商户主体——农民，直接通过淘宝店铺对接市场，自发形成本地生产、加工和线上销售的一条龙模式。一家农户从事电商，邻里、亲属不断效仿，邻村快速复制，并吸引外出务工人员和大学生返乡，进而星火燎原、集聚增长。目前，全县共有“淘宝镇”21个、“淘宝村”176个，分别占全省的1/10和1/5，先后荣获“全国电子商务促进乡村振兴十佳县域”“国家级电子商务进农村综合示范县”“全国农产品数字化百强县”等称号。

（二）产品特色鲜明，具有产业集群优势。基于原生产业触网转型集聚，曹县目前拥有中国原创汉服、演出服、木制品、农特产品等“四大产业集群”，都初具规模，形成硬核实力，其中演出服产业集群为全国最大。据统计，今年1—9月份，曹县汉服网络销售达38.1亿元，占全国同类市场的“半壁江山”；表演服饰销售85.63亿元，占淘宝、天猫的70%以上；木制品销售93.6亿元，占淘宝、天猫的40%和京东的50%以上。

（三）政府搭台助力，塑优电商发展环境。除出台多项政策文件，县财政每年列支电商发展专项资金300万元、整合各类资金5000余万元，扶持引导农村电商发展。一是完善基础配套。实施“光纤入村”工程，所有“淘宝村”实现5G基站全覆盖；建立县乡村三级物流配送体系，实现了村村通快递。二是培育壮大电商新业态。发布县域电商公共区域品牌——“曹献优品”，建设标准化供应链体系，推动特色农产品上行；高标准打造e裳小镇播播鱼、网红花木直播等十大直播基地，推动形成行业集群效应。三是创新金融服务。协调金融机构推出30余种电商贷产品，截至2021年，蚂蚁金服运营中心为中小企业提供无抵押、免担保小额信用贷款累计80亿元，放款量居全省首位。四是招引专门人才。出台《关于实施曹县籍优秀人才“回流计划”的意见》等，12000余人返乡，创办各类经济实体5500余家。

二、存在的主要问题

（一）电商产业发展层次不够高。产品多针对中、低端市场，主要是“手工＋机器”生产，以中小民营企业、个体户为主，数量多，分布散，销售主要靠“爆款＋低价＋批量”，标准化、品牌化程度低，高端市场份额少。

（二）高层次电商人才较为匮乏。从业人员受教育程度及专业水平普遍较低，生产所聘设计师、裁缝师大多是没有经过专业训练的熟练工人，销售多从事信息发布、顾客咨询、接单发货等基本业务，专业化的网络营销、美工设计、企业管理等人才，特别是本土人才严重缺乏，“难培”“难引”更“难留”。

（三）电商新业态带动力不强。“粉丝”量10万人以上的主播不到百人，影响力、带动力有待提升。

三、几点建议

农村电商，是促进农业发展、农民增收、农村繁荣的新的有效抓手。建议有条件的县（区）借鉴复制曹县模式，以农村电商引领产业发展，激发创业活力，带动人才回流、治理提升，助力我省乡村振兴。

（一）保护经营主体积极性。尊重农村电商成长性、多样性和韧性，在实施包容审慎监管的同时，引导行业协会发挥作用，推动全产业链资源协同共享，推进小农户与大市场有效衔接。

（二）促进县域优势产业集聚。布局建设电商产业园区，培育开发设计、策划服务、交易服务、营销服务、运营服务、物流服务等上下游配套环节，延伸壮大电商产业链。目前，我省大多数农村电商局限在县级产业生态圈，曹县的演出服、木制品产业可跨省，但也只是辐射周边500公里的县区。建议借鉴义乌模式，支持建设辐射更大区域范围的电商产业核心区、产业发展带动区、创新业态培育的引领区。

（三）打造多元化电商业态。积极发展社交电商、直播电商、内容电商、生鲜电商等新业态，推广电商云仓直播带货新模式，探索打造数字藏品等，不断丰富网上消费内容与场景，加速线上线下融合、产业链上下游融合。促进电子商务与现代农业、新兴工业等深度融合，发展乡村共享经济，推动农村电商向多品类、多服务、多渠道拓展。组织多类型、多层级、多目标群体的展会、研讨会、高峰论坛、营销活动等，加强农村电商区域品牌宣传推广，争取更多产品进入“好品山东”区域公共品牌体系及国内各大电商平台前列。

（四）完善配套要素支撑。精准制定覆盖头部、腰部、小微初创企业的财政奖补、税收返还、金融服务等产业扶持指导政策，鼓励市场化运营。积极运用新一代信息技术，构建开放、共享、多元的立体化电商平台体系。按照农村电商的产业输出，进一步优化完善农村地区物流网点设置和服务。

（五）加大电商“新农人”培育和招引。整合政府、职业院校、社会机构、企业等各方资源，通过订单式培养、“农村电商送课下乡”等方式，加大对从业、创业人员的电商实操和专业技能培训，培养更多电商行业领头人。多渠道引进一批腰部网红、腰部直播电商机构、MCN 机构，壮大直播电商队伍。实施创业贷款、社保补贴等优惠政策，吸引更多具有实践经验的电商从业者返乡创业就业。

省政协十二届五次会议提案（存目）

提案号	提案者	提案案由	承办单位
12050001	民革山东省委员会	关于构建医保基金全领域全流程防控机制的建议	省医保局
12050002	九三学社山东省委员会	关于加强我省职业技能培训，提升“十强”产业发展后劲的建议	省教育厅 省人力资源社会保障厅
12050003	王怀宾	关于为退役军人就业创业营造良好环境的建议	省退役军人厅 省财政厅 省人力资源社会保障厅 省教育厅
12050004	陈捷等 10 人	关于山东企业善用境外债券市场的建议	省发展改革委 人民银行济南分行
12050005	宫立新	关于全面推进我省国有企业合规管理工作的建议	省国资委
12050006	黎嘉恩	关于调整国有资本布局，支撑山东省环境保护工作展开的建议	省国资委
12050007	毛方国	关于帮助我省企业打造人才高地，实现高质量发展的建议	省人力资源社会保障厅 省科技厅 省教育厅
12050008	致公党山东省委员会	关于推进我省新型研发机构高质量发展的建议	省科技厅
12050009	王坤英	关于促进新能源汽车产业高质量发展的建议	省发展改革委 省工业和信息化厅 省科技厅
12050010	民革山东省委员会	关于传承黄河文化，讲好新时代山东黄河故事的建议	省文化和旅游厅 山东黄河河务局
12050011	王世强	关于开展小麦统一供种的建议	省财政厅 省农业农村厅
12050012	孙承武	关于对职教本科试点院校加大财政支持的建议	省财政厅 省教育厅
12050013	民建山东省委员会	关于做好土地出让收入征收划转，积极应对央地财政关系新变化的建议	省自然资源厅 省财政厅
12050014	刘德明	关于整治拖欠民企账款政府国企要“门前清”的提案	省财政厅 省审计厅
12050015	王志利	关于建设产业链“链长”型数字经济园区，助力数字经济持续健康发展的提案	省工业和信息化厅
12050016	王文本	关于改进我省职称评审工作的建议	省人力资源社会保障厅
12050017	刘俊杰	关于推进家政服务企业实行员工制的建议	省发展改革委 省商务厅

续表

提案号	提案者	提案案由	承办单位
12050018	刘玉光	关于常用口服药品最小销售单元包装规格的建议	省药监局
12050019	农工党山东省委员会	关于应对人口老龄化，推动老年健康服务体系建设的建议	省卫生健康委 省民政厅
12050020	民革山东省委员会	关于加快推进我省应急广播体系建设的建议	省广电局 省应急厅
12050021	孙凤云	关于突出道德教化，推进齐鲁文化传承发展的建议	省委组织部 省委宣传部
12050022	周宁	关于进一步建立健全公务员心理健康服务机制的建议	省卫生健康委 省委组织部
12050023	毛方国	关于进一步加快我省民营企业数字化转型的建议	省工业和信息化厅 山东银保监局
12050024	蔡福安	关于进一步加大小微企业和个体工商户政策扶持力度的建议	省发展改革委 省市场监管局 省商务厅 人民银行济南分行 山东银保监局
12050025	李兴	关于进一步助推小微企业发展的提案	省工业和信息化厅 省财政厅
12050026	汪映荣	关于“3060双碳”形势下山东能源发展的建议	省发展改革委 省能源局
12050027	张广霞	关于推进养老机构高质量发展的建议	省民政厅 省人力资源社会保障厅
12050028	徐绥远	关于大力发展光伏绿电，助力我省高质量发展的建议	省发展改革委 省能源局
12050029	王怀宾	关于支持淄博市氢能产业发展壮大的提案	省能源局
12050030	民建山东省委员会	关于加快推进山东新型电力系统建设的建议	省能源局 国网山东省电力公司
12050031	农工党山东省委员会	关于完善我省能源结构防范能源短缺风险的建议	省能源局
12050032	王汉斌	关于电价市场化改革对我省工商业的影响及对策的建议	省发展改革委 省能源局 国网山东省电力公司
12050033	史玉光	关于做好碳达峰碳中和相关工作的建议	省发展改革委
12050034	民建山东省委员会	关于进一步加强村级财务管理的建议	省农业农村厅 省委组织部
12050035	陈泽浦	关于推动黄河三角洲盐碱地综合利用的建议	省科技厅 省农业农村厅

续表

提案号	提案者	提案案由	承办单位
12050036	曾学锋	关于建设新型数字化可共享实验室的建议	省科技厅
12050037	陈栋	关于在青少年科创大赛中杜绝“大手拉小手”学术造假行为的建议	省科协
12050038	栾心勇	关于建立新的科研经费管理体制的建议	省科技厅
12050039	张义泉	关于聚焦攻关适应黄河三角洲盐碱地耐盐碱植物选育的建议	省农业农村厅 省科技厅
12050040	刘德山	关于建立和完善山东名中医人才队伍体系的建议	省卫生健康委
12050041	殷学远	关于加强逃废银行债务问题治理的提案	省地方金融监管局 山东银保监局 省法院
12050042	释悟实	关于将宗教公共事务纳入综合行政服务管理，助力法治山东建设的提案	省民族宗教委
12050043	九三学社山东省委员会	关于加强我省地震群策群防工作的建议	省地震局
12050044	黄淑玲	关于推广居家养老的建议	省民政厅 省人力资源社会保障厅
12050045	刘俊杰	关于切实维护新就业形态劳动者劳动保障权益的建议	省人力资源社会保障厅
12050046	周伯虎	关于加强青年创新人才培养与引进，加快我省融入新发展格局的建议	省人力资源社会保障厅 团省委
12050047	任春娥	关于加强医保基金监管，维护基金安全的建议	省医保局
12050048	刘俊杰	关于将家政服务员、养老护理员纳入公益性岗位开发范围的建议	省人力资源社会保障厅
12050049	万永格等 2 人	关于加强保障农民工工资支付机制建设的建议	省人力资源社会保障厅 省公安厅 省交通运输厅 省水利厅 省住房城乡建设厅
12050050	李兴家	关于加强新业态劳动者权益保障工作的提案	省人力资源社会保障厅
12050051	王玉亮	关于提升电梯应急处置服务能力，保护人民生命健康安全的提案	省市场监管局 省通信管理局
12050052	民建山东省委员会	关于提升我省极端天气气候事件应对能力的建议	省气象局 省应急厅
12050053	朱德泉	关于加强未成年人网络保护的建议	省委网信办 省教育厅
12050054	宋东	关于加强非公企业党史学习的提案	省委宣传部 省委组织部

续表

提案号	提案者	提案案由	承办单位
12050055	金祖权	关于加快海洋工程建筑业发展的建议	省教育厅 省科技厅 省发展改革委
12050056	宋东	关于为港澳台侨青年筑起“山东之家”产业园的提案	省委台港澳办 省教育厅 省委统战部 省人力资源社会保障厅
12050057	胡梅	关于进一步改善我省新型农村社区养老问题的提案	省民政厅 省市场监管局
12050058	民盟界	关于推动新时代我省博物馆事业高质量发展的建议	省文化和旅游厅 省财政厅
12050059	张挺军	关于建设新能源产业强省的建议	省能源局 省工业和信息化厅 省科技厅
12050060	致公党山东省委员会	关于打造对德高端合作平台的建议	省商务厅 省委外办 省教育厅 济南市人民政府 青岛市人民政府
12050061	民建山东省委员会	关于加快国有资本运营发展增效的建议	省财政厅 省国资委 济南市人民政府
12050062	陈思斌	关于推广实施轨道交通 TOD 综合开发的建议	省交通运输厅 省自然资源厅
12050063	徐言军	关于厨余垃圾源头减量及末端资源化利用的几点建议	济南市人民政府
12050064	张斌	关于改进“12345”政务热线工作的建议	济南市人民政府
12050065	九三学社山东省委员会	关于积极应对“虹吸效应”，加快推进强省会建设的提案	济南市人民政府
12050066	孟鸿声	关于如期完成济南西站齐鲁之门城市综合体建设的提案	济南市人民政府
12050067	杨学锋等 7 人	关于重视和加强苗海南历史文化遗产保护与开发的建议	省文化和旅游厅 济南市人民政府
12050068	王琳	关于解决城市发展过程中出现问题的建议	省住房城乡建设厅 省自然资源厅
12050069	李旭茂	关于破产重整完成企业信用修复的建议	省市场监管局 省税务局 省法院 人民银行济南分行
12050070	徐言军	关于加快推进数据要素市场化进程，促进数字经济高质量发展的建议	省工业和信息化厅 省大数据局
12050071	张志勉	关于扩增、规范山东省健康管理收费项目的提案	省医保局 省卫生健康委

续表

提案号	提案者	提案案由	承办单位
12050072	曹希波	关于正确把握“双碳”战略，助推我省高端化工产业发展的建议	省发展改革委 省工业和信息化厅
12050073	张绍光等 2 人	关于促进石油化工行业转型升级，助力新旧动能转换的提案	省工业和信息化厅 省能源局
12050074	宫立新	关于畅通多式联运大通道，打造上合国家及“一带一路”国家合作新平台的建议	省交通运输厅 省商务厅 省法院
12050075	民进山东省委员会	关于促进我省农村合作金融发展的提案	省地方金融监管局 省财政厅 省税务局
12050076	魏辉	关于尽快维修山东、河北两省界河沿线大桥的提案	省交通运输厅
12050077	乔志强	关于济南大学科技园与泰安西部点对点城际轻轨通道建设的提案	省发展改革委 省交通运输厅
12050078	张广霞	关于提高农村公路建设补助标准的建议	省交通运输厅 省财政厅
12050079	王明新	关于加强非物质文化遗产传承，推动优秀传统文化创新发展的建议	省文化和旅游厅 省财政厅
12050080	魏建国	关于深入践行绿色发展理念，打造“光伏高速公路示范省”的建议	省交通运输厅
12050081	民革山东省委员会	关于打造新时代山东港口集群的建议	省交通运输厅
12050082	民建山东省委员会	关于加强山东半岛中心城市群建设，助力黄河流域生态保护和高质量发展的建议	省交通运输厅 省发展改革委 省自然资源厅
12050083	张涛	关于胶州湾跨海大桥对青岛市区与上合示范区之间实施通行费优惠的提案	省发展改革委 省交通运输厅
12050084	王革	关于推进交通建设，加强济南新旧动能转换起步区与主城区互联互通的提案	济南市人民政府
12050085	宫立新	关于乘 RCEP 生效之东风，推动我省与中日韩经贸合作再升级的建议	省商务厅 省发展改革委 省交通运输厅
12050086	毕红卫	关于发挥民营企业主体作用，推动科技创新的建议	省工业和信息化厅 省科技厅
12050087	曾学锋	关于统筹推进耐盐碱水稻研发及产业化发展的建议	省科技厅 省农业农村厅
12050088	民进山东省委员会	关于加快推进我省现代种业发展的提案	省农业农村厅 省科技厅
12050089	刘俊杰	关于加快推进社区养老服务建设，满足社区居家养老服务需求的建议	省民政厅 省财政厅

续表

提案号	提案者	提案案由	承办单位
12050090	释本悟	关于加强农村社会化养老保障的建议	省民政厅 省卫生健康委
12050091	民建山东省委员会	关于优化基层生态环境执法工作的建议	省生态环境厅 省委编办
12050092	杨再昌	关于对德龙烟铁路通道进行统一管理的建议	省国资委 省交通运输厅 中国铁路济南局集团有限公司
12050093	刘晓颖等19人	关于推进后冬奥时代山东冰雪运动长远发展的提案	省体育局
12050094	民建山东省委员会	关于推进乡村全域土地综合整治工作的建议	省自然资源厅
12050095	巩端洲	关于进一步规范提升小区物业管理的建议	省住房城乡建设厅 省发展改革委
12050096	致公党山东省委员会	关于加强黄河三角洲耐盐碱适生植物资源开发与利用的建议	省科技厅 省农业农村厅 省自然资源厅
12050097	姜明	关于保护与修复黄河三角洲滨海湿地蓝碳功能的建议	省自然资源厅 省水利厅 省生态环境厅
12050098	李升金	关于加强我省林地耕地资源保护，文明祭祀绿色祭扫的建议	省自然资源厅 省民政厅
12050099	张咏强	关于科学谋划创建黄河口国家公园的建议	省自然资源厅
12050100	朱文秋	关于推进黄河口国家公园建设的提案	省自然资源厅
12050101	张兆明	关于在县域层面整体推进乡村振兴村居规划工作的建议	省自然资源厅
12050102	刘燕	关于借鉴济南模式，统筹推进全省政务区块链平台建设的建议	省大数据局 省财政厅
12050103	宫立新	关于推动我省海洋高端服务业一体化发展的建议	省发展改革委 省海洋局
12050104	杨晓刚	关于建设山东省美术馆系统馆藏资源共享平台的提案	省文化和旅游厅 省财政厅
12050105	白玉	关于推动建设能源安全“韧性城市”的建议	省能源局 省应急厅
12050106	于希明	关于大力发展我省分布式光伏发电的建议	省能源局 人民银行济南分行
12050107	魏建国	关于采取差异化政策促进绿色住房消费的建议	省住房城乡建设厅 省财政厅 人民银行济南分行 山东银保监局

续表

提案号	提案者	提案案由	承办单位
12050108	梁志银	关于“链长”链接省内产业，“链主”助力产业高质量发展的建议	省工业和信息化厅
12050109	程伟华	关于疫情常态化背景下持续扶持餐饮住宿旅游业的提案	省商务厅 省文化和旅游厅
12050110	致公党山东省委员会	关于促进我省对外贸易稳增长提质量的建议	省商务厅
12050111	赵爱华	关于职普比宏观政策要综合考虑不同区域经济社会状况的建议	省教育厅
12050112	薄涛等 2 人	关于进一步加强国有企业党的建设的建议	省国资委
12050113	张铁柱	关于加强高校管理干部队伍建设的建议	省教育厅
12050114	彭春雷	关于推动民办高校可持续良性发展的建议	省教育厅
12050115	张璇	关于提升学前教育教师队伍建设水平的提案	省教育厅
12050116	王伟	关于进一步治理学术不端，清洁学术生态的建议	省教育厅
12050117	吴梦军	关于以扶持办好职业本科为突破口提高职业教育认同度的建议	省教育厅
12050118	陈栋	关于不要让“小手拉大手”活动成为新的教育负担的建议	省教育厅
12050119	刘青砚	关于将齐鲁优秀文化艺术纳入学校美育课题项目的建议	省教育厅
12050120	李绵军	关于将珠心算界定为“非学科类”课程的建议	省教育厅
12050121	九三学社山东省委员会	关于提升农村养老服务机构政策补贴绩效的建议	省民政厅 省卫生健康委 省财政厅
12050122	陆彩霞	关于让爱劳动成为“五育”并举突破口的建议	省教育厅
12050123	刘志红	关于加强预付资金监管的提案	省商务厅 省教育厅 山东银保监局
12050124	农工党山东省委员会	关于促进山东省医疗器械产业发展的建议	省卫生健康委 省财政厅 省教育厅
12050125	孙弋	关于将家庭教育纳入省级公共服务体系的建议	省财政厅 省教育厅
12050126	胡智荣	关于多渠道助力山东实现碳达峰、碳中和目标的政策建议	省教育厅 省发展改革委 省能源局 省生态环境厅
12050127	王学爱	关于加强我省高层次科研人才培养使用的提案	省教育厅 省人力资源社会保障厅 省科技厅

续表

提案号	提案者	提案案由	承办单位
12050128	张慧青	关于促进职业教育高质量发展，助力技能型社会构建的提案	省教育厅 省人力资源社会保障厅
12050129	九三学社山东省委员会	关于加快我省高校技术成果转移转化的建议	省科技厅 省教育厅
12050130	孟波	关于专升本与高质量人才供给关系的建议	省教育厅
12050131	陈永顺	关于深入推进医学科普宣传，助力健康山东建设的建议	省卫生健康委 省科协 省教育厅
12050132	朱文秋	关于“双减”政策下发挥学校主阵地作用，全面推进素质教育的提案	省教育厅
12050133	郇梅	关于进一步推进“双减”政策落实的建议	省教育厅
12050134	孙承武	关于在职教本科试点院校春季本科招生中试行单招录取的建议	省教育厅
12050135	肖培树	关于加快基础教育改革的建议	省教育厅
12050136	吴强	关于“双减”政策下加强学校体育美育劳动工作的建议	省教育厅
12050137	释真龙	关于中医药文化教育进中小学课堂的建议	省教育厅
12050138	王军等 2 人	关于中小学校要切实加强学生的心理健康和安全教育的建议	省教育厅
12050139	民建山东省委员会	关于强化系统集成创新，全力打造自贸试验区升级版的建议	省商务厅
12050140	民进山东省委员会	关于加快推进我省跨境电商高质量发展的提案	省商务厅
12050141	冯希宁	关于推进实体商业数字化发展的建议	省商务厅 省工业和信息化厅
12050142	赵丹	关于促进山东“老字号”非遗匠心企业创新发展的建议	省商务厅 省文化和旅游厅
12050143	姜军锋	关于规范发展我省二手车流通行业的提案	省商务厅 省发展改革委 省公安厅 省税务局
12050144	蔡福安	关于加快推进我省网络交易市场发展的建议	省商务厅 省市场监管局
12050145	民盟山东省委员会	关于着力打造以新能源为主体的新型电力示范区的建议	国网山东省电力公司
12050146	程伟华	关于集全省之力支持推动烟台创建“世界美食之都”的提案	省商务厅 省文化和旅游厅

续表

提案号	提案者	提案案由	承办单位
12050147	九三学社山东省委员会	关于创新海洋产业体系发展模式的建议	省农业农村厅 省海洋局 省文化和旅游厅 省工业和信息化厅
12050148	赵涛	关于深化“一次办好”改革，优化营商环境的建议	省政府办公厅 省大数据局 省司法厅
12050149	李悦	关于建立健全山东省互花米草生态防治长效机制的建议	省海洋局
12050150	民进山东省委员会	关于进一步加强我省海岸线保护与利用的提案	省海洋局 省农业农村厅 省生态环境厅 省自然资源厅
12050151	杨旭博	关于持续做好脱贫攻坚与乡村振兴有效衔接的建议	省农业农村厅 省发展改革委 省自然资源厅
12050152	王军	关于加强农业生态旅游发展的建议	省农业农村厅 省自然资源厅
12050153	农工党山东省委员会	关于促进全省口岸经济信息化建设的建议	省政府办公厅 省工业和信息化厅 省商务厅 省大数据局 青岛海关 济南海关
12050154	李克明	关于持续深入推进全省乡村振兴工作的建议	省农业农村厅 省委组织部 省财政厅 省人力资源社会保障厅
12050155	九三学社山东省委员会	关于创新农业社会化服务机制，加快推进农业农村现代化的建议	省农业农村厅 省委组织部 山东银保监局 省教育厅
12050156	九三学社山东省委员会	关于黄河流域（枣林复合系统）农业文化遗产保护与利用的建议	省农业农村厅 省教育厅 省财政厅
12050157	张春庆	关于加大乡村振兴科技创新技术支持的建议	省农业农村厅 省科技厅
12050158	杨文法	关于助推乡村产业振兴的建议	省农业农村厅 省工商联 省供销社 省教育厅
12050159	彭希辉	关于解决再生资源一般纳税人回收企业进项发票的建议	省税务局
12050160	民进山东省委员会	关于扩大我省医保保障范围的提案	省医保局
12050161	唐波	关于用好建筑企业养老保障金结余的建议	省财政厅 省住房城乡建设厅
12050162	魏志强	关于发挥山东制造业优势，抢抓数字转型机遇，大力发展工业软件的建议	省工业和信息化厅 省科技厅 省教育厅

续表

提案号	提案者	提案案由	承办单位
12050163	王文本	关于助推我省创新生物新药发展的建议	省人力资源社会保障厅 省医保局
12050164	朱德泉	关于让年轻人更加热爱新时代红色文艺的建议	省委宣传部 省委网信办
12050165	张泉	关于促进山东文化产业跨越式发展的建议	省委宣传部
12050166	贾庆鹏	关于挖掘山东地方历史文化资源，助推教育高质量发展的提案	省教育厅 省委宣传部
12050167	李世良	关于部门联动提升优化中小学办学环境的建议	省教育厅 省委宣传部 省委网信办
12050168	王守城等3人	关于进一步加强和完善“山东老战士纪念广场”建设的建议	省委老干部局 省委宣传部 省文化和旅游厅
12050169	朱文秋	关于加快制定文化强省战略指导意见的提案	省委宣传部 省文化和旅游厅
12050170	农工党界	关于加强医保门诊慢特病管理的建议	省医保局 省卫生健康委
12050171	刘棣俭	关于加快山东省医疗保障领域立法的建议	省医保局
12050172	卢文朋	关于建设华侨创新创业中心的建议	省委统战部 省侨联
12050173	张宝健	关于“医养床位”转换，促进医养结合发展的建议	省医保局 省卫生健康委
12050174	李风	关于设立退役军人关爱基金的建议	省退役军人厅 省财政厅
12050175	侯风云	关于推进政府社区养老服务，解决生育率低下的建议	省民政厅
12050176	耿燕	关于规范我省健康体检中“肿瘤标记物”检查乱象的建议	省卫生健康委
12050177	农工党山东省委员会	关于推进山东省中医传承和确有专长认证工作规范化的建议	省卫生健康委
12050178	王学爱	关于信息化时代方便老年患者就医的提案	省卫生健康委
12050179	宫立新	关于疫情当下加强医疗机构院感防控的建议	省卫生健康委
12050180	艾百灵等2人	关于加强社会生态环境检测机构监管的建议	省市场监管局 省生态环境厅
12050181	刘玉光	关于适当扩大公立医院规模与储备医疗专业人才的建议	省卫生健康委

续表

提案号	提案者	提案案由	承办单位
12050182	省工商联	关于注重发挥民营企业科技创新主体作用的提案	省科技厅 省工业和信息化厅 省财政厅 省人力资源社会保障厅
12050183	民盟山东省委员会	关于加快构建“海陆空铁”大交通格局，深化省会、胶东、鲁南经济圈协同发展的建议	省发展改革委 省交通运输厅 中国铁路济南局集团有限公司
12050184	林波	关于进一步推动能源产业高质量发展，构建安全绿色高效能源体系的建议	省能源局
12050185	吴国瑞	关于解决住院期间“陪护难”的建议	省卫生健康委
12050186	省工商联	关于进一步扶持个体工商户健康发展的提案	省市场监管局 省税务局 省地方金融监管局 人民银行济南分行 省人力资源社会保障厅
12050187	杨晓刚	关于加强市、县（市、区）级美术馆收藏经费投入的提案	省财政厅 省文化和旅游厅
12050188	田延营	关于依法清理居民小区电梯广告的建议	省市场监管局 省住房城乡建设厅
12050189	李旭茂	关于企业破产重整中有关税务问题的建议	省税务局 省法院
12050190	丁兆林	关于抓好课后服务质量，让教育“减负”与研学旅行同频共振的建议	省教育厅 省文化和旅游厅
12050191	致公党山东省委员会	关于推动我省博物馆事业高质量发展的建议	省文化和旅游厅
12050192	致公党山东省委员会	关于推动鲁菜进一步振兴发展的建议	省商务厅 省文化和旅游厅 省人力资源社会保障厅
12050193	致公党山东省委员会	关于推进南四湖生态保护和高质量发展的建议	省发展改革委 省生态环境厅 省水利厅 省自然资源厅
12050194	王卫东	关于乡村振兴的提案	省委组织部 省农业农村厅 省自然资源厅 省发展改革委
12050195	省工商联	关于以修订动物防疫法为契机，提高我省养犬管理水平的提案	省公安厅 省畜牧局
12050196	省工商联	关于推动农村电商产业升级的提案	省商务厅 省市场监管局
12050197	王新	关于传承红色基因加快区域发展的建议	省文化和旅游厅 省委宣传部

续表

提案号	提案者	提案案由	承办单位
12050198	赵勇	关于设立山东省黄河红色教育基地的建议	省文化和旅游厅 省委宣传部
12050199	张法水	关于大力建设游泳设施，在我省义务教育学校普遍开设游泳课的建议	省教育厅 省体育局
12050200	赵涛	关于加大知识产权保护力度，赋能科创山东建设的建议	省市场监管局 省法院 省委宣传部
12050201	李若冰	关于扛起时代责任，为齐鲁文化延续发展注入新的生机与活力的建议	省委宣传部 省文化和旅游厅
12050202	王卫东	关于建设社区应急救助站的提案	省应急厅 省民政厅
12050203	黄利群	关于允许代理律师查阅关联案件案卷材料的建议	省法院
12050204	赵振玺	关于切实加强再审案件的审查力度，提高再审案件审查质量的建议	省法院
12050205	刘佳生	关于进一步加强我省网络反诈监管与防范体系建设的建议	省公安厅 省委宣传部 省委网信办 省通信管理局 人民银行济南分行 山东银保监局
12050206	薄涛	关于尽快完善支持我省医疗机构开展细胞治疗研究政策的建议	省卫生健康委 省药监局 省科技厅
12050207	吴敬涵等11人	关于加快大健康产业发展，培育我省经济新增长点的建议	省卫生健康委 省发展改革委 省教育厅
12050208	刘俊杰	关于加快推进婴幼儿照护服务体系建设，促进生育政策落实的建议	省卫生健康委 省财政厅 省教育厅
12050209	省工商联	关于加快建设新能源汽车充电桩的提案	省能源局 省住房城乡建设厅 国网山东省电力公司 省自然资源厅
12050210	民进山东省委员会	关于完善我省企业信用管理的提案	省发展改革委
12050211	民进界	关于促进我省残疾人职业教育发展的提案	省教育厅 省人力资源社会保障厅 省残联
12050212	孙晶	关于普及运用非侵入式新冠病毒核酸采样方法的建议	省卫生健康委 省市场监管局 省医保局
12050213	黄惠珍	关于弘扬敬老美德、加强关爱老年人的建议	省卫生健康委
12050214	于晓怡	关于利用“沉浸式文旅”项目破解文旅产业发展瓶颈的提案	省文化和旅游厅
12050215	王坤英	关于打造红色精品旅游的建议	省文化和旅游厅

续表

提案号	提案者	提案案由	承办单位
12050216	吴梦军	关于增强职业教育适应性，助力黄河流域生态保护和高质量发展的建议	省教育厅 省发展改革委 省科技厅
12050217	王明新	关于加强乡村人才振兴建设的建议	省人力资源社会保障厅 省农业农村厅 省委组织部 省科技厅 省教育厅
12050218	杨文法	关于加快和规范中药材产业发展，助推乡村振兴的建议	省农业农村厅 省药监局 省卫生健康委
12050219	孙弋	关于建立山东省社区婴幼儿网上家长学校的建议	省卫生健康委 省教育厅
12050220	郇梅	关于推动家政服务行业健康发展的建议	省商务厅 省人力资源社会保障厅
12050221	唐波	关于推动我省人口增长和应对老龄化的建议	省卫生健康委 省民政厅
12050222	王一彪	关于进一步深化医养结合的建议	省民政厅 省卫生健康委 省教育厅
12050223	商雪梅	关于加快推进我省青少年脊柱健康电子档案建立，呵护山东脊梁、助力健康山东的建议	省教育厅 省卫生健康委
12050224	陈鲁沂等 2 人	关于取消药品加成后高校校医院发展策略的提案	省教育厅 省卫生健康委 省医保局
12050225	安利国	关于弘扬齐鲁优秀传统文化，引领大学生文化认同的建议	省教育厅
12050226	王玉亮	关于完善城市照明管理规定，杜绝安全人员伤亡的提案	省住房城乡建设厅
12050227	蔡润初	关于促进鲁港戏曲文化交流，向世界弘扬中华文化的提案	省文化和旅游厅
12050228	陈清海等 11 人	关于扶持实体经济稳增长促发展的建议	省税务局 省财政厅 山东银保监局 山东证监局 省工业和信息化厅
12050229	姜龙	关于在我省打造万亿级元宇宙产业链的建议	省工业和信息化厅 省科技厅 省财政厅 省人力资源社会保障厅 省教育厅
12050230	刘佳生	关于优化我省“三胎”生育政策的建议	省卫生健康委 省医保局 省妇联
12050231	龙君江	关于民事诉讼庭审中保障当事人发问权利的建议	省法院

续表

提案号	提案者	提案案由	承办单位
12050232	张德琦	关于建立传统产业数字化转型产业基金，加快推进我省传统产业转型升级的建议	省工业和信息化厅 省财政厅
12050233	陈立波	关于加快推行以社会保障卡为载体实现居民服务“一卡通”的建议	省人力资源社会保障厅
12050234	付军	关于保护传承弘扬泰山文化的建议	省委宣传部 省文化和旅游厅 泰安市人民政府
12050235	赵振玺	关于加快我省综合行政执法条例立法的建议	省司法厅 省委编办
12050236	邵谦	关于精细化管理城市道路路口绿化带，降低交通安全隐患的建议	省住房城乡建设厅
12050237	农工党山东省委员会	关于加强基层卫生技术人才队伍建设的建议	省卫生健康委 省人力资源社会保障厅
12050238	朱德泉	关于让各级各类媒体在“两创”中更好发挥作用的建议	省委宣传部 省委网信办
12050239	付军	关于加快落实无偿献血工作要求的建议	省卫生健康委 省委宣传部 省交通运输厅 省自然资源厅
12050240	张兆宏等7人	关于大力弘扬孙子文化，打造“文武双圣”金字招牌的建议	省委宣传部 省文化和旅游厅
12050241	胡梅	关于加强对医疗机构特医食品经营使用政策引导的提案	省卫生健康委 省医保局 省市场监管局
12050242	窦宝德	关于节约粮食的建议	省委宣传部 省商务厅 省市场监管局
12050243	刘德明	关于加强非公有制企业党建指导工作的建议	省委组织部
12050244	毛方国	关于加强自媒体舆论引导，改善我省文化发展舆论环境的建议	省文化和旅游厅 省委网信办
12050245	张金伦	关于推进农村养老服务发展的建议	省民政厅 省委宣传部 省人力资源社会保障厅
12050246	张开兴	关于推进山东制造业向数字制造和智能制造升级的提案	省工业和信息化厅 省财政厅 省市场监管局
12050247	贾庆鹏	关于利用数据赋能推动全民阅读发展的提案	省委宣传部 省教育厅
12050248	杨文法	关于加快我省海洋中药产业发展的建议	省海洋局 省卫生健康委
12050249	徐剑波	关于加快组建我省作物种质创新与精准设计育种综合体的建议	省科技厅 省农业农村厅

续表

提案号	提案者	提案案由	承办单位
12050250	张端武	关于进一步提升农田排涝能力的建议	省水利厅 省财政厅 省农业农村厅 山东银保监局
12050251	韩广梓	关于积极应对人口老龄化，加快我省老龄事业和产业发展的建议	省民政厅 省卫生健康委 省住房城乡建设厅 省自然资源厅
12050252	安利国	关于弘扬沂蒙精神，做强山东红色文化的建议	省教育厅 省文化和旅游厅 省委宣传部
12050253	致公党山东省委员会	关于进一步加强高素质农民培育工作的建议	省农业农村厅
12050254	王明新	关于推动农业数字赋能的建议	省农业农村厅 省委组织部 省自然资源厅
12050255	省政协农业和农村委员会	关于强化建设海洋牧场政策支撑的提案	省农业农村厅 省海洋局 省税务局 省财政厅 省交通运输厅
12050256	孙军利	关于推进民营企业“腾笼换鸟”，促进经济转型升级的建议	省自然资源厅 省国资委
12050257	张华滨	关于全面加强住宅小区管理，改善居民居住环境的建议	省住房城乡建设厅 省民政厅
12050258	致公党山东省委员会	关于强化海洋渔业废弃物管理，推动我省海洋渔业绿色发展的建议	省农业农村厅
12050259	民进山东省委员会	关于进一步推进我省乡村旅游高质量发展的提案	省文化和旅游厅 省农业农村厅
12050260	九三学社山东省委员会	关于推进种业原始创新，加快建设种业强省的建议	省农业农村厅 省自然资源厅 省税务局
12050261	民革山东省委员会	关于海洋牧场建设应强化“生态约束”的建议	省农业农村厅 省科技厅
12050262	致公党山东省委员会	关于推进我省实体商业转型升级提振活力的建议	省商务厅
12050263	孙岱峰	关于突破数字农业发展瓶颈的建议	省农业农村厅 省委网信办 省科技厅
12050264	致公党山东省委员会	关于加快补齐农村水利基础设施短板，助力乡村振兴的建议	省水利厅 省发展改革委 省农业农村厅 省财政厅
12050265	民盟山东省委员会	关于供需双向发力，完善推进体系，加快全省产业数字化转型的提案	省国资委 省工业和信息化厅
12050266	张涛	关于完善冬季供暖室内测温制度的建议	省住房城乡建设厅 省市场监管局

续表

提案号	提案者	提案案由	承办单位
12050267	民建界	关于抢抓黄河国家战略机遇，打造地理标志之都的建议	省市场监管局 省农业农村厅 济南市人民政府
12050268	杜玉珍	关于进一步建立健全山东戏曲青年人才队伍的建议	省文化和旅游厅
12050269	范虎	关于加强我省蔬菜种业科技自立自强的建议	省农业农村厅 省科技厅
12050270	民盟山东省委员会	关于整合做大做强优势资源，加快提升我省龙头金融企业助力“三个走在前”效能的建议	省地方金融监管局 人民银行济南分行 山东银保监局 省财政厅 山东证监局 省工业和信息化厅
12050271	都旭	关于发挥中医药优势加强中小学公共卫生防控的建议	省卫生健康委 省教育厅
12050272	都旭	关于加快普及自动体外除颤器的建议	省卫生健康委 省红十字会
12050273	民革界	关于推动基层中医药事业发展的建议	省卫生健康委 省财政厅 省医保局
12050274	省工商联	关于进一步推进品牌战略实施，助力企业健康发展的提案	省市场监管局 省商务厅 省科技厅 省工业和信息化厅
12050275	孙承君	关于优化既有多层住宅加装电梯平层入户的建议	省住房城乡建设厅
12050276	薄涛	关于我省传统企业转型升级应对“双碳”挑战的建议	省工业和信息化厅 省发展改革委 省人力资源社会保障厅 省税务局
12050277	李继峰等 2 人	关于我省需出台城市更新政策的建议	省自然资源厅 省住房城乡建设厅 省财政厅
12050278	民盟山东省委员会	关于持续深化义务教育均等化，增强共同富裕内生动力的建议	省教育厅
12050279	张金伦	关于推动教育均衡化的建议	省教育厅
12050280	耿燕	关于发展我省城际通勤铁路的建议	省发展改革委 省交通运输厅
12050281	王建中	关于在山东推广清洁能源“十百千计划”，打造碳中和示范省的提案	省能源局
12050282	商雪梅	关于加快推动智能传感器技术在智慧养老领域应用的建议	省民政厅 省工业和信息化厅 省市场监管局
12050283	侯桂华	关于促进我省康复护理养老专业职业培训规范化的建议	省教育厅 省人力资源社会保障厅

续表

提案号	提案者	提案案由	承办单位
12050284	张志勉	关于鼓励生育三胎支持政策的建议	省卫生健康委 省教育厅
12050285	辛广龙	关于加强煤矿企业高素质人才培养的建议	省国资委 省教育厅
12050286	贾庆鹏	关于提升家庭教育水平的提案	省教育厅
12050287	贾庆鹏	关于加强青少年创新教育的提案	省教育厅
12050288	省工商联	关于进一步提升民营企业家培训质效的提案	省委组织部 省工业和信息化厅 省财政厅
12050289	孟凡明	关于稳妥推进冬季清洁取暖，加速农村采暖方式变革的建议	省发展改革委 省住房城乡建设厅 省能源局 省生态环境厅
12050290	民盟山东省委员会	关于发展能源互联网，推动“碳达峰、碳中和”的建议	省发展改革委 省能源局
12050291	民革山东省委员会	关于提升我省城市内涝灾害综合治理水平的建议	省住房城乡建设厅 省应急厅 省气象局
12050292	丁兆林	关于加快推进山东海上风电建设的建议	省能源局 省财政厅
12050293	冯希宁	关于培育新型传播场景，助力山东品牌建设的建议	省商务厅 省市场监管局
12050294	曾学锋	关于抢抓机遇，促进山东冰雪产业发展的建议	省体育局 省教育厅
12050295	九三学社山东省委员会	关于提高企业基础研究和技术创新能力的建议	省科技厅 省国资委 省人力资源社会保障厅
12050296	许健	关于加快我省新能源汽车产业发展的建议	省工业和信息化厅 省发展改革委
12050297	陈栋	关于破除阴婚陋习的建议	省委宣传部 省农业农村厅 省民政厅 省公安厅
12050298	王栩	关于加强能源政策研究，推动我省能源电力产业绿色转型和高质量发展走在前的建议	省发展改革委
12050299	曲顺兰等2人	关于新发展理念下提升山东金融支持共同富裕效能的建议	省地方金融监管局 人民银行济南分行 山东银保监局 山东证监局
12050300	王新明	关于构建良好金融生态的建议	山东银保监局 省地方金融监管局 省法院 省财政厅 省发展改革委
12050301	翟世兰	关于多管齐下形成合力，努力打造我省文化发展新高地的建议	省委宣传部 省文化和旅游厅 省财政厅

续表

提案号	提案者	提案案由	承办单位
12050302	邹志强	关于加快推进我省科技项目“揭榜挂帅”工作的建议	省科技厅 省财政厅
12050303	邹志强	关于引导和规范我省深远海养殖产业发展的建议	省农业农村厅 省科技厅
12050304	张法水	关于我省扫黑除恶斗争工作的建议	省委政法委
12050305	王坤英	关于促进体育制造业转型升级的建议	省体育局
12050306	徐言军	关于中小企业网络安全保护的建议	省委网信办 省工业和信息化厅
12050307	衣光军	关于加快山东省体育产业发展步伐的建议	省体育局
12050308	孙先亮	关于以“双减”撬动省域基础教育课程再造的建议	省教育厅 省财政厅
12050309	李可建	关于加强我省高校技术经纪人队伍建设的建议	省教育厅 省人力资源社会保障厅 省科技厅
12050310	于晓怡	关于加强学生体质健康管理，强化体育教育工作的提案	省教育厅
12050311	吴梦军	关于加强我省专门教育工作的建议	省教育厅 省委政法委
12050312	侯风云	关于政府完善社区托幼机构建设，解决“入托难”和“入托贵”问题的建议	省卫生健康委 省财政厅
12050313	崔作等 3 人	关于赋能 RCEP 试验基地建设的建议	省商务厅 省交通运输厅
12050314	农工党山东省委员会	关于加快建设上合传统医药产业联盟的建议	省卫生健康委 省商务厅
12050315	曾学锋	关于积极应对 RCEP 带来的机遇与挑战的建议	省商务厅 省教育厅 省政府办公厅
12050316	杨伟伟	关于探索信用报告代替无违法违规证明，便利企业上市的建议	省发展改革委 山东证监局
12050317	民盟山东省委员会	关于积极培育沿黄产业经济带，打造黄河流域高质量发展样板区的建议	省发展改革委 省农业农村厅 省文化和旅游厅 省交通运输厅 省生态环境厅
12050318	民盟山东省委员会	关于加快组建中国海工北方集团总公司，推进我省海工产业全产业链高质量发展的建议	省工业和信息化厅 省财政厅 省发展改革委
12050319	杨再昌	关于加大对我省铁路建设支持的建议	省交通运输厅 省财政厅
12050320	孔浩	关于革命烈士资格审批和抗战老兵身份确定的建议	省退役军人厅

续表

提案号	提案者	提案案由	承办单位
12050321	李士来	关于加强我省安全产业发展的建议	省发展改革委 省工业和信息化厅 省科技厅 省应急厅
12050322	刘泽铭	关于立足重点产业加强产业链招商的建议	省商务厅 省工业和信息化厅
12050323	侯学锋	关于进一步弘扬企业家精神的建议	省委宣传部 省工业和信息化厅
12050324	刘洪彬	关于加快山东省中小企业数字化转型的建议	省工业和信息化厅
12050325	毛方国	关于进一步推动我省地炼企业转型升级，巩固新旧动能转换成果的建议	省发展改革委 省工业和信息化厅
12050326	韩涛	关于退休人员再就业保障制度的建议	省人力资源社会保障厅 省文化和旅游厅 省医保局
12050327	邵谦等 2 人	关于建立化学和新材料类科技创新产品孵化园区的建议	省工业和信息化厅
12050328	管艾宏	关于综合施策加强黄海浒苔治理的提案	省海洋局
12050329	贾荣志	关于简化高层建筑装修的建议	省住房城乡建设厅
12050330	刘喜欣	关于加强城乡规划建设中的视觉美学与文化审美的建议	省自然资源厅
12050331	刘德明	关于组建山东省民营经济发展局的建议	省委编办
12050332	魏建国	关于依法依规妥善处理部分城镇小区配套幼儿园产权移交问题的建议	省自然资源厅 省财政厅 省住房城乡建设厅 省教育厅
12050333	夏远志	关于突出“精品、特色、优质”，走好乡村振兴产业先行之路的建议	省农业农村厅
12050334	于晓怡	关于精准科学构筑安防体系，全方位保障黄河长久安澜的提案	山东黄河河务局 省水利厅
12050335	张泉	关于进一步发挥企业家生力军作用的建议	省工业和信息化厅 省市场监管局
12050336	姜军锋	关于加强我省乡村风貌塑造的提案	省住房城乡建设厅 省农业农村厅 省自然资源厅 省财政厅
12050337	民进山东省委员会	关于加快我省数字农业发展的建议	省农业农村厅 山东银保监局
12050338	张兆明	关于激发乡村振兴主体内生动力的建议	省农业农村厅

续表

提案号	提案者	提案案由	承办单位
12050339	冯艺东	关于大力引入保险资金支持我省高质量发展的提案	山东银保监局 省国资委
12050340	冯艺东	关于优化职业教育体制机制的提案	省教育厅
12050341	尚绪强	关于在我省幼儿园开展“幼儿国防教育”的建议	省教育厅
12050342	马卫红	关于切实加强乡村医生队伍建设的建议	省卫生健康委 省委编办 省财政厅
12050343	王孝红	关于实施数字化技术赋能“双碳”战略，推动我省传统产业高质量发展的建议	省科技厅 省教育厅 省工业和信息化厅
12050344	孔浩	关于设立“沙河惨案”纪念碑及管敦五烈士墓的建议	省委宣传部 省文化和旅游厅 省退役军人厅
12050345	欧润荣等11人	关于加强公共关系建设，助推山东高质量发展的建议	省委宣传部 省委外办 省教育厅
12050346	民建山东省委员会	关于加快我省农业国际化发展的建议	省农业农村厅
12050347	李连祥	关于尽快完善网络直播带货法律责任的建议	省委网信办 省市场监管局
12050348	王淑玲	关于加强农产品质量安全监管的建议	省农业农村厅
12050349	翟世兰	关于多措并举解决“电荒”问题的建议	省发展改革委 省工业和信息化厅 省住房城乡建设厅 国网山东省电力公司 省能源局
12050350	杨旭博	关于促进乡村人才振兴的建议	省人力资源社会保障厅 省农业农村厅
12050351	张少春	关于加强我省耕地“非农化”“非粮化”问题管理的建议	省自然资源厅 省农业农村厅
12050352	王明新	关于加快民宿产业提质增效，助推文旅融合高质量发展的建议	省文化和旅游厅 省公安厅 省财政厅
12050353	刘棣俭	关于进一步推进全省制造业高质量发展的建议	省工业和信息化厅 省商务厅
12050354	农工党山东省委员会	关于发挥传统优势聚力创新攻关，打造水产种业齐鲁样板的建议	省农业农村厅
12050355	民建山东省委员会	关于促进淘宝村健康可持续发展的建议	省商务厅 省农业农村厅 人民银行济南分行
12050356	叶乐明	关于传统农贸市场“五化”提升的建议	省商务厅 省农业农村厅

续表

提案号	提案者	提案案由	承办单位
12050357	张义泉	关于研发创建“黄河口黄河流域生态保护和高质量发展教育基地”的建议	省委宣传部 省文化和旅游厅
12050358	陈晓光	关于进一步加强科研成果转化的建议	省科技厅
12050359	刘龙江	关于尽快启动青日高铁建设，促进青岛高质量发展的建议	省发展改革委 省交通运输厅
12050360	魏志强	关于建立数字社会应急治理创新创业共同体，打造新型数字应急产业的提案	省应急厅 省科技厅 省工业和信息化厅 省通信管理局 国网山东省电力公司
12050361	赵勇	关于坚决扛起“在推动黄河流域生态保护和高质量发展上走在前”的时代重任的建议	省发展改革委 省工业和信息化厅 省文化和旅游厅 省自然资源厅
12050362	刘燕	关于促进和规范山东省电竞产业发展的建议	省体育局 省教育厅
12050363	王伯芝	关于为山东参与黄河重大国家战略增添绿色金融动力的提案	省地方金融监管局 山东银保监局 人民银行济南分行 山东证监局 省生态环境厅
12050364	宫立新	关于全面推进我省跨境电商产业转型及海外仓多元化建设的建议	省商务厅 省市场监管局
12050365	张逸君	关于聚焦碳达峰、碳中和，推进我省新能源和智慧能源发展的建议	省发展改革委 山东证监局 省财政厅
12050366	尚绪强等 2 人	关于进一步优化和完善公共卫生体系管理运行机制的提案	省卫生健康委 省委编办
12050367	民革山东省委员会	关于完善我省农村养老体系的建议	省民政厅 省卫生健康委
12050368	刘棣俭	关于控制医疗卫生支出过快增长的建议	省卫生健康委 省医保局
12050369	宋东	关于提升我省乡镇道路交通信号灯覆盖率的提案	省公安厅
12050370	孙兴池	关于改进我省法院工作的建议	省法院
12050371	刘树松	关于加大破产法推进力度，持续优化营商环境的建议	省法院
12050372	刘泽铭	关于加强“三化”建设，提升安全生产及应急管理水平的建议	省应急厅
12050373	栾晓平	关于建立联防联控机制，杜绝电动车“上楼”充电的建议	省住房城乡建设厅 山东省消防救援总队 省公安厅

续表

提案号	提案者	提案案由	承办单位
12050374	毕红卫	关于以齐医扁鹊为品牌，打造世界中医砭术文化城市的建议	省卫生健康委 省文化和旅游厅
12050375	刘爱丽	关于后疫情时代鲁港两地多领域合作发展的建议	省科技厅 省商务厅 省委台港澳办
12050376	韩萌	关于加快推进平台经济企业发展的建议	省发展改革委 省商务厅 省工业和信息化厅
12050377	程伟华	关于加快推进国家级、省级非物质文化遗产中鲁菜烹饪技艺项目传承人的提案	省文化和旅游厅
12050378	毛方国	关于新发展格局下我省全域旅游发展路径探析的建议	省文化和旅游厅
12050379	李若冰	关于大力推进“艺术进社区”的提案	省文化和旅游厅 省财政厅
12050380	杨学锋等3人	关于重视和加强对北派（山东派）琵琶艺术保护与传承的建议	省文化和旅游厅 省教育厅 省委宣传部
12050381	民革山东省委员会	关于加快我省数字经济发展的建议	省大数据局 省工业和信息化厅 省科技厅 省人力资源社会保障厅
12050382	庄乾元	关于加强农村面源污染治理的建议	省农业农村厅 省住房城乡建设厅
12050383	杨昌江等4人	关于进一步加强孙子文化省级统筹的提案	省委宣传部 省文化和旅游厅
12050384	刘洪彬	关于坚定山东省发展装配式建筑产业信心的建议	省住房城乡建设厅
12050385	商华	关于山东省引黄灌区适水发展的建议	省水利厅 省农业农村厅
12050386	肖云	关于建设高标准农田机井数字化管护的提案	省农业农村厅 省水利厅
12050387	尹洪宗	关于促进乡村文化振兴与旅游的建议	省委宣传部 省文化和旅游厅
12050388	张少春	关于优化完善我国种业发展环境的建议	省农业农村厅 省财政厅 省税务局
12050389	王坤英	关于进一步解决生育后顾之忧的建议	省卫生健康委 省医保局 省财政厅 省发展改革委 省税务局
12050390	臧永芝	关于打造农业碳中和的齐鲁样板的建议	省农业农村厅 省发展改革委

续表

提案号	提案者	提案案由	承办单位
12050391	李克文	关于乡村振兴背景下发展我省农村电商的建议	省邮政管理局 省农业农村厅 省商务厅 省发展改革委
12050392	胡乃平等 3 人	关于进一步推广应用电子证照的建议	省大数据局 省公安厅 省市场监管局
12050393	致公党山东省委员会	关于打造黄河滩区农业高质量发展示范区，推进滩区农业产业振兴的建议	省农业农村厅 山东黄河河务局
12050394	于晓怡	关于加快推进医养融合发展的提案	省卫生健康委 省民政厅 省教育厅 省医保局
12050395	高贤德	关于加大省内水源挖掘使用力度的建议	省水利厅 省海洋局
12050396	张璇	关于农村土地流转的建议	省农业农村厅
12050397	孙凤云	关于加强我省农田排涝能力建设的建议	省水利厅 省农业农村厅 省生态环境厅 省应急厅
12050398	孔浩	关于省际间毗邻城市协同发展的建议	省生态环境厅
12050399	禚淑萍	关于推进淄博与济南轨道交通互联互通的建议	省发展改革委 省交通运输厅
12050400	郇梅	关于支持日照打造黄河流域陆海联动转换枢纽的建议	省能源局 省交通运输厅
12050401	韩景敏	关于加强地热清洁能源勘查与开发利用，助力黄河流域生态保护与高质量发展的提案	省能源局
12050402	蒋文强	关于加强污水处理化学药剂管理的建议	省住房城乡建设厅 省生态环境厅
12050403	农工党界	关于加强电动自行车废旧电池回收利用的建议	省生态环境厅 省工业和信息化厅
12050404	赵爱华	关于利用清洁能源解决广大农村农民冬季安全取暖的建议	省住房城乡建设厅 省能源局 省财政厅 省生态环境厅
12050405	邵谦	关于解决新能源汽车充电困难问题的建议	省能源局 省住房城乡建设厅 国网山东省电力公司
12050406	高玲	关于用工业互联网发展为社会治理体系现代化提供支撑的建议	省工业和信息化厅
12050407	赵勇	关于推动省属企业新动能项目优先布局起步区的建议	省发展改革委 省国资委

续表

提案号	提案者	提案案由	承办单位
12050408	冯艺东	关于规范国有企业负债，提高资金配置效率的提案	省国资委
12050409	孙军利	关于推进民营企业混合制经济改革试点的建议	省国资委 省工业和信息化厅
12050410	侯风云	关于黄河开发、生态保护及流域乡村振兴的建议	省发展改革委 省农业农村厅 山东黄河河务局 省国资委
12050411	孔浩	关于薛河流域文物保护与利用的建议	省文化和旅游厅
12050412	孔浩	关于对济南百年上新街进行开发保护的建议	省委宣传部 省文化和旅游厅 济南市人民政府
12050413	冯艺东	关于加强我省“专精特新”企业服务支持力度的提案	省工业和信息化厅 省国资委
12050414	舒大文等4人	关于加快做好泰山文石鉴赏习俗非遗项目保护与传承的提案	省社科联 省教育厅 省文化和旅游厅
12050415	陈四清	关于补齐海水网箱养殖短板，打造“蓝色粮仓”的提案	省农业农村厅
12050416	于富波	关于修改《山东省计划生育条例》，降低企业负担的建议	省卫生健康委 省人力资源社会保障厅
12050417	黄利群	关于优化营商法治环境的建议	省司法厅 省公安厅 省检察院 省法院
12050418	丁兆林	关于切实做好电动自行车充电安全管理的建议	省住房城乡建设厅 山东省消防救援总队
12050419	农工党山东省委员会	关于做好煤炭清洁利用，建设黄河下游绿色生态走廊的建议	省能源局 省工业和信息化厅
12050420	韩萌	关于多措并举降低企业成本的建议	省政府办公厅 山东银保监局 省地方金融监管局 省发展改革委 省交通运输厅
12050421	杨文法	关于多举措助推我省特殊医学用途食品产业发展的建议	省市场监管局 省卫生健康委 省工业和信息化厅
12050422	魏志强	关于超前布局抢抓6G发展机遇，推动我省海洋产业发展进入新阶段的建议	省海洋局 省通信管理局 省科技厅
12050423	龙君江	关于发展生态农牧产业链，打造乡村振兴齐鲁样板的建议	省畜牧局 省农业农村厅 省自然资源厅 省财政厅

续表

提案号	提案者	提案案由	承办单位
12050424	孙承君	关于加强黄河三角洲区域塑料污染管控的建议	省发展改革委 省生态环境厅 省住房城乡建设厅 省商务厅
12050425	冯艺东	关于充分发挥资本市场功能，支持我省黄河流域高质量发展的提案	省地方金融监管局 省工业和信息化厅 省财政厅
12050426	程克红	关于遏制建筑劳动市场恶意讨薪行为的建议	省发展改革委 省住房城乡建设厅 省人力资源社会保障厅
12050427	曲顺兰等2人	关于山东财政助推共同富裕的建议	省财政厅
12050428	王玉亮	关于高度重视国家安全战略下安全产业发展，积极推动山东省安全产业集群建设的提案	省工业和信息化厅 省应急厅
12050429	尹洪宗等2人	关于为城市社区工作“减负”的建议	省民政厅 省委组织部 省财政厅 省委政法委 省委编办 省人力资源社会保障厅
12050430	孙录宝等4人	关于加快推动我省政府性担保体系做大做强的建议	省财政厅
12050431	曲顺兰等2人	关于我省“十四五”期间系统开展知识产权工作的建议	省市场监管局 省教育厅 省科技厅
12050432	王明新	关于打造乡村振兴齐鲁样板示范片区的建议	省农业农村厅 省财政厅
12050433	吴其晶	关于以创新引领支持民营企业在双循环中加快转型升级的建议	省工业和信息化厅 省科技厅 省财政厅 省税务局
12050434	张绍光等3人	关于统筹煤电机组转型升级，保障民生安全、能源安全的提案	省发展改革委 省能源局
12050435	高玲	关于加强创新载体建设，提升装备制造业科技创新水平的建议	省科技厅 省工业和信息化厅 省财政厅 省人力资源社会保障厅
12050436	葛尧伦	关于全面推动制造业转型升级，保持我省制造业领先的提案	省工业和信息化厅 省委宣传部 省财政厅 省人力资源社会保障厅
12050437	九三学社山东省委员会	关于加快我省优质强筋小麦产业化发展的建议	省农业农村厅 省市场监管局 省粮食和储备局
12050438	姜明	关于打造“零碳海岛”，推动实现碳中和目标的建议	省发展改革委

续表

提案号	提案者	提案案由	承办单位
12050439	李森	关于深化山东省预算管理制度改革的提案	省财政厅
12050440	冯艺东	关于加强地方融资平台债务监管的提案	省财政厅 省地方金融监管局
12050441	王淑梓等11人	关于在青少年中进一步弘扬和培育工匠精神的建议	省教育厅
12050442	马波等2人	关于高质量推进上合组织经贸学院建设的建议	青岛市人民政府 省教育厅 省商务厅
12050443	民盟山东省委员会	关于推动协调发展，实现共同富裕的建议	省发展改革委 省住房城乡建设厅 省财政厅 省农业农村厅 省卫生健康委 省医保局 省人力资源社会保障厅 省教育厅 山东证监局
12050444	李森	关于打击金融涉黑犯罪的提案	省委政法委
12050445	杨伟伟	关于以资本为纽带推进胶东经济圈一体化的建议	省地方金融监管局 山东证监局
12050446	曹京敏	关于构建具有中国特色的“治未病”大健康体系的提案	省卫生健康委
12050447	袁久党	关于推进我省托育机构健康发展的建议	省卫生健康委
12050448	娄雷	关于提升公共医疗单位陪护服务质量的建议	省卫生健康委
12050449	孙录宝	关于提升基层防灾减灾能力的建议	省应急厅 省财政厅 省科技厅
12050450	王栩	关于统筹能源安全和“双碳”战略，加快构建清洁低碳安全高效能源体系的建议	省能源局 省税务局 人民银行济南分行
12050451	邹斯峰	关于大力支持济淄同城化基础设施建设的建议	省发展改革委
12050452	曾学锋	关于加大换电式物流车推广力度，建设绿色低碳物流强省的建议	省能源局 省交通运输厅 省工业和信息化厅 省财政厅
12050453	李鑫	关于持续优化地方营商环境的建议	省政府办公厅 山东银保监局 省司法厅 省教育厅
12050454	娄雷	关于完善我省职业技能人才培养政策体系的建议	省人力资源社会保障厅 省教育厅
12050455	张桂爱	关于支持德州依托济铁（平原）物流园开通国际班列的提案	省发展改革委 中国铁路济南局集团有限公司

续表

提案号	提案者	提案案由	承办单位
12050456	民盟山东省委员会	关于突破产业链关键短板弱项，培育壮大现代海洋渔业体系的建议	省农业农村厅 省发展改革委 省工业和信息化厅 省财政厅
12050457	商雪梅	关于加快推进公共资源交易平台建设高质量发展的建议	省发展改革委 省公共资源交易中心 省财政厅 省国资委
12050458	衣光军	关于践行“两翼理论”开创我省科普工作新格局的建议	省科协 省科技厅 省财政厅
12050459	王立杰	关于创新创业教材“供给侧改革”的建议	省教育厅
12050460	胡正春	关于加大政府支持，促进非国有博物馆正常开馆的建议	省文化和旅游厅 省财政厅
12050461	杨军	关于支持青岛申建国家中欧班列集结中心示范工程的提案	省发展改革委
12050462	魏志强	关于打造国家级信创与安全保密产业高地的建议	省工业和信息化厅 省科技厅 省委网信办 省委保密办
12050463	李连祥	关于尽快建立和完善企业风险化解联动机制的建议	省地方金融监管局 省司法厅 山东银保监局 省财政厅
12050464	孙录宝	关于支持社会智库发展的建议	省委宣传部 省民政厅 省社科联
12050465	李兵等 2 人	关于全省推广“互联网 + 三医联动”服务的提案	省医保局 省卫生健康委
12050466	李兵	关于加快中药（材）统一大市场建设的提案	省卫生健康委 省农业农村厅 省药监局 省医保局
12050467	民盟山东省委员会	关于健全高端产业园区功能，促进海洋生物医药产业与现代生物产业融合发展的建议	省工业和信息化厅 省科技厅 省财政厅 省海洋局
12050468	冯艺东	关于弘扬齐鲁商业文化，促进山东经济发展的提案	省委宣传部 省商务厅
12050469	魏志强	关于抢抓机遇布局海洋生物医药研发数字产业的建议	省工业和信息化厅 省海洋局 省科技厅
12050470	黄利群	关于建立拆违长效机制的建议	省自然资源厅
12050471	民建界	关于提升胶东经济圈产业链现代化水平，促进区域一体化发展的建议	省工业和信息化厅 省科技厅 省发展改革委 省商务厅

续表

提案号	提案者	提案案由	承办单位
12050472	翟世兰	关于激发民营企业助力共同富裕的生力军作用的建议	省科技厅 省民政厅 省商务厅
12050473	朱希强	关于加强我省传统产业转型医药健康产业政策扶持的提案	省工业和信息化厅 省发展改革委 省药监局 省卫生健康委
12050474	崔作	关于进一步鼓励企业上市，建设上市强省的建议	省地方金融监管局 省工业和信息化厅
12050475	司甲山	关于大力发展农村新型住房建设，推动美丽乡村建设进程的建议	省自然资源厅 省住房城乡建设厅 省农业农村厅 省财政厅
12050476	胡正春	关于延用“公里”少用“千米”的建议	山东广播电视台
12050477	冯艺东	关于推进煤炭清洁利用，扎实做好“双碳”工作的提案	省能源局 省生态环境厅 省财政厅
12050478	王立杰	关于建立志愿者到医疗机构服务机制的建议	省卫生健康委 省教育厅 团省委
12050479	司世同	关于加快黄河下游绿色生态建设，打造山东文化旅游名片的建议	省发展改革委 省文化和旅游厅 省工业和信息化厅 省交通运输厅 省自然资源厅
12050480	裴忠毅等10人	关于身份证实行免费邮寄服务的建议	省公安厅 省财政厅
12050481	管艾宏	关于科学合理利用黄河沉积泥沙资源，推动黄河流域生态保护和高质量发展的提案	山东黄河河务局 省自然资源厅 省住房城乡建设厅
12050482	耿燕	关于在我省旅游发展与城乡改造中注重可持续发展的提案	省文化和旅游厅
12050483	潘荣庆	关于支持共享用工服务平台建设，助推我省数字共享经济新业态发展的建议	省税务局 省人力资源社会保障厅
12050484	朱士刚	关于解决我省各看守所疫情期间会见问题的建议	省公安厅 省司法厅
12050485	释弘庵	关于深挖各地老城区文化资源，树立历史文化名城标杆的建议	省住房城乡建设厅 省文化和旅游厅 省教育厅 省人力资源社会保障厅 省委党校
12050486	董利忠	关于推进我省农业物联网建设的建议	省农业农村厅
12050487	刘德山等3人	关于积极应对人口老龄化，推动老年健康服务体系建设的建议	省卫生健康委 省教育厅 省人力资源社会保障厅 省民政厅

续表

提案号	提案者	提案案由	承办单位
12050488	翟长生	关于进一步开发利用德州市地热资源的建议	省自然资源厅 省水利厅 省能源局 省住房城乡建设厅
12050489	逄春阶	关于药品说明书人性化、科学化设计的建议	省药监局
12050490	白彬等 2 人	关于筑牢新时代老龄工作“三道防线”的建议	省人力资源社会保障厅 省民政厅
12050491	付军	关于取消或降低省内二类医疗器械产品注册费的建议	省发展改革委 省药监局
12050492	武玉强	关于加强我省信息类学科建设和支持力度的建议	省教育厅
12050493	董利忠	关于推动儿童青少年营养健康教育，助力健康山东行动的建议	省教育厅
12050494	耿丽霞等 4 人	关于推动《中华人民共和国家庭教育促进法》落地落实的建议	省教育厅 省妇联
12050495	民盟山东省委员会	关于推动济南青岛高效协同发展，争创综合性国家科学中心的建议	省发展改革委 省科技厅 济南市人民政府 青岛市人民政府
12050496	任兴业	关于整合农村“几大员”力量，提升服务基层能力的建议	省委政法委 省卫生健康委 省水利厅 省市场监管局
12050497	九三学社山东省委员会	关于发展社区支持农业，创新乡村振兴模式的建议	省委网信办 省农业农村厅 省市场监管局 省商务厅
12050498	李传恒	关于促进全省跨境电商高质量发展的建议	省商务厅 省教育厅 省邮政管理局 济南海关 青岛海关
12050499	曹钰	关于进一步创新工作机制，促进我省非物质文化遗产项目更好传承的建议	省文化和旅游厅 省教育厅 省财政厅
12050500	马晓丽	关于为航空运输企业疫情防控提供支持的建议	省卫生健康委 省交通运输厅
12050501	董方军	关于乡村文化振兴凸显“山东味道”的建议	省文化和旅游厅 省教育厅
12050502	远宏	关于加强龙山文化高品质创新建设的建议	省文化和旅游厅 省教育厅
12050503	岳增才	关于建设共享制造园区，培育中小企业经济发展新动能的建议	省工业和信息化厅
12050504	赵起良	关于创立妈祖文化旅游节庆品牌，打造妈祖文化交流高地的提案	省文化和旅游厅

续表

提案号	提案者	提案案由	承办单位
12050505	马志毅等11人	关于充分利用深合区平台，开展鲁粤澳深度合作的提案	省工业和信息化厅 省药监局 省地方金融监管局
12050506	刘思广	关于打造省级科创金融集聚示范区，加快山东省高质量发展的提案	省地方金融监管局 省科技厅 山东银保监局 省国资委 省工业和信息化厅
12050507	孙录宝	抓住农村共同富裕关键——农民增收的建议	省农业农村厅
12050508	朱长红	关于加强“专精特新”企业培育和扶持的建议	省工业和信息化厅 省财政厅
12050509	林擘	关于加强农村人居环境整治的建议	省农业农村厅 省自然资源厅 省财政厅 省审计厅
12050510	韩强	关于规避公司股东通过瑕疵转让未实缴出资的股权来逃避债务的建议	省市场监管局
12050511	彭丽	关于“双减”政策下开展美育教育的建议	省教育厅
12050512	于鹏	关于化解城镇居民住房产权历史遗留问题的提案	省税务局
12050513	董方军	关于支持民营资本建设发展通用航空业的提案	省发展改革委 省财政厅 山东银保监局
12050514	王琳	关于大力支持淄博新能源产业发展的提案	省能源局
12050515	孟令军	关于深化义务教育均等化，增强共同富裕内生动力的建议	省教育厅 省财政厅 省人力资源社会保障厅
12050516	李宪德	关于弘扬工匠精神的建议	省总工会 省委宣传部 省财政厅 省教育厅 省人力资源社会保障厅
12050517	徐恩虎	关于加强土地集约利用，提升省级开发区建设水平的建议	省自然资源厅 省商务厅 省发展改革委 省工业和信息化厅
12050518	董方军	关于将退役军人纳入乡村振兴主力军的提案	省退役军人厅 省农业农村厅 省教育厅 省委组织部
12050519	孙桤文	关于科学发展“安全农业”的提案	省农业农村厅 省财政厅 省人力资源社会保障厅 省水利厅
12050520	刘永红	关于加快人才工作创新，助力我省高新产业快速发展的建议	省人力资源社会保障厅 省教育厅 省委组织部 省科技厅

续表

提案号	提案者	提案案由	承办单位
12050521	姜明	关于加快促进我省产业集群“抱团”走出去的建议	省商务厅 济南海关 省工业和信息化厅 省发展改革委 青岛海关
12050522	赵秋丽	关于加快山东文化产业发展的建议	省委宣传部 省文化和旅游厅
12050523	董海全	关于普及沙画艺术，发挥沙画美育疗愈作用的建议	省教育厅 省人力资源社会保障厅
12050524	安辰	关于进一步加强物业管理的建议	省住房城乡建设厅 省发展改革委
12050525	孙军利	关于弘扬优秀企业家精神，推进民营企业高质量发展的建议	省委宣传部 省工商联 省工业和信息化厅 省市场监管局
12050526	邵林琴等 4 人	关于扩大口腔医疗统筹报销纳入医保范围的建议	省医保局
12050527	王济众	关于文化润疆的建议	省文化和旅游厅 省委宣传部
12050528	冯能斌	关于进一步统筹我省黄河流域生态保护和高质量发展的建议	省发展改革委 省自然资源厅
12050529	王琳	关于发挥基层商会作用助力乡村振兴的提案	省工商联 省农业农村厅 省财政厅 山东银保监局
12050530	徐超丽	关于用好财政政策工具，助力高质量发展的建议	省财政厅 省发展改革委 省税务局
12050531	黄勇	关于我省人才体系建设的建议	省委组织部 省教育厅 省人力资源社会保障厅
12050532	张法水	关于解决城市建成区污水直排问题的建议	省住房城乡建设厅
12050533	苏波	关于改进法院民商事二审裁决机制的提案	省法院
12050534	孟祥辉	关于加强人民法院执行和审判工作的建议	省法院
12050535	李宪德	关于规范行政执法行为，优化营商环境的建议	省司法厅
12050536	孟祥辉	关于加强人民检察院工作的建议	省检察院
12050537	韩强	关于完善企业合规第三方监督评估机制的建议	省检察院
12050538	聂清生等 2 人	关于 G2 京沪高速至 G25 长深高速联络线规划建设的建议	省自然资源厅 省交通运输厅
12050539	谭汗青	关于加快公网入海建设，助力智慧海洋发展的建议	省通信管理局 省财政厅

续表

提案号	提案者	提案案由	承办单位
12050540	朱士刚	关于规范通信行业良性竞争的建议	省通信管理局
12050541	宋小霞	关于对职业女性的生育支持的建议	省卫生健康委 省妇联
12050542	王伟	关于加强文艺精品创作和媒体传播，促建“文化强省”的建议	省委宣传部 省文化和旅游厅
12050543	邵林琴等 3 人	关于为我省脑瘫及自闭症儿童实施定期涂氟防龋的建议	省残联 省财政厅 省卫生健康委
12050544	孙凯	关于继续发挥财政资金作用，持续助力科技创新平台建设的建议	省财政厅
12050545	孙慧芳等 2 人	关于实施城市更新行动的建议	省住房城乡建设厅 省自然资源厅 省财政厅
12050546	孔浩	关于大韩东周墓地车马坑就地保护与利用的建议	枣庄市人民政府
12050547	张东旺等 3 人	关于尽快开展我省境内黄河适宜航段通航研究的建议	山东黄河河务局 省交通运输厅
12050548	曹钰等 2 人	关于治理主流和非主流媒体视觉污染的建议	省委宣传部
12050549	刘燕	关于推进济南建设国家科学中心的建议	省发展改革委 省科技厅 济南市人民政府
12050550	宋小霞	关于实行市民免费持卡乘坐公交车的建议	省交通运输厅 省公安厅
12050551	李宗涛	关于支持临沂商城融入新发展格局的建议	省交通运输厅 省商务厅 中国铁路济南局集团有限公司
12050552	李森	关于在特殊时间段加强交警人工疏导车辆工作力度的建议	省公安厅
12050553	安辰	关于进一步提升社会治安群众满意度的建议	省委政法委 省公安厅 省民政厅
12050554	张旋宇	关于进一步完善界定电动车辆为机动车辆的政策法规并加强监管的建议	省委政法委 省公安厅
12050555	李秀启	关于进一步完善我省南水北调生态补偿的建议	省水利厅 省财政厅
12050556	张燕	关于山东省加强生态环境治理参与度的建议	省生态环境厅
12050557	孙慧芳等 2 人	关于推动农村饮用水提质增效，助力乡村振兴发展的建议	省水利厅 省财政厅
12050558	张兆明	关于推进田园综合体建设的建议	省农业农村厅 省财政厅 省自然资源厅
12050559	刘庆敖	关于大力支持鲁北风光储一体化基地建设的建议	省能源局 省海洋局

续表

提案号	提案者	提案案由	承办单位
12050560	刘春香	关于建立农业生产中各类风险因素的应对机制的提案	省农业农村厅 省财政厅 省应急厅
12050561	刘晓东	关于加快推动黄河三角洲生态保护和高质量发展的建议	省发展改革委 省自然资源厅 省交通运输厅
12050562	张东旺	关于明确裁定不动产抵债情形下不动产交易税款缴纳的建议	省税务局 省法院
12050563	孙晓筠	关于加快全省高新技术企业培育工作的建议	省科技厅
12050564	王德民	关于推进新型农业经营主体高质量发展的建议	省农业农村厅 省财政厅 省自然资源厅 山东银保监局
12050565	张金波等 2 人	关于完善适合中医药特点的医保支付政策，支持中医药传承创新发展的建议	省医保局
12050566	刘龙江	关于面向中小企业建设科技成果转化网络平台的建议	省科技厅 省财政厅
12050567	吴国瑞	关于高效节约集约利用黄河水资源，推进黄河流域生态保护和高质量发展的建议	省水利厅 省农业农村厅 省工业和信息化厅 山东黄河河务局
12050568	张松旺	关于出台会计师事务所审计服务收费政府指导价的建议	省发展改革委
12050569	刘新泳等 3 人	关于鼓励我省创新药物和医疗器械优先进入医保和首营挂网的建议	省医保局
12050570	吴国瑞	关于以产业振兴赋能乡村振兴的建议	省农业农村厅 省发展改革委 省商务厅
12050571	施乾平	关于加快布局钠离子电池产业的建议	省工业和信息化厅 省科技厅
12050572	曲绪仙	关于补齐人兽共患病防控短板的提案	省畜牧局 省卫生健康委 省委编办 省人力资源社会保障厅
12050573	邵谦	关于切实保护公房承租人合法权益的建议	省机关事务局 省住房城乡建设厅
12050574	郭建芬等 2 人	关于进一步加强生活垃圾分类管理，助力文明典范城市创建的建议	济南市人民政府 省住房城乡建设厅
12050575	赵叶青	关于建议政府协助整合出口需求，推动形成良好国际国内双循环格局的提案	省交通运输厅 中国铁路济南局集团有限公司
12050576	李森	关于探索山东共同富裕实现路径的提案	省教育厅 省人力资源社会保障厅 省税务局 省民政厅

续表

提案号	提案者	提案案由	承办单位
12050577	张保祥	关于持续扩大我省污水资源化利用的建议	省发展改革委 省自然资源厅 省水利厅
12050578	毛馨	关于推进建设志愿者服务积分兑换制度的建议	省委宣传部 团省委 省教育厅 省民政厅
12050579	李克文	关于推进高质量医养结合养老模式的建议	省卫生健康委 省民政厅 省教育厅
12050580	苏波	关于启动法官检察官惩戒工作的提案	省委政法委 省法院 省检察院
12050581	孙晓芳等 4 人	关于加快推进文化旅游产业融合发展，规范布局大中小学生校外实践产业的建议	省教育厅 省文化和旅游厅
12050582	郭敬春	关于普及冰雪运动，提高全民素质的提案	省体育局 省教育厅
12050583	王丽	关于加强我省专职人民调解员队伍建设的建议	省司法厅 省财政厅 省委编办
12050584	方浩等 3 人	关于我省博士后工作高质量发展的建议	省人力资源社会保障厅 省财政厅 省委编办 省教育厅 省委组织部
12050585	阎子峰	关于把握高层次人才培养新形势，助力“十四五”开启新征程的提案	省教育厅
12050586	刘龙江	关于加强基层医疗卫生机构建设的建议	省卫生健康委 省人力资源社会保障厅 省财政厅 省委编办
12050587	刘民	关于引导高校持续改善人才入出口衔接机制的建议	省教育厅 省人力资源社会保障厅
12050588	阎子峰	关于将中国石油大学（华东）学位授权点培育工作纳入山东省统筹的提案	省教育厅
12050589	刘霞	关于加强高职院校医养结合人才培养的建议	省教育厅
12050590	李振函	关于加强对青少年抑郁问题进行心理疏导的建议	省教育厅
12050591	李天铎等 6 人	关于打造“长清美谷”，撬动化妆品产业链的建议	济南市人民政府 省工业和信息化厅
12050592	赵叶青	关于在“双碳”战略下做好节能减排，积极推进新能源和清洁能源融合发展的建议	省能源局 省住房城乡建设厅 省工业和信息化厅
12050593	体育界	关于加快发展体育产业的建议	省体育局 省大数据局 省财政厅 省委组织部 省统计局

续表

提案号	提案者	提案案由	承办单位
12050594	孟祥辉	关于加强新型储能电池研发的提案	省工业和信息化厅 省财政厅 省能源局
12050595	王济众	关于构建稳定能源供应体系，助力山东早日实现碳中和的建议	省发展改革委 省能源局 省工业和信息化厅 省交通运输厅 省自然资源厅
12050596	九三学社界	关于推进我省新旧动能转换“五年取得突破”的建议	省发展改革委 省科技厅 省工业和信息化厅 省商务厅
12050597	张景焕等 2 人	关于在传承和创新中推进家庭教育的建议	省教育厅 省妇联
12050598	阎子峰	关于推动山东省高等教育融合发展的建议	省教育厅 省科技厅
12050599	李春虎	关于设立山东省省长绿色化学化工与新能源创新奖的提案	省工业和信息化厅 省财政厅
12050600	逄春阶	关于加强晚熟青年心理疏导，消除成年“巨婴”的建议	省教育厅
12050601	李振函	关于解决“空巢”老人养老问题的建议	省民政厅 省卫生健康委
12050602	张旋宇	关于促进乡村教育优质发展的建议	省教育厅
12050603	孙慧芳等 2 人	关于推进义务教育课后延时服务全覆盖的建议	省教育厅
12050604	苏波	关于稳妥推进民商事案件级别管辖改革的提案	省法院
12050605	宋小霞	关于加大对家庭教育支持力度的建议	省教育厅
12050606	邵林琴	关于将“窝沟封闭和涂氟防龋措施”纳入慢病防治体系的建议	省卫生健康委 省财政厅 省教育厅
12050607	张令泉	关于抓住用好乡村振兴战略机遇，促进农民农村实现共同富裕的提案	省农业农村厅
12050608	刘海娟	关于规范全民健康体检的建议	省卫生健康委
12050609	任鹏	关于“三孩政策”下优化住房配套政策的建议	省住房城乡建设厅 省教育厅 省卫生健康委
12050610	吴国瑞	关于做好医联体规划布局，优化优质医疗资源供给的建议	省卫生健康委 省人力资源社会保障厅
12050611	郭敬春	关于加快推进建设精神障碍社区康复机构的提案	省民政厅 省卫生健康委
12050612	郭敬春	关于加大部级三甲医院支持县级医院力度的建议	省卫生健康委

续表

提案号	提案者	提案案由	承办单位
12050613	刘玉光	关于促进社会组织健康快速发展的建议	省民政厅 省财政厅
12050614	孙录宝等 2 人	关于恢复设立省级社会组织发展专项资金，助力高质量发展的建议	省财政厅 省民政厅
12050615	李兴家等 3 人	关于提高产业工人技能素质的建议	省教育厅 省人力资源社会保障厅
12050616	王新明	关于进一步加强黄河三角洲生态保护的建议	省自然资源厅 省文化和旅游厅 省农业农村厅 省水利厅 山东黄河河务局
12050617	曹钰	关于充分利用黄河资源促进黄河流域生态保护和高质量发展的建议	省能源局 山东黄河河务局 省自然资源厅 省农业农村厅 省发展改革委 省文化和旅游厅
12050618	程海峰	关于加强黄河三角洲滨海盐碱地耐盐碱水稻技术研发的建议	省科技厅 省农业农村厅
12050619	社会保障界	关于切实发挥机关事业单位带头作用，更好促进残疾人高质量充分就业的提案	省残联 省人力资源社会保障厅 省委宣传部 省委组织部 省委编办
12050620	陈晓强	关于加大对残疾人救助力度的建议	省残联 省财政厅
12050621	朱希强等 5 人	关于加强我省新建药企新药研发平台建设政策扶持的提案	省科技厅 省药监局
12050622	许敏	关于提高家庭应急包普及率，提升民众防灾自救意识的建议	省应急厅
12050623	毕秀玲	关于高质量建设黄河口国家公园的建议	省自然资源厅 省文化和旅游厅
12050624	林成彬等 13 人	关于地方政府招商引资与对赌本土优势企业的建议	省发展改革委 省商务厅
12050625	桑哲等 6 人	关于开发黄河研学游线路和研学基地，成立黄河文化教育指导中心的建议	省文化和旅游厅 省教育厅
12050626	李森	关于制订城市绿化树木合理修剪标准的提案	济南市人民政府
12050627	王民生等 2 人	关于加强法律职业共同体建设，促进司法公正和社会公平正义的建议	省法院 省检察院 省司法厅
12050628	宋小霞	关于乡村振兴背景下完善农村留守儿童教育的建议	省教育厅 省文化和旅游厅
12050629	王兆连	关于加强支持我省中小微企业中长期贷款力度的建议	山东银保监局

续表

提案号	提案者	提案案由	承办单位
12050630	刘培德等 9 人	关于明确产品质量监督抽查不合格结果公示期限的建议	省市场监管局
12050631	刘洪彬	关于建立山东省县区级领导包保高层次人才制度的建议	省委组织部
12050632	李兴树等 3 人	关于加强“5G+ 工业互联网”赋能海工装备智能制造的建议	省工业和信息化厅 省科技厅 省通信管理局
12050633	杨军	关于加快推进济青高铁和胶东半岛铁路公交化的提案	省交通运输厅 中国铁路济南局集团有限公司 青岛市人民政府
12050634	王兆连	关于切实保障和维护我省各类特殊工种从业人员权益的建议	省人力资源社会保障厅
12050635	安全平等 2 人	关于加强运河沿岸船民民俗文化保护的提案	省文化和旅游厅
12050636	李敬学等 12 人	关于冀鲁豫边区红色资源旅游线路规划的建议	省文化和旅游厅
12050637	王民生等 5 人	关于加快推进知识产权强省建设的建议	省市场监管局
12050638	尹清钧	关于博山文旅产业整合发展的提案	省文化和旅游厅
12050639	李森	关于设立政府各职能部门量化打分平台的提案	省委组织部 省委编办
12050640	高中强等 3 人	关于加快推进食用菌品种登记（认定 / 鉴定）工作的建议	省农业农村厅
12050641	高建伟等 4 人	关于因地制宜、完善规划、分工协作，助推乡村振兴的建议	省农业农村厅
12050642	王兆连	关于重视和用好我省外籍院士，助力科教强省的建议	省委组织部 省科技厅
12050643	刘春香	关于蔬菜产业发展的建议	省农业农村厅
12050644	高建伟等 4 人	关于加强我省蔬菜优质耐盐碱种质资源收集、保存、鉴定评价及创新利用研究的建议	省农业农村厅 省农科院
12050645	聂建军	关于支持东营市打造国家盐碱地综合利用示范基地的提案	省自然资源厅 省农业农村厅
12050646	黄清海等 16 人	关于传统产业创新升级的建议	省工业和信息化厅 省人力资源社会保障厅
12050647	董美琴	关于建立宗教中国化研究平台的提案	省民族宗教委
12050648	刘佳生	关于加快促进“第三代半导体电控系统”在山东落地发展的建议	省工业和信息化厅 省教育厅

续表

提案号	提案者	提案案由	承办单位
12050649	杜海辉	关于建议山东省研究制定“齐鲁国际船舶登记港计划”的建议	山东海事局
12050650	韩萌等11人	关于支持小微企业发展的建议	省工业和信息化厅 山东银保监局 省人力资源社会保障厅 省科技厅
12050651	李翠芳	关于利用闲置场地建设室内公用健身场所的建议	省体育局
12050652	吴磊等2人	关于后疫情时代提升公共文化场馆的“普及艺术教育”功能的建议	省教育厅 省文化和旅游厅
12050653	袁俊平等2人	关于加强学科交叉融合，助推高等教育高质量发展的建议	省教育厅
12050654	邵林琴等3人	关于中小学卫生技术人员职称晋升单列的建议	省教育厅 省卫生健康委 省人力资源社会保障厅
12050655	刘德山	关于养老护理员培训、评价机构实行备案制的建议	省人力资源社会保障厅 省民政厅
12050656	钟国栋	关于对菏泽发展给予人才政策支持的建议	菏泽市人民政府 省委组织部 省教育厅
12050657	共青团界	关于在中小学生中开展梦想教育的建议	省教育厅
12050658	桑哲等6人	关于提升职业教育社会信誉度与影响力，减轻初中生家长焦虑情绪的建议	省教育厅
12050659	郑子昌等5人	关于加强农村小学教育的建议	省教育厅
12050660	戴彩丽等2人	关于关注研究生心理问题及应对措施的建议	省教育厅
12050661	蔡尔航等11人	关于国际化城市需要国际化教育的提案	省教育厅
12050662	耿越	关于“双减”之后面临新问题的建议	省教育厅
12050663	李玉善等2人	关于推动高校与地方融合发展的建议	省教育厅
12050664	赵红	关于加强孤独症儿童救助的建议	省教育厅 省残联 省卫生健康委
12050665	翟丽彬等4人	关于推动退役军人就业创业服务工作高质量发展的建议	省退役军人厅 省市场监管局
12050666	田学雷	关于加强产学研融合，实现“三个走在前”的建议	省工业和信息化厅 省教育厅 省民政厅 省科协

续表

提案号	提案者	提案案由	承办单位
12050667	王兆连	关于加大海内外高层次青年人才引进和培育力度的建议	省委组织部 省人力资源社会保障厅
12050668	翟丽彬等 6 人	关于中学、大学设置退役军人国防教育员专岗的建议	省教育厅 省退役军人厅
12050669	董利忠	关于以“人、财、物”为抓手，助力我省乡土文化可持续发展的建议	省文化和旅游厅 省农业农村厅 省委宣传部
12050670	马连湘等 7 人	关于开展“3060 双碳”形式下山东省电力企业现状及发展规划调研的建议	省能源局 国网山东省电力公司
12050671	宋东	关于非公企业流动党员关爱及管理的提案	省委组织部
12050672	聂建军	关于加快我省新能源产业发展的提案	省能源局 省商务厅 省自然资源厅 省委组织部
12050673	毕秀玲	关于遏制酒店餐饮食品浪费的建议	省委宣传部 省商务厅 省市场监管局
12050674	尹学军等 4 人	关于提高我省中高地震烈度区震时预警及防护能力的提案	省地震局
12050675	卢俊	关于协调二代基因检测进医院，实现医保覆盖的建议	省卫生健康委 省医保局
12050676	孟凡明	关于加快推进农业农村领域碳排放碳达峰战略，助力全省乡村振兴和农业农村现代化的建议	省能源局 省农业农村厅 省住房城乡建设厅 省科技厅
12050677	王成玉	关于积极推进我省核能产业发展的建议	省能源局 省工业和信息化厅
12050678	汪映荣	关于“双碳”目标下山东打造先进核能产业集群的建议	省能源局 省工业和信息化厅
12050679	连方等 7 人	关于让法律与科技共促“天下无拐”的建议	省卫生健康委 省公安厅 省民政厅
12050680	孔浩	关于开发黄邱山套红色旅游资源及重建“抗日烈士纪念塔”的建议	省委宣传部 省文化和旅游厅
12050681	张继民等 28 人	关于深入推进落实“两个结合”，打造优秀传统文化“两创”高地的建议	省委宣传部 省文化和旅游厅
12050682	马全平	关于加快老旧小区消防安全设施提升改造的建议	山东省消防救援总队 省住房城乡建设厅
12050683	张法水	关于丰富大学生爱国主义教育形式的建议	省委宣传部 省教育厅
12050684	王成玉	关于推广“治未病”理念防治慢性病，促进中医药高质量发展的建议	省委宣传部 省卫生健康委 省医保局 省残联 省教育厅

续表

提案号	提案者	提案案由	承办单位
12050685	李广雪	关于我省重大海洋产业项目落地实施的建议	省海洋局 省财政厅 省科技厅 省生态环境厅 省住房城乡建设厅 省自然资源厅
12050686	桑哲等 6 人	关于解决黄河三角洲湿地生态保护现存问题的建议	省自然资源厅 省生态环境厅 省财政厅 省水利厅
12050687	由仲等 19 人	关于引导、协助、鼓励鲁企赴港上市的建议	省地方金融监管局 省财政厅
12050688	第八组	关于加强社会组织党的领导建设和自身领导能力建设的建议	省委组织部 省民政厅
12050689	韩景敏	关于开展岩溶碳汇潜力调查评价，服务全省“碳达峰、碳中和”的建议	省自然资源厅 省生态环境厅
12050690	刘克静	关于促进我省中小企业高质量发展的提案	省工业和信息化厅 省科技厅 山东银保监局 省财政厅
12050691	杨明燕	关于扶持我省数控机床产业高质量发展的提案	省工业和信息化厅 省财政厅
12050692	铁流	关于持续深入挖掘全省红色故事的建议	省文联 省委党史研究院(省地方史志研究院) 省委宣传部 省作协
12050693	王兆连	关于加强我省新能源车退役电池回收和再利用的建议	省工业和信息化厅 省财政厅 省市场监管局 省商务厅
12050694	杨明燕	关于加快推进我省新能源汽车换电产业发展的提案	省财政厅 省能源局
12050695	赵桂德	关于金融支持科技创新发展的建议	省科技厅 省市场监管局 山东银保监局
12050696	张法水	关于严格规范废弃口罩处理的建议	省住房城乡建设厅 省委宣传部 省卫生健康委
12050697	张保祥	关于加强我省农村供水安全保障工作的建议	省水利厅 省财政厅
12050698	王淑梓	关于新时代进一步推广全民阅读，加快建设“书香山东”的建议	省委宣传部 省文化和旅游厅
12050699	孟祥辉	关于加大山东省人才招引力度的提案	省人力资源社会保障厅
12050700	高薇等 11 人	关于加强政府绩效预算管理中大数据应用的提案	省财政厅 省大数据局

续表

提案号	提案者	提案案由	承办单位
12050701	杨文法等 2 人	关于建立山东省公共卫生临床中心长效补偿机制的建议	省财政厅 省卫生健康委
12050702	刘常青	关于在“三胎政策”背景下优化个税专项附加扣除的建议	省税务局
12050703	连方等 12 人	关于延长产假的建议	省卫生健康委 省财政厅
12050704	代卫平等 3 人	关于加快山东职业教育创新发展高地建设，助推全省经济社会高质量发展的建议	省教育厅 省财政厅
12050705	杜小荃	关于加快推进山东黄河文化旅游带建设的建议	省文化和旅游厅 省交通运输厅 省自然资源厅 省财政厅 山东黄河河务局
12050706	杨启波	关于调整增值税优惠政策涉及的资源综合利用产品优惠目录中 CO_2 质量标准的提案	省税务局
12050707	惠增玉等 3 人	关于加快我省预制菜产业发展的建议	省农业农村厅 省工业和信息化厅 省科技厅 省财政厅 省畜牧局
12050708	莫照兰	关于加快我省现代农业示范园区高质量发展的建议	省农业农村厅 省人力资源社会保障厅 省教育厅 省财政厅
12050709	李新峰等 38 人	关于支持全省人才市场龙头企业发展的提案	省委组织部 省财政厅 省国资委
12050710	胡乃平等 6 人	关于解决省属驻青高校养老保险属地参保遗留问题的建议	省人力资源社会保障厅 省财政厅
12050711	董旋	关于政府向社会力量购买服务，加强国有文艺院团艺术人才队伍建设的提案	省文化和旅游厅 省委编办 省财政厅
12050712	张善东等 12 人	关于加快电动自行车智能充换电设施建设的建议	省自然资源厅 省发展改革委 省住房城乡建设厅 山东省消防救援总队
12050713	程琳	关于尽快出台山东省工业遗产保护和利用地方性法规的建议	省工业和信息化厅
12050714	李旭茂	关于促进我省数字经济发展的建议	省工业和信息化厅 省财政厅 省大数据局
12050715	史伟	关于科技型中小企业的创新发展要靠人才支撑的提案	省科技厅 省财政厅
12050716	孙凯	关于科技园区建设的建议	省科技厅 省财政厅 省工业和信息化厅

续表

提案号	提案者	提案案由	承办单位
12050717	安全平等2人	关于加强疾病预防控制体系建设的建议	省卫生健康委 省财政厅
12050718	陆建林	关于深化金融服务民营企业高质量发展的提案	省地方金融监管局 山东银保监局 人民银行济南分行
12050719	省政协社会法制委员会	关于多方联动解决单身青年职工婚恋交友问题的建议	省委宣传部 省民政厅 省总工会 团省委 省妇联
12050720	邵林琴等5人	关于推动口腔健康检查纳入常规体检项目，不断提升全省口腔健康水平的建议	省卫生健康委 省教育厅
12050721	余之刚等3人	关于加快我省医疗机构药物临床试验主要研究者培育的提案	省药监局 省卫生健康委
12050722	赵菁等9人	关于中医药高质量发展的建议	省卫生健康委 省农业农村厅 省药监局
12050723	徐凌忠等6人	关于我省完善“三孩”生育政策配套措施的建议	省卫生健康委 省人力资源社会保障厅 省税务局 省医保局
12050724	冯安	关于社会保险缴费基数“封顶保底线”调整各险种应步调一致的建议	省人力资源社会保障厅 省医保局
12050725	郑子昌等4人	关于农村老年人的养老问题亟待解决的提案	省民政厅 省卫生健康委 省人力资源社会保障厅
12050726	葛淑兰	关于建立激励机制破解低生育率难题的建议	省卫生健康委 省人力资源社会保障厅 省财政厅
12050727	马全平	关于新就业形态群体权益保障的建议	省人力资源社会保障厅 省总工会 省医保局
12050728	赵红	关于建设无陪护病房的建议	省医保局 省卫生健康委 山东银保监局
12050729	连方等4人	关于促进国产高端医疗设备自主研发与使用的建议	省卫生健康委 省医保局
12050730	李克学等2人	关于加强管理提高检验检测产业水平的建议	省市场监管局 省委编办
12050731	孔浩	关于门头设计及规范用字的建议	省住房城乡建设厅 省教育厅
12050732	郑念军等2人	关于全面加强儿童青少年脊柱侧弯综合防控工作的建议	省体育局 省教育厅 省卫生健康委
12050733	孙水等4人	关于加强0—3岁公共托幼机构建设的建议	省卫生健康委

续表

提案号	提案者	提案案由	承办单位
12050734	王兆连	关于尽快明确我省企业辞职职工社保追缴时效判定标准的建议	省人力资源社会保障厅
12050735	张成如	关于谋划我省元宇宙产业发展的建议	省工业和信息化厅 省财政厅 省委网信办
12050736	许敏	关于明确“双碳”背景下生物质资源战略地位，加大生物质资源能源化转化力度的建议	省科技厅 省能源局
12050737	刘进勇	关于加强对工程建设领域监察的建议	省住房城乡建设厅
12050738	李长英等 4 人	关于建设节电型社会的建议	省发展改革委 省住房城乡建设厅 省能源局 国网山东省电力公司
12050739	第八组	关于设立成人节的建议	团省委
12050740	张望	关于将文化建设工作纳入各级政府和领导干部工作绩效考核的建议	省委组织部
12050741	张成如	关于加大科技和商业模式创新，促进我省“双碳”战略与绿色经济协同发展的建议	省生态环境厅 省能源局 省科技厅 省发展改革委
12050742	翟长生等 8 人	关于创新实施山东省“大运河生态经济文化走廊”发展战略的提案	省发展改革委 省水利厅
12050743	连方等 18 人	关于高质量推进我省国家中医药综合改革示范区建设的建议	省委宣传部 省医保局 省卫生健康委 省人力资源社会保障厅
12050744	程伟华	关于建立“中国鲁菜工匠工作室”或“中国鲁菜技能大师工作室”的提案	省人力资源社会保障厅
12050745	孔浩	关于在山东省举办“鲁班奖”的建议	省住房城乡建设厅
12050746	王培亮	关于加快推进我省农业高质量发展的建议	省农业农村厅
12050747	王培亮	关于加快推进我省农业数字化转型的建议	省农业农村厅
12050748	刘甦	关于推广耐盐白榆新品种，助力黄河流域高质量发展的提案	省自然资源厅
12050749	翟长生等 8 人	关于进一步支持德州市深度融入京津冀协同发展的建议	省发展改革委 省交通运输厅 省商务厅
12050750	刘德明等 8 人	关于构建“亲而有度、清而有为”政商关系的提案	省工商联 省工业和信息化厅
12050751	王国蓉等 11 人	关于加快推进社会信用体系建设的提案	省发展改革委 省教育厅 人民银行济南分行
12050752	张建	关于加强黄河三角洲生态保护科技创新工作的建议	省自然资源厅 省科技厅 省教育厅

续表

提案号	提案者	提案案由	承办单位
12050753	罗新军	关于严格执行“双随机、一公开”制度，进一步优化营商环境的建议	省市场监管局
12050754	胡梅	关于弘扬高质量发展背景下的“鲁商精神”，塑造培育山东企业家群体品牌的提案	省工业和信息化厅 省委宣传部 山东社科院 省工商联
12050755	释悟实	关于以家风促乡风，推动乡村全面振兴的提案	省委宣传部 省妇联 省民政厅 省文化和旅游厅
12050756	郑心	关于加快建设青岛卫生健康职业学院的建议	青岛市人民政府 省教育厅
12050757	王兆连	关于推广潍坊模式，助推我省磁共振等高端医疗器械产业健康发展的建议	省卫生健康委
12050758	金星等3人	关于在公共场所设置心脏起搏器的建议	省卫生健康委 省红十字会 省发展改革委
12050759	郭顺华	关于加强护理队伍建设的建议	省卫生健康委 省教育厅
12050760	赵菁等9人	关于推动我省产业园区高质量发展的建议	省发展改革委 省自然资源厅
12050761	张咏强等10人	关于促进企业创新研发应加大政策支持的建议	省科技厅 省税务局
12050762	高明等10人	关于帮助山东省基督教两会解决培训中心建设用地困难的建议	济南市人民政府
12050763	郭建礼	关于深化乡村产业数字化改革，助力农村实现共同富裕的建议	省委网信办 省农业农村厅 省工业和信息化厅 省委组织部
12050764	张建等10人	关于加强高水平科技创新人才团队建设的建议	省委组织部 省人力资源社会保障厅 省教育厅 省科技厅
12050765	九三学社山东省委员会	关于扩大优质医疗资源供给，增强人民群众获得感的建议	省卫生健康委
12050766	董方军	关于开放山东省听障人群驾驶培训的建议	省公安厅
12050767	农工党山东省委员会	关于促进我省与粤港澳大湾区开放型经济合作发展的建议	省商务厅
12050768	农工党山东省委员会	关于加快数字农业建设，助推山东省农业高质量发展的建议	省农业农村厅 省财政厅 省教育厅
12050769	董方军	关于强化山东基础和学前教育对优秀传统文化的现代化传承的提案	省教育厅

续表

提案号	提案者	提案案由	承办单位
12050770	于希明	关于聚焦氢能产业，推动绿色发展的建议	省能源局 省科技厅 省财政厅
12050771	民革山东省委员会	关于聚焦黄三角，推动我省黄河流域生态保护和文化传承的建议	山东黄河河务局
12050772	张志敏	关于济南市尽快恢复房地产企业资质审批的建议	济南市人民政府
12050773	茹立显	关于加强对阿斯伯格综合征儿童身心关爱的建议	省残联 省教育厅
12050774	刘进勇	关于加强济南市政府投资项目审计的建议	济南市人民政府
12050775	张少春	关于加强农村人居环境整治工作的建议	省农业农村厅 省住房城乡建设厅
12050776	李广庆	关于加大我省道路客运企业政策帮扶力度的建议	省交通运输厅 省税务局
12050777	张志敏	关于促进人口出生率高质量增长 普及备孕健康管理鼓励自主生育的建议	省卫生健康委 省财政厅
12050778	申大忠等 2 人	关于改善山东移动服务质量的建议	省通信管理局
12050779	丁兆林	关于抢占海洋新兴产业人才新高地 推进相关产业跨越发展的建议	省发展改革委 省能源局
12050780	黎嘉恩	关于帮扶省内进出口企业进一步用好 RCEP 相关优惠措施的提案	省商务厅 青岛海关 济南海关 省贸促会
12050781	宫庆礼	关于推动我省数字技术与渔业深度融合发展的建议	省农业农村厅 省财政厅
12050782	侯风云	关于大力开展社区公办托育机构 健全多元化托幼体系的建议	省卫生健康委 省自然资源厅 省财政厅
12050783	巩端洲	关于改善县城区道路交通环境的建议	省公安厅 省教育厅
12050784	赵兴志	关于大力发展融资租赁产业的提案	省地方金融监管局 省市场监管局
12050785	宋华西	关于修改省人口计生条例部分条款的建议	省卫生健康委 省财政厅
12050786	于晓怡	关于让齐长城焕发新时代风采的提案	省文化和旅游厅 省委宣传部
12050787	白彬	关于加强新就业形态劳动者权益保障的建议	省人力资源社会保障厅 山东银保监局
12050788	李悦	关于生活垃圾转运站渗滤液与城市污水协同处置的建议	省住房城乡建设厅

续表

提案号	提案者	提案案由	承办单位
12050789	侯风云等 2 人	关于解决既有住宅加装电梯后续维护问题的建议	济南市人民政府
12050790	省政协经济委员会	关于数字赋能我省制造业的建议	省财政厅 省工业和信息化厅
12050791	省政协提案委员会	关于发挥海洋科技人才优势 激活海洋经济发展潜力的建议	省委组织部 省科技厅 省人力资源社会保障厅
12050792	李广庆	关于推动我省波浪能发电智能制造产业高质量发展的建议	省科技厅 省能源局
12050793	李广庆	关于推动我省药品原料药和制剂行业发展的建议	省医保局 省生态环境厅 省科技厅
12050794	茹立显	关于规范处理网络“实名举报”社会问题的建议	省信访局 省委网信办
12050795	商雪梅	关于加快新能源汽车产业发展的建议	省能源局 省科技厅 省地方金融监管局 省发展改革委 省工业和信息化厅
12050796	林成彬	关于坚定信心 科学施策 千方百计稳住经济大盘的建议	省税务局 省地方金融监管局 省住房城乡建设厅
12050797	孙弋	关于构筑新时代家庭教育平台的建议	省教育厅 省妇联
12050798	栾晓平	关于盘活用好济南市公交车车体广告资源的建议	济南市人民政府
12050799	杜英杰	关于落实《山东省老年教育条例》办好老年教育的建议	省教育厅 山东老年大学
12050800	陈能豪	关于保市场主体的建议	省工商联
12050801	张咏强	关于稳增长保市场主体保就业 不惜代价救经济的意见建议	省地方金融监管局 省工业和信息化厅 人民银行济南分行
12050802	李连祥	关于加强网络食品安全监管的建议	省市场监管局
12050803	李连祥	关于加快我省黄河保护条例立法的建议	山东黄河河务局 省生态环境厅 省司法厅 省水利厅
12050804	李连祥	关于进一步规范农村土地流转的建议	省农业农村厅
12050805	李连祥	关于完善企业破产管理人选任机制的建议	省法院
12050806	刘泽铭	关于规范工业炸药现场混装生产系统管理的建议	省工业和信息化厅 省公安厅
12050807	李连祥	关于建设破产管理人援助基金的建议	省法院

续表

提案号	提案者	提案案由	承办单位
12050808	刘德明等 4 人	关于督促《山东省民营经济发展促进条例》实施的提案	省工业和信息化厅
12050809	张玲	关于助力陆配就业创业 促进感情融合心灵契合的建议	省委台港澳办 省人力资源社会保障厅
12050810	王柏华	关于加快教育数字化转型 推动教育高质量发展的建议	省教育厅
12050811	李国红	关于充分发挥黄金产业比较优势 更好服务新时代现代化强省建设的建议	省工业和信息化厅 人民银行济南分行
12050812	于晓怡	关于增强数字服务贸易软实力 构筑山东数字服务贸易新优势的提案	省商务厅
12050813	张玲	关于加强台湾省籍后备干部培养 助力祖国早日实现完全统一的建议	省委统战部 省委编办
12050814	于晓怡	关于扩展“服务贸易 + 数字”新优势 增强“好品山东”软实力的提案	省商务厅
12050815	巩端洲	关于提升中小企业科技创新效能的建议	省科技厅 省工业和信息化厅
12050816	田学雷	关于以氢燃料电池商用汽车作为突破口 加快我省新能源汽车产业发展的建议	省科技厅
12050817	朱瑞志	关于深入做好民法典学习宣传工作的建议	省司法厅

省政协十二届五次会议大会发言（存目）

口头发言（15 篇）

001 韩　萌　把“人人都说山东好”的旋律奏响
002 民建山东省委会
　　提升应对极端气候能力　增强高质量发展韧性
003 于晓怡　制造强国的启示
004 白　彬　筑牢新时代老龄工作的“三道防线”
005 姜　明　实体商业路在何方
006 冯艺东　深化资本市场服务　助力“三个走在前”
007 毛　馨　献一份爱心　洒一片希望
008 王　栩　端牢能源饭碗　助推绿色发展
009 王　琳　让黄河成为造福人民的幸福河
010 农工党山东省委会
　　织密扎牢常态化疫情防控的“网底”
011 娄　雷　用“加法”思维做好“减法题”
012 樊　军　跨越山海心手相连　牡丹紫荆殊姿共艳
013 李旭茂　加快释放自贸试验区新势能　推进高水平对外开放
014 张义泉　刘　甦
　　开发利用耐盐碱植物　保护修复盐碱地
015 政协德州市委员会
　　乘奥运“冬”风　强体育事业

书面发言（109 篇）

016 民革山东省委会
　　强化生态约束　科学推进海洋牧场建设
017 民革山东省委会
　　打造新时代山东港口集群　走在国际化强港发展前列
018 民革山东省委会
　　精准施策数字经济发展

019 民革山东省委会

抓好大保护　推进大治理　推动黄河流域山东段生态保护与绿色发展

020 民革山东省委会

加快应急广播体系建设　推进应急管理体系与能力现代化

021 民盟山东省委会

做强经济循环枢纽　打造世界一流海洋港口

022 民盟山东省委会

联动时代脉搏　让文物讲好齐鲁故事

023 民盟山东省委会

推进我省农业物联网建设

024 民盟山东省委会

持续深化义务教育均等化　增强共同富裕内生动力

025 民盟山东省委会

供需双向发力　加快全省产业数字化转型

026 民建山东省委会

加强山东半岛中心城市群建设　助力黄河流域生态保护和高质量发展

027 民建山东省委会

加快推进新型电力系统建设

028 民进山东省委会

推进我省跨境电商步入高质量发展轨道

029 民进山东省委会

补齐基础设施短板　打造沿黄达海大通道

030 民进山东省委会

下好对接 RCEP 协定的“先手棋”

031 农工党山东省委会

将“双减”进行到底

032 农工党山东省委会

加快建设黄河三角洲国家农业公园

033 农工党山东省委会

实施种子工程攻坚行动　建设种业强省

034 致公党山东省委会

多措并举推进新型研发机构高质量发展

035 致公党山东省委会

“五区同建”推进黄河滩区农业产业振兴

060 高建伟 臧永芝 黄兴蛟
因地制宜推动乡村振兴
061 陈晓光 加强科研成果转化 促进经济结构调整
062 冯希宁 打造智慧农业新场景 助力农业强省建设
063 李继峰 强化城市更新的政策支撑
064 张义泉 创建教育基地 讲好“黄河故事”
065 胡 梅 关注终端场景 补齐政策短板
066 胡 梅 凝聚起推进新型农村社区养老发展合力
067 宫立新 合规方能行稳致远
068 宫立新 畅通多式联运大通道 打造合作新平台
069 宫立新 推动高端服务业一体化发展 加快建设海洋强省
070 宫立新 适应疫情防控新形势 推进院感防控合规
071 巩端洲 发挥“专精特新”优势 增强创新能力
072 李兴家 送上一张有温度的“快递单”
073 尚绪强 抓好家庭教育关键环节 提高劳动教育内在品质
074 张咏强 科学谋划创建黄河口国家公园
075 赵 勇 坚决扛起为黄河永远造福中华民族而不懈奋斗的山东担当
076 梁志银 “链长”链接省内产业“链主”助力产业高质量发展
077 王汉斌 推动电价市场化改革顺利实施
078 肖培树 加快教育改革扩大普通高中教育规模
079 李位民 积极顺应“双碳”目标 科学保障全省能源安全
080 于希明 发展分布式光伏发电 为绿色山东贡献力量
081 王一彪 让医养结合走得更稳更远
082 周伯虎 加快教师轮岗制度建设 优化教育资源配置
083 周伯虎 打造互联网文化内容创业中心
084 周伯虎 为群众财产安全构筑坚实屏障
085 曲绪仙 多措并举补齐人兽共患病防控短板
086 白 玉 打造“五度山东” 树立现代化强省建设“新典范”
087 白 玉 筑牢防灾“铁壁” 建设能源安全“韧性城市”
088 葛淑兰 加大配套政策支持力度 构建生育友好型省份
089 郭敬春 深耕精神心理卫生防治工作 助力精神卫生事业高质量发展
090 李克明 多措并举 精准发力 全面推进全省乡村振兴工作
091 徐凌忠 加快公立医院高质量发展
092 杨学锋 深入推进我国宗教中国化 积极引导宗教与社会主义社会相适应
093 焦 新 在公园城市建设中嵌入地域文化元素

省政协十二届常委会第二十二次会议大会发言（存目）

口头发言（7 篇）

001 郝宪印 肩负起“三个走在前”的责任担当
002 农工党山东省委会
锚定“制造业强省”目标 力推更多中国好品“山东造”
003 张宇翔 “东数西算”背景下“缺位”而不“缺为”
004 赵儒霞 深入研究 RCEP 规则 推动我省与日韩经贸合作高质量发展
005 施乾平 聚焦特色优势 推动外资外贸提质增效
006 谭汗青 打通海洋人才“任督二脉” 激发蓝色经济澎湃动力
007 苏树伟 让制造业加“数”前进

书面发言（50 篇）

008 魏 勇 搭建综合平台 创新工作机制 汇聚合力保障平台经济劳动者权益
009 致公党山东省委会
推动“科技之花”结出“产业之果” 让更多海洋科技成果释放活力
010 致公党山东省委会
加速海洋碳汇建设 助力蓝碳经济发展
011 九三学社山东省委会
构建现代海洋产业体系 加快海洋强省建设
012 九三学社山东省委会
推动数字赋能“蓝色粮仓”建设 加快海洋产业智慧升级
013 九三学社山东省委会
强化海洋人才优势 推动海洋强省建设
014 万永格 奋力向海图 做好经略海洋文章
015 毛方国 完善督导长效机制 加强海洋生态环境保护
016 王 栩 大力开发海洋能源 助力“双碳”战略实施
017 孙录宝 推动海洋新兴产业高质量发展
018 郇 梅 壮大海洋产业 点燃“蓝色引擎”
019 姜巧珍 推进海洋牧场与海上风电融合发展 实现海洋资源可持续利用

020 王建中 走通海洋人才环境 实现高质量发展
021 九三学社山东省委会
把握数字变革新机遇 打造全国数字经济发展新高地
022 农工党山东省委会
加快数字农业建设助推山东省农业高质量发展的建议
023 农工党山东省委会
以直播带货赋能我省经济发展的建议
024 九三学社山东省委会
关于制造业数字化转型路径的建议
025 九三学社山东省委会
做大做强我省工业互联网 助力数字经济高质量发展
026 政协聊城市委员会
加快数字产业发展 赋能新旧动能转换
027 王伯芝 全面加强基础设施建设 稳定经济基本盘
028 王坤英 关于加强工业大数据生态建设的建议
029 孙 弋 打造山东省家庭素质教育一体化数字平台
030 汪映荣 推动新基建数字化革命 激活智慧零碳山东建设新动能
031 郑 中 制造业需要“智造”人才
032 徐绥远 关于工业互联网应用推广的政策建议
033 释仁昌 工业大数据生态建设的建议
034 惠增玉 建设餐饮数据平台 赋能乡村振兴战略
035 颜正华 建设高“数”公路 打通物流堵点
036 民革山东省委会
关于抢抓 RCEP 生效机遇打造“鲁日韩”经济圈的建议
037 致公党山东省委会
加快发展外贸新业态新模式 更好服务和融入新发展格局
038 王兆连 打造一流营商环境 助推我省高质量发展
039 牛俊宪 建设高质量对外开放平台 打造高水平开放战略支点
040 张义泉 对强化山东全方位开放枢纽地位的几点思考
041 张庆明 以一流营商环境助力山东高质量发展
042 傅永宽 顺应市场发展趋势 倾力打造可持续发展的营商环境
043 程克红 打造一流营商环境 打通民企贷款“最后一公里”的堵点
044 樊 军 打通堵点解除难点 推动外贸提质增效
045 陈能豪 关于强化开放枢纽地位的建议
046 孟 波 大力发展跨境电商 加速融入国内国际双循环

省政协十二届常委会第二十三次会议大会发言（存目）

口头发言（6篇）

001 吴立新 加快提升高水平海洋科技创新能力 支撑海洋强省建设
002 严中华 发挥鲁北地区沿海资源优势 打造未来绿色氢能和海水利用技术集成创新中心
003 汪映荣 抓住工业互联网“风口” 加快大中小企业融通创新发展
004 民盟山东省委会
率先破解国产工业软件之困
005 刘阿平 下足法治“硬功夫” 创新营商“软环境”
006 茹立显 以齐鲁文化创新力塑造新时代山东特色的企业家精神

书面发言（73篇）

007 民盟山东省委会
以国资国企数字变革为动力 赋能新旧动能转换
008 民盟山东省委会
关于提升科技成果转化效率的建议
009 民盟山东省委会
以科技创新 强农机核心
010 民盟山东省委会
关于科技创新型企业高质量发展的建议
011 致公党山东省委会
让企业在科技创新中站稳“C位”
012 九三学社山东省委会
关于优化完善我省科技服务体系赋能科技创新发展的建议
013 九三学社山东省委会
关于加快AI机器人关键核心技术攻坚的建议
014 九三学社山东省委会
关于金融赋能科技创新打造科技成果转化新高地的建议

015 政协济南市委员会
加快打造“北方种业之都” 推动现代种业实现跨越发展
016 政协济南市委员会
发挥优势强项 加强科技创新
017 万永格 提升企业创新能力 发挥企业研发主体作用
018 王 琳 重建大学创新精神和创新力
019 王 琳 加快引育力度 厚植人才队伍支撑新优势
020 王兆连 提升企业创新能力 发挥企业科技研发主体作用
021 王伯芝 坚持“四个面向” 推进轨道交通关键核心技术攻坚
022 孙秀丽 加大科技研发投入 塑强高校创新载体平台
023 李传恒 抢抓机遇优势 加快我省磁悬浮产业发展
024 张 波 更好发挥企业科技创新主体作用——以山东天瑞重工磁悬浮技术创新实践案例来分析
025 杨 丽 一体化统筹创新资源 跃升式推动发展能级
026 林 青 关于为小微企业搭建双创平台加强服务支撑的建议
027 郭建礼 助力创新走在前 引领发展开新局
028 孙承武 集聚国内外优质创新资源 助力部省共建职教高地建设
029 李树民 关于提升企业创新能力的建议
030 吴梦军 重视高水平工程技术类大学建设 推进先进制造业加速发展
031 雷 杰 发挥优势强项 推动创新实践 加快科创金融改革试验区建设
032 九三学社山东省委会
灵活司法措施 护航民企发展
033 孙录宝 让“宜商山东”成为天下共识
034 李旭茂 加快推进中小企业挽救机制构建
035 苏树伟 弘扬“店小二”精神 打造优质温馨的服务环境
036 张 泉 优化政策环境 推动民营发展
037 杨永强 打造公开透明的法治环境
038 周立军 打造公开透明的法治环境 助力增强经济社会发展创新力
039 周云平 铸好制度创新“金钥匙” 打造营商环境“升级版”
040 范友金 关于打造高效便捷政务环境的几点建议
041 赵 勇 厚植发展热土 打造营商环境山东模式
042 唐 波 关于进一步优化我省营商环境的建议
043 程克红 打造优质温馨的服务环境
044 傅永宽 推动涉企业行政案件部门负责人出庭应诉 进一步优化我省法治营商环境

071 刘喜欣 关于加深教育普及构建文化繁荣发展新格局的建议
072 张继民 勇毅担当文化强国强省建设走在前的使命责任
073 张铁柱 关于在淄博建立中国—希腊古典文明研究院的建议
074 张　望 关于打造高水平国家级黄河文化博物馆群的建议
075 张义泉 要重视小学优秀传统文化教育的“两创”和活态化传承
076 郇　梅 加快产业赋能　探索文旅融合发展新路径
077 高贤德 启动齐鲁文化新引擎　助推山东打造对外开放新高地
078 徐绥远 关于山东数字文旅产业发展的建议
079 董方军 加重活态传承　开启传统文化“两创”新模式

省政协十二届常委会第二十四次会议大会发言（存目）

口头发言（7 篇）

001 赵　勇　充分发挥山东半岛城市群龙头作用　打造活跃增长极和强劲动力源
002 政协济南市委员会
把握机遇　乘势而上　推动济南起步区绿色低碳高质量发展
003 九三学社山东省委会、政协德州市委员会、政协滨州市委员会
提高粮食生产能力　保障国家粮食安全
004 民盟山东省委会
弘扬齐鲁文化　讲好黄河故事　加快推进我省黄河国家文化公园建设
005 政协东营市委员会
高质量推进黄河口国家公园建设
006 张保祥　陈海峰
坚持系统保护治理　推进实现黄河长治久安和永续利用
007 周立军　健全政策法规体系　保障绿色低碳发展

书面发言（122 篇）

008 民革山东省委会
点中三个穴位　促进黄河三角洲生态修复
009 民建山东省委会
关于高质量推进三角洲生态保护修复的建议
010 民盟山东省委会
补好防灾基础设施短板　强化黄河下游防灾减灾能力
011 民盟山东省委会
关于创新金融服务　助推黄河口国家公园高质量创建的建议
012 民盟山东省委会
关于提升黄河三角洲滨海湿地碳汇能力　助力我省率先实现“双碳”目标的建议
013 农工党山东省委会
加快完善黄河流域横向生态补偿机制

014 农工党山东省委会

下好黄河流域生态保护和高质量发展全省“一盘棋”

015 农工党山东省委会

筑牢流域生态监测调查体系　繁荣黄河下游绿色生态走廊

016 省工商业联合会

在黄河战略中发挥园区领头雁主力军作用

017 致公党山东省委会

推进黄河三角洲生态补水常态化

018 政协东营市委员会

加强黄河流域生态保护　守护黄河长久安澜

019 政协东营市委员会

提升黄河口蓝碳功能　助力湿地生态保护

020 政协泰安市委员会

生态优先　安全为要　筑牢黄河下游高质量发展生态安全屏障

021 政协滨州市委员会

打造黄河流域生态保护和高质量发展的“样板区”

022 安利国　建设高水平黄河三角洲盐生植物园　促进黄河流域生态保护和高质量发展

023 李广雪　油地协同　促进黄河口海岸带高质量发展

024 侯风云　推动黄河流域生态保护和高质量发展需要全面统筹

025 樊　军　将生态资本变成富民资本　在绿水青山中造就金山银山

026 李秀启　重在保护　要在治理　统筹推进黄河下游及河口水生生物多样性保护

027 刘树松　促进黄河流域生态环境公益诉讼　完善生态环境保护制度体系

028 张保祥　开源节流　保障人水和谐的蓝色空间

029 蒋文强　共建数字黄河　推动流域生态一体化建设

030 焦玉泉　促进黄河水资源节约集约利用　助力高质量发展

031 薄　涛　积极融入“双碳”战略　加快构建现代绿色低碳产业体系

032 民盟山东省委会

关于加快打造黄河文化旅游带的建议

033 民盟山东省委会

挖掘黄河文化资源推进山东黄河文化旅游带建设

034 九三学社山东省委会

关于加强我省黄河流域非物质文化遗产整体性保护工作的建议

035 政协东营市委员会

以文塑旅、以旅彰文　推动文旅深度融合发展

061 曾晓黎 发挥乡村农业生产功能 提高黄河流域保障粮食和重要农产品供给能力
062 王卫东 发展特色产业 带动滩区群众持续增收致富
063 张继民 大力推动文化赋能 推动乡村振兴齐鲁样板高质量发展
064 任仲义 发挥乡村就业创业功能 带动黄河流域农民持续增收致富
065 高建伟 发挥乡村生态涵养功能 推进黄河流域农业绿色发展和人居环境改善
066 高中强 发挥乡村农业生产功能 提高黄河流域保障粮食和重要农产品供给能力
067 蒋文强 发挥黄河流域乡村生态涵养功能 促进农业绿色发展和提升人居环境的建议
068 李宪德 坚持生态优先 推动绿色发展
069 曲绪仙 关于推进黄河三角洲高效生态农业发展的建议
070 曲绪仙 发挥乡村生态涵养功能 推进黄河流域乡村绿色发展和人居环境改善
071 茹立显 在黄河流域农村推广使用多能互补清洁能源取暖过冬的建议
072 田延营 发挥乡村休闲康养功能 发展乡村旅游和养生养老
073 王德民 搞好农业面源污染治理 提高乡村生态涵养功能
074 张保祥 发挥引黄灌区农业生产功能 提高粮食保障和重要农产品供给能力
075 张春庆 多措并举促进种业发展 助力粮食和重要农产品供给能力提升
076 龙君江 发展生态特色畜牧产业链 助力黄河流域群众共同富裕
077 史文宪 关于发挥乡村社会治理功能 促进黄河流域乡村社会和谐稳定的调研报告
078 王汉斌 关于完善乡村治理 促进黄河流域乡村社会和谐稳定的建议
079 王培亮 关于发挥乡村就业创业功能 带动黄河流域农民持续增收致富的调研报告
080 臧永芝 关于黄河流域助农直播电商产业的调研报告
081 王　蔚 发挥乡村文化传承功能 活化黄河流域优秀传统文化的“乡村记忆”
082 李俊东 山东省黄河流域康养文旅 助力乡村振兴的几点思考
083 许　峰 “发挥乡村休闲康养功能 发展黄河流域乡村旅游和养生养老”调研报告
084 田思胜 山东黄河流域乡村旅游和养生养老研究
085 庞　晶 发挥乡村休闲康养功能 发展黄河流域乡村旅游和养生养老
086 民盟山东省委会
发挥资本市场功能 支持我省黄河流域高质量发展
087 致公党山东省委会
“双碳”背景下我省绿色金融发展面临的问题及建议

088 九三学社山东省委会
关于我省加快黄河滩区易地扶贫产业园区发展的建议
089 王 栩 低碳发展走在前 创新引领开新局 多措并举打造黄河下游绿色能源廊道
090 王 琳 统筹布局 实现能源流域向低碳流域转型
091 王坤英 促进我省体育用品制造业绿色低碳转型升级的几点建议
092 毛方国 关于鼓励我省企业在促进黄河流域产业转型 优化升级方面发挥更大积极作用的建议
093 吕盛昌 共同做好“三大”基础工作 夯实黄河流域产业转型升级根基
094 许 敏 完善转型金融支持体系 助推高碳行业绿色低碳转型
095 严中华 关于推进黄河流域泛源低碳绿色智能电网建设的建议
096 杜英杰 践行新发展理念 推动黄河流域产业向绿色低碳转型
097 李旭茂 完善绿色金融体系建设 助推我省经济绿色低碳转型和发展
098 李国红 发挥“链主”优势 营造产业生态 带动传统产业优化升级和低碳转型
099 张 波 数字赋能推动经济转型 保障山东数字经济在黄河流域走在前
100 范友金 发挥济南、青岛双核引领作用 打造世界一流科创大走廊
101 周云平 在黄河战略中发挥园区领头雁主力军作用
102 郇 梅 加快推进协同创新合作 打造黄河下游绿色能源廊道
103 郝宪印 发展“飞地经济” 助推黄河流域产业合作
104 施乾平 建设济青科创智造廊带
105 姜巧珍 强化碳达峰碳中和立法支撑 推动黄河流域产业绿色低碳转型升级
106 唐 波 加大政策扶持力度 推动我省绿色低碳产业发展
107 黄淑玲 关于加速推动省内制造业企业智能化绿色化转型升级的建议
108 魏 勇 凝心聚力促发展 踔厉奋发勇担当 多措并举推动黄河流域产业转型升级
109 张宇翔 关于发展“虚拟化”产业集群的建议
110 赵 菁 关于推动产业园区绿色高质量发展的建议
111 赵儒霞 支持高水平对外开放 在推动黄河流域产业转型升级上担当作为
112 程 琳 优化产业结构 推动我省沿黄流域先进制造业高质量发展
113 王玉亮 济南起步区的定位与资源配置方略
114 王伯芝 关于推动我省金融业与黄河重大国家战略加速融合的建议
115 王建森 高标准落实“四水四定”助推起步区高质量发展
116 刘少华 围绕“双碳”目标 推动起步区绿色低碳高质量发展
117 许 敏 聚力汇智 支持起步区创建国家绿色低碳城市建设试点

118 赵　勇　让每一滴水在起步区抒写精彩篇章
119 姜联军　加快新旧动能转换　促进起步区生态建设　筑牢黄河安澜屏障
120 徐青峰　疏通入海水道　确保黄河安澜
121 董利忠　围绕“双碳”目标　推动起步区绿色低碳高质量发展
122 蔡福安　推进济南起步区“创建检验检测高技术服务业集聚区”的建设
123 刘　燕　强化水资源全生命周期管理　引领济南新旧动能转换起步区生态建设
124 刘传勇　强化新能源新机制新方式　提升起步区绿色低碳发展新动能
125 蒋文强　关于将小清河作为起步区第三水源的建议
126 邵　莉　构建起步区蓝绿系统　筑牢生态安全格局
127 聂　敏　关于加强起步区绿色低碳发展的建议
128 张怀成　全方位推进“减污降碳”体系建设　全力打造黄河流域生态文明标杆城市
129 徐天祥　起步区建设应重视三个定位

各部门工作概况

办公厅

2022年，在省政协党组和主席会议领导下，省政协各工作机构坚持以习近平新时代中国特色社会主义思想为指导，深入学习贯彻党的二十大和历次中央全会精神，认真贯彻落实中央决策部署和省委要求，围绕落实省政协党组工作要点，立足自身岗位职责，以事争一流、奋发有为的姿态和干劲，推动省政协各项工作提质增效、稳中有进，有效推进全省政协事业高质量发展。

一、强化政治建设，筑牢思想政治根基

坚持以政治建设为统领，在抓学习、强政治上下功夫，深刻认识“两个确立”的决定性意义，不断增强“四个意识”、坚定“四个自信”、做到“两个维护”。一是将学习宣传贯彻党的二十大精神作为首要政治任务，第一时间制定省政协学习宣传贯彻方案，印发关于学习宣传贯彻党的二十大精神的决议和通知，依托省政协“五大平台”，贯通三级政协、联通线上线下、打通基层一线，开展百名政协主席、千个委员界别组、万名政协委员“学习二十大、奋进新征程”系列学习活动，三级政协约4万名委员开展了为期1个月的线上专题学习交流，深入界别群众开展学习宣讲，带动界别群众深入学习二十大精神。开展“党的二十大精神政协委员宣讲网上行”等主题活动，举行“贯彻二十大精神·看市县政协新作为（党派工商联新变化）”全媒主题报道活动，持续开展富有吸引力感染力的宣传活动，不断传播扩大共识。二是严格落实“第一议题”制度，开展习近平新时代中国特色社会主义思想学习座谈活动14次，组织机关党组学习和理论学习中心组专题学习28次，开展专委会分党组专题学习40余次，第一时间传达学习习近平总书记重要讲话、重要指示批示精神，及时传达学习中央和省委重要会议精神，带动“两支队伍”自觉加强理论武装，筑牢团结奋斗共同思想政治基础。三是不断巩固拓展党史学习教育成果，依托理论研究基地、“学而书院”、政协讲堂和青年理论学习小组等，完善理论学习机制，构建全覆盖的理论学习体系，营造读书学习浓厚氛围。

二、主动担当作为，推动重点任务落地见效

围绕服务全省工作大局和省政协高

质量履职，准确把握工作定位，用心用力发挥综合协调、参谋统筹、组织实施等职能作用，有力有效推进省政协各项重点任务落实。

一是全力做好统筹实施。围绕落实省政协党组年度工作要点，做好参谋协调、统筹实施工作，制定落实省政协党组 2022 年度工作要点和省政协十二届常委会工作报告重点任务分工方案，组织召开主席办公会议和各类调度会、协调会 30 余次，及时调度工作进展，推动年度重点任务落细落实。编发 7 期《省政协领导同志批示交办事项办理情况报告》，及时通报省政协主要领导同志批示办理情况，督促重点任务落实。

二是精心组织专题议政。以“三个走在前”为主题，精心组织筹备三次专题议政性政常委会会议，创新改进议政方式，由常委自主选择专题参加分组讨论，邀请省直部门参加，增设会议简报和专题情况反映，提升深度协商议政、深入互动交流水平，形成 13 篇调研报告，向省委、省政府报送 3 份建议案和 13 期《专题议政情况反映》，李干杰书记、周乃翔省长多次作出批示。

三是重点打造协商品牌。按照省政协打造三级共有的协商品牌的工作部署，制定实施“有事多商量”平台建设指导意见，创设“月度协商会”协商平台，打造集专题协商、对口协商、界别协商于一体的常态化融合履职载体，注重向基层协商延伸，塑造政协系统协商议政标识性品牌。一年来，省政协先后围绕育儿友好型社会建设、新就业形态劳动者权益、黄河三角洲盐碱地开发利用、职业教育创新发展等召开 10 次月度协商会，向省委、省政府报送 10 篇协商情况报告，彰显了专门协商机构价值作用。拓展协商内涵，积极探索开展协商式监督，围绕港口经济发展新势能、保障粮食供给安全、“双减”政策落实《山东省全民健身条例》和《山东省民营经济发展促进条例》实施情况等开展民主监督，有力推动了政策落实。

四是推进工作提质增效。立足市县政协换届实际和破解“两个薄弱”，着眼政协事业发展新形势任务，推动省委出台《关于加强和改进新时代市县政协工作的实施意见》，举办全省市县政协主席“习近平总书记关于加强和改进人民政协工作的重要思想”学习研讨班和全省政协主席暑期读书会，组织开展大学习大调研大讨论，不断深化政协工作规律性认识，进一步激发奋进动力，凝聚履职合力。落实数字强省建设部署安排，推动全省政协数字化建设，实现 16 市政协远程视频协商全覆盖，通过“山东政协”APP 云协商，2000 多名省市县政协委员、专家、群众代表等参与协商互动交流，实现全时域“云上议政、网上协商”。切实用好社情民意信息“直通车”，全年收集处理信息 2.2 万篇，向全国政协、省委报送信息 2203 篇，149 篇信息获采用上报，32 篇信息获省委省政府领导批示，在全国政协和省委信息工作考评中继续位居前列。

五是深化政协理论和文史研究。组织开展“人民政协在推进全过程人民民主的历史使命”理论研讨活动，高质量完成全国政协交办《民主监督读本》第四章编写和“人民政协协商民主理论与实践研究”课题研究工作，多篇理论文章被《学习时报》《人民政协报》刊载。联合省委宣传部、省文旅厅开展山东文化标识推选活动，推选50个体现代表性、独特性、现实性的山东文化标识项目，传承推介齐鲁文明，助力新时代文化强省建设。上线“山东省政协网上文史馆”，编纂出版《山东文史荟萃》，拍摄省政协口述史料纪录片，充分发挥文史资料“存史、资政、团结、育人”作用。

六是高效服务省政协领导履职。办公厅、研究室、委员活动工作室和各专委会加强工作统筹，配齐配强工作力量，全力服务做好省委交办重点任务和省政协领导牵头负责的重点工作，协助开展包案化解信访事项、联系基层政协和非公有制经济组织、稳经济基本盘督导服务等各类活动40余次，召开各类协调座谈会20余次，96件信访事项全部按时化解，切实把政协优势转化为助推大局、为民履职的实际行动。

三、强化制度集成创新，激发政协系统履职活力

以开展贯彻落实中央政协工作会议精神“回头看”为契机，统筹各工作机构整体力量，系统打造相互贯通的全新履职载体，加强顶层设计、完善制度机制，推进省政协制度化、规范化、程序化等功能建设。

一是强化平台支撑，提升履职整体质效。贯彻省政协党组部署安排，以强化建言资政和凝聚共识双向发力为切入点，坚持共建、共育、共享，按照统一标识、统一流程、统一管理的原则，协调推进“有事多商量”协商平台、“界别同心汇”聚识平台、“学而系列”读书平台、“鲁力同心”宣传平台和“政协在线”数字平台等五大平台建设，全面打造一体贯通的省政协履职平台。一年来，省委省政府主要领导批示建议案、协商报告、社情民意信息30余次，60余家省直部门单位到政协开展协商，试点建立首批20个“界别同心汇”，依托“学而书院”读书平台开展43次线上学习活动，推进政协各履职系统迁移至“山东通”，推动4.6万名省市县政协委员和机关干部上线“政协在线”数字平台，一体集成提升协商、读书、聚识、宣传等平台功能，实现全时域移动履职和办公，以数字赋能拓展了政协协商的广度、深度和效度。

二是强化制度创新，提升工作规范化水平。坚持守正创新，聚焦打基础利长远，抓住制度建设“牛鼻子”，先后推动制定涵盖党的建设、委员履职、服务管理等方面近30项制度，推动形成科学合理、规范有序、衔接顺畅的工作运行体系。特别是推动以省委、省政府、省政协办公厅首次联合印发《省委、省政府、省政协2022年协商工作计划》，带动全省各市县党委政府政协联合制定印发协商计划，有力推动了政协协商民主的制度化、规范化。推动完善省委省政府主要领导阅批督办、省政协主席会议成员领办督办重点提案机制，省委书记、省长点题和阅批督办重点提案，并将重点提案办理工作纳入省委省政府重点督查事项，推动提案工作质效持续提升。

三是强化整体联动，增强政协系统履职贯通力。制定落实《关于进一步加强对市县政协工作联系和指导的若干意见》，建立学习联动、履职联系、信息联通机制，完善重要协商议题协同调研、联动协商，召开省市政协秘书长工作交流座谈会，各专门委员会分别召开全省政协系统工作会议，编发38期《工作通报》，交流市县政协工作经验，通报重要履职成果，推动形成“平台共建、品牌共育、履职共推、资源共享、队伍共建”三级联动的良好局面。修订进一步发挥界别作用的意见，制定主席会议成员联系界别和委员办法、委员联系服务界别群众的意见，确定各专门委员会联系界别分工，构建起“主席联界别、界别联委员，委工室统筹协调、专委会具体保障”的界别工作机制，有效发挥界别聚识联络作用，凝聚委员协同履职的整体合力。

四、推动强基固本，保障省政协高质量履职

强化党组织功能作用，着眼严起来、紧起来、动起来，充分发挥机关党组和专委会分党组表率作用，在姿态状态上用力、在基层基础上用力、在底色成色上用力，推动形成担当作为、勇于奉献的工作导向。一是强化党建引领。坚持以党建带队伍、促工作，在学习、调研、考察等重要履职活动中组建临时党支部，推动党建与履职融合互促，有效推动“两个全覆盖”，推动形成了以党建强政治、带队伍、促履职、增团结的良好格局。深化实施党支部标准化规范化提升工程，深化“一支部一品牌”创建活动，32个在职党支部全部达到“标准党支部”以上等次。二是抓牢专委会建设。持续在发挥专委会基础作用上用力，先后召开省政协各工作机构负责人座谈会、专委会分党组书记座谈会，听取各专委会分党组党建工作情况汇报，强化全面从严治党责任意识。结合职务职级晋升，推动干部交流42人，选任优秀年轻干部到专委会办公室工作，加强人员力量。三是抓好“两支队伍”建设。印发加强和改进委员学习、培训工作的办法，规范做好驻鲁全国政协委员、驻各市省政协委员履职服务工作，组织开展全省政协系统首届“最美政协人”推宣活动，遴选确定30名“最美政协人”正式人选和18名提名人选，引导激励广大政协委员干出新样子、树立新形象。鲜明树立重实干、重实绩、重担当导向，全年推荐厅级干部5人，选拔任用处级干部12人，职级晋升25人，形成有为者有位、能干者能上、优秀者优先的鲜明用人导向，激发机关干事创业的动力和活力。

五、全面从严治党，持之以恒提升能力作风

严格落实新时代党的建设总要求，深入推进全面从严治党，严格落实党风廉政建设责任制，持之以恒改进作风，加强机关自身建设。一是强化机关党风廉政建设。机关党组和各专委会分党组认真履行管党治党政治责任，严格落实“一岗双责”，抓班子、带队伍；支持派驻纪检监察组行使职责，发挥机关纪委监督保障作用，制定党风廉政建设实施意见，制发加强机关新时代廉洁文化建设的实施方案，充实科级以下干部廉政档案，组织观看警示教育片，加强年轻干部警示教育，涵养遵纪守法良好生态。二是严格遵守纪律规矩。严格执行重大事项请示报告制度，全年向省委请示报告工作32次，机关党组和各专委会分党组向省政协党组报告重要事项和重大问题40余次，确保省委和省政协党组决策部署落地落实；机关党组发挥集体领导作用，坚持重大事项集体研究，研究全面从严治党、党风廉政建设、意识形态、法治建设、基层党建和干部队伍建设等“三重一大”事项26次。严格落实意识形态工作责任制，管好用好《联合日报》等自办媒体，山东政协微信公众号影响力稳居全国政协系统前列。三是扎实推进机关作风建设。落实巡视整改政治责任，制定巡视整改方案，持续做好巡视整改“后半篇文章”；配合开展党建责任制专项督查，坚持常态化开展“双周检查”，强化“庸懒散”专项治理，持续保持反“四风”高压态势，营造风清气正的干事创业氛围。

研究室

2022年，研究室在省政协党组和省政协机关党组的坚强领导下，以习近平新时代中国特色社会主义思想为指导，深入学习贯彻党的二十大精神，紧紧围绕各项重点工作，坚持质量导向，强化服务意识，较好地完成了各项工作任务。

一、推动理论学习走深走实

把学习作为第一要务，以学习提升思想境界、提高素质能力、推动工作开展。一是跟着思想走。将学习习近平新时代中国特色社会主义思想摆在首位，突出及时学、深入学、持续学。今年以来，习近平总书记的最新重要讲话、重要指示、重要批示精神和中央一系列重要会议、重要文件精神，都做到了第一时间学习、持续深入学习。党的二十大召开后，多次组织专题学习，原原本本读报告、逐字逐句学精神，深刻领悟"两个确立"的重大意义，增强"四个意识"、坚定"四个自信"、做到"两个维护"。二是沿着主线走。坚持"一人领学，多人互学，全员共学"的常态化学习制度，将葛慧君主席讲话作为主线，分专题开展学习。以"全国两会""党组会议""常委会会议""工作报告""署名文章"等为主题，开展"省第十二次党代会我来谈""葛慧君主席讲话研习课""青年干部小讲座"等研讨，组织交流学习，形成学习心得体会，有效巩固学习成效。三是推着工作走。坚持学思结合、学以致用，准备干什么就先学什么，以学明白确保想明白、干明白。深刻领会党的二十大对政协工作的新部署新要求，常态化学习全国政协、省委最新重要会议精神和领导讲话要求，深入学习省第十二次党代会精神，根据年度工作要点，提前学习"数字经济发展""育儿友好型城市建设""新能源汽车产业发展"等月度协商会议题所涉及领域专业知识，第一时间分享中央部署、省委要求和新华社评论等，争取综合文稿起草打有准备之仗，用富有思想性、指导性的高质量文稿推动工作开展。

二、高质量完成好各类文稿起草任务

一是圆满完成重要文稿起草。完成《加强和改进市县政协工作的实施意见》《关于进一步加强和改进对市县政协联系和指导工作的若干意见》《应用型智库工作规则》起草。起草、修改省委主要领导同志在省政协十三届一次会议上的讲话，省政协主要领导同志在全国政协全会上的发言、在参加全国地方政协主席理论研讨班上的发言提纲，在全省政协主席研讨班上的讲话、在暑期读书会上的讲话、在月度协商工作专题座谈会上的讲话以及在理论学习中心组集体学习时讲话等。二是对临时交办的文稿任务，集中全员智慧力量保质保量完成。包括葛慧君主席在省两会期间参加界别组讨论时的发言、在省委理论中心组集体学习时的发言、在省政协党组会议上的讲话以及在部分地市、部门单位、企业调研时的讲话等。编辑完成《全国政协年鉴 2021》山东政协部分，做好省民政厅征求意见的回复工作，等等。三是对承担的长线任务，及早谋划、充分酝酿。圆满完成2022年省政协全会文字材料起草任务，包括常委会工作报告、政协决议和会后报告等。二十大召开后，起草省政协学习宣传贯彻中共二十大精神的决议，组织修改省政协常委会“学习二十大精神”大会发言，起草省政协领导宣讲二十大精神文稿。及早启动十三届一次会议前后重要文稿起草工作，完成省政协党组2023年工作要点、省政协2023年协商议题、2022年协商工作计划执行情况报告等文稿。四是起草好贯彻落实中央政协工作会议精神“回头看”工作情况报告。全国政协将贯彻落实中央政协工作会议精神“回头看”工作作为落实习近平总书记重要指示要求的重要政治任务，专门下发通知作出整体部署安排，省政协党组高度重视，将这项工作列为年度工作重点，认真落实葛慧君主席要求，历时40多天，系统梳理、总结提炼全省各级党委、政协在贯彻落实中央政协工作会议方面的特色亮点和创新做法，省委书记李干杰同志亲自审定报告，作出长篇批示给予高度评价。

三、助力擦亮“有事多商量”协商品牌

打造“有事多商量”协商品牌是省委交给省政协的重要任务，是省政协的重点工作。按照任务要求，认真做好统筹调度和服务保障工作以及每月向省委报送落实重点工作任务情况。一是拟定高质量年度协商计划。准确把握领导要求，在充分征求各方意见的基础上，汇总形成年度协商计划草案，对全年协商活动作出整体安排。草案经省政协主席会议审议后报送省委，省委常委会会议专题研究审定，李干杰书记、周乃翔省长给予充分肯定。会后，根据领导意见，推动计划由省委、省政府、省政协三家办公厅联合印发。二是就党的政治协商工作条例提出修改意见并报送学习贯彻情况。按照全国政协要求，认真学习党的政治协商工作条例征求意见稿，提出四条具体修改意见，被全国政协采纳。条例正式印发后，起草了省政协党组《关于学习贯彻〈中国共产党政治协商工作条例〉的通知》。按照全国政协通知要求，起草省政协学习贯彻条例的情况报告。同时，梳理贯彻落实条例情况，形成专项报告报送省委。三是完善协商制度机制。着眼于推进省政协协商工作制度化规范化程序化，适应形势任务要求，起草了《省政协协商工作规则》《省政协协商议政质量评价工作办法》《省政协月度协商会工作规程》，对协商活动的开展、协商成果的运用和评价等作出规定规范。四是推进“有事多商量”平台建设。制定《关于全省政协开展“有事多商量”平台建设工作的指导意见》，制作统一标识，印发各市县政协，为省市县三级政协共建“有事多商量”协商平台绘出“施工图”。持续跟踪了解市县政协平台建设情况，调度有关文件落实情况，在解答问题、梳理思路举措和实践探索的基础上，编写《“有事多商量”平台建设操作手册》，推动平台建设规范开展。五是参与服务省政协协商活动。参与省政协常委会会议建议案、大会发言的起草、修改工作。统筹各专委会月度协商活动的议题设计、时间安排和协商部门，全程参与月度协商会领导讲话的起草过程，履行好把关责任。

四、持续提升理论研究和反映社情民意信息工作

一是创新提升政协理论研究水平。完成全国政协交办的“人民政协协商民主理论与实践研究”课题研究工作。高质量编写《民主监督读本》第四章“人民政协民主监督的工作程序”。组织开展“人民政协在推进全过程人民民主中的历史使命”理论研讨活动，多篇论文被《学习时报》《光明日报》和《中国政协·理论研究》刊载。参加全国政协理论研讨会，围绕“树立科学思维方法 发挥专门协商机构效能”形成理论成果。刊发《研究会工作动态》，及时通报研究会日常工作情况，推动研究成果向工作成果转化。策划“理论沙龙”“政协大家谈”等，加强与理事沟通联系，在承担重点课题中深化拓展研究，让研究基地成为研究高地。

二是推进信息工作高质量发展。创设“专题议政情况反映”子刊型，向省委省政府反映专题议政性常委会意见建议。加大联系指导力度，派员 20 余人次开展培训交流，遴选基层信息员挂职锻炼，组织开展信息评选表彰。抓好社情民意和图书管理两个“信息系统”升级改版，做好图书订阅和“好书推荐”等日常工作。推行扁平化审核，实行全员值班、全天候阅稿。共收集处理信息突破 2.2 万篇，报送 2203 篇，32 篇信息获得省委省政府领导批示，在全国政协和省委信息工作考评中继续位居前列。

五、扎实有效做好政协宣传工作

一是聚焦中心工作，“鲁力同心”讲好政协履职故事。搭建“鲁力同心”宣传平台，以加强联合日报、“山东政协”微信公众号等自办媒体阵地建设为基础，持续拓展主流媒体“政协方阵”，开辟“头条号”“政协号”等新渠道，扩展融媒体传播格局，形成全方位传播矩阵。做好重点会议宣传，通过开展“云访谈”、打造“特约委员记者”模式、强化融媒报道等形式加大对全国政协十三届五次会议报道力度，报道驻鲁委员 130 余人次，编发专访、专题、图片等稿件 261 篇。二是勇于创新突破，深化打造政协宣传工作品牌。高质量完成主题宣传答卷，围绕喜迎二十大、落实省第十二次党代会精神等主题，策划新闻专题，推出综述报道、系列报道。创新开展“喜迎二十大——委员在行动”主题宣传活动，积极推宣“最美政协人”，通过委员访谈、事迹采访等方式，挖掘先进典型。开展“政协工作齐鲁行”集中采访，两次组织新华社《人民政协报》、山东电视台等媒体赴淄博、枣庄等四市开展“政协工作齐鲁行”集中采访，累计发稿 40 余篇，网络阅读量突破 130 万人次。三是聚焦提质增效，持续加强宣传阵地建设。提升合办专栏质量，继续办好《提案追踪》《委员关注》《直通社情民意》专栏，新开设《鲁力同心》专栏，展示委员为国履职、为民尽责风

采。围绕专题议政性常委会会议、月度协商会议等制作电视专题节目 45 期，推荐 28 位委员参加《问政山东》节目。用好新闻发布平台，及时发布省政协全会、专题议政性常委会议等重大活动情况。加强媒体载体建设，推进融媒体中心平台项目建设，完成全媒体编审暨多元发布平台、舆情监测平台开发，开展 24 小时舆情监控。

委员活动工作室

2022年，委员活动工作室全面理解把握习近平总书记关于加强和改进人民政协工作的重要思想和对山东工作的重要指示要求，在省政协两级党组坚强领导下，在于国安副主席的具体指导下，把准工作定位，聚焦主责主业，着力强学习、搭平台、抓落实、优服务，创新探索、务实扎实，圆满完成各项工作任务，推动委员学习培训和界别工作的整体水平、履职成效实现全面提升。

一、抓党建，促引领，在思想政治建设上取得新进展

严格落实新时代党的建设总要求，推动全面从严治党往深里走、往实里走，逐步形成以党建强政治、带队伍、促履职的良好局面。

（一）注重加强思想政治建设。始终坚持以习近平新时代中国特色社会主义思想为统领，围绕学习贯彻党的二十大精神，学习《习近平谈治国理政》第四卷、《中国共产党政治协商工作条列》等，开展专题学习研讨17次，定期组织意识形态、网络安全、民族宗教、保密安全等方面的学习教育，做好经常性思想政治工作，积极引导支部党员深刻理解“两个确立”的决定性意义，不断增强“四个意识”、坚定“四个自信”、做到“两个维护”，在学理增信中筑牢思想根基，在崇德力行上强化使命担当。

（二）推动党建业务融合互促。结合机关开展的各项活动，立足委工室实际，推动党建和业务工作有机融合、互促共进。在组织开展委员培训、专题调研等活动时设立临时党支部，全过程全时段加强党的领导，确保履职方向不偏、靶心不散。开展支部组织生活规范月活动，查摆问题，整改提升，确保党的组织生活更加规范有序。“内联”农业和农村委员会办公室党支部，“外联”省残联机关第一党支部，组织“联动共享 联学共建”活动，取得良好反响。

（三）锤炼干部队伍过硬作风。认真落实葛慧君主席围绕机关干部队伍建设提出的要求，注重作风培育、文化塑造、能力提升，努力打造“忠诚、干净、担当”的过硬队伍，营造“紧起来、动起来、忙起来、规范起来”的干事氛围。积极开展廉政警示教育活动，引导大家筑牢拒腐防变思想道德防线。严格遵守中央八项规定精神和机关廉政纪律，加强对学习培训、界别、调研等经费的使用和管理，将廉政的各项要求落到实处。全室人员围绕年初确定的重点目标任务，坚持问题导向、结果导向，立足本职岗位，扎实履职尽责，推动各项工作实现新进步、新突破。

二、搭平台，赋新能，在发挥优势作用上实现新突破

紧紧围绕委工室为委员履职服务、

为界别履职服务的工作定位，积极搭建“学而系列”读书平台和“界别同心汇”聚识平台，推动委员学习和界别工作实现创新发展。

（一）搭建“学而系列”读书平台。认真贯彻落实习近平总书记关于委员读书活动的重要指示要求，按照全国政协和省政协党组工作部署，加快推进富有齐鲁文化底蕴的书香政协建设，为省市县三级4万余名政协委员搭建起“学而书院”“学而书房”“学而讲谈”三位一体的“学而系列”读书平台，建立时政群、百科群、市县群、漫谈群等4个读书群组，实现委员学习全天候全覆盖，“读书+履职”成为政协工作新常态。2022年，围绕学习中共二十大精神、《习近平谈治国理政》第四卷、《中国共产党政治协商工作条例》、省第十二次党代会精神等内容开展4次网上专题学习研讨活动，葛慧君主席担任群主“领学”，各界委员积极“跟学”，全省6.5万余人次参与活动，交流发帖10万余条，营造了浓厚学习氛围，取得了双向发力的丰硕成果和良好的社会溢出效应。同时，认真承办全国政协书院网上专题讲座，积极协助部分专委会、地市政协和政协委员开展线上学习研讨活动72次，收到良好效果，引起强烈反响。全国政协办公厅在〔2022〕第11期《各地政协深入学习宣传贯彻中共二十大精神》简报中，对我省政协“学而书院”丰富有效的活动给予了充分肯定。

（二）搭建“界别同心汇”聚识平台。着眼发挥政协界别优势和委员作用，推动实现委员联系服务界别群众的经常化、组织化，探索创建“界别同心汇”聚识平台，旨在通过界别委员影响有影响的人士和界别群众，更加紧密地团结在党的周围。提炼“同心同向同行、汇识汇智汇力”的核心内涵，把握建设“学习交流的园地、议政建言的平台、了解民生的窗口、凝聚共识的渠道”的功能定位，坚持试点先行、建管并举、三级联动的推进思路，出台实施意见、制定创建方案、统一制作标识、完善配套制度、加强培训指导，第一批共创建20个“界别同心汇”，影响对象涉及产权领域从业者、新侨人士、新就业形态劳动者、新生代民营企业家等多类特定人群。组织开展43场特色聚识活动，涵盖同心共庆二十大、数字赋能实体经济、“专精特新”企业发展、健康中国建设等多个主题，有政策宣讲、创业恳谈、美育讲座、读书交流、“疫”线故事分享会等多种形式，初步达到了“一个委员团队”影响“一众人群”的乘数效应，尤其是影响吸引了一批党外知识分子、非公有制经济人士、新的社会阶层人士，扩大了“朋友圈”，画大了“同心圆”。《人民政协报》头版头条，以“扩大凝聚共识‘朋友圈’——山东省政协打造界别同心汇聚识平台建设记事”为题，进行了宣传报道。

三、重质量，创一流，在提升履职水平上收到新成效

坚持事争一流、奋发有为，提高标准，完善机制，注重实效，推动委员学习培训和界别工作更加规范、更有活力。

（一）系统科学强化学习培训。首先，在推动落实上下功夫。加强统筹协调，做好情况汇总、分组调整等服务保障工作，推动习近平新时代中国特色社会主义思想学习座谈会制度落地见效。2022 年，举办全省政协暑期读书会暨联组学习座谈会，各学习小组开展学习座谈活动 15 次，圆满完成了年度学习座谈任务，较好实现了以理论大学习、思想大武装促进工作质量和履职成效大提升。其次，在规范提升上下功夫。制定《关于加强和改进省政协委员学习工作的办法》《山东省政协委员学习工作联席会议制度》，修订《政协山东省委员会委员培训工作办法》，进一步提升委员学习培训制度化、规范化、科学化水平。2022 年，举办全省市县政协主席“习近平总书记关于加强和改进人民政协工作的重要思想”线上学习研讨班，16 市政协同步参训，统一思想认识、厘清思路要求、激发活力干劲。《人民政协报》在头版进行了专题报道。相关材料报送全国政协，汪洋主席、夏宝龙副主席作了批示。2022 年，先后组织 200 余名省政协委员及部分机关干部参加两期全国政协地方政协委员（干部）培训班，进一步提升了委员理论素养，增强了履职本领。最后，在丰富形式上下功夫。紧扣全省中心工作和委员履职需要，围绕保持战略定力、中国式现代化、数字经济以及中国共产党政治协商工作条例等内容，组织 4 期“政协讲堂”和专题学习讲座，办好《委员天地》，促进广大政协委员和机关干部知情明政、开阔视野、有效履职。同时，积极运用门户网站、微信、移动客户端等，拓宽线上学习政协网站专栏，加大引进精品公开课的力度，办好“履职课堂”“委员读书”等，实现委员学习即时性、广覆盖、常态化。

（二）用心用力服务界别履职。一是加强界别工作统筹。为确保各界别明晰路径，有条不紊履职尽责，年初，协调各专委会会同所联系界别，制定形成《省政协 2022 年界别活动计划》；年中，加强界别活动开展情况调度；年终，及时汇总年度界别履职情况。2022 年各界别共开展履职活动 63 项，其中，主题界别学习 33 项，界别调研、协商、考察等 30 项，形成界别履职成果 24 项，省领导同志批示 16 人次。二是建立界别履职质量评价机制。制定《山东省政协界别活动质量评价办法（试行）》，通过分类设立基础分、附加分相应选项，进行量化赋分；依托“政协在线”数字平台开发界别工作应用系统，加强各界别活动情况调度，完善界别履职电子档案，为质量评价打好基础。年底，对各界别（组）活动情况开展了质量评估，18 个界别（组）不仅有履职成果，而且得到省领导同志批示，分值超过 100 分，初步达到了激励引导、提高履职实效的目的。三是探索界别履职新形式。在做好界别履职服务保障工作的基础上，创新界别履职方式，先后围绕“我省农村电商发展”“居家适老化改造”开展跨界视察（考察）活动，提出意见建议，为丰富界别履职形式提供了借鉴。四是加大界别履职宣传。广泛利用各类媒体资源和传播途径，特别是用好新媒体，全方位、多角度、立体化讲述界别故事，及时传达界别声音，生动展现界别履职风采。以“奋力走在前 界别勇担当”为主题，录播视频类节目《界别关注》1 期；编发 39 期《界别微讯》。

四、谋全局，善作为，在服务大局上作出新贡献

始终坚持围绕中心、服务大局，履职尽责，积极作为，助推省政协重要工作部署落地见效、开花结果。一是建立政协委员联系服务界别群众制度。根据全国政协部署和省委要求，结合我省政协工作实际，制定《政协山东省委员会关于政协委员联系服务界别群众的意见》，为充分发挥政协界别优势和委员主体作用，更好履职为民提出制度化要求。二是开展“加强和改进新时代市县政协工作”调研。按照省政协统一安排，3月份，于国安副主席带队赴聊城临清市、高唐县、茌平区，德州禹城市、武城县，围绕落实中央政协工作会议精神和省委政协工作要求情况开展实地调研，深入了解情况，广泛听取意见，研究探讨加强和改进市县政协工作的方法举措，提出意见建议，为省委出台制定加强和改进市县政协工作意见提供参考。三是承办省政协十二届常委会第二十三次会议分专题议政任务。按照常委会会议筹备工作安排，分工承担“加快产业生态创新 优化和稳定产业链供应链”子课题。通过书面调研、召开专题座谈会、网络议政等形式，面向职能部门、政协委员、重点企业等不同群体，多方面、多角度了解情况、听取意见建议，在深入研究、反复论证的基础上，形成调研报告、专题情况反映等3篇履职成果，并组织了2篇大会发言。省委书记李干杰同志对专题情况反映《疏通关键“堵点”加快产业生态创新》等都作出了批示。

2022年委工室工作取得的成绩，主要来自省政协两级党组的坚强领导和悉心指导，特别是葛慧君主席对委工室工作多次给予肯定鼓励、作出重要指示、提出具体要求，其他省政协领导同志也给予了很多关心帮助，各方面给予了大力支持。这是委工室工作有创新有突破的关键所在。同时，我们也清醒地看到，委员学习培训和界别工作还存在一些问题和不足，比如，“学而系列”读书平台整体效应不突出、线下活动还不够活跃，委员学习培训的吸引力、精准性有待进一步提升；比如，委员联系界别群众还没有真正破题，缺乏有效的实践路径；“界别同心汇”聚识平台的搭建刚刚做到有形覆盖，距离有效覆盖还有很大距离，换届之后如何增点扩面、提质增效需要加强统筹谋划；等等。我们将对照新时代新任务新要求，认真研究改进。

提案委员会

2022年，提案委员会在省政协常委会议、主席会议的正确领导下，认真学习贯彻中共二十大、中共十九大和十九届历次全会精神，贯彻落实中央政协工作会议、省第十二次党代会精神，按照葛慧君主席对提案工作的要求和年度工作计划，以提高提案工作质量为导向，加强统筹协调，积极探索创新，注重工作实效，圆满完成了各项工作任务。

一、提高站位、强化引领，提案履职明确新方向

*一是强化分党组示范带动效应。*落实分党组理论中心组和主任会议集体学习制度、习近平新时代中国特色社会主义思想学习座谈会制度，组织委员会委员、所联系界别委员参加“学而书院”读书活动，强化理论武装，统一思想认识，使分党组在专委会工作中真正发挥把方向、管大局、做示范、保落实作用。*二是发挥中共党员委员先锋模范作用。*建立提案委分党组成员、党员常委与党外委员联系制度和谈心谈话制度，根据地域和行业特点，每人联系3—4名委员，实现分党组对所有委员的全覆盖。推动委员会中共党员委员通过一起开会、一起调研等形式与党外委员加强经常性联系，不断增进团结，努力改进工作。*三是加强干部队伍建设。*以提升整个团队业务能力和综合素质为目标，开展8期“提案提升课”，更新知识储备、开阔眼界视野、拓宽工作思路。

二、源头发力、夯实基础，提案质量得到新提高

*一是做实提案征集工作。*向60多个省直部门及社会各界征集提案线索，形成提案选题参考目录，在省政协提案管理系统发布，引导提案者选准题目、写好提案。与各民主党派省委、省工商联等人民团体建立共同遴选课题机制，加强与各界别的沟通联系，确保集体提案质量，共征集集体提案100件。加大平时提案征集力度，围绕省党代会确定的十二个方面重点工作和保市场主体保就业保民生等，向政协委员、政协各参加单位征集平时提案；协调相关专委会，将专题议政性常委会会议形成的调研报告转化为平时提案，共征集平时提案129件。今年，共收到提案899件，立案818件，立案率91%。*二是规范提案审查工作。*采取三级审查方式审查提案，全会期间邀请省委省政府督查工作领导小组办公室及党委、政府30多个相关部门的同志参与提案初审，提案委员会值班主任进行复审，委员会全体会议对审查结果集体确认，提高了审查质量。继续委托专业机构对所有收到提案进行查重比对，杜绝了提案抄袭现象。*三是深化提案分析工作。*对全会提案情况进行统计分析和

综合整理，起草了综合分析报告，为进一步有针对性地提高提案质量提供依据，葛慧君主席作出批示。

三、有效协调、强化督办，提案办理取得新成效

一是做好提案联合交办工作。全会后，省委办公厅、省政府办公厅、省政协办公厅联合召开提案交办会，交流经验、部署任务，推动提案办理工作规范有序开展。二是协调落实重点提案督办任务。精心遴选培育重点提案，经省委省政府省政协领导同意，确定了13件重点提案，李干杰书记、周乃翔省长和葛慧君主席分别作出批示，提出办理要求。制定重点提案督办工作方案，明确督办目标、分工和要求。省政协各专委会制定具体实施方案，组成13个督办调研组，由葛慧君主席、各位副主席等领导同志分别带队，带领提案者和部分省政协委员，联合28个提案承办单位，深入11个市45个单位、企业、村居、农田、矿区、港口、黄河滩区、项目现场，开展实地调研；组织召开17场重点提案办理协商座谈会，推动提办双方形成共识，促进建议落实。每次督办活动结束后，编印工作通报，及时刊发督办进展情况，总结重点提案办理和督办工作中的好经验好做法，提升督办质效。三是创新督办方式。结合提案办理进度和办理场景，灵活运用带案督办、联动督办、走访督办、现场督办等方式，扩大提案督办覆盖面和参与度，发挥重点提案督办引领示范作用。在召开李干杰书记批办、葛慧君主席协办的“加快数字经济发展”重点提案督办协商会时，邀请提出相关提案的政协委员参会，带动同类提案的办理落实。在开展乃翔省长批办的“实施品牌战略，助力企业健康发展”重点提案督办协商中，邀请全国、省、市、县四级政协委员参加，加强与各级政协委员的协同联动，形成督办合力。组织部分提案者赴省教育厅、医保局开展走访督办活动，帮助提案者更好知情明政、知晓办理进度，增进提办双方更多了解和理解，促进办理工作顺畅高效。四是建立年度提案办理考核台账。对提案办理情况逐件梳理总结，发现提案者对办理结果不满意的，协调承办单位开展二次办理，发现办理难度较大、提案者多年反复提交的提案，进行跟踪督办，推动提案办理工作由重答复向重落实转变，确保办理工作取得实效。

四、建章立制、规范程序，提案工作呈现新格局

按照葛慧君主席对提案工作的指示要求，认真梳理、修订完善提案工作制度机制。一是制定、修订提案工作制度。制定出台《重点提案培育、遴选与督办办法》《提案质量和提案办理质量评价办法》《平时提案工作规程》，修订《提案征集办法》《提案审查办法》《提案办理协商办法》《提案公开办法》《优秀提案、先进提案承办单位和先进提案工作者评选表彰办法》，使提案工作有章可循、有据可依，实现全流程制度化。二是健全提案工作机制。完善省委、省政府、省政协办公厅联合交办提案机制，将省政协提案办理纳入省委办公厅督查计划；健全省委、省政府、省政协主要领导阅批督办和省政协领导领办督办重点提案机制，将重点提案办理协商列入省委、省政府、省政协年度协商工作计划，提案工作合力进一步增强。完善平时提案提出办理机制，加强平时提案征集和交办工作，对平时提案做到随交随审随办，推动提案工作常态化开展，深化了全过程人民民主实践。

五、严格标准、高效推进，调研协商焕发新活力

一是认真落实常委会子课题的调研协商任务。围绕“发挥海洋科技人才优势，激活海洋经济发展潜力”，克服疫情限制，创新工作方法，通过召开情况通报会、函调材料、赴山东人才集团和海洋集团考察、视频调研、网络议政等方式，深入了解情况，广泛征集意见，找准症结、提出对策，形成了高质量的调研报告。统筹协调建议案、大会发言、分组讨论等各项工作，加强与委员和相关部门的沟通协商，细化分解任务，逐一抓好落实。二是精心组织“推进我省新能源汽车产业高质量发展”月度协商会。组织召开专题辅导暨情况通报会，请中国汽车工业协会总工程师、副秘书长叶盛基同志作专题报告，请省直有关部门负责同志介绍情况，与委员、专家座谈交流，深化学习研究，找准协商重点。在山东通“学而书院·百科群”组织开展专题读书活动，通过爱山东“有事多商量”平台和山东政协《民声连线》栏目发布意见建议征集通知，畅通社会各界参与协商渠道，营造良好协商氛围。与济南、青岛、淄博、烟台、泰安、德州、聊城7市政协开展联动调研，商请广东、浙江、福建、湖北、安徽5省政协开展协同调研，全面了解情况，拓宽思路视野。在会议组织环节，将发言和问答分阶段进行，邀请专业素养高、建言能力强的委员、专家学者、企业代表作为发言人，精心设计短视频制作、发言稿件甄选、现场连线、辅议材料编印等会议细节，优化会议流程，发出议政建言“好声音”。17家中央驻鲁媒体、省内主要媒体进行了全方位宣传报道，放大了协商效应。注重协商成果转化运用，遴选优秀发言稿件、调研材料，以信息专报形式报省委省政府；及时总结提炼调研协商情况，形成高质量的协商报告，报省委省政府供决策参考，省委副书记、省长周乃翔，省政府副省长范波等省领导作出重要批示。会后起草《月度协商会工作流程》，推动月度协商会制度化、规范化。

六、内外联动、汇聚合力，服务水平实现新跃升

一是开展对外交流，提高工作水平。组织召开全省政协提案工作视频会议、总结表彰会，总结经验做法，树立先进典型，强化协同联动，增强提案工作合力。在全省政协开展“我为提案工作献良策”活动，征集意见建议50余条，及时整改落实，推动提案工作创新发展。参加华东六省一市政协第二十九次提案工作座谈会，派员到部分市县政协作提案知识专题讲座，加强与各级政协之间的沟通联系。围绕“协商平台建设”参加赴浙江、上海学习考察，围绕“加强和改进市县政协工作”参加赴聊城、德州调研。做好宁夏、四川、安徽政协来鲁考察接待工作，协助黑龙江省政协、河南省政协函调有关材料。二是加强信息宣传，扩大提案影响。组织召开重点提案督办工作见面通气会、新闻发布会，通报重点提案督办工作开展情况和取得的成果，发挥新闻媒体的舆论监督作用，扩大了提案工作社会影响。公开795件提案原文和部分提案答复，提升提案工作透明度。在《大众日报》《联合日报》刊发新闻稿件宣传重点提案，对重点提案督办调研等活动和部分提案办理成果及时组织新闻媒体进行报道。注重社情民意信息采编工作，将提案、调研协商成果等及时转化为社情民意信息上报，在信息考核中取得较好成绩。三是强化数字赋能，拓宽应用场景。按照“数字政协”建设总体方案，积极推进“提案一键通”建设，完善知情明政、提案提出、审查、办理、督办、协商、公开、评价等全流程智能化服务，推动构建省市县三级政协共享共用的提案管理系统，使提案工作更加规范便捷高效。

经济委员会

2022年，在省政协党组和主席会议坚强领导下，经济委员会深入学习贯彻习近平新时代中国特色社会主义思想，认真贯彻落实党的二十大精神，坚持党建引领聚共识、建言资政促发展，准确把握协商主责主业，充分发挥专委会基础平台优势，努力在新时代社会主义现代化强省建设新征程中书写精彩履职答卷。

一、高扬党旗，把党的领导贯穿履职全过程

深入贯彻落实习近平总书记关于加强和改进人民政协工作的重要思想，坚持党的建设与履行职能两手抓、两手硬，有效发挥大团结大联合作用，推动人民政协制度优势转化为治理效能。*一是发挥分党组的领导核心作用*。认真落实分党组议事规则和工作制度，自觉围绕中心谋划和推进工作，切实把党的主张通过民主程序转化为委员会的共识。在贯彻落实省政协党组决策部署、制订委员会工作计划、谋划重要调研事项、承办重大协商议政活动等工作中，自觉将党的主张、委员的共识、工作的推进融为一体，切实做到政协党组部署到哪里，分党组工作就跟进到哪里，委员会力量就汇聚到哪里，以实际行动坚决捍卫“两个确立”、增强“四个意识”、坚定“四个自信”、做到“两个维护”。*二是发挥机关党建综合带动效应*。坚持创新添活力、融合汇动力，以党建带动履职创新。规范党组织生活和集体学习，把工作例会与支部集体学习“双会合一”，搭建办公室内部学习平台。制订讲党课工作计划，请分管领导和办公室同志轮流讲党课（微党课），探索了党课+微党课、党课+读书、党课+调研、党课+业务研讨等“党课+”学习体系，全面系统研学习近平新时代中国特色社会主义思想。*三是发挥红色教育基地的思想启迪作用*。着眼落实“双向发力”要求，把专题调研、界别活动与加强委员政治引领融为一体。外出调研期间，在不增加项目、议程和时间的情况下，组织委员就近到当地红色教育基地参观学习。先后组织委员赴上海中共一大会址、深圳改革开放纪念馆、红岩革命纪念馆、梓潼“两弹城”、淄矿博物馆、郭永怀事迹陈列馆、招远玲珑金矿红色教育基地等瞻仰参观，感悟革命先辈伟大精神，赢得广大委员高度评价。

二、加压奋进，做强调研协商“看家本领”

认真贯彻落实葛慧君主席关于增强“五种思维”、用好“五大平台”的指示要求，发挥专门协商机构职能作用，在开展精准化、沉浸式调研基础上，高质量筹办专题议政和月度协商活动。*一是以“数”汇“情”*。面对新冠疫情严峻复杂的形势，不等不靠、主动作为，依托数字技术开辟调研新阵地，通过“山东政协”APP、委员论坛等方式，引导政协委员围绕主题主旨，深入协商议政。在筹办第22次常委会会议期间，委员、部门、专家学者、企业代表共约1000人次参与网络议政，提出意见建议3000余条，有力地拓展了覆盖面。用好“学习强国”“灯塔”党建在线等全国全省学习平台，深入研究中央和省委省政府重要文件精神；联合省图书馆收集编印理论研究动态，向部分兄弟省份政协函调资料，充分汇聚各方情况信息。二是以“商”研“情”。着眼提高建言资政和凝聚共识水平，增强履职载体的辨识度、协同性、贯通力，积极参与“有事多商量”协商品牌建设，在承办“融入双循环，推进山东港口高质量发展”月度协商会时，依托“山东通”和“爱山东”平台开展系列线上协商活动，组织经济界委员、港口领域专家学者和市县政协、部门、港口外贸企业深入研究协商重点，提出针对性建议。截至目前，已围绕6个方面、15个关键点，形成建议70余条。三是以“联”征“情”。一方面，创新开设“直联点”，加强与市县政协联动，优选三县设置县级政协直接联系点，联动开展调查研究，委托深入一线问需问计，切实掌握实情、了解民声。一方面，主动“上门”找症结，与厅局部门和专家学者保持“时时在线”，带着问题上门讨教，肩负责任甘当学生。今年以来，先后登门拜访9个省直部门，协同市政协开展联合调研11次。

三、三位一体，驰而不息提升履职能力

紧紧围绕“专”字做文章，持续加强学习型、研究型专委会建设。一是以专业活动为平台“专”出特色。先后举办四期“经济茶座”，讲经济、学经济，聚力党和国家经济任务、党委政府重大决策部署，以前沿课题吸引人、丰富内容打动人、博采众长鼓舞人，认真研究分析、探索解决之道，让经济主管部门的专家、委员学者、各类企业家们更好地围绕山东国民经济和社会发展中长期规划相关问题进行研讨，从而有效发挥凝神聚力、齐贤聚智的智库作用。二是以研究式学习为牵引“专”出质量。积极参加省直系列讲堂和全国政协经济类分析会、研讨会，密切关注经济前沿资讯动态和最新理论研究成果，突出委员界别优势，充实加强特聘专家队伍，加强与各民主党派、省直部门、行业商（协）会组织、经济研究机构的联系协作，通过专博结合、跨界融合、资源整合的方式，提高履职建言的专业化、精准化、科学化水平。三是以“一排任务”为载体“专”出水平。聚焦事关全省经济高质量发展的关键性、前瞻性问题，积极做好自选动作，围绕建设非标黄金交易平台、南极磷虾精深加工与远洋渔业、卫星产业、微生态健康产业、养老产业、环保产业、先进育种业等7个领域，构建“1+1研究小组”（分党组成员＋办公室1名同志），分工牵头子课题，根据研究进度，将所选课题梯次纳入调研协商计划，本着成熟一个、上报一个的原则，以报告或信息形式报省委、省政府，为领导决策提供有效参考。

四、抬高标杆，争做提质增效新标兵

积极顺应人民政协事业发展新形势，严格落实“严、真、细、实、快”要求，对标先进、争先进位，努力在围绕中心、服务大局中展现作为、彰显价值。*一是大会发言建言添彩*。坚持“三个关注”的总体思路（关注大事要事，关注省委工作思路，关注委员关心、群众关切），以“三个走在前”为总遵循、总定位、总航标，充分发挥人民政协专门协商机构作用和人才智力优势，为强省建设谋良策、出实招、聚共识，切实呈现了一场精彩的委员履职“盛宴”。*二是承办常委会增彩*。面对第22次常委会会议全新的组织形式，认真落实“把专题分组讨论办成月度协商会”要求，创新组织形式和分组方式，通过短信、微信、网站等多种形式发送领选课题通知，一对一确认选题方向和重点，确保“商”在关键处、“议”在需要时。为保证协商实效，聚焦问答环节、交流内容等，深挖细节、紧抓衔接，达到了“会议要开出高质量”的预期目标，形成的《关于推动我省“在服务和融入新发展格局上走在前”的建议案》和《让数字变革催动制造业“破茧成蝶”》调研报告得到省委省政府和省政协主要领导批示。*三是“进政协”活动务实出彩*。与国家税务总局山东省税务局、博山和武城政协通力协办“税收政策进政协”宣讲活动，着眼省市县三级联动，首次试行专委会与县级直接联系点合作办会，发挥省工商联、行业协会作用，找企业、理问题、拓广度，有效拓展了活动参与面。为国家政策“飞入寻常百姓家”，提供了载体、创设了机遇，达到了“即使委员能知情明政，又能增进共识”的效果。

四、笃行精进，经常性工作得到再提升

秉持“精品”理念，在用心、专心、恒心上有所作为，力争把工作干成事业，把任务做成精品。*一是同向发力，推动界别活动往实里走*。在“领”有力量。杨玉贞主任统筹调度、全程参与年度界别调研活动，陈玉民、孙秀江、郭建礼等副主任对经济界工作大力支持，分工负责参加界别活动，积极协调参观企业和单位，形成的《稳进提质 扩能增效 加速推进高端化工产业发展》《向海开新局 全力打造世界一流海洋港口》等议政成果，得到领导同志高度重视。在“推”上有载体。依托省政协“五大平台”，积极组织经济界委员参加各类学习研讨。同时，主动在学习的“量体裁衣”上下功夫，建立微信学习群，及时发送中央和我省制定的政策措施，国内外先进地区的成功经验，专家学者的最新研究成果，提高学习的针对性。*二是融入经常，推动反映社情民意信息“双量”提升*。把反映社情民意信息工作嵌入履职全过程，注重在调研考察、协商议政中，发掘线索、精选素材，努力实现信息提报量和采用量双提升。截至10底，已报送信息91条，采用37条，综合分数稳居前列。*三是紧盯业务，推动服务保障质效并举*。在认真完成全国政协经济委、内蒙古、山西等来鲁考察接待任务基础上，让目光更加聚焦经济委主责主业，把心思放在助推工作增效上。通过热情周到的服务保障，与全国政协经济委、山西省政协经济委等，建立了信息共享、成果互鉴的有效渠道和机制，为协商议政、建言资政、凝聚共识，引来了活水、积累了力量。

农业和农村委员会

2022年，农业和农村委员会深入学习贯彻习近平新时代中国特色社会主义思想，按照葛慧君主席提出“事争一流、奋发有为”的目标要求和对专委会提出“发挥基础性作用、做好专字文章”的具体要求，创新工作方式方法，充分发挥委员主体作用，全力推进各项工作提质增效。

一、党建引领把牢政治方向

突出党建引领，加强思想政治教育，持续打造“为农兴农”党建品牌，较好实现了以党建促履职。

一是加强理论学习。全面系统学习《习近平谈治国理政》(第四卷)，组织习近平新时代中国特色社会主义思想学习座谈会进行学习研讨。落实第一课题制度，深入学习中共二十大精神，学习习近平总书记重要讲话和重要指示精神、中央部署和省委要求、省政协党组会议和主席会议工作安排，并及时传达至委员会委员和所联系界别委员。

二是提升党性修养。巩固拓展党史学习教育，坚持做到学史明理、学史增信、学史崇德、学史力行，组织党员赴党性教育基地、革命纪念馆、省档案馆等参加主题党日活动，重温入党誓词，强化宗旨意识，提升为民情怀。

三是擦亮党建品牌。把“爱农、为农、兴农”理念贯穿工作全过程，深入基层一线，密切联系群众，加强业务工作钻研、政协工作和专委会工作思考及工作方法路径研究，营造人心思责、人心思进的干事创业氛围。

四是筑牢意识形态。强化意识形态工作责任制，定期分析研判意识形态工作形势，利用委员线上线下学习平台，组织开展集中学习交流，用党中央和省委各项决策部署加强政治引领，统一思想认识，坚决抵制错误观点、言论和倾向性问题，不断提高政治判断力、政治领悟力、政治执行力，实现意识形态工作专委会全覆盖。

二、聚焦主业抓好协商议政

拉高工作标杆，突出提质增效，深入调查研究，广泛协商议政，省领导同志给予充分肯定，部分对策建议转化为实际举措。

一是高标准承办二十四次常委会相关工作。围绕二十四次常委会子课题“更好发挥乡村功能，推动黄河流域乡村振兴”，采取实地调研、协同调研、委员分组自主调研、外省函调等形式开展调研，提交有关建议案和调研报告，省长周乃翔等领导同志分别作出批示，要求积极吸收意见建议，完善相关举措。

二是高质量完成月度协商议题。承担省政协第5次月度协商“黄河三角洲盐碱地综合开发利用”会议筹备任务，会前与农工党省委和东营、滨州等 6 市政协联动协作，130 多名省市县三级政协委员、专家和一线同志参与调研。会上，12 位省、市政协委员，专家学者、民主党派和基层群众代表发言，与相关省直部门负责同志进行协商交流，现场互动深、氛围浓、效果好。月度协商成果《关于黄河三角洲盐碱地综合开发利用的协商情况报告》，省委书记李干杰，省委副书记、省长周乃翔，省委常委、常务副省长曾赞荣，副省长凌文、江成等领导同志分别作出批示。省发展改革委等部门认真研究所提建议并吸收采纳，积极推进相关工作。

三是高成效开展界别协商。开展“沂蒙鸡产业化发展情况”界别调研协商。扎实做好省政府主要领导批示交办事项。今年省“两会”期间，周乃翔省长参加省政协农业界委员小组讨论时，对委员提出的促进沂蒙鸡地方特色产业发展建议给予充分肯定，并要求开展进一步调研。为落实省长指示要求，我们联合临沂市政协、省畜牧局和省农科院开展调研协商，并就建言重点征求有关委员和专家意见，形成《关于沂蒙鸡产业化发展情况的调研报告》，周乃翔省长和葛慧君主席分别作出批示；开展“加强高素质农民培训”界别调研。充分发挥农业界别优势，联合山东农业大学，对省内 10 家培训机构和 327 名参训学员开展走访调查，组织农业界委员赴淄博市调研，形成相关报告报省政府；开展“加快数字农业建设，助推农业高质量发展”界别调研。组织农工党界委员、专家进行网络调研和书面调研，形成调研报告，以农业农村委社情民意信息形式报送。

四是高效率组织提案办理协商和协商式监督。围绕《完善我省能源结构防范能源短缺风险的提案》，由王艺华副主席领办督办，深入实地调研并召开督办协商座谈会，有力推动重点提案督促办复。先后围绕“加强粮食应急体系建设，保障山东粮食供给安全”“深入实施‘百园千镇万村’工程”两项专题，组织委员和有关部门负责同志，深入基层一线调研并召开督办座谈会，形成民主监督报告呈报省政府分管领导，有力推动相关工作进展。

三、畅通渠道推动凝聚共识

一是加强政治引领促共识。组织委员会委员和所联系界别委员认真参加省政协“学而书院”委员线上学习讨论，深入学习中共二十大精神，学习习近平总书记重要讲话和重要指示精神、中央部署和省委要求、省政协党组会议和主席会议工作安排。组织委员系统深入学习习近平总书记关于“三农”工作的重要论述，围绕习近平总书记《论“三农”工作》《习近平关于“三农”工作论述摘编》等开展专题学习研讨，引导委员坚持用大历史观、大农业观做好新发展阶段“三农”工作。

二是在协商议政全过程中促共识。坚持协商与聚识同思考、同谋划、同推进，将凝聚共识融入协商选题、调查研究、协商座谈等协商议政全过程。在协商选题时，注重聚焦党政中心工作，重点向省直有关部门、涉农高校院所征集议题，做到思想同心、目标同向；在开展调研协商时，邀请政府部门通报有关情况，并请相关处室负责同志参与调研，报告完成后充分征求部门意见；在协商会议现场，注重营造平等交流、有序协商的民主氛围，推动形成广泛共识。

三是加强界别联系群众促共识。协助建立明湖康养·界别同心汇，作为联系和服务界别群众的重要载体，引导委员深入界别、深入群众，及时宣讲政策，了解群众所思所盼，凝聚界别群众的共识和力量，组织援沪、援琼、援川“疫”线故事分享会，王艺华副主席参加活动并点评。

四是发掘总结经验典型促共识。在调研协商过程中，注重发掘我省在“三农”领域的好经验、好典型，以正面宣传鼓舞人心、凝心聚力。贯彻年初葛慧君主席对农业农村委提出深入总结好全省各地在全面推进乡村振兴进程中形成的新经验新做法新路子的要求，向15家省直部门和16市政协征集乡村振兴创新案例195件，组织两轮专家论证，形成《乡村振兴新路径与新经验30个创新案例》。省委书记李干杰同志作出批示，要求在全省积极推介先进经验和做法。省长周乃翔、常务副省长曾赞荣等领导同志分别作出批示，要求认真研究、充分吸收，指导各地继续因地制宜、加强探索。省委农办、省农业农村厅、省乡村振兴局联合省政协办公厅，在省直单位和16市进行转发推介学习，并向中央农办、农业农村部、国家乡村振兴局推荐部分案例。

四、搞活做优做好经常性工作

一是落实信访事项督办工作。按照省委部署安排，就王艺华副主席牵头负责的信访事项化解工作，组织联系省信访局等专案力量，赴威海进行调度督导、集中化解和重点攻坚，督促承办单位加大办理力度，涉及案件全部实现息诉罢访。

二是做好联系非公企业、重大项目和基层政协联系点工作。组织部分委员，由王艺华副主席带队赴青岛市，调研走访所联系非公企业和重大项目，听取企业意见，回应企业关切；赴济南市章丘区基层政协联系点调研，了解基层困难，帮助解决实际问题。

三是收集报送社情民意信息。全年共收集报送社情民意信息165篇。其中51篇报省政协单件、综合件。4月初，就疫情防控专题报送信息62篇，其中，时任副省长李猛同志作出批示。

四是做好全国政协和兄弟省份农业农村委来鲁调研接待和协同调研。协助全国政协开展相关网络调研，并报送相关报告。热情接待、周到安排外省市区政协来鲁调研，在服务中注重宣传山东、推介山东，在交流中注重学习借鉴、互促共进。

五是参加全国暨地方政协农业和农村委员会（视频）工作座谈会并作交流发言。组织专委会和所联系界别委员、特聘专家代表参会，全国政协副主席辜胜阻出席会议并讲话，全国政协农业和农村委员会主任罗志军作主旨报告，王艺华副主席代表我省政协作了题为“擦亮农字招牌，爱农为农兴农”的交流发言。

六是召开全省政协农业农村委工作座谈会。会议以视频形式召开，学习贯彻党的二十大精神，全国政协暨地方政协农业和农村委员会工作座谈会精神，省委和省政协有关会议精神，就农业农村委自 2018 年成立以来的主要工作和经验体会，省政协和 16 市政协分别进行发言交流。

五、强基固本加强自身建设

一是加强制度建设，推进工作规范化。强化分党组对委员会工作的领导，严格落实《省政协协商工作规程》《政协山东省委员会委员履职工作规则》等文件要求，进一步健全完善主任委员分工负责、委员联络、履职考核登记等制度，建立与各党派团体、党政部门、市县政协的经常性工作联系机制，对重点调研、视察活动开展协商会、座谈会等重要会议，界别小组联络服务，大会发言组织协调等，细化程序，明确分工，责任到人，推动委员会工作规范化、制度化。

二是加强能力建设，提高履职本领水平。以强化委员学习培训为抓手，开展学习培训 20 余次，300 余人次参加培训，进一步加深委员对政协工作和全省“三农”工作的理解认识。组建委员读书骨干队伍，组织“学而书院”委员读书活动，开展 7 次专题学习研讨。发挥委员主体作用和专业优势，组织委员下农村、进农户、访企业，开展自主调研、走访帮扶等活动，提高委员履职积极性和能动性。

三是加强作风建设，打造过硬工作队伍。强化前列意识、进取意识，切实增强责任担当，真正让工作队伍紧起来、忙起来、动起来。强化服务委员意识，创新联系委员方式，运用新媒体手段更好服务委员。强化服务保障意识，提高组织协调、联络沟通、办文办会等服务工作能力，为委员会履行职能提供有效保障。强化纪律红线意识，坚决反对“四风”，严格落实八项规定精神及省委、省政协实施意见等要求，努力打造一支政治强、业务精、作风硬、服务好的工作人员队伍。

人口资源环境委员会

2022年以来，人口资源环境委员会在省政协党组、主席会议和常委会的领导下，在刘均刚副主席的带领下，建言资政与凝聚共识双向发力，党的建设与业务工作共同提升，各项工作取得新进展新成效。牵头承办专题议政性常委会会议1次、开展月度协商1次、界别调研协商1次、重点提案办理协商及督办1次、民主监督1次、其他调研3次，参加沿黄九省（区）政协黄河流域生态保护和高质量发展协商研讨会议1次，组织习近平新时代中国特色社会主义思想第五学习小组学习座谈会1次，形成调研报告、协商报告、政协信息、大会发言、提案等履职成果10余份，葛慧君、周乃翔、凌文、孙继业、范波、刘均刚等省领导分别多次作出批示，所提意见建议被相关部门采纳落实。

一、坚持政治引领，广泛凝聚共识

一是加强理论武装。深入学习贯彻习近平新时代中国特色社会主义思想和习近平总书记关于加强和改进人民政协工作的重要思想，深入学习贯彻党的二十大精神，有针对性地确定学习主题、内容和形式，在学深悟透、武装头脑上走在前，在知行合一、贯彻落实上做表率。组织省政协习近平新时代中国特色社会主义思想学习座谈小组第五组到省林草种质资源中心调研并座谈交流，深刻领会习近平生态文明思想，牢固树立绿水青山就是金山银山、人与自然和谐相处等理念。深入学习省十二次党代会、省政协党组有关会议精神，进一步统一思想、统一意志、统一行动，凝聚干事创业精气神。

二是广泛凝聚共识。加强分党组成员谈心谈话、分党组成员联系界别、党员委员联系党外委员等措施，加强对本委员会委员和所联系的中共、工商联界别委员的联系和沟通，做好思想政治引领者、党的政策宣传员、界别群众贴心人。将凝聚共识融入履职活动，在调研协商中，深入基层和界别群众，有的放矢地加强思想政治引领，广泛汇聚团结奋斗的正能量。结合专委会自身特点，融合拓展委员读书活动，聚焦人口、资源、环境三个领域开展了三期“绿色发展大家学”读书学习活动，通过好书好文分享、心得体会交流、重点课题研讨等方式，汇聚智慧力量。组织委员会委员及所联系的中共、工商联界别委员在“学而书院”时政群上专题研讨，参与人数95人，重点发言36人次，跟帖发言192人次，就学习贯彻中共二十大精神、省党代会精神、黄河流域生态保护和高质量发展、绿色低碳发展等内容深入研讨，在读书交流中逐步深化对重大问题的认识，拓展了思想共识的广度深度。

二、围绕中心大局，精心组织协商议政

一是围绕“在推动黄河流域生态保护和高质量发展上走在前”常委会会议专题议政。这是本届最后一次议政性常委会会议，葛慧君主席非常重视，多次作出指示。作为牵头部门，组建了工作专班，认真学习有关文件，制定调研议政工作方案，具体细化为5个专题31个分题目，供与会委员发言和讨论参考。召开专家座谈会和论证会，围绕下步调研重点方向与相关领域专家沟通交流。召开情况通报会，省发改委、水利厅、环保厅等部门负责同志到会，向调研组通报了我省有关工作。围绕“深入实施生态优先战略，推进黄河流域生态保护”，刘均刚副主席带队赴淄博、泰安进行调研，与相关部门座谈交流，后期又专程赴东营围绕“加强河口生态保护区湿地生态系统修复”进行调研。利用“山东通”APP“学而书院·百科群”，组织省政协委员开展网络议政。主持起草建议案及有关文件，汇总编辑辅议材料，统筹大会口头发言和简报编写等工作。围绕“深入实施生态优先战略，推进黄河流域生态保护”“讲好黄河故事，绘出文旅融合‘工笔画’”两个专题，组织有关厅局与常委深入协商交流，就很多问题达成共识。建议案得到周乃翔省长、范波副省长批示，周乃翔省长批示：“请省发改委阅研。要积极吸收建议案中的意见建议，完善举措、压实责任、加强调度，确保在推动黄河流域生态保护和高质量发展上走在前。”范波副省长批示：“建议案系统性针对性很强，质量很高，请省自然资源厅、住建厅、生态环境厅、水利厅和省市场监管局阅研。”

二是围绕“推进育儿友好型社会建设”开展首次月度协商。委员会作为第一个承办部门，既要蹚路子，又要赶工期，还要出样板，是对整个团队工作能力水平的一次全面检验。2月底至3月中旬，先后赴省卫健委等部门预调研，先后赴德州、菏泽、济南市实地调研，对泰安市开展视频调研，通过多层次座谈、一对一访谈和社会调查等形式，把基层情况摸实，各级政策把准，掌握第一手材料。注重广泛听取意见建议，以“民声连线”、网络专题论坛及纸质、电子调查问卷为载体，多方问计、群策群力，为推进育儿友好型社会建设凝共识、聚合力。3月31日上午，在济南召开2022年度第一次月度协商会，围绕“推进育儿友好型社会建设”协商议政。葛慧君主席主持会议并讲话，孙继业副省长参加会议并讲话，于国安、王修林、刘均刚副主席出席会议。会后，起草并报送协商情况报告，李干杰书记、孙继业副省长作出批示，孙继业副省长批示：“感谢省政协对推进育儿友好型社会建设的关心和支持！请卫健委和教育厅有关部门采纳吸收，不断改进和完善工作。”认真总结报送工作总结报告，葛慧君主席作出批示：“首次月度协商会组织得很好，协商质量也较高，为今后开展这项工作提供了经验。提出的建议意见也很好，可在接下去的协商活动中不断完善提高。”省卫生健康委专门来函反馈：报告提出的许多意见建议纳入省委、省政府政策文件，“建立联席会议制度”“发放梯级补贴”“增设育儿假”等近20条具体建议已经落实到位。

三是围绕“推动工业园区绿色低碳循环发展”开展界别调研。刘均刚副主席带领工商联界别委员，联合省发展改革委、生态环境厅，就“推动工业园区绿色低碳循环发展”赴潍坊青州、寿光调研。形成《关于推动工业园区绿色低碳循环发展的调研报告》，葛慧君主席批示：“请用省政协信息报省委、省政府分管领导阅。”凌文副省长批示：“请工信厅、化专办研究。”

三、抓实经常性工作，各项任务提质增效

一是抓好重点提案督办工作。刘均刚副主席带领部分委员、专家及省自然资源厅、省应急管理厅有关同志，到莱州市、招远市开展绿色矿山建设调研，并就“关于加强‘三化’建设 提升安全生产及应急管理水平的建议”重点提案召开办理协商座谈会，开展督办调研等活动。会后，形成督办动态并上报。

二是抓好反映社情民意信息工作。将反映社情民意信息工作融入履职活动，实行办公室专人负责、全员供稿，及时将委员意见建议和群众反映的热点难点堵点痛点编辑整理，确保委员意见建议和群众呼声能够得到反映。今年以来，共编辑报送信息 49 篇，采用 26 篇。

三是抓好重要工作。认真落实省委部署、省政协安排，刘均刚副主席赴滨州开展化解信访积案等工作，召开工作座谈会，公开接访 2 人次，8 件信访事项全部化解，办结率 100%；到东营市河口区基层联系点调研，及时掌握基层群众关注的社会热点难点问题，了解基层政协在履行职能、推动协商民主等方面的经验做法和意见建议，推动解决实际问题。

四是抓好模范机关创建。立足专委会自身特点，将党建、履职与模范机关创建紧密结合一体推动，着力做到融入履职抓创建，抓好创建促履职。对标“讲政治、守纪律、负责任、有效率”要求，开展系列主题活动，把模范机关创建各项要求落到实处。到省林草种质资源中心党史教育馆、济南黄河文化展览馆开展主题党日活动，增强组织生活吸引力、感染力、凝聚力。配合机关党委完成省监狱管理局、第一医科大学、齐鲁医院模范机关创建现场观摩事宜。

四、广泛联系交流，汇聚强大履职合力

一是加强与全国和兄弟省份政协人资环委联系。积极参加沿黄九省（区）政协黄河流域生态保护和高质量发展协商研讨第五次会议，围绕“加强水资源节约集约利用，助推黄河流域高质量发展”进行协商研讨。围绕全国政协常委会“统筹推进绿色低碳高质量发展”议题，开展“推进绿色技术创新及产业化应用”调研，形成《激活绿色创新力 推动沿黄发展高质量》调研报告，作为书面材料提交全国政协十三届二十二次常委会。配合全国政协“加快推动新型储能发展”调研，刘均刚副主席带领部分委员、省能源局有关同志到泰维能源集团实地调研、座谈，形成调研报告，并报送至全国政协人口资源环境委员会。配合河南省政协“推进黄河滩区居民迁建工作”调研、河北省政协“完善生育配套支持措施，促进人口长期均衡发展”调研、大连市政协“农业水、肥一体化”调研，提供我省有关经验做法等材料。

二是加强与省直部门联系。在确定调研视察课题、开展相关调研视察活动时，积极邀请有关部门同志参加讨论、参与调研。积极参与省委、省政府召开的中央生态环境保护督察整改推进会、全国气象高质量发展电视电话会议、全省自然资源系统工作会议、“六五环境日”等活动。赴审计厅了解全省黄河流域生态保护和高质量发展专项审计调查情况，并进行座谈交流。与省煤田地质局开展履职协作，共同做好能源文章。

三是加强与各市政协人资环委联系。与市县政协加强联系交流，协同联动、数据共享、成果共用。以议题为纽带，在育儿友好型社会建设、黄河流域生态保护和高质量发展协商议政过程中，通过采取联动调研、实地考察、设置分会场、邀请发言、共同研讨等形式，加强与各市政协联系，凝聚起上下联动、左右联通、履职高效的工作力量。

五、加强自身建设，持续夯实履职保障

一是强化纪律作风建设。始终把纪律规矩挺在前面、贯穿始终，坚持党章、党规党纪经常化学习，真正把守纪律、讲规矩、重品行的要求落到实处。分党组成员带头加强学习，带头提升调研实效，带头落实省委和省政协党组部署要求，以优良作风树立良好形象。

二是强化委员主体作用。灵活采用多种方式，激发委员履职热情。在制订工作计划时，广泛征求委员意见，把大家关注的、有一定研究基础的问题作为履职重点，让更多委员参与到日常履职中来。每次调研考察活动，都组建一个学习群，组织委员线上线下交流讨论，打造沟通交流、智慧碰撞、经验分享的平台载体。活动结束后，请委员就调研内容贡献真知灼见，提出意见建议，形成调研报告、社情民意、大会发言或者提案等多项议政成果。

三是强化服务保障能力。以“红色引领、绿色筑梦”党建品牌建设为抓手，认真履行参谋、协调、组织、落实等服务职能，力求调研服务当高参、出高招，文稿服务谋思路、出精品，为委员提供更加优质的政务服务保障。配合做好“五大平台”建设工作，为委员通过平台履职提供保障。围绕如何做好文字工作、提高以文辅政能力，王琳副秘书长、曲伟主任分别作了辅导。参加全省政协暑期读书会专题学习，进一步明确新时代政协工作定位，明晰工作方向，围绕葛慧君主席提出的“五种思维”在履职活动的转化应用研讨交流，促进工作提质增效。

下一步，我们将认真学习贯彻中共二十大精神，以习近平新时代中国特色社会主义思想为统领，全面准确贯彻落实新发展理念，聚焦人口、资源、环境领域热点难点，围绕黄河流域生态保护和高质量发展、非常规水利用、《优化生育政策促进人口长期均衡发展实施方案》落实情况等课题，开展调研协商、民主监督、建言资政，为新时代现代化强省建设贡献政协智慧和力量。

教科卫体委员会

2022年，教科卫体委员会在省政协两级党组和委员会分党组领导下，认真学习习近平新时代中国特色社会主义思想，学习贯彻党的二十大精神，树立与新时代要求相适应的思维方法，锚定“走在前列，全面开创”“三个走在前”目标任务，围绕省委省政府中心工作和民生实事，发挥省政协“五大平台”功能作用，精心组织委员履职，报送的调研协商报告，省委书记李干杰批示1次，省委副书记、省长周乃翔批示3次，所承担的牵头服务专题议政性常委会会议、月度协商会，省政协主席葛慧君都作出批示，对调研协商和组织服务工作予以肯定。

一、加强政治引领，广泛凝聚共识

一是加强政治学习。积极参加省政协组织的学习活动，组织两次习近平新时代中国特色社会主义思想第二学习小组学习座谈会，分党组成员和所联系的界别召集人带头发言谈体会。三次召开分党组会议，认真学习贯彻党的二十大精神和习近平总书记系列重要讲话精神。利用“学而书院”组织专委会及所联系5个界别的176位委员开展“学习贯彻省第十二次党代会精神”网上专题学习。组织委员扎实开展《习近平谈治国理政》第四卷的学习。通过组织开展学习活动，委员和工作人员政治素养和思想境界有新提升。二是强化主体责任。分党组书记带头上党课，宣讲党的二十大精神，定期召开主任会议，部署工作，督促落实。建立委员会主任分工负责制，将年度任务分解落实到人，每个调研项目都有一位专委会分党组成员参加，一岗双责，充分发挥好分党组领导作用。三是提升履职能力。积极组织委员参加全国政协地方政协委员（干部）培训班、全省政协暑期读书会等学习培训活动。发挥“界别同心汇”作用，两次组织科技界别委员开展学习讲座，提升专业素质，提高协商议政水平。

二、强化责任担当，圆满完成省政协十二届常委会第二十三次会议调研议政工作

省政协十二届常委会第二十三次会议围绕“在增强经济社会发展创新力上走在前”开展专题协商，委员会牵头承办，并承担“加强科技研发创新，推动科技自立自强”调研工作。按照省政协统一部署，把议政性常委会会议作为专委会年度工作的重中之重，着力抓好学习考察、调研论证、文稿起草、大会发言、常委议政等关键环节，较好地完成了任务。一是领导重视，指导有力。广泛征集共同承担任务单位意见，起草《省政协十二届常委会第二十三次会议调研议政筹备工作方案》，省政协主席葛慧君作出批示，并对做好网络议政和会议成果报送提出具体要求。在组织筹备关键时期，

葛慧君主席召开协调会议，听取调研议政工作进展情况汇报，提出要求，提供指导。在赵家军副主席和王琳副秘书长带领下，组建工作专班，统筹协调建议案撰写、大会发言、分组协商议政等事项，实时跟进，确保各项活动顺利开展。二是深入调研，广泛论证。组织开展情况通报会、务虚会等，从不同侧面、不同角度深入了解情况。召开高端科研人员座谈会，邀请部分驻鲁院士、杰青、优青学者结合自身科研工作谈问题、谈建议。赴济南、青岛、潍坊等市开展调研，走进科技企业和科研院所，查实情、寻短板。赴武汉东湖高新区，考察学习湖北科技创新的先进经验。与济南、淄博、潍坊市政协开展协作调研，函请相关部门和外省政协提供书面材料和典型案例。在“山东政协”APP“主题议政”专栏开展为期一周的网络议政，为撰写专题调研报告提供了有益参考。三是质量导向，成果丰硕。紧扣增强创新力主线，对建议可行性进行反复论证、推敲，提出具有支撑性、前瞻性的措施和建议。按照葛慧君主席批示要求，认真梳理和借鉴网络议政、大会发言和专题分组讨论中委员提出的具体、可操作的意见建议，形成专题议政情况反映，报省委省政府领导参阅，省委书记李干杰作出批示，要求有关厅局办理落实。对会议通过的建议案，省委副书记、省长周乃翔、副省长江成分别作出批示，要求有关部门认真研究、积极吸纳所提建议。省发改委会同省直13个部门，对建议案进行研究，结合提出的建议，形成了《关于增强我省经济社会发展创新力的工作推进措施》，分4个板块29条具体措施，由各职能部门按职责分工贯彻落实。

三、坚持民生导向，确保月度协商会务实高效

承担了“推进医防融合慢性病管理工作”月度协商会议。在统筹谋划、深入调研、组织会议、成果报送等环节用心、发力。赵家军副主席带队先后赴威海、临沂两市，深入市、县、镇、村四级医疗卫生机构和医药企业、全民健身中心调研，召开有关部门座谈会。专委会主动上门与省卫生健康委对接、互通信息。开展网络议政和民声连线，网络点击量超过46万余次，委员建言300余条。与省科协联系制作慢性病科普小视频，在协商会上播放，使大家对慢性病有了更加直观的认识。邀请医学专家、医药企业、养老机构、医科大学负责同志到会协商议政，与部门负责同志互动交流，会议协商气氛浓厚。配合联合日报社连续推出多篇宣传报道，扩大了活动影响力。形成的《关于推进医防融合慢性病管理工作的协商情况报告》，省委副书记、省长周乃翔批示：请卫生健康委会同医保局等部门阅研。要积极吸纳报告提出的意见建议，加快推进医防融合慢性病管理工作，完善政策，健全机制，推动实现从“治病为中心”向“健康为中心”转变，更好服务保障群众身体健康。葛慧君主席对会议组织工作作出批示：前期调研做得较为深入，委员和群众参与积极性高，协商会开得务实、富有成效。

四、提升办理实效，扎实推动重点提案督办协商工作

围绕“关于扩大优质医疗资源供给，

增强人民群众获得感的建议”重点提案，从多个层面入手，推动建议落实。赵家军副主席带队赴东营、滨州两市，深入东营市人民医院、利津县中心医院、利津街道卫生院开展督办调研，倾听医疗工作人员和百姓建议和呼声。在滨州市召开督办协商会，九三学社省委会负责同志、省卫生健康委负责同志、与会委员进行面对面的协商交流。提案提出的着力构建优质高效医疗服务体系、推进公立医院高质量发展、加强医疗救治能力建设、推进医疗服务模式改进完善等具体建议，委员在协商过程中提出的加快分级诊疗、提升基层医疗机构水平、推进医联体建设建议，全部被吸收采纳。

五、充分发挥委员主体作用，精心组织履职活动

一是开展“义务教育阶段‘双减’政策落实情况”监督性调研。深入聊城、德州两市开展基层调研，召开主管部门、学校负责人、培训机构负责人、教师、家长座谈会，深入交流，征求意见建议，形成了《关于义务教育阶段“双减”政策落实情况的监督情况报告》，为推动“双减”政策进一步落实提出了具体建议。省委副书记、省长周乃翔作出批示：请省教育厅阅研，积极吸纳报告中提出的意见建议。要聚焦问题、完善机制、强化监督，持续推动“双减”政策落地见效，促进学生德智体美劳全面发展，把立德树人根本任务全面落到实处。二是开展“分布式光伏发电行业发展情况”调研。组织委员会和科技界部分委员、专家学者，到泰维能源集团进行实地调研，通过视频连线了解济南、德州等地分布式光伏发电项目现场运行情况，征集意见建议。请潍坊、济宁、德州三市政协开展协同调研，多方掌握分布式光伏发电行业发展实况，查找政策落实中的堵点难点，提出具体意见建议，形成委员会提案进行报送。三是开展“小区全民健身设施管理维护”界别协商。针对疫情防控特殊情况，函请省体育局提供书面材料，全面了解我省相关工作开展情况；组织部分委员到济宁开展实地调研；商请东营市政协教科卫体委员会开展协同调研；利用体育界别微信工作群开展交流讨论，广泛征求界别委员意见建议；电话联系省体育中心以及历下区、天桥区街道办事处、社区工作人员和部分群众代表，了解一线工作人员和基层群众的具体诉求；赴省体育局召开界别协商会，围绕了解到的8项具体问题，进行协商交流，促进了有关问题的解决。四是开展“加快智慧海洋建设”界别调研。商请省科技厅、工信厅和自然资源厅提供书面材料，全面了解我省智慧海洋工作开展情况。邀请青岛、烟台、威海市开展协同调研，通过网络调研，详细了解智慧海洋工作开展情况，提出进一步推动我省智慧海洋建设的意见建议，为海洋强省建设提供参考。

六、统筹兼顾，扎实做好常规性工作

一是协助做好分管副主席联系事项办理工作。赵家军副主席带队就信访积案化解工作到东营市进行实地调研，召开省、市信访局和相关区县负责同志参加的座谈会，逐个研究制定积案化解措施，信访积案全部化解。协助赵家军副主席做好联系的非公企业和重大项目等对接服务工作，赴威海威高集团开展调研，帮助联系企业协调解决实际困难问题。二是积极组织报送社情民意信息。认真落实葛慧君主席要求，按照社情民意信息工作安排和关于开展疫情防控专题信息报送通知要求，发挥所联系界别委员作用，通过界别工作群发动和电话约稿相结合的方式广泛征集信息，组织委员围绕疫情防控工作撰写社情民意信息 12 份，围绕科技创新、民生医疗报送社情民意信息 33 份。三是服务省政协委员艺术团积极开展各项活动。省政协委员艺术团联合张志民工作室为基层捐赠书画作品、现金和防疫物资。结合三八国际劳动妇女节，与机关“同心圆”巾帼志愿服务队联合大明湖街道舜井社区，共同举行“多彩春天”志愿服务活动。联合省政协机关团委、济南市政协和历城区政协共同举办“协力暖童传递爱心再次走进福利院”庆“六一”文艺演出和公益捐赠。参与筹备九省（区）书画文艺展演活动，线上举办“黄河东入海 携手向未来——沿黄九省区书画文艺精品展演”，葛慧君主席作出批示：线上活动同样精彩。四是全力做好省外兄弟单位函调材料和接待工作。按照黑龙江、辽宁、四川、云南等省政协来函要求，与职能部门对接，提供了我省关于加快后冬奥冰雪运动和冰雪产业发展、推进基层医疗卫生服务体系建设、建设国家中医药综合改革示范区先进经验、加强紧密型县域医共体建设等工作材料。协助办公厅完成浙江、江苏省政协调研考察团的接待工作。

港澳台侨和外事委员会

2022年，在省政协党组、常委会议和主席会议坚强领导下，港澳台侨和外事委员会坚持以习近平新时代中国特色社会主义思想为指导，深入学习贯彻党的二十大精神，积极融入“五大平台”建设，圆满完成政治学习、协商议政、凝聚共识、团结统战和自身建设等工作任务，取得积极成效。

一、聚焦政治学习，夯实思想理论根基

一是高站位抓实党的二十大精神学习。贯彻落实省委、省政协党组部署，把学习党的二十大精神作为最重要的政治任务抓好抓实，及时组织召开分党组会议和主任扩大会议开展学习研讨，分党组成员带头参加省委党校、省政协机关组织的专题培训、主题宣讲、时政群研讨交流等学习活动。立足委员会工作实际，重点学习研讨二十大报告中关于港澳台侨外事工作的新战略新思想新部署新要求，结合学习贯彻习近平总书记视察山东重要讲话精神重要指示要求，感悟精神实质、领会核心要义，作为谋划、开展工作的行动指南。二是常态化开展日常学习研讨交流。建立健全分党组和委员会常态化学习制度，今年着力围绕省第十二次党代会精神，葛慧君主席在省政协党组会议、省政协主席会议、省政协党组理论学习中心组专题学习会议和全省政协暑期读书会开班式等场合的讲话精神，召开分党组会议和主任扩大会议，开展专题研讨，结合工作实际研究贯彻落实措施。组织习近平新时代中国特色社会主义思想第五学习小组成员，学习习近平总书记在全国“两会”上的重要讲话精神，在学习中激发奋进新时代的磅礴力量。三是积极融入“学而系列”读书平台建设。落实省政协党组部署，积极用好“学而书院”线上平台，围绕提高思想政治水平、增强工作能力、完善知识结构、提升精神境界，组织分党组成员定期研读《习近平新时代中国特色社会主义思想学习问答》《习近平谈治国理政》等经典书目。动员所联系的界别委员常态化开展多种形式的读书交流活动，踊跃提交读书心得体会，在时政群开展的“深入学习贯彻中共二十大精神”“学习贯彻省第十二次党代会精神”网上专题学习活动中，50余位港澳委员、侨界委员参与集中讨论，发言360余条，取得了很好效果。

二、围绕中心工作，提升协商议政质效

一是精心开展专题议政。按照省政协党组部署，作为承办部门之一，围绕“融入国内国际双循环，优化全方位开放格局”常委会子课题组织协商议政。本着力求专业性、体现代表性、确保操作性的原则，邀请专家学者讲授专业知识，组建包括委员、专家学者、部门负责同志在内的调研组，通过小分队形式灵活开展实地调研，深入企业、园区一线摸真情、听实情。发挥委员会特色，组织“外向型企业视频座谈会”、网络议政、“港澳视角看山东”“海外社团大家谈”等活动，多视角、多层面收集港澳委员、海外侨胞代表和企业负责人的意见建议，所起草的专题议政情况反映得到李干杰书记批示。*二是扎实组织月度协商会。*落实“有事多商量”协商平台建设要求，把组织月度协商会作为委员会全年工作重中之重，加强前瞻性谋划和系统性研究。联合省农业厅等部门，深入农产品出口重点区域、重点企业实地调研，组织省市县三级政协协同调研，听取企业、基层部门和行业协会的意见建议，不断拓展调研的广度和深度。组织港澳委员、海外顾问、海外山东商会负责人等开展网络议政，在交流中聚共识、献良策，短短两个小时就收集意见建议 1100 余条。结合议题特色，邀请柬埔寨王国驻济南总领事馆领事、省政府驻日本经贸代表处首席代表、泰国山东总商会代表参与协商交流，传递国际声音，增强国际影响力。报送的《关于用好 RCEP 便利政策，扩大我省农产品出口的协商情况报告》得到李干杰书记批示。*三是务实开展重点提案办理。*围绕“关于促进我省预制菜产业发展的建议”重点提案，由程林副主席带队赴潍坊有关预制菜企业开展调研，实地了解企业生产经营情况和遇到的困难问题，组织提案委员和省农业厅等提办双方现场开展面对面协商，多方面听取意见建议，研究办理措施，推动工作落实，进一步凝聚齐心协力促进我省预制菜产业发展壮大的共识力量。

三、广泛凝聚共识，画大画好同心圆

*一是擦亮鲁新侨界别同心汇品牌。*按照省政协党组部署安排，组织协调侨联界别参与界别同心汇首批试点创建工作，成立“鲁新侨·界别同心汇”，作为开展聚识工作的重要载体。组织“新侨创新创业恳谈会”活动，邀请省市区政协及有关部门和部分新侨人士，宣讲创业政策、分享创业经历，推动更多新侨人士来鲁创新创业。协调保障省政协领导为同心汇成员宣讲党的二十大精神，帮助他们深刻领会精神实质，感悟核心要义，引导他们努力在“凝聚新侨力量、服务创新发展”上取得实效，为新时代社会主义现代化强省建设贡献新侨智慧和力量。*二是着力加强思想政治引领。*引导支持港澳委员壮大爱国爱港爱澳力量，支持成立澳门山东社团总会，搭建协调行动的统一平台。组织港澳委员、工作顾问线上召开专题分享会，深入学习党的二十大精神，特别是学习二十大报告中关于港澳台侨工作的新战略新思想新部署新要求，进一步增强他们的政治意识、大局意识、责任意识和政策观念，凝聚起港澳同胞、海外侨胞投身中华民族伟大复兴历史进程的共识力量。组织驻港委员通过召开座谈会、接受采访、刊发文章等形式认真学习习近平总书记在庆祝香港回归祖国二十五周年暨香港特区政府就职典礼上的重要讲话精神，坚决支持李家超当选香港特别行政区新一届行政长官，组织开展庆回归系列活动，“山东政协”公众

号进行了宣传报道，产生了良好社会反响。三是推进海外舆论阵地建设。依托海外顾问为会长的海外山东社团，讲好“中国故事”“山东故事”。今年1月，配合北京冬奥会工作大局，通过驻塞尔维亚海外顾问协调邀请塞前议长线上出席由中国国际电视台举办的“全球议员迎冬奥”特别节目，旗帜鲜明反对美西方国家抹黑抵制北京冬奥会的恶劣行径，为北京冬奥会顺利召开营造良好国际舆论环境。今年8月，美国众议长佩洛西窜访台湾，各海外山东社团积极发声、同声谴责、同仇敌忾，团结一致表达了中国人民不可侮、坚定捍卫祖国统一和主权的信念和决心。

四、突出团结统战，积极拓展履职广度

一是加强对外交往有突破。重视发挥我省对韩交往“桥头堡”作用，抓住中韩建交三十周年契机，联合省委外办组织召开“纪念张锡九先生暨推动鲁韩民间交往座谈会”。纪念和缅怀时任山东省政协常委、冀鲁旅港同乡会副会长张锡九先生作为中韩接触秘密牵线人，为促成中韩两国建交作出的重要贡献。张锡九先生亲属代表、鲁韩友好社团、中韩专家学者等作了发言，取得了很好的社会影响。利用月度协商会契机，走访拜会柬埔寨王国驻济南总领事馆，推进有关园区合作项目。二是港澳青少年工作有成果。在连续两年围绕“鲁港澳青少年互访交流”“港澳青少年爱国主义教育基地建设”开展协商议政基础上，联合省委台港澳办、团省委、省文旅厅等部门，组织并完成首批“山东省台港澳青年交流实习基地”和“山东省港澳青少年爱国主义教育基地”遴选、授牌工作，有效整合了全省台港澳工作资源，为加强对港澳青少年的爱国主义教育和鲁港澳青少年的文化交流、互访交流提供了平台。三是界别履职活动有特色。动员致公党、台侨、侨联、对外友好界别委员，港澳委员和工作顾问为山东发展建言献策，汇总提交提案、大会发言和社情民意信息100余件。引导港澳委员发挥“双重积极作用”，深化打造香港委员“泰山关爱行动”、澳门委员“政协委员进校园”等履职品牌，持续扩大山东政协影响力。服务致公党界别围绕“常态化疫情防控下留学归国人员在鲁就业创业”，对外友好界别围绕“山东医药产业发展”开展界别调研。樊军、姜明、毛馨、于晓怡等所联系的界别委员或专委会委员在省政协十二届五次会议上作口头发言，受到广泛好评。

五、紧扣党建引领，加强委员会自身建设

一是健全制度规范。突出分党组把方向管大局保落实作用，认真履行管党治党主体责任，发挥“关键少数”示范带动作用，严肃党内政治生活，严格落实“三会一课”、主题党日、谈心谈话、学习补课、双重组织生活等党建工作制度，分党组书记、副书记和党支部书记带头参加专题培训、讲党课。根据工作需要，研究制定《“山东省政协港澳台侨重点联谊人士”列席政协山东省委员会全体会议办法》，进一步完善了委员会工作制度。二是注重上下联动。参加全国暨地方政协外事委员会工作座谈会，交流工作经验、学习先进做法。召开全省政协港澳台侨和外事工作座谈会，聚焦专委会建设面临的新形势、新任务、新要求，总结经验、统一思想、谋划工作。密切与市县政协的交流互动，在调研协商议政中，注重发挥市县政协积极作用，开展联合调研或邀请有关市县政协参与协商交流。积极与济南市政协港澳台侨和外事委员会强化互动加强联动，开展支部共建，在活动中增进感情、推动工作。三是培育优良作风。持续加强廉政建设，从大局出发、从细处着手，严格落实中央八项规定及其实施细则精神，落实省委、省政协党组有关要求，以实际行动践行与港澳委员工作顾问“亲”“清”交往“五要六不准”行为规范。进一步转变工作作风，凡事谋实招、讲实干、务实效，以事争一流的精神自我加压、勇于创新，加强理论武装、锤炼坚强党性、突出实践磨砺，锻造敢打硬仗、能打胜仗的干部队伍。

社会法制委员会

2022年，社会法制委员会在省政协党组和主席会议领导下，以习近平新时代中国特色社会主义思想为指导，全面贯彻落实中共二十大精神，认真学习贯彻习近平总书记关于加强和改进人民政协工作的重要思想，坚持建言资政和凝聚共识双向发力，紧扣全省中心大局履职尽责，各项工作取得新的成效。一年来，形成协商报告、信息专报等履职成果6篇，其中，省委、省政府主要领导批示2篇，省政府分管领导批示2篇，许多意见建议转化为党委政府工作的政策举措。

一、坚持党的全面领导，确保正确政治方向

（一）把牢政治原则政治方向。委员会始终在省政协党组领导和机关党组指导下开展工作，坚决贯彻落实省委、省政协党组的部署要求，认真落实向省政协党组请示、汇报工作制度，认真落实省政协两级党组成员联络分党组制度，委员会年度协商议题、重要会议活动、重要事项等，都做到事前报批、事后汇报。分党组团结和引领所联系的委员坚定拥护“两个确立”，坚决做到“两个维护”，始终在政治立场、政治方向、政治原则、政治道路上同以习近平同志为核心的党中央保持高度一致。

（二）强化思想理论武装。牢牢坚持用习近平新时代中国特色社会主义思想凝心铸魂，认真落实“第一议题”制度，原原本本学习《习近平谈治国理政》第四卷、《习近平法治思想学习纲要》。党的二十大召开后，把学习贯彻二十大精神作为首要政治任务，通过分党组会议、座谈会、党课宣讲、“学而书院”、委员会微信群等，组织开展多种形式的学习交流，深刻认识和把握二十大的重大意义、使命任务和战略部署，切实用二十大精神武装头脑、指导实践、推动工作，转化为各界的共同意志和自觉行动。全年组织分党组学习12次，组织习近平新时代中国特色社会主义思想学习座谈会4次，到“四五”烈士党性教育基地、省科技馆等开展现场学习4次。

（三）坚持党建引领。分党组充分发挥把方向、管大局、保落实作用，始终把加强思想政治引领、巩固共同思想政治基础、画好最大同心圆作为重大政治责任。坚持党建业务一体谋划、一体推进、一体落实，形成了以党建促履职、以履职强党建的工作机制。分党组创新搭建“理论课堂”“指尖课堂”“实践课堂”，进一步提升了党建工作质效。经验文章在省委省直机关工委刊物《机关党建》上刊发，葛慧君主席作出批示，给予充分肯定，指出社法委党建工作“做出了特色，创造了经验”。

二、聚焦聚力中心大局，为推动我省高质量发展议政建言

（一）承办“加强新就业形态劳动者权益保障”月度协商会。扎实开展调查研究，先后组织政协委员、平台企业、社会各界等300多人次参加远程调研、微调研和云协商，收集意见建议3583条；组织2950名新业态劳动者参加网上问卷调查。协商会上，临沂市政协、曹县县委主要负责同志视频连线主会场，政协委员、专家、劳动者代表与省人社厅、省总工会、省医保局等五部门主要负责同志，围绕新就业形态制度保障、就业服务、技能培训、人文关怀等方面深入协商互动。呈报的《关于加强新就业形态劳动者权益保障的协商情况报告》，李干杰、周乃翔、葛慧君、王书坚、徐海荣等省领导作出批示，推动省人社厅等9部门出台《关于进一步加强新就业形态劳动者劳动权益保障十二条措施》。会后，及时对月度协商会进行总结，形成工作流程，葛慧君主席予以批示肯定。

（二）承担常委会第二十四次会议分专题。承担“在推动黄河流域生态保护和高质量发展上走在前”专题议政性常委会第四分专题，同时负责第五分专题的协调和分组讨论等工作任务。围绕“统筹区域协调发展，推动黄河流域产业转型升级”分专题，组织委员赴滨州、菏泽开展实地调研，向淄博、东营、德州、聊城4市政协发函，开展书面调研，聚焦“能源转型”赴华能山东发电公司开展延伸调研，充分吸纳各方意见，形成《用绿色低碳绘就高质量发展底色》专题报告，并向省委省政府报送信息专报。在此基础上起草建议案有关部分。周乃翔省长，曾赞荣、范波副省长对建议案作出批示，给予高度评价，要求有关部门积极吸收建议案中的意见建议。

（三）围绕社会民生关切问题履职尽责。围绕“关于加快发展体育产业的建议”重点提案赴日照、德州开展督办调研，并视察《山东省全民健身条例》实施情况，通过实地察看、座谈交流，深入了解我省体育产业发展及全民健身工作开展情况，提出针对性意见建议。围绕“我省重点关注市场知识产权保护”到济南、潍坊开展实地视察，助力我省知识产权保护工作和重点关注市场建设。赴临沂做好分管副主席8件信访包案的化解工作。开展“圆梦助学”“关爱老兵”“关爱‘快递小哥’”系列爱心活动，为困境儿童、困难老兵、外卖员、快递员捐赠物资，送去温暖。

（四）积极参与法治山东建设。联合社会福利和社会保障界围绕“制定《山东省残疾预防和残疾人康复条例》”赴泰安市开展调研，组织法律专业的政协委员、专家，与省残联就条例草案进行讨论协商，形成《关于推动〈山东省残疾预防和残疾人康复条例〉立法的协商报告》，孙继业副省长作出批示，报告所提15条建议，吸收采纳12条。认真履行省委全面依法治省委员会守法普法及司法协调小组成员单位职责，提供社会主义核心价值观入法入规审查意见等法治建设方面的材料20余篇。丁同桢副主任带领督察组，对日照市学习宣传贯彻习近平法治思想和法治政府建设情况开展实地督察，办公室派员全程参与，并负责督查报告的起草。

三、广泛联系协作，形成推进工作的整体合力

（一）注重发挥委员主体作用。积极为委员履职搭建平台、创造条件，专委会组织各项调研协商议政活动，坚持以委员为主体、让委员唱主角。支持委员通过提交提案、社情民意信息、大会发言等议政建言。委员会副主任蔡福安、王玉亮提交的提案被评为省政协优秀提案；委员会委员李连祥、朱德泉、谯斌入选全省政协系统“最美政协人”。

（二）加强界别的联系指导。工会界别积极参与月度协商会，组织2950名新业态劳动者通过工会平台参加问卷调查，并形成分析报告。社会福利和社会保障界别积极参与立法前协商，为保护残疾人群体合法权益主动发声。妇联界别围绕“黄河滩区迁建发展与治理”开展调研，形成有关社情民意信息。青联、共青团界别联合开展“政协委员与社区青年面对面”活动，了解青年心声，凝聚青年力量。

（三）深化省市县政协三级联动。先后与7个市政协、7个县区级政协开展协同调研、协商、视察等活动。陪同王修林副主席到黄岛区调研，做好基层政协联系点指导工作。召开全省政协社会法制委员会工作会议，总结本届五年社法委工作，交流工作经验，王修林副主席围绕“深入学习贯彻中共二十大精神，推动全省政协社法委工作开新局”提出新部署新要求。会后呈报会议情况报告，葛慧君主席批示“过去五年工作可圈可点，值得肯定”。

（四）搞好与全国政协、兄弟省政协的联系协作。按照全国政协协同调研的要求，组织委员围绕“县域城镇化进程中社会治理创新实践”赴淄博开展调研，向黄岛区等6县区发函开展书面调研，形成调研报告，为全国政协召开对口协商会提供参考。组织好全国政协“加强未成年人权益的综合保护”调研组远程视频调研工作。参加2022年全国地方政协社法委工作视频座谈会，并提交书面发言材料。完成江苏、湖北省政协考察组来鲁考察的接待陪同工作。

民族和宗教委员会

2022年，在省政协党组、常委会和主席会议领导下，民族和宗教委员会坚持以习近平新时代中国特色社会主义思想为指导，立足“时”与“势”的变化，充分发挥民宗委特色和优势，在建言资政和凝聚共识上双向发力，推动各项工作深化拓展、提档升级，努力干出新时代省政协民族宗教工作新样子。

一、注重党建引领，把准工作“方向标”

健全分党组理论学习制度，严格落实“第一议题”制度，及时学习党的二十大精神、省十二次党代会精神，持续深化学习习近平总书记关于加强和改进人民政协工作的重要思想和中央政协工作会议、中央民族工作会议和全国宗教工作会议精神，认真学习党中央、全国政协重大决策部署和省委、省政协党组有关工作要求，确保工作始终坚持正确政治方向。构建以分党组理论学习中心组为引领，全体委员会议、主任会议、党支部会议为支撑的学习制度体系，在筑牢思想根基中深刻领悟“两个确立”的决定性意义，自觉增强“四个意识”、坚定“四个自信”、做到“两个维护”。完善分党组议事规则、决策程序、重大问题请示报告等相关制度，定期向省政协党组报告情况；健全中共党员委员联系少数民族界、宗教界党外委员及代表人士制度，实现党组织对党员委员、党的工作对政协委员的有效覆盖；在重要学习、调研、考察等履职活动中建立临时党支部，推动党建与履职相融互促。

二、发挥聚识优势，画好团结“同心圆”

把凝聚人心、凝聚共识作为重要政治任务，融入工作方方面面。

一是唱响工作品牌。采取参观考察与座谈交流相结合的办法，深入开展以“看发展、看变化，强责任、强素质、强能力”为主题的“两看三强”活动，组织少数民族界、宗教界委员赴济南市商河县学习考察经济社会发展成就；就学习贯彻省第十二次党代会精神召开专题座谈会，请省民族宗教委负责同志作辅导报告，使委员开阔眼界、知情明政，进一步增进“五个认同”。

二是创新聚识载体。为迎接党的二十大胜利召开，举办“同心跟党走·喜迎二十大”全省政协少数民族宗教界委员摄影展，得到全省政协少数民族和宗教界委员及代表人士的积极响应和踊跃参与，征集摄影作品600余件，社会观展人数达到500余人次，引起良好社会反响。

三是拓展联谊渠道。面对新冠肺炎疫情复杂多变态势，专委会分管领导和负责同志多次深入宗教活动场所进行调研，看望慰问宗教界委员和代表人士，听取意见建议，反映意愿诉求，做好凝聚人心工作。带着感情开展“润物无声”的工作，通过上门走访、调研专程看望、邀请参与活动、重大节庆联谊等形式，增进与委员的友情，努力打造“委员之家”，在广泛团结中温暖人心、汇聚力量。

三、精准建言资政，当好发展“助推器”

按照党政所需、群众所盼、专委会优势所在的原则，精心选择调研协商课题、精准提出意见建议，把专委会优势转化为推进党政工作的实际效能。

一是建言资政有效。围绕所承担的省政协专题议政性常委会“强化营商环境创新，打造一流营商环境”子课题，赴潍坊、东营市实地调研，分别召开职能部门和企业家座谈会，与30余家企业负责人面对面交流；与省工信厅、人社厅、公安厅、自然资源厅、税务局、市场监督管理局等6家部门密切沟通，掌握全省面上情况；向江苏、浙江、广东等省函约相关书面材料，借鉴先进省份典型经验；灵活运用网络议政、问卷调查、借力借智等方式，完成全省共计4392份调查问卷的研究分析，发动所联系界别委员网上献计，形成建议案和调研报告。对报送的《关于推动我省“在增强经济社会发展创新力上走在前”的建议案》，周乃翔省长和范波副省长分别作出肯定性批示，并要求有关部门吸收借鉴、推动建议转化落实。

二是协商议政有质。依托省政协“有事多商量”协商平台，精心组织“整合昆嵛山综合资源，打造文化生态名山”月度协商会，深入昆嵛山腹地实地调研，与烟台和威海两市有关职能部门、政协委员、专家学者深入交流，收集来自基层一线的呼声诉求；向江西、湖北两省函约书面材料，学习借鉴名山资源保护开发利用的经验做法；拓展协商形式，通过“山东通”APP开展网络议政，170余名省市县三级政协委员、专家学者参与，提出意见建议1000余条；制作播放昆嵛山宣传短视频，9位省市政协委员、专家学者分别发言，与省委宣传部、省自然资源厅、省文化和旅游厅负责同志进行深入协商。月度协商会得到省政协主席葛慧君批示肯定，指出角度把得好，提的建议有针对性，总体效果不错。省委副书记、省长周乃翔对协商报告作出批示：“请省文化和旅游厅、自然资源厅阅研。要积极吸纳报告中的意见建议，完善政策举措，整合优化资源，强化宣传推介，把昆嵛山打造成为文化生态名山。”副省长、烟台市委书记江成批示：“感谢省政协对挖掘提升昆嵛山生态和文化价值的指导支持，所提意见具有很强的针对性和可操作性。请市委宣传部、文旅局、生态环境局、昆嵛山自然保护区管委认真研究，落实到工作实践中。”副省长范波批示：“这个选题意义深远，取得了高质量的成果。请自然资源厅、生态环境厅认真组织研究，积极支持推动有关意见落地落实。”

三是民主监督有力。按照全国政协民宗委要求，就中央民族工作会议、全国宗教工作会议精神贯彻落实情况与16市政协对口专委会联合开展民主监督性调研，同时采取召开视频连线会议、实地考察等方式，找问题、挖根源、明方向，达到了推动工作落实的目的。

四是界别活动有为。注重为所联系界别委员搭建履职平台，拓宽活动领域，丰富履职方式，组织少数民族界别就“海南历史文化遗产保护与开发”开展学习考察活动；组织社会科学界别就“沿黄流域乡村文化振兴的路径”进行调研，形成界别集体提案。

四、全面提质增效，筑牢履职“压舱石”

一是抓能力素质提升。通过省政协“学而系列”读书平台、习近平新时代中国特色社会主义思想学习座谈会、专题研讨会、工作微信群等方式，向所联系界别委员及时传达中央、省委和省政协党组最新指示要求、重点工作任务等，引导委员增进对中国共产党领导和中国特色社会主义的政治认同、思想认同、理论认同、情感认同。在省政协机关组织开展民族宗教理论政策法规知识竞赛，通过编发学习资料、每日答题、宣讲报告等形式，夯实理论基础、练就过硬本领，省政协办公厅荣获最佳组织奖第一名，葛慧君主席、唐洲雁副主席分别对活动作出肯定性批示。

二是建立健全制度。根据新任务新要求，对民宗委调研协商、界别活动、团结联谊、会议培训等10余项规章制度进行修订和完善，使各项工作权责更清晰、责任更明确、程序更规范。

三是突出数字赋能。依托“学而系列”读书平台，组织所联系的少数民族、宗教、无党派、社会科学四个界别委员开展“云学习”“云研讨”“云建言”活动，推动委员通过读书学习实现自我教育自我提高，打开履职格局，放大工作张力。

此外，在省政协十二届五次会议科协、科技界委员联组讨论中，对发言委员意见建议进行汇总上报，得到时任省委副书记杨东奇批示，要求省委办公厅按问题属性转有关部门研究，及时答复省政协和提出问题的政协委员。积极协助唐洲雁副主席做好重点提案督办协商、包案化解信访事项以及所联系的基层政协联系点走访、稳住经济基本盘督导服务等工作。

文化文史和学习委员会

2022年，文化文史和学习委员会在全国政协文化文史和学习委员会正确指导和省政协党组、主席会议坚强领导下，认真学习贯彻落实党的十九大及十九届历次全会精神、党的二十大精神，按照省政协党组工作要点和专委会年度工作计划，强化“五种思维”，用好“五个平台”，深耕主业存文史，聚焦主责兴文化，当好主角参政议政，坚持发扬民主和增进团结相互贯通、建言资政和凝聚共识双向发力，圆满完成各项工作任务。

一、扛牢党建责任，加强全面领导

一是狠抓自身建设。专委会分党组坚决扛起从严治党第一责任，加强对专委会工作全面领导，研究制定制度规范，在思想认识、责任担当、方法措施上从严从实抓党建、强党建。坚持把贯彻落实习近平总书记视察山东重要指示批示精神和党中央重大决策部署作为重要政治任务，坚决把牢政治方向、强化政治担当、站稳政治立场，坚决捍卫“两个确立”，不断增强“四个意识”、坚定“四个自信”、做到“两个维护”，构筑过硬思想政治基础。

二是强化理论武装。通过召开专委会全体会议、专题讲座、学习研讨等形式，多频次、高密度开展理论学习活动，深刻把握习近平新时代中国特色社会主义思想内涵实质，重点学习习近平总书记关于加强和改进人民政协工作的重要思想以及文化和历史传承的重要讲话、指示批示精神，认真学习省第十二次党代会及省委十二届二次全会精神，抓好《中国共产党政治协商工作条例》学习贯彻落实，切实做到理论武装与履职实践融会贯通，不断提升队伍理论水平。

三是突出政治引领。分党组充分发挥定方向、把大局、管落实、强引领的重要作用，把统一思想、凝聚共识的理念融入履职实践中。严格落实看望委员制度和谈心谈话制度，先后看望委员12人次，开展谈心谈话23人次，不断增强委员政治认同、思想认同、情感认同。严格落实意识形态工作责任制，严把文史资料征集的政治关，确保零失误、零差错。通过务虚会、月例会、半年总结会等形式，研究贯彻落实省政协党组决策部署，谋划重要工作事项等，建立主任总牵头、副主任分工负责、重点委员具体靠上的工作推进机制，营造“人人有担子，事事争一流”的生动局面。

二、突破重点工作，书写精彩答卷

一是精心组织月度协商活动。在段青英副主席带领下，围绕筹备“努力建设长城国家文化公园（山东段）”月度协商会，到济南市开展实地调研，函请齐长城沿线7市政协协同调研，与有古长城保护任务的5个外省政协进行网上协作。

通过山东政协网站论坛云协商，112名委员、专家参与互动交流，“民声连线”访问量达11万人次。5月底召开专题协商会，葛慧君主席主持并讲话，省委常委、宣传部部长白玉刚介绍有关情况，段青英副主席作主题发言，10余位委员、专家、群众代表与省委宣传部等省直部门单位负责同志互动交流。会后以省政协名义向省委报告了协商情况，省委、省政府主要领导及其他7位省领导作出批示，省国家文化公园建设工作领导小组据此制定了贯彻落实台账。新闻媒体大力宣传，社会各界反响强烈，激发出关注齐长城保护、献计长城国家文化公园建设的良好氛围。

*二是大力开展文化标识推选。*开展文化标识推选活动是省政协党组确定的一项重要文化工程，成立了葛慧君主席任主任，白玉刚部长、段青英副主席任副主任的推选委员会，加强与省委宣传部、省文旅厅等有关单位协作，召开20余次工作协调会、专家座谈会，全省16个市、3个省直部门和23所高校报送了1288条推选项目，经认真梳理，整合为8类312项，由专家委员会集中评审出50项，待报省委省政府同意后，面向社会发布，把山东悠久历史、绵长文脉、辉煌文化成果中极具辨识度、最有代表性的标识性成果提炼出来，为加快新时代文化强省建设贡献政协力量。

*三是圆满完成常委会会议协商议政任务。*围绕省政协十二届常委会第二十三次常委会会议协商子课题“深耕齐鲁文化资源，推动文化繁荣发展”，首先开展书面调研，函请泰安、济宁等市政协和陕西、江西等省政协提供相关情况和经验做法。同时对前期开展文旅融合调研的单位进行回访，收集整理参阅材料。随后组织委员赴滨州、泰安、济宁等地开展调研、召开座谈会，出实招，摸实情，精心撰写相关调研报告，完成建议案第四部分“打造文化两创‘新标杆’，提升文化繁荣兴盛创新引领力”的组稿任务，征集并修改大会发言稿13篇，顺利完成各项任务。

三、发挥自身优势，提升履职水平

*一是深入开展界别活动。*结合习近平新时代中国特色社会主义思想学习座谈会、学而书院等学习活动，组织文化艺术、九三和新闻出版界委员围绕学习贯彻党的二十大精神、全国“两会”精神、省第十二次党代会精神开展学习研讨。文艺界相关委员积极助力“山东品牌文化”建设，“自带干粮”到省内外实地调研，并在第二十三次常委会上作《加强品牌文化建设，助推增强经济社会发展创新力上走在前》的书面发言。9月，段青英副主席带领部分界别委员围绕“做好中医药老字号保护工作”专题，赴泰安市进行调研，实地了解中医药老字号保护政策落地、企业运营、服务群众等情况。10月，段青英副主席带队赴山东美术馆参加“鲁风美育·界别同心汇”首次主题聚识活动，擦亮界别聚识名片，广泛凝聚思想共识。

*二是认真开展重点提案督办。*8月，段青英副主席带队就重点提案《关于加强农村人居环境整治的建议》办理情况赴菏泽开展督办调研。9月，召开提案督办协商会，提案人与省农业农村厅、省财政厅、省自然资源厅、省审计厅等省

直部门协商办理意见和落实举措，有力推动了重点提案的办理落实。

三是扎实开展专题调研。围绕国家文化公园建设重大部署，立足我省区位优势，积极开展“黄河国家文化公园（山东段）建设”专题调研。6月，段青英副主席带队到淄博、滨州、东营调研，详细了解沿黄生态保护、文化传承、文旅融合发展等情况。8月，段青英副主席带领部分委员赴青海省、宁夏回族自治区考察两省区推进黄河国家文化公园建设重点工作情况和经验做法。对有关情况进行梳理、总结，在全国政协“推进黄河国家文化公园建设”远程协商会议上提交发言材料4篇，为我省黄河国家文化公园建设鼓与呼。

四、强化担当作为，树立过硬形象

一是提高服务保障水平。认真做好分管领导各项服务保障工作，服务段青英副主席开展稳住经济基本盘督导和服务、信访积案化解、走访调研民营企业以及到基层政协联系点滨州市邹平市政协联系调研等工作。用心用情做好委员服务工作，积极邀请委员参与到史料征集、调研视察、协商议政中来，激发委员参与提案、社情民意、大会发言等方面履职热情，协助委员安装、使用山东通，提升委员信息化履职能力，畅通委员知情明政渠道，优化委员参政议政环境。

二是认真完成全国政协交办工作。完成参加全国政协文史工作座谈会的相关准备工作，起草书面交流材料，会后及时向主席会议汇报，并召开分党组会议、主任会议及办公室会议，制定具体贯彻落实方案。先后完成全国政协刘新成副主席带队调研“推进黄河国家文化公园建设”、刘奇葆副主席带队调研“非物质文化遗产保护和传承”等接待服务保障工作。11月，做好全国政协“推进黄河国家文化公园建设”远程协商会山东分会场工作。完成《“三亲”文库》有关专题卷史料的撰稿、征集及上报工作。

三是圆满完成省政协习近平新时代中国特色社会主义思想学习座谈第一组年度任务。先后组织了学习贯彻全国“两会”精神、《中国共产党政治协商工作条例》和党的二十大精神等专题学习研讨，在丰富学习形式、充实学习内容、强化学习效果上下功夫，深化对习近平新时代中国特色社会主义思想的认识和理解，促进委员思想理论水平和履职效能双提升。

四是广泛开展团结联谊交流。坚持“政协一家亲”理念，协调有关部门为西藏、山西、安徽等省（区）政协提供了“非遗”、沿黄精品旅游、特色地域文化发展、滨海旅游业协同发展等方面材料，交出去文字，收回来情谊。先后接待了淄博、济宁等市政协来济座谈交流文化文史工作，赴潍坊青州、滨州邹平等地开展文旅融合发展、打造特色文化品牌等调研，促进地方文化传承，推动文化产业繁荣。

委员联络工作委员会

2022年，委员联络工作委员会在省政协常务委员会和主席会议的领导下，切实提高政治站位，着力服务中心大局，突出抓好主责主业，较好完成了各项工作任务。现将有关情况报告如下。

一、强化思想政治引领，推动党的全面领导落地落实

深入学习贯彻习近平新时代中国特色社会主义思想，深刻领悟“两个确立”的决定性意义，切实把党的全面领导落实到委员履职服务管理各方面全过程。

1.抓紧抓实党的二十大精神学习贯彻。把学习贯彻党的二十大精神作为首要政治任务，认真学习领会葛慧君主席在省政协常委会会议上的宣讲辅导报告，做好王书坚副主席到“鲁新侨·界别同心汇”宣讲二十大精神服务保障工作；深入贯彻落实《省政协机关学习宣传贯彻党的二十大精神工作方案》，组织界别委员积极参加省政协“百千万”网上学习二十大精神活动，制定并落实委联委办支部学习贯彻方案，通过读原文、谈体会等多种形式，不断深化学习领会核心要义、精神实质、科学内涵；支部党员领导同志统一参加省委学习班，通过参加省政协党组、机关党组理论中心组学习发言等，进一步增强“四个意识”、坚定“四个自信”、做到“两个维护”。

2.坚持党建引领推动工作深化发展。以中央政协工作会议精神贯彻落实情况“回头看”为契机，对标对表习近平总书记关于加强和改进人民政协工作的重要思想，深入贯彻落实《中国共产党政治协商工作条例》，健全委员联络服务、履职管理、激励机制等制度措施。严格落实党建工作责任制，坚持党建工作与业务工作同研究、同部署，扎实开展党的组织生活规范月活动，查摆存在问题、制定整改措施、抓好规范提升。认真组织特邀界别委员参加省第十二次党代会精神网上学习，坚持每月开展两次支部集体学习，积极开展“学习党章，不忘初心、牢记使命”“抗疫先行，社区双报到服务”“牢记嘱托走在前、勇担使命开新局——齐河三种精神基地学习”等主题党日活动。

二、立足服务中心大局，着力提升双向发力工作质效

1.坚持协以成事，深化服务和融入新发展格局。参与承办“在服务和融入新发展格局上走在前”省政协议政性常委会会议，扎实做好大会发言和“激活市场活力，有效扩大内需”专题调研考察、调研报告起草以及专题情况反映等工作，参与建议案起草。做好“加强产教融合，共建国家职业教育创新发展高地”月度协商会的组织实施，动员全国和省市县四

级百名委员“会诊”产教融合，开展大样本问卷调查，充分吸收有益意见建议，广泛凝聚共识。省委书记李干杰，省委副书记、省长周乃翔，省委常委、副省长曾赞荣，副省长凌文等领导同志在省政协报送的协商情况报告上做出批示。

2. 强化民主监督，助推民营经济高质量发展。围绕《山东省民营经济发展促进条例》落实情况，在王书坚副主席带领下深入基层开展民主监督调研，省委副书记、省长周乃翔，省委常委、副省长曾赞荣，副省长范波等在省政协报送的《专项监督报告》上做出批示。省促进非公有制经济发展工作领导小组各成员单位对照监督报告，逐条提出落实的具体措施，汇总形成了《关于进一步推进落实〈山东省民营经济发展促进条例〉的若干措施》，推动形成了共抓民营经济高质量发展的“大合唱”。

3. 突出凝聚共识，推动委员履职塑成整体优势。一是及时动员全力投入疫情防控。起草发布《同心抗疫 担当责任——致全省各级政协组织和政协委员的倡议书》，阅读量达180万人次以上。二是强化典型选树。根据省政协主席会议安排部署，组织开展了首届“最美政协人”推宣活动，通过初选、评委投票和征求人选所在单位党组织意见等环节，在对“最美政协人”推宣人选广泛宣传的基础上，研究确定“最美政协人”30名正式人选。三是积极开展界别调研社会活动。鼓励特邀界别委员积极申请建设“界别同心汇”聚识平台，推动界别工作走深走实。开展以“新时代·新阶层·新力量”为主题的省政协特邀界别与新的社会阶层人士调研座谈活动，加强对新阶层界别群众的思想引领和诉求反映。

三、聚力抓好主责主业，推动委员队伍建设创新发展

1. 精心高效联络服务保障。按照全国政协部署要求，组织驻鲁委员参加葛慧君主席“学习贯彻中共二十大精神和下一步打算”主题授课和全国政协网上工作创新群交流讨论，连续四周组织全国政协委员参加全国政协读书平台“中共十九届六中全会精神读书群”学习交流。扎实做好驻鲁委员参加全国政协全体会议和常委会会议服务保障工作，周密制定方案，切实加强联络保障，高度重视新冠肺炎疫情带来的挑战，加强与省卫健委、省特勤局等部门的协调配合，加强闭环进京、安全保卫等工作。协调7名驻鲁全国政协委员参加“推进黄河国家文化公园建设”远程协商会、“一带一路”双周协商会，对接联络5名全国政协委员参加张庆黎副主席谈心谈话。

2. 强化委员履职考核评价。在葛慧君主席和王书坚副主席的指导把关下，对十二届省政协908名委员本届以来参加会议、大会发言、提交提案、视察考察调研、学习培训等11项、2万多条履职数据，以及届内常委、委员、专委会组成人员变动情况，逐人进行梳理汇总和分析评价，形成了《关于十二届省政协委员履职情况的分析报告》，提交省政协党组审议后，报送李干杰书记批转省委组织部、省委统战部，作为换届时继续提名委员的重要参考。

3. 强化制度制定与实施。制定出台了《关于进一步做好驻各市省政协委员履职服务工作的办法》《关于进一步做好驻鲁全国政协委员履职服务工作的实施办法》。认真落实常委述职报告制度，组织省政协常委提交年度述职报告，完成常委述职报告所提意见建议的整理上报工作，葛慧君主席作出批示。委员履职信息实行一人一档，动态管理，完成省政协委员2022年参加政协会议、视察考察调研、学习培训及其他活动的履职统计工作，健全完善委员履职档案。

4. 加强对市县政协工作的调研指导。贯彻落实省委下发的《关于进一步加强和改进新时代市县政协工作的实施意见》和省政协分工方案，赴基层政协联系点走访调研，面向乡镇（街道）委员联络室，推动基层抓好健全机制、选准议题等方面工作，促进政协协商与基层协商有效衔接。分管副主席带队赴东营、滨州2市4区开展市县政协工作调研，形成《东营滨州市县政协工作情况调研报告》，为省政协党组决策提供参考。

5. 做好委员人事事项。配合省委有关部门，按程序及时办理有关省政协委员人事事项。2022年增补委员62名、辞去委员11名，补选常委21名、免去常委15名，撤销委员资格6名。出具委员身份证明材料16份。

6. 推荐参加特邀监督活动。应邀向省委省政府督查办推荐3名省政协委员纳入省委省政府督查人才库，向省委编办推荐5名省政协委员担任省直机关职能运行观察员。推荐15名省政协委员参加“政府开放日——走进交通重点项目”活动，提出8条促进交通事业发展意见建议并得到落实，委员反馈均为满意。

7. 扎实做好信访工作。共处理信访来信156件，来电来访17批次。按照葛慧君主席批示要求，协调青岛市政协妥善处理王伯明、李维芝信访事件，解决反映诉求，尽心提供帮助，让信访人充分感受到政协组织的温暖。

组织情况

中国人民政治协商会议第十二届山东省委员会增补委员、辞去委员名单

（2022 年 1 月 20 日政协第十二届山东省委员会常务委员会第二十次会议审议通过）

一、增补委员（61 名，按姓名笔画为序排列）

丁同桢	丁希滨	王书坚	王立杰	王克芳（女）
王建勇	王春秋	王新春	韦海波	尹学军
孔凡群	付　伟	玄祖香（女）	巩宪群（女）	毕荣青（女）
吕传毅	任仲义	刘少华	刘龙江	刘传勇
刘进勇	刘建国	刘恩允（女）	刘常青	孙秀江
杜英杰	李广庆	李玉霞（女）	李　玮	李欣章
李宗涛	李振波	肖　枭	宋文旭	宋海伟
张全华	张　凯	张　玲（女）	张　煇	陆建林
陈月辉	陈能豪	林海峰	庞鸿魁	孟令军
郝宪印	茹立显	施乾平	姜金卫	徐东升
高中强	郭翠芬（女）	郭德文	展宝卫	黄秀玲（女）
戚万学	葛慧君（女）	潘荣庆	薛庆国	魏　勇

二、辞去委员（11 名，按姓名笔画为序排列）

王春亭	田素英（女）	朱开国	刘方龙	苏立科
李　锋	周　杰	倪岳伟	彭胜军	魏　丽（女）
魏艳菊（女）				

关于刘永巨等同志职务任免的通知

办公厅、研究室、委员活动工作室、各专门委员会：

政协第十二届山东省委员会常务委员会第二十次会议审议通过：

刘永巨同志任省政协提案委员会主任；

曲　伟同志任省政协人口资源环境委员会主任，不再担任省政协提案委员会主任；

王春秋同志任省政协教科卫体委员会主任；

牟　强同志任省政协民族和宗教委员会主任，不再担任省政协民族和宗教委员会副主任；

毕荣青同志任省政协提案委员会副主任；

曲晶晶同志任省政协提案委员会副主任（副厅级），不再担任省政协人口资源环境委员会副主任；

孙秀江同志任省政协经济委员会副主任；

李　玮同志任省政协经济委员会副主任；

张兆宏同志任省政协经济委员会副主任；

付　伟同志任省政协农业和农村委员会副主任；

陈泽浦同志任省政协农业和农村委员会副主任；

任仲义同志任省政协农业和农村委员会副主任；

刘建国同志任省政协农业和农村委员会副主任；

李振波同志任省政协人口资源环境委员会副主任（副厅级）；

徐　涛同志任省政协港澳台侨和外事委员会副主任；

王　斌同志任省政协港澳台侨和外事委员会副主任；

翟长生同志任省政协民族和宗教委员会副主任；

张旋宇同志任省政协民族和宗教委员会副主任；

郝宪印同志任省政协文化文史和学习委员会副主任；

张继民同志任省政协文化文史和学习委员会副主任；

郭德文同志任省政协文化文史和学习委员会副主任。

刘建良同志不再担任省政协人口资源环境委员会主任；

郭建磊同志不再担任省政协教科卫体委员会主任；

曲　涛同志不再担任省政协民族和宗教委员会主任；

贾有余同志不再担任省政协提案委员会副主任；

王　信同志不再担任省政协经济委员会副主任；

韩　林同志不再担任省政协经济委员会副主任；

李世瑛同志不再担任省政协港澳台侨和外事委员会副主任；

薛建英同志不再担任省政协社会法制委员会副主任；

崔明德同志不再担任省政协文化文史和学习委员会副主任。

政协山东省委员会

2022 年 1 月 20 日

关于撤销邢路正、娄红民、徐洪波、商善刚中国人民政治协商会议第十二届山东省委员会委员资格的决定

（2022 年 1 月 20 日政协第十二届山东省委员会常务委员会第二十次会议审议通过）

鉴于邢路正严重违纪违法并涉嫌受贿犯罪；娄红民犯危险驾驶罪；徐洪波严重违反中央八项规定精神和国家法律法规，构成严重职务违法并涉嫌贪污、受贿犯罪；商善刚严重丧失理想信念，违反组织纪律、廉洁纪律，并涉嫌受贿，根据中共山东省委建议，依照《中国人民政治协商会议章程》及有关规定，政协第十二届山东省委员会第三十四次主席会议作出了撤销邢路正、娄红民、徐洪波、商善刚中国人民政治协商会议第十二届山东省委员会委员资格的决定，政协第十二届山东省委员会常务委员会第二十次会议予以追认。

中国人民政治协商会议第十二届山东省委员会常务委员增补名单、辞去名单

（2022 年 1 月 26 日政协第十二届山东省委员会第五次会议通过）

一、增补常委名单（21 名，按姓名笔画为序排列）

丁希滨	王伯芝	王春秋	王　栩	卢　俊
付　伟	玄祖香（女）	刘少华	刘永巨	孙秀江
孙毬文	杜英杰	李　玮	李国红	汪映荣
张　凯	陈月辉	郝宪印	施乾平	薛庆国
魏　勇				

二、辞去常委名单（15 名，按姓名笔画为序排列）

王　信	曲　涛	朱开国	刘成文	刘建良
孙　亮	李世瑛	周　杰	赵庆忠	郭建磊
崔明德	韩　林	薛建英	魏　丽（女）	魏艳菊（女）

关于孙欣亮同志任职的通知

办公厅、研究室、委员活动工作室、各专门委员会：

政协第十二届山东省委员会常务委员会第二十二次会议审议通过：

孙欣亮同志任省政协港澳台侨和外事委员会副主任。

关于免去张开兴中国人民政治协商会议第十二届山东省委员会常务委员职务及撤销其委员资格的决定

（2022 年 7 月 29 日政协第十二届山东省委员会常务委员会第二十三次会议审议通过）

鉴于张开兴违反国家法律法规规定，涉嫌受贿犯罪，根据中共山东省委建议，依照《中国人民政治协商会议章程》及有关规定，政协第十二届山东省委员会常务委员会第二十三次会议决定，免去张开兴中国人民政治协商会议第十二届山东省委员会常务委员职务，撤销其中国人民政治协商会议第十二届山东省委员会委员资格。

关于撤销孙亮中国人民政治协商会议第十二届山东省委员会委员资格的决定

（2022 年 11 月 8 日政协第十二届山东省委员会常务委员会第二十四次会议审议通过）

鉴于孙亮涉嫌严重违纪违法和职务犯罪，根据中共山东省委建议，依照《中国人民政治协商会议章程》及有关规定，政协第十二届山东省委员会第四十六次主席会议作出了撤销孙亮中国人民政治协商会议第十二届山东省委员会委员资格的决定，政协第十二届山东省委员会常务委员会第二十四次会议予以追认。

关于贾有余同志退休的通知

机关各处室、各事业单位：

根据中共山东省委组织部通知（鲁组干字〔2022〕10 号）：

政协山东省委员会提案委员会原副主任、政协山东省委员会办公厅原一级巡视员贾有余同志退休。

关于徐光明、蔡洪理同志职务任免的通知

办公厅、研究室、委员活动工作室，各专门委员会：

经政协第十二届山东省委员会第四十六次主席会议审议通过：

徐光明同志任政协山东省委员会办公厅副主任（试用期一年）；

蔡洪理同志不再担任政协山东省委员会办公厅副主任职务。

关于蔡洪理同志任职的通知

机关各处室、各事业单位：

根据中共山东省委组织部通知（鲁组任字〔2022〕431号）：

经省委批准：蔡洪理同志任政协山东省委员会办公厅一级巡视员。

报刊社论

凝心聚力走在前　砥砺奋进谱新篇

——热烈祝贺省十三届人大七次会议、省政协十二届五次会议开幕

省十三届人大七次会议和省政协十二届五次会议，分别于今天和昨天开幕。来自全省各地各战线的人大代表、政协委员，带着全省人民重托齐聚省城，以饱满的政治热情履职尽责，共谋改革发展新篇。我们对省“两会”的召开表示热烈祝贺！

这次省“两会”，是在全省上下深入学习贯彻党的十九届六中全会精神、全面落实习近平总书记对山东工作的重要指示要求、奋力建设新时代社会主义现代化强省之际召开的一次十分重要的会议，是全省人民政治生活中的一件大事。开好今年省“两会”，事关全省改革发展稳定大局，事关山东发展长远未来，对于全省上下进一步统一思想、坚定信心、真抓实干、推动发展，凝聚起奋力走在前的强大力量，具有重要意义。

刚刚过去的2021年，是我们党百年华诞，全面建设社会主义现代化国家迈上新征程。对山东来讲，过去一年更具有特殊重要意义，习近平总书记再次亲临山东视察，作出“三个走在前”重要指示要求，为山东发展指明了前进方向，提供了科学指引，注入了强大动力。全省上下牢记总书记嘱托，立足新发展阶段，完整、准确、全面贯彻新发展理念，主动服务和融入新发展格局，统筹疫情防控和经济社会发展，如期打赢脱贫攻坚战，如期全面建成小康社会，实现“十四五”良好开局。一年来，面对复杂严峻的外部环境，我们始终保持战略定力，有效应对多重困难挑战，承压奋进、勇毅前行，全省经济运行稳中向好，创新动力显著增强，动能转换提速增效，需求潜力加快释放，重大战略扎实推进，改革开放持续深化，生态环境明显改善，民生保障落实有力，新时代社会主义现代化强省建设迈出坚实步伐。成绩得来殊为不易，根本在于有以习近平同志为核心的党中央领航掌舵，有习近平新时代中国特色社会主义思想科学指引。这也是省委、省政府团结带领全省人民砥砺攻坚、共同奋斗的结果，是省人大、省政协和社会各界有效监督、大力支持的结果。

成绩鼓舞人心，使命催人奋进。今年我们党将召开二十大，我省将召开第十二次党代会，做好经济社会发展各项工作，任务艰巨、责任重大。展望新的一年，时代之变和世纪疫情相互叠加，外部环境更趋复杂严峻，困难和挑战明显增多。越是这种情况，越需要把握发展机遇、发挥比较优势、用好有利条件，越需要集中方方面面的智慧力量，凝聚奋斗共识、激扬进取精神、激发干事潜能。全省上下将继续深学笃用习近平新时代中国特色社会主义思想，认真贯彻习近平总书记对山东工作的重要指示要求，紧紧锚定“走在前列、全面开创”“三个走在前”总遵循、总定位、总航标，在坚定不移抓好“八大发展战略”“九大改革攻坚”“十强现代优势产业集群”“七个走在前列”“九个强省突破”等既有工作部署基础上，聚焦聚力“六个一”发展思路、“六个更加注重”策略方法、“十二个着力”重点任务，不断强化使命担当，增强干事创业实效，推动山东各项事业取得新进展，以优异成绩迎接党的二十大胜利召开。

奋斗创造历史，实干成就未来。我们相信，参加省“两会”的人大代表、政协委员，一定会以高度的政治自觉、强烈的使命担当，不负人民重托，认真履职尽责，踊跃建言献策，广泛凝聚共识，圆满完成各项议程，把这次省“两会”开成民主、求实、团结、奋进的大会。让我们更加紧密地团结在以习近平同志为核心的党中央周围，大力弘扬伟大建党精神，坚定拥护“两个确立”、坚决做到“两个维护”，凝心聚力、攻坚克难，咬定目标、埋头苦干，推动新时代社会主义现代化强省建设不断迈上新台阶。

预祝省“两会”圆满成功！

（2022年1月23日《大众日报》）

全面开创新时代社会主义现代化强省建设新局面

——热烈祝贺省十三届人大七次会议、省政协十二届五次会议闭幕

在全省人民的热切关注中，在全体人大代表、政协委员的共同努力下，省十三届人大七次会议、省政协十二届五次会议完成各项议程，胜利落下帷幕。我们对省“两会”的圆满成功表示热烈祝贺！

今年省“两会”，是一次求真务实、团结奋进的大会，是一次凝心聚力、鼓舞士气的大会。与会代表委员以高度的政治责任感，依法履职尽责，就山东经济社会发展中的重大问题，建真言、献良策、出实招。会议审议通过的《政府工作报告》及其他各项报告，总结成绩实事求是，分析形势客观全面，部署工作扎实精准，凝聚着代表委员的集体智慧，体现了全省人民的共同意愿，对于进一步统一思想、统一意志、统一行动，汇聚起奋力走在前、建功新征程的磅礴力量，具有十分重要的意义。全省上下一定要坚持以习近平新时代中国特色社会主义思想为指导，深入落实习近平总书记对山东工作的重要指示要求，紧紧锚定“走在前列、全面开创”“三个走在前”，弘扬伟大建党精神，坚持稳中求进工作总基调，完整、准确、全面贯彻新发展理念，主动服务和融入新发展格局，全面深化改革开放，坚持创新驱动发展，推动高质量发展，坚持以供给侧结构性改革为主线，统筹疫情防控和经济社会发展，统筹发展和安全，坚定不移抓好既有工作部署，聚焦聚力“六个一”发展思路、“六个更加注重”策略方法、“十二个着力”重点任务，继续做好“六稳”“六保”工作，持续改善民生，稳定宏观经济，保持经济运行在合理区间，保持社会大局稳定，事争一流、唯旗是夺，全面开创新时代社会主义现代化强省建设新局面。

奋力走在前、建功新征程，必须坚定拥护“两个确立”，坚决做到“两个维护”。核心凝聚力量，旗帜引领方向。山东这些年的发展成就，根本在于习近平总书记把脉定向、领航掌舵，根本在于习近平新时代中国特色社会主义思想科学指引。踏上新征程，山东发展面临的任务更加艰巨、使命更为光荣。我们一定要更加坚定地忠诚核心、维护核心、紧跟核心、捍卫核心，不断提高政治判断力、政治领悟力、政治执行力，无论任何时候、任何地方、任何工作，都要以“两个确立”“两个维护”作为统领，时时处处对标，时时刻刻对表。要始终坚持以习近平新时代中国特色社会主义思想为指

引，坚定贯彻执行习近平总书记对山东工作的重要指示要求，切实把总书记殷殷嘱托转化为谋划工作的具体思路、改革发展的务实举措、狠抓落实的实际行动，转化为推动事业发展的强大动力。

奋力走在前、建功新征程，必须充分发挥比较优势，用好各类发展机遇，自觉把山东发展放在全国大局中来思考和推进。今年的政府工作报告，系统梳理了我省发展的九大比较优势。这是我们的信心所在、底气所在、潜力所在。我们一定要始终胸怀大局，牢记“国之大者”，把认识好、巩固好、拓展好九大比较优势作为重要切入点和着力点，以更高站位、更宽视野来审视和谋划山东未来发展，努力在服务和融入新发展格局上走在前。要聚焦聚力科技研发、人才引育、营商环境、数字变革、产业生态、要素保障、民生改善、风险防控、文化宣传、落实手段等十个方面，强化创新、激发活力，努力在增强经济社会发展创新力上走在前。要更大力度打造生态保护样板区、长久安澜示范带、绿色低碳发展先行区、对外开放新高地、文化“两创”新标杆，努力在推动黄河流域生态保护和高质量发展上走在前。

奋力走在前、建功新征程，必须高位定标、敢为人先，勇于担当、狠抓落实。能不能走在前，能不能见到实效，关键看精神、看状态、看作风。今年是“十四五”规划实施的关键之年，也是我省新旧动能转换“五年取得突破”的决战之年。政府工作报告围绕“十二个着力”重点任务，提出“十个坚定不移”的具体安排，路径清晰，目标明确，措施有力。全面落实省“两会”部署，必须全面提升精神境界，全面提升工作标准，全面提升发展水平，创造性做好山东各项工作，奋力推动赶超跨越。广大党员干部一定要始终保持昂扬向上的精神状态，不断锤炼坚韧不拔的意志品质，大力弘扬务实扎实的优良作风，积极倡树“严肃严格、求真较真、细致细究、务实扎实、高效快捷”的工作作风，抓铁有痕、踏石留印，苦干实干、攻坚克难，努力推动山东经济社会发展各项工作走在前、开新局。

重任在肩，使命如磐。让我们更加紧密地团结在以习近平同志为核心的党中央周围，坚定拥护“两个确立”、坚决做到“两个维护”，保持定力、提振精神，咬定目标、勇毅前行，奋力书写新时代社会主义现代化强省建设绚丽篇章，以优异成绩迎接党的二十大胜利召开！

（2022 年 1 月 28 日《大众日报》）

凝心聚力走在前　同心奋斗向未来

——热烈祝贺省政协十二届五次会议开幕

伴随着全省上下昂扬奋进的铿锵足音，省政协十二届五次会议1月22日在济南开幕。来自全省各界的省政协委员，承载着全省人民的期盼，会聚一堂，共商大计，再写新篇。我们向大会的召开表示热烈祝贺！

刚刚过去的2021年，是具有重要里程碑意义的一年。中国共产党迎来百年华诞，中共十九届六中全会通过了党的第三个历史决议，第一个百年奋斗目标如期实现，正意气风发向着第二个百年奋斗目标奋勇前进。省委、省政府在以习近平同志为核心的中共中央坚强领导下，深入贯彻落实习近平总书记对山东工作重要指示要求，统筹疫情防控和经济社会发展，有效应对多重困难挑战，“十四五”实现良好开局，新时代社会主义现代化强省建设迈出坚实步伐。

过去这一年，省政协坚持以习近平新时代中国特色社会主义思想为指导，深刻领会“两个确立”的决定性意义，紧紧围绕全省工作大局，发挥专门协商机构作用，积极建言资政，广泛凝聚共识，以形式多样的履职推动山东经济社会高质量发展，用实实在在的行动展现山东政协的使命担当。这一年，省政协聚焦“实施创新驱动，促进高质量发展”开展专题调研，围绕实施我省“十四五”规划、完善科技创新体制机制、大力弘扬齐鲁优秀文化开展专题议政，紧扣增进民生福祉开展民主监督，交出了一份厚实的履职答卷。

成绩不易，体会深刻。十二届省政协在实践中不断深化对新时代人民政协性质、定位、职责的认识：必须把学习贯彻习近平新时代中国特色社会主义思想作为首要任务，把政治忠诚铭刻在头脑里，把“两个维护”落实到工作中；必须紧紧围绕全省大局谋划和推进政协工作，围绕中心才能找准定位，服务大局才能有所作为；必须把握性质定位发挥整体优势，把政协的制度优势、人才优势、平台优势转化为实际效能；必须练好调查研究这个履职基本功，调研有深度，建言才能有的放矢，协商才能精准到位，监督才能有力有效；必须把强作风带队伍贯穿始终，培育一支“懂政协、会协商、善议政，守纪律、讲规矩、重品行”的政协委员队伍，造就一支学习型、服务型、实干型的政协干部队伍。这些经验弥足珍贵，务必牢记践行。

2022年是中共二十大召开之年，是我省奋力实现“走在前列、全面开创”“三个走在前”的攻坚之年，也是新旧动能转换“五年取得突破”的决战之年。贯彻落实省委决策部署，需要汇聚全省之力、齐心携手共进。山东重任在肩，政协责无旁贷。我们唯有踔厉奋发、笃行不怠，把忠诚之心转化为履职实效，用奋进力量书写精彩华章，才能不负时代荣光，不辱职责使命。相信各位委员一定能够牢记政治责任，知责于心、担责于身、履责于行，以饱满的精神状态全身心投入到完成大会各项议程当中，写好新年第一篇“委员作业”。

力量生于团结，幸福源自奋斗。让我们更加紧密地团结在以习近平同志为核心的中共中央周围，在中共山东省委坚强领导下，勇毅前行、埋头实干，为开创新时代社会主义现代化强省建设新局面作出新贡献，以优异成绩迎接中共二十大胜利召开！

（2022 年 1 月 22 日《联合日报》）

担当新使命　展现新作为

——热烈祝贺省政协十二届五次会议闭幕

省政协十二届五次会议圆满完成各项议程后胜利闭幕。我们对大会的成功召开表示热烈祝贺！

这次大会是在全省上下深入学习贯彻中共十九届六中全会和习近平总书记对山东工作重要指示要求，奋力开创新时代社会主义现代化强省建设新局面的形势下召开的重要会议。省委、省政府领导同志出席大会，听取大会发言，参加分组讨论，与委员们共商山东改革发展大计。省委书记李干杰在开幕大会上作了讲话，对更好发挥政协专门协商机构作用、广泛凝聚共识、服务高质量发展提出明确要求，为全省政协事业发展指明了前进方向。这是对政协工作的高度重视，是对政协委员的殷切希望。要牢记在心里，落实到行动上，体现于工作中。

协商聚共识，聚智促发展。全体委员牢记使命职责，认真讨论审议有关报告，顺利完成选举任务，聚焦全省大局和群众关切，深入协商议政，谋发展良策，建为民之言，展示了新风采新样子。大会开得圆满成功，进一步统一了全省各界人士的思想行动，增强了奋进新征程、书写新荣光的信心决心，充分发挥了政协专门协商机构作用，彰显出社会主义协商民主的独特优势，是一次团结民主、求真务实、精简高效、风清气正的大会。

回首来路，我们倾注汗水，取得丰硕成果；面向未来，我们信心更加坚定，斗志更加昂扬。中共山东省委深入贯彻落实习近平总书记视察山东重要指示要求，作出一系列安排部署。全省各级政协组织、政协各参加单位和广大政协委员，当前最重要的是把思想和行动统一到省委部署要求上来，把智慧和力量凝聚到大会确定的各项目标任务上来，以饱满的政治热情扎实履职尽责，以强烈的责任担当积极议政建言，以严谨的工作作风展示良好形象，在新时代社会主义现代化强省建设新征程上担当新使命、展现新作为。

部署既定，重在落实。担当新使命、展现新作为，就要保持稳如泰山、坚如磐石的政治定力，坚定捍卫“两个确立”，坚决做到“两个维护”，始终牢记“国之大者”就是责之重者；要凝聚万众一心、众志成城的磅礴合力，立足职能定位，聚思想引领之力，聚建言资政之力，聚团结联谊之力；要彰显商以求同、协以成事的制度效力，坚持人民政协为人民，充分运用转化好政协优势，使政协专门协商机构的成色更足、分量更重、作用更大；就要激发时不我待、事争一流的干事活力，情牵“大国之重”，心系“万家灯火”，守正创新，接续奋斗，推动政协事业焕发新生机、迸发新活力、开创新局面。

新使命催人奋进，新征程时不我待。让我们更加紧密地团结在以习近平同志为核心的中共中央周围，在省委坚强领导下，锚定目标、乘势而上、乘胜而进，奋力在服务全省工作大局中展现新风采，为谱写新时代社会主义现代化强省建设新篇章作出新的更大贡献，以优异成绩迎接中共二十大胜利召开！

（2022 年 1 月 27 日《联合日报》）

2022 年大事记

1 月

5 日　省政协机关党组召开会议，专题开展履行全面从严治党责任述职。省政协党组成员、秘书长，机关党组书记刘永巨主持并讲话。

省政协机关党组召开扩大会议，学习习近平总书记近期一系列重要讲话和重要指示精神，传达学习省委经济工作会议精神，审议有关事项。省政协党组成员、秘书长，机关党组书记刘永巨主持并讲话。

省政协机关党组理论学习中心组举行专题民主生活会会前集体学习。省政协党组成员、秘书长，机关党组书记刘永巨主持并讲话。

10 日　上午，省政协十二届五次会议筹备工作第二次协调会议召开，听取大会秘书处各工作组负责同志筹备情况的汇报。省政协党组副书记、副主席吴翠云出席并讲话，省政协秘书长刘永巨主持会议。

11 日　省政协十二届十七次秘书长会议召开，审议省政协十二届常委会第二十次会议和十二届五次会议有关事项。省政协党组成员、秘书长刘永巨主持会议并讲话。

13 日　省政协党史学习教育总结会议召开。会议深入学习贯彻习近平总书记重要指示要求和中央、省委党史学习教育总结会议精神，总结省政协党史学习教育工作，对巩固拓展党史学习教育成果作出安排部署。省政协党组书记、主席付志方出席并讲话。省政协党组副书记、副主席吴翠云主持会议。省政协党组成员、副主席于国安、王艺华、韩金峰，省政协党组成员、秘书长刘永巨出席会议。省委党史学习教育第十一巡回指导组有关负责同志到会指导。省政协机关全体党员干部和离退休干部党组织负责同志参加会议。

14 日　省政协十二届三十三次主席会议在济南召开。省政协主席付志方主持会议。会议审议通过了省政协十二届常委会第二十次会议议程和日程，决定会议 1 月 20 日在济南召开。省政协副主席吴翠云、赵家军、于国安、王艺华、韩金峰、王修林、程林、刘均刚、段青英和秘书长刘永巨出席会议。

17 日　上午，省政协党组书记葛慧君到各民主党派省委会和省工商联机关走访，深入贯彻落实习近平总书记关于加强和改进人民政协工作的重要思想和对山东工作的重要指示要求，贯彻落实省委对政协工作的部署安排。省委常委、统战部部长、省政协党组副书记张江汀，省政协副主席、党组副书记吴翠云，各民主党派省委会和省工商联负责同志孙继业、王修林、庄文忠、栾新、段青英、程林、王随莲，省政协秘书长刘永巨参加活动。

18日　下午，省政协党组召开会议，学习习近平总书记在省部级主要领导干部学习贯彻党的十九届六中全会精神专题研讨班开班式上的重要讲话精神、十九届中央纪委六次全会第一次会议精神、习近平总书记对政法工作的重要指示，学习《中国共产党纪律检查委员会工作条例》，研究贯彻落实意见。省政协党组书记葛慧君主持并讲话。省政协党组副书记、副主席吴翠云出席会议，省政协党组成员、副主席于国安、唐洲雁作交流发言，省政协党组成员、副主席王艺华、韩金峰，省政协党组成员、秘书长刘永巨出席会议。省政协有关副秘书长列席会议。

省政协十二届三十四次主席会议在济南召开。省政协主席付志方主持会议，省政协党组书记葛慧君出席会议。会议听取了省委常委、组织部部长王宇燕和省委统战部负责同志分别作的关于省政协十二届五次会议人事安排工作有关事宜的说明，审议了有关名单和选举办法（草案）及总监票人、监票人名单（草案）；审议了人事事项。省政协副主席吴翠云、于国安、唐洲雁、王艺华、韩金峰、王修林、程林、刘均刚、段青英和秘书长刘永巨出席会议。省政协秘书长会议成员、各专委会主任参加会议。

19日　下午，省政协副主席韩金峰带领经济委员会部分委员赴省人才集团调研，参观企业展厅，围绕科技成果转化、人才基金设立运营、教育培训、市场生态构建等与企业同志进行了座谈交流。

省政协机关党组会议召开，学习习近平总书记近期系列重要讲话重要指示精神。省政协党组成员、秘书长，机关党组书记刘永巨主持并讲话。

20日　下午，省政协党组书记葛慧君来到机关和直属事业单位走访看望干部职工，强调要深入学习贯彻习近平总书记关于加强和改进人民政协工作的重要思想和对山东工作重要指示要求，再接再厉，开拓进取，推动政协事业不断创新发展。省政协副主席、党组副书记吴翠云，秘书长刘永巨参加活动。

省政协十二届常委会第二十次会议在济南召开。省委副书记、省长周乃翔出席并作关于《政府工作报告（征求意见稿）》起草情况的说明。省政协主席付志方主持会议并讲话，省政协党组书记葛慧君出席会议。省委常委、统战部部长张江汀作人事事项的说明。省政协副主席吴翠云、赵家军、于国安、唐洲雁、王艺华、韩金峰、王修林、程林、刘均刚、段青英和秘书长刘永巨出席会议。

21日　下午，省政协十二届五次会议在山东新闻中心举行新闻发布会，介绍大会基本情况、特点和2021年省政协主要工作情况。大会秘书长、省政协秘书长刘永巨，大会副秘书长、省政协副秘书长、办公厅主任燕翔，大会副秘书长、省政协副秘书长王琳，大会副秘书长、省政协副秘书长、研究室主任魏余秀，在发布会上介绍有关情况，并回答记者提问。大会新闻组副组长、省政协研究室副主任盖文兴主持发布会。

22 日　上午，中国人民政治协商会议第十二届山东省委员会第五次会议在山东会堂隆重开幕。

上午，省政协副主席刘均刚代表政协第十二届山东省委员会常务委员会，向大会报告省政协十二届四次会议以来的提案工作。

下午，省政协党组书记葛慧君和中共、特邀界委员一起讨论省委书记李干杰的讲话，审议省政协常委会工作报告和提案工作报告。省政协副主席王艺华，秘书长刘永巨参加讨论。

下午，出席省政协十二届五次会议的委员分组讨论省委书记李干杰的讲话、审议省政协常委会工作报告和提案工作报告。省政协副主席赵家军、唐洲雁、王艺华、韩金峰、王修林、程林、段青英和秘书长刘永巨分别参加讨论和审议。

23 日　下午，省政协主席付志方到他所在的省十三届人大七次会议济宁代表团，与代表们共同审议政府工作报告。

下午，省政协党组书记葛慧君到她所在的省十三届人大七次会议枣庄代表团，与代表们共同审议政府工作报告。

24 日　上午，省委书记、省人大常委会主任李干杰参加政协经济界和驻香港委员联组讨论。省政协主席付志方主持讨论，省政协党组书记葛慧君出席。省委常委、秘书长刘强，省政协秘书长刘永巨参加讨论。

省政协十二届五次会议提案委员会召开全体会议，审议《政协第十二届山东省委员会提案委员会关于省政协十二届五次会议提案审查情况的报告（草案）》。省政协秘书长刘永巨出席。

25 日　下午，省政协十二届三十五次主席会议召开。省政协主席付志方主持会议，省政协党组书记葛慧君出席会议。省政协副主席吴翠云、赵家军、于国安、唐洲雁、王艺华、韩金峰、王修林、程林、刘均刚、段青英和秘书长刘永巨出席会议。

省政协十二届常委会第二十一次会议召开。省政协主席付志方主持会议，省政协党组书记葛慧君出席会议。省政协副主席吴翠云、赵家军、于国安、唐洲雁、王艺华、韩金峰、王修林、程林、刘均刚、段青英和秘书长刘永巨出席会议。

26 日　省政协党组召开扩大会议，就加强党组自身建设、发挥示范引领作用作出安排部署。省政协党组书记、主席葛慧君主持会议并讲话。省政协党组副书记王书坚、张江汀、林峰海，省政协党组成员于国安、唐洲雁、王艺华、韩金峰、刘永巨和副主席赵家军、王修林、程林、刘均刚、段青英出席会议。省政协机关党组成员、各专委会主任参加会议。

29 日　省政协党组召开扩大会议，专题学习十九届中央纪委六次全会和省纪委十一届七次全会精神，确保把中央和省委关于加强党的建设最新要求学习理解到位、贯彻落实到位。省政协党组书记、主席葛慧君主持会议并讲话。省政协党组成员于国安、唐洲雁、王艺华、韩金峰谈了学习体会。省政协副主席赵家军、王修林、程林、刘均刚、段青英出席会议。省政协机关党组成员、各专委会分党组负责同志参加会议。

省政协机关党组召开会议，学习习近平总书记近期系列重要讲话精神，传达学习省“两会”和省纪委十一届七次全会精神，学习贯彻葛慧君主席在省政协党组扩大会议上的讲话精神。

2 月

8 日至 10 日　省政协召开各工作机构负责人座谈会，深入学习贯彻习近平总书记关于加强和改进人民政协工作的重要思想，贯彻落实习近平总书记对山东工作的重要指示要求，贯彻落实山东省 2022 年工作动员大会精神，全面梳理各工作机构的工作情况，研究部署加强和改进政协工作的新举措。省政协主席葛慧君主持会议并讲话。省政协副主席赵家军、于国安、唐洲雁、王艺华、韩金峰、王修林、程林、刘均刚、段青英和有关副秘书长参加相关阶段会议，谈了意见建议；办公厅、研究室主要负责同志全程参加会议。

11 日　上午，省政协提案委员会召开全体会议，学习传达山东省 2022 年工作动员大会精神，学习传达省政协第 81 次党组扩大会议和各工作机构负责人座谈会精神，研究部署委员会贯彻落实意见。省政协副主席于国安出席会议并讲话。

14 日　省政协主席葛慧君到中共山东早期历史纪念馆参观，并就济南市协商平台建设及经济社会发展情况进行调研。省和济南市领导孙立成、雷杰参加活动。

16 日　下午，省政协主席葛慧君带领办公厅、研究室及有关部门负责人到联合日报社调研。有关副秘书长陪同调研。

17 日　下午，省政协党组召开会议，学习习近平总书记在中共中央政治局第三十六次集体学习、1 月 24 日中共中央政治局会议上的重要讲话精神，学习贯彻《关于 2021 年中央政治局贯彻执行中央八项规定情况的报告》《关于 2021 年整治形式主义为基层减负工作情况的报告》，研究贯彻落实《关于加强和改进新时代市县政协工作的意见》的措施，学习贯彻山东省 2022 年工作动员大会精神。省政协党组书记、主席葛慧君主持会议并讲话。省政协党组成员、副主席于国安、唐洲雁、王艺华、韩金峰出席会议；省政协副主席赵家军、王修林、程林、刘均刚、段青英，机关党组会议成员列席会议。

21 日　上午，省政协召开专门委员会主任座谈会，深入贯彻落实习近平总书记关于加强和改进人民政协工作的重要思想，围绕加强专委会建设和专委会主任作用发挥进行深入交流，推动政协工作整体效能提升。省政协主席葛慧君主持会议并讲话。省委常委、常务副省长、省政协副主席王书坚，省政协副主席于国安出席会议。省政协办公厅、研究室主要负责同志参加会议。

21 日至 22 日　省政协主席葛慧君到青岛市调研，强调要深入学习贯彻习近平总书记关于加强和改进人民政协工作的重要思想，不断拓展协商平台深度广度，增强界别工作活力，加强信息化建设，数字赋能，推动全省政协工作提质增效。省和青岛市领导陆治原、赵豪志、杨军陪同调研。

23 日　省委、省政府、省政协秘书长联席会议召开，共同审议省政协 2022 年协商工作计划。省政协有关负责同志作《政协山东省委员会 2022 年协商工作计划（草案）》起草情况的说明。

24 日　省政协十二届三十六次主席会议在济南召开。省政协主席葛慧君主持会议。会议审议通过政协山东省委员会 2022 年协商工作计划，审议通过省政协 2022 年专题议政性常委会会议方案，审议通过关于加强和改进新时代市县政协工作调研方案，审议通过中共山东省政协党组 2022 年工作要点和政协第十二届山东省委员会常务委员会工作报告重点工作任务分工方案。省委常委、政法委书记、省政协副主席林峰海，省政协副主席赵家军、于国安、唐洲雁、王艺华、韩金峰、王修林、程林、刘均刚、段青英出席会议。

省政协召开机关全体干部会议，深入贯彻落实山东省 2022 年工作动员大会精神，总结 2021 年工作，对今年工作进行再动员再部署。省政协主席葛慧君出席会议并讲话。省政协副主席于国安主持会议，并对省政协 2021 年工作进行总结。省政协副主席赵家军、唐洲雁、王艺华、韩金峰、王修林、程林、刘均刚、段青英出席会议。

省政协农业和农村委员会召开主任（扩大）会议，传达学习习近平总书记有关重要讲话精神，中央农村工作会议和山东省 2022 年工作动员大会、省委农村工作会议及有关文件精神，省政协近期会议精神，研究贯彻落实措施和年度工作安排。省政协副主席王艺华出席并讲话。

省政协民宗委及办公室工作会议召开，传达学习省政协机关全体干部会议精神，研究贯彻落实措施。省政协副主席唐洲雁主持并讲话。

25 日　省政协机关党组召开会议暨理论学习中心组集体学习，深入学习习近平总书记关于意识形态工作重要论述，学习贯彻葛慧君主席在省政协机关全体干部会议上的讲话精神，学习省直机关青年理论学习工作推进会精神，审议有关事项。

28 日　省政协社会法制委员会召开主任扩大会议，传达学习省政协近期会议精神，研究贯彻落实措施和年度工作安排，围绕进一步做好社法委工作进行研讨。省政协副主席王修林出席并讲话。

省政协副主席唐洲雁带领民族和宗教委员会负责同志到省天主教两会调研并看望省政协宗教界委员，就发挥好宗教界委员作用、贯彻落实好党的宗教政策、坚持我国宗教中国化方向等听取意见建议。

3 月

1 日至 4 日　省政协副主席于国安带队，就“加强和改进新时代市县政协工作”到聊城、德州调研。

2 日　上午，省政协召开十二届五次会议提案交办会，交流经验，部署任务，推动提案工作提质增效。省政协副主席于国安出席会议并讲话。省委、省政府办公厅及各提案承办单位有关负责同志参加会议。

3日　上午，出席全国政协十三届五次会议的驻鲁全国政协委员和列席人员在济南召开座谈会，传达习近平总书记同党外人士共迎新春座谈会上的重要讲话精神，统一思想，凝聚共识，为在大会期间建言资政做准备。受省政协主席葛慧君委托，省委常委、统战部部长、省政协党组副书记张江汀主持会议并讲话。省政协副主席刘均刚、段青英参加座谈会。

4日　下午，省政协组织机关干部集体收看了全国政协十三届五次会议开幕盛况，认真听取了全国政协主席汪洋作的政协常委会工作报告。省政协副主席于国安、韩金峰参加收看。

省政协十二届常委会第二十二次会议筹备工作第一次协调会召开，研究部署会议筹备工作。省政协副主席韩金峰出席并讲话。

省政协经济委员会召开主任会议，学习贯彻习近平总书记重要讲话精神，学习贯彻中央、省委和省政协近期重要会议精神，安排部署今年重点任务，研究探讨今后一段时期的工作思路办法。省政协副主席韩金峰出席并讲话。

5日　下午，省政协主席葛慧君参加全国政协十三届五次会议分组讨论，审议全国政协常委会工作报告和提案工作情况的报告。

6日　上午，省政协主席葛慧君参加全国政协十三届五次会议分组讨论政府工作报告。

6日至10日　省政协副主席唐洲雁带队，围绕“加强和改进新时代市县政协工作”赴日照、枣庄开展调研。

7日　上午，全国政协十三届五次会议第二次全体会议在人民大会堂举行。全国政协委员、山东省政协主席葛慧君以“以奋进者的昂扬姿态迎接中共二十大胜利召开”为题作大会发言。

9日至11日　省政协副主席韩金峰带队，就“加强和改进新时代市县政协工作”到滨州、东营调研。

11日　下午，省政协人口资源环境委员会召开“推进育儿友好型社会建设”座谈会，邀请部分省政协委员、专家学者和省直部门有关负责同志座谈交流，听取意见建议。省政协副主席刘均刚出席会议并讲话。

15日　省政协召开十二届三十七次主席会议，传达学习习近平总书记在全国两会期间的重要讲话精神和全国政协十三届五次会议精神，传达学习省委常委会会议精神，研究贯彻落实意见。省政协主席葛慧君主持会议并讲话。参加全国两会的省政协副主席赵家军、王修林、程林、刘均刚、段青英作了交流发言。省委常委、政法委书记、省政协副主席林峰海，省政协副主席于国安、唐洲雁、韩金峰出席会议。

省政协副主席唐洲雁主持召开民宗委办公室扩大会议，传达学习省委常委会议和省政协主席会议精神，就贯彻全国两会精神、落实疫情防控要求、做好当前工作进行安排部署，研究贯彻落实措施。

16日　上午，省政协人口资源环境委员会围绕“推进育儿友好型社会建设”组织召开网络调研视频会。省政协副主席刘均刚主持并讲话。

16日至17日　省政协主席葛慧君来到济宁市，围绕加强和改进新时代市县政协工作开展调研。

17日　省政协习近平新时代中国特色社会主义思想学习座谈小组第一组召开座谈会。省政协副主席段青英出席并讲话。

省政协文化文史和学习委员会召开全体会议，省政协副主席段青英出席并讲话。

18日　上午，省政协提案委员会围绕“发挥海洋人才优势，激活海洋经济发展潜力”课题召开情况通报会，省发展改革委、省教育厅、省科技厅、省工信厅、省海洋局负责同志到会介绍情况，并与委员进行了深入探讨交流。省政协副主席于国安出席会议并讲话。

21日　下午，省政协党组召开会议，学习习近平总书记近期重要讲话和重要指示精神，学习有关会议精神，研究贯彻落实意见。省政协党组书记、主席葛慧君主持会议并讲话。省委常委、政法委书记，省政协党组副书记、副主席林峰海，省政协党组成员、副主席于国安、唐洲雁、韩金峰出席会议；省政协副主席赵家军、王修林、刘均刚、段青英，机关党组会议成员，各专委会主任列席会议。

省政协党组理论学习中心组进行集体学习，深入学习习近平总书记在2022年春季学期中央党校（国家行政学院）中青年干部培训班开班式上和中共中央政治局第三十七次集体学习时的重要讲话精神，联系思想工作实际进行交流。省政协党组书记、主席葛慧君主持会议并讲话。

23日　省政协习近平新时代中国特色社会主义思想学习座谈小组第二组围绕学习贯彻全国两会精神开展学习座谈。省政协副主席于国安出席并讲话。

24日　省政协主席葛慧君在泰安市调研，强调要适应新形势新要求，把握市县政协性质定位，勇做新时代泰山“挑山工”，努力干出新样子，展现新作为。

25日　省政协习近平新时代中国特色社会主义思想学习座谈小组第四组召开座谈会，传达学习习近平总书记在全国两会期间的重要讲话精神和全国政协十三届五次会议精神，交流学习体会。省政协副主席程林出席并讲话。

省政协教科卫体委员会召开全体会议，省政协副主席赵家军出席并讲话。

省政协副主席唐洲雁赴济南市部分宗教活动场所开展调研，并看望省政协宗教界委员，就发挥好宗教界委员作用，团结带领广大信教群众，筑牢疫情防控防线听取意见建议。

省政协机关党组理论学习中心组集体学习，学习习近平总书记在2022年春季学期中央党校（国家行政学院）中青年干部培训班开班式和3月17日中共中央政治局常务委员会会议上的重要讲话精神。

28日　省政协召开加强和改进新时代市县政协工作调研情况座谈会，听取各调研组调研情况汇报，研究加强和改进市县政协工作措施。省政协主席葛慧君主持会议并讲话。省委常委、政法委书记、省政协副主席林峰海，省政协副主席于国安、唐洲雁分别发言，钱焕涛、魏余秀、刘晓钟、张丽波汇报了各组调研情况。

29日　下午，省政协主席葛慧君到山东省大数据局，围绕“在服务和融入新发展格局上走在前”专题议政主题调研，为开好省政协十二届常委会第二十二次会议做准备。

30日　上午，省政协主席葛慧君到浪潮集团，为省政协召开“在服务和融入新发展格局上走在前”专题议政性常委会会议开展专题调研。

省政协民族和宗教委员会采用线上线下结合的方式召开全体会议，学习习近平总书记有关疫情防控等重要讲话精神，传达全国政协十三届五次会议精神和省政协主席葛慧君有关工作要求，总结去年工作，通报今年主要工作安排。省政协副主席唐洲雁出席会议并讲话。

31日　上午，省政协在济南召开2022年度第一次月度协商会，围绕“推进育儿友好型社会建设”协商议政。省政协主席葛慧君主持会议并讲话。会上，副省长孙继业作讲话，省政协副主席刘均刚作主题发言。省政协副主席于国安、王修林出席会议。会议在德州、菏泽市政协设立分会场。

下午，省政协十二届三十八次主席会议在济南召开。会议审议通过了《关于召开省政协十二届常委会第二十二次会议的方案》《关于加强和改进省政协委员学习工作的办法》《省政协2022年界别活动计划》《关于开展首届“最美政协人”推宣活动的实施方案》。省政协主席葛慧君主持会议并讲话。省委常委、政法委书记，省政协副主席林峰海，省政协副主席赵家军、于国安、王修林、程林、刘均刚、段青英出席会议。

晚，为筹备好“加强新就业形态劳动者权益保障”月度协商会，省政协社会法制委员会在“山东政协”APP组织开展云协商。省政协副主席王修林参加互动交流。

4月

1日　省政协机关党组召开会议，专题研究全面从严治党和机关党建工作。

6日至7日　省政协主席葛慧君在淄博市调研，强调要把准政协职能定位，聚力聚焦，持续深化专门协商机构建设、发挥好专门协商机构作用，把新时代赋予政协工作的新使命新要求落实好。

8日　上午，围绕“加强新就业形态劳动者权益保障”月度协商会议题，省政协社会法制委员会连线济南市开展视频调研。省政协副主席王修林参加并讲话。

省政协文化文史和学习委员会组织召开山东文化标识推选专家座谈会，对评选活动的程序、范围、征集方式等事项进行探讨论证。省政协副主席段青英出席并讲话。

11日　上午，省政协党组理论学习中心组集体学习习近平总书记有关重要讲话，联系实际交流体会。省政协党组书记、主席葛慧君主持并讲话。省政协副主席赵家军、段青英，机关副厅级以上领导干部参加学习。

12日　省政协副主席于国安带队，围绕“发挥海洋人才优势，激活海洋经济发展潜力”课题，赴山东海洋集团开展专题调研。

12日至13日　省政协主席葛慧君在

菏泽市调研，强调政协组织和广大政协委员要充分发挥自身优势，深入协商议政、广泛凝聚共识、汇聚发展合力，以奋进者的姿态和干劲，在服务中心大局上干出新样子、展现新作为。

14 日　省政协主席葛慧君在德州市调研，强调民主监督是政协工作的重要职能之一，要准确把握民主监督性质定位，把协商民主优势与政协民主监督特点结合起来，充分发挥政协协商式监督优势作用，推动政协工作高质量发展。

省政协文化文史和学习委员会围绕“努力建设好齐长城国家文化公园”，组织召开专题协商座谈会。省政协副主席段青英出席并讲话。

15 日　省政协习近平新时代中国特色社会主义思想学习座谈小组第五组，到省林草种质资源中心开展学习座谈活动，省政协副主席刘均刚出席并讲话。

省政协机关党组召开会议，学习保密工作有关通报，审议《省政协机关新闻通讯员工作办法》。

省政协机关党组理论学习中心组集体学习习近平总书记在中央政协工作会议暨庆祝中国人民政治协商会议成立 70 周年大会上的重要讲话，围绕学习习近平总书记在中央政协工作会议上的重要讲话开展交流研讨。

19 日　上午，全省市县政协主席“习近平总书记关于加强和改进人民政协工作的重要思想”学习研讨班筹备协调会议在省政协机关召开。省政协副主席于国安出席并讲话。

19 日至 20 日　省政协主席葛慧君在东营市调研，强调要把准政协职能定位，发挥政协独特优势，为推动黄河流域生态保护和高质量发展凝聚共识力量，为实现“三个走在前”作出更大贡献。

20 日至 21 日　省政协主席葛慧君在滨州市调研，强调要抓紧抓牢委员这个政协工作主体，通过采取多种办法举措，加强与委员联系联络，为委员更好发挥作用搭建平台提供服务。

21 日　省政协副主席于国安带队，围绕“界别委员履职平台建设情况”赴科技界“界别活动室”调研座谈。

22 日　上午，全国政协举行“学习贯彻习近平总书记重要指示　深入开展政协委员读书活动”座谈会，就进一步深化委员读书活动、增强读书成效提出要求。省政协主席葛慧君在山东分会场参加会议。副省长凌文，省政协副主席赵家军、于国安、唐洲雁、王修林、刘均刚、段青英，部分驻济全国政协委员和省政协委员，省政协各专委会主任、机关厅级以上干部，驻济各专委会委员读书群群主等，在山东分会场参加会议。

24 日　上午，省政协在济南召开 2022 年度第二次月度协商会，围绕“加强新就业形态劳动者权益保障”协商议政。省政协主席葛慧君主持会议并讲话。会上，副省长孙继业作讲话，省政协副主席王修林作主题发言。省政协副主席于国安、段青英出席会议。会议在临沂、曹县设分会场。

28 日　上午，省政协党组召开扩大会议，学习习近平总书记近期重要讲话和重要指示精神，研究贯彻落实意见。省政协党组书记、主席葛慧君主持会议并讲话。省政协党组成员、副主席于国安、唐洲雁出席会议；省政协副主席王修林、刘均刚、段青英列席会议。

省政协十二届三十九次主席会议在济南召开。会议审议通过《关于全省政协开展“有事多商量”平台建设工作的指导意见》和《省政协十二届五次会议重点提案督办工作方案》。省政协主席葛慧君主持会议。省政协副主席于国安、唐洲雁、王修林、刘均刚、段青英出席会议。

全国首家省级政协文史馆网站——山东省政协网上文史馆正式上线。省政协主席葛慧君出席并启动上线。省政协副主席于国安致辞。

5月

7日　上午，全国政协召开贯彻落实中央政协工作会议精神进展情况“回头看”调研视频会议。省政协主席葛慧君在山东分会场参加会议并作交流发言。省政协副主席于国安在山东分会场参加会议，济南市政协主席雷杰、平邑县政协主席孙伟、省社科联原副主席包心鉴作交流发言。

9日　上午，省政协机关党组召开会议，学习习近平总书记近期重要讲话和重要指示精神，研究审议有关工作事项。

上午，省政协十二届十八次秘书长会议召开，研究审议省政协十二届常委会第二十二次会议有关文件及事项。

10日　下午，省政协党组召开会议，认真学习习近平总书记在中央财经委员会第十一次会议、4月29日中共中央政治局会议、中共中央政治局第三十八次集体学习、5月5日中共中央政治局常务委员会会议、中国人民大学考察时的重要讲话精神和致首届大国工匠创新交流大会的贺信精神，研究贯彻落实意见。省政协党组书记、主席葛慧君主持会议并讲话。省委常委、政法委书记，省政协党组副书记、副主席林峰海，省政协党组成员、副主席于国安、唐洲雁，省政协副主席赵家军、王修林、程林、刘均刚、段青英列席会议。

下午，省政协十二届四十次主席会议在济南召开。省政协主席葛慧君主持并讲话。省委常委、政法委书记、省政协副主席林峰海，省政协副主席赵家军、于国安、唐洲雁、王修林、程林、刘均刚、段青英出席会议。

11日　上午，省政协机关召开座谈会，学习习近平总书记在庆祝中国共产主义青年团成立100周年大会上的重要讲话精神。省政协主席葛慧君出席并讲话。省政协副主席于国安，机关党组会议成员出席座谈会。

省政协副主席段青英带队，赴济南市莱芜区、长清区开展“努力建设长城国家文化公园（山东段）”专题调研。

13日　省政协召开委员读书活动部署协调会，省政协副主席于国安出席会议并讲话。

省政协教科卫体委员会组织部分省政协委员，邀请有关省直部门负责同志，就“加强科技研发创新，推动科技自立自强”专题，召开情况通报会。省政协副主席赵家军主持并讲话。

18日　省政协十二届常委会第二十二次会议在济南召开，围绕“在服务和融入新发展格局上走在前”协商议政。省政协主席葛慧君出席会议并讲话。

省政协副主席赵家军、于国安、唐洲雁、王修林、程林、刘均刚、段青英出席会议。各市政协主席列席会议。会议在济南设主会场，在香港、澳门设分会场。

18 日至 20 日　全国政协在线上举行第 139 期干部培训班暨加强和改进新时代市县政协工作专题研讨班。省政协主席葛慧君出席山东省政协分会场学习研讨。省政协副主席于国安、唐洲雁、王修林、刘均刚、段青英，秘书长会议成员、各专门委员会主任、机关处长以上干部参加培训。

23 日　省政协机关党组会议召开，学习习近平总书记在庆祝中国共产主义青年团成立 100 周年大会上的重要讲话，学习《习近平法治思想学习纲要》等。

省政协机关党组理论学习中心组举行专题学习会，学习《关于加强新时代廉洁文化建设的意见》和《贯彻落实〈关于加强新时代廉洁文化建设的意见〉的若干措施》，党组成员作交流发言。

23 日至 25 日　省政协副主席刘均刚带领人资环委部分委员、专家，深入烟台市开展绿色矿山建设调研，并就“加强‘三化’建设 提升安全生产及应急管理水平”重点提案开展督办协商。

24 日　上午，省政协在济南召开 2022 年度第三次月度协商会，围绕“努力建设长城国家文化公园（山东段）”协商议政。省政协主席葛慧君主持会议并讲话。省委常委、宣传部部长白玉刚介绍有关情况。省政协副主席段青英作主题发言。省政协副主席于国安出席会议。会议在青岛、淄博设分会场。

24 日至 25 日　省政协副主席王修林带领省政协社会法制委员会、社会福利和社会保障界别委员，围绕《山东省残疾预防和残疾人康复条例》立法前协商工作赴泰安市调研。

25 日　下午，为筹备好“在增强经济社会发展创新力上走在前”专题议政性常委会会议，省政协教科卫体委员会组织召开高端科研人员座谈会，省政协副主席赵家军主持会议。

26 日　上午，省政协十二届四十二次主席会议在济南召开，审议有关事项和规章制度。省政协主席葛慧君主持会议并讲话。省政协副主席于国安、唐洲雁、王修林、程林、刘均刚、段青英出席会议。

28 日　下午，葛慧君同志到省第十二次党代会日照代表团，与代表们一起讨论李干杰同志代表中共山东省第十一届委员会所作的报告。

6 月

2 日　上午，省政协召开全省政协提案工作视频会议，贯彻落实中央政协工作会议精神、省第十二次党代会精神和葛慧君主席在全省市县政协主席学习研讨班上的讲话精神，共商做好新时代提案工作的思路举措，推动全省政协提案工作创新发展。16 市政协设分会场，县（市、区）政协以视频直播的方式收听收看会议，省政协副主席于国安出席会议并讲话。

下午，省政协党组召开扩大会议，传达学习省第十二次党代会精神，交流学习体会，研究贯彻落实意见，审议通过《政协山东省委员会关于深入学习宣传贯彻中国共产党山东省第十二次代表大会精神的意见》。省政协党组书记、主席葛慧君主持会议并讲话。副省长、省政协党组副书记、副主席王书坚，省委常委、统战部部长、省政协党组副书记徐海荣，省政协党组成员、副主席于国安、唐洲雁、王艺华出席会议；省政协副主席赵家军、王修林、程林、刘均刚、段青英列席会议。

6日　上午，省政协线上委员读书平台“学而书院”正式启动。省政协主席葛慧君出席启动仪式并讲话。“学而书院”启动后，围绕学习贯彻省第十二次党代会精神开展首期专题学习，葛慧君在线上领学发言。省政协副主席林峰海、于国安、唐洲雁、王艺华、王修林、程林、刘均刚、段青英出席。

下午，省政协机关党组召开会议暨理论学习中心组集体学习，传达学习省第十二次党代会精神，交流学习体会，研究贯彻落实意见。

6日至10日　省政协民族和宗教委员会组织部分委员和有关专家，就“强化营商环境创新，打造一流营商环境”赴潍坊、东营市调研。省政协副主席唐洲雁参加东营市调研活动。

7日至8日　省政协主席葛慧君在聊城市调研，强调要深入贯彻习近平总书记重要指示要求，认真落实省第十二次党代会精神，找准履职切入点，擦亮“有事多商量”协商品牌，创造性开展新时代市县政协工作，引导广大政协委员为做好疫情要防住、经济要稳住、发展要安全履职建言、担当作为。

省政协副主席于国安带领部分省政协委员、省自然资源厅和民建山东省委会负责同志，赴淄博市开展“关于推进乡村全域土地综合整治工作的建议”重点提案督办调研。

7日至10日　围绕“加强科技研发创新，推动科技自立自强”课题，省政协副主席赵家军带领省政协教科卫体委员会部分委员，赴青岛、潍坊两市开展调研。

8日至9日　省政协副主席王艺华带领部分委员、特聘专家，围绕“加强粮食应急体系建设，保障山东粮食供给安全”，赴山东省粮食和物资储备局、泰安市开展民主监督，了解我省粮食应急保障体系建设情况，查找短板不足，提出对策建议。

9日　下午，省政协主席葛慧君到山东大学中心校区，围绕“学习贯彻省第十二次党代会精神、在增强经济社会发展创新力上走在前”调研。

10日　上午，省政协召开第90次党组会议和第四十三次主席会议，学习习近平总书记在5月27日中共中央政治局会议、中共中央政治局第三十九次集体学习时的重要讲话精神，研究贯彻落实意见。省政协党组书记、主席葛慧君主持并讲话。省政协党组副书记、副主席王书坚、林峰海作交流发言，省政协副主席赵家军、于国安、唐洲雁、王艺华、王修林、程林、刘均刚出席会议。

上午，省政协社会法制委员会联合社会福利和社会保障界别，组织召开立法前协商座谈会，组织部分省政协委员与省有关部门，围绕《山东省残疾预防和残疾人康复条例》开展协商交流。省政协副主席王修林出席会议并讲话。

下午，省政协习近平新时代中国特色社会主义思想学习座谈小组第四组，围绕“坚决落实习近平总书记对山东工作重要指示要求，锚定‘走在前、开新局’做好政协工作”召开学习座谈会。省政协副主席王艺华出席并讲话。

13日　下午，省政协习近平新时代中国特色社会主义思想学习座谈小组第二组，到科技界界别活动室泰维能源集团股份有限公司开展学习座谈活动，省政协副主席赵家军主持会议并讲话。

13日至15日　省政协主席葛慧君在潍坊市调研，强调要认真落实省第十二次党代会精神，围绕“在增强经济社会发展创新力上走在前”，深入开展调研协商，为助力在创新引领走在前上实现新突破凝聚共识力量。

13日至16日　全国政协副主席、民进中央常务副主席刘新成带领全国政协文化文史和学习委员会调研组来鲁，围绕“推进黄河国家文化公园建设”开展专题调研。省政协主席葛慧君对全国政协调研组来鲁表示欢迎。省政协副主席段青英陪同调研。

省政协民族和宗教委员会就中央民族工作会议、全国宗教工作会议精神贯彻落实情况赴德州、聊城两市开展民主监督性调研。省政协副主席唐洲雁参加聊城市调研活动。

14日　下午，省政协委员联络工作委员会召开“加强产教融合，共建国家职业教育创新发展高地”月度协商情况通报会。省政协副主席、党组副书记王书坚出席会议并讲话。

16日至17日　省政协委员联络工作委员会就“加强产教融合，共建国家职业教育创新发展高地”月度协商主题赴青岛调研。省政协副主席、党组副书记王书坚参加调研活动。

20日至24日　省政协副主席王艺华带领农业农村委部分委员、专家，围绕“黄河三角洲盐碱地综合开发利用”赴东营、滨州开展专题调研。

21日至23日　省政协人口资源环境委员会组织工商联界别部分委员、专家，联合省发展改革委、省生态环境厅，就“推动工业园区绿色低碳循环发展”赴潍坊调研。省政协副主席刘均刚参加调研活动。

22日至23日　省政协副主席林峰海带领部分省政协委员、省农业农村厅和民进山东省委会负责同志，赴德州市开展“关于加快我省数字农业发展的建议”重点提案督办调研。

24日　省政协民族和宗教委员会组织部分委员，召开学习贯彻省第十二次党代会精神座谈会，总结上半年工作，安排部署下一步工作。省政协副主席唐洲雁出席并讲话。

27日　下午，省政协习近平新时代中国特色社会主义思想学习座谈小组第三组，到山东黄金集团开展学习座谈活动，省政协副主席王修林出席并讲话。

省政协委员活动工作室围绕省政协十二届常委会第二十三次会议分专题——“加快产业生态创新 提升区域核心竞争力”召开情况通报会。省政协副主席于国安出席并讲话。

27日至29日　省政协副主席程林带

领部分委员、专家学者和省直有关部门同志，围绕“用好RCEP便利政策，扩大我省农产品出口”月度协商议题，以及督办《关于促进我省预制菜产业发展的建议》重点提案，赴潍坊开展实地调研。

28日　上午，省政协举办2022年第一期（总第48期）“政协讲堂”，邀请著名军事专家、海军网络安全和信息化专家咨询委员会原主任尹卓少将，就“保持战略定力 把握世界格局”作专题报告。省政协主席葛慧君出席。报告会前，葛慧君向尹卓颁发了山东省政协“政协讲堂”特聘教授证书。

省政协十二届四十四次主席会议召开。会议传达学习全国政协十三届常委会第二十二次会议、全国政协文史工作座谈会精神，研究贯彻落实意见。省政协主席葛慧君主持并讲话。省政协副主席王书坚、林峰海、赵家军、于国安、唐洲雁、王艺华、王修林、段青英出席会议。

29日　上午，省政协举行2022年度“光荣在党50年”纪念章颁发仪式。省政协党组书记、主席葛慧君为机关入党50年的老党员颁发“光荣在党50年”纪念章，向荣获纪念章的老党员表示热烈祝贺和崇高敬意。

下午，省政协党组书记、主席葛慧君在省政协机关宣讲省第十二次党代会精神，同她所在的省政协研究室理论处党支部和机关部分党员一起开展主题党日活动，鼓励党员干部以事争一流的精神状态，在“走在前、开新局”中展现政协新作为，奋力开创政协事业新局面。

30日　上午，省政协习近平新时代中国特色社会主义思想学习座谈小组第一组，围绕学习贯彻落实《中国共产党政治协商工作条例》和全国政协文史工作座谈会精神进行座谈交流。省政协副主席段青英出席并讲话。

上午，省政协党组副书记、副主席林峰海就迎接党的二十大做好意识形态领域工作和新闻宣传到联合日报社调研。

上午，省政协党组成员、副主席王艺华为农业农村委、人资环委、港澳委办公室党支部，干休所党支部和干休所离退休党支部，宣讲省第十二次党代会精神。

下午，省政协党组理论学习中心组专题学习习近平总书记关于全面从严治党重要论述摘编、在中共中央政治局第四十次集体学习时的重要讲话和《中国共产党章程》《中国共产党纪律检查委员会工作条例》等。省政协党组书记、主席葛慧君主持并讲话。会上，王书坚、林峰海、王艺华作了重点发言。赵家军、于国安、唐洲雁、王修林、程林、刘均刚、段青英参加。专题学习会前，省政协党组召开扩大会议，学习习近平总书记在6月17日中共中央政治局会议、中共中央政治局第四十次集体学习、中央全面深化改革委员会第二十六次会议和在四川考察时的重要讲话精神。

7月

1日　上午，省政协党组副书记、副主席林峰海在省政协机关宣讲省第十二次党代会精神，同提案办党支部、联合日报社党总支一起开展主题党日活动，通过集体学习庆祝中国共产党成立101周年。

下午，省政协举行2022年度第四次月度协商会，围绕“加强产教融合，共建国家职业教育创新发展高地”协商议政。省政协主席葛慧君主持会议并讲话。副省长凌文介绍有关情况。省政协副主席王书坚作主题发言。省政协副主席王艺华出席会议。会议在潍坊、东营设分会场。

3日至6日　省政协副主席赵家军带队就“加强科技研发创新，推动科技自立自强”赴湖北省武汉市、襄阳市调研考察。

4日　下午，省政协副主席于国安带队，围绕省政协“界别同心汇”试点创建情况，赴山东产权交易集团有限公司、山东美术馆进行实地考察。

4日至7日　全国政协副主席刘奇葆率调研组围绕“非物质文化遗产保护和传承”在山东开展调研。省政协主席葛慧君参加调研。

5日　上午，省政协党组副书记、副主席王书坚在省政协机关宣讲省第十二次党代会精神，同办公厅行政处、接待处、信息处、离退休干部处党支部，离退休干部党总支，委员联络工作委员会办公室党支部一起开展“七一”期间“我来讲党课”主题党日活动，通过集体学习庆祝中国共产党成立101周年。

上午，为配合全国政协做好“加快推动新型储能发展”调研工作，省政协人口资源环境委员会组织部分委员、省能源局有关处室负责同志，到泰维能源集团股份有限公司开展实地调研。省政协副主席刘均刚参加调研。

5日至7日　省政协副主席王艺华带队赴威海市就“发掘发挥乡村功能 助力乡村振兴”进行调研。

7日　上午，省政协党组成员、副主席于国安宣讲省第十二次党代会精神，同派驻纪检监察组党支部，委员活动工作室学习培训处、界别工作处党支部，社会法制委员会办公室党支部，民族和宗教委员会办公室党支部全体党员开展集体学习。

11日　上午，省政协召开“界别同心汇”试点创建工作座谈会，就第一批创建试点工作进行动员部署。省政协主席葛慧君出席并讲话。省政协副主席于国安主持座谈会。

下午，省政协主席葛慧君带队，就省委主要领导同志阅批督办的“加快我省数字经济发展”重点提案进行督办协商。省政协副主席林峰海，济南市政协主席雷杰，省委省政府督查办负责同志参加。

13日　省政协副主席王艺华带队到山东诗词学会调研，详细了解学会发展历程、组织架构、主要工作和自身建设等情况，与学会有关负责同志座谈交流。

14日　下午，省政协机关党组召开会议，学习习近平总书记就研究吸收网民对党的二十大相关工作意见建议作出的重要指示，学习习近平总书记在6月17日中共中央政治局会议、中共中央政治局第四十次集体学习、中央全面深化改革委员会第二十六次会议和在四川、湖北武汉考察时的重要讲话精神，传达学习全省信访工作专题研讨班精神，研究贯彻落实措施和有关事项。

下午，召开省政协十二届十九次秘书长会议，传达学习全国地方政协秘书长工作交流座谈会精神，研究审议省政协十二届常委会第二十三次会议有关文件及事项。

15日　省政协副主席程林带领部分委员，围绕“用好RCEP便利政策，扩大我省农产品出口”议题，赴聊城开展调研。

省政协人口资源环境委员会围绕“在推动黄河流域生态保护和高质量发展上走在前”组织召开情况通报会，邀请部分省政协委员、专家学者、省直部门有关负责同志座谈交流。省政协副主席刘均刚出席并讲话。

18日　上午，省政协召开山东文化标识推选活动动员会。省政协副主席段青英出席会议并讲话。

19日　下午，省政协党的建设工作领导小组会议暨省政协党的建设工作座谈会召开。省政协党组书记、主席葛慧君出席并讲话。省政协党组副书记、副主席王书坚主持会议；省委常委、统战部部长，省政协党组副书记徐海荣，省政协党组副书记、副主席林峰海，省政协党组成员、副主席于国安、唐洲雁、王艺华出席会议。

省政协十二届四十五次主席会议召开。省政协主席葛慧君主持并讲话。省政协副主席王书坚、林峰海、于国安、唐洲雁、王艺华、王修林、程林、刘均刚、段青英出席会议。

20日　上午，省政协召开2022年度第五次月度协商会，围绕“黄河三角洲盐碱地综合开发利用”协商议政。省政协主席葛慧君主持会议并讲话。省委常委、常务副省长曾赞荣介绍有关情况。省政协副主席王艺华作主题发言。省政协副主席王书坚、程林出席会议。会议在东营、滨州设分会场。

20日至21日　省政协主席葛慧君在枣庄市调研，强调要认真落实省第十二次党代会精神，持续加强和改进人民政协工作，聚焦主责主业，认真扎实履职，把“有事多商量”协商品牌擦得更亮，推动全省政协工作实现高质量发展。

省政协副主席、党组副书记王书坚带领委联委负责同志、部分委员、省工业和信息化厅负责同志，赴淄博市就《山东省民营经济发展促进条例》落实情况开展民主监督。

21日　省政协副主席林峰海带队，对省教育厅办理省政协十二届五次会议提案工作开展走访督办活动。

25日至26日　省政协主席葛慧君在日照市调研，强调要认真落实省第十二次党代会精神，紧紧围绕“走在前、开新局”目标要求做好政协工作，激发政协委员履职活力，提升素质能力，当好推动全省高质量发展的参与者、实践者、推动者。

26日至27日　省政协主席葛慧君在临沂市调研，强调要认真落实省第十二次党代会精神，抓实抓好政协党的建设工作，促进政协委员高质量履职，把智慧和力量凝聚到“走在前、开新局”目标任务上来。

28日　上午，省政协主席葛慧君在济南会见了香港山东社团总会会长朱新胜一行。省政协副主席程林参加会见。

下午，省政协十二届常委会第二十三次会议在济南开幕，围绕“在增强经济社会发展创新力上走在前”协商议政。省委副书记、省长周乃翔出席会议并作关于全省上半年经济形势的报告。省政协主席葛慧君主持会议。省政协副主席王书坚、林峰海、于国安、唐洲雁、王艺华、程林、刘均刚、段青英出席会议。省政府秘书长宋军继、省有关部门负责同志、各市政协主席列席会议。会议在济南设主会场，在菏泽、澳门设分会场。

29 日　下午，省政协十二届常委会第二十三次会议圆满完成各项议程，在济南闭幕。省政协主席葛慧君出席会议并讲话。省政协副主席王书坚主持闭幕会。省政协副主席林峰海、于国安、唐洲雁、王艺华、王修林、刘均刚、段青英出席会议。各市政协主席列席会议。

下午，省政协党组召开会议，学习习近平总书记在省部级主要领导干部“学习习近平总书记重要讲话精神，迎接党的二十大”专题研讨班上的重要讲话精神，学习习近平总书记就研究吸收网民对党的二十大相关工作意见建议作出的重要指示和在湖北武汉考察、新疆考察、庆祝香港回归祖国二十五周年大会暨香港特别行政区第六届政府就职典礼上的重要讲话精神，研究贯彻落实意见。省政协党组书记、主席葛慧君主持并讲话。省政协党组副书记、副主席王书坚、林峰海作交流发言。省政协党组成员、副主席于国安、唐洲雁、王艺华出席会议；省政协副主席王修林、刘均刚、段青英列席会议。

8 月

4 日　省政协联合省委外办共同举办纪念张锡九先生暨推动鲁韩民间交往座谈会。省政协副主席程林出席会议并讲话。

8 日至 11 日　省政协副主席王艺华带队就“完善我省能源结构 防范能源短缺风险”开展重点提案督办调研。

15 日　上午，省政协党组理论学习中心组专题学习《中国共产党政治协商工作条例》。省政协党组书记、主席葛慧君主持并讲话。王书坚、王艺华、王修林、段青英作重点发言。林峰海、赵家军、于国安、唐洲雁、程林、刘均刚参加。

下午，2022 年全省政协暑期读书会在济南开班。省政协主席葛慧君作动员讲话和专题辅导，强调要深入学习贯彻习近平总书记关于加强和改进人民政协工作的重要思想，进一步深化对政协工作的规律性认识，提升工作质效，为“走在前、开新局”汇聚共识力量。省政协副主席王书坚主持开班式。省政协副主席林峰海、赵家军、于国安、唐洲雁、王艺华、王修林、程林、刘均刚、段青英出席开班式。

省政协党组召开会议，学习贯彻习近平总书记在中央统战工作会议、7 月 28 日中共中央政治局会议、中共中央政治局第四十一次集体学习、党外人士座谈会和参观“领航强军向复兴——新时代国防和军队建设成就展”时的重要讲话精神。省政协党组书记、主席葛慧君主持会议并讲话。会上，林峰海、程林、刘均刚作交流发言，王书坚、赵家军、于国安、唐洲雁、王艺华、王修林、段青英参加。

16 日　上午，省市政协秘书长工作交流座谈会在济南召开，深入学习贯彻习近平总书记关于加强和改进人民政协工作的重要思想，传达贯彻全国地方政协秘书长工作交流座谈会精神，交流探讨做好政协机关工作的规律，努力提升政协机关工作质量水平，更好服务保障政协履职。

17日　下午，2022年全省政协暑期读书会在济南结业。省政协主席葛慧君出席。省政协副主席王书坚作总结讲话。省政协党组成员和主席会议成员，秘书长会议成员，各专门委员会主任，机关厅级以上干部，各市政协主席、秘书长、研究室主任，部分县（市、区）政协主席参加。省政协机关干部在机关分会场同步收听收看。

18日　下午，省政协机关组织召开民族宗教理论政策法规知识宣讲报告会。机关干部职工及部分驻济省政协委员听取报告。

18日至19日　省政协副主席王书坚带队赴日照市开展“关于推动协调发展，实现共同富裕的建议”重点提案督办调研。

省政协副主席林峰海带队围绕“推进我省新能源汽车产业高质量发展”月度协商议题赴泰安、聊城开展调研，并到基层联系点泰安市岱岳区政协调研。

19日　上午，省政协机关党组召开会议，学习习近平总书记近期重要讲话精神，学习《纪检监察机关派驻机构工作规则》，传达学习全省加快推进数字政府建设工作会议及培训会议精神，研究贯彻落实措施和有关事项。

省政协机关党组理论学习中心组举行专题学习会，围绕《中国共产党政治协商工作条例》进行深化学习和交流研讨。

22日　省政协提案委员会围绕“推进我省新能源汽车产业高质量发展”月度协商议题组织召开专题辅导暨情况通报会，省政协副主席林峰海出席并讲话。

22日至23日　省政协副主席唐洲雁带队就“深入推进落实‘两个结合’，打造优秀传统文化‘两创’高地”赴济宁市开展重点提案督办调研。

22日至25日　省政协副主席王艺华带队到德州、聊城市就“更好发挥乡村功能 推动黄河流域乡村振兴”开展专题调研。

22日至31日　按照省政协党组部署要求和“学而书院”读书群活动安排，省政协开展“学而书院·时政群”第二期网上专题学习，围绕中共中央印发的《中国共产党政治协商工作条例》进行学习研讨。省政协主席葛慧君担任群主并作领学发言。

24日至26日　省政协副主席赵家军带队，围绕“关于扩大优质医疗资源供给，增强人民群众获得感的建议”重点提案，赴东营、滨州开展重点提案督办调研。

25日　下午，省政协召开2022年度第六次月度协商会，围绕“用好RCEP便利政策，扩大我省农产品出口”协商议政。省政协主席葛慧君主持会议并讲话。省政协副主席程林作主题发言。省政协副主席王书坚、林峰海参加，省政府有关负责同志介绍我省相关情况。会议在潍坊、荣成设分会场。

26日　省政协主席葛慧君在济南调研“界别同心汇”试点创建工作，并召开座谈会，交流试点情况，推动“界别同心汇”从建设到使用，更好发挥聚识效用。省政协副主席于国安参加。

省政协召开提案办理协商暨现场督办会，了解省医保局承办的省政协十二届五次会议提案办理工作情况，推动提案办理落实。省政协副主席林峰海出席会议并讲话。

30 日　省政协主席葛慧君带队到青岛，就省政府主要领导同志阅批督办的“进一步实施品牌战略 助力企业健康发展”重点提案进行办理协商。省委副书记、青岛市委书记陆治原参加有关活动。

31 日　上午，省政协党组理论学习中心组专题学习《习近平谈治国理政》第四卷第一章至第九章。省政协党组书记、主席葛慧君主持并讲话。林峰海、赵家军、唐洲雁、程林作了重点发言。王书坚、于国安、王艺华、刘均刚、段青英参加。

省政协十二届四十六次主席会议召开。省政协主席葛慧君主持会议并讲话。省政协副主席王书坚、赵家军、于国安、唐洲雁、王艺华、程林、刘均刚、段青英出席会议。

9 月

1 日　省政协主席葛慧君到济南市章丘区、历下区，调研政协协商工作和“界别同心汇”创建试点，强调要持续加强“五大平台”建设，推动政协工作提质增效。济南市政协主席雷杰参加。

1 日至 2 日　省政协副主席刘均刚带队围绕“深入实施生态优先战略 推进黄河流域生态保护”赴泰安、淄博开展调研。

2 日　下午，省政协民族和宗教委员会组织部分委员、专家，围绕“整合昆嵛山综合资源，打造山东文化名山”，与省民族宗教事务委员会、省文化和旅游厅的相关负责同志开展座谈交流。省政协副主席唐洲雁出席并讲话。

6 日　上午，省政协召开月度协商工作专题座谈会，总结月度协商工作经验，提出意见建议，进一步提升协商工作水平，强化协商品牌效应。省政协主席葛慧君主持会议并讲话。省政协副主席王书坚、有关副秘书长出席会议，提出了意见建议。

省政协副主席王艺华带队就“提升黄河长久安澜保障水平”赴山东黄河河务局调研。

8 日　下午，沿黄九省（区）政协黄河流域生态保护和高质量发展协商研讨第五次会议召开，围绕“加强水资源节约集约利用，助推黄河流域高质量发展”协商研讨。全国政协副主席兼秘书长李斌在京出席并讲话。全国政协人口资源环境委员会主任李伟主持会议。山东省政协主席葛慧君在省政协机关会场参加。

9 日　上午，省政协机关党组理论学习中心组召开专题学习会，集中学习《习近平谈治国理政》第四卷第一专题至第九专题，联系思想和工作实际进行交流讨论。

13 日至 14 日　省政协副主席王艺华带领工作组到日照市开展稳住经济基本盘督导和服务工作。

13 日至 16 日　省政协副主席王艺华带队围绕“百园千镇万村”工程，赴淄博市、日照市开展民主监督。

14日　上午，省政协副主席于国安带队，赴德迈国际信息产业园，调研“鲁新侨·界别同心汇”创建情况。

15日　省政协党组理论学习中心组9月15日专题学习《习近平谈治国理政》第四卷第十章至第二十一章。省政协党组书记、主席葛慧君主持并讲话。王书坚、于国安、王艺华、王修林、刘均刚、段青英作交流发言。林峰海、赵家军、唐洲雁、程林参加。

省政协党组召开会议，学习习近平总书记在8月30日、9月9日中共中央政治局会议、中央全面深化改革委员会第二十七次会议、辽宁考察时的重要讲话精神和对四川甘孜泸定县6.8级地震作出的重要指示精神，学习中央重要文件、省委重要会议精神等，研究贯彻落实意见。省政协党组书记、主席葛慧君主持会议并讲话。省政协党组副书记、副主席王书坚，省委常委、统战部部长、省政协党组副书记徐海荣，省政协党组副书记、副主席林峰海，省政协党组成员、副主席唐洲雁、王艺华出席会议。省政协副主席赵家军、程林、刘均刚、段青英列席会议。

16日　下午，省委台港澳办、团省委、省文化和旅游厅、省政协港澳台侨和外事委在政协大厦共同举办授牌仪式。省政协副主席程林等领导为威海刘公岛等5家“山东省港澳青少年爱国主义教育基地”授牌，为山东博物馆等11家“山东省台港澳青年交流实习基地”授牌。

第二届沿黄九省（区）政协书画文艺精品展演在山东美术馆开幕。省政协主席葛慧君参观书画精品展。省政协副主席王书坚、林峰海、段青英参加。

19日至21日　省政协副主席赵家军带队围绕月度协商议题“推进医防融合慢性病管理工作”赴威海、临沂2市进行调研。

20日　上午，省政协召开2022年度第七次月度协商会，围绕“推进我省新能源汽车产业高质量发展”协商议政。省政协主席葛慧君主持会议并讲话。省政协党组副书记、副主席林峰海作主题发言。省政府党组成员、副省长凌文介绍我省相关情况。省政协党组副书记、副主席王书坚，省政协副主席刘均刚参加。

下午，省政协主席葛慧君到山东师范大学长清湖校区调研。

20日至21日　省政协副主席段青英带队围绕“做好中医药老字号保护工作”专题，赴泰安市进行调研。

21日　下午，省政协党组副书记、副主席林峰海在省政协机关调研新闻宣传和舆论引导工作，现场了解新闻宣传和舆论引导平台建设情况，并召开座谈会，对进一步做好新闻宣传和舆论引导工作、为党的二十大胜利召开营造良好舆论环境提出要求。

21日至23日　省政协副主席于国安带队围绕“界别同心汇”试点创建情况到潍坊市、日照市调研。

22日　省政协机关党组理论学习中心组举行专题学习会，围绕《习近平谈治国理政》第四卷第十至第二十一专题进行深化学习和交流研讨。

24日　省政协民族和宗教委员会在潍坊青州市举办“同心跟党走·喜迎二十大”全省政协少数民族宗教界委员摄影

展开幕式。省政协副主席唐洲雁出席活动并致辞。

26日至27日　省政协社会法制委员会组织部分委员，围绕我省重点关注市场知识产权保护工作到济南、潍坊开展视察。省政协副主席王修林参加。

26日至28日　围绕“做好新时代人民政协提案工作”，省政协副主席林峰海带领提案委员会负责同志赴烟台、威海开展调研。

26日至29日　围绕“整合昆嵛山综合资源，打造山东文化名山”月度协商会议题，省政协民族和宗教委员会组织部分委员、省直有关部门负责同志，赴烟台、威海市开展调研。省政协副主席唐洲雁参加9月27日至28日活动。

27日　省政协机关举办《习近平谈治国理政》第四卷学习交流会，围绕“坚定人民立场 坚持人民至上 认真践行‘人民政协为人民’的初心使命”“贯彻新发展理念 提升工作质效 推动政协工作‘走在前、开新局’”开展学习研讨。

27日至28日　省政协副主席、党组副书记王书坚带队围绕“加强基层政协党建工作和委员队伍建设”到聊城市调研。

省政协副主席王艺华带领工作组到日照市开展稳住经济基本盘督导和服务工作，重点围绕“深化企地合作、促进经济稳增长”进行实地调研。

28日　上午，省政协副主席于国安带领委员活动工作室有关同志，到济南市大明湖路100号调研“界别同心汇”试点创建和使用情况，座谈了解存在的问题及困难、下步活动打算等，就进一步优化提升、有效聚识提出要求。

29日　上午，省政协主席葛慧君参观省政协老同志“喜迎二十大 共筑中国梦”银龄金晖书画摄影展。省政协副主席王书坚参加。

省政协党组召开扩大会议，学习《十九届中央政治局贯彻执行中央八项规定情况报告》和《关于党的十九大以来整治形式主义为基层减负工作情况的报告》，学习省委统战工作会议精神，研究贯彻落实意见。省政协党组书记、主席葛慧君主持会议并讲话。省政协党组副书记、副主席王书坚、林峰海，省政协党组成员、副主席于国安、唐洲雁、王艺华出席会议。省政协副主席赵家军、王修林、程林、刘均刚、段青英列席会议。

省政协十二届四十七次主席会议召开，省政协主席葛慧君主持并讲话。省政协副主席王书坚、林峰海、赵家军、于国安、唐洲雁、王艺华、王修林、程林、刘均刚、段青英出席会议。

10月

9日至10日　省政协副主席于国安带领部分省政协委员、专家学者和省政协委员活动工作室有关同志，赴菏泽市开展“我省农村电商发展”界别考察，并调研“界别同心汇”试点创建情况。

省政协社会法制委员会组织部分委员，围绕“县域城镇化进程中社会治理创新实践”赴淄博市开展调研。省政协副主席王修林参加。

11日　下午，省政协举办“习近平法治思想学习讲座”，十三届全国人大监察和司法委员会副主任徐显明以“学习习近平法治思想，坚定不移走中国特色社会主义道路”为题进行了线上讲授。

省政协副主席王艺华带队到基层政协联系点济南市章丘区政协调研。

12 日　省政协机关举办《习近平谈治国理政》第四卷第二次学习交流会。

13 日　省政协召开宣传服务民主党派、工商联工作座谈会。

省政协机关党组理论学习中心组举行专题学习会，深入系统学习习近平法治思想和习近平生态文明思想。

13 日至 14 日　省政协副主席刘均刚带队到东营市河口区开展基层政协联系点活动，并就“加强河口生态保护区湿地生态系统修复”进行调研。

14 日　上午，省政协召开 2022 年度第八次月度协商会，围绕“推进医防融合慢性病管理工作”协商议政。省政协党组副书记、副主席林峰海主持会议，省政协副主席赵家军作主题发言，省政协副主席唐洲雁出席会议。

下午，省政协党组召开扩大会议，传达学习党的十九届七中全会精神，传达学习习近平总书记在党外人士座谈会上的重要讲话精神和给山东省地矿局第六地质大队全体地质工作者重要回信精神，交流学习体会，研究贯彻落实意见。省政协党组副书记、副主席林峰海主持会议并讲话；党组成员、副主席于国安、唐洲雁、王艺华出席；副主席赵家军、王修林、段青英列席。

17 日　上午，省政协党组召开扩大会议，专题学习习近平总书记在中国共产党第二十次全国代表大会上的报告精神，交流学习体会。省政协党组副书记、副主席林峰海主持会议；党组成员、副主席于国安、唐洲雁、王艺华出席会议；副主席赵家军、王修林、程林、刘均刚、段青英列席会议。

下午，省政协副主席段青英带领省政协文化文史和学习委员会部分委员，赴济南所联系的民营企业骏达机械制造有限公司走访调研。

下午，省政协机关党组召开扩大会议，围绕习近平总书记在中国共产党第二十次全国代表大会上作的报告，开展学习研讨。

18 日　上午，省政协人口资源环境委员会组织召开“在推动黄河流域生态保护和高质量发展上走在前”专家论证会。省政协副主席刘均刚出席会议并讲话。

省政协副主席于国安带队赴山东产权交易集团有限公司，参加“金谷产权·界别同心汇”首次聚识活动——“数据要素市场化配置”主题沙龙。

18 日至 20 日　省政协副主席王艺华带队到日照市开展稳住经济基本盘督导服务工作。

20 日　省政协副主席程林带队赴北方华侨国际中心，参加“鲁新侨·界别同心汇”新侨创新创业恳谈会。

省政协副主席段青英带队赴山东美术馆，参加“鲁风美育·界别同心汇”首次主题聚识活动——“美育追寻黄河魂·同心共庆二十大”分享会。

24 日　下午，省政协党组召开扩大会议，传达学习党的二十大精神，交流学习体会，研究贯彻落实意见。省政协党组书记、主席葛慧君主持会议并讲话。

25 日　上午，省政协召开机关全体干部会议，传达学习党的二十大精神，传达学习省委常委会扩大会议精神，进一步统一认识，抓好贯彻落实。省政协主席葛慧君主持会议并讲话，副主席王书坚传达。

26日　省政协副主席段青英带队到基层联系点邹平市政协开展调研，深入基层宣传贯彻中共二十大精神。

26日至27日　省政协副主席王修林带队到基层政协联系点青岛市黄岛区政协调研。

27日　上午，省政协召开联合日报社16市政协工作站站长座谈会。省政协党组副书记、副主席林峰海出席会议并讲话。

11月

1日　上午，省政协十二届二十次秘书长会议召开，审议省政协十二届常委会第二十四次会议有关事项。

2日　全省政协委员“深入学习贯彻中共二十大精神”网上专题学习活动启动，省政协党组书记、主席葛慧君领学发言。

4日　政协十二届四十八次主席会议召开。省政协主席葛慧君主持并讲话。省政协副主席王书坚、林峰海、于国安、唐洲雁、王艺华、王修林、程林、刘均刚、段青英出席会议。

7日　下午，省政协党组召开扩大会议，传达学习习近平总书记在10月25日中央政治局会议、中央政治局第一次集体学习、瞻仰延安革命纪念地、在陕西延安和河南安阳考察时的重要讲话精神，传达学习省委十二届二次全会精神，研究有关工作事项。省政协党组书记、主席葛慧君主持会议并讲话。省政协副主席王书坚、林峰海作交流发言，赵家军、于国安、唐洲雁、王艺华、王修林、刘均刚、段青英出席会议。

省政协十二届常委会第二十四次会议在济南开幕。会议传达学习中国共产党第二十次全国代表大会精神，传达学习全国政协十三届常委会第二十四次会议和中共山东省委十二届二次全会精神，围绕我省“在推动黄河流域生态保护和高质量发展上走在前”协商议政。

省政协党组书记、主席葛慧君在省政协机关宣讲党的二十大精神，强调要深入学习贯彻党的二十大精神，坚定不移沿着习近平总书记指引的方向埋头苦干、奋勇前进，全力助推党的二十大决策部署落地见效。

9日　下午，省政协召开庆祝第23个记者节“学习贯彻党的二十大精神”座谈会。省政协党组副书记、副主席林峰海出席并讲话，宣布启动“学习贯彻党的二十大精神·看市县政协新作为、看民主党派工商联新变化”主题报道活动。

14日　省政协十三届一次会议机关筹备工作部署会议召开，安排部署大会筹备机关各工作组任务。省政协党组副书记、副主席王书坚出席并讲话。

省政协召开重点提案培育暨集体提案征集座谈会，深入学习贯彻中共二十大精神，研究明年重点提案培育和集体提案征集工作。省政协副主席林峰海出席并讲话。

省政协机关党组召开扩大会议，学习贯彻习近平总书记有关重要讲话精神，传达学习省委十二届二次全会精神，研究贯彻落实意见。

15 日　上午，省政协副主席王艺华到省政协习近平新时代中国特色社会主义思想第五学习座谈组、金谷产权·界别同心汇、农业界别、农业农村委和港澳委分党组及办公室党支部，为部分政协委员、机关干部和群众代表宣讲党的二十大精神。

省政协党组召开会议，传达学习习近平总书记在 11 月 10 日中共中央政治局常务委员会会议、第五届中国国际进口博览会开幕式、《湿地公约》第十四届缔约方大会开幕式上的重要讲话精神和致 2022 年世界互联网大会乌镇峰会的重要贺信精神，交流学习体会。省政协党组书记、主席葛慧君主持会议并讲话。省政协党组副书记、副主席王书坚，省委常委、统战部部长、省政协党组副书记徐海荣，省政协党组副书记、副主席林峰海，省政协党组成员、副主席唐洲雁、王艺华出席会议；省政协副主席王修林、程林、刘均刚、段青英列席会议。

省政协党组副书记、副主席王书坚到济南市槐荫区“鲁新侨·界别同心汇”宣讲党的二十大精神。

省政协召开山东文化标识专家评审会。省政协副主席段青英出席评审会并讲话。

16 日至 17 日　省政协党组理论学习中心组习近平总书记近期重要讲话精神专题学习暨工作务虚会召开。会议深入学习贯彻党的二十大精神和习近平总书记关于加强和改进人民政协工作的重要思想，回顾总结今年政协工作，研究部署明年和未来五年工作，进一步强化政治自觉，明确努力方向，厘清履职思路。省政协党组书记、主席葛慧君主持会议并讲话。省政协副主席王书坚、林峰海、于国安、唐洲雁、王艺华、王修林、程林、刘均刚、段青英出席。

18 日　上午，省政协党组成员、副主席于国安到“鲁风美育·界别同心汇”宣讲党的二十大精神。

22 日　下午，省政协人口资源环境委员会组织部分委员，到省煤田地质局开展调研座谈。省政协副主席刘均刚参加调研。

23 日　晚，省政协党组成员、副主席唐洲雁在“学而书院·时政群”作专题讲座，围绕“以中国式现代化全面推进中华民族伟大复兴”在线宣讲党的二十大精神，与委员实时互动交流。

25 日　下午，省政协机关党组召开会议，学习习近平总书记在 11 月 10 日中共中央政治局常务委员会会议、第五届中国国际进口博览会开幕式、《湿地公约》第十四届缔约方大会开幕式上的重要讲话精神和致 2022 年世界互联网大会乌镇峰会的重要贺信精神，学习山东省深化新旧动能转换推动绿色低碳高质量发展动员大会精神，传达葛慧君主席对机关青年理论学习工作的批示精神，研究贯彻落实意见。

下午，省政协党组成员、副主席唐洲雁在省政协机关宣讲党的二十大精神。省政协习近平新时代中国特色社会主义思想学习座谈小组第四组，社会法制委员会、民族和宗教委员会分党组及办公室党支部机关干部参加学习。

28 日　下午，全省政协农业和农村

委员会工作座谈会召开，深入学习贯彻中共二十大精神，传达学习全国暨地方政协农业和农村委员会工作座谈会精神，学习省委和省政协有关会议精神，交流经验，总结规律，研究下步重点工作。省政协副主席王艺华出席并讲话。

晚上，全国政协委员、省政协主席葛慧君在网上全国政协书院“委员读书漫谈群”，围绕“当前如何深入学习贯彻落实中共二十大精神和下一步工作打算”主题作专题讲座。

29 日　上午，省政协召开 2022 年度第九次月度协商会，围绕“整合昆嵛山综合资源，打造文化生态名山”协商议政。省政协党组副书记、副主席林峰海主持会议并讲话，省政协副主席唐洲雁作主题发言。省政府有关负责同志介绍我省相关情况。会议在烟台、威海设立分会场。

12 月

1 日　省政协十二届四十九次主席会议召开，审议通过《山东省政协优秀提案、先进提案承办单位和先进提案工作者建议名单》。省政协主席葛慧君主持会议并讲话。省政协副主席林峰海、赵家军、于国安、唐洲雁、王艺华、程林出席会议。

省政协十三届一次会议筹备工作第一次会议召开。会议传达了省委批准的省政协十三届一次会议工作方案，宣布了大会秘书处各工作机构负责人名单和各组工作任务。省政协党组副书记、副主席林峰海出席并讲话。

7 日　上午，全省政协社会法制委员会工作会议在济南召开，深入学习贯彻中共二十大精神，总结交流经验，谋划推进社法委工作开创新局面。省政协副主席王修林出席并讲话。

下午，省政协机关党组理论学习中心组举行专题学习会，深入学习贯彻党的二十大精神，围绕《中共中央政治局关于加强和维护党中央集中统一领导的若干规定》《中共中央政治局贯彻落实中央八项规定实施细则》及省委实施办法深入学习研讨；学习《总体国家安全观学习纲要》和省委保密工作相关会议精神。机关党组成员作交流发言。

省政协机关党组会议召开，专题研究省政协机关党建工作，对党建督查反馈问题整改工作进行安排部署，并审议有关文件。

8 日　上午，省政协党组召开会议，传达学习党中央、全国人大常委会、国务院、全国政协、中央军事委员会告全党全军全国各族人民书，传达学习习近平总书记在江泽民同志追悼大会上的悼词。省政协党组书记、主席葛慧君主持并讲话。省政协副主席王书坚、林峰海、于国安、唐洲雁、王艺华、王修林、程林、刘均刚出席。

15 日　上午，省政协召开 2022 年度第十次月度协商会，围绕“融入双循环，推进山东港口高质量发展”协商议政。省政协主席葛慧君主持会议并讲话。副省长凌文介绍我省相关情况并与委员互动交流。省政协有关负责同志作主题发言。

上午，省政协习近平新时代中国特色社会主义思想学习座谈小组第一组开展线上学习活动，围绕深入学习贯彻中共二十大精神，落实中共山东省委十二届二次全会部署要求，进行学习交流。省政协副主席段青英参加。

下午，全省政协港澳台侨和外事工作座谈会在济南以视频形式召开，深入学习贯彻中共二十大精神，传达学习全国暨地方政协港澳台侨工作座谈会、全国暨地方政协外事委员会工作座谈会会议精神，聚焦专委会建设的新形势、新任务，总结交流经验、谋划下步工作。省政协副主席程林线上出席会议并讲话。

20 日　省政协党组召开扩大会议，传达学习习近平总书记在 12 月 6 日中共中央政治局会议、12 月 2 日中共中央党外人士座谈会上的重要讲话精神和在首届中国—阿拉伯国家峰会开幕式上的主旨讲话、中国—海湾阿拉伯国家合作委员会峰会上的主旨讲话、对非物质文化遗产保护工作作出的重要指示精神，传达学习省委统筹疫情防控和经济运行工作指挥部（扩大）会议精神，研究贯彻落实意见。省政协党组书记、主席葛慧君主持会议并讲话。省政协副主席王书坚、林峰海、于国安、唐洲雁、王艺华、王修林、刘均刚、段青英参加会议。

省政协十二届五十次主席会议在济南召开。省政协主席葛慧君主持会议并讲话。省政协副主席王书坚、林峰海、于国安、唐洲雁、王艺华、王修林、刘均刚、段青英参加会议。

22 日　上午，省政协十三届一次会议筹备工作第二次会议召开，听取大会秘书处各工作组负责同志筹备情况汇报。省政协党组副书记、副主席王书坚出席会议并讲话。

26 日　上午，省政协党组召开扩大会议，传达学习中央经济工作会议精神和省委经济工作会议精神，研究贯彻落实意见。省政协党组书记、主席葛慧君主持会议并讲话。省政协副主席王书坚、林峰海、赵家军、于国安、唐洲雁、王艺华、王修林、程林、刘均刚、段青英参加。

省政协十二届五十一次主席会议在济南召开。省政协主席葛慧君主持会议并讲话。省政协副主席王书坚、林峰海、赵家军、于国安、唐洲雁、王艺华、王修林、程林、刘均刚、段青英参加。

28 日　省政协十二届常委会第二十五次会议在济南召开。省政协主席葛慧君出席会议并讲话。省委常委、统战部部长徐海荣作关于政协第十三届山东省委员会界别调整情况和委员人选安排情况的说明。省委常委、常务副省长曾赞荣作关于《政府工作报告（征求意见稿）》起草情况的说明。省政协副主席王书坚、林峰海、赵家军、于国安、唐洲雁、王艺华、王修林、程林、刘均刚、段青英出席。

30 日　省政协机关党组会议召开，传达学习贯彻习近平总书记近期有关重要讲话精神，传达学习中央和省委经济工作会议精神，研究贯彻落实意见，审议有关事项。

市政协篇

政协济南市委员会

主席　雷　杰

副主席　王京文

副主席　刘梦海

副主席　王伯芝

副主席　赵居安

副主席　刘　勤

副主席　王建森

副主席　刘　霞

秘书长　郅　良

【全体委员会议】

十五届一次会议 2022年4月18日至21日在济南召开。会议应出席委员560人，实到526人，部分驻港澳委员、会议列席人员通过远程视频方式参加全会。会议听取并审议批准了雷杰同志代表十四届市政协常委会所作的工作报告和崔大庸同志代表十四届市政协常委会所作的提案工作报告。与会委员列席了市第十八届人民代表大会第一次会议，听取并讨论了市政府工作报告和其他有关报告。会议还审议通过了市政协十五届一次会议各项决议及关于市政协十五届一次会议提案审查情况的报告。经过民主协商，选举雷杰为政协第十五届济南市委员会主席，选举王京文、刘梦海、王伯芝、赵居安、刘勤、王建森、刘霞为政协第十五届济南市委员会副主席，选举赵居安为政协第十五届济南市委员会秘书长。大会共收到大会发言108篇，其中口头发言13篇。会议期间，委员们通过大会发言、小组讨论、提案等形式，重点围绕落实黄河流域生态保护和高质量发展重大国家战略、建设新时代社会主义现代化强省会和改善民生等建言资政、凝聚共识。大会闭幕时，省委常委、市委书记刘强出席闭幕大会并讲话，市政协主席雷杰主持闭幕大会。

十五届二次会议 2022年12月26日至28日在济南召开。会议应出席委员560人，实到396人。会议听取并审议批准了市政协主席雷杰代表十五届市政协常委会所作的工作报告和市政协副主席刘霞代表十五届市政协常委会所作的提案工作报告。与会委员列席了市第十八届人民代表大会第二次会议，听取并讨论了市政府工作报告和其他有关报告。会议还审议通过了市政协十五届二次会议各项决议及关于市政协十五届二次会议提案审查情况的报告。经过民主协商，选举郅良为政协第十五届济南市委员会秘书长。大会共收到大会发言115篇，其中口头发言9篇。会议期间，委员们通过大会发言、小组讨论、提案等形式，重点围绕落实黄河流域生态保护和高质量发展重大国家战略、建设新时代社会主义现代化强省会和改善民生等建言资政、凝聚共识。大会闭幕时，市政协主席雷杰主持闭幕大会并讲话。

【常务委员会会议】

十四届第二十四次会议 4月7日召开。市政协主席雷杰主持会议并讲话。会议传达学习了十三届全国人大五次会议、全国政协十三届五次会议精神；审议通过了关于召开政协第十五届济南市委员会第一次会议的决定和会议有关事项；审议通过了关于授权主席会议审议政协第十四届济南市委员会常务委员会第二十四次会议未尽事宜的决定；审议通过了政协第十四届济南市委员会常务委员会工作报告；审议通过了政协第十四届济南市委员会常务委员会提案工作报告并推举了报告人；审议通过了十五届济南市政协委员名单；审议通过了政协第十四届济南市委员会各专门委员会工作总结；审议通过了有关人事事项；讨论了市委办公厅、市政府办公厅关于政协第十四届济南市委员会第五次会议提案办理情况的书面报告；讨论了市中级人民法院、市人民检察院关于2021年工作情况的书面报告。

十五届第一次会议 4月21日召开。市政协主席雷杰主持会议并讲话。会议审议通过了政协第十五届济南市委员会主席、副主席分工方案；审议通过了政协第十五届济南市委员会副秘书长名单；审议通过了政协第十五届济南市委员会常务委员会关于设置专门委员会的决定；审议通过了政协第十五届济南市委员会各专门委员会主任、副主任和组成人员名单。

第二次会议 7月1日召开。会议围绕"健全完善我市应急物资保障建设"进行专题议政，市政协主席雷杰主持会议并讲话，市委常委、副市长、高新区管委会主任王宏志到会听取意见并作讲话。会议传达学习了《中国共产党政治协商工作条例》；举行了大会发言，7位委员、专家，围绕完善应急物资保障顶层设计、加强应急物资保障信息化建设等发言，提出了意见和建议；审议通过了《关于"健全完善我市应急物资保障建设"的建议案》；审议通过了有关人事事项。

第三次会议 10月13日召开。会议传达学习中共十九届七中全会精神，围绕"助推科创金融改革试验区建设"进行专题议政，市政协主席雷杰主持会议并讲话，市政府副市长韩伟到会听取意见并作回应讲话。会议举行了大会发言，6位委员、专家，围绕推动金融产品和服务创新、提升科创金融风险管理能力和加强科创金融人才队伍建设等发言，提出了意见和建议；审议通过了《关于"助推科创金融改革试验区建设"的建议案》；审议通过了有关人事事项。

第四次会议 12月20日召开。应到108人，因疫情原因，实到55人，会议议题已提前书面征求意见。市政协主席雷杰主持会议并讲话。会议传达学习了中共二十大精神；传达学习了市委十二届二次全会精神；审议通过了《政协济南市委员会关于深入学习宣传贯彻中国共产党第二十次全国代表大会精神的决议》；审议通过了关于召开政协第十五届济南市委员会第二次会议的决定和会议有关事项；审议通过了关于授权主席会议审议政协第十五届济南市委员会常务委员会第四次会议未尽事宜的决定；审议通过了政协第十五届济南市委员会常务委员会工作报告；审议通过了政协第十五届济南市委员会常务委员会提案工作报告并推举了报告人；审议通过了政协第十五届济南市委员会各专门委员会工作总结；审议通过了有关人事事项；讨论了市委办公厅、市政府办公厅关于政协第十五届济南市委员会第一次会议提案办理情况的书面报告；讨论了市中级人民法院、市人民检察院关于2022年工作情况的书面报告。

第五次会议 12月25日召开。市政协主席雷杰主持会议并讲话。会议听取了关于补选有关候选人协商名单的说明；听取了关于选举办法（草案）、总监票人监票人建议名单的汇报。

第六次会议 12月27日召开。市政协主席雷杰主持会议并讲话。会议听取了关于分组酝酿有关人事安排事项情况的汇报；听取了政协第十五届济南市委员会第二次会议相关情况的汇报；审议通过了政协第十五届济南市委员会第二次会议关于常务委员会工作报告的决议（草案）、政协第十五届济南市委员会第二次会议关于常务委员会提案工作报告的决议（草案）、政协第十五届济南市委员会提案委员会关于市政协十五届二次会议提案审查情况的报告（草案）、政协第十五届济南市委员会第二次会议政治决议（草案）。

【专门委员会工作】

提案委员会 全年共收到提案 638 件，立案 578 件。强化重点提案遴选督办，建立党政主要领导阅批督办制度，市委、市政府主要领导各选取一件提案进行了重点阅批督办。围绕督办重点提案，以“品味泉城文化 讲好济南故事”为主题开展专题“商量”，推进市委、市政府将古城保护纳入重要议事日程，研究成立古城保护指挥部。省政协葛慧君主席对重点提案阅批督办制度和以“商量”丰富督办方式给予批示肯定。坚持和完善提案重点建议清单制度，通过编制《济南市政协提案工作制度汇编》等方式加强对委员的提案知识培训，对优秀提案、提案承办先进单位、先进提案工作者进行表扬。与有关部门共同开展 2022 年济南市青少年模拟政协提案征集活动，评选出“十佳青少年模拟政协提案”“优秀青少年模拟政协提案”。

经济科技委员会 围绕“助推科创金融改革试验区建设”召开专题议政性常委会会议，形成《关于“助推科创金融改革试验区建设”的建议案》，就增强推进科创金融改革试验区建设的紧迫感、完善科创企业信息共享体系、推动金融产品和服务创新、加强科创金融人才队伍建设等提出建议，得到市委、市政府主要领导批示肯定。聚焦“促进专精特新企业成长壮大”召开专题协商会，形成《关于“促进专精特新企业成长壮大”的协商专报》，就强化顶层设计、优化服务生态环境、夯实科技支撑、强化投融资服务、强化人才支撑等，提出 5 个方面 21 条建议，得到市政府主要领导批示。牵头起草《济南市政协助力“双招双引”工作的实施方案》，开展“助企纾困”政策集中宣讲、重点提案督办等活动。

农业和农村委员会 围绕“助推打造北方种业之都”开展专题“商量”，就优化种业发展布局、加强种质资源保护利用、加大政策扶持力度、强化知识产权保护等提出建议。聚焦“深化泉水直饮工程 圆泉城人喝泉水梦”开展专题“商量”，就加快工程建设进度、加大惠民利民力度、加强上下协同配合等提出建议。组织“聚焦三农，助推乡村振兴”暨“纾困惠企”活动，围绕黄河防汛、引黄供水等开展省市县三级政协协同调研，聚焦“构建中小农业企业人才吸引机制”等组织界别调研，开展重点提案协商督办，为济南乡村振兴建言资政、凝聚共识。

人口资源环境委员会 围绕“健全完善我市应急物资保障建设”召开专题议政性常委会会议，形成《关于“进一步加强我市应急物资保障建设”的建议案》，得到市委、市政府主要领导批示肯定。聚焦“提升医养结合水平，健全养老服务体系”开展专题“商量”，提出推进社区医疗养老机构一体化建设、推进居家养老适老化改造、鼓励医疗机构开展医养结合服务、建立统一规范行业服务标准、强化保险对医养结合的支撑作用等 14 条建议。承办省政协“加强起步区生态建设，筑牢黄河安澜屏障”课题调研议政工作，就生态环境保护、水资源节约集约利用、碳达峰碳中和等开展调研视察，做好界别活动组织服务、重点提案督办等工作。

社教卫体和法制委员会 围绕“体育赋能城市发展”开展专题“商量”，提出的“培育知名赛事活动品牌”等建议被吸纳进《政府工作报告》，增设“文旅体育频道”建议得到济南广播电视台采纳并已开通。聚焦“推动婴幼儿照护事业发展”开展专题“商量”，提出加大托育政策宣传及信息化平台建设力度、大力推进多元普惠托育机构建设、落实完善托育发展保障措施等建议。举办“做好新时代政协民族宗教工作”专题报告会，围绕“丹若邻”民族工作品牌创建、儿童友好型城市创建等开展界别视察调研，组织委员对《济南市名泉保护条例》等规章进行立法前协商，做好重点提案督办等工作。

港澳台侨和外事委员会 组织港澳委员、特邀顾问收看党的二十大开幕式、庆祝香港回归祖国25周年大会暨香港特别行政区第六届政府就职典礼等，加强思想政治引领。围绕“促进消费提质升级”召开专题协商会，就突出济南消费特色、培育消费新业态、发展消费新模式等提出建议，《关于“促进消费提质升级”的协商专报》得到市委、市政府主要领导批示。聚焦“把握RCEP实施机遇助力济南外贸提质增量”开展专题“商量”，围绕“跨境电商发展”“送政策进侨企暨侨企互通促就业”等开展界别商量，做好重点提案督办等工作。组织召开“助力招商引资，促进合作共赢”招商项目远程宣传推介会，支持配合香港济南联谊总会完成第六届理事会换届选举工作，遴选聘任38名来自美国、加拿大、俄罗斯、澳大利亚等14个国家和地区的社团侨领为十五届市政协港澳台侨特邀顾问。

文化文史和学习委员会 围绕“佛慧山文峰塔建设项目”开展专题“商量”。研究制定届期文史图书征编出版规划，策划征集2022年度《新时代济南政协文史丛书》和《人文济南丛书》。编印出版《济南市政协文化文史工作掠影》，征集出版《济南文史》4期。研究起草《市政协关于实施助推乡村文化振兴“十百千”工作的意见》，召开济南市政协助推乡村文化振兴“十百千”工作启动会议，征编《济南市乡村文化振兴丛书》，征编出版《高庄纵览》《普集纵览》《村庄纵览》。聚焦“助推文化济南建设”“活跃农村文化，丰富农民生活”等开展调研视察和界别活动，做好重点提案督办，举办“我心向党 喜迎二十大”书画展。加强文史馆平台建设，丰富完善文史资料研究和馆藏展陈，安装数字化存贮展示设备，试行文史书刊数字化存贮和展示。

【重要活动】

新任政协委员培训班 6月14日至22日举办，培训班分两个批次，采取视频方式进行，十五届市政协新任委员和部分政协机关干部500余人参加培训。市政协主席雷杰出席开班式并作动员讲话。培训期间，全国政协研究室原副主任、中国人民政协理论研究会原秘书长原冬平，全国政协委员、中国民航大学副校长吴仁彪，市政协一级巡视员李慎生作了专题讲座，市政协研究室作了关于市政协“数字平台”的使用说明，6名市政协委员作了交流发言。

全市区县政协主席座谈会 7月26日召开。市政协主席雷杰出席会议并讲话。会议深入学习贯彻习近平总书记关于加强和改进人民政协工作的重要思想，学习贯彻中央《关于加强和改进新时代市县政协工作的意见》和省委、市委有关文件精神，传达学习市委主要领导在市政协机关调研时的讲话要求，座谈交流换届以来的政协工作，对下一步工作进行动员部署。各区县政协主席作了交流发言。

“我心向党 喜迎二十大”书画展 9月20日开幕。市政协主席雷杰出席活动。书画展览为期7天，采取线上线下结合的方式进行，会集了历届市政协委员、济南政协书画院成员、市级各民主党派和工商联及区县政协推荐的书画艺术家、特邀嘉宾精心创作的近200幅书画作品。除现场展示外，所有作品在济南政协协商云平台媒体矩阵同步展出。

【重要文件】

省委常委、市委书记刘强在市政协十五届一次会议闭幕会上的讲话（2022年4月21日）（摘要） 讲话共5个部分：一是接续奋斗再立新功，必须把牢正确政治方向；二是接续奋斗再立新功，必须围绕大局建言献策；三是接续奋斗再立新功，必须广泛凝聚共识合力；四是接续奋斗再立新功，必须坚持忠实为民履职；五是接续奋斗再立新功，必须加强政协自身建设。

关于加强和改进新时代市县政协工作的实施意见（摘要） 为深入贯彻习近平总书记关于加强和改进人民政协工作的重要思想，根据《中国共产党政治协商工作条例》等党内法规规定要求和有关文件安排部署，结合济南实际，提出本实施意见，由济南市委办公厅印发。实施意见共8个部分22条。一是总体要求。二是提升专门协商机构效能。三是广泛凝聚共识。四是助推基层社会治理。五是加强联系指导。六是加强政协委员队伍建设。七是夯实工作基础。八是加强党的全面领导。

关于政协政治协商成果领导批示件督办落实办法（摘要） 为全面贯彻落实《中国共产党政治协商工作条例》，健全完善政治协商成果运用和反馈制度，确保协商成果特别是领导批示要求全面准确及时落实，制定本办法，由济南市委办公厅、济南市人民政府办公厅、济南市政协办公厅联合印发。办法共3个部分。一是督办落实范围。二是督办落实主体。三是督办落实程序，包括批件登记、转发办理、联动督办、动态反馈、归档保密。

中国人民政治协商会议济南市委员会常务委员会工作报告（2022年4月18日在政协第十五届济南市委员会第一次会议上）（摘要） 报告从5个方面回顾了五年工作：一是加强政治建设、突出思想引领，团结奋斗的共同思想政治基础更加牢固；二是紧扣中心工作、服务发展大局，全力助推强省会建设；三是聚焦主责主业、创建“商量”平台，专门协商机构独特优势进一步凸显；四是发挥组织优势、增进团结联谊，为省会高质量发展汇聚共识合力；五是坚持改革创新、着力强基固本，履职能力水平不断提升。报告从 5 个方面总结了主要工作体会：一是必须坚持党的领导，确保政协工作正确政治方向；二是必须坚持人民政协性质定位，切实担负起专门协商机构的重大职责使命；三是必须坚持围绕中心服务大局，以助推改革发展的实际成效彰显政协价值；四是必须坚持守正创新，永葆政协事业的生机活力；五是必须坚持把带队伍强作风贯穿始终，为高质量履职提供坚强保证。报告从 4 个方面提出了今后工作建议：一是深化思想政治引领；二是聚焦强省会建设深入议政建言；三是推进专门协商机构建设实现新发展；四是持之以恒加强自身建设。

中国人民政治协商会议第十五届济南市委员会常务委员会工作报告（2022 年 12 月 26 日在政协第十五届济南市委员会第二次会议上）（摘要） 报告从 3 个方面点出了 2022 年的重点工作：一是深入学习宣传贯彻中共二十大精神，广泛凝聚团结奋进的共识力量；二是持续完善提升“商量”平台，不断深化“有事好商量”的济南实践；三是大力加强“数字政协”建设，赋能政协工作高质量发展。报告从 4 个方面总结了 2022 年的全面工作：一是抓学习强党建，政协组织的政治属性进一步强化；二是强主责提质效，专门协商机构作用进一步彰显；三是聚共识筑同心，团结联谊工作进一步深化拓展；四是强基础固根本，政协履职能力进一步提升。报告从 4 个方面提出了 2023 年的主要任务：一是以中共二十大精神为引领，筑牢团结奋斗的共同思想政治基础；二是以服务省会高质量发展为主线，凝聚强省会建设的智慧力量；三是以打造制度化协商平台为依托，画出团结奋斗最大同心圆；四是以提升履职水平为支撑，锤炼团结奋斗的本领能力。

政协济南市委员会关于加强和改进市政协委员学习工作的办法（2022 年 4 月 7 日市政协十四届五十六次主席会议通过）（摘要） 办法共 6 个部分。一是重要意义。二是指导思想和基本原则。三是学习内容，包括理论学习、政策学习、知识学习、主题教育、形势教育、实践教育、历史教育。四是学习方式，包括党组理论学习中心组学习、主席会议集体学习、常委会会议集体学习、委员学习研讨班、委员读书活动、委员自主学习。五是学习方法，包括学习工作与加强人民政协理论研究相促进、学习工作与重大专项工作委员宣讲活动相贯通、学习工作与重大战略问题研究相联系、学习工作与重点关切问题情况通报会相配合、结合履职实践开展学习活动、强化互联网思维开展学习活动。六是工作要求。

政协济南市委员会关于市政协委员履职量化考核的实施办法（2022 年 4 月 7 日市政协十四届五十六次主席会议修订）（摘要） 实施办法共 6 个部分。一是考核对象。二是考核原则。三是考核内容，包括出席会议情况，参加学习培训情况，参加活动情况，应邀担任特邀监督员、监察员情况，提交提案和反映社情民意信息情况等。四是计分标准及责任分工，包括履职基础分、履职奖励分。五是组织实施。六是考核结果及应用。

“码上商量”工作规程（试行）（2022

年6月29日市政协十五届二次主席会议通过）（摘要） 规程共4个部分。一是主要目的。二是板块设置，包括专题商量、云商量矩阵、商量在区县、全媒报道、我的信息。三是开展步骤，包括专题“商量”开展步骤、“云商量”开展步骤、“商量在区县”开展步骤。四是责任分工。

关于进一步做好区县政协“商量”工作的指导意见（摘要） 指导意见共4个部分。一是总体要求。二是工作原则，包括坚持政治性、坚持人民性、坚持开放性、坚持实效性、坚持创新性、坚持联动性。三是工作内容，包括完善提升“商量”平台、规范“商量”方式、提出“商量”计划、组织各方参与、开展调查研究、务实开展商量、推动成果转化和运用、强化管理考评。四是组织落实，包括发挥区县政协党组作用、强化分工负责、营造各方支持参与良好氛围。

政协济南市委员会关于发挥“商量”平台聚合优势 进一步加强委员联系界别群众的意见（2022年12月6日市政协十五届六次主席会议通过）（摘要） 意见共4个部分。一是指导思想。二是基本原则，包括坚持党的领导、突出团结民主主题、践行履职为民理念、强化三级联动。三是主要任务，包括推进“商量工作室”建设、完善“码上商量”功能、提高联系服务组织化程度、宣传宣讲凝聚民心。四是工作保障，包括加强组织领导、明确责任分工、建立健全评价机制、做好工作宣传。

政协济南市委员会关于深入学习宣传贯彻中国共产党第二十次全国代表大会精神的决议（2022年12月20日市政协十五届四次常委会会议通过）（摘要） 政协第十五届济南市委员会常务委员会第四次会议，认真学习中国共产党第二十次全国代表大会精神，学习贯彻中共济南市委十二届二次全体会议精神，并深入讨论交流。会议衷心拥护习近平同志代表中共十九届中央委员会所作的报告和大会通过的各项决议，衷心拥护以习近平同志为核心的新一届中共中央领导集体，坚信在以习近平同志为核心的中共中央坚强领导下，全国各族人民团结奋斗，必将创造新时代的新辉煌。

【组织概况】

市政协

主席名单

雷　杰

副主席名单

王京文　刘梦海　王伯芝　赵居安
刘　勤　王建森　刘　霞

秘书长名单

赵居安（兼）（2022年12月不再担任）
郅　良（2022年12月任职）

常务委员名单

（截至2022年12月31日）

丁小玲　于　红　于慧东　马　利
马效恩　王文生　王方晨　王传秋
王　克　王克芳　王　纮　王国顺
王孟杰　王柏华　王钦军　王　亮
王洪新　王振东　王翠香　文东河
方　浩　孔　杰　石　玮　卢　林
叶　霖　印　东　冯　毅　吕凤华
乔　谦　刘　佳　刘　浩　刘　斌
刘　燕　刘传勇　刘明翠　刘祖亭
刘艳秋　刘雅涵　齐加新　米文芃

阮师漫　孙　远　孙义俊　孙武虎
麦家荣　李　明　李　莉　李广华
李文秀　李成刚　李兴实　李季孝
李宗清　李树忱　李铁锋　李洪光
李根英　杨玉华　杨美红　杨晓刚
吴　磊　宋　蔚　张　岩　张　玲
张　泉　张　健　张　强　张　鹏
张　薏　张巧良　张发军　张爱波
陆建林　陈淑平　邵　莉　邵红升
林东明　林海铭　欧润光　郅　良
罗跃成　周　震　孟云霞　赵　宁
赵　华　赵卫良　郝　伟　段伦仲
侯俊平　逄曙光　施教毕　姚虎明
容　蓉　黄　刚　曹　军　扈书乘
韩明东　韩洪强　韩慧健　释弘恩
谢圣仁　潘荣庆　魏　新

委员名单

（截至 2022 年 12 月 31 日）

王国顺　王京文　尹红梅　吕凤华
刘　勤　孙义俊　李成刚　李敬德
张向东　张　强　赵居安　展宝贞
崔志强　扈书乘　韩永军　谢圣仁
雷　杰　禚建基　谭　伟　翟　军
王伯芝　朱爱莲　齐加新　孙　露
李　军　李迎春　李其威　李铁锋
杨一伟　周莉莉　姚　芳　姚虎明
倪秀珍　袭　莲　韩炳娟　魏　峰
丁长缨　于小琳　王振东　叶　玲
刘明翠　李兴实　李　静　肖巧朵
汪纯佳　张爱波　邵　莉　苗　萌
昝圣煜　崔海涛　崔宴非　丁保国
王建森　王春利　王　亮　王翠香
毕彦昱　刘学斌　阮师漫　李秀芳
张军娟　张　羽　张辰欣　赵秋峰
赵海明　姚　桢　韩慧健　丁　一
王洪新　叶　霖　刘海萍　李　静
汪颖春　张　怡　赵　华　洪　露
潘荣庆　王　孜　刘传勇　刘　斌
李洪光　吴记勇　汪　鹏　张科建
胡元军　逄曙光　殷　晓　渠鹏程
方　浩　卢　林　史会剑　刘红文
李　明　李　佳　李　莉　张育才
高咏梅　王文生　刘　霞　李昌梅
何　川　张松旺　张　健　赵　宁
翁向勇　黄　刚　程　坤　丁小玲
丁　芳　王柏华　邓芃芃　朱应彬
刘继明　庄勇刚　张巧良　张骞之
陈　楠　邵军生　武止戈　赵海霞
徐文东　滕朝霞　刘　霖　张　倩
孟云霞　韩　克　董　丹　于　伟
马洪浩　王元海　王光民　申海福
曲　川　曲　鹏　乔湛青　刘庆坤
刘祖亭　孙亚茜　李　宁　李　慧
吴洪波　邹　蓬　张　斌　赵卫良
赵吉刚　段伦仲　贾　霖　魏　琳
马晓乐　马琛琛　王立杰　王亚伟
王沪红　尹梅青　任兴业　刘雅涵
宋　蔚　张　丽　陈淑平　林江丽
茹　晖　骆　丹　秦　文　戚慧敏
程晓艳　王　瑞　徐海涛　郭秀峰
董海明　程文文　魏　新　于大卫
马士望　王安忠　王海滨　田永亮
刘永新　刘　刚　刘　佳　刘树森
刘　萍　刘梦海　刘　薇　米雪睿
孙武虎　孙　颖　张　鹏　张群江
林思敏　周　震　袁武杰　王夕聚
王建涛　王钦军　王保全　王　晓
王维霞　王警宇　刘若岩　刘　磊
杜　毅　李　锐　陈文忠　赵培林
秦厚明　叶　江　李　怡　张　玲

陈　玮　马茂祥　朱雪婷　张　扬
邵红升　展如才　靳雪梅　王方晨
王　克　任晓坪　刘　军　李建军
杨晓刚　宋劲彬　张晓国　陈广如
陈　帅　陈国华　陈　健　郅　良
房　振　孟　娟　钟　倩　侯京健
姜　旭　韩　莉　董锐虎　景　彪
管朴学　戴　军　于希明　于慧东
王建伟　邓小宁　古　欣　帅　磊
刘少云　刘思金　刘艳秋　许伟伟
孙　涛　李卫民　李长明　李玉涛
李晓宇　李　涛　李海涛　杨美红
邹风山　张圣婕　张　赛　陈　彬
林先银　林茂海　林海铭　周　超
孟庆文　赵　明　赵　勇　袁文虎
袁　勇　聂　敏　夏伦全　徐汝亮
郭志强　彭运新　董洪林　鲁艳芹
谭生永　翟　超　石　玮　刘　燕
李卫国　陈功香　赵记辉　董建霞
王玉柱　王传秋　王晓深　冯　毅
吉忠阳　毕国器　危　东　刘传真
刘建晖　刘洪武　孙战宇　李　冰
杨凌雁　吴成志　辛　亮　沈国强
沈　缤　张发军　张冠军　陆建林
陈　强　周之勇　周利平　郑　睿
孟学峰　赵润成　姜刘凡　耿国玉
高　宏　黄　蓓　崔富山　韩　润
董兴磊　赖鹏程　路兆武　靖长文
翟世标　翟立波　薛　洁　亓　飞
王　妍　王信宏　王剑辉　史秀娟
吕丽敏　刘　芹　刘洪艳　李季孝
李根英　张光煌　张秀玲　张　栋
张振民　张　喆　陈明新　郝家学
赵远涛　贺金圣　高桂丽　曹　军
韩亚娟　景　华　马建春　王　旭
王　纮　王念强　王艳凤　王爱国
王惠礼　卢　旺　申世涛　任瑞波
华　波　刘　刚　刘庆华　刘笑天
许崇海　李冬利　李金红　李树忱
李　琪　杨春亭　吴　磊　辛公明
张　静　张　蕙　岳　蕾　周伟家
周丽颖　周　静　胡乔林　胡艳玲
郝作强　赵　屹　赵树国　赵继龙
赵勤修　袁宙飞　陶常青　崔若椈
魏　静　孔　杰　华　顺　李　军
杨海刚　孟　薇　郝　伟　曹培河
王娇阳　王崇超　文东河　李　丽
李　钧　张　泉　鲁小青　马效恩
王克芳　王绍辉　王　爽　王　磊
刘华绪　刘春莲　刘　婷　孙占锋
孙召明　孙海慧　孙　蓉　李凤林
苏国海　吴法康　吴孟海　何文军
张世君　张　葵　范忠平　周　敬
周新丽　胡承骏　赵庆国　赵学春
宫建泉　容　蓉　崔言炬　蓝　菁
王新亮　刘卫群　李文秀　郭　芳
韩　超　靳　蕾　于　红　马　骁
左红斌　刘　佳　那　力　杨兆军
张　岩　邵　洁　金书强　徐文涛
黑　珊　李宗清　杨　鹏　肖建国
段国山　黑保旭　释弘恩　丁林桥
马有殷　马　利　亓　永　王云国
王书信　王　伟　王　欣　王孟杰
王振国　王培英　印　东　白　涛
冯培明　毕筱奇　吕慧婷　乔　谦
朱世恩　朱恩仪　朱锦华　任广治
任晓宁　刘万新　刘　动　刘安庆
刘忠亮　刘　浩　刘　静　齐怀栋
汤悦宋　牟晓丽　牟高飞　孙世会
孙　远　麦家荣　李广华　李东方

李百全　李光忠　李向峰　李　冰
李好臣　李宝燕　李学玉　李洪伟
李继民　杨玉华　杨永斌　肖　红
吴　苏　张才林　张作平　张　岩
张建文　张建明　张洪广　张　勇
张　勇　张　喆　张富林　张新建
陈庆宏　陈志立　陈贯鹏　武善欣
林东明　林伟龙　范立振　欧润光
呼廷贵　罗跃成　金　晖　郑志锦
孟　帅　赵寿娟　赵志鹏　赵治文
侯俊平　段青英　段明曾　施教毕
贺　伟　秦贵昌　倪志纯　徐法贤
徐春华　徐艳芳　郭承刚　高　冰
高基宏　高　琳　高鹏霄　曹殿军
崔大庸　崔保卫　韩延才　韩　军
韩明东　韩洪强　董怀敏　董启真
董　杰　程　伟　雷民强　廖悦兴
颜奕恒　潘广臣

区、县政协

区、县政协主席名单

历下区政协主席

陈贯鹏

市中区政协主席

王书信

槐荫区政协主席

韩　军

天桥区政协主席

张建明

历城区政协主席

潘广臣

长清区政协主席

白　涛

章丘区政协主席

李宝燕

济阳区政协主席

呼廷贵

莱芜区政协主席

张富林

钢城区政协主席

亓　永

平阴县政协主席

刘忠亮

商河县政协主席

张才林

济南市各级政协组织和委员数

（截至 2022 年底）

单位：个

项目＼级别	市	县（市、区）	合计
组织数	1	12	13
委员数	560	3072	3632

（编写：丁楠　审稿：张伟超）

政协青岛市委员会

副主席　陈大维

副主席　刘光烨

副主席　吴立新

副主席　姜巧珍

副主席　李苏满

副主席　张元升

副主席　崔　作

秘书长　刘卫国

【全体委员会议】

十四届一次会议 2022 年 4 月 14 日至 18 日在青岛举行。应出席委员 534 名，实到委员 461 名。委员们围绕青岛经济社会高质量发展认真协商议政，积极建言献策。会议期间组织专题讨论，列席人大全体会议。会议选举产生了政协第十四届青岛市委员会主席、副主席、秘书长和常务委员。会议通过了政协第十四届青岛市委员会第一次会议关于政协第十三届青岛市委员会常务委员会工作报告的决议，通过了政协第十四届青岛市委员会第一次会议关于政协第十三届青岛市委员会常务委员会提案工作报告的决议，通过了政协第十四届青岛市委员会第一次会议提案审查委员会关于市政协十四届一次会议提案审查情况的报告，通过了政协第十四届青岛市委员会第一次会议政治决议。

十四届二次会议 2022 年 12 月 28 日至 2023 年 1 月 1 日，政协第十四届青岛市委员会第二次会议在市人民会堂举行。应出席委员 541 名，远程参会 24 人，实到委员 374 名。出席会议的政协委员们围绕青岛经济社会发展大局认真协商议政，积极建言献策。会议期间组织专题讨论，列席人大全体会议。刘明辉等 11 人当选为中国人民政治协商会议第十四届青岛市委员会常务委员。会议通过了政协第十四届青岛市委员会第二次会议关于常务委员会工作报告的决议，通过了政协第十四届青岛市委员会第二次会议关于常务委员会提案工作报告的决议，通过了政协第十四届青岛市委员会提案委员会关于市政协十四届二次会议提案审查情况的报告，通过了政协第十四届青岛市委员会第二次会议政治决议。

【常务委员会会议】

十三届第三十次会议 3 月 31 日召开。市政协主席杨军出席会议并讲话。会议审议通过了关于召开政协第十四届青岛市委员会第一次会议有关事项。会议传达学习了习近平总书记在全国两会期间的重要讲话精神和全国两会精神，传达了省政协十二届五次会议精神，听取政协第十四届青岛市委员会第一次会议筹备情况的汇报，市委常委、统战部部长、市政协党组副书记王久军作关于《政协第十四届青岛市委员会委员人选建议名单》的说明，市政府副市长栾新作关于《政府工作报告（征求意见稿）》起草情况的说明。会议分组讨论了有关事项。会议审议通过了关于召开政协第十四届青岛市委员会第一次会议的决定；政协第十四届青岛市委员会第一次会议议程（草案）、日程（草案）；政协第十三届青岛市委员会常务委员会工作报告（草案），确定杨军为报告人；政协第十三届青岛市委员会常务委员会提案工作报告（草案），确定赵铁军为报告人；关于授权主席会议审议政协第十三届青岛市委员会常务委员会第三十次会议未尽事宜的决定；政协青岛市委员会 2022 年度工作要点和协商计划。协商决定了政协第十四届青岛市委员会委员人选名单。

十四届第一次会议 5 月 11 日召开。会议传达了市第十三次党代会精神，审议通过了政协第十四届青岛市委员会常务委员会关于设置专门委员会的决定，政协第十四届青岛市委员会各专门委员会主任、副主任名单。

第二次会议 8月5日召开。会议围绕“坚持改革创新，争创全国民营经济示范城市”开展专题协商议政，学习了《中国共产党政治协商工作条例》，传达了全国政协十三届常委会第二十二次会议精神、省政协十二届常委会第二十三次会议精神。市政府副市长常红军代表市政府通报我市2022年上半年经济社会发展情况。10名政协常委、委员围绕创新引领“专精特新”中小企业发展、加强知识产权管理、深入实施“工赋青岛”行动、聚集资本力量、激发民营经济活力等提出意见建议。

第三次会议 10月28日召开。会议围绕“贯彻习近平法治思想，加强法治政府建设”开展专题协商议政，传达学习了中共二十大和二十届一中全会精神，传达了全国政协十三届常委会第二十三次会议精神，听取了市政府关于市政协十四届一次会议以来提案办理情况的通报。10名政协常委、委员围绕打造法治化营商环境、解决法院执行难、强化基层法治政府建设等协商建言。中共中央党校原副校长李君如围绕《中国共产党政治协商工作条例》作线上专题讲座。

第四次会议 11月21日召开。会议传达了《中共中央关于认真学习宣传贯彻党的二十大精神的决定》、全国政协十三届常委会第二十四次会议精神和《中国人民政治协商会议第十三届全国委员会常务委员会关于学习贯彻中国共产党第二十次全国代表大会精神的决议》、中共山东省委十二届二次全会精神和《中共山东省委关于深入学习宣传贯彻党的二十大精神的决议》、山东省政协十二届常委会第二十四次会议精神和《政协山东省委员会关于深入学习宣传贯彻中国共产党第二十次全国代表大会精神的决议》、中共青岛市委十三届二次全会精神和《中共青岛市委关于深入学习宣传贯彻党的二十大精神的决议》。政协常委、委员等10人围绕“学习宣传贯彻中国共产党第二十次全国代表大会精神”进行大会发言。审议通过了《政协青岛市委员会关于深入学习宣传贯彻中国共产党第二十次全国代表大会精神的决议》。

【专门委员会工作】

提案委员会 市政协十四届一次会议以来，共收到提案833件，立案754件，立案率90.5%。修订重点提案培育、遴选与督办办法和提案审查处理办法，规范重点提案督办程序。对提案人反复提出或对办理结果不满意的提案进行评估。组织委员与提案承办部门双向评议、互相监督，评选出提案办理先进承办单位和优秀提案。创建第三方专家评议提案工作机制，制定《提案工作第三方专家评议办法》，聘请专家客观公正的量化赋分。

经济委员会 围绕“聚焦四新经济崛起，提升产业链价值链能级”双月协商座谈会、“推进绿色制造，打好绿色低碳转型硬仗”重点调研、“锚定建设工业强市，打造先进制造业集群”“推进RCEP青岛经贸合作先行创新基地建设”重点视察等重点工作，报送调研报告、协商议政专报、简报，得到省政协主要领导、市委市政府主要领导批示。围绕“在服务和融入新发展格局上走在前”，形成的《聚焦智慧海洋 加速走向深蓝》的建议，在省政协常委会上作大会重点发言；《支持青岛设立上合地方合作银行》提案被全国政协采纳并办理。推进服务企业、服务委员专项工作，组织委员开展跨界别会议、调研、视察、“五进五送”等活动。

农业和农村委员会 深入开展“人人都是发展环境，个个都是开放形象”“我为群众办实事”等主题实践活动，推进“两结三联”落地落细。聚焦乡村振兴，围绕“补齐农村公共服务短板，推动城乡均衡发展”“推进我市农村人居环境整治提升”“推动农业农村合作社发展”“数字赋能种植业发展，推动农业提质增效”等专题进行调研视察。组织召开青岛市政协·定西市政协东西部协作项目推介座谈会，助力青定两市在产业协作、人才交流、劳务对接等重点协作项目拓宽领域、深度合作，持续巩固好脱贫攻坚成果。建立“在地头协商”委员工作站。

人口资源环境委员会 围绕“城市更新和城市建设”“地下管线建设管理”“浒苔绿潮治理”等课题开展专题视察和调研。《关于加快构建智能传感器产业发展生态，助力工赋青岛的调研报告》等报告得到市委市政府主要领导批示肯定。围绕“海洋科技创新”开展重点调研，在省政协常委会上作专题发言。《关于加强和改进高层民用建筑消防安全管理的提案》被全国政协同时评为年度好提案和本届优秀提案，《胶东半岛铁路公交化提案》获省政协优秀提案。创新打造全链条建言资政新模式的经验材料得到省政协主席葛慧君的肯定性批示，并作为唯一副省级城市在全国暨地方政协人资环委办公室视频会议上作重点发言。

教科卫体委员会 围绕“提升驻青高校和科研机构对青岛创新发展的贡献度”开展专题调研，形成的报告得到市政府领导肯定性批示。围绕社会和家长高度关注的“双减”问题组织双月协商座谈，提出的建议得到市教育局等职能部门及时响应和反馈。以“发展数字经济、建设智慧城市”为题组织举办了“倾听与商量”，围绕“推进分级诊疗”组织“委员关注”，“关于以人民健康为中心加快推进我市县域分级诊疗制度建设的调研报告”获得全市优秀调研报告二等奖。组织委员深入抗疫一线和基层社区开展“我为群众办实事”活动10余次。

社会和法制委员会 围绕我市残疾人事业发展情况进行重点视察，形成了《关于将“残疾人”群体称谓变更为“特障人士”的提案》，提交全国政协。围绕“基层法院员额制改革后的工作情况”组织重点视察。将“反电信诈骗”作为重点调研课题，形成《关于促进我市反电信网络诈骗犯罪工作体系建设的调研报告》，得到市委主要领导批示。为推动《中华人民共和国家庭教育促进法》落实，围绕“依法履行家长职责，当好孩子首任老师”策划完成“倾听与商量”，形成的协商议政专报获省政协副主席王修林批示。与市司法局、市人大就《青岛市停车场条例（草案）》等6部法规规章进行立法协商，征求委员建议40余条，其中23条建议在立法中被采纳。

港澳台侨和外事委员会 对标市党

代会提出的“六个城市”发展目标，围绕“加快旅游新业态融合，推动青岛旅游业高质量发展”开展重点调研，形成的调研专报得到了市政府主要领导充分肯定。围绕“以 RCEP 生效为契机，加快建设国际消费中心城市”召开远程协商会议，构建高端智库建言资政新模式，人民政协报头版进行了报道，协商专报得到省政协副主席程林肯定性批示。围绕“提高社区养老服务水平”开展“倾听与商量”协商活动，形成的建议得到市委、市政府主要领导充分肯定，推动以市政府办公厅名义印发《关于进一步优化完善我市居家社区养老服务的措施（试行）的通知》。指导驻港委员成立“委员之家”，组织港澳委员通过线上线下履职建言，参与协商议政活动达 100 人次。

文化文史和学习委员会 牵头协调市政协习近平新时代中国特色社会主义思想学习座谈会，制订学习座谈计划，组织举办座谈会。组织全市政协委员参加省政协“学而书院”开展“深学笃行《习近平谈治国理政》第四卷”和党的二十大精神线上专题学习活动。围绕我市文化基础设施建设开展调研，《关于加强我市文化基础设施建设的建议》调研报告得到市委主要领导批示。《关于在城市更新中加强老城区申遗工作的调研与建议》《关于设立“青岛国际艺术节”的建议》等调研报告得到市政府主要领导批示。组织省、市、区三级政协委员联动开展专题调研，向省政协报送《突出文旅融合特色 高标准推进齐长城国家公园建设调研报告》，被省政协综合采用后，得到省委书记李干杰批示。参加全国政协书画工作座谈会并作交流发言。征集出版《青岛史画》等文史资料。

民族和宗教委员会 紧盯中央民族工作会议、全国宗教工作会议精神落实情况开展民主监督调研，开展“民族团结进步创建”视察活动。围绕“青岛市宗教中国化方向的实践路径、存在问题及经验”开展调研、建言献策。《关于加强宗教工作基层基础建设的调研报告》得到省政协副主席唐洲雁肯定性批示。围绕“城市更新和城市建设”，组织少数民族界、宗教界委员“走出去”，开展以“看发展、看变化，强责任、强素质、强能力”为主题的“两看三强”活动。青岛市政协民宗委作为十五个副省级城市的唯一代表，在全国暨地方政协民宗委工作交流座谈会上作了口头交流发言。

【重要活动】

调研视察 1 月 13 日，市政协组织部分省、市政协委员，围绕“推进 RCEP（区域全面经济伙伴关系协定）青岛经贸合作先行创新试验基地建设”赴 RCEP 山东企业服务中心、山东国际航运交易所、邮轮母港启动区和山东省港口集团进行专题视察。市政协主席杨军参加视察。

2 月 14 日，市政协党组书记、主席杨军带领部分全国、市政协委员赴城阳区城阳街道小寨子社区、快通国际酒店、青岛市公共卫生应急备用医院、新大地集中监管专仓视察我市疫情防控工作情况。

2 月 18 日，市政协党组书记、主席杨军带领部分全国、省、市政协委员围绕《青岛市残疾人事业发展“十四五”规划》实施、残疾人关爱服务体系及设施建设情况进行专题视察。视察组一行先后来到市北区残疾人托养中心、春雨残疾人辅助性就业机构、青岛市中心聋校，详细了解我市残疾人工作开展情况。座谈会上，市残联、市教育局负责同志介绍了有关情况，委员们围绕加强残疾人职业技能培训、关注残疾人身心健康、打造残疾人康养产业、加强康养护理人员队伍建设等提出建议。

2月25日，市政协党组书记、主席杨军带队到市南区、市北区视察城市更新和城市建设三年攻坚行动推进情况。视察组一行先后实地视察了历史城区保护更新工程中的中山路72–74号、六街口停车场、济宁支路人才公寓项目、四方路片区里院展览馆、岚曦社、国货青岛馆和武定路历史别墅群，听取市、区两级历史城区保护更新指挥部有关负责人的情况介绍。市政协委员和智库专家围绕加强规划引领、完善服务功能、满足市民游客需求、导入新兴业态、统筹区域联动、吸引青年人才创业等提出了意见建议。

3月24日，市政协党组书记、主席杨军带队围绕“加快智慧城市建设，助力疫情防控工作”开展专题调研。调研组一行先后到市南区天山小区“和慧居”智慧社区运营中心、中国移动通信集团青岛分公司和“城市云脑”平台进行实地调研，向奋战在疫情防控一线的工作人员表示慰问和感谢。座谈会上，市大数据局负责人介绍了我市智慧城市建设和服务疫情防控工作情况，与会政协委员围绕疫情防控大数据可视化平台建设、加强信息数据共享、开放应用场景、为市民提供“一码通城”服务、运用大数据精准预警精准防控、加强信息安全保护等提出意见建议。

全市政协秘书长工作交流座谈会 9月9日在平度市举行。平度市政协主要领导同志介绍了平度市经济社会发展情况。会议传达了全国地方政协秘书长工作交流座谈会精神、省市政协秘书长工作交流座谈会精神，书面传达了全省政协暑期读书会精神，通报市政协机关今年以来主要工作和开展“作风能力提升年”活动情况。民革青岛市委会秘书长、农工党青岛市委会秘书长分别介绍了党派机关工作开展情况，各区（市）政协秘书长进行了交流发言。会议总结了前期工作，对今后一个时期的工作进行了部署。

【重要文件】

中国人民政治协商会议第十三届青岛市委员会常务委员会工作报告（2022年4月14日在政协第十四届青岛市委员会第一次会议上）（摘要） 过去五年的工作。（一）五年来，我们坚持高举旗帜，强化党的全面领导，党建统领政协工作得到新加强。认真落实中共中央《关于新时代加强和改进人民政协工作的意见》和省委若干措施、市委实施意见，把“六个强化”要求落实到“六个机制”上。把学习贯彻习近平新时代中国特色社会主义思想作为首要政治任务，建立学习座谈会制度。巩固深化“两学一做”学习教育成果，深入开展“不忘初心、牢记使命”主题教育，扎实开展党史学习教育。创新加强政协党的建设，党建工作成果先后在全国政协系统党的建设工作座谈会、党的建设工作经验交流会上作了典型介绍。（二）五年来，我们坚持服务大局，强化履职担当，助力青岛高质量发展实现新作为。五年来共开展重要协商议政活动 205 次、视察调研活动 733 次，报送建议案、协商议政专报等 338 份，提案立案并办理 3464 件，编报社情民意信息 3845 篇。深入开展“战疫情保平安、促发展做贡献”活动，就统筹推进疫情常态化防控和经济社会高质量发展持续建言献策。齐心协力“搞活一座城”，向市委提交《关于青岛发展的优势机遇、短板问题和对策建议》等，“将青岛列入国际性综合交通枢纽城市”等建议得到国家有关部门重视采纳。（三）五年来，我们坚持人民至上，强化为民惠民，服务保障改善民生取得新成效。聚力办好民生实事，围绕城市更新和城市建设三年攻坚行动、城市地下管网安全运行、守护百姓舌尖安全等民生专题，谋实策、出实招。针对突出问题提出的提案获“全国政协 2021 年度好提案”。扎实推进“我为群众办实事”实践活动，9 大类 103 项实事全部完成。深入开展“五进五送”活动，服务基层单位 600 余个、军民 4 万余人次。（四）五年来，我们坚持务实创新，强化履职平台机制，专门协商机构建设迈出新步伐。探索建立 7 个界别委员工作室，创建“倾听与商量”协商平台，举办“解决老城区停车难”等协商活动 13 期，提出的 135 条建议均得到转化落实。发挥 34 支专委会小分队攻坚作用，深入一线开展调研督促、核查监督，形成 21 轮、164 份报告，提出意见建议 1480 条，持续跟踪服务重点投资项目 578 个，实现了“小分队、大作为”。汪洋主席在全国地方政协工作经验交流会讲话中充分肯定了小分队的履职做法。在全国率先打造“智慧政协”工作品牌，在全国地方政协网络新媒体影响力评比中，我市政协获最佳融合创新奖、网络人气奖。（五）五年来，我们坚持统一战线，强化双向发力，大团结大联合开拓新局面。出台《关于加强和促进人民政协凝聚共识工作的实施意见》，开展“爱青岛，让青岛更美好”主题履职行动，创办委员“凝心聚力读书会”，广泛传播正能量。深化政协团结联谊工作，五年来各民主党派、工商联和无党派人士提交提案 1986 件、大会发言 186 篇、社情民意信息 2650 条。发挥政协文化文史独特优势，编辑出版《辉煌百年》《青岛改革开放亲历记》等文史专辑 468 万字。市政协文史馆建成开放。（六）五年来，我们坚持固本强基，强化“两支队伍”建设，奋发实干彰显新气象。市政协“强化机制创新，实施流程再造”的做法，在全国地方政协秘书长工作交流座谈会上作了典型介绍。深入开展“一统双创”，扎实开展“作风能力提升年”活动，深入开展“双岗双责双作为”活动，制定落实《关于强化政协委员责任担当的实施意见》《委员履职工作规则》，组织委员培训 17 批次 2609 人次。今后的工作任务：（一）旗帜鲜明讲政治，以更高的站位落实党对政协工作的全面领导；（二）聚焦“三个走在前”，以更强的担当助力青岛高质量发展；（三）与时俱进增效能，以更实的举措深化专门协商机构建设；（四）双向发力聚人心，以更大的半径画好团结奋斗同心圆；（五）担当实干强本领，以更严的标准加强政协“两支队伍”建设。

中国人民政治协商会议第十四届青岛市委员会常务委员会工作报告（2022年12月28日在政协第十四届青岛市委员会第二次会议上）（摘要） 2022年工作回顾。（一）强化党的全面领导，在推进“三个重要”建设上走在前。深入学习宣传贯彻中共二十大精神，举办主题理论研讨会、专题学习班、辅导讲座，领导干部带头宣讲，政协“网端号刊”开辟学习专栏，兴起学习宣传贯彻热潮。筑牢“重要阵地”，深入开展贯彻落实中央和省委、市委政协工作会议精神情况“回头看”，就贯彻《关于加强和改进新时代市、区（市）政协工作的实施意见》制定责任分解方案，不折不扣落实中央决策部署和省委、市委工作要求。巩固“重要平台”，完善以政协党组理论学习中心组学习为引领的学习制度体系，常态化长效化开展党史学习教育。畅通“重要渠道”。围绕落实上级统筹疫情防控与经济社会发展的各项要求，做好思想引导、汇聚力量、议政建言、服务大局各项工作，深入开展“喜迎欢庆二十大，同心同行向未来”主题系列活动。（二）聚焦全市中心任务，在高效服务高质量发展大局上走在前。围绕“加快新旧动能转换 打好五场硬仗”举行全会专题讨论会，就“打造先进制造业集群”“提升产业链价值链能级”等开展专题视察、协商议政。服务融入新发展格局，就“发挥世界一流枢纽强港辐射作用”“提升上合示范区国际物流系统能力”等开展重点提案督办，“在北方港口复制推广启运港退税政策”的建议，得到国家有关部委高度重视并予以采纳。全年开展重要协商议政活动27次，报送建议案、协商议政专报等55份，提案立案并办理754件。（三）优化统一战线组织功能，在广泛凝聚共识与力量上走在前。深化与党派、工商联的合作共事，开展联合调研、视察等活动。围绕“民族团结进步创建”“宗教场所‘四进’活动开展情况”等开展视察调研。组织港澳委员开展“云端”履职，发挥“双重积极作用”，助力青港澳三地交流合作。拓展建设界别委员工作室，组织开展履职活动200余场次，走访看望界别群众24000余人次，接待来访群众1200余人次。编辑出版《世纪光影》等共计90余万字，举办纪念青岛回归100周年系列展。成立市政协文史研究会。（四）推进专门协商机构建设，在提升协商质效上走在前。完善专题议政性常委会会议协商、专题协商、双月协商、远程协商、提案办理协商等协商形式，创新搭建融媒协商、微协商等协商平台。常态化开展“倾听与商量”，围绕加强外卖送递监管、破解我市水资源短缺难题、社区养老服务等开展协商活动10期。健全“提得准、说得对、办得好”制度机制，健全重点提案培育遴选督办、提案工作第三方专家评议、提案审查等制度机制，形成办前协商、办中调研、办后跟踪的工作闭环。（五）着力转作风强能力，在夯实履职保障基础上走在前。深入开展“作风能力提升年”活动，纵深推进“一统双创”，成立争创全国文明单位、助推创建全国文明典范城市五支志愿服务队。抓紧抓实委员履职能力建设，举办学习研讨班 5 期，基本完成 2000 余名市、区（市）两级新任委员的全员轮训。制定实施委员廉洁从政从业规范、市政协机关党员干部与政协委员构建“亲清”新型关系行为规范，开展“精彩青岛·委员建功”主题履职行动，举办首届“杰出政协委员”推宣活动。2023 年主要任务：（一）以贯彻落实中共二十大精神为主线，开辟思想政治引领新局面；（二）以推进中国式现代化的青岛实践为动力，创出高质量履职新业绩；（三）以人民至上为价值导向，拓展联系服务群众新渠道；（四）以“三化”功能建设为重点，激发协商民主新活力；（五）以团结奋斗的时代要求为遵循，增进凝心聚力新效能；（六）以“三个务必”为准绳，展现政协“两支队伍”新风采。

关于政协委员联系服务界别群众的意见（政协青岛市委员会 2022 年 9 月 2 日）（摘要） 为深入学习贯彻习近平总书记关于加强和改进人民政协工作的重要思想，充分发挥政协界别优势和委员主体作用，更好履职为民，根据政协章程和《政协山东省委员会关于政协委员联系服务界别群众的意见》，结合青岛政协实际，围绕政协委员更好联系服务界别群众制定意见。

政协青岛市委员会党的建设工作领导小组工作规则（试行）（中共青岛市政协党组 2022 年 9 月 14 日）（摘要） 为规范政协青岛市委员会党的建设工作领导小组工作，保障党的建设各项任务和全面从严治党工作落实，根据《中国共产党党组工作条例》《党委（党组）落实全面从严治党主体责任规定》《中共青岛市政协党组关于加强自身建设的意见》等制定规则。

关于进一步加强对区市政协工作联系和指导的实施意见（政协青岛市委员会 2022 年 9 月 21 日）（摘要） 为深入贯彻落实习近平总书记关于加强和改进人民政协工作的重要思想，进一步加强市政协对区（市）政协工作的联系和指导，提升全市政协工作整体效能，结合我市政协工作实际，从加强常态化学习研讨交流、促进协同性联动履职、实现智慧化信息融通、强化全方位指导联系等方面提出实施意见。

关于落实《关于加强和改进新时代市、区（市）政协工作的实施意见》重点任务责任分工方案（政协青岛市委员会办公厅 2022 年 10 月 8 日）（摘要） 为深入贯彻习近平总书记关于加强和改进人民政协工作的重要思想，落实《中共青岛市委办公厅印发〈关于加强和改进新时代市、区（市）政协工作的实施意见〉的通知》（青办发〔2022〕22 号），结合市政协实际，从增强专门协商机构效能、广泛凝聚共识、加强政协委员队伍建设、助推基层社会治理、促进协同联动、加强党的全面领导等方面明确责任分工、制定方案。

【组织概况】

副主席名单

陈大维　刘光烨　吴立新　姜巧珍
李苏满　张元升　崔　作

秘书长名单

刘卫国

常务委员名单

（截至 2022 年 12 月 31 日）

于　华　于学燕　于　鹏　马　骏
马翠萍　王玉静　王永亮　王　红
王　建　王建中　王　玲　王勇杰
王　涛　王继荣　王静怡　方　妍
邓庆尧　孔令华　石　勇　叶乃好
由翠玉　邢占军　巩湘红　伍　舫
刘青林　刘瑞金　庄德津　孙法柏
孙　琦　李中华　李玉海　李　伟
李　红　李宗贤　李秋航　李　勇
李　振　李焕亭　杨　亮　杨彩坤
连焕林　肖焰恒　吴松华　宋立清
初连玉　张万波　张中东　张　旭
张庆竹　张连庆　张辉崙　张　薇
陆瀚民　陈小艳　陈天浩　陈月敏
陈立波　陈成意　陈冲君　陈　坚
陈　尚　金祖权　周占宇　周庆浩
周　毅　郑　娟　荣　超　赵开洁
赵全超　赵　迅　赵　昕　徐　岩
殷志诚　郭振栋　黄　勇　韩　文
彭建国　董瑞婷　董锡全　程文浩
焦其胜　蔡晓丹　管艾宏　阚　超
潘思晓　薛长湖　薄　涛　魏鲁华

委员名单

（截至 2022 年 12 月 31 日）

王　红　王　欣　卞建平　刘卫国
刘赞松　江志浩　李　伟　李众民
李苏满　杨　军　杨宏钧　杨锡祥
连焕林　肖焰恒　张元升　张中东
陈大维　陈月敏　陈智海　殷志诚
陶兴成　焦其胜　阚　超　谭龙生
于　江　于学燕　石　硕　纪晓红
李雪麟　吴绍勇　周子涵　赵　蓉
薛长湖　王　宁　刘芳明　刘　瑜
纪道京　李锡明　吴立新　张立学
张　威　张　辉　陈立波　陈　洁
姜　坤　徐　岩　唐新海　葛　振
于　超　吕思喜　刘笑蕾　刘瑞金
孙学峰　张炳君　陈成意　胡　雁
柳先知　曹丽辉　葛言华　薛　平
王继荣　邢　婧　延　焰　刘志勇
张　薇　苑绍东　黄　勇　路　彤
王　亮　西永明　李玉海　张　玥
周占宇　郭雅丽　赫　旭　薄　涛
刘光烨　闫　玮　李　勇　张崇芹
周　毅　郭振栋　潘军生　于　鹏
王　波　吕海峰　李大林　李　斌
张维柱　金祖权　赵铁军　赵清树
郭福成　隋俊昌　于爱山　王玉静
包德勛　许从宝　纪述河　李焕亭
杨朝晖　邹建莉　宋晓阳　张万波
张文忠　张红光　樊平燕　薛　峰
匡明如　刘　旭　孙伟强　李文龙
陈秀娣　赵全超　董　方　王　青
邢昌友　刘　艺　刘　彩　孙红娣
孙　炜　李德威　沈　芳　陈起发
苟团年　周庆浩　要长东　郭新平
郭　磊　潘思晓　魏春涛　于　青
王艳芳　王　雪　丛锦松　刘晓芸
李永翠　李秋航　肖　迪　何绪亭
宋连娜　张丽娜　林　晶　林　燕
高丽新　温彩云　魏鲁华　王可锋
孙苒博　孙皓宁　李光全　李　杨
辛贤雷　蔡晓丹　于海波　王从远
王正刚　王廷先　王　玲　文　晓
冯明明　仲锡云　庄德津　刘青林
孙自胜　孙　健　杨守彬　杨　亮
连　磊　邹晨阳　张吉成　张　浩
姜德香　徐海波　崔　作　马翠萍

王　建　　叶乃好　　刘　全　　杨建强
张　旭　　张红卫　　张纪刚　　郑　铁
单福凯　　赵　玮　　顾润源　　董贺平
林　青　　陶　然　　朱　磊　　杨彩坤
邵长伟　　林　扬　　施　宁　　董军宇
谢正宾　　管艾宏　　王静怡　　史韶霞
冯　英　　冯　璇　　邢　洁　　刚　锴
刘　佳　　刘　亮　　李林芳　　李晓萌
迟　涛　　张　彤　　张　颖　　陈　坚
郝照明　　姜永河　　郭　强　　温奉桥
魏胜吉　　马培娜　　王永刚　　王　伟
王兴雷　　王　波　　王晓东　　王家林
王　辉　　王鲁升　　卢　阳　　吕雪峰
伍晓强　　刘大龙　　刘长文　　刘欣梅
刘爱骅　　孙立东　　孙　琦　　李荣贵
李　振　　李绪亮　　杨晓洁　　肖　梅
吴松华　　宋宗泽　　张立杰　　张庆竹
张忠锋　　陈　东　　陈　宁　　陈　尚
陈录城　　邵安仓　　武守涛　　岳建民
赵　强　　姜鲁华　　秦　军　　贾小平
徐凌云　　徐敬青　　殷华娟　　曹民智
梁洪春　　韩松明　　傅　琦　　路凯林
廉景进　　颜成霞　　薛　铮　　吕绍勋
孙法柏　　冷　静　　宋立清　　张墨英
蔡颖雯　　于纪刚　　王元斌　　王立宇
王永亮　　王冰洁　　王林安　　王　振
王振海　　王　珺　　牛惠军　　尹浩霖
孔令华　　邓晓达　　左　涛　　刘白雪
刘　佳　　刘晓倩　　刘　强　　孙永良
牟家海　　李玉华　　李　红　　杨　敏
吴加银　　宋　崴　　张　欢　　张　君
张金楼　　张　洁　　张辉崙　　陈　芳
荣　超　　胡　菡　　侯传和　　贾全国
徐迎伏　　徐　炜　　黄千文　　曹彦平
常　欣　　麻奕彬　　隋　晓　　臧毅杰
谭　磊　　薛月海　　王玉芹　　王荣迁
牛润之　　尹宝昌　　杜绍波　　李中华
李志敏　　吴洪珠　　何　艮　　张国栋
张忠华　　姜　星　　柴庸琴　　郭　磊
褚　栋　　谭志军　　于典科　　万云波
马志梅　　王风华　　王伟文　　王　林
王金龙　　王　铨　　王腾蛟　　邓庆尧
卢春林　　田文德　　田原宇　　邢占军
邢　伟　　巩湘红　　乔　红　　刘伟韬
刘桂英　　刘　康　　刘新民　　齐光辉
许　帅　　孙国梁　　孙　睿　　李庆党
李　岷　　李淑芳　　李　强　　李德学
沈　伟　　宋　敏　　张　旭　　张秋生
罗　铁　　岳国峰　　庞学玉　　赵　昕
赵洪娟　　施雪卿　　姜　林　　秦　力
夏东伟　　柴寿升　　栾　明　　高艳丽
崔西展　　隋坤艳　　潘晓莉　　刘晓颖
安　波　　张　敏　　陈　梦　　陈冲君
宿　磊　　谭　鹏　　魏名君　　陈小松
孟　伟　　胡进宇　　董　静　　蔡全记
于　华　　马莉娜　　马　骏　　王万春
王红迪　　王国安　　王勇杰　　王振光
朱呈瞻　　牟海津　　李晓玲　　迟建波
张西锋　　张华强　　张　斌　　张　蓓
陈梦梦　　邵一兵　　邵红园　　郑　娟
泮思林　　赵　峡　　胡　丹　　袁　晓
徐文华　　高　嵘　　矫增田　　刘大川
牟　蕾　　张　辉　　真　珠　　黄　方
魏慎礼　　王建中　　丛淑丽　　刘传华
张　帅　　袁　宁　　常显锋　　马学民
马海莉　　王　涛　　石海君　　那雪燕
吴小曼　　董志文　　董福强　　李宗贤
陈天浩　　赵开洁　　韩　奎　　丁　伟
丁　华　　于延涛　　王久盛　　王纪刚
王　剑　　王　莉　　王富军　　王　镝

方　妍　石　勇　由翠玉　生　辉
吕英志　朱　恩　伍　舫　刘明辉
刘春花　刘春颖　刘树国　刘高军
刘　涛　刘展蓉　闫丕云　汤凤兰
孙晓兵　麦兴业　麦斯韦　杜伟梁
李红霞　李逢景　李鸿雁　李维波
杨亦武　杨恩慈　杨家俊　肖　莉
吴中建　吴法先　利绍荣　余志荣
宋希民　宋宗军　初连玉　张凤举
张连庆　张　蓓　张锡涛　陆瀚民
陈小艳　陈忠伟　陈春雷　林素妹
林　群　周海燕　周　鹏　单　伟
孟庆胜　赵　迅　胡玉沛　战洪贤
姜巧珍　姜克源　袁凯清　高田义
高尚伦　龚健儿　逯　鹰　彭建国
董瑞婷　董锡全　韩　文　雄学琛
程文浩　蔡世杰　管寿果　管学锋
潘　强　马　超　史红霞　王　霞
王聿明　刘永梅　孙珮琳　孙卫东
刘静轩　肖建华　郑海涛　妙智应
建　彬　徐　娟　尉黎勇　桑本谦

县（市、区）政协

市南区政协主席

管寿果

市北区政协主席

陈忠伟

李沧区政协主席

高田义

崂山区政协主席

李鸿雁

黄岛区（西海岸新区）政协主席

逯鹰

城阳区政协主席

高尚伦

即墨区政协主席

宋宗军

胶州市政协主席

孙晓兵

平度市政协主席

王富军

莱西市政协主席

战洪贤

青岛市各级政协组织和委员数

（截至2022年底）

单位：个

级别 项目	市	县（市、区）	合计
组织数	1	10	11
委员数	541	2945	3486

（编写：乔大鹏　审稿：方利阳）

政协淄博市委员会

主席　张延廷

副主席　朱正林

副主席　禚淑萍

副主席　王怀宾

副主席　马　靖

副主席　闫桂新

副主席　王金栋

副主席　王明新

秘书长　于康梅

【全体委员会议】

十三届一次会议 2022年2月16日至21日在淄博举行。应出席委员408名，实到委员398名。会议认真听取和讨论了中共淄博市委书记江敦涛在开幕会上所作的讲话；听取并赞同市委副书记、市政府市长马晓磊在市十六届人大一次会议上所作的政府工作报告，赞同市人民法院工作报告、市人民检察院工作报告和其他相关报告；审议批准了毕荣青同志代表十二届市政协常务委员会所作的工作报告和禚淑萍同志所作的提案工作报告；审议通过了市政协2022年协商工作计划；会议经过充分民主协商，决定了有关人事事项。大会共收到提案456件，委员们紧紧围绕全市经济社会发展大局，聚焦深化产业赋能、科教创新赋能、生态赋能、经济赋能等问题，进行了议政建言。会议选举张延廷为淄博市政协主席，朱正林、禚淑萍、王怀宾、马靖、闫桂新、王金栋、王明新为副主席，于康梅为秘书长，丁传民等67名同志为常务委员。会议审议通过了中国人民政治协商会议第十三届淄博市委员会第一次会议决议等事项。大会闭幕时张延廷作了讲话。

十三届二次会议 2022年12月26日至12月30日在淄博举行。应出席委员408名，实到委员280名。会议认真听取和讨论了中共淄博市委书记马晓磊在开幕会上所作的讲话；听取并赞同市委副书记、市政府市长赵庆文在第十六届人民代表大会第三次会议上所作的政府工作报告，赞同市人民法院工作报告、市人民检察院工作报告和其他相关报告；审议批准了张延廷主席代表十三届市政协常务委员会所作的工作报告和王怀宾副主席所作的提案工作报告；审议通过了市政协2023年协商工作计划；会议经过充分民主协商，决定了有关人事事项。大会共收到提案377件，委员们紧紧围绕“3510”发展目标和“强富美优”城市愿景积极履职尽责、建言献策。会议补选卢琳等2名同志为常务委员。会议审议通过了中国人民政治协商会议第十三届淄博市委员会第二次会议决议等事项。

【常务委员会会议】

十二届第二十九次会议 2月9日举行。市政协主席毕荣青主持会议并讲话。会议听取了市政府关于市政协十二届五次会议以来提案办理工作情况的通报；审议通过了关于召开政协第十三届淄博市委员会第一次会议的决定及会议的议程（草案）、日程（草案）；审议了政协第十二届淄博市委员会常务委员会工作报告；审议了政协第十二届淄博市委员会常务委员会提案工作报告；审议了《2022年协商工作计划（草案）》；审议通过了有关人事事项；审议通过了政协第十三届淄博市委员会参加单位、委员名额和人选及界别设置的决定；审议通过了政协第十三届淄博市委员会第一次会议主席团、秘书长名单（草案）。

十三届第一次会议 2月21日举行。市政协主席张延廷主持会议并讲话。会议传达学习了市第十三次党代会精神；审议通过了十三届市政协常务委员会关于设置专门委员会的决定；审议通过了十三届市政协各专门委员会组成人员名单；审议通过了十三届市政协副秘书长任职决定。

第二次会议 5月7日举行。市政协主席张延廷主持会议并讲话。会议传达学习全国“两会”精神和省政协主席葛慧君在淄调研时的讲话精神及市委常委会会议贯彻落实意见；通报一季度全市经济社会发展情况；审议通过了有关委员履职制度。

第三次会议 7月13日举行。市政协主席张延廷主持会议并讲话。围绕“水资源集约节约利用”进行了专题议政，听取了市政府有关工作报告，部分市政协常委和区县政协作了会议发言。对市水利局、市发展改革委、市住建局、市农业农村局水资源集约节约利用工作情况进行了民主评议，审议通过了《关于提升水资源集约节约利用水平的建议案》。

第四次会议 11月25日举行。市政协主席张延廷主持会议并讲话。传达学习了中共二十大精神，审议通过了《政协淄博市委员会关于学习宣传贯彻中国共产党第二十次全国代表大会精神的决议》；传达学习了省政协十二届常委会第二十四次会议和中共淄博市委十三届三次全体会议精神；对市教育局、市住房城乡建设局、市卫生健康委2022年度提案办理工作进行了民主评议；审议通过了有关人事事项。围绕“加快光伏产业发展，助推‘双碳’目标实现”进行了专题议政，听取了市政府有关工作报告，部分市政协常委、委员作了会议发言，审议通过了《关于加快光伏产业发展，助推“双碳”目标实现的建议案》。

第五次会议 12月22日举行。市政协主席张延廷主持会议并讲话。听取了市政府关于市政协十三届一次会议以来提案办理工作情况的通报；审议通过了关于召开政协第十三届淄博市委员会第二次会议的决定；审议了政协第十三届淄博市委员会第二次会议议程（草案）、日程（草案）；审议了政协第十三届淄博市委员会常务委员会工作报告，推举张延廷同志为报告人；审议了政协第十三届淄博市委员会常务委员会提案工作报告，推举王怀宾同志为报告人；审议了《2023年协商工作计划（草案）》；审议通过了《市政协2023年民主监督工作计划（草案）》；审议通过了政协第十三届淄博市委员会第二次会议秘书长、副秘书长名单，常务委员轮值名单，各组召集人名单；审议通过了有关人事事项。

第六次会议 12月30日举行。市政协主席张延廷主持会议并讲话。会议听取了大会秘书处关于各界别组讨论情况的汇报；审议了市政协十三届二次会议选举办法（草案），总监票人、监票人名单（草案），补选十三届市政协常务委员候选人名单（草案）；审议了2023年协商工作计划（草案）；审议了市政协十三届二次会议决议（草案）等事项。

【专门委员会工作】

提案委员会 市政协十三届一次会议以来，共收到提案456件，经审查立案366件。筛选18件提案原文报市委主要领导同志参阅；筛选23件提案作为重点提案，由主席会议成员、市政府领导同志、各专委会督办。围绕“推进平台建设促进综保区高质量发展”“加大综合治理力度，提高废弃矿山综合利用效益”开展协商，协商成果报市委市政府决策参考。配合12家承办单位召开了面复会。市住建局、市交通运输局创新面复形式，组织委员现场感受提案所提意见建议落实情况，将面复会开成重点项目成果现场会、提案办理成果转化展示会、部门工作通报会。对市教育局、市住建局、市卫健委等3家被评议单位进行了民主评议。

人口资源环境委员会 围绕“提升水资源集约节约利用水平”进行专题议政，对《提升水资源集约节约利用水平建议案》的办理落实情况开展监督，实地考察了全市57个考核点的水资源保护利用工作。就去年市委主要领导签批的“发展工业旅游，赋能工业转型升级”推进情况开展视察监督。对《加强城市道路交通规划的提案》等进行提案督办。参与配合省政协“深入实施生态优先战略，推进黄河流域生态保护”调研。

文化文史学习委员会 举办市政协首个“委员接待日”活动，以“聚焦文化品质提升，助力打造文化繁荣的现代化新淄博”主题，邀请7名市政协委员与主席面对面交流。创新协商议政形式，在淄博高新区生态文化发展中心建设项目现场，召开“壮大红色文化旅游产业”协商议政会议。配合完成省政协“努力建设长城国家文化公园山东段”月度协商会有关工作。开展山东文化标识推选工作，从43个推报参选项目中遴选出5个正式推报项目和2个备选项目报省政协评选。上报省政协文史馆市县特色文史资料3批共20篇，约6万字。

经济委员会 围绕“加快光伏产业发展助推‘双碳’目标实现”进行专题议政并形成建议案，围绕“强化政策支持力度，推动我市家政服务业发展”开展协商并形成协商报告。先后组织经济界别调研活动6次、科技界别调研活动7次。配合市发改委开展“十街百户”调研，及时调研疫情对个体工商户的冲击影响，为市委、市政府出台支持个体工商户扶持政策提供基础数据和参考依据。组织经济、科技界别委员到高新区储能谷、综合保税区、邦基科技开展专项视察活动，助力新经济、新动能项目建设和企业发展。配合省政协开展关于疫情影响下行业企业所困所需情况的调研工作。

教科卫体委员会 围绕“健全服务体系，提升我市中医药服务能力”开展对口协商，形成协商报告报市委市政府领导参阅。围绕“加强顶层设计，完善家庭、学校、社会‘三位一体’联动机制，促进学生身心健康发展”开展界别协商，到学校、社区调研座谈，并赴潍坊市学习先进经验。组织委员开展“基层医疗卫生服务机构建设及服务能力”视察，赴沂源县、桓台县的部分乡镇卫生院、村卫生室调研。围绕“提升基层医疗机构服务能力，助力健康淄博建设”组织开展第三期委员接待日活动。

社会法制和民族宗教委员会 围绕“推动企业和职业院校融合发展，建设高素质技术工人队伍”和“加强城乡社区治理，提高我市社会基层治理现代化水平”开展对口协商，协商成果得到市委市政府主要领导批示。创新开展委员接待日活动，首次把“智慧交通管理”委员专题视察与“全市智慧停车管理”委员接待日活动结合起来开展。开展“推进基础设施适老化建设”和“加快推进企业合规管理体系建设”的重点提案督办，召开督办座谈会，督促办理落实。配合省政协社法委、民宗委以及陕西晋中市等完成调研工作。

港澳台侨和外事委员会 开展“深化金融赋能，助力小微企业融资”协商，召开8次座谈会，听取60多位委员和专家的意见建议，形成协商报告；配合完成“促进中医药发展”的协商报告。配合省政协外事委开展“涉药农产品”调研。到山东水利技校、水资办、市自来水公司等地调研并提交调研报告。积极开展双招双引工作，联系香港医趋健康集团、香港信托协会、中节能等企业到我市对接项目，邀请山东省农科院专家到高青县、桓台县对黑牛养殖、玉米套种、蔬菜种植和“三品一标”申报等提出建设性意见，并签订长期合作协议。

农业和农村委员会 围绕“聚力打造特色农业品牌，推动农业增效农民增收”和“打造淄博乡村旅游精品线路，推进农文旅融合发展”开展协商，与省政协农业委、市农业局、高青县开展“黄河三角洲盐碱地综合开发利用”协同调研。围绕“全省乡村振兴工作新路径与新经验”开展协同调研，报送的《数字赋能换道超车全力打造数字农业农村中心城市》被省政协编入全省30个创新案例。建立9名专家组成的农业委智库。

【重要活动】

省政协主席葛慧君来淄博调研 4月6日至7日，省政协主席葛慧君来淄博调研，强调要把准政协职能定位，聚力聚焦，持续深化专门协商机构建设、发挥好专门协商机构作用，把新时代赋予政协工作的新使命新要求落实好。市委书记江敦涛，市政协主席张延廷等市领导参加有关活动。葛慧君来到张店区齐悦国际社区，实地调研张店区政协妇女界别活动中心情况，到东岳集团有限公司、新恒汇电子科技有限公司、西门子—莱茵科斯特中德工业物联网研发制造基地等调研，并主持召开座谈会。

区县政协主席座谈会 4月26日，市政协召开区县政协主席座谈会。市政协主席张延廷主持会议并讲话。会上，各区县政协主席分别交流了参加全省市县政协主席学习研讨班学习体会，并就下一步工作开展提出了意见建议。

新任委员履职能力培训班 6月28日，十三届市政协新任委员履职能力培训班在焦裕禄干部教育学院开班。省政协副秘书长、研究室主任魏余秀出席开班式，市政协党组书记、主席张延廷主持开班式并作动员讲话。本次培训为期两天，采取集中授课与理论研讨相结合、线上与线下相结合的形式，邀请省政协有关领导和专家围绕政协理论、提案和社情民意信息等业务知识作专题辅导。

驻淄省政协委员视察 10月19日，省政协委员、省政协提案委副主任丛锡钢、毕荣青带领驻淄省政协委员，视察我市养老服务发展情况。市政协主席张延廷陪同视察活动；省政协委员、市政协副主席禚淑萍、王怀宾参加视察活动。

【重要文件】

中国人民政治协商会议第十三届淄博市委员会常务委员会工作报告（2022年2月17日在政协第十三届淄博市委员会第一次会议上）（摘要） 五年工作回顾。一是紧跟党走、初心如磐，捍卫“两个确立”、践行“两个维护”的政治自觉更加坚定。出台《关于加强新时代人民政协党的建设工作的实施意见》，开展各类学习研讨交流189次、委员培训班23期、“政协大讲堂”17期。建立界别委员联系机制，编辑出版《淄博文化艺术人才名录》等书籍7部，成立市政协书画院。二是躬身入局、深耕主业，服务经济社会发展大局更加有为。联合中国发明协会举办“科技与金融助推淄博新动能提升暨‘双招双引’恳谈会”。编辑出版《淄博历史文化遗迹调查》。成立市政协农业和农村委员会，选派市政协8名机关干部参加乡村振兴服务队等。三是倾情倾力、履职为民，助推品质民生建设更加有力。主席会议成员带头深入委员企业走访调研，走访慰问31家医院115位赴湖北抗疫医护人员，组建疫情防控服务队，开展各类捐款捐物、志愿服务、公益宣传等活动。出台《关于加强和改进人民政协民主监督工作的实施意见》，就国有资本运营发展等开展监督。组织开展“社情民意信息重点选题策划”“大调研、大走访”等专题活动。四是踔厉奋发、笃行不怠，履职能力提升更加显著。常委会主动适应新时代要求。出台委员履职工作规则和履职年度评价办法等，建立“421”委员履职评价体系和常委年终述职等制度。建立常态化委员学习培训制度，举办部门情况通报会12次。开展优秀市政协委员评选活动，58名市、区两级政协委员事迹在荣耀广场进行展示。过去的一年的工作：一是以赤诚之心永葆政治定力，在思想引领中彰显政协担当；二是以务实之功走好履职之路，在服务大局中彰显政协作为；三是以奋斗之姿写好民生答卷，在为民尽责中彰显政协情怀。

今后五年工作建议：要旗帜鲜明讲政治，确保人民政协事业方向正确、行稳致远；准确把握性质定位，推动专门协商机构建设有力有序、富有成效；坚持团结联谊，在建言资政和凝聚共识上双向发力、见行见效；加强民主监督，在助力党委政府决策落实上献计献策、善作善为；夯实履职基础，推动人民政协事业发展再谱新篇、续写荣光。

中国人民政治协商会议第十三届淄博市委员会常务委员会工作报告（2022年12月27日在政协第十三届淄博市委员会第二次会议上）（摘要） 2022年工作回顾。一、坚持党建引领把关定向，筑牢了政协思想政治基础。党组成员带头学习宣讲中共二十大精神，组建委员读书群19个，组织专题宣讲和界别座谈会36场，参与委员2200余人次。举办“喜迎二十大”委员在行动、红色经典朗诵会、书画展等系列活动。举行政协党组理论学习中心组集中学习研讨和各类培训辅导讲座86场次。二、聚力强市建设协商议政，展现了政协强烈责任担当。市委、市政府、市政协首次联合印发《2022年协商工作计划》，明确了13个重点协商议题。广泛调动力量、创新方式方法，搭建灵活多样协商平台。组织各类协商活动51场次，形成协商成果32件，13篇年度重点协商报告全部被市委、市政府主要负责同志批示。三、聚焦人民至上积极作为，凸显了政协深厚为民情怀。开展各类监督活动30次，全面落实中小学“双减”政策等16篇监督报告得到各级党政主要负责同志批示。加大民生提案办理力度，提高群众满意度。年内收集社情民意信息7175条，民生信息占比61.3%，年度信息考核得分名列全省前茅。各专委会、界别围绕“三农”问题开展系列调研协商，报告入选省政协乡村振兴新路径与新经验30个创新案例。广大政协委员积极投身共富大业，领办企业59家，新上项目21个。四、高举团结旗帜广聚共识，汇聚了社会各界奋进力量。首次与市委宣传部联合召开政协系统宣传思想工作座谈会，组织省、市媒体开展“政协工作淄博行”“淄博政协这一年”主题采访活动。着力建设“书香政协”，组织参加全国政协、省政协线上培训，举办政协大讲堂，建成市政协“学而书院”，开展委员线上、线下读书交流。在市县政协建立“委员接待站”，设立“委员接待日”，各级开展委员接待活动84次。打造“青企缘·共青团界别同心汇”，建成委员活动站35个。五、强化夯基固本提升能力，激发了政协履职澎湃动能。集中开展机关作风能力提升活动，完善组织体系，配优配强力量，推动政协工作向基层延伸，全市88个镇（街道）实现政协工作机构全覆盖，主任、副主任配备率增长34.4%，解决“两个薄弱”问题初步见效。突出委员主体地位，举办新任委员培训班，提升委员履职能力。构建“统一领导、双线运行、两级推动、互促共进”的党建工作体系，为机关高效运转提供组织保障。

回首过去一年的履职历程，我们积累了一些实践性经验和规律性认识，值得在今后工作中坚持和发扬。第一，必须突出“高”，坚定不移推动政协工作实现从“一域增光”向“全域添彩”转变。第二，必须突出“新”，坚定不移推动政协工作实现“和政协协商”向“在政协协商”转变。第三，必须突出“实”，坚定不移推动政协工作实现从“做了什么”“做了多少”向“做出什么效果”转变。第四，必须突出“严”，坚定不移推动政协工作实现从“软规矩”向“硬规范”转变。第五，必须突出“强”，坚定不移推动政协工作实现由“两个薄弱”向“全面过硬”转变。

2023年工作打算：一、牢牢把握政治建设这个根本统领团结奋斗，毫不动摇坚持党的领导；二、牢牢把握协商议政这个主责主业团结奋斗，坚持不懈提高政协履职质效；三、牢牢把握凝聚共识这个中心环节团结奋斗，矢志不渝画好最大同心圆；四、牢牢把握自身建设这个重要保障团结奋斗，持之以恒提升履职能力水平。

市委书记江敦涛在政协第十三届淄博市委员会第一次会议上的讲话（2022年2月17日）（摘要） 一、一起向未来，就要始终与党同心同德，以更加笃定的政治定力勇毅前行；二、一起向未来，就要始终与中心同频共振，以更加硬核的责任担当奋勇争先；三、一起向未来，就要始终与人民同甘共苦，以更加真挚的为民情怀服务群众；四、一起向未来，就要始终与各界同心协力，以更加包容的格局境界凝心聚力；五、一起向未来，就要始终与时代同向同行，以更加昂扬的精神状态履职尽责。

市委书记马晓磊在政协第十三届淄博市委员会第二次会议第一次全体会议上的讲话（2022 年 12 月 27 日）（摘要） 一要矢志不渝坚持和加强党的全面领导，始终与党同心同行；二要坚持不懈提升服务大局的专业素养，始终与中心同频共振；三要锲而不舍营造合力共为的浓厚氛围，始终与各方同向发力；四要百折不挠鼓足刀刃向内的斗争勇气，始终与时代同调共鸣。

政协淄博市委员会主席会议成员联系专委会、界别、常委、基层政协，常委联系委员及委员联系群众制度（2022 年 5 月 10 日）（摘要） 为进一步发挥主席会议成员在政协组织中的领导示范作用、常委在政协工作中的骨干带头作用、委员在政协履职中的主体作用，密切联络联系，广泛凝聚共识，汇聚智慧力量，结合市政协工作实际，制定本制度。一是联系对象。二是联系内容，包括宣传政策部署、征求意见建议、促进履职尽责、服务人民群众、凝聚思想共识。三是联系形式，包括走访、座谈、互访、电话信件联系。四是工作要求，包括增强责任意识、畅通联系渠道、抓好工作落实。

【组织概况】

市政协

主席名单

张延廷

副主席名单

朱正林　禚淑萍　王怀宾　马　靖
闫桂新　王金栋　王明新

秘书长名单

于康梅

常务委员名单

（截至 2022 年 12 月 31 日）

丁传民　于秀栋　于燕涛　马国栋
马道国　王玉杰　王　旭　王志臣
王怀志　王　栋　王　亮　王　琮
王新刚　王德全　亓德明　卞　军
邓　杰　卢　琳　巩绪民　曲　明
吕爱国　朱　斌　刘　双　刘志强
刘　盈　刘　涌　齐玉芝　齐昌成
许艳萍　苏勋潘　杜元刚　李　玲
李逢春　李寅萍　李湘青　杨　永
杨　华　杨雪莹　何恒斌　沈　谊
宋丰柳　张方祥　张克禄　张欣欣
张艳梅　张莹莹　张　超　张新清
陈　刚　林治国　周艳萍　庞月明
赵西敏　赵晨光　段迎春　徐向阳
高庆云　郭振芳　崔争鸣　章广涛
葛春强　董　琨　韩　兵　韩　喜
翟善水　魏小光

委员名单

（截至 2022 年 12 月 31 日）

于康梅　王志臣　王金栋　丛锡钢
毕荣青　朱正林　刘　涌　刘东军
闫桂新　安桂芳　许艳萍　李　卫
李　锋　李先坤　杨公涛　张延廷
陈燎原　尚　武　国先彧　赵晨光
徐培栋　郭振芳　崔争鸣　蒲绪章
魏玉蛟　王　健　王怀宾　刘宝勇
李志萍　沈　谊　荣　妍　侯念湖
高　松　丁　柯　达建文　刘　力

李　玲　杨　永　张建刚　陈广新
庞月明　耿雯娟　徐学东　蔡文军
马　靖　刘　鹏　孙法斌　李　明
杨　华　杨　阳　肖　燕　张　颖
林治国　周艳萍　郭　凯　葛春强
王心娟　王新刚　杜元刚　李大鹏
杨雪莹　周兆军　崔文姝　禚淑萍
孙贤才　李湘青　杨兰芳　宋丰柳
陈洪升　岳秀芝　徐向阳　潘乐园
王玉杰　王明新　邓　杰　刘　阳
陈立波　王济众　朱　斌　刘　双
孙　蕴　李寅萍　张新清　赵子莹
谭　艳　霍　磊　王　玲　刘启义
齐海涛　杨克生　宋朋朋　宋海宁
张莹莹　张雪梅　张鸿雁　段迎春
臧成娜　王　琮　刘　磊　郇正坤
寇祖伟　路　阳　干兆江　王　刚
王　亮　王衍军　王海波　王梓豪
朱淑丽　刘　炜　李　宁　易仕伟
荣　钰　曹　宁　韩　兵　鲍万民
蔡富东　于　明　王　旭　王　霞
尹红梅　任　宁　刘　盈　刘攀峰
张宁宁　赵　玲　胡　宁　宫蓓蓓
曹晓萌　潘雪雁　霍小语　魏立秀
任纪学　刘乐区　刘照乾　孙　斌
杨　兰　康成龙　韩　喜　王　华
王　阳　王　丽　王荔强　吕丕军
吕爱国　吕海艇　任珂良　向　晖
安利书　祁志超　许长华　李　哲
李　峰　李万中　李咏芹　李京朋
李洪国　李晓燕　李家全　杨高峰
张欣欣　赵　扬　荣庆良　施国伟
曹洪军　于存贞　王鲁民　尹　晶
孙泽青　李　跃　张　阳　张方祥
周庆德　荆　亮　冯颖超　毕庆云
苏勋潘　杜明夫　李维强　张立志
周诗丰　丁　雷　王亚华　巩森贤
毕　涛　吕德民　孙庆萍　严　旭
李　辉　李秋峰　张　卫　张方明
张艳梅　张道勇　张路华　陈　攻
国　磊　姜长胜　曹叶文　董　锦
鞠庆田　于　磊　王　永　王由成
王军明　王聚宝　尹承华　刘延飞
刘国永　孙华德　苏建华　李　明
李家泉　吴国栋　张　波　张海涛
陈　刚　陈　伟　陈　阳　陈　强
陈栋梁　房军贤　房泽军　赵晓煜
柴永峰　高　峰　姬　文　黄　波
盛　夏　崔　智　董曙光　戴东哲
马国栋　王　政　王　科　王　涛
牛广牧　牛志伟　牛海霞　付春华
冯淑捷　刘　鹏　齐　帅　许　哲
孙鸣文　李冬梅　宋海澎　张玉鑫
张希洋　陈　战　陈唐建　尚志胜
赵有乐　胡敬军　高庆云　贾　敏
高振胜　梁　梦　解金章　蔡心记
薛仲联　王庆华　仇道华　边　胜
江秀海　杜　斌　宋淑玲　张　伟
张克禄　金　滨　徐秀荣　郭衍银
梁文胜　董　琨　董方新　魏　健
魏　强　王秀娟　王德全　亓德明
刘红秀　齐玉芝　孙　宁　孙　娟
孙献文　李　涛　李宏军　李逢春
辛爱梅　宋道春　张立国　张成山
张志华　孟　涛　胡海宁　段尊敬
袁　雷　耿佳乐　耿颖杰　郭莉莉
唐　勋　崔恒花　韩冰川　谢宪起
黎　萌　魏小光　马艳芬　刘汉玲
张建全　张树军　岳　宁　岳　华
徐美凤　章广涛　于海生　马　刚

师丽娜　曲　波　刘永辉　刘志强
衣春娜　孙　博　李　玲　李少华
张　超　张宏宇　张建勇　罗　平
郑建彬　赵西敏　赵秀红　贾东升
高　峰　高丽红　郭　涛　郭立明
黄艳萍　梁　丽　董行波　马宇飞
马道国　王　力　刘　娟　刘　硕
金百重　高　蓓　丁传民　尹利举
杨永强　释仁昌　释常净　翟善水
丁　滨　于　洪　于　强　于少华
于秀栋　于燕涛　王　凯　王　栋
王　彬　王怀志　王胜增　王淑玲
卞　军　田兆健　巩绪民　曲　明
刘　静　刘金祥　刘鸿智　刘超军
齐昌成　孙　前　孙　涛　孙　潇
孙宏然　孙敬双　李方春　李建华
李曙光　杨　刚　杨肖冰　吴东荣
何恒斌　何意光　宋　敏　宋成富
张　建　张召才　张守伟　张志梅
邵珠泉　武光明　国卫兵　周建乾
周恒学　郑功臣　赵曰珠　徐　宁
徐统兵　高　健　崔伟春　鹿斌佐
董玉磊　刘恩泉　梁文刚　卢　琳
张兆宏

县（市、区）政协

张店区政协主席

于　洪

淄川区政协主席

周恒学

博山区政协主席

高　健

周村区政协主席

国卫兵

临淄区政协主席

张召才

桓台县政协主席

徐　宁

高青县政协主席

邵珠泉

沂源县政协主席

武光明

淄博市各级政协组织和委员数

（截至 2022 年底）

单位：个

项目＼级别	市	县（市、区）	合计
组织数	1	8	9
委员数	408	1762	2170

（编写：鲁伊　吴鑫伊　审稿：周建乾）

政协枣庄市委员会

主席　张　兵

副主席　张德琦

副主席　张学功

副主席　曹　力

副主席　李　慧

副主席　徐春梅

副主席　刘宗国

副主席　王　凌

副主席　任怡春

秘书长　赵作亮

【全体委员会议】

十一届一次会议 2022年2月21日至24日在枣庄举行。会议听取并审议批准了孙欣亮代表政协第十届枣庄市委员会常务委员会所作的工作报告和付廷安所作的提案工作报告。与会人员列席枣庄市第十七届人民代表大会第一次会议，听取并讨论张宏伟市长所作的政府工作报告，听取并讨论市中级人民法院工作报告、市人民检察院工作报告。大会共收到提案416件。委员们围绕“工业强市、产业兴市”战略，在产业培育、项目建设、双招双引、营商环境等方面进行了议政建言。会议选举张兵为政协主席；选举张德琦、张学功、曹力、李慧、徐春梅、刘宗国、王凌、任怡春为副主席；选举赵作亮为秘书长；选举65名政协委员为政协常委。会议审议通过了政协第十一届枣庄市委员会第一次会议关于常务委员会工作报告的决议、关于常务委员会提案工作报告的决议，政协第十一届枣庄市委员会提案委员会关于十一届一次会议提案审查情况的报告，政协第十一届枣庄市委员会第一次会议政治决议。大会闭幕时，张兵作了讲话。

十一届二次会议 12月27日至30日在枣庄举行。会议审议并批准张兵代表政协第十一届枣庄市委员会常务委员会所作的工作报告、曹力代表政协第十一届枣庄市委员会常务委员会所作的提案工作情况的报告。委员们列席枣庄市第十七届人民代表大会第二次会议，听取并讨论了张宏伟所作的政府工作报告，听取并讨论了枣庄市中级人民法院工作报告、枣庄市人民检察院工作报告及其他报告。大会共收到提案323件，发言材料52份，19名委员作了口头发言。委员们围绕锂电产业发展、数字赋能乡村振兴等重点课题，就推进大运河国家文化公园（枣庄段）建设、建设健康枣庄、加快我市跨境电子商务发展、推动锂电产业链式发展等问题，进行了议政建言。会议审议通过了政协第十一届枣庄市委员会第二次会议关于常务委员会工作报告的决议、关于常务委员会提案工作报告的决议，政协第十一届枣庄市委员会提案委员会关于十一届二次会议提案审查情况的报告，政协第十一届枣庄市委员会第二次会议政治决议。大会闭幕时，张兵作了讲话。

【常务委员会会议】

第一次会议 3月22日召开。市政协主席张兵主持会议并讲话。会议学习了习近平总书记关于加强和改进人民政协工作的重要思想摘编，传达学习了全国“两会”精神，审议通过了《政协枣庄市委员会2022年工作要点》《政协枣庄市委员会2022年协商工作计划》《政协枣庄市委员会常务委员会工作规则》《政协枣庄市委员会提案工作条例》《政协枣庄市委员会常务委员会关于加强自身建设的意见》和有关人事事项。

第二次会议 6月23日召开。市委书记、市人大常委会主任陈平出席会议并讲话，就政协提案办理工作提出了明确要求。市政协主席张兵主持会议。会议围绕培育发展锂电产业集群进行了协商讨论，审议通过了《关于促进我市锂电产业做大做强的建议案》(简称《建议案》)及其他文件。

第三次会议 10月13日召开。市委副书记、市长张宏伟出席会议并讲话，市政协主席张兵主持会议并讲话。会议围绕“数字赋能乡村振兴”开展专题协商议政。

第四次会议 12月26日召开。市政协主席张兵主持会议并讲话。会议传达学习了中共二十大精神，审议通过了《政协枣庄市委员会关于深入学习宣传贯彻中国共产党第二十次全国代表大会精神的决议》；听取了关于2022年全市经济社会发展情况的通报，关于市党政领导领办重点提案工作情况的通报，关于2022年政府系统提案办理情况的通报；通过了关于召开市政协十一届二次会议的决定。

第五次会议 12月29日召开。市政协主席张兵主持会议。会议听取了大会秘书处关于委员讨论情况的汇报，审议通过了政协第十一届枣庄市委员会第二次会议关于常务委员会工作报告的决议（草案）、政协第十一届枣庄市委员会第二次会议关于十一届一次会议以来提案工作情况报告的决议（草案）、政协第十一届枣庄市委员会提案委员会关于十一届二次会议提案审查情况的报告（草案）、政协第十一届枣庄市委员会第二次会议政治决议（草案）。

【专门委员会工作】

提案委员会 市政协十届二次会议期间，共征集提案323件，审查立案287件。印发政协提案工作条例、市党政领导同志领办政协重点提案制度等。协助市领导选定重点提案进行领办，领办提案满意率和落实率均达到100%。选定推进农村产业发展、加大科技创新力度等重点问题，进行深入沟通协商，协商报告得到张宏伟市长的批示。出台《政协提案办理督查督办工作办法》，联合市委办公室、市政府办公室召开了领办提案督查督办会议，相关经验材料得到省政协林峰海副主席、市委陈平书记、市政府张宏伟市长充分肯定并分别作出批示，省政协印发《工作通报》在全省政协系统予以推介。

经济委员会 助力“中国北方锂电之都”建设，组织开展锂电产业发展情况重点调研，起草《建议案》并作了议政发言。陈平书记、张宏伟市长对建议案作了重要批示。开展“活金融、强工业、兴产业”专题调研和政银企对接双月协商会，现场签约贷款项目9个，签约资金4.08亿元。市委、市政府主要领导对专题协商情况报告作了批示。开展高端化工产业发展情况专题调研，形成调研报告。

农业和农村委员会 组织开展“数字赋能乡村振兴”专题议政重点调研和专题协商议政会议，会议审议通过了《关于加快推进我市数字赋能乡村振兴的建议案》，市委陈平书记对建议案作出重要批示。组织召开“有事枣商量·粮食安全种子安全双月协商会”，形成了《关于我市粮食安全种子安全情况的调研报告》。向省政协“全省乡村振兴新路径与新经验调研活动”推荐的枣庄市农村产权流转交易市场建设案例《建好产权交易平台 激发农村发展活力》被省政协评选为全省乡村振兴新路径与新经验优秀创新案例，中央政治局委员李干杰书记和周乃翔省长、葛慧君主席分别作出批示。

人口资源环境委员会 围绕“提升住宅小区物业管理服务质量”开展对口协商，形成了“协商问题清单”，张宏伟市长、李守江副市长分别作出批示。围绕“破损山体修复”开展双月协商，形成《关于破损山体修复双月协商专报》，得到市政府主要领导的高度重视。组织开展“棚户区和老旧小区改造”专题视察活动。围绕提升住宅小区物业管理服务质量对口协商活动，组织了市政协《议政时空》栏目人资环委专题活动。

教科卫体委员会 开展职业教育发展情况专题调研，形成的职业教育产教融合、校企合作情况的调研报告，市委书记陈平、市长张宏伟作出批示。开展深化医药卫生体制改革界别协商，形成了《关于深化医药卫生体制改革的界别协商会议情况的报告》，市委书记陈平作了批示。开展体育产业发展情况专题视察，形成《关于我市体育产业发展情况的视察报告》，张宏伟市长对报告作出批示。

社会法制委员会 召开司法办案质效提升双月协商会议，就涉及全市法院、检察院、公安机关和司法行政机关案件质效方面存在的部分重点问题与部门负责人进行了协商，枣庄市委书记陈平、市长张宏伟对此作出批示。召开项目推进专员专题会议，视察“双十镇”建设及农村人居环境综合整治工作。成立协商议事厅，督促帮助各议事厅就经济社会发展中的热点难点焦点问题相继开展各类协商活动12次，向有关部门提出意见建议近百条，省政协副主席王修林对委员会工作经验作出批示。

港澳台侨民族宗教委员会 组织开展全市重点台资企业发展情况调研，形成《关于我市重点台资企业发展情况的调研报告》，市委书记陈平和市委常委组织部部长、统战部部长包希安作了批示。组织召开宗教中国化对口协商议政会，形成《关于“宗教中国化”对口协商会议情况的报告》，报送市委、市政府。召开港澳台侨“热爱枣庄 助推发展”中秋联谊会。

文化文史和学习委员会 起草了《关于开展枣庄历史文化研究的初步设想》和《枣庄历史文化研究实施方案》。和枣庄学院合作成立了枣庄文史研究院，起草了《市政协关于开展历史文化研究的汇报》和《关于成立枣庄市政协文史馆的请示》，得到市委书记陈平和市长张宏伟的批示。开展“馆藏文物活化利用”界别协商，形成协商报告。组织开展运河文化保护传承专题调研，形成了调研报告。开展“山东文化标识”和“枣庄文化标识”推选活动，提出20个“枣庄文化标识”项目建议名单，选定5个项目作为“山东文化标识”候选项目，报市委审定后报送省政协。陈平书记对此作出批示。

委员联络工作委员会 修订完善了《委员履职工作规则》《常委述职办法》《委员量化考核办法》《委员联系界别群众的办法》等文件及相关工作流程，推动“全员入委”，形成“专委会—界别组—委员—界别群众”的工作格局。编辑制作市政协《有事枣商量》履职品牌系列艺术作品，展示委员履职为民的新形象。形成《枣庄市数字政协项目方案》。制定出台《“有事枣商量”委员协商议事厅建设方案》，推动创建了125个委员协商议事厅，开展了160余次协商议事活动。

【重要活动】

市政协“和合政协”机关建设动员会议 6月30日召开。市政协主席张兵主持并讲话。会议宣读了市政协《关于开展“和合政协”机关建设的意见》，印发了《关于开展干部思想能力作风建设“两转变两提升”四项行动的实施方案》。

省政协主席葛慧君来枣庄调研 7月20日至21日，省政协主席葛慧君一行到山亭区、滕州市等地进行了现场调研。市委书记、市人大常委会主任陈平，市委副书记、市长张宏伟，市政协主席张兵等陪同。

【重要文件】

市委书记陈平在市政协十一届一次会议上的讲话（2022年2月21日）（摘要） 五年来，市政协始终坚持提高站位、紧跟核心，牢牢把握了政协工作的正确方向；始终坚持围绕中心、服务大局，发挥了重要参谋助手作用；始终坚持人民至上、贴近民生，彰显了“人民政协为人民”的本色担当；始终坚持发扬民主、增进团结，汇聚了多方智慧、凝聚了强大力量。对十届市政协工作，市委是非常满意的，全市人民是充分认可的。

刚刚闭幕的市第十二次党代会，描绘了实现“六个新跨越”、打造“五个家园”的美好蓝图，吹响了“坚持战略引领、推动共同富裕，奋力开创新时代社会主义现代化强市建设新局面”的奋进号角。全市各级政协组织和政协委员，要提高政治站位，在把牢方向上铸就“政协品格”。要聚焦中心大局，在服务发展上彰显“政协担当”。要牢记履职为民，在推动共同富裕上凸显“政协情怀”。要注重强基固本，在加强自身建设上展现“政协形象”。

中国人民政治协商会议第十届枣庄市委员会常务委员会工作报告（2022年2月21日在政协第十一届枣庄市委员会第一次会议上 孙欣亮）（摘要） 过去的五年，是枣庄发展进程中极不平凡的五年。在中共枣庄市委坚强领导下，市政协常委会坚持以习近平新时代中国特色社会主义思想为统领，深入学习贯彻中共十九大和十九届历次全会精神，高举团结和民主两大旗帜，发挥专门协商机构作用，忠诚服务大局，精准建言资政，广泛凝聚共识，全力助推高质量发展，为加快新时代社会主义现代化强市建设作出了积极贡献。五年来，市政协及其常委会主要做了以下工作：一是加强思想政治建设，牢牢把握正确履职方向。二是服务全市大局，助推创新转型高质量发展。三是突出主责主业，推动政治协商提质增效。四是广泛凝心聚力，汇聚重塑枣庄辉煌正能量。五是恪守为民情怀，助力保障和改善民生。六是坚持固本强基，持续加强自身建设。

建议十一届市政协及其常委会，把助力枣庄创新转型高质量发展作为工作主线，把提升专门协商机构效能作为重点，在强化思想政治引领上有新高度，在服务高质量发展上有新作为，在汇聚正能量上有新开拓，在助推共建共享上有新担当，在加强自身建设上有新提升，推动建言资政与凝聚共识双向发力取得新成效，为开启新时代现代化强市建设新征程贡献智慧和力量。

市委书记陈平在市政协十一届二次会议上的讲话（2022 年 12 月 27 日）（摘要） 市第十二次党代会以来的一年，是极不平凡、极其重要的一年。一年来，新一届市政协牢牢把握团结和民主两大主题，聚焦聚力“工业强市、产业兴市”，服务大局有担当，履职为民有温度，凝聚共识有作为，民主监督有实效，为全市经济社会发展作出了重要贡献。

明年是全面贯彻落实党的二十大精神的开局之年，也是“工业强市、产业兴市”三年攻坚突破行动的收官之年。希望各级政协组织和政协委员继续发挥优良传统，牢记使命、担当尽责、躬身笃行，在推动枣庄高质量发展中发挥“政协之能”、展现“政协之为”、留下“政协印记”。要强化政治引领，在同心向党上彰显新担当。要强化服务大局，在助力发展上干出新业绩。要强化履职为民，在服务民生上取得新成效。要强化自身建设，在提升能力上增添新活力。

中国人民政治协商会议第十一届枣庄市委员会常务委员会工作报告（2022 年 12 月 27 日在政协第十一届枣庄市委员会第二次会议上 张兵）（摘要） 2022 年是党的二十大召开之年，是我市经济社会实现快速发展的一年，也是十一届市政协的开局之年。这一年，市委加强对政协工作的领导，以高远的政治格局、真诚的民主胸怀、务实的有力举措，推动形成了“党委重视、政府支持、各方配合”的生动局面；市政协常委会主动作为，全力助推我市高质量发展，各项工作实现了良好开局；全体市政协委员主动担当、积极作为、躬身笃行，交出了一份厚实的履职答卷。一年来，常委会主要做了以下工作：一是高举伟大旗帜，全面加强党的领导；二是聚力高质量发展，服务全市中心大局；三是推进协商议政，践行全过程人民民主；四是坚持人民至上，努力履职为民；五是强化思想政治引领，广泛凝聚共识；六是突出固本强基，加强自身建设。

2023 年是十一届市政协“工作提升年”。要聚焦新时代方位，深入学习贯彻党的二十大精神；要聚焦新发展格局，深入协商议政；要聚焦新枣庄建设，广泛凝聚共识；要聚焦新任务履职，增进人民福祉；要聚焦新形象要求，提升能力水平。

政协第十一届枣庄市委员会常务委员会关于加强自身建设的意见（摘要）（2022 年 3 月 22 日政协第十一届枣庄市委员会常务委员会第一次会议审议通过）

一、坚持党的领导，坚定正确政治方向

1. 提高政治站位，把牢政治方向。

2. 坚决贯彻落实市委及市政协党组的决策部署。

3. 全面履行从严治党责任。

二、强化理论武装，筑牢思想根基

4. 建设学习型组织。

5. 健全学习制度。

6. 深化政协理论研究。

三、围绕中心工作，积极建言资政

7. 积极服务高质量发展。

8. 发挥专门协商机构作用。

9. 扎实开展专题调研。

四、突出团结民主，广泛凝聚共识

10. 加强思想政治引领。

11. 做好凝聚共识工作。

12. 广泛联系联谊促进团结。

五、推进工作创新，提升履职能力

13. 健全工作制度。

14. 注重工作创新。

15. 推动形成履职合力。

16. 切实加强履职监督。

六、坚持转变作风，发挥表率作用

17. 做履职尽责的表率。

18. 做服务群众的表率。

19. 做修身律己的表率。

【组织概况】

市政协

主席名单

张　兵

副主席名单

张德琦　张学功　曹　力　李　慧
徐春梅　刘宗国　王　凌　任怡春

秘书长名单

赵作亮

常务委员名单

（截至 2022 年 12 月 31 日）

于　晨　王　英　王　虎　王　卓
王　涛　王世克　王令军　王宝山
仇兴东　孔　玉　田　静　田传真
吕东来　吕作文　吕金朝　朱士刚
仲维光　刘　巨　刘　茜　刘忠立
安全平　孙　飞　孙　锐　孙允宝
孙法田　孙景银　苏卫红　李　军
李　兵　李　斌　李志全　李思杨
李颖杰　吴小丽　吴元芳　沈长遐
张　坤　张　琦　张切易　张金鹏
张荣民　张星斗　张贵东　张蓝兮
邵泽法　林　捷　周　浩　周海玲
周新文　庞厚珍　郑　建　郑仰昕
郝　涛　胡丽萍　俞淑静　洪方坤
徐　婷　徐存震　高肇林　郭丽娜
梁梦晓　韩　梅　路　冰　窦建军
管明坤

委员名单

（截至 2022 年 12 月 31 日）

王　虎　王世克　朱海洋　刘　侠
刘宗国　孙欣亮　孙海鹏　杨家国
张　兵　张永刚　张学功　张贺泽
陈淑华　林　勇　赵作亮　黄　涛
曹　力　曹士清　彭云龙　王　庆
王献伟　吕东来　朱士刚　李　允
李　伟　吴小丽　张坤钰　傅正伟
褚庆猷　王　英　孔　玉　史晓晔
朱亚非　刘　茜　孙允宝　杜孝玺
张望发　陈文东　周生建　周爱国
赵　贵　梁春鸿　谢玉丹　雷　冬
管明坤　王　凌　田　静　刘连中
刘忠立　孙　璐　杜秀涛　杨　红
杨　志　沈长遐　庞　东　房　滨
梁梦晓　潘　璐　魏　鑫　孔　冉
孔　磊　仲维光　刘祥清　孙念素
李思杨　宋　青　张蓝兮　赵逢念
赵新岳　秦景梅　徐巧燕　滕　龙
王利军　付廷安　孙付堂　杨传宏
宋洪燕　张金鹏　张德琦　单金凤
盛　敏　韩　梅　谢　慧　于　晨
刘　响　刘西存　李颖杰　吴　岚
徐春梅　殷　琪　渠向东　童雪梅
燕中民　马　瑞　王　东　韦　翔
孔祥巍　孙弋雅　李　迪　张　维

陈　亮　刘凡荣　闫　博　杜新法
沈印国　张　滨　郑澜芝　徐　婷
韩慧玲　赫章文　田传真　李珊珊
张　伟　张海霞　郑　娜　赵　燕
徐桂荣　潘文娟　戴　戈　邓东方
龙厚坤　吕　洋　刘　峰　汲春锋
孙馥洋　李　岩　吴　岳　陈夫真
贾燕燕　丁佰宏　王令军　王春茗
王奎山　仇兴东　田玉龙　吕金朝
朱宪磊　乔令梅　刘　娟　刘　超
刘庞可　刘春林　孙中桥　孙晋猛
苏恩光　李　慧　吴　萍　谷同洲
宋传宏　宋树省　张　兵　张　青
张　鸣　张　琦　张志华　张荣民
林石兴　林泰阳　周　浩　周新文
郑　建　赵海涛　梁茂华　韩秀芳
舒德伟　鲁秋颖　魏德强　卢春颖
许金莹　孙景银　李　兵　张　涛
金世蔚　张盛玲　王柏华　甘　露
李　军　周学文　王　忠　巨培玲
冯安明　刘　彬　李　卿　杨　雯
闵凡利　张切易　张月乔　张凤雷
张昊德　张星斗　胡丽萍　洪方坤
徐　隆　郭丽娜　葛利彬　靳迎春
丁志坚　马　成　马伊娜　王丽萍
王君玉　杨　飞　何　涛　郝兆武
祝智勇　贺福银　蒋志祥　颜景运
王　飞　王　卓　王　颖　井长峰
田　鹏　田谨睿　刘　巨　刘永安
许桂良　杜玉萍　李　斌　李守广
李志全　杨宝刚　余　林　宋照东
宋照前　张　坤　张　敏　张元国
张孝忠　张志国　张兵强　张贵东
林　敏　卓德华　郑仰昕　郝　涛

秦　魁　袁军峰　殷宪波　高肇林
常春华　董叶茎　程　丽　路　冰
潘艺戈　马维纲　王　莉　王　渊
王　慧　王治国　王宝山　刘　军
刘琳琳　安广池　张　瑜　张忠涛
郝子华　徐存震　王明成　孙　飞
孙　鹏　苏卫红　杨华文　张　伟
周海玲　赵月坤　徐　莹　董春玲
韩建侠　温永婷　王学仁　邵泽法
武玉华　林　捷　岳宗玲　庞厚珍
孟宪水　刘进静　吴元芳　种道华
徐晓寒　高　鹏　黄　杰　韩建武
雷素云　潘寻炜　马　凯　王　健
王　涛　王　锋　吕作文　任怡春
刘成文　孙启云　苏　涛　杜滕飞
杨　军　张加伟　周银生　赵淑芹
郝清顺　段　婧　俞淑静　贾　重
高　志　梁永宁　韩立秀　薛涵文
王　勇　朱　琳　刘　勇　刘卫华
孙守春　孙柏文　孙筱钺　杜飞廉
吴成宝　周文珂　赵　伟　姜广俊
聂存明　黄　杰　曹传杰　窦建军
马　祥　文光玲　刘　欣　安富萍
吴晓阜　金亚南　安全平　李　静
秦承滨　梁　峰　谢爱军　满清义
马召虎　冯相广　孙法田　李　瑛
李宏磊　李常元　张茂祥　陈庆平
释惟正　马登峰　王　念　王玲玲
王脉博　孔祥君　朱述成　朱景宜
刘　军　刘　波　孙　锐　孙中军
孙中坤　李宗国　李洪波　李福运
张　良　张　群　张思春　赵　炜
秦志东　夏同强　徐孝瑞　高裕文
陶建琦　常　涛　崔海鸥　梁　栋

葛德胜　靳家伟　熊　志　薛登峰

县（市、区）政协

滕州市政协主席

薛登峰

薛城区政协主席

刘　波

山亭区政协主席

李洪波

市中区政协主席

孔祥君

峄城区政协主席

高裕文

台儿庄区政协主席

孙中坤

枣庄市各级政协组织和委员数

（截至 2022 年底）

单位：个

级别 项目	市	县（市、区）	合计
组织数	1	6	7
委员数	376	1574	1950

（编写：周飞　审稿：熊志）

政协东营市委员会

主席　刘美华

副主席　韩利学

副主席　常淮诚

副主席　生钦勇

副主席　刘志坚

副主席、秘书长　冯玉峰

副主席　王新明

副主席　段　鸿

副主席　王志安

【全体委员会议】

九届一次会议 2022 年 2 月 22 日至 25 日在东营召开，会议应出席委员 287 名，实到 280 名。会议听取并审议通过了陈泽浦同志代表八届市政协常务委员会所作的工作报告和生钦勇同志代表八届市政协常务委员会所作的提案工作报告。委员们列席了市九届人大一次会议，听取并讨论了市政府工作报告、市中级人民法院工作报告、市人民检察院工作报告及其他报告，对以上报告，委员们均表示赞同。中共东营市委书记杨国强，市委副书记、市长陈必昌，市委副书记孙早军等领导同志出席会议。会议期间，委员们以高度的政治责任感和饱满的参政热情，围绕事关高水平现代化强市建设的重要问题和人民群众普遍关心的热点难点问题，深入协商讨论，积极议政建言，广泛凝聚共识，提出了许多建设性的意见和建议。大会共收到提案 465 件，经审查立案 387 件。会议经过民主协商，选举刘美华为市政协主席，选举韩利学、常淮诚、生钦勇、刘志坚、冯玉峰、王新明、段鸿、王志安为市政协副主席，选举冯玉峰为市政协秘书长，选举 45 名政协委员为市政协常务委员。闭幕会上，表决通过了政协第八届东营市委员会第五次会议决议和政协第九届东营市委员会提案审查委员会关于市政协九届一次会议提案审查情况的报告，刘美华作了讲话。

九届二次会议 12 月 27 日至 29 日召开。会议应出席委员 294 名，实到 251 名。会议听取并审议通过了刘美华同志代表九届市政协常务委员会所作的工作报告和常淮诚同志代表九届市政协常务委员会所作的提案工作报告。委员们列席了市九届人大二次会议，听取并讨论了市政府工作报告、市中级人民法院工作报告、市人民检察院工作报告，讨论了《关于东营市 2022 年国民经济和社会发展计划执行情况与 2023 年计划草案的报告》《关于东营市 2022 年预算执行情况和 2023 年预算草案的报告》及其他报告。市委书记杨国强，市委副书记、市长陈必昌，市委副书记孙早军等领导同志出席会议。会议期间，委员们以高度的政治责任感和饱满的参政热情，围绕事关高水平现代化强市建设的重要问题和人民群众普遍关心的热点难点问题，深入协商讨论，积极议政建言，广泛凝聚共识，提出了许多建设性的意见和建议。大会共收到提案 466 件，经审查立案 368 件。会议经过民主协商和选举，增补了 5 名市政协常委。闭幕会上，表决通过了政协第九届东营市委员会第二次会议决议和政协第九届东营市委员会提案委员会关于市政协九届二次会议提案审查情况的报告，刘美华作了讲话。

【常务委员会议】

八届第二十四次会议 2 月 15 日召开。省政协农业和农村委员会副主任、市政协主席陈泽浦出席会议，副市长王秀凤就《政府工作报告》（征求意见稿）起草情况作说明。会议传达学习了全省“两会”精神，通报了 2021 年度政协提案及资政类报告办理情况和 2021 年市政协反映社情民意信息工作情况。会议审议通过了政协第八届东营市委员会常务委员会工作报告、提案工作报告及市政协九届一次会议有关事项；审议通过了有关人事事项；通过了政协第九届东营市委员会委员名单；会议决定，市政协九届一次会议于2022年2月22日至25日召开。

九届第一次会议 2月26日召开。市政协主席刘美华主持会议并讲话。会议审议通过了政协第九届东营市委员会关于设置专门委员会的决定，审议通过了政协第九届东营市委员会各专门委员会主任、副主任名单。

第二次会议 7月25日召开。市政协主席刘美华主持会议并讲话，市政府副市长梁润生出席会议作有关情况通报并听取意见建议。会议听取了全市上半年经济社会发展情况和全市盐碱地综合开发利用情况的通报、有关部门单位工作情况汇报；部分常委和委员作大会发言；审议通过了《关于“推动我市盐碱地综合利用走在前”的建议案》。

第三次会议 12月8日召开。市政协主席刘美华主持会议并讲话，市委常委、副市长何宪卓出席会议作专题报告并听取意见建议。会议传达学习了中国共产党第二十次全国代表大会精神、山东省政协十二届常委会第二十四次会议精神，听取了全市优秀传统文化挖掘、保护、传承、创新及文旅融合发展情况的专题报告，听取了有关部门单位工作情况通报；部分常委、委员、专家作大会发言；审议通过了《关于讲好黄河故事 绘出文旅融合“工笔画”的建议案》和有关人事事项。

第四次会议 12月25日召开。市政协主席刘美华主持会议，副市长王秀凤就《政府工作报告》（征求意见稿）起草情况作说明。会议听取了市委办公室、市政府办公室关于2022年度政协提案和资政类报告办理情况的通报；审议通过了有关人事任免事项；审议通过了政协第九届东营市委员会常务委员会工作报告和提案工作报告并推定了报告人；审议通过了关于召开市政协九届二次会议的决定，通过了市政协九届二次会议议程（草案），通过了市政协九届二次会议日程，审议通过了有关选举事项；公布了市首届“最美政协人”名单。会议决定，有关草案将提交市政协九届二次会议审议。

第五次会议 12月28日召开。市政协副主席冯玉峰主持会议。会议听取了大会秘书处关于各组讨论情况的综合汇报，审议通过了关于调整政协第九届东营市委员会第二次会议日程安排的决定，审议了有关选举事项，通过了常务委员会工作报告的决议（草案）、提案工作报告的决议（草案）、提案审查情况的报告（草案）、政治决议（草案），决定将上述文件草案提交市政协九届二次会议闭幕会审议。

【专门委员会工作】

提案委员会 市政协九届一次会议以来，共收到提案499件，经审查立案406件。截至2022年底，提案均已办复，委员满意率98.3%。开展委员履职能力提升培训，帮助委员写出更多高质量提案。按照重点提案培育工作有关要求，精心培育12件重点提案，并报市委、市政府主要领导批办，市政协主席会议成员领衔督办重点提案，促进重点提案办理取得实效。对8件提案实行二次督促办理，推动一批提案真正办出成效。开展“提高提案质量”专题调研，对如何提高提案质量进行了全面调查和综合分析，提出了进一步提高提案质量的思路与对策。修订提案委工作简则、提案办理协商办法，制定了提案审查工作规程和重点提案培育、遴选与督办办法等规章制度，有效推进了提案工作的制度化、规范化。开展市政协提案工作评选表扬活动，评选出一批优秀提案、提案办理工作优秀单位和优秀个人。

经济委员会　修订完善经济委员会工作简则，规范工作程序。围绕“推动我市新能源及装备产业发展”，组织开展月度协商活动，形成的协商报告得到市委主要领导的充分肯定。就“技术改造赋能传统产业转型升级”等课题开展调研，组织委员和市有关部门单位进行协商座谈。组织经济界委员调研视察知识产权工作，对推动知识产权高质量发展提出了建议。做好《关于亮出“东营智造”新名片　力争我市工业互联网走在全国前列的建议》重点提案督办工作，进一步提升提案办理工作质效。突出界别特色，组织委员提报社情民意信息50余篇，提高了信息工作质效。充分发挥政协界别优势和委员主体作用，深入企业开展志愿服务活动3次，打造志愿服务品牌。

农业和农村委员会　围绕“打造盐碱地综合利用示范地”组织常委会专题协商议政，多次召开盐碱地综合利用情况通报会、务虚会，通过调查研究、协商座谈、网络议政等广泛征询意见，形成了《关于“推动我市盐碱地综合利用走在前”的建议案》，得到了省市领导的高度重视，省政协副主席，市委、市政府主要领导，市委政法委主要领导分别做了批示。为加快渔业转型升级，组织委员、专家对东营渔业发展进行深入调研，形成了“坚持绿色生态理念，力促渔业高质量发展”专题调研报告，报市政府参考。搭建界别活动平台，改造提升农业界别活动室，指导建设委员会客厅，得到省政协主要领导肯定。创新委员志愿服务方式，聚焦耐盐碱大豆种植中发现的共性问题、林果种植的技巧等，邀请农业界委员、专家深入企业、乡村现场指导。

人口资源环境委员会　开展“加快推进黄河口国家公园建设”专题协商和“坚持‘双碳’目标引领，推动产业绿色转型发展”调研，深入现场一线实地调研，听取相关情况介绍并进行座谈，上报的协商和调研报告得到了市委、市政府主要领导批示。做好与工商联界别的联系工作，充分发挥工商联界别“功能型”党支部政治功能，推动专委会党建工作与履职工作深度融合，把党的政治主张和方针政策贯彻落实到履职尽责的各方面。搭建委员活动平台，在东营市浙江商会和河南商会打造“委员会客厅”，指导成立全省第一家民营企业人民调解委员会。组织委员提报社情民意信息40余篇，发挥了信息“直通车”作用。

教科卫体委员会　将“提高义务教育学校课后服务水平”列为九届市政协首次月度协商议题，相关部门单位负责同志与委员、校长、家长互动交流，协商报告得到市委、市政府主要领导批示，有关建议被教育部门采纳。组织开展“科技型中小企业创新发展”专题调研，在市内调研、外出考察、抽样调查等基础上，形成调研报告，市政府主要领导批示有关部门认真研究吸纳。开展“3岁以下婴幼儿照护服务工作”专题视察暨提案办理协商会。创新开展“在‘17（一起）’委员联络日”活动，探索每月17日开展专委会联系委员、委员联系群众活动 。组织开展“健康直通车”“庆六一·委员捐资助学”“送科普下乡”等活动。

港澳台侨和外事委员会 针对铸牢中华民族共同体意识示范创建试点工作，组织市内调研、省外考察，召开月度协商会，协商报告得到市委主要领导批示围绕“加强留学人员服务，助力推进创新创业”课题深入调研，形成的调研报告得到市委主要领导批示。组织开展“加强突发公共卫生事件应急机制建设”重点提案督办活动，进一步提升了提案办理工作质效。组织委员参加履职学习班、委员读书群、学习座谈等学习交流活动，增强了履职能力。联系侨联界别、民族宗教界别分别成立活动组，加强与委员的联系和交流。成立“侨星志愿者服务队”，设立“侨星基站”，多次开展志愿服务活动。坚持做好“五侨”联动工作，进一步加强港澳台侨联谊。

社会法制委员会 围绕“深化社会救助制度改革、提高社会救助水平”开展月度协商，提出意见建议10余条，形成的协商报告得到市委主要领导肯定。开展《关于小康社会背景下东营市进一步统筹完善社会救助体系的建议》重点提案督办，有力推进了提案的转化落实。开展“优化创新创业环境、增强经济社会发展创新力”专题调研，组织委员、专家活动6场次，参与60余人次，形成调研报告，得到市政府主要领导签批。针对社会救助制度改革到广州等地实地观摩，从救助制度落实、救急难政策拓展、慈善事业发展、资源统筹协调等方面建言献策，为党政决策提供了参考。完善“有事多商量”“委员志愿服务队”“界别同心汇”等平台载体，就“服务中小企业、助力乡村振兴”“学习省代会精神，服务中小企业发展”广泛开展界别活动，参与委员40余人次。做好委员志愿服务工作，开展捐资助学、图书捐赠等活动。

文化文史和学习委员会 围绕“讲好黄河故事　绘出文旅融合工笔画”组织开展常委会专题协商议政，形成的建议案得到市委主要领导批示。就“加快推进黄河国家文化公园（东营段）建设”组织专题调研，为市委、市政府科学决策提供了参考。配合全国政协调研组围绕“加快推进黄河国家文化公园建设”“非物质文化遗产的保护和传承”开展调研活动。做好省政协常委会分议题调研工作，形成调研报告、大会发言材料十余篇。围绕“保护传承黄河文化建设”做好重点提案督办工作。做好《五洲四海东营人》资料征集工作，举办“中国梦 黄河情——喜迎二十大 永远跟党走”沿黄九市书法美术作品展。

委员联络工作委员会 强化委员管理服务，做好委员履职考核与增补工作。与省政协委员联络工作委员会联合，围绕“加强产教融合，共建国家职业教育创新发展高地”开展月度协商活动，形成的报告得到市委、市政府主要领导批示。针对解决市县政协“两个薄弱”问题组织专题调研，调研报告得到市政协和有关部门重视。组织驻东营市省政协委员赴聊城市围绕高新产业发展情况、文化旅游融合情况开展视察。广泛开展委员履职“三个一”活动，更好地发挥委员主体作用。组织推荐委员100余人次参加社会监督活动，推荐30多名省市政协委员担任社会监督员。改造提升委员履职服务平台，为委员履职管理服务工作信息化提供支撑。做好首届“最美政协人”推宣活动。

【重要活动】

加强和改进县区政协工作专题调研 3月4日，市政协领导就加强和改进县区政协工作开展专题调研。市政协主席刘美华带队到利津县政协开展专题调研，市政协副主席分别带队到各县（区）开展专题调研。

新任委员履职培训班 5月11日，市政协新任委员履职培训班在东营市委党校开班，市政协党组副书记、副主席韩利学作动员讲话并进行专题辅导。此次培训采用市县（区）联动、网络教学同步推进的模式，共有117名九届市政协新任委员和761名县区政协委员参加培训。

刘新成带领全国政协调研组到东营调研 6月14日至16日，全国政协副主席、民进中央常务副主席刘新成带领全国政协文化文史和学习委员会调研组来我市，围绕“推进黄河国家文化公园建设”开展专题调研。刘新成与省委书记李干杰就推进黄河国家文化公园建设及黄河流域生态保护和高质量发展交换意见。全国政协常委、文化文史和学习委员会副主任王儒林，全国政协文化文史和学习委员会副主任王世明、孙庆聚及部分全国政协委员参加调研。省政协主席葛慧君参加调研座谈会，省政协副主席段青英陪同调研。市委书记杨国强，市委副书记、市长陈必昌，市政协主席刘美华，市委常委、秘书长成秋林参加有关活动。

驻东营省政协委员考察团赴聊城考察 8月29日至30日，市政协主席刘美华带领驻东营省政协委员考察团赴聊城市，就高新技术产业、文旅融合发展情况进行考察。聊城市政协主席曾晓黎等陪同考察。

“中国梦·黄河情——喜迎二十大，永远跟党走”沿黄九市书法美术作品展 10月13日，市政协“中国梦·黄河情——喜迎二十大，永远跟党走”沿黄九市书法美术作品展在东营政协文史馆开展。

【重要文件】

中国人民政治协商会议第八届东营市委员会常务委员会工作报告（2022年2月22日在政协第九届东营市委员会第一次会议上）（摘要） 一、过去五年工作回顾。过去五年，是我市发展史上极不平凡的五年，也是我市政协事业守正创新、蓬勃发展的五年。五年来，在中共东营市委的正确领导下，八届市政协坚持以习近平新时代中国特色社会主义思想为指导，认真贯彻中共十九大和十九届历次全会精神，深入贯彻习近平总书记视察东营重要指示要求，全面落实中央和省委、市委政协工作会议精神，突出团结和民主两大主题，坚持建言资政和凝聚共识双向发力，充分发挥专门协商机构作用，协商议政更加有效，民主监督更加有力，凝聚共识更加广泛，自身建设更加扎实，政协影响力不断扩大，为助推全市经济社会高质量发展作出了积极贡献。二、五年工作的主要经验体会。（一）做好政协工作，必须讲政治，始终坚持党的领导。（二）做好政协工作，必须定准位，始终坚持双向发力。（三）做好政协工作，必须顾大局，始终坚持围绕中心履职尽责。（四）做好政协工作，必须守初心，始终坚持履职为民。（五）做好政协工作，必须善创新，始终坚持推动工作提质增效。（六）做好政协工作，必须强担当，始终坚持发挥委员主体作用。三、今后五年工作建议。今后五年，是深入贯彻习近平总书记视察东营重要指示要求、加快高水平现代化强市建设的关键五年，也是人民政协大有作为的重要五年。全市政协组织、政协各参加单位和广大政协委员要坚持以习近平新时代中国特色社会主义思想为指导，全面贯彻中共十九大、十九届历次全会精神和习近平总书记视察东营重要指示要求，深入落实中央和省委、市委政协工作会议精神，在中共东营市委的坚强领导下，锚定“走在前列、全面开创”“三个走在前”，围绕市第七次党代会确定的目标任务，对标“五个牢牢把握”“四个高”的工作要求，坚持发扬民主和增进团结相互贯通、建言资政和凝聚共识双向发力，充分发挥专门协商机构作用，为助推东营高水平现代化强市建设贡献政协力量。

中国人民政治协商会议第九届东营市委员会常务委员会工作报告（2022年12月27日在政协第九届东营市委员会第二次会议上）（摘要） 一、2022年主要工作。一年来，在中共东营市委的坚强领导下，市政协常委会紧紧依靠和带领全体政协委员，坚持以习近平新时代中国特色社会主义思想为指导，深入学习贯彻中共二十大精神，全面贯彻落实习近平总书记对山东工作和视察东营重要指示要求，牢牢把握团结民主两大主题，坚持建言资政和凝聚共识双向发力，充分发挥专门协商机构作用，强化思想政治引领，深入开展协商议政，高度关注民生福祉，广泛深入凝聚共识，努力提升能力素质，集众思建真言，汇众智谋良策，为高水平现代化强市建设作出了政协贡献。一是坚持党的全面领导，始终把牢正确政治方向。二是聚焦党政中心工作，助推高水平现代化强市建设。三是坚持人民至上理念，持续助力增进民生福祉。四是广泛深入凝聚共识，汇聚改革发展强大合力。五是切实加强自身建设，不断夯实政协履职基础。二、2023年工作部署。2023年是全面贯彻落实中共二十大精神的开局之年，也是深入贯彻落实习近平总书记对山东工作和视察东营重要指示要求、加快高水平现代化强市建设的重要一年。市政协工作的总体要求是，坚持以习近平新时代中国特色社会主义思想为指导，深入学习宣传贯彻中共二十大精神，认真落实习近平总书记对山东工作和视察东营重要指示要求，在中共东营市委的坚强领导下，锚定“走在前、开新局”，围绕黄河重大国家战略实施和绿色低碳高质量发展先行区建设目标任务，对标市第七次党代会提出的“五个牢牢把握”“四个高”工作要求，坚持发扬民主和增进团结相互贯通、建言资政和凝聚共识双向发力，充分发挥专门协商机构作用，努力在高水平现代化强市建设中贡献智慧力量。一是着力加强思想政治引领。二是着力提升协商议政质效。三是着力做好凝聚共识工作。四是着力强化民主监督实效。五是着力提高履职能力水平。

市委书记杨国强在市政协九届一次会议开幕会上的讲话（2022 年 2 月 22 日）（摘要） 站在新起点、奋进新征程，需要全市上下精神状态的大提振、工作标准的大提升、干部作风的大改进。市委提出了“创新实干、事争一流”的要求，就是推动全市各级各方面锚定“走在前列、全面开创”“三个走在前”，聚焦落实省委“六个一”发展思路、“六个更加注重”策略方法、“十二个着力”重点任务，全面贯彻市第七次党代会精神，以时不我待、只争朝夕的责任感和紧迫感，以攻坚克难、争先率先的优良作风和境界标准，奋力开创高水平现代化强市建设新局面。“创新实干、事争一流”，就是要提高政治站位、牢记“国之大者”，切实扛起新使命、展现新担当。“创新实干、事争一流”，就是要自我加压奋进、勇于创新突破，推动各项工作争一流、走在前。“创新实干、事争一流”，就是要坚持“四高”要求、狠抓工作落实，确保取得群众认可、经得起实践检验的业绩。“创新实干、事争一流”，就是要勇于拼搏奋斗、奋力攻坚克难，锤炼优良作风、打造过硬队伍。一要在强化政治引领上彰显新担当。二要在服务发展大局上展现新作为。三要在推进协商民主上发挥新优势。四要在加强自身建设上取得新成效。

《关于加强和改进新时代市县政协工作的实施意见》（东办发〔2022〕19 号）（摘要） 为深入贯彻习近平总书记关于加强和改进人民政协工作的重要思想，落实《中共中央办公厅印发〈关于加强和改进新时代市县政协工作的意见〉的通知》（中办发〔2021〕57 号）、《中共山东省委办公厅印发〈关于加强和改进新时代市县政协工作的实施意见〉的通知》（鲁办发〔2022〕12 号）要求，切实解决市县政协工作不够规范、基础工作薄弱、人员力量薄弱等问题，现结合我市实际，制定出台实施意见。一、把握总体要求。二、加强党对政协工作的全面领导。1. 坚持把政协工作纳入党委工作整体布局。2. 加强政协系统党的建设。3. 健全工作机构和力量。三、提高建言资政水平。4. 着力加强协商工作。5. 助推基层社会治理。6. 加强民主监督。7. 提高经常性工作质量。四、深化凝聚共识工作。8. 坚持和创新学习制度。9. 拓展思想政治引领渠道。10. 做好界别群众工作。五、加强委员队伍建设。11. 优化委员队伍结构。12. 提高委员履职能力水平。13. 改进委员履职服务管理。六、加强联系指导。14. 建设数字政协。15. 上下协同互动。16. 提升整体质效。

《关于进一步加强和改进委员学习工作的办法》（东协发〔2022〕5 号）（摘要） 为适应新时代对政协委员加强学习、提高履职能力的新要求，贯彻落实中央、省委和市委政协工作会议精神，进一步加强和改进市政协委员学习工作，制定本办法。办法规定：一是丰富学习内容，包括政治理论学习、时事政策学习、履职知识学习、主题教育、历史教育、实践教育。二是健全学习体系，以市政协党组理论学习中心组学习为引领，构建多层次、全覆盖的学习体系，实现委员学习常态化、全覆盖。三是落实学习要求，推动学习工作规范化；四是强化组织保障，加强组织领导，促进成果运用，做好服务管理。

《政协东营市委员会关于政协委员联系服务界别群众的实施意见》（东协发〔2022〕26号）（摘要） 为深入贯彻落实习近平总书记关于建立政协委员联系界别群众制度机制，更好联系和服务界别群众的要求，充分发挥政协界别优势和委员主体作用，更好联系服务群众、履职为民，助推经济社会高质量发展，从总体要求、基本原则、联系服务方式、保障措施四个方面制定本意见。

【组织概况】

市政协主席名单

刘美华

副主席名单

韩利学　常淮诚　生钦勇　刘志坚
冯玉峰　王新明　段　鸿　王志安

秘书长名单

冯玉峰

常务委员名单

（截至2022年12月31日）

丁群宗　马文远　王玉文　王立军
王永刚　王兴法　王进河　王秀凤
王国柱　王金娥　王春红　王　涛
王　燕　牛金臣　巴沾红　司留启
史本泉　史德青　孙红军　延　智
刘庆亮　刘树亮　孙继续　杨　芳
李　刚　沈彦明　宋学民　张宝华
迟　健　陈忠波　陈景新　邵小龙
国　梁　胡　琳　赵腾云　姜　华
郭乃利　郭延海　高申廉　高　博
扈新安　路英平　蔺爱国　管耀梅
翟世界　燕德华　魏一江　魏　虹
魏国华

委员名单

（截至2022年12月31日）

王乃全　王春红　尹晓凤　冯玉峰
刘庆亮　刘美华　杜书亮　杨学义
陈景新　国　梁　姜　华　徐文棠
高加夫　陶家孟　常淮诚　扈新安
韩利学　马文远　王志安　闫力群
赵景春　王国柱　刘树亮　谷玉田
周德梅　褚夫志　王新明　牛金臣
宋子柱　赵腾云　王玉文　赵　慧
徐利平　王韫华　沈彦明　董晓阳
王秀凤　刘　岩　路英平　刘志坚
杨　婉　张保国　燕德华　王金娥
邓文凯　李朝晖　宋学民　张冬梅
迟　健　胡　琳　魏一江　魏清泉
王凯旋　刘鲁闽　张大伟　张汇理
赵江伟　贾红武　梁青青　程绍华
马玉钏　付希庆　朱红涛　刘　辉
李新彦　张开勇　葛安明　王梅英
田秀芳　孙云珍　杨　芳　李爱华
李　琴　徐圣楠　盖　蓓　王宝玉
王宗波　生钦勇　许桂顺　许爱妹
李友凤　李增明　吴雪辉　宋宗岐
张兴山　张建芳　张海剑　周连兵
秦奇峰　郭延军　高　博　雷传龙

管耀梅 王成侠 王武祥 王 涛
卢 燕 刘 淼 张俊芳 张海浪
鄂海新 王 飞 王洪鹏 毛继强
延洪春 陈忠波 郭 云 鞠 靖
王国锋 王欣山 王 强 司文峰
刘红蕾 孙小光 孙继续 李 刚
李建林 郑国发 项继云 项跟臣
崔向珍 韩松林 谭 振 燕少华
王建林 王 锋 巴爱民 宁 凯
朱玉林 苏宪锋 李凌云 宋 杰
陈二丁 陈永锋 苗广发 周军政
荣帅帅 胥华远 郭乃利 蔺爱国
于志勇 王玉康 王立军 王汝涛
王 栋 刘关锋 刘希荣 刘海涛
刘 超 刘尊和 闫 磊 杨振国
杨晓敏 李振华 李爱涛 张延海
张宝华 张洪涛 张艳辉 陈玉豪
岳曰安 荆 超 郭延海 高洪科
隋连江 董立峰 蒋子鑫 程茂鹏
潘家乐 薄纯彬 王进河 吕宝花
刘小峰 刘志鑫 齐秀青 李元祥
李中元 李道光 李增才 张宝玉
邵小龙 林树梅 荀水民 周 红
袁义杰 徐化凌 徐 丽 高海滨
蔡 强 燕子广 于金兰 马雪艳
王乃峰 王少青 史本泉 史德青
刘淑芹 许海燕 孙卫学 苏艳红
李江涛 高 洁 董永新 董国杰
程建生 储志信 魏晓慧 王 科
尹国柱 延 智 刘 盼 苏 旬
李秀红 李涛涛 赵 伟 隋 强
王光辉 毛怀玉 吕德勇 刘 芬
刘海青 许多良 李晓庆 李 韬
肖 强 吴金光 宋伟伟 张志明
孟险峰 耿治英 耿润梅 魏 虹
巴沾红 吕振乾 刘立峰 刘相波
刘洪美 刘 峰 刘海东 刘增峰
孙 伟 杜 锋 李英杰 陈 琳
周丽丽 秦春燕 高申廉 高伯良
高金凤 雒道光 丁群宗 于凤苹
马俊贵 王 燕 叶 芬 向 顺
刘振学 杨国栋 邱树林 陈永赐
赵 峰 释圣念 释清净 丁立江
王 飞 王永刚 王兴法 田青云
任 健 刘乃斌 刘 江 刘 健
杨同更 杨 波 张义泉 陈泽浦
陈继利 赵 波 段 鸿 高 雳
董 强 綦 磊 戴昶昱 丁瑞虎
尹晓华 田居光 田海刚 司留启
孙红军 盖秀芳 鲁建平 翟世界
薛在山 魏国华

县（市、区）政协

东营区政协主席

杜书亮

河口区政协主席

徐文棠

垦利区政协主席

高加夫

广饶县政协主席

陶家孟

利津县政协主席

王乃全

东营市各级政协组织和委员数

（截至2022年底）

单位：个

项目＼级别	市	县（市、区）	合计
组织数	1	5	6
委员数	294	959	1253

（编写：高杰　王雪杰　审稿：任伟）

政协烟台市委员会

主席　于永信

副主席　高君勃

副主席　秦　松

副主席　曲荣君

副主席　李京波

副主席　刘建峰

副主席　王松杰

副主席　姜曰象

秘书长　于向明

【全体委员会议】

十四届一次会议 2022年2月23日至27日在烟台举行。应出席委员487名，实到462名。会议听取并审议通过了市政协常委会工作报告和提案工作情况报告。委员们列席了市十八届人大一次会议第一次全体会议开幕大会、第二次全体会议，听取并讨论了政府工作报告以及“两院”、计划、预算等其他报告。会议共收到提案585件，经审查立案491件。会议期间，委员们就经济发展、城市建设、文化旅游、乡村振兴、政务民生、教育医疗等方面的工作，提出了意见建议。会议选举产生了市政协新一届领导班子，选举于永信同志为政协第十四届烟台市委员会主席，选举高君勃等7名同志为政协第十四届烟台市委员会副主席，选举于向明同志为政协第十四届烟台市委员会秘书长，选举于坤等87名同志为政协第十四届烟台市委员会常务委员会委员。会议审议通过了政协第十四届烟台市委员会第一次会议政治决议、常务委员会工作报告决议和提案工作情况报告决议、提案审查情况的报告。大会闭幕时，副省长、市委书记傅明先作了讲话，市政协主席于永信主持会议并致闭幕词。

十四届二次会议 12月27日至29日在烟台举行。应出席委员481名，实到382名。大会开幕时，省委常委、副省长、市委书记江成作了讲话。会议听取并审议通过了市政协常委会工作报告和提案工作情况报告。列席了市十八届人大二次会议第一次全体会议开幕大会、第二次全体会议，听取并讨论了政府工作报告以及“两院”、计划、预算等其他报告。会议共收到提案510件，经审查立案442件。会议期间，各位委员就经济发展、乡村振兴、文旅城建、教育医疗、政务民生等方面的工作，提出了意见建议。2名常委辞去市政协常委职务。会议通过了政协第十四届烟台市委员会第二次会议政治决议、常务委员会工作报告决议和提案工作情况报告决议、提案审查情况的报告。大会闭幕时，市政协主席于永信主持会议并致闭幕词。

【常务委员会会议】

十三届第二十六次会议 2月16日举行。朱秀香主持会议。会议传达学习了省政协十二届五次会议精神；听取了市政府关于市政协十三届五次会议以来提案办理情况的通报；听取了关于市政协十四届一次会议安排情况的说明；听取了关于政协工作报告（草案）的说明。会议审议通过了召开政协第十四届烟台市委员会第一次会议的决定；审议通过了政协第十四届烟台市委员会界别设置和委员名单；审议通过了政协第十三届烟台市委员会常务委员会工作报告（草案）和政协第十三届委员会常务委员会关于十三届一次会议以来提案工作情况的报告（草案），决定提请市政协十四届一次会议审议；审议通过了政协第十三届烟台市委员会常务委员会工作报告和政协第十三届委员会常务委员会关于十三届一次会议以来提案工作情况的报告报告人建议名单；审议通过了政协第十四届烟台市委员会第一次会议议程（草案）和日程（草案），决定提请市政协十四届一次会议通过；审议通过了政协第十四届烟台市委员会第一次会议主席团成员、主席团会议主持人和秘书长名单（草案），决定提请市政协十四届一次会议通过；审议通过了政协第十四届烟台市委员会第一次会议副秘书长名单（草案），决定提请市政协十四届一次会议通过；审议通过了政协第十四届烟台市委员会第一次会议提案审查委员会名单（草案），决定提请市政协十四届一次会议通过；审议通过了政协第十四届烟台市委员会第一次会议编组办法和小组召集人名单（草案），决定提请市政协十四届一次会议通过；审议通过了关于授权主席会议审议市政协十三届二十六次常委会议未尽事宜的决定；审议通过了有关人事事项。朱秀香在会议结束时作了讲话。

十四届第一次会议 2月27日举行。于永信主持会议。会议审议通过了政协第十四届烟台市委员会副秘书长名单；审议通过了关于设置政协第十四届烟台市委员会专门委员会的决定；审议通过了市政协十四届烟台市委员会专门委员会主任、副主任名单。

第二次会议 5月12日上午举行。高君勃主持会议。会议传达学习了全国“两会”精神、省政协葛慧君主席在全省市县政协主席学习研讨班上的讲话精神；听取了市委疫情防控指挥部关于今年以来全市疫情防控工作有关情况的通报；审议通过了《市委、市政府、市政协 2022 年协商工作计划》。于永信在会议结束时作了讲话。

第三次会议 8月3日举行。高君勃主持会议。会议围绕市级重点项目推进情况开展了专项民主监督视察；听取了市政府关于 2022 年上半年全市经济社会发展情况的通报；围绕“在服务和融入新发展格局上走在前”开展专题协商。于永信在会议结束时作了讲话。

第四次会议 10月28日举行。高君勃主持会议。会议传达学习了党的二十大精神；听取了市政府关于全市实施骨干企业倍增计划工作情况的通报；围绕“在增强经济社会发展创新力上走在前”开展专题协商；审议通过了人事事项。于永信在会议结束时作了讲话。

第五次会议 12月26日举行。高君勃主持会议。会议听取了市政府关于市政协十四届一次会议以来提案办理情况的通报；听取了关于市政协十四届二次会议安排情况的说明；听取了关于政协工作报告（草案）的说明；听取了关于提案工作情况报告（草案）的说明；听取了市委统战部副部长李学平同志关于十四届市政协人事事项说明。会议审议通过了关于召开政协第十四届烟台市委员会第二次会议的决定；审议通过了政协第十四届烟台市委员会第二次会议议程（草案），决定提请市政协十四届二次会议审议；审议通过了政协第十四届烟台市委员会第二次会议日程；审议通过了政协第十四届烟台市委员会常务委员会工作报告（草案）和市政协常务委员会关于十四届一次会议以来提案工作情况的报告（草案），决定提请市政协十四届二次会议审议；审议通过了政协第十四届烟台市委员会常务委员会工作报告和市政协常务委员会关于十四届一次会议以来提案工作情况的报告报告人名单；审议通过了市政协十四届二次会议常委会组成人员轮值名单、委员编组办法和小组召集人名单；审议通过了市政协十四届二次会议秘书长、副秘书长名单；审议通过了有关人事事项；审议通过了关于授权主席会议审议市政协十四届五次常委会议未尽事宜的决定。于永信在会议结束时作了讲话。

第六次会议 12月29日举行。于永信主持会议。会议听取了大会副秘书长李新征同志报告会议期间分组讨论情况。会议审议通过了会议选举有关事项草案，决定提请大会选举通过；审议通过了市政协十四届二次会议有关决议和报告草案，决定提请大会第三次全体会议通过。

【专门委员会工作】

提案委员会 市政协十四届一次会议以来，共收到提案744件，经审查，立案586件。进一步把紧提案源头，严格落实提案审查立案标准。开展提案知识辅导培训，受训两千多人次。围绕市委、市政府中心工作和民生关注问题，遴选重点提案，送市委、市政府领导阅批，提升驻烟高校毕业生留烟率、构建烟台苹果工业产业链体系等一批建议进入领导决策。开通议政直达车，从提案中筛选协商议题，每季度与市长“面对面”协商，推进解决相关重点工作和民生问题。加大提案督办力度，严格落实全市高质量发展综合绩效考核意见，联合市委、市政府办公室，共同做好提案办理考核工作。深入开展“提案公开”，进一步扩大提案工作的社会影响力。

经济委员会 将“振兴县域经济的建议案”“科技创新体系建设”列为协商议政重点，赴温州市、宁波市等地进行专题调研，学习先进经验，圆满完成了《关于全面振兴县域经济》《加快区域科技创新体系建设》两个建议案起草任务。建议案得到市委、市政府主要领导的肯定批示。围绕经济发展的难点热点问题，组织了“加快现代资本市场发展情况”专题视察。创新委员活动方式，积极开展“走访委员单位”和“委员接待日”活动，开展走访委员单位活动，听取意见建议。参加了政协全体会议和专委会工作会议。

农业和农村委员会 围绕市委交办的“促进海参产业发展”协商议题，深入走访座谈，形成的调研成果得到市政府主要领导的批示肯定。与省政协农业和农村委开展协同调研，2个调研成果入选省政协乡村振兴优秀典型案例。围绕“葡萄酒产业高质量发展”议题，组织开展专题视察，助推政策措施落实、问题解决。围绕“促进美丽乡村建设”议题，选派委员现地督导、参加评审考核，督促市直部门改进工作、推动落实。密切与委员的联系，深入开展“百户委员企业走访”活动，了解企业发展诉求，及时反馈委员意见建议。借助“政务通报”“议政直达车”等机制平台，畅通委员建议直达市长通道。打造“乡村振兴行·把答卷写在大地上”亮点工作品牌，积极为乡村振兴建设献计出力。

人口资源环境委员会 承办“建设青年发展友好型城市，增强城市发展活力”常委会专题协商，组成调研组深入实地调研，形成的《关于建设青年发展友好型城市增强城市发展活力的调研报告》得到市长郑德雁同志批示。承办“支持昆嵛山创建全国一流国家级自然保护区”对口协商，形成的建言成果得到市长批示。组织委员开展“推动清洁能源供暖工作”集中视察与民主监督。打造社情民意“十百千”活动工作品牌，成立十个活动小组，走访调研百家企业或者基层单位，已解决或反映基层实际困难和问题一千多个。组织“送医送药送爱心下乡”活动，积极参加“互助共建”活动，为山区群众义诊200余人次，捐赠爱心药品和物资价值5万元。

教科卫体委员会 深入开展“实施海洋科技创新强基行动、培育壮大海洋产业”“我市学校食堂食品安全工作”“深化体教融合发展、促进中小学生体质健康”专题调研，形成的调研报告，得到市政府主要领导的批示肯定。认真开展“百户企业走访调研”“进百户企业促升规纳统”专项行动、青年人才引才留才专题调研，全面了解企业困难、诉求，研究提出对策建议，为市委、市政府科学决策提供有价值参考。积极开展走访委员单位和“委员接待日”活动，充分听取委员意见建议，传达市委部署要求。组织教科卫体委委员，围绕“深化体教融合发展促进中小学生体质健康”议题，赴芝罘区体校和南山路小学开展专题视察。

社会法制和民族宗教委员会 围绕“健全网格化＋网络化治理体系”开展对口协商。围绕新就业形态劳动者权益保障开展调研协商，形成的成果纳入省政协《新就业形态劳动者权益保障协商报告》。围绕“整合昆嵛山综合资源、打造山东文化名山”开展调研视察，形成视察报告。组织有关委员对《关于烟台市主城区道路交通“行车难、停车难”的建议》《关于加快智能交通系统应用和产业发展的建议》两件重点提案进行督办协商。就《烟台市户外广告和牌匾标识设置管理办法》出台，组织委员与市司法局、城管局等部门协商座谈。组织委员开展“送医送法送科技下乡”活动。

港澳台侨和外事委员会 围绕“高标准建设烟台RCEP合作示范基地”常委会会议议题，多次召开座谈会和实地调研，形成的建议案得到市主要领导重视和肯定。围绕经济发展的难点热点问题，组织“我市村居医务室建设情况”“疫情影响下我市台资企业发展情况”“航空航天产业情况”等专题视察和调研。创新委员活动方式，到委员企业开展“党代会精神宣讲”，组织香港委员开展党的二十大精神远程视频宣讲，组织委员参加“我是党员委员”大讨论、联谊银桥活动、“委员议事室”建设、“我的‘协’奏曲”活动。扎实开展“我为群众办实事”活动，先后开展疫情防控重点领域专项督导检查、下沉社区助力基层疫情防控等志愿服务活动，积极参与主城区核酸检测志愿服务工作。

文化文史和学习委员会 征编出版《烟台文史》第十二、第十三期。聚焦“建设区域性消费中心城市”开展专题协商，形成的调研报告促进了相关工作。牵头组织全市政协系统举办“翰墨抒真情，同心永向党”喜迎二十大书画作品展。围绕“百户企业走访调研”“重点企业升规纳统”“青年人才引才留才”“民生领域调查”等方面，分别开展多次专题调研。按照省政协要求，牵头组织开展山东文化标识的推选工作。牵头组织青岛、烟台、潍坊、威海、日照五市政协文史委征编的《胶东非物质文化遗产荟萃》一书正式出版。围绕学习贯彻习近平总书记“戚继光的民族精神值得总结和弘扬”指示精神，组织部分专家学者加强戚继光研究，形成了一批新的研究成果。围绕“非遗”项目产业化发展情况，组织委员赴莱州、招远开展专题视察和调研活动。

【重要活动】

省政协副主席刘均刚来烟台调研 5月23日至25日，省政协副主席刘均刚带领人资环委部分委员、专家，深入烟台市开展绿色矿山建设调研，并就“加强‘三化’建设 提升安全生产及应急管理水平”重点提案开展督办协商。市政协主席于永信、副主席高君勃，秘书长于向明陪同活动。调研组先后到新城金矿、鸿承矿业环保开发有限公司、招金矿业金翅岭金矿、山东黄金玲珑金矿灵山矿区进行了实地调研，察看绿色矿山建设及矿区安全生产工作，听取烟台市及莱州、招远两市情况介绍，并召开重点提案督办座谈会。座谈会上，省应急管理厅介绍了提案办理情况，烟台市、莱州市相关部门参加座谈交流，提案者及委员、专家提出了一些建设性的意见建议。

十四届烟台市政协委员培训班 6月13日至15日，十四届烟台市政协委员第一期培训班在市委党校举行，共七十多名市政协委员参加。本次培训首次将市政协委员培训纳入市委党校主体班次，共分4期、每期3天，实现市政协委员学习培训“全覆盖”。

省政协副主席唐洲雁来烟台调研 9月26日至28日，省政协副主席唐洲雁来烟就“整合昆嵛山综合资源，打造山东文化名山”开展专题调研。市政协主席于永信，副主席高君勃、刘建峰陪同活动。在烟期间，调研组一行赴昆嵛山保护区实地调研，并召开座谈会听取市政府情况汇报，有关市直部门和昆嵛山保护区负责同志作了交流发言。

省政协副主席林峰海来烟台调研 9月27日至28日，省政协副主席林峰海率调研组来烟，围绕“做好新时代人民政协提案工作”开展专题调研。市政协主席于永信，市委常委、栖霞市委书记包华，市政协副主席姜曰象陪同活动。林峰海对我市提案工作取得的成效给予充分肯定，认为烟台提案工作选题准、办理实、效果好，对助推烟台经济社会高质量发展起到了积极作用。

副省长、市委书记江成到市政协机关走访调研 11月24日下午，副省长、市委书记江成到市政协机关走访调研并座谈交流。市政协主席于永信汇报相关工作情况，市委常委、秘书长于锋，市政协副主席高君勃、曲荣君、李京波、刘建峰、王松杰、姜曰象，秘书长于向明参加。

【重要文件】

中国人民政治协商会议第十四届烟台市委员会常务委员会工作报告（2022年2月23日在政协第十四届烟台市委员会第一次会议上） 报告指出，过去五年，是全市上下砥砺奋进、勇毅前行的五年，也是全市政协事业在继承中创新、在创新中发展，不断迈上新台阶、开创新局面的五年。五年来，在省政协的有力指导和中共烟台市委的坚强领导下，市政协及其常委会坚持以习近平新时代中国特色社会主义思想为指导，深入贯彻落实习近平总书记关于加强和改进人民政协工作的重要思想，团结带领全市各级政协组织、政协各参加单位和广大政协委员，牢牢把握新时代人民政协新方位新使命，充分发挥专门协商机构作用，坚持发扬民主和增进团结相互贯通，突出建言资政和凝聚共识双向发力，围绕中心、服务大局，履职尽责、担当作为，为开创新时代现代化强市建设新局面作出了积极贡献。报告分别从加强思想政治引领，牢牢把握政协工作正确方向；紧扣党政中心工作，倾力服务发展大局；发挥专门协商机构作用，为助推高质量发展贡献智慧力量；倡导“双岗双责双优”，建设高素质委员队伍；创新提升经常性工作，推动履职更具特色更显成效；全面加强自身建设，不断夯实政协履职基础等六个方面回顾总结了过去五年全市政协工作。报告指出，刚刚闭幕的市第十四次党代会擘画了烟台未来五年发展的宏伟蓝图，提出了“五个更高”的目标要求，部署了“六个率先走在前”的重点任务，发出了奋进新时代、塑造新优势、率先走在前的动员令。站在新的历史起点上，新一届市政协要坚持以习近平新时代中国特色社会主义思想为指导，在中共烟台市委的坚强领导下，团结和动员全市各级政协组织和广大政协委员，不辱使命，勇担重任，砥砺前行，在建设新时代社会主义现代化强市新征程中再创佳绩、再立新功。要不断提高政治站位，把学懂弄通做实习近平新时代中国特色社会主义思想作为首要政治任务，在加强思想政治引领上实现新提升。要主动融入中心大局，聚焦市党代会提出的奋斗目标和工作任务，在助力高质量发展上彰显新作为；切实把握职责定位，着眼更好发挥政协专门协商机构作用，在推进协商民主上迈出新步伐；深入践行履职为民理念，引导广大政协委员积极履行社会责任，在增进民生福祉上取得新成效；更加注重“两支队伍”建设，落实市委“三明三强”要求，强化“严真细实快”工作作风，在提高履职能力上实现新进步。报告号召全市各级政协组织、政协各参加单位和广大政协委员，要更加紧密地团结在以习近平同志为核心的中共中央周围，在中共烟台市委的坚强领导下，团结一心，开拓进取，不断把全市政协事业推向前进，为全力打造更具竞争力的新时代现代化国际滨海城市作出新的更大贡献，以优异成绩迎接中共二十大胜利召开！

副省长、市委书记傅明先在政协十四届烟台市委员会第一次会议上的讲话（2022 年 2 月 27 日） 傅明先指出，市政协十四届一次会议是一次承前启后、接续奋斗，发扬民主、团结奋进，坚定信心、凝聚力量的大会。他代表中共烟台市委，向大会圆满成功和市政协新一届领导班子表示祝贺，向全市各级政协组织和政协委员，向各民主党派、工商联、无党派人士、各人民团体和各族各界人士，向换届后不再担任市政协领导职务的同志表示感谢。傅明先指出，市第十四次党代会提出了“五个更高”的奋斗目标，描绘了未来五年发展的宏伟蓝图，指明了“全力打造更具竞争力的新时代现代化国际滨海城市”的前进方向。新一届市政协和广大政协委员，要发扬光荣传统，发挥独特优势，奋力书写新时代社会主义现代化强市建设的政协答卷。要铸就对党忠诚的“政协品格”，把旗帜鲜明讲政治作为根本要求，站稳政治立场、坚定政治信仰、强化政治自觉，不断提高政治判断力、政治领悟力、政治执行力，增强“四个意识”、坚定“四个自信”、捍卫“两个确立”、做到“两个维护”。要扛起服务大局的“政协担当”，紧紧围绕构建“1+233”工作体系和“12335”中心城区建设格局，积极建言献策、凝聚共识、强化监督，在服务中心大局中体现工作成效、凸显工作价值。要彰显心系民生的“政协情怀”，始终把履职为民作为价值取向，当好群众知心人、代言人、暖心人，用心用情为群众办实事、谋福祉。要展现奋发进取的“政协形象”，牢记使命、珍惜荣誉，固本强基练好基本功，建功立业争先作表率，从严从实锤炼硬作风，展现新作为、干出新样子，全面开创新时代政协事业新局面。傅明先强调，人民政协事业是党的事业重要组成部分。各级党委要把政协工作摆上重要位置，思想上高度重视，政治上热情关心，工作上大力支持。各级政府及其部门要积极配合开展协商议政，主动接受民主监督，认真办理政协提案，推动民主协商成果切实转化为实践成果。全体政协委员要凝心聚力、担当实干、携手奋进，努力为打造更具竞争力的新时代现代化国际滨海城市作出新的更大贡献。

中共烟台市委办公室印发《关于在全市政协开展“有事多商量”协商平台建设工作的实施意见》的通知（烟办字〔2022〕16号）（摘要） 一、指导思想。二、工作原则。（一）坚持党的领导。（二）坚持协商为民。（三）坚持统筹推进。（四）坚持协同联动。三、内容要求。（一）突出四个重点，明确协商内容。（二）建立四项机制，规范协商程序。1. 建立顶层设计机制。2. 建立党政领导参与机制。3. 建立政务直通机制。4. 建立协商成果转化机制。（三）用好四个平台，拓展协商形式。1. 以委员议事室为载体，打造“有事多商量·发展圆桌会”。2. 以镇街联络室为载体，打造“有事多商量·民生连心桥”。3. 以委员工作室为载体，打造“有事多商量·民意汇集站”。4. 以网络协商室为载体，打造“有事多商量·云上会客厅”。四、组织保障。（一）加强党委统一领导。（二）发挥政协党组作用。（三）提供有力工作保障。（四）营造广泛参与氛围。

中共烟台市委办公室印发《关于加强和改进新时代市县政协工作的实施意见》的通知（烟办发〔2022〕16号）（摘要） 一、加强党对人民政协工作的全面领导。1. 深入贯彻习近平总书记关于加强和改进人民政协工作的重要思想。2. 落实党的领导制度机制。3. 严格落实政协党建工作责任。4. 规范政协党组织设置。二、增强专门协商机构效能。5. 明确职能责任。6. 健全协商机制。7. 推动“有事多商量”协商平台建设。8. 强化民主监督。三、深化凝聚共识工作。9. 坚持和创新学习制度。10. 拓展思想政治引领渠道。11. 做好委员联系界别群众工作。四、加强委员队伍建设。12. 提高委员履职能力水平。13. 改进委员履职服务管理。五、夯实政协工作基础。14. 优化政协工作机构。15. 加强政协干部队伍建设。16. 提高经常性工作质量。17. 建设数字政协。18. 密切市县政协协同互动。

中国人民政治协商会议第十四届烟台市委员会常务委员会工作报告（2022年12月27日在政协第十四届烟台市委员会第二次会议上） 报告指出，一年来，在中共烟台市委的坚强领导下，市政协及其常委会坚持以习近平新时代中国特色社会主义思想为指导，以迎接中共二十大和学习宣传贯彻中共二十大精神为主线，锚定“更加紧贴党政中心、更加积极主动作为、更加注重工作创新、更加强化作风建设”工作方向，团结带领全市各级政协组织和广大政协委员，突出高站位引领、着力汇聚团结奋斗合力，突出高质量履职、着力展现服务大局作为，突出高标准推进、着力深化协商民主建设，突出高水平党建、着力树好政协队伍形象，各项工作取得了新成绩、开创了新局面。报告分别从坚持以学习宣传贯彻中共二十大精神为主线，强化政治引领、广泛凝心聚力；坚持以推动“有事多商量”协商平台建设为抓手，创新思路举措、做强协商主业；坚持以服务中心大局为己任，主动担当作为、注重实干实绩；坚持以助推高质量发展为重点，发挥体系优势、积极献计出力；坚持以建立“三个直通车”为载体，激发履职动力、增强履职实效；坚持以加强和改进经常性工作为目标，健全工作机制、提升工作质效；坚持以抓实“三支队伍”为关键，加强自身建设、夯实履职基础七个方面回顾总结了今年以来的全市政协工作。报告指出，新的一年，市政协及其常委会要坚持以习近平新时代中国特色社会主义思想为指导，深入学习宣传贯彻中共二十大精神，在中共烟台市委的坚强领导下，注重发扬民主和增进团结相互贯通、建言资政和凝聚共识双向发力，坚定履职“初心”、彰显政协使命，找准发力“中心”、彰显政协担当，倾注干事“恒心”、彰显政协贡献，注重贴近“民心”、彰显政协形象。要聚力实施政治引领“铸魂”工程、在凝聚共识上发挥更大作用，实施助推发展“聚力”工程、在服务大局上作出更大贡献，实施协商民主“赋能”工程、在社会治理上展现更大作为，实施基础工作“提质”工程、在履职实效上取得更大突破，实施队伍建设“强基”工程、在能力素质上实现更大提高，努力推动全市政协事业再上新台阶，为加快建设新时代社会主义现代化强市贡献智慧和力量。

省委常委、副省长、市委书记江成在政协十四届烟台市委员会第二次会议上的讲话（2022年12月27日） 江成指出，2022年是党和国家历史上极为重要的一年，也是烟台发展史上极不平凡的一年。一年来，全市上下认真学习宣传贯彻党的二十大精神，在省委、省政府坚强领导下，锚定“走在前、开新局”，坚决落实“疫情要防住、经济要稳住、发展要安全”的总要求，高效统筹疫情防控和经济社会发展，高效统筹发展和安全，保持了稳中向好、进中提质的良好态势，在空前考验中交出了一份合格答卷、取得了优异成绩。全市各级政协组织和广大政协委员牢牢把握团结和民主两大主题，紧紧围绕中心大局，积极履行政治协商、民主监督、参政议政职能，在产业培育、科技创新、“双招双引”、企业倍增、城市更新、乡村振兴、疫情防控、文明典范城市创建等方面做了大量富有成效的工作，为烟台塑造新优势、率先走在前作出了重要贡献。江成强调，2023年是全面贯彻党的二十大精神的开局之年，是山东绿色低碳高质量发展先行区建设的起步之年，也是烟台实现地区生产总值过万亿元目标的冲刺之年。新征程、新任务对政协工作提出了新的更高要求，也给政协事业提供了大显身手的广阔舞台。要始终站稳政治立场，持续学懂弄通做实习近平新时代中国特色社会主义思想，不断增强思想自觉、政治自觉、行动自觉，做到“党委中心工作推进到哪里，政协履职就跟进到哪里”。要始终聚焦中心大局，紧盯党的二十大确定的重大战略、重大举措，围绕市第十四次党代会确立的构建“1+233”工作体系和“12335”中心城区建设格局的总体思路，落实市委十四届三次全会提出的“五个更高”的目标要求、“六个观念”的思想方法、“十个发展新突破”的重点任务，积极参政议政，当好桥梁纽带，提升监督效能，助推全市重要改革、重要政策、重要部署快速落地、早见成效。要始终着眼群众福祉，扑下身子察民情，真心实意解民忧，凝聚共识顺民意，努力寻求最大公约数、画出最大同心圆。要始终注重自身建设，着力探索符合时代要求、契合烟台实际、贴合政协特点的新方法新举措，打造一支“懂政协、会协商、善议政，守纪律、讲规矩、重品行”的委员队伍。江成强调，各级党委要把政协工作摆上重要议事日程，为政协履职尽责创造优良条件。各级各部门要主动接受政协民主监督，积极办理政协提案建议，在全社会形成重视、支持政协工作的浓厚氛围。

【组织概况】

市政协

主席名单

于永信

副主席名单

高君勃　秦　松　曲荣君　李京波
刘建峰　王松杰　姜曰象

秘书长名单

于向明

常务委员名单

（截至2022年12月31日）

于　坤　于　泳　于　磊　于自强
于许文　马海涛　王　钧　王　涛
王　珺　王　强　王　瑞　王广群
王东亮　王寿山　王宜清　王洪波
王培学　邓　伟　邓俊英　卢国栋
朱春红　华　臻　刘一霞　刘希光
刘焕明　汤传乐　孙　静　孙春萌
牟冬梅　纪涵文　杜光坤　李　杰
李　玲　李　斌　李忠维　李咏梅
李建平　李浩生　杨　林　杨永业
杨志群　杨肇君　吴德柱　邹　钧
邹立文　迟江波　张　彤　张　荔
张绍冰　张桂德　张家起　张敏静

张焕伟　陈光晓　陈桂勇　邵伟伟
范绍波　林腾霄　郑俊杰　赵芳彦
胡卫宁　侯西勇　姜　军　姜　轲
姜　亮　宫文浩　祝茂杰　秦随兵
徐敬伟　高秀岩　高素琴　黄　波
龚清泰　崔　伟　盖　乾　盖元举
盖相宇　梁巧艳　寇润平　隋玉娜
董　锐　董瑞锋　温玲芳　蔡润圃
管　军

委员名单

（截至 2022 年 12 月 31 日）

于　坤　于永信　于向明　王　中
王　钧　王松杰　王国伟　丛建国
吕素霞　李　杰　李玮静　李浩生
李新征　张焕伟　郝德军　姜曰象
姜中二　祝茂杰　徐人斌　高君勃
梁传松　董　锐　董瑞锋　卢　辉
宁禄乔　刘希光　孙　静　杨　林
邹　钧　张　琪　丁少茸　于许文
王　瑞　王　德　卢国栋　丛　芸
冯钢铭　严　倩　张敏静　金　峰
鞠晓明　王　琳　王浩瑞　刘义钦
李　玲　杨英丽　杨桂富　郝瑞勇
温玲芳　于　泳　曲荣君　陈宗利
侯西勇　姜　轲　姜洪波　高素琴
王洪波　由国梁　刘一霞　孙丰宝
连　清　沈兴海　崔　伟　马海涛
刘小方　牟文青　李忠维　陈桂勇
逄卉一　姜斑女　高秀岩　王光明
付胜强　牟冬梅　李　斌　李忠臣
张桂德　林　琼　秦　松　唐焕玲
于自强　王培学　孔祥军　田明宝
朱春红　刘建峰　纪学英　杨志群
林治国　丛东日　刘芸含　孙传彬
张同泉　柳鹏飞　盖　乾　王　涛
王　雁　王剑波　江　伟　李红新
姚海锦　高明才　游　樱　翟　纯
魏　强　于　晶　马晓菲　王晓梅
华　臻　刘雪梅　孙春杰　杜光坤
邹　虹　宋修波　林月红　郑英卿
赵恒立　曹凤春　于超亮　王　康
史潇洒　孙长虹　周　君　温　晴
王全宁　刘春雷　刘德旭　孙春萌
纪涵文　李　伟　李京波　吴福林
陈光晓　范绍波　胡卫宁　姜　军
管　军　丛　宁　仲晓宁　杨剑超
邱剑勋　宋世庆　张　蔚　黄贵洲
梅展豪　薛建伟　李建平　卓　丹
于　波　王少健　王纪孔　田文萍
华永良　刘　洋　孙运亮　杨晓静
吴德柱　邵伟伟　赵博林　徐胜广
鲍冠云　翟一鸣　王云芝　王宁波
王永明　王秀梅　曲常弘　孙振民
张志雯　张纯彦　张国连　周甜甜
姜　林　姜常论　徐喜丹　唐　玮
梁巧艳　葛　勇　褚丽娜　于建武
王　飞　王　宁　王　珺　王　梦
王　霞　王广群　王仁鸿　王龙山
王立刚　王志政　王志勇　井　毅
方琼谊　邓俊英　左爱侠　叶　伟
吕英林　吕春哲　乔竹辉　刘小峰
刘云龙　刘凤霞　刘宏玉　刘尚伟
刘凯莉　刘焕新　汤传乐　孙英钦
李　东　杨严忠　邹立文　沙君明
初艳朋　张　宁　张　红　张学亮
张建辉　林建波　赵兴军　赵芳彦
赵裕江　姜　波　姜振良　宫文浩
董利锦　韩绍珍　景国丰　鲁苏毅
童文斌　解云朋　于广清　王　强
张相光　赵岩杰　韩礼御　刁文杰

于三越　于丰豪　于兴杰　王　锐
王云霞　王世洲　王东亮　王明博
王岩峰　王春霞　王媛媛　王黎明
尹志华　冯　庸　兰冰青　曲恒辰
刘　颖　刘中霞　刘振东　刘萍萍
齐素立　孙大超　孙明志　苏永强
杜　萌　李　刚　李凌丰　李鹏程
杨　光　杨永业　吴昭冰　宋　康
宋致选　宋焕毅　初晓蕾　张　安
张　杰　张　荔　张　彤　张心一
张勤敏　陈　荣　陈义亮　郑延文
赵　铭　赵子富　姜　华　秦立燕
聂　玮　郭文鹏　曹　蕾　曹长宏
娇　杰　盖元举　董凤立　傅光辉
傅基伟　鲁玮玮　谭益波　谭朝予
于作昌　于俊宁　马金祥　王雪刚
任尚泉　刘　勇　刘雪峰　孙　健
孙定杰　孙福山　李建忠　吴文考
吴树康　吴海涛　冷佃镇　辛国胜
郑　钧　赵德英　姜　梅　都英菊
钱振磊　徐月华　徐敬伟　殷大尧
于　莉　于光辉　于建涛　王　丹
王淑燕　王新宁　王露艳　田维河
冯开梅　朱贺嫘　刘　影　牟建胜
牟晓华　李玉玲　李向红　李育华
李鹏运　吴春青　邹　旭　迟京丞
张延东　季美娜　周新芝　赵冬梅
姜晓波　袁永亮　徐　荣　徐梅香
寇润平　蔡润圃　颜廷海　于　风
曲云妍　吴　明　范　斌　郑俊杰
胡智鹏　吕天琪　韩　梅　王为娜
邢京禹　曲言正　曲辅政　刘文清
刘爱玲　孙　淼　李　伟　李　妮
李清城　杨　楠　迟江波　迟荣香
陈洪杰　林　卫　林　林　赵　美
赵言奎　姜洪洋　袁武杰　郭　晶
隋　涛　隋　瑜　隋玉娜　董　山
于　磊　马晓艳　孔晓丽　白洪艳
华　振　刘万弓　杨肇君　张家起
俄玛准　龚清泰　释悟实　于大林
王　钊　王　利　王　岩　王　强
王　鹏　王文青　王寿山　王志文
王宏伟　王宜清　王海宇　王谦明
王嗣强　亓　燕　邓　伟　田存基
史纪元　付廷泉　冯昌凤　刘旭东
刘思媛　刘晓峰　刘焕明　闫庆华
安克强　孙　逸　孙立功　孙晓梅
孙瑞昆　孙磊涛　纪寿冕　李　忠
李　珂　李　颖　李克升　李咏梅
李建丰　李昱圻　李新新　杨文敏
吴俊杉　佘世昌　辛宗明　沙　超
宋丽红　初航正　迟业刚　张　越
张书亮　张华胜　张旭达　张郁芹
张绍冰　张晓永　张植斌　张善荣
陈　友　陈思泷　陈超逸　林腾霄
金奎谭　金鹏飞　周一鸿　周红梅
赵　丽　赵学君　郝永平　胡艳静
姜　亮　宫玉平　秦随兵　徐向群
高景波　黄　波　曹东辉　麻冰冰
盖相宇　梁景俊　隋永昌　董少磊
董福荣　韩国功　滕　瑶　潘　莅
王业兵　孙　健

区市政协

芝罘区政协主席

金奎谭

福山区政协主席

李　忠

莱山区政协主席

辛宗明

牟平区政协主席
曹东辉
蓬莱区政协主席
王嗣强
海阳市政协主席
王　岩
莱阳市政协主席
董福荣
栖霞市政协主席
王志文
龙口市政协主席
高景波
招远市政协主席
郝永平
莱州市政协主席
韩国功

烟台市各级政协组织和委员数

（截至 2022 年底）

单位：个

级别 项目	市	县（市、区）	合计
组织数	1	11	12
委员数	482	2534	3016

（编写：张帆　审稿：李新征）

政协潍坊市委员会

主席　李树民

主席　李爱杰

副主席　王　富

副主席　王贤臣

副主席　李　平

副主席　刘秀平

副主席　任春娥

副主席　冯纪伟

副主席　鞠俊海

秘书长　王立杰

【全体委员会会议】

十四届一次会议 4 月 12 日至 14 日在潍坊举行。应出席委员 502 人，实到 414 人。会议听取和审议了刘建国同志所作的政协第十三届潍坊市委员会常务委员会工作报告和孙忠礼同志所作的提案工作情况报告；以视频形式列席了市十八届人大一次会议，听取并讨论了市政府工作报告和其他有关报告，听取并讨论了市中级人民法院工作报告、市人民检察院工作报告。会议选举李树民为政协第十四届潍坊市委员会主席，选举王富、王贤臣、李平、刘秀平、任春娥、冯纪伟、鞠俊海为政协第十四届潍坊市委员会副主席，选举王立杰为政协第十四届潍坊市委员会秘书长，选举于冬菊等 71 名委员为政协第十四届潍坊市委员会常务委员。委员紧扣“一二三”目标和“一二三四五”工作思路，围绕全市改革发展稳定大局和群众关注关心的问题建言献策，大会共收到提案 648 件，立案 507 件。会议审议通过了提案审查情况报告；审议通过了政协第十四届潍坊市委员会第一次会议决议。大会闭幕时，李树民作了讲话。

十四届二次会议 12 月 26 日至 29 日，在潍坊举行。应到市政协委员 500 人，实到 372 人。会议听取和审议了王富同志所作的政协十四届常委会工作报告和鞠俊海同志所作的提案工作情况报告；以视频形式列席了市十八届人大二次会议，听取并协商讨论了市政府工作报告及其他有关报告，听取并协商讨论了市中级人民法院工作报告和市人民检察院工作报告。委员紧扣市委确定的“1441”工作思路，围绕人民群众关心的热点难点问题，积极提交提案。大会共收到提案 536 件，立案 417 件；收到大会发言材料 218 篇，6 位委员作了口头发言；会议审议通过了 2023 年度协商工作计划、2023 年度民主监督工作计划；审议通过了提案审查情况的报告；审议通过了政协第十四届潍坊市委员会第二次大会决议。会议补选李爱杰同志为政协第十四届潍坊市委员会主席。大会闭幕时，李爱杰作了讲话。

【常务委员会会议】

第一次会议 5 月 12 日，在市级机关综合办公大楼召开。审议通过了市政协专门委员会设置的决定和有关人事事项；会议分组讨论审议了《政协潍坊市委员会常务委员会工作规则》《政协潍坊市委员会委员履职工作规则》《政协潍坊市委员会关于全面加强界别建设进一步发挥界别作用的意见》《政协第十四届潍坊市委员会委员活动组常任制召集人述职制度》。

第二次会议 6 月 30 日，在市级机关综合办公大楼召开。审议通过了《关于“加快实施城市更新行动”的调研报告》《关于深入开展委员读书活动 加快推进“书香政协”建设的实施意见》《关于开展“最美政协人”评选活动的方案》，听取了市政协主席李树民就贯彻落实中央有关文件、省党代会精神和省政协有关要求讲的意见。

第三次会议 9 月 29 日，在市级机关综合办公大楼召开。听取了市政府关于市政协十四届一次会议以来提案办理情况和今年以来全市经济社会发展情况的通报；审议通过了《关于加强自然风景旅游资源保护与开发情况的调研报告》；民主评议了市交通运输局、市体育局的工作；审议通过了有关人事事项。

【专门委员会工作】

提案委员会 全年共征集提案764件，立案交办585件。积极探索建立提案工作常态化机制，出台提案工作常态化试行办法。全面升级提案系统功能，打造“数字提案”品牌，实现提案工作全过程、全链条数字化、智能化运转。制定市政协领导督办重点提案的方案和市领导分工联系提案承办单位开展提案办理协商、面对面督办活动的方案，召开提案办理协商座谈会，推动提案办理有结果、见实效。研究制定提案质量和提案办理质量评价办法，对平时提案质量和办理质量开展常态化评议。将公众互动、大众点评融入“年度好提案”评选活动，对评选出的60件“年度好提案”进行通报表扬。建立“月调度、季通报、年评价”工作机制，对各承办单位办理平时提案的评估考核结果及时向市委政府报告，并定期向有关提案承办单位通报。

经济委员会 组织开展加快培育“专精特新”企业专题协商，形成关于加快培育“专精特新”企业的协商建议，上报市委、市政府，引起市委、市政府主要领导重视。组织召开了《潍坊市快递条例》立法前专题协商会，形成了专题协商情况报告，上报市委，江敦涛书记作出肯定批示。配合提案委组织开展提案办理专题协商座谈会，与市工信局进行重点提案督办协商。组织开展了全市跨境电商产业发展情况专题视察暨对口协商，围绕全市跨境电商产业发展情况，赴经济技术开发区、寒亭区实地视察了部分跨境电商企业、产业园区等，并同市商务局召开了对口协商座谈会，积极推动我市跨境电商产业快速发展。

人口资源环境外事委员会 组织开展“加快实施城市更新行动”专题协商，深入中心城区项目现场实地调研，组织专题座谈会，召开常委会会议进行专题议政，提出有针对性的建议，得到市委、市政府肯定。组织开展“打造美丽河湖，维护河湖生态健康”对口协商，形成了《关于打造美丽幸福河湖的几点建议》，报送至政协信息平台。组织开展关于《潍坊市物业管理条例》实施情况的专题视察。与台联、侨联、科协组围绕“贯彻落实‘一法一条例’，维护归侨侨眷合法权益”，前往昌乐县组织开展了界别协商，并举行“潍坊市华侨国际文化交流基地”揭牌仪式。配合省政协做好“用好RCEP便利政策，扩大我省农产品出口”月度协商会相关工作。

教科卫体委员会 组织开展全市中小学幼儿园建设三年攻坚行动对口协商和视察监督，形成调研报告后报市政府。组织开展加强基层卫生服务能力建设专题协商，采取“市县联动同步调研、多轮座谈集思广益”的办法开展系列调研活动。组织召开“市政协加强基层卫生服务能力建设”专题协商座谈会，起草报告并报市委，市委主要领导对该报告批示肯定。组织开展对市体育局工作情况的考察，并召开专题座谈会。召开提案办理协商座谈会，督办市科技局和教育体育系统承办的重点提案。倾心服务委员企业，了解委员企业发展状况、面临困难并针对性开展服务工作。配合省政协开展了“加强科技研发创新，推动科技自立自强”的专题调研活动。

社会法制委员会 围绕《潍坊市文明行为促进条例》立法情况组织专题调研，并进行专题协商。围绕“推动自然风景旅游资源保护与开发情况”开展调研，形成了《关于加强自然风景旅游资源保护与开发情况的调研报告》，经市政协十四届常委会第三次会议审议通过后，报市委、市政府供领导决策参考。制订了《潍坊市政协办公室 2022 年普法工作计划》。全国第五个“宪法宣传周”期间，主动到委员律师事务所征求宪法宣传的意见建议，并在市政协网站进行宣传。为全省政协社会法制委工作座谈会提供了题为“以委员为主体，强化责任担当，促进专委会工作提质增效”的经验交流材料。

文化文史和学习委员会 编辑出版《潍坊民间传说》（第一辑），组织“喜迎二十大 奋进新征程”书画摄影作品展并出版作品集。向省政协报送了潍县集中营、乐道院、临朐红丝砚等 45 篇具有地域特色的文史资料稿件。向本届及往届市、县政协委员，在职及离退休政协工作者征集了具有收藏价值的个人著作成果，并完成了上报工作。上报省政协 6 个潍坊市文化标识推选项目及 24 项潍坊以外全省文化标识推选项目。完成了省政协书画院、泰安市政协联合举办的《中国梦 泰山魂——喜迎二十大 永远跟党走》书画展的供稿任务。完成了服务企业、信访积案化解、贫困户走访等多项工作；做好“六个一”活动和委里党员参加所在社区的志愿者服务活动。

民族和宗教委员会 围绕贯彻落实中央民族工作会议、全国宗教工作会议精神情况，开展民主监督性调研并召开座谈会。围绕“铸牢中华民族共同体意识示范试点创建”工作开展情况调研，并召开对口协商座谈会，组织开展“宗教活动场所规范化建设”专题协商活动，形成的建议得到了市委书记江敦涛的高度肯定。主动与宗教团体主要负责人、宗教界政协委员进行座谈，督促委员们增强“五个认同”，积极发挥宗教界代表人士作用，广泛凝聚共识。配合省政协民宗委，就“强化营商环境创新，打造一流营商环境”开展问卷调查。

委员联络工作委员会 起草制定《关于全面加强界别建设进一步发挥界别作用的意见》《关于加强与委员联系的办法》《委员活动组常任制召集人述职制度》等规范性制度文件。修改完善《委员履职考核评价办法》《委员活动组考核计分办法》，对委员活动组分别进行了量化考核。面向全市政协委员开展年度“最美政协人”评选活动。围绕“加强产教融合，共建国家职业教育创新发展高地”议题，与省政协联动开展协商议政。组织开展“四个一”读书活动，对委员读书进行量化计分。依托山东通“学而书院”组织全市政协委员参与“深学笃行《习近平谈治国理政》第四卷”网上专题学习活动。

农业和农村委员会 围绕“建设供销·大厨房、打造现代流通新业态”开展对口协商，提出了《关于在全市建设供销·大厨房的建议》。会同市乡村振兴局，指导农业组开展防返贫动态检测和帮扶机制界别协商，组织部分农业组委员赴临朐县进行实地调研召开座谈会。按照省政协部署，围绕“黄河三角洲盐碱地综合开发利用”开展协商调研，组织相关部门、研究院（所）负责人召开了专题座谈会，总结提报13个典型案例。与县市区政协联合征集总结乡村振兴案例30个，3个案例被省政协编入《乡村振兴新路径与新经验30个创新案例》。

【重要活动】

十四届市政协委员培训班 6月7—10日，市政协在山东（寿光）农村干部学院举办十四届市政协委员培训班。市政协主席李树民作动员讲话和辅导报告。

省政协副主席赵家军来潍坊调研 6月9—10日，省政协副主席赵家军率调研组来潍就“加强科技研发创新，推动科技自立自强”进行调研。市政协主席李树民，副市长狄波陪同有关活动。

省政协主席葛慧君来潍坊宣讲 6月13—15日，省政协主席葛慧君来潍宣讲省第十二次党代会精神，并围绕“加强和改进新时代市县政协工作”进行调研。市委书记、市人大常委会主任田庆盈，市委副书记、市长刘运，市政协主席李树民，分别陪同有关活动。

省政协副主席刘均刚来潍坊调研 6月21—23日，省政协副主席刘均刚率调研组来潍就“推动工业园区绿色低碳循环发展”进行调研。市政协主席李树民陪同有关活动。

省政协副主席程林来潍坊调研 6月27—29日，省政协副主席程林率调研组来潍就“用好RCEP便利政策，扩大我省农产品出口”进行专题调研，并开展重点提案督办工作。市政协主席李树民，副市长滕双兴陪同有关活动。

全国政协副主席刘奇葆来潍坊调研 7月6—7日，全国政协副主席刘奇葆率调研组，在省政协主席葛慧君陪同下来潍坊，围绕“非物质文化遗产保护和传承”开展调研。市政协主席李树民陪同。

内蒙古自治区政协副主席安润生来潍调研 7月27—28日，内蒙古自治区政协副主席、工商联主席安润生一行，在省政协经济委员会副主任孙秀江陪同下来潍，围绕“‘双碳’背景下推动经济绿色转型发展”进行专题考察。市政协副主席鞠俊海、经济委工作室主任孙军陪同。

全国政协常委吴刚来潍考察调研 8月5日，全国政协常委、军委改革和编制办公室顾问、陆军纪律检查委员会原中将书记吴刚带领全国政协委员考察团来潍，围绕“现役军人家属就业安置”进行考察调研。市政协副主席冯纪伟陪同。

省政协副主席王修林来潍坊出席活动 8月31日，省政协副主席王修林来潍出席“新时代新鲁菜”2021鲁菜创新大赛颁奖典礼暨“新时代新鲁菜”2022创新大赛启动仪式。

省政协党组成员、副主席于国安来潍坊调研 9月21—22日，省政协副主席于国安率调研组来潍调研“界别同心汇”试点创建工作。市政协主席李树民陪同。

省政协副主席唐洲雁来潍坊调研 9月23—24日，省政协副主席唐洲雁带队，到青州市开展基层政协联系点调研并参加“同心跟党走 喜迎二十大”全省政协民族宗教界委员摄影展开幕式。市政协主席李树民陪同有关活动。

省政协副主席王修林来潍坊视察 9月26—27日，省政协副主席王修林带队来潍视察知识产权保护工作。市政协主席李树民、副主席王贤臣、秘书长王立杰分别陪同有关活动。

省政协党组成员、副主席于国安来潍坊督导 10月27日，省政协党组成员、副主席于国安带领省稳住经济基本盘督导服务组来潍开展第二轮督导服务工作。市政协主席李树民陪同有关活动。

【重要文件】

中国人民政治协商会议第十三届潍坊市委员会常务委员会工作报告（2022年4月12日在市政协十四届一次会议上） 报告分三部分回顾了政协第十三届潍坊市委员会常务委员会五年来的工作。一是按照市委工作部署，切实担负协商主责主业，很好地发挥了专门协商机构作用。主要通过：在推动高质量发展中贡献政协智慧；在增进民生福祉中彰显政协情怀；在维护社会和谐稳定中展现政协担当；在促进生态文明建设中汇聚政协力量；在推进文化繁荣发展中发挥政协优势。二是立足人民政协新使命新方位，明确工作方向，夯实工作基础，形成了工作特色。主要是：坚持党的领导，重要阵地更加巩固；强化理论武装，重要平台更加坚实；广泛凝聚共识，重要渠道更加畅通；打造履职品牌，工作成效更加显著；注重固本强基，自身建设更加过硬。三是坚持守正创新、担当作为，不断深化对新时代人民政协性质、定位、职责的认识，积累了一些有益经验，形成了一些新的体会。主要有：必须始终坚持党对政协工作的全面领导；必须始终坚持专门协商机构的定位；必须始终坚持人民政协为人民；必须始终坚持团结和民主两大主题；必须始终坚持发挥委员主体作用；必须始终坚持改革创新。报告对今后工作提出建议：一是把坚持党的领导作为根本要求，切实加强政协党的建设。二是把服务大局作为第一要务，持续助推高质量高速度发展。三是把凝聚共识作为中心环节，坚持发扬民主增进团结。四是把改革创新作为动力源泉，不断提升政协履职能力。五是把自身建设作为重要保障，着力优化两支队伍。

中国人民政治协商会议第十四届潍坊市委员会常务委员会工作报告（2022年12月26日在市政协十四届二次会议上） 报告分五部分回顾了政协第十四届潍坊市委员会常务委员会2022年以来的工作。一是坚持把迎接中共二十大、学习贯彻二十大精神作为重大政治任务，广泛凝聚共识，汇聚智慧力量。主要有三个方面：加强理论武装、发挥统战组织功能、营造浓厚氛围。二是围绕中心工作，协商议政见成效。主要通过为提升城市能级活力建言、为提升新经济新产业献策、为提升人民生活品质助力。三是干在一线，服务大局有作为。主要通过扛牢疫情防控责任、联系服务企业和项目、落实市委重大专项任务、引导委员一线建功立业。四是树立一流标准，推动工作走在前。主要是：反映社情民意信息工作跃上新台阶、提案工作实现常态化实效化、履职平台建设实现新突破、文史工作取得新成绩。五是加强自身建设，提升履职能力。主要通过加强制度建设、加强学习培训、加强委员履职服务和管理、加强政协机关建设等方面。报告从四个方面对2023年的工作作了安排：一是坚持党建统领，推动政协各项工作高质量发展。二是突出工作重点，积极为全市高质量发展献计出力。主要是：组织好建言资政、开展好民主监督、实施好“三争三创一保持”三年行动等。三是抓好创新提升，着力打造亮点品牌。主要是创新提升反映社情民意信息工作、创新提升政协提案工作、创新提升“为民商量”品牌、创新提升“界别同心汇”聚识平台功能。四是强化组织保障，推动各项工作提质增效。主要是强化制度机制保障和强化“两支队伍”保障。

关于加强和改进新时代市县政协工作的实施意见（潍办发〔2022〕8号） 制定该实施意见旨在深入学习贯彻习近平总书记关于加强和改进人民政协工作的重要思想，制定的主要依据为《中共中央办公厅印发〈关于加强和改进新时代市县政协工作的意见〉》和《中共山东省委办公厅印发〈关于加强和改进新时代市县政协工作的实施意见〉的通知》。该意见从加强党对人民政协工作的全面领导、提高建言资政水平、深化凝聚共识工作、助推基层社会治理、加强履职能力建设等方面提出要求。

【组织概况】

市政协

主席名单

李树民（2022年4月14日潍坊市政协十四届一次会议当选，2022年12月29日不再担任）

李爱杰（2022年12月29日潍坊市政协十四届二次会议补选）

副主席名单

王　富　王贤臣　李　平　刘秀平
任春娥　冯纪伟　鞠俊海

秘书长名单

王立杰

常委名单

（截至2022年12月31日）

于冬菊　于贞杰　马向东　王　冰
王显朋　牛克智　庄　鹏　刘文东
刘兴成　刘军明　刘春强　刘棣俭
刘煜东　安卫红　许　华　孙晓非
孙　涛　孙　霞　李向云　肖建华
宋正树　张玉国　张良富　张国庆
张敬军　张辉清　张耀才　陈光旭
郑金来　赵同祥　赵　岳　赵珊珊
赵振玺　郝信富　都焕德　谭　薇
魏建平　高百川　王泳亮　张文军
郭远航　潘昌虎　苏　静　王占静
高允琴　王勇萍　刘甲伟　释本悟
许传平　刘中生　刘冠海　刘德永
任瑞波　肖慧清　褚　磊　李　薇
迟耸立　吕继贤　刘丹溪　吴红玉
马连涛　杨宪军　林　艳　高增亮
刘　林　刘晓清　李　霞　宋光辉
刘泉军　宣勋武

委员名单

（截至2022年12月31日）

丁　刚　丁贵法　丁　薇　丁　鑫
于冬菊　于贞杰　于希江　于治伦
马伟红　马向东　马志强　马丽萍
马来胜　马连涛　马　建　马　玲

马常海　马曙莹　王乃云　王士芹
王小玲　王月娟　王丹云　王凤苓
王玉兴　王正江　王世伟　王可香
王　平　王东旭　王占静　王立平
王立杰　王立新　王　宁　王　宁
王永训　王永亮　王成利　王光智
王　伟　王伟敏　王华杰　王全国
王　冰　王庆阳　王守全　王守磊
王军修　王　丽　王丽君　王秀刚
王秀玲　王应新　王妍妮　王英明
王贤臣　王明江　王明波　王泳亮
王宝君　王建文　王建伟　王建柏
王春林　王春国　王　玲　王荣丽
王树京　王　威　王显朋　王保良
王俊青　王洪波　王　勇　王勇萍
王晓晶　王　健　王爱民　王　涛
王海华　王教法　王　菲　王雪涛
王清林　王　琦　王　超　王　富
王　婷　王瑞春　王新会　王福华
王　鑫　云兴波　云增忠　牛克智
毛桂贞　仇佃虎　方　强　尹春娟
孔祥奴　邓晓琴　左建山　石乐新
石　琰　田世华　田迎军　田树民
田莉莉　史振平　付科明　付艳梅
付新华　白玉东　白　洁　丛陆军
冯守平　冯纪伟　冯建军　冯晓林
冯　铸　巩红卫　毕庆东　吕尧良
吕茂盛　吕继贤　朱九洲　朱玉林
朱邦辉　朱红梅　朱　蕾　乔日美
任春娥　任瑞波　庄　鹏　刘大伟
刘广斌　刘中生　刘丹溪　刘文东
刘文明　刘文峰　刘世海　刘甲伟
刘成龙　刘　华　刘全平　刘　冰
刘兴成　刘军明　刘　阳　刘寿先
刘秀平　刘　青　刘　林　刘国银
刘国斐　刘建秀　刘春强　刘泉军
刘剑非　刘　亭　刘彦含　刘　洁
刘洪文　刘洪营　刘冠迎　刘冠海
刘振亭　刘莹有　刘晓艳　刘晓清
刘　峰　刘雪梅　刘棣俭　刘煜东
刘满成　刘　滨　刘　静　刘德永
齐永胜　江　洪　安卫红　许传平
许　华　许晓斌　孙广润　孙中升
孙公武　孙文力　孙文君　孙令波
孙华莹　孙仿建　孙旭平　孙红岩
孙红艳　孙志娟　孙秀珍　孙明潭
孙　凯　孙炜炜　孙炜皓　孙建霞
孙科顺　孙晓东　孙晓非　孙晓欣
孙　涛　孙德波　孙　霞　牟灵磊
纪　博　远　彬　严希海　苏丁丁
苏成文　苏　静　杜　宁　杜　明
杜晓敏　杜润兰　杜淑芳　杜鹏成
李　飞　李见成　李　平　李令超
李立波　李汉水　李传智　李华壮
李向云　李向东　李冰雪　李庆芳
李进军　李志波　李连美　李迎春
李松林　李　杰　李国红　李国强
李明杰　李宗臣　李建卫　李建军
李春香　李庭辉　李洪峰　李振兴
李晓明　李晓萍　李　峰　李爱杰
李　准　李　涛　李浩浩　李培礼
李培进　李烽炫　李博生　李储忠
李逾男　李　鹏　李新平　李新刚
李　静　李韶庚　李　薇　李　霞
杨京娥　杨　府　杨宪军　杨博剑
步宪群　肖学军　肖建华　肖慧清
时岐亭　吴　红　吴红玉　吴美红
邱　霞　何建伟　冷文清　辛　冲
辛峻伟　闵月红　沙　宁　宋正树
宋乐昌　宋光辉　宋桂来　迟同全

迟英忠　迟耸立　张子涛　张文军
张玉国　张功法　张立军　张立红
张立明　张华东　张秀芹　张宏磊
张良富　张启云　张苹苹　张杰峰
张国友　张国庆　张法震　张　建
张荣霞　张　虹　张洪升　张洪亮
张　洋　张　莉　张晓乙　张晓东
张晓睿　张　峰　张　健　张清涛
张婕妤　张维恩　张敬军　张惠玉
张辉清　张瑞华　张耀才　陈大雷
陈卫国　陈风军　陈加峰　陈光旭
陈　进　陈志军　陈丽华　陈灵芝
陈国华　陈建武　陈美霞　陈桂玲
陈培文　邵　军　武晓燕　范曰刚
范　猛　范瑞莲　林英杰　林显鸿
林　艳　罗　东　罗秉环　罗晓明
季万胜　岳建利　金泽邦　周元学
周发家　周松山　周　鹏　郑立森
郑明明　郑金来　郑　海　郑乾坤
郑德田　单　杰　单秋芳　郎继荣
孟凡龙　赵卫强　赵永刚　赵同祥
赵庆福　赵　岳　赵珊珊　赵振玺
赵振盛　赵海龙　赵　敏　赵增光
郝信富　相　悦　钟光文　钟倩潼
段孝敏　信维亮　侯俊羽　侯智文
逄春伟　逄新军　姜日洪　姜文玲
姜永民　姜俊刚　姜　暖　姜魁滨
宣勋武　宫秀华　宫　慧　祝红蕾
姚子文　姚凤霄　姚　东　姚恒彬
贺　英　袁义林　袁月娥　袁世俊
袁延杰　袁荣华　袁柳天　袁艳秀
都春旭　都焕德　聂淑惠　夏淑玲
徐凤徽　徐芸中　徐宝刚　徐清华
徐福刚　徐嫚嫚　殷亚轩　栾尊一
高凤金　高　文　高允琴　高百川
高振忠　高晓光　高　峰　高增亮
郭友亮　郭龙海　郭远航　郭志英
郭宝义　郭建伟　郭春媛　郭泰靖
郭健健　郭家荣　郭　新　唐家章
陶书健　黄　斌　曹沛霞　曹冠法
崔杭琦　崔金良　章和平　梁永健
梁淑娟　梁景宏　梁增文　宿芳珍
隋　晶　隋鹏林　葛永超　葛相军
葛晓东　葛　敏　董丽娜　董春燕
韩文革　韩玉亭　嵇克红　程　辉
傅爱善　释本悟　释妙严　曾绍文
温　鑫　解培金　慈建华　慈树茂
褚　磊　管兰兰　管　亮　管清芹
谭英璞　谭　薇　翟　敏　黎学刚
潘玉林　潘兆科　潘昌虎　鞠俊海
鞠福惠　魏林卿　魏建平　魏梦媛

县（市、区）政协

奎文区政协主席

王丽君

潍城区政协主席

王　伟

坊子区政协主席

高凤金

寒亭区政协主席

孙文力

青州市政协主席

王海华

诸城市政协主席

王爱民

寿光市政协主席

袁世俊

安丘市政协主席

李建英

高密市政协主席

王永亮

昌邑市政协主席

李明杰

临朐县政协主席

王秀刚

昌乐县政协主席

魏林卿

潍坊市各级政协组织和委员数

（截至 2022 年底）

单位：个

级别 项目	市	县（市、区）	合计
组织数	1	12	13
委员数	500	3301	3801

（编写：宋运荣　审稿：张耀才）

政协济宁市委员会

主席　霍媛媛

副主席　谢成海

副主席　李良品

副主席　班　博

副主席　李克学

副主席　展　鑫

副主席　张洪雷

副主席　董学琛

副主席　李　敬

秘书长　徐兴华

【全体委员会议】

十四届一次会议 2022年2月22日至25日在济宁举行。应出席委员492名，实到委员476名。中共济宁市委书记、市人大常委会主任林红玉，市委副书记、市长于永生等党政领导同志出席会议，参加分组讨论，听取议政发言，与委员们共商济宁改革发展大计。与会委员列席济宁市第十八届人民代表大会第一次会议，听取并讨论于永生市长所作的政府工作报告和会议的其他报告，对各项报告均表示赞同。委员们围绕事关济宁改革发展的重大问题和人民群众关心的热点难点问题，提出了许多有价值的意见建议。会议审议批准了十三届市政协常委会工作报告，审议批准了十三届市政协常委会提案工作报告，审议批准了十三届市政协2021年协商工作计划执行情况和2022年协商工作计划安排建议的报告。经过民主协商，选举产生了政协第十四届济宁市委员会主席、副主席、秘书长和常务委员。大会闭幕时，林红玉代表中共济宁市委讲话，对会议的圆满成功、向新当选的十四届市政协领导班子表示热烈祝贺，对做好新时代人民政协工作提出明确要求、寄予殷切期望，霍媛媛作了讲话。

【常务委员会会议】

第一次会议 3月29日召开。市政协主席霍媛媛出席会议并讲话。会议学习了习近平总书记在中央政协工作会议上的重要讲话，传达学习了全国政协十三届五次会议精神和省政协主席葛慧君在济宁调研时的讲话精神；听取了市政协十四届一次会议提案审查立案情况的汇报；审议通过了《政协济宁市委员会关于加强政协常委会自身建设的意见》《政协济宁市委员会2022年工作要点》《市政协2022年协商工作计划》《政协第十四届济宁市委员会常务委员会关于设置专门委员会的决定》。会议还审议通过了有关人事事项。

第二次会议 7月26日召开。市政协主席霍媛媛出席会议并讲话，市委常委、市政府副市长王宏伟出席会议。会议传达学习了习近平总书记重要文章和《中国共产党政治协商工作条例》；王宏伟作了《济宁市2022年上半年经济社会发展情况的专题报告》；审议通过了《政协济宁市委员会关于“提升助企攀登质效，推进制造强市建设”的建议案》《政协济宁市委员会关于统筹推进“济事商量”协商平台建设的实施意见》《政协济宁市委员会委员履职考核办法》《政协济宁市委员会常务委员年度履职报告办法（试行）》和有关人事事项。会上，围绕“提升助企攀登质效，推进制造强市建设”主题进行了大会发言和协商互动。

第三次会议 10月14日召开。市政协主席霍媛媛出席会议并讲话，市委常委、市政府副市长董冰出席会议。会议学习了习近平总书记重要文章《把中国文明历史研究引向深入，增强历史自觉坚定文化自信》；董冰作了《济宁市打造文化“两创”先行示范区工作情况的专题报告》；审议通过了《关于“传承发展中华优秀传统文化，打造文化‘两创’先行示范区”的建议案》《中国人民政治协商会议济宁市委员会提案工作条例》。会上，围绕“传承发展中华优秀传统文化，打造文化‘两创’先行示范区”主题进行了大会发言和协商互动。

第四次会议 11月29日召开。市政协主席霍媛媛出席会议并讲话，市政府副市长刘东波出席会议。会议传达学习了党的二十大和二十届一中全会精神，以及市委十四届三次全会精神。刘东波作了《济宁市都市区一体化建设工作情况的专题报告》；会议审议通过了《政协济宁市委员会关于深入学习宣传贯彻中国共产党第二十次全国代表大会精神的决议》《关于“加速推进‘任兖邹曲嘉’一体化融合发展，打造都市区建设示范城市”的建议案》。会上，围绕“加速推进‘任兖邹曲嘉’一体化融合发展，打造都市区建设示范城市”主题进行了大会发言和协商互动。

第五次会议 12月30日召开。市政协主席霍媛媛主持会议并讲话。会议传达学习了中央、省委经济工作会议精神，审议通过了市政协常委会工作报告和市政协常委会提案工作报告；协商确定了市政协常委会工作报告和市政协常委会提案工作报告报告人；审议通过了召开市政协十四届二次会议的决定及大会议程、日程（草案）和会议有关事项，审议通过了有关人事事项。会议还听取了部分市政协常委2022年度履职报告和市政协各专门委员会2022年度述职报告。

【专门委员会工作】

提案委员会 全年提交提案779件，审查立案500件，全部办复。协助市委制定出台《济宁市党政领导领办人大代表建议和政协提案办法》，党政领导领办的重点提案纳入市委、市政府重点督查事项。围绕“深化产教融合”“发展乡村旅游”“提升非国有博物馆运营能力”等，主席会议成员领衔督办8个方面的重点提案。修订《提案工作条例》，制定《提案审查办法》，开展双向民主评议，通报表扬优秀提案和先进提案承办单位。围绕“建设智慧港航系统，打造港航物流中心”召开专题协商座谈会。

经济委员会 围绕“提升助企攀登质效，推进制造强市建设”开展专题协商，采取“1个总课题+4个子课题”展开调研，相继召开专题协商座谈会、常委会会议协商议政，建议案得到市委书记批示。围绕“加快园区提档升级，推动县域经济高质量发展”开展民主监督，围绕“促进科技成果转化，助力制造强市建设”开展提案办理协商。组织政协委员审阅《济宁市优化营商环境条例（草案）》，积极提出修改意见。

农业和农村委员会 围绕“加快发展设施农业，提升农业现代化水平”开展对口协商，形成高质量协商成果。会同人资环委完成“发展乡村旅游产业，助推乡村全面振兴”重点提案办理协商。参与“推进高端装备产业发展”分课题调研和报告撰写，形成《关于“推进高端装备产业发展”的调研报告》。参与全省乡村振兴创新典型案例评选，“嘉祥豆种”和“按揭农业”被省政协列为重点宣传推广案例。

人口资源环境委员会 围绕“加速推进‘任兖邹曲嘉’一体化融合发展，打造都市区建设示范城市”开展专题协商，开展“1个总课题+3个子课题”分组调研，组织召开协商座谈会和专题议政性常委会会议，形成高质量建议案供党委政府决策参考。围绕“推进高端装备产业发展”开展分课题调研，围绕“发展乡村旅游产业，助推乡村全面振兴”开展提案办理协商，围绕城市固体废弃物处理利用开展视察活动。

教科卫体委员会 围绕“优化农村教育资源，推进义务教育优质均衡县建设”开展对口协商，调研报告得到市委书记的批示。围绕“大力推进托育机构建设，解决育龄夫妇后顾之忧”课题开展重点提案办理协商。对济宁健康护理学院一期工程建设情况开展视察。对“中小学课后服务及‘双减’工作情况”开展督导性视察。上报《关于提高济宁市特殊教育学校学生伙食标准的建议》社情民意信息，市委书记作出批示。组织委员会成员到济宁市特殊教育学校开展“情暖六一节 关爱残疾儿童”活动。

社会法制委员会 组织委员围绕“深化放管服改革、营造最优营商环境”开展对口协商。围绕“助推营商环境持续改善”协商座谈。围绕“加强城区智慧停车建设”开展重点提案办理协商。组织法律界委员，围绕“行政执法和执法监督力量双下沉”工作开展民主监督。推荐20余位法律界委员，参与党委政府各类民主监督评议活动。培育工会界别、妇联界别、共青团青联界别委员之家3处、委员工作室6处，开展多场书香政协全民阅读联谊活动。

港澳台侨外事和民族宗教委员会 围绕“文物保护、活化利用和博物馆建设”开展调研，调研报告得到市委书记批示。围绕“宗教场所弘扬优秀传统文化落实情况”开展调研，召开座谈会听取汇报，形成调研报告。围绕“发挥侨资企业‘双招双引’优势、巩固扩大助企攀登工作成果”开展对口协商。围绕“深化产教融合、校企合作，助力实用型技能人才培养”开展提案办理协商。

文化文史和学习委员会 组织微山湖5A级景区创建视察调研活动。围绕“传承发展中华优秀传统文化”召开专题议政性常委会会议，邀请全国政协常委王学典和全国政协委员杨朝明作专题讲座，建议案得到市委书记批示。举办全市政协文史稿件编辑和写作培训班。协助省政协做好“深入推进落实‘两个结合’，打造优秀传统文化‘两创’高地”重点提案督办调研。成立市政协大运河国家文化公园工作室。出版《河道总督》《济宁漫画家马星驰画传》两部文史资料图书。积极参加山东文化标识推荐活动。

委员联络工作委员会 开展“全员入委”工作，出台《关于政协委员联系服务界别群众的实施意见》。首批18个“委员之家”、15个委员工作室通过验收并授牌。指导创建装配式建筑产业“界别同心汇”，工作做法在省政协会议上作典型发言。围绕“创新政协履职平台建设，推动基层社会治理效能提升”开展对口协商。围绕“拓宽融资渠道，破解企业融资难题”扎实开展重点提案办理协商。制定《关于加强联系服务委员实施办法》，印发《关于住县（市、区）十四届市政协委员调研考察工作安排的通知》。

【重要活动】

省政协主席葛慧君来济宁调研 3月16日至17日，省政协主席葛慧君来济宁，围绕加强和改进新时代市县政协工作开展调研。市委书记、市人大常委会主任林红玉，市委副书记、市长于永生，市政协主席霍媛媛参加有关调研活动。

市政协委员履职能力培训班 5月31日至6月2日，举办十四届济宁市政协委员履职能力培训班。市政协主席霍媛媛出席结业式并讲话。邀请有关领导和专家讲解了政协理论、业务知识和济宁“十四五”发展规划，部分委员进行了履职经验交流。

创建“界别同心汇”暨基层履职平台建设工作座谈会 8月8日，全市政协创建“界别同心汇”暨基层履职平台建设工作座谈会召开。市政协主席霍媛媛出席会议并讲话。

全市政协系统秘书长工作会议 8月26日至27日，全市政协系统秘书长工作会议在邹城召开。会议传达学习了全省政协暑期读书会和省市政协秘书长工作交流座谈会精神，通报了数字赋能新时代政协工作情况，开展了廉政警示教育活动。6名县（市、区）政协秘书长作交流发言。

【重要文件】

中共济宁市委办公室印发《关于加强和改进新时代市县政协工作的实施意见》的通知（济办发〔2022〕31号）（摘要） （一）总体要求。坚持以习近平新时代中国特色社会主义思想为指导，发挥人民政协专门协商机构作用，不断提升政治协商、民主监督、参政议政水平，更好凝聚共识，为新时代社会主义现代化强市建设贡献智慧和力量。（二）加强党的全面领导。落实党对人民政协领导的制度规定，发挥政协党组把方向、管大局、保落实的作用，全面加强政协党的建设，强化政协履职保障。（三）提高建言资政水平。加强协商民主工作，增强协商议政质效，打造“济事商量”协商品牌，推动政协协商与基层协商有效衔接，提高经常性工作质量，推动全市政协工作高质量发展。（四）深化凝聚共识工作。健全完善学习制度，开展“书香政协·委员悦读”活动，办好“政协讲堂”，常态化开展委员宣讲活动，完善委员联系界别群众制度机制，创新凝聚共识载体。（五）发挥民主监督作用。坚持协商式监督的定位，完善民主监督制度机制，加强政协民主监督工作。（六）抓好委员队伍建设。优化委员队伍结构，提高委员履职能力水平，改进委员履职服务管理。（七）发挥专门委员会基础性作用，推进数字政协建设，增强市县政协工作力量，强化市县政协协同联动，加强市属功能区政协工作机构建设。

市委书记林红玉讲话（2022年2月25日在政协第十四届济宁市委员会第一次会议闭幕会上）（摘要） 全市各级政协组织和广大政协委员倍加珍惜伟大时代提供的广阔舞台，共同谱写新时代社会主义现代化强市建设新篇章。（一）携手开新局、奋力争一流，要在筑牢政治忠诚上实现新提升。要在学深悟透中坚定政治信仰，在融会贯通中提升政治能力，在对标对表中强化政治担当，确保把党的决策部署不折不扣贯彻落实到政协全部工作之中。（二）携手开新局、奋力争一流，要在服务发展大局上彰显新担当。紧紧围绕市委确定的目标任务和思路布局，紧扣中心聚共识，锚定目标献良策，聚焦问题建净言，努力在高质量发展中彰显政协作为、作出应有贡献。（三）携手开新局、奋力争一流，要在增进民生福祉上展现新作为。践行“以人民为中心”的发展思想，筑牢“连心桥”，做实“民生事”，当好“减压阀”，切实做好连民心、解民忧、惠民生等工作。（四）携手开新局、奋力争一流，要在加强自身建设上迈出新步伐。坚守为国履职、为民尽责的情怀，在履职实践中以新时代奋斗者的姿态和干劲，积极投身全市改革发展火热实践，在奋进新征程中再立新功、再创佳绩。

中国人民政治协商会议第十三届济宁市委员会常务委员会工作报告（2022年2月22日在政协第十四届济宁市委员会第一次会议上）（摘要） 2021年的主要工作。紧紧围绕庆祝中国共产党成立100周年和实现“十四五”良好开局认真履职尽责。（一）加强理论武装和思想政治引领。认真落实习近平新时代中国特色社会主义思想学习座谈会制度，扎实开展党史学习教育，精心组织读书班、专题党课、参观体验，举办庆祝中国共产党百年华诞经典戏曲演唱会等系列活动。（二）推动济宁争先进位和高质量发展。聚力“十四五”开新局调研协商，围绕强力突破制造强市、推动港航经济高质量发展、黄河流域生态保护和高质量发展、打造乡村振兴齐鲁样板引领区、优秀传统文化“两创”等深入协商建言，市委市政府主要领导批示政协履职成果29次。（三）深入加强政协民主监督。聚焦微山湖旅游区创建国家5A级景区、南四湖生态保护等开展民主监督性特别调研视察。聚焦围绕发展高质量教育、常态化疫情防控等开展专项协商民主监督。（四）推动民生改善和群众幸福感满意度提升。根据市委“基层医疗卫生能力建设的五年规划目标、重点任务和具体措施”部署开展专项课题调研。围绕老旧小区改造、社区居家养老等重要民生关切和政府为民办实事落实，深入开展调研协商和视察监督。解决城镇居民住房“办证难”问题等15条建议得到市委市政府主要领导批示。（五）努力为济宁发展画好最大同心圆。组织开展市委“十四五”重大专项工作政协委员宣讲活动，建设全国一流政协文史馆工作取得新成效，完成《济宁人民政协资政建言丛书》编纂出版工作，荣获2021年全省优秀文史书刊特等奖。（六）坚持不懈加强自身建设。市委关心支持政协工作的经验做法得到省政协主要领导批示肯定。举办委员履职能力提升培训班，一名委员获评“全国最美基层政协委员”，一个委员工作室获评“全国杰出委员工作室”。

过去五年工作的基本总结。过去的五年，坚持党的全面领导，政治方向更加坚定明确；全力服务中心大局，建言资政更加精准务实；深入践行初心宗旨，履职为民更加担当自觉；广泛汇聚人心力量，凝聚共识更加深入有为；大力推进改革创新，履职机制更加有力有效。做好新时代人民政协工作，必须始终高举习近平新时代中国特色社会主义思想伟大旗帜，必须始终准确把握新时代人民政协性质定位，必须始终坚守以人民为中心的发展思想，必须始终坚持大团结大联合，必须始终紧跟时代步伐。

对2022年和今后一个时期政协工作的建议。（一）强化理论武装，坚定自觉用习近平新时代中国特色社会主义思想统领政协工作。（二）服务中心大局，紧紧围绕推动全市争先进位和高质量发展贡献政协方案。（三）加强民主监督，聚力推动党的大政方针和市委决策部署贯彻落实。（四）坚持人民至上，紧扣人民美好生活需要献计出力。（五）坚持大团结大联合，携手共画团结奋斗最大同心圆。（六）注重强基固本，全面提升履职能力水平。

【组织概况】

市政协

主席名单

霍媛媛

副主席名单

谢成海　李良品　班　博　李克学
展　鑫　张洪雷　董学琛　李　敬

秘书长名单

徐兴华

常务委员名单

（截至2022年12月31日）

于　倩　马云省　王孝财　王明璧
王　佳　王祥生　王象东　王新颜
王潇夏　乌　峰　方春秀　孔凡学
孔祥利　尹峰世　布方锋　代　超
师青霞　吕心愿　任　亮　刘长军
刘训阔　刘西波　刘冠峰　刘晓玉
刘　震　庄腾峰　闫百川　闫雯雯
孙山连　孙　颖　李正昕　李向海
李明涛　李景中　杨晓东　苏中华
宋言新　宋忠逵　张凤菊　张作昌
张学鹏　张修占　张海涛　张　璇
明高媛　岳军臣　周　平　周庆华
房俊昌　柳红军　郝秋霞　赵广红
赵　曼　钟　诚　段　伟　姜永伟
徐燕君　郭克建　郭经田　郭洪新
郭宪义　高西强　高秀丽　高　涛
唐　莉　黄太栋　梁　松　董亚宁
释妙谛　温永明　鲍洪祥

委员名单

（截至2022年12月31日）

丁冬梅　丁　磊　刁允强　于丽丽
于艳芳　于　倩　于　凌　于海涛
卫宏图　马云国　马云省　马文通
马汉涛　马兆国　马建平　马建波
马保国　马爱国　马清华　马敬文
马　磊　王广田　王　卫　王艺璇
王长青　王文文　王玉磊　王本奎
王　平　王乐荣　王立伟　王　宁
王成广　王成喜　王同伟　王　刚
王兆响　王庆忠　王宇帆　王孝财
王明璧　王　佳　王金梅　王宗莉
王建华　王春霞　王　政　王胜平
王洪远　王英峰　王　真　王　原
王　晖　王爱君　王浩宇　王祥生
王　梅　王崇景　王象东　王　琦
王　博　王景辉　王瑞强　王新颜
王　潇　王潇夏　王　慧　王增佩
王增顺　王　燕　毛玉华　毛红梅
仇建稳　乌　峰　方春秀　尹义朋
尹向伟　尹峰世　孔凡学　孔宪峰

孔　艳　孔晓芳　孔祥成　孔祥利
孔　蕾　邓久铭　邓　刚　邓　莉
石世峰　布方锋　叶小蕤　田云飞
田民格　田　华　田海臣　史冬梅
史振华　史敬东　史　谦　付开瑞
付　强　代建军　代　超　白　毅
冯建武　宁继承　邢　军　师青霞
吕心愿　吕　晔　吕颖新　吕　源
朱大海　朱仰民　朱庆月　朱爱清
朱　涛　朱海滨　朱流民　任　远
任秋芳　任　亮　任艳云　庄永强
庄腾峰　刘一莹　刘长军　刘巧利
刘冬梅　刘　宁　刘训阔　刘西波
刘　尧　刘传华　刘红林　刘茂菊
刘英会　刘国栋　刘佳琦　刘　茹
刘秋香　刘冠峰　刘　勇　刘晓玉
刘继修　刘　超　刘　博　刘　惠
刘　斌　刘　瑶　刘　震　闫百川
闫运波　闫　虹　闫雯雯　米　峰
江　沛　孙山连　孙　伟　孙　旭
孙启龙　孙郁郁　孙昭令　孙　颖
孙　新　牟海鹏　苏中华　苏贵勇
苏祥群　苏　强　苏　鹏　杜汉双
杜运伟　杜　波　杜昭平　杜晓彬
李中文　李长华　李凤鸾　李玉洲
李正昕　李　帅　李　冉　李　宁
李圣化　李邦田　李成山　李成高
李仲波　李　华　李华光　李向海
李　旭　李志红　李　芳　李克学
李克峰　李　肖　李怀磊　李良品
李　苑　李明伟　李明法　李明涛
李　凯　李　佳　李　欣　李学斌
李　珂　李相国　李宪一　李爱国
李　涛　李海明　李海梁　李雪梅
李　铭　李　敬　李景中　李鲁平

李　楠　李腾飞　李　新　李新雁
李翠玲　李　慧　杨义堂　杨秋丽
杨晓东　杨培训　杨富荣　杨　楠
杨微丽　杨新凤　杨群智　时国峰
吴金素　吴　起　何　刚　应广东
辛　敬　沙东娟　沙洪涛　沙　淼
沈建华　宋克薇　宋言新　宋忠逵
宋素娟　迟庆双　张乙彬　张开朗
张元民　张凤菊　张文彬　张东科
张　冉　张永红　张永强　张永强
张亚芹　张　伟　张安佩　张作昌
张言申　张英伟　张明武　张咏梅
张学鹏　张修占　张洪军　张洪雷
张　娜　张振伟　张海涛　张　敢
张绪国　张　超　张　超　张　斌
张尊磊　张　强　张瑞阳　张微微
张　静　张　璇　张　磊　张德平
张　璐　张　鑫　陆纪雨　陈　伟
陈克斌　陈希忠　陈茂华　陈　鸣
陈金磊　陈思英　陈晓东　陈　锋
陈　慧　陈　磊　邵志成　邵明启
林　立　林慧珍　欧金刚　尚焕霖
明高媛　罗会涛　季　节　岳军臣
岳海滨　岳耀允　周小丽　周广金
周广森　周　平　周庆华　周丽莎
周菊兰　周　静　郑兆伟　郑志群
郑和春　郑晓东　郑　越　郑　瑾
房俊昌　孟青松　孟险峰　孟海霞
赵广红　赵之玉　赵长地　赵双花
赵亚雯　赵　旭　赵忠金　赵海林
赵　娟　赵继勇　赵　曼　赵淑珍
赵满海　郝玉麒　郝　民　郝秋霞
荆　波　荣姝伟　胡保文　胡紫娟
柳红军　柳绪英　钟庆利　钟　诚
段广伟　段　伟　段迎春　侯士峰

侯典伟　姜永伟　祝常法　姚元珠
骆松涛　骆荣晖　秦　丁　秦晓东
班　博　袁翠平　聂　明　贾庆忠
贾国英　贾治阜　夏传强　夏乾良
夏　磊　顾爱平　钱广元　倪冰冰
倪丽君　徐传佳　徐兴华　徐　丽
徐迎春　徐　杰　徐忠效　徐　洁
徐燕君　高广勇　高东涛　高训波
高西强　高兆伟　高汝洁　高秀丽
高秀梅　高　兵　高　明　高　政
高艳峰　高恩来　高　涛　郭克建
郭金菊　郭经田　郭洪敏　郭洪新
郭宪义　郭　峰　郭培娴　唐　莉
展　鑫　姬红岩　黄九菊　黄太栋
黄令奇　黄晓晖　黄　涛　曹　晟
曹海红　曹景群　盛　斌　常成伟
常寰斌　崔艳秋　崔海英　崔德路
商　歌　梁　松　梁建坤　寇长伟
隋　昕　彭雅丽　彭　黎　葛　林
葛　琰　董龙旭　董亚宁　董学琛
董洪波　董洪德　韩广健　韩卫东
韩留坤　韩继丰　程广利　程秀兰
焦　健　焦培元　释妙谛　曾凡玉
曾文超　曾令霞　曾　燕　温永明
谢长伟　谢成海　谢勇静　靳　军
靳霜立　蒙建华　雷景涛　路桂英
鲍洪祥　鲍　童　解品华　解　梅
廉　群　满人源　满冬梅　满忠晓
蔡同芝　蔡明霞　谭昌龙　翟　轩
熊素岚　樊茂华　樊腾飞　颛孙恩嘉
颜方方　潘广超　燕一群　薛建民
霍厚志　霍媛媛　戴伟娟　魏建国
魏鲁宁

县（市、区）政协

任城区政协主席

李翠玲

兖州区政协主席

刘英会

曲阜市政协主席

董洪波

泗水县政协主席

程广利

邹城市政协主席

秦晓东

微山县政协主席

王本奎

鱼台县政协主席

王成广

金乡县政协主席

李中文

嘉祥县政协主席

席赵旭

梁山县政协主席

王宇帆

汶上县政协主席

张德平

济宁市各级政协组织和委员数

（截至 2022 年底）

单位：个

级别 项目	市	县（市、区）	合计
组织数	1	11	12
委员数	491	2835	3326

（编写：荆波　刘霄　审稿：徐兴华）

政协泰安市委员会

主席　武林中

副主席　袁久党

副主席　孙岱峰

副主席　张步军

副主席　倪庆宾

副主席　苏雪峰

副主席　梁望东

副主席　董彦和

秘书长　杨承修

【全体委员会议】

十四届一次全体会议 2022 年 2 月 23 日至 27 日在泰安召开，应出席委员 413 名，实到 395 名。会议认真听取和讨论了市委书记杨洪涛同志在开幕会上的讲话，审议批准郭德文同志代表市政协十三届常委会所作的工作报告和姚霆同志所作的提案工作报告。委员们列席市十八届人大一次会议，听取并协商讨论了张涛同志所作的政府工作报告及其他有关报告，委员们对上述报告均表示赞同。大会收到提案 356 件，经审查立案 302 件，12 名委员作大会现场发言。会议期间，全体委员围绕泰安未来五年发展的目标任务，聚焦新型工业化、黄河战略、文旅融合、城市提升、乡村振兴和共同富裕等重点任务，深入协商议政，广泛凝聚共识，充分展现了新一届政协委员的履职风采和责任担当。经过民主协商，会议选举产生了政协泰安市第十四届委员会主席、副主席、秘书长和常务委员。市政协主席武林中在闭幕会上讲话。

【常务委员会会议】

十三届第二十七次会议 2 月 15 日召开。市政协主席郭德文主持会议。市政协党组书记武林中，市政府副市长冯能斌等出席会议。会议听取市政府负责同志《政府工作报告（征求意见稿）》起草情况的通报；审议通过关于召开政协第十四届泰安市委员会第一次会议的决定；审议通过政协第十四届泰安市委员会参加单位、委员名额和委员人选名单及界别设置；审议通过政协第十四届泰安市委员会第一次会议议程、日程及主席团、主席团会议主持人和秘书长名单，主席团常务主席、常务主席会议主持人名单，主席团轮值名单，大会副秘书长名单，提案审查委员会主任、副主任和委员名单，分组办法，各组召集人名单，预备会议日程和主持人名单；审议通过政协第十三届泰安市委员会常务委员会工作报告及报告人、政协第十三届泰安市委员会常务委员会提案工作报告及报告人；审议通过《关于授权主席会议审议政协第十三届泰安市委员会常务委员会第二十七次会议未尽事宜的决定》；审议通过有关人事事项。

十四届第一次会议 2 月 27 日上午召开。市政协主席武林中主持会议。会议审议通过政协第十四届泰安市委员会副秘书长名单；审议通过政协第十四届泰安市委员会各专门委员会的设置和主任、副主任名单。武林中主席就新一届市政协常委会如何创造新业绩、建功新时代作了讲话。

第二次会议 4 月 13 日上午召开。市政协主席武林中主持会议并讲话。市人大常委会副主任辛海明、副市长冯能斌应邀出席会议。会议传达学习了习近平总书记看望参加政协会议的农业界社会福利和社会保障界委员时的重要讲话精神、省政协主席葛慧君同志来泰调研座谈会精神；审议通过了《市政协 2022 年协商工作计划》《关于开展“新型工业化 我要当先锋——政协在行动”活动的实施意见》《关于组织开展“泰安政协讲堂”活动的实施意见（暂行）》；审议通过了有关人事事项。

第三次会议 6月24日上午召开。市政协主席武林中主持有关会议并讲话。市新型工业化强市建设推进委副主任、党委书记宋洪银应邀出席会议并作专题报告。会议围绕"聚焦新型工业化强市建设助推高质量发展"进行专题议政，8名常委从"产业链精准招商""加强园区配套升级""加强人才引进培养使用""大力推动企业创新创业"等四个方面作了大会发言。会议还审议通过了《关于加快推进"书香政协"建设的实施方案》《政协泰安市委员会委员履职考核办法》《关于全市义务教育阶段"双减"工作的调研报告》。

第四次会议 9月28日上午召开。市政协主席武林中主持会议并讲话。市人大常委会副主任李华民，副市长冯能斌应邀出席会议。会议传达学习了习近平总书记重要讲话精神等有关内容，听取了关于"推动文化旅游深度融合，充分彰显泰安优势特色"的专题报告，围绕会议议题开展协商议政，5名常委作了大会发言。会议通报了市政协十四届一次会议以来政府系统提案办理情况。审议通过《政协泰安市委员会"泰山协商"工作实施办法》《政协泰安市委员会"委员之家"管理办法（试行）》；审议通过政协十四届泰安市委员会增补和辞去委员名单；审议通过有关人事事项。

第五次会议 12月8日上午召开。市政协主席武林中主持会议。市人大常委会副主任戴冰，副市长、市公安局局长窦清波应邀出席会议。会议通报了《政府工作报告（征求意见稿）》起草情况；审议通过《政协泰安市委员会关于深入学习贯彻中共二十大精神的意见》；审议通过关于召开政协第十四届泰安市委员会第二次会议的决定；审议通过政协第十四届泰安市委员会第二次会议议程（草案）、日程和相关名单；审议通过政协第十四届泰安市委员会常务委员会工作报告并推定报告人；审议通过政协第十四届泰安市委员会常务委员会提案工作报告并推定报告人；审议通过《关于授权主席会议审议政协第十四届泰安市委员会常务委员会第五次会议未尽事宜的决定》；审议通过关于部分同志辞去十四届市政协委员职务的决定及其他有关事项；审议通过有关人事事项。

【专门委员会工作】

提案委员会 市政协十四届一次会议期间，共收到提案356件，立案302件。遴选确定重点提案10件，市委、市政府主要领导批示有关方面认真研究办理，由市政协主席会议成员带头领衔督办。围绕提案的征集、重点提案培育、办理、督查、质量评价、考评表扬等工作新制定8项制度，其中《关于进一步加强提案办理工作的实施意见》，市委、市政府办公室给予转发。探索融知情、调研、协商、咨询、论证为一体的协商方法，开展提案办理协商。开展提案质量和办理质量"双向评议"，评选表扬年度优秀提案17件，开设"提案追踪"宣传专栏，扩大了提案社会影响力。

经济委员会 组织召开"双碳·双融"助力新型工业化政银企对接会，银行和企业现场签订合作协议总金额达到321.88

亿元。认真组织开展“新型工业化，我要当先锋——政协在行动”活动，组建市政协助力企业高质量发展智囊团，为委员企业解难题、聚合力、凝共识。开展送税收金融政策进企业、进工矿机械产业链活动。联合人民银行、税务局向企业发放各种政策汇编及明白纸30万余册。组织开展政协委员视察市属国资国企活动。泰安市政协在全省政协经济委工作会议上作了典型发言。圆满完成了十四届一次会议大会发言工作。

农业和农村委员会 聚焦专委会主责主业，完成耕地保护及利用、农村供水管理体制改革两项民主监督，中草药产业发展一项专题调研和乡村振兴新路径新方法一次对口协商，3篇案例入选省政协《乡村振兴新路径与新经验30个创新案例汇编》。组织农业界、民进界委员和特聘专家参与“新型工业化 我要当先锋——政协在行动”。建成农业银行“委员之家”一处。

人口资源环境委员会 围绕“聚焦黄河战略重点任务，推进大汶河流域湿地生态保护”开展双月专题协商活动，协商报告得到市委、市政府主要领导批示。配合省政协“推进育儿友好型社会建设”月度协商开展调研。围绕高品质城市建设规划开展民主监督。围绕推进康养产业链健康发展和社区养老全覆盖，就医养结合和宜居养老问题开展对口协商。开展民革、科技界委员“税法及企业法律讲座”界别活动。完成常委会专题调研协商子课题“抓好平台载体建设，加强园区配套升级”常委发言组织工作。

教科卫体委员会 圆满完成了义务教育“双减”调研工作，“委员话双减、协商献良策”信息在泰安政能量平台点击量达1.4万人次，引起社会广泛关注，市政府主要领导做出批示。开展“校城融合，助力新型工业化”校企对接活动，促成泰山学院与多家企业就人工智能、数字信息、食品加工等领域签订合作协议。“医养结合”对口协商、体育产业发展情况监督性视察和重点提案督办、政协委员医疗服务团义诊等工作取得扎实成效。

社会法制和民族宗教委员会 精心组织“全市老年幸福食堂提质扩面”对口协商活动，推动老年幸福食堂更好地造福于民。对全市仲裁工作进行监督性视察，现场督办“树立有解思维，优化营商环境”重点提案。开展“全市宗教场所规范化精细化管理情况”民主监督活动。创建“法治之光”服务团，开展普法和法律咨询讲座81场次，在政协融媒体开设“法治之光”专栏，播发原创普法作品12期，阐释法律问题34个，为35家企业解决合规运营法律问题89个。

文化文史和学习委员会 创新打造“书香政协”品牌，制定《关于加快推进“书香政协”建设的实施方案》《关于组织开展“泰安政协讲堂”活动的实施意见》，精心组织“书香致远——泰安市‘书香政协’”建设启动仪式，山东卫视晚间新闻对启动仪式进行了报道；建成‘爱岳读’市县政协委员书屋30多所；成功举办四期“泰安政协讲堂”。精心组织山东文化标识推选工作，有四个项目入选。做好文史资料收集整理上报，有2件作品被省政协文史馆列为珍藏成果。指导协调所联系界别组建成“委员之家”2处。

港澳台侨和外事委员会 举办“数字赋能新型工业化强市”双月专题协商会，编印《数字赋能新型工业化强市优秀案例选编》，市委书记杨洪涛作出批示。助力推动文旅康养融合发展，开展对口协商。围绕全市对外开放等重点任务，开展民主监督。举办泰安市港澳台侨企业家“新型工业化强市”座谈会暨市政协港澳台侨和外事委员会工作顾问聘任仪式。组织界别委员和侨外顾问调研台资企业，服务委员、顾问知情悉政、建言议政。

委员联络工作委员会 制定了十四届《政协泰安市委员会委员履职考核办法》，突出主责主业重点工作，增加常委考核等内容。参与省首届“最美政协人”推宣活动，周传武委员被评选为省政协首届“最美政协人”。开展首次委员履职风采展播活动，分4个板块展示了23名委员的事迹。做好驻泰全国、省政协委员参会等活动的服务保障工作，完成省、市政协委员年度履职情况统计和汇总分析工作。

【重要活动】

省政协主席葛慧君来泰调研 3月24日，省政协主席葛慧君来泰调研，省农业农村厅党组书记、副厅长张红旗，市委书记、市人大常委会主任杨洪涛，市政协主席武林中等参加活动。葛慧君一行实地调研了泰安市岱岳区粥店街道枣行社区“为民协商”工作开展情况，到泰山新闻出版小镇、泰开集团有限公司、九女峰省级乡村振兴示范区、泰安市博物馆等调研，并主持召开座谈会。在听取泰安市及6个县（市、区）工作情况汇报后，葛慧君强调，要适应新形势新要求，把握市县政协性质定位，勇做新时代泰山“挑山工”，努力干出新样子，展现新作为。

“泰安政协讲堂” 4月20日下午，第1期“泰安政协讲堂”开讲。市委副书记、市长张涛到会作辅导报告。市政协主席武林中主持活动。张涛在报告中从当前全市经济发展情况、当前经济形势的分析判断和推进全市经济高质量发展的思路措施等三个方面入手与政协委员们一起进行学习交流，并对政协协商监督工作提出希望和要求。

双月专题协商会 5月19日，市政协“实施产业链精准招商 助推新型工业化强市建设”专题协商会议召开。市政协主席武林中主持会议并讲话。市政府副市长唐传营出席会议。会上，13名省、市政协委员、专家学者、人大代表、民主党派人士、“双招双引”引进的企业代表围绕产业链精准招商建言献策，市直有关部门负责同志给予回应。就落实好本次协商成果，武林中强调，要认真研究梳理意见建议，做好协商报告的起草修改完善工作。要坚持全市政协“一盘棋”的思想，打响“泰山协商”品牌，确保协商工作走深走实。

7月14日，市政协举办“打造泰安特色中央厨房预制菜 推进现代食品产业发展”专题协商会。市政协主席武林中主持会议并讲话。市政府副市长马保文等出席会议。会上，部分政协委员、专家学者、企业代表围绕如何打造泰安特色中央厨房预制菜，推进现代食品产业发展建言献策，部门负责同志给予回应。

武林中强调，要抢抓中央厨房预制菜产业发展壮大的战略机遇，强化地方和院校的深度合作，着力打造中央厨房预制菜泰山品牌。马保文介绍了我市现代食品产业发展情况，对本次协商给予肯定并提出具体意见。

9月15日，市政协举办“数字赋能新型工业化强市”双月专题协商会 市政协主席武林中主持会议并讲话。市委常委、副市长姜宁等出席会议。会上，部分政协委员、专家学者、企业代表围绕积极探索数字化转型新路径，强力推进数字赋能新型工业化强市建设进行建言献策，部门负责同志给予回应。武林中强调，要牢牢把握数字经济和数字化转型重大战略，以数字经济新优势赋能经济社会高质量发展。

12月14日，市政协举办“聚焦黄河战略重点任务 推进大汶河流域湿地生态保护”双月专题协商会 市政协主席武林中主持会议并讲话。副市长冯能斌等出席会议。会上，部分政协委员、专家学者围绕推进大汶河流域湿地生态保护建言献策，部门负责同志给予回应。武林中指出，要切实提高政治站位，坚持系统观念，以高度的责任感使命感推动大汶河流域湿地生态保护工作不断取得新成效。冯能斌介绍了我市湿地生态保护情况，对本次协商给予肯定并提出具体意见。

书香致远——泰安市“书香政协”建设启动仪式 7月5日上午举行。市政协主席武林中出席活动并讲话。启动仪式上，市政协委员宣读《加快推进“书香政协”建设倡议书》；现场连线政协委员介绍书屋视频，并向“爱岳读”政协委员书屋授牌；读书交流分享环节中，政协委员和市政协机关干部围绕阅读优势、阅读习惯、选择经典等话题，提出独到的见解，向大家推荐了优质书籍。随后，与会市政协领导按下了“书香致远——泰安市‘书香政协’”建设启动屏。

“有事好商量”基层协商议事工作现场推进会 12月9日下午，全市“有事好商量”基层协商议事工作现场推进会召开。市政协主席武林中出席会议并讲话。武林中一行先后到岱岳区枣行社区、岩庄社区、夏张镇和道朗镇里峪村，实地观摩了解岱岳区“为民协商”工作的创新做法和成果实效。召开座谈会，听取了推动政协协商向基层延伸工作的经验汇报。

【重要文件】

贯彻落实鲁办发〔2022〕12号文件精神加强和改进新时代市县政协工作的若干措施（泰办发〔2022〕35号）

一、准确把握总体要求

1. 认真落实中央以及省委加强和改进新时代市县政协工作部署。

二、充分发挥专门协商机构作用，提高建言资政水平

2. 明确协商内容。

3. 丰富协商形式。

4. 规范协商活动。

5. 打造“泰山协商”品牌。

6. 加强民主监督。

7. 提高经常性工作质量。

8. 推动政协协商向基层延伸。

三、深化凝聚共识工作，广泛汇集奋进力量

9. 坚持和创新学习制度。

10. 强化思想政治引领。

11. 做好界别群众工作。

四、加强上下联系指导，推进数字政协建设

12. 加强市县政协互动。

13. 积极建设数字政协。

五、加强委员队伍建设，提高委员履职成效

14. 优化委员队伍结构。

15. 加强委员管理服务。

六、加强党的全面领导

16. 落实党的领导各项制度机制。

17. 提高政协党建工作质量。

18. 规范政协组织机构设置。

19. 加强政协干部队伍建设。

20. 加强督导检查。

市委书记杨洪涛在市政协十四届一次会议开幕会上的讲话（2022 年 2 月 23 日）（摘要） 2021 年是党和国家历史上具有里程碑意义的一年，也是泰安发展史上承上启下、继往开来的一年。过去的一年，我们牢牢把握正确方向，忠诚拥护“两个确立”，坚决做到“两个维护”。过去的一年，我们完整准确全面贯彻新发展理念，坚定不移推动高质量发展。过去的一年，我们扎实推进改革开放，持续增强发展动力活力。过去的一年，我们秉持人民至上理念，不断提升人民群众获得感幸福感安全感。

成就来自和衷共济，发展源于同心协力。一年来，全市各级政协组织和广大政协委员牢牢把握团结和民主两大主题，聚焦新旧动能转换、“双招双引”、疫情防控、“六稳”“六保”等重点工作，积极履行政治协商、民主监督、参政议政职能，民主协商有声有色，建言资政可圈可点，凝聚共识用心用力，为全市改革发展稳定作出了重要贡献。

各位委员、同志们，奋斗创造历史，实干成就未来。下面，我代表中共泰安市委，就新形势下的人民政协履职尽责、再立新功，提几点希望和要求。一、履职尽责、再立新功，必须坚持党的领导，把牢政治方向。二、履职尽责、再立新功，必须聚焦中心工作，积极建言献策。三、履职尽责、再立新功，必须强化思想引领，广泛凝聚共识。四、履职尽责、再立新功，必须牢记宗旨使命，扎实为民履职。五、履职尽责、再立新功，必须加强自身建设，提升能力水平。

政协第十三届泰安市委员会常务委员会工作报告（2022 年 2 月 23 日在市政协十四届一次会议上）（摘要） 五年工作回顾：（一）举旗定向、凝心铸魂，共同思想政治基础更加牢固。始终坚持党对政协工作的全面领导，精心组织开展党史学习教育、“不忘初心、牢记使命”主题教育，扎实推进“两学一做”学习教育常态化制度化。认真贯彻市委《关于加强新时代人民政协党的建设工作的实施意见》。市政协党建工作得到全国政协、省政协领导的充分肯定，首次在全国政协系统党建工作会议上作交流发言。（二）围绕中心、服务大局，助推泰安发展成效更加显著。充分发挥专门协商机构作用，开展专题调研 29 次、专题协商 70 次、专项视察 88 次，报送调研视察报告 48 篇，其中市委、市政府主要领导批示 29 篇。开展“到一线、肩并肩、战疫情”专项活动，捐款捐物累计 2700 多万元，市政协机关被评为全市抗疫先进集体。全力参与全国文明城市创建工作。市政协领导班子成员领衔包保信访积案99件，协助省政协领导包保信访积案14件，全部得到如期化解。成立泰山文化研究院，筹建泰山文化研究会，筹划文化产业发展孵化基地，为泰山文化研究保护与传承创新提供了重要保障。（三）践行初心、履职为民，人民至上民生情怀更加深厚。五年共立案提案1527件，提交大会发言226件，其中民生类占比达54.3%。结合党史学习教育，确定的15件为民要办实事全部办结；牢固树立“服务委员企业就是抓发展”的理念，3次召开委员企业家座谈会，协调解决问题55个。先后选派13名机关干部担任驻村“第一书记”、参加“万名干部下基层”服务队等，助力乡村振兴。举办“情系泰山、助力脱贫”四级政协委员书画义捐活动。各界别组参与帮扶困难村20个、贫困户320多家，争取项目资金、捐赠款物累计1180万元。发挥社情民意信息“直通车”优势，五年来，共向省政协和市委上报信息1349篇，采用316篇，65篇被转报全国政协，14篇被省市党政领导批示，2篇被全国政协转送中央和国家有关部门，批转有关部委办理落实。（四）凝聚共识、汇聚合力，大团结大联谊局面更加生动。认真落实《加强党组成员同政协各方面经常性联系的意见》，制定《关于加强和促进人民政协凝聚共识工作的实施意见》。编撰出版《改革开放四十年亲历记》《风雨同舟·共铸辉煌》《勇立潮头——纪念改革开放四十周年》等书籍，在省政协优秀文史书刊评选中获一等奖2项、二等奖1项。建成政协文史馆。成功举办庆祝建党100周年“红色百年·同心筑梦”大型书画展、“辉煌历程·同舟前行”大型文艺演出等，弘扬伟大建党精神，强信心、聚民心、筑同心。（五）紧跟时代、守正创新，政协履职特色品牌更加出彩。创建“委员之家”35处，实现履职常态化，经验做法得到全国政协副主席张庆黎的批示肯定。出台《市政协委员开展联系网格活动的意见》，400多名政协委员全部到社区报到，为基层群众办实事300多件。成立市政协委员企业家协会、泰山书画院、法律事务服务团，突出界别特色，实现履职多元化。创建融媒中心，实现宣传全媒化。（六）内强素质、外树形象，政协自身建设基础更加坚实。制定《市政协常委会关于加强自身建设的意见》《委员履职工作规则》等近80项规章制度。举办委员培训班8期，系统培训委员650多人次。出台《关于强化政协委员责任担当的实施意见》，制定委员履职考核办法，激发委员履职干事的积极性。出台《建立界别委员全员参加专委会制度的实施意见》，将21个界别组委员全部编入9个专委会，实现了委员活动界别化、界别活动常态化、履职工作集成化。

今后工作的建议：一、始终坚定正确政治方向，着力在思想理论武装上实现新提升。二、发挥专门协商机构作用，着力在服务发展大局上彰显新担当。三、牢固树立履职为民理念，着力在增进民生福祉上展现新作为。四、巩固拓展团结统战功能，着力在广泛凝聚共识上迈出新步伐。五、强化政协队伍责任担当，着力在提升工作质效上取得新进步。

【组织概况】

市政协

主席名单

武林中

副主席名单

袁久党　孙岱峰　张步军　倪庆宾
苏雪峰　梁望东　董彦和

秘书长名单

杨承修

常务委员名单

（截至2022年12月31日）

马鹏举　王华山　王景霞　公文静
尹洪宗　孔　怡　卢晓堂　毕研坤
朱　丽　朱树华　刘　峰　刘月永
刘志超　刘彦涛　孙永祥　孙启凯
孙圆景　李　芳　李伟忠　李庆勇
李红伟　李作超　李洪奎　李培国
杨　红　杨广成　杨庆木　杨维仁
张　玲　张　清　张立忠　张庆民
陆诗德　陈占峰　苗庆民　周长欣
单光德　赵兴广　赵晓民　胡成钢
柳桂敏　侯红岩　弭兆杰　贾汇红
徐　坤　徐　涛　徐宗林　徐建英
高金珠　郭　青　郭秀荣　诸葛玉平
黄屹峰　黄会平　曹步云　盛永杰
梁群言　韩　明　程　芳　程　鹏
释大悲　谭晓蕾　薛其福　魏云刚

委员名单

（截至2022年12月31日）

于守海　马　新　马启银　马纯勇
马荣昌　马鹏举　马新晶　王　华
王　军　王　灿　王　诚　王　威
王　虹　王　强　王　鹏　王　慧
王元军　王印林　王光杰　王延君
王华山　王兆祥　王庆军　王庆花
王红艳　王进喜　王志勇　王丽娜
王丽雅　王昌元　王明刚　王明昌
王欣莹　王宝强　王泰来　王振明
王晓东　王铁锋　王培林　王景霞
王楠楠　王鹏程　王德宝　亓　均
牛　静　公文静　公维章　方　涛
尹　程　尹洪宗　尹晓宇　孔　怡
孔凡洪　石文东　卢晓堂　田　华
田树江　付　林　付望舒　冯　利
冯吉南　冯慧磊　成　丽　毕于锋
毕华年　毕秀娟　毕研坤　师秀娜
朱　丽　朱世珍　朱兆瑞　朱树华
朱效光　朱清国　任　彦　名树伟
庄　媛　刘　安　刘　军　刘　杨
刘　美　刘　峰　刘　峰　刘　涛
刘　梅　刘小玲　刘月永　刘玉考
刘电新　刘光海　刘廷盛　刘兆泉
刘运林　刘志超　刘国林　刘昌林
刘忠德　刘欣荣　刘学文　刘学兵
刘彦涛　刘炳强　刘艳丽　刘晓东
刘祥涛　刘梦楚　汲力健　汤琳琳
安　丽　安宝峰　许　谦　许　瑞
许立波　许志伟　许家兴　孙　超
孙　霞　孙丰强　孙永祥　孙启龙
孙启凯　孙岱峰　孙晓美　孙圆景
孙海伟　孙惠民　苌　晶　苏　伟
苏雪峰　苏新民　杜红星　杜志明
李　宁　李　宁　李　全　李　会
李　军　李　芳　李　玲　李　栋
李　晓　李　强　李　盟　李　群
李大庆　李升金　李长青　李心军
李玉根　李东海　李西军　李伟忠
李兆遂　李庆勇　李红伟　李志刚
李更生　李秀昌　李作超　李启国

李非非　李忠斌　李学军　李春玲
李洪奎　李洪洲　李晓梅　李效军
李培国　李培强　李清福　李富禄
李瑞红　杨　帅　杨　红　杨　健
杨广成　杨传华　杨华文　杨庆木
杨红莉　杨承修　杨树国　杨维仁
杨越超　杨敬昌　杨增刚　肖玉果
肖靖文　时贞强　吴　红　吴　萌
吴中云　吴绪季　吴雷钢　侣连涛
余贤美　辛艳珍　辛培明　沈　峰
宋　亮　宋　超　宋明山　张　天
张　杰　张　杰　张　玲　张　峰
张　涛　张　涛　张　梅　张　清
张　绪　张　晶　张　媛　张　瑜
张　磊　张　震　张　耀　张小烨
张友灿　张长胜　张书祥　张东惠
张立国　张立忠　张西忠　张在强
张伟贞　张庆民　张庆明　张庆厚
张守岭　张红卫　张步军　张学岗
张振栋　张晓云　张爱华　张爱国
张鲁钢　张善军　陆诗德　陈　文
陈　勇　陈　勇　陈万文　陈小龙
陈占峰　陈兆金　陈军杰　陈志伟
陈国强　陈振民　邵　辉　邵新中
武向晖　武林中　苗庆民　苗明峻
苗明浩　范瑞琴　林建森　尚　丽
金卫东　金延斌　周　民　周　奎
周　鹏　周长欣　周传武　周桂萍
庞兆荣　郑　文　郑　军　郑东梅
郑成翠　单光德　孟奎章　孟晓军
陕　鹏　赵　飞　赵　刚　赵　华
赵　利　赵　杰　赵　倩　赵　铭
赵　辉　赵　斌　赵卫华　赵永康
赵兴广　赵晓民　荆丽艳　胡成钢
柳　涛　柳平增　柳桂敏　柳新明
段晓燕　侯红岩　郗洪滨　姜　英
姜从涛　娄　锋　宫庆会　弭兆杰
姚　霆　姚广庆　姚来新　袁久党
袁世刚　袁海锦　袁海鹏　耿　建
贾　军　贾汇红　贾同国　贾春燕
夏召力　夏念新　夏照军　柴　力
钱先广　钱国忠　钱继杭　倪庆军
倪庆宾　倪海亮　徐　坤　徐　涛
徐　菁　徐大帅　徐五通　徐玉龙
徐亚坤　徐学森　徐宗林　徐建英
徐恩虎　殷玉梅　殷西军　殷锡伟
高　蕾　高金珠　高颖敏　郭　青
郭秀荣　郭德文　诸葛玉平　陶光忠
桑　民　接玉玲　黄屹峰　黄会平
黄建民　菅　桦　曹步云　盛永杰
盛尊涛　鄂宏超　崔玉安　崔仙伟
崔树林　梁进涛　梁丽丽　梁晨阳
梁望东　梁群言　彭学海　彭福田
葛　菁　葛宝文　董少宏　董长刚
董玉敏　董彦和　韩　宁　韩　明
韩　波　韩　峰　韩西德　韩志强
程　芳　程　明　程　鹏　程加飞
傅崇勇　释大悲　鲁玉龙　谢　昆
靳　新　蓝　雁　雷建民　訾燕妮
蔡立新　谭　芳　谭晓蕾　樊　峰
潘殿敏　燕东勇　薛　涛　薛文明
薛其福　霍艳春　鞠允平　魏云刚
魏延伟

县（市、区）政协

泰山区政协主席

刘　军

岱岳区政协主席

孙启龙

新泰市政协主席

李　玲

肥城市政协主席

王志勇

宁阳县政协主席

张　涛

东平县政协主席

张立国

泰安市各级政协组织和委员数

（截至 2022 年底）

单位：个

级　别 项　目	市	县（市、区）	合计
组织数	1	6	7
委员数	409	1788	2197

（编写：张龙基　审稿：张学亮）

政协威海市委员会

主席　高旭光

副主席　吴永刚

副主席　周　宁

副主席　董晓阳

副主席　彭　霞

副主席　韩文斐

副主席　赵广洪

副主席　朱文娟

秘书长　宋修骞

【全体委员会议】

十四届一次会议 2月22日至25日在威海举行。应出席委员325名，实到委员300名。会议审议通过了十三届市政协常委会工作报告、提案工作报告、2022年重点协商活动计划和有关决议。与会委员列席了市十八届人大一次会议，听取并讨论了政府工作报告及其他有关报告。委员们以饱满的政治热情、高度的责任担当，围绕学习贯彻市第十六次党代会精神、推动各项目标任务落实，深入协商议政，积极建言献策，广泛凝聚共识，充分展示了新一届市政协委员的良好风貌。会议选举产生了政协第十四届威海市委员会主席、副主席、秘书长和常务委员，市委书记张海波应邀出席大会并作大会闭幕讲话。

十四届二次会议 12月27日至30日在威海举行。应出席委员323名，实到委员221名。会议审议通过了十四届市政协常委会工作报告、提案工作报告和有关决议。与会委员列席了市十八届人大三次会议，听取并讨论了政府工作报告及其他有关报告。委员们认真落实市委十六届三次全会部署要求，以饱满的政治热情、高度的责任担当，紧紧围绕全面贯彻落实中共二十大精神，积极建言资政，广泛凝聚共识，充分展示了新时代政协委员的良好风貌。会议在充分酝酿和民主协商的基础上，增选了十四届市政协常务委员。

【常务委员会会议】

第一次会议 2月25日举行。会议深入学习市第十六次党代会精神，研究部署加强市政协常委会自身建设有关事宜。市政协主席高旭光主持会议并讲话。会议传达学习了市第十六次党代会精神，审议通过了十四届市政协副秘书长名单、设置专门委员会的决定和各专门委员会主任、副主任名单，审议通过了市政协2022年工作要点，审议通过了《政协第十四届威海市委员会常务委员会关于加强自身建设的意见》和《政协威海市委员会委员履职管理考核办法》。

第二次会议 8月10日举行。市委副书记、市长孔凡萍出席会议并通报情况，市政协主席高旭光主持会议并讲话。会议传达学习了习近平总书记在省部级主要领导干部专题研讨班上的重要讲话精神、《中国共产党政治协商工作条例》和省政协主席葛慧君来威调研时的讲话，听取了市政府关于2022年上半年全市经济运行情况的通报，围绕“加快我市制造业智能化改造”协商建言。会议听取了市政府办公室关于市政协十四届一次会议提案办理情况的汇报，审议通过了《关于加快我市制造业智能化改造步伐的建议案》和有关人事事项。6位市政协委员围绕协商议题进行了大会发言，5位市政协委员与市直有关部门负责同志进行了互动交流。

第三次会议 11月30日举行。市委书记闫剑波出席会议并讲话，市政协主席高旭光主持会议并讲话。会议传达学习了中共二十大精神和市委十六届三次全会精神，围绕“加强就业援助体系建设，促进共同富裕”协商建言。会议审议通过了《政协威海市委员会关于深入学习宣传贯彻中国共产党第二十次全国代表大会精神的决议》和《关于"坚持就业优先，完善援助体系，促进全面就业，推动共同富裕"的建议案》。会议听取了市人力资源社会保障局关于全市就业工作情况的报告，6位市政协委员围绕协商议题进行发言，3位市政协委员与市直有关部门负责同志互动交流。

第四次会议 12月26日举行。市政协副主席周宁主持会议并讲话。会议审议通过了十四届市政协委员增补名单，审议通过了关于召开市政协十四届二次会议的决定、列席会议单位和人员的决定、会议议程（草案）和日程，审议通过了十四届市政协常委会工作报告（草案）和提案工作报告（草案）、十四届市政协常委会工作报告和提案工作报告的报告人名单、市政协十四届二次会议常委轮值名单、秘书长副秘书长名单、各组召集人名单。

【专门委员会工作】

提案委员会 市政协十四届一次会议期间，共收到提案352件，立案300件。组织召开全市政协提案工作会议，加大提案督办力度，通过调研督办、现场督办和视察督办，推动提案落实。围绕"提升我市海洋渔业机械化水平"组织开展提案办理协商。围绕"深化提升乡村振兴样板片区"组织专题视察活动。组织开展十四届市政协新任委员培训班提案知识讲座，进一步提高委员运用提案履职能力。制定《政协威海市委员会平时提案工作规程》《政协威海市委员会提案征集办法》《政协威海市委员会提案办理协商办法》《政协威海市委员会重点提案培育、遴选与督办办法》等4项制度。

人口资源环境和经济委员会 围绕"加快制造业智能化改造步伐"牵头组织了专题议政性常委会会议，开展了专题调研、专题视察、专题协商等活动，提交的《关于加快我市制造业智能化改造步伐的建议案》，得到市委主要负责同志的肯定。按照政协主席会议的部署要求，将"加快农村互助养老服务体系建设，积极应对人口老龄化"列为协商议政重点，聚焦难点热点问题组织专题协商，形成高质量专题调研协商报告。围绕"疫情影响下行业企业所困所需"开展调查，为市委科学决策提供参考。总结分析近年来专委会工作情况，参加9月7日至8日在日照召开的全省政协经济委工作会议并进行大会发言。加强与联系界别的交流协作，发挥界别资源优势作用，创新委员活动形式，联系经济界委员赴刘公岛开展党性教育活动，为刘公岛景区转型升级、文旅产业高质量发展出谋划策；联系民建委员到威海海事海商法研究中心、威海市海洋科技馆参观调研，为海洋强市建设建言献策。

农业和农村委员会 邀请相关部门，组织部分市政协委员，开展"美丽乡村建设"专题视察活动；开展"进一步提升我市农村公共基础设施建设水平"专题调研和协商活动，形成调研报告得到市委主要负责同志批示和肯定；协助省政协就"发挥发掘乡村功能，助力乡村振兴"开展专题调研；配合省政协就全省乡村振兴工作新路径与新经验开展调研，协商推荐了6个典型案例，其中，《威海市文登区大水泊镇创新“首席专家”制度打造人才振兴样板》《荣成市开辟信用赋能乡村治理全新路径》《威海市推广“老年餐桌”解决农村老人“一餐热饭”问题》3个案例被采纳。

教科卫体委员会 围绕“加快发展普及普惠安全优质学前教育，构建广覆盖、保基本、促公平、有质量的学前教育公共服务体系”开展调研协商活动，与市直有关部门、幼儿园以及幼儿教师和家长代表进行了座谈交流，赴环翠区、荣成市、高区、临港区进行了实地调研。组织部分市政协委员与有关部门进行了对口协商，形成协商报告并得到市政府主要负责同志的批示。开展创建儿童友好城市专题视察活动，组织部分市政协委员视察并召开座谈会，交流情况，建言资政。协助省政协开展“推进医防融合慢性病管理工作”调研活动，设月度协商会威海分会场，组织委员发言交流。协助省政协组织开展“加快智慧海洋建设”界别活动，并提供书面材料。组织市政协科技界和科协界委员实地考察“1+4+N”创新平台建设情况，为推动科技创新发展建言献策。

港澳台侨和民族宗教外事委员会 配合省政协并会同文登区政协，围绕“整合昆嵛山综合资源，打造文化生态名山”开展联合调研，高质量完成推荐发言人、提供发言稿件及制作宣传短片等各项工作。参加省政协“纪念张锡九先生暨推动鲁韩民间交往座谈会”，共同探讨推动鲁韩民间交往高质量纵深发展途径。协助市委台港澳办、刘公岛管委会等单位，成功创建“山东省港澳青少年爱国主义教育基地”。组织宗教界和少数民族界委员，就“加强宗教团体自身建设，更好发挥桥梁纽带作用”开展专题视察。围绕“发挥民族复兴资源丰富优势，加强威海与港澳台青少年文化交流”，召开对口协商会，采用网络议政方式举行，开启了一屏协商、多界联合议政的新模式。

社会法制委员会 围绕“加强就业援助体系建设，促进共同富裕”，开展重点调研活动，并举办了专题议政性常委会会议，形成了《关于“坚持就业优先，完善援助体系，促进全面就业，推动共同富裕”的建议案》，得到市领导的肯定。围绕“探索建设威海特色未成年人保护体系”开展对口协商，形成高质量调研协商报告。组织了“市域社会治理现代化”专题视察活动。参加了全国政协“加强未成年人权益的综合保护”视频调研会议。联系农工党、妇联、总工会、社会福利与社会保障界等4个界别组，开展了5次界别活动。组织普法宣传进乡村活动。

文化文史和学习委员会 建立健全各区市政协长期收集整理文史资料机制，向省政协提供文史稿件20余篇。圆满完成个人著作成果征集活动，向省政协报送24部作品，有6部作品入选并获奖，威海市政协被省政协评为优秀组织单位。编纂《从应天府到威海卫》，出版《传说中的威海》《胶东非物质文化遗产荟萃》等。组织市政协书画联谊会中的中国美协会员，及外市中国美协会员中的全国、省政协委员，举办“喜迎二十大　永远跟党走 进乡村看小康——政协委员画家作品邀请展”活动。围绕“推进非物质文化遗产保护和传承”，组织开展“有事多商量”调研协商工作，建议案被市委、市政府主要负责同志批示。联合市委宣传部、市文旅局等部门参加山东文化标识征集推选活动，参加山东文化标识评选活动。

委员联络工作委员会 将“提高家政管理服务水平”列为协商议政重点，广泛调研听取基层意见，并组织多名委员和商务、民政、人社、妇联等部门一起召开了专题协商会议，圆满完成调研和专题协商报告并呈报市委，得到市委主要负责同志的充分肯定。围绕深刻领悟学习二十大精神和履职能力提升，先后组织了新任委员培训班、庐山培训班和2次山东通线上读书活动。起草了《威海市政协关于创建“界别同心汇”的意见》《政协威海市委员会关于政协委员联系服务界别群众的意见》，拟在界别工作室基础上，打造试点，实现联系服务界别群众组织化、制度化、常态化和长效化，指导威海工商联界别打造的“工商联界别同心汇”被省政协确定为全省首批授牌试点单位。

【重要活动】

市政协党组及机关党组党史学习教育总结会议 1月27日召开，传达学习习近平总书记重要指示精神和中央、省、市党史学习教育总结会议精神，全面总结市政协及机关党史学习教育成效经验，研究部署巩固拓展党史学习教育成果思路举措，把学习贯彻党的十九届六中全会精神不断引向深入。市政协党组书记、主席高旭光主持会议并讲话。

十四届市政协新任委员培训班 6月21日至22日在威海举办，市政协主席高旭光作动员讲话并进行专题辅导，市政协副主席吴永刚、秘书长宋修骞出席开班仪式，吴永刚主持。培训班既有政策理论阐释，又有工作实务讲解，是一次高质量的履职辅导，也是一场高层次的集结动员。

省政协副主席王艺华来威海调研 7月6日至7日，省政协副主席王艺华率调研组来我市，就“发挥发掘乡村功能，助力乡村振兴”开展专题调研，并召开座谈会。市委副书记、代市长孔凡萍出席座谈会并介绍我市乡村振兴总体工作情况，市政协主席高旭光主持座谈会，市领导徐明、董晓阳参加有关活动。

省政协主席葛慧君来威海调研 7月12日，省政协主席葛慧君率调研组来我市，就“加强和改进新时代市县政协工作”开展专题调研。市领导闫剑波、孔凡萍、高旭光、李建、吴永刚等分别参加有关活动。在华夏文旅集团生态修复项目、威海市规划展览馆，葛慧君详细了解威海在生态环保、产业转型升级、城市建设等方面的实践探索。在韩强、李冬霞政协委员工作室，葛慧君仔细询问多界别政协委员联系基层群众、服务经济主体、助力社会治理、创新民主协商等作用发挥情况。在随后召开的座谈会上，葛慧君认真听取威海市工作情况介绍以及市政协和部分区市政协工作情况介绍，并作讲话。

喜迎二十大 永远跟党走“进乡村 看小康”全国政协委员画家作品邀请展 8月19日，“喜迎二十大 永远跟党走‘进乡村 看小康’全国政协委员画家作品邀请展”开展。市政协主席高旭光与全国政协委员、民进中央开明画院院长林阳共同启动开幕式，彭霞致辞。本次作品展自3月开始筹办，汇集全国部分蜚声中外的政协委员画家和市政协书画联谊会画家的作品，涵盖国画、油画等多种类型，面向市民免费开放。

省政协副主席赵家军来威海调研 9月20日，省政协副主席赵家军率调研组来我市，围绕“推进医防融合慢性病管理工作”开展专题调研。市政协主席高旭光，市委常委、常务副市长林强参加有关活动。调研组先后到利民医院、威高集团、市立医院实地调研，详细了解医院学科建设、慢病服务能力和医疗企业创新发展情况。随后召开座谈会，听取我市推进医防融合慢病管理工作情况介绍，并与市直有关部门、医药企业、康养机构负责同志进行沟通交流。

省政协副主席林峰海来威海调研 9月26日至27日，省政协副主席林峰海率调研组来我市调研新时代人民政协提案工作。市政协主席高旭光陪同调研。林峰海充分肯定了我市提案工作取得的成绩，指出要坚持把提高提案工作质量作为提高政协整体工作质量的重要组成部分，不断夯实提案工作基础，推动提案工作创新发展。

省政协副主席唐洲雁来威海调研 9月28日至29日，省政协副主席唐洲雁率调研组来我市，围绕“整合昆嵛山综合资源，打造山东名山”开展专题调研，并召开座谈会。市政协主席高旭光陪同调研。调研组一行先后到软枣林宫氏古墓群、文登抽水蓄能电站、昆嵛山红旗教育馆、圣经山摩崖石刻等地进行实地考察，详细了解昆嵛山深厚的文化底蕴和丰富的生态资源，认真听取文登区和相关部门负责同志关于推进昆嵛山区域综合性保护开发情况的介绍，并就有关问题进行沟通交流。

市委书记闫剑波到市政协机关调研 10月17日，市委书记闫剑波到市政协机关调研并召开座谈会，听取对市委工作的意见建议。市政协主席高旭光，市委常委、秘书长李建，市政协副主席吴永刚、董晓阳、彭霞、韩文斐、赵广洪、朱文娟参加。座谈会上，闫剑波认真听取了高旭光代表市政协所作的工作情况汇报，就共同富裕、海上安全、疫情防控等工作与大家深入交流、广泛征求意见，要求相关部门认真研究、充分吸纳这些意见建议，切实转化为推动发展的工作举措和实际成效。

【重要文件】

中国人民政治协商会议第十三届威海市委员会常务委员会工作报告（2022年2月22日在政协第十四届威海市委员会第一次会议上）（摘要） 一、过去五年工作。一是保持正确方向，政治建设迈入新境界。深入开展中共十九大和十九届历次全会精神宣教活动，跟进学习习近平总书记最新重要讲话和重要指示批示精神，扎实开展“两学一做”学习教育和“不忘初心、牢记使命”主题教育，持续深化以中共党史为重点的“四史”学习教育。以党的政治建设为统领，全面推进政协党的各项建设。二是紧扣中心任务，建言资政展现新作为。围绕科学编制“十四五”规划、促进民营经济高质量发展、建设先进制造业强市、统筹疫情防控和经济社会发展等重要议题，举行专题议政性常委会会议，形成的调研报告和建议案，得到市委、市政府高度重视。瞄准全市 24 个需要高度关注、着力解决的重点问题，深入协商集中议政，强化监督助推落实。聚焦全域推进精致城市建设，开展集中督导、协商议政、调研视察等履职活动。三是聚焦民生关切，履职为民取得新成效。通过提案、社情民意信息等渠道，及时反映群众利益诉求。抓住人民群众工作生活中的操心事、烦心事，组织开展加强中小学生心理健康教育、完善农村医疗卫生服务体系、改善老生活区物业管理、开放公共体育资源等涉及民生的协商、调研、视察活动，推动了有关民生政策尽快落实落地。开展进社区、进企业、进学校、进乡村“四进”活动和送健康、送法律、送科技、送温暖“四送”活动。四是拓宽民主渠道，团结奋进谱写新篇章。全面推行“协商+调研”工作运行机制和“工作项目化、项目清单化、清单责任化、责任时效化”工作推进落实机制。定期召开与民主党派的联席会议，开展联合调研、办理党派提案。加强与省政协和区市政协的联系与合作，协同开展理论研究、调研协商、视察监督等活动。编辑出版《威海人史话》等文史资料共计 200 多万字。加强与港澳台同胞、海外侨胞的沟通联络，接待全国政协副主席梁振英先生带队的香港全国政协委员考察团来威考察，赴港澳台开展文化交流和“双招双引”项目洽谈。参与搭建胶东五市政协联席协商会议平台 。五是注重强基固本，提质增效激发新动能。制定或修订各类制度规范 60 多项，出台强化委员责任担当的实施意见，制定委员履职管理考核办法，建立委员退出和暂停履职机制，优化完善专委会设置，建立专委会联系界别和委员制度。扎实开展干部作风大改进行动和“学典型、促发展”比学赶超活动。二、主要经验与体会。（一）必须坚持党的全面领导。（二）必须坚持团结民主主题。（三）必须坚持服务发展大局。（四）必须坚持以人民为中心。（五）必须坚持打牢调研基础。（六）必须坚持委员主体地位。三、今后五年工作建议。（一）提高政治站位，践行“两个维护”。（二）把握履职重点，主动担当作为。（三）加强团结联谊，广泛凝心聚力。（四）坚持守正创新，推进协商民主。（五）持续改进作风，增强履职能力。

中国人民政治协商会议第十四届威海市委员会常务委员会工作报告（2022 年 12 月 27 日在政协第十四届威海市委员会第二次会议上）（摘要） 2022 年工作情况。一、把旗帜鲜明讲政治作为根本要求，坚定正确的前进方向。落实“第一议题”制度，举办十四届市政协新任委员培训班、委员履职能力提升培训班。党的二十大开幕后，作出学习宣传贯彻中共二十大精神决议，迅速掀起学习贯彻热潮。扎实开展贯彻落实中央政协工作会议精神进展情况“回头看”。二、把服务大局作为鲜明导向，聚焦党政中心任务履行职能。围绕打造就业友好城市、推动共同富裕先行先试，加快制造业智能化改造步伐等，举办常委会会议专题议政，许多意见建议被采纳。就提升海洋渔业机械化水平、促进中小企业健康发展、深化提升乡村振兴样板片区等协商议政。开展市域社会治理、未成年人保护、发挥宗教团体桥梁纽带作用等履职活动。三、把协商作为主责主业，夯实“有事多商量”平台基础。创新协商形式，专题议政性常委会会议增加互动交流环节。把协商平台搬到生产一线和群众家门口，就“家政管理服务”“农村互助养老”“发展优质学前教育”等，开展协商视察调研活动。推动区市政协“有事多商量”平台向镇（街道）延伸。四、把加强思想政治引领作为中心环节，增强固守政治底线的定力和画出最大同心圆的能力。开展“界别同心汇”试点创建工作，建设线上读书平台“学而书院”、线下实体“学而书房”。畅通左右联系渠道，主席会议成员对各民主党派市委、市工商联机关进行了走访；助力刘公岛获批第一批山东省港澳青少年爱国主义教育基地；编撰了《传说中的威海》等书籍。畅通与港区委员的联络渠道，港区委员较好地发挥了“双重积极作用”。五、把自身建设作为重要保障，强化事业发展的基础支撑。新建、修订制度机制70项；推出加强和改进调研工作的15条“硬核”措施；在全省政协提案经验交流会上作典型发言；开通社情民意信息直通车和工作交流新窗口；推出《明确五个定位做好政协工作》等一批理论研究成果。常委会制定出台加强自身建设“二十条”，修订完善《委员履职考核办法》。

2023年市政协工作总的要求是：一、强化理论武装，在坚定拥护“两个确立”、坚决做到“两个维护”上体现更高站位。二、发挥独特优势，在广泛凝心聚力上拓展更宽路径。三、坚持服务大局，在推动高质量发展上彰显更多作为。四、践行为民理念，在助力增进民生福祉上作出更大努力。五、夯实基础支撑，在释放专门协商机构效能上迈出更大步伐。

市委书记张海波2022年2月25日在市政协十四届一次会议闭幕式上的讲话（摘要） 一、打造共同富裕先行区，必须进一步凝聚思想共识。我们要深刻领悟习近平总书记关于共同富裕的重要论述，以“两个维护”的政治自觉、思想自觉和行动自觉，坚定不移沿着习近平总书记指引的方向奋勇前进，把推动共同富裕作为“精致城市·幸福威海”建设新局面的重大主题、争当新时代现代化强省建设排头兵的鲜明标志，聚力用劲，一锤接着一锤敲、一任接着一任干，全力打造共同富裕先行区，努力把美好蓝图变成现实。二、打造共同富裕先行区，必须进一步汇聚奋进力量。共同富裕是一场深刻的社会变革，需要充分发挥人民政协大团结大联合的政治优势，把各方面智慧和力量凝聚起来。要加强思想政治引领，要深化团结合作共事，要增进社会各界和不同利益群体的团结，要自觉做党的政策宣传者、群众利益维护者、社会和谐促进者，要通过提案建议、视察考察、专题调研等途径，认真倾听民意，及时了解、反映和帮助群众解决“急难愁盼”问题，畅通党和群众联系的“连心桥”。三、打造共同富裕先行区，必须进一步强化担当作为。政协人才荟萃，要发挥政协智库专家作用，深入开展调查研究，提出更多有价值、有分量、接地气、可操作的意见建议和提案。人民政协作为社会主义协商民主的重要渠道和专门协商机构，要加强与党委政府工作的衔接，深化“有事多商量”协商平台和界别委员工作室等载体建设。希望各级政协组织和广大政协委员进一步强化使命担当，创造更多高质量发展的新成果。四、打造共同富裕先行区，必须进一步提升履职能力。政协委员不仅仅是一个光荣称号，更是一份沉甸甸的责任。希望大家牢记肩上有担、心中有责，主动提升能力素质，立足岗位多谋新策、多出实招，在人民政协这个大舞台上再立新功。全市各级政协组织和广大政协委员要把坚持中国共产党领导作为根本政治原则，始终在思想上政治上行动上同以习近平同志为核心的党中央保持高度一致，切实增强“四个意识”、坚定“四个自信”、做到“两个维护”。

【组织概况】

市政协

主席名单

高旭光

副主席名单

吴永刚　周　宁　董晓阳　彭　霞
韩文斐　赵广洪　朱文娟

秘书长名单

宋修骞

常务委员名单

（截至 2022 年 12 月 31 日）

于松杨　于国胜　于明伟　马光明
王　晓　王　辉　王厚全　王彦岩
王晓英　王继静　史光孝　丛华清
朴恩女　毕可德　曲　兴　刘　娟
刘　震　刘　燕　刘德钧　汤正鹏
许　斐　孙玉鼎　李忠楠　李建军
杨　芳　吴宏飞　谷宏梅　谷建青
邹本洪　宋　崴　张　颖　张兴武
张诗哲　张建芬　张展霞　张敬全
张朝明　陈卫萍　邵明喜　周　兵
赵玉璞　胡晓燕　柳泉森　姜　华
姜　杰　袁黎明　徐　伟　徐　铭
高　见　郭世勇　黄梅花　隋建波
隋海明　韩　强　谭志刚

委员名单

（截至 2022 年 12 月 31 日）

于培涛　王治国　王厚全　王　晓
王警卫　尹玉翠　丛华清　毕可德
吕晓东　任慧春　刘玉党　刘金军
李建军　吴永刚　谷建青　宋修骞
周　兵　夏景华　徐东明　高旭光
郭世勇　曹志武　隋建波　彭　霞
董天祥　董晓阳　戴海波　王卫东
王红佳　刘德钧　李　冰　李淑芳
张　通　张朝明　于　涛　马浩然
毕伟忠　江玲玲　孙楠楠　李大虎
宋　敏　周　宁　郑晓生　谭志刚
于国胜　王红晓　王志刚　邢　春
刘　强　张展霞　蔺　滨　王天罡
史光孝　李咏谙　张均爽　陈卫萍
陈伟胜　高炜琳　于松杨　于泽年
邓英姿　李侃侃　初晓艺　徐　伟
曹凌云　吕　燕　孙月丽　杜洪明
张志刚　张建芬　张　琦　赵广洪
赵建波　邓　洁　曲　兴　曲赞松
朱文娟　何淑旺　单志勇　赵宜楠
王玉珏　毕建鹏　武华锋　贺　琳
韩文斐　王志兰　许培文　吴宏飞
张　卫　张诗哲　范立川　荣　波
倪建华　崔建涛　鞠述晔　于华平

于　坤　王　凯　车　虹　田佳欣
孙吉鹏　李明珠　李翠翠　张兴武
陈占洋　徐　铭　戚　鹏　焦　宁
王玲玲　王　辉　刘　涛　孙淑香
李　清　吴　楠　林海娜　胡晓燕
宫婷婷　卢俊博　孙豪亮　张　平
赵云山　段承志　商伯华　路广强
马光明　王文义　王晓英　叶建静
田昱霖　田铭扬　邢万军　刘　娟
孙玉鼎　孙　宁　李长伟　李忠楠
李　磊　张可新　林官典　林晓合
姜保俊　黄　华　彭俊洲　韩　强
游昌文　潘　登　史　伟　杨志伟
谷宏梅　单润祺　赵玉璞　柳泉森
姜　燕　倪　娟　翟坤龙　滕永萍
于晓东　马跃华　王武闯　孔海燕
丛宗杰　汤占胜　李武松　邹本尧
张华强　郑卫锋　袁黎明　耿　剑
陶泽文　于申洋　于红霞　王培亮
田　波　许万里　林荣涛　赵立明
宫兆辉　黄　健　隋海明　于伟伟
王　珊　叶　全　杨　芳　张志强
苗广文　姜　杰　倪国良　唐　彬
曹志毅　梁新建　于　来　申　霞
刘　坤　李喜华　邹本洪　宋树华
张边疆　郑韶华　戚建波　于明伟
王东普　王星淘　王彦岩　王　锐
毕明松　朱　林　刘　颖　闫　栋
许　斐　杜树宇　李　宁　李恒强
张丽辉　段宏伟　张　颖　张馨之
姜进军　王加平　孙卫国　宋红岩
褚大志　马　海　王昌盛　王珉鑫
王晶华　毕春光　吕院华　吾慧瑛
宋　崴　陈宝和　梁蓬勃　吕昭十
刘国军　孙诚修　体　净　张晓明
董文科　王　颖　朴成学　朴恩女
全阳俊　刘宝华　关　昕　黄梅花
王国强　卢海涛　刘长城　孙玉建
孙丽杰　李海宁　周　华　姜　华
高鲲鹏　戚丽丽　彭　杰　葛平修
丁瑞梁　万鲁峰　王　丹　王成杰
王志忠　王明涛　王　相　王笑丰
王　颖　田　涛　曲　波　曲　斌
刘　震　刘　燕　汤正鹏　孙　铁
李进华　李　诚　邱洪伟　邹建勇
宋文杰　张　枫　邵明喜　房淑伟
孟东晓　荆　明　姜全国　宫锡玲
姚玉峰　徐　杰　高　见　高　冰
郭学文　郭晓红　常德阳　隋军涛
雷新报　于志昂　于培栋　王大鹏
王艺静　王　刚　王　志　王继静
邓志坚　丛培胜　邢洪涛　邢素英
刘士侠　刘亚东　刘明君　许　日
许　鹏　孙青松　孙宝刚　李天刚
李　京　张术晓　张向上　张国杰
张敬全　张新颖　周佳俊　姜全文
高　璐　曹新文　梁永波　鞠鹏飞
魏长凯

县（市、区）政协

环翠区政协主席

孙青松

文登区政协主席

姜全文

荣成市政协主席

王　刚

乳山市政协主席

许　鹏

威海市各级政协组织和委员数

（截至 2022 年底）

单位：个

级别 项目	市	县（市、区）	合计
组织数	1	4	5
委员数	323	888	1211

（编写：吕琳　审稿：王警卫）

政协日照市委员会

主席　杨留星

副主席　来风华

副主席　王坤英

副主席　陈　丰

副主席　孟凡香

副主席　惠　旻

副主席　徐桂华

副主席　胡尊良

秘书长　费立志

【全体委员会议】

十一届一次会议 2022年2月18日至22日在日照召开。会议期间，市委书记张惠，市委副书记、市长李在武等领导出席会议，听取大会发言，参加分组讨论，与委员们共商日照改革发展大计。张惠同志在开幕大会上发表讲话。会议审议通过了王斌同志代表十届市政协常委会所作的工作报告和郇梅同志代表十届市政协常委会所作的提案工作报告；选举杨留星为十一届市政协主席，选举来风华等为市政协副主席，选举费立志为市政协秘书长，选举56名市政协常务委员。与会委员列席了日照市第十九届人民代表大会第一次会议，听取并讨论李在武同志所作的政府工作报告，听取并讨论市中级人民法院和人民检察院工作报告及其他有关报告，对以上报告均表示赞同。

十一届二次会议 2022年12月26日至28日在日照召开。中共日照市委书记张惠，市委副书记、市长李在武等市委、市政府领导出席大会，听取大会发言，参加分组讨论，与委员们共商日照改革发展大计。张惠同志在开幕会上发表讲话。会议审议并批准杨留星同志代表政协第十一届日照市委员会常务委员会所作的工作报告和陈丰同志所作的提案工作报告。委员们列席日照市第十九届人民代表大会第二次会议，听取并讨论李在武同志所作的政府工作报告，听取并讨论市中级人民法院工作报告、市人民检察院工作报告及其他有关报告，对上述报告均表示赞同。委员们以高度的政治责任感和历史使命感，紧紧围绕全市经济社会高质量发展各项目标任务，深入协商讨论，积极议政建言，广泛凝聚共识。

【常务委员会会议】

十届第二十二次会议 2月11日召开。会议传达学习了省“两会”、山东省2022年工作动员大会和市委十三届十二次全会精神；协商讨论了《政府工作报告（征求意见稿）》；协商通过了十一届市政协委员名单；审议通过了市政协常委会工作报告和提案工作报告，并推举报告人；审议通过了市政协十一届一次会议议程（草案）和日程（草案）及其他有关事项；审议通过有关人事事项；通报了《市政协2022年协商工作计划》。

十一届第一次会议 2月25日召开。会议传达学习了市第十四次党代会、市“两会”、市委人才工作会议和全市“创新兴市”动员大会精神，审议通过了《政协第十一届日照市委员会常务委员会关于加强自身建设的意见》《政协第十一届日照市委员会常务委员会关于专门委员会设置的决定》和有关人事事项。

第二次会议 3月30日召开。会议传达学习了习近平总书记在全国“两会”期间的重要讲话、全国“两会”精神和习近平总书记在中央政协工作会议暨庆祝中国人民政治协商会议成立70周年大会上的讲话等重要讲话精神，审议通过了《政协第十一届日照市委员会各专门委员会组成人员名单》和有关人事事项。

第三次会议 7月6日召开。会议传达学习了习近平总书记近期重要讲话精神，中央、省委、市委有关文件精神，省党代会和省政协常委会精神，围绕“加快培育专精特新企业 促进新旧动能转换”开展专题协商议政，听取市政府《关于加快培育专精特新企业 促进新旧动能转换的专题报告》、市政协关于《建议案（草案）》起草情况的说明，听取大会发言。与会常委、委员和市政协“阳光协商”人才智力库、法律服务团部分成员，围绕议题进行分组协商讨论，市直有关部门负责同志、部分“专精特新”企业负责人列席会议并进行互动交流。

第四次会议 10月13日召开。会议传达学习了习近平总书记近期重要讲话精神，省委、市委有关会议精神，围绕“多渠道增加农民收入 促进城乡共同富裕”开展专题协商，听取市政府《关于多渠道增加农民收入 促进城乡共同富裕的专题报告》和部分常委、委员的大会发言。与会常委、委员和市政协“阳光协商”人才智力库、法律服务团部分成员围绕议题进行分组讨论，市直有关部门和单位的负责同志现场回应委员关切。

第五次会议 11月25日召开。市政协主席杨留星出席会议并讲话，市委常委、副市长张佃虎到会通报市政协十一届一次会议提案办理情况。会议传达学习了中国共产党第二十次全国代表大会精神和省委、省政协、市委有关重要会议精神，审议通过了《政协日照市委员会关于深入学习宣传贯彻中国共产党第二十次全国代表大会精神的决议》。

第六次会议 12月23日召开。市政协主席杨留星出席会议并讲话，市政协副主席来风华主持会议，副主席王坤英、陈丰出席会议。会议传达学习中央经济工作会议精神和全市新旧动能转换创新发展重点项目现场观摩会议精神；协商讨论《政府工作报告（征求意见稿）》；审议市政协十一届二次会议议程（草案）；审议通过市政协十一届二次会议日程和有关名单；审议通过市政协常委会工作报告和提案工作报告，并推举报告人；审议通过有关人事事项等。

【专门委员会工作】

提案委员会 市政协十一届一次会议以来，共收到提案339件，审查立案314件，截至10月底，所有提案均办理完毕，办复率、面办率、委员满意率均达到100%。制定《市党政领导同志领办阅批督办政协重点提案工作制度》，建立党政点题领办、政协联络服务、办理督查评议工作新机制。组织开展以“持续推动为民办实事项目落地见效”为主题的专题协商和民主监督。创新专题协商会召开方式，制作视频短片展现主席会议成员调研情况，邀请基层群众出镜评判民生实事落实成效。起草《2022年度为民办实事项目推进工作专题协商情况报告》，市委、市政府主要领导作出批示给予充分肯定。

文化文史和学习委员会 组织部分文化艺术界委员实地调研尧王城遗址、天台山旅游区等文旅项目，并召开界别协商座谈会。组织“加强古籍善本文物抢救保护，促进历史文化传承”界别协商活动。开展为民办实事项目文体惠民项目推进情况和公交服务改造提升情况调研。配合省政协文史委开展了齐长城保护情况调研，按要求提报有关调研材料。

召开市政协文史工作座谈会，围绕把握“两个转变”内涵要求进行研讨交流。编印日照市情学习资料，让委员们更直观、更深入了解日照、热爱日照、宣传日照。依托市政协书画联谊会，组织开展丰富多彩的书画联谊活动，成功举办“喜迎二十大”书画作品巡展系列活动。

经济委员会 提出并践行“一二三四”工作思路，即围绕“服务经济发展”一条主线履职尽责，突出“产业融合和创新赋能”两大工作重点，深入开展“调研协商、考察招商、解困助商”三项活动，助力推动“传统制造业提升、对外贸易扩量、数字经济提速、中小微企业解困”四项突破。落实《关于加强和促进人民政协凝聚共识工作的若干措施》，积极为各民主党派、工商联和人民团体在政协履职建言搭建平台、创造条件，努力在合作共事中促进共识共为。

科教文卫体委员会 组织开展“强化校内服务提质增效，推动义务教育‘双减’落地落实”界别协商活动，结合市政协领导督办的重点提案，听取协商部门办理答复意见和提案者发言、学生家长代表意见建议。围绕海洋科技创新，开展“实施‘苗圃计划’推动海洋经济创新发展”对口协商，结合重点提案办理，现场观摩、实地调研、深入座谈交流，形成对口协商报告，得到市政府领导批示。

社会法制委员会 组织开展“贯彻法律援助法 助推法援惠民生”“抵御火灾风险、建设平安家园”、贯彻落实新修订的安全生产法、助推“老有所养”目标任务落到实处等开展阳光协商活动。组织开展“阳光协商·界别悦读”防范电信网络诈骗系列讲堂活动14场次，助力维护群众切身利益，助推我市法治建设。

人口资源环境委员会 组织“推进生活垃圾分类，助力精致城市建设”界别阳光协商议事活动，起草的协商报告呈送市委、市政府参阅，市政府领导对报告所提建议给予充分肯定，要求有关部门认真研究。组织“深化‘四减四增’行动，助推绿色低碳发展”专题视察和对口协商活动。围绕“加强人才引育创新、推进乡村振兴高质量发展”“关于发展清洁能源，助推‘生态立市’战略的建议”进行“四方联动”重点提案办理阳光协商活动。

委员联络工作委员会 制定政协委员联系服务界别群众的意见、加强和改进市政协委员学习工作的实施意见、委员履职考核细则（试行）、“阳光协商”人才智力库管理办法等制度文件，会同有关单位确定“阳光协商”人才智力库、法律服务团等有关人员，建立阳光协商工作的基本框架。持续深化委派民主监督工作，应邀推荐政协委员担任特邀监督员，支持政协委员参与座谈听证和立法民主协商等活动。组织开展“推动‘城中村’村改社区融入城市社区，提升城市治理能力”“纵深推进‘无证明城市’建设，助力营商环境优化提升”等阳光协商活动。

农业和农村委员会 围绕“持续推进农村人居环境整治提升，助推乡村振兴战略深入实施”开展界别协商。组织开展加强日照绿茶品牌建设提案集中办理协商活动，宣传日照绿茶“谷雨工程”、臻选联盟工作新进展新成效。围绕全市乡村振兴工作新路径与新经验进行了深入调研，总结遴选了6个具有代表性的乡村振兴创新案例。高标准建设农商行“阳光协商”议事室，并在其配套的城市书房建设“学而书吧”。学习借鉴先进地区的经验做法，结合我市实际，形成《“多渠道增加农民收入 促进城乡共同富裕”建议案》，市委、市政府主要领导专门作出批示。

【重要活动】

市政协宣传思想工作座谈会 5月24日召开，会议深入学习贯彻习近平总书记关于宣传思想工作的重要论述，结合日照政协工作实际，安排部署具体落实措施。市政协主席杨留星出席会议并讲话。会前，与会人员到东夷小镇六一书院、市行政审批服务大厅、国际财富中心等“有事多商量·阳光协商”示范点进行了实地考察；会上，传达学习了市政协“阳光协商”工作方案，通报了市政协“阳光协商”品牌宣传工作方案。市委宣传部、市委网信办、市政协各委室、各区县政协和市相关主流媒体的负责同志参加座谈交流。

全市政协“阳光协商”工作推进会 9月15日召开，市政协主席杨留星出席会议并讲话。会上，杨留星为市政协“阳光协商”人才智力库、法律服务团、社情民意信息站的部分成员代表颁发聘书，四个区县政协和市政协经济委就前期“阳光协商”工作情况作交流发言。

【重要文件】

中国人民政治协商会议第十届日照市委员会常务委员会工作报告（2022年2月18日在政协第十一届日照市委员会第一次会议上）（摘要） 五年工作的回顾。一是强化政治引领，筑牢思想根基。坚持不懈用党的创新理论武装头脑，加强党对政协工作的全面领导，扎实开展主题教育和党史学习教育。建成市政协文史馆，全面展示人民政协的光辉历程。二是聚焦主责主业，务实建言资政。紧扣经济社会高质量发展议政建言，组织开展调研视察和协商议政活动113次，履职成果得到有效转化落实，部分成果得到市委、市政府主要领导批示肯定。围绕安全生产、污染防治、优化营商环境、养老保障等热点难点工作持续开展监督，全力助推市委、市政府重点工作，自觉投身疫情防控斗争。三是竭诚履职为民，助推民生改善。聚焦民生热点，先后就乡村振兴、精准扶贫、学前教育、促进高校毕业生就业创业、农村公路提档升级、推进妇女居家创业就业、社区物业管理服务等50余个民生课题，开展调研视察和民主协商，助力增强人民群众获得感、幸福感和安全感。发挥提案作用，回应民生关切，五年来，立案提案1736件全部办结，办复率、面办率、委员满意和基本满意率均为100%。反映基层呼声，倾情服务群众，报送社情民意信息1500余条。四是坚持双向发力，广泛凝聚共识。深化党派合作共事，积极扩大联谊交流，建立委员联系界别群众制度，创新开展“六进六送”活动，做好政协文史工作。五是注重守正创新，完善体制机制。建立健全和修订完善《全体会议工作规则》《常委会工作规则》《专门委员会通则》等制度规定44项。加强智慧政协建设，建成融“委员学习、掌上提案、远程协商”等十项功能于一体的“日照掌上政协”APP。全力打造融入基层、融入群众、融入民心“三融”协商品牌，探索搭建“有事多商量”协商平台，召开“有事多商量”协商工作经验交流会。六是加强自身建设，提升履职效能。持续强化委员队伍建设，建立“1+2+N”委员培训体系，组织开展学习大讨论、读书学习活动、理论研讨和学习观摩。加强委员履职考核，督促写好“委员作业”。持续抓好政协机关建设，培育“党建引领·凝心汇智”机关党建品牌。

中国人民政治协商会议日照市委员会常务委员会工作报告（2022年12月26日在政协第十一届日照市委员会第二次会议上）（摘要） 2022年，在省政协有力指导和中共日照市委坚强领导下，日照市政协以习近平新时代中国特色社会主义思想为统领，以迎接中共二十大、学习宣传贯彻中共二十大精神为主线，紧紧围绕市委、市政府中心工作，秉持“参与又尽责、助力又添彩”履职理念，聚力打造“阳光协商”工作品牌，充分发挥专门协商机构作用，实现了本届政协良好开局。一、坚持党的全面领导，在加强党建引领上实现新提升。着力提高政治站位。始终把政治建设摆在首位，把学习宣传贯彻党的二十大精神作为首要政治任务，推动二十大精神在全市政协系统落地生根。自觉维护市委“总揽全局、协调各方”的领导地位，确保市政协一切工作都在市委领导下开展。持续加强思想武装。坚持以习近平新时代中国特色社会主义思想为统领，严格落实以政协党组理论学习中心组学习为引领的学习制度体系，开展“第一议题”学习19次，党组理论学习中心组集体学习和研讨12次，组织“阳光协商讲堂”等集中学习活动25次，团结奋斗的共同思想政治基础进一步夯实。全面推进党的建设。全面落实市委《关于进一步加强全市政协系统党的建设工作的实施意见》，打造“阳光协商·党旗领航”党建品牌，推动政协党的组织和工作实现“两个全覆盖”。严格落实意识形态工作责任制，开展委员走访、谈心谈话200多人次。二、坚持守正创新，在打造政协特色履职品牌上取得新成效。创新打造“阳光协商”工作品牌。在全市分层级搭建以“协商议事室、社情民意信息站、人才智力库、法律服务团”为架构的“阳光协商”平台100余个，开展活动360余场次，累计参与3万余人次，汇集反映意见建议280余条，助推解决400多个民生问题。创新搭建“学而系列”读书落实机制。认真落实省政协“学而系列”读书要求，创新搭建“阳光协商讲堂、书享汇、界别悦读”三位一体读书落实机制，开展读书交流活动39期，参与委员和界别群众3600多人次。三、坚持服务中心大局，在助推日照精彩蝶变上展现新作为。围绕中心商大事。围绕“加快培育专精特新企业 促进新旧动能转换”等议题，召开专题议政性常委会会议，协商形成建议案，提出意见建议15条。围绕“发挥金融机构作用，加大小微企业支持力度”等，开展对口协商、界别协商。聚焦重点议要事。围绕“纵深推进‘无证明城市’建设，助力营商环境优化提升”“推进生活垃圾分类，助力‘精致城市’建设”等议题，深入调查研究，积极建言献策，助力市委、市政府相关工作有效开展。紧盯问题督实事。注重发挥协商式民主监督优势，先后就绿色低碳高质量发展、法援惠民生等工作进行专题视察监督，在参与中监督、在监督中服务。持续深化委派民主监督工作，先后应邀推荐29名市政协委员担任特邀监督员，就信访事件听证、“12345”热线、招生录取等工作开展民主监督。四、坚持履职为民，在助力增进民生福祉上作出新贡献。协商议事解民忧。围绕“深入实施‘阳光敬老’系列行动，促进‘老有所养’目标任务落到实处”等群众“急难愁盼”的民生问题深入调研协商。围绕“持续推动为民办实事项目落地见效，为‘生活在日照就是幸福’助力加油”开展专题协商，对2022年市委、市政府15件为民办实事项目的40余个现场进行实地调研、民主监督，助力为民办实事项目落细落实。提案协商助民生。出台《市党政领导同志领办阅批督办政协重点提案工作制度》，创新建立党政点题领办、政协联络服务、办理督查评议机制。提案立案314件全部办结，办复率、面办率、委员满意率均为100%，助推了一批群众关心关注的民生问题有效解决。畅通渠道聚民意。反映社情民意信息426篇，其中90余篇信息被省政协采用，转报全国政协和有关部门参阅。建立委员联系服务界别群众和身边群众制度，协助市委、市政府做好宣传政策、协调关系、理顺情绪、化解矛盾的工作。五、坚持思想政治引领，在广泛凝聚共识上开创新局面。推进多党合作实践。认真落实市政协党组成员经常性联系各民主党派、无党派人士和非公有制企业机制，密切同非公有制经济人士、新的社会阶层人士的沟通联络，积极为各民主党派、工商联和人民团体在政协履职建言搭建平台、创造条件。拓展对外联谊交往。主办“喜迎二十大”书画作品展，广泛征集232件作品，精选110件优秀作品在全市巡回展出。组织开展“庆七一、翰墨行”等活动，积极推进“初光艺心·界别同心汇”试点创建工作，切实发挥“重要阵地、重要平台、重要渠道”作用，广泛汇聚正能量。加强宣传和文史工作。召开全市政协宣传思想专题工作会议，聚力打造“阳光协商”全媒体立体宣传矩阵，全年策划报纸专版和电视专栏24期、新媒体专题36期，在省级以上新闻媒体刊发稿件282篇，被人民政协报社和省政协表彰为宣传工作先进单位。搜集整理《丁肇中家国情怀》史料，推动市政协文史馆面向社会开放，制作《日照政协协商民主史话》系列纪录片，有效发挥政协文史存史资政、团结育人的功能作用。六、坚持固本强基，在加强自身建设上取得新进展。创新优化制度机制。深入贯彻落实《中国共产党政治协商工作条例》、市委《关于加强和改进新时代市县政协工作的实施意见》，坚持制度创新、流程再造，修订完善、制订出台规章制度44项。

加强对区县政协的联系指导，打造履职“共同体”。着力建强“两支队伍”。开展“一委一品牌”建设，着力提升专委会工作专业化、特色化水平；组织新任委员集中培训，制订委员履职考核细则，引导委员积极投身经济社会发展和疫情防控，委员主体作用充分发挥。组织实施干部能力提升工程，精心举办素质能力提升培训班，扎实开展“双学双提”岗位练兵活动，用心用情做好离退休老干部服务工作，机关服务水平进一步提升。持续抓实纪律作风。认真贯彻落实中央八项规定及其实施细则和省委、市委实施办法精神，大力加强“清廉政协”建设，召开市政协机关作风建设会议，提出“一讲、双创、三勤、三严、五抓”工作要求，机关作风持续向好。

张惠书记在市政协十一届二次会议开幕式上的讲话（2022年12月26日）（摘编） 一年来，全市各级政协组织和广大政协委员，深入贯彻落实习近平总书记关于加强和改进人民政协工作的重要思想，牢牢把握团结和民主两大主题，紧紧围绕中心、服务大局，创新建立“阳光协商”和“阳光协商讲堂、书享汇、界别悦读”等机制，认真履行政治协商、民主监督、参政议政职能，聚焦新旧动能转换、项目招引建设、增进民生福祉、创新社会治理等重点领域和群众关心关切，提出了很多有分量的意见建议，做了大量卓有成效的工作，为推动现代化海滨城市精彩蝶变作出了积极贡献。2023年是贯彻落实党的二十大精神的开局之年，也是推动现代化海滨城市精彩蝶变的关键之年。日照的各项事业越是向前推进，越需要凝聚最广泛的智慧和力量；越是处于发展关键期，越需要凝聚人心、众志成城。全市各级政协组织和广大政协委员要以习近平新时代中国特色社会主义思想为指导，继续发扬光荣传统，发挥独特优势，更好地把智慧和力量激发出来、把创造性和积极性调动起来、把“落实下去、凝聚起来”的责任和使命扛起来，在新的奋斗征程上展现“政协新作为”、彰显“政协新担当”。

【组织概况】

市政协

主席名单

杨留星

副主席名单

来风华 王坤英 陈 丰 孟凡香
惠 旻 徐桂华 胡尊良

秘书长名单

费立志

常务委员名单

（截至2022年12月31日）

丁陆海 丁相婷 王 敏 王 磊
王立莹 王利侠 王增军 牛学卿
尹 强 邓洪友 史成慧 仕志东
朱 娜 刘 波 刘汉营 刘桂香
刘晓华 刘海诚 刘德忠 安丰华
孙 胜 孙鹏霄 苏海滨 李 莉
李广秋 李传健 李京波 李宗臣
李春星 李振函 吴 宏 汪运鸿
宋国安 张 国 张永艳 陈 倩
陈 德 陈海文 武玉杰 武玉强
孟 琼 赵英华 赵德玉 费 融
顾法高 徐志霞 崔维刚 彭 波
董建华 韩文卓 鲁永文 路 光

谭　洁　薄怀诺

委员名单

（截至 2022 年 12 月 31 日）

丁　亮　丁　辉　丁陆海　马明成
王　斌　尹德满　仕志东　成　磊
吕祥山　刘汉营　刘庆召　刘海诚
许传东　孙鹏霄　李春星　杨留星
来风华　吴　宏　孟凡香　费立志
顾法高　徐桂华　黄秀芹　王　敏
王坤英　刘　宁　安丰华　李　冰
李广秋　费　融　丁相婷　牛海军
刘洪岩　胡尊良　葛坦花　王　磊
朱　娜　刘德忠　纪丙强　李　莉
王　玉　王宜宗　牛学卿　陈　德
林玉营　董建华　惠　旻　于玉梅
王玉鹏　张　雷　陈海文　赵英华
崔维刚　董全宏　谭　洁　申　蒙
刘军华　李　伟　张　鸽　陈　倩
郭颜江　王利侠　李路莎　徐后菊
程晓东　王启福　刘　昕　时　昕
张昭媛　唐劲辉　滕艳艳　王雪燕
杨清云　郑培波　王世红　杨　英
时桂芬　张　梅　陈伟虹　马俊刚
王　宇　文　迈　许小伟　纪铜军
苏海滨　杨洪文　陈　丰　武玉杰
刘英涛　李华松　李志毅　苗为佳
盛颖峰　滕永茂　李宜军　李修宝
杨林青　张云涛　胡善国　郭　锋
丁文渊　于　红　王　恒　孔祥军
邓洪友　刘玉姗　李京波　吴继安
宋润民　陈祥生　庞菊梅　秦绪坤
高培松　董爱玲　雷　娟　于　蓉
王　昊　王　艳　王　涛　王学军
朱礼贵　刘培智　刘森林　牟宗华
李　岩　李振函　张　红　张秉硕
陆爱荔　武玉强　周玉娟　孟　琼
赵　炜　赵志峰　胡　亮　侯晓英
施振宇　秦　铭　夏　平　高　转
高祥友　曹　雪　隋　鑫　韩彦春
蓝　波　蓝　洁　丁　云　于世鹏
马　妮　马先升　王　勇　王夫成
王竹华　王旭日　王兴桂　王增军
王曙光　尹　强　尹衍明　冯鲁新
刘　伟　刘　波　刘为棠　闫　鸣
孙　胜　孙启海　孙振杰　牟　建
苏东援　李　皓　李玉亮　李启策
吴中富　吴南南　张　立　张　军
张　国　张　波　张　洁　张　翔
张　楠　张永学　张明军　张建平
陈　迎　武庆果　林祥全　尚　波
罗发明　周　赛　赵　洁　赵世军
胡瑞红　柯武生　贾　敏　徐明远
徐晓军　高仁强　高月贵　郭晓民
董勤海　韩文卓　魏　兵　魏立军
丁仕波　门庆永　马宗光　史成慧
刘　艳　汪运鸿　宋景春　张　芬
苗秀萍　郑宏伟　孟庆国　赵纪华
鲁永文　薄怀诺　王　磊　尹力群
史兴用　任　强　刘　伟　刘泓妤
刘晨琛　江尔德　孙　燕　李　娜
李小敬　李伟燕　李传健　李希平
李宝富　李春勤　杨　琳　宋国安
张　燕　林玉柱　周阳君　侯永光
秦绪娟　高月芳　崔维群　滕兆敏
王　宁　孙　杰　邹丰亮　张疆之
高　丽　路　光　戴方波　魏名君
王军卫　王明亮　孙蕾春　王远青
王金国　厉彦卓　卢东楼　巩云霞
成永海　朱友亮　刘红玲　刘桂香
安丰堂　李　洁　吴耀宝　宋　媛

张永静　苑中芬　范伟营　孟令新
赵乙刚　高海兴　葛　梅　焦安秀
刘欣欣　江福涛　辛　伟　柳爱东
费日发　徐立宝　杨元平　迎　春
张艳荣　王会选　同　悟　张　坚
昌　普　侯信瑞　王立莹　王华鹏
王兴展　王律超　厉　伟　卢兆梅
卢绪龙　乔　宇　刘　波　刘相芹
刘晓华　刘祥彬　孙志明　李卫东
李宗臣　杨静静　吴乃军　宋　君
宋　波　张永艳　张维明　陈　凯
周　力　郑美琴　郑嘉洲　赵　慧
赵德玉　姜　昊　袁利强　贾秀玲
徐　慧　徐志霞　高子孟　高春熙
郭　威　彭　虎　彭　波　解晓燕
滕厚军　丁晓华　范建刚　韩　涛

县（市、区）政协

东港区政协主席

宋　波

岚山区政协主席

周　力

莒县政协主席

卢兆梅

五莲县政协主席

高子孟

日照市各级政协组织和委员数

（截至 2022 年底）

单位：个

项目＼级别	市	县（市、区）	合计
组织数	1	4	5
委员数	332	1125	1457

（编写：孙克芳　审稿：唐洁）

政协临沂市委员会

主席　边　峰

副主席　张玉兰

副主席　任兴业

副主席　张艳丽

副主席　解红日

副主席　黄　杰

副主席　王丽云

副主席　孟凡明

秘书长　吴恩坤

【全体委员会议】

十六届一次会议 2022 年 2 月 23 日至 27 日在临沂举行。应出席委员 550 名，实到委员 530 名。会议听取并讨论了市委书记任刚在开幕大会上所作的讲话；听取并审议批准了谭庆功副主席代表常务委员会所作的工作报告和王晓嫚副主席代表常务委员会所作的提案工作报告。与会委员列席了临沂市第二十届人民代表大会第一次会议，听取并讨论了市政府工作报告及其他有关报告。委员们对市政府过去五年工作给予充分肯定，对今后五年经济社会发展目标任务和 2022 年工作安排表示赞同，同时围绕实施现代化强市“八大战略”和实现全年各项目标任务建言献策，就工业强市、乡村振兴、商城转型、深化改革、绿色发展等重大问题，提出了许多意见建议。大会期间，共收到提案 726 件，经提案审查委员会审查立案 579 件。会议经过民主协商，选举产生了政协第十六届临沂市委员会领导班子，审议通过了提案审查委员会关于提案审查情况的报告和市政协十六届一次会议决议。大会闭幕时，市政协主席边峰作了讲话。

【常务委员会会议】

十五届第二十五次会议 2 月 14 日举行。会议传达学习了省政协十二届五次会议精神；协商讨论了市政府工作报告（征求意见稿）；审议通过了政协第十五届临沂市委员会常务委员会工作报告和提案工作报告；协商决定了政协第十六届临沂市委员会委员，审议通过了政协第十六届临沂市委员会第一次会议有关人事事项；审议通过了关于召开政协第十六届临沂市委员会第一次会议的有关事宜；书面听取了政协第十五届临沂市委员会各专门委员会工作报告；审议通过了其他人事事项。

十六届第一次会议 4 月 19 日举行。市政协主席边峰出席会议并讲话。会议传达学习了全国两会精神，审议通过了政协临沂市委员会常务委员会关于加强自身建设的意见；审议通过了关于设置专门委员会的决定及有关人事事项。

第二次会议 7 月 25 日举行。市政协主席边峰出席会议并讲话。会议听取了上半年全市经济社会发展情况通报；举行了大会发言；审议通过了《关于深化营商环境创新，推进先进工业强市战略实施的建议案》；审议通过了有关人事事项。

第三次会议 11 月 30 日举行。市政协主席边峰出席会议并讲话。会议传达学习了中共二十大和二十届一中全会精神；传达学习了市委十四届三次全会精神；审议通过了《关于加快高水平职业学校建设，促进职业教育高质量发展的建议案》；审议通过了有关人事事项。

第四次会议 12 月 30 日举行。市政协主席边峰出席会议并讲话。会议协商讨论了市政府工作报告（征求意见稿）；审议通过了关于召开政协第十六届临沂市委员会第二次会议的决定；审议了政协第十六届临沂市委员会第二次会议议程、日程（草案）；审议通过了政协第十六届临沂市委员会第二次会议秘书长、副秘书长名单，常委轮值名单，各组召集人名单，列席人员（单位）范围；审议通过了政协第十六届临沂市委员会常务委员会工作报告和政协第十六届临沂市委员会常务委员会关于市政协十六届一次会议以来提案工作情况的报告并推举报告人。

【专门委员会工作】

提案委员会 市政协十六届一次会议以来，共收到提案781件，审查立案612件。建立党委、政府、政协领导领办督办重点提案工作机制，并以市委、市政府名义对优秀提案和先进承办单位进行表扬鼓励。制定、修订《提案征集办法》《提案审查办法》《提案公开办法》《提案培育工作暂行办法》《平时提案工作暂行办法》等制度文件。举办新任委员提案专题培训班，开展上门走访、市县联动调研等活动，搭建协商交流平台，拓宽知情明政渠道。首次召开提案工作专场新闻发布会，在政协网站“提案公开”专栏和“12345·临沂首发”APP公开部分提案内容和答复意见，提案工作的社会影响力持续扩大。

经济委员会 由9名主席会议成员分别带队，组成18个调研小组赴各县区深入调查研究，形成《关于深化营商环境创新，推进先进工业强市战略实施的建议案》，得到市委主要领导充分肯定。围绕经济发展的难点热点问题，先后对现代化钢铁新城建设、商城地产品加工业发展、民间资本存在形式和流动状态等进行专题视察调研。探索建立“沂企商”经济议事厅，制定《“沂企商”经济议事厅工作规则（试行）》，以“木业产业发展和木业产业链构建”为主题开展了首期议事沙龙活动。

农业和农村委员会 围绕“沂蒙鸡产业化发展”与省政协联动调研并形成报告，获省政府主要领导批示肯定。组织征集的3个案例入选省政协《乡村振兴新路径和新经验30个创新案例》，被省委、省政府主要领导批示在全省推广。围绕“助推临沂全域农业品牌发展”组织专题协商并形成报告，市委主要领导给予充分肯定。赴河东区开展第一书记乡村振兴示范片区专题视察，开展“农村养老服务体系建设”专题调研，聘请丁兆堂等30名同志为市政协农业和农村委特聘专家。

人口资源环境委员会 就“加快实施美丽移民村建设”开展调研协商，报送的协商报告得到市领导批示肯定。围绕“推进育儿友好型社会建设”，组织政协委员、专家学者、界别群众和有关部门面对面协商，为推动“孕得优、生得安、育得好”积极献策。对标“在敢监督、善监督上走在前”，组织委员就中心城区园林绿地更新养护等进行实地察看、现场评议，督促有关方面抓好政策规划落实。

教科卫体委员会 围绕“加快高水平职业学校建设”开展联合调研，广泛征求意见，形成了《关于加快高水平职业学校建设，促进职业教育高质量发展的建议案》，得到市委、市政府主要领导充分肯定。针对失能人员长期护理保障问题，召开“加强职工长期护理保险制度建设”专题协商座谈会，听取职能部门、医疗机构、承保机构、群众代表各方意见，提出加强改进工作的建议。

社会联络和法制委员会 先后围绕“打击治理电信网络新型违法犯罪”“建

立健全‘一站式’矛盾纠纷调处化解平台”组织专题调研视察，形成的调研报告均得到市委、市政府主要领导批示。围绕“赋能政协民主监督、助力解决民生关切”，推动民主监督与“12345·临沂首发”热线督办有机融合，建立联动工作机制，用好融媒集智平台，对安全生产等诉求集中领域联合开展监督性视察。积极参与法治临沂建设，牵头推进市域社会治理现代化 2 项试点任务，先后就《乡村文明条例》《优化营商环境条例》等开展立法协商，组织召开市政协秘书长与市级各民主党派、工商联驻会负责人联席会议。

文化文史和学习委员会 专题调研“历史文化遗产保护利用”，从加强顶层设计、深化融合创新、汇聚保护利用合力等方面提出意见建议。就“加强基层文化建设”“深化乡村旅游特色示范村建设”等开展带案视察并召开专题座谈会。深化提升文史书画工作，举办“喜迎二十大 翰墨颂党恩”书画作品展，组织开展临沂文化标识征集推选，启动《临沂政协志》编纂工作，省政协网上文史馆刊发“沂蒙红色文化”主题文史资料 8 篇，4 套（册）个人著作成果获省政协文史馆珍藏。

【重要活动】

省政协主席葛慧君来临沂调研 7 月 26 日至 27 日，省政协主席葛慧君来临沂调研，实地察看沂蒙红嫂纪念馆、孟良崮战役纪念馆等党性教育基地建设和干部教育培训现场教学情况，实地调研沂南双创科技园、沂南食品产业园、山东港汇国际物流园、绿源电动车（山东）有限公司、蒙阴县垛庄镇椿树沟田园综合体、蒙阴县蒙阴街道汶河社区“有事多商量”议事室。在随后召开的座谈会上，葛慧君强调，党的建设是政协工作的根本，要旗帜鲜明、强化引领抓党建，用习近平新时代中国特色社会主义思想凝心铸魂，把党的主张转化为各界人士的广泛共识和自觉行动；要健全机制抓党建，建强组织体系、健全制度体系、完善落实体系，保证政协党的建设各项工作真正落到实处；要突出特色抓党建，研究工作规律，创新思路方法，搭建平台载体，创建特色品牌，通过抓党建把党的领导落实到政协工作各方面，不断推动新时代政协事业发展。

“喜迎二十大 翰墨颂党恩”市政协书画展 8 月 26 日在市文化中心开幕。市政协主席、党组书记边峰致辞。本次书画作品展是市政协“喜迎二十大”系列活动之一，也是发挥人民政协大团结大联合优势，凝聚广泛共识、汇聚各界合力的一次生动实践。书画展共展出 242 幅作品，这些作品主题鲜明、内容丰富、风格多样、格调高雅，真情诠释着永远跟党走的坚定信念和赤诚初心，充分抒发了艺术家和政协委员们同心同德迎接党的二十大的喜悦之情，同心同向走好新的赶考路的奋进之志。

全市政协学习《习近平谈治国理政》第四卷读书班 10 月 9 日至 10 日，市政协举办学习《习近平谈治国理政》第四卷读书班。市政协主席、党组书记边峰出席并讲话。边峰强调，做好新时代人民政协工作，最根本的是深入学习贯彻习近平新时代中国特色社会主义思想。边峰要求，要讲求“学懂”，在学习上持续跟进；要力求“弄通”，在认识上持续跟进；要务求“做实”，在行动上持续跟进，齐心协力推动全市政协工作走在前、开新局，以奋发昂扬的精神状态迎接党的二十大胜利召开。

【重要文件】

中国人民政治协商会议第十五届临沂市委员会常务委员会工作报告（2022年2月23日在政协第十六届临沂市委员会第一次会议上）（摘要） 回顾过去五年的工作：五年来，在中共临沂市委的正确领导下，市政协常委会坚持以习近平新时代中国特色社会主义思想为指导，牢牢把握团结和民主两大主题，围绕中心、服务大局，认真履行政治协商、民主监督、参政议政职能，注重建言资政和凝聚共识双向发力，为全市经济社会高质量发展作出了积极贡献。一是坚持党的全面领导，把牢正确政治方向。二是聚焦全市工作大局，服务经济社会高质量发展。三是践行履职为民理念，共同营造和谐安定的社会环境。四是立足新方位新使命，加强专门协商机构建设。五是更加广泛凝聚共识，充分发挥统一战线组织作用。六是系统加强自身建设，全面提高履职能力水平。今后五年工作建议：一要牢牢把握坚持党的领导根本原则，在巩固共同思想政治基础上保持定力。二要牢牢把握服务中心大局第一要务，在推动经济社会高质量发展上协同发力。三要牢牢把握发展全过程人民民主实践要求，在加强专门协商机构建设上持续用力。四要牢牢把握统一战线重要法宝，在团结奋进新征程上凝心聚力。

市委书记任刚同志在政协第十六届临沂市委员会第一次会议开幕大会上的讲话（2022年2月23日）（摘要） 过去五年是党和国家事业发展进程中极不平凡的五年，也是临沂励精图治、实现历史新跨越的五年。五年来，全市上下坚持以习近平新时代中国特色社会主义思想为指导，锚定全面小康，聚力第一方阵，完整、准确、全面贯彻新发展理念，坚定不移走高质量发展之路，推动“大”临沂建设取得突破性进展、“美”临沂形象得到多方位展现、“新”临沂内涵有了深层次拓展、“强”临沂动能正在加速度集聚、“富”临沂家底保持稳定性增长、“精”临沂品质呈现渐进式提升。全市各级政协组织和政协委员始终围绕中心、服务大局，聚焦新旧动能转换、脱贫攻坚、疫情防控、乡村振兴、基层社会治理等重点工作，深入调查研究、积极建言献策，提出了许多有高度、有深度、有温度的意见建议，民主协商有声有色、增进团结用心用力、服务发展成效显著，为全市经济社会发展作出了积极贡献。

新一届市政协和全体委员要密切聚焦市第十四次党代会提出的目标任务，紧紧围绕现代化强市“八大战略”，团结实干、开拓进取，在发扬民主上走在前，在说真话、建诤言上走在前，在敢监督、善监督上走在前，做到既活泼又严肃、既融民意又带政声、既有问题又有方案，努力为临沂现代化强市建设贡献更多政协元素、政协智慧、政协力量。要拥戴核心，始终坚持党的领导，在政治上忠诚核心，在思想上认同核心，在行动上紧跟核心，旗帜鲜明地拥护“两个确立”。要紧扣中心，紧紧围绕“走在前、进位次、提水平”，聚共识、聚智慧、聚合力，积极投身产业发展主战场、创新创业最前沿、城乡建设第一线、社会治理最基层。要情系民心，始终为民代言，全力帮民解忧，做到以民为镜，真正以人民名义监督、用群众口碑评判。要坚守初心，始终守规矩、讲品行、提能力，加强自身建设，强化使命担当，确保参政参到点子上、议事议到关键处。

市委办公室印发《关于加强和改进新时代市县政协工作的实施意见》的通知（摘要） 文件共六个部分。第一部分是总体要求。主要是概述加强和改进市县政协工作的指导思想和工作重点。第二部分是加强专门协商机构建设。主要是把握专门协商机构职能定位，明确协商内容，规范协商活动，丰富协商形式，拓展协商平台，加强民主监督，推进向基层延伸。第三部分是加强思想政治引领。主要是健全完善学习制度，加强思想政治引领，深化界别群众工作。第四部分是加强委员队伍建设。主要是从优化委员队伍结构、提高委员履职能力水平、改进委员履职服务管理三个方面提出具体要求。第五部分是夯实基层基础建设。主要是从密切市县协同互动、加快数字政协建设、提升经常性工作质量三个方面推动政协工作提质增效。第六部分是加强党的全面领导。主要是落实党的领导各项制度机制，提高市县政协党的建设质量，加强市县政协工作机构和干部队伍建设。

政协临沂市委员会常务委员会关于加强自身建设的意见（摘要） 文件主要从六个方面提出要求。一是讲政治强定力，做“两个维护”的表率。二是讲学习提素质，做勤学善谋的表率。三是讲担当有作为，做履职尽责的表率。四是讲民主尚团结，做凝心聚力的表率。五是讲实绩重成效，做开拓奋进的表率。六是讲规矩树形象，做严于律己的表率。

中共临沂市政协党组关于加强市政协委员队伍党的建设的实施意见（摘要） 文件共分五部分。第一部分是总体要求，主要阐述加强政协委员队伍党的建设的指导思想和重要意义。第二部分是工作原则，包括坚持党建统领、突出特色、规范化常态化三大原则。第三部分是组织体系，包括设立任期制履职党支部并明确主要职责，完善组织体系并成立领导小组和领导小组办公室。第四部分是制度机制，主要有建立专委会联系履职党支部制度、党员委员联系党外委员制度等“六大制度”。第五部分是组织保障，包括多措并举保证政协党的各级组织运转有效，保证第一责任人责任落实到位，保证党员先锋模范作用发挥到位。

政协临沂市委员会关于政协委员联系服务界别群众的实施意见（摘要） 文件共四个部分。第一部分是总体要求，明确了指导思想和基本原则。第二部分是主要任务，主要有广泛凝聚共识、积极建言资政、参与社会治理和服务改善民生等。第三部分是工作方式，主要有融入经常性履职、参加界别活动、用好履职平台和开展“走基层”实践活动。第四部分是工作保障，主要有加强工作领导、明确责任分工、健全评价机制、加强工作宣传等。

政协临沂市委员会关于全市政协开展“有事多商量”平台建设工作的实施意见（摘要） 文件共三个部分。第一部分是总体要求，主要包括重要意义、指导思想、工作原则等。第二部分是工作内容和方法步骤，主要有确定协商议题、丰富协商形式、规范协商频次、提高协商质量、完善协商机制、推动成果落实等。第三部分是组织领导，主要有坚持党的领导、发挥政协党组作用、强化分工负责、注重工作结合、营造广泛参与氛围等。

【组织概况】

市政协

主席名单

边　峰

副主席名单

张玉兰　任兴业　张艳丽　解红日
黄　杰　王丽云　孟凡明

秘书长名单

吴恩坤

常务委员名单

（截至 2022 年 12 月 31 日）

丁慎强　于爱梅　马晓春　王立华
王观利　王芯隆　王言群　王学斌
王　梁　石绍峻　石德亮　卢中绪
申瑞芳　主如彬　冯　军　成　刚
庄乾元　刘广宝　刘成武　刘传景
刘庆云　刘志强　刘芯宇　刘奉福
刘治业　刘建都　刘思通　刘勋建
刘彦明　刘海亮　刘培建　刘　颖
闫光星　汲长虹　安丰和　许彦军
孙福增　杜宝珍　李　芸　李咏梅
李春秋　李　健　李继葆　李献荣
李　楠　杨翠晓　吴庆民　吴昌力
吴清林　何中余　邹际国　宋金贵
宋修友　宋敬华　张向群　张学凯
张建华　张建顺　张星卫　张　峰
张　钰　张维莉　张景前　张　韬
陈际科　陈建光　林　红　郁善涛
季文卿　周东开　庞丽萍　郑庆东
郑佩芹　房兴耀　孟祥芬　赵立新
赵西平　赵　岩　相　彬　柏建钦
钮中元　类延军　姚书华　秦鸿伟
夏　磊　钱　英　隽立峰　徐成林
高思圣　郭志玲　郭春玲　黄圣权
黄慧文　梅占洋　曹德玉　常兴君
韩冬梅　焦中志　褚　冰　谭长志
薛俊美　薛福香

委员名单

（截至 2022 年 12 月 31 日）

王丽云　尤元勋　冉　贤　边　峰
朱祥法　刘玉国　刘建都　刘勋建
刘恒波　苏丽君　李　静　李玉法
吴恩坤　吴清林　张　钰　张维莉
邵长来　武传成　欧阳桦　赵立新
赵纪钢　类延军　秦鸿伟　黄　杰
解红日　解曙光　阚吉恩　谭长志
熊长远　马晓春　王学斌　王淑华
刘　颖　刘绍静　李咏梅　杨艳龙
张庆阳　张秀萍　庞岸清　钮中元
高思圣　郭志玲　王　梁　毛家传
朱清鹏　庄新明　闫光星　孙志强
李守朔　杨晓娜　杨翠晓　宋修友
张　敏　孟凡明　丁明友　王子亮
主如彬　庄乾元　刘海亮　杜　飞
沈红霞　宋金贵　邵珠珍　赵　岩
马登玺　刘　建　刘西洋　杜宝珍
李　楠　陈　琛　陈际科　高仁朋

潘晓朋　王　萍　王立华　王观利
付洪光　任兴业　李　毅　何　方
沈庆全　张红基　钱　英　韩冬梅
蔡永玲　王言群　刘彦明　李洪珍
宋东明　张星卫　季文卿　郑庆东
黄慧文　程学文　石德亮　朱冬凌
刘宏达　杨竹贵　宋敬华　张永生
张海娟　邵泽鑫　庞丽萍　贾艳达
焦中志　褚　冰　褚　惠　王　欣
王文亮　尹世良　付　伟　刘　涛
李　芸　何中余　张玉兰　张建华
张艳丽　孟祥芬　赵　绚　胡文君
隋长虹　于子景　于珊珊　苏雅楠
李国琛　李晓艳　曹敬子　韩双阳
谭茹心　王龙飞　李如玉　宋卓坤
张一涵　张兴隆　徐　荣　王建秀
刘　倩　李建成　肖莉娜　吴庆涛
何中菊　宋艳红　张　璇　周宝伟
文　欣　朱兴芳　朱秀林　孙　静
杨明芬　吴　楠　宋茂蕾　张文霞
张红霞　姜自兰　神岳明　温秀婷
薛俊美　王西银　公茂锋　公茂霞
主父文翔　任建海　刘广宝　刘希宝
刘原领　孙立伟　孙伟程　李　涛
李广玉　李玉龙　李弘宇　李虹波
吴昌力　宋爱刚　张士将　张京海
张学均　张景前　苗德山　郁善涛
卓国文　郑光云　赵振东　胡爱聆
姜　磊　徐茂峰　高文彬　高嘉伟
郭春玲　唐顺伟　黄圣权　梅占洋
曹德玉　盛鲁杰　潘洪刚　薛福香
申智斌　朱礼贵　刘玉果　刘昌栋
孙成海　赵学冬　解丽丽　吕兴广
朱红超　刘传景　张　剑　张红卫
张学凯　相　彬　段志钢　解晓方
王宗勤　尹小叶　朱庆庆　乔洪涛
刘　刚　刘思通　闫　勇　孙学堂
孙福增　李守鹤　李晓燕　吴哲亮
张潇梦　武举善　赵　盈　胡英霞
钟呈春　姜开峰　徐志强　高辉飞
常兴君　彭　梅　程正银　鲁　冰
万炽雄　王　飞　王金东　冯　源
朱孟宪　刘　波　刘文龙　刘庆云
刘奉福　刘爱友　许金龙　孙　彬
李自升　李新杰　吴本嵚　吴庆民
张　强　孟　锐　战祥春　徐文明
徐勤波　殷慧敏　高　华　董　宏
程　雷　曾晓真　解永生　于爱梅
主　玉　杜以坚　陈　州　段　华
徐勤勇　崔恩贵　丁慎强　马士虎
王小周　王芯隆　王经远　王济鹏
王浩任　王景美　王富余　尤如法
化树明　申瑞芳　田雪鹏　丛德有
冯　波　冯凡华　吕　冰　吕清军
乔淑琴　刘　刚　刘　超　刘永法
刘志强　刘治业　刘春晨　刘振兴
刘敬霞　刘锦枚　汲长虹　孙峥峥
孙铭泽　李　峰　李　翔　徐　峰
李继葆　李培峰　杨金凯　杨彬彬
吴　伟　吴　超　吴照军　邹际国
张丽凯　陈　飞　英信刚　林俊臻
林渝童　庞玉坤　孟　旭　孟宪伟
孟宪玲　胡月丽　段晓莉　侯平言
袁成亮　袁和迪　隽立峰　李振伟
徐　涛　徐国华　徐洪阔　徐淑波
郭　晓　郭存善　戚树启　龚安华
韩　东　程万里　鲁峰武　谢延伟
管　政　滕学斌　潘仲兴　鞠方新
于海涛　王开峰　王言文　王春辉
石绍峻　龙君江　刘　林　刘成武

刘庆林 刘芯宇 孙志勇 李凤善
李相庆 杨 静 宋成明 宋钊逸
张 韬 张明利 张彦欣 范遵厚
钱认德 徐勤国 唐音波 谭善杰
王帅君 王志国 朱 强 刘 强
刘 鹏 刘占仁 汤海山 安 青
安丰和 苏婷婷 杨 洁 杨晓玲
吴广江 吴成军 沈如茂 杜培军
张 峰 张书圣 张克彩 张京虎
陆庆红 陈永青 郑佳丽 赵存柱
相启荣 段淑君 禹香兰 姚运永
袁俊富 夏 磊 夏其英 高树梅
郭林敏 舒德峰 臧书华 王 涛
王 震 尤誉龙 杜辉升 郑丽萍
赵学莉 贾慧芹 郭景军 梁绍伟
于长江 万广静 马永臻 王淑军
毛彦玲 左 静 白 南 成 刚
刘 忠 刘 娜 刘清敏 李光廷
李光彩 李克雷 李晓娟 何 雪
张 燕 张兆平 张守仁 陈心锐
林 红 明 磊 周艳红 郑佩芹
赵西平 柏建明 柏建钦 秦大伟
徐会中 殷常康 唐根华 展英华
黄 飞 潘文霞 潘俊博 王平达
牛树超 刘陈林 孙百迎 李明耀
李翔宇 邱 萍 宋 青 宋玉波
张建廷 张剑非 张洪岭 陈建光
苗生伟 韩国华 谢雪艳 马 琳
马 腾 马 静 马迎霞 许 铃
李付华 李春秋 杨明青 肖增秀
沙安峰 陈贵强 徐成林 王志营
文彦礼 孙志建 张永胜 张建顺
房兴耀 韩来社 释惟方 魏高清
王 勇 王 鑫 王洪伟 孔雪原
左国栋 卢中绪 朱长利 朱茂波
刘 锋 刘恩田 刘培建 许彦军
李 健 李 宾 李献荣 杨林海
余 巍 辛 晟 张向群 张现启
陈 霖 周东开 周俊献 郑戏元
赵 明 赵贤权 姚书华 徐立娟
徐志刚 薛 平 王立剑 王宏霞
王忠军 付海峰 冯 军 朱 烨
刘 达 刘 刚 刘文军 刘玉华
刘正生 刘立元 刘志军 孙 伟
孙晓燕 纪丙坤 苏妮娜 杜以方
杨振龙 何法江 张立强 张英杰
张峰年 赵 洁 夏洪成 郭忠友
曹明喜 蒋飞鸿 蓝恭彦 谭成亮

县（市、区）政协

兰山区政协主席

纪丙坤

罗庄区政协主席

夏洪成

河东区政协主席

蒋飞鸿

郯城县政协主席

付海峰

兰陵县政协主席

刘志军

沂水县政协主席

郭忠友

沂南县政协主席

刘正生

平邑县政协主席

孙 伟

费县政协主席

刘文军

蒙阴县政协主席

刘玉华

莒南县政协主席

赵　洁

临沭县政协主席

朱　烨

临沂市各级政协组织和委员数

（截至 2022 年底）

单位：个

级别 / 项目	市	县（市、区）	合计
组织数	1	12	13
委员数	544	3538	4082

（编写：刘坤　审稿：张峰年）

政协德州市委员会

主席　卜祥联

副主席　康志民

副主席　吕永忠

副主席　辛志才

副主席　才玉璞

副主席　齐永军

副主席　隋　力

副主席　张　苹

秘书长　刘宝良

【全体委员会议】

十五届一次会议 2022年2月24日至27日在德州召开。应到委员427人，实到410人。会议听取并审议了市政协主席翟长生所作的十四届市政协常委会工作报告；听取审议市政协副主席康志民所作的十四届市政协常委会提案工作报告；与会委员列席市十九届人大一次会议，听取并讨论了市政府工作报告和其他有关报告。大会期间，共收到提案816件，立案666件。10位委员作了大会口头发言。大会审议通过了市政协十四届常委会工作报告的决议、市政协十四届常委会提案工作报告的决议，审议通过市政协十五届一次会议提案审查情况的报告、市政协十五届一次会议政治决议。会议选举卜祥联为市政协主席，选举康志民、吕永忠、辛志才、才玉璞、齐永军、隋力、张苹为市政协副主席，选举刘宝良为市政协秘书长，选举71名政协委员为市政协常委。会议闭幕时，市委书记田卫东作了讲话。

十五届二次会议 12月28日至30日在德州召开。应到委员423人，实到353人。会议听取并审议了市政协主席卜祥联所作的十五届市政协常委会工作报告；听取审议市政协副主席吕永忠所作的十五届市政协常委会提案工作报告；与会委员列席市十九届人大二次会议，听取并讨论了市政府工作报告和其他有关报告。大会期间，共收到提案604件，立案503件。5位委员作了大会口头发言。大会审议通过了市政协十五届二次会议关于常委会工作报告的决议、市政协十五届二次会议关于常委会提案工作报告的决议、市政协十五届二次会议关于提案审查情况的报告、市政协十五届二次会议政治决议。会议补选于喆、王海龙、赵伟、唐东一、曹望刚为市政协常委。会议闭幕时，市委书记田卫东、市政协主席卜祥联作了讲话。

【常务委员会会议】

十四届第二十四次会议 1月21日召开。市政协主席翟长生主持并讲话，市政协党组书记卜祥联出席，市委常委、常务副市长刘长民通报2021年全市经济社会发展情况，市委常委、统战部部长、市政协党组副书记彭小毛作关于十五届德州市政协委员安排情况的说明。会议听取2021年全市经济社会发展情况的通报，协商产生十五届市政协委员，听取市政协十五届一次会议筹备工作情况的说明，审议通过市政协常委会工作报告（草案）和提案工作报告（草案），审议通过市政协十五届一次会议议程（草案）、日程（草案），审议通过2021年度市政协委员民主评议部门工作、委员履职考核、提案工作考核、界别工作考核等情况的通报。

十五届第一次会议 4月12日召开。市政协主席卜祥联主持会议。会议传达学习了全国政协十三届五次会议精神，审议通过了《政协第十五届德州市委员会常务委员会关于加强自身建设的意见（草案）》《政协德州市委员会关于开展“履职能力提升年”活动的实施意见（草案）》《关于设立政协第十五届德州市委员会专门委员会的决定（草案）》《政协第十五届德州市委员会专门委员会组成人员名单（草案）》，民主推荐了2022年市政协委员民主评议部门。

第二次会议 7月21日召开。市委副书记、市长朱开国出席会议，市政协主席卜祥联主持会议。朱开国市长在会上通报了2022年上半年德州市经济社会发展情况，并就政协发挥政治协商、民主监督、参政议政职能提出希望。11位政协委员围绕“立足发展通道经济，推进新兴服务业跨越发展”进行专题议政作了大会发言。卜祥联主席在会议结束时作了讲话。

第三次会议 10月18日召开。市政协主席卜祥联主持会议。会议对市科技局、市司法局、市自然资源局等被评议部门的工作进行了集中测评。卜祥联主席在会议结束时作了讲话。

第四次会议 12月13日召开。市政协主席卜祥联出席会议并讲话，市委常委、常务副市长宿胜通报2022年全市经济社会发展情况。会议通过了有关考核情况、民主评议部门情况通报，审议召开市政协十五届二次会议有关事项等。

第五次会议 12月29日召开。市政协主席卜祥联主持会议。会议听取了马广峰所作的中共德州市委关于十五届市政协常务委员候选人的推荐书，审议候选人名单（草案）；审议市政协十五届二次会议选举办法（草案）；审议市政协十五届二次会议总监票人、监票人名单（草案）；审议市政协十五届二次会议关于常委会工作报告的决议（草案）；审议市政协十五届二次会议关于常委会提案工作报告的决议（草案）；审议市政协十五届二次会议关于提案审查情况的报告（草案）；审议市政协十五届二次会议政治决议（草案），同意将以上文件提交各委员组进行讨论。

【专门委员会工作】

提案委员会 市政协十五届一次会议期间，共收到提案816件，立案666件。注重重点提案示范引领，开展市委常委、市政协主席会议成员领办督办重点提案制度，市委常委会议研究重点提案督办工作，市委常委、市政协主席会议成员亲自督办，开展31场重点提案督办调研和协商座谈会。积极推动提案承办单位与提案者的沟通协商，开展“婴幼儿照护服务体系建设”协商活动，撰写的报告得到市委、市政府主要负责同志批示，相关经验做法被《人民政协报》刊发推广。将推动提案建议落实作为提案办理工作的着力点，德州市委、市政府、市政协三方联合交办提案，开展提案办理“回头看”活动，创新开展“提案有果”评选展示活动和开展提案办理考核工作。

经济委员会 围绕“立足发展通道经济，推进新兴服务业跨越发展”，组织开展市政协常委会专题协商议政，报送的建议案得到市委主要领导同志批示。做好市政协十五届一次和二次大会发言组有关工作。参与省政协“加快推进实体商业和传统经贸流通企业转型升级”课题调研，在省政协常委会上作了大会发言。起草《关于支持德州更好融入新发展格局的建议》报送省政协；研究起草《关于进一步支持德州市深化融入京津冀协同发展的建议》，作为德州市政协集体提案提报省政协十二届五次会议。做好民主评议国家统计局德州调查队、“推进天衢新区建设情况”民主监督、重点提案《关于深耕“一带一路”努力扩大对外开放的建议》督办等工作。充分发挥专委会职能，组织动员经济委和经济界委员积极建言献策，《关于解决中心城区停车难的建议》被评为2022年度市政协优秀提案，提报的社情民意信息被省政协采用6篇，转报全国政协2篇，2篇被评为优秀信息。

农业和农村委员会 将“大力培育特色食品加工企业，加快建设食品名市”列为协商议政重点，开展立体协商，广泛凝聚共识，提出意见建议6条，报送的协商报告被市委、市政府多位领导同志肯定性具体批示。围绕农村基础设施，组织开展加强农村基础设施网建设民主监督调研活动，详细了解项目建设及运行情况，听取了6个市直部门工作情况，6名政协委员提出意见建议。起草的民主监督报告形成意见建议4条，市长进行具体批示。与省政协农业农村委协同开展乡村振兴典型案例、黄河三角洲盐碱地综合开发利用等调研，报送的武城、平原县乡村振兴创新案例进入全省政协乡村振兴创新案例库30例名单。

人口资源环境委员会 将“努力创建国家生态园林城市，提高宜居宜业宜游品质”列为协商议政重点，赴市内外多地考察学习，圆满完成协商调研工作，专题协商报告得到市委书记田卫东、市委副书记、市长朱开国和市委常委、副市长樊廷雷的批示和充分认可。围绕经济发展的热点问题和民生问题开展调研，先后组织了关于“中心城区水系连通工程建设情况”民主监督活动、“关于加快普惠金融建设助力我市乡村振兴”重点提案督办工作、“黄河流域生态保护和高质量发展”调研活动。起草提交的《德州市政协凝心聚力合奏政协版“黄河大合唱”》汇报，得到省政协刘均刚副主席的批示。配合省政协做好调研工作，组织在我市开展“推进育儿友好型社会建设”专题协商调研。参加省政协“推动育儿友好型社会建设”专题协商会，并作了题为“推动婴幼儿照护‘三结合’服务体系建设”会议发言。

教科卫体委员会 深入开展“高水平创建职教先进城市，构筑区域性人才高地”专题协商，协商报告得到市政府主要领导批示。深入开展“巩固‘双减’成果、健全课后服务保障机制”民主监督，回收调查问卷共计近9万份，积极营造理解支持的社会氛围，专题报告得到市领导批示。组织开展“六六爱眼日”市政协委员关爱视力健康公益活动，向青少年、学校、65周岁以上老年人捐赠眼健康产品30多万元。组织委员开展“助力三夏”送医疗进乡村活动，现场为群众把脉问诊，并捐赠2万余元防暑防疫物资。开展人民政协理论研究，关于人民政协在发展全过程人民民主中作用的理论文章被市政协采用。

社会法制联谊委员会 组织“深化大救助体系建设，提高困难群众救助水平”专题协商活动。完成《关于提高中心城区城市管理水平的协商报告》《关于我市“红色物业”建设实施情况的民主监督报告》，为助推全市相关工作开展提供决策参考。对《关于大力推动电动自行车集中停放场所及智能充电设施建设的提案》《关于共筑网络清朗空间加强网络监管的提案》2件重点提案进行督办，推动一批社会热点问题得到解决。推进“界别同心汇”聚识平台建设，所联系的社会福利与保障界“界别同心汇”被列为市政协试点。完成协助省政协来德州调研考察。

文化文史和学习委员会 编纂出版《影像德州·大运河记忆》，以影像形式展示大运河德州段的发展轨迹和文化内涵，助推大运河德州段国家文化公园建设。面向全市政协委员征集文史资料，《中国老兵安魂曲》被省政协文史馆评选为文学类“珍藏”成果。积极动员参与山东文化标识推选活动，苏禄王墓进入省文化标识。积极推进政协文史“四进”工作。提交的《关于设立德州市政协文史馆的建议》被列为重点提案，市委决定在新建的市文化科技中心建设政协文史馆，面积2800平方米。开展“大运河（德州段）文化保护传承利用实施情况的”民主监督，形成监督调研报告。策划大运河—东盟城市发展论坛，参加《万里走单骑——遗产里的中国》第三季录制活动。

委员联络工作委员会 制订《驻县市区委员跨区域视察交流活动实施方案》《关于市政协主席会议成员加强与市政协委员联系的实施办法》《关于选派非公组织党建工作专员的实施办法》《乡镇（街道）协商工作室、村（社区）协商工作站建设方案》《关于强化政协委员责任担当的实施意见》等制度。开展“委员接待日”活动和“机关开放日”活动，邀请各界别活动组组长、中共界别委员、驻齐河县的委员和平原县驻村第一书记们走进市政协。赴各县市区对协商面对面平台、乡镇（街道）协商工作室、村（社区）协商工作站建设情况深入一线开展调研，召开座谈会了解情况、征求意见建议，推动了全市政协基层协商民主工作的开展。推荐委员参加市直部门相关活动44次、180人次参加。统计分析全年委员履职情况，督促委员履职尽责。

【重要活动】

省政协副主席于国安来德州市调研 3月3日至4日，省政协副主席于国安带领省政协调研组，来我市围绕“加强和改进新时代市县政协工作”开展调研。市政协主席卜祥联参加活动。于国安一行到武城县英潮辣椒有限公司、禹城市百龙创园生物科技公司等进行了实地调研并召开座谈会。

创建“五型”机关工作部署会议 3月7日，市政协机关创建“五型”机关工作部署会议召开。会议指出，市第十六次党代会、市“两会”，对指导和引领今后五年全市经济社会发展具有重要意义，要把学习贯彻会议精神作为当前和今后一个时期的重要政治任务，科学谋划全年工作任务，精心制定党组工作要点、协商和民主监督计划，确保政协工作始终与市委、市政府同频共振，与人民群众对美好生活的向往同心同向，确保各项工作开好局、起好步，在全省全国走在前、争一流。

省政协主席葛慧君来德州市调研 4月14日，省政协主席葛慧君来德州市调研，市领导田卫东、卜祥联、赵学坤等参加。葛慧君实地调研了禹城市市中街道鬲津社区委员工作站、德州市政协文化艺术和社会科学界别活动室，到东君乳业第二牧场、禹城市“吨半粮”生产能力建设核心区、保龄宝生物股份有限公司、山东有研半导体材料有限公司、景津装备股份有限公司等调研，主持召开座谈会并作了讲话。

省政协副主席林峰海来德州市调研 6月22日至23日，省政协副主席林峰海一行来德州市就省政协十二届五次会议重点提案《关于加快我省数字农业发展的建议》开展督办调研活动，并召开座谈会。市委书记田卫东、市政协主席卜祥联参加活动。林峰海先后到平原县益农信息社、鲁望农业生态农业发展有限公司，宁津县现代农业科创中心、山东迈宝赫健身器材有限公司，德州天衢新区德州财金智慧农业大棚项目等地实地调研并召开座谈会。

省政协副主席王修林来德州市调研 6月28日至29日，省政协副主席王修林一行来我市调研体育产业发展情况，围绕《山东省全民健身条例》实施情况开展视察，并召开座谈会。市政协主席卜祥联，副市长邵红双等参加活动。王修林一行先后到宁津县山东迈宝赫健身器材有限公司、山东宝德龙健身器材有限公司，乐陵市泰山体育产业集团等地实地调研。

省政协副主席王艺华来德州市调研 8月22日至24日，省政协副主席王艺华率调研组来我市就“更好发挥乡村功能，推动黄河流域乡村振兴”开展专题调研。市政协主席卜祥联等参加活动。王艺华一行先后到乐陵市铁营镇东亚飞蝗项目、德城区奥德曼酒庄、武城县萱草莲藕种植专业合作社、夏津县山东鑫瑞娜家纺股份有限公司等地实地调研，现场听取我市乡村振兴有关情况介绍，详细了解我市特色农业种养植、农产品销售、乡村社区治理等工作开展情况。

全市政协理论学习读书班 9月5日至7日，全市政协理论学习读书班召开。市政协主席卜祥联出席会议并讲话。读书班围绕学习贯彻习近平总书记在深入推动黄河流域生态保护和高质量发展座谈会上的重要讲话精神及省委、省政协、市委有关重要会议精神等研讨交流，观摩了乐陵市、宁津县、庆云县政协“一汇两室一站”建设情况，在冀鲁边革命纪念馆开展党性教育。

【重要文件】

中国人民政治协商会议第十四届德州市委员会常务委员会工作报告（2022年2月27日在政协第十五届德州市委员会第一次会议上）（摘要） 过去的五年，十四届市政协常委会以习近平新时代中国特色社会主义思想为指导，在中共德州市委的坚强领导下，全面贯彻中共十九大和十九届历次全会精神，团结带领广大政协委员和各族各界人士，紧紧围绕全市工作大局，坚持团结和民主两大主题，突出“守正创新、全面提升”工作主线，聚焦建言资政和凝聚共识双向发力，勇毅探索，精诚履职，实现了政协工作的整体性跨越，为全市改革发展贡献了政协智慧和力量。五年来，尽管我们取得了很多成绩，但仍然存在一些不足和问题：如建言资政和凝聚共识双向发力的机制还不够完善，常委会联系服务委员的渠道还需要进一步拓宽，委员履职能力和新时代新要求还不完全适应等等。这些问题，需要在今后的工作中认真加以解决。

市政协主席卜祥联在创建“五型”机关工作部署会议上的讲话（2022年3月7日）（摘要） 今天这次会议，是十五届市政协成立后，召开的第一次机关全体人员会议，是一次对创建“五型”机关和干部队伍工作的动员会，也是一次对全年工作的部署会。会议的主要任务是，深入贯彻市第十六次党代会和市“两会”精神，按照市委关于加强“严真细实快”作风建设，打造“五型”机关和干部队伍的决定，对市政协机关创建“严明型、求真型、专精型、务实型、高效型”五型机关和干部队伍进行动员，对全年工作进行安排部署。3月4日，市委召开了打造“五型”机关和干部队伍工作推进暨试点工作动员会议，市政协机关被列为市直22个试点单位之一。刚才，宝良同志传达了市委《关于加强“严真细实快”作风建设打造“五型”机关和干部队伍的决定》，创建的内容和要求已经非常明确了。希望机关全体人员站在新的起点，以更饱满的精神状态、更过硬的能力素质、更强烈的担当情怀、更优良的纪律作风，在新的征程上对表对标走在前、聚心聚力争一流，努力推动全市政协事业实现新的更大跨越。

中共德州市政协党组关于进一步加强自身建设的意见（2022年3月22日市政协十五届二次党组会议通过）（摘要） 一是全面加强政治建设，做对党忠诚、“两个维护”的表率。坚持把党的政治建设摆在首位，坚定执行党的政治路线，严格遵守政治纪律和政治规矩，旗帜鲜明讲政治，在政治立场、政治方向、政治原则、政治道路上同以习近平同志为核心的党中央保持高度一致。二是坚决扛起管党治党重大政治责任，做勇于担当、敢于负责的表率。认真落实新时代党的建设总要求和市委《关于加强全市政协党的建设工作的意见》，把管党治党作为第一责任，以最坚定的信念、最坚决的态度、最坚实的措施，不断提高党的建设质量。三是强化思想理论武装，做勤学善思、信念坚定的表率。把学习贯彻习近平新时代中国特色社会主义思想作为首要政治任务，深入学习习近平总书记关于加强和改进人民政协工作的重要思想，及时组织学习习近平总书记重要讲话和重要指示批示精神，持续在学懂弄通做实上下功夫，做到学思用贯通、知信行统一。四是严格落实民主集中制，做科学决策、民主决策的表率。坚持按民主集中制原则做决策办事情，善于运用民主的办法汇集意见、科学决策，善于通过协商的方式增进共识、凝聚力量，努力寻求一致性和多样性的统一。五是严格党内政治生活，做遵守政治准则、严肃政治生活的表率。模范遵守党章党规，严格执行新形势下党内政治生活若干准则，严格落实“三会一课”、谈心谈话和民主评议党员等制度，把维护以习近平同志为核心的党中央权威和集中统一领导，贯彻党的理论路线方针政策和决议，执行党的政治纪律和政治规矩，以及履职中发挥党员先锋模范作用等作为党内政治生活的重要内容。六是始终站稳人民立场，做凝聚共识、履职为民的表率。坚持把人民立场作为根本政治立场，认真践行党的根本宗旨和群众路线，树立真挚的人民情怀，始终保持同人民群众的血肉联系。七是以上率下担当作为，做奋勇争先、攻坚克难的表率。坚决贯彻习近平总书记视察山东重要讲话和重要指示批示精神，紧紧围绕全市经济社会发展，坚定不移把发展作为第一要务，紧密结合政协实际，解放思想、抢抓机遇，创造性开展工作。八是严守党的纪律，做遵规守纪、廉政勤政的表率。坚持治党务必从严，坚决反对“四风”，凡是要求党员干部做到的，党组成员首先做到，凡是要求党员干部不做的，党组成员坚决不做，为党员干部立好标杆、当好示范。

政协第十五届德州市委员会常务委员会关于加强自身建设的意见（2022年4月12日市政协十五届一次常委会议审议通过）（摘要） 为深入贯彻落实习近平新时代中国特色社会主义思想，全面贯彻中央政协工作会议精神和习近平总书记关于加强和改进人民政协工作的重要思想，认真落实中共德州市第十六次代表大会精神，把握新时代人民政协的新方位新使命，锚定全省走在前、争一流，发挥常委会组成人员的示范表率作用，根据《中国人民政治协商会议章程》、中共中央《关于新时代加强和改进人民政协工作的意见》、中共中央《关于加强和改进新时代市县政协工作的意见》和中共德州市委要求，现就加强市政协常务委员会自身建设，提出如下意见。一是坚定党的全面领导，坚持正确政治方向：把坚持党的领导作为首要政治原则。坚定不移贯彻落实市委及市政协党组的工作要求。二是强化思想理论武装，筑牢思想政治根基。深化政治理论学习。健全完善学习制度。深化政协理论研究。三是围绕中心建言资政，全面提高履职实效。紧扣新时代社会主义现代化强市建设献计出力。积极推动专门协商机构发挥作用。组织实施好专题调研。反映群众愿望和诉求。四是增进团结凝聚共识，营造团结和谐氛围。加强思想政治引领。做好政协委员的凝聚共识工作。汇聚推动高质量发展正能量。五是健全机制注重创新，推动工作提质增效。健全工作制度。注重工作创新。做好履职保障。六是遵规守纪改进作风，发挥示范表率作用。严守政治纪律和政治规矩。带头履职尽责。持续改进作风。严格廉洁自律。

中共德州市政协党组关于全市政协系统政治生态建设的实施意见（2022年4月9日） 为深入贯彻中共中央、省委关于抓好政治生态的系列部署，落实市委关于把政治生态建设作为各级党委（党组）“一号工程”的要求，推动营造对党忠诚、干事创业、风清气正的良好政治生态，结合全市政协工作实际，制定本意见。一是加强政治思想生态建设。坚持党的全面领导。加强政协党的建设。强化理论武装。广泛凝聚共识。做好意识形态工作。二是加强政治生活生态建设。提高党内政治生活质量。厚植党的统战政治文化。建立政治生态述职报告制度。三是加强政治作风生态建设。大力加强机关和政协队伍效能建设。坚持争先创优。勇于发扬斗争精神。四是加强政治纪律生态建设。严守政治纪律和政治规矩。持之以恒整治“四风”问题。严格廉洁自律。做细做实日常监督。五是加强政治责任生态建设。落实市县政协党组主体责任。突出以上率下，领导带头。落实管党治党责任。六是加强政协队伍生态建设。树立正确用人导向。扎实开展“一报告两评议”工作。加强能力建设。七是加强组织保障。建立政治生态建设领导机构。建立分析研判机制。强化督查考评。加强宣传推广。

【组织概况】

市政协

主席名单

卜祥联

副主席名单

康志民　吕永忠　辛志才　才玉璞
齐永军　隋　力　张　苹

秘书长名单

刘宝良

常务委员名单

（截至2022年12月31日）

马　峰　王　瑜　王付军　王印芳
王立新　王兴东　王志刚　王德胜
卞青峰　孔祥安　孔祥波　艾宪松
史成志　史新民　冯玲玲　邢庆杰
朱雨晨　任桂英　刘　芳　刘石岭
刘洪恩　刘振河　刘鹏飞　于　喆
孙金鑫　孙维健　李士新　李志辉
李秀青　李宏东　李松叶　李振国
李福辉　吴广峰　吴丙友　吴留明
何新梅　宋　伟　张立英　张永生
张自坤　张俊英　张彦才　陈　曦
邵新利　苗　青　苗晓钢　林红昕
郑毓禄　孟祥辉　赵志方　赵金刚
胡玉新　侯晓军　姚汝勇　秦庆兰
徐吉军　高　红　高玉林　郭　群
郭洪霞　崔　巍　崔金梅　梁　军
傅全禄　鲁海峰　路　平　谭明明
谯　斌　戴希祥　魏增新　唐东一
王海龙　赵　伟　曹望刚

委员名单

（截至2022年12月31日）

卜庆友　卜祥联　于　喆　才玉璞
史成志　刘宝良　刘鹏飞　齐永军
李士新　李志辉　李宏东　李振国
张永生　陈　曦　周少国　徐吉军
郭洪霞　隋　力　傅全禄　戴志军
魏增新　王玉林　王玉娥　刘洪恩
崔　巍　温宽连　王　军　王志刚
李　强　李晓东　宋　伟　张　苹
赵传雷　崔金梅　王玉军　吕永忠
袁　媛　高长峰　高玉林　高　红
鲁海峰　潘立国　司红玉　邢庆杰
李开良　李秀臣　吴丙友　张明国
苗　青　梁　军　王俊玲　王艳丽
刘振河　李福辉　杨玉颢　张立英
郑则浩　马立健　刘培强　孙金鑫
孙维健　李连明　张俊英　谭明明
霍宪涛　王海龙　任桂英　牟健秀
李　妍　吴广峰　张自坤　姚汝勇
董晓静　马西涛　孔令辉　孔祥波
艾宪松　刘运来　刘丽霞　孙旭红
孙海军　辛志才　张廷君　张志伟
张彦才　张清林　金桂花　赵金光
姚家兵　唐东一　董福田　戴希祥
马　腾　王风广　王志军　王和年
朱芳芳　乔方臻　刘慧敏　苏文峰
宋金松　周美清　侯青岩　客桂风
常　波　王文晖　车炳涛　刘雅楠

孙志国　范吉康　赵华新　郝兴建
宣建军　蔺艳芬　魏京亚　王　静
王万英　尹　莉　司晓莉　吕　杨
李　哲　李玉芳　李会芹　张胜利
赵　伟　姜黎黎　贾　玲　于清泉
王玲玲　朱雨晨　刘　义　宋玉兰
张丽苹　张阿强　席洪明　马志新
马俊亭　王　涛　王付军　王亚洲
王学斌　王爱民　任　博　刘玉国
刘冬青　刘全胜　刘汝强　刘连鹏
刘建民　闫立志　苏爱英　杜战芳
李宗志　李俊磊　李海锋　李敬芳
李媛媛　吴子才　吴留明　张　健
张丁森　张长勇　张成河　张相永
陈玉刚　林红昕　庞玉合　郑毓禄
郎小红　赵金刚　胡德胜　曹建明
崔书林　康志民　渠志鹏　谯　斌
翟春泉　魏宪华　于瑞华　万心海
王　杰　王印芳　王金强　王金燕
田晓静　任建海　刘　杰　刘　斌
刘桂祥　刘焕发　孙志强　李　涛
李延华　李翠营　宋广乐　张延青
张金明　张海军　苗晓钢　孟祥辉
姚恩涛　贾洪哲　高　健　焦光利
温文秀　樊晋宇　丁学辉　于爱菊
王　勇　王　惠　王　瑜　王长军
王立新　王伟芳　王秀珍　卞青峰
史建刚　齐　磊　汤　凯　孙步东
孙晓明　苏永滨　李　军　李　勇
李松叶　杨海宾　汪　静　张小勇
张光栋　张振兴　张海清　陈　栋
陈学君　陈树松　赵志龙　荀佃顺
胡玉新　秦亚广　倪　磊　徐振华
高振辉　郭　强　郭　群　隋小林
傅海燕　裴树清　马　峰　马兆会
马庆民　王艳华　王振武　尹世国
孔胜利　史庆法　任爱民　刘石岭
刘儒子　齐风华　齐炳林　李　晴
李启明　肖　军　肖建军　陈立娟
陈善军　邵　燕　范艳菊　周　超
孟　超　赵淑莉　曹成坤　董兴水
韩立军　于书芹　王文田　王玉青
石　智　回晓敏　任桂秦　刘　峰
刘志强　刘春秀　刘振芹　刘德江
孙士青　李秀青　李昌建　李素文
李维珍　宋彦琳　张　杰　张富强
孟　杰　胡启舰　侯晓军　秦庆兰
莫明峰　徐亚东　徐洪鑫　黄永超
梁长敬　梁玉国　谯　建　霍云贞
王太勇　王德胜　石万照　朴星律
刘永涛　李　琛　杨莎莎　时圣玉
宋风华　宋秀利　张　嵘　张中博
徐光刚　徐继忠　郭德生　曹望刚
韩玉明　路　平　魏勇君　王　君
王建华　白　杨　李长征　张海峰
庞伟伟　郑泽龙　孟凡东　萧　腾
韩雁冰　王　蕙　王　璐　王兴东
王新志　史新民　冯光健　安　辉
孙士杰　李玉杭　李忠娥　李晓梅
吴文哲　何新梅　张　慧　张宜泉
张晓凤　陈　勇　赵红霞　荆永建
钟　瑞　钟德志　贾长辉　高　曼
唐洪涛　梁　刚　潘延英　霍　晓
刘　芳　杨焕霞　宋雅宁　张兰平
陈朝银　赵志方　郭凤华　桑　青
崔古平　梁玉梅　董永军　马　超
左恩龙　冯玲玲　李树蓓　杨　斌
张宗武　韩东福　韩冬梅　满运水
马立海　马洪卫　王　健　孔祥安
齐素萍　李西丁　韩地博　释成智

释常妙　于　妍　于春峰　马传先
马桂芳　王　旭　王春利　朱洪瑞
刘　超　刘文学　刘业彬　刘国忠
许　勇　许绍华　孙长亮　孙丙峰
孙现旺　李　涛　李长顺　李福广
杨传智　杨安立　张　钊　张风江
张永明　张志勇　陈义太　邵新利
武永生　姚雅斐　崔书强　崔可升
韩修恒　翟长生　霍丽敏

县（市、区）政协

德城区政协主席

李福广

陵城区政协主席

朱洪瑞

禹城市政协主席

孙现旺

乐陵市政协主席

刘文学

宁津县政协主席

武永生

齐河县政协主席

刘业彬

临邑县政协主席

马桂芳

平原县政协主席

杨传智

武城县政协主席

陈义太

夏津县政协主席

于春峰

庆云县政协主席

刘国忠

德州市各级政协组织和委员数

（截至 2022 年底）

单位：个

项目＼级别	市	县（市、区）	合计
组织数	1	11	12
委员数	423	2491	2914

（编写：张宁　审稿：徐吉军）

政协聊城市委员会

主席 曾晓黎

副主席 张同奇

副主席 黄 勇

副主席 程继峰

副主席 李涤尘

副主席 唐明贵

副主席 王福祥

副主席 张芙蓉

秘书长 魏天山

【全体委员会议】

十四届一次会议 2022年2月23日至26日在聊城举行。会议应到委员419名，实到委员407名。会议听取并审议通过了政协第十三届聊城市委员会常务委员会工作报告和提案工作报告。市委书记孙爱军，市委副书记、市长李长萍等市领导同志应邀出席大会，市委书记孙爱军在开幕会议上发表重要讲话。大会期间，与会领导听取大会发言，参加联组讨论，与委员共商发展大计、共谋改革良策。与会委员听取并讨论了政府工作报告，市中级人民法院、市人民检察院工作报告和其他报告，对以上报告均表示赞同，并提出许多建设性意见和建议。会议选举了新一届市政协领导班子，选举曾晓黎为市政协主席，张同奇、黄勇、程继峰、李涤尘、唐明贵、王福祥、张芙蓉为市政协副主席，选举周文明为市政协秘书长，选举马萌等73名政协委员为市政协常委。会议审议通过了《政协第十四届聊城市委员会2022年协商工作计划》，审议通过了政协第十四届聊城市委员会第一次会议决议。会议闭幕时，曾晓黎同志作了讲话。

十四届二次会议 12月26日至29日在聊城举行。会议应到委员417名，实到委员311名。会议听取并审议通过了政协第十四届聊城市委员会常务委员会工作报告和提案工作报告。市委书记李长萍，市委副书记、市长张百顺等市领导同志应邀出席大会，市委书记李长萍在开幕会议上发表重要讲话。大会期间，与会领导听取大会发言，参加联组讨论，与委员共商发展大计、共谋改革良策。与会委员听取并讨论了政府工作报告，市中级人民法院、市人民检察院工作报告和其他报告，对以上报告均表示赞同，并提出许多建设性意见和建议。会议选举魏天山为市政协秘书长。会议审议通过了政协第十四届聊城市委员会第二次会议决议。会议闭幕时，曾晓黎同志作了讲话。

【常务委员会会议】

十三届第二十六次会议 2月11日举行。会议传达学习省“两会”精神和山东省2022年工作动员大会精神，听取市政府办理政协委员提案情况的通报，审议通过了《关于召开政协第十四届聊城市委员会第一次会议的决定》(草案)，审议通过政协第十四届聊城市委员会第一次会议议程、日程等有关事项（草案）审议通过关于授权主席会议审议常委会工作报告和提案工作报告等有关事项的决定，审议通过了有关人事事项。市政协主席张旋宇同志在会议闭幕时作重要讲话。

十四届第一次会议 4月29日举行。会议学习习近平总书记在中央政协工作会议暨庆祝中国人民政治协商会议成立70周年大会上的讲话，学习2022年全国“两会”精神和葛慧君主席在全省市县政协主席学习研讨班开班式上的讲话。审议通过了《政协聊城市委员会常务委员会关于加强自身建设的决定》《政协聊城市委员会常务委员会工作规则》《政协第十四届聊城市委员会常务委员会关于设置专门委员会的决定》《政协聊城市委员会专门委员会通则》政协第十四届聊城市委员会各专门委员会主任、副主任名单，审议通过有关人事事项。市政协主席曾晓黎同志在会议闭幕时作重要讲话。

第二次会议 8月4日举行。会议学习习近平总书记5月27日在中共中央政治局会议上的重要讲话精神，学习《中国共产党政治协商工作条例》，听取市政府关于2022年上半年全市经济社会发展情况的通报，审议通过《关于推进农机及高端装备产业链升级暨加快制造业强市建设的调研报告》，市政协主席曾晓黎同志在会议闭幕时作重要讲话。

第三次会议 12月14日举行。会议宣传贯彻中共二十大精神，传达学习中共聊城市委十四届三次全会精神，听取市政府办理政协委员提案情况的通报，听取《关于"加强土壤污染防治，促进城乡生态保护"的调研报告》（审议稿）的起草情况说明，举行了会议发言，审议通过《政协第十四届聊城市委员会关于深入学习宣传贯彻中国共产党第二十次全国代表大会精神的决议》《关于"加强土壤污染防治，促进城乡生态保护"的调研报告》《关于召开政协第十四届聊城市委员会第二次会议的决定》、审议通过政协第十四届聊城市委员会第二次会议议程，日程，大会秘书长、副秘书长名单，常委轮值名单，各组召集人名单（草案），审议通过关于授权主席会议审议常委会工作报告和提案工作报告等有关事项的决定，审议通过了有关人事事项。市政协主席曾晓黎同志讲话并作党的二十大精神宣讲报告。

第四次会议 会议听取有关候选人建议名单的说明，审议有关候选人名单（草案），审议市政协十四届二次会议选举办法（草案），审议总监票人、监票人名单（草案）。

第五次会议 会议听取大会秘书处关于委员各组讨论情况的综合汇报，审议通过有关候选人名单，审议通过市政协十四届二次会议选举办法（草案），审议通过总监票人、监票人名单（草案），审议通过市政协十四届二次会议决议（草案）。

【专门委员会工作】

提案委员会 市政协十四届一次会议期间，共收到提案561件，立案409件。强化政治引领，提案工作全局性定位进一步凸显，市委、市政府将提案办理情况纳入市直部门服务高质量发展绩效考核体系，市委、市政府主要领导领办重点提案。坚持质量导向，强化平时提案征集，征集平时提案56件，占提案立案总数14%。探索提案预审机制，开展立案协商活动10次，指导65名委员深化提案内容，细化提案建议，打造了一批提案精品。深化协商互动，提案办理凝心聚力作用进一步增强。57个承办单位把沟通协商作为提案办理的必经环节，普遍采取上门走访、座谈交流、电话联系等方式进行协商，办理协商率、提案者对办理结果满意率均为100%。实施重点督办，提案民主监督力度进一步加大。创新制度机制，提案工作程序进一步规范。制定出台《重点提案培育、遴选、督办和追踪办法》和《重点提案督办工作流程》。开展优秀提案和提案先进承办单位评选工作，评选出30件优秀提案和16个提案先进承办单位。加大宣传力度，提案工作影响进一步扩大，联合新闻媒体开办“向未来回看政协提案”专栏，对40多件提案及办理情况进行了深入宣传报道，实现了新闻舆论监督与政协民主监督的有机结合。

经济委员会 按照聊城市政协主席会议的部署要求，将“关于推进农机及高端装备产业链升级暨加快制造业强市建设”列为协商议政重点，赴临清市、冠县、高唐、开发区、高新区20余家企业调研，先后3次召开专题调研协商座谈会，形成了《关于推进农机及高端装备产业链升级暨加快制造业强市建设的调研报告》，受到李长萍书记、张百顺市长、王刚副市长的重要批示和充分肯定。围绕“培育壮大轴承产业集群”赴冠县、临清开展界别协商活动，调研我市轴承产业面临的困难和问题，问需纾困、送策上门，形成了《培育壮大轴承产业集群界别协商报告》，为助推我市轴承产业发展、建设“六个新聊城”贡献政协智慧和力量。围绕扎实做好“双碳”工作，组织市直相关部门和经济界委员赴高新区和东阿县进行实地调研，深入生产一线，了解企业困难，开展座谈协商会，形成了《扎实做好双碳工作，积极推进企业数字化技术改造和绿色新能源建设，推动传统产业智能化绿色发展调研报告》。

教科卫体委员会 按照政协主席会议、常委会的部署要求，将“更好推动学前教育普及普惠发展”列为协商议政重点，赴临清市、东昌府区、莘县开展了实地监督调研，对阳谷县、东阿县、茌平区进行了书面调研，召开了民主监督专题协商会，根据民主监督协商情况，形成了《关于更好推动学前教育普及普惠发展的民主监督协商报告》，得到市委分管领导的高度重视和充分肯定。围绕我市中医药事业产业发展开展界别协商。组织教科卫体委员会、医药卫生界部分委员围绕中医药事业产业发展赴冠县、临清市开展界别协商活动。围绕基础教育和职业教育进行了多次调研视察活动。

社会法制委员会 按照聊城市政协主席会议的部署要求，围绕“加快推进养老服务体系建设”首次开展民主监督式协商活动，调研组先后赴阳谷县和经济技术开发区进行实地调研，召开民主监督协商会议，组织市直相关部门，对政协委员、相关专家、群众代表提出的问题进行了面对面解答交流，撰写了《关于加快推进养老服务体系建设的民主监督协商报告》。协商报告得到聊城市委、市政府领导的高度重视和充分肯定。为助推我市市域社会治理现代化，围绕“提升网格化社会治理精细化水平”开展了界别协商，围绕提高基层社区网格服务管理水平和精细化程度以及加强网格员队伍建设提出了许多务实管用的意见建议。参加全省政协社会法制委员会工作会议，并作典型发言。

民族和宗教委员会 按照《政协2022年协商工作计划》，将“加强对宗教场所管理”作为协商议政重点。立足于“宗教中国化”主线，积极构建宗教界委员履职尽责平台，从源头上开展宗教中国化的铸造工作，市政协民宗委先后4次召开宗教界委员座谈会，征求其对宗教中国化的建议或意见，收到意见或建议近百条。先后10余次赴各县（市、区）开展实地调研，走访、座谈宗教界人士、界别群众200余人次，赴浙江宁波、舟山开展实地调研，在此基础上形成了《关于加强宗教规范化治理，深入推进宗教中国化调研报告》。报告详细分析了我市宗教中国化发展的现状，提出了制约宗教中国化工作健康发展的问题，针对问题提出了建设性的意见建议。报告得到了市委书记李长萍同志，市委常委、统战部部长柳庆发同志的高度肯定，并指示有关部门针对报告内容开展学习研究，为我市宗教中国化工作的进一步健康发展贡献了政协力量。

人口资源环境委员会 按照聊城市政协主席会议的部署要求，全力以赴完成了关于土壤污染防治方面的三季度常委会专题协商任务。形成了《关于“加强土壤污染防治，促进城乡生态保护”的调研报告》，在十四届三次常委会上获得通过，并上报市委领导作为决策参考。同时为落实市委书记李长萍同志的指示要求，组织政协委员赴重庆市考察公共领域车辆全面电动化城市试点工作，认真总结借鉴重庆市的典型做法后，形成了《关于我市争创公共领域车辆电动化试点城市的建议》的专题报告，市委主要领导批转市政府作参考。

文化文史和学习委员会 按照聊城市政协主席会议的部署要求，研究制定了市政协文化文史和学习委员会工作简则以及2022年工作计划，将“规划建设大运河聊城宗教文化带”列为协商议政重点。聊城作为大运河沿岸节点城市，文化遗产众多。为保护利用好我市大运河宗教文化资源，做好国家历史文化名城保护工作，文化文史和学习委员会与市政协民族宗教委员会共同撰写了《关于规划建设大运河聊城宗教文化带的提案》，建议将护国隆兴寺、铁塔、清真寺、基督教堂、天主教堂进行统一规划，高标准建设大运河宗教文化带，大力发展文化旅游业，促进聊城经济高质量发展。

港澳台侨委员会 按照十四届市政协主席会议的部署要求，将“大力发展跨境电商”月度协商列为协商议政重点，3—4月份组织专家代表、部分委员和企业代表会同市商务投资促进局、市贸促会、聊城海关等7个协商单位，通过函询调研、实地调研、自主调研的方式，学习先进地市经验，激发委员主动性，搭建协商平台，形成《关于大力发展跨境电商的协商报告》向党委政府提出可行性意见建议，得到市委书记的认可和批示。牵头单位采纳协商报告建议，先后组织我市260余家轴承机床企业对接220余家海外采购商800余场次，达成意向订单630余条，可持续拉动进出口额5亿元。

委员联络工作委员会 按照聊城市政协主席会议的部署要求，围绕“加大新兴领域青年权益保障力度”这一议题，组织专家、委员、从业人员代表和有关部门开展调研协商，调研报告得到市委主要领导高度评价。同时积极探索，促进政协协商向基层延伸。成立工作专班，赴江苏南通市和浙江嘉兴市、宁波市考察学习加强基层政协协商工作的先进做法。制定《关于建设“有事多商量·民生议事室”，推进政协协商向基层延伸的意见（试行）》，多次到到试点区域现场调研，召开工作情况调度会，推进试点工作顺利进行。

【重要活动】

省政协主席葛慧君来聊城调研 6月7日至8日省政协主席葛慧君到聊城调研政协工作，先后到茌平区“有事好商量”崔河祥委员工作室和东阿县姜楼镇365工作室调研，详细了解委员履职情况和工作室作用发挥情况，要求继续做好政协协商与基层社会治理融合推进文章，运用数字化手段，广泛了解社情民意，推动问题在协商中解决、人心在协商中凝聚。

市政协副主席王书坚来聊调研 9月27日至28日，省政协党组副书记、副主席王书坚带队到聊城围绕“加强基层政协党建工作和委员队伍建设”进行调研。调研组一行先后到冠县、莘县、阳谷县政协机关走访看望干部职工，深入中共鲁西北地委旧址、冠县灵芝科技示范园、杨巨源资料馆、莘县徐庄镇纸坊村等地调研，听取县级政协工作和《关于加强和改进新时代市县政协工作的意见》落实情况汇报，了解基层政协党建工作和委员队伍建设情况。

市政协机关召开全体会议举办“亮晒评”活动 7月26日，市政协机关举行“亮晒评”活动工作汇报会，通过亮进度、晒成绩、评成效，进一步肯定成绩、查摆不足，总结经验、鼓舞斗志，确保高质量完成全年目标任务。会上，市政协机关各处室主要负责同志汇报了上半年工作完成情况及下半年工作计划；市政协领导班子成员、机关领导班子成员、处室主要负责同志对各处室工作落实情况进行评议。会议指出，市政协机关各处室工作思路更加清晰、学习教育更加深入、制度机制更加健全、创新措施更加有力、协商品牌更加响亮，成效明显、特点突出，成绩值得充分肯定。要进一步强化“严肃严格、求真较真、细致细究、务实扎实、高效快捷”的工作作风，努力建设“政治型、学习型、服务型、创新型、廉洁型”机关，以扎实的作为、优良的作风、强烈的担当，在上半年工作实现“开创新局”的基础上，续写好下半年“精彩篇章”，为推动政协工作高质量发展、建设社会主义现代化新聊城再立新功，以实际行动和优异成绩迎接党的二十大胜利召开！

【重要文件】

中国人民政治协商会议第十三届聊城市委员会常务委员会工作报告（2022年2月23日在政协第十四届聊城市委员会第一次会议上）（摘要） 十三届市政协任期的五年，常委会围绕中心、服务大局，认真履行职能，统筹推进各项工作，崇尚学习蔚然成风，党的建设全面加强，助力发展成果丰硕，服务民生卓有成效，统战效能充分释放，文史工作提质增效，新闻宣传实现突破，制度机制逐步完善，队伍建设从严从实。五年来，十三届市政协在中共聊城市委的坚强领导下，充分发挥专门协商机构作用，谋发展良策、聚团结伟力，与人民同行、伴时代共进，交出了聊城政协人的合格答卷，获得的经验弥足珍贵。我们深深体会到：必须坚持与中国共产党同心同向同行，必须坚持为高质量发展聚心聚智聚势，必须坚持为保障和改善民生用心用情用力，必须坚持为政协事业发展尽心尽职尽责。

政协第十四届聊城市委员会履职的五年，是深入贯彻落实中共二十大精神、实现我市政协事业更高质量发展的五年。五年工作的总体建议是：坚持以习近平新时代中国特色社会主义思想为指导，深入贯彻习近平总书记关于加强和改进人民政协工作的重要思想，全面落实市第十四次党代会部署要求，在中共聊城市委坚强领导下，牢牢把握人民政协性质定位，充分发挥专门协商机构作用，聚焦推动实施“新时代兴聊十大工程”，认真履行政治协商、民主监督、参政议政职能，着力提高建言资政和凝聚共识水平，充分彰显人民政协制度优势，团结奋斗建设社会主义现代化新聊城。希望新一届市政协加强政治建设，把握政治方向；树牢大局观念，服务中心工作；紧扣双向发力，广泛凝聚共识；聚焦主责主业，推进制度创新；加强队伍建设，激发动力活力，以优异成绩迎接中共二十大胜利召开。

中国人民政治协商会议第十四届聊城市委员会常务委员会工作报告（2022年12月14日在政协第十四届聊城市委员会第二次会议上）（摘要） 2022年是党和国家历史上具有里程碑意义的一年，也是十四届市政协开局之年。一年来，市政协常委会坚持以习近平新时代中国特色社会主义思想为指导，深入学习宣传贯彻中共二十大精神，在聊城市委坚强领导和市政府及各有关方面大力支持下，按照锚定“一个目标”、扛牢“两大责任”、履行“三项职能”、坚持“四个原则”“五位一体”推进、打造“六度”队伍总体思路，踔厉奋发、勇毅前行，全力推动聊城政协工作在十三届市政协打下的良好基础上又实现了新发展、新突破，为建设社会主义现代化新聊城作出了积极贡献。

要深入学习贯彻中共二十大精神，以习近平新时代中国特色社会主义思想为指导，坚定历史自信、把握历史主动，不忘初心、牢记使命，守正创新、担当作为，奋力谱写聊城政协事业发展新篇章，为建设社会主义现代化新聊城作出新贡献。坚定扛起人民政协使命任务，让政协之“政”更加坚实；始终坚持人民政协性质定位，使政协之“协”更加务实；努力推动人民政协创新实践，使政协之“力”更加夯实。

2023年是全面贯彻落实中共二十大精神的开局之年，是全面建设社会主义现代化新聊城的关键之年，也是全市政协工作改革创新、大有作为的重要一年。明年市政协常委会工作的总体要求是：坚持以习近平新时代中国特色社会主义思想为指导，深入学习贯彻中共二十大精神，在中共聊城市委的坚强领导下，继续坚持“123456”工作思路，全面落实市委《关于加强和改进新时代市县政协工作的若干措施》，着力发挥专门协商机构作用，围绕中心大局，认真履行职能，广泛凝聚共识，为建设“六个新聊城”、书写中国式现代化聊城实践贡献政协智慧和力量。要牢牢把握政治方向，以更高的站位推动中共二十大精神入脑入心、走深走实；牢牢把握政治责任，以更严的要求落实党对政协工作全面领导；牢牢把握工作定位，以更主动的担当助力“六个新聊城”建设；牢牢把握中心环节，以更积极的作为凝聚共识力量；牢牢把握时代要求，以更有效的举措推进履职能力提升。

【组织概况】

市政协

主席名单

曾晓黎

副主席名单

张同奇　黄　勇　程继峰　李涤尘
唐明贵　王福祥　张芙蓉

秘书长名单

魏天山

常务委员名单

（截至2022年12月31日）

丁洁清　马　萌　王　芳　王　玲
王同章　王延飞　王学岗　王艳鑫
王凌峰　牛时忠　邓学诗　冉令铎
白　璐　白立新　冯建成　司树伟
邢志勇　刘　伟　刘玉慧　刘明峰
刘保滨　闫淑青　孙慧芳　杜　娟
杜月环　李　勇　李　娟　李爱军
杨　达　吴　伟　吴　杨　谷月祥
宋一丁　宋家元　张　冰　张　炜
张　颖　张小军　张天彤　张书银
张玉录　张保华　张胜昔　张爱英
张银东　陈　兵　陈炳山　范纯志
赵昌军　赵素婷　赵耀生　郝光华
胡爱君　姚　晨　姚清昌　耿金芝
夏章勇　徐　莹　殷　倩　高　慧
高自强　高庆民　郭秀芳　郭新华
陶连如　陶新镇　崔　岩　商光胜
董海峰　韩卫杰　程仁国　释永悟
释界空　魏　丽　魏天山　魏立广

委员名单

（截至2022年12月31日）

马保杰　王　玲　王　巍　王文阁
王传师　王福祥　田西坡　白云国
白立新　刘立新　刘保滨　李钦军
杨　达　杨庆春　吴明启　谷月祥
宋义刚　宋家元　张义革　张玉录
张同奇　周文明　赵同江　赵耀生
徐帮杰　郭新华　陶连如　黄佰龙
黄性利　商　华　商光胜　葛敬方
程继峰　曾晓黎　王学臣　刘　伟
闫咏梅　李　娟　杨秋生　张天彤
张延飞　周　斯　孟宪良　徐振霞
高明忠　唐明贵　韩卫杰　韩子军
王兆强　王金莲　吕　明　闫淑青
闫铸明　李永军　李连清　杨　阳
郝光华　姚庆龙　夏章勇　王延华
王凌峰　刘玉慧　孙维锦　张　炜
张　颖　陈　兵　范文婷　姚　晨
高自强　曹全增　董保生　薛晓璐
王　亮　王　涛　王艳鑫　张金伦
张保华　罗韦娜　贾庆玉　董海峰
王学岗　张洪磊　张益民　赵素婷
焉　鹏　崔艳嫣　吕伟宏　吕爱红
任桂红　张　娅　赵志新　郭中哲
黄　勇　潘鸿海　薛书敏　魏立广
王学才　牛时忠　白　璐　孙乐海
孙慧芳　李　娟　李明艳　吴　伟
吴晓敏　周忠安　高　慧　郭秀芳
崔琳琳　魏　丽　付　亮　朱　琳
朱玉金　吴　倩　孟现平　桑　宁
潘晨忱　王玉武　冯天宏　冯婷婷
齐永杰　李乐峰　闫光瑜　吴彩云

张则强 袁杰 袁纪方 袁建军
于敬仙 马芮 王昕 王辉
尹保军 刘娟 刘艳琳 刘桂芹
杜娟 杜月环 邹凤杰 张颖
张国芳 徐海霞 梁琦 韩风华
程丽娜 丁洁清 牛树亭 朱震原
任健 刘栋田 杨雪 张冉
张月彬 房东林 姚宁 管震
卜吉成 王恒 王广岭 王尊光
冉令铎 邢志勇 刘兵 刘文忠
刘玉杰 闫明正 孙丽丽 孙建美
纪盛新 李春强 张书海 张正一
张传文 张芙蓉 陈培杰 邵鹏飞
林乃相 岳喜波 孟相旭 胡志忠
胡德亮 宫增民 桑昌营 崔岩
王延飞 朱云霞 刘燕 刘玉华
刘兆伟 刘思思 邹洪伟 范晓杰
范新刚 姚清昌 井扬 冯修国
孙宝欣 李勇 李光文 张小军
陈清义 林虎 赵艺民 赵昌军
姜颖 娄玉东 耿金芝 韩英岭
窦长润 于得华 代立杰 白翎侠
朱小彬 李跃田 吴文立 辛建军
张正军 范纯志 孟英超 赵传文
谭彐锋 于君英 马山 王芳
王文生 王吾雪 王晓阳 王晓霖
白博 曲振东 刘勇 刘广博
刘洪林 刘海波 孙冰 孙祥
李飞 李军 李蒙 李鹏
李玉强 宋一丁 张月彬 张宗山
张春杰 张继尧 张银东 陈相阳
单庆田 赵迎春 郝传星 胡爱君
侯敏 徐军 高庆民 郭泽琨
曹建 董津瑜 韩伟 潘勐
薛国玉 王同章 王胜男 王瑞堂

尹振叶 孔祥荣 邢涛 刘景贤
孙涛 孙大兴 苏义强 李尚生
李中强 李爱军 张书银 张胜昔
张爱英 岳喜伟 周忠伟 郝利
修桂芳 栾庚国 樊春燕 刁国锡
马冲 王鹏 工玉春 王玉梅
王立新 王永辉 史爱华 白林金
刘学 刘春东 孙剑 李键
李明芳 杨庆科 杨红静 杨增美
张婧 张克顺 陈彦 范鑫烨
林洋 胡相东 娄玉涛 郭玉娟
梁敬民 梁瑞英 董天天 韩瑞忠
布乃宾 司树伟 吉凯丰 苗忠岭
贾红光 殷倩 吴启斌 郭新全
王忠 王亚男 王安军 朱国方
李婧 张颖 张明华 于红
王冬 王兆庆 王丽 王保华
孔敬博 田亚强 付红英 冯博
毕科研 刘庆华 刘晓燕 关涛
李延辉 杨芳 吴军英 吴俊芳
宋璇 张吉文 岳彩磊 金增秀
赵波 姜明燕 姜祥坤 袁欣
袁茹茹 曹勇 魏天山 魏景洲
李利 张冰 徐向霞 崔删非
窦龙江 马萌 刘莹 李保忠
杨洪毅 何丽丽 武文娟 尚丹丹
陶新镇 刘勇 李全新 李树兴
李振江 梁福英 释永悟 释界空
蔡永兵 丁林海 于丙涛 马颖
王云 王建民 王保壮 邓学诗
田勇 冯楠 邢文革 刘凡水
刘明峰 刘治勇 孙建德 孙孟花
李泽潜 李钦广 李涤尘 吴杨
辛刚英 张凯 张磊 陆山
陈怀伟 陈海蓉 周青 周传光

侯宪江　侯德功　秦荣菊　徐　莹
徐启静　高宪栋　梁长博　董胜军
韩子民　韩宗宝　陈炳山　程仁国

县（市、区）政协

东昌府区政协主席

董胜军

茌平区政协主席

李泽潜

东阿县政协主席

刘凡水

阳谷县政协主席

马　颖

冠县政协主席

王保壮

高唐县政协主席

韩子民

莘县政协主席

孙孟花

临清市政协主席

秦荣菊

聊城市各级政协组织和委员数

（截至2022年底）

单位：个

项目＼级别	市	县（市、区）	合计
组织数	1	8	9
委员数	418	2259	2677

（编写：曹姝婧　审稿：徐辉）

政协滨州市委员会

主席　范连生

副主席、秘书长　皮台田

副主席　万永格

副主席　曹玉斌

副主席　侯学锋

副主席　王天祥

副主席　王道臣

副主席　刘庆敖

【全体委员会议】

十二届一次会议 2月22日至26日在滨州举行。应出席委员345名，实到委员329名。市委书记宋永祥同志出席开幕会议并讲话。会议审议通过了政协第十一届滨州市委员会常务委员会工作报告和提案工作报告，审议通过了市政协十二届一次会议提案审查委员会关于提案审查情况的报告和会议决议。与会委员列席了滨州市第十二届人民代表大会第一次会议，听取并讨论了政府工作报告和市中级人民法院、市人民检察院工作报告，讨论了其他有关报告。大会共收到提案451件，立案414件，收到大会发言材料56篇，口头发言15篇。委员们通过提案、小组讨论、大会发言等形式，围绕黄河流域生态保护和高质量发展、“双型”城市、“双碳”战略、医养健康、弘扬企业家精神等方面，从不同角度、不同层面提出了许多建设性的意见和建议。会议选举范连生为政协第十二届滨州市委员会主席，选举皮台田、万永格、曹玉斌、侯学锋、王天祥、王道臣、刘庆敖为政协第十二届滨州市委员会副主席，选举皮台田为政协第十二届滨州市委员会秘书长，选举出万春玲等48名常务委员会委员。市政协主席范连生主持闭幕会议并讲话。

【常务委员会会议】

十一届第二十六次会议 2月15日召开。会议应到58人，实到43人。市委副书记、代市长李春田作关于《政府工作报告（征求意见稿）》起草情况的说明。会议传达学习了省政协十二届五次会议精神；听取了关于市政协十二届一次会议筹备工作情况的汇报；审议通过了关于召开市政协十二届一次会议的决定；协商决定了政协第十二届滨州市委员会参加单位、委员名额和人选及界别设置；审议了市政协十二届一次会议有关事项；审议通过了政协第十一届滨州市委员会常务委员会工作报告，确定报告人为张兆宏；审议通过了政协第十一届滨州市委员会常务委员会提案工作报告，确定报告人为商玉昌；审议通过了关于授权主席会议审议决定市政协十一届二十六次常委会议未尽事宜的决定。市政协主席张兆宏主持会议并讲话，党组书记范连生参加会议。

十二届第一次会议 4月22日召开。会议应到56人，实到51人。会议集体学习了习近平总书记在中央政协工作会议暨庆祝中国人民政治协商会议成立70周年大会上的讲话、中共中央关于加强新时代人民政协党的建设工作的若干意见、中共中央关于新时代加强和改进人民政协工作的意见、全国政协十三届五次会议精神、省政协主席葛慧君同志在滨州调研时的讲话精神、全市“山东走在前，滨州怎么办”解放思想大讨论暨“在滨州、知滨州、爱滨州、建滨州”主题实践活动动员大会精神；审议通过了《政协第十二届滨州市委员会常务委员会关于设置专门委员会的决定》《政协第十二届滨州市委员会常务委员会关于加强自身建设的意见》。市政协主席范连生出席会议并讲话。

第二次会议 8月3日召开。围绕

"深入打好污染防治攻坚战"进行专题议政。会议集体学习《中国共产党政治协商工作条例》，传达省政协十二届常委会第二十三次会议精神，市委副书记、市长李春田出席会议并通报今年以来全市经济社会发展情况，听取市发改委关于《政协滨州市委员会常务委员会关于服务和融入"双循环"新发展格局的建议案》落实情况的通报，审议通过了《政协滨州市委员会常务委员会关于深入打好污染防治攻坚战，推动黄河流域生态保护和高质量发展的建议案》；听取大会发言。市政协主席范连生出席会议并讲话。

第三次会议 10月14日召开。围绕"打造千亿级新能源产业集群"进行专题议政。会议应到56人，实到39人。集体学习习近平总书记为《复兴文库》作序言精神；传达学习省委办公厅《关于加强和改进新时代市县政协工作的实施意见》；市委常委、常务副市长张伟出席会议，通报我市打造千亿级新能源产业集群情况并讲话；听取市政府关于市政协十二届一次会议以来政府系统提案办理情况和市海洋发展渔业局《关于积极培育滨州高质量发展蓝色增长极的建议案》落实情况的通报；听取大会发言；对7个政府职能部门工作情况进行民主评议；审议通过《关于发挥资源优势打造千亿级新能源产业集群的建议案》。市政协主席范连生出席会议并讲话。

第四次会议 12月21日以视频形式召开，会议应到56人，实际参会45人。会议集体学习了党的二十大精神；审议通过了《政协滨州市委员会关于深入学习宣传贯彻中国共产党第二十次全国代表大会精神的决议》；书面听取了市政府关于《政府工作报告（征求意见稿）》起草情况的说明；听取了市政协十二届二次会议筹备工作情况的汇报；审议通过了关于召开市政协十二届二次会议的决定；审议通过了市政协十二届二次会议议程、日程，会议秘书长、副秘书长名单，委员界别调整安排名单，委员分组办法，各委员组召集人名单，常委轮值名单；审议通过了政协第十二届滨州市委员会常务委员会工作报告，一致同意报告人为范连生；审议通过了政协第十二届滨州市委员会常务委员会提案工作报告，一致同意报告人为王天祥；审议了市政协十二届二次会议选举办法（草案），总监票人、监票人名单（草案）；审议通过了关于授权主席会议审议决定市政协十二届四次常委会议未尽事宜的决定。

【专门委员会工作】

提案委员会 市政协十二届一次会议以来，共提出提案508件，其中大会提案451件，平时提案57件。经审查，共立案463件。经76家承办单位认真办理，所有提案均已办复。创新提案督办机制，市委、市政府主要领导分别督办一件重点提案。开展提案选题征集工作，拓宽委员知情明政渠道。针对多层住宅加装电梯、中小企业融资难等提案开展"四方会商"，推动提案办理成果转化落实。健全完善提案工作制度体系，研究制定了《重点提案培育、遴选与督办办法》《提案质量和提案办理质量评价办法》《提案征集办法》《平时提案工作规程》等四项制度。滨州市政协提案工作的创新性做法，省政协党组副书记、副主席林峰海作出批示予以肯定。

文化文史和学习委员会　编撰出版《滨州底色》。围绕“打造滨州特色文化品牌”开展对口协商，形成《关于“打造滨州特色文化品牌，提升滨州文化品质”协商纪要》受到相关部门高度重视，推进“界别同心汇”建设，规范建设新闻出版“界别同心汇”——“清凉e心”。围绕发挥“博物馆在文化传承中的作用”议政建言，从发挥展览在传承传统文化中的作用、发挥社教职能作用、文创产品研发等方面提出意见建议。围绕提升滨州文化品质，组织人员进行调查研究，撰写了《建设文化艺术交流中心，引领和促进滨州文化品质提升》的报告对惠民县渤海革命机关旧址、杨柳雪周恩来纪念馆、周恩来总理骨灰撒放地等进行调研，组织县区政协形成纪实资料10余篇。

经济委员会　围绕“发挥资源优势，把新能源打造成我市第六个千亿级产业集群”开展调研，形成建议案。围绕《关于服务和融入“双循环”新发展格局的建议案》落实情况开展“回头看”专项监督。围绕市委市政府中心工作、群众关心的热点难点问题开展调研，提交社情民意信息。围绕新能源装备制造产业乘势而上、千万千瓦级新能源基地聚势而强、“六个一工作机制”等建言。围绕培育打造“名企名牌”、知识产权保护等议题组织界别协商活动，形成《关于培育打造“名企名牌”助力企业高质量发展协商情况的报告》和《关于知识产权保护工作协商情况的报告》。

农业和农村委员会　参与省政协“黄河三角洲盐碱地综合开发利用”月度协商会及协同调研任务，征集材料并形成《调研报告》报省政协，其中5个典型案例被省政协收录，《关于“黄河三角洲盐碱地综合开发利用”的调研报告》被评为2022年度全市优秀调研成果一等奖。调研总结全市乡村振兴新路径与新经验创新案例19个，其中1篇典型案例被省政协收录。开展“健全完善防贫长效机制，助力乡村振兴”专项监督，市政府主要领导对《专项监督报告》作出批示，充分肯定，要求有关部门认真研究落实。开展“健全农业保险保障机制，促进特色产业高质量发展”界别协商。开展《关于积极培育滨州高质量发展蓝色增长极的建议案》转化落实情况“回头看”专项监督。

教科卫体委员会　探索建立“同心讲坛”“协商面对面”等同心汇活动微品牌，为全市“界别同心汇”的建设提供了借鉴经验，我市在省政协“界别同心汇”试点创建工作座谈会做典型发言。开展了“发展新型研发机构，优化创新平台体系”界别协商、“基层医疗卫生提升工程”对口协商、“深化中小学课后服务”视察3项重点协商视察工作，各项任务都按期高质量完成，许多意见得到相关部门采纳。制定了创建政治型、学习型、和谐型、联动型、创新型“五型”专委会的总体工作框架。

社会法制委员会　围绕“关于提高我市残疾儿童康复救助保障能力”课题开展调研协商，推动解决事关民生福祉的大事难事，相关工作被《人民政协报》予以典型报道，市委、市政府领导同志对调研报告作出批示。结合年度政府立法计划，围绕《滨州市优化营商环境条例》《滨州市住宅物业管理条例》《滨州市节约用水条例》《滨州市供热条例》《滨州市城镇容貌和环境卫生管理条例》开展立法协商，为立法修法提供有力智力支持和广泛民意基础；在苏商商会建成工商联界别“润企联心・界别同心汇”，搭建好凝聚共识平台，更好汇聚正能量、画大同心圆；组织委员到市行政审批服务局、市退役军人事务局等走访调研，为不断优化营商环境以及健全完善退役军人服务保障体系建言献策。

人口资源环境委员会 高质量完成“深入打好污染防治攻坚战，推动黄河流域生态保护和高质量发展”建议案，受到市委、市政府主要领导批示；扎实开展“滨州市区域内水资源综合利用”界别协商和“盘活土地资源，助力更高水平富强滨州建设”对口协商，形成了两项《协商纪要》，有力推动了全市“四水四定”工作落实和闲置土地资源盘活利用。按标准完成“滨州青联界别同心汇”创建、以“四水四定”为主题的第62期《委员关注》录制、重点提案督办等各项工作。

台港澳侨和外事委员会 视察沿黄生态廊道建设情况，针对融入RCEP进行调研，围绕健全人才“引育用留”工作机制开展对口协商，专项监督“12197”民生实事，经过网络调研、外出学习、现场考察、座谈交流等，均形成了高质量的履职成果，特别是民生实事监督报告得到了市委书记宋永祥和市长李春田的充分肯定。成功创建聚识平台“中海之湄・界别同心汇”，探索建立1+1+N聚识工作机制，创新实施社情民意信息工作及时表扬、集中表彰制度。

民族和宗教委员会 就阳信县开展的全省铸牢中华民族共同体意识示范试点创建工作，组织少数民族界政协委员，组成调研组深入基层调研，形成调研报告，得到市委、市政府、市政协主要领导同志批示肯定。以“加强政治引领、推进宗教中国化、做好新时代宗教工作”为题，进行对口协商。建成富有民族宗教特色的“一家亲聚人心・界别同心汇”平台。协助市政协分管领导完成“医养+”产业深度融合发展的重点提案办理。

委员联络工作委员会 围绕深入打好污染防治攻坚战，推动黄河流域生态保护和高质量发展、健全人才‘引育用留’工作机制，打造人才集聚平台、滨州如何参与“好品山东”建设，开展委员接待日，制定《政协滨州市委员会委员履职评价办法》。开展驻滨省政协委员和驻县（市区）市政协委员跨县（市区）视察活动，组织省、市政协委员视察滨州各县（市、区）各地重大项目建设和高质量发展情况。协助单位邀请市政协委员参加政策推介会、政府开放日、深化改革特邀监督、硕博优选计划面试监督等活动。

【重要活动】

省政协副主席韩金峰带队来滨州调研 3月9日至10日，省政协副主席韩金峰率调研组来滨就“加强和改进新时代市县政协工作”开展专题调研。调研组先后到黄河楼、市政协委员接待站、滨澳电线电缆有限公司、沾化国昌怡心园、大高航空高新产业园、沾化冬枣研究所、华能沾化清风湖光伏电站实地调研，并座谈交流，听取对加强和改进新时代市县政协工作的意见建议。市政协主席范连生陪同活动。

省政协主席葛慧君来滨州调研 4月20日至21日，省政协主席葛慧君来滨调研，实地调研了滨州市政协科协界别沙龙、滨州欣悦康复医院、愉悦生命科技馆、渤海先进技术研究院、魏桥国科（滨州）科技园、滨州渤海活塞有限公司、邹平文史馆、魏桥轻量化基地、魏桥创业集团纺织绿色智能化生产车间等，并召开座谈会。市政协主席范连生陪同活动并汇报我市加强和改进市县政协工作情况。

全国政协副主席、民进中央常务副主席刘新成一行来滨州调研 6月14日，全国政协副主席、民进中央常务副主席刘新成一行来滨调研“推进黄河国家文化公园建设”情况，先后到黄河楼、打渔张森林公园进行实地调研。市政协主席范连生陪同活动。

十二届滨州市政协委员培训班 6月16日至17日，市政协举办十二届滨州市政协委员培训班。市政协主席范连生作总结讲话并宣讲省第十二次党代会精神，副主席、秘书长皮台田作动员讲话。培训班期间邀请十三届全国政协副秘书长、民进中央副主席朱永新，省政协常委、人口资源环境委员会主任曲伟，省委党校经济学教研部主任、教授、经济学博士孔祥荣分别围绕《如何当好政协委员》《新时代政协委员履职知识必备》《一带一路与中美战略博弈》作专题辅导。

省政协副主席王艺华带队来滨州调研 6月22日至24日，省政协副主席王艺华一行来滨就“黄河三角洲盐碱地综合开发利用”进行调研。调研组先后到博兴县乔庄镇以渔改碱治理现场，渤海先进技术研究院、魏桥国科（滨州）研究院，无棣县小泊头镇盐碱地粮食生产项目、绿风农业集团有限公司“草棉轮作”项目、山东省十里香芝麻制品股份有限公司高效生态农业种植项目，沾化区冬枣研究所、下河乡天成现代农业创业园项目、利国乡农业产业融合示范园、沾化区农业科技创新示范园实地调研，并召开座谈会。市政协主席范连生陪同活动。

省政协副主席王修林带队来滨州进行调研 7月12日至14日，省政协副主席王修林一行来滨就“统筹区域协调发展，推动黄河流域产业转型升级”进行调研，先后到铝谷大厦、魏桥轻量化基地、魏桥创业集团纺织绿色智能化生产车间、愉悦生命科技馆、渤海先进技术研究院、魏桥国科（滨州）科技园、黄河楼、滨州数字经济产业园、黄河三角洲小麦产业馆、三元生物科技股份有限公司进行实地调研，并召开座谈会，听取我市相关情况汇报。市政协主席范连生陪同活动。

全市政协“界别同心汇”建设工作推进会议 8月26日，全市政协“界别同心汇”建设工作推进会议召开。现场观摩获省政协首批授牌的科协“界别同心汇”，会议传达省政协“界别同心汇”试点创建工作座谈会精神和省政协调研组来滨调研“界别同心汇”试点创建工作情况，各县市区政协、市政协各专委会做交流发言，安排部署我市“界别同心汇”建设工作。市政协党组副书记、副主席、秘书长皮台田参加会议并讲话。

“科创滨州·界别同心汇”揭牌仪式 9月9日，市政协举行“科创滨州·界别同心汇”揭牌仪式，暨首次界别同心汇活动“同心讲坛”开讲。市政协党组书记、主席范连生致辞并为“科创滨州·界别同心汇”揭牌；同心讲坛上集体学习中央统战工作会议精神，十二届滨州市政协常委、滨州医学院附属医院消化内科主任、内镜室主任刘成霞作“除幽保胃，众享健康”专题讲座。市政协副主席刘庆敖主持活动，副主席万永格、侯学锋、王天祥，党组成员杜建民参加活动。

【重要文件】

滨州市委书记宋永祥在政协第十二届滨州市委员会第一次会议开幕会议上的讲话（2022年2月22日）（摘要） 市第十次党代会，提出了“建设更高水平富强滨州”的奋斗目标，更高水平主要体现在品质上，我们要以党的建设为统领，以创新为引领，全力提升“八个品质”，奋力答好“山东走在前，滨州怎么办”的时代考卷。发展品质更高。“更高”就是既要稳增长，又要优结构，更要可持续。科创品质更强。“更强”就是坚定不移推进“双型”城市建设，打造一流科创平台、一流科创生态、一流科创人才。开放品质更活。“更活”就是用开放倒逼改革，用改革推动发展，做足思维方式、体制机制、平台载体“三篇”文章。服务品质更优。“更优”就是突出主动服务、用心服务、高效服务，全力为市民服务、为企业服务、为科研院所和高等院校服务、为驻滨单位服务、为基层组织服务，真正让企业家舒服、让老百姓满意。文化品质更好。“更好”就是文化自信更坚定、文化含量更充盈、文化味道更醇厚，在提升文化软实力上更进一步。环境品质更美。“更美”就是和谐美、城市美、乡村美，让“生态之美”浸润“品质之城”。民生品质更实。“更实”就是让百姓生活更富裕、公共服务更普惠、基本保障更牢实，把“民生之盼”变为“民生之赞”。平安品质更稳。“更稳”就是维护好发展安全、社会安定、人民安宁，建设更高水平的平安滨州、法治滨州。要求大家同心同向凝共识，群策群力聚智慧，创新创优助发展，用心用情惠民生，合心合拍汇力量。

中国人民政治协商会议第十一届滨州市委员会常务委员会工作报告（2022年2月22日在政协第十二届滨州市委员会第一次会议上）（摘要） 工作回顾：（一）坚持高举旗帜，展现政治引领新气象，在加强党的领导上实现新作为。坚持党组理论学习中心组学习制度，重点围绕习近平新时代中国特色社会主义思想和习近平总书记系列重要讲话重要指示批示精神开展集体学习研讨。扎实开展“不忘初心、牢记使命”主题教育和党史学习教育，深刻感悟习近平总书记“七一”重要讲话精神。市政协党组充分发挥把方向、管大局、保落实重要作用，坚持向市委请示报告重大事项、重点工作，高标准完成市委安排的工作任务。认真落实新时代党的建设总要求，全面落实从严治党、意识形态、党风廉政建设主体责任，发挥“关键少数”示范引领作用。制定年度党建工作要点，部署开展“抓党建引领，创全国文明单位、创模范机关”“一抓双创”活动，市政协机关党委获评市直机关先进基层党组织，六个党支部全部建成全市机关“标杆党支部”。（二）坚持主责主业，展现建言资政新气象，在服务发展大局上实现新作为。打造核心产品精准献策。抓住事关富强滨州建设的全局性战略性课题，全力打造《建议案》这一政协履职核心产品。先后围绕加快美丽乡村建设、大气污染防治长效机制建设等召开11次专题议政性常委会议，常委、委员议政发言210篇，形成《建议案》11件，推出了一系列改进和推动工作的有力举措。创建委员接待站、设立委员接待日，开展委员接待活动。全会期间认真讨论政府工作报告及其他有关报告，形成大会发言188篇，提出意见建议815条，撰写提报调研视察监督报告53篇，形成协商纪要48件。（三）坚持团结民主，展现凝聚共识新气象，在汇集奋进合力上实现新作为。加强与市各民主党派、工商联和无党派人士的团结合作，在年度协商与监督工作计划制订、重点工作安排等方面充分听取意见建议，联合开展调研、协商、监督活动成为常态。首次制定届内“一年一书”《文史资料图书出版规划》，每年一度编纂《滨州政协年鉴》，汇总编印了十一届市政协专题议政《建议案》、“一号提案”重点提案优秀提案和委员《发言集萃》。举办庆祝新中国和人民政协成立七十周年滨州市政协文史资料成果展，积极讲好滨州故事。《人民日报》（海外版）《人民政协报》《大众日报》“学习强国”《联合日报》等省级以上媒体刊发我市政协工作经验做法稿件600余篇，市级媒体发稿2000余篇。依托界别委员单位创建“界别沙龙”，实现了“联系一人（委员）、了解一界、团结一片”的目标，省政协领导同志批示肯定，省政协《工作通报》刊发推介。（四）坚持人民至上，展现为民尽责新气象，在奉献民生改善上实现新作为。创新开展民主监督性评议部门“全覆盖”，届内对市政府职能部门全部进行了民主评议。2021年聚焦攻坚突破创新开展协商式问询监督，对有关部门落实“83”工程攻坚突破工作进行专项监督，《人民政协报》“学习强国”《联合日报》进行报道，省政协和市委、市政府主要领导多次批示予以肯定。把提案作为反映民意的重要途径，建立实施“一号提案”及“双重点”督办机制。（五）坚持强基固本，展现自身建设新气象，在践行时代使命上实现新作为。“两支队伍”是做好政协工作的基础。选派市政协常委、履职优秀委员和市政协机关干部，举办政协工作培训班，有力提升机关效能。组织开展“庆七一”“迎国庆”“庆祝建党100周年”等系列活动，市政协机关保持“省文明单位”称号，年度考核均获优秀等次。

今后的工作建议：一是以习近平新时代中国特色社会主义思想统揽政协事业发展。二是以人民为中心发展全过程人民民主。以人民为中心是习近平新时代中国特色社会主义思想的精髓，人民政协应当始终把握好自己的本质属性。三是以团结和民主两大主题凝聚社会各界智慧力量。建议新一届市政协牢牢把握团结和民主两大主题，扭住加强思想政治引领、广泛凝聚共识这一履职中心环节。四是以改革创新精神推进政协履职能力现代化建设。创新是实现政协事业与时俱进的不竭动力，推进履职能力现代化建设是政协工作取得成效的重要保障。

中共政协滨州市委员会党组关于进一步加强自身建设的意见（2022 年 4 月 12 日） 为全面贯彻落实新时代党的建设总要求，切实加强市政协党组的自身建设，根据《中国共产党章程》《关于加强新时代人民政协党的建设工作的若干意见》等有关党内法规，结合市政协工作实际，制定本意见。一、旗帜鲜明讲政治，做到对党忠诚、政治坚定。二、履行管党治党责任，做到团结和谐、坚强有力。三、深化作风建设，做到勇于担当、真抓实干。四、争先向前作表率，做到竭智尽力、奋发有为。

政协第十二届滨州市委员会常务委员会关于加强自身建设的意见（2022 年 4 月 22 日） 为适应新时代人民政协工作的新方位、新使命、新要求，更好发挥常委会的领导作用，团结和带领全体委员扎实履行政治协商、民主监督、参政议政职能，更好凝聚共识，开创全市政协工作新局面，根据《中国人民政治协商会议章程》《中共中央关于新时代加强和改进人民政协工作的意见》（中发〔2019〕40 号）和中共山东省委、滨州市委要求，现就加强市政协常委会自身建设，提出以下意见。一、坚持中国共产党的领导，保持正确政治方向。二、持续强化理论武装，不断提高履职能力。三、围绕中心服务大局，助力建设更高水平富强滨州。四、坚持团结和民主两大主题，全力凝聚各方力量。五、与时俱进开拓创新，增强政协工作生机活力。六、持续深入改进作风，切实发挥示范表率作用。

【组织概况】

市政协

主席名单

范连生

副主席名单

皮台田　万永格　曹玉斌　侯学锋　王天祥　王道臣　刘庆敖

秘书长名单

皮台田

常务委员名单

（截至 2022 年 12 月 31 日）

万春玲　马云霞　马　慧　王凤博　王永明　王建军　王　娜　王惠强　王景军　牛瑞波　孔宪军　田希婷　田道军　冯孝敏　朱光辉　朱希花　刘书良　刘成霞　孙文利　孙兆泉　杜长亮　李子婷　李江涛　李沈阳　李明月　李　莉　李淑艳　杨广勤　杨君华　杨明友　张佃平　张　凯　张国清　陈　明　陈崇波　赵金芳　赵振鹏　周海燕　班福忠　聂　磊　顾全新　郭云洲　郭树龙　郭晓民　曹　宁　盛全城　董桂光　鲁宝国　薛希忠

委员名单

（截至 2022 年 12 月 31 日）

丁爱军　卜祥连　王天祥　王永明　王进东　王亨波　王惠强　王道臣　王新村　孔向东　皮台田　刘　伟　孙文利　杜建民　李子超　李伟年　李建民　李维东　范连生　赵建明　姜银浩　耿永彬　商玉昌　焦本强　鲁宝国　王　珂　吕玉泽　朱希花　孙兰本　孙兆泉　张伟利　郑　珂

樊洪军　万永格　王建军　田德民
伊守国　刘　莉　孙月红　孙保磊
邹　霓　张占铎　张　芬　郑晶静
盛全城　王夫刚　王　娜　吕新敏
刘　宁　刘俊杰　杨君华　张艳双
赵新法　王再民　田希婷　曲　坤
刘庆敖　宋　炜　荆　强　郭云洲
崔　健　于　文　刘俊利　刘锡荣
李淑艳　宋元瑞　郭晓民　崔雅璐
韩梅海　付志强　杜长亮　相　雷
徐朝阳　韩　燕　黎添妍　刁树轩
王景军　尹玉栋　李江涛　张三元
曹玉斌　窦守席　蔡学军　于　娟
王　磊　王德江　孔宪军　杨全文
贾　涛　董桂光　刘　敏　李　洋
张金桂　张承贺　丁　伟　王胜平
安长东　许　萧　李　莉　张兴先
张淑华　范晓涛　郭庆学　黄　燕
王艳莉　王翠兰　牛瑞波　田翠萍
杨　婷　张君卿　张婷婷　赵　琳
徐珊珊　彭翠凤　樊丽华　卜林林
马春晖　王　琦　任延磊　陈　明
周　桐　周　臻　贾路滨　梁同磊
方　红　付春华　冯孝敏　伊海永
刘书良　刘　宗　江明达　江　波
许员才　孙泽永　李山峰　李明国
李建彬　杨建辉　吴勇军　吴　悦
张林祥　张建军　张绍鹏　张荣德
陈崇波　郑宝强　侯学锋　黄维特
游爱美　魏龙峰　田　雷　李风华
李永明　李　盛　顾志谦　朱光辉
朱红岩　赵文鑫　班福忠　聂　磊
梅红星　崔宏图　蔡颖辉　刘庆营
张丙国　张　卡　张光彩　张　凯
张　萍　郭庆利　曹　宁　蔡惠清
薛希忠　王永坤　王　明　王素琴
李建波　李朝晖　杨丛森　宋国清
张国清　钱余海　曹新泽　马宝祥
王凤博　刘　磊　李晓光　蔡向东
王建新　朱　臣　朱　挺　刘全顺
刘芳军　刘秀忠　刘桂杰　刘　鹏
齐　媛　孙　昊　孙　艳　李云涛
李泽芳　李剑刚　杨明义　张天宇
张传传　张艳玲　张桂臣　张晓辉
陈树春　周应时　周　炜　赵　君
赵金沙　赵振鹏　索　琳　顾全新
曹福清　梁　光　韩　璐　游文波
颜秉涛　魏　健　王洪杰　巩红梅
师　杰　任长博　刘登枝　李伟山
李建勇　李景安　何惠霞　张成鲁
张志军　张丽华　张　钊　张国微
陈爱兵　周　明　赵金芳　贺　梁
郭树龙　曹忠新　韩立强　韩百波
申立新　刘　苹　刘　超　李子婷
李明月　张春雷　苑小红　赵春海
高　鹏　崔军红　梁　芳　温新珍
李士强　李　丽　谷玉玲　张栋玉
武文昌　袁珊珊　王世民　王　新
刘树松　李沈阳　张　良　张英勇
张　舒　周国辉　夏　超　崔艳贞
路灿新　王加芬　王国振　王明文
田德龙　任兴帅　刘成霞　刘庆新
杨　猛　吴福玲　张　力　柳华伟
夏家林　盖东滨　蒋红梅　满玉清
魏德增　万春玲　王　伟　王克锋
王　昆　王春平　史　琴　李防修
李志强　李海峰　李新生　张荣国
范太国　段长兵　杨广根　杨广勤
杨金华　杨晓倩　张佃平　张　磊
綦　鑫　马　慧　从云伟　刘树莹

杨明友　时云华　陈金海　释常空
马云霞　田春丽　史　东　边洪芳
吕友庆　刘振勇　孙利华　李文广
李　岩　杨宝亮　杨　涛　杨德江
吴书君　吴国瑞　邱希敏　张　凯
张　欣　张洪涛　张恩传　郝　波
袁　昊　袁俊英　贾　芳　高　阳
郭俊峰　魏勇舟　田道军　冯金辉
李海峰　张　旋　周海燕

县市区政协

滨城区政协主席

边洪芳

沾化区政协主席

郭俊峰

邹平市政协主席

孙利华

惠民县政协主席

杨宝亮

阳信县政协主席

杨德江

无棣县政协主席

张恩传

博兴县政协主席

郝　波

滨州市各级政协组织和委员数

（截至 2022 年底）

单位：个

级别 / 项目	市	县（市、区）	合计
组织数	1	7	8
委员数	347	1558	1905

（编写：周敏敏　审稿：李从锋）

政协菏泽市委员会

主席　王卫东

副主席　康　兵

副主席　黄秀玲

副主席　肖　云

副主席　时圣恩

副主席　朱中华

副主席　杜　岩

副主席　赵胜利

副主席　乔勇燕

秘书长　蔡维超

【全体委员会议】

十六届一次会议 2022 年 2 月 20 日至 23 日在菏泽举行。应出席委员 588 名，实到委员 577 名。会议听取并讨论中共菏泽市委书记张新文的讲话，审议批准市政协主席任忠义代表政协第十五届菏泽市委员会常务委员会所作的工作报告和市政协副主席付守明所作的常务委员会关于提案工作情况的报告，表彰委员活动、提案工作、反映社情民意信息工作先进集体和个人。与会委员列席菏泽市第二十届人民代表大会第一次会议，听取并讨论张伦市长所作的政府工作报告，市中级法院工作报告、市人民检察院工作报告和其他有关报告，一致表示赞同。大会共收到提案 713 件。会议选举王卫东为市政协主席，康兵、黄秀玲、肖云、时圣恩、朱中华、杜岩、赵胜利为市政协副主席，蔡维超为市政协秘书长，会议选举于文革等 113 名同志为市政协常务委员。大会闭幕时，王卫东主席作了讲话。

十六届二次会议 12 月 26 日至 28 日在菏泽举行。应出席委员 587 名，实到委员 446 名。会议听取并讨论中共菏泽市委书记张新文的讲话，审议批准市政协主席王卫东代表政协第十六届菏泽市委员会常务委员会所作的工作报告和市政协副主席康兵所作的常务委员会关于提案工作情况的报告，表彰委员活动、提案工作、反映社情民意信息工作先进集体和个人。与会委员列席菏泽市第二十届人民代表大会第二次会议，听取并讨论张伦市长所作的政府工作报告，市中级法院工作报告、市人民检察院工作报告和其他有关报告，一致表示赞同。大会共收到提案 644 件。经过民主协商，会议补选乔勇燕为市政协副主席。大会闭幕时，王卫东主席作了讲话。

【常务委员会会议】

第一次会议 3 月 29 日在菏泽举行。王卫东主席主持会议。审议通过《政协第十六届菏泽市委员会 2022 年度协商工作计划（草案）》；审议通过《政协菏泽市委员会委员履职工作规则（草案）》；审议通过《政协菏泽市委员会委员履职工作考核办法（草案）》；审议通过有关人事事项。会议闭幕时，王卫东主席作了讲话。

第二次会议 8 月 18 日在菏泽举行。王卫东主席主持会议。审议通过《关于“充分发挥比较优势，加快打造黄河生态产业带”的建议案（草案）》；审议通过《政协第十六届菏泽市委员会常务委员会关于加强自身建设的意见（草案）》；审议通过有关人事事项。会议闭幕时，王卫东主席作了讲话。

第三次会议 9 月 28 日在菏泽举行。王卫东主席主持会议。会议传达学习习近平总书记在中央统战工作会议上的重要讲话精神；听取市政府关于市政协十六届一次会议以来提案办理情况通报；听取 1 号重点提案办理情况及鲁西新区打造新兴产业集群情况通报；围绕“打造新兴产业集群，推动鲁西新区高质量发展”协商议政；张新文同志讲话；听取各承办单位关于提案办理情况的汇报并对有关承办单位进行评议；审议通过《关于“打造新兴产业集群，推动鲁西新区高质量发展”的建议案（草案）》和有关人事事项。会议闭幕时，王卫东主席作了讲话。

第四次会议 12月15日在菏泽举行。王卫东主席主持会议。审议通过关于召开政协第十六届菏泽市委员会第二次会议的决定（草案）；审议通过政协第十六届菏泽市委员会第二次会议日程（草案）；审议通过关于推举政协第十六届菏泽市委员会常务委员会工作报告报告人的决议（草案）；审议通过关于推举政协第十六届菏泽市委员会常务委员会提案工作报告报告人的决议（草案）；审议通过政协第十六届菏泽市委员会第二次会议大会秘书长、副秘书长名单（草案）。

第五次会议 12月28日在菏泽举行。王卫东主席主持会议。会议听取大会秘书处关于委员各组讨论情况的综合汇报：审议市政协十六届二次会议选举办法（草案）；审议总监票人、监票人名单（草案）；通过有关候选人名单；审议市政协十六届二次会议关于常委会工作报告决议、提案工作情况的报告决议和政治决议（草案）；审议市政协十六届二次会议提案审查情况的报告（草案）。

【专门委员会工作】

提案委员会 市政协十六届一次会议期间，共收到提案699件，首次采用“三审＋协商”的方式审查立案，并案后立案353件。遴选20件重点提案，分别由市委书记、市长、市委副书记领办1、2、3号提案。召开提案交办会议，市长张伦参加会议并讲话、亲自发授重点提案。开展系列提案督办，通过视察办案现场、集中座谈、单独协商等方式开展督办，有11家提案大户组织了“面复”活动。将并案提案和集体提案的创作情况纳入了委员考核体系。组织召开了全市县区政协提案工作经验交流会议，与市政府联合评选表彰一批优秀提案、优秀提案承办先进单位、提案宣传先进单位和先进提案工作者。

文化文史和学习委员会 开展对牡丹文化渊源和牡丹产业发展的研究阐释工作，组织人员力量撰著的《牡丹文化概论》《牡丹绘画史》付梓出版；启动了《菏泽市政协文史馆资料汇编》图书编纂工作；举办“中国梦·牡丹颂——喜迎二十大，永远跟党走”书画邀请展。围绕“保护传承黄河文化，助推建设黄河文化旅游带”开展重要协商，协商成果获市领导肯定。

经济委员会 将“加快新一代信息技术产业发展，打造经济高质量发展新引擎”作为季度协商议题，通过网络平台、电话咨询、个别访谈等多种形式，收集我市信息技术产业有关资料及省外好经验好做法，圆满召开季度协商会议，以协商专报的形式上报市委、市政府，并得到张伦市长的充分肯定。召开重点提案督办协商座谈会，对民盟菏泽市委会提出的《关于建设菏泽市知识产权综合体，加快促进科技创新研发转化的提案》重点提案进行督办协商。

教科卫体委员会 承担“坚持科技创新先行，推动我市高质量发展”季度协商题目，到齐鲁工大、现代医药港等地调研，并赴深圳等五市考察学习，召开季度协商座谈会，形成了协商成果，协商专报获得了市政府主要领导的批示。承担《推动义务教育阶段“双减”政策落实，完善教育保障机制》对口协商，综合多方意见形成了调研报告，呈报市委、市政府后，获得了市政府主要领导的批示。承办《有效推动“双减”落地增效的建议》《关于提升居家社区养老服务能力的建议》《关于全面推进电子证照多场景应用的提案》等3件重点提案督办工作。

社会法制委员会 围绕“创建儿童友好城市，推动菏泽高质量发展”季度协商议题，组织开展实地调研，召开季度协商暨重点提案督办座谈会，研究儿童友好城市创建的“菏泽模式”，推动全域创建，会后形成协商专报报送市委、市政府领导。围绕“加强新业态就业劳动者权益保障”议题召开对口协商、界别协商座谈会。组织两办负责提案办理的同志及部分提案者代表协商督办“关于优化我市城市公共交通体系改善居民出行条件”的重点提案。圆满完成省政协王修林副主席一行来我市围绕“统筹区域协调发展，推动黄河流域产业转型升级”开展的调研活动。

港澳台侨民族宗教委员会 聚焦“充分发挥比较优势，加快打造黄河生态产业带”2号重点提案，组建专门课题组，召开专家学者代表和职能部门座谈会，开展实地调研，外出考察学习经验做法，形成的建议案，得到市委、市政府七位领导的批示和高度评价。承担“充分发挥宗教的积极因素，促进社会和谐稳定发展”对口协商，采取电话访谈、走访调查、会议座谈、提供文稿等方式深入开展调研，召开座谈会充分听取意见，形成高质量协商成果报市委、市政府决策参考。

人口资源环境委员会 承担“持续加大雨污管网建设，提升城市防汛排涝能力”重要协商议题，向省内外20多个先进示范城市开展书面调研，赴部分县实地调研，召开协商座谈会，形成建言成果报送至市委、市政府，得到了市政府主要领导的批示。开展“积极应对人口老龄化，促进人口长期均衡发展”对口协商，采取线上与线下调研相结合的方式掌握全面情况，召开协商座谈充分讨论交流。完协助省政协做好月度协商议题“推进育儿友好型社会建设”相关调研工作；组织部分人资环委委员参加市城市管理局“政府开放日”活动；为推动黄河国家战略落地落实，参加市纪委组织的“1+9”监督联动工作交流座谈会。

农业和农村委员会 围绕“发展特色乡村旅游，助力乡村产业振兴”季度协商议题，商请各县区提供典型案例，在此基础上，多次召开协商座谈会，形成调研报告，得到市政府领导同志批示。把“发展特色乡村旅游，助力乡村产业振兴”列为重要协商议题，赴外省考察学习，到所辖县、区现场调研，形成调研成果。组织报送的《抓好“四大体系”建设，推动乡村电商发展》，被收录到省政协乡村振兴新路径与新经验创新案例。

【**重要活动**】

提案交办会 4月8日，市政协召开十六届一次会议提案交办会，明确责任，部署任务，确保优质高效结案。市委副书记、市长张伦，市政协主席王卫东、副主席康兵、秘书长蔡维超出席会议。

省政协主席葛慧君来菏泽调研 4月12日至13日，省政协主席葛慧君来我市调研市县政协工作情况，强调政协组织和广大政协委员要充分发挥自身优势，深入协商议政、广泛凝聚共识、汇聚发展合力，以奋进者的姿态和干劲，在服务中心大局上干出新样子、展现新作为。市委副书记、市长张伦，市政协主席王卫东等参加活动。

主题党课 7月1日，市政协机关举行“七一”主题党课。市政协党组书记、主席王卫东为机关全体党员上党课。

委员培训班 7月5日至6日，市政协举办第十六届新任委员培训班。市政协主席王卫东出席活动并作动员讲话。

省政协副主席于国安到我市调研 10月9日至10日，省政协副主席于国安带队来菏开展“农村电商发展”考察暨“界别同心汇”试点创建调研。市委副书记、市长张伦，市政协主席王卫东等参加相关活动。

【重要文件】

关于加强和改进新时代市县政协工作的若干措施（摘要）

一、切实加强党对政协工作的全面领导

1. 坚持党的创新理论引导。

2. 严格落实党的领导各项制度机制。

3. 严格落实政协党建工作责任。

4. 规范政协党组织设置。

5. 加强政协领导班子和干部队伍建设。

二、加强思想政治引领，广泛凝聚共识

6. 建立健全学习制度。

7. 拓展思想政治引领渠道。

8. 夯实共同思想政治基础。

9. 继续做好界别群众工作。

三、聚焦主责主业，提升专门协商机构效能

10. 强化政治担当。

11. 拓宽协商形式。

12. 规范协商活动。

13. 拓展协商平台。

14. 提高协商质量。

15. 加强民主监督。

四、发挥民主协商作用，助推基层社会治理

16. 推进政协协商向基层延伸。

17. 践行全过程人民民主要求。

五、加强联系指导，提升整体效能

18. 密切协同互动。

19. 提升整体质效。

20. 建设数字政协。

六、加强自身建设，夯实工作基础

21. 完善政协履职工作制度。

22. 加强委员队伍建设。

23. 发挥界别和专门委员会平台作用。

24. 提高经常性工作质量。

25. 优化市县政协工作机构。

中国人民政治协商会议第十五届菏泽市委员会常务委员会工作报告（2022年2月21日在政协第十六届菏泽市委员会第一次会议上）（摘要） 过去五年的工作。一、强化理论武装，坚持政治引领。坚持把学习贯彻习近平新时代中国特色社会主义思想作为重中之重，深化习近平新时代中国特色社会主义思想学习座谈会制度，深入开展“两学一做”“不忘初心、牢记使命”主题教育和党史学习教育。认真贯彻落实中央政协工作会议和省委、市委政协工作会议精神，严格落实党对政协工作的全面领导，认真执行重大事项请示报告制度。二、围绕中心大局，聚焦协商议政。聚焦重点产业建言资政，把“发挥比较优势，培育壮大生物医药产业”等10个题目列为常委会会议专题协商题目，围绕“关于城市绿色生态景观的开发维护和利用”等6个题目召开季度协商座谈会，围绕“促进体教结合，打造菏泽竞技体育新名片”等20个课题开展对口协商，为推动相关工作开展贡献了智慧力量。三、加强团结联谊，凝聚共识共为。完善多党合作政党制度实践平台，走访慰问民族宗教界代表人士，积极为少数民族乡村加快发展出谋划策，加强同港澳台侨人士的联系交流，组织委员视察侨资企业，注重同新经济组织、新社会组织代表人士的联系。四、注重工作创新，推动提质增效。推进提案工作全过程创新优化，建立市主要领导每年分别领办一件政协重点提案机制，推行常委会评议提案办理情况制度，开展重点提案“回头看”活动。市政协连年被省政协评为“反映社情民意信息工作先进单位”，多次荣获全省政协宣传工作先进集体。加强人民政协理论研究，筹备成立市政协理论研究会。筹建政协文史馆并顺利开馆。完成《山东改革开放亲历记》征编、《山东概览》菏泽市情编撰任务。加强对县区政协工作的指导，强化市县联动，就跨区域性的共性问题联合开展课题调研、视察考察等活动。五、加强自身建设，厚植履职根基。出台《关于加强和改进人民政协促进凝聚共识工作的实施意见》《关于强化委员责任担当的实施意见》，持续开展“书香政协”建设。完善委员年度履职考核，评选优秀政协委员。召开专委会工作会议，就发挥专委会基础作用进一步提出明确要求。持续打造“学习型、服务型、创新型、效能型、廉洁型”机关。

今后工作建议。一、把政治建设作为根本要求，巩固思想政治基础。二、把服务大局作为第一要务，助推经济社会发展。三、把凝聚共识作为中心环节，增强民主团结合力。四、把改革创新作为动力源泉，促进履职能力提升。五、把队伍建设作为重要保障，强化委员责任担当。

市委书记张新文在政协第十六届菏泽市委员会第一次会议开幕式上的讲话（2022年2月21日）（摘要） 过去的五年，是菏泽发展史上极不平凡、极不容易的五年。面对错综复杂的宏观环境和新冠疫情的严重冲击，全市上下始终坚持以习近平新时代中国特色社会主义思想为指导，认真贯彻落实党中央决策部署和省委工作要求，聚焦重点、奋力突破，干成了一批夯基垒台、蓄势聚能的大事要事，破解了一批长期存在、影响全局的“瓶颈”制约，交出了决胜脱贫攻坚和全面建成小康社会的优异答卷，在推动高质量发展、实现后来居上征程中迈出了坚实步伐。五年来，我市经济实力大幅提升，主要经济指标增速连年居全省前列，地区生产总值、一般公共预算收入均前移5个位次，实现了由“全省垫底”

到"跻身中游"的历史性跨越；重点产业强势崛起，生物医药规上企业产值三年翻番，高端化工产业整体跃升，大数据、5G新材料等新兴产业无中生有、快速膨胀；重大交通基础设施实现历史性突破，千万人民实现了在家门口乘飞机、坐高铁的梦想，打破了数百年来制约发展的交通"瓶颈"；发展活力持续迸发，城乡面貌焕然一新，民生福祉显著改善，民主法治加速完善，党的建设全面加强，经济社会呈现稳中有进、进中提质、持续向好的发展态势。

今后五年，是菏泽在新的起点上争先进位、奋力突破、全面开创后来居上新局面的关键五年。全市各级政协组织和广大政协委员，要紧紧围绕贯彻落实市第十四次党代会部署要求，忠诚履职、主动作为，奋力推动新时代政协工作高质量发展，为加快实现后来居上贡献更多智慧、更大力量。一要始终坚持党的领导，把稳政治方向之舵。保持政治定力，筑牢思想根基，加强党的建设。二要始终聚焦发展大局，汇聚共同奋进之力。广泛凝聚共识，广泛凝聚智慧，广泛凝聚合力。三要始终牢记人民至上，增进民生福祉之实。在倾听民声上下功夫，在化解民忧上求实效，在维护和谐上作表率。四要始终注重自身建设，筑牢高效履职之基。树牢"一线"意识，切实转变作风，持续提升能力。

市委书记张新文在市委政协工作会议上的讲话（2022年9月23日）（摘要）近年来，市委坚持把政协工作纳入全局工作统筹安排、精心部署，全力支持政协依照章程履行职能、发挥作用，推动形成了党委重视、政府支持、政协主动、各方配合的良好氛围。全市各级政协牢牢把握团结和民主两大主题，认真履行职能，政治协商有高度、民主监督有力度、参政议政有深度，在推动全市高质量发展中发挥了独特作用。特别是今年以来，在市委的坚强领导下，紧扣中心、扎实履职，主动服务中心大局，围绕"推动鲁西新区高质量发展""加快打造黄河生态产业带""建设儿童友好城市"等进行专题协商，提出了一批有分量的意见建议。积极协商议政，聚力建设"有事多商量"协商平台，实现面对面沟通协商、线上线下互动协商、场内场外联动协商。高效办理提案，完成716件提案网上交办工作，为市委决策提供了有力支持。充分反映社情民意，收集整理社情民意信息1726篇，上报全国政协14篇、省政协190篇。这些具有创意、富有成效的工作，充分说明新一届市县政协工作实现了良好开局、顺利起步。

围绕进一步做好新时代全市政协工作，我讲五个方面的意见。一、强化政治意识，始终坚持党对政协工作的领导。要强化理论武装，要坚定政治立场，要发挥好党组作用。各级党委要把政协工作纳入党委工作全局，纳入重要议事日程，统一谋划、统一部署、统一推进，推动政协工作与党政工作紧密衔接。各级纪检监察机关和组织、宣传、统战等部门，政府及其有关部门，要加强同政协组织的联系配合，形成加强和改进人民政协工作的强大合力。二、强化大局意识，主动在推动全市高质量发展中担当作为。要提高议政建言"含金量"，要投身经济建设“主战场”，要助力社会治理“现代化”，要当好政策落实“助推器”。三、强化协商意识，充分发挥社会主义协商民主重要渠道和专门协商机构作用。要提升协商能力，要健全协商机制，要广泛开展协商。四、强化聚力意识，广泛凝聚团结奋斗的共识和力量。要把握好目标方向，要发挥好平台作用，要团结好各方力量。五、强化履职意识，全面提高委员工作实效。要提升履职能力，要做好群众工作，要锤炼过硬作风。各级政协组织要主动贴近委员、服务委员，为委员履职提供便利、创造条件。

【组织概况】

市政协

主席名单

王卫东

副主席名单

康　兵　黄秀玲　肖　云　时圣恩
朱中华　杜　岩　赵胜利
乔勇燕（2022年12月28日补选）

秘书长名单

蔡维超

常务委员名单

（截至2022年12月31日）

于文革　于新浩　于　璞　马玉龙
马　莉　马爱云　王文明　王灿东
王冠坤　王　姝　王振军　王爱秋
王海燕　韦立根　车建民　文国赞
尹起照　申瑞萍　田兴学　田明刚
田荷秀　田继雷　史长华　包立强
冯勋超　冯　峰　冯　雅　吕文军
吕建勇　朱洪斌　刘　文　刘汉升
刘必双　刘海忠　刘　鹏　刘新海
安魁君　祁建华　苏慧敏　杜庆锁
李允贵　李传递　李华锋　李　军
李如燕　李　松　李　欣　李宪德
李　敏　杨冬云　杨庆华　杨明玉
杨晓静　杨淑珍　杨　静　时志江
吴宪勋　沙向东　宋林锋　张玉玲
张西民　张传新　张秀华　张国华
张佩宪　张　研　张　峰　张鸿帅
张　斌　陈纪强　范茂林　季新学
季增伟　岳喜军　周广东　周东升
赵在民　赵晓丹　侯志坚　侯　堃
姜智彪　聂　胜　晁银霞　徐龙会
高奂文　郭冠华　席怀宝　黄　如
曹运国　曹　钰　崔秀珉　梁衍锋
蒋俊光　释开应（刘志国）　裴宽心
谭祥锟　樊玉占　樊庆斌　潘海英
薛　健　魏玉国

委员名单

（截至2022年12月31日）

于文革　马长安　马　莉　王卫东
吕文军　朱中华　朱劭波　朱坤鹏
刘海忠　刘培廷　刘朝霞　李华锋
李艳丽　杨庆华　时圣恩　张玉玲
张本标　张本朝　张　峰　胡甫尊
聂　胜　郭冠华　唐家军　康　兵
梁兰平　蒋俊光　蔡维超　刘朝霞
王世明　王爱秋　牛忠建　朱同民
刘　胜　祁建华　孙明涛　孙　涛
苏慧敏　李　霞　吴庆生　吴宪勋
沈　伟　张中华　张华栋　张秀华
张　坤　赵胜利　霍　欣　于卫国
于新浩　刘　运　孙　玲　李亚徽
李　聪　杨冬云　张　国　陈丽娜
陈明皓　邵宪饶　岳喜军　赵建生
姚慧娟　贾　莉　梁衍锋　彭国良

王　娟　田兴学　包立强　朱爱茹
庄丽萍　刘淑贤　许　谦　孙贵丽
李士英　张国华　张莉莉　邵光儒
席怀宝　黄秀玲　董　强　丁俊平
乔勇燕　刘付海　安洪强　孙瑞莲
李冬娟　李　军　李香玲　李继生
杨　莉　杨智慧　单　玲　油宏康
侯圣文　洪　贺　袁焕丽　曹运国
申瑞萍　田荷秀　白　淼　刘　铮
李明霞　李　峰　张伟杰　张传新
张洪涛　陈秀英　周艳丽　贾国良
贾新勇　高永燕　高奂文　韩科振
薛方锁　王亚萍　王秋玲　王振军
王瑞萍　朱晓平　刘新海　孙　瑞
杨　焕　杨淑静　肖　云　张俊鹏
赵晓丹　曹肖冰　梁　婷　董太辉
薛　健　于云华　马玉龙　王亚慧
王　森　邓之鑫　邓如续　毕延龙
孙亚伟　宋海蛟　张亚楠　陈　硕
邵　越　邵鹏程　庞小萌　郑仁奎
胡庆松　高彤彤　焦　奥　薛　婧
王志博　王宝全　王胜利　王　辉
田念纬　冯　震　刘　冰　李春辉
李善国　杨晓静　张仁祥　陈　晨
邵　峰　袁明海　穆渊博　王　姝
刘　娜　刘晓莉　孙　威　孙　艳
李佳桐　吴香平　宋丽亚　宋　薇
陈慧敏　范　荣　侯晓丽　郭海兰
黄　英　程　鑫　樊建丽　霍丹丹
于发杰　马长立　王俞雯　王凌鸿
孔凡省　田明刚　朱坤福　任庆生
刘汉升　刘　鹏　孙军利　孙晓利
孙家需　杜　岩　李兆显　李学伟
李　敏　杨淑珍　吴延全　汪波涛
张宪春　张银奎　张清军　张惠平
张群江　季新学　郑子林　赵忠顺
胡景华　徐建龙　黄建秀　董洪攀
韩文杰　于心玉　王明耿　邓志力
刘现综　刘海鹰　刘靖恒　安魁君
孙春燕　孙　鹏　荆振刚　郭志朋
韩联合　樊玉占　瞿益栋　牛玉阁
肖庆英　赵娅楠　袁　因　黄晓兰
崔秀珉　卜祥静　王桂玲　王　晨
田言华　田继雷　付彦丽　冯　霞
任银来　刘鲁旭　刘瑞莲　祁传战
孙自安　孙　军　李念东　李联起
杨海军　谷香格　宋雪丽　张　凯
张　研　张海同　陈勇行　陈颜阁
季增伟　庞东华　侯涛龙　班瑞全
曹　钰　鲁世杰　路维民　潘海英
于业鹏　王广会　王洪林　王海锋
仝卫东　刘世豪　杜庆锁　李卫华
李永占　李建民　李智勇　李　鑫
张　浩　张一凡　侯世允　韩伟昌
王恩标　仝永华　冯　岷　乔方臣
许静华　孙　振　李传递　荣海生
侯长振　郭　丽　解倩倩　丁万国
马　思　马　俊　王玉凤　王亚楠
王如强　王　丽　车建民　卢晓东
仝军建　冯永涛　冯　雅　吕丽英
朱言华　朱纯山　刘必双　孙宝志
孙富国　李安烙　李如燕　李连锁
李秀峰　李保见　李宪德　李　勇
李　峰　李爱国　李　硕　李　强
杨　静　吴春秀　宋林锋　张中华
张　伟　张　防　张国栋　张荣琪
陈纪强　陈国强　陈　语　武宪忠
季厚坤　周永红　周忠英　赵允正
南孟强　段红英　姜智彪　贾艳辉
顿琳琳　徐龙会　徐振良　高祥林

郭盼兴　黄　如　龚新勇　崔建国
喻汉华　程全让　程俊强　裴宽心
樊东海　魏艳丽　王海燕　刘天裕
刘传坤　刘建春　宇　凌　孙文起
李庆福　李　亮　李崇玉　吴　振
张西民　张庆剑　张志令　孟　伦
赵学雷　段红兵　祝传占　郭凤芝
陶福占　梁运建　路　迈　谭祥锟
王文明　王咏梅　王学军　邓在举
平培涛　申　峰　付科华　冯勋超
尘文生　吕春霞　朱子敬　朱凤阁
朱瑞波　刘喜梅　孙智敏　李伟男
李　冰　李　欣　李贯恩　杨　明
步翠玲　辛　城　张月英　张全任
张冠芬　张鸿帅　张　斌　郑艳霞
侯志坚　贺珍瑞　秦晓莉　高　娟
渠　月　梁衍海　董会龙　鲁洪林
潘　瑾　王　昭　王钰霖　卞怀国
史长华　刘瑞秋　李衍朋　张拥军
张艳丽　段效勋　贾崇瑞　郭　丽
桑全喜　樊庆斌　冉德蒙　刘　文
李　华　李桂香　陈新振　苗永超
靳红标　翟海珍　薛　海　魏　伟
马爱云　王乃刚　王巧荣　王进福
王　丽　王　君　王香梅　王彦青
王海鸥　牛艳艳　文国赞　邓志峰
邓海霞　田本贞　付双来　冯　峰
吕建华　吕春焕　任师磊　刘美华
米文超　许　坤　李支援　李平三
李　松　杨明玉　杨昭君　杨晓雪
时志江　闵伟琪　张长见　张成林
张全忠　张佩宪　张素云　张　涛
陆明起　陈风学　陈海红　苗　磊
范　平　周中民　周东升　郑志伟
赵丹彤　赵　莹　袁朝晖　耿素朋
晁银霞　徐慧英　郭西文　彭化生
彭效硕　于　璞　王洪鹏　王　琪
卢　瑾　叶永红　吕　斌　刘永梅
刘存岭　安慧娟　李　琳　杨　超
谷菁璐　张　磊　邵　琳　周广东
赵显伦　胡珺翰　侯　堃　郗孟鑫
祝兆东　晁岳春　崔凤涛　穆凌剑
魏玉国　马　迅　马志洋　马　涛
马惠亚　王冠坤　从　峰　沙玉坤
沙向东　沙　娟　陈　磊　赵伟韬
修桂红　夏乾豹　夏　琦　郭　建
韦立根　尹起照　田素良　朱海英
朱雪梅　刘　萍　闫红心　赵在民
释开应　释证威　于传渭　马金生
王灿东　王昌谦　王　波　王思华
方辉杰　石永睿　代爱英　权洪涛
吕建勇　朱　政　朱洪斌　刘广珍
刘　青　孙　雷　杜　飞　杜文东
李广彬　李允贵　李章岭　杨以平
何庆龙　谷保华　张奎杰　张晓楠
张培生　张景福　陈居祥　范茂林
周长革　周传国　庞少杰　庞道宏
单　翔　孟令美　胡　炜　姜良民
高　翔　郭　登　席云明　黄金果
曹　燕　常　亮　崔子奇　葛广亮
程玉山　谢彦梅　靳民军　魏宏峰

县（市、区）政协

牡丹区政协主席

葛广亮

定陶区政协主席

单　翔

曹县政协主席

李广彬

成武县政协主席

杜　飞

单县政协主席

张培生

巨野县政协主席

魏宏峰

郓城县政协主席

石永睿

鄄城县政协主席

周传国

东明县政协主席

刘广珍

菏泽市各级政协组织和委员数

（截至 2022 年底）

项目＼级别	市	县（市、区）	合计
组织数	1	9	10
委员数	587	2723	3310

（编写：张玉峰　审稿：于文革）

后　记

《山东政协年鉴（2022）》是记载全省各级政协 2022 年履行职能、开展工作情况的资料性、综合性工具书，主要是对 2022 年省、市政协的主要工作情况，包括重要文献、领导讲话、重要会议活动、重要文件、履职成果、组织概况等，进行分类整理汇总，以更好地发挥存史资政、知往鉴来的作用。

在编写过程中，我们坚持以习近平新时代中国特色社会主义思想为统领，力求实事求是、全面客观地记载全省政协年度工作和履职情况，尤其是力求准确反映全省政协所取得的主要成绩，充分体现各级政协组织和广大政协委员议政建言的重要成果。

本书的编纂，得到了省政协各工作机构、16 市政协的大力支持和帮助，在此表示衷心感谢。

因水平、时间所限，编辑工作中难免存在缺漏和不足，敬请各级领导、广大政协委员和政协机关干部职工以及社会各界人士批评指正。

编　者

2024 年 6 月